D1730583

Wöhe
Bilanzierung und Bilanzpolitik

Bilanzierung und Bilanzpolitik

Betriebswirtschaftlich – handelsrechtlich – steuerrechtlich

Mit einer Einführung in die verrechnungstechnischen
Grundlagen

von

Dr. Günter Wöhe

ord. Professor der Betriebswirtschaftslehre
an der Universität des Saarlandes

1971

Verlag Franz Vahlen · München

Vorwort

Das vorliegende Buch ist als Lehrbuch sowohl für Studierende der Wirtschaftswissenschaften als auch für Praktiker in den Betrieben und der Verwaltung geschrieben, die – ohne Vorkenntnisse zu besitzen – in das Gebiet
der Bilanzierung und Bilanzpolitik eindringen oder ihre früher erworbenen
Kenntnisse auffrischen, erweitern und vertiefen wollen.

Diese Zielsetzung des Buches macht es erforderlich, im ersten Abschnitt mit
einem Überblick über das betriebliche Rechnungswesen, über seine Grund-
begriffe und über die verrechnungstechnischen Grundlagen der Bilanzierung
zu beginnen. Die folgenden Abschnitte behandeln die Bilanzierungsgrundsätze, die Gliederung und Bewertung der Bilanzpositionen, die Bildung und
Auflösung von Rücklagen, die Bewertungs- und Rücklagenpolitik, die Erfolgsrechnung, den Geschäftsbericht der Aktiengesellschaft und schließlich die
Rechnungslegung im Konzern. In allen Abschnitten wird versucht, sowohl
die betriebswirtschaftlichen Grundlagen als auch die handels- und steuerrechtlichen Vorschriften darzustellen und zu erläutern und zu Auseinanderset-
zungen über Einzelfragen in der Literatur kritisch Stellung zu nehmen. Im
Abschnitt über die Bewertungs- und Rücklagenpolitik wird dem dominieren-
den Einfluß des Steuerrechts auf die bilanzpolitischen Entscheidungen des Betriebes besonders breiter Raum gegeben.

Bei der Definition von Begriffen und der Darstellung von Rechtsvorschrif-
ten ließ sich an einigen Stellen im Interesse der einheitlichen Anwendung von
Grundbegriffen ein Zurückgreifen auf meine im gleichen Verlag erschienenen
Bücher (Einführung in die Allgemeine Betriebswirtschaftslehre, 10. Aufl. 1970;
Betriebswirtschaftliche Steuerlehre, 2 Bde., 2. Aufl. 1965/66) nicht vermeiden.

Meinen Mitarbeitern, den Herren Dipl.-Kfm. Dr. Klaus Bierle, Dipl.-Kfm.
Dr. Henning Egner, Dipl.-Kfm. Dr. Lothar Haberstock, Dipl.-Kfm. Dr. Gerd
John, Dipl.-Kfm. Dr. Hans Kaiser und Dipl.-Kfm. Wolfgang Müller danke
ich für kritische Anregungen in vielen Diskussionen während der Entstehungs-
zeit des Manuskripts. Mein Dank gilt auch Herrn Dipl.-Kfm. Ulrich Döring
für seine Mitarbeit an der Zusammenstellung des Literatur- und Sachver-
zeichnisses und nicht zuletzt meinen beiden Sekretärinnen, Frau Sigrid Ewert
und Frau Doris Hübschen.

Saarbrücken, im November 1970   Günter Wöhe

Inhaltsverzeichnis

ZWEITER ABSCHNITT

Grundsätze der Bilanzierung

I. Grundlagen

II. Die Grundsätze der Bilanzierung im einzelnen

SIEBENTER ABSCHNITT

Die Erfolgsrechnung

Erster Abschnitt

Grundlegung

I. Buchhaltung und Bilanz als Teilgebiete des betrieblichen Rechnungswesens

1. Die Teilbereiche des betrieblichen Rechnungswesens

(1) Die Bilanz bildet zusammen mit der Buchhaltung, aus deren Zahlenwerten sie entwickelt wird, einen Teilbereich des betrieblichen Rechnungswesens. Andere Teilbereiche sind (2) die Kostenrechnung, (3) die betriebswirtschaftliche Statistik und Vergleichsrechnung und (4) die Planungsrechnung. Unter dem Begriff **betriebliches Rechnungswesen** faßt man sämtliche Verfahren zusammen, deren Aufgabe es ist, alle im Betrieb auftretenden Geld- und Leistungsströme, die vor allem – aber nicht ausschließlich – durch den Prozeß der betrieblichen Leistungserstellung und -verwertung (betrieblicher Umsatzprozeß) hervorgerufen werden, mengen- und wertmäßig zu erfassen und zu überwachen.

Diese Aufgabe kann sich im einzelnen auf die **Ermittlung von Beständen** an einem Zeitpunkt erstrecken (z. B. die Ermittlung des Vermögens und der Schulden des Betriebes an einem Stichtag) oder sie kann in der **Feststellung von Bestandsveränderungen** im Zeitablauf (z. B. die Zu- und Abnahme von Forderungen und Verbindlichkeiten) oder des **Erfolges** einer Zeitperiode bestehen (z. B. die Höhe des Aufwandes und Ertrages einer Abrechnungsperiode); sie kann ferner auf die **Errechnung der Selbstkosten** der betrieblichen Leistungen gerichtet sein, also nicht nur zeitbezogen, sondern auch stückbezogen sein. Über die Stichtagsfeststellung oder den Zeitvergleich von Bestands- und Erfolgsgrößen soll das Rechnungswesen in erster Linie der Kontrolle der Wirtschaftlichkeit und der Rentabilität der betrieblichen Prozesse dienen und der Betriebsführung damit zugleich Unterlagen für ihre auf die Zukunft gerichteten Planungsüberlegungen liefern.

Neben diesen betriebsinternen Aufgaben hat das Rechnungswesen **externe Aufgaben**: auf Grund gesetzlicher Vorschriften dient es der Rechenschaftslegung und informiert – soweit es auf Grund gesetzlicher Vorschriften veröffentlicht oder freiwillig zur Einsicht freigegeben wird – die Gesellschafter (Aktionäre, Gesellschafter der GmbH, Kommanditisten usw.), die Gläubiger (Kreditgeber, Lieferanten), die Belegschaft, die Finanzbehörden und die Öffentlichkeit (potentielle Aktionäre und Gläubiger, staatliche Instanzen, wissenschaftliche Institute, Wirtschaftspresse und sonstige Interessierte) über die Vermögens- und Ertragslage des Betriebes.

Aus der Verschiedenheit der Aufgaben hat sich eine Einteilung des Rech-

nungswesens in die oben genannten vier Teilgebiete entwickelt, die in enger
Verbindung miteinander stehen und zum Teil das gleiche Zahlenmaterial
– allerdings unter verschiedenen Gesichtspunkten bzw. mit unterschiedlichen Zielsetzungen – verwenden.

Alle Teilgebiete bestehen aus einem **theoretischen** und einem **angewandten** Teil. Beide lassen sich in der Darstellung in der Regel nicht scharf
trennen. Theoretische Erkenntnisse können nur praktisch angewendet werden, wenn sie „rechenbar" gemacht werden können. Nicht alles, was im
Bereich des Rechnungswesens als richtig erkannt worden ist, läßt sich auch
auf Mark und Pfennig ausrechnen. Die Anwendung verschiedener als theoretisch richtig erkannter Lösungen von Verteilungs- und Zurechnungspro-
blemen scheitert bisher daran, daß nicht alle für eine exakte Ausrechnung
erforderlichen Größen quantifiziert werden können.

Die Aufgabe der **Buchhaltung** besteht darin, alle in Zahlenwerten festgestellten wirtschaftlich bedeutsamen Vorgänge (Geschäftsvorfälle), die sich
im Betrieb ereignen, im Zeitablauf in chronologischer Reihenfolge festzuhalten. Sie beginnt mit der Gründung und endet mit der Liquidation eines
Betriebes. Wirtschaftlich bedeutsam sind alle Vorgänge, die zur Änderung
der Höhe und/oder der Zusammensetzung des Vermögens und des Kapitals eines Betriebes führen.

Alle in der Buchhaltung und Bilanz erfaßten Bestands- und Bewegungsgrößen werden in Geldeinheiten ausgedrückt. Die mengenmäßige Erfassung der Bestände erfolgt durch **Inventur** (körperliche Bestandsaufnahme)
vor der Bilanzaufstellung und findet ihren Niederschlag in einem Bestandsverzeichnis, das als **Inventar** bezeichnet wird. Das Inventar enthält neben
den durch körperliche Inventur ermittelten Beständen die Forderungen und
Schulden des Betriebes, die nur durch Buchinventur ermittelt werden können. Alle Vermögensbestände und Schulden sind dabei art-, mengen- und
wertmäßig aufzuführen. Die Bilanz unterscheidet sich vom Inventar dadurch, daß sie in der Regel Kontoform hat und keine mengenmäßigen,
sondern nur art- und wertmäßige Angaben enthält. Außerdem zieht sie
die vielen Arten von Wirtschaftsgütern zu Gruppen, sog. **Bilanzpositionen,**
zusammen (z. B. Gebäude, Maschinen, Werkzeuge usw.). Das Inventar
steht zwischen Bilanz und Buchhaltung und ist eine Voraussetzung dafür,
daß überhaupt eine ordnungsgemäße Bilanz erstellt werden kann.

Die Buchhaltung ist eine **Zeitrechnung.** Sie kann **Finanzbuchhaltung** (Geschäftsbuchhaltung) oder **Betriebsbuchhaltung** sein. Erstere erfaßt den gesamten Wertzuwachs oder Wertverbrauch, sowie die Änderungen der Ver-
mögens- oder Kapitalstruktur während einer Zeitperiode (Jahr, Monat).
Den gesamten Wertverbrauch einer Abrechnungsperiode bezeichnet man
als **Aufwand,** den gesamten Wertzuwachs als **Ertrag.** Die in der Buchhaltung an einem Stichtag (Bilanzstichtag) erfaßten Bestände an Vermögen
und an Schulden (Kapital) werden in der **Bilanz,** die erfaßten Aufwendungen und Erträge einer Abrechnungsperiode in der **Erfolgsrechnung** (Ge-
winn- und Verlustrechnung) gegenübergestellt.

Die Betriebsbuchhaltung bildet zusammen mit der Selbstkostenrechnung (Kalkulation) das Gebiet der **Kostenrechnung,** deren Aufgabe die Erfassung, Verteilung und Zurechnung der Kosten ist, die bei der betrieblichen Leistungserstellung und -verwertung entstehen, zu dem Zweck,

1. durch Vergleich der Kosten mit der erstellten Leistung und somit durch Feststellung des Erfolges (kurzfristige Erfolgsrechnung) eine Kontrolle der Wirtschaftlichkeit des Betriebsprozesses zu ermöglichen und dadurch eine Grundlage für betriebliche Dispositionen zu schaffen, und

2. auf der Grundlage der ermittelten Selbstkosten der Leistungen (Kostenträger) eine Kalkulation des Angebotspreises bzw. die Feststellung der Preisuntergrenze möglich zu machen.

Die Kostenrechnung erfaßt nur den Teil des Wertverbrauchs und Wertzuwachses, der durch die Erfüllung der spezifischen Aufgaben des Betriebes (Erzeugung und Absatz von Gütern und Leistungen) verursacht wird, nicht dagegen betriebsfremde und außerordentliche Aufwendungen und Erträge, die neben den betriebsbedingten Aufwendungen und Erträgen in der Finanzbuchhaltung aufgezeichnet werden.

Den Wertverbrauch, der bei der Erstellung der Betriebsleistungen erfolgt, bezeichnet man als **Kosten,** den entstandenen Wertzuwachs als **Leistung.** Während in der Finanzbuchhaltung nur der Wertverzehr erfaßt wird, der mit Ausgaben verbunden ist (Aufwand), bezieht die Betriebsbuchhaltung auch den Wertverzehr ein, der - ohne Ausgaben zu verursachen – durch die Erstellung der Betriebsleistungen hervorgerufen wird. Wertverzehr dieser Art bezeichnet man als **Zusatzkosten,** z. B. Zinsen für Eigenkapital oder Unternehmerlohn in Einzelunternehmungen und Personengesellschaften als Entgelt für die Mitarbeit des Unternehmers bzw. der Mitunternehmer. Eigenkapitalzinsen und Unternehmerlohn sind in der Kostenrechnung Bestandteil der Selbstkosten, in der Erfolgsrechnung jedoch Bestandteil des Gewinns, der sich als Differenz zwischen Erträgen und Aufwendungen einer Periode ergibt[1].

Da die Erfassung und Verteilung der Kosten in der Regel nicht nur mit Hilfe der Buchhaltung, sondern teilweise auch mit Hilfe statistischer Methoden erfolgen kann, ist die Bezeichnung Betriebsbuchhaltung als zu eng anzusehen. Sie wird deshalb in zunehmendem Maße durch die Bezeichnung **Betriebsabrechnung** ersetzt. Sie ist eine Periodenrechnung, die als **Kostenartenrechnung** ermittelt, welche Arten von Kosten im Betrieb angefallen sind (z. B. Personalkosten, Materialkosten, Abschreibungen, Zinsen, Kosten für Dienstleistungen Dritter, Steuern usw.), und als **Kostenstellenrechnung** die Kostenarten auf die einzelnen Kostenbereiche verteilt (z. B. Beschaffungs-, Fertigungs-, Verwaltungs- und Vertriebsbereich), um durch die Feststellung, wo die Kosten verursacht worden sind, eine genaue Zurech-

---

[1] Vgl. die ausführliche Abgrenzung der Begriffe auf S. 8

nung der Kosten auf die Leistungen der Periode (**Kostenträgerzeitrechnung**) und eine Kontrolle der Wirtschaftlichkeit in den einzelnen Kostenentstehungsbereichen zu ermöglichen.

Die **Selbstkostenrechnung** (Kalkulation) führt als Kostenträger-Stückrechnung – aufbauend auf der Kostenarten-, Kostenstellen- und Kostenträger-Zeitrechnung – die Zurechnung der Kosten auf die einzelne Leistung durch, d. h. sie ermittelt die Selbstkosten und schafft damit die Grundlage für die Kalkulation des Angebotspreises. Wird die Selbstkostenrechnung vor der Erstellung der Betriebsleistung durchgeführt, so bezeichnet man sie als Vorkalkulation, erfolgt sie nach Abschluß der Leistungserstellung, so spricht man von Nachkalkulation.

Zwischen der Finanzbuchhaltung und der Bilanz einerseits und der Kostenrechnung andererseits bestehen **enge Wechselbeziehungen.** Die Bestände an Halb- und Fertigfabrikaten und die vom Betrieb für die eigene Verwendung erstellten Werkzeuge und Maschinen werden in der Bilanz mit ihren Herstellungskosten bewertet, die in der Kostenrechnung ermittelt werden. Die Finanzbuchhaltung zeichnet zwar die in einer Periode verbrauchten Aufwandsarten (Löhne, Gehälter, Material usw.) auf, verteilt sie aber nicht auf die einzelnen Leistungen (Kostenträger). Das ist Aufgabe der Betriebsabrechnung. Die in der Betriebsabrechnung ermittelten Herstellungskosten müssen für die Zwecke der Bilanz jedoch um die Zusatzkosten gekürzt werden, da in der Bilanz nur Aufwendungen aktiviert werden dürfen.[2]

Ein wesentlicher **Unterschied** zwischen Finanzbuchhaltung und Bilanz einerseits und Kostenrechnung andererseits ist darin zu sehen, daß die Bilanz eine periodische Rechenschaftslegung der Personen darstellt, die für die Verbindlichkeiten des Betriebes haften bzw. die – bei Kapitalgesellschaften – als verfassungsmäßige Organe die Geschäfte für die Eigentümer (Haftungspersonen) des Betriebes führen.

Die Verpflichtung zur Rechenschaftslegung **beruht auf Gesetz;** auch ihr Umfang, ihre Form und ihr Inhalt (Bilanzgliederung, Bilanzbewertung usw.) sind gesetzlich geregelt. Sie trifft stets den Betrieb als rechtliche Einheit in seiner Gesamtheit und richtet sich nach außen (Gläubiger, Finanzbehörden, Gesellschafter von Kapitalgesellschaften).

Aufbau und Organisation der Kostenrechnung dagegen sind in das **Ermessen des Betriebes** gestellt. Die Kostenrechnung ist eine innerbetriebliche Angelegenheit. Sie ist keine Rechenschaftslegung gegenüber einem bestimmten Personenkreis. Ihr Gegenstand ist nicht der gesamte betriebliche Prozeß eines Zeitraumes und der Zustand an einem Zeitpunkt, sondern sie kann sich je nach der vom Betrieb gewünschten Ausgestaltung auf einzelne betriebliche Bereiche (Kostenstellen) oder auf einzelne Produkte (Kostenträger) richten. Die Länge des Abrechnungszeitraums kann vom Betriebe ebenso bestimmt werden, wie das angewandte Verrechnungsverfahren

---

[2] Zur Berechnung der Herstellungskosten vgl. S. 267 ff.

(z. B. Istkosten-, Normalkosten- oder Plankostenrechnung; Vollkosten- oder Teilkostenrechnung u. a.).

Die **betriebswirtschaftliche Statistik** und **Vergleichsrechnung** werten neben anderen Unterlagen die Zahlen der Buchhaltung, Bilanz und der Kostenrechnung zur Kontrolle der Wirtschaftlichkeit und zur Gewinnung von Unterlagen für die Planung und Disposition aus. Während Buchhaltung, Bilanz und Kostenrechnung in erster Linie Werte, Wertbewegungen und Wertveränderungen erfassen, gewinnt die betriebswirtschaftliche Statistik durch Vergleichen von betrieblichen Tatbeständen und Entwicklungen (z. B. der Entwicklung der Produktion, der Lagerbewegungen, der Umsätze in verschiedenen Monaten) oder durch Feststellung von Beziehungen und Zusammenhängen zwischen betrieblichen Größen (z. B. Beziehungen zwischen Eigenkapital und Gewinn, zwischen eingesetztem Material und Materialabfall, zwischen Lohnkosten und Gesamtkosten) neue zusätzliche Erkenntnisse über betriebliche Vorgänge und Erscheinungen. Die betriebswirtschaftliche Statistik dient also wie die übrigen Zweige des Rechnungswesens selbständig der betrieblichen Kontrolle, Planung und Disposition.

Als rein formale Methode findet die betriebswirtschaftliche Statistik daneben auch in den übrigen Teilen des Rechnungswesens Anwendung und tritt hier entweder an die Stelle anderer Rechenverfahren oder ergänzt sie. Ein Beispiel sowohl für den Ersatz als auch für die Ergänzung ist der Betriebsabrechnungsbogen[3], der in Form einer Tabelle die Gemeinkostenarten auf die Kostenstellen verteilt und Zuschlagsätze für die Weiterverrechnung der Kostenstellengemeinkosten auf die Kostenträger ermittelt. Die von der Buchhaltung gelieferten Zahlen werden hier also lediglich nach einer anderen Methode verteilt; die gleiche Rechnung wäre auch kontenmäßig durchzuführen. Die Errechnung der Gemeinkostenzuschläge stellt eine Ergänzung der Buchhaltung dar, wäre aber als Nebenrechnung auch in nicht tabellarischer Form möglich. Die statistische Rechnung ist in diesem Falle lediglich einfacher und übersichtlicher, vermittelt aber keine zusätzlichen Erkenntnisse, die mit anderen Rechenmethoden nicht zu gewinnen wären.

Die Vergleichsrechnung **(Betriebsvergleich)** kann als **Zeitvergleich** die Entwicklung bestimmter betrieblicher Größen im Zeitablauf (z. B. die Umsatzentwicklung, die Produktionsentwicklung usw.) erfassen, als **Verfahrensvergleich** die Wirtschaftlichkeit verschiedener Verfahren (z. B. Fertigungsverfahren) ermitteln oder als **Soll-Ist-Vergleich** Soll-Werte, d. h. vorgegebene Richtgrößen (z. B. Plankosten), den Ist-Werten, d. h. den tatsächlich angefallenen Größen, gegenüberstellen.

Sie kann ferner als **zwischenbetrieblicher** Vergleich Betriebe derselben oder verschiedener Branchen vergleichen oder Kennzahlen des eigenen Be-

---

[3] Vgl. Wöhe, G., Einführung in die Allgemeine Betriebswirtschaftslehre, 10. Aufl., Berlin u. Frankfurt/M. 1970, S. 667 ff. (im folgenden als „Einführung" zitiert).

triebs an Hand von Branchendurchschnittszahlen (Richtzahlen) überprüfen. Die Methoden der Betriebsstatistik dienen hier als Hilfsmittel.

Die **Planungsrechnung** stellt eine mengen- und wertmäßige Schätzung
der erwarteten betrieblichen Entwicklung dar und hat die Aufgabe, die
betriebliche Planung in Form von Voranschlägen der zukünftigen Ausgaben und Einnahmen zahlenmäßig zu konkretisieren. Sie bedient sich
einerseits des bereits von der Buchhaltung, der Bilanz, der Kostenrechnung
und der betriebswirtschaftlichen Statistik erfaßten und verarbeiteten Zahlenmaterials; da jedoch jede Planung in die Zukunft gerichtet ist, müssen
auch die **Zukunftserwartungen** geschätzt und in Rechnung gestellt werden.
Je unvollkommener die Informationen sind, die der Betriebsführung zur
Verfügung stehen, desto größer sind die Unsicherheiten und Risiken, die
in den Erwartungen stecken.

Die Planungsrechnung läßt sich nicht immer scharf von den anderen
Teilgebieten des Rechnungswesens abgrenzen. So ist z. B. die Kostenpla-
nung in Form einer Plankostenrechnung ihrem Wesen nach eine Planungsrechnung, zugleich aber als Bestandteil der Kostenrechnung anzusehen.

Mit zunehmender Betriebsgröße und zunehmender Differenzierung des
Fertigungsprogramms bzw. des Sortiments werden die Planungsaufgaben
immer schwieriger. Ihre Lösung erfordert die Anwendung immer kompli-
zierterer Rechenverfahren. Der betriebliche Gesamtplan setzt sich aus einer
Anzahl von Teilplänen zusammen, die auf Grund der Rahmenplanung
der Betriebsführung von den einzelnen betrieblichen Funktionsbereichen
aufgestellt und von der Betriebsführung koordiniert werden müssen. Solche
Teilpläne sind z. B. der Absatzplan, der Produktionsplan und der Finanzplan, die ihrerseits wiederum aus verschiedenen Teilplänen bestehen.

Zur Lösung schwieriger Planungs- und Koordinierungsprobleme sind
nach dem zweiten Weltkriege wissenschaftliche Methoden und Verfahren
entwickelt worden, die gewöhnlich unter der Bezeichnung **Operations-
Research** (Unternehmensforschung) zusammengefaßt werden. Die Unternehmensforschung arbeitet mit mathematischen Entscheidungsmodellen, zu
deren rechnerischen Lösung spezielle mathematische Verfahren verwendet
werden. Das betriebliche Rechnungswesen hat durch die Entwicklung des
Operations Research eine erhebliche Erweiterung und Verfeinerung erfahren.

2. Die Grundbegriffe des betrieblichen Rechnungswesens

Die Betriebswirtschaftslehre hat zur Bezeichnung der vom betrieblichen
Rechnungswesen erfaßten Zahlungs- und Leistungsvorgänge eine eigene
Terminologie entwickelt. Sie benutzt vier Begriffspaare, die auch im täg-
lichen Sprachgebrauch Anwendung finden, dort aber nicht die scharfe be-

griffliche Trennung erfahren wie in der Betriebswirtschaftslehre, sondern teilweise synonym verwendet werden. Es handelt sich um folgende Begriffspaare:

1. Auszahlung – Einzahlung
2. Ausgabe – Einnahme
3. Aufwand – Ertrag
4. Kosten – Leistung.

Das Steuerrecht verwendet in den Vorschriften über die Gewinnermittlung mit Hilfe der Steuerbilanz ein weiteres Begriffspaar, das sich mit keinem der oben genannten im vollen Umfange deckt:

5. Betriebsausgabe – Betriebseinnahme.

a) Auszahlung, Ausgabe – Einzahlung, Einnahme

Verläßt Bargeld den Betrieb, d. h. vermindern sich die liquiden Mittel (Kassenbestände und jederzeit verfügbare Bankguthaben), so bezeichnet man diesen Vorgang als **Auszahlung**; wird dem Betrieb Bargeld zugeführt, d. h. erhöht sich der Bestand an liquiden Mitteln, so handelt es sich um eine **Einzahlung.**

Beispiele für Auszahlungen sind folgende Vorgänge: Barentnahme, eigene Barausleihungen (Finanzkredit), Bartilgung eines in einer früheren Periode empfangenen Finanzkredits, Bartilgung eines Lieferantenkredits, Vorauszahlungen für später eingehende Produktionsfaktoren, Barkauf von Produktionsfaktoren.

Beispiele für Einzahlungen sind folgende Vorgänge: Bareinlagen, Barkredit (z. B. Bankdarlehen), Bartilgung eines vom Betrieb gegebenen Finanzkredits, Bartilgung eines vom Betrieb gegebenen Lieferantenkredits, Vorauszahlungen an den Betrieb, Barverkauf von Fertigfabrikaten oder Waren.

Soll auch der Bereich der Forderungs- und Schuldenentstehung und -abwicklung erfaßt werden, so wird das Begriffspaar Auszahlung – Einzahlung zum Begriffspaar Ausgabe – Einnahme erweitert:

Ausgabe = Auszahlung + Forderungsabgang + Schuldenzugang
Einnahme = Einzahlung + Forderungszugang + Schuldenabgang

Das Begriffspaar Auszahlung – Einzahlung hat also einen engeren Begriffsumfang als das Begriffspaar Ausgabe – Einnahme. Jede Auszahlung bzw. Einzahlung ist eine Ausgabe bzw. Einnahme, jedoch nur ein Teil der Ausgaben und Einnahmen ist eine Auszahlung bzw. Einzahlung.

Die **Beziehungen zwischen Einnahmen und Ausgaben** in einer Periode können zweifacher Art sein: **Erstens** gibt es Einnahmen, denen keine Ausgaben, und Ausgaben, denen keine Einnahmen entsprechen, z. B. Barzuführung oder Barentnahme von Eigenkapital, Bar- oder Kreditverkauf von in der Vorperiode produzierten Fertigfabrikaten, Bar- oder Kreditkauf von Produktionsfaktoren. **Zweitens** gibt es Einnahmen, denen Ausgaben, und Ausgaben, denen Einnahmen entsprechen. Beispiele ergeben sich durch Kombinationen sämtlicher Einnahme- und Ausgabevorgänge. So kann z. B. ein Forderungszugang (Einnahme) auf einer Auszahlung (z. B. Hingabe eines Barkredits), auf einem Forderungsabgang (z. B. Umwandlung einer kurzfristigen Warenforderung in ein langfristiges Darlehen) oder einem Schuldenzugang beruhen (z. B. Erwerb eines Wertpapiers auf Kredit); oder ein Forderungsabgang (Ausgabe) kann durch eine Einzahlung (z. B. ein vom Betrieb gewährter Kredit wird bar getilgt) oder durch einen Schuldenabgang (z. B. Aufrechnung oder Forderungsabtretung) bedingt sein.

b) Aufwand – Kosten, Ertrag – Leistung

Als **Aufwand** bezeichnet man den Wertverzehr (Wertverbrauch) einer Abrechnungsperiode. Der „Verbrauch" von Werten kann einerseits in einer **Umformung** von Werten (z. B. Verbrauch von Rohstoffen zur Erstellung von Fabrikaten) bestehen, dann steht dem Güterverzehr ein Gegenwert in Form von Betriebsleistungen gegenüber, oder er kann **ohne Gegenwert** erfolgen, wie z. B. bei der Zahlung einer Spende (freiwillig) oder der Zahlung von Steuern (zwangsweise).

Der Teil des in einer Periode eingetretenen Wertverzehrs, der bei der Erstellung der Betriebsleistungen angefallen ist, stellt die **Kosten** dar. Aufwand und Kosten stimmen nicht in vollem Umfang überein, da es einerseits Aufwand gibt, der entweder nichts mit der Erstellung von Betriebsleistungen zu tun hat oder ihnen nicht oder nicht in voller Höhe zugerechnet wird (**neutraler Aufwand**) und andererseits Kosten verrechnet werden, denen entweder kein Aufwand oder nicht in voller Höhe der Kosten Aufwand entspricht (**Zusatzkosten**). Soweit sich Aufwand und Kosten decken, spricht man von **Zweckaufwand** und **Grundkosten**.

Der neutrale Aufwand, d. h. der Aufwand, dem keine Kosten entsprechen, läßt sich in drei Kategorien unterteilen:

1. **Betriebsfremder** Aufwand liegt vor, wenn ein Wertverzehr überhaupt keine Beziehung zur betrieblichen Leistungserstellung hat (z. B. eine Spende an das Rote Kreuz).
2. **Außerordentlich** ist ein Aufwand dann, wenn er zwar durch die Erstellung von Betriebsleistungen verursacht wird, aber so außergewöhnlich ist, daß er nicht in die Selbstkosten eingerechnet werden kann (z. B. Feuerschäden, Verluste aus Bürgschaften, Kursverluste bei Wertpapieren), weil sonst die Selbstkosten einer Periode durch zufallsbedingten Wertverzehr erhöht würden und folglich weder Grundlage für die Preiskalkulation, noch Grundlage für eine Ermittlung der Preisuntergrenze sein können.

3. **Bewertungsbedingter** neutraler Aufwand liegt vor, wenn ein Aufwand zwar seinem Wesen nach, nicht aber in seiner Höhe kostengleich ist. Das ist der Fall, wenn z. B. in der Bilanz für ein Wirtschaftsgut ein höherer Abschreibungsbetrag als in der Kostenrechnung verrechnet wird, weil entweder die Verteilung der Anschaffungskosten auf die Jahre der Nutzung auf Grund unterschiedlicher Zielsetzungen in der Bilanz nach einem anderen Abschreibungsverfahren als in der Kostenrechnung erfolgt oder/und die Abschreibung in der Bilanz auf Basis der Anschaffungskosten, in der Kostenrechnung auf Basis der Wiederbeschaffungskosten vorgenommen wird. Wird z. B. für ein Wirtschaftsgut in einer Periode in der Bilanz eine Abschreibung von 1200 DM und in der Kostenrechnung von 1000 DM verrechnet, so sind auf Grund der gewählten Verrechnungsmethoden 1000 DM Zweckaufwand und Grundkosten, 200 DM neutraler Aufwand.

Zusatzkosten können aus folgenden Gründen entstehen:

1. Die Entgelte für die vom Unternehmer dem Betrieb zur Verfügung gestellten Produktionsfaktoren werden nicht als Aufwand angesehen, da der Unternehmer sich selbst für seine Mitarbeit kein Gehalt und für das eingesetzte Eigenkapital keine Zinsen zahlt, sondern diese Entgelte sind Bestandteil des Bilanzgewinns. Die Entnahmen des Unternehmers sind folglich Gewinnverwendung, nicht Aufwand. In der Kostenrechnung dagegen müssen für die Mitarbeit des Unternehmers (bei Einzelunternehmen und Personengesellschaften[4]) **Unternehmerlöhne** und für den Einsatz des Eigenkapitals **Eigenkapitalzinsen** (als Bestandteil der kalkulatorischen Zinsen) in die Kosten einbezogen werden, da diese sonst zu niedrig angesetzt wären, denn wenn die Betriebsleistungen z. B. genau zu ihren Selbstkosten abgesetzt würden, so hätte andernfalls der Unternehmer einen Nutzenentgang in Höhe der Beträge erlitten, die er erzielt hätte, wenn er seine Arbeitskraft und sein Kapital einem anderen Betrieb zur Verfügung gestellt hätte. Es handelt sich also um Kosten im Sinne von entgangenem Nutzen (Alternativkosten, opportunity costs).

2. Bei der Erstellung der Betriebsleistungen aperiodisch auftretende Wagnisverluste werden in der Kostenrechnung durch Ansatz geschätzter **kalkulatorischer Wagniszuschläge** berücksichtigt. Es erfolgt auf diese Weise eine **„Periodisierung von Kosten"**, die aperiodisch anfallen. In einer Periode, in der keine Wagnisverluste eingetreten sind, ist auch kein Aufwand angefallen, die verrechneten kalkulatorischen Wagniszuschläge

---

[4] Bei Kapitalgesellschaften erhalten die Geschäftsführer oder Vorstandsmitglieder Gehälter von der Gesellschaft, auch wenn sie zugleich – wie häufig bei der GmbH – Gesellschafter sind. Diese Gehälter sind Personalaufwand wie alle übrigen Gehälter und Löhne, da die Kapitalgesellschaften als juristische Personen auch mit den geschäftsführenden Gesellschaftern schuldrechtliche Verträge abschließen.

sind in voller Höhe Zusatzkosten. Entsteht in einer Periode ein Wagnisverlust, so stellt er einen außerordentlichen Aufwand dar und wird in der Kostenrechnung nicht berücksichtigt.[5]

3. Ebenso wie beim neutralen Aufwand gibt es neben den Kosten, die ihrem Wesen nach Zusatzkosten sind, bewertungsbedingte Zusatzkosten. Nehmen wir an, daß aus den oben genannten Gründen in der Bilanz eine andere Periodenabschreibung als in der Kostenrechnung angesetzt wird. Beträgt z. B. die kalkulatorische Abschreibung 1500 DM, die Bilanzabschreibung aber nur 1000 DM, so sind 1000 DM Grundkosten und Zweckaufwand, 500 DM Zusatzkosten.

Die Beziehungen zwischen Aufwand und Kosten lassen sich schematisch folgendermaßen darstellen:

Aufwand					
Neutraler Aufwand			Zweckaufwand		
1	2	3			
Grundkosten				Zusatzkosten	
				4	5	6
Kosten					

1 Betriebsfremder Aufwand
2 Außerordentlicher Aufwand
3 Bewertungsbedingter neutraler Aufwand
4 Kalkulatorische Kostenarten, denen keine Aufwandsarten entsprechen (z. B. kalkulatorischer Unternehmerlohn)
5 Kalkulatorische Kostenarten, deren Aufgabe die Periodisierung aperiodisch eintretenden betriebsbedingten Wertverzehrs ist (z. B. kalkulatorische Wagnisse)
6 Kalkulatorische Kostenarten, soweit sie entsprechende Aufwandsarten übersteigen (z. B. kalkulatorische Abschreibungen)

Ertrag ist der in Geld bewertete Wertzugang einer Periode. Er stellt den Gegenbegriff zum Aufwand dar. Stammt der Ertrag aus dem Prozeß der betrieblichen Leistungserstellung und -verwertung, so handelt es sich um einen **Betriebsertrag**, andernfalls wird er als **neutraler** Ertrag bezeichnet.

Die (Betriebs-) **Leistung** ist das Ergebnis der betrieblichen Tätigkeit, die sich in Sachgütern und Dienstleistungen niederschlägt. Leistung ist der Gegenbegriff zu den Kosten. Dem neutralen Ertrag steht keine Betriebsleistung gegenüber.

---

[5] Eine wenigstens teilweise Übereinstimmung von Aufwand und Kosten könnte erreicht werden, wenn in der Bilanz Rückstellungen für Wagnisverluste gebildet und aperiodisch eintretende Wagnisverluste erfolgsunwirksam mit den Rückstellungen verrechnet werden. Auf diese Weise wird in der Bilanz analog zur Kostenrechnung eine „Periodisierung von Aufwand" vorgenommen. Da die Bildung derartiger Rückstellungen in der Steuerbilanz nicht

Die **Betriebserträge** setzen sich aus folgenden Kategorien zusammen:

1. Umsatzerträge, d. h. Erlöse[6] aus dem Verkauf von Fertigfabrikaten, Waren usw.
2. Erhöhung der Bestände an Halb- und Fertigfabrikaten,
3. Innerbetriebliche Erträge, z. B. zu Herstellungskosten bewertete selbsterstellte Maschinen, Werkzeuge u. a., die im eigenen Betriebe eingesetzt werden.

Neutrale Erträge sind entweder betriebsfremde Erträge (z. B. Kursgewinne bei Wertpapieren, Erträge aus Beteiligungen) oder außergewöhnliche Erträge (z. B. Anlagenverkäufe über dem Buchwert).

c) Ausgabe – Aufwand

Die **Beziehungen zwischen Ausgaben und Aufwand** einer Periode können dreifacher Art sein:

1. Beide Größen stimmen sachlich und zeitlich überein:
   Ausgabe der Periode = Aufwand der Periode.
   Beispiel: Kauf von Produktionsfaktoren (= Auszahlung oder Schuldenzugang) und Verbrauch in derselben Periode (= Aufwand).

2. Beide Größen unterscheiden **sich sachlich:**
   a) **Ausgabe** der Periode, grundsätzlich **kein Aufwand** (auch nicht in einer anderen Periode).
   Beispiele: Privatentnahme in Geld (= Auszahlung),
   Privatentnahme in Wertpapieren (= Forderungsabgang).
   b) **Aufwand** der Periode, grundsätzlich **keine Ausgabe** (auch nicht in einer anderen Periode).
   Beispiel: Abschreibung einer durch Schenkung erworbenen Maschine.

3. Beide Größen unterscheiden sich **zeitlich:**
   a) Ausgabe der Periode = Aufwand einer späteren Periode.
   Beispiel: Kauf von Rohstoffen (= Auszahlung oder Schuldenzugang) und Verbrauch in einer späteren Periode (= Aufwand).
   b) Aufwand der Periode = Ausgabe einer früheren Periode.
   Beispiel: Abschreibung (= Aufwand) einer früher angeschafften Maschine (= Auszahlung oder Schuldenabgang).

---

erlaubt ist, sind in Jahren, in denen keine Wagnisverluste eingetreten sind, c. p. die kalkulatorischen Wagniszuschläge im steuerpflichtigen Gewinn enthalten und stehen infolge der Besteuerung nicht mehr in vollem Umfange zur Deckung späterer Wagnisverluste zur Verfügung.

[6] Als Erlös bezeichnet man den Geldwert der umgesetzten Teile des Ertrages. Die Begriffe Umsatzertrag und Umsatzerlös können also synonym verwendet werden.

Ausgabe (Periode)				
2a	3a	1		
		1	2b	3b
		Aufwand (Periode)		

Den Fall eines Aufwandes, der erst später zu einer Ausgabe wird (bzw. einer Ausgabe, die früher Aufwand war), gibt es nicht, da Aufwand stets Verbrauch (bzw. Umformung) von Produktionsfaktoren oder Abfluß von Geldmitteln ist. Es liegt also entweder eine Auszahlung, ein Schuldenzugang oder ein Forderungsabgang vor, wenn ein Aufwand entsteht. Erfolgt die Auszahlung später als der Aufwand (z. B. Verbrauch von Rohstoffen, die auf Kredit beschafft wurden oder spätere Zahlung von Steuern zu Lasten einer Steuerrückstellung), so war der Kreditkauf bzw. die Rückstellungsbildung ein Schuldenzugang, also eine Ausgabe der Periode, in der auch der Aufwand eintritt.

Die spätere Tilgung des Lieferantenkredits bzw. die spätere Steuerzahlung ist eine Auszahlung (Ausgabe), der kein Aufwand in dieser Periode, sondern eine Einnahme (Schuldenabgang) entspricht. D. h. eine in der Periode der Aufwandsverursachung entstandene Ausgabenkategorie (Schuldenzugang) wird später zu einer anderen Ausgabenkategorie (Auszahlung). Die Beziehung: Aufwand der Periode = Auszahlung einer späteren Periode besagt also nicht, daß die Ausgabe später als der Aufwand erfolgt, sondern daß ein Schuldenzugang der Periode zu einer Auszahlung in einer späteren Periode führt.

d) Einnahme – Ertrag

Analog zu den Beziehungen zwischen Ausgaben und Aufwendungen können auch die **Beziehungen zwischen Einnahmen und Erträgen** dreifacher Art sein:

1. Beide Größen stimmen zeitlich und sachlich überein:
   Einnahme der Periode = Ertrag der Periode
   Beispiel: Verkauf (= Einzahlung oder Forderungszugang) von in der Periode produzierten Fabrikaten (Ertrag).

2. Beide Größen unterscheiden sich **sachlich:**
   a) **Einnahme** der Periode, grundsätzlich **kein Ertrag** (auch nicht in einer anderen Periode).
   Beispiel: Rückzahlung eines gewährten Darlehens durch den Schuldner (= Einzahlung).
   b) **Ertrag** der Periode, grundsätzlich **keine Einnahme** (auch nicht in einer anderen Periode).
   Beispiel: Innerbetriebliche Leistungen (selbsterstellte Maschinen, Werkzeuge u. a.), die im eigenen Betrieb verbraucht werden.

3. Beide Größen unterscheiden sich **zeitlich**:

 a) Einnahme der Periode = Ertrag einer **späteren** Periode:

 Beispiel: Erhaltene Anzahlungen (= Einzahlung).

Einnahme der Periode = Ertrag einer **früheren** Periode:

 Beispiel: Barzahlung einer Warenforderung, die in einer früheren Periode entstanden war (= Einzahlung).

 b) Ertrag der Periode = Einnahme einer **späteren** Periode:

 Beispiel: Produktion von Fabrikaten auf Lager.

Ertrag der Periode = Einnahme einer **früheren** Periode:

 Beispiel: Lieferung von früher durch Vorauszahlung bezahlten Fabrikaten.

E i n n a h m e (Periode)				
2a	3a	1		
		1	2b	3b
		E r t r a g (Periode)		

e) **Betriebsausgabe – Aufwand**

Das Steuerrecht hat eine eigene Terminologie für die Ermittlung des steuerlichen Ergebnisses (Gewinn oder Verlust) mit Hilfe der Steuerbilanz entwickelt. Nach § 4 Abs. 1 EStG ist **steuerpflichtiger Gewinn** „der Unterschiedsbetrag zwischen dem Betriebsvermögen am Schluß des Wirtschaftsjahrs und dem Betriebsvermögen am Schluß des vorangegangenen Wirtschaftsjahrs, vermehrt um den Wert der Entnahmen und vermindert um den Wert der Einlagen." Der Wert des Betriebsvermögens kann durch Betriebsausgaben vermindert und durch Betriebseinnahmen erhöht werden. § 4 Abs. 4 EStG definiert den Begriff der **Betriebsausgaben** als „Aufwendungen, die durch den Betrieb veranlaßt sind." Aus dieser Definition kann jedoch nicht abgeleitet werden, daß Betriebsausgaben grundsätzlich Aufwand im oben definierten Sinne sind, da das Steuerrecht unter „Aufwendungen" auch Ausgaben versteht, die kein Wertverzehr einer Periode sind. „S ä m t l i c h e Aufwendungen, die sich auf G ü t e r d e s B e t r i e b s erstrecken, sind Betriebsausgaben. Die Tatsache, daß durch die Ausgaben dem Betrieb W e r t e z u g e f ü h r t werden, hindert nicht die Annahme von Betriebsausgaben."[7]

Trotz dieser Gleichsetzung zwischen Ausgaben und steuerlichen Betriebsausgaben bedarf die obige Darstellung der Beziehungen zwischen Ausgaben und Aufwand für die Betriebsausgaben einer Ergänzung, weil diese Beziehungen kraft steuerrechtlicher Vorschriften in der Weise verändert

---

[7] Blümich-Falk, Einkommensteuergesetz, Bd. I, 9. Aufl., Berlin und Frankfurt/M. 1964, S. 352, Sperrungen im Original.

werden können, daß z. B. bestimmte Betriebsausgaben, die zugleich Aufwand der Periode sind, zu „**nichtabzugsfähigen**" Betriebsausgaben erklärt werden, d. h. zu Betriebsausgaben, die im Gegensatz zum Aufwand den (steuerlichen) Erfolg der Periode nicht vermindern dürfen (z. B. Aufwendungen für Geschenke, Gästehäuser u. a.[8]).

Zwischen dem Aufwand und den Betriebsausgaben einer Periode sind folgende Beziehungen denkbar:

1. Beide Größen **stimmen sachlich und zeitlich überein**:
   Aufwand der Periode = Betriebsausgabe der Periode.
   Beispiel: Zahlung von Löhnen (Ausgabe = Aufwand = Betriebsausgabe).

2. Beide Größen unterscheiden sich **sachlich**:
   Betriebsausgabe der Periode, grundsätzlich kein Aufwand (auch nicht einer anderen Periode).
   Beispiel: Kauf von nicht abnutzbaren Anlagegütern (Grund und Boden, Wertpapiere u. a.).

3. Beide Größen unterscheiden sich **kraft Gesetzes**:
   a) Betriebsausgabe der Periode, grundsätzlich kein Aufwand (auch nicht in einer anderen Periode).
   Beispiel: Anerkennung der steuerlichen Abzugsfähigkeit von nicht aufwandswirksamen Ausgaben aus wirtschaftspolitischen Gründen, beispielsweise die Anerkennung eines zur Förderung des Wohnungsbaus gegebenen Darlehens als Betriebsausgabe im Jahr der Hingabe (Vgl. § 7 c EStG 1949). Soweit die steuerliche Anerkennung als Betriebsausgabe auf Grund der Maßgeblichkeit der Bilanzansätze der Handelsbilanz für die Steuerbilanz davon abhängt – und das ist die Regel und war auch im Falle des § 7 c EStG der Fall –, daß der Vorgang auch in der Handelsbilanz erfolgswirksam verrechnet wird, kommt derartigen Beispielen nur theoretische Bedeutung zu.
   b) Aufwand der Periode, grundsätzlich keine abzugsfähige Betriebsausgabe (auch nicht in einer anderen Periode).
   Beispiel: Körperschaft- und Vermögensteuer bei Kapitalgesellschaften. Sie mindern nicht den steuerpflichtigen Gewinn, sondern sind aus diesem Gewinn zu zahlen, während sie in der aktienrechtlichen Gewinn- und Verlustrechnung als Aufwand den Jahresüberschuß kürzen.

4. Beide Größen stimmen **sachlich, aber nicht zeitlich** überein:
   a) Der Aufwand der Periode ist kleiner als die Betriebsausgaben der Periode (beide Größen stimmen jedoch in der Totalperiode überein).

---

[8] Vgl. § 4 Abs. 5 EStG

Beispiel: Die Periodenabschreibung in der Handelsbilanz ist niedriger als in der Steuerbilanz. Trotz des Prinzips der Maßgeblichkeit der Handelsbilanz sind solche Fälle möglich, wenn die bis dahin vorgenommene Gesamtabschreibung eines Wirtschaftsguts in der Handelsbilanz nicht geringer als in der Steuerbilanz ist oder wenn steuerliche Sonderabschreibungen aus wirtschaftlichen Gründen zugelassen werden, ohne daß sie zuvor in der Handelsbilanz berücksichtigt werden müssen.

b) Der Aufwand der Periode ist größer als die Betriebsausgabe der Periode (beide Größen stimmen jedoch in der Totalperiode überein).

Beispiel: Die Periodenabschreibung eines Wirtschaftsguts in der Handelsbilanz ist höher als die nach § 7 EStG in der Steuerbilanz zulässige Absetzung für Abnutzung (AfA) der Periode.

Die Beziehungen zwischen Betriebsausgaben und Aufwand lassen sich schematisch folgendermaßen zeigen:

B e t r i e b s a u s g a b e (Periode)			
2	3a	4a	1

1	3b	4b
A u f w a n d (Periode)		

f) Betriebseinnahmen – Ertrag

Der Begriff der (steuerlichen) **Betriebseinnahmen** ist gesetzlich nicht definiert. Blümich-Falk bezeichnen in Anlehnung an § 8 Abs. 1 EStG, der den Begriff der „Einnahmen" umschreibt, als Betriebseinnahmen „alle Zugänge in Geld und Geldeswert, die durch den Betrieb, insbesondere durch die Veräußerung des Umlauf- oder Anlagevermögens veranlaßt sind."[9] Dazu gehören nicht nur erfolgswirksame, sondern auch **erfolgsunwirksame** Einnahmen wie z. B. „Geldeingänge aus einer Kreditaufnahme"[10]. Ebenso wie bei den Betriebsausgaben kann der Gesetzgeber auch die Erfolgswirksamkeit von Betriebseinnahmen aufheben, so daß Betriebseinnahmen, die ihrem Wesen nach Ertrag der Periode sind, den steuerlichen Erfolg nicht beeinflussen können.

Zwischen den Erträgen und den steuerlichen Betriebseinnahmen bestehen analoge Beziehungen wie zwischen den Aufwendungen und den steuerlichen Betriebsausgaben:

1. Beide Größen **stimmen sachlich und zeitlich überein:**

Ertrag der Periode = Betriebseinnahme der Periode.

Beispiel: Produktion und Verkauf von Fabrikaten.

---

9 Blümich-Falk, a. a. O., S. 342
10 Blümich-Falk, a. a. O., S. 343

2. Beide Größen unterscheiden sich **sachlich**:

a) Betriebseinnahme der Periode, grundsätzlich kein Ertrag (auch nicht in einer anderen Periode).

Beispiel: Aufnahme eines Kredits.

b) Ertrag der Periode, grundsätzlich keine Betriebseinnahme (auch nicht in einer anderen Periode).

Beispiel: selbsterstellte Maschinen, die im eigenen Betriebe eingesetzt werden.

3. Beide Größen unterscheiden sich **kraft Gesetzes**:

a) Erfolgswirksame Betriebseinnahme der Periode, grundsätzlich kein Ertrag (auch nicht in einer anderen Periode).

Beispiel: steuerlicher Zwang zur erfolgswirksamen Behandlung erfolgsunwirksamer Vorgänge, beispielsweise Rückfluß eines (bei der Hingabe als Betriebsausgabe abzugsfähigen) Darlehens (Vgl. z. B. § 7 c EStG 1949) unter der – steuerrechtlich nicht zulässigen – Annahme, daß der Vorgang in der Handelsbilanz erfolgsunwirksam behandelt wird.

b) Ertrag der Periode, grundsätzlich keine erfolgswirksame Betriebseinnahme (auch nicht in einer anderen Periode).

Beispiel: körperschaftsteuerfreie Erträge aus Anteilen an Kapitalgesellschaften[11].

4. Beide Größen stimmen **sachlich, aber nicht zeitlich** überein:

a) Der Ertrag der Periode ist niedriger als die Betriebseinnahme der Periode.

Beispiel: Eine nicht mehr benötigte Rückstellung wird in der Steuerbilanz schneller als in der Handelsbilanz aufgelöst.

b) Der Ertrag der Periode ist größer als die Betriebseinnahme der Periode.

Beispiel: Veräußerung von Anlagegütern, deren Restbuchwert auf Grund von Abschreibungsvorschriften in der Steuerbilanz höher als in der Handelsbilanz ist, zu einem über dem steuerlichen Restbuchwert liegenden Wert.

Veräußerungswert	DM 1500
Restbuchwert in der Handelsbilanz	DM 1000
Restbuchwert in der Steuerbilanz	DM 1200
a. o. Ertrag	DM 500
Betriebseinnahme	DM 300

---

[11] Nach § 9 Abs. 1 KStG bleiben Gewinnanteile, die auf Beteiligungen einer inländischen Kapitalgesellschaft an einer anderen inländischen Kapitalgesellschaft von mindestens 25 % entfallen, bei der empfangenden Gesellschaft außer Ansatz, d. h. sie sind keine steuerwirksame Betriebseinnahme.

Die Beziehungen zwischen Betriebseinnahmen und Ertrag lassen sich schematisch folgendermaßen darstellen:

B e t r i e b s e i n n a h m e (Periode)						
2a	3a	4a	1			
			1	2b	3b	4b
			E r t r a g (Periode)			

g) Erfolg

Unter Verwendung der bisher erläuterten Begriffe ergibt sich der Erfolg einer Periode aus folgenden Beziehungen:

1. Bilanz

Betriebsertrag	— Zweckaufwand	=	Betriebserfolg
neutraler Ertrag	— neutraler Aufwand	=	neutraler Erfolg
Gesamtertrag	— Gesamtaufwand	=	Gesamterfolg
Gesamtertrag	$>$ Gesamtaufwand	=	Bilanzgewinn
Gesamtertrag	$<$ Gesamtaufwand	=	Bilanzverlust

2. Kostenrechnung

Leistung — Kosten = Betriebsergebnis

3. Steuerbilanz

Erfolgswirksame Betriebseinnahmen — abzugsfähige Betriebsausgaben
= steuerpflichtiger Erfolg

Erfolgswirksame Betriebseinnahmen $>$ abzugsfähige Betriebsausgaben
= steuerpflichtiger Gewinn

Erfolgswirksame Betriebseinnahmen $<$ abzugsfähige Betriebsausgaben
= steuerlicher Verlust

Betriebserfolg und Betriebsergebnis einer Periode stimmen in der Regel nicht überein, da – wie oben gezeigt – sowohl zwischen Betriebsertrag und Leistung als auch zwischen Zweckaufwand und Kosten einer Periode Differenzen bestehen können.

Ebenso sind Gesamterfolg und steuerlicher Erfolg in der Regel nicht identisch, weil sowohl zwischen dem Gesamtertrag und den erfolgswirksamen Betriebseinnahmen als auch dem Gesamtaufwand und den abzugsfähigen Betriebsausgaben einer Periode Differenzen bestehen können.

II. Begriffliche und verrechnungstechnische Grundlagen

1. Begriff und Formalaufbau der Bilanz

Die Gesamtheit aller im Betriebe eingesetzten Werte findet ihren rechnerischen Ausdruck in zweifacher Weise: einmal als **Kapital**, das die Summe aller vom Unternehmer bzw. von Gesellschaftern zur Verfügung gestellten Mittel (Eigenkapital) und aller von Dritten dem Betrieb überlassenen Mittel (Fremdkapital) darstellt; zum anderen als **Vermögen**[1], das zeigt, welche Verwendung das Kapital im Betriebe gefunden hat. Kapital und Vermögen sind also stets gleich groß, sie stellen zwei verschiedene Ausdrucksformen der Gesamtheit aller betrieblichen Werte dar.

Diese Gleichheit findet ihren sichtbaren rechnerischen Niederschlag in der **Bilanz**, in der das Kapital als Summe aller Verpflichtungen des Betriebes gegenüber Beteiligten und Gläubigern auf der **Passivseite**[2] und das Vermögen als Summe aller im Betriebe eingesetzten Wirtschaftsgüter und Geldmittel auf der **Aktivseite** erscheint. Während die Passivseite die Herkunft der finanziellen Mittel zeigt (Passiva = **Mittelherkunft**), gibt die Aktivseite darüber Auskunft, in welcher konkreten Form diese Mittel angelegt worden sind (Aktiva = **Mittelverwendung**).

Es gilt stets die sog. **Bilanzgleichung**: Vermögen = Kapital. Anders ausgedrückt: jeder auf der Passivseite stehende Anspruch eines Gesellschafters oder Gläubigers gegen den Betrieb wird außer im Fall eines Verlustes[3] durch die auf der Aktivseite ausgewiesenen Vermögenswerte gedeckt. Dabei besteht in der Regel keinerlei direkte Beziehung zwischen ein-

---

1 Die Begriffe Vermögen und Kapital werden in den Wirtschaftswissenschaften und der Rechtswissenschaft unterschiedlich interpretiert. So wird z. B. in der Volkswirtschaftslehre der Begriff Kapital mit anderem Inhalt gebraucht als im betrieblichen Rechnungswesen. Das EStG faßt sogar beide Begriffe in einem Wort zusammen, wenn es bei der Aufzählung der Einkunftsarten in § 2 Abs. 2 Nr. 5 von „Einkünften aus Kapitalvermögen" spricht. Darunter sind Gewinnanteile (Dividenden), Zinsen u. ä. zu verstehen. Zur Vermeidung von Mißverständnissen erscheint es zweckmäßig, die Begriffe Bilanzvermögen und Bilanzkapital zu verwenden (Vgl. Heinen, E., Handelsbilanzen, 5. Aufl., Wiesbaden 1969, S. 13). Wir gebrauchen die Begriffe Vermögen und Kapital in diesem Buche stets in diesem Sinne, ohne das jeweils besonders zu erwähnen.

2 Die Passivseite ist die rechte Seite, die Aktivseite die linke Seite einer in Form eines T-Kontos aufgestellten Bilanz.

3 Vgl. S. 23

zelnen Kapitalansprüchen und einzelnen Vermögensgegenständen, sondern die **Summe des Vermögens deckt die Summe des Kapitals.** Andererseits erfordert jeder auf der Aktivseite aufgeführte Vermögenswert auf der Passivseite einen Ausweis von Kapital in entsprechender Höhe. In der betriebswirtschaftlichen Literatur gibt es eine Anzahl von Definitionen der Bilanz, die teilweise erheblich voneinander abweichen. Das hat seinen Grund in den unterschiedlichen Auffassungen über Zweck und Aufgaben der Bilanz, auf die unten[4] noch ausführlich eingegangen wird.

Das Kapital fließt dem Betriebe gewöhnlich in Form von Geldmitteln, in selteneren Fällen durch Einbringung von Sacheinlagen (z. B. in Form von Grundstücken, Gebäuden oder Maschinen) zu. Wird das Kapital dem Betriebe vom Unternehmer oder von Gesellschaftern und Aktionären zur Verfügung gestellt, so bezeichnet man es als **Eigenkapital.** Es erfolgt eine Einlagen- bzw. Beteiligungsfinanzierung. Erhält der Betrieb das Kapital auf dem Wege des Kredits von Gläubigern (Banken, Lieferanten, Anzahlungen von Kunden), so handelt es sich um **Fremdkapital,** und es liegt eine Kreditfinanzierung vor.

Die Geldmittel werden zum Erwerb von **Sachwerten** wie Grundstücken, Gebäuden, Maschinen, Werkzeugen und Stoffen, von **Finanzwerten** wie Beteiligungen und Wertpapieren, von **immateriellen Werten** wie Patenten, Lizenzen, Konzessionen und von Arbeits- und sonstigen Dienstleistungen verwendet.

Mindert sich das Vermögen im Laufe einer Abrechnungsperiode durch den betrieblichen Umsatzprozeß unter der Annahme konstanter Größe des Fremdkapitals, so ist in gleicher Höhe ein **Verlust** an Eigenkapital eingetreten, nimmt das Vermögen durch den betrieblichen Umsatzprozeß zu, so hat sich bei konstantem Fremdkapital das Eigenkapital entsprechend vergrößert, d. h. es ist ein **Bilanzgewinn** entstanden. Die Gleichheit von Vermögen und Kapital wird im Verlustfalle also durch Reduzierung, im Gewinnfalle durch Erhöhung der Eigenkapitalposition erreicht.

Infolge gesetzlicher Vorschriften muß bei Kapitalgesellschaften ein Teil des Eigenkapitals, nämlich das im Handelsregister eingetragene Haftungskapital (Grundkapital der Aktiengesellschaft, Stammkapital der GmbH) stets **in nomineller Höhe** in der Bilanz angewiesen werden, auch dann, wenn durch Gewinne das Eigenkapital erhöht wird oder wenn durch Verluste ein Teil dieses Nominalkapitals verloren gegangen ist. Im Gewinnfalle erscheint in der Bilanz die **Position Bilanzgewinn** oder – wenn Teile des Gewinns nicht ausgeschüttet werden – eine (oder mehrere) zusätzliche Eigenkapitalpositionen (offene Rücklagen, Gewinnvortrag). Im Falle eines über die zusätzlichen Eigenkapitalpositionen hinausgehenden Verlustes kann die Bilanz nur ausgeglichen werden, wenn der zu hoch angesetzte Betrag des Nominalkapitals auf der Aktivseite durch einen Korrekturposten – **Verlustvortrag** – berichtigt wird.

---

[4] Vgl. S. 27

Damit erscheint auf der Aktivseite der Bilanz eine Position, die kein Vermögen, sondern ein **Korrekturposten** zu einem zu hoch angesetzten Passivposten ist. Das gleiche Bild ergibt sich z. B. durch die gesetzliche Vorschrift, daß Verbindlichkeiten zum Rückzahlungsbetrag zu passivieren sind.[5] Bei Anleihen oder sonstigen langfristigen Darlehen liegt der Rückzahlungsbetrag häufig über dem Ausgabebetrag. Wird z. B. eine Obligation zum Kurs von 96 % ausgegeben und zum Kurs von 102 % zurückgezahlt, so sind auf der Passivseite Schulden von 102 entstanden, auf der Aktivseite aber nur Vermögenswerte (Zahlungsmittel) von 96 eingegangen. Die Differenz von 6 ist ein Verlust für den Betrieb, der das Eigenkapital kürzt. Da dieser Verlust **(Disagio)** wirtschaftlich nicht nur die Periode, in der das Darlehen aufgenommen worden ist, betrifft, sondern die Gesamtlaufzeit des Kredits, ist es üblich, das Disagio auf der Aktivseite der Bilanz auszuweisen und über die Laufzeit des Kredits durch jährliche Abschreibung allmählich zu tilgen. Auch das Disagio ist kein Vermögen, auch wenn es auf der Vermögensseite erscheint, sondern ein Korrekturposten zum Kapital.

Entsprechend stehen Korrekturposten zum Vermögen auf der Passivseite, wenn Vermögenspositionen auf der Aktivseite zu hoch ausgewiesen werden. Wird z. B. die Verteilung der Anschaffungskosten von langfristig dem Betriebe dienenden Anlagegütern (Abschreibung) auf die wirtschaftliche Nutzungsdauer nicht direkt, d. h. durch Kürzung der Anschaffungskosten, sondern indirekt vorgenommen, indem auf der Aktivseite die Anschaffungskosten unverändert ausgewiesen, die Abschreibungen aber auf der Passivseite als **Wertberichtigung,** d. h. also als Korrekturposten gegenübergestellt werden, so sind die Wertberichtigungen kein Kapital, sondern eine Korrektur des Vermögens.

Die Tatsache, daß sowohl auf der Aktiv- als auch auf der Passivseite Korrekturposten stehen können, ist kein Einwand gegen die Feststellung, daß die Aktivseite das Vermögen und die Passivseite das Kapital eines Betriebes zeigt[6]. Derartige Korrekturposten sind kein Vermögen bzw. Kapital, sondern ihre Bildung ist ein in der Buchhaltung übliches **Verfahren der Subtraktion.** Setzt man die Korrekturposten von den durch sie korrigierten Vermögens- oder Kapitalpositionen ab, so reduziert man die Bilanzsumme auf das am Bilanzstichtag vorhandene Vermögen und das durch das Vermögen gedeckte Kapital.

Hat ein Betrieb infolge von Verlusten beim Umsatzprozeß oder von außerordentlichen Verlusten nicht nur sein Eigenkapital verloren, sondern reicht das Vermögen nicht einmal mehr zur Deckung des Fremdkapitals aus, so kann allerdings die Bilanz auch bei Betrieben, die auf Grund ihrer Rechtsform kein festes Nominalkapital ausweisen müssen, nur durch einen Verlustposten ausgeglichen werden. Vermögen und Kapital sind in diesem

---

[5] § 156 Abs. 2 AktG
[6] A. A. Stützel, W., Bemerkungen zur Bilanztheorie, ZfB 1967, S. 314 f.

Falle nicht mehr gleich groß, es liegt eine Überschuldung (**Unterbilanz**) vor.[7]

Die dargestellten Beziehungen zwischen Vermögen und Kapital werden im folgenden noch einmal schematisch gezeigt:

Die Abkürzungen bedeuten:

V = Vermögen	WB = Wertberichtigung
EK = Eigenkapital	NK = Nominalkapital
FK = Fremdkapital	

Fall 1: Die Bilanzsumme entspricht dem vorhandenen Vermögen und Kapital.

Fall 2: In einer Personenunternehmung ist ein Gewinn erzielt worden (Mehrung des Vermögens und der Eigenkapitalposition).

Fall 3: In einer Personenunternehmung ist ein Verlust eingetreten (Minderung des Vermögens und der Eigenkapitalposition).

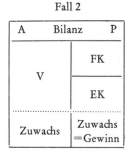

Fall 4: Das Vermögen wird durch eine Wertberichtigung (z. B. indirekte Abschreibung) korrigiert. Vermögen und Kapital sind kleiner als die Bilanzsumme.

Fall 5: Das Vermögen ist kleiner als das Fremdkapital: das Eigenkapital ist verloren, ein Verlustvortrag korrigiert das Fremdkapital (Unterbilanz). Das Vermögen ist kleiner als die Bilanzsumme.

---

[7] Bei Kapitalgesellschaften führt eine Überschuldung infolge der auf die Kapitaleinlagen beschränkten Haftung der Gesellschafter zum Konkurs, bei Personengesellschaften ist die Überschuldung infolge der persönlichen Haftung von Gesellschaftern nicht notwendigerweise ein Konkursgrund.

Fall 6: In einer Kapitalgesellschaft ist ein Gewinn erzielt worden. (Mehrung des Vermögens und Ausweis zusätzlicher Eigenkapitalpositionen neben dem Nominalkapital).

Fall 7: In einer Kapitalgesellschaft ist ein Verlust entstanden. Der Verlustposten korrigiert – nach Ausgleich mit den zusätzlichen Eigenkapitalpositionen – das Nominalkapital. Vermögen und Kapital sind kleiner als die Bilanzsumme.

Fall 6				Fall 7		
A	Bilanz	P		A	Bilanz	P
		FK		V		FK
V						
		NK				NK
		Rücklagen		Verlust		
Zuwachs						
		Gewinn				

Man kann bei der bilanzmäßigen Erfassung betrieblicher Werte zunächst zwei große Bereiche unterscheiden:

1. den **Kapitalbereich**, der das beschaffte Eigen- und Fremdkapital aufnimmt. Letzteres wird nach der Dauer, die es dem Betriebe zur Verfügung steht, in lang- und kurzfristiges Fremdkapital getrennt. Das Eigenkapital ist – soweit es sich um Nominalkapital und gesetzliche Rücklagen[8] von Kapitalgesellschaften handelt – langfristig. Bei Einzelunternehmungen und Personengesellschaften kann es infolge von Privatentnahmen, die z. T. unabhängig von Gewinnen oder Verlusten sind, da sie dem Lebensunterhalt der Unternehmer bzw. Mitunternehmer dienen, stärkeren kurzfristigen Schwankungen unterliegen;

2. den **Vermögensbereich**, der nach der Verwendung, die das Kapital gefunden hat, in Anlagevermögen und Umlaufvermögen gegliedert wird. Zum **Anlagevermögen** zählen die Wirtschaftsgüter, die in der Regel nicht der Veräußerung dienen, sondern auf Dauer oder über mehrere Perioden Nutzungen abgeben (z. B. Grund und Boden, Gebäude, Maschinen, Werkzeuge). Die Wirtschaftsgüter des **Umlaufvermögens** dagegen werden gewöhnlich innerhalb einer Periode umgeformt oder umgesetzt (z. B. Roh-, Hilfs- und Betriebsstoffe, Halb- und Fertigfabrikate, Zahlungsmittel).

---

[8] Vgl. § 150 AktG

Aktiva	Bilanz zum 31. 12. 19 . .	Passiva
Anlagevermögen	Eigenkapital	
Umlaufvermögen	Fremdkapital	

Das **Anlagevermögen** besteht aus drei Gruppen:

a) dem **materiellen** Anlagevermögen, das entweder genutzt wird, ohne daß eine Wertminderung eintritt, wie z. B. Grundstücke, oder das, wie z. B. bei Gebäuden, Maschinen, Werkzeugen usw., durch Nutzung einer ständigen oder plötzlichen Wertminderung unterliegt;

b) dem **immateriellen** Anlagevermögen, wozu vor allem gegen Entgelt erworbene Rechte gehören, die vom Betrieb für längere Zeit genutzt werden können, wie Patente, Konzessionen, Lizenzen u. a.;

c) dem **Finanzanlagevermögen,** das sich aus Beteiligungen, Wertpapieren und langfristigen Darlehns- und Hypothekenforderungen zusammensetzt.

Das **Umlaufvermögen** gliedert sich in:

a) **Vorräte,** z. B. Roh-, Hilfs- und Betriebsstoffe, Halb- und Fertigfabrikate und Waren;

b) **Forderungen** aller Art, soweit sie nicht unter anderen Positionen (z. B. Anlagevermögen [c], Umlaufvermögen [c]) ausgewiesen werden;

c) **Wertpapiere,** die nur kurzfristig als Liquiditätsreserve gehalten werden, und

d) **Zahlungsmittel** wie Bank, Kasse und Postscheck.

Aktiva	Bilanz zum 31. 12. 19 . .	Passiva
Anlagevermögen Sachanlagen Immaterielle Anlagen Finanzanlagen	**Eigenkapital**	
Umlaufvermögen Vorräte Forderungen Wertpapiere Zahlungsmittel	**Fremdkapital** langfristige Verbindlichkeiten kurzfristige Verbindlichkeiten	

Die Differenz zwischen dem Bilanzvermögen (Aktiva) und den Verbindlichkeiten (Fremdkapital) bezeichnet man als **Reinvermögen.** Es ist gleich dem auf der Passivseite ausgewiesenen Eigenkapital.

Das in einer Bilanz ausgewiesene Vermögen – und folglich auch das in einer Bilanz ausgewiesene Kapital – entsprechen in der Regel wertmäßig nicht dem in einem Betrieb tatsächlich arbeitenden Vermögen und Kapital, da auf Grund der für die einzelnen Bilanzpositionen anzuwendenden Bewertungsvorschriften

1. einzelne Wirtschaftsgüter mit einem **geringeren Wert angesetzt** werden können als es ihrem Realisationswert (Einzelveräußerungspreis) oder ihrem Nutzungswert (Veräußerungswert der in einem Wirtschaftsgut, z. B. in einer Maschine, am Bilanzstichtag noch steckenden Nutzungen) entspricht oder

2. bestimmte Wirtschaftsgüter (z. B. immaterielle Werte, die den Firmenwert bilden wie beispielsweise der Kundenstamm, die Organisation, ein Markenname u. ä.) überhaupt **nicht in der Bilanz angesetzt werden dürfen,** wenn sie nicht Gegenstand des Rechtsverkehrs sind (sog. nicht bilanzierungsfähige immaterielle Wirtschaftsgüter).

Der **Gesamtwert eines Betriebes** und der Wert des Bilanzvermögens stimmen also in der Regel nicht überein.

Der Begriff Bilanz wird nicht nur für Beständebilanzen, die das Vermögen und Kapital des Betriebes an einem Stichtag ausweisen (Zeitpunkt-Bilanzen), sondern auch für sog. **Bewegungsbilanzen** (Zeitraum-Bilanzen[9]) verwendet, die die Veränderungen der Bilanzpositionen während einer Periode in der Form einer Gegenüberstellung von **Mittelverwendung** und **Mittelherkunft** zeigen. Die Zugänge zu den Aktivkonten und die Verminderung der Passivkonten weisen die Mittelverwendung aus und erscheinen auf der linken Seite, die Abgänge von den Aktivkonten und die Zugänge auf den Passivkonten geben über die Mittelherkunft Aufschluß und stehen auf der rechten Seite der Bewegungsbilanz.

Mittelverwendung	Bewegungsbilanz	Mittelherkunft

Vermögenszugänge
  = Sollüberschuß auf aktiven
    Bestandskonten
		Vermögensabgänge
		  = Habenüberschuß auf
		    aktiven Bestandskonten

Kapitalabgänge
  = Sollüberschuß auf passiven
    Bestandskonten
		Kapitalzugänge
		  = Habenüberschuß auf
		    passiven Bestandskonten

(Saldo = Verlust)		(Saldo = Gewinn)

---

[9] In der Literatur finden sich für die Bewegungsbilanz auch die Bezeichnungen finanzwirtschaftliche Bilanz, Kapitalverwendungsrechnung, Kapitalflußrechnung, Wertflußrechnung,

Die Bewegungsbilanz ist ein Instrument zur Darstellung finanzwirtschaftlicher Vorgänge und der Liquidität und ist außerdem zur Erfolgsermittlung geeignet. Die **Zeitpunkt-Bilanz** zeigt den Gesamtgewinn (Gesamtverlust) einer Periode als Differenz zwischen Kapital am Ende und Kapital am Anfang der Periode, die **Erfolgsrechnung** (Gewinn- und Verlustrechnung) weist den Gewinn (Verlust) als Saldo zwischen Ertrag und Aufwand der Periode aus und gibt damit Aufschluß über seine Herkunft, die **Zeitraum-Bilanz** ermittelt aus den Veränderungen der Bestände den Gewinn (Verlust) und macht gleichzeitig sichtbar, welche Veränderungen in den Bestandskonten zur Bildung des Gewinns (Verlustes) geführt haben und zeigt, in welchen Positionen sich der Gewinn (Verlust) niedergeschlagen hat.

2. Arten und Aufgaben der Bilanz

a) Überblick

Die Arten der Bilanzen ergeben sich aus den **Anlässen** der Bilanzaufstellung und aus den **Zielsetzungen,** die mit der Bilanzaufstellung verfolgt werden. Eine erste Einteilung ist die Unterscheidung in ordentliche und außerordentliche Bilanzen. Bei dieser Einteilung tritt zum Zweckkriterium noch das Kriterium der Regelmäßigkeit der Wiederholung bzw. der Einmaligkeit oder zeitlichen Unregelmäßigkeit der Bilanzaufstellung hinzu.[10] **Ordentliche** Bilanzen werden in regelmäßigen Abständen auf Grund **gesetzlicher Vorschriften** (Jahresbilanzen) oder auf Grund **vertraglicher Vereinbarungen** (z. B. Vorlage monatlicher, viertel- oder halbjährlicher Zwischenbilanzen bei einem Kreditgeber) oder für **betriebsinterne Zwecke** zur Selbstinformation und als Grundlage für weitere Dispositionen aufgestellt.

Außerordentliche Bilanzen werden – wie ihr Name sagt – bei besonderen einmalig oder in unregelmäßigen Zeitabständen auftretenden rechtlichen oder wirtschaftlichen Anlässen (z. B. Gründung, Kapitalerhöhung, Kapitalherabsetzung, Umwandlung, Fusion, Auseinandersetzung, Liquidation, Kreditwürdigkeitsprüfung) oder infolge besonderer währungspolitischer Ereignisse (Goldmark-Eröffnungsbilanz, DM-Eröffnungsbilanz) erstellt.

Zeitraumbilanz. Vgl. insbesondere: Bauer, W., Die Bewegungsbilanz und ihre Anwendbarkeit, insbesondere als Konzernbilanz, ZfhF 1926, S. 485 ff.; Flohr, G., Die Zeitraumbilanz, Berlin 1963; Busse von Colbe, W., Aufbau und Informationsgehalt von Kapitalflußrechnungen, ZfB 1966, 1. Erg.Heft, S. 82 ff.; Walb, E., Finanzwirtschaftliche Bilanz, 3. Aufl., Wiesbaden 1966; Käfer, K., Kapitalflußrechnungen, Stuttgart 1967; Meyer, C., Konsolidierte Zeitraumbilanzen, Stuttgart 1969.

[10] Heinen, E. (Handelsbilanzen, 5. Aufl., Wiesbaden 1969, S. 19), verwendet dafür das Begriffspaar „laufende und gelegentliche Bilanzen".

Die wichtigste Art der ordentlichen Bilanzen sind die **Jahresbilanzen,** die zusammen mit der Erfolgsrechnung den **Jahresabschluß** bilden (bei Unternehmen bestimmter Rechtsformen oder Betriebsgröße ergänzt und erläutert durch einen Geschäftsbericht). Sie lassen sich nach ihren Zielsetzungen nach dem Kreis der Personen, an die eine Bilanz adressiert ist, weil sie ein Recht auf Rechenschaftslegung und den Wunsch nach Information haben, einteilen in **Handelsbilanzen** (Unternehmer, geschäftsführende Organe, Gesellschafter, Gläubiger, Belegschaft, potentielle Anleger oder Kreditgeber, Konkurrenten, staatliche und wissenschaftliche Institutionen, Wirtschaftspresse u. a.) und **Steuerbilanzen** (Finanzverwaltung, wirtschaftspolitische Institutionen).

Diese Bilanzen werden als **externe** Bilanzen bezeichnet, weil sie sich in erster Linie oder ausschließlich an außerhalb des Betriebes stehende Personen richten, im Gegensatz zu den **internen** Bilanzen, die lediglich der Information der Geschäftsführung dienen und Außenstehenden in der Regel nicht zugänglich sind.

Die Jahresbilanz dient – je nachdem, wie man ihre Positionen interpretiert und bewertet – entweder in erster Linie der **Erfolgsermittlung** (Erfolgsbilanz) oder der **Vermögensermittlung** (Vermögensbilanz). Zwar ergibt sich aus jeder Vermögensbilanz auch der Erfolg wie auch umgekehrt jede Erfolgsermittlung mit der Bilanz über eine Feststellung von Vermögens- und Schuldenbeständen erfolgt, jedoch können sich Unterschiede insbesondere bei der Bewertung der Vermögenspositionen und bei der Abgrenzung der Bilanzperioden gegeneinander ergeben, je nachdem, ob der Akzent bei der Bilanzierung mehr auf die Ermittlung des Erfolges einer Periode oder die Feststellung des Vermögens und der Schulden an einem Stichtage gelegt wird. Soll der Periodenerfolg festgestellt werden, so müssen alle Bestände, die wirtschaftlich Erfolg einer anderen Periode sind (z. B. erhaltene oder geleistete Mietvorauszahlungen) durch **Rechnungsabgrenzungsposten**[11] korrigiert werden. Soll lediglich ein Vermögensstatus an einem Stichtag aufgestellt werden, so kann diese Abgrenzung unterbleiben; bilanziert wird, was am Stichtag vorhanden ist, ohne Rücksicht auf die wirtschaftlichen Beziehungen zwischen zwei Abrechnungsperioden.

Sowohl ordentliche als auch außerordentliche Bilanzen können je nach der **Rechtsform** des Betriebes unterschiedlich ausgestaltet sein. So bestehen z. B. spezielle Rechtsvorschriften über die **Mindestgliederung** der Bilanz, durch die das Zusammenfassen verschiedenartiger Wirtschaftsgüter zu einer Bilanzposition oder die Aufrechnung von Forderungen und Verbindlichkeiten vermieden und somit die Klarheit und Übersichtlichkeit der Bilanzierung vergrößert werden soll, über die **Bewertung** der Bilanzpositionen, durch die die Höhe des ausgewiesenen Bilanzgewinns beeinflußt wird, über den Ausweis des Haftungskapitals (Grundkapital der Aktiengesellschaften, Stammkapital der GmbH), über die Bildung gesetzlicher Rücklagen u. a.

---

[11] Vgl. S. 107 ff.

Eine besondere Art von Jahresbilanzen entsteht dann, wenn die Bilanzen mehrerer rechtlich selbständiger Unternehmungen zusammengefaßt werden. Sind die Unternehmen auch wirtschaftlich selbständig – wie z. B. bei der Interessengemeinschaft –, so bezeichnet man eine derartige Bilanzzusammenfassung als **General- oder Gemeinschaftsbilanz.**

Bilden die Unternehmen dagegen eine **wirtschaftliche Einheit** – trotz rechtlicher Selbständigkeit wie z. B. bei bestimmten Konzernverbindungen – so spricht man von einer **konsolidierten Bilanz** (Konzernbilanz). Ihre Aufgabe ist für den Konzern die gleiche wie die Aufgabe der Einzelbilanz für eine einzelne Unternehmung; sie soll einen möglichst sicheren Einblick in die Vermögens- und Ertragslage des Konzerns geben. Sie ist als externe Bilanz adressiert an die Verwaltungen, die Gesellschafter und Gläubiger aller Konzernunternehmen, sowie an die an Kapitalanlagen interessierte Öffentlichkeit. Für die Rechtsansprüche der Gläubiger und der außenstehenden Aktionäre (d. h. des Teils des Aktienkapitals der abhängigen Gesellschaften, das nicht der Konzernobergesellschaft oder anderen Konzernunternehmen gehört) und für die Ansprüche der Steuerverwaltung bleiben die Einzelbilanzen der Konzernunternehmen – auch wenn eine Konzernbilanz aufgestellt wird – maßgeblich.

Die Konzernbilanz kann auch eine **interne** Bilanz sein, die als Grundlage für Entscheidungen der Konzernleitung dient. Eine solche Bilanz ist wie jede interne Bilanz nicht an gesetzliche Bilanzierungsvorschriften gebunden, sondern kann ihren Zielsetzungen entsprechend gestaltet werden.

In einer konsolidierten Bilanz werden die Bilanzpositionen der Einzelbilanzen nicht einfach aufaddiert, sondern alle Positionen, die eine Folge davon sind, daß eine wirtschaftliche Einheit aus mehreren rechtlichen Einheiten besteht, werden **gegeneinander aufgerechnet.** Zu diesem Zweck müssen die in den Einzeljahresabschlüssen der Konzernunternehmen ausgewiesenen Bestands- und Erfolgspositionen in **konzerninterne** und **konzernexterne** aufgeteilt werden, d. h. einerseits in solche, die eine Folge von wirtschaftlichen Vorgängen sind, die sich zwischen Konzernunternehmen wie zwischen Abteilungen eines einheitlichen Unternehmens vollziehen, und die nur deshalb den Charakter von buchungs- und bilanzierungspflichtigen Geschäftsvorfällen bekommen, weil sie Vorgänge zwischen rechtlich selbständigen Teilen einer wirtschaftlichen Einheit sind, und andererseits solche Positionen, die eine Folge von Beziehungen von Konzernunternehmen mit außerhalb des Konzerns stehenden Wirtschaftseinheiten sind. Die konzerninternen Vorgänge (Positionen) müssen aufgerechnet werden, da sich sonst im Konzernabschluß Doppelzählungen ergeben würden, die ein falsches Bild über die Vermögens- und Ertragslage des Konzerns zur Folge hätten.

Die Aufrechnung (Konsolidierung) erstreckt sich in der Konzernbilanz auf **drei Bereiche**: das Eigenkapital (Kapitalkonsolidierung), die Forderungen und Verbindlichkeiten (Forderungs- und Schuldenkonsolidierung) und den Erfolg (Erfolgskonsolidierung). In der Konzernerfolgsrechnung erfolgt eine Konsolidierung der Innenumsatzerlöse[12].

Neben den – gesetzlich vorgeschriebenen – konsolidierten Zeitpunkt-Bilanzen (Beständebilanzen) werden auch **konsolidierte Zeitraum-Bilanzen** (Bewegungsbilanzen) aufgestellt. Sie bieten zusätzliche Einblicke in die finanzwirtschaftlichen Vorgänge und in die Liquiditätsverhältnisse eines Konzerns und sind dadurch ein hervorragendes Hilfsmittel zur finanziellen Führung von Konzernen[13].

Die Notwendigkeit der Aufstellung **interner Bilanzen** ergibt sich aus der Tatsache, daß die Zielsetzungen der Handels- und Steuerbilanz zum Teil andere als die der internen Bilanzen sind und daß folglich mit den beiden erstgenannten die Ziele der letztgenannten nicht oder nur in begrenztem Umfange erreicht werden können. Weder aus der Handelsbilanz noch aus der Steuerbilanz kann der in einer Periode erzielte betriebliche Erfolg ersehen werden. Was ausgewiesen wird, ist der Bilanzgewinn bzw. der steuerpflichtige Gewinn. Beide Gewinnbegriffe sind reine Zweckbegriffe, die sich – wie oben gezeigt – von dem betriebswirtschaftlichen Gewinnbegriff unterscheiden. Beide Bilanzen stehen unter dem Prinzip der nominellen Kapitalerhaltung, d. h. Preissteigerungsgewinne werden ohne Rücksicht auf die Substanzerhaltung ausgewiesen und versteuert.

Stellt ein Einzelunternehmer oder die Geschäftsführung einer Gesellschaft eine Bilanz zu dem Zwecke auf, sich selbst über die Lage des Betriebes Rechenschaft zu geben und Informationen als Grundlage zukünftiger Entscheidungen zu erhalten, so sind gesetzliche Bewertungsvorschriften nicht maßgebend. Der Zweck, mit der Bilanz die Vermögens- und Ertragslage den Gläubigern günstiger oder den Dividenden erwartenden Aktionären oder dem Finanzamt ungünstiger darzustellen, entfällt. In einer **internen Bilanz,** mit der die Geschäftsführung feststellen will, inwieweit die zu Beginn der Periode gesteckten Ziele am Ende der Periode realisiert worden sind, und die sie als Grundlage für in die Zukunft gerichtete Entscheidungen verwenden will, haben bewertungspolitische Maßnahmen, deren Ziel es ist, den Informationsgehalt der Bilanz für bestimmte Gruppen (Aktionäre, Gläubiger, Finanzbehörden) zu manipulieren, keinen Platz.

Die Bilanz ist vom Betriebe aufzustellen. Folglich bestimmen sich die Aufgaben und der Aufbau der Bilanz nach den Zielen, die mit der Bilanzaufstellung verfolgt werden. Da diese Ziele aber nicht notwendigerweise mit den Zielen übereinstimmen, die der Gesetzgeber mit dem Zwang zur Aufstellung von jährlichen Handels- und Steuerbilanzen verfolgt, wird die **Realisierung betrieblicher Ziele,** die mit externen Bilanzen erstrebt wird, insoweit **durch gesetzliche Vorschriften begrenzt,** als die Ziele des Gesetzgebers ganz oder teilweise andere sind als die des Betriebes.

---

[12] Vgl. die ausführliche Behandlung des Konzernabschlusses im 9. Abschnitt.

[13] Vgl. insbesondere Bauer, W., Die Bewegungsbilanz und ihre Anwendbarkeit, insbesondere als Konzernbilanz, ZfhF 1926, S. 485 ff.; Meyer, C., Konsolidierte Zeitraumbilanzen, Stuttgart 1969.

Die Aufgaben, die der Gesetzgeber den Bilanzen zuweist, sind im wesentlichen die folgenden:

1. Der **Schutz der Gläubiger** vor falschen Informationen über die Vermögens- und Ertragslage. Mittel dazu sind:
   a) der Zwang zur Dokumentation der Geschäftsvorfälle (Buchführungspflicht),
   b) der Zwang zur periodischen Selbstinformation des Unternehmers über die wirtschaftliche Lage seines Betriebes;
   c) gesetzliche Gliederungs- und Bewertungsvorschriften, die durch Fixierung oberer Wertgrenzen das Vortäuschen einer zu günstigen Vermögenslage und durch Fixierung von unteren Wertgrenzen die Verlagerung von Gewinnen wirtschaftlich guter in wirtschaftlich schlechte Jahre und damit eine Täuschung über die Vermögens- und Ertragssituation verhindern sollen,
   d) das Verbot der Ausschüttung oder Rückzahlung von bestimmten Eigenkapitalteilen (Nominalkapital, gesetzliche Rücklagen) bei Gesellschaften, deren Gesellschafter beschränkt haften;
   e) die Publizitätspflicht für Aktiengesellschaften[14] und Großunternehmen[15], d. h. der Zwang, den Jahresabschluß, ggf. ergänzt durch einen Geschäftsbericht, der ihn erläutert, zu veröffentlichen.

2. Der **Schutz der Gesellschafter** bei Gesellschaften, deren Führung nicht in den Händen der Eigentümer, sondern von Organen (Vorstände, Geschäftsführer von Kapitalgesellschaften) liegt, vor falschen Informationen über die Vermögens- und Ertragslage, deren Zweck es ist, Gewinnansprüche zu verkürzen oder auf spätere Perioden zu verschieben. Mittel dazu sind neben den unter 1. a)–c) genannten vor allem gesetzliche Vorschriften über die Gewinnermittlung und Gewinnverwendung, insbesondere über die Begrenzung der Kompetenzen der Geschäftsführungsorgane, Gewinne durch Rücklagenbildung der Ausschüttung zu entziehen.

3. Der **Schutz der Finanzbehörden** vor falschen Informationen über die Besteuerungsgrundlagen. Mittel dazu sind neben der Dokumentation der Geschäftsvorfälle steuerliche Bilanzierungs- und Bewertungsvorschriften und die Kontrolle der Einhaltung dieser Vorschriften durch steuerliche Betriebsprüfungen. Die Bilanzierungs- und Bewertungsvorschriften verfolgen den Zweck, daß der in einer Periode erzielte Gewinn zum Ausweis gelangt, insbesondere Gewinnverlagerungen auf spätere Perioden verhindert werden – es sei denn, solche Verlagerungen werden aus wirtschafts-, sozial- oder konjunkturpolitischen Gründen gewünscht und durch entsprechende gesetzliche Vorschriften für jeden Betrieb ermöglicht.

4. Der **Schutz der am Betriebe interessierten Öffentlichkeit** vor falschen

---

[14] Vgl. §§ 177 f. AktG
[15] Vgl. §§ 10 und 15 des Gesetzes über die Rechnungslegung von bestimmten Unternehmen und Konzernen vom 15. 8. 1969, BGBl I, S. 1189 (Publizitätsgesetz).

Informationen über die Vermögens- und Ertragslage. Mittel dazu sind alle unter 1. und 2. genannten. Interessenten sind vor allem potentielle Anleger, potentielle Gläubiger und arbeitsuchende Mitarbeiter, insbesondere Führungskräfte, und staatliche Institutionen.

5. Der **Schutz** des Betriebes **vor plötzlichem wirtschaftlichen Zusammenbruch** im Interesse der Belegschaft (Sicherung der Arbeitsplätze) und der gesamten Volkswirtschaft (Rückwirkungen eines Zusammenbruchs auf andere Betriebe, insbesondere Lieferanten). Mittel zur Realisierung dieses Zieles sind die bisher genannten.

Neben der allgemeinen Aufgabe der Rechenschaftslegung und Information durch Feststellung der Höhe des Vermögens und der Schulden an einem Stichtage und durch Ermittlung des Erfolges einer Abrechnungsperiode hat die Bilanz eine Anzahl weiterer Aufgaben, die teils durch die Gliederung der Bilanz, teils durch die Bewertung der Bilanzpositionen, teils durch Auswertung der Bilanz mit Hilfe von betriebswirtschaftlichen Kennzahlen erfüllt werden können. Die internen Bilanzen eignen sich dafür besser als die externen Bilanzen, da diese durch gesetzliche Bilanzierungsvorschriften auf die vom Gesetzgeber erstrebten Zielsetzungen ausgerichtet sind.

Einblicke in die **Vermögens- und Kapitalstruktur** werden durch eine weitgehende Bilanzgliederung[16] ermöglicht. Die Vermögensseite der Bilanz zeigt, welche Investitionen durchgeführt worden sind, d. h. in welchen Gruppen von Wirtschaftsgütern (Sachanlagen, Finanzanlagen, Vorräte) und für welche Zeiträume (langfristig, kurzfristig) die finanziellen Mittel gebunden sind; die Kapitalseite gibt Auskunft über die Zusammensetzung des Kapitals (Eigenkapital, Fremdkapital) und über die Fristigkeit des zur Verfügung stehenden Kapitals. Daraus lassen sich Rückschlüsse auf die Zweckmäßigkeit der Finanzierung und über die Rentabilitäts- und Liquiditätslage des Betriebes ziehen, die im Rahmen der Bilanzanalyse und -kritik mit Hilfe von Kennzahlen gewonnen werden.

Die Auskünfte, die die Bilanz über die **Kapitalerhaltung** des Betriebes gibt, werden von der Bewertung und Abschreibung beeinflußt. Werden z. B. die **Anschaffungskosten** eines Wirtschaftsgutes abgeschrieben, so reichen im Falle steigender Wiederbeschaffungskosten die Abschreibungsgegenwerte nicht zur Wiederbeschaffung aus. Das investierte Kapital ist zwar nominell erhalten worden, wenn wir voraussetzen, daß die verrechneten Abschreibungen über den Absatzmarkt verdient worden sind, die betriebliche Substanz, d. h. die Menge an Vermögensgütern aber hat sich vermindert, wenn nicht Bilanzgewinne vorhanden sind, durch die die Differenz zwischen Anschaffungs- und höheren Wiederbeschaffungskosten gedeckt werden kann.

Werden dagegen Abschreibungen in Höhe der über die Anschaffungskosten gestiegenen **Wiederbeschaffungskosten** als Aufwand verrechnet und

---

[16] Vgl. S. 198 ff.

auch über den Absatzmarkt verdient, so ist c. p. der ausgewiesene Bilanzgewinn um den Betrag niedriger, um den die Abschreibungen höher sind
als im vorhergehenden Falle. Im ersten Falle ist aus den Abschreibungsgegenwerten lediglich das nominell eingesetzte Kapital, im zweiten Falle
die betriebliche Substanz erhalten worden. Die Ansichten darüber, ob die
Bilanz eine nominelle oder reale Kapitalerhaltung zeigen soll, sind unterschiedlich. In der betriebswirtschaftlichen Literatur haben sich über die
Bewertung in der Bilanz eine Anzahl von Theorien (Bilanztheorien) herausgebildet, die später ausführlich besprochen werden[17].

Die Tatsache, daß durch unterschiedliche Bewertung und Abschreibung
ein und dieselben wirtschaftlichen Vorgänge zu verschieden hohen Bilanzgewinnen und Bilanzvermögen führen können, macht einerseits ersichtlich,
daß je nach der Zwecksetzung der Bilanz gesetzliche Vorschriften über die
Bewertung erforderlich sind, wenn der vom Gesetzgeber gewollte Zweck
einer Bilanz erreicht werden soll; sie zeigt andererseits, daß externe Bilanzen nur beschränkte Auskünfte für unternehmerische Entscheidungen liefern, weil z. B. Aktivierungsverbote oder -wahlrechte bestehen (z. B. immaterielle Wirtschaftsgüter wie Patente usw. dürfen bzw. müssen nicht
bilanziert werden)[18], oder weil infolge des Anschaffungskostenprinzips
gestiegene Wiederbeschaffungskosten nicht berücksichtigt werden dürfen
und folglich das Vermögen zu niedrig bewertet werden muß (z. B. Grund
und Boden, Finanzanlagen) u. a., so daß interne Bilanzen aufgestellt werden müssen, wenn die Unternehmensführung ein Bild über die tatsächliche
wirtschaftliche Lage des Betriebes gewinnen will und nicht nur ein Bild
über die sich bei Anwendung der gesetzlichen Bilanzierungsvorschriften ergebende Vermögens- und Ertragslage.

b) Die Handelsbilanz

Da die einzelnen Personenkreise, für die eine Bilanz aufgestellt wird,
aus der Jahresbilanz z. T. unterschiedliche Informationen gewinnen wollen, kann man nicht von **einer** Zielsetzung der Jahresbilanz sprechen, sondern man muß von mehreren Zielsetzungen ausgehen. Erfordern zwei Zielsetzungen eine unterschiedliche Bilanzierung (z. B. andere Verfahren der
Bewertung), so können sie nicht mit der gleichen Bilanz uneingeschränkt
realisiert werden. Ein Beispiel dafür ist die Trennung der Jahresbilanzen
in Handels- und Steuerbilanzen.

Die Aufgabe, die das Aktiengesetz der Handelsbilanz zuschreibt, wird
in § 149 Abs. 1 AktG formuliert. Danach muß der Jahresabschluß „im
Rahmen der Bewertungsvorschriften einen möglichst sicheren Einblick in
die 'Vermögens- und Ertragslage der Gesellschaft geben". Damit werden
die üblicherweise genannten Hauptaufgaben einer Handelsbilanz ange-

---

[17] Vgl. S. 174 ff. und 245 ff.
[18] Vgl. § 153 Abs. 3 AktG

sprochen: Feststellung des Vermögens und der Schulden an einem Stichtag und Ermittlung des Erfolges der Abrechnungsperiode.

Zweck jeder Handelsbilanz ist zunächst die **Rechenschaftslegung.** Der an ihr interessierte Personenkreis ist je nach der Rechtsform des Betriebes verschieden zusammengesetzt. Bei der **Einzelunternehmung** arbeitet der Unternehmer mit seinem eigenen Kapital und dem seiner Kreditgeber. Er muß sich also zunächst selbst darüber Rechenschaft geben, ob das, was er im Abrechnungszeitraum erreicht hat, eine Realisierung seiner Pläne darstellt, und ob die Ertragsaussichten eine Weiterführung des Betriebes in der Zukunft rechtfertigen. Er muß sich zweitens darüber informieren, ob das vorhandene Betriebsvermögen eine ausreichende Sicherheit für die Gläubiger darstellt und ob der erzielte Gewinn und die Beurteilung der Ertragslage die Annahme zulassen, daß diese Sicherheit auch in der nächsten Zukunft gegeben ist oder ob – infolge der persönlichen Haftung – sein Privatvermögen gefährdet ist.

Durch den gesetzlichen Zwang zur Aufstellung von Handelsbilanzen werden die Unternehmer also – im Interesse ihrer Gläubiger – veranlaßt, sich selbst in jährlichem Abstand Rechenschaft über ihre Vermögens- und Ertragslage zu geben. Aus der Buchführung allein sind diese Informationen nicht zu gewinnen. Erst der periodische Abschluß an einem Stichtag ermöglicht einen Überblick über die Lage des Betriebes und damit eine Rechenschaftslegung.

Bei der **Offenen Handelsgesellschaft** ist die Interessenlage im Prinzip die gleiche wie bei der Einzelunternehmung; es erweitert sich lediglich der Kreis der interessierten Personen entsprechend der Gesellschafterzahl. Sie haften alle wie der Einzelunternehmer nicht nur mit ihrem in der Bilanz ausgewiesenen Kapitalanteil, sondern auch mit ihrem gesamten Privatvermögen.

Bei der **Kommanditgesellschaft** und insbesondere bei den **Kapitalgesellschaften** tritt ein weiterer Personenkreis hinzu, der einen Rechtsanspruch auf Rechenschaftslegung hat: die an der Geschäftsführung nicht beteiligten Gesellschafter, deren Kapitalanteile von den Geschäftsführern verwaltet werden.

Am deutlichsten zeigt sich der Unterschied zwischen Geschäftsführung und Kapitaleigentum bei der **Publikumsaktiengesellschaft.** Der Vorstand als das verfassungsmäßig für die Geschäftsführung bestellte Organ verwaltet das Vermögen (Kapitalanteile) der Aktionäre, also der Eigentümer des Betriebes, ohne daß diese einen unmittelbaren Einfluß auf die laufende Geschäftsführung nehmen können. Die Eigentümer wollen wissen, ob es sich wirtschaftlich gelohnt hat, Privatvermögen in Form von Gesellschaftsanteilen in einem bestimmten Unternehmen anzulegen. Von der Entwicklung des Wertes ihrer Gesellschaftsanteile und von der durch den Gewinn eingetretenen Verzinsung ihrer Gesellschaftsanteile werden sie ihre Entscheidung abhängig machen, ob sie weiterhin Gesellschafter bleiben oder ihr Geld nach Verkauf der Anteile anderweitig anlegen.

Durch den gesetzlichen Zwang zur Veröffentlichung des Jahresabschlusses von Aktiengesellschaften[19] ist der Kreis der Personen, die durch die Handelsbilanzen der Aktiengesellschaften Informationen erhalten, praktisch unbegrenzt. Einen solchen **Publizitätszwang** gibt es bisher bei anderen Rechtsformen nicht, es sei denn, die Unternehmen besitzen die im Publizitätsgesetz aufgeführten Größenmerkmale[20]. Besteht kein Publizitätszwang, so können nur die Personen Einblick in die Bilanz nehmen, die dazu auf Grund von Gesetz und Satzung (Gesellschafter) oder auf Grund ihrer Machtstellung als Kreditgeber (z. B. Banken) in der Lage sind.

Zweck der Handelsbilanz ist somit die Rechenschaftslegung mit dem Ziel, die Geschäftsführung im Interesse der Gläubiger und der nicht geschäftsführenden Gesellschafter zur Selbstinformation über die Vermögens- und Ertragslage zu zwingen bzw. bei veröffentlichten Bilanzen dem interessierten Personenkreis die Möglichkeit zu geben, sich diese Informationen selbst zu verschaffen.

Damit die Bilanz diese Aufgabe erfüllen kann, müssen die aus ihr zu gewinnenden Informationen vollständig und richtig sein, d. h. sämtliche Geschäftsvorfälle der Bilanzperiode müssen berücksichtigt worden und sämtliche Zahlenangaben müssen richtig sein. Richtig bedeutet dabei nicht nur rechnerisch richtig, da sich nicht alle in der Bilanz erscheinenden Zahlenwerte durch einfaches Addieren oder Subtrahieren oder an Hand von abgeschlossenen Verträgen ermitteln lassen. Der sich aus der Buchhaltung ergebende Kassenbestand läßt sich durch Zählen nachprüfen, der Bankbestand an Hand der Bankauszüge bestimmen. Die Höhe des Grundkapitals einer Aktiengesellschaft oder die Höhe der aufgenommenen Anleihen und Darlehen sind an Hand der Satzung bzw. der Verträge zu ermitteln.

Bei einem großen Teil der Vermögenswerte aber kann nicht der vertraglich vereinbarte Kaufpreis, der sich aus den Belegen einwandfrei nachweisen läßt, als Wertansatz in der Bilanz verwendet werden, weil sich der Wert der betreffenden Wirtschaftsgüter im Zeitablauf verändert. Der Wert kann z. B. infolge technischen Verschleißes oder aus wirtschaftlichen Gründen (z. B. technischer Fortschritte) sinken oder er kann sich infolge der Veränderung der Wiederbeschaffungskosten nach oben oder unten verschieben. Es muß also eine **Bewertung** in der Bilanz stattfinden. Da aber z. B. die Höhe des Wertes einer Maschine nicht wie die Höhe des Kassenbestandes durch einfaches Abzählen ermittelt werden kann, sind **je nach der Zielsetzung**, die man mit der Bewertung verfolgt, **unterschiedliche Wertansätze** für den gleichen Vermögensgegenstand nicht nur möglich, sondern **notwendig**, d. h. es werden sich für ein Wirtschaftsgut in der Regel mehrere Wertansätze begründen lassen, je nachdem, welches Ziel der Bilanzierende verfolgt.

Im Interesse seiner Kreditwürdigkeit kann der Unternehmer bestrebt sein, durch möglichst hohe Wertansätze seine **Vermögenslage günstig** dar-

---

[19] Vgl. § 177 Abs. 2 AktG
[20] Vgl. § 1 Abs. 1 Nr. 1–3 des Gesetzes über die Rechnungslegung von bestimmten Unternehmen und Konzernen (Publizitätsgesetz).

zustellen. Da eine Höherbewertung im Vergleich zu niedrigeren Wertansätzen auch die Ertragslage besser erscheinen läßt, kann dadurch eine Täuschung vorhandener und potentieller Kreditgeber eintreten, da ein Kreditgeber neben den vorhandenen Sicherheiten in den Vermögenswerten bei seiner Entscheidung über die Kreditgewährung auch die Ertragslage berücksichtigt.

Aus dieser Überlegung folgt, daß der Gesetzgeber, der den Betrieb zwingt, mittels der Bilanz Rechenschaft zu legen, im Interesse des Gläubigerschutzes die Bewertungs- und Abschreibungsvorschriften so abfaßt, daß eine zu günstige Darstellung der Vermögens- und Ertragslage und damit eine Fehlinformation nicht möglich ist.

Die Betriebsführung kann aber auch ein Interesse daran haben, daß die **Vermögens- und Ertragslage möglichst ungünstig** erscheint, d. h. daß Vermögenswerte möglichst niedrig, Schulden (z. B. Rückstellungen) möglichst hoch angesetzt werden. Das ist nicht nur in der Steuerbilanz der Fall, sondern auch in der Handelsbilanz bei Unternehmungen, bei denen auf Grund ihrer Rechtsform nicht die Kapitalgeber den Betrieb leiten, sondern an der Gesellschaft nicht beteiligte Geschäftsführer. Je niedriger z. B. der Vorstand einer Aktiengesellschaft das Vermögen in der Bilanz ansetzt, desto niedriger erscheint der Gewinn (Jahresüberschuß), der den Aktionären ausgeschüttet werden kann, und desto höher ist der Teil des Ertrages, der an den Betrieb gebunden wird. Hier muß der Gesetzgeber im Interesse der Aktionäre **Mindestwertgrenzen** vorschreiben, die nicht unterschritten werden dürfen, damit der Gewinn in der Bilanz nicht gekürzt werden kann. Das ist insbesondere dann erforderlich, wenn der Gesetzgeber den Aktionären das Recht einräumt, über die Verwendung des Gewinns (oder eines Teils des Gewinns) in der Hauptversammlung zu entscheiden. Dieses Recht könnte ausgehöhlt werden, wenn der Vorstand die Möglichkeit hätte, durch bewußte Unterbewertung des Vermögens (Bildung stiller Rücklagen) den in der Bilanz erscheinenden und damit nach Versteuerung zur Ausschüttung zur Verfügung stehenden Gewinn zu reduzieren.

Während im Interesse der Aktionäre keine Unterbewertungen, durch die der ausgewiesene Gewinn verkürzt werden kann, zugelassen werden sollten, muß im Interesse der Gläubiger verhindert werden, daß in Gesellschaften, bei denen die Haftung der Gesellschafter auf die nominelle Kapitaleinlage beschränkt ist, mehr Vermögen als „Gewinn" ausgeschüttet werden kann, als zur Deckung der Haftungssumme erforderlich ist. Stützel spricht von einer „Ausschüttungssperrfunktion"[21] der Bilanz. Die Rechtsordnung muß also durch entsprechende Vorschriften über den Schutz der Gläubiger bei der Rückgewähr von Einlagen dafür sorgen, daß als Gewinnausschüttungen getarnte Kapitalrückzahlungen nicht möglich sind.

Die Handelsbilanz kann somit als ein **Rechenschaftsbericht** aufgefaßt werden, der das Ziel hat, Eigentümer, Gläubiger, Betriebsführung und (bei

---

[21] Stützel, W., a. a. O., S. 335 f.

Aktiengesellschaften und Großunternehmen) die Öffentlichkeit über die Vermögens- und Ertragslage des Betriebes zu informieren, und der durch gesetzliche Bilanzierungsvorschriften so ausgestaltet werden muß, daß Gläubiger und Eigentümer vor falschen Informationen geschützt werden, durch die sie über die Sicherheit der Realisierbarkeit ihrer Ansprüche auf Kapitalrückzahlung und Verzinsung bzw. über die Höhe ihrer Gewinnansprüche getäuscht werden können und durch die sie zu Entscheidungen veranlaßt werden könnten, die sie bei richtigen Informationen nicht getroffen hätten.

c) Die Steuerbilanz

Neben der Handelsbilanz steht als zweite Form der Jahresbilanz, deren Aufstellung gesetzlich vorgeschrieben ist, die Steuerbilanz. Sie ist allein an die Finanzverwaltung adressiert und ist eine **Erfolgsbilanz für die Gewinnermittlung** nach dem Einkommen- und Körperschaftsteuergesetz[22]. Diese Gesetze verwenden den Begriff „Steuerbilanz" nicht. Der Betrieb ist daher auch nicht verpflichtet, eine **gesonderte** Steuerbilanz aufzustellen; vielmehr genügt es, wenn er dem Finanzamt seine Handelsbilanz einreicht, die unter Beachtung der steuerrechtlichen Vorschriften korrigiert worden ist. Die Korrekturen können als Zusätze oder Anlagen zur Handelsbilanz vorgenommen werden.

Zweck der Steuerbilanz ist es in erster Linie, den Gewinn der Bilanzperiode als **Steuerbemessungsgrundlage** zu ermitteln. Da es nahe liegt, daß der Betrieb bestrebt sein wird, in der Steuerbilanz seine Lage möglichst ungünstig darzustellen, um eine möglichst niedrige Steuerbemessungsgrundlage auszuweisen, muß der Steuergesetzgeber durch Festsetzen von **Wertuntergrenzen**, die nicht unterschritten werden dürfen, zu verhindern suchen, daß die Betriebe durch Unterbewertung des Vermögens ihre Gewinne zu niedrig ausweisen, um Steuerzahlungen zu vermeiden oder auf spätere Perioden zu verschieben.

Neben der Zielsetzung der Ermittlung des Periodengewinns ist in letzter Zeit in zunehmendem Maße eine zweite Zielsetzung getreten: aus **wirtschafts- und konjunkturpolitischen Überlegungen** wird die Steuerbilanz in vielen Fällen zur „Steuerverschiebungsbilanz"[23]. Der ausgewiesene Gewinn ist nicht mehr der Gewinn, der sich unter Anwendung von der ersten

---

[22] Die Vermögensteuerschuld wird nicht mittels einer Steuerbilanz, sondern mit Hilfe einer *Vermögensaufstellung* berechnet, in der der Einheitswert des Betriebsvermögens nach den Vorschriften des Bewertungsgesetzes und des Vermögensteuergesetzes ermittelt wird. Die Bemessungsgrundlagen der *Gewerbesteuer* werden ebenfalls nicht aus einer gesonderten Bilanz errechnet, sondern teils aus der Steuerbilanz (der Gewerbeertrag ist der nach dem Gewerbesteuergesetz korrigierte einkommen- oder körperschaftsteuerpflichtige Gewinn), teils aus der Vermögensaufstellung (das Gewerbekapital ist der nach dem Gewerbesteuergesetz korrigierte Einheitswert des Betriebsvermögens) ermittelt.

[23] Vgl. Wöhe, G., Sind die Anforderungen an die Ordnungsmäßigkeit der Buchführung noch zeitgemäß? Steuer-Kongreß-Report 1967, München 1967, S. 217 f.

Zielsetzung entsprechenden Bewertungs- und Abschreibungsgrundsätzen ergeben würde, sondern ist ein Betrag, der nach Inanspruchnahme zeitlich begrenzter Sonderbewertungsvorschriften verbleibt. Bewertungsfreiheiten durch Sonderabschreibungen aller Art zur Förderung der Selbstfinanzierung entweder in allgemeiner Form oder gezielt zur Förderung einzelner Wirtschaftszweige oder bestimmter Standorte (Berlin), bestimmter Investitionsprojekte (Entwicklungsländer) usw., Bildung steuerfreier Rücklagen aus Gründen der Billigkeit oder aus wirtschaftspolitischen Erwägungen, sofortige Aufwandsverbuchung geringwertiger Wirtschaftsgüter u. a. verfälschen den Gewinn der Steuerbilanz und führen zu zeitlichen **Gewinnverlagerungen,** zinslosen Steuerkrediten und damit zu Zinsgewinnen für die Betriebe.

Für die Betriebe entstehen dadurch liquiditätsmäßige, finanzierungspolitische und rentabilitätsmäßige Vorteile, zumindest bei kurzfristiger Betrachtung. Eine veränderte Konjunkturlage oder Änderungen der wirtschaftspolitischen Zielsetzungen können mittels häufig kurzfristig aufeinanderfolgender Steueränderungsgesetze die bisherigen Vorteile schnell in Nachteile verkehren.

Steuerpolitische Maßnahmen dieser Art aber verhindern die Realisierung der ursprünglichen Zielsetzung der Steuerbilanz, nämlich die Ermittlung des Periodengewinns, und führen zu einem **Gewinn, der eine Zufallsgröße darstellt** und keinen Einblick in die tatsächliche Vermögens- und Ertragslage des Betriebes gibt.

Betrachtet man die Steuerbilanz als eine Bilanz, die an die Finanzverwaltung adressiert ist, und mit deren Hilfe eine Steuerbemessungsgrundlage ermittelt werden soll, so ist gegen eine Durchbrechung der Zielsetzung der periodengerechten Gewinnermittlung nichts einzuwenden · – vorausgesetzt, daß diese Durchbrechung den Grundsatz der Gleichmäßigkeit der Besteuerung im Sinne einer gleichen Besteuerung gleicher wirtschaftlicher Tatbestände nicht verletzt –, denn diese Durchbrechung entsteht ja dadurch, daß der Steuergesetzgeber wirtschafts- und konjunkturpolitische Ziele, die mit Hilfe von Steuerstundungen bzw. -verschiebungen erreicht werden sollen, dem **Ziel der periodengerechten Gewinnermittlung überordnet.**

Eine solche Steuerbilanz hat also eine völlig andere Zielsetzung als die Handelsbilanz. Dennoch besteht im deutschen Handels- und Steuerrecht noch immer der **Grundsatz der Maßgeblichkeit der Handelsbilanz für die Steuerbilanz,** der eine gewisse Berechtigung hatte, solange die Steuerbilanz nur ein Instrument der Ermittlung des Periodengewinns war.

Dieser Grundsatz, der aus der Vorschrift des § 5 EStG[24] abgeleitet wird, besagt, daß zur Ermittlung des Gewinns das Betriebsvermögen anzusetzen ist, das nach den **handelsrechtlichen** Grundsätzen ordnungsmäßiger Buchführung auszuweisen ist, d. h. daß alle formal rechtsgültigen Wertansätze

---

[24] Vgl. auch die Rechtsprechung des RFH (z. B. RFH v. 11. 2. 1930, RStBl 1930, S. 153 f.; v. 5. 12. 1933, RStBl 1934, S. 480), die der BFH fortgesetzt hat (z. B. BFH 13. 9. 1957, BStBl 1957, S. 376, BFH 4. 2. 1958, BStBl 1958, S. 109).

der Handelsbilanz für die Steuerbilanz verbindlich sind, wenn sie nicht gegen zwingende steuerrechtliche Vorschriften verstoßen. Daraus folgt, daß in den Fällen, in denen der Steuergesetzgeber dem Bilanzierenden eine Ermessensentscheidung zwischen zwei oder mehreren Wertansätzen für dasselbe Wirtschaftsgut einräumt, die Bewertung in der Steuerbilanz nach dem Wertansatz in der Handelsbilanz erfolgen muß, wenn der in der Handelsbilanz gewählte Wert in den Ermessensspielraum der Steuerbilanz fällt. Damit wird aber praktisch **die Steuerbilanz für die Handelsbilanz maßgeblich**, d. h. wenn ein steuerlich zulässiger Wertansatz gewählt werden soll, der zu einer Steuerersparnis führt, dieser Wertansatz aber dem allgemeinen Ziel der Handelsbilanz, Gläubigern und Gesellschaftern einen möglichst sicheren Einblick in die Vermögens- und Ertragslage des Betriebes zu geben, widerspricht, so wird der Betrieb im Interesse der Steuerersparnis oder Steuerverschiebung den Wertansatz doch in der Handelsbilanz verwenden, um ihn auf diese Weise für die Steuerbilanz maßgeblich zu machen.

Da der Gesetzgeber die Inanspruchnahme vieler wirtschaftspolitisch bedingter Steuervergünstigungen davon abhängig macht — und das ist bei den meisten Bewertungsfreiheiten der Fall —, daß das Prinzip der Abhängigkeit der Steuerbilanz von der Handelsbilanz formal dadurch gewahrt wird, daß die entsprechenden für die Steuerbilanz zum Zwecke der Steuerersparnis oder -verschiebung gewählten Wertansätze **zuvor in der Handelsbilanz angesetzt** worden sind, entscheidet der Betrieb in allen Fällen, in denen der Gesetzgeber eine Ermessensentscheidung über die Wahl der Wertansätze zuläßt, **allein nach steuerlichen Gesichtspunkten,** d. h. danach, welcher Wertansatz die geringste Steuerbelastung als Folge von Steuerzahlungen ergibt.

Solche Wertansätze können aber in vielen Fällen den Zielsetzungen der Handelsbilanz widersprechen. Das Maßgeblichkeitsprinzip wird dann zum bloßen Formalismus, weil nicht mehr die nach handelsrechtlichen Zielsetzungen aufgestellte Bilanz Grundlage der Steuerbilanz ist, sondern weil die Handelsbilanz nach steuerrechtlichen Überlegungen aufgestellt wird, damit sie Grundlage einer vom Betrieb gewünschten Steuerbilanz werden kann[25].

3. Bilanztheorie und Bilanzpolitik

a) Begriff und Aufgaben

Eine **Theorie** richtet sich stets und allein auf die Erkenntnis, indem sie sich bemüht, alle Erscheinungen und Probleme ihres Gegenstandes zu beschreiben, zu analysieren und zu erklären. Eine **Politik** dagegen ist zielbe-

---

[25] Vgl. Wöhe, G., a. a. O., S. 220 f.

wußtes Handeln und Gestalten unter Anwendung der durch die Theorie gewonnenen Erkenntnisse. Diese allgemeine Feststellung trifft auch auf das Verhältnis von Bilanztheorie und Bilanzpolitik zu.

Wenn man in der Betriebswirtschaftslehre von Bilanztheorie spricht, so denkt man in erster Linie an die im Laufe der Entwicklung der Lehre von den Bilanzen vertretenen **Bilanzauffassungen** (z. B. dynamische, statische, organische Bilanztheorie), die sich im wesentlichen in den den Bilanzen zugeschriebenen Aufgaben unterscheiden. Je nachdem, ob man die primäre Aufgabe der Bilanz in der Feststellung des Vermögens und der Schulden an einem Stichtag (**statische** Bilanzauffassung) oder in der Ermittlung des in einer Periode erzielten Gewinns sieht (**dynamische** Bilanzauffassung), oder ob man die Leistungsfähigkeit des Betriebes als erhalten ansieht, wenn der Betrieb am Ende der Periode die gleiche Menge an Geldeinheiten zur Verfügung hat wie zu Beginn der Periode (**nominelle Kapitalerhaltung**, z. B. in der Handels- und Steuerbilanz) oder ob man die Erhaltung der Produktionskapazität und der Ertragskraft des Betriebes in Gütereinheiten definiert (**Substanzerhaltung**, z. B. in der **organischen** und **eudynamischen** Bilanzauffassung), d. h. am Ende der Periode – auch im Falle von Preisänderungen – die gleiche Menge an Produktionsfaktoren vorhanden ist bzw. aus Umsatzerlösen wieder beschafft werden kann, ergibt sich eine andere Vorstellung von der Gliederung der Bilanz und von der Bewertung der Bilanzpositionen und damit jeweils eine andere Höhe des ausgewiesenen Vermögens und Gewinns.

Ein Bilanzgewinn ist bei nomineller Kapitalerhaltung in dem Umfange entstanden, in dem das in Geldeinheiten ausgedrückte Vermögen am Ende der Periode größer als am Anfang der Periode ist (ggf. korrigiert um Kapitaleinlagen und Gewinnentnahmen während der Periode). Soll die Substanz erhalten werden, so ergibt sich ein Bilanzgewinn, wenn das in Gütermengen ausgedrückte Vermögen am Ende der Periode das entsprechende Vermögen am Anfang der Periode übersteigt.

Wir wollen im Folgenden den Begriff Bilanztheorie nicht auf die bisher in der Betriebswirtschaftslehre entwickelten Bilanzauffassungen beschränken, sondern in dem allgemeinen Sinne **einer nur auf Erkenntnisse gerichteten Theorie** auffassen. Die Bilanztheorie soll beschreiben, analysieren und erklären, wie eine Bilanz formal (Gliederung) und materiell (Bewertung) gestaltet werden muß, damit die verschiedenen Zielsetzungen, die mit der Bilanzierung verfolgt werden können, jeweils auf die zweckmäßigste Weise realisiert werden können.

Der Betrieb muß, wenn er als oberstes Ziel eine langfristige Gewinnmaximierung erreichen will, in allen Funktionsbereichen die diesem Ziel adäquaten Mittel einsetzen. Die Gesamtheit dieser Mittel bildet das **betriebspolitische Instrumentarium**. Die in der Theorie gewonnenen Erkenntnisse über die Beziehungen zwischen Zielen und Mitteln sind die Voraussetzung für einen sinnvollen Einsatz der Mittel im konkreten Einzelfall betriebspolitischer Entscheidung.

Je nach dem Bereich, dem ein Mittel der Betriebspolitik zugeordnet werden kann, spricht man von Beschaffungspolitik, Produktionspolitik, Absatzpolitik, Finanzierungspolitik, Bilanzpolitik u. a. Diese Teilpolitiken bilden zusammen die Betriebspolitik, sie stehen in einem interdependenten Verhältnis zueinander. Jede Teilpolitik verfolgt zwar eigene Ziele, aber stets unter Beachtung des übergeordneten Ziels der langfristigen Gewinnmaximierung.

Jeder einzelne Bereich der Betriebspolitik bedient sich einer Anzahl eigener Mittel. Die Absatzpolitik z. B. versucht ihr Ziel, die Beseitigung von Absatzwiderständen am Markt, teils mit Hilfe preispolitischer, teils mittels präferenzpolitischer Maßnahmen (Werbung, Produkt- und Sortimentsgestaltung, Kundendienst, Absatzwege und -formen) zu erreichen. Sie bilden zusammen das sog. absatzpolitische Instrumentarium (Gutenberg). Entsprechend verfügt auch die Bilanzpolitik über ein **bilanzpolitisches Instrumentarium** (z. B. Gliederungs-, Bewertungs-, Abschreibungs-, Rücklagen-, Ausschüttungspolitik).

Einzelne Teilziele der Betriebspolitik können anderen Teilzielen untergeordnet werden, und zwar in dem Umfange, daß erstere zum Mittel werden, die übergeordneten Ziele zu erreichen. So können z. B. **finanzpolitische** Ziele (z. B. Verstärkung der Selbstfinanzierung) bestimmte bilanzpolitische Entscheidungen erfordern, durch die andere Ziele, beispielsweise die Ausschüttungs- oder die Publizitätspolitik, beeinträchtigt werden. Die Selbstfinanzierung erfolgt durch Bindung von Gewinnen an den Betrieb mittels Bildung offener oder stiller Rücklagen. Folglich kann weniger Gewinn ausgeschüttet werden, und das Ziel einer u. U. seit Jahren geübten Dividendenstabilisierung kann nicht mehr realisiert werden. Die Selbstfinanzierung durch Bildung stiller Rücklagen widerspricht der publizitätspolitischen Zielsetzung, den an der Bilanz Interessierten ein möglichst hohes Vermögen und eine gute Ertragslage zu zeigen.

Die Interdependenz zwischen Zielen und Mitteln der Betriebspolitik steht einer allgemeinen Systematik betriebspolitischer Ziele und Mittel entgegen, da in unterschiedlichen wirtschaftlichen Situationen die **Rangordnung betriebspolitischer Ziele wechseln kann** und aus Zielen Mittel der Betriebspolitik werden können[26]. Soll die Bilanz einen möglichst sicheren Einblick in die Vermögens- und Ertragslage des Betriebes geben, so muß dieses bilanzpolitische Ziel solchen Zielen übergeordnet werden, die z. B. die Bildung stiller Rücklagen erfordern.

In den meisten Fällen ist die Bilanzpolitik aber ein Instrument anderer betrieblicher Teilpolitiken; sie dient insbesondere der betrieblichen **Finanzierungs-, Steuer- und Publizitätspolitik.** Die Bilanzpolitik ist dann keine ursprüngliche, sondern nur eine abgeleitete Politik. Sie hat dienenden Charakter gegenüber vorrangigen Zielen anderer Teilpolitiken[27]. Die gleiche

---

[26] Vgl. dazu Kofahl, G. und Pohmer, D., Praktische Bilanzgestaltung, WPg 1950, S. 540
[27] Mellerowicz, K., Unternehmenspolitik, Bd. III, 2. Aufl., Freiburg 1965, S. 324

Ansicht wie Mellerowicz und wir vertritt auch Harder. Nach seiner Auffassung sind es „allein die betriebspolitischen Zielsetzungen, die eine Regulierung des Jahresabschlusses ursächlich auslösen. Die bilanzpolitischen Zielsetzungen stehen unmittelbar im Dienste dieser übergeordneten Zwecke, und es leuchtet daher ohne weiteres ein, daß jene in ihrer Entstehung und Zielrichtung vollständig von den Absichten der Betriebspolitik abhängen. Eine autonome Entscheidungsfreiheit des Bilanzpolitikers in bezug auf die Konzeption der bilanzpolitischen Ziele gibt es daher nicht."[28]

Aus dem dargestellten Verhältnis von Bilanztheorie und Bilanzpolitik folgt, daß es bei der Aufstellung **interner** Bilanzen in der Regel keinen bilanzpolitischen Spielraum geben kann. Die Zielsetzungen einer internen Bilanz werden vom Bilanzierenden selbst bestimmt. Will er sie realisieren, so muß er die von der Theorie als richtig erkannten Mittel einsetzen.

Es stellt sich die Frage, ob der Betrieb bei der vom Gesetzgeber geforderten Aufstellung der Handels- und Steuerbilanz Möglichkeiten zu einer Bilanzpolitik im Sinne des zielbewußten Gestaltens des Jahresabschlusses hat, durch das auch Ziele erreicht werden können, deren Realisierung der **Gesetzgeber** in seinen Bilanzierungsvorschriften **nicht vorgesehen** hat und die – da sie vom Betriebe den vom Gesetzgeber verfolgten Zielsetzungen übergeordnet werden – ein Abweichen von einem nach bilanztheoretischen Grundsätzen erstellten Jahresabschluß erfordern können.

Der Gesetzgeber hat – wie oben dargelegt – dem handelsrechtlichen Jahresabschluß die Aufgabe zugewiesen, Gesellschaftern, Gläubigern und anderen Interessenten Rechenschaft bzw. Informationen zu geben, und zwar durch einen möglichst sicheren Einblick in die Vermögens- und Ertragslage des Betriebes. Dieser Einblick soll durch Vorschriften über die Gliederung, Aktivierung und Passivierung, Bewertung und Abschreibung, Gewinnverwendung u. a. erreicht werden, die bestimmten bilanztheoretischen Vorstellungen folgen. Dabei erkennt der Gesetzgeber z. B. die betriebliche Zielsetzung der Substanzerhaltung nicht an, sondern schreibt die Anwendung von Bewertungsvorschriften vor, die dem Ziel nomineller Kapitalerhaltung angemessen sind. Gleiches gilt für die Steuerbilanz, so daß im Falle einer allgemeinen Preissteigerung Preissteigerungsgewinne ausgewiesen werden, wenn die in den abgesetzten Produkten enthaltenen Kostengüter zu einem Zeitpunkt beschafft wurden, an dem die Preissteigerung noch nicht erfolgt war.

Hat der Betrieb einen Spielraum bei der Bewertung in der Handels- und Steuerbilanz, um mit bilanzpolitischen Maßnahmen dennoch eine Substanzerhaltung anzustreben? Kann er so bewerten, daß Preissteigerungsgewinne nicht als Bilanzgewinn erscheinen? Diese Frage kann zwar nicht für alle Fälle eindeutig bejaht werden, jedoch kann festgestellt werden, daß die gesetzlichen Vorschriften über die Aufstellung des Jahresabschlus-

---

[28] Harder, U., Bilanzpolitik, Wiesbaden 1962, S. 52

ses dem Bilanzierenden weite **Ermessensspielräume** lassen. Die Gliederung der Bilanz und der Erfolgsrechnung nach aktienrechtlichen Vorschriften ist eine Mindestgliederung, die freiwillig erweitert werden kann; bei der Bilanzierung von Vermögen und Schulden gibt es nicht nur Aktivierungs- bzw. Passivierungspflichten, sondern auch entsprechende Wahlrechte; die Bewertungsvorschriften lassen in weiten Bereichen Ermessensentscheidungen zu, bei der Abschreibung stehen verschiedene Verfahren der Verteilung der Anschaffungskosten auf die betriebliche Nutzungsdauer zur Wahl, die jeweils einen anderen Ausweis des Vermögens und des Periodenerfolgs zur Folge haben. Die Thesaurierung von Gewinnen kann teils in offener, teils in stiller Form durch Rücklagenbildung erfolgen usw. Diese wenigen Hinweise mögen genügen, um zu zeigen, daß der Betrieb die Möglichkeit hat, den Jahresabschluß in einer Weise zu gestalten, daß dadurch bestimmte betriebspolitische Ziele erreicht werden können.

Bilanzpolitik kann es also nur in dem Bereich geben, in dem der Betrieb die Bilanzierung nicht zu seiner eigenen Information ohne gesetzlichen Zwang, sondern auf Grund gesetzlicher Vorschriften zur Rechenschaftslegung und zur Information bestimmter Personengruppen vornimmt.

Die wichtigsten **Ziele der Bilanzpolitik** sind:

1. die **Beeinflussung des finanziellen Bereichs** des Betriebes (Höhe des ausgewiesenen Gewinns, Verwendung des Gewinns zur Thesaurierung oder Dividendenzahlung, Liquiditäts- und Rentabilitätsverbesserung durch Steuerersparnisse oder Steuerverschiebungen auf spätere Perioden). **Mittel** dazu sind in erster Linie die Bewertungs-, Abschreibungs- und Rücklagenpolitik;

2. die **Beeinflussung der am Jahresabschluß interessierten Personengruppen** in einer Weise, die dem guten Ruf des Betriebes dient[29] und diese Personen zu für den Betrieb günstigen Entscheidungen veranlaßt. Das kann je nach der wirtschaftlichen Lage des Betriebes sowohl durch eine über das gesetzlich geforderte Maß hinausgehende großzügige Unterrichtung über Einzelheiten als auch durch Nichtunterrichtung und Verschleierung von Risiken und Verlusten – im Rahmen der gesetzlichen Zulässigkeit – geschehen. Die **Mittel** dazu sind teils **formaler** Art (Gliederungspolitik, Verwendung direkter oder indirekter Abschreibungen, Brutto- oder Nettoausweis, Saldierungen), teils **materieller** Art (Bewertungs-, Abschreibungs- und Rücklagenpolitik).

b) Der Gegenstand der Bilanzpolitik in der Literatur

Der Begriff der Bilanzpolitik wird in der Literatur unterschiedlich umrissen. Unterschiede bestehen einerseits im Umfange des Erkenntnisobjekts,

---

[29] Eine Ausnahme bilden die Fälle, in denen eine Mehrheit (Großaktionäre) den Jahresabschluß in der Weise beeinflussen kann, daß eine möglichst schlechte Ertrags- und Vermögenslage ausgewiesen wird, um Minderheiten zur Abgabe ihrer Anteile zu verleiten.

andererseits im Umfange der Mittel der Bilanzpolitik. Während im wesentlichen Übereinstimmung darüber besteht, daß die **Handelsbilanz,** die Gewinn- und Verlustrechnung und der Geschäftsbericht (ggf. beschränkt auf den Teil, der den Jahresabschluß erläutert)[30] Objekt der Bilanzpolitik sind, bestehen in der Frage der Einbeziehung der **Sonderbilanzen** und der **Steuerbilanz** gegensätzliche Auffassungen.

Mellerowicz schließt beide Arten aus dem Gegenstand der Bilanzpolitik aus, die Steuerbilanz, „da sie auf Grund besonderer steuerrechtlicher Vorschriften erstellt wird und nicht zur Veröffentlichung bestimmt ist", die Sonderbilanzen, weil ihre Zielsetzungen so heterogen sind, „daß sich allgemeingültige Aussagen kaum machen lassen."[31]

Die meisten Autoren, die zum Objekt der Bilanzpolitik Stellung genommen haben, gehen auf die **Steuerbilanz** nicht ausdrücklich ein, weil sie eine aus der Handelsbilanz abgeleitete Bilanz ist und insbesondere in den Bereichen, in denen Bilanzpolitik betrieben werden kann (vor allem durch Bewertungswahlrechte), entweder die in der Handelsbilanz gewählten Bilanzansätze für die Steuerbilanz maßgeblich sind oder eine zwingende steuerrechtliche Vorschrift einen anderen Wertansatz erfordert und folglich ein bilanzpolitischer Spielraum nicht mehr besteht. Dennoch muß man Kuhn[32] zustimmen, daß der Ausschluß der Steuerbilanz aus dem Erkenntnisobjekt der Bilanzpolitik eine ungerechtfertigte Verengung des Begriffs zur Folge habe. Zweifellos enthält die heutige Steuergesetzgebung eine große Anzahl von Bestimmungen, mit denen die unternehmerischen Entscheidungen – wirtschafts- und konjunkturpolitisch gezielt – beeinflußt werden sollen und durch die das Maßgeblichkeitsprinzip umgekehrt wird, weil bilanzpolitisch gewünschte Ansätze in der Steuerbilanz zuvor in die Handelsbilanz übernommen werden müssen, damit sie für die Steuerbilanz maßgeblich werden.[33]

Das Prinzip der Maßgeblichkeit hat allerdings auch zur Folge, daß es zu **Zielkollisionen** kommen kann. Während der Betrieb in der Steuerbilanz in der Regel mit allen zur Verfügung stehenden bilanzpolitischen Mitteln versuchen wird, den ausgewiesenen Gewinn zu mindern, um Steuerzahlungen zu vermeiden, zu vermindern oder auf spätere Perioden zu verschieben, kann aus publizitätspolitischen Gründen in der Handelsbilanz ein Interesse am Ausweis eines hohen Gewinns bestehen. Hier muß zuvor eine Entscheidung über die Rangordnung der betriebspolitischen Ziele getroffen werden.

Die **Sonderbilanzen** werden auch von Le Coutre nicht in den Gegenstand der Bilanzpolitik einbezogen. Das geht daraus hervor, daß er die Aufgabe der Bilanzpolitik darin sieht, „die Bilanz im weiteren Sinne – also Bestände-

---

[30] So insbesondere Mellerowicz, K., a. a. O., S. 211
[31] Mellerowicz, K., a. a. O., S. 211 f.
[32] Vgl. Kuhn, K., Die Bilanz als Führungsinstrument der Unternehmensleitung, BFuP 1966, S. 132
[33] Vgl. S. 37 ff.

bilanz, Gewinn- und Verlustrechnung und Geschäftsbericht – über das aus der Buchhaltung jeweils unmittelbar anfallende Abschlußmaterial bewußt unter bestimmter Zielsetzung bzw. zu bestimmter Willensverwirklichung zu einem entsprechenden Bilanzbild zu formen."[34] Kofahl und Pohmer[35] sowie Harder[36] zählen auch die Sonderbilanzen zum Gegenstand der Bilanzpolitik, während Bouffier Sonderbilanzen nur insoweit einschließt, als „eine systematische Wiederholung solcher Sonderbilanzen erfolgt oder wenn sie in einem dauernden Zusammenhang zu den periodisch erstellten Bilanzen stehen."[37]

U. E. bieten Sonderbilanzen oft beachtliche Möglichkeiten für bilanzpolitische Entscheidungen, die sich auf die späteren Jahresbilanzen auswirken, so daß die Tatsache der Einmaligkeit einer Sonderbilanz kein Argument gegen eine Einbeziehung in den Gegenstand der Bilanzpolitik ist. Die bei der Erstellung von **Umwandlungsbilanzen** getroffenen Bewertungsentscheidungen, insbesondere die Wahlrechte bei der Übertragung oder der Auflösung stiller Rücklagen bei der Umwandlung von Personengesellschaften in Kapitalgesellschaften beeinflussen die Liquidität (Vermeidung von steuerpflichtigen Umwandlungsgewinnen bei Übertragung, Zahlung von Steuern bei Auflösung stiller Rücklagen) und über die Höhe der Abschreibungen den Gewinnausweis und die steuerliche Belastung zukünftiger Perioden.

Neben der Handelsbilanz, der Steuerbilanz und den Sonderbilanzen gehört auch die **Konzernbilanz** zum Gegenstand der Bilanzpolitik. Da – wie oben dargelegt – weder die außenstehenden Gesellschafter (Minderheiten) der Konzernunternehmen, noch die Finanzbehörden aus einer Konzernbilanz irgendwelche Rechte ableiten können, sondern für diese Personen bzw. Institutionen die Einzelbilanzen der Konzernunternehmen maßgeblich sind, scheidet die Beeinflussung des Konzerngewinns zum Zwecke der Reduzierung der Gewinnausschüttungen oder Steuerzahlungen als bilanzpolitisches Ziel aus. Die bilanzpolitische Gestaltung des Ausweises der Vermögens- und Ertragslage eines Konzerns verfolgt in erster Linie **publizitätspolitische Ziele.**

Der weite Spielraum, den eine Konzernleitung bei der Gestaltung der Einzelbilanzen abhängiger Konzernunternehmen hat (z. B. Gewinnverlagerungen zwischen Konzernunternehmen durch Festlegen von Verrechnungspreisen bei Lieferungen zwischen diesen Unternehmen, Beeinflussung der Liquiditätslage einzelner Konzernunternehmen u. a.) betrifft nicht die Konzernbilanz, sondern die Einzelbilanzen. Allerdings ist es denkbar, daß das Ziel einer bilanzpolitischen Gestaltung von Einzelbilanzen eine Be-

---

[34] Le Coutre, W., Bilanzpolitik, in: Lexikon des kaufmännischen Rechnungswesens, herausgegeben von Karl Bott, Bd. I, 2. Aufl., Stuttgart 1955, Sp. 633
[35] Vgl. Kofahl, G., Pohmer, D., a. a. O., S. 540
[36] Vgl. Harder, U., a. a. O., S. 65
[37] Bouffier, W., Bilanzpolitik, HdB, Bd. 1, 3. Aufl., Stuttgart 1956, Sp. 1146

einflussung der durch Konsolidierung dieser Einzelbilanzen gebildeten Konzernbilanz ist.

Es kann als herrschende Auffassung angesehen werden, der wir voll beitreten, daß sich die Bilanzpolitik bei der Wahl ihrer Mittel **nicht über die gesetzlichen Bilanzierungsvorschriften hinwegsetzen darf.** Vogt hat diese Grenze der Bilanzpolitik treffend umrissen: „Darunter darf nicht verstanden werden, Unstimmigkeiten unsichtbar zu machen oder Probleme zu unterschlagen. Was über die Ausnutzung der gesetzlichen Wahlrechte und Bewertungsfreiheiten hinaus geht und was mit den anerkannten Bilanzierungsgrundsätzen nicht zu vereinbaren ist, sollte man nicht Bilanzpolitik nennen. Das sind ‚Manipulationen', ‚Schaufensterdekorationen' oder gar glatte Bilanzfälschungen. Die Grundsätze von Treu und Glauben können durch keine Bilanzpolitik außer Kraft gesetzt werden."[38]

Eine abweichende Ansicht vertritt Sandig, wenn er feststellt: „Ist es wirklich so, daß nicht sein kann, was nicht sein darf? Wer Politik treibt, ganz gleich auf welchem Gebiet, sieht zuerst die von ihm verfolgten Ziele und fragt dann erst, was sich der Zielerreichung in den Weg stellt. Würden auf allen Gebieten und damit auch auf dem Gebiete der Bilanzpolitik die geschriebenen und ungeschriebenen Gesetze regelmäßig streng beachtet, so gäbe es keinen Streit unter den Menschen. Aber Politiker sind keine Engel. Das ist die Realität."[39]

Man muß zugeben, daß Sandig die bilanzpolitischen Maßnahmen der Praxis realistisch beurteilt. In vielen Fällen kann die Grenze zwischen gesetzlich zulässigen Bilanzansätzen und bewußter Manipulierung nicht scharf gezogen werden, weil z. B. die gesetzlichen Bewertungs- und Aktivierungswahlrechte nicht exakt umrissen werden können und die Hinweise auf die Grundsätze ordnungsmäßiger Buchführung und Bilanzierung, durch die Erlaubtes von Unerlaubtem getrennt werden soll, oft als Zeichen für dieses Unvermögen gewertet werden müssen. Das gilt für die Wahl der Abschreibungsmethoden ebenso wie für die Wahlrechte bei der Aktivierung der Herstellungskosten. **Dennoch hört u. E. die Bilanzpolitik dort auf, wo die Bilanzfälschung beginnt.** Daran kann auch die Tatsache nichts ändern, daß es Fälle gibt, bei denen die Grenze zwischen beiden Bereichen fließend ist.

Lücke weist zwar darauf hin, daß vom Begriff der Bilanzpolitik her keine Notwendigkeit bestehe, „das bilanzpolitische Verhalten auf die Einhaltung rechtlicher Normen beziehungsweise kaufmännischer Usance zu beschränken", vertritt aber dennoch mit Hinweis darauf, daß sich „das Wirtschaften im Rahmen der Rechtsordnung vollzieht", die Auffassung, daß die Bilanzpolitik nur solche Maßnahmen umfassen kann, „die dieser Rechtsordnung entsprechen. Damit wird der Disput, ob die Bilanzpolitik Delikte umfassen darf, mehr philosophischer als betriebswirtschaftlicher Art sein."[40]

---

[38] Vogt, F. J., Bilanztaktik, 6. Aufl., Heidelberg 1963, S. 33
[39] Sandig, C., Betriebswirtschaftspolitik, 2. Aufl., Stuttgart 1966, S. 267
[40] Lücke, W., Bilanzstrategie und Bilanztaktik, DB 1969, S. 2287

c) Das bilanzpolitische Instrumentarium

Da es das allgemeine Ziel der Bilanzpolitik ist, den Jahresabschluß so zu gestalten, daß dadurch bestimmte im Rahmen der Betriebspolitik erstrebte Zielsetzungen realisiert werden, ist es erforderlich, auch einen Blick auf die Mittel zu werfen, mit denen der Jahresabschluß gestaltet werden kann, und die wir unter dem Begriff des **bilanzpolitischen Instrumentariums** zusammenfassen wollen. In diesem Zusammenhang kann es sich jedoch nur um einen ersten Überblick handeln.[41] Die Möglichkeiten, die die Bilanzpolitik bei der Gestaltung externer Bilanzen hat, können ausführlich erst erörtert werden, wenn die Grundsätze der Bilanzierung, die Gliederung von Bilanz und Erfolgsrechnung und die Bewertungsgrundsätze und -vorschriften besprochen worden sind.

Die Instrumente der Bilanzpolitik hängen von den Zielen ab, zu deren Verwirklichung der Betrieb eine bestimmte Gestaltung des Jahresabschlusses vornimmt. Die Anwendung der Mittel findet ihre Grenze in den gesetzlichen Bilanzierungsvorschriften. Im wesentlichen sind **zwei große Bereiche** zu unterscheiden:

1. Die Beeinflussung des Ausweises der Vermögens- und Kapitalstruktur und
2. die Beeinflussung des Erfolgsausweises.[42]

Während im ersten Bereich überwiegend – wenn auch nicht ausschließlich – die Mittel eingesetzt werden, durch die das **Bilanzbild** gestaltet wird, ohne daß der in die Bilanz aufzunehmende Stoff materiell verändert wird (formelle Mittel), erfordert der zweite Bereich vor allem die Verwendung von Mitteln, die die **Wertansätze der Bilanzpositionen** beeinflussen (materielle Mittel).[43]

Zu den **formellen Mitteln** zählt zunächst die Gestaltung der **Bilanzgliederung,** und dabei insbesondere der Umfang des Zusammenziehens oder der Trennung von Vermögens- und Kapitalpositionen, und die mehr oder weniger strenge Anwendung des Bruttoprinzips, dem die Saldierung von Vermögens- und Schuldpositionen, z. B. von Forderungen und Verbindlichkeiten, widerspricht. Soweit gesetzliche Mindestgliederungsvorschriften bestehen, wie z. B. bei der Aktiengesellschaft, beschränkt sich der bilanz-

---

[41] Mit der Systematisierung der bilanzpolitischen Mittel haben sich ausführlich insbesondere Mellerowicz (a. a. O., S. 215 ff.) und Harder (a. a. O., S. 133 ff.) beschäftigt. Die neuesten Arbeiten auf diesem Gebiet stammen von Lücke, W. (Bilanzstrategie und Bilanztaktik, DB 1969, S. 2285 ff.) und Pougin, E. (Bilanzpolitik, Schriften zur Unternehmensführung, Band 10, Wiesbaden 1969, S. 5–28).

[42] Vgl. dazu Mellerowicz, K. (a. a. O., S. 324), der als Ziele der Bilanzpolitik die Gestaltung der Bilanzstruktur und die Gestaltung des Ergebnisses herausstellt, und Harder, U. (a. a. O., S. 69 ff.), der zwischen dem Ziel der Ergebnisregulierung und dem Ziel der Bestands- und Stromgrößenregulierung unterscheidet.

[43] Pougin (a. a. O., S. 11) unterscheidet als Mittel der Bilanzpolitik Bilanzierungs-, Bewertungs- und Ausweiswahlrechte.

politische Spielraum auf eine weitergehende Gliederung. Die Gestaltung der Vermögens- und Kapitalstruktur ist insbesondere von publizitätspolitischer Bedeutung bei der Beurteilung der Finanzierung (z. B. Verhältnis von Eigenkapital zu Fremdkapital, von Anlagevermögen zu langfristigem Kapital, von Anlagevermögen zu Umlaufvermögen u. a.) und der Liquidität.

Die Maßnahmen zur Beeinflussung der Bilanzstruktur können auf Entscheidungen beruhen, die **nach dem Bilanzstichtag** erfolgen. So können z. B. zur Beeinflussung der Vermögensstruktur Wertpapiere entweder im Anlage- oder im Umlaufvermögen ausgewiesen werden. Dadurch wird die Relation von Anlage- zu Umlaufvermögen verändert, was z. B. im Hinblick auf die Höhe des vorhandenen langfristigen Kapitals, das nach einer allgemein anerkannten Finanzierungsregel (Goldene Bilanzregel)[44] nicht kleiner als das Anlagevermögen sein soll, von Bedeutung ist; oder durch die Aufteilung des Jahresüberschusses auf offene Rücklagen und (ausschüttungsfähigen) Bilanzgewinn wird die Höhe des Eigenkapitals und damit die Relation zwischen Eigenkapital und Fremdkapital beeinflußt.

Die Gestaltung der Gliederung des **Geschäftsberichts** dient vor allem publizitätspolitischen Gesichtspunkten. Für den Aufbau des **Lageberichts** läßt der Gesetzgeber einen weiten Spielraum. § 160 Abs. 1 AktG fordert eine Berichterstattung über den Geschäftsablauf und die Lage der Gesellschaft. Hierbei hat die Gesellschaft die Möglichkeit, einen sich für den Bilanzleser aus den Zahlen des Jahresabschlusses ergebenden Eindruck positiv oder negativ zu beeinflussen, z. B. Negatives zu bagatellisieren und auf sich abzeichnende positive Tendenzen in der erwarteten wirtschaftlichen Entwicklung der Gesellschaft hinzuweisen, oder umgekehrt zu hohe Erwartungen – insbesondere auf zukünftige Gewinnausschüttungen – zu dämpfen. Im **Erläuterungsbericht** ist der bilanzpolitische Spielraum infolge strengerer gesetzlicher Anforderungen[45] an die Berichterstattung enger.[46]

Wird die Bilanzstruktur durch Maßnahmen gestaltet, die **vor dem Bilanzstichtag** liegen, so handelt es sich im allgemeinen um Entscheidungen, die zu den materiellen Mitteln der Bilanzpolitik zu rechnen sind. Beispiele dafür sind Vermögensumschichtungen zur Beeinflussung des Liquiditätsausweises, z. B. die Entscheidung, ob Rohstoffe oder Anlagegüter noch vor dem Bilanzstichtag beschafft werden sollen, oder ob die an sich erforderlichen Beschaffungen auf die Zeit nach dem Bilanzstichtag verschoben werden, um am Bilanzstichtag mehr liquide Mittel ausweisen zu können.

Bestimmte Maßnahmen zur Beeinflussung der Bilanzstruktur, insbesondere der Liquiditätslage vor dem Bilanzstichtag führen zugleich zu einer Veränderung des Erfolgsausweises. Dabei kann es zu **Zielkonflikten** kommen. Die Entscheidung über die Vornahme oder Verschiebung von Re-

---

[44] Vgl. S. 214
[45] Vgl. § 160 Abs. 2–4 AktG
[46] Einzelheiten vgl. im 8. Abschnitt

paraturen, von Werbemaßnahmen oder von Veräußerungen von nicht mehr benötigten Anlagegütern über dem Restbuchwert führt zu zeitlichen Aufwands- und Ertragsverlagerungen, durch die nicht nur der Liquiditätsausweis, sondern auch die Höhe des ausgewiesenen Gewinns verändert wird. Bilanzpolitische Entscheidungen dieser Art müssen teilweise zu einem recht frühen Zeitpunkt erfolgen. So bestimmt z. B. Abschnitt 44 Abs. 8 EStR 1969, daß für abnutzbare Anlagegüter, die im ersten Halbjahr angeschafft worden sind, die volle Jahresabschreibung, für solche, die im zweiten Halbjahr angeschafft worden sind, nur die halbe Jahresabschreibung abgesetzt werden darf.

Eine andere Wirkung hat die Beschaffung sog. **geringwertiger Wirtschaftsgüter.** Das sind nach § 6 Abs. 2 EStG bewegliche Wirtschaftsgüter des Anlagevermögens, die der Abnutzung unterliegen und einer selbständigen Bewertung und Nutzung fähig sind und deren Anschaffungs- oder Herstellungskosten 800 DM nicht übersteigen. Sie dürfen im Jahre der Anschaffung oder Herstellung in voller Höhe als Aufwand verrechnet werden. Ihre Beschaffung mindert die liquiden Mittel oder führt zu einer weiteren Verschuldung, ohne daß dafür eine Aktivierung im Anlagevermögen erfolgt, und kürzt entsprechend den ausgewiesenen steuerpflichtigen Gewinn. Auch hier kann ein Zielkonflikt entstehen: die Verschiebung der Steuerzahlung auf spätere Perioden wird durch einen verschlechterten Liquiditätsausweis erkauft.

Ein weiteres formales Mittel der Bilanzpolitik ist die **Wahl des Bilanzstichtages.** Seine Bedeutung ist allerdings relativ gering, da es sich nicht wie bei der Gliederungspolitik um ein bei jeder Bilanzierung erneut einsetzbares Instrument, sondern um ein für einen langen Zeitraum einmalig verwendbares Mittel handelt, weil sowohl aus rechtlichen als auch aus organisatorischen Gründen ein häufiger Wechsel des Bilanzstichtages nicht möglich ist.

Nach § 39 Abs. 2 HGB darf die Dauer des Geschäftsjahres 12 Monate nicht überschreiten. Eine Übereinstimmung von Geschäftsjahr und Kalenderjahr wird jedoch für die Handelsbilanz nicht vorgeschrieben. Steuerlich ist ein vom Kalenderjahr abweichendes Geschäftsjahr (Wirtschaftsjahr) bei Gewerbetreibenden, deren Firma im Handelsregister eingetragen ist, nur im Einvernehmen mit dem Finanzamt wirksam.[47]

Ein vom Kalenderjahr abweichendes Geschäftsjahr kann bilanzpolitisch für **Saisonbetriebe** interessant sein. Saisonbetriebe haben im allgemeinen zu Beginn der Saison hohe Bestände, am Ende der Saison dagegen geringe Bestände. Ein Bilanzstichtag am Anfang der Saison führt zu einer Bilanz, die eine nur geringe Liquidität zeigt, aber unter Umständen einen erheblichen Spielraum bei der Bewertung der Bestände läßt. Infolgedessen beeinflußt die Wahl eines solchen Stichtages nicht nur das Bilanzbild, sondern auch den Erfolgsausweis. Ein Stichtag am Ende der Saison führt zum ge-

---

[47] Vgl. § 2 Abs. 5 Nr. 2 EStG

genteiligen Bild: hohe Liquidität infolge des Umsatzes der Bestände und geringe sonstige Vermögenswerte.

Neben der Wahl des Bilanzstichtages kann auch die **Wahl des Zeitpunktes der Bilanzvorlage** ein Mittel der Bilanzpolitik sein. § 39 Abs. 2 HGB schreibt vor, daß die Aufstellung der Bilanz „innerhalb der einem ordnungsmäßigen Geschäftsgang entsprechenden Zeit zu bewirken" ist. § 148 AktG verpflichtet den Vorstand, den Jahresabschluß in den ersten drei Monaten des Geschäftsjahres vorzulegen. Gleiches gilt gemäß § 41 Abs. 2 GmbHG für die GmbH, jedoch kann diese Frist durch Gesellschaftsvertrag auf sechs, in besonderen Fällen auf neun Monate verlängert werden.[48] § 33 GenG verpflichtet den Vorstand einer Genossenschaft, den Jahresabschluß innerhalb von sechs Monaten nach Ablauf des Geschäftsjahres zu veröffentlichen. Die Abgabe von Steuerbilanzen hat nach § 167 Abs. 3 AO innerhalb von zwei Monaten, in der Regel also bis Ende Februar zu erfolgen, jedoch ist gemäß § 167 Abs. 4 AO auf Antrag eine Fristverlängerung um weitere vier Monate, also bis zum 30. Juni, möglich.

Zu einem bilanzpolitischen Instrument kann der Zeitpunkt der Bilanzvorlage z. B. deshalb werden, weil der Bilanzierende bei Bilanzansätzen, in denen Zukunftserwartungen berücksichtigt werden dürfen oder müssen, die bis zum Tage der Aufstellung der Bilanz im Vergleich zum Bilanzstichtag gewonnene bessere Einsicht in wirtschaftliche und rechtliche Tatbestände berücksichtigen muß. Rechnet man z. B. am 31. 12. mit einem erheblichen Rückgang der Absatzpreise, der evtl. bereits gegen Ende des Wirtschaftsjahres begonnen hat, so wäre ein niedriger Wertansatz für die Bestände aus Gründen kaufmännischer Vorsicht zweckmäßig. Hat man aber die Bestände bis zum Stichtag der Bilanzaufstellung zu Preisen absetzen können, die erheblich über den erwarteten liegen, oder sind die Preise inzwischen wieder gestiegen, so ist ein Wertabschlag in der Bilanz zum 31. 12. der abgelaufenen Periode nicht gerechtfertigt.

Bei Aktienbilanzen kann die Veröffentlichung Rückwirkungen auf den Kurs haben, insbesondere wenn die ausgewiesene wirtschaftliche Lage und die vorgeschlagene Dividende stark von den erwarteten Werten abweichen. **Der Zeitpunkt der Veröffentlichung** des Jahresabschlusses kann deshalb als Mittel der Publizitätspolitik angesehen werden.

Die zweifellos größte Bedeutung kommt den bilanzpolitischen Instrumenten zu, die zur **Erfolgsbeeinflussung nach dem Bilanzstichtag** eingesetzt werden können. Hier sind zu nennen **Aktivierungswahlrechte** (z. B. beim Ansatz immaterieller Anlagewerte), **Passivierungswahlrechte** (z. B. Pensionsrückstellungen) und **Bewertungswahlrechte**, zu denen insbesondere die planmäßige und außerplanmäßige Abschreibung gehören. Diese Instrumente beeinflussen die Höhe des ausgewiesenen Erfolges, während die Verwendung des Gewinns durch die **Dividenden- und Rücklagenpolitik** bestimmt wird. Insbesondere die Entscheidungen über die Bil-

---

[48] Vgl. § 41 Abs. 3 GmbHG

dung oder Auflösung von Rücklagen sind ein wichtiges Mittel zur Beeinflussung des finanziellen Bereichs des Betriebes (Kapitalsicherung, Kapitalerhaltung, Kapitalerweiterung, Kapitalumschichtung).

Wegen ihrer besonderen Wichtigkeit werden die im letzten Abschnitt genannten bilanzpolitischen Instrumente in den folgenden Kapiteln Gegenstand besonders intensiver Erörterungen sein. Deshalb soll hier eine bloße Aufzählung genügen.

4. Die buchtechnische Erfassung des betrieblichen Umsatzprozesses

Wird einem Betrieb **Kapital in Geldform** zur Verfügung gestellt, so schlägt sich dieser Finanzierungsvorgang einerseits im Kapitalbereich nieder, andererseits zeigen sich die beschafften Geldmittel im Vermögensbereich zunächst als Zahlungsmittel (Kasse, Bank- und Postscheckguthaben), bevor sie zur Durchführung des Betriebsprozesses, z. B. zur Beschaffung von Maschinen, Rohstoffen und Waren verwendet werden. Die Kapitalbeschaffung kann auch in der Weise erfolgen, daß vom Kapitalgeber anstelle von Geldmitteln **Sacheinlagen** (z. B. Grundstücke, Maschinen) geleistet werden.

Die Überführung von Zahlungsmitteln in Sach- oder Finanzvermögen oder die Einbringung von Sacheinlagen (gegen Gewährung von Kapitalanteilen)[49] bezeichnet man als **Investition**. Werden die investierten Geldbeträge über den Markt wieder in liquide Form überführt, so tritt eine **Desinvestition** ein. Da nicht alle Zahlungsmittel laufend investiert werden, da andererseits laufend durch Umformung von Sachgütern in Geld (z. B. Verkauf von Waren oder Fertigfabrikaten) dem Betrieb wieder Zahlungsmittel zufließen, kann man den Vermögensbereich in zwei Teilbereiche, den **Zahlungsbereich** und den **Investitionsbereich**[50] aufteilen. Beide stehen in einer dauernden Wechselwirkung.

Aktiva	Bilanz zum 31. 12. 19 . .	Passiva
Investitionsbereich		Kapitalbereich
Zahlungsbereich		

---

[49] Im Falle der Sacheinlagen erfolgen Finanzierung und Investition als einheitlicher Vorgang.
[50] Vgl. Ruchti, H., Die Abschreibung, Stuttgart 1953, S. 27

Die drei Bereiche – Kapitalbereich einerseits, Zahlungsbereich und Investitionsbereich andererseits – sind durch den **betrieblichen Umsatzprozeß** miteinander verbunden. Dieser vollzieht sich schematisch folgendermaßen:

1. Der Betrieb beschafft sich zunächst Mittel von außen (Finanzierung), die im Kapitalbereich als Eigen- und Fremdkapital, im Zahlungsbereich als Zahlungsmittel (Kasse, Bank) erscheinen.

Beispiel: Der Unternehmer zahlt DM 1200 (Eigenkapital) auf sein Bankkonto ein, die Bank stellt einen langfristigen Kredit von DM 800 (Fremdkapital) zur Verfügung.

Aktiva	Bilanz zum ...		Passiva
Zahlungsbereich		**Kapitalbereich**	
Bank	2000	Eigenkapital	1200
		langfristige Verbindlichkeiten	800
	2000		2000

Der Betrieb besitzt Zahlungsmittel in Höhe von 2000 DM (Vermögen) und schuldet davon dem Unternehmer DM 1200 und der Bank DM 800.

2. Die Zahlungsmittel werden zur Beschaffung von Sachgütern verwendet (Investition). Der Zahlungsbereich verkleinert sich, der Investitionsbereich vergrößert sich. Werden Sachwerte auf Kredit beschafft, so vergrößern sich Investitionsbereich und Kapitalbereich gleichermaßen, der Zahlungsbereich wird zunächst nicht berührt.

Beispiel: Kauf eines Gebäudes   DM 800
Kauf von Maschinen   DM 400
Kauf von Rohstoffen   DM 600
Die Bezahlung erfolgt aus dem Bankkonto

Aktiva	Bilanz zum ...		Passiva
Investitionsbereich:		**Kapitalbereich:**	
Gebäude	800	Eigenkapital	1200
Maschinen	400	langfristige	
Rohstoffe	600	Verbindlichkeiten	800
Zahlungsbereich:			
Bank	200		
	2000		2000

Der Bestand an Vermögen und Kapital bleibt unverändert, jedoch ändert sich die **Vermögensstruktur**: es erfolgt eine Umschichtung zwischen Zahlungsbereich und Investitionsbereich (Aktivtausch). Ein Erfolg (Gewinn oder Verlust) tritt nicht ein.

Beispiel: Es werden die gleichen Geschäftsvorfälle wie im Fall 2 angenommen; die Rohstoffe werden jedoch auf Kredit (Lieferantenkredit = kurzfristige Verbindlichkeiten) gekauft.

Aktiva		Bilanz zum . . .	Passiva	
Investitionsbereich:		**Kapitalbereich:**		
Gebäude	800	Eigenkapital	1200	
Maschinen	400	langfristige		
Rohstoffe	600	Verbindlichkeiten	800	
Zahlungsbereich:		kurzfristige		
		Verbindlichkeiten	600	
Bank	800			
	2600		2600	

Der Bestand an Vermögen erhöht sich um den Rohstoffeinkauf, der Bestand an Kapital um die Lieferantenschulden. Auch dieser Vorgang ist **erfolgsneutral**. Es ändert sich aber nicht nur die Vermögensstruktur, sondern auch der Gesamtbestand des Bruttovermögens. Gleiches gilt für die Kapitalseite.

3. Der Prozeß der Leistungserstellung führt zu einer **Umformung von Sachgütern** (Rohstoffe, Maschinennutzungen) und Arbeits- und Dienstleistungen in **Ertragsgüter** (Halb- und Fertigfabrikate). Es tritt eine Umschichtung teilweise im Investitionsbereich (Verbrauch an Rohstoffen und Umformung zu Fertigfabrikaten), teilweise durch Wechselwirkung zwischen Zahlungsbereich und Investitionsbereich ein (z. B. Zahlung von Löhnen und Eingang der Arbeitsleistungen in die Fertigfabrikate).

Beispiel: Es werden Fertigfabrikate produziert. Ihre Herstellungskosten setzen sich folgendermaßen zusammen:

Rohstoffe	DM 540
Gebäudeabschreibung	DM 20
Maschinenabschreibung	DM 40
Löhne und sonstige Aufwendungen	DM 100
	DM 700

Dem Verbrauch an Produktionsfaktoren im Werte von DM 700 steht der Wert der Fertigfabrikate in Höhe der Herstellungskosten von DM 700 gegenüber.

Aktiva		Bilanz I		Passiva
Investitionsbereich			**Kapitalbereich**	
Gebäude	800		Eigenkapital	1200
Maschinen	400		langfristige	
Rohstoffe	600		Verbindlich-	
Zahlungsbereich			keiten	800
Bank	200			
	2000			2000

Aktiva		Bilanz II		Passiva
Investitionsbereich			**Kapitalbereich**	
Gebäude	780		Eigenkapital	1200
Maschinen	360		langfristige	
Rohstoffe	60		Verbindlich-	
Fertig-			keiten	800
fabrikate	700			
Zahlungsbereich				
Bank	100			
	2000			2000

Der Bestand an Vermögen und Kapital wird nicht verändert. Es ist zwar eine betriebliche Leistung (Fertigfabrikate = Ertrag) erzielt worden, jedoch **entspricht der Ertrag wertmäßig dem Aufwand,** ein Gewinn oder Verlust entsteht nicht.

4. Der Absatz der Ertragsgüter führt über den Absatzmarkt zu einem **Rückfluß der Geldmittel** aus dem Investitionsbereich in den Zahlungsbereich, es tritt eine Desinvestition in Höhe der Maschinenabschreibungen, des Materialverbrauchs usw. ein.

Beispiel: Die Fertigfabrikate werden zu DM 1000 verkauft. Der Kaufpreis geht auf dem Bankkonto ein. Es wird der Einfachheit halber unterstellt, daß beim Verkauf keine weiteren Aufwendungen anfallen.

Aktiva		Bilanz zum 31. 12. 19 . .		Passiva
Investitionsbereich		**Kapitalbereich**		
Gebäude	780	Eigenkapital:		
Maschinen	360	Anfangsbestand	1200	
Rohstoffe	60	+ Gewinn	300	1500
Zahlungsbereich		langfristige Verbindlich-		
Bank	1100	keiten		800
	2300			2300

Der Markt vergütet den Wert der eingesetzten Kostengüter zurück, außerdem geht ein Mehrbetrag von DM 300 ein. Es ist also ein **Gewinn** entstanden, der sich in einer **Vermehrung des Eigenkapitals** zeigt. Das Bilanzvolumen hat sich vergrößert (Bilanzverlängerung).

5. Der **Kapitalbereich** wird von dem gesamten Umsatzprozeß nur berührt, wenn entweder weitere Kapitalbeschaffungen von außen erfolgen, z. B. durch Lieferantenkredite oder Anzahlungen von Kunden, oder wenn ein Erfolg, also eine Vermehrung oder Verminderung des Vermögens durch die betriebliche Leistungserstellung und -verwertung eingetreten ist.

Die schematische Darstellung des betrieblichen Umsatzprozesses zeigt, daß dieser Prozeß seinen rechnerischen Ausdruck in laufenden Veränderungen der Bestände an Vermögen und Kapital findet, die entweder **nur vermögenswirksam** sind, wie z. B. beim Kauf von Rohstoffen (Mehrung des Rohstoffbestandes, Minderung des Zahlungsmittelbestandes) **oder vermögens- und erfolgswirksam** sind, wie z.B. bei der Zahlung von Löhnen oder Fremdkapitalzinsen (Minderung der Zahlungsmittel durch Wertverzehr [Aufwand]).

5. Die Auflösung der Bilanz in Konten

a) Begriff des Kontos

Da es praktisch nicht möglich ist, jede Veränderung eines Bestandes, die durch einen Geschäftsvorfall bedingt ist, sofort in der Bilanz zu vermerken, d. h. nach jedem Geschäftsvorfall eine neue Bilanz aufzustellen, zerlegt man die Bilanz in ihre Vermögens- und Kapitalarten, d. h. in eine Vielzahl von Einzelrechnungen, und zeichnet die zwischen zwei Bilanzstichtagen (in der Regel ein Jahr) erfolgten Geschäftsvorfälle gleicher

Art auf einem Konto auf. Diese Einzelrechnungen sind Inhalt der Buchführung, deren Aufgabe darin besteht, jeden Bestand und jede Veränderung eines Bestandes an Vermögen und Kapital und jeden Aufwand und Ertrag auf einem Konto festzuhalten.

Ein **Konto** ist eine zweiseitige Rechnung, die auf der einen Seite den Anfangsbestand und die Zugänge, auf der anderen Seite die Abgänge und den Endbestand enthält. Der Endbestand ergibt sich als Differenz **(Saldo)** zwischen der Summe aus Anfangsbestand und Zugängen einerseits und den Abgängen andererseits. Stellt man beide Seiten eines Kontos gegenüber, so entsteht das nach seiner Form benannte T-Konto:

Soll		Kasse	Haben
Anfangsbestand	100	Auszahlung	250
Einzahlung	200	Saldo = Endbestand	50
	300		300

In der Praxis verwendet man in der Regel die T-Form nur für die Zahlenwerte, während man die Buchungstexte beider Seiten links davon anordnet:

Kto. Nr. . . .	Kasse		
Datum	Buchungstext	Soll (= Einzahlung)	Haben (= Auszahlung)
1. 1.	an Eröffnungsbilanz	100	
10. 1.	an Forderungen	200	
12. 1.	von Löhne		250
. . .	. . .	. . .	

b) **Bestands- und Erfolgskonten**

Aus der Bilanz werden die **Bestandskonten** abgeleitet. Diejenigen Bestandskonten, die die Vermögenswerte erfassen, werden als **Aktiv- oder Vermögenskonten,** diejenigen, die Kapitalpositionen aufnehmen, als **Passiv- oder Kapitalkonten** bezeichnet. Die aus der Bilanz entnommenen Anfangsbestände erscheinen auf den Aktivkonten auf der linken Kontoseite, bei den Passivkonten auf der rechten Seite. Da Zugänge den Anfangsbestand erhöhen, stehen sie bei Aktivkonten auf der linken, bei Passivkonten auf der rechten Seite. Entsprechend werden auf den Aktivkonten die Abgänge auf der rechten, auf den Passivkonten auf der linken Seite erfaßt. Bezieht man die Endbestände mit ein, so ergibt sich folgender Kontenaufbau:

Soll	Aktivkonto	Haben
Anfangs-bestand		Abgänge
Zugänge		
		Saldo = Endbestand

Soll	Passivkonto	Haben
Abgänge		Anfangs-bestand
		Zugänge
Saldo = Endbestand		

Für jedes Bestandskonto gilt also:

> Anfangsbestand + Zugänge   = Abgänge + Endbestand
> Endbestand = Anfangsbestand + Zugänge — Abgänge

Die linke Seite jedes Konto wird mit „**Soll**", die rechte Seite mit „**Haben**" überschrieben. Diese historischen Bezeichnungen sind nicht bei allen Konten ohne weiteres verständlich. Hat der Betrieb eine Forderung an einen Kunden aus einer Warenlieferung, so weist die linke Seite des Forderungskontos den Anfangsbestand und die Zugänge, die rechte Seite die Abgänge und den Endbestand aus. Die linke Seite zeigt also den Betrag, den der Kunde noch zahlen **soll**, die rechte Seite weist aus, welche Beträge der Betrieb dem Kunden für seine Zahlungen gutgeschrieben **hat**. Früher wurden diese Beziehungen durch die Bezeichnungen „Debet" (= er schuldet) für die linke Seite und „Credit" (= er hat gut) für die rechte Seite eines Kontos zum Ausdruck gebracht.

Da die Begriffe Soll und Haben sowohl für die Aktiv- als auch für die Passivkonten verwendet werden, muß man sich zum Verständnis klar machen, daß die Passivkonten auf der rechten Seite zeigen, welche Beträge der Gläubiger oder der Unternehmer „gut hat", m. a. W. welche Beträge der Betrieb schuldet. Deshalb erscheinen auf den Passivkonten Anfangsbestand und Zugänge auf der rechten Seite, weil der Gläubiger das „gut hat", was der Betrieb ihm schuldet. Auf der Soll-Seite eines Passivkontos erscheinen dagegen die Beträge, um die sich die Schulden des Betriebes — z. B. durch Rückzahlung — mindern. Der Gläubiger wird „belastet" mit dem Betrag, den er nicht mehr zu fordern hat.

Personifiziert man das Konto gedanklich und sieht man von den hinter einem Konto stehenden Personen (Schuldnern, Gläubigern) ab, so kann man allgemein sagen, daß die Aktivkonten ihre auf der Soll-Seite ausgewiesenen Vermögensbestände dem Betriebe schulden und daß sie folglich für jede Minderung ihres Bestandes auf der Haben-Seite eine Gutschrift erhalten, während die Passivkonten ihren Bestand (= Schulden des Betriebes) vom Betrieb auf der Haben-Seite gutgeschrieben erhalten und folglich mit den Schuldenminderungen (Rückzahlungen des Betriebes) auf der Soll-Seite belastet werden.

Soll Aktivkonto Haben	Soll Passivkonto Haben
Belastung: Der Anfangsbestand und die Zugänge werden **vom Konto** dem Betrieb **geschuldet**; das Konto wird also belastet.	**Gutschrift:** Die Bestandsminderung wird vom **Betrieb** gutgeschrieben.	**Belastung:** Die Bestandsminderung wird dem Betrieb **vom Konto** gutgeschrieben; das Konto wird also belastet.	**Gutschrift:** Der Anfangsbestand und die Zugänge werden dem Konto **vom Betrieb geschuldet**, dem Konto also gutgeschrieben.

Die Bestandskonten weisen die Bestände an Vermögen und Schulden und ihre Bewegung innerhalb des Zeitablaufs aus. Einer Bestandsänderung auf einem Konto entspricht auf einem anderen Konto eine Bestandsänderung entweder mit **entgegengesetztem Vorzeichen** (z. B. Wareneinkauf gegen bar = Mehrung des Warenbestandes und Minderung des Kassenbestandes) oder mit **gleichem Vorzeichen** (z. B. Wareneinkauf auf Kredit = Mehrung des Warenbestandes und Mehrung der kurzfristigen Verbindlichkeiten, oder Bezahlung von Lieferantenschulden = Minderung der Zahlungsmittel und Minderung der kurzfristigen Verbindlichkeiten).

Wird durch einen Geschäftsvorfall ein Erfolg (Wertzuwachs oder Wertminderung = Gewinn oder Verlust) erzielt, so erhöht sich durch einen Wertzuwachs das Reinvermögen und entsprechend das Eigenkapital, während sich durch eine Wertminderung Reinvermögen und Eigenkapital verringern. Würde man z. B. bei der Zahlung von Löhnen das Bankkonto und das Eigenkapitalkonto um den Lohnbetrag vermindern und im Falle der Erzielung eines Zinsertrages beide Konten um diesen Ertrag erhöhen, so könnte man zwar die Bewegung auf beiden Konten feststellen, könnte aber **die Ursachen nicht erkennen,** auf die sie zurückzuführen ist. Eine Zunahme des Bank- und des Eigenkapitalkontos könnte z. B. auch durch eine Einlage von weiterem Eigenkapital aus dem Privatvermögen des Unternehmers eintreten. Diese Einlage ist aber nicht erfolgswirksam, denn ein Erfolg tritt nur dann ein, wenn sich das Eigenkapital als Folge des betrieblichen Umsatzprozesses erhöht oder vermindert. Um die Quellen des Erfolges sichtbar zu machen, bildet man deshalb für **jede Aufwands- und Ertragsart ein Konto,** in unserem Beispiel also ein Lohnkonto und ein Zinsertragskonto.

Auch die Aufwands- und Ertragskonten (**Erfolgskonten**) werden auf der linken Seite mit „Soll" und auf der rechten Seite mit „Haben" überschrieben, d. h. sie werden links belastet und rechts erkannt. Die Erfolgskonten lassen sich als **Vorkonten des Eigenkapitalkontos** auffassen. Da Aufwendungen das Eigenkapital mindern und Erträge das Eigenkapital erhöhen und das Eigenkapitalkonto ein Passivkonto ist, bei dem Zugänge auf der Haben-Seite und Abgänge auf der Soll-Seite erscheinen, nehmen die Aufwandskonten auf ihrer Soll-Seite die Eigenkapitalminderungen (Aufwendungen), die Ertragskonten auf ihrer Haben-Seite die Eigenkapital-Zugänge (Erträge) auf.

Beispiel für ein Aufwandskonto:

> Zahlung von 1000 DM Löhnen aus dem Bankkonto.

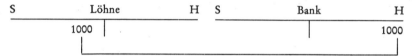

Die Lohnzahlung bedeutet sowohl eine **Eigenkapitalminderung**, wenn man sie isoliert betrachtet[51], als auch eine Verringerung des Bankguthabens. Das Bankkonto stellt den Betrag zur Verfügung und erhält dafür eine Gutschrift. Eine Direktverbuchung auf dem Eigenkapitalkonto statt auf dem Lohnkonto würde nicht erkennen lassen, wodurch die Kapitalminderung ausgelöst worden ist.

Beispiel für ein Ertragskonto:

> Gutschrift von 500 DM Zinsen durch die Bank auf dem Bankkonto des Betriebes.

S	Zinserträge	H	S	Bank	H
		500	500		

Der Zinsertrag vermehrt sowohl das Eigenkapital als auch das Bankguthaben. Das Bankkonto nimmt den Betrag auf und wird dafür belastet, denn es schuldet seinen Bestand dem Betrieb. Würde der Zinsertrag statt auf dem Ertragskonto unmittelbar dem Eigenkapitalkonto gutgeschrieben werden, so wäre auch in diesem Falle nicht zu erkennen, auf welche Ursachen die Kapitalzunahme zurückzuführen ist.

Zur Erfassung der Geschäftsvorfälle bedient sich die Buchhaltung also folgender Arten von Konten:

1. **Bestandskonten.** Sie nehmen für jede Vermögens- und Kapitalart den Anfangsbestand einer Abrechnungsperiode auf, sammeln die Zugänge und Abgänge während der Periode, zeigen also die Bewegung der Be-

---

[51] Sieht man die Lohnzahlung im Zusammenhang mit der Erstellung einer betrieblichen Leistung, z. B. der Produktion von Fabrikaten, so entspricht dem Lohnaufwand ein Ertragszuwachs in den Fabrikaten, d. h. es erfolgt eine Vermögensumschichtung (Minderung der Zahlungsmittel, Mehrung der Lagerbestände), durch die sich das Eigenkapital nicht ändert.

stände, und ermöglichen am Ende der Periode durch Gegenüberstellung von Anfangsbestand und Zugängen einerseits und Abgängen andererseits die Ermittlung des Endbestandes.

2. **Erfolgskonten.** Sie sammeln – getrennt nach Aufwands- und Ertragsarten – die Aufwendungen und Erträge einer Abrechnungsperiode. Der Saldo zwischen sämtlichen Aufwendungen und Erträgen ergibt den Erfolg der Periode, der mit dem Eigenkapitalkonto verrechnet wird und als Gewinn das Eigenkapital vermehrt, als Verlust das Eigenkapital vermindert.

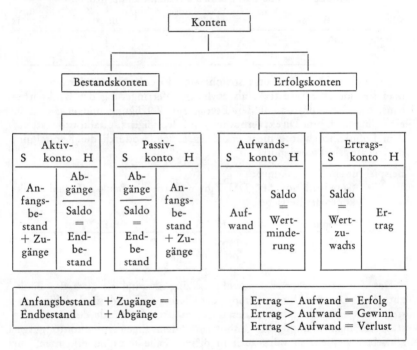

3. Eine dritte Art von Konten sind die **gemischten Konten,** die eine Kombination von Bestands- und Erfolgskonten bilden. Bekanntestes Beispiel ist das ungeteilte (gemischte) Warenkonto.[52] Sie haben den Nachteil, daß ihr Saldo eine Mischung von Endbestandswert und Erfolg ist und folglich eine sinnvolle Aussage nur ergibt, wenn vor der Saldierung der durch Inventur festgestellte Endbestand eingesetzt wird, so daß der Saldo nur noch den Erfolg zeigt. Im Interesse einer klaren und übersichtlichen Buchführung und Bilanzierung sollten gemischte Konten durch

---

[52] Vgl. S. 79 f.

Aufteilung in ein reines Bestands- und ein reines Erfolgskonto (z. B. Wareneinkaufskonto und Warenverkaufskonto) vermieden werden[53].

c) Die vier Typen von Buchungsfällen

Bei der Verbuchung eines Geschäftsvorfalles werden mindestens zwei Konten berührt, da jeder Geschäftsvorfall zwei Seiten hat und deshalb einmal im Soll und einmal im Haben eines Kontos erfaßt wird. Der Geschäftsvorfall wird in Form eines sog. **Buchungssatzes** formuliert, d. h. beide Konten, die von einem Geschäftsvorfall betroffen werden, werden „angerufen", und zwar in der Reihenfolge, daß zunächst das Konto, dessen Soll-Seite belastet wird, und dann das Konto, dessen Haben-Seite erkannt wird, bezeichnet wird. Es gilt die Regel: **von Soll an Haben.**

Da jeder Geschäftsvorfall (wenigstens) zwei Konten, und zwar ein Konto im Soll und ein Konto im Haben berührt, bezeichnet man die Buchführung als **doppelte Buchführung.** Diese Bezeichnung ergibt sich außerdem aus der Tatsache, daß der formale Aufbau der doppelten Buchführung die Ermittlung des Periodenerfolges in doppelter Weise ermöglicht:

1. durch Vermögensvergleich:
   Erfolg = Vermögen am Ende der Periode – Vermögen am Anfang der Periode + Entnahmen – Einlagen;
2. durch Aufwands- und Ertragsvergleich:
   Erfolg = Ertrag – Aufwand.

Da die Bilanzgleichung Vermögen = Kapital gilt, läßt sich die Erfolgsermittlung mit Hilfe der Bilanz schematisch folgendermaßen darstellen:

Aktiva Bilanz zum 31. 12. 19 . . Passiva		Aktiva Bilanz zum 31. 12. 19 . . Passiva	
Vermögen am Ende der Periode	Fremdkapital am Ende der Periode	Vermögen am Ende der Periode	Fremdkapital am Ende der Periode
	Eigenkapital am Anfang der Periode[54]		Eigenkapital am Anfang der Periode[54]
	Saldo am Ende der Periode = Gewinn	Saldo am Ende der Periode = Verlust	

---

[53] Eine Einteilung der Konten in *Sachkonten* und *Personenkonten* ist für die Bilanzierung ohne Bedeutung. Die Sachkonten sind die Konten des Hauptbuches, die Personenkonten werden in einem Nebenbuch, dem Kontokorrentbuch (Geschäftsfreundebuch) getrennt nach den einzelnen Kunden und Lieferanten geführt und im Hauptbuch zu je einem Sachkonto für Kunden und Lieferanten zusammengefaßt.

[54] Ggf. vermehrt um Einlagen und vermindert um Entnahmen der Periode.

Stellt man in einem Gewinn- und Verlustkonto sämtliche Aufwendungen und Erträge einer Periode gegenüber, so zeigt der Saldo den Gewinn oder Verlust:

Soll Gewinn- u. Verlustkonto Haben		Soll Gewinn- u. Verlustkonto Haben	
Aufwand der Periode	Ertrag der Periode	Aufwand der Periode	Ertrag der Periode
Saldo = Gewinn			Saldo = Verlust

Aus den bisherigen Ausführungen ergibt sich, daß sich alle Geschäftsvorfälle auf vier Typen von Buchungsfällen zurückführen lassen:

1. **Aktivtausch.** Er führt zu einer Veränderung der Vermögensstruktur, ohne daß sich die Bilanzsumme vergrößert oder verringert. Der Zugang auf einem Vermögenskonto entspricht dem Abgang auf einem anderen Vermögenskonto.

Beispiel: Bezahlung einer Forderung von DM 300 durch den Kunden A: Der Forderungsbestand mindert sich um 300 DM, der Bankbestand erhöht sich um den gleichen Betrag, die Bilanzsumme bleibt konstant. Die Passivseite wird nicht berührt.

Buchungssatz: Von Bank an Forderung A.

S	Bank	H	S	Forderung A	H
Zugang	300			Abgang	300

2. **Passivtausch.** Er führt zu einer Veränderung der Kapitalstruktur, ohne daß sich die Bilanzsumme vergrößert oder verringert. Der Zugang auf einem Kapitalkonto entspricht dem Abgang auf einem anderen Kapitalkonto.

Beispiel: Umwandlung eines Lieferantenkredits in einen Wechselkredit (Akzept). Der Betrieb akzeptiert einen Wechsel seines Lieferanten in Höhe von DM 500.
Der Bestand an Lieferantenschulden (Kreditoren) mindert sich um DM 500, der Bestand an Schuldwechseln (Akzepte) nimmt um 500 DM zu. Die Bilanzsumme bleibt konstant. Die Aktivseite wird nicht berührt.

Buchungssatz: Von Kreditoren an Akzepte.

S	Kreditoren	H	S	Akzepte	H
Abgang	500			Zugang	500

3. **Bilanzverlängerung.** Aktiv- und Passivseite vermehren sich um den gleichen Betrag. Dem Zugang auf einem Vermögenskonto entspricht ein Zugang auf einem Kapitalkonto in gleicher Höhe oder umgekehrt. Die Bilanzsumme nimmt zu.

Beispiele: a) Kauf von Waren auf Kredit DM 800
b) Aufnahme eines Bankkredits DM 1000

Buchungssätze: a) Von Wareneinkauf an Kreditoren
b) Von Bank an Bankverbindlichkeiten

S	Wareneinkauf	H	S	Kreditoren	H
a) Zugang	800			Zugang	800

S	Bank (Guthaben)	H	S	Bankverbindlichkeiten	H
b) Zugang	1000			Zugang	1000

4. **Bilanzverkürzung.** Aktiv- und Passivseite vermindern sich um den gleichen Betrag. Einem Abgang auf einem Vermögenskonto entspricht ein Abgang auf einem Kapitalkonto in gleicher Höhe oder umgekehrt. Die Bilanzsumme nimmt ab.

Beispiele: a) Bezahlung einer Lieferantenschuld aus dem Bankkonto in Höhe von DM 900
b) Rückzahlung eines Bankkredits in Höhe von DM 1000

Buchungssätze: a) Von Kreditoren an Bank
b) Von Bankverbindlichkeiten an Bank

S	Bank (Guthaben)	H	S	Kreditoren	H
a)		Abgang 900	Abgang 900		

S	Bank (Guthaben)	H	S	Bankverbindlichkeiten	H
b)		Abgang 1000	Abgang 1000		

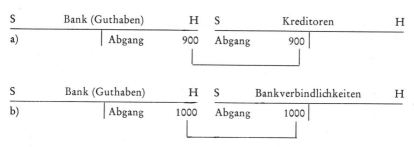

In den obigen Beispielen handelte es sich um erfolgsunwirksame Geschäftsvorfälle. **Erfolgswirksame** Geschäftsvorfälle ändern die Höhe des Eigenkapitals und führen entweder zu einer Bilanzverkürzung (Aufwendungen) oder zu einer Bilanzverlängerung (Erträge).

Beispiele: a) Lohnzahlung in bar 1000 DM

Buchungssätze: Löhne an Kasse 1000 DM
Gewinn- und Verlustkonto an Löhne 1000 DM
Eigenkapital an Gewinn- und Verlustkonto[55] 1000 DM

Kassenbestand und Eigenkapital verringern sich um den gleichen Betrag. Das Ergebnis ist eine **Bilanzverkürzung.**

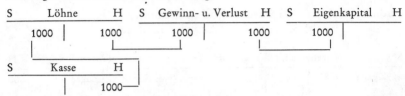

b) Zinserträge in Höhe von 500 DM werden auf Bankkonto gutgeschrieben

Buchungssätze: Bank an Zinserträge 500 DM
Zinserträge an Gewinn- und Verlustkonto 500 DM
Gewinn- und Verlustkonto an Eigenkapital 500 DM

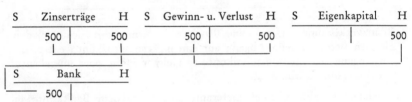

Bankguthaben und Eigenkapital erhöhen sich um den gleichen Betrag. Das Ergebnis ist eine **Bilanzverlängerung.**

Da es Geschäftsvorfälle gibt, die mehr als zwei Konten berühren, muß die bisherige Feststellung, daß jeder Soll-Buchung eine Haben-Buchung entspricht, dahingehend erweitert werden, daß bei jedem Geschäftsvorfall die Summe der Soll-Buchungen gleich der Summe der Haben-Buchungen sein muß. Buchungen dieser Art bezeichnet man als **zusammengesetzte Buchungen.**

Beispiel: Kauf von Waren im Werte von 10 000 DM;
Zahlung:　　a) 4000 DM in bar,
　　　　　　b) 6000 DM durch Banküberweisung

Buchungssatz: Wareneinkauf 10 000 DM　　an Kasse 4000 DM
　　　　　　　　　　　　　　　　　an Bank 6000 DM

S	Wareneinkauf	H	S	Kasse	H	S	Bank	H
	10 000				4000			6000

---

[55] Es wird unterstellt, daß keine sonstigen erfolgswirksamen Vorfälle zu verbuchen sind.

Beispiel: Kauf von Waren im Werte von 10 000 DM; Zahlung: 7000 DM durch Banküberweisung, für den Rest von 3000 DM wird ein Lieferantenkredit in Anspruch genommen

Buchungssatz: Wareneinkauf 10 000 DM   an Bank 7000 DM

an Lieferantenschulden 3000 DM

S Wareneinkauf H	S Bank H	S Lieferanten- schulden H
10 000 |	| 7000	| 3000

Beispiel: Ein Kunde überweist eine Rechnung von 2000 DM und behält 2 % Skonto ein.

Buchungssatz: Bank   1960 DM
Skontoaufwand   40 DM an Forderungen 2000 DM

S Bank H	S Skontoaufwand H	S Forderungen H
1960 |	40 |	| 2000

Zusammengesetzte Buchungssätze betreffen also entweder die Soll-Seite eines Kontos und die Haben-Seiten mehrerer Konten oder die Soll-Seiten mehrerer Konten und die Haben-Seite eines Kontos. Es ist auch denkbar, daß mehrere Soll- und mehrere Haben-Seiten durch einen Geschäftsvorfall berührt werden.

d) Der Kontenrahmen

Der **Kontenrahmen** stellt einen Organisations- und Gliederungsplan für das gesamte Rechnungswesen dar[56]. Er wurde im Jahre 1937 durch einen Erlaß des Reichswirtschaftsministers (Wirtschaftlichkeitserlaß) für verbindlich erklärt. Nach diesem sog. „Erlaßkontenrahmen" wurden in Deutschland mehr als 200 Kontenrahmen für einzelne Branchen aufgestellt. Die Verbindlichkeit des „Erlaßkontenrahmens" und der von ihm abgeleiteten Branchenkontenrahmen wurde im Jahre 1953 durch das Bundeswirtschaftsministerium aufgehoben. Heute besteht also kein Zwang mehr zur Anwendung eines Kontenrahmens, jedoch hat der Bundesverband der Deutschen Industrie einen sog. „**Gemeinschaftskontenrahmen**" (GKR) entwickelt, der eine Empfehlung darstellt. Er ist die Rahmenvorschrift, nach der der einzelne Betrieb unter Berücksichtigung seiner individuellen Eigenart seinen **Kontenplan** entwickelt.

Der Kontenrahmen (bzw. Kontenplan) ist nach dem dekadischen System in 10 Kontenklassen eingeteilt. Jede Kontenklasse läßt sich in 10 Kon-

---

[56] Der Ausdruck „Kontenrahmen" ist durch Schmalenbach eingeführt worden (vgl. Schmalenbach, E., Der Kontenrahmen, Leipzig 1927)

tengruppen, jede Kontengruppe in 10 Untergruppen (Kontenarten) unterteilen. Je nach Bedarf ist eine weitere Unterteilung möglich.

Beispiel: Kontenklasse: 4 Kostenarten
         Kontengruppe: 46 Steuern, Gebühren, Beiträge, Versicherungen
         Kontenart: 460 Steuern
                            4600 Vermögensteuer
                            4601 Gewerbesteuer
                            4602 Grundsteuer
                            4604 Umsatzsteuer
                            usw.
                 462 Gebühren
                            4620 Gebühren für den gewerblichen Rechtsschutz
                            4621 Gebühren für den allgemeinen Rechtsschutz
                            4625 Prüfungsgebühren
                 466 Beiträge
                 468 Versicherungen
                            4680 Feuer-Versicherung
                            4681 Diebstahl-Versicherung
                            4682 Kfz-Versicherung
                            usw.

Die Kontenklassen 0–3 und 8 und 9 sind für alle Betriebe in ihrem Inhalt im Prinzip gleich. Die dazwischen liegenden Klassen sind in den Kontenrahmen der einzelnen Wirtschaftszweige auf die besonderen Gegebenheiten jedes Wirtschaftszweiges abgestellt. Der Gemeinschaftskontenrahmen der Industrie (GKR) ist beispielsweise so aufgebaut, daß er den Prozeß der betrieblichen Leistungserstellung und -verwertung von links nach rechts, also von Klasse 0 bis 9, widerspiegelt. Die Klassen 0 bis 3 erfassen die Vorbereitung der Leistungserstellung, die Klassen 4 bis 7 die Durchführung der Produktion und die Klasse 8 die Verwertung der Leistung. Klasse 9 dient dem Abschluß.

Die einzelnen Kontenklassen haben folgenden Inhalt:

Klasse 0 enthält die Anlage- und Kapitalkonten. Dazu gehören erstens das **Anlagevermögen** mit Grundstücken und Gebäuden (00), Maschinen und Anlagen der Haupt-, Neben- und Hilfsbetriebe (01/02), Fahrzeugen, Werkzeugen, Betriebs- und Geschäftsausstattung (03), Sachanlagen-Sammelkonten für Zu- und Abgänge (04) und Finanzanlagevermögen und bewertbaren Rechten (05), und zweitens das **langfristige Kapital** (Fremdkapital [06], Eigenkapital [07]). Außerdem nimmt diese Kontenklasse die Berichtigungen zur Bilanz und Ergebnisrechnung auf (Wertberichtigungen, Rückstellungen [08], Rechnungsabgrenzungen [09]).

Klasse 1 ist die Klasse des **Finanz-Umlaufvermögens** mit Kasse (10),

Geldanstalten (11), Schecks und Besitzwechseln (12), Wertpapieren des Umlaufvermögens (13) und Forderungen (14/15) und der **kurzfristigen Verbindlichkeiten** (16–18). Auf dieser Kontenklasse werden außerdem die Durchgangs-, Übergangs- und Privatkonten (19) geführt.

Klasse 2 (Abgrenzungskonten) hat die Aufgabe, eine scharfe Trennung zwischen der Geschäftsbuchhaltung, aus der die Bilanz- und Erfolgsrechnung entwickelt werden, und der Kostenrechnung zu ermöglichen. Zu diesem Zwecke grenzt Klasse 2 die Aufwendungen von den Kosten und die neutralen Erträge von den Betriebserträgen in sachlicher und zeitlicher Hinsicht ab. Im einzelnen gehören in diese Klasse die betriebsfremden Aufwendungen und Erträge (20), die Aufwendungen und Erträge für Grundstücke und Gebäude (21), die bilanzmäßigen Abschreibungen (23), die Zinsaufwendungen und -erträge (24), die betrieblichen außerordentlichen Aufwendungen und Erträge (25/26), die Gegenposten der Kosten- und Leistungsrechnung (27/28), wie z. B. die verrechneten kalkulatorischen Kosten (kalkulatorische Abschreibungen, Zinsen, Wagniszuschläge und Unternehmerlohn), und schließlich die das Gesamtergebnis betreffenden Aufwendungen und Erträge (29), wie z. B. die Körperschaftsteuer.

Klasse 3 enthält die Stoff- und Warenkonten. Die Kontengruppen 30 bis 37 erfassen die Roh-, Hilfs- und Betriebsstoffe, Gruppe 38 nimmt Bestandteile, Fertigteile und auswärtige Bearbeitungen auf, Gruppe 39 Handelswaren und von auswärts bezogene Fertigerzeugnisse.

Die **Klasse 4 bis 7** dienen der Erfassung und Verteilung der Kosten. Klasse 4 enthält die Konten der **Kostenarten**. Dazu gehören u. a. die Materialkosten (40/42), die Personalkosten (43/44), die Kosten für Instandhaltungen (45), Steuern, Gebühren, Beiträge und Versicherungsprämien (46), Mieten, Verkehrs-, Büro- und Werbekosten (47), kalkulatorische Kostenarten (48) und die innerbetriebliche Kosten- und Leistungsverrechnung (49). Klasse 5 nimmt die Konten der **Kostenstellenrechnung** auf, auf Klasse 6 werden die Herstellkosten der Halb- und Fertigfabrikate erfaßt und auf Klasse 7 erscheinen die Bestände an Halb- und Fertigfabrikaten (**Kostenträger**).

Klasse 8 zeigt die Erträge (Umsatz ± Bestandsveränderungen) der betrieblichen Tätigkeit. Dazu gehören die Erlöse, die durch den Verkauf von Fertigfabrikaten (83/84), von Handelswaren (85) und aus Nebengeschäften (86) eingegangen sind, ferner die Eigenleistungen (87) und die Bestandsveränderungen an Halb- und Fertigfabrikaten (89).

Klasse 9 dient dem Abschluß und enthält u. a. die Gewinn- und Verlustkonten (98) und die Bilanzkonten (99).

Die Klassen 4 bis 7 sind im Kontenrahmen des **Groß- und Einzelhandels** anders gegliedert. Auf Klasse 4 erscheinen im Kontenrahmen des Einzelhandels ebenso wie im Industriekontenrahmen die Kostenarten, im Kontenrahmen des Großhandels dagegen die Boni und Skonti. Die Kostenarten werden hier in Klasse 5 geführt. Beim Einzelhandel bleibt die Klasse 5 für eine gegebenenfalls geführte Kostenstellenrechnung frei.

Klasse 6 ist sowohl im Kontenrahmen des Einzel- als auch des Großhandels
für die Erfassung der Kosten von Nebenbetrieben vorgesehen, Kontenklasse 7 bleibt in beiden Kontenrahmen frei.

6. Die buchtechnische Behandlung der wichtigsten Geschäfts- vorfälle

a) Eröffnungsbilanzkonto und Schlußbilanzkonto

Jeder Buchführungsabschnitt beginnt mit einer Anfangsbilanz (Eröffnungsbilanz) und endet mit einer Schlußbilanz. Ein solcher Abschnitt darf
auf Grund gesetzlicher Vorschriften 12 Monate nicht überschreiten. Die
Schlußbilanz ist zugleich die Anfangsbilanz der nächsten Periode (Grundsatz der Bilanzidentität)[57]. Die Buchführung gibt Rechenschaft darüber, wie
sich die in der Anfangsbilanz aufgeführten Vermögens- und Kapitalpositionen zu den Positionen entwickelt haben, die in der folgenden Schlußbilanz ausgewiesen werden.

Bei der Auflösung der Eröffnungsbilanz in Konten werden sämtliche
Vermögenspositionen (Aktiva) auf je ein Aktivkonto und sämtliche Kapitalpositionen (Passiva) auf je ein Passivkonto übertragen. Dabei ergibt
sich eine buchungstechnische Schwierigkeit. Die Anfangsbestände werden
auf die Soll-Seite der Aktivkonten und auf die Haben-Seite der Passivkonten gebucht. Da im System der doppelten Buchführung aber jede Buchung eine Gegenbuchung erfordert, Gegenkonten für die Eröffnungsbu-
chungen aber nicht vorhanden sind, da die Auflösung der Eröffnungsbilanz
in Konten ein rein formaler Vorgang ist, dem keine wirtschaftlichen Vorgänge (Geschäftsvorfälle) zugrunde liegen, schafft man sich als Gegenkonto
ein sog. **Eröffnungsbilanzkonto,** das nur formalen Charakter hat.

Die Buchungssätze bei der Auflösung der Anfangsbilanz in Konten lauten dann:

1. alle Aktivkonten an Eröffnungsbilanzkonto
2. Eröffnungsbilanzkonto an alle Passivkonten.

Das Eröffnungsbilanzkonto ist also ein **Spiegelbild der Eröffnungsbilanz.**
Die Anfangsbestände der Vermögenspositionen erscheinen im Haben, die
Anfangsbestände der Kapitalpositionen im Soll des Eröffnungsbilanz-
kontos.

Man kann bei der Übernahme der Bilanzpositionen auf Konten auch
auf das formale Eröffnungsbilanzkonto verzichten. Da die Vermögens-
und die Kapitalseite der Bilanz die gleiche Bilanzsumme zeigen, ist die
Summe aller Buchungen auf den Aktivkonten gleich der Summe sämtlicher

---

[57] Vgl. S. 162 ff.

Buchungen auf den Passivkonten. Der Buchungssatz bei der Konteneröffnung lautet, wenn kein Eröffnungsbilanzkonto verwendet wird: alle Aktivkonten an alle Passivkonten.

Der Verzicht auf ein Eröffnungsbilanzkonto beeinträchtigt die Ordnungsmäßigkeit der Buchführung nicht und wird auch steuerlich akzeptiert. Am Ende des Geschäftsjahres werden die Bestandskonten wieder zu einer Bilanz zusammengefaßt. Die Ermittlung der Endbestände durch Saldierung beider Seiten jedes Kontos ergibt ebenso wie die Übertragung der Anfangsbestände aus der Eröffnungsbilanz Buchungen, denen keine Geschäftsvorfälle zugrunde liegen, sondern die nur formalen Charakter haben. Sie sollen eine Sammlung der Endbestände am Bilanzstichtag in der Schlußbilanz ermöglichen. Dazu verwendet man auch hier ein formales Gegenkonto, das **Schlußbilanzkonto**. Da aber die Endbestände auf den Aktivkonten auf der Haben-Seite und auf den Passivkonten auf der Soll-Seite erscheinen, stellt das Schlußbilanzkonto nicht wie das Eröffnungsbilanzkonto ein Spiegelbild der Bilanz dar, sondern kann **sogleich als Schlußbilanz verwendet** werden, wenn die Buchbestände, die sich aus den Konten ergeben, mit den Inventurbeständen, die durch die Inventur, d. h. durch körperliche Bestandsaufnahme ermittelt werden, übereinstimmen. Anderenfalls müssen vor Erstellung der Schlußbilanz, noch Korrekturbuchungen vorgenommen werden.

Das folgende Beispiel zeigt an Hand einiger einfacher Geschäftsvorfälle, die nur Bestandskonten berühren, einen geschlossenen Buchungsgang von der Eröffnungs- bis zur Schlußbilanz.

Zuerst werden die Konten eröffnet. Die Buchungssätze lauten:

Sämtliche Aktiva an Eröffnungsbilanzkonto

Kasse	an Eröffnungsbilanzkonto DM 600
Bank	an Eröffnungsbilanzkonto DM 1200
Wechsel	an Eröffnungsbilanzkonto DM 400
Forderungen	an Eröffnungsbilanzkonto DM 800
Waren	an Eröffnungsbilanzkonto DM 1500
Geschäftseinrichtung	an Eröffnungsbilanzkonto DM 500

Eröffnungsbilanzkonto an sämtliche Passiva

Eröffnungsbilanzkonto	an Lieferantenschulden	DM 1200
Eröffnungsbilanzkonto	an Bankschulden	DM 500
Eröffnungsbilanzkonto	an Akzepte	DM 300
Eröffnungsbilanzkonto	an Eigenkapital	DM 3000

Verwendet man kein Eröffnungsbilanzkonto, so lautet der Buchungssatz: Sämtliche Aktiva an sämtliche Passiva.

Geschäftsvorfälle:

1. Wareneinkauf in bar DM 200
   Buchungssatz: Warenkonto an Kassekonto (Aktivtausch)

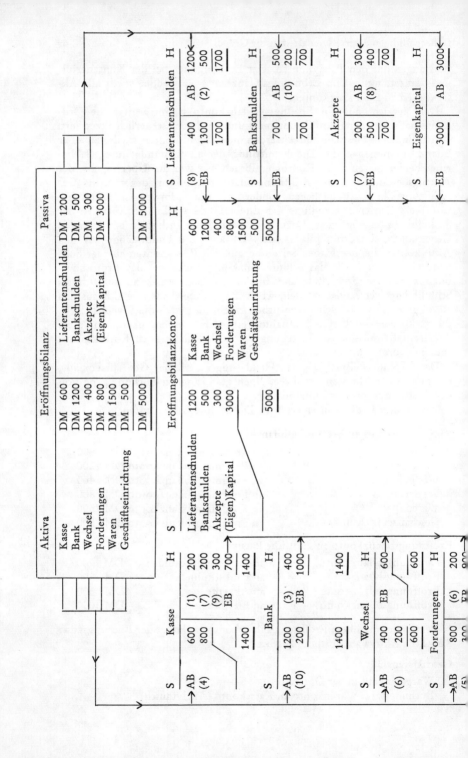

Eröffnungsbilanz

Aktiva		Eröffnungsbilanz		Passiva	
Kasse	DM 600		Lieferantenschulden	DM 1200	
Bank	DM 1200		Bankschulden	DM 500	
Wechsel	DM 400		Akzepte	DM 300	
Forderungen	DM 800		(Eigen)Kapital	DM 3000	
Waren	DM 1500				
Geschäftseinrichtung	DM 500				
	DM 5000			DM 5000	

Eröffnungsbilanzkonto

S			H
Lieferantenschulden	1200	Kasse	600
Bankschulden	500	Bank	1200
Akzepte	300	Wechsel	400
(Eigen)Kapital	3000	Forderungen	800
		Waren	1500
		Geschäftseinrichtung	500
	5000		5000

Kasse

S			H
AB	600	(1)	200
(4)	800	(7)	200
		(9)	300
		EB	700
	1400		1400

Bank

S			H
AB	1200	(3)	400
(10)	200	EB	1000
	1400		1400

Wechsel

S			H
AB	400	EB	600
(6)	200		
	600		600

Forderungen

S			H
AB	800	(6)	200
	300	EB	900

Lieferantenschulden

S			H
(8)	400	AB	1200
EB	1300	(2)	500
	1700		1700

Bankschulden

S			H
EB	700	AB	500
	—	(10)	200
	700		700

Akzepte

S			H
(7)	200	AB	300
EB	500	(8)	400
	700		700

Eigenkapital

S			H
EB	3000	AB	3000

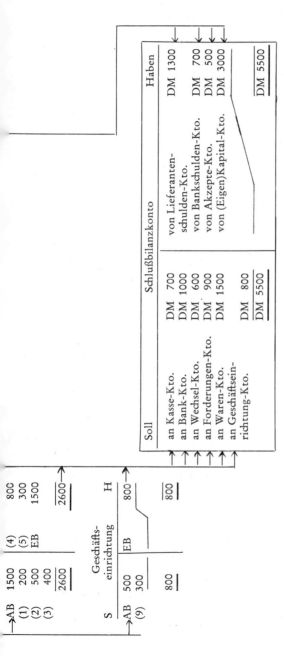

Schlußbilanzkonto

Soll		Haben	
an Kasse-Kto.	DM 700	von Lieferanten-schulden-Kto.	DM 1300
an Bank-Kto.	DM 1000	von Bankschulden-Kto.	DM 700
an Wechsel-Kto.	DM 600	von Akzepte-Kto.	DM 500
an Forderungen-Kto.	DM 900	von (Eigen)Kapital-Kto.	DM 3000
an Waren-Kto.	DM 1500		
an Geschäftsein-richtung-Kto.	DM 800		
	DM 5500		DM 5500

Das Schlußbilanzkonto ergibt zugleich die Schlußbilanz:

Schlußbilanz

Aktiva		Passiva	
Kasse	DM 700	Lieferanten-schulden	DM 1300
Bank	DM 1000	Bankschulden	DM 700
Wechsel	DM 600	Akzepte	DM 500
Forderungen	DM 900	Kapital	DM 3000
Waren	DM 1500		
Geschäftseinrichtung	DM 800		
	DM 5500		DM 5500

AB = Anfangsbestand
EB = Endbestand
Die in ( ) gesetzten Ziffern bezeichnen die Nummer des Geschäftsvorfalles.

AB	1500	(4) 800
(1)	200	(5) 300
(2)	500	EB 1500
(3)	400	
	2600	2600

Geschäfts-einrichtung

S		H	
AB	500	EB	800
(9)	300		
	800		800

2. Wareneinkauf auf Ziel DM 500
   Buchungssatz: Warenkonto an Lieferantenschulden
   (Bilanzverlängerung)
3. Wareneinkauf gegen Banküberweisung DM 400
   Buchungssatz: Warenkonto an Bankkonto (Aktivtausch)
4. Warenverkauf gegen bar DM 800 (zum Einkaufspreis)
   Buchungssatz: Kassekonto an Warenkonto (Aktivtausch)
5. Warenverkauf auf Ziel DM 300 (zum Einkaufspreis)
   Buchungssatz: Forderungskonto an Warenkonto (Aktivtausch)
6. Ein Kunde zahlt mit einem Wechsel DM 200
   Buchungssatz: Wechselkonto an Forderungskonto (Aktivtausch)
7. Einlösung eines Schuldwechsels (bar) DM 200
   Buchungssatz: Akzepte an Kasse (Bilanzverkürzung)
8. Bezahlung einer Lieferantenrechnung mit Akzept DM 400
   Buchungssatz: Lieferantenschulden an Akzepte (Passivtausch)
9. Kauf von Geschäftseinrichtungen (bar) DM 300
   Buchungssatz: Geschäftseinrichtung an Kasse (Aktivtausch)
10. Aufnahme eines Bankkredits DM 200
    Buchungssatz: Bank an Bankschulden (Bilanzverlängerung)

Am Bilanzstichtag werden die Salden (Endbestände) aller Konten auf das Schlußbilanzkonto übertragen. Die Buchungssätze lauten:

Schlußbilanzkonto an sämtliche Aktiva:

Schlußbilanzkonto	an Kasse	DM 700
Schlußbilanzkonto	an Bank	DM 1000
Schlußbilanzkonto	an Wechsel	DM 600
Schlußbilanzkonto	an Forderungen	DM 900
Schlußbilanzkonto	an Waren	DM 1500
Schlußbilanzkonto	an Geschäftseinrichtung	DM 800

Sämtliche Passiva an Schlußbilanzkonto:

Lieferantenschulden	an Schlußbilanzkonto DM 1300
Bankschulden	an Schlußbilanzkonto DM 700
Akzepte	an Schlußbilanzkonto DM 500
Kapital	an Schlußbilanzkonto DM 3000

b) Das Kapitalkonto und seine Hilfskonten

Das Kapitalkonto ist ein Passivkonto. Das Anfangskapital und die Kapitalmehrungen erscheinen auf der Haben-Seite, die Kapitalminderungen und das Endkapital (Saldo) werden auf der Soll-Seite erfaßt. Veränderungen des Kapitalbestandes sind entweder auf einen Gewinn oder Verlust zurückzuführen (**erfolgswirksam**), oder sie sind eine Folge von Zuführungen von Eigenkapital durch den Unternehmer (Einlagen) oder von Entnahmen durch den Unternehmer (**erfolgsunwirksam**).

S	Kapitalkonto	H
Entnahmen	Anfangskapital	
Verlust	Einlagen	
Endkapital (Saldo)		

S	Kapitalkonto	H
Entnahmen	Anfangskapital	
Endkapital (Saldo)	Einlagen	
	Gewinn	

aa) Das Gewinn- und Verlustkonto

Wie oben bereits ausgeführt, werden sämtliche Aufwendungen und Erträge einer Abrechnungsperiode auf Aufwands- und Ertragskonten gesammelt. Ein Aufwand (Wertverzehr) führt zu einer Verminderung des Eigenkapitals, falls er nicht durch Aktivierung in Ertragsgütern (z. B. Halb- und Fertigfabrikate, selbsterstellte Anlagen) eine erfolgsunwirksame Änderung der Vermögensstruktur zur Folge hat, ein Ertrag (Wertzuwachs) zu einer Vermehrung des Eigenkapitals, soweit er den zu seiner Erzielung erforderlichen Aufwand übersteigt. Würde man die Salden sämtlicher Aufwands- und Ertragskonten beim Abschluß unmittelbar auf das Kapitalkonto übertragen, so würde dieses Konto sehr unübersichtlich. Deshalb schaltet man ein Konto vor, das beim Jahresabschluß sämtliche Salden der Erfolgskonten aufnimmt und dessen Saldo auf das Kapitalkonto übernommen wird. Man bezeichnet dieses Konto als **Gewinn- und Verlustkonto**[58]. Auf seiner Soll-Seite erscheinen sämtliche Aufwendungen, auf seiner Haben-Seite sämtliche Erträge einer Periode. Der **Saldo ist der Erfolg der Periode.** Steht er auf der Soll-Seite, so sind die Erträge größer als die Aufwendungen, es ist ein Gewinn erzielt worden. Erscheint der Saldo auf der Haben-Seite, so sind die Aufwendungen größer als die Erträge, es ist ein Verlust entstanden.

Das Gewinn- und Verlustkonto dient lediglich als Abschlußkonto. Während des Geschäftsjahres werden die Aufwendungen und Erträge auf den Erfolgskonten erfaßt.

Beispiel: Verbuchung erfolgswirksamer Geschäftsvorfälle und Abschluß der Erfolgskonten auf das Gewinn- und Verlustkonto (s. S. 75):

1. Überweisung von Löhnen aus dem Bankkonto   DM 1000
   Buchungssatz: Lohnkonto an Bankkonto
2. Gutschrift von Bankzinsen   DM 300
   Buchungssatz: Bankkonto an Zinsertragskonto

---

[58] Das Gewinn- und Verlustkonto wird oft auch als Verlust- und Gewinnkonto bezeichnet, und zwar mit der Begründung, daß auf der linken Seite der Wertverzehr, der einen Verlust bedeutet, und auf der rechten Seite der Wertzuwachs steht. Für die Schreibweise Gewinn- und Verlustkonto spricht aber, daß auf der Soll-Seite zwar die Aufwendungen gesammelt werden, daß auf dieser Seite aber der Gewinn-Saldo erscheint, während der Verlust als Saldo auf der Haben-Seite steht.

3. Zahlung von Gewerbesteuer in bar   DM   60
   Buchungssatz: Gewerbesteuerkonto an Kassekonto
4. Gutschrift von Mieterträgen auf dem Bankkonto   DM   100
   Buchungssatz: Bankkonto an Mietertragskonto
5. Überweisung von Fremdkapitalzinsen   DM   500
   Buchungssatz: Zinsaufwandskonto an Bankkonto
6. Überweisung von Telefongebühren   DM   80
   Buchungssatz: Telefonkonto an Bankkonto
7. Abschluß der Aufwandskonten auf das Gewinn- und Verlustkonto
   Buchungssatz: Gewinn- und Verlustkonto an alle Aufwandskonten
8. Abschluß der Ertragskonten auf das Gewinn- und Verlustkonto
   Buchungssatz: Alle Ertragskonten an Gewinn- und Verlustkonto
9. Übertragung des Verlustsaldo auf das Kapitalkonto
   Buchungssatz: Kapitalkonto an Gewinn- und Verlustkonto.

Der Saldo des Gewinn- und Verlustkontos wird beim Abschluß auf das
Kapitalkonto übertragen, wenn der Betrieb eine Einzelunternehmung ist
oder in der Rechtsform einer Personengesellschaft geführt wird. Das Ge-
winn- und Verlustkonto ist dann als Hilfskonto des Kapitalkontos aufzufassen. Bei Kapitalgesellschaften wird das Nominalkapital nicht verändert,
sondern Gewinne werden gesondert in der Bilanz ausgewiesen (Bilanzgewinn, Rücklagen) und Verluste mit Rücklagen verrechnet oder als Korrekturposten zum Nominalkapital (Verlustvortrag) auf der Aktivseite ausgewiesen[59].

bb) **Das Privatkonto**

Den gleichen Hilfscharakter wie das Gewinn- und Verlustkonto hat das
Privatkonto. Die Privatentnahmen des Unternehmers stellen eine Verminderung des Kapitals bzw. eine Vorwegentnahme von Gewinn dar. Bei der
Einzelunternehmung und den Personengesellschaften (OHG, KG) werden
an den Unternehmer bzw. die geschäftsführenden Gesellschafter keine Gehälter für ihre Geschäftsführertätigkeit gezahlt. Ebenso erfolgen keine
Zinszahlungen für das Eigenkapital. Unternehmerlohn und Eigenkapitalzinsen werden daher nicht als Aufwand erfaßt wie die Gehälter der Angestellten oder die Zinsen für das Fremdkapital, sondern sind im Gewinn
enthalten, der sich als Saldo des Gewinn- und Verlustkontos ergibt.

Vom Standpunkt der Kostenrechnung aus stellen auch Unternehmerlohn
und Eigenkapitalzinsen einen Wertverzehr dar, denn sie sind Entgelte für
Produktionsfaktoren, die zur Erstellung und Verwertung der Betriebsleistungen benötigt werden. Deshalb werden sie in der Kostenrechnung als
kalkulatorische Kosten (Zusatzkosten)[60] erfaßt, damit sie bei der Ermittlung der Selbstkosten berücksichtigt werden. Betriebswirtschaftlich ist erst
dann ein Gewinn entstanden, wenn durch den betrieblichen Umsatzprozeß

---

[59] Vgl. die Bilanzschemata auf S. 24
[60] Vgl. S. 11 f.

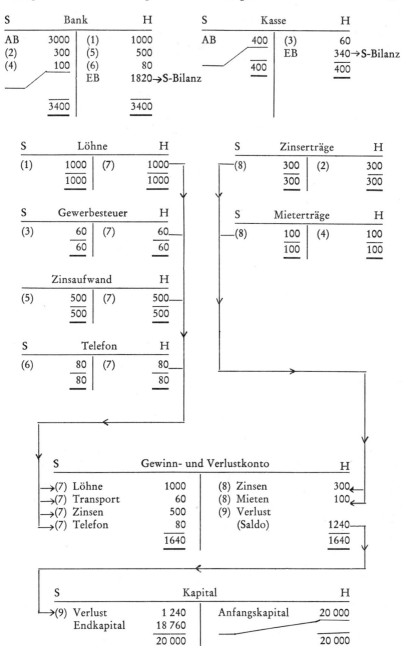

S	Bank		H
AB	3000	(1)	1000
(2)	300	(5)	500
(4)	100	(6)	80
		EB	1820→S-Bilanz
	3400		3400

S	Kasse		H
AB	400	(3)	60
		EB	340→S-Bilanz
	400		400

S	Löhne		H
(1)	1000	(7)	1000
	1000		1000

S	Zinserträge		H
(8)	300	(2)	300
	300		300

S	Gewerbesteuer		H
(3)	60	(7)	60
	60		60

S	Mieterträge		H
(8)	100	(4)	100
	100		100

	Zinsaufwand		H
(5)	500	(7)	500
	500		500

S	Telefon		H
(6)	80	(7)	80
	80		80

S	Gewinn- und Verlustkonto		H
(7) Löhne	1000	(8) Zinsen	300
(7) Transport	60	(8) Mieten	100
(7) Zinsen	500	(9) Verlust	
(7) Telefon	80	(Saldo)	1240
	1640		1640

S	Kapital		H
(9) Verlust	1 240	Anfangskapital	20 000
Endkapital	18 760		
	20 000		20 000

der gesamte zur Durchführung dieses Prozesses eingetretene Wertverzehr zurückvergütet und darüber hinaus noch ein Überschuß (Unternehmergewinn) vorhanden ist. Der **Begriff des Bilanzgewinns stimmt also mit dem betriebswirtschaftlichen Gewinnbegriff nicht überein.** Das zeigt das folgende schematische Beispiel:

Unternehmerlohn = DM 1000; Eigenkapitalzinsen = DM 800

Soll	Gewinn- und Verlustrechnung		Haben
Löhne	5 000	Umsatzerlöse	25 000
Gehälter	4 000		
Material	10 000		
Fremdkapitalzinsen	1 000		
Gewinn (Saldo)	5 000		
	25 000		25 000

Soll	Kostenrechnung		Haben
Löhne	5 000	Umsatzerlöse	25 000
Gehälter	4 000		
Material	10 000		
Fremdkapitalzinsen	1 000		
Unternehmerlohn	1 000		
Eigenkapitalzinsen	800		
Gewinn (Saldo)	3 200		
	25 000		25 000

Auf dem Privatkonto erscheinen nicht nur die Beträge, die der Unternehmer für seine Leistungen als Unternehmerlohn und Eigenkapitalzinsen oder als Gewinn entnimmt, sondern ebenso alle Zahlungen, die der Betrieb für die Privatsphäre des Unternehmers tätigt, so z. B. die Zahlung von Einkommen- und Vermögensteuer. Diese Steuern treffen nicht den Betrieb, sondern den Eigentümer des Betriebes. Sie sind also kein Aufwand des Betriebes, sondern Ausgaben, die den Charakter von Entnahmen haben. Der Unternehmer wird daher mit derartigen Zahlungen auf dem Privatkonto belastet.

Schwierig ist die Abgrenzung von Zahlungen, die der Betrieb leistet, die ihn aber nur zum Teil belasten, zum anderen Teil aber in die private Sphäre des Unternehmers gehören (z. B. teilweise private Nutzung eines Kraftfahrzeuges oder von Räumen des Betriebes). Zweifellos ist das Privatkonto entsprechend dem Umfang der privaten Nutzung anteilig zu belasten, wie umgekehrt im Falle der Nutzung von Privatvermögen durch den Betrieb das Privatkonto zu erkennen ist, jedoch ist die Trennung von privater und betrieblicher Nutzung oft problematisch.

Soll	Privatkonto	Haben
Entnahmen von Geldmitteln Entnahmen von Sachwerten Entnahmen von Nutzungen	Gutschriften für Leistungen des Privatvermögens Saldo = Kapitalminderung	

Hat ein Betrieb mehrere Gesellschafter (z. B. OHG), so wird für jeden Gesellschafter ein Privatkonto geführt.

cc) Einlagenkonto

Werden vom Einzelunternehmer oder den Gesellschaftern im Laufe des Rechnungsjahres weitere Kapitaleinlagen geleistet, so können diese unmittelbar dem Kapitalkonto jedes Gesellschafters gutgeschrieben, sie können aber zunächst auch auf den Privatkonten oder einem Einlagenkonto erfaßt werden.

Zwischen dem Kapitalkonto und seinen Hilfskonten bestehen also schematisch folgende Beziehungen:

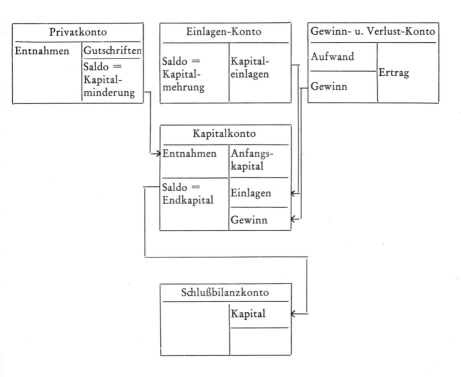

Das Kapital am Ende der Periode errechnet sich also folgendermaßen:

A   B

Anfangskapital	50 000 DM		Anfangskapital	50 000 DM
— Entnahmen	10 000 DM		— Entnahmen	10 000 DM
+ Einlagen	20 000 DM		+ Einlagen	20 000 DM
+ Gewinn	15 000 DM		— Verlust	5 000 DM
= Endkapital	75 000 DM		= Endkapital	55 000 DM

Fall A zeigt eine Mehrung des Kapitals um 25 000 DM. 20 000 DM davon sind auf die Einlagen zurückzuführen, der Gewinn von 15 000 DM wirkt sich nur mit 5000 DM kapitalerhöhend aus, da während des Jahres bereits 10 000 DM entnommen wurden.

Fall B zeigt trotz Einlagen von 20 000 DM nur eine Kapitalmehrung von 5000 DM, denn das Kapital wurde durch die Entnahmen und den Verlust um 15 000 DM reduziert.

Die Beispiele zeigen auch, wie sich der Periodenerfolg durch **Kapitalvergleich** errechnen läßt:

Endkapital	75 000 DM
— Anfangskapital	50 000 DM
+ Entnahmen	10 000 DM
— Einlagen	20 000 DM
= Gewinn	15 000 DM

oder

Endkapital	75 000 DM	
— Einlagen	20 000 DM	
= korrigiertes Endkapital		55 000 DM
Anfangskapital	50 000 DM	
— Entnahmen	10 000 DM	
= korrigiertes Anfangskapital		— 40 000 DM
Gewinn		15 000 DM

Die Erfolgsermittlung durch Kapitalvergleich läßt sich auch dann durchführen, wenn man Einlagen und Entnahmen unmittelbar über das Kapitalkonto verbucht, also auf die Hilfskonten verzichtet. Am Aufbau des Kapitalkontos ändert sich nichts.

c) Die Verbuchung des Warenverkehrs

aa) Das gemischte Warenkonto

Einkaufspreise und Verkaufspreise der Waren sind in der Regel verschieden hoch. Werden auf dem Warenkonto die Zugänge auf der Soll-Seite zu Einkaufspreisen, die Abgänge auf der Haben-Seite zu Verkaufspreisen verbucht, so würde der Saldo nur dann den Gewinn oder Verlust angeben, wenn keine Endbestände vorhanden wären, d. h. wenn der gesamte Warenbestand in der Abrechnungsperiode umgesetzt worden wäre. Das Warenkonto wäre dann ein Erfolgskonto.

Beispiel:

S		Warenkonto		H
Anfangsbestand 100 ME zu 5,—	500	Verkauf 300 ME zu 6,—		1800
Einkauf 200 ME zu 5,—	1000			
Rohgewinn (Saldo)	300			
	1800			1800

ME = Mengeneinheiten

Den im Warenkonto aufgeführten Werten kann man jedoch nicht ansehen, welche Mengen hinter den Zahlenwerten stehen, da in den Konten keine Mengenangaben gemacht werden. Wäre der Verkaufserlös von 1800 durch den Umsatz von nur 250 Mengeneinheiten erzielt worden, so wäre noch ein Endbestand von 50 Mengeneinheiten vorhanden, der auf der Haben-Seite angesetzt werden müßte.

S		Warenkonto	H
Anfangsbestand	500	Verkauf	1800
Einkauf	1000	Endbestand	250
Rohgewinn (Saldo)	550		
	2050		2050

Ein solches Konto bezeichnet man als **gemischtes Konto**; es zeigt sowohl den Endbestand als auch den Erfolg, stellt also eine „Mischung" der beiden bisher behandelten Arten von Konten – der Bestandskonten und der Erfolgskonten – dar. Sie sind deshalb genauer als **Bestands-Erfolgskonten** zu bezeichnen. Beim Abschluß wird der durch Inventur ermittelte Endbestand in die Schlußbilanz, der Erfolg als Saldo in die Gewinn- und Verlustrechnung übernommen.

Nicht nur bei der Verbuchung des Warenverkehrs, sondern auch bei der Verbuchung von Wertpapieren und Wechseln[61] können gemischte Konten

---

[61] Vgl. S. 89 ff.

geführt werden. Im Interesse der Klarheit und Übersichtlichkeit der Buchführung sollte ihre Verwendung jedoch unterbleiben und eine Trennung in „reine" Bestands- und „reine" Erfolgskonten vorgenommen werden, also beim Warenverkehr in ein **Wareneinkaufskonto** (Bestandskonto) und ein **Warenverkaufskonto** (Erfolgskonto). In der Praxis werden die gemischten Konten vor allem von kleineren Handelsbetrieben häufig verwendet.

Schema des gemischten Warenkontos:

a) mit Gewinn

S	gemischtes Warenkonto	H
Anfangsbestand (EP) Wareneinkäufe (EP)	Warenverkäufe (VP)
	Endbestand (EP)
Saldo = Rohgewinn	

EP = Einkaufspreis   VP = Verkaufspreis

b) mit Verlust

S	gemischtes Warenkonto	H
Anfangsbestand (EP) Wareneinkäufe (EP)	Warenverkäufe (VP)
	Endbestand (EP)
	Saldo = Verlust

bb) Das Wareneinkaufs- und Warenverkaufskonto

Übersichtlicher als die Verbuchung des Warenverkehrs auf einem gemischten Warenkonto ist die Verwendung von zwei Warenkonten. Das **Wareneinkaufskonto** (Warenbestandskonto) wird als **reines Bestandskonto** geführt. Die Bewertung der Zugänge und der Abgänge erfolgt zu Einkaufspreisen, der Saldo ergibt den Endbestand, der sich auch ohne vorherige Inventur als Buchbestand ermitteln läßt. Das **Warenverkaufskonto** (Warenerfolgskonto) ist ein **reines Erfolgskonto.** Auf seiner Haben-Seite stehen die Verkäufe zu Verkaufspreisen. Stellt man ihnen auf der Soll-Seite die umgesetzte Menge zu Einkaufspreisen gegenüber (Buchungssatz: Warenverkauf an Wareneinkauf), so ergibt der Saldo den Erfolg.

S	Wareneinkauf	H
Anfangsbestand (EP) Zugänge (EP)	Verkäufe (EP) Endbestand (EP)

S	Warenverkauf	H
Verkäufe (EP) Saldo = Rohgewinn	Verkäufe (VP)

In der Regel wird der Endbestand nicht als Saldo des Wareneinkaufskontos ermittelt, sondern durch Inventur festgestellt. Die Wareneingänge
werden auf einem Wareneinkaufskonto verbucht, ohne daß die Warenausgänge fortlaufend diesem Konto erkannt werden. Diese werden vielmehr
dem Warenverkaufskonto gutgeschrieben und einem Zahlungsmittel-
oder Forderungskonto belastet. Folglich zeigt das Wareneinkaufskonto
im Laufe des Jahres nicht den tatsächlichen Bestand an. Der Endbestand
an Waren wird erst am Bilanzstichtag durch Inventur ermittelt. Durch
Abzug des Endbestandes vom Anfangsbestand einschließlich der Zugänge
läßt sich der **Wareneinsatz** (Abgang) der Periode errechnen. Der Wareneinsatz ergibt sich also als Saldo des Wareneinkaufskontos und wird auf
dem Warenverkaufskonto gegengebucht. Auf diese Weise erscheint auf der
Soll-Seite des Warenverkaufskontos der Wareneinsatz zu Einkaufspreisen.
Man bezeichnet diese Methode der Feststellung des Abganges als **Befund-
rechnung:**

> Anfangsbestand + Zugang — Endbestand = Abgang

Erst die nun mögliche Gegenüberstellung von Wareneinsatz und Warenverkauf läßt die Ermittlung des Erfolges zu.

Beispiel:

Anfangsbestand Kasse	1000 DM
Anfangsbestand Waren	1000 DM
1. Wareneinkauf gegen bar	750 DM
2. Warenverkauf gegen bar	1120 DM
3. Endbestand lt. Inventur	830 DM
4. Wareneinsatz (Anfangsbestand + Zugang – Endbestand)	920 DM

S	Kasse		H	S	Wareneinkauf		H	S	Warenverkauf		H
AB	1000	(1)	750	AB	1000	(3)	830	(4)	920	(2)	1120
(2)	1120	(5)	1370	(1)	750	(4)	920	(6)	200		
	2120		2120		1750		1750		1120		1120

S	Schlußbilanz-Konto		H	S	Gewinn und Verlust		H
Wareneinkauf (3)	830					(6)	200
Kasse (5)	1370						

Auch die Verbuchung von **Rücksendungen, Gutschriften** und **Beschaffungsaufwendungen** wird durch die Teilung des gemischten Warenkontos
übersichtlicher. Werden Waren an einen Lieferanten zurückgesendet, so
wird auf dem Wareneinkaufskonto ein Teil des Einkaufs rückgängig gemacht, indem der Betrag der Rücksendung auf der Habenseite gutgeschrieben wird. Die Gegenbuchung erfolgt im Soll des Lieferantenkontos. Sendet
ein Kunde Waren zurück, so wird ein Teil des Verkaufs rückgängig ge-

macht. Die Verbuchung erfolgt zu Verkaufspreisen auf der Soll-Seite des Warenverkaufskontos und auf der Haben-Seite des Forderungskontos. Das Gleiche gilt für Gutschriften an Kunden, während Gutschriften von Lieferanten dem Wareneinkaufskonto zu Einkaufspreisen erkannt werden.

Beschaffungsaufwendungen werden zunächst auf der Soll-Seite des Wareneinkaufskontos erfaßt, jedoch muß bei der Ermittlung des Gewinns ebenso wie beim gemischten Warenkonto beachtet werden, daß der Teil der Beschaffungsaufwendungen, der auf den Endbestand entfällt, mit dem Endbestand aktiviert, d. h. auf die Schlußbilanz übertragen, also nicht als Aufwand der Periode verrechnet wird.

Schematisch haben beide Warenkonten folgendes Aussehen:

S Wareneinkaufskonto H		S Warenverkaufskonto H	
Anfangsbestand (EP) Wareneinkäufe (EP) Beschaffungsaufwand	Warenrücksendungen an Lieferanten (EP) Gutschriften von Lieferanten (EP) Warenendbestand lt. Inventur (EP)	Warenrücksendungen von Kunden (VP) Gutschriften an Kunden (VP) Wareneinsatz (= Saldo des Wareneinkaufskontos)	Warenverkäufe (VP)
	Saldo = Wareneinsatz (= verkaufte Waren zum EP)	Saldo = Rohgewinn	

Der Gewinnsaldo, der sich auf dem Warenverkaufskonto oder auf dem gemischten Warenkonto ergibt, ist der **Rohgewinn,** d. h. der Gewinn, der sich aus dem Warenumsatz unter Berücksichtigung der Anschaffungskosten und der Absatzpreise errechnet. Die zur Erzielung dieses Gewinns erforderlichen Aufwendungen (Löhne und Gehälter, Raumaufwendungen, Verwaltungs- und Vertriebsaufwendungen u. a.) werden auf dem Gewinn- und Verlustkonto dem Rohgewinn gegenübergestellt. Erst dann ergibt sich das **Betriebsergebnis** der Periode, das zusammen mit dem neutralen Ergebnis (Differenz zwischen neutralen Erträgen und neutralen Aufwendungen) das Gesamtergebnis (Bilanzgewinn oder Bilanzverlust) bildet.

Obwohl durch die Teilung des Warenkontos die Rechnungslegung gegenüber der Führung eines gemischten Warenkontos wesentlich übersichtlicher gestaltet wird, weil Bestandsbuchungen und Erfolgsbuchungen kontenmäßig getrennt sind, ist der oben dargestellte Aufbau des Wareneinkaufs- und Warenverkaufskontos noch immer nicht die zweckmäßigste Form der Verbuchung des Warenverkehrs, denn infolge der laufenden Verbuchung von Wareneinkäufen, Warenverkäufen, Rücksendungen, Gutschriften und Beschaffungsaufwendungen werden auch die beiden Warenkonten unübersichtlich und lassen die reinen Umsatzzahlen nicht ohne weiteres erkennen. Es ist deshalb zweckmäßig, den Beschaffungsaufwand, die Rücksendungen und die Gutschriften **auf gesonderten Konten** festzuhalten. Die Salden dieser Konten werden beim Abschluß auf das Wareneinkaufs- bzw. Warenverkaufskonto übertragen, oder es wird zum Abschluß ein gesondertes **Warenabschlußkonto** (Erfolgskonto) verwendet, das die Salden aller an der Aufzeichnung des Warenverkehrs beteiligten Konten übernimmt und den Roherfolg als Saldo ermittelt.

d) Das Herstellkonto

Während im Handelsbetrieb Waren eingekauft und ohne wesentliche Be- oder Verarbeitung verkauft werden, ist im Industriebetrieb dem Absatz die **Umformung von Kostengütern** (Arbeitsleistungen, Rohstoffe, Betriebsmittel, Dienstleistungen Dritter, Zinsen, Steuern u. a.) in Erzeugnisse vorgeschaltet. Der Umsatzgewinn (-verlust) ergibt sich als Differenz zwischen dem Produkt aus verkaufter Menge an Fertigerzeugnissen × Absatzpreis/Stück und dem Produkt aus abgesetzter Menge × Selbstkosten/Stück. Die **Herstellkosten** errechnen sich als Zwischensumme bei der Ermittlung der Selbstkosten, wie das folgende Kalkulationsschema zeigt:

	Fertigungsmaterial	
+	Materialgemeinkosten	
=		Materialkosten
+	Fertigungslohn	
+	Fertigungsgemeinkosten	
=		Fertigungskosten
+		Sonderkosten der Fertigung
=		Herstellkosten
+		Verwaltungsgemeinkosten
+		Vertriebsgemeinkosten
+		Sonderkosten des Vertriebs
=		Selbstkosten

Das Bilanzrecht verwendet den Begriff **Herstellungskosten** statt Herstellkosten. In die bilanziellen Herstellungskosten dürfen angemessene Teile der Verwaltungskosten einbezogen werden[62]; das sind die Teile der Verwaltungsgemeinkosten, die auf den Bereich der Fertigung entfallen.[63]

---

[62] Vgl. § 153 Abs. 2 AktG.

[63] In die bilanziellen Herstellungskosten dürfen nur Aufwendungen einbezogen werden, während in den Herstellkosten der Kostenrechnung auch Zusatzkosten (kalkulatorische Kosten) enthalten sind. (Vgl. die ausführliche Behandlung der Ermittlung der Herstellungskosten auf S. 267 ff.). Im folgenden wird im Interesse der Vereinfachung der schematischen Darstellung unterstellt, daß sich Aufwand und Kosten decken.

Die Ermittlung des Umsatzgewinnes (-verlustes) setzt die Kenntnis der Herstellungskosten voraus. Ihre Berechnung erfolgt durch Verteilung der einzelnen Kostenarten (Aufwandsarten) auf die betrieblichen Leistungen (Kostenträger) im Rahmen der Kostenrechnung, deren Ergebnisse in die (Betriebs-)Buchhaltung übernommen werden.

Die buchhalterische Abrechnung erfordert folgende Konten (-gruppen):[64]

1. Konten für **Roh-, Hilfs- und Betriebsstoffe** (Kontenklasse 3). Sie sind Bestandskonten und erfassen auf der Sollseite die Anfangsbestände und Zugänge. Auf der Habenseite werden die während der Abrechnungsperiode verbrauchten Mengen verbucht; ein Saldo stellt den Endbestand dar.

2. Die Konten für **Einzelkosten** (Kontenklasse 4), insbesondere Fertigungsmaterial und Fertigungslöhne. Einzelkosten können den betrieblichen Leistungen (Kostenträgern) unmittelbar zugerechnet werden.

3. Die Konten für **Gemeinkosten** (Kontenklasse 4 und 5), aufgegliedert in Material-, Fertigungs-, Verwaltungs- und Vertriebsgemeinkosten. Gemeinkosten lassen sich nicht direkt auf die einzelnen Kostenträger zurechnen, weil sie für mehrere oder alle Leistungen der Kostenbereiche entstanden sind, z. B. Hilfslöhne, Gehälter, Abschreibungen, Reparaturen, Strom, Wasser, Post- und Telefongebühren. Die Verrechnung auf die Kostenträger erfolgt indirekt durch Zuschläge, die mit Hilfe von bestimmten Schlüsseln ermittelt werden und deren Basis bestimmte Einzelkosten sind.[65]

4. Das **Herstellkonto** (Kontenklasse 6) und **Erzeugniskonten** (Kontenklasse 7). Auf der Sollseite des Herstellkontos werden die Kosten verbucht, die bei der Erstellung der Halb- und Fertigerzeugnisse während der Abrechnungsperiode entstanden sind, gegliedert nach Kostenarten. Die Gegenbuchungen erfolgen auf den einzelnen Kostenartenkonten und auf Bestandskonten (z. B. Rohstoffe).

Die mit den Herstellungskosten/Stück bewerteten Mengen an Erzeugnissen, die während der Abrechnungsperiode fertiggestellt worden sind (Fertigerzeugnisse), werden auf der Habenseite verbucht und an das Konto Fertigerzeugnisse weitergegeben (Buchungssatz: Fertigerzeugnisse an Herstellkonto). Ein sich auf der Habenseite ergebender Saldo stellt dann den Wert der halbfertigen Erzeugnisse dar, der in die Schlußbilanz übertragen wird und in der folgenden Periode als Anfangsbestand auf dem Herstellkonto erscheint.

Auf dem Konto Fertigerzeugnisse wird die während der Periode verkaufte Menge, bewertet mit Herstellungskosten, auf der Habenseite verrechnet; ein Saldo zeigt den Endbestand.

---

[64] Vgl. dazu auch Auler, W., Betriebsbuchhaltung, in: Lexikon des kaufmännischen Rechnungswesens, hrsg. von Karl Bott, Band I, 2. Aufl., Stuttgart 1955, Sp. 394 ff.

[65] Zur Ermittlung der Gemeinkostenzuschläge mit Hilfe des Betriebsabrechnungsbogens vgl. Wöhe, G., Einführung, a. a. O., S. 667 ff.

5. Auf dem **Verkaufskonto** (Umsatzerlöskonto, Kontenklasse 8) stehen sich verkaufte Menge × Absatzpreis/Stück (Habenseite) und verkaufte Menge × Herstellungskosten/Stück (Sollseite; Übernahme von Konto Fertigerzeugnisse) gegenüber; hinzu kommen (auf der Sollseite) die Kosten für den Vertrieb der Erzeugnisse, die nicht zu den Herstellungskosten gehören. Die Differenz stellt den Umsatzerfolg (im Fall eines Gewinns auf der Sollseite, bei Verlust auf der Habenseite) dar, der auf das Betriebsergebniskonto (Kontenklasse 9), ein Vorkonto zur Gewinn- und Verlustrechnung, übernommen wird.

Das Schema auf Seite 86 zeigt in vereinfachter Form den Buchungsablauf[66].

e) Die Verbuchung von Skonti

Wir sind bisher von der Voraussetzung ausgegangen, daß – abgesehen von nachträglich gewährten Preisnachlässen (z. B. infolge von Mängelrügen), die zu Gutschriften führen – sowohl der Betrieb an seine Lieferanten als auch die Kunden an den Betrieb den jeweiligen Rechnungspreis ohne Abzug zahlen. In der Praxis ist es jedoch üblich, **auf Ziel** zu kaufen oder zu verkaufen, d. h. bei Lieferanten einen kurzfristigen Kredit (z. B. 4 Wochen) in Anspruch zu nehmen bzw. den Kunden einen kurzfristigen Kredit einzuräumen. Die Preisstellung erfolgt also unter der Annahme, daß die Rechnung erst nach der vereinbarten Kreditfrist bezahlt wird.

Um einen Anreiz zur sofortigen Zahlung zu bieten, wird bei Bezahlung innerhalb einer angegebenen Frist (z. B. innerhalb von 3 Tagen) ein Abzug vom Rechnungspreis von beispielsweise 2 oder 3 % gewährt, der als **Skonto** bezeichnet wird. Der Skonto ist seinem Wesen nach nichts anderes als ein Zins, der im Kaufpreis enthalten ist und bezahlt wird, wenn die Kreditfrist in Anspruch genommen, d. h. der Skonto ausgenutzt wird.

Wird dem Betrieb von seinen Lieferanten ein Skonto eingeräumt, so liegt ein **Lieferantenskonto** vor, gibt der Betrieb einen Skonto an seine Kunden, so handelt es sich um einen **Kundenskonto**. Ersterer stellt für den Betrieb buchtechnisch einen Ertrag dar, da eine Minderung der Schulden eintritt. Letzterer wird buchtechnisch als Aufwand angesehen, da er die Forderungen des Betriebes reduziert.

Beispiel: Wareneinkauf DM 1000, Zahlungsziel 30 Tage, 2 % Skonto bei Zahlung innerhalb von 3 Tagen

Buchungssätze: bei Inanspruchnahme des Skontos:

1. Wareneinkauf an Lieferantenschulden   1000 DM
2. Lieferantenschulden 1000 DM an   a) Bank   980 DM
     b) Lieferantenskonti   20 DM

---

[66] Es ist hier unterstellt, daß die ausgewiesenen Kostenarten ausschließlich bei der Produktion der Erzeugnisse entstanden sind, und daß sie den Erzeugnissen voll zugerechnet werden. Auf die Zwischenschaltung sog. Verrechnungskonten wird verzichtet. Vgl. dazu z. B. Kilger, W., Kurzfristige Erfolgsrechnung, Wiesbaden 1962, Tabelle auf S. 57 a.

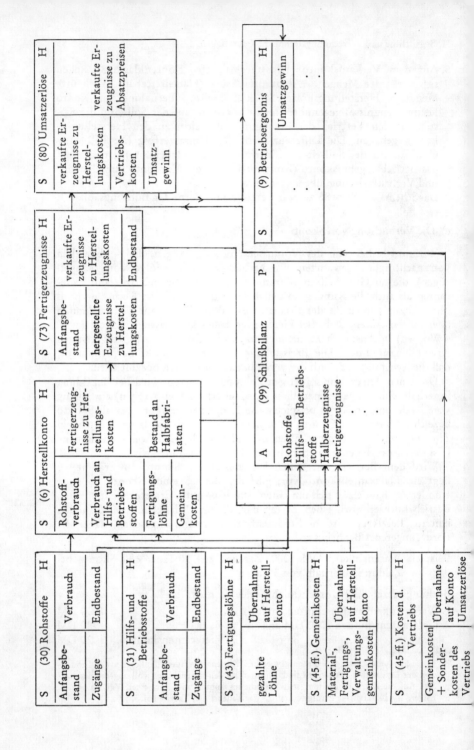

S	(80) Umsatzerlöse	H
verkaufte Er-zeugnisse zu Herstel-lungskosten	verkaufte Erzeugnisse zu Absatzpreisen	
Vertriebs-kosten		
Umsatz-gewinn		

S	(9) Betriebsergebnis	H
	Umsatzgewinn	
	. .	

S	(73) Fertigerzeugnisse	H
Anfangsbe-stand	verkaufte Erzeugnisse zu Herstel-lungskosten	
hergestellte Erzeugnisse zu Herstel-lungskosten	Endbestand	

A	(99) Schlußbilanz	P
Rohstoffe		
Hilfs- und Betriebs-stoffe		
Halberzeugnisse		
Fertigerzeugnisse	. . .	

S	(6) Herstellkonto	H
Rohstoff-verbrauch	Fertigerzeug-nisse zu Her-stellungs-kosten	
Verbrauch an Hilfs- und Betriebs-stoffen	Bestand an Halbfabri-katen	
Fertigungs-löhne		
Gemein-kosten		

S	(30) Rohstoffe	H
Anfangs-bestand	Verbrauch	
Zugänge	Endbestand	

S	(31) Hilfs- und Betriebsstoffe	H
Anfangsbe-stand	Verbrauch	
Zugänge	Endbestand	

S	(43) Fertigungslöhne	H
gezahlte Löhne	Übernahme auf Herstell-konto	

S	(45 ff.) Gemeinkosten	H
Material-, Fertigungs-, Verwaltungs-gemeinkosten	Übernahme auf Herstell-konto	

S	(45 ff.) Kosten d. Vertriebs	H
Gemeinkosten + Sonder-kosten des Vertriebs	Übernahme auf Konto Umsatzerlöse	

S	Wareneinkauf	H	S	Lieferanten-Schulden	H	S	Bank	H
(1)	1000		(2a, b)	1000	(1) 1000		(2a)	980

S	Lieferanten-Skonto (Ertrag)	H
	(2b)	20

Im Falle der Kreditanspruchnahme erscheint überhaupt kein Skonto-Konto, der Buchungssatz (2) würde lauten: Lieferantenschulden an Bank DM 1000. Aus der Verbuchung würde nicht ersichtlich, daß in dem Warenbestand ein Zinsaufwand für den Lieferantenkredit enthalten ist.

Die dargestellte Verbuchung des Skontos ist formal in Ordnung, aber vom betriebswirtschaftlichen Standpunkt aus nicht korrekt. Der Lieferantenskonto ist in Wirklichkeit **kein Ertrag**, sondern er stellt eine **Korrektur** des verbuchten Rechnungspreises dar, der sich aus dem Kaufpreis der Ware (980 DM) und dem Preis (Zins) für die Kreditgewährung (20 DM) zusammensetzt. Der Wareneinkauf ist kein erfolgswirksamer, sondern lediglich ein vermögenswirksamer Vorgang. Die Ware wird als Zugang auf einem Bestandskonto verbucht. Der Preis für die Kreditgewährung ist ein Aufwand, denn die Zahlung von Kreditzinsen stellt einen Wertverzehr für den Betrieb dar.

Betriebswirtschaftlich genauer ist eine Verbuchung, bei der dem Wareneinkaufskonto nur der Rechnungsbetrag, der auf die Waren entfällt, belastet wird. Da aber die Rechnung des Lieferanten den Zins für den Kredit bereits einschließt, muß das Lieferantenkonto mit dem Gesamtrechnungsbetrage erkannt werden. Die Übereinstimmung von Soll und Haben wird dadurch erreicht, daß der **Skonto auf einem Aufwandskonto belastet** wird. Das obige Beispiel wäre also folgendermaßen zu verbuchen:

S	Wareneinkauf	H	S	Lieferantenschulden	H	S	Bank	H
(1a)	980				(1a, b) 1000		(2a)	980

S	Lieferanten-Skonti (Aufwand)	H
(1b)	20	(2b) 20

Buchungssätze:
1. beim Wareneinkauf:
   a) Wareneinkauf 980 DM
   b) Lieferanten-Skonto 20 DM   an Lieferantenschulden 1000 DM
2. bei Inanspruchnahme des Skontos:
   Lieferantenschulden 1000 DM an   a) Bank   980 DM
   b) Lieferantenskonti   20 DM

Das Skonto-Konto wird storniert, d. h. der vorsorglich verbuchte Aufwand für den Lieferantenkredit ist nicht in Anspruch genommen worden, es ist also kein Aufwand eingetreten. Es wurden Waren im Werte von

980 DM gekauft und bezahlt. Der Vorgang ist nur vermögenswirksam. Ein Erfolg tritt nicht ein. Wenn der Betrieb also skontiert, so erzielt er nicht einen Ertrag, sondern er verhindert, daß durch eine Kreditinanspruchnahme ein Aufwand entsteht.

Wird dagegen der Kredit in Anspruch genommen, also nicht skontiert, so lautet der zweite Buchungssatz: Lieferantenschulden an Bank 1000 DM. Das Skonto-Konto wird nicht ausgeglichen, sondern auf das Gewinn- und Verlustkonto abgeschlossen, so daß der Skonto als das erscheint, was er ist: als Aufwand der Periode.

Die erste Methode, bei der das Warenkonto mit dem vollen Rechnungsbetrage belastet wird und im Falle der Skontierung ein Skontoertrag verbucht wird, bezeichnet man als **Brutto-Methode.** Der Bruttopreis der Waren wird verbucht. Diese Methode ist die in der Praxis am häufigsten angewendete.

Die zweite Methode, die **Netto-Methode,** gibt den betriebswirtschaftlichen Zusammenhang richtig wieder, da sie den Skontobetrag als das ausweist, was er ist, nämlich als Aufwand für eine Kreditinanspruchnahme, der im Falle der sofortigen Zahlung nicht eintritt.

Bei der Verbuchung der **Kundenskonti** treten die gleichen Probleme mit umgekehrten Vorzeichen auf.

Beispiel: Der Betrieb verkauft Waren zu 1000 DM und räumt dem Kunden 30 Tage Ziel bzw. 2 % Skonto bei Zahlung innerhalb von 3 Tagen ein.

Die in der Praxis übliche Bruttomethode faßt Kundenskonti als Aufwendungen auf.

S	Forderungen	H	S	Warenverkauf	H	S	Bank	H
(1)	1000	(2a, b) 1000			(1) 1000	(2a)	980	

S	Kunden-Skonto (Aufwand)	H
(2b)	20	

Buchungssätze:

1. Forderungen an Warenverkauf 1000 DM
2. a) Bank   980 DM
   b) Kundenskonti   20 DM   an Forderungen 1000 DM

Auch diese Verbuchung ist formal in Ordnung, aber betriebswirtschaftlich nicht richtig, denn die Skontierung der Kunden ist für den Betrieb kein Aufwand, sondern hat zur Folge, daß – da der Kunde keinen Kredit in Anspruch nimmt – der Betrieb keinen Zinsertrag erzielt. Auch hier würde im Falle der Kreditinanspruchnahme durch den Kunden ein Skontokonto nicht erscheinen; in der Forderung von 1000 DM sind Zinserträge von 20 enthalten, ohne daß dieser Tatbestand aus der Buchführung sichtbar wird.

Trennt man die zugrunde liegenden Bestands- und Erfolgsvorgänge, so wäre die richtige Art der Verbuchung bei Inanspruchnahme des Skontos (**Nettomethode**):

S	Forderungen	H	S	Warenverkauf	H	S	Bank	H
(1a, b) 1000	(2a, b) 1000			(1a) 980		(2a) 980		

S	Kunden-Skonto (Ertrag)	H
(2b) 20	(1b) 20	

Buchungssätze:

1. Forderungen DM 1000 an   a) Warenverkauf   980 DM
                            b) Kundenskonto   20 DM
2. a) Bank   980 DM
   b) Kundenskonto   20 DM an Forderungen 1000 DM

Das Skonto-Konto gleicht sich aus, es bleibt kein Saldo für das Gewinn- und Verlustkonto, weil kein Erfolg eingetreten ist.

Im Falle der Kreditinanspruchnahme müßte der Buchungssatz (2) lauten: Bank 1000 DM an Forderungen 1000 DM. Das Skonto-Konto weist einen Soll-Saldo auf, der auf dem Gewinn- und Verlustkonto als Ertrag (aus dem Kredit) auf der Haben-Seite gegengebucht wird.

f) Die Verbuchung des Wechselverkehrs

Ein Wechsel ist ein Wertpapier, das ein Zahlungsversprechen enthält. Verpflichtet sich der Aussteller des Wechsels, die Wechselsumme selbst zu zahlen, so liegt ein „**eigener**" Wechsel (Solawechsel) vor. Gibt dagegen im Wechsel der Aussteller dem Bezogenen (Wechselschuldner) die Anweisung, die Wechselsumme an einen Dritten (den Remittenten) zu zahlen, so spricht man von einem „**gezogenen**" Wechsel (Tratte). Beim Solawechsel ist der Aussteller selbst der Schuldner; beim gezogenen Wechsel ist dagegen der Bezogene der Hauptschuldner, sobald er den Wechsel angenommen (akzeptiert) hat, der Aussteller haftet nur als Rückgriffsschuldner.

Die wirtschaftliche Bedeutung des Wechsels liegt darin, daß er einerseits ein Instrument zur Gewährung und Sicherung eines kurzfristigen Kredits, andererseits ein Zahlungsmittel ist.

Da dem Wechsel ein Kreditverhältnis zugrunde liegt, das verzinslich ist, treten bei der Verbuchung ähnliche Probleme auf wie bei der Verbuchung des Warenverkehrs. Es ist zu unterscheiden zwischen **Wechselbestand** und **Wechselerfolg**, der sich beim Schuldwechsel (Akzept) als Diskontaufwand, beim Besitzwechsel (Kundenwechsel) als Diskontertrag zeigt. Die Verbuchung erfolgt in der Praxis häufig mit Hilfe eines **gemischten Wechselkontos**, auf dem Bestand und Erfolg ermittelt werden. Das setzt voraus, daß der Saldo entweder Bestand oder Erfolg ist, d. h. aber, daß eine der beiden unbekannten Größen zuvor ermittelt und im gemischten Konto eingesetzt werden muß, es sei denn, es ist kein Endbestand vorhanden, so daß der Saldo den Erfolg angibt. Wie beim Warenverkehr wird der Endbestand in der Regel durch Inventur ermittelt, der Saldo zeigt dann den Erfolg.

Angenommen, A liefert an B Waren im Werte von DM 5000,– zu folgenden Bedingungen: Zahlung innerhalb von 3 Tagen abzüglich 3 % Skonto oder Zahlung mit einem Dreimonatswechsel (Akzept). Entscheidet sich B für das Akzept, so erhält er drei Monate Kredit von A, muß jedoch einen von A auf ihn gezogenen Wechsel akzeptieren und die Wechselzinsen (Diskont) und Wechselspesen (Wechselsteuer, Inkassoprovision) übernehmen. Die Zahlung erfolgt nach drei Monaten bei Vorlage des Wechsels.

Da das Wechselgesetz bei Wechseln mit bestimmter Verfallzeit eine Zinsklausel neben der Angabe der Wechselsumme nicht zuläßt[67] (z. B. 5000 DM zuzüglich 6 % Zinsen), muß der Diskont entweder neben der Wechselsumme vom Schuldner eingefordert oder sofort in die Wechselsumme einbezogen werden.

Bei der Verbuchung auf dem gemischten Wechselkonto werden die Wechsel zum Tageswert, d. h. vermindert um den Diskont (abgezinst) verbucht, denn wenn der Betrieb einen Besitzwechsel an seine Bank weitergibt, so erhält er nicht den Nominalwert des Wechsels, sondern die Bank behält den Diskont für die Restlaufzeit ein, da sie nun der Kreditgeber ist, der Anspruch auf Zinsen hat.

Beispiel: Wechselsumme DM 5000, Diskont 6 % p. a. = DM 75 (für 3 Monate), der Diskont wird getrennt eingefordert. Von Wechselspesen wird abgesehen.

Buchungssätze:

1. Besitzwechsel an Forderungen   DM 4925
2. Bank an Forderungen   DM   75
Bei Einlösung des Wechsels:
3. Bank an Besitzwechsel   DM 5000
Beim Abschluß:
4. Besitzwechsel an Gewinn und Verlust   DM   75

S	Forderungen		H	S	Besitzwechsel		H
AB	5000	(1)	4925	(1)	4925	3)	5000
		(2)	75	(4)	75		

S	Bank		H	S	G. u. V.		H
(2)	75					(4)	75
(3)	5000						

[67] Vgl. Art. 5 Abs. 1 WG

Durch die beiden ersten Buchungen wird die Forderung ausgeglichen; der Wechsel ist im Zeitpunkt der Verbuchung DM 4925 wert, der Diskont von DM 75 ist auf das Bankkonto überwiesen worden. Nach Einlösung des Wechsels zeigt der Saldo des Besitzwechselkontos den Diskontertrag, der beim Abschluß ermittelt und auf das Gewinn- und Verlustkonto übertragen wird. Diese Buchung ist aber nur richtig, wenn auf dem Wechselkonto kein Bestand mehr vorhanden oder der durch Inventur ermittelte Endbestand zuvor eingesetzt worden ist.

Beispiel: wie oben, jedoch werden die Wechselzinsen in die Wechselsumme einbezogen. Die Wechselsumme ist abzuzinsen. Der Einfachheit halber wird im Beispiel der Diskont von der Wechselsumme abgesetzt.

Buchungssätze:

1. Besitzwechsel an Forderungen   DM 5000
Bei Einlösung des Wechsels:
2. Bank an Besitzwechsel   DM 5075
Beim Abschluß:
3. Besitzwechsel an Gewinn und Verlust   DM   75

S	Forderungen	H	S	Besitzwechsel	H
AB 5000	(1)	5000	(1) 5000	(2)	5075
			(3) 75		

H	Bank	H	S	G + V	H
(2) 5075				(3)	75

Bei dieser Art der Verrechnung gehen auch die Zinsen erst bei Fälligkeit des Wechsels ein.

Übersichtlicher ist eine Trennung des gemischten Wechselkontos in ein **Wechselbestands-** und ein **Wechselerfolgskonto**, das die Diskonterträge (bei Besitzwechseln) bzw. -aufwendungen (bei Schuldwechseln) aufnimmt.

Buchungssätze:

1. Besitzwechsel 5000 an Forderungen   4925
                        an Diskontertrag   75
2. Bank an Forderungen   75
Bei Einlösung des Wechsels:
3. Bank an Besitzwechsel   5000
Beim Abschluß:
4. Diskontertrag an Gewinn und Verlust   75

S	Forderungen	H	S	Besitzwechsel	H
AB 5000	(1)	4925	(1) 5000	(3)	5000
	(2)	75			

S	Diskont-Ertrag	H	S	Bank	H
(4)	75	(1) 75	(2)	75	
			(3)	5000	

S	Gewinn und Verlust	H
	(4)	75

Das Wechselkonto gibt bei Saldierung den Endbestand, das Diskonter-
tragskonto den Erfolg an.

Behält der Betrieb den Wechsel nicht bis zu seiner Fälligkeit, sondern
verkauft er ihn nach einem Monat an seine Bank, so zieht die Bank den
Diskont für die Restlaufzeit von zwei Monaten (50) ab, der Diskontertrag
mindert sich um diesen Betrag. Unter der Annahme, daß die Wechselsumme
den Diskont enthält, ergeben sich folgende **Buchungssätze:**

1. Besitzwechsel 5075 an Forderungen   5000
                       an Diskontertrag   75
Bei der Weitergabe an die Bank:
2. Bankkonto an Besitzwechsel   5025
3. Diskontertrag an Besitzwechsel   50

S	Forderungen	H	S	Besitzwechsel	H
AB	5000	(1) 5000	(1)	5075	(2) 5025
					(3) 50

S	Diskontertrag	H	S	Bank	H
(3)	50	(1) 75	(2)	5025	

Die Verbuchung von Schuldwechseln erfolgt in analoger Weise. Da der
Betrieb einen Wechselkredit bei seinem Lieferanten aufnimmt, hat er Zinsen zu zahlen, es entsteht deshalb statt eines Diskontertrages ein Diskontaufwand.

g) Die Verbuchung von Personalaufwand

Die Arbeitnehmer erhalten nicht das gesamte tariflich festgesetzte oder
frei vereinbarte Arbeitsentgelt (Lohn, Gehalt) ausgezahlt, sondern nur den
Nettobetrag, der nach Einbehaltung der „Abzüge" vom Bruttoarbeitsentgelt verbleibt. Auf Grund gesetzlicher Vorschriften ist der Betrieb verpflichtet, die **Lohn- und Kirchensteuer** sowie die auf den Arbeitnehmer
entfallenden Beiträge zur gesetzlichen **Sozialversicherung** einzubehalten
und unmittelbar an das Finanzamt bzw. die Sozialversicherung abzuführen.

Die Lohnsteuer ist keine selbständige Steuer neben der Einkommensteuer, sondern stellt eine besondere Erhebungsform der Einkommensteuer dar. Sie ist somit keine Steuer auf den Arbeitsertrag, also keine Objektsteuer, sondern eine **Personensteuer,** bei der die persönlichen Verhältnisse und damit die wirtschaftliche Leistungsfähigkeit des Steuerpflichtigen berücksichtigt werden. Zum Arbeitslohn gehören alle Einnahmen, die dem Arbeitnehmer aus seinem Dienstverhältnis oder einem früheren Dienstverhältnis zufließen, z. B. Gehälter, Löhne, Gratifikationen, Tantiemen und andere Bezüge und Vorteile, die für eine Beschäftigung im privaten oder öffentlichen Dienst gewährt werden.

Als Grundlage für die Berechnung der Lohnsteuer dient die Lohnsteuerkarte, die der Arbeitnehmer zu Beginn des Kalenderjahres oder des Dienstverhältnisses dem Arbeitgeber vorzulegen hat.

Die gesetzlichen **Beiträge zur Sozialversicherung** setzen sich aus den Beiträgen zur Krankenversicherung, zur Arbeitslosenversicherung und zur Rentenversicherung zusammen. Die Hälfte der Gesamtbeiträge wird vom Bruttolohn einbehalten (Arbeitnehmeranteil). Die Beiträge zur Unfallversicherung hat allein der Betrieb an die Berufsgenossenschaft zu zahlen.

Die buchtechnischen Probleme entstehen durch die Notwendigkeit der Zerlegung des Bruttoarbeitslohnes in mehrere Bestandteile. Für jeden Arbeitnehmer muß ein Gehalts- oder Lohnkonto geführt werden, aus dem Bruttolöhne, Abzüge und Nettolöhne ersichtlich sind. Da die Abzüge (Steuern, Sozialabgaben) vom Betrieb in der Regel zu einem späteren Zeitpunkt abgeführt als die Nettolöhne ausbezahlt werden, werden sie zunächst auf einem Konto „sonstige Verbindlichkeiten" gesammelt.

Für den **Arbeitgeberanteil** an der Sozialversicherung muß ein gesondertes Aufwandskonto geführt werden. Die Gegenbuchung erfolgt ebenfalls auf dem Konto „sonstige Verbindlichkeiten". Bruttoarbeitslohn und Arbeitgeberanteil ergeben den gesamten vertraglichen und gesetzlichen Personalaufwand. Fügt man den Aufwand für freiwillige soziale Leistungen hinzu, so erhält man den gesamten Personalaufwand.

Netto-Arbeitsentgelt
+ Lohnsteuer
+ Kirchensteuer
+ Sozialversicherungsbeiträge (Arbeitnehmeranteil)

= Bruttoarbeitsentgelt
+ Sozialversicherungsbeiträge (Arbeitgeberanteil)

= vertraglicher und gesetzlicher Personalaufwand
+ freiwillige Sozialleistungen

= gesamter Personalaufwand

Das Gewinn- und Verlustkonto weist beim Abschluß den gesamten Personalaufwand, getrennt nach Bruttoarbeitsentgelt, Arbeitgeberanteil zur Sozialversicherung und freiwilligem Sozialaufwand aus.

Beispiel:

Bruttogehalt A	1000 DM
Lohnsteuer	110 DM
Kirchensteuer	11 DM
Sozialabgaben	160 DM
Nettogehalt	719 DM
Gesetzlicher Sozialaufwand	
(Arbeitgeberanteil)	160 DM

Buchungssätze:

1. Gehaltskonto A 1000 DM an Bank   719 DM
                           an sonst. Verbindlichkeiten   281 DM
2. Gesetzlicher Sozialaufwand an sonstige Verbindlichkeiten   160 DM

Bei Abführung der Steuern und Sozialabgaben:

3. sonstige Verbindlichkeiten an Bank 121 DM (Steuern)
4. sonstige Verbindlichkeiten an Bank 320 DM (Sozialabgaben)

S	Gehälter A	H	S	Bank	H
(1)	1000		(1)	719	
			(3)	121	
			(4)	320	

S	sonst. Verbindlichkeiten	H	S	Gesetzl. Sozialaufwand	H
(3)	121	(1 281	(2)	160	
(4)	320	(2) 160			

7. Die Technik der Aufstellung des Jahresabschlusses

a) Überblick über die Vorarbeiten

Der Jahresabschluß hat in erster Linie zwei Aufgaben: die Ermittlung der Vermögens- und Schuldenbestände am Bilanzstichtage und die Feststellung des in der Abrechnungsperiode erzielten Erfolges. Diese Aufgaben erfordern einerseits die Ermittlung der Endbestände aller Bestandskonten, andererseits die Ermittlung aller Aufwendungen und Erträge. Formal geschieht das in der Weise, daß alle Salden der Aufwands- und Ertragskonten auf das Gewinn- und Verlustkonto übertragen und der Saldo des Gewinn- und Verlustkontos und des Privatkontos über das Kapitalkonto abgeschlossen werden und ferner alle Salden der Bestandskonten auf das Schlußbilanzkonto gebucht werden.

Bevor diese Buchungsarbeiten jedoch durchgeführt werden können, müssen die Endbestände durch körperliche Bestandsaufnahme (**Inventur**) mengenmäßig festgestellt und mit den sich buchmäßig aus den Anlage- und Lagerkarteien und sonstigen Buchungsunterlagen ergebenden Endbeständen verglichen werden. **Mengendifferenzen** müssen geklärt und buchtechnisch erfaßt werden. Danach ist zu prüfen, ob bestimmte Endbestände **neu zu bewerten** sind[68]. Ein Sinken der Preise der Roh-, Hilfs- und Betriebsstoffe und der Waren bis zum Bilanzstichtag hat zur Folge, daß eine Bewertung dieser Vorräte mit ihren zu einem früheren Zeitpunkt bezahlten Anschaffungskosten einen zu hohen Endbestandswert ergibt. Folglich müssen die Vorräte niedriger bewertet werden, d. h. ihre Wertminderung muß durch einen Wertabschlag (Abschreibung) erfaßt werden. Ohne Verrechnung der Abschreibung wären nicht nur die Bestände zu hoch bewertet, sondern würde auch der Erfolg der Periode zu hoch erscheinen, weil eine Wertminderung (Aufwand) nicht erfaßt wurde.

Der gleiche Zusammenhang besteht, wenn Forderungen wegen fehlender Zahlungsfähigkeit der Kunden nicht mehr eingebracht werden können. Auch dann ist eine Abschreibung erforderlich. Ist dagegen noch nicht sicher, besteht aber die Gefahr, daß Forderungen nicht mehr voll bezahlt werden, so wird eine **Rückstellung für zweifelhafte Forderungen** (Delkredererückstellung) gebildet, d. h. der voraussichtlich nicht mehr eingehende Betrag wird auf ein Passivkonto gebucht.

Der Wert bestimmter Vermögensgegenstände, die nicht in einer Periode verbraucht werden, sondern in der Lage sind, über eine Reihe von Jahren Nutzungen abzugeben (z. B. Gebäude, Maschinen, Werkzeuge, Geschäftseinrichtung), mindert sich im Laufe der Abrechnungsperiode entweder aus **technischen** Gründen (z. B. Abnutzung durch Gebrauch) oder aus **wirtschaftlichen** Gründen (z. B. technischer Fortschritt). Im ersten Falle nimmt der Nutzungsvorrat, der in den Gütern enthalten ist, ab, im zweiten Falle bleibt der Nutzungsvorrat zwar mengenmäßig vorhanden, er mindert sich aber in seinem wirtschaftlichen Wert. Diese Wertminderungen müssen bei der Feststellung des wertmäßigen Endbestandes am Bilanzstichtag durch **Abschreibungen** erfaßt werden. Da eine exakte Feststellung der Wertminderungen einer Periode in der Regel nicht möglich ist, verteilt man buchtechnisch die Anschaffungs- oder Herstellungskosten auf die Jahre der geschätzten Nutzungsdauer. Dabei kann man zur Berechnung der jährlichen Abschreibungsquoten verschiedene Methoden der Verteilung der Anschaffungskosten zugrunde legen. Die beiden bekanntesten sind die Abschreibung in gleichbleibenden Jahresbeträgen (lineare Abschreibung) und die Abschreibung in fallenden Jahresbeträgen (degressive Abschreibung)[69]. Auf die Verbuchungstechnik hat die Abschreibungsmethode keinen Einfluß.

Ein weiteres Problem beim Jahresabschluß entsteht dadurch, daß die in der Buchhaltung aufgezeichneten Leistungs- und Zahlungsvorgänge nicht

---

[68] Zum Problem der Bewertung vgl. S. 241 ff., hier soll nur die buchtechnische Seite des Problems behandelt werden.
[69] Zum Abschreibungsproblem vgl. ausführlich S. 299 ff.

nur die Abrechnungsperiode, sondern auch eine spätere oder frühere Periode betreffen können. So können z. B. Aufwendungen und Erträge in einer Abrechnungsperiode eingetreten sein, die mit diesen Leistungsvorgängen zusammenhängenden Ausgaben und Einnahmen erfolgen aber erst im nächsten Jahr. Umgekehrt können Zahlungen im Abrechnungszeitraum ein- oder ausgegangen sein, die leistungsmäßig erst das nächste Geschäftsjahr betreffen. Eine exakte Ermittlung des Periodenerfolgs ist deshalb nur möglich, wenn zwischen den einzelnen Abrechnungsperioden durch besondere Abschlußbuchungen eine genaue **Abgrenzung** erfolgt, durch die alle in der Periode verbuchten Leistungen und Zahlungsvorgänge der Periode zugerechnet werden, die sie betreffen.

Droht dem Betrieb in einer späteren Periode eine Inanspruchnahme durch einen Dritten, die ihren wirtschaftlichen Grund in der Abrechnungsperiode hat, deren Höhe und Fälligkeitstermin aber noch nicht feststeht, so ist ein Aufwand in der Periode entstanden, der erst später zu einer Ausgabe führt. Es muß eine **Rückstellung**[70] für ungewisse Schulden gebildet werden, da sonst der Periodengewinn zu hoch ausgewiesen würde (z. B. Rückstellungen für Steuern, Pensionen, schwebende Prozesse, Garantiezusagen u. a.). Droht dem Betrieb ein Verlust, der seinen wirtschaftlichen Grund in der Abrechnungsperiode hat, der aber in seiner Höhe am Bilanzstichtag noch nicht genau feststeht, so ist ebenfalls eine Rückstellung zu bilden. Droht z. B. der Ausfall einer Forderung, so liegt ein Aufwand vor, der erst später das Ausbleiben einer Einnahme zur Folge hat.

Neben der Erfassung und Abgrenzung von Wertminderungen und Wertzuwächsen zum Zweck periodengerechter Erfolgsermittlung und exakter Bestandsfeststellung sind beim Abschluß auch die **mengenmäßigen Differenzen** zwischen den buchmäßig ausgewiesenen und den tatsächlich vorhandenen Beständen zu ermitteln. Diese Ermittlung erfolgt durch die Inventur.

Zusammenfassend läßt sich feststellen, daß vor einer Zusammenziehung der Konten zur Schlußbilanz erfaßt werden müssen:

1. **Mengenmäßige Abweichungen** zwischen Buchbeständen und tatsächlich vorhandenen Beständen. Ihre Aufdeckung ist Aufgabe der Inventur.
2. **Wertmäßige Abweichungen** zwischen den in den Konten enthaltenen Bestandswerten und den Werten dieser Bestände am Bilanzstichtag:
   a) Wertminderungen von Anlagegütern durch Gebrauch (Minderung des Nutzungsvorrats dieser Güter);
   b) Wertminderungen von Anlagegütern und Vorräten aus wirtschaftlichen Gründen (Sinken der Wiederbeschaffungskosten, technischer Fortschritt, Absatzrückgänge = Minderung des Wertes, nicht der Menge des Nutzungsvorrats);
   c) Wertminderung von Forderungen wegen mangelnder Zahlungsfähigkeit der Schuldner.

---

[70] Einzelheiten über Arten und Aufgaben der Rückstellungen vgl. S. 379 ff.

Die unter a) bis c) aufgeführten Wertminderungen werden durch **Abschreibungen** erfaßt. Sie mindern den Wert der Bestände und als Aufwand den Periodengewinn.

3. Aufwendungen, die während der Periode eingetreten sind, aber erst in einer späteren Periode zu einer in der Höhe und dem genauen Termin noch nicht feststehenden Ausgabe oder Mindereinnahme führen. Sie werden buchtechnisch durch Bildung von **Rückstellungen** berücksichtigt.

4. Zahlungs- und Leistungsvorgänge der Periode, die spätere Perioden betreffen und Zahlungs- und Leistungsvorgänge späterer Perioden, die die Abrechnungsperiode betreffen. Sie werden mit Hilfe von **Rechnungsabgrenzungsposten** erfaßt.

b) Die buchtechnische Behandlung der Abschreibungen

aa) Abschreibungen auf Anlagegüter

Anlageabschreibungen können planmäßig oder außerplanmäßig sein. **Planmäßige** Abschreibungen haben die Aufgabe, entweder die Anschaffungskosten oder – bei selbsterstellten Anlagen – die Herstellungskosten auf die Jahre der geschätzten wirtschaftlichen Nutzungsdauer zu verteilen (**Verteilungsabschreibung**) oder die geschätzte Wertminderung einer Periode zu erfassen (**Leistungsabschreibung**). Da Letzteres aus technischen Gründen in der Regel nicht möglich ist, ist die Abschreibung in den meisten Fällen eine Verteilungsabschreibung. Es steht fest, daß am Ende der wirtschaftlichen Nutzungsdauer, die infolge der schnellen Weiterentwicklung der Produktionstechnik meist kürzer als die technische Lebensdauer ist, eine Wertminderung in Höhe der Anschaffungs- oder Herstellungskosten (abzüglich eines ggf. vorhandenen Schrottwertes) eingetreten ist. Welchen Anteil das einzelne Jahr der Nutzungsdauer an dieser Wertminderung hat, läßt sich exakt nicht ermitteln. **Außerplanmäßige** Abschreibungen dienen zur Erfassung von Wertminderungen, die plötzlich und unerwartet aus technischen oder wirtschaftlichen Gründen eintreten (Sonderabschreibungen).

Bei der Verbuchung der Abschreibungen kann man zwei Methoden anwenden: die direkte oder die indirekte Abschreibung. Wird der jährliche Abschreibungsbetrag, der einem Abschreibungskonto (Aufwandskonto) belastet wird, unmittelbar auf dem Konto gutgeschrieben, dessen wertmäßiger Bestand abgeschrieben wird, so handelt es sich um eine **direkte Abschreibung.** Die Anschaffungs- oder Herstellungskosten abzüglich aller bisher vorgenommenen Abschreibungen werden in der Bilanz als Bestand ausgewiesen.

Beispiel: Anschaffungskosten einer Maschine 20 000 DM, geschätzte Nutzungsdauer 10 Jahre, Abschreibung in gleichbleibenden Jahresbeträgen. Die Abschreibung beträgt also 2000 DM.

Buchungssätze:

1. Abschreibungskonto an Maschinenkonto 2000 DM,
2. Schlußbilanzkonto an Maschinenkonto 18 000 DM,
3. Gewinn- und Verlustkonto an Abschreibungskonto 2000 DM.

S	Maschinen	H	S	Abschreibungen	H	S	G + V	H
AB 20 000	(1) 2000		(1) 2000	(3) 2000		(3) 2000		
	(2) 18 000							

S	Schlußbilanzkonto	H
(2)	18 000	

Wird die Gegenbuchung zur Verbuchung der jährlichen Abschreibung auf dem Abschreibungskonto nicht auf dem Maschinenkonto, sondern auf einem **Wertberichtigungskonto** (Passivkonto) durchgeführt, so wird das Anlagekonto von dem Vorgang nicht unmittelbar berührt. Die Anschaffungs- oder Herstellungskosten bleiben bis zum Ende der Nutzungsdauer in der Bilanz ungekürzt stehen und werden durch ein auf der Passivseite geführtes Wertberichtigungskonto korrigiert. Hat die Wertberichtigung im Laufe der Jahre die Höhe der Anschaffungs- oder Herstellungskosten erreicht, so ist der Buchwert der Anlage gleich Null, das Anlagekonto auf der Aktivseite und das Wertberichtigungskonto auf der Passivseite heben sich auf. Dieses Verfahren bezeichnet man als **indirekte Abschreibung**, weil die Wertminderung nicht auf dem Anlagekonto ersichtlich wird, sondern nur auf dem indirekten Wege der Wertberichtigung.

Beispiel: Gehen wir von den Zahlen des vorhergehenden Beispiels aus, so ergeben sich bei indirekter Verbuchung folgende **Buchungssätze:**
1. Abschreibungen an Wertberichtigung 2000 DM,
2. Wertberichtigung an Schlußbilanzkonto 2000 DM,
3. Schlußbilanzkonto an Maschinen 20 000 DM,
4. Gewinn- und Verlustkonto an Abschreibungen 2000 DM.

S	Maschinen	H	S	Abschreibung	H	S	Wertberichtigung	H
AB 20 000	(3) 20 000		(1) 2000	(4) 2000		(2) 2000	(1) 2 000	

S	Gewinn- und Verlust	H	S	Schlußbilanzkonto	H
(4)	2000		(3) 20 000	(2) 2000	

Der Vorteil der indirekten Methode der Abschreibung liegt in der **größeren Bilanzklarheit**, die dadurch erreicht wird, daß die Anschaffungs- oder Herstellungskosten auf der Aktivseite während der gesamten Nutzungszeit der Anlage in unveränderter Höhe erscheinen und durch einen Passivposten korrigiert werden. Auf diese Weise bekommt der Bilanzleser eine bessere Vorstellung von der Größe der Produktionskapazitäten als im Falle der direkten Abschreibung. Steht eine Anlage mit 500 000 DM zu Buche, ist sie aber bis auf 25 000 DM abgeschrieben, so kann man erkennen, über welche Leistungsfähigkeit der Betrieb verfügt; die Anlage wird in der Regel auch im letzten Jahre ihrer wirtschaftlichen Nutzungsdauer noch eine größere Leistung abgeben können als eine Maschine, die z. B. bei ihrer Anschaffung 40 000 DM gekostet hat und ebenfalls bisher auf 25 000 DM abgeschrieben ist. Im Falle direkter Abschreibung würden beide Maschinen mit 25 000 DM in der Bilanz erscheinen. Die hinter den 25 000 DM Restwert stehende Kapazität wäre nicht erkennbar, da aus der Bilanz das Alter der Anlage nicht zu ersehen ist. Bei indirekter Abschreibung könnte man aus der Höhe der Wertberichtigung Rückschlüsse auf das Alter ziehen, wenn man die Methode der Verteilung der Anschaffungskosten (z. B. gleichbleibende oder fallende Jahresraten) kennt.

Allerdings darf man die Vergrößerung der Bilanzklarheit durch Bildung von Wertberichtigungsposten nicht überschätzen. In der Regel ist dem Bilanzleser nicht bekannt, auf welche einzelnen Anlagegüter die auf der Passivseite ausgewiesenen Wertberichtigungen sich beziehen. Sowohl unter der Position Anlagen als auch unter der Position Wertberichtigungen auf Anlagen verbirgt sich in der Regel eine größere Zahl von Einzelpositionen.

Da Anlagegüter in der Regel noch einen Verkaufserlös (Schrottwert) erzielen, wenn ihre Nutzungsdauer beendet ist, werden im Laufe der Nutzungsdauer die Anschaffungs- oder Herstellungskosten nicht in voller Höhe durch Abschreibungen verteilt, sondern die Gesamtabschreibung wird von vornherein unter Berücksichtigung eines **Restbuchwertes** verrechnet. Dieser Restbuchwert entspricht dem geschätzten, am Markt erzielbaren Schrottwert, vermindert um alle Aufwendungen, die durch die Außerbetriebnahme der Anlage (z. B. Aufwendungen für Ausbau und Abtransport) entstehen.

Es wäre ein reiner Zufall, wenn bei Verkauf der abgenutzten Güter genau der Restbuchwert erzielt würde. In der Regel werden sich Abweichungen nach oben oder unten ergeben, die zu einem außerordentlichen Ertrag oder außerordentlichen Aufwand führen.

Beispiel: Anschaffungskosten 20 000 DM, Nutzungsdauer 10 Jahre, geschätzter Restwert 1000 DM, Abschreibung in gleichbleibenden Jahresbeträgen.

Bezeichnet man die Anschaffungskosten mit A, den Restwert mit R, die Nutzungsdauer mit n, so beläuft sich die jährliche Abschreibungsquote a auf

$$a = \frac{A - R}{n},$$

$$a = \frac{20\,000 - 1000}{10} = 1900.$$

Am Ende der Nutzungsdauer sind 19 000 DM abgeschrieben, der Restbuchwert beträgt 1000 DM. Nehmen wir an, der Verkaufserlös der alten Anlage, der auf dem Bankkonto eingeht, beträgt:

a) 1000 DM
b) 1200 DM
c) 800 DM,

so ergibt sich bei direkter Abschreibungsmethode folgende Verbuchung:

a)

S	Maschine	H	S	Bank	H
Restwert					
1000	1000		1000		

Buchungssatz: Bank an Maschine 1000 DM. Der Vorgang ist erfolgsunwirksam, er stellt einen Aktivtausch dar. Das Maschinenkonto mindert sich um den noch nicht abgeschriebenen Teil der Anschaffungs- oder Herstellungskosten, das Bankkonto erhöht sich um den gleichen Betrag. Die Maschine ist ausgeschieden. Das Maschinenkonto ist ausgeglichen, es zeigt keinen Saldo mehr und erscheint folglich nicht mehr in der Bilanz.

b) **Buchungssatz:**

Bank an   a) Maschine 1000 DM
          b) außerordentlicher Ertrag 200 DM

S	Maschine	H	S	Bank	H	S	a. o. Ertrag	H
Restwert								
1000	1000		1200					200

Es entsteht ein außerordentlicher Ertrag von 200 DM, da der Verkaufserlös um 200 DM größer ist als der Restbuchwert. Das Maschinenkonto gleicht sich aus. 19 000 DM der Anschaffungs- oder Herstellungskosten sind abgeschrieben worden, weitere 1000 DM werden dem Maschinenkonto aus dem Verkaufserlös gutgeschrieben. Der Rest von 200 DM ist Gewinn.

c) **Buchungssatz:**

Bank   800 DM
außerordentl. Aufwand   200 DM an Maschine 1000 DM

S	Maschine	H	S	Bank	H	S	a. o. Aufwand	H
Restwert								
1000	1000		800			200		

Der Restbuchwert wird nicht mehr in voller Höhe durch Verkauf erzielt. Der Fehlbetrag von 200 stellt einen außerordentlichen Aufwand der Periode dar. Das Maschinenkonto ist ausgeglichen, aber nur 19 800 der Anschaffungskosten sind wieder verdient worden, und zwar 19 000 DM als Abschreibung durch Umsatz betrieblicher Leistungen, in die die Abschreibungen eingerechnet worden sind, und 800 DM als Schrottwert bei Verkauf der Maschine.

bb) Abschreibungen auf Vorräte

Bei Abschreibungen auf Vorräte handelt es sich um **außerplanmäßige** Abschreibungen, da Vorräte im Gegensatz zu den Anlagen keiner regelmäßigen Wertminderung durch Gebrauch unterliegen, denn sie repräsentieren keinen Nutzungsvorrat, der über eine Reihe von Jahren abgegeben werden kann, sondern sind ein Lagerbestand, der nur einmal genutzt wird: entweder beim Produktionsprozeß durch Umformung zu Fertigfabrikaten (Roh-, Hilfs- und Betriebsstoffe) oder beim Absatzprozeß (Fertigfabrikate, Waren) durch Umsatz am Markt. Bis diese Nutzung erfolgt, kann sich aber der Wert der Vorräte verändern. Er entspricht dann nicht mehr den Anschaffungs- oder Herstellungskosten. Treten Wertminderungen infolge eines Sinkens der Wiederbeschaffungs- oder Wiederherstellungskosten ein, so werden sie aus Gründen kaufmännischer Vorsicht in der Regel bereits durch Abschreibungen erfaßt, bevor sie durch den Umsatzprozeß tatsächlich realisiert sind, denn es ist damit zu rechnen, daß z. B. ein Sinken der Wiederbeschaffungskosten von Waren auch zu einer Verminderung der erzielbaren Absatzpreise führen wird.

Die buchtechnische Behandlung dieser Abschreibung ist dieselbe wie bei der Anlagenabschreibung, jedoch dominiert in der Praxis bei der Erfassung von Wertminderungen bei Vorräten die direkte Methode der Abschreibung.

Beispiel: Anschaffungskosten eines Warenendbestandes 1000 DM,
  Wiederbeschaffungskosten am Bilanzstichtag   800 DM,

Buchungssätze:
(1 a) Schlußbilanzkonto   800 DM
(1 b) Abschreibung   200 DM an Wareneinkauf   1000 DM
(2) Gewinn- und Verlustkonto an Abschreibung 200 DM

S	Wareneinkauf		H		S	Abschreibung auf Vorräte		H
AB	10 000	Wareneinsatz			(1b)	200	(2)	200
			9000					
		(1a) Endbe-						
		stand	800					
		(1b) Abschrei-						
		bung	200					

S	Gewinn- und Verlust		H		S	Schlußbilanzkonto		H
(2)	200				(1a) Waren	800		

cc) Abschreibungen auf Forderungen

Für die Abschreibungen auf Forderungen gilt das gleiche wie für Abschreibungen auf Vorräte: Während die Anlagenabschreibungen die Aufgabe haben, die Anschaffungskosten auf die Jahre der Nutzung zu verteilen, und zwar etwa entsprechend der Minderung des in den Anlagen enthaltenen Nutzungsvorrats, soll die Abschreibung auf Forderungen eine Wertminderung erfassen, die der Betrieb durch den Verlust eines Anspruchs auf Zahlung des Kaufpreises hinnehmen muß.

Der durch Abschreibung einer Anlage erfaßten Wertminderung steht eine Wertsteigerung in Form der Nutzungsabgabe der Anlage gegenüber, die am Markt abgesetzt werden kann und als Abschreibungsgegenwert im Kaufpreis enthalten ist, wenn wenigstens die verrechneten Aufwendungen der produzierten Leistung gedeckt werden. Wird eine Forderung uneinbringlich, weil der Schuldner zahlungsunfähig geworden ist, so ist sie abzuschreiben. Diese Abschreibung erfaßt einen **eingetretenen Verlust**, sie wird nicht wie die Anlagenabschreibung über einen Absatz der produzierten Leistungen zurückvergütet; sie hat vielmehr zur Folge, daß die in den Absatzpreisen einbezogenen Anlageabschreibungen nun ebenfalls in dem Umfange verloren sind, in dem die Forderung aus Warenlieferungen und Leistungen nicht einzubringen sind.

Die Forderungsabschreibung kann wie jede Abschreibung direkt oder indirekt durchgeführt werden.

Beispiel: Eine Forderung von 800 DM an den Kunden A ist in Höhe von 500 DM uneinbringlich geworden.

a) Direkte Verbuchung:

Buchungssätze:

1. Abschreibung an Forderung	500 DM
2.Gewinn- und Verlustkonto an Abschreibung	500 DM
3. Schlußbilanzkonto an Forderungen	300 DM

S Forderungen H	S Abschreibung H	S Gewinn- u. Verlust H
800 | (1) 500	(1) 500 | (2) 500	(2) 500 |
(3) 300		

S Schlußbilanzkonto H
(3) 300 |

b) Indirekte Verbuchung:

Buchungssätze:

1. Abschreibung an Delkredere-Wertberichtigung	500 DM
2. Delkredere-Wertberichtigung an Schlußbilanzkonto	500 DM
3. Schlußbilanzkonto an Forderungen	800 DM
4. Gewinn- und Verlustkonto an Abschreibungen	500 DM

S	Forderungen	H	S	Abschreibungen	H	S	Delkredere	H
	800	(3) 800	(1) 500		(4) 500	(2) 500		(1) 500

S	Gewinn- u. Verlust	H	S	Schlußbilanzkonto	H
(4) 500			(3) 300		(2) 500

Vielfach steht am Bilanzstichtag noch nicht fest, in welchem Umfange eine zweifelhaft gewordene Forderung ausfällt. Dann erfolgt in der Praxis eine Ausgliederung dieser Forderung aus den sicheren Forderungen auf ein gesondertes Konto „Zweifelhafte Forderungen" („Dubiose"). Von diesem Konto wird der geschätzte Forderungsausfall dann abgeschrieben.

Beispiel: Forderungsbestand 10 000 DM, die Forderung an A über 800 DM ist zweifelhaft geworden, geschätzter Ausfall 500 DM.

a) Direkte Verbuchung:

Buchungssätze:

1. Zweifelhafte Forderungen an Forderungen   800 DM
2. Abschreibung an zweifelhafte Forderungen   500 DM
3. Schlußbilanzkonto an Forderungen   9200 DM
4. Schlußbilanzkonto an zweifelhafte Forderungen   300 DM
5. Gewinn- und Verlustkonto an Abschreibungen   500 DM

S	Forderungen	H	S	Zweifelhafte Ford.	H	S	Abschreibungen	H
10 000	(1) 800	(1) 800	(2) 500	(2) 500		(5) 500		
	(3) 9200		(4) 300					

S	Gewinn- u. Verlust	H	S	Schlußbilanzkonto	H
(5) 500			(3) 9200		
			(4) 300		

Die in der Praxis als **Delkredere-Wertberichtigung** bezeichnete Abschreibung auf zweifelhafte Forderungen ist betriebswirtschaftlich gesehen eine Rückstellung für einen Verlust, dessen Höhe noch ungewiß ist. Es wäre zweckmäßiger, eine **Delkredere-Rückstellung** zu bilden, denn das Wesen der Rückstellung liegt darin, daß sie einen Aufwand erfaßt, der in der Abrechnungsperiode begründet ist, aber erst in einer späteren Periode zu einer am Bilanzstichtag noch nicht exakt feststellbaren Ausgabe oder – im Falle der zweifelhaften Forderungen – zu Mindereinnahmen führt.

Eine Direktabschreibung zweifelhafter Forderungen widerspricht der Klarheit und Übersichtlichkeit der Bilanzierung, da nicht erkennbar wird, mit welchem Forderungsausfall gerechnet wird. Ist dagegen am Bilanzstichtag bereits bekannt, daß eine Forderung effektiv uneinbringlich ist, so ist der Verlust bereits eingetreten, und gegen eine direkte Abschreibung ist nichts einzuwenden.

Ist für eine zweifelhafte Forderung eine Delkredere-Rückstellung gebildet worden, so ist diese dann aufzulösen, wenn der endgültige Forderungsverlust bekannt ist. Dabei sind drei Möglichkeiten denkbar:

1. der Forderungsverlust war richtig eingeschätzt,
2. der Forderungsverlust ist niedriger als geschätzt,
3. der Forderungsverlust ist höher als geschätzt.

Beispiel: Eine Forderung von 20 000 DM wird zweifelhaft. Der Betrieb rechnet mit einem Verlust von 10 000 DM und bildet eine Rückstellung in dieser Höhe. In der folgenden Periode überweist der Kunde:

Fall a) 10 000 DM
Fall b) 12 000 DM
Fall c)   8 000 DM

Fall a)

Buchungssätze:

1. Delkredere an zweifelhafte Forderungen 10 000 DM
2. Bank an zweifelhafte Forderungen 10 000 DM

S	Delkredere	H	S	Bank	H	S	Zweifelhafte Forderungen	H
(1) 10 000	AB 10 000		(2) 10 000			AB 20 000	(1) 10 000	
							(2) 10 000	

Der Vorgang ist erfolgsunwirksam.

Fall b)

Buchungssätze:

1. Wertberichtigung (Delkredere) an zweifelhafte Forderungen 10 000 DM
2. Bank 12 000 an (a) zweifelhafte Forderungen   10 000 DM
                          (b) a. o. Ertrag   2 000 DM

S	Delkredere	H	S	Bank	H
(1) 10 000	AB 10 000		(2) 12 000	

S	Zweifelhafte Forderungen	H	S	a. o. Ertrag	H
AB 20 000	(1) 10 000			(2) 2000	
	(2) 10 000				

Die Abschlußperiode war mit einem Aufwand belastet worden, der um 2000 DM überhöht war. Eine Korrektur erfolgt in der neuen Periode durch Ausweis eines außerordentlichen Ertrags in gleicher Höhe.

Fall c)

Buchungssätze:

1. Delkredere an zweifelhafte Forderungen 10 000 DM
2. Bank   8000 DM
   a. o. Aufwand 2000 DM an zweifelhafte Forderungen 10 000 DM

S	Delkredere		H
(1)	10 000	AB	10 000

S	Bank		H
(2)	8000		

S	Zweifelhafte Forderungen		H
AB	20 000	(1)	10 000
		(2)	10 000

S	a. o. Aufwand		H
(2)	2000		

Der tatsächliche Aufwand beträgt nicht – wie geschätzt – 10 000 DM, sondern 12 000 DM, folglich müssen in der neuen Periode 2000 DM als außerordentlicher Aufwand nachverrechnet werden.

Delkredere-Wertberichtigungen werden oft auch als **Pauschal-Wertberichtigungen** gebildet. Der Betrieb weiß aus Erfahrung, daß ein gewisser Prozentsatz seiner Forderungen im Durchschnitt uneinbringlich ist. Am Bilanzstichtag ist zwar noch keine Forderung als uneinbringlich bekannt, so daß eine Einzelabschreibung oder eine Delkredere-Rückstellung für eine Einzelforderung nicht möglich ist, aus Gründen kaufmännischer Vorsicht wird jedoch eine Pauschal-Wertberichtigung gebildet. Da es sich auch hierbei um einen geschätzten Betrag, also um einen Verlust handelt, dessen Höhe, ja sogar dessen tatsächliches Eintreten ungewiß ist, so ist es auch hier genauer, von einer Pauschal-Rückstellung für Forderungen statt von einer Wertberichtigung zu sprechen.

Die in der folgenden Periode tatsächlich eintretenden Forderungsverluste werden in der Regel nicht mit der Pauschal-Rückstellung übereinstimmen, sondern größer oder kleiner sein. Es bestehen dann zwei Möglichkeiten der buchtechnischen Behandlung:

1. Man verrechnet die Pauschal-Rückstellung einer Periode mit den eingetretenen Forderungsverlusten, die Forderungen dieser Periode betreffen, verbucht die Differenz als außerordentlichen Aufwand oder außerordentlichen Ertrag und bildet auf der Grundlage des Forderungsbestandes der nächsten Periode erneut eine Pauschal-Rückstellung.

Beispiel: 1969: Forderungsbestand 80 000 DM, langfristiger Erfahrungssatz für den durchschnittlichen Forderungsausfall = 2 % = 1600 DM.
1970: tatsächlicher Ausfall 1200 DM der 80 000 DM, der Rest wird durch Banküberweisung bezahlt. Neuer Forderungs-Endbestand 100 000 DM, 2 % Pauschal-Rückstellung davon = 2000 DM.

1969: **Buchungssätze:**

   1. Gewinn- und Verlustkonto an Delkredere-Rückstellung 1600 DM
   2. Schlußbilanzkonto an Forderungen 80 000 DM
   3. Delkredere-Rückstellung an Schlußbilanzkonto 1600 DM.

S	Forderungen	H		S	Pauschal-Rückstellungen	H
	80 000	(2) 80 000		(3) 1600		(1) 1600

S	Gewinn und Verlust	H		S	Schlußbilanzkonto	H
(1) 1600				(2) 80 000		(3) 1600

1970: **Buchungssätze:**

   1. Bank   78 800 DM
     Pauschal-Rückstellung 1 200 DM an Forderungen 80 000 DM
   2. Forderungen an Warenverkauf 100 000 DM (Forderungszugang 1970)
   3. Pauschal-Rückstellung an a. o. Ertrag 400 DM (Auflösung der nichtbenötigten Rückstellungen 1969)
   4. a. o. Ertrag an Gewinn- und Verlustkonto 400 DM
   5. Gewinn- und Verlustkonto an Pauschal-Rückstellung 2000 DM (Bildung der Rückstellung für 1970)

S	Forderungen	H		S	Bank	H
AB 80 000		(1) 80 000		(1) 78 800		
Zugang						
(2) 100 000						

S	Warenverkauf	H		S	Gewinn und Verlust	H
		(2) 100 000		(5) 2000		(4) 400

S	Pauschal-Rückstellungen	H		S	a. o. Erträge	H
(1) 1200		AB 1600		(4) 400		(3) 400
(3) 400		(5) 2000				

Die Rechnung zeigt folgende Beziehungen zwischen den beiden Geschäftsjahren 1969 und 1970: 1969 wird eine Delkredere-Rückstellung von 1600 DM gebildet. Das ist ein Aufwand der Periode, also ein **erfolgswirksamer** Vorgang (gewinnmindernd).

1970 tritt ein Forderungsausfall (Mindereinnahme) von 1200 DM ein. Dieser Vorgang ist **erfolgsunwirksam**, da in dieser Höhe die 1969 gebildete Rückstellung aufgelöst wird. Es zeigt sich, daß der Aufwand 1969 nur 1200 DM und nicht wie geschätzt 1600 DM betragen hat. Dafür wird durch Auflösung der restlichen Rückstellung der Gewinn 1970 um einen außerordentlichen Ertrag von 400 DM vergrößert. Gleichzeitig wird 1970 ein Aufwand von 2000 DM durch Bildung einer neuen Delkredere-Rückstellung erfolgswirksam.

Angenommen, 1971 zeigt sich, daß von den Forderungen des Jahres 1970 2500 DM nicht eingehen, so reicht die Rückstellung nicht aus, um die Mindereinnahmen für 1971 erfolgsunwirksam zu verrechnen; es tritt ein a.o. Aufwand von 500 DM ein, d. h. der Aufwand durch Forderungsausfälle war 1970 größer als die Rückstellung und wird in Höhe von 500 DM erst in dem Jahre, in dem die Einnahmen ausbleiben (1971) und nicht in dem Jahre, in dem die Forderungsausfälle begründet sind, verrechnet. 1969 wurde also durch die Überdeckung der Rückstellung ein zu geringer Gewinn, 1970 durch die Unterdeckung ein zu hoher Gewinn ausgewiesen. Die Korrektur erfolgt jeweils im folgenden Jahr durch Ausweis eines außerordentlichen Ertrages (1970) oder eines außerordentlichen Aufwandes (1971).

2. Man kann auch auf den Ausweis der Über- bzw. Unterdeckung verzichten und die Pauschal-Rückstellung in jedem Jahr lediglich um den Fehlbetrag (oder Überschuß), der sich bei Anwendung eines pauschalen Prozentsatzes auf den Forderungsendbestand ergibt, korrigieren.

Das würde im obigen Beispiel bedeuten, daß 1970 der Pauschal-Rückstellung nicht 2000 DM zugeführt und die nicht verbrauchten 400 DM aus 1969 als außerordentlicher Ertrag aufgelöst werden, sondern daß diese 400 DM stehenbleiben und auf 2000 DM aufgestockt, also nur 1600 DM zugeführt werden. Der Periodengewinn ist bei beiden Methoden der Verbuchung derselbe, genauer gesagt, er ist in beiden Fällen nicht richtig abgegrenzt, da die Höhe der Forderungsausfälle, die buchtechnisch als Aufwand einer Periode behandelt werden, nur geschätzt werden kann. Die erste Methode hat aber den Vorteil, daß durch die Auflösung der Über- oder Unterdeckungen der in der nächsten Periode eingetretenen tatsächlichen Forderungsverluste ein außerordentlicher Ertrag bzw. Aufwand entsteht, der in der laufenden Periode zwar verrechnet wird, in ihr aber nicht verursacht worden ist, sondern eine Korrektur des Erfolges der Vorperiode darstellt. Diese Methode ist also übersichtlicher als die zweite Methode, bei der die Neubildung der Rückstellung für die laufende Periode mit dem Restbetrag bzw. Fehlbetrag der Rückstellung der Vorperiode verrechnet wird, so daß die Periodenzurechnung wesentlich schwieriger ist.

c) Rechnungsabgrenzungsposten

Die Rechnungsabgrenzungsposten dienen der **periodengerechten Erfolgsermittlung,** indem sie zwei Geschäftsjahre so gegeneinander abgrenzen, daß jedem Geschäftsjahr die Aufwendungen und Erträge zugerechnet werden, die durch das jeweilige Geschäftsjahr verursacht worden sind. Die Abgrenzung wird dadurch erreicht, daß

1. alle Ausgaben und Einnahmen, die im abgelaufenen Jahr erfolgt sind, aber Aufwendungen bzw. Erträge des kommenden Jahres betreffen (z.B. im voraus bezahlte Löhne oder im voraus erhaltene Mieten), und

2. alle Aufwendungen und Erträge, die im abgelaufenen Jahr verursacht worden sind, für die Zahlungen aber erst im kommenden Jahr geleistet werden (z. B. noch zu zahlende Löhne, noch nicht erhaltene Mieten), der Abrechnungsperiode zugerechnet werden, in die sie wirtschaftlich nach dem Prinzip der Verursachung gehören.

Ohne Rechnungsabgrenzung kann der Gewinn der Periode zu hoch oder zu niedrig ausgewiesen werden. Wäre er zu hoch, so wird er durch Ansatz eines Passivpostens in der Bilanz (**passive Rechnungsabgrenzung**) korrigiert.

Beispiel: Der Betrieb hat Mieten in Höhe von 1000,– DM im voraus erhalten. Der Bankbestand enthält folglich 1000,– DM, für die erst in der nächsten Periode eine Leistung erbracht wird. Ohne Abgrenzung wäre der Periodengewinn um diesen Betrag zu hoch, dafür der Gewinn der folgenden Periode um den gleichen Betrag zu niedrig.

Bilanz ohne Rechnungsabgrenzung	
verschiedene Aktiva 20 000	Kapital 22 000
Bank 5 000	Gewinn 3 000

Bilanz mit Rechnungsabgrenzung	
verschiedene Aktiva 20 000	Kapital 22 000
Bank 5 000	Rechnungsabgrenzung 1 000
	Gewinn 2 000

Wäre der Periodengewinn ohne Abgrenzung zu niedrig, so wird ein **aktiver Rechnungsabgrenzungsposten** in die Bilanz eingesetzt.

Beispiel: Lohnvorauszahlung von 800,– DM. Der Bankbestand ist um 800,– DM vermindert worden, die eine Zahlung für einen Aufwand darstellen, der erst in der nächsten Periode eintritt.

Bilanz ohne Rechnungsabgrenzung	
Verschiedene Aktiva 20 000	Kapital 22 000
Bank 4 200	Gewinn 2 200

Bilanz mit Rechnungsabgrenzung	
verschiedene Aktiva 20 000	Kapital 22 000
Bank 4 200	
Rechnungsabgrenzung 800	Gewinn 3 000

Rechnungsabgrenzungsposten, die durch Geschäftsvorfälle notwendig werden, die in der abgelaufenen Periode einen aktiven oder passiven Zahlungsvorgang ausgelöst haben, bezeichnet man als **transitorische** Posten, weil der in der Periode erfolgte Zahlungsvorgang in die nächste Periode „hinübergeht". Der Leistungsvorgang (Verursachung von Aufwand oder Ertrag) liegt in der späteren Periode, gezahlt wurde im voraus.

Wird dagegen durch Geschäftsvorfälle, die noch das alte Jahr betreffen, ein aktiver oder passiver Zahlungsvorgang erst im folgenden Jahr ausgelöst, so spricht man von **antizipativen** Posten, weil der Zahlungsvorgang, der in der nächsten Periode erfolgt, in der Abrechnungsperiode buchtechnisch vorweggenommen wird. Der Leistungsvorgang ist bereits in der abgelaufenen Periode verursacht worden, gezahlt wird aber erst in der späteren Periode.

Man kann sich den Unterschied zwischen transitorischen und antizipativen Rechnungsabgrenzungsposten folglich durch die Gedankenstütze einprägen, daß bei den transitorischen Posten **im voraus gezahlt** oder eine Zahlung **im voraus empfangen** wurde, während bei den antizipativen Posten **noch zu zahlen** oder eine Zahlung **noch zu empfangen** ist.

Es gibt also vier Arten von Rechnungsabgrenzungsposten, die in der folgenden Übersicht noch einmal dargestellt werden:

	aktive Abgrenzung (Gewinn ohne Abgrenzung zu niedrig)	**passive Abgrenzung** (Gewinn ohne Abgrenzung zu hoch)
transitorisch	Ausgabe jetzt — Aufwand später (z. B. vorausbezahlte Löhne)	Einnahme jetzt — Erträge später (z. B. im voraus erhaltene Miete)
antizipativ	Ertrag jetzt — Einnahme später (z. B. noch zu erhaltende Miete)	Aufwand jetzt — Ausgabe später (z. B. noch zu zahlende Löhne)

Buchungsbeispiele:

(1) Transitorisches Aktivum:

Zahlung von Miete für ein Lagerhaus am 1. 10. 1970 für 6 Monate im voraus im Höhe von 600,– DM durch Banküberweisung. Bankbestand 5000,– DM.

Buchungssätze:

1. 10. 1970	1. Mietaufwand an Bank	600 DM
31. 12. 1970	2. akt. Rechnungsabgrenzung an Mietaufwand	300 DM
	3. Gewinn- und Verlustkonto an Mietaufwand	300 DM
	4. Schlußbilanzkonto an Bank	4400 DM
	an akt. Rechnungsbegrenzung	300 DM

S	Bank	·	H		S	Mietaufwand	H		S	aktive Rechnungs-abgrenzung	H
AB	5000	(1)	600		(1)	600	(2)	300		(2)	300	(4b)	300
		(4a)	4400				(3)	300					

S	Gewinn u. Verlust	H		S	Schlußbilanzkonto	H
(3)	300			(4a) Bank	4400	
				(4b) RAP	300	

Das Bankkonto mindert sich um die Mietausgabe von 600,– DM, aber nur 300,– DM sind Aufwand der Abrechnungsperiode, die übrigen 300,– DM sind eine Vorauszahlung für das kommende Jahr. Sie werden mit Hilfe des Rechnungsabgrenzungspostens aktiviert und korrigieren damit den um 300,– DM zu niedrig angesetzten Vermögensbestand der Abrechnungsperiode; da die Gegenbuchung zur aktiven Abgrenzung auf der Haben-Seite des Mietaufwandkontos erfolgt, vermindert sich zugleich der Aufwand der Periode um den Wert des Abgrenzungspostens, die Erfolgsrechnung wird nur mit dem Betrag belastet, der Aufwand der Periode ist. Bei der Eröffnung der Konten zum 1. 1. 1971 werden die 300,– DM der aktiven Rechnungsabgrenzung wieder auf ein Mietaufwandkonto übertragen, denn jetzt sind sie ein Aufwand, der in dieser Periode verursacht wird, für den aber eine Zahlung in der vorhergehenden Periode erfolgte (Buchungssatz: Mietaufwand an aktive Rechnungsabgrenzung 300,– DM).

(2) Transitorisches Passivum:

Der Betrieb erhält am 1. 10. 1970 die Miete für ein vermietetes Lagerhaus für ein Jahr im voraus durch Banküberweisung von 2400,– DM.

Buchungssätze:

1. 10. 1970	1. Bank an Mietertrag 2400,– DM	
31. 12. 1970	2. Mietertrag an passive Rechnungsabgrenzung	1800 DM
	3. Mietertrag an Gewinn- und Verlustkonto	600 DM
	4. Schlußbilanz an Bank	2400 DM
	5. pass. Rechnungsabgrenzung an Schlußbilanz	1800 DM

S	Bank	H		S	Mietertrag	H		S	passive Rechnungs-abgrenzung	H
(1)	2400	(4)	2400		(2)	1800	(1)	2400		(5)	1800	(2)	1800
					(3)	600							

S	Gewinn und Verlust	H		S	Schlußbilanzkonto	H
		(3)	600		(4)	2400	(5)	1800

Der Bankbestand erhöht sich zwar um 2400,– DM, aber nur 600,– DM sind Ertrag der Periode, während 1800,– DM Ertrag der folgenden Periode sind, denn der Betrieb muß für die Dauer von neun Monaten noch eine Leistung im neuen Jahr erbringen, für die er die Zahlung schon erhalten hat. Durch die passive Rechnungsabgrenzung wird der zu hohe Vermögensbestand korrigiert, die Vermögensmehrung wird nur in Höhe des Betrages erfolgswirksam, der durch die Abrechnungsperiode verursacht worden ist. In die Gewinn- und Verlustrechnung geht nur der Periodenertrag ein. Im folgenden Jahr ist die passive Rechnungsabgrenzung aufzulösen. Der Buchungssatz lautet: pass. Rechnungsabgrenzung an Mieterträge 1800,–. Damit ist dieser Periode der auf sie entfallende Mietertrag zugerechnet.

(3) Antizipatives Aktivum:

Der Betrieb hat ein Lagerhaus vermietet. Der Mietvertrag beginnt am 1. 10. 1970. Die Miete von 1000,– DM monatlich wird halbjährlich, und zwar nachträglich, fällig. Die erste Mieteinnahme geht also erst am 31. 3. 1971 ein, obwohl die Leistung bereits am 1. 10. 1970 beginnt. Am 31. 12. 1970 wird der Mietertrag, dem noch keine Einnahme gegenübersteht, durch eine aktive Rechnungsabgrenzung berücksichtigt.

Buchungssätze:

31. 12. 1970	1. aktive Rechnungsabgrenzung an Mieterträge	3000 DM
	2. Mieterträge an Gewinn- und Verlustkonto	3000 DM
	3. Schlußbilanz an Rechnungsabgrenzung	3000 DM
2. 1. 1971	4. akt. Rechnungsabgrenzung an Eröffnungsbilanz	3000 DM
31. 3. 1971	5. Bank an Mieterträge	6000 DM
	6. Mieterträge an Rechnungsabgrenzung	3000 DM

1970

S	Mieterträge	H		S	aktive Rechnungs-abgrenzung	H		S	Gewinn u. Verlust	H
(2) 3000		(1) 3000		(1) 3000		(3) 3000				(2) 3000

S	Schlußbilanz	H
(3) 3000		

1971

S	Bank	H		S	aktive Rechnungs-abgrenzung	H		S	Mieterträge	H
(5) 6000				(4) 3000		(6) 3000		(6) 3000		(5) 6000

S	Eröffnungsbilanzkonto	H
		(4) 3000

Am 31. 3. 1971 geht die Zahlung von 6000,– DM auf dem Bankkonto ein. Nur 3000,– DM sind 1971 erfolgswirksam (Mieterträge vom 1. 1. bis 31. 3.). Die Mieterträge vom 1. 10. bis 31. 12. 1970 sind auf ·dem Rechnungsabgrenzungsposten erfaßt worden und werden jetzt durch Auflösung

dieses Kontos dem Mietertragskonto 1971 belastet. Dadurch werden
3000,– DM der Zahlung von 6000,– DM 1971 erfolgsunwirksam vereinnahmt, da sie eine nachträgliche Zahlung für 1970 sind.

(4) Antizipatives Passivum:

Der Betrieb hat ein Lagerhaus gemietet. Der Mietvertrag beginnt am
1. 10. 1970. Die Miete von 1000,– DM monatlich ist halbjährlich, und
zwar nachträglich, zu zahlen. Die erste Zahlung ist also am 31. 3. 1971
fällig, obwohl der Aufwand bereits seit 1. 10. 1970 verursacht wird.
Am 31. 12. 1970 wird der Mietaufwand für den 1. 10. – 31. 12. 1970
abgegrenzt.

Buchungssätze:

31. 12. 1970	1. Mietaufwand an pass. Rechnungsabgrenzung	3000 DM
	2. pass. Rechnungsabgrenzung an Schlußbilanz	3000 DM
	3. Gewinn- und Verlustkonto an Mietaufwand	3000 DM
2. 1. 1971	4. Eröffnungsbilanzkonto an pass. Rechnungs-abgrenzung	3000 DM
31. 3. 1971	5. pass. Rechnungsabgrenzung an Mietaufwand	3000 DM
	6. Mietaufwand an Bank	6000 DM

1970

S	Mietaufwand	H	S	passive Rechnungs-abgrenzung	H
(1)	3000	(3) 3000	(2)	3000	(1) 3000

S	Gewinn und Verlust	H	S	Schlußbilanz	H
(3)	3000				(2) 3000

1971

S	Eröffnungsbilanzkonto	H	S	passive Rechnungs-abgrenzung	H
(4)	3000		(5)	3000	(4) 3000

S	Mietaufwand	H	S	Bank	H
(6)	6000	(5) 3000			(6) 6000

Die Zahlung am 31. 3. 1971 beträgt 6000,– DM, aber nur 3000,– DM davon
werden 1971 erfolgswirksam (die Miete für Januar bis März), weil der
passive Rechnungsabgrenzungsposten, der den Mietaufwand für 1970 erfaßt hat, mit dem Mietaufwandskonto (1971) verrechnet wird.

Das Aktiengesetz 1965[71] läßt nur noch die Verwendung transitorischer
Rechnungsabgrenzungsposten zu. Das Steuerrecht hat inzwischen durch
Änderung des § 5 EStG die aktienrechtliche Regelung übernommen. Diese

---

[71] Vgl. § 152 Abs. 9 AktG

wird damit begründet, daß bei der antizipativen Abgrenzung in Wirklichkeit eine **Verbindlichkeit** vorliegt, wenn der Betrieb in der nächsten Periode noch eine Zahlung für einen Aufwand zu leisten hat, der bereits in der Abrechnungsperiode eingetreten ist, bzw. daß eine **Forderung** vorliegt, wenn der Betrieb erst in der nächsten Periode eine Zahlung erhält, für die er bereits in der Abrechnungsperiode eine Leistung erbracht hat. Nach dem Aktiengesetz sind diese Verbindlichkeiten und Forderungen als „sonstige Verbindlichkeiten" bzw. „sonstige Forderungen" auszuweisen. Die Verbuchung ist dieselbe wie bei der Verwendung antizipativer Rechnungsabgrenzungsposten, lediglich tritt an die Stelle der Abgrenzungskonten ein Konto sonstige Verbindlichkeiten bzw. Forderungen.

Diese aktienrechtliche Vorschrift soll die Klarheit und Übersichtlichkeit der Bilanz erhöhen und damit der Vorschrift des § 149 AktG Rechnung tragen, nach dem die Bilanz einen möglichst sicheren Einblick in die Vermögens- und Ertragslage der Gesellschaft geben soll[72]. Die Verwendung von antizipativen und transitorischen Abgrenzungspositionen ist dann unübersichtlich, wenn diese jeweils in einer aktiven und einer passiven Position zusammengezogen werden, wie das in der Praxis gewöhnlich gemacht wird, denn in diesem Falle wird nicht ersichtlich, welcher Teil der Rechnungsabgrenzung vorweggenommene Zahlungsvorgänge für Leistungsvorgänge der folgenden Periode und welcher Teil Leistungsvorgänge der Abrechnungsperiode enthält, die Forderungen oder Verbindlichkeiten begründet haben, für die Zahlungen aber erst in der folgenden Periode ausgeführt werden.

d) Die Abschlußübersicht

Nachdem alle Geschäftsvorfälle einer Abrechnungsperiode verbucht sind, läßt sich durch Abschluß aller Bestands- und Erfolgskonten eine Schlußbilanz erstellen. In der Praxis macht man jedoch in der Regel vor Abschluß aller Einzelkonten zunächst einen sogenannten **Probeabschluß** (vorläufigen Abschluß) in Form einer Abschlußübersicht[73] außerhalb der eigentlichen Buchhaltung, und zwar vor allem aus drei Gründen:

1. Bei der großen Zahl von Geschäftsvorfällen während einer Abrechnungsperiode und der Zahl der davon berührten Einzelkonten sind **Fehler bei der Verbuchung** und bei den Abschlußarbeiten häufig. Die Korrektur bereits abgeschlossener Konten bereitet dann große Schwierigkeiten, vor allem wenn sich Fehler auf mehrere Einzelkonten auswirken.
2. Während die Verbuchung der laufenden Geschäftsvorfälle im wesentlichen Routinearbeit ist, erfordern viele vorbereitende Abschlußbuchungen eine **Entscheidung der Unternehmensführung**, so z. B. bei der Fest-

---

[72] Vgl. S. 129
[73] Für diese Übersicht werden auch die Begriffe Hauptabschlußbericht, Abschlußtabelle und Betriebsübersicht verwendet.

legung der Höhe der Abschreibungen, der Bildung von Rückstellungen, bei der Bewertung von Forderungen, bei der Bildung von Rechnungsabgrenzungsposten u. dgl. Aus diesem Grunde ist es zweckmäßig, diese Abschlußbuchungen zunächst außerhalb der Buchführung vorzunehmen und der Geschäftsleitung zur endgültigen Entscheidung vorzulegen.

3. Die Abschlußübersicht vermittelt dem Unternehmer bzw. der Geschäftsführung und anderen Interessenten (Finanzamt, Banken) zusätzliche Informationen über die wirtschaftliche Lage des Betriebs, da sie neben den in den Jahresabschluß eingehenden Endbeständen der Bestands- und Erfolgskonten auch die Veränderungen dieser Konten während der Abrechnungsperiode zeigt.

Eine solche Abschlußübersicht ist in Form einer Tabelle nach folgendem Schema[74] aufgebaut:

Konten	Summen-bilanz		Salden-bilanz		Korrektur- und vorbereitende Abschluß-buchungen		Abschluß-bilanz		Erfolgs-übersicht	
	S	H	S	H	S	H	S	H	S	H
Summe	S = H		S = H		S = H		(+ Verlust)	+ Gewinn	+ Gewinn	(+ Verlust)
							S = H		S = H	

In die Spalte „Konten" werden sämtliche Bestands- und Erfolgskonten aufgenommen. In die **Summenbilanz** werden die sich nach Vornahme aller Verkehrsbuchungen auf den Konten ergebenden unsaldierten Summen der beiden Kontenseiten eingesetzt. Da auf den Konten allen aktiven Anfangsbeständen in gleicher Höhe passive Anfangsbestände gegenüberstehen, und da bei der Verbuchung der Geschäftsvorfälle jeder Sollbuchung

---

[74] Vgl. Engelhardt, W., Raffée, H., Grundzüge der doppelten Buchhaltung, Teil I, Wiesbaden 1966, S. 130

eine Habenbuchung entspricht, muß in der Summenbilanz eine Wertgleichheit von Soll- und Habenseite gegeben sein.

Aus den Zahlen der Summenbilanz werden für die einzelnen Konten die Salden ermittelt und in die **Saldenbilanz** übernommen. Dort erscheinen die Salden jeweils auf der größeren Kontenseite. Soll- und Habenseite müssen auch in der Saldenbilanz summengleich sein.

In der Spalte „**Korrektur- und vorbereitende Abschlußbuchungen**" erfolgen die Umbuchungen auf den Warenkonten (Übernahme des Wareneinsatzes auf das Konto Warenerfolg), die Vornahme von Abschreibungen, die Bildung von Rückstellungen und Wertberichtigungen, der Abschluß der Privatkonten über Eigenkapitalkonten usw. Da die Buchungen nach dem System der doppelten Buchführung vorgenommen werden, sind auch in dieser Spalte Soll- und Habenseite wertgleich.

Die **Abschlußbilanz** enthält die Salden der Bestandskonten der Saldenbilanz, vermehrt oder vermindert um die Umbuchungen in der Spalte „Korrektur- und vorbereitende Abschlußbuchungen". Der Aufbau entspricht materiell der Schlußbilanz mit Ausnahme des Eigenkapitalkontos, weil der Periodenerfolg noch nicht ermittelt ist.

Die **Erfolgsübersicht** übernimmt die Salden der Erfolgskonten laut Saldenbilanz unter Berücksichtigung der Korrektur- und Abschlußbuchungen. Als Saldo aus Soll- und Habenseite ergibt sich der Erfolg, der nun in die Abschlußbilanz übernommen wird, so daß sich auch dort Summengleichheit beider Seiten ergibt.

Zur Veranschaulichung der erläuterten Zusammenhänge dient das folgende Zahlenbeispiel. Den Korrektur- und Abschlußbuchungen liegen dabei folgende Annahmen zugrunde:

1. Der unter „Versicherungsaufwand" ausgewiesene Betrag entfällt in Höhe von 100 DM auf die folgende Abrechnungsperiode.
   Buchungssatz:
   Aktive Rechnungsabgrenzung an Versicherungsaufwand 100 DM.

2. Eine Forderung in Höhe von 1000 DM erscheint zweifelhaft. Es wird mit einem Verlust von 400 DM gerechnet.
   Buchungssätze:
   a) Dubiose an Forderungen 1000 DM
   b) Abschreibung auf Forderungen an Delkredere 400 DM

3. Es werden folgende Abschreibungen vorgenommen:
   - auf Gebäude 2000 DM (indirekte Abschreibung),
   - auf Kraftfahrzeuge 1000 DM (indirekte Abschreibung),
   - auf Geschäftsausstattung 600 DM (direkte Abschreibung),
   Buchungssätze:
   a) Abschreibungen auf Anlagevermögen an Wertberichtigungen auf Anlagevermögen 3000 DM
   b) Abschreibungen auf Anlagevermögen an Geschäftsausstattung 600 DM

Abschlußübersicht zum 31. 12. 19 ..

	Summenbilanz S	Summenbilanz H	Saldenbilanz S	Saldenbilanz H	Korrektur und Abschlußbuchungen S	Korrektur und Abschlußbuchungen H	Abschlußbilanz S	Abschlußbilanz H	Erfolgsübersicht S	Erfolgsübersicht H
Grundstücke und Gebäude	80 000		80 000				80 000			
Kraftfahrzeuge	20 000	6 000	14 000				14 000			
Geschäftsausstattung	3 000		3 000			600	2 400			
Waren	50 000		50 000			30 000	20 000			
Forderungen	80 300	40 300	40 000			1 000	39 000			
Dubiose	5 000	5 000			1 000		1 000			
Bank	61 200	31 100	30 100				30 100			
Kasse	9 750	1 500	8 250			250	8 000			
Aktive Rechnungsabgrenzung	600	600			100		100			
Eigenkapital		147 100		147 100				147 100		
Wertberichtigungen auf Anlagen	4 000	8 000		4 000		3 000		7 000		
Rückstellungen						500		500		
Delkredere	2 500	2 500				400		400		
Lieferantenverbindlichkeiten	50 000	70 200		20 200				20 200		
Prozeßkosten					500				500	
Abschreibungen auf Forderungen	2 300		2 300		400				2 700	
a. o. Erträge		2 000		2 000						2 000
Gehälter	500		500						500	
Versicherungsaufw.	400		400			100			300	
Warenverkauf		54 750		54 750	30 000					24 750
Skontoertrag		500		500						500
Abschreibungen auf Anlagevermögen					3 600				3 600	
a. o. Aufwand					250				250	
	369 550	369 550	228 550	228 550	35 850	35 850	194 600	175 200	7 850	27 250
								19 400	19 400	

4. Der Warenendbestand laut Inventur beträgt 20 000 DM. Folglich ergibt sich ein Wareneinsatz von 50 000 DM (Anfangsbestand + Zugänge auf Warenkonto) ./. 20 000 DM = 30 000 DM.

Buchungssatz:

Warenverkauf an Wareneinkauf 30 000 DM

5. Es wird damit gerechnet, daß ein laufender Prozeß verloren wird, und daß der Betrieb mit 500 DM in Anspruch genommen werden wird.

Buchungssatz:

Prozeßkosten an Rückstellungen (für Prozeßkosten) 500 DM.

6. Keine Kassenzählung zum Bilanzstichtag ergibt einen Betrag von 8000 DM. Da sich buchmäßig ein Bestand von 8250 DM ergibt, ist eine Inventurdifferenz in Höhe von 250 DM erfolgsmindernd zu berücksichtigen.

Buchungssatz:

A. o. Aufwand an Kasse 250 DM.

Zweiter Abschnitt

Grundsätze der Bilanzierung

I. Grundlagen

1. Begriff und Entwicklung der Grundsätze ordnungsmäßiger Buchführung und Bilanzierung

Damit eine Bilanz die mit ihr verfolgten Aufgaben, insbesondere der Rechenschaftslegung und Information durch Gewährung eines möglichst sicheren Einblicks in die Vermögens- und Ertragslage des Betriebes, erfüllen kann, muß sie nach bestimmten Regeln über Form und Inhalt aufgestellt werden. Diese Regeln werden unter dem Begriff „**Grundsätze ordnungsmäßiger Buchführung und Bilanzierung**" zusammengefaßt.

Nach § 38 Abs. 1 HGB ist jeder Kaufmann verpflichtet, „Bücher zu führen und in diesen seine Handelsgeschäfte und die Lage seines Vermögens nach den Grundsätzen ordnungsmäßiger Buchführung ersichtlich zu machen". Diese Vorschrift gilt für Unternehmen aller Rechtsformen. § 91 AktG verpflichtet den Vorstand der Aktiengesellschaft, „dafür zu sorgen, daß die erforderlichen Handelsbücher geführt werden". Während § 149 Abs. 2 AktG ausdrücklich auf die Vorschriften des HGB über die Handelsbücher (§§ 38–47a) verweist, die immer dann als ergänzende Vorschriften anzuwenden sind, wenn die speziellen aktienrechtlichen Rechnungslegungsvorschriften (§§ 150–161 AktG) nicht eingreifen, wird bereits in § 149 Abs. 1 AktG allgemein festgestellt, daß der Jahresabschluß „den Grundsätzen ordnungsmäßiger Buchführung zu entsprechen" hat[1].

Für die **Steuerbilanz** fordert § 5 Abs. 1 EStG, daß Betriebe, die buchführungspflichtig sind und regelmäßig Abschlüsse machen müssen oder freiwillig Bücher führen und Abschlüsse machen, für den Schluß des Wirtschaftsjahres das Betriebsvermögen anzusetzen haben, „das nach den handelsrechtlichen Grundsätzen ordnungsmäßiger Buchführung auszuweisen ist".

Der Gesetzgeber hat den Begriff der Ordnungsmäßigkeit der Buchführung und Bilanzierung nirgends definiert und hat auch die Prinzipien der Ordnungsmäßigkeit weder im HGB noch im Aktiengesetz oder anderen Gesetzen erschöpfend geregelt, und er hat gut daran getan, denn diese

---

[1] Auch das GmbH-Gesetz (§ 41 Abs. 1) und das Genossenschaftsgesetz (§ 33b) weisen auf die Grundsätze ordnungsmäßiger Buchführung hin.

Grundsätze unterliegen im Laufe der Zeit durch Veränderungen und Verfeinerungen der Methoden des betrieblichen Rechnungswesens, durch eine Mechanisierung des Abrechnungsprozesses und durch neue Aufgaben, die an das Rechnungswesen gestellt werden, einer **laufenden Weiterentwicklung**[2]. Da sich die in der Praxis angewendeten Methoden des Rechnungswesens den veränderten Anforderungen anpassen, die die betrieblichen Ablaufprozesse an das Rechnungswesen stellen, und da sich andererseits die mit der Rechnungslegung verfolgten **Zielsetzungen wandeln**[3], können viele in früherer Zeit durch Gesetz und Rechtsprechung entwickelte Grundsätze ordnungsmäßiger Buchführung und Bilanzierung im Laufe der wirtschaftlichen Entwicklung **nicht mehr zeitgemäß** sein. Folglich müssen sich der Gesetzgeber und die Rechtsprechung der neuen Entwicklung anpassen, damit sie die Betriebe nicht durch ein Beharren auf Normen und Prinzipien behindern, die von der praktischen Entwicklung der Technik und der Ziele des Rechnungswesens überholt worden sind. Je weniger starr die gesetzlichen Normen sind, desto reibungsloser kann sich dieser Prozeß der Anpassung vollziehen und desto länger ist der Zeitraum, in dem sie auch bei einer Veränderung der wirtschaftlichen Verhältnisse angewendet werden können.

Historisch läßt sich der Begriff der ordnungsmäßigen Führung von Handelsbüchern weit zurückverfolgen[4]. Das Preußische Allgemeine Landrecht von 1794 spricht in § 1468 von „ordentlichen Büchern"[5]. In der Begründung zum Entwurf eines Handelsgesetzbuches für die Preußischen Staaten aus dem Jahre 1857 wird von der „Pflicht zur ordnungsmäßigen Buchführung" gesprochen. Das Allgemeine Deutsche Handelsgesetzbuch verwendet in Art. 34 den Begriff „ordnungsgemäß geführte Handelsbücher"[6].

Es fällt auf, daß bis heute zwar von Grundsätzen **ordnungsmäßiger Buchführung** gesprochen wird, daß aber in den Gesetzen kein Hinweis auf den Begriff der Grundsätze **ordnungsmäßiger Bilanzierung** zu finden ist, obwohl sowohl handelsrechtliche als auch steuerrechtliche Gesetze ausführliche Bestimmungen über die Bilanzierung enthalten. Eine Ausnahme bildet die Aktienrechtsnovelle vom 19. 9. 1931[7]; hier findet sich in § 260 b HGB die Formulierung „Grundsätze ordnungsmäßiger Buchführung und Bilan-

---

[2] Vgl. Wöhe, G., Sind die Anforderungen an die Ordnungsmäßigkeit der Buchführung noch zeitgemäß?, Steuer-Kongreß-Report 1967, München 1967, S. 213

[3] Z. B. Betonung des Aktionärsschutzes neben dem Gläubigerschutz im AktG 1965, Überdeckung des Prinzips der periodengerechten Gewinnermittlung in der Steuerbilanz durch wirtschaftspolitische Zielsetzungen, die zu Steuerverschiebungen führen.

[4] Vgl. Barth, K., Die Grundsätze ordnungsmäßiger Buchführung, betriebswirtschaftlich, handelsrechtlich und steuerlich – Ein geschichtlicher Aufriß, ZfhF 1963, S. 384 ff., insbes. S. 389

[5] Vgl. Leffson, U., Die Grundsätze ordnungsgemäßer Buchführung, Düsseldorf 1964, S. 1 und die dort angegebene Literatur zur Entwicklung des Buchführungsrechts.

[6] Vgl. Saage, G., Grundsätze ordnungsmäßiger Buchführung aus der Sicht des neuen Aktienrechts, NB 1967, Heft 2, S. 1.

[7] RGBl I 1931, S. 493

zierung". Das Aktiengesetz 1937 ersetzte diesen Ausdruck jedoch durch „Grundsätze ordnungsgemäßer Buchführung".

Das HGB verpflichtet zwar in § 39 Abs. 2 jeden Kaufmann zur Aufstellung einer Bilanz und eines Inventars „für den Schluß eines jeden Geschäftsjahres", dessen Dauer „zwölf Monate nicht überschreiten" darf, enthält aber in den Absätzen 3 und 4 lediglich einige allgemeine Grundsätze für die Aufstellung des Inventars, jedoch nicht für die Bilanzierung. § 39 Abs. 1 HGB spricht nur die Verpflichtung aus, daß jeder Kaufmann „bei dem Beginne seines Handelsgewerbes seine Grundstücke, seine Forderungen und Schulden, den Betrag seines baren Geldes und seine sonstigen Vermögensgegenstände genau zu verzeichnen, dabei den Wert der einzelnen Vermögensgegenstände anzugeben und einen das Verhältnis des Vermögens und der Schulden darstellenden Abschluß zu machen" hat.

Formal könnte man eine Subsumierung der Grundsätze ordnungsmäßiger Bilanzierung unter die Grundsätze ordnungsmäßiger Buchführung damit begründen, daß die Bilanz aus der Buchführung entwickelt wird. In der Literatur – und zwar sowohl in den Kommentaren zum HGB und zum Aktiengesetz als auch im betriebswirtschaftlichen Schrifttum – kann es als **herrschende Auffassung** angesehen werden, daß die Grundsätze ordnungsmäßiger Buchführung auch die Grundsätze der Bilanzierung und Inventur umschließen. So umfassen nach Barth[8] die Grundsätze **ordnungsmäßiger Buchführung**

1. die Grundsätze ordnungsmäßiger Buchführung im engeren Sinn,
2. die Grundsätze ordnungsmäßiger Inventur und
3. die Grundsätze ordnungsmäßiger Bilanzierung.

Es ist zwar unbestritten, daß das System der doppelten Buchführung sich auf die Bilanzierung in der Weise auswirkt, daß jede Bilanzierungsentscheidung sich zunächst in der Buchführung niederschlägt, bevor sie in der Bilanz wirksam werden kann. Die Entscheidungen über die Bewertung, die Abschreibung, die Bildung von Rückstellungen usw. sind aber **bilanzpolitische Entscheidungen**; die Buchführung ist nur ein technisches Hilfsmittel, sie in der Bilanz sichtbar zu machen. Die Aufgabe der Buchführung ist die **Dokumentation** der Geschäftsvorfälle, zu denen im formalen Sinne auch die Buchungen zu zählen sind, die auf bilanzpolitischen Überlegungen beruhen und unter Umständen nur eine Wertkorrektur früher bereits buchtechnisch erfaßter Geschäftsvorfälle darstellen.

Sowohl für die Buchführung als auch für die Bilanz ist ein Erfordernis der Ordnungsmäßigkeit, daß sie „klar und übersichtlich" sein soll. Für die Buchführung erfordert das z. B. ein übersichtliches Kontierungssystem, z. B. in Form eines **Kontenplans**[9]. Zweck dieser Forderung ist, daß die in der Buchführung gesammelten Zahlen nach einer sachlichen und zeitlichen Ord-

---

[8] Vgl. Barth, K., a. a. O., S. 388
[9] Vgl. S. 65 ff.

nung erfaßt werden und ohne besondere Schwierigkeiten nachprüfbar sind. In der Bilanz werden die Klarheit und Übersichtlichkeit durch eine **Gliederung** der Bilanzpositionen erreicht, die eine Reihe von Aufgaben erfüllen soll, die mit einer klaren und übersichtlichen Buchführung allein nicht zu realisieren sind, wenn nicht die Zahlen der Buchführung nach den Prinzipien der Bilanzgliederung in eine Bilanz übertragen werden. Die Bilanz muß so gegliedert werden, daß sie z. B. Einblicke in die Vermögens- und Kapitalstruktur, in die Finanzierung, die Liquidität, die Rentabilität, die Gewinnverwendung u. a. geben kann[10]. Sollen die Bilanzen aufeinander folgender Jahre vergleichbar sein, so müssen die Gliederung der Bilanz und die Bewertung und Abschreibung stetig sein (Bilanzkontinuität). Dieser Grundsatz ist ein wesentlicher Bilanzierungsgrundsatz, aber kein Buchführungsgrundsatz, auch wenn er sich als Folge einer bilanzpolitischen Entscheidung in der Buchhaltung niederschlägt.

Adler-Düring-Schmaltz weisen zwar darauf hin, daß sich „in vielen Fällen ... die aktienrechtlichen Bilanzierungsvorschriften mit den Grundsätzen ordnungsmäßiger Buchführung" decken, stellen aber fest: „Es wäre jedoch verfehlt, die aktienrechtlichen Rechnungslegungsvorschriften, die z. T. nur durch die besondere Struktur der AG begründet sind, in vollem Umfang den Grundsätzen ordnungsmäßiger Buchführung gleichzusetzen."[11]

Wenn trotz dieser Überlegungen der Begriff der Grundsätze ordnungsmäßiger Buchführung in den Gesetzen, der Rechtsprechung und dem größten Teil der Literatur als Oberbegriff verwendet wird, unter dem die Grundsätze ordnungsmäßiger Buchführung im engeren Sinne, die Grundsätze ordnungsmäßiger Bilanzierung und die Grundsätze der Aufstellung eines ordnungsmäßigen Inventars subsumiert werden, so läßt sich das nur aus **dem buchtechnischen Zusammenhang** dieser drei Rechenwerke erklären. Geht man aber von der Überlegung aus, daß die Rechenschaftslegung der Betriebsführung nicht mit Hilfe der laufenden Buchführung, sondern mit der in periodischen Abständen aufgestellten Bilanz erfolgt, für deren Aufstellung Buchführung und Inventar **technische Voraussetzungen** sind, so könnte man mit der gleichen Begründung von Grundsätzen ordnungsmäßiger Bilanzierung als Oberbegriff sprechen, zu denen dann die Grundsätze ordnungsmäßiger Buchführung und Inventur zu zählen sind. Buchführung und Inventar hätten dann **instrumentalen Charakter**, d. h. Voraussetzung für eine ordnungsmäßige Bilanzierung sind eine ordnungsmäßige Buchführung und ein ordnungsmäßiges Inventar.

Leffson sieht die Beziehungen zwischen Buchführung und Bilanz genau umgekehrt. Er schreibt der Buchführung die Aufgaben der Dokumentation **und** Rechenschaftslegung zu[12] und faßt folgerichtig die Bilanz als ein

---

[10] Vgl. S. 198 ff.
[11] Adler-Düring-Schmaltz, Rechnungslegung und Prüfung der Aktiengesellschaft, Band 1, 4. Aufl., Stuttgart 1968, Erl. zu § 149, Tz 18
[12] Vgl. Leffson, U., a. a. O., S. 46 f.

spezielles Instrument der Rechenschaftslegung auf[13]. Auch Döllerer sieht keinen Unterschied zwischen den Grundsätzen ordnungsmäßiger Buchführung im engeren Sinne und den Grundsätzen ordnungsmäßiger Bilanzierung: „Unter den Grundsätzen ordnungsmäßiger Bilanzierung sind vielmehr, wohl in Übereinstimmung mit der allgemeinen Meinung, die auf den Jahresabschluß bezogenen Grundsätze ordnungsmäßiger Buchführung zu verstehen."[14] Die Rangordnung hängt u. E. vom jeweiligen **Standpunkt der Betrachtung** ab. Untersucht man die Problematik der Bilanzierung, so ist die Buchführung – wie gesagt – ein technisches Hilfsmittel für die Aufstellung der Bilanz, untersucht man die Probleme der Buchführung, so ist die Bilanz eines dieser Probleme, nämlich das der Erstellung des Abschlusses eines zeitlich bestimmten Buchführungsabschnittes.

Da unser Gegenstand die Bilanz ist, hat für unsere Untersuchung die Buchführung Hilfscharakter. Der Begriff der Grundsätze ordnungsmäßiger Buchführung wird im folgenden nicht als Oberbegriff aufgefaßt, sondern wörtlich gebraucht, d. h. es werden darunter nur die für die Buchführung, nicht dagegen für die Aufstellung der Bilanz zu beachtenden Prinzipien erörtert.

2. Induktive und deduktive Ermittlung von Bilanzierungsgrundsätzen

Die Bilanzierungsgrundsätze (einschließlich der Grundsätze ordnungsmäßiger Buchführung) haben ihren Ursprung in vier unterschiedlichen Bereichen:

1. in der **praktischen Übung** ordentlicher Kaufleute, die zum Handelsbrauch geworden ist und einer laufenden Entwicklung unterliegt;
2. in der **Rechtsordnung** (Handelsrecht, Aktienrecht, Steuerrecht, Rechtsprechung);
3. in **Erlassen, Steuerrichtlinien, Empfehlungen** und **Gutachten** von Behörden und Verbänden (z. B. die vom Reichswirtschaftsminister erlassenen „Grundsätze für Buchführungsrichtlinien der gewerblichen Wirtschaft" vom 11. 11. 1937, die vom Bundesverband der Deutschen Industrie herausgegebenen „Gemeinschaftsrichtlinien für das Rechnungswesen" vom 12. 12. 1952, die zahlreichen Gutachten des Deutschen Industrie- und Handelstages und des Instituts der Wirtschaftsprüfer). Die Gutachten und Empfehlungen bilden in der Regel für Gesetzgebung und Rechtsprechung wichtige Hilfsmittel der Information über die Weiterentwick-

---

[13] Vgl. Leffson, U., a. a. O., S. 66
[14] Döllerer, G., Grundsätze ordnungsmäßiger Bilanzierung, deren Entstehung und Ermittlung, BB 1959, S. 1217

lung der Grundsätze ordnungsmäßiger Buchführung und Bilanzierung in der Praxis;

4. in der **wissenschaftlichen Diskussion** der Probleme der Buchführung und Bilanz, die zur Entwicklung neuer Grundsätze oder zur Feststellung und Präzisierung von Praktikergrundsätzen führen und damit für Gesetzgebung und Rechtsprechung Impulse geben kann[15].

In der **älteren Literatur** wurde die Ansicht vertreten, daß die Grundsätze ordnungsmäßiger Buchführung und Bilanzierung aus der Anschauung und praktischen Übung ehrbarer Kaufleute, also auf **induktivem** Wege gewonnen werden können[16].

Der praktischen Übung wurde früher eine so große Bedeutung für die Entwicklung der Grundsätze der Ordnungsmäßigkeit der Buchführung und Bilanzierung beigemessen, daß der Gesetzgeber glaubte, **auf die gesetzliche Regelung von Einzelfragen verzichten** und die Gestaltung von Form und Inhalt der Jahresabschlüsse den Kaufleuten selbst überlassen zu können. Der Optimismus des Gesetzgebers, daß die Kaufleute im eigenen Interesse ihre Bücher zur Selbstinformation und Rechenschaftslegung sorgfältig führen würden, bestätigte sich nicht in allen Fällen. Nach Leffson ist „die Vorstellung, daß sich brauchbare Formen im Wirtschaftsleben von unten her aus den inneren Kräften der Gesellschaft von selber entfalten, so daß ordnungsmäßige Grundsätze aus dem Kaufmannsbrauch gewonnen werden könnten, ... deutlich als ein Produkt des historischen Denkens der Zeit zu erkennen, in der das deutsche Handelsgesetzbuch geschaffen wurde."[17]

Die Praxis sah anders aus. Le Coutre weist darauf hin, daß das liberalistische Denken die Kaufleute „zu einer weitgehenden Beschränkung von Umfang und sachlicher Klarheit der buchmäßigen Aufzeichnungen, mitunter sogar zu absichtlicher oder gedankenloser Vernachlässigung" veranlaßte. „Das geschah nicht zuletzt auch, um Dritten den Einblick in ihre Wirtschaftsverhältnisse – selbst auf Kosten der eigenen Übersicht – zu erschweren."[18]

Auch andere Gründe sprechen **gegen** die alleinige Ermittlung der Grundsätze ordnungsmäßiger Buchführung und Bilanzierung auf induktivem Wege. Welche Grundsätze der Vorstellung „ehrbarer Kaufleute" entsprechen, läßt sich meist nicht eindeutig nachweisen. Aussagen darüber, welches Verhalten „ehrbar" und „ordentlich" ist, sind **Werturteile**, die nicht rational bewiesen werden können. Man wird folglich nur durch Beobachtung und ggf. auf statistischem Wege gewisse Verhaltenskonventionen feststellen

---

[15] Vgl. Wöhe, G., a. a. O., S. 213
[16] Vgl. Schmalenbach, E., Grundsätze ordnungsmäßiger Bilanzierung, ZfhF 1933, S. 225 ff., sowie die meisten Autoren vor ihm.
[17] Leffson, U., a. a. O., S. 32
[18] Le Coutre, W., Ordnungsmäßige Buchführung, in: Bott, Lexikon des kaufmännischen Rechnungswesens, 2. Aufl., Band III, Stuttgart 1956, Sp. 2017

können, die sich im Laufe der Zeit ebenso wandeln können wie die Konventionen über die Vorstellungen, wann eine Entlohnung oder ein Preis „gerecht" oder „sozial vertretbar" ist.

Die induktive Methode versagt außerdem in den Fällen, in denen Bilanzierungsfragen „auf Grund der wirtschaftlichen Entwicklung erstmalig auftreten"[19], denn hier gibt es noch keine praktische Übung, die man registrieren könnte. Leffson macht auf einen weiteren Tatbestand aufmerksam, der gegen die induktive Ermittlung der Grundsätze ordnungsmäßiger Buchführung und Bilanzierung aus dem Verhalten „ehrbarer Kaufleute" spricht. In den meisten Betrieben werden die Aufzeichnungen nicht vom Unternehmer selbst, sondern von **Sachbearbeitern** gemacht. Die „praktische Übung" beruht also – insbesondere bei großen Betrieben – auf den Ansichten dieser Sachbearbeiter, ferner der **Steuerberater** und **Wirtschaftsprüfer**, also auf Entscheidungen von Personen, die im allgemeinen ein abgeschlossenes betriebswirtschaftliches Studium hinter sich haben und deren Auffassungen deshalb oft nicht die des reinen Praktikers, sondern die der in die Praxis übertragenen Betriebswirtschaftslehre sind[20].

Die schweren Mängel in der Buchführung und Bilanzierung, die insbesondere in der Weltwirtschaftskrise bei Zusammenbrüchen großer Unternehmungen aufgedeckt wurden, zwangen den Gesetzgeber, zunächst für die Aktiengesellschaften strenge Bilanzierungsvorschriften zu erlassen, in denen nun auch Einzelheiten der Gliederung, Bewertung und Abschreibung geregelt wurden. Zur Kontrolle der Einhaltung dieser Vorschriften wurde durch die Aktienrechtsnovelle vom 19. September 1931[21] die **Pflichtprüfung des Jahresabschlusses** verbindlich eingeführt. Bei der Entwicklung dieser Vorschriften wurden sowohl die praktische Übung ordentlicher Kaufleute als auch Erkenntnisse der Betriebswirtschaftslehre berücksichtigt. Die Tatsache, daß die Rechnungslegungsvorschriften des Aktiengesetzes 1937 nach herrschender Auffassung auch für Unternehmungen, die in anderen Rechtsformen geführt wurden, als Grundsätze ordnungsmäßiger Buchführung und Bilanzierung Rechtskraft erlangten, zeigt deutlich, daß **der Gesetzgeber selbst Ordnungsmäßigkeitsgrundsätze entwickeln** kann und nicht nur die Usancen der Praxis kodifizieren muß.

Die Ermittlung der Grundsätze ordnungsmäßiger Buchführung und Bilanzierung muß in erster Linie **auf deduktivem Wege** allein von den Zielsetzungen des Jahresabschlusses her erfolgen. Deshalb kann es Bilanzierungsgrundsätze geben, die für die Handelsbilanz, nicht aber für die Steuerbilanz und schon gar nicht für eine interne Bilanz gelten, soweit die Ziele dieser Bilanzen nicht übereinstimmen. Außerdem können auch Bilanzierungsgrundsätze kodifiziert werden, die nur für bestimmte Rechtsformen Gültigkeit haben, wie z. B. die festen Wertgrenzen der §§ 153 Abs. 1

---

[19] Adler-Düring-Schmaltz, a. a. O., Erl. zu § 149, Tz 20
[20] Vgl. Leffson, U., a. a. O., S. 28
[21] RGBl I 1931, S. 493

und 155 Abs. 1 AktG[22]. Dazu soll noch einmal Leffson zu Worte kommen: „Die Grundsätze, nach denen eine Buchführung ordnungsgemäß und sinnvoll geführt werden muß, können nur aus dem Sinn und den Aufgaben der Buchführung und ihres Abschlusses abgeleitet werden. Die Grundsätze sind daher (1) aus den Zwecken, die mit Buchführung und Jahresabschluß erreicht werden sollen und (2) aus den jeweiligen, in Buchführung und Abschluß darzustellenden Sachverhalten abzuleiten, d. h. teleologisch und deduktiv.“[23]

Die Feststellung, daß der Gesetzgeber selbst Ordnungsmäßigkeitsgrundsätze entwickeln kann, trifft in besonderem Maße für den **Steuergesetzgeber** zu, der bei der Kodifizierung von Buchführungs- und Bilanzierungsgrundsätzen in erster Linie von seiner Interessenlage ausgeht und sich nicht auf die praktische Übung ordentlicher Kaufleute verläßt.

Die Entwicklung der Grundsätze ordnungsmäßiger Buchführung und Bilanzierung ist stark durch die **Rechtsprechung**, insbesondere der Finanzgerichte, beeinflußt worden. Steuck hat die Umkehrung des Verhältnisses von praktischer Übung und rechtlicher Regelung durch das Steuerrecht treffend charakterisiert: „Die Finanzrechtsprechung legt eigene GoB bindend fest, und der ordnungsgemäß wirtschaftende Kaufmann – früher das Vorbild – wird zur Befolgung dieser Grundsätze solange angehalten, bis sie schließlich in die Bilanzierungspraxis Eingang gefunden haben, und sie damit als üblich und ordnungsmäßig verteidigt werden können. Damit liegt aber keine Übung vor, sondern es wird von steuerlicher Seite für die Ordnungsmäßigkeit eine Norm gesetzt.“[24]

Trotz der Mängel der induktiven Ermittlung der Grundsätze ordnungsmäßiger Buchführung und Bilanzierung darf auch bei Anwendung des deduktiven Verfahrens die **praktische Übung nicht völlig außer acht gelassen** werden. Die Wahrheit liegt wohl auch hier in der Mitte, d. h. in der Kombination beider Verfahren, die Koch in der Weise empfiehlt, daß auf induktivem Wege gewisse „Generalgrundsätze“ (z. B. das Realisationsprinzip, das Imparitätsprinzip, das Vorsichtsprinzip u. a.) festgestellt und aus diesen dann allgemeine Prinzipien zur „Lösung detaillierter Bilanzierungsfragen“ abgeleitet werden[25].

---

[22] Vgl. S. 335 ff., 340 ff.
[23] Leffson, U., a. a. O., S. 45
[24] Steuck, H., Die Steuerbilanz als dynamische Bilanz und die Grundsätze ordnungsmäßiger Buchführung, NB 1966, S. 154
[25] Koch, H., Besprechung von U. Leffson: Die Grundsätze ordnungsmäßiger Buchführung, ZfB 1967, S. 355

II. Die Grundsätze der Bilanzierung im einzelnen

1. Die Kodifizierung von Bilanzierungsgrundsätzen im Aktiengesetz 1965

Will man die Frage beantworten, welche allgemeinen Bilanzierungsgrundsätze eine gesetzliche Regelung erfahren haben – sei es in der Weise, daß der Gesetzgeber allgemeine Praktikergrundsätze normiert hat, sei es, daß er die Normen auf der Grundlage von Gutachten oder von Erkenntnissen der Betriebswirtschaftslehre geschaffen hat –, so ist es wohl das zweckmäßigste Verfahren, von der neuesten gesetzlichen Regelung handelsrechtlicher Rechnungslegungsvorschriften auszugehen, d. h. vom **Aktiengesetz 1965.** Da dieses Gesetz aber lex specialis für Unternehmungen ist, die in der Rechtsform der Aktiengesellschaft oder Kommanditgesellschaft auf Aktien geführt werden, können die Normen, die eine Aussage über die Ordnungsmäßigkeit der Buchführung und Bilanzierung enthalten, nur Bedeutung für Unternehmungen anderer Rechtsformen haben, wenn sie auch für diese verbindlich sind. Diese Frage soll nach der Darstellung der aktienrechtlichen Regelungen geprüft werden.

§ 149 AktG bestimmt:
„1. Der Jahresabschluß hat den Grundsätzen ordnungsmäßiger Buchführung zu entsprechen. Er ist klar und übersichtlich aufzustellen und muß im Rahmen der Bewertungsvorschriften einen möglichst sicheren Einblick in die Vermögens- und Ertragslage der Gesellschaft geben.
2. Soweit in den folgenden Vorschriften nichts anderes bestimmt ist, sind die Vorschriften des Vierten Abschnitts des Ersten Buchs des Handelsgesetzbuchs über Handelsbücher anzuwenden."

§ 149 AktG entspricht in seinem Inhalt zwar im wesentlichen dem § 129 AktG 1937, enthält aber eine **bedeutsame Präzisierung.** Bisher hieß es, daß der Jahresabschluß „einen möglichst sicheren Einblick in die Lage der Gesellschaft" gewähren muß. Diese allgemeine Formulierung ist verschärft worden: der Jahresabschluß muß „**im Rahmen der Bewertungsvorschriften** einen möglichst sicheren Einblick in die Vermögens- und Ertragslage der Gesellschaft geben". Die Einfügung des Passus „im Rahmen der Bewertungsvorschriften" soll zwei Tatbestände verdeutlichen:

1. Die Bewertungsvorschriften bilden die Grenze, die den Bemühungen der Gesellschaft gesetzt sind, im Jahresabschluß einen möglichst sicheren Einblick in die Vermögens- und Ertragslage zu geben, d. h. die Einblicke könnten **vom betriebswirtschaftlichen Standpunkt aus** unter Umständen **vergrößert werden,** wenn nicht die Bewertungsvorschriften des Aktiengesetzes beachtet werden müßten. So hat beispielsweise der Grundsatz, daß die Anschaffungskosten die obere Grenze der Bewertung bilden, zur Folge, daß Wertsteigerungen (z. B. beim Grund und Boden, bei Finanzanlagen, Lagerbeständen u. a.) über die Anschaffungs- oder Herstellungskosten nicht berücksichtigt werden dürfen und folglich gesetzlich bedingte stille Rücklagen (Zwangsrücklagen) entstehen, durch die die Vermögenslage vom betriebswirtschaftlichen Standpunkt aus nicht richtig dargestellt wird, vom Standpunkt des Aktienrechts aber auf Grund der Zielsetzungen des Gläubigerschutzes und der kaufmännischen Vorsicht (kein Ausweis von noch nicht durch Umsatz realisierten Gewinnen) nicht anders dargestellt werden kann. Einer Verbesserung des Einblicks in die Vermögenslage durch Berücksichtigung von Wiederbeschaffungskosten, die über den Anschaffungskosten liegen, würde hier allerdings eine Verschlechterung des Einblicks in die Ertragslage gegenüberstehen, wenn die Wertzuschreibung zusammen mit dem Umsatzgewinn als Gewinn ausgewiesen würde. Eine buchtechnische Trennung von Wertsteigerungen und Umsatzgewinnen wäre jedoch kein Problem.

Ein anderes Beispiel dafür, daß durch aktienrechtliche Bewertungsvorschriften die Offenlegung der Vermögens- und Ertragslage beeinträchtigt werden kann, sind die Vorschriften der §§ 154 Abs. 2 und 155 Abs. 3 AktG. § 154 Abs. 2 schreibt vor, daß bei Gütern des Anlagevermögens außerplanmäßige Abschreibungen auch dann vorgenommen werden können, wenn mit ihrer Hilfe ein niedrigerer Wert angesetzt werden soll, „der für Zwecke der Steuern vom Einkommen und vom Ertrag für zulässig gehalten wird", und § 155 Abs. 3 läßt eine Unterschreitung des nach dem strengen Niederstwertprinzip ermittelten Wertansatzes für Umlaufgüter aus den gleichen Gründen zu.

Damit ist erstmalig in die aktienrechtlichen Bewertungsvorschriften die Bestimmung aufgenommen worden, daß bestimmte sonst zu beachtende Bewertungsgrundsätze (hier das Verbot der willkürlichen Bildung stiller Rücklagen) durchbrochen werden können, **wenn das Steuerrecht entsprechende Bewertungen erlaubt.** Ohne diese aktienrechtlichen Bestimmungen wäre die Inanspruchnahme von Bewertungsfreiheiten in der Steuerbilanz dann nicht möglich, wenn ein Wahlrecht für den Betrieb besteht, ob er die Bewertungsfreiheiten ausnutzen will oder nicht. Denn wenn ein Bewertungswahlrecht in der Steuerbilanz besteht, sind die handelsrechtlichen Grundsätze ordnungsmäßiger Buchführung und Bilanzierung und folglich die Wertansätze der Handelsbilanz für die Steuerbilanz maßgeblich.

Es besteht aber kein Zweifel darüber, daß diese Bewertungsvorschriften des Aktiengesetzes, die derartige Wertansätze der Steuerbilanz zulassen, handelsrechtliche Grundsätze ordnungsmäßiger Buchführung und Bilanzierung – zumindest für die Aktiengesellschaft – sind, und daß die damit in der Aktienbilanz mögliche Bildung stiller Rücklagen, deren Beseitigung ein ausgesprochenes Ziel der letzten Aktienrechtsreform war, **durch den Gesetzgeber ausdrücklich sanktioniert** wird, obwohl damit der in § 149 Abs. 1 AktG geforderte sichere Einblick in die Vermögens- und Ertragslage der Gesellschaft erheblich erschwert wird. Da aber der möglichst sichere Einblick „im Rahmen der Bewertungsvorschriften" erreicht werden soll, die zitierten Vorschriften der §§ 154/155 AktG über die Berücksichtigung steuerlich zulässiger niedrigerer Wertansätze aber zu diesen Bewertungsvorschriften gehören, ist **formal § 149 Abs. 1 AktG nicht verletzt.** Materiell aber können diese steuerlich zulässigen niedrigeren Wertansätze einen **Verstoß gegen die Zielsetzung der Handelsbilanz** darstellen, denn gerade die steuerlichen Bewertungsfreiheiten verfolgen in der Regel ganz bestimmte wirtschaftspolitische Ziele: mit Hilfe von Steuervergünstigungen möchte man die Betriebe zu Entscheidungen veranlassen, die wirtschaftspolitisch erwünscht sind.

2. Die Forderung nach Gewährung eines möglichst sicheren Einblicks in die Vermögens- und Ertragslage im Rahmen der Bewertungsvorschriften schreibt zugleich die Grundsätze vor, nach denen die **Bewertungsvorschriften,** die eine Wahl zwischen mehreren Wertansätzen zulassen, **auszulegen sind.** Wann allerdings ein Wertansatz, der im Rahmen gesetzlich eingeräumter Ermessensspielräume liegt, gegen § 149 Abs. 1 AktG verstößt, wird in der Literatur nicht einheitlich beantwortet. Adler- Düring-Schmaltz vertreten die Ansicht, daß durch diese Vorschrift „nur die mißbräuchliche Ausnutzung von Bewertungswahlrechten verhindert wird"[1]. Darunter wird eine Bewertung verstanden, durch die „der Einblick in die Vermögens- und Ertragslage verwehrt oder verschleiert" wird. Wir halten diese Auslegung für zu weit und sind mit Döllerer[2] der Ansicht, daß im Rahmen der Bewertungswahlrechte stets so zu bewerten ist, daß der bestmögliche Einblick erreicht wird. Daß eine solche Bewertung auch bei bester Absicht oft nicht möglich ist, soll nicht bestritten werden. Der Gesetzgeber spricht ja daher auch sehr vorsichtig von einem „möglichst" sicheren Einblick in die Vermögens- und Ertragslage.

So enthält z. B. das Aktiengesetz keine Vorschriften über die anzuwendenden Abschreibungsmethoden. Ob im Einzelfalle mit gleichbleibenden oder stark degressiven Jahresbeträgen abgeschrieben wird, liegt im Ermessen der Gesellschaft. Bei der Ausübung des Ermessens ist aber davon auszugehen, daß die angewendete Abschreibungsmethode die bestmögliche

---

[1] Adler-Düring-Schmaltz, a. a. O., Erl. zu § 149 Tz 94
[2] Vgl. Döllerer, G., Gläubigerschutz und Aktionärsschutz im neuen Aktienrecht – ein Scheingegensatz, BB 1966, S. 630

Offenlegung der Vermögens- und Ertragslage ermöglicht, also nicht zur willkürlichen Bildung stiller Rücklagen führt.

Zusammenfassend läßt sich feststellen:

§ 149 Abs. 1 AktG verlangt, daß bei der Aufstellung des Jahresabschlusses folgende Grundsätze zu beachten sind:

1. Die Grundsätze **ordnungsmäßiger Buchführung**;
2. der Grundsatz der **Bilanzklarheit** („Er ist klar und übersichtlich aufzustellen" . . .); die Klarheit des Jahresabschlusses soll insbesondere durch die Vorschriften über die **Gliederung** der Bilanz[3] und der Gewinn- und Verlustrechnung[4], die Anwendung von **Formblättern**[5] und den **Aufbau des Geschäftsberichtes**[6] erreicht werden;
3. der Grundsatz der **Bilanzwahrheit**, genauer gesagt der „Grundsatz der Geeignetheit" der Bilanzansätze zur Realisierung der mit dem Jahresabschluß verfolgten Zielsetzungen („Er . . . muß im Rahmen der Bewertungsvorschriften einen möglichst sicheren Einblick in die Vermögens- und Ertragslage der Gesellschaft geben."). Dieser Grundsatz ist als Richtschnur bei der Anwendung und Auslegung der in den Bewertungsvorschriften[7] enthaltenen **Bewertungswahlrechte** zu beachten;
4. der Grundsatz der **Bilanzkontinuität**, der sowohl die Bilanzidentität von Schlußbilanz und folgender Eröffnungsbilanz, als auch die Grundsätze der formellen (Kontinuität der Gliederung) als auch der materiellen Kontinuität (Bewertungskontinuität) umfaßt, ist zwar in § 149 AktG nicht ausdrücklich erwähnt, als ein nicht kodifizierter allgemeiner Bilanzierungsgrundsatz, der die **Vergleichbarkeit** des Jahresabschlusses mit früheren Jahresabschlüssen ermöglichen soll, gilt er aber für die Aktiengesellschaft ebenso wie für alle anderen Unternehmungen. Er läßt sich aber
   a) aus § 149 Abs. 1 AktG ableiten, denn im Falle einer Durchbrechung der Bewertungskontinuität ist ein sicherer Einblick in die Vermögens- und Ertragslage nicht gewährleistet, und er ergibt sich
   b) aus § 160 AktG, der verlangt, daß Abweichungen von der Bewertungskontinuität im Geschäftsbericht darzulegen sind. Daraus ist zu folgern, daß die Bewertungskontinuität **grundsätzlich, aber nicht ausnahmslos** gilt, d. h. daß eine Änderung der Bewertungs- und Abschreibungsmethoden vorgenommen werden kann, wenn sachliche Gründe sie erforderlich machen. Die Gründe sind nach § 160 AktG im Geschäftsbericht anzugeben. Sind also derartige Angaben nicht vorhanden, so kann der Bilanzleser davon ausgehen, daß die Bilanzkontinuität gewahrt und die Vergleichbarkeit der Bilanz mit Bilanzen früherer Jahre nicht gefährdet wurde.

---

[3] Vgl. §§ 151/152 AktG
[4] Vgl. § 157 AktG
[5] Vgl. § 161 AktG
[6] Vgl. § 160 AktG
[7] Vgl. §§ 153–156 AktG

Die genannten Bilanzierungsgrundätze gelten nicht nur für die Jahresabschlüsse von Aktiengesellschaften und Kommanditgesellschaften auf Aktien, sondern grundsätzlich **ebenso für Konzerne,** die nach dem Aktiengesetz (§ 329) zur Aufstellung eines Konzernabschlusses und Konzerngeschäftsberichts verpflichtet sind. Die genannten Vorschriften werden lediglich in den §§ 331–333 AktG um die aus den Besonderheiten eines Konzerns resultierenden Gliederungs- und Bewertungsvorschriften ergänzt.

§ 28 Abs. 1 und Abs. 2 EGAktG dehnt die aktienrechtlichen Rechnungslegungsvorschriften auf GmbH und bergrechtliche Gewerkschaften mit Sitz im Inland aus, wenn eine derartige Gesellschaft Obergesellschaft eines Konzerns ist, zu dessen abhängigen Gesellschaften wenigstens eine Aktiengesellschaft oder Kommanditgesellschaft auf Aktien gehört.

Die vier Grundsätze für die Aufstellung von Bilanzen, die von jedem Unternehmen – unabhängig in welcher Rechtsform es geführt wird – beachtet werden müssen, und von denen jeder für sich je nach der Zielsetzung, die man mit der Gliederung, Bewertung usw. verfolgt, eine Anzahl weiterer Grundsätze ordnungsmäßiger Buchführung und Bilanzierung einschließt, werden im folgenden ausführlich dargestellt und analysiert.

Zuvor muß aber die Fage geklärt werden, in welchem Umfange die aktienrechlichen Rechnungslegungsvorschriften, die zweifellos die derzeit präziseste gesetzliche Regelung der Bilanzierung darstellen, auch von Unternehmen, die in anderen Rechtsformen geführt und nicht durch Gesetz diesen Vorschriften unterworfen werden, anzuwenden sind, weil sie als Grundsätze ordnungsmäßiger Buchführung und Bilanzierung aufgefaßt werden. Soweit das der Fall ist, können wir uns bei der Erörterung der Vorschriften über die Gliederung, die Bewertung und Abschreibung, die Bildung von Rücklagen und Rückstellungen in der Handesbilanz und der aus diesen Vorschriften resultierenden bilanzpolitischen Entscheidungen allein auf das Aktiengesetz stützen. Soweit das nicht der Fall ist, müssen wir die aktienrechtlichen Regeln als Sondervorschriften für die Aktiengesellschaft charakterisieren und daneben die Regeln für Unternehmungen anderer Rechtsformen erörtern.

2. Die Bedeutung der aktienrechtlichen Bilanzierungsgrundsätze für Unternehmungen anderer Rechtsformen

Die Diskussion über die Frage, ob die Rechnungslegungsvorschriften des Aktiengesetzes 1965, in denen die eben aufgeführten Bilanzierungsgrundsätze enthalten sind, für Unternehmungen, die in anderen Rechtsformen geführt werden, zu den Grundsätzen ordnungsmäßiger Buchführung und Bilanzierung zu rechnen sind, deren Beachtung durch § 38 HGB vorgeschrieben wird, ist noch in vollem Gange. Die Bilanzierungsvorschriften des Aktiengesetzes 1937 sind nach herrschender Auffassung allmählich zu einem Bestandteil der Grundsätze ordnungsmäßiger Buchführung und Bilanzierung geworden.[8] Dazu stellt Leffson fest: „Die Gesetzgeber von 1931, 1937 und 1959 haben die herrschende Meinung beiseite geschoben und selbst – gestützt nun erstmals auch auf betriebswirtschaftliche Ansichten – ermittelt, was in verschiedener Hinsicht GoB sei . . . Das gesetzte neue Recht ist nicht nur als Rechtsnorm hingenommen worden, die neuen Vorschriften sind vielmehr von Schrifttum und Praxis in solcher Einmütigkeit als GoB anerkannt worden, daß die aktienrechtlichen Vorschriften längst als für alle Unternehmensformen maßgebend angesehen werden."[9]

Die Bewertungsvorschriften des § 40 HGB sind sehr allgemein gehalten, sie bedurften einer Interpretation durch die praktische Übung und die wissenschaftliche Analyse. Die Bewertungsvorschriften des § 133 AktG 1937 stellen eine **Kodifizierung der allgemeinen Bewertungsgrundsätze** dar, deren Ziel – und das gilt für Unternehmen aller Rechtsformen – der Gläubigerschutz und die Beachtung des Prinzips der kaufmännischen Vorsicht ist.

In den kurz nach Inkrafttreten des Aktiengesetzes 1937 für Betriebe aller Rechtsformen erlassenen **„Buchführungsrichtlinien"** vom 11. 11. 1937 heißt es in Ziffer 8: „Für die Gliederung der Bilanz ist die Anwendung der Vorschriften für die Gliederung der aktienrechtlichen Jahresbilanz (§ 131 des AktGes) allgemein erwünscht. Weitergehende besondere rechtliche Bestimmungen sind einzuhalten."[10] Während die Mindestgliederung der Bilanz durch das Aktiengesetz 1965 nicht wesentlich verändert wurde, traten auf dem Gebiete der Bewertung grundlegende Änderungen ein, und zwar als Folge davon, daß neben die Zielsetzung des Gläubigerschutzes und der kaufmännischen Vorsicht der **Schutz der Aktionäre** vor einer Verkürzung ihrer Gewinnansprüche durch die Verwaltung – und damit eine spezifische Zielsetzung – trat.

Ein Zwang zur Anwendung dieser Vorschriften durch Nicht-Aktiengesellschaften würde die Möglichkeiten einer stillen Selbstfinanzierung erheblich einengen. Außerdem würden die aktienrechtlichen Bewertungsvorschriften damit für alle Steuerbilanzen anzuwenden sein, da nach § 5 EStG die Gewinnermittlung nach den **handelsrechtlichen** Grundsätzen ordnungsmäßiger Buchführung erfolgen muß, soweit nicht zwingende steuerrechtliche Vorschriften entgegenstehen.

Die Frage, ob die aktienrechtlichen Rechnungslegungsvorschriften zu den Grundsätzen ordnungsmäßiger Buchführung und Bilanzierung zu rechnen sind, läßt sich nur eindeutig bejahen, wenn man nach **Prüfung der Ziel-**

---

[8] Vgl. insbesondere: Albach, H., Rechnungslegung im neuen Aktienrecht, NB 1966, S. 178; Bühler, O., Scherpf, P., Bilanz und Steuer, 6. Aufl., Berlin und Frankfurt/M. 1957, S. 34; Saage, G., Grundsätze ordnungsmäßiger Buchführung aus der Sicht des neuen Aktienrechts, NB 1967, H. 2, S. 3; v. Wallis, H., Grundsätze ordnungsmäßiger Buchführung und das Steuerrecht aus der Sicht des Aktiengesetzes 1965, NB 1967, H. 2, S. 31.

[9] Leffson, U., a. a. O., S. 35

[10] Zitiert bei Le Coutre, W., Ordnungsmäßige Buchführung, a. a. O., Sp. 2020.

setzungen, die diese Rechnungslegungsvorschriften verfolgen, zu dem Ergebnis kommt, daß diese Zielsetzungen für alle Nicht-Aktiengesellschaften ebenso gelten wie für die Aktiengesellschaft.

Döllerer vertritt allerdings die Ansicht, daß das neue Bewertungsrecht „ursächlich nicht ausschließlich mit Besonderheiten des Aktienrechts verknüpft" ist, sondern „vielmehr der Ausdruck geläuterten bilanzrechtlichen Denkens, in ihrer Bedeutung vergleichbar mit dem Sieg des Grundsatzes der Bewertung zu den Anschaffungs- oder Herstellungskosten, der ebenfalls für alle Kaufleute verbindlich ist."[11]

Die aktienrechtlichen Rechnungslegungsvorschriften haben die Aufgabe, Gläubiger, Aktionäre und die Öffentlichkeit, also insbesondere auch Sparer, die als Geldgeber für die Gesellschaft in Frage kommen können, über die Vermögens- und Ertragslage der Gesellschaft zu informieren. Die Rechnungslegung dient also dem Schutz bzw. der Unterrichtung dieses Personenkreises, der außerhalb der Gesellschaft steht und keine anderen Informationen erhält als den veröffentlichten Jahresabschluß und den Geschäftsbericht.

Das **Ziel des Gläubigerschutzes** gilt für alle Unternehmungen: Die Bewertung hat unabhängig von der Rechtsform so zu erfolgen, daß die Gläubiger nicht getäuscht werden können. Der Gläubigerschutz wird in erster Linie durch **Höchstwertvorschriften** erreicht, die verhindern sollen, daß das Vermögen (und damit der Erfolg) höher ausgewiesen wird als es tatsächlich ist. Insofern sind das **Anschaffungswertprinzip** und das **Niederstwertprinzip**[12], die beide im HGB nicht erwähnt sind, da § 40 HGB lediglich den Wert fordert, der den Vermögensgegenständen und Schulden „in dem Zeitpunkte beizulegen ist, für welche die Aufstellung stattfindet", als Interpretation dieses unklaren Zeitwertbegriffes des HGB zweifellos als Grundsätze ordnungsmäßiger Buchführung und Bilanzierung anzusehen, denn der Zeitwert ließe sich andererseits auch als Wiederbeschaffungswert am Bilanzstichtag interpretieren.

Diese Bewertungsprinzipien, die den Ausweis noch nicht realisierter Gewinne verhindern, dienen zugleich auch dem Schutz der Aktionäre vor einer zu optimistischen Darstellung der Ertragslage. Ihre Maßgeblichkeit für die Steuerbilanz schützt außerdem die Unternehmung und ihre Gesellschafter vor einer Besteuerung von Gewinnen, die noch nicht realisiert sind.

Das **Ziel des Aktionärsschutzes** soll durch Bewertungsvorschriften erreicht werden, die auch eine **zu niedrige Bewertung** verhindern, durch die die Ertragslage verschleiert werden kann. Deshalb hat das Aktiengesetz

---

[11] Döllerer, G., Rechnungslegung nach dem neuen Aktiengesetz und ihre Auswirkungen auf das Steuerrecht, BB 1965, S. 1417. Gleicher Ansicht: Röver, M., Sind die aktienrechtlichen Vorschriften Grundsätze ordnungsmäßiger Bilanzierung?, In: Wirtschaftsprüfung im neuen Aktienrecht, Düsseldorf 1966, S. 93 ff.

[12] Dieses Prinzip besagt, daß dann, wenn zwei Wertansätze zur Wahl stehen – z. B. die Anschaffungskosten und der Marktwert am Bilanzstichtag – der niedrigste von beiden anzusetzen ist (vgl. ausführlich S. 254 f., 335 f., 340 ff.)

1965 an die Stelle der bisherigen Höchstwertvorschriften Wertgrenzen gesetzt, die zugleich die obere und untere Grenze der Bewertung bilden.[13] Die Aktionäre haben als Eigentümer der Gesellschaft ein Anrecht darauf, zu erfahren, wie hoch der in einer Periode erwirtschaftete Gewinn tatsächlich ist. Sie sollen also davor geschützt werden, daß die Verwaltung Gewinne nicht ausweist, um sie entweder zur Selbstfinanzierung in stiller Form oder – was wesentlich gefährlicher ist – zum Ausgleich später eintretender Verluste zu verwenden, die auf diese Weise vor der Öffentlichkeit verheimlicht werden können und ein falsches Bild von der Ertragslage geben.

Eine solche Zielsetzung des **Schutzes der Eigentümer vor der Verwaltung** gibt es in der Rechnungslegung von Personenunternehmungen nicht. Bei der Einzelunternehmung und der OHG haben die Unternehmer bzw. Gesellschafter (Mitunternehmer) einen vollen Einblick in alle Unterlagen und bedürfen daher keines besonderen Schutzes, da sie ihr eigenes Kapital selbst verwalten und selbst über die Gewinnverwendung und damit auch über die Bildung stiller Rücklagen beschließen, während die Eigentümer einer Aktiengesellschaft ihr Kapital von dem zur Geschäftsführung befugten Organ, dem Vorstand, verwalten lassen. Die Rechnungslegung ist bei der Aktiengesellschaft also auch im Hinblick auf die Anteile der Gesellschafter ein Rechenschaftsbericht über die Verwaltung fremden Eigentums.

Auch Kommanditisten haben – obwohl sie in der Regel nicht an der Geschäftsführung beteiligt sind – das Recht zur Einsichtnahme in alle Unterlagen, bedürfen also keines besonderen Schutzes. Aktienrechtliche Rechnungslegungsvorschriften, die dem besonderen Schutz der Aktionäre dienen, sind deshalb u. E. für Personenunternehmungen nicht als Grundsätze ordnungsmäßiger Buchführung und Bilanzierung anzusehen, denn sie verfolgen eine Zielsetzung, die in diesen Rechtsformen bereits auf anderem Wege verwirklicht ist.[14] Minz weist mit Recht darauf hin, daß der Gesetzgeber im Rahmen der Neufassung des die Bewertung in Bilanzen von Nicht-Aktiengesellschaften regelnden § 40 HGB (2. 8. 1965) eine Wertuntergrenze hätte festsetzen können, wenn er eine derartige Grenze für Unternehmungen aller Rechtsformen für notwendig gehalten hätte.[15]

Für die GmbH, die nur wenige Gesellschafter hat, die gemeinsam die Geschäftsführung vollziehen, gelten die gleichen Überlegungen wie für Personenunternehmungen. Außerdem enthält das GmbHG in den §§ 41 und

[13] Vgl. S. 299 ff. u. 340 ff.
[14] Gleicher Ansicht: Geßler, E., Aktuelle gesellschaftsrechtliche Probleme, DB 1966, S. 215 ff., insbesondere S. 219; Greiffenhagen, H., Steuerliche Auswirkungen der aktienrechtlichen Bilanzierungsvorschriften, FR 1965, S. 541 ff.; derselbe, Zur Bedeutung aktienrechtlicher Rechnungslegungsvorschriften als Grundsätze ordnungsmäßiger Buchführung für Unternehmungen außerhalb der Aktiengesellschaft, WPg 1966, S. 141 ff.; Rehbinder, M., Gelten die neuen Bewertungsvorschriften des Aktienrechts auch für Unternehmen mit anderer Rechtsform?, NJW 1966, S. 1549 ff.
[15] Vgl. Minz, W., Diskussionsbeitrag, in: Wirtschaftsprüfung im neuen Aktienrecht, Düsseldorf 1966, S. 115 ff.

42 Vorschriften über Buchführung und Bilanz, insbesondere in § 42 eine Interpretation der Bewertungsvorschrift des § 40 HGB, so daß dadurch der Schutz von Gesellschaftern, die sich nicht an der Geschäftsführung beteiligen und keinen laufenden Einblick haben, gewährleistet wird. Eine Verkürzung des Gewinnanspruchs der GmbH-Gesellschafter kann nicht eintreten, da die **Gesellschafter über den Jahresabschluß und die Gewinnverwendung selbst beschließen.**[16] Da die Gesellschafter ein Auskunftsrecht und u. U. auch ein Recht zur Einsicht in die Bücher besitzen, braucht die Bildung stiller Rücklagen — soweit sie nicht auf bloßer Bewertungswillkür beruht — nicht einen Verstoß gegen die Bilanzklarheit darzustellen.[17] Auch die Auflösung stiller Rücklagen ist unbedenklich, da diese Rücklagen ja von den Gesellschaftern selbst und nicht von der Verwaltung gelegt worden sind. Es kommt hinzu, daß auch bei der GmbH ebenso wie bei den Personenunternehmungen keine Publizitätspflicht besteht und folglich Außenstehende (Gläubiger, Öffentlichkeit) durch den Jahresabschluß nicht getäuscht werden können.[18]

Zu den aktienrechtlichen Rechnungslegungsvorschriften gehören neben den Bewertungsvorschriften auch die **Gliederungsvorschriften** und die damit zusammenhängenden **Bilanzierungsgebote und -verbote.** Nach herrschender Auffassung ist die Gliederung der Aktienbilanz nach § 137 AktG 1937 auch von Nicht-Aktiengesellschaften als zu den Grundsätzen ordnungsmäßiger Buchführung und Bilanzierung gehörend anzuwenden — allerdings mit der im Aktiengesetz selbst[19] gegebenen Einschränkung, daß der Geschäftszweig eine abweichende Gliederung bedingen kann, von der dann aber gefordert wird, daß sie gleichwertig sein muß.

Diese Einschränkung ist dahingehend zu erweitern, daß auch die **Unternehmungsform eine abweichende Gliederung bedingen** kann. U. E. kann man allerdings nicht die in § 131 AktG 1937 enthaltene und für Aktiengesellschaften zwingende Mindestgliederung für Nicht-Aktiengesellschaften als verbindlich ansehen, sondern lediglich die in dieser Gliederung enthaltenen **allgemeinen Gliederungsprinzipien,** durch die die Klarheit und Übersichtlichkeit der Rechnungslegung erreicht werden sollen, also z. B. die im HGB nicht geforderte Trennung von Anlage- und Umlaufvermögen und von Eigenkapital und Fremdkapital, sowie die weitere Unterteilung des Anlagevermögens in Sachanlagen, immaterielle Anlagegüter und Finanzanlagen, die Gliederung des Umlaufvermögens in Bestände, Forderungen und Zahlungsmittel, die Gliederung des Kapitals nach Fristigkeiten, das Verbot der Saldierung von Forderungen und Verbindlichkeiten u. a.

---

16 Diese Regelung wird auch im Referentenentwurf des Bundesjustizministeriums für ein neues GmbH-Gesetz beibehalten (vgl. § 151 Abs. 1 des Entwurfs).

17 Vgl. Ludewig, R., Gelten die neuen aktienrechtlichen Bewertungsvorschriften auch für die Jahresabschlüsse der GmbH?, GmbH-Rdsch 1965, S. 192 ff.

18 A. A. Röver, M., Sind die aktienrechtlichen Vorschriften Grundsätze ordnungsmäßiger Bilanzierung? In: Wirtschaftsprüfung im neuen Aktienrecht, Düsseldorf 1966, S. 98

19 Vgl. § 131 Abs. 1 AktG 1937

Da das Gliederungsschema der Aktienbilanz durch § 151 Abs. 1 AktG
1965 – abgesehen von einigen Verbesserungen im Ausweis der Liquidität –
nicht verändert worden ist, kann man daraus folgern, daß auch dieses Mindestgliederungsschema als eine allgemeine Bilanzierungsregel, die
der Klarheit und Übersichtlichkeit dient, angesehen werden kann, ohne
daß daraus die Pflicht für Nicht-Aktiengesellschaften abgeleitet werden
kann, neben der Beachtung der allgemeinen Gliederungsprinzipien auch
jede einzelne Position der Gliederung als zwingend anzusehen.[20]

Diese Feststellung kann man nicht auf das aktienrechtliche Gliederungsschema der Gewinn- und Verlustrechnung übertragen. Die Gliederung der
Erfolgsrechnung nach § 132 AktG 1937 verstieß infolge der Möglichkeit zu
umfangreichen Saldierungen von Ertrags- und Aufwandspositionen gegen
das Bruttoprinzip, dessen strenge Einhaltung im Interesse der Klarheit
und Übersichtlichkeit gefordert werden muß. Die Gliederung nach § 157
AktG 1965, die bereits durch die kleine Aktienrechtsreform von 1959[21] eingeführt wurde, beachtet zwar sowohl das Buttoprinzip als auch das Prinzip der Trennung von Betriebsergebnis und neutralem Ergebnis, enthält
aber eine Anzahl spezifisch aktienrechtlicher Positionen, so insbesondere zur
Offenlegung der Gewinnverwendung, die der Zielsetzung des Aktionärsschutzes entspringen.

Das Aktiengesetz 1965 hat im Zusammenhang mit den Bilanzgliede-
rungsvorschriften ein Verbot der Aktivierung selbstgeschaffener immaterieller Anlagewerte[22] ausgesprochen, ferner ein Verbot der Bildung antizipativer Rechnungsabgrenzungsposten, bei denen es sich in der Regel um
Forderungen oder Verbindlichkeiten handelt, die nun unter diesen Positionen ausgewiesen werden müssen. Es sind nur noch transitorische Rechnungsabgrenzungsposten zugelassen, die bereits für das kommende Jahr
geleistete Zahlungen oder für das kommende Jahr im voraus eingegangene
Zahlungen zum Zwecke der Periodenabgrenzung und damit der richtigen
Darstellung der Vermögens- und Ertragslage erfassen. Auch die Möglichkeiten der Bildung von Rückstellungen sind im Aktiengesetz 1965 schärfer
gefaßt worden.

Diese eben angeführten Bestimmungen sind u. E. als allgemeine Bilanzierungsprinzipien anzusehen, die keine unmittelbare Beziehung zu spezifischen Zielsetzungen der Aktiengesellschaft haben, sondern als eine Kodifizierung von Grundsätzen ordnungsmäßiger Buchführung und Bilanzierung angesehen werden können.

Das Steuerrecht hat daraus bereits entsprechende Konsequenzen gezogen. Da nach § 5 EStG in der Steuerbilanz für die Ermittlung des steuer-

---

[20] Der Referentenentwurf eines GmbH-Gesetzes übernimmt dieses Gliederungsschema fast
   wörtlich in den § 129 Abs. 1, und die unter das Publizitätsgesetz fallenden Unternehmen
   müssen nach § 5 Abs. 2 die aktienrechtlichen Gliederungsvorschriften anwenden.
[21] Gesetz über die Kapitalerhöhung aus Gesellschaftsmitteln und über die Gewinn- und
   Verlustrechnung vom 23. Dezember 1959, BGBl I, S. 789
[22] Vgl. § 153 Abs. 3 AktG

pflichtigen Gewinns von dem Betriebsvermögen auszugehen ist, „das nach handelsrechtlichen Grundsätzen ordnungsmäßiger Buchführung auszuweisen ist", ist die Frage, ob die Rechnungslegungsvorschriften des Aktiengesetzes 1965 ohne Einschränkung als Grundsätze ordnungsmäßiger Buchführung und Bilanzierung anzusehen sind, für die steuerliche Gewinnermittlung von besonderer Bedeutung. § 5 EStG bestimmt zugleich, daß beim Ansatz des Betriebsvermögens die Vorschriften des § 6 über die Bewertung zu befolgen sind. § 6 EStG regelt die Bewertung „der einzelnen Wirtschaftsgüter, die dem Betriebe dienen." Aus dieser Formulierung haben Rechtsprechung und Finanzverwaltung Aktivierungspflichten abgeleitet, die sich aus § 5 EStG nicht ergeben.

Um die Rechtsunsicherheit zu beenden, die eine Folge der in der Literatur ausgetragenen Diskussion war, ob sich aus § 6 EStG Aktivierungspflichten ableiten lassen oder ob diese Vorschrift lediglich eine steuerliche Bewertungsvorschrift ist, wurden die §§ 5 und 6 EStG geändert.[23] Erstens ist nach § 5 Abs. 2 EStG in Übereinstimmung mit den aktienrechtlichen Vorschriften für immaterielle Wirtschaftsgüter ein Aktivposten nur anzusetzen, wenn sie entgeltlich erworben wurden; zweitens dürfen nur noch transitorische Rechnungsabgrenzungsposten gebildet werden (§ 5 Abs. 3 EStG), und schließlich gelten drittens nach § 6 Abs. 1 EStG die Bewertungsvorschriften des § 6 nur noch für die Wirtschaftsgüter, „die nach § 4 Abs. 1 oder nach § 5 als Betriebsvermögen anzusetzen sind".

· Da die Bilanzierungs- und Bewertungsvorschriften des Einkommensteuergesetzes nicht nur für Aktiengesellschaften, sondern für alle Betriebe gelten, wirkt sich die dem Aktienrecht angepaßte **steuerrechtliche Regelung auch auf die Handelsbilanzen von Nicht-Aktiengesellschaften** aus, insbesondere auf kleine und mittlere Betriebe, die häufig keine selbständige Handelsbilanz aufstellen, aus der sie nach steuerrechtlichen Vorschriften eine Steuerbilanz ableiten, sondern die ihre Bilanz so anfertigen, daß sie zugleich als Handels- und Steuerbilanz verwendet werden kann. Praktisch bedeutet das, daß eine Steuerbilanz aufgestellt wird, die zugleich als Handelsbilanz dient.

Wir kommen also zu dem Ergebnis, daß das Aktiengesetz 1965 – ebenso wie das Aktiengesetz 1937 – eine Reihe von allgemeinen Bilanzierungs-, insbesondere Bewertungsvorschriften enthält, die als eine Kodifizierung allgemeiner, für Unternehmungen aller Rechtsformen geltender Bilanzierungsregeln angesehen werden können. Daneben aber hat das Aktiengesetz 1965 neue Bilanzierungsgrundsätze eingeführt, die allein der Realisierung von Zielsetzungen dienen (vor allem dem Aktionärsschutz), die durch die Rechtsform der Aktiengesellschaft bedingt sind und für andere Unternehmungsformen keine Bedeutung haben.

Daraus folgt:

1. Das Aktiengesetz 1965 enthält Gliederungs-, Bewertungs-, Abschrei-

---

[23] Vgl. Gesetz zur Änderung des Einkommensteuergesetzes vom 16. 5. 1969, BGBl I, S. 421

bungs- und sonstige Bilanzierungsvorschriften, die als Grundsätze ordnungsmäßiger Buchführung und Bilanzierung **für Unternehmungen aller
Rechtsformen** anzusehen sind und entweder an die Stelle der entsprechenden Vorschriften des Aktiengesetzes 1937 oder zusätzlich zu diesen
Vorschriften getreten sind;

2. das Aktiengesetz 1965 enthält spezielle Bilanzierungsregeln, die **nur auf
   Aktiengesellschaften angewendet** werden können, da sie Ziele verfolgen,
   die für Nicht-Aktiengesellschaften nicht relevant sind.

3. Die Bilanzierungsregeln des Aktiengesetzes 1937 sind für Nicht-Aktiengesellschaften **nach wie vor** als Grundsätze der Ordnungsmäßigkeit anzusehen, soweit sie sich vor Inkrafttreten des Aktiengesetzes 1965 zu
   Grundsätzen ordnungsmäßiger Buchführung und Bilanzierung entwik-
   kelt hatten und im Aktiengesetz 1965 nicht mehr enthalten sind bzw.
   dort durch Regeln ersetzt worden sind, die nur der Realisierung spezifischer Zielsetzungen der Aktiengesellschaft dienen. So sind z. B. u. E.
   für Nicht-Aktiengesellschaften nicht die festen Wertgrenzen des Aktiengesetzes 1965, sondern die Höchstwertvorschriften des Aktiengesetzes
   1937, die die Bildung stiller Rücklagen in betriebswirtschaftlich vertret-
   barem Maße zulassen, als Interpretation des § 40 HGB aufzufassen.

4. Die Grundsätze ordnungsmäßiger **Buchführung** und ordnungsmäßiger
   Inventur gelten **für Unternehmen aller Rechtsformen**, bei den Grundsätzen ordnungsmäßiger **Bilanzierung** aber gibt es spezielle Vorschriften,
   die nur für Aktiengesellschaften anzuwenden sind. Auch aus diesem
   Grund erscheint es nicht zweckmäßig, den Begriff der Ordnungsmäßigkeit der Buchführung als Oberbegriff zu verwenden.

Adler-Düring-Schmaltz sind der Auffassung, daß die Tatsache, „daß es
derzeit innerhalb der Bewertungsvorschriften des AktG 1965 zwei Arten
von Vorschriften gibt, nämlich solche, die allgemeine Bewertungsgrundsätze zum Ausdruck bringen, und solche, die sich aus speziellen, nur für das
Aktienrecht geltenden Zielsetzungen erklären lassen", nicht ausschließt,
„daß sich die Grundsätze ordnungsmäßiger Buchführung im Laufe der Zeit
in Richtung auf die aktienrechtlichen Bewertungsbestimmungen hin entwickeln, so daß zu einem späteren Zeitpunkt wieder eine Übereinstimmung
festgestellt werden könnte. Damit würde sich dann ein Vorgang wieder-
holen, der schon für die Bewertungsgrundsätze des AktG 1937 zu beobach-
ten war."[24] Wir meinen, daß die Annahme einer solchen Übereinstimmung
zu einem späteren Zeitpunkt unlogisch ist, wenn die heutige Nicht-Über-
einstimmung „aus speziellen, nur für das Aktienrecht geltenden Zielsetzungen" erklärt wird. Solange das Gesellschaftsrecht sich nicht grundlegend
ändert, werden die unterschiedlichen Zielsetzungen als Folge der rechtlichen Konstruktion der Unternehmungsformen bestehen bleiben müssen.
Durch den Ablauf der Zeit können sie nicht angeglichen werden.

---

[24] Adler-Düring-Schmaltz, a. a. O., Erl. zu § 149 Tz 98

3. Die Grundsätze ordnungsmäßiger Buchführung

a) Buchführungs- und Aufzeichnungspflichten nach Handels- und Steuerrecht

Wir legten oben dar, daß die Grundsätze ordnungsmäßiger Buchführung sich nicht erschöpfend aus gesetzlichen Vorschriften ableiten lassen, daß aber doch eine Reihe derartiger Grundsätze, insbesondere solche formeller Art, im HGB, im Aktienrecht, in der Abgabenordnung, im Einkommensteuergesetz und in einer Anzahl weiterer Gesetze kodifiziert worden ist, und daß sich in besonderem Maße die Steuerrechtsprechung um eine Abklärung der Grundsätze bemüht, die in der Regel in die Einkommensteuerrichtlinien übernommen werden.

Im Interesse der **Rechtssicherheit** und der **Gleichmäßigkeit der Besteuerung** ist die Frage, wer buchführungspflichtig ist, eindeutig geregelt. Nach § 38 Abs. 1 HGB ist jeder Kaufmann verpflichtet, Bücher zu führen und in diesen seine Handelsgeschäfte und die Lage seines Vermögens nach den Grundsätzen ordnungsmäßiger Buchführung ersichtlich zu machen. Als **Kaufmann** bezeichnet das HGB denjenigen, der ein Handelsgewerbe betreibt. Wer eine der in § 1 HGB aufgezählten gewerblichen Tätigkeiten (Grundhandelsgewerbe) ausübt, ist kraft Gesetzes Kaufmann und unterliegt damit den Vorschriften über die Führung von Handelsbüchern (§§ 38 bis 44 HGB). Es bedarf hier zur Entstehung der Kaufmannseigenschaft keiner Eintragung ins Handelsregister. Erfolgt die Eintragung, so hat sie nur deklaratorische Bedeutung. Die Kaufleute nach § 1 HGB bezeichnet man auch als „Mußkaufleute".

Erfordert ein Betrieb nach Art und Umfang einen in kaufmännischer Weise eingerichteten Geschäftsbetrieb, ohne daß ein im § 1 HGB aufgezähltes Grundhandelsgewerbe betrieben wird, so muß er sich im Handelsregister eintragen lassen. Die Kaufmannseigenschaft wird erst durch die Eintragung begründet. Diese Kaufleute werden als „Sollkaufleute" (§ 2 HGB) bezeichnet. Stellt ein Gewerbebetrieb nur einen Nebenbetrieb eines land- und forstwirtschaftlichen Betriebes dar, so kann eine Eintragung des gewerblichen Nebenbetriebes in das Handelsregister erfolgen. Ein Zwang dazu besteht aber nicht. Man spricht deshalb von „Kannkaufleuten" (§ 3 HGB). Schließlich wird die Kaufmannseigenschaft auf Grund der Rechtsform des Betriebes erworben („Formkaufleute", § 6 HGB). Personengesellschaften und Kapitalgesellschaften sind kraft Gesetzes immer Kaufleute im Sinne des HGB.

Das HGB macht in § 4 jedoch eine Ausnahme von der Buchführungspflicht: Die Vorschriften über die Handelsbücher u. a. finden auf Personen, deren Gewerbe einen in kaufmännischer Weise eingerichteten Geschäftsbetrieb nicht erfordert, keine Anwendung. Man nennt solche Kaufleute „Minderkaufleute". Sie dürfen nicht in das Handelsregister eingetragen werden. Demgegenüber pflegt man alle eingetragenen Kaufleute als „Vollkaufleute" zu bezeichnen. Wir können also festhalten, daß alle im Handelsregister eingetragenen Betriebe handelsrechtlich der Buchführungspflicht unterliegen.

Eine Buchführungs- und Aufzeichnungspflicht **für steuerliche Zwecke** ergibt sich aus den Bestimmungen der Abgabenordnung. § 160 Abs. 1 AO bestimmt, daß jeder, der nach anderen Gesetzen als den Steuergesetzen Bücher und Aufzeichnungen zu führen hat, die für die Besteuerung von Bedeutung sind, die Verpflichtungen, die ihm nach diesen Gesetzen obliegen, **auch im Interesse der Besteuerung** zu erfüllen hat. Damit werden nicht nur die handelsrechtlichen Buchführungsvorschriften automatisch in das Steuerrecht übernommen, sondern auch **spezielle Aufzeichnungspflichten**, die bestimmte Betriebe zur Führung von Büchern verpflichten, z. B. die Gewerbeordnung (§ 38), das Börsengesetz (§ 33), die Apothekenbetriebsordnung u. a.[25] Diese Aufzeichnungen sind für steuerliche Zwecke auch dann zu führen, wenn sich nach § 161 Abs. 1 AO keine Verpflichtung zur Buchführung ergibt.

§ 160 Abs. 1 AO schließt jedoch die Minderkaufleute aus der steuerlichen Buchführungspflicht aus, da sie handelsrechtlich nicht buchführungspflichtig sind. Die Abgrenzung zwischen Vollkaufleuten und Minderkaufleuten ist in der Praxis im einzelnen Fall oft recht schwierig. Um dem Ziel der Gleichmäßigkeit der Besteuerung bei gleichen wirtschaftlichen Tatbeständen möglichst nahe zu kommen, zieht § 161 AO eine scharfe Grenze zwischen buchführungspflichtigen und nicht buchführungspflichtigen Betrieben, die sich nicht mit der Grenze zwischen Vollkaufleuten und Minderkaufleuten deckt.

Wer die Voraussetzungen des § 161 AO erfüllt, ist verpflichtet, Bücher zu führen und auf Grund jährlicher Bestandsaufnahmen regelmäßig Abschlüsse zu machen. Das bedeutet, daß Betriebe, die handelsrechtlich als Minderkaufleute gelten und nicht buchführungspflichtig sind, steuerrechtlich in den Kreis der buchführungspflichtigen Kaufleute aufgenommen werden, wenn § 161 AO auf sie zutrifft.

Für die Gewinnermittlung ist dann auch für Gewerbetreibende, die als Minderkaufleute handelsrechtlich nicht buchführungspflichtig sind, aber steuerrechtlich auf Grund des § 161 AO zur Führung von Büchern verpflichtet sind, der § 5 EStG maßgebend. § 5 gilt für alle Betriebe, die auf Grund gesetzlicher (nicht nur handelsrechtlicher) Vorschriften verpflichtet sind, Bücher zu führen und regelmäßig Abschlüsse zu machen oder dies freiwillig tun.

In den Abschnitten 28 Abs. 1 und 29 Abs. 1 EStR 1969 werden als **gesetzliche Vorschriften im Sinne des § 5 EStG** ausdrücklich genannt: die handelsrechtlichen Vorschriften (§§ 38–41, 43–44 b HGB, §§ 148/149, 151–160

---

[25] Eine Aufzählung der Bestimmungen findet sich bei Herrmann, C., Heuer, G., Kommentar zur Einkommensteuer und Körperschaftsteuer, 13. Aufl., Köln 1950/69, Anm. 9 zu § 5 EStG.

AktG, §§ 41 und 42 GmbHG, § 33 und 33 b–g GenG) und die Vorschriften der §§ 161–163 AO. Der Kreis der Buchführungspflichtigen wird somit durch die **Abgabenordnung** gegenüber den handelsrechtlichen Vorschriften **erweitert.**

Im einzelnen bestimmt der § 161 Abs. 1 AO, daß außer den Betrieben, die nach anderen Gesetzen als den Steuergesetzen buchführungspflichtig sind, alle Betriebe und Angehörigen freier Berufe für Zwecke der Besteuerung nach dem Einkommen, dem Ertrag und dem Vermögen Bücher oder Aufzeichnungen zu führen haben, wenn bei der letzten Veranlagung eine der folgenden Voraussetzungen gegeben war:

a) Der **Gesamtumsatz** betrug einschließlich des steuerfreien Umsatzes mehr als 250 000 DM;

b) das **Betriebsvermögen** betrug mehr als 50 000 DM oder das land- und forstwirtschaftliche Vermögen mehr als 100 000 DM;

c) der **Gewinn** aus Gewerbebetrieb oder aus Land- und Forstwirtschaft überstieg 12 000 DM.

Die Abgabenordnung unterwirft aber noch einen weiteren Personenkreis der Buchführungspflicht. Für solche Personen, die nicht Unternehmer sind und weder nach § 160 Abs. 1 AO noch nach § 161 AO einer Buchführungs- und Aufzeichnungspflicht unterliegen, besteht nach § 160 Abs. 2 AO eine spezielle Aufzeichnungspflicht, wenn sie nach den bei der letzten Veranlagung getroffenen Feststellungen **Reineinkünfte** gehabt haben, die **eine gewisse Grenze** überschreiten. Sie sind verpflichtet, ihre Einnahmen und Ausgaben fortlaufend aufzuzeichnen und jährlich eine Zusammenstellung über ihr Vermögen anzufertigen.

Die „gewisse Grenze" wurde durch die „Verordnung zur Durchführung des § 160 Abs. 2 RAO"[26] auf 100 000 DM festgesetzt, die entweder aus einer oder aus mehreren Einkunftsarten stammen können. Große praktische Bedeutung kommt dieser Vorschrift nicht zu, da die meisten Personen, die Einkünfte von mehr als 100 000 DM im Jahr haben, bereits nach anderen Vorschriften buchführungspflichtig sind.

Auch für die **Umsatzbesteuerung** muß der Betrieb Aufzeichnungen machen, aus denen zu ersehen ist, welche Entgelte erzielt wurden, die nach § 1 UStG der Umsatzsteuer unterliegen. Durch Einführung des Mehrwertsteuersystems (1. 1. 1968) sind die Aufzeichnungspflichten erheblich erweitert worden. Sie sind unabhängig davon, ob der Betrieb sonst nach handels- oder steuerrechtlichen Vorschriften buchführungspflichtig ist oder nicht. Entscheidend ist, daß es sich um einen **Unternehmer** oder ein **Unternehmen** im Sinne des § 2 UStG handelt. Danach ist Unternehmer, wer eine gewerbliche oder berufliche Tätigkeit selbständig ausübt. Gewerblich oder beruflich ist jede nachhaltige Tätigkeit zur Erzielung von Einnahmen, auch wenn die Absicht, Gewinn zu erzielen, fehlt.

---

[26] Vom 24. 3. 1932, RGBl I, S. 165

Ferner schreiben die **Verbrauchsteuergesetze** Aufzeichnungen und buchmäßige Nachweise zum Zwecke der Steuerüberwachung vor.

Auch aus der Tatsache, daß die Betriebe verpflichtet sind, **für dritte Personen** Steuern einzubehalten, entstehen steuerliche Buchführungsvorschriften. § 38 Abs. 3 EStG verlangt vom Arbeitgeber, daß er bei jeder Lohnzahlung die Lohnsteuer für den Arbeitnehmer einbehält und an das Finanzamt abführt. Die ordnungsmäßige Durchführung dieser Verpflichtung ist buchmäßig zu belegen und muß jederzeit nachgeprüft werden können. Zu diesem Zwecke schreibt § 31 Abs. 1 LStDV 1970 vor, daß der Arbeitgeber am Ort der Betriebsstätte für jeden Arbeitnehmer ein **Lohnkonto** zu führen hat, aus dem neben den Personalien der Tag der Lohnzahlung und der Lohnzahlungszeitraum, der gezahlte Arbeitslohn ohne jeden Abzug, getrennt nach Barlohn und Sachbezügen, die einbehaltene Lohnsteuer, die gezahlten Bezüge, die steuerfrei sind oder für die Ermäßigungen bestehen, u. a. zu ersehen sind. Ein Lohnkonto braucht nur dann nicht geführt zu werden, wenn der Arbeitslohn des Arbeitnehmers während des ganzen Kalenderjahres 279 DM monatlich nicht übersteigt.[27] Das Lohnkontoblatt ist bis zum Ablauf des 5. Kalenderjahres, das auf die Lohnzahlung folgt, aufzubewahren.

Neben der Lohnsteuer müssen die Betriebe auch die **Kapitalertragsteuer** bei Ausschüttung von Kapitalerträgen einbehalten und an das Finanzamt abführen. Nach § 43 Abs. 1 EStG wird die Einkommensteuer durch Abzug vom Kapitalertrag bei Gewinnanteilen (Dividenden) aus Beteiligungen an Kapitalgesellschaften und Erwerbs- und Wirtschaftsgenossenschaften, ferner bei Einkünften aus der Beteiligung an einem Betrieb als stiller Gesellschafter und außerdem bei bestimmten steuerlich begünstigten Zinserträgen erhoben. Die Aufzeichnungspflichten bestehen hier darin, daß der Steuerschuldner dem Finanzamt eine Anmeldung einzureichen hat, die mit der Versicherung zu versehen ist, daß die Angaben vollständig und richtig sind.[28]

Ein wichtiges Kontrollmittel insbesondere für Betriebe, die nicht buchführungspflichtig sind, ist das **Wareneingangsbuch.** Es wurde durch die Verordnung über die Führung eines Wareneingangsbuches vom 20. 6. 1935[29] eingeführt. Aufzuzeichnen sind sämtliche erworbenen Waren, die weiterveräußert werden sollen, einschließlich der Rohstoffe, Halbfabrikate und Hilfsstoffe außer Stoffen, die zur Lohnveredlung bestimmt sind. Zu erfassen sind das Datum des Erwerbs, der Name und die Anschrift des Lieferanten, die handelsübliche Bezeichnung und der Preis. Abzüge (Skonti) und Warenrücksendungen sind nicht mit den Einkaufspreisen zu verrechnen, sondern für sich anzugeben. Verlangt werden ferner ein Hinweis auf den Beleg (Rechnung, Kassenzettel, Quittung) und die Angabe, wo er aufbewahrt wird.

---

[27] Vgl. § 31 Abs. 6 LStDV 1970
[28] Vgl. § 9 KapStDV
[29] RStBl I S. 881

Die Finanzverwaltung hat mittels des Wareneingangsbuches ein wichtiges **Kontrollmittel der Kleinbetriebe** in der Hand. Das Wareneingangsbuch wird durch die **Warenausgangsverordnung**[30] ergänzt. Ihr unterliegen in der Regel alle Hersteller und Großhändler, wenn sie Wiederverkäufer oder andere Hersteller beliefern.

Sämtliche Warenausgänge müssen aufgezeichnet werden; dem Abnehmer ist ein Beleg zu erteilen. Auf diese Weise ist der gesamte Warenverkehr vom Hersteller über den Großhändler zum Einzelhändler unter die Kontrolle der Finanzbehörden gebracht worden. Bei Betriebsprüfungen läßt es sich relativ leicht feststellen, wenn Wareneingänge vom Abnehmer nicht im Wareneingangsbuch erfaßt worden sind. Die Führung eines gesonderten Warenausgangsbuches wird nicht verlangt. Es genügt, wenn die Belege an die Abnehmer ordnungsgemäß erteilt und die Durchschriften geordnet aufbewahrt werden.

Wer nach handelsrechtlichen Bestimmungen zur Führung einer ordnungsmäßigen Buchführung verpflichtet ist, ist von der Führung eines Wareneingangsbuches befreit. Es genügt die Führung eines Warenkontos. Das gilt nur für Vollkaufleute im Sinne des HGB; ob Betriebe, die auf Grund des § 161 Abs. 1 AO Bücher führen müssen, zusätzlich ein Wareneingangsbuch haben müssen, ist umstritten.

b) Materielle und formelle Ordnungsmäßigkeit der Buchführung

Die Einkommensteuerrichtlinien führen aus: „Eine Buchführung ist ordnungsmäßig, wenn sie den Grundsätzen des Handelsrechts entspricht. Das ist der Fall, wenn die für die kaufmännische Buchführung erforderlichen Bücher geführt werden, die Bücher förmlich in Ordnung sind und der Inhalt sachlich richtig ist."[31] Die Grundsätze ordnungsmäßiger Buchführung lassen sich in materielle (sachliche) und formelle einteilen. Voraussetzung für eine **materielle Ordnungsmäßigkeit** sind die **Richtigkeit** und die **Vollständigkeit** der Aufzeichnungen, d. h. ein sachlicher Mangel liegt vor, wenn die Eintragungen in den Büchern nicht der Wahrheit entsprechen, indem

1. Geschäftsvorfälle, die stattgefunden haben, nicht aufgezeichnet werden,
2. Geschäftsvorfälle falsch aufgezeichnet werden,
3. Geschäftsvorfälle aufgezeichnet werden, die nicht stattgefunden haben,
4. bei der Inventur nicht alle Wirtschaftsgüter erfaßt werden,
5. bei der Inventur Wirtschaftsgüter aufgeführt werden, die nicht vorhanden sind,
6. Wirtschaftsgüter falsch, d. h. nicht den gesetzlichen Vorschriften entsprechend, bewertet werden.

Vollständigkeit und Richtigkeit allein genügen nicht für die Ordnungsmäßigkeit der Buchführung. Die Bücher müssen außerdem in **formaler Hin-**

---

[30] Verordnung über die Verbuchung des Warenausganges vom 20. 6. 1936, RGBl I, S. 507 f.
[31] Abschn. 29 Abs. 2 Nr. 1 EStR 1969

sicht so geführt werden, daß sich nicht nur der Buchführende selbst, sondern auch ein sachverständiger Dritter (z. B. Wirtschaftsprüfer, Betriebsprüfer) zurechtfindet und die Aufzeichnungen somit jederzeit nachprüfbar sind. Die formelle Ordnungsmäßigkeit (Klarheit und Übersichtlichkeit) der Buchführung soll erreicht werden

1. durch die Organisation der Buchführung und
2. durch das Buchführungssystem und die Art der geführten Bücher.

Zur Organisation der Buchführung enthalten die §§ 43 und 44 HGB und – z. T. gleichlautend – der § 162 AO Einzelheiten.

Nach § 162 Abs. 2 AO sollen die Eintragungen in den Büchern fortlaufend, vollständig und richtig erfolgen. Die Buchungen sind in der richtigen zeitlichen Reihenfolge, nach Möglichkeit täglich, in den Grundbüchern zu erfassen. Für Kasseneinnahmen und -ausgaben wird die tägliche Aufzeichnung ausdrücklich gefordert[32]. Werden diese Anforderungen nicht beachtet, so kann ein formaler Mangel vorliegen.

Die Bücher sind in einer lebenden Sprache und in den Schriftzeichen einer solchen zu führen[33]. Diese Bestimmung darf jedoch nicht so ausgelegt werden, daß ein deutscher Betrieb seine Aufzeichnungen in einer fremden Sprache führen darf, wenn der Unternehmer Deutscher ist. Nach § 193 Abs. 3 AO dürfen keine Einrichtungen getroffen werden, die die Ausübung der Aufsicht der Finanzämter hindern oder erschweren. Ausländer, die im Inland einen Betrieb haben, dürfen die Aufzeichnungen in ihrer Muttersprache vornehmen, sind jedoch verpflichtet, eine im Inland aufzustellende Handelsbilanz in deutscher Währung (§ 40 HGB) und in der Regel auch in deutscher Sprache anzufertigen.

Die Abgabenordnung fordert weiterhin, daß die Bücher, soweit es geschäftsüblich ist, gebunden und Blatt für Blatt oder Seite für Seite mit fortlaufenden Zahlen versehen werden[34]. Die gleiche Forderung stellt § 43 Abs. 2 HGB auf, allerdings fehlt dort der Passus „soweit es geschäftsüblich ist". Heute ist in der Regel die Lose-Blatt-Buchführung geschäftsüblich, die scheinbar im Widerspruch zu dieser Forderung steht. Das Reichsfinanzministerium hat ausdrücklich anerkannt, daß die Lose-Blatt-Buchführung steuerlich als ordnungsmäßig anzusehen ist. Es stützt sich in der Begründung auf ein Gutachten der Industrie- und Handelskammer Berlin vom 25. 2. 1927[35], in dem festgestellt wird, daß eine Lose-Blatt-Buchführung den Grundsätzen ordnungsmäßiger Buchführung entsprechen kann, insbesondere, wenn sie als doppelte Buchführung eingerichtet ist und wenn sie einer Anzahl weiterer Anforderungen genügt.

Durch den einheitlichen Erlaß der Länder vom 10. 6. 1963[36] ist auch

---

[32] Vgl. § 162 Abs. 7 AO
[33] Vgl. § 43 Abs. 1 HGB, § 162 Abs. 2 AO
[34] Vgl. § 162 Abs. 4 AO
[35] Kammermitteilungen 1927, S. 165 f.
[36] BStBl II, S. 93 f.

die Ordnungsmäßigkeit der „Offene-Posten-Buchhaltung" anerkannt worden, bei der keine Konten geführt, sondern die Belege als Buchungsträger verwendet werden. Sie werden in geordneter Form als „Offene Posten" bis zu dem Zeitpunkt aufbewahrt, an dem der im Beleg festgehaltene Geschäftsvorfall sich erledigt hat (z. B. durch einen Zahlungsvorgang). Danach wird der Beleg abgeheftet.

Der Ländererlaß knüpft die Anerkennung der Offene-Posten-Buchhaltung an eine Anzahl von **Voraussetzungen**:

1. Neben den Offenen Posten muß eine Durchschrift der Rechnungen der Zeitfolge nach in einer Kartei abgelegt werden.
2. Die Rechnungsbeträge sind nach Tagen zu addieren, und die Tagessummen sind – bei doppelter Buchführung – in das Debitoren- bzw. Kreditoren-Sachkonto und die zugehörigen Gegenkonten zu übernehmen.
3. Die Summe der Offenen Posten ist in angemessenen Zeitabständen mit dem Saldo des Debitoren- bzw. Kreditoren-Sachkontos abzustimmen. Der Zeitpunkt der Abstimmung und ihr Ergebnis sind festzuhalten.
4. Die ausgeglichenen Posten, die der Zeitfolge nach abgelegten Rechnungsdurchschriften einschließlich der Additionsstreifen oder sonstiger Zusammenfassungen der Rechnungsbeträge sind zehn Jahre aufzubewahren.

Auch die **Lochkarten-Buchführung** ist zugelassen, wenn eine Reihe von Voraussetzungen erfüllt ist, die ebenfalls in einem Gutachten der Industrie- und Handelskammer Berlin aus dem Jahre 1929[37] enthalten sind. Dort heißt es: „Gefordert werden muß aber, daß sämtliche toten und lebenden Konten in Büchern oder auf Blättern in der üblichen Weise geführt, also nicht etwa die gestanzten Lochkarten als Ersatz hierfür verwendet werden. Eine weitere Voraussetzung für die Anwendung des Systems ... ist, ... daß von den Aufstellungen der Tabelliermaschinen ohne weiteres auf die geordnet abgelegten Originalbuchungsbelege zurückgegriffen werden kann; daß ferner durch gegenseitige Verweisungen und Buchungszeichen der Zusammenhang zwischen den Eintragungen auf den Konten, den Grundbuchungen und den Belegen klar nachgewiesen ist, oder durch eine andere entsprechende Kontrolleinrichtung der Nachweis der Buchung leicht und sicher geführt werden kann, und schließlich der Kontenplan eine klare Übersicht über Bestände, Aufwand und Ertrag gewährleistet."

Die zunehmende Verwendung **elektronischer Datenverarbeitungsanlagen** zur Buchführung hat eine Anzahl von Problemen aufgeworfen, die noch nicht endgültig – vor allem bei der Buchführung für steuerliche Zwecke – geklärt sind. Grundsätzlich kann die formelle Ordnungsmäßigkeit in diesen Fällen erreicht werden. Die Rechtsvorschriften dürfen dann allerdings nicht so eng ausgelegt werden (z. B. Führung der Bücher in einer lebenden Sprache), daß der Rationalisierungseffekt der Datenverarbeitungsanlagen durch den Zwang, die gespeicherten Zahlen in kurzen Zeitabständen auszu-

---

[37] Kammermitteilungen 1929, S. 270

drucken, verlorengeht. Die steuerliche Betriebsprüfung wird allerdings zunächst noch darauf bestehen müssen, daß das gespeicherte Buchungsmaterial bei einer Betriebsprüfung ausgedruckt werden kann.

Die formelle Ordnungsmäßigkeit der Buchführung setzt nach der Abgabenordnung weiterhin voraus, daß zwischen den Aufzeichnungen keine unnötigen unbeschriebenen Zwischenräume gelassen werden. Die ursprünglichen Eintragungen sollen nicht durch Durchstreichen oder auf andere Weise unleserlich gemacht werden. Ferner soll nicht radiert und sollen keine Veränderungen vorgenommen werden, deren Beschaffenheit es ungewiß läßt, ob sie bei der ursprünglichen Eintragung oder erst später vorgenommen worden sind[38].

Die Eintragungen sollen – soweit es geschäftsüblich ist – mit Tinte erfolgen. Diese Vorschrift ist nicht wörtlich auszulegen. Die Verwendung von Kugelschreibern oder Tintenstift ist zulässig, dagegen nicht die Benutzung von Bleistiften, da bei Bleistiften keine Kontrolle möglich ist, ob die Aufzeichnungen nachträglich geändert worden sind. Ebenfalls zulässig ist die Maschinenschrift, da heute die Maschinenbuchführung in vielen Betrieben als „geschäftsüblich" anzusehen ist.

Die Abgabenordnung verlangt ferner, daß die Belege mit Nummern zu versehen und aufzubewahren sind[39]. Einer der wichtigsten Grundsätze der Buchführung ist der, daß **keine Buchung ohne Beleg** (Rechnungen, Quittungen, Lieferscheine, Frachtbriefe, Bank- und Postscheckauszüge, Kassenzettel, Inventurunterlagen u. a.) ausgeführt werden darf. Eine Buchung kann nur dann gegenüber der Betriebsprüfung bewiesen werden, wenn ein Beleg vorgelegt werden kann. Belege bilden also einen Bestandteil der Buchführungsunterlagen.

Die Belege müssen nicht nur aufbewahrt, sondern auch in einer **systematischen Ordnung** abgelegt und mit Nummern oder Buchungszeichen versehen werden, damit sie als Beweis für die Richtigkeit der einzelnen Buchungen herangezogen werden können. Ebenso muß bei der Buchung ein Hinweis auf den Beleg gegeben werden, damit von dem Buchungsvorfall jederzeit auf den Beleg zurückgegriffen werden kann, umgekehrt aber vom Beleg auch jederzeit die dazugehörige Buchung überprüft werden kann. Fehlen derartige gegenseitige Verweisungen, so kann das die formelle Ordnungsmäßigkeit der Buchführung beeinträchtigen, da sich dann auch ein sachverständiger Dritter nur noch mit Schwierigkeiten und außerordentlich hohem Zeitaufwand in einer derartigen Buchführung zurechtfindet.

Das Fehlen von Belegen kann zur Folge haben, daß die Ordnungsmäßigkeit der Buchführung nicht anerkannt wird. Im Urteil des BGH vom 25. 3. 1954[40] heißt es zu dieser Frage: „Zu den Regeln, die auch für kleinere und mittlere Betriebe verbindlich sind, gehört die Verpflichtung, jeder

---

[38] Vgl. § 162 Abs. 5 AO
[39] Vgl. § 162 Abs. 6 AO
[40] BGH 3 StR 232/53, DB 1954, S. 431

Buchung einen Beleg zugrunde zu legen und die Belege geordnet aufzubewahren. Dieser in den Richtlinien zur Organisation der Buchführung ...
unter III Nr. 12 auferlegte ‚Belegzwang' ist durch Anerkennung und
Übung zum Inhalt der durch § 38 HGB vorgeschriebenen ordnungsmäßigen Buchführung geworden."
Dieses Urteil ist auch deshalb von besonderer Bedeutung, weil es feststellt, daß die „Buchführungsrichtlinien"[41] „durch Anerkennung und
Übung" zu Grundsätzen ordnungsmäßiger Buchführung geworden sind.
Aufzubewahren sind nach § 44 Abs. 1 HGB von jedem Kaufmann:

1. Handelsbücher, Inventare und Bilanzen,
2. die empfangenen Handelsbriefe,
3. Wiedergaben der abgesandten Handelsbriefe,
4. Belege für Buchungen in den von ihm nach § 38 Abs. 1 zu führenden
   Büchern (Buchungsbelege).

Die **Fristen für die Aufbewahrung** von Handelsbüchern, Inventaren und
Bilanzen betragen 10 Jahre, die für die übrigen in § 44 Abs. 1 HGB aufgezählten Unterlagen 7 Jahre. Für steuerliche Zwecke schreibt § 162
Abs. 8 AO die gleichen Fristen vor. Belege dürfen seit der Änderung des
HGB und der AO vom 2. 8. 1965[42] auch in der Form von **Mikrokopien**
aufbewahrt werden, „wenn das Verfahren bei der Herstellung der Wiedergabe ordnungsmäßigen Grundsätzen entspricht und dabei gesichert ist, daß
die Wiedergabe mit der Urschrift übereinstimmt."[43] § 162 Abs. 9 AO bestimmt weiter, daß der Betrieb auf Verlangen der Finanzbehörden oder
der Gerichte „auf seine Kosten die erforderliche Anzahl ohne Hilfsmittel
lesbarer Reproduktionen vorzulegen" hat, wenn Unterlagen auf Grund der
Mikroverfilmung nur in einer ohne Hilfsmittel nicht lesbaren Form vorgelegt werden können.
Eine Aufbewahrungspflicht für Lochkarten, Lochstreifen, Magnetbänder
oder Plattenspeicher besteht nur, wenn sie **Buchfunktion** erfüllen, d. h.
wenn sie an die Stelle von Konten der Buchhaltung treten wie z. B. bei der
Offene-Posten-Buchführung. Die Aufbewahrungsfrist beträgt dann 10 Jahre. Werden die Angaben der Lochkarten usw. dagegen auf Listen übertragen, so sind nur die Listen – soweit sie Buchfunktion erfüllen – aufzubewahren[44].
Die formelle Ordnungsmäßigkeit der Buchführung setzt auch voraus,
daß die Buchführung nach dem **Kontenrahmen**[45] gegliedert ist. Zwar ist die
Anwendung des Kontenrahmens vom Gesetzgeber nicht ausdrücklich vorgeschrieben worden, doch da er zweifellos der Verbesserung der Klarheit

---

[41] Grundsätze für Buchführungsrichtlinien der gewerblichen Wirtschaft vom 11. 11. 1937
[42] BGBl I, S. 665
[43] § 44a HGB, § 162 Abs. 9 AO
[44] Vgl. von der Heyden/Körner, Bilanzsteuerrecht in der Praxis, 2. Aufl., Herne/Berlin 1967,
S. 47
[45] Vgl. S. 65 ff.

und Übersichtlichkeit der Buchführung dient, kann er somit auch zu den Grundsätzen ordnungsmäßiger Buchführung gerechnet werden. Die Verwendung des Kontenrahmens wird ebenso wie der „Belegzwang" durch die oben erwähnten „Buchführungsrichtlinien" bestimmt. Da diese Richtlinien nach Auffassung der Rechtsprechung „durch Anerkennung und Übung" zu Grundsätzen ordnungsmäßiger Buchführung geworden sind, kann man daraus folgern, daß die Anwendung des Kontenrahmens heute auch für die Buchführung **als verbindlich** anzusehen ist. Der Kontenrahmen ist ein Organisations- und Gliederungsplan für das gesamte Rechnungswesen. Er ist eine Rahmenvorschrift, nach der der einzelne Betrieb unter Berücksichtigung seiner individuellen Eigenarten seinen Kontenplan entwickelt.

Welches **Buchführungssystem** – ob einfache, doppelte oder kameralistische Buchführung – angewendet werden muß, damit die formelle Ordnungsmäßigkeit gegeben ist, ist nirgends gesetzlich vorgeschrieben, sondern hängt im Einzelfall von der Art und Größe des Betriebes ab. Die „Buchführungsrichtlinien" vom 11. 11. 1937 (II Ziff. 1) verlangen „im Regelfall die doppelte Buchführung oder eine gleichartige kameralistische ... Unter besonderen Verhältnissen, besonders in kleinen Betrieben des Einzelhandels und des Handwerks ist die einfache Buchführung angängig." Da die kameralistische Buchführung jedoch in der Regel eine reine Einnahmen-Ausgabenrechnung ist, ist sie für Betriebe, die ihren Gewinn durch Vermögensvergleich[46] ermitteln wollen, nicht ausreichend.

Der Betrieb hat grundsätzlich die Wahl zwischen der einfachen und der doppelten Buchführung. Für bestimmte Rechtsformen (Kapitalgesellschaften, Genossenschaften) ist jedoch kraft Gesetzes die **doppelte Buchführung** vorgeschrieben, da die einfache Buchhaltung keine Erfolgskonten besitzt und folglich eine Feststellung des Gewinns oder Verlustes der Periode mittels einer Erfolgsrechnung nicht möglich ist. Der Gewinn wird bei der einfachen Buchführung nur durch Vergleich des Eigenkapitalkontos zu Beginn und zu Ende des Geschäftsjahres (unter Abzug der Einlagen und Hinzurechnung der Entnahmen) ermittelt. Seine Entstehung läßt sich aber aus der Buchführung nicht erklären. Das ist nur im System der doppelten Buchführung durch Gegenüberstellung der Aufwendungen und der Erträge der Abrechnungsperiode möglich.

Die Ordnungsmäßigkeit der Buchführung hängt also nicht vom gewählten Buchführungssystem ab, wohl aber davon, daß die durch das angewandte System bedingten Anforderungen erfüllt, also insbesondere **bestimmte Bücher** mindestens geführt werden. Zwar gibt es auch hierfür keine erschöpfenden gesetzlichen Vorschriften, jedoch erfordern einfache und doppelte Buchführung ein Minimum an Büchern, ohne die das jeweils angewandte System in sich nicht ordnungsmäßig sein kann. Welche Aufgliederung in den Büchern erfolgt und welche Hilfsbücher zusätzlich geführt werden, hängt von der Art des Betriebes und der Betriebsgröße ab.

---

[46] Vgl. §§ 4 Abs. 1 und 5 EStG

c) Die Bedeutung des Inventars für die Ordnungsmäßigkeit der Buchführung

Ein wesentliches Erfordernis für die Ordnungsmäßigkeit der Buchführung und Bilanzierung ist die Durchführung einer körperlichen Bestandsaufnahme am Bilanzstichtag (Inventur) und die Erstellung eines Bestandsverzeichnisses (Inventar). Nach § 39 HGB ist der Betrieb verpflichtet, jährlich neben der Handelsbilanz für den Bilanzstichtag ein **Inventar** aufzustellen, in dem die Vermögensgegenstände und die Schulden des Betriebes art-, mengen- und wertmäßig einzeln aufgezeichnet sind. Das Handelsrecht sieht im Inventar ein Instrument zur Vermögensfeststellung zum Schutze der Gläubiger. Für das Steuerrecht liegt die Bedeutung des Inventars in erster Linie in der richtigen Abgrenzung des Periodenerfolges.

Mit Hilfe der **Inventur** soll kontrolliert werden, ob die tatsächlich vorhandenen Wirtschaftsgüter (Istbestände) mit den sich aus den Büchern ergebenden Beständen (Sollbeständen) in Art, Menge und Wert übereinstimmen; ist das nicht der Fall, so sollen Differenzen festgestellt und ihr Zustandekommen erklärt werden.

Bei Betrieben, die keine Lagerbuchführung haben, können die Endbestände nur mit Hilfe der Inventur festgestellt werden[47].

Eine erschöpfende gesetzliche Regelung, welche **Anforderungen an die Genauigkeit** der Inventur gestellt werden, existiert nicht. Die Anforderungen hängen vor allem von der Art des Wirtschaftszweiges, der Betriebsgröße, der Artikelzahl, insbesondere auch der Bedeutung der einzelnen Waren oder Halb- und Fertigfabrikate im Rahmen des Sortiments bzw. des Produktionsprogramms, ab. Handelt es sich um Wirtschaftsgüter, die im wesentlichen gleichartig sind, so dürfen sie zu einem Posten zusammengefaßt werden. Das ist nach Ansicht des RFH dann der Fall, wenn die Waren in ihren Preisen nur wenig voneinander abweichen, so daß – auch unter Berücksichtigung der Art und Größe des Betriebes – der angesetzte Durchschnittspreis überschlägig nachprüfbar ist[48].

Die körperliche Bestandsaufnahme kann für den Bilanzstichtag vorgenommen werden. Dann verlangen die Einkommensteuerrichtlinien, daß sie zeitnah, d. h. „in der Regel innerhalb einer Frist von zehn Tagen vor oder nach dem Bilanzstichtag" erfolgt[49] und daß die Bestandsveränderungen zwischen dem Bilanzstichtag und dem Stichtag der Inventur an Hand von Belegen und Aufzeichnungen ordnungsmäßig berücksichtigt werden.

Die Stichtagsinventur darf bei Gütern des Vorratsvermögens unter bestimmten Voraussetzungen durch die **permanente Inventur** ersetzt werden, bei der die körperliche Bestandsaufnahme über das ganze Jahr verteilt werden kann. Die zwischen dem Aufnahmetag und dem Bilanzstichtag durch Zu- und Abgänge eingetretenen Veränderungen werden durch Fortschreibung in den Lagerkarteien erfaßt.

---

47 Vgl. S. 81
48 Vgl. RFH vom 5. 7. 1933, RStBl 1933, S. 763
49 Abschn. 30 Abs. 1 EStR 1969

Die permanente Inventur hat sich in der Praxis immer mehr durchgesetzt, weil sie erhebliche betriebswirtschaftliche Vorteile bietet. Die Stichtagsinventur führt zu einem großen Arbeitsanfall innerhalb weniger Tage, der bei vielen Betrieben Betriebsunterbrechungen zur Folge hat. Bei permanenter Inventur kann dagegen ein Arbeitsplan aufgestellt werden, der eine **Verteilung der Inventurarbeiten über das ganze Jahr** vorsieht. Folglich können die Bestandsaufnahmen ohne Unterbrechung des laufenden Betriebsprozesses von eingearbeiteten Arbeitskräften durchgeführt werden, die nicht wie bei der Stichtagsinventur unter übermäßigem Zeitdruck stehen. Inventurdifferenzen lassen sich meist schneller aufdecken und erklären.

Auf Grund ihrer Vorteile wurde die permanente Inventur handelsrechtlich lange Zeit stillschweigend geduldet und steuerrechtlich durch die Einkommensteuerrichtlinien zugelassen, bis sie schließlich durch das „Gesetz zur Änderung des Handelsgesetzbuches und der Reichsabgabenordnung" vom 2. 8. 1965[50] ausdrücklich erlaubt wurde. Allerdings werden bei Anwendung der permanenten Inventur **strenge Anforderungen an die Lagerbücher** gestellt. Sie müssen an Hand von Belegen nachgewiesene Einzelangaben über die Bestände und über alle Zu- und Abgänge nach Tag, Art und Menge enthalten. Die sich aus den Lagerbüchern ergebenden Bestände sind in jedem Wirtschaftsjahr mindestens einmal durch körperliche Bestandsaufnahme zu kontrollieren. Die Prüfung darf sich nicht nur auf Stichproben beschränken. Ergeben sich Differenzen zwischen Buch- und Istbeständen, so sind die Lagerbücher entsprechend zu berichtigen. Über die Ergebnisse der körperlichen Bestandsaufnahme sind Aufzeichnungen anzufertigen, die unter Angabe des Zeitpunktes von den verantwortlichen Personen zu unterzeichnen und wie Handelsbücher (10 Jahre) aufzubewahren sind.

Das erwähnte Gesetz zur Änderung des HGB und der AO hat eine weitere Erleichterung der Inventur eingeführt. Nach den zuvor zulässigen Inventurmethoden war das Inventar – auch bei permanenter Inventur – für den Bilanzstichtag aufzustellen. § 39 Abs. 4 HGB läßt heute zu, daß am Schluß des Geschäftsjahres diejenigen Vermögensgegenstände nicht verzeichnet zu werden brauchen, die nach Art, Menge und Wert in ein **besonderes Inventar** aufgenommen worden sind, das für einen Tag innerhalb der letzten drei Monate vor oder der beiden ersten Monate nach dem Bilanzstichtag aufgestellt worden ist. Durch Anwendung eines den Grundsätzen ordnungsmäßiger Buchführung entsprechenden Fortschreibungs- oder Rückrechnungsverfahrens ist sicherzustellen, daß der am Schluß des Geschäftsjahres vorhandene Bestand an Vermögensgegenständen für den Bilanzstichtag ordnungsgemäß bewertet werden kann.

Die Einkommensteuerrichtlinien führen dazu aus: „Der Bestand braucht in diesem Fall ... auf den Bilanzstichtag nicht nach Art und Menge festgestellt zu werden; es genügt die Feststellung des Gesamtwerts des Bestands

---

[50] BGBl I, S. 665, BStBl I 1965, S. 371

auf den Bilanzstichtag. ... Die Fortschreibung des Warenbestands kann dabei nach der folgenden Formel vorgenommen werden, wenn die Zusammensetzung des Warenbestands am Bilanzstichtag von der des Warenbestands am Inventurstichtag nicht wesentlich abweicht: Wert des Warenbestands am Bilanzstichtag = Wert des Warenbestands am Inventurstichtag zuzüglich Wareneingang abzüglich Wareneinsatz (Umsatz abzüglich des durchschnittlichen Rohgewinns) ...“[51]

Nach § 39 HGB und § 160 Abs. 1 und § 161 AO ist der Betrieb verpflichtet, auch ein **Verzeichnis der Gegenstände des beweglichen Anlagevermögens** aufzustellen, in das auch Wirtschaftsgüter aufzunehmen sind, die bereits auf den Erinnerungswert abgeschrieben worden sind. Ausgenommen sind geringwertige Anlagegüter[52], die im Jahre der Anschaffung oder Herstellung in voller Höhe als Aufwand verrechnet worden sind. Sie brauchen nicht in das Bestandsverzeichnis aufgenommen zu werden, wenn ihre Anschaffungs- oder Herstellungskosten 100,– DM nicht übersteigen oder wenn sie auf einem besonderen Konto verbucht worden sind[53].

Ferner kann auf die Aufnahme der Wirtschaftsgüter in das Bestandsverzeichnis verzichtet werden, für die ein Ansatz mit einem **Festwert**[54] steuerlich zulässig ist. Sie müssen an jedem Hauptfeststellungszeitpunkt für die Feststellung des Einheitswertes des Betriebsvermögens, spätestens aber an jedem fünften Bilanzstichtag durch körperliche Bestandsaufnahme erfaßt werden[55].

Die Vorschriften über die permanente Inventur und das Wertnachweisverfahren durch das besondere Inventar[56] gelten sinngemäß für das Bestandsverzeichnis für das bewegliche Anlagevermögen.

Die Anwendung der permanenten Inventur und die Aufstellung eines besonderen Inventars nach § 39 Abs. 4 HGB sind steuerrechtlich für Bestände nicht zugelassen, die besonders wertvoll und außerdem leicht aufnehmbar sind, ferner für Bestände, bei denen durch Schwund, Verdunsten, Verderb, leichte Zerbrechlichkeit oder ähnliche Vorgänge ins Gewicht fallende unkontrollierbare Abgänge eintreten, so daß die Buchmenge dieser Bestände am Bilanzstichtag nur mit Hilfe einer theoretischen Schwund- und Abfallrechnung oder auf andere Weise durch Schätzung gewonnen werden kann[57].

d) Folgen der Verletzung der Buchführungspflichten

Ein besonderes Interesse an der Einhaltung der Buchführungspflichten hat der Steuergesetzgeber. Sind falsche Eintragungen in den Büchern vor-

[51] Abschn. 30 Abs. 3 EStR 1969
[52] Vgl. § 6 Abs. 2 EStG
[53] Vgl. Abschn. 31 Abs. 3 EStR 1969
[54] Vgl. S. 372 ff.
[55] Vgl. Abschn. 31 Abs. 3 EStR 1969
[56] Vgl. § 39 Abs. 3 und 4 HGB
[57] Vgl. Abschn. 30 Abs. 4 EStR 1969

genommen oder sind Eintragungen später geändert worden, so handelt es
sich um eine **Urkundenfälschung**[58], wenn derartige Bücher Grundlage der
Steuererklärung sind oder als Beweismittel bei Gericht vorgelegt werden.
Werden keine Bücher geführt oder werden sie vernichtet oder so geändert, daß eine Übersicht über das Vermögen nicht möglich ist, so liegt
im Falle der Zahlungsunfähigkeit nach § 240 KO **einfacher Bankrott** vor,
der mit Gefängnis bestraft werden kann. Kann die Absicht nachgewiesen
werden, daß mit diesen Maßnahmen die Gläubiger geschädigt werden sollen, so handelt es sich bei Zahlungsunfähigkeit um einen Fall des **betrügeri-
schen Bankrotts**, für den § 239 KO Zuchthausstrafe, bei mildernden Umständen Gefängnisstrafe androht.

Haftbar für die Einhaltung der Buchführungsvorschriften sind nach
§ 97 Abs. 1 AO die Steuerpflichtigen, also die Einzelunternehmer, die Gesellschafter der Personengesellschaften und nach § 103 AO die gesetzlichen
Vertreter der Kapitalgesellschaften, Genossenschaften und anderer juristischer Personen. Daneben haften alle Bevollmächtigten, z. B. Steuerbevollmächtigte, Steuerberater, Rechtsanwälte usw. wie gesetzliche Vertreter[59],
d. h. sie haften persönlich neben dem Steuerpflichtigen, wenn durch schuld-
hafte Verletzung der ihnen in den §§ 103–108 AO auferlegten Pflichten
Steueransprüche verkürzt oder Erstattungen oder Vergütungen zu Unrecht
gewährt worden sind[60].

Nach § 109 Abs. 2 AO i. d. F. der FGO (in Kraft seit 1. 1. 1966) sind
Rechtsanwälte, Notare, Steuerberater, Steuerbevollmächtigte, Wirtschaftsprüfer und vereidigte Buchprüfer „wegen Handlungen, die sie in Ausübung
ihres Berufes vorgenommen haben, nur dann nach Absatz 1 haftbar, wenn
diese Handlungen eine Verletzung ihrer Berufspflicht enthalten".

Nach § 91 AktG hat „der Vorstand dafür zu sorgen, daß die erforderlichen Handelsbücher geführt werden". Verantwortlich für die Führung
und Aufbewahrung sind sämtliche Vorstandsmitglieder, auch die stellver-
tretenden. Sie haben dabei gemäß § 93 Abs. 1 AktG „die Sorgfalt eines
ordentlichen und gewissenhaften Geschäftsleiters anzuwenden". Da Strafbarkeit aus den §§ 239, 240 und 244 KO eigenes Verschulden voraussetzt,
sind Vorstandsmitglieder nur dann strafbar, wenn sie ihre Pflichten schuld-
haft vernachlässigen. Zu beachten ist jedoch, daß die Vorstandsmitglieder
die „erforderlichen Handelsbücher" nicht selbst führen müssen; ihnen ist
lediglich die Sorge für die Führung und Aufbewahrung der Handelsbücher
auferlegt. „Es genügt – und nur insoweit reicht die Strafbarkeit – die
Anstellung sachverständiger Kräfte und deren fortlaufende Überwachung,
zu der sich der Vorstand mangels eigener Sachkenntnis und Zeit wieder
sachverständiger Revisoren bedienen kann."[61]

---

[58] Vgl. §§ 267/268 StGB
[59] Vgl. § 108 AO
[60] Vgl. § 109 Abs. 1 AO
[61] Godin-Wilhelmi, Aktiengesetz, 3. Aufl., Bd. I, Berlin 1967, S. 451

Andere Organe als den Vorstand trifft die Verpflichtung aus § 91 AktG
– zumindest strafrechtlich – nicht. Damit kann auch der Aufsichtsrat
strafrechtlich nicht verfolgt werden, wenn die erforderlichen Handelsbücher nicht geführt werden. Der Aufsichtsrat kann jedoch infolge Verletzung
seiner Überwachungspflicht zivilrechtlich haftbar gemacht werden[62] [63].

Entsprechen die Bücher und Aufzeichnungen den Vorschriften des § 162
AO, so haben sie gemäß § 208 AO die **Vermutung ordnungsmäßiger Führung** für sich. Besteht nach den Umständen des Falles kein Anlaß, ihre sachliche Richtigkeit zu beanstanden, so sind sie der Besteuerung zugrunde zu
legen.

Fehlt es an der Ordnungsmäßigkeit der Buchführung, so daß die Finanzbehörden nicht in der Lage sind, die Besteuerungsgrundlagen aus den Büchern zu ermitteln, so erfolgt eine **Schätzung**, bei der nach § 217 Abs. 1
AO alle Umstände zu berücksichtigen sind, die für die Schätzung von Bedeutung sind. Eine Schätzung bedeutet in den meisten Fällen nicht, daß die
Buchführungsunterlagen völlig verworfen werden. Vielmehr hat die Finanzbehörde von den vorhandenen Unterlagen auszugehen und sich zu
bemühen, den tatsächlich erzielten Gewinn möglichst genau zu ermitteln.
Grundlage ist dabei die Gewinnermittlungsart, die sonst für den Steuerpflichtigen maßgebend ist.

Enthält die Buchführung **formelle Mängel**, d. h. Mängel, die das Wesen
der kaufmännischen Buchführung berühren (sog. Systemfehler, z. B. das
Fehlen einer Inventur oder eines Kassenbuches), so wird die Ordnungsmäßigkeit der Buchführung verneint und eine Schätzung vorgenommen.
Andere formelle Mängel, die das sachliche Ergebnis nicht beeinflussen, führen zu keiner Beanstandung der Ordnungsmäßigkeit.

Enthält die Buchführung **sachliche** Mängel (z. B. Geschäftsvorfälle sind
nicht oder falsch verbucht), so ergeben sich nach der Rechtsprechung mehrere Möglichkeiten, die im Abschnitt 29 EStR 1969 zusammengefaßt sind.
Können die Fehler der Buchführung in vollem Umfange **berichtigt** werden,
so wird das berichtigte Ergebnis der Besteuerung zugrunde gelegt.

Sind nur einige Geschäftsvorfälle unrichtig verbucht, die nur einen belanglosen Teil der gewerblichen Betätigung und des Gewinns ausmachen[64],
so kann eine Berichtigung des Ergebnisses durch eine **ergänzende Schätzung**
erfolgen (unschädliche ergänzende Schätzung). Die Schätzung wird nur
dann für die Ordnungsmäßigkeit der Buchführung als unschädlich angesehen, wenn wirtschaftliche Vorgänge auch in der mangelhaften Buchführung noch zuverlässig verfolgt werden können. Das gilt insbesondere auch
für solche Vorgänge, die den Steuerbegünstigungen zugrunde liegen und
die mit Hilfe der Buchführung überwacht werden sollen.

Ist die Buchführung insgesamt zur Ermittlung des Ergebnisses ungeeig

---

[62] Vgl. §§ 116, 93 AktG
[63] Vgl. Godin-Wilhelmi, a. a. O., S. 452
[64] Vgl. BFH vom 17. 11. 1955, BStBl 1955, S. 393

net, so wird es unter Verwendung der Buchführungsunterlagen geschätzt (**schädliche Schätzung**).

Wenn kein Systemfehler vorliegt und das Ergebnis der Buchführung – gegebenenfalls nach Berichtigung durch eine unschädliche ergänzende Schätzung – der Gewinnermittlung bei der Veranlagung zugrunde gelegt wird, so wird die Ordnungsmäßigkeit der Buchführung auch für die Inanspruchnahme von Steuervergünstigungen, die eine ordnungsmäßige Buchführung voraussetzen, anerkannt[65].

Eine strafrechtliche **Verfolgung** der Verletzung der steuerlichen Buchführungspflichten tritt nur unter bestimmten Voraussetzungen ein. Nach § 405 Abs. 1 AO handelt **ordnungswidrig**, „wer vorsätzlich oder leichtfertig

1. Belege ausstellt, die in tatsächlicher Hinsicht unrichtig sind, oder
2. nach Gesetz buchungs- oder aufzeichnungspflichtige Geschäftsvorfälle nicht oder in tatsächlicher Hinsicht unrichtig verbucht oder verbuchen läßt

und dadurch ermöglicht, Steuereinnahmen zu verkürzen." Die Ordnungswidrigkeit kann mit einer Geldbuße bis zu 10 000 DM geahndet werden.

Eine Verletzung der Buchführungspflichten kann auch nach § 404 AO als **leichtfertige Steuerverkürzung** mit Geldbuße bis zu 100 000 DM geahndet werden.

4. Bilanzklarheit und Bilanzwahrheit

Als besondere Bilanzierungsgrundsätze neben den dargestellten Grundsätzen ordnungsmäßiger Buchführung werden in der Literatur die Grundsätze der Bilanzklarheit, der Bilanzwahrheit und der Bilanzkontinuität genannt. Diese drei Prinzipien lassen sich – wie oben gezeigt – auch aus § 149 Abs. 1 AktG ableiten, obwohl dort ausdrücklich nur gefordert wird, daß die Bilanz klar und übersichtlich sein soll.

a) Klarheit und Übersichtlichkeit

Die Klarheit und Übersichtlichkeit der Bilanzierung wird erreicht durch eine den Bilanzzwecken entsprechende **Gliederung** des Vermögens und des Kapitals. Dabei müssen die einzelnen Bilanzpositionen inhaltlich scharf umrissen und gegen andere Positionen abgegrenzt werden. Es dürfen keine Wirtschaftsgüter in einer Position zusammengefaßt werden, wenn sich dadurch Fehlinformationen für die Bilanzleser ergeben können. Vor allem aber ist das **Bruttoprinzip** voll anzuwenden. Das bedeutet, daß Saldierungen von Aktiv- und Passivpositionen nicht zulässig sind. Die Gliederung

---

[65] Vgl. BFH vom 27. 3. 1952, BStBl 1952, S. 122; BFH vom 10. 2. 1953, BStBl 1953, S. 106; BFH v. 3. 9. 1957, BStBl 1958, S. 102; BFH v. 8. 5. 1958, BStBl 1958, S. 350

darf aber auch nicht so weit getrieben werden, daß die geforderte Übersichtlichkeit verlorengeht.

Bei Aktiengesellschaften wird die Bilanzklarheit durch den **Geschäftsbericht** vergrößert, in dem Erläuterungen zu bestimmten Bilanzpositionen[66] und über aus der Bilanz nicht zu ersehende Haftungsverhältnisse – einschließlich der Bestellung von Sicherheiten für eigene Verbindlichkeiten – zu machen sind. Da der Geschäftsbericht nicht wie die Bilanz in den Gesellschaftsblättern veröffentlicht wird, verlangt § 151 Abs. 5 AktG den Vermerk von solchen Haftungsverhältnissen – einschließlich der Bestellung von Sicherheiten für fremde Verbindlichkeiten – in der Bilanz, die für die Beurteilung der Lage des Betriebes von besonderer Bedeutung sind[67].

§ 152 AktG enthält einige Vorschriften, die speziell der Realisierung der Bilanzklarheit dienen sollen. So dürfen nach § 152 Abs. 8 AktG Forderungen „nicht mit Verbindlichkeiten, nicht abgerechnete Leistungen nicht mit Anzahlungen, Grundstücksrechte nicht mit Grundstückslasten verrechnet werden. Rücklagen, Wertberichtigungen und Rückstellungen dürfen nicht als Verbindlichkeiten aufgeführt werden."

Bei den einzelnen Posten des Anlagevermögens sind Zugänge und Abgänge, Zuschreibungen und Abschreibungen, sowie Umbuchungen gesondert auszuweisen[68]. Steuerfreie Rücklagen, d. h. offene Rücklagen, die auf Grund steuerrechtlicher Vorschriften aus dem unversteuerten Gewinn gebildet werden dürfen, aber in späteren Jahren nachzuversteuern sind, dürfen nicht mit den übrigen Rücklagen zusammengefaßt werden, sondern sind als „Sonderposten mit Rücklageanteil" auszuweisen, weil sie nur zum Teil Eigenkapital, zum anderen Teil eine in ihrer Höhe noch nicht exakt bestimmbare Verbindlichkeit gegenüber dem Finanzamt enthalten[69].

Pauschalwertberichtigungen zu Forderungen sind getrennt von den Einzelwertberichtigungen bestimmter Forderungen zu bilanzieren[70].

Wenn Wirtschaftsgüter sachlich mehreren Positionen zugeordnet werden können, so ist bei der Position, unter der sie ausgewiesen werden, die **Mitzugehörigkeit zu anderen Positionen** anzugeben, wenn dadurch die Klarheit der Bilanz vergrößert wird[71] [72].

b) Wahrheit, Richtigkeit, Wahrhaftigkeit, Zweckmäßigkeit

Der problematischste Bilanzierungsgrundsatz ist das Prinzip der Bilanzwahrheit. Die Wahrheit ist ein ethischer Wert, der Anspruch auf absolute Geltung hat. Da sich allmählich die Auffassung durchgesetzt hat, daß es

---

[66] Vgl. § 160 Abs. 3 AktG
[67] Einzelheiten vgl. S. 194
[68] Vgl. § 152 Abs. 1 AktG
[69] Vgl. § 152 Abs. 5 AktG
[70] Vgl. § 152 Abs. 6 AktG
[71] Vgl. § 151 Abs. 3 AktG
[72] Einzelheiten vgl. S. 193

keine Bilanzansätze gibt, die als objektiv wahr und damit als die einzig möglichen angesehen werden können, wenn man keine „unwahren" Bilanzen aufstellen will, wird der Begriff der Bilanzwahrheit in zunehmendem Maße durch andere Begriffe ersetzt. Hierfür kommen vor allem die Begriffe **Richtigkeit** und **Wahrhaftigkeit**[73], aber auch der Begriff der **Zweckmäßigkeit** in Frage.

Richtig ist eine Bilanzposition dann, wenn

1. ihre Bezeichnung genau den Inhalt der Position deckt, d. h. eine Maschine auch unter der Position Maschinen und nicht unter der Position Werkzeuge oder gar der Position Roh-, Hilfs- und Betriebsstoffe ausgewiesen wird, und
2. die Position rechnerisch richtig ist, d. h. bei der Erfassung der zugrunde liegenden Geschäftsvorfälle in der Buchhaltung und beim Aufaddieren der Bilanzposition aus den Beständen mehrerer Konten keine Rechenfehler unterlaufen sind.

Da aber eine große Zahl von Wirtschaftsgütern vor der Bilanzierung einer **Bewertung** unterliegen (z. B. Anlagen, Vorräte), durch die die innerhalb einer Bilanzperiode eingetretenen Wertänderungen erfaßt werden sollen, die nicht eine Folge von Mengenänderungen, sondern z. B. von technisch oder wirtschaftlich bedingten Wertminderungen sind, stellt sich die Frage nach der Richtigkeit einer Bilanzposition noch ein drittes Mal: ist „richtig" bewertet worden, so daß ein „wahrer" Bilanzansatz entstanden ist?

Schreibt der Gesetzgeber für die Handels- und/oder Steuerbilanz einen Wertansatz zwingend vor, so ist die „Richtigkeit" in der Regel nachzuprüfen. Eine Bilanz muß aber noch nicht deshalb wahr sein, weil sie den gesetzlichen Bilanzierungsvorschriften entspricht. Das zeigt sich allein schon in den Fällen, in denen der Gesetzgeber ein Bewertungswahlrecht einräumt, so daß der Bilanzierende zwischen mehreren Bilanzansätzen wählen kann, die den gesetzlichen Vorschriften entsprechen. Gibt es dann mehrere Bilanzwahrheiten?

Leffson versucht, diese Schwierigkeiten durch Einführung des Begriffs der **„subjektiven Wahrhaftigkeit"** zu lösen, der neben der Forderung nach Wahrheit im Sinne von Richtigkeit zu beachten ist. „Wahrhaftigkeit bedeutet ... zunächst einmal, daß ein Bewertender beim Zweifel über verschiedene Wertansätze den Wert wählen soll, der seiner persönlichen Überzeugung entspricht[74]." Der Bilanzierende hat den Jahresabschluß so aufzustellen, „daß er persönlich die Bezeichnung der Posten und die Wertansätze für richtig und für eine korrekte Aussage über die zugrunde liegenden Tatsachen hält"[75]. Und weiter: „Verstößt der Rechenschaftspflichtige gegen das Gebot der subjektiven Wahrheit, mit dem Ziel, den Abschluß auf

---

[73] Vgl. Leffson, U., a. a. O., S. 80 ff.
[74] Leffson, U., a. a. O., S. 83 f.
[75] Leffson, U., a. a. O., S. 84

Grund irgendwelcher Motive in einer bestimmten Richtung zu manipulieren, so bezeichnet man seine Handlungsweise auch als Willkür ... Willkür hebt Rechenschaft auf."[76] Diese Übertragung der auf den sachlichen Inhalt bezogenen Bilanzwahrheit auf die subjektive Wahrhaftigkeit der Person des Bilanzierenden führt jedoch auch zu keiner eindeutigen Lösung der Frage, ob ein Bilanzansatz wahr sei. Hier muß man u. E. den Begriff der **Zweckmäßigkeit der Bilanzierung** in dem Sinne einführen, daß ein Bilanzansatz geeignet sein muß, den mit der Bilanz verfolgten Zweck zu realisieren. Auf die Wahrhaftigkeit des Bilanzierenden kann allerdings auch dabei nicht verzichtet werden. Nach § 149 Abs. 1 AktG ist es der Zweck des aktienrechtlichen Jahresabschlusses, im Rahmen der Bewertungsvorschriften einen möglichst sicheren Einblick in die Vermögens- und Ertragslage zu geben. Folglich ist jeder Bilanzansatz, der diesen Bewertungsvorschriften entspricht, richtig. Stehen aber mehrere mögliche Wertansätze zur Wahl, so ist derjenige zweckmäßig, der den bestmöglichen Einblick gewährt. Lassen die Bewertungsvorschriften aber Wertansätze zu, die die Vermögens- und Ertragslage völlig falsch darstellen, so sind sie **zwar gesetzmäßig, aber nicht richtig und auch nicht zweckmäßig.**

Wenn mit ihnen aber ein anderer Zweck verfolgt wird, den der Gesetzgeber über den erstgenannten Zweck stellt, so können sie dem anderen Zweck adäquat sein, dem ersten aber widersprechen. Ein Beispiel dafür ist die Vorschrift des § 154 Abs. 2 Nr. 2 AktG, daß niedrigere Wertansätze, die in der Steuerbilanz aus steuerpolitischen Zielsetzungen zugelassen werden, z. B. eine Sonderabschreibung von 50 % neben der normalen Abschreibung, in der Handelsbilanz Verwendung finden dürfen. Zweck dieser an anderer Stelle[77] kritisch betrachteten Vorschrift ist es, diese Wertansätze zur Korrektur des steuerpflichtigen Gewinns in der Steuerbilanz zu verwenden. Das Prinzip der Maßgeblichkeit der Handelsbilanz für die Steuerbilanz verlangt dann aber zuvor einen entsprechenden Ansatz in der Handelsbilanz, auch wenn dadurch die Vermögens- und Ertragslage verfälscht werden. Man kommt hier zu dem paradoxen Ergebnis, daß derartige Bilanzansätze den gesetzlichen Vorschriften und ebenso einer gewissenhaften Rechenschaftslegung entsprechen, daß also sowohl sachliche Richtigkeit des Bilanzansatzes als auch Wahrhaftigkeit des Bilanzierenden gegeben ist, daß aber der Wertansatz einen falschen Einblick in die Vermögens- und Ertragslage gibt.

Die Problematik der Zweckbezogenheit der Bilanzansätze zeigt sich insbesondere in den verschiedenen **Kapitalerhaltungsvorstellungen,** die in den betriebswirtschaftlichen Bilanztheorien vertreten werden. Ein Betrieb kann aus den Geschäftsvorfällen einer Periode einen verschieden hohen Gewinn errechnen, je nachdem, ob die Bewertung des Vermögens – wie in

---

[76] Leffson, U., a. a. O., S. 84 f.
[77] Vgl. S. 37 ff.

der Handels- und Steuerbilanz – unter Beachtung des Prinzips der nominellen Kapitalerhaltung oder unter Beachtung verschiedener Formen der Substanzerhaltung erfolgt.

Das **Kapital ist nominell** erhalten, wenn das in Geldeinheiten ausgedrückte Reinvermögen des Betriebes am Ende der Periode gleich dem in Geldeinheiten ausgedrückten Reinvermögen am Anfang der Periode ist. Ist es höher, so ist die Differenz Gewinn, ist es niedriger, so ist die Differenz Verlust, wenn man von Gewinnentnahmen und Kapitaleinlagen während der Periode absieht. Geld- und Sachwertschwankungen in der Volkswirtschaft werden nicht beachtet, d. h. die gütermäßige Substanz und damit die Leistungsfähigkeit des Betriebes bleibt nur erhalten, wenn alle Preise konstant sind.

Steigen die Preise der abgesetzten Güter und der eingesetzten Kostengüter während der Periode, so ist, wenn der nominell definierte Gewinn den Betrieb verläßt, eine **Substanzerhaltung nicht möglich.** Mit den verbleibenden finanziellen Mitteln können die für den Umsatz eingesetzten Kostengüter nicht in vollem Umfange wiederbeschafft werden. Will man die gütermäßige Substanz des Betriebes erhalten, so muß man alle Wirtschaftsgüter statt mit ihren Anschaffungskosten mit ihren **Wiederbeschaffungskosten** am Bilanzstichtag (Tageswert) bewerten. Gewinn ist dann der Betrag, der aus den Umsatzerlösen verbleibt, wenn zuvor die Wiederbeschaffungskosten für alle beim Umsatz verbrauchten Kostengüter abgezogen worden sind.

Beide Kapitalerhaltungsformen führen also zu unterschiedlichen Wertansätzen des Vermögens und zu einem unterschiedlichen Gewinn. Die Frage, welche Ansätze „wahr" sind, läßt sich nicht beantworten. Zu fragen ist, ob die jeweiligen Bilanzansätze dem jeweiligen Zweck adäquat sind.

Die Frage nach der Bilanzwahrheit wird in der Literatur in der Regel mit der Frage nach der **Zulässigkeit der Bildung stiller Rücklagen** verbunden. Die gesetzlichen Möglichkeiten, stille Rücklagen durch Unterbewertung von Vermögenswerten (z. B. durch zu schnelle Abschreibung oder durch zu niedrigen Ansatz der Herstellungskosten selbsterstellter Wirtschaftsgüter) zu bilden, sind in der Handels- und Steuerbilanz unterschiedlich geregelt. Für die Steuerbilanz ist eine untere Wertgrenze vorgeschrieben, für die Handelsbilanz nicht. Für die Aktienbilanz hat das Aktiengesetz 1965 zwar ebenfalls untere Wertgrenzen bestimmt, die nur in gesetzlich geregelten Fällen unterschritten werden dürfen, jedoch sind auch hier noch immer Schätzungsrücklagen durch Fixierung des der planmäßigen Abschreibung zugrunde liegenden Abschreibungsplanes möglich. Außerdem besteht bei der Ermittlung der Herstellungskosten[78] für Gemeinkosten (z. B. die anteiligen fixen Kosten) in der Handelsbilanz keine Aktivierungspflicht, während diese Kostenbestandteile in der Steuerbilanz angesetzt werden müssen.

---

[78] Vgl. S. 280 ff.

Auch hier stellt sich wieder die Frage: welche Bilanz ist „wahr"? Eine Handelsbilanz, in der zulässigerweise stille Rücklagen gebildet worden sind, oder eine aus ihr abgeleitete Steuerbilanz, bei der bestimmte Mindestwertansätze nicht unterschritten werden dürfen? Man kann eine Bilanz nicht als „wahr" bezeichnen, deren Wertansätze durch absichtliche Bildung stiller Rücklagen zu niedrig ausgewiesen werden, auch wenn die Ansätze nicht gegen gesetzliche Vorschriften verstoßen. Die stillen Rücklagen können ihre Stütze aber in einem anderen Bilanzierungsgrundsatz finden: dem Prinzip kaufmännischer Vorsicht, das die Bildung von wirtschaftlich vertretbaren Bewertungsreserven beinhalten kann.

Wir kommen zu dem Ergebnis, daß mit dem Prinzip der Bilanzwahrheit nicht viel anzufangen ist. Es enthält entweder die Grundsätze der Vollständigkeit und Richtigkeit, die bereits als Bestandteil der Grundsätze ordnungsmäßiger Buchführung charakterisiert wurden, und ist dann als zusätzlicher Bilanzierungsgrundsatz überflüssig – oder es wird als „relative Bilanzwahrheit"[79] interpretiert, d. h. bezogen auf die jeweiligen Zielsetzungen der Bilanzierung, dann soll man es aber auch gleich entsprechend als Grundsatz der Zweckmäßigkeit eines Bilanzansatzes bezeichnen.

5. Bilanzkontinuität

Der Grundsatz der Bilanzkontinuität hat das Verhältnis der Schlußbilanz eines Wirtschaftsjahres zur Anfangsbilanz und zur Schlußbilanz des folgenden Wirtschaftsjahres zum Inhalt und bezieht sich einmal auf die Bilanz als Ganzes, zum anderen auf die einzelnen Bilanzpositionen.

Unter dem Begriff der Bilanzkontinuität faßt man folgende Bilanzierungsprinzipien zusammen:

1. Die **Bilanzidentität**. Darunter versteht man die Gleichheit von Schlußbilanz eines Geschäftsjahres und Anfangsbilanz des folgenden Geschäftsjahres. Für den Begriff der Bilanzidentität finden sich in der Literatur auch die Bezeichnungen Bilanzenzusammenhang, Bilanzstetigkeit, allgemeine Bilanzkontinuität, Bilanzkongruenz und totale Bilanzverknüpfung.
2. Die **formale Bilanzkontinuität**. Hierunter ist die Beibehaltung der Form, insbesondere der Gliederung aufeinanderfolgender Bilanzen zu verstehen.
3. Die **materielle Bilanzkontinuität**. Sie umschließt zwei Prinzipien:

---

[79] Vgl. Heinen, E., Handelsbilanzen, 5. Aufl., Wiesbaden 1969, S. 92

a) Die Gleichmäßigkeit der Bewertungsgrundsätze (Bewertungskontinuität)
b) Die Fortführung der Wertansätze (auch als Wertfortführung oder
Wertzusammenhang bezeichnet).

a) Die Bilanzidentität

Der Grundsatz der Bilanzidentität besagt, daß die Positionen der
Schlußbilanz eines Wirtschaftsjahres mit den Positionen der Anfangsbilanz
des folgenden Wirtschaftsjahres völlig übereinstimmen, also **identisch** sein
müssen, und zwar nicht nur **wertmäßig**, sondern auch **mengenmäßig**. Das
gilt gleichermaßen für die Handelsbilanz wie auch für die aus ihr abgeleitete Steuerbilanz. Der Grundsatz der Bilanzidentität ist im Handelsrecht nicht verankert, sondern zählt zu den nicht kodifizierten Grundsätzen ordnungsmäßiger Buchführung und Bilanzierung.

Daß die Schlußbilanz und die folgende Anfangsbilanz sich in allen Positionen decken müssen, folgt zwingend aus dem System der doppelten
Buchführung. Die Salden sämtlicher Bestandskonten der Buchhaltung werden am Schluß der Periode in die Schlußbilanz, die Salden sämtlicher Erfolgskonten in die Gewinn- und Verlustrechnung übernommen. Der Saldo
des Schlußbilanzkontos und der Saldo des Gewinn- und Verlustkontos zeigen jeder für sich den Erfolg der Periode. In der Schlußbilanz ergibt sich
der Erfolg als Saldo zwischen Vermögen (Aktiva) und Kapital (Passiva),
in der Erfolgsrechnung als Saldo zwischen Aufwand und Ertrag. Die
Schlußbilanz ist gleichzeitig Anfangsbilanz des folgenden Jahres, aus der
die einzelnen Bilanzpositionen dann erneut auf die Konten übertragen
werden.

Der Grundsatz der Bilanzidentität ergibt sich **für die Steuerbilanz** aus
§ 4 Abs. 1 Satz 1 EStG, der auch für Steuerpflichtige gilt, die ihren Gewinn
nach § 5 EStG ermitteln. Danach ist Gewinn die Differenz zwischen dem
Betriebsvermögen am Schluß des Wirtschaftsjahres und dem Betriebsvermögen am Schluß des vorangegangenen Wirtschaftsjahres, vermehrt um den
Wert der Entnahmen und vermindert um den Wert der Einlagen. Diese
Differenz kann aber nur dann gleich dem Gewinn sein, wenn die Schlußbilanz des laufenden Jahres nach den Grundsätzen ordnungsmäßiger Buchführung aus der Anfangsbilanz entwickelt worden ist, die mit der Schlußbilanz des vorangegangenen Jahres identisch ist.

Die Steuerverwaltung hat an der Einhaltung der Bilanzidentität ein besonderes Interesse, da durch dieses Prinzip verhindert wird, daß durch ein
Auseinandergehen der Positionen der Schlußbilanz eines Wirtschaftsjahres
und der Anfangsbilanz des folgenden Wirtschaftsjahres Gewinnminderun-
gen und damit Steuerminderungen eintreten können. Durch Beachtung des
Bilanzenzusammenhangs wird erreicht, daß der Totalgewinn eines Betriebes gleich der Summe der Gewinne der einzelnen Wirtschaftsjahre ist. Steuerlich wird dieser Bilanzierungsgrundsatz mit der sog. **„Zweischneidigkeit**

der Bilanz" begründet, die darin besteht, daß höhere oder niedrigere Wertansätze in einem Wirtschaftsjahr (selbstverständlich im Rahmen der gesetzlich zulässigen Bewertungen) sich im folgenden Wirtschaftsjahr (oder mehreren folgenden Wirtschaftsjahren) entgegengesetzt auswirken, so daß durch Bewertungsvorschriften, die bei den Wertansätzen gewisse Ermessensspielräume einräumen oder die wirtschafts- und konjunkturpolitische Ziele verfolgen (z. B. Sonderabschreibungen), zwar Gewinnverlagerungen auf spätere Perioden möglich werden, aber der Totalgewinn des Betriebes nicht beeinträchtigt wird.

Wird z. B. bei einer Maschine in einem Jahr über die reguläre Absetzung für Abnutzung hinaus eine Absetzung für außergewöhnliche Abnutzung oder eine Teilwertabschreibung[80] durchgeführt, so hat das zur Folge, daß in den folgenden Jahren entsprechend weniger abgesetzt werden kann; oder wird für einen Warenbestand eine niedrigere Bewertung erreicht, so mindert das den Gewinn der Periode, erhöht aber bei der Veräußerung im folgenden Jahr (gleiche Absatzpreise vorausgesetzt) den Gewinn dieser Periode, da die Differenz zwischen Buchwert und Veräußerungswert nun größer ist.

Der Reichsfinanzhof sagt dazu in seiner Entscheidung vom 23. 10. 1929: „Die Bilanzidentität soll die Endbilanz eines Geschäftsjahres zweischneidig machen, Vorteile und Nachteile, die durch eine niedrigere und höhere Bewertung für das abgelaufene Geschäftsjahr erlangt sind, sollen sich bei der nächsten Veranlagung oder einer folgenden im entgegengesetzten Sinne auswirken. Es soll dadurch sowohl das Interesse des Steuerpflichtigen wie der Steuerverwaltung an der genauen Feststellung des Endvermögens verringert werden. Was der Steuerpflichtige in einem Jahr erspart, muß er in einem folgenden nachholen, was der Steuerverwaltung in einem Jahr entgeht, kommt ihr in späteren zu[81]." Der letzte Satz zeigt einen nicht immer berechtigten Optimismus der Steuerverwaltung. Lassen die Bewertungsvorschriften die Bildung stiller Rücklagen und damit eine Gewinn- und Steuerminderung in einem Jahre zu, so ist es – z. B. bei Warenvorräten und Beständen an Fertigfabrikaten – durchaus denkbar, daß sich die stillen Rücklagen durch Preissenkungen in stiller Form wieder auflösen und nicht durch späteren Umsatz realisiert werden können. Dann kommt der Steuerverwaltung in späteren Jahren nicht zu, was ihr in früheren Jahren entgangen ist. Zwar wird der Totalgewinn durch Gewinnverlagerungen zwischen den einzelnen Perioden nicht berührt, wohl aber die insgesamt eintretende Steuerbelastung, z. B. infolge der Einkommensteuerprogression oder einer Änderung von Steuertarifen.

Unterbrechungen der Bilanzidentität sind nur in Sonderfällen zulässig, die durch Gesetz oder durch die Rechtsprechung geregelt sind. Ein Beispiel dafür ist der Übergang von der RM-Schlußbilanz auf die DM-Eröffnungs-

---

[80] Vgl. S. 334 ff.
[81] RFH vom 23. 10. 1929, RStBl 1930, S. 344

12*

bilanz durch die Währungsreform vom 21. 6. 1948. Auch die Goldmark-Eröffnungsbilanz des Jahres 1925 unterbrach die Bilanzidentität. Die Aufhebung der Bilanzidentität in der DM-Eröffnungsbilanz bezog sich allerdings generell nur auf die Wertansätze der ausgewiesenen Vermögensgegenstände, nicht dagegen auf die mengenmäßigen Bestände der RM-Schlußbilanz. Diese mußten unverändert in die DM-Eröffnungsbilanz übernommen werden, d. h. das Betriebsvermögen für die RM-Schlußbilanz mußte bestandsmäßig mit dem Betriebsvermögen für die DM-Eröffnungsbilanz übereinstimmen. Von der DM-Eröffnungsbilanz an gilt wieder der Grundsatz der Bilanzidentität, was sich aus der Bestimmung des § 5 Abs. 3 DMBG ergibt, daß die Wertansätze der DM-Eröffnungsbilanz als fiktive Anschaffungskosten bzw. Herstellungskosten für künftige Jahresbilanzen zu behandeln sind.

Eine Unterbrechung der Bilanzidentität liegt nicht vor, wenn in der Schlußbilanz beispielsweise Wertberichtigungen zu den Gütern des Anlagevermögens enthalten sind oder ein Delkredere-Konto zur Berichtigung der nominell ausgewiesenen Forderungen geführt wird, und wenn in der folgenden Anfangsbilanz eine Saldierung der entsprechenden Aktiv- und Passivkonten (direkte Abschreibung) erfolgt. Der sachliche Inhalt der Bilanz wird durch diese Änderung in Form und Technik der Verbuchung nicht berührt. Aufermann bezeichnet diesen Vorgang – u. E. zu Unrecht – als eine „formelle Durchbrechung"[82] der Bilanzidentität. Beide Bilanzen sind nach wie vor ihrem sachlichen Inhalt nach identisch. Durchbrochen wurde die formale Bilanzkontinuität, nicht die Bilanzidentität.

Der Grundsatz der Bilanzidentität gilt für die Steuerbilanz dann nicht, wenn die Schlußbilanz als nicht beweiskräftig verworfen und der Gewinn geschätzt worden ist. Der Reichsfinanzhof hat dazu festgestellt: „In einem solchen Falle muß für den folgenden Steuerabschnitt eine neue Anfangsbilanz aufgestellt werden. Hierbei kann die Steuerbehörde von einer von dem Pflichtigen nachträglich für den Schluß des vorangegangenen Steuerabschnitts aufgestellten Bilanz ausgehen, ist aber nicht gehalten, die in dieser Bilanz enthaltenen Posten in gleicher Höhe in die Anfangsbilanz zu übernehmen."[83]

Eine Durchbrechung der Bilanzidentität ist nur unter besonderen Voraussetzungen möglich, wenn sich nach Aufstellung der Bilanz herausstellt, daß sie Fehler enthält.

Handelt es sich um Fehler im Sinne einer wirtschaftlichen Fehlentscheidung bei der Bewertung von Wirtschaftsgütern, erfolgte aber die Bewertung im Rahmen der gesetzlichen Bewertungsvorschriften, so kann eine Bilanzänderung vorgenommen werden. Handels- und Steuerrecht gewähren dem Bilanzierenden bei bestimmten Wirtschaftsgütern Bewertungswahlrechte, z. B. die Wahl zwischen mehreren Abschreibungsverfahren oder die Ausnut-

[82] Aufermann, E., Grundzüge betriebswirtschaftlicher Steuerlehre, 3. Aufl., Wiesbaden 1959, S. 170
[83] RFH vom 10. 10. 1933, RStBl 1934, S. 141

zung steuerlich zulässiger Bewertungsfreiheiten, die jeweils zu unterschiedlichen Periodengewinnen führen.

Erkennt z. B. ein Steuerpflichtiger erst nach Abgabe seiner Steuererklärung, daß die in der Steuerbilanz getroffene Wahl eines Wertansatzes wirtschaftlich von Nachteil ist, so kann er nach § 4 Abs. 2 Satz 2 EStG mit Zustimmung des Finanzamtes eine Bilanzänderung vornehmen, vorausgesetzt, daß er die Notwendigkeit der Änderung der Wertansätze wirtschaftlich begründen kann und daß der Antrag vor Rechtskraft der Veranlagung beim Finanzamt gestellt worden ist. Die Finanzämter stimmen einem Antrag auf Bilanzänderung in den Fällen in der Regel zu, in denen sich „die Grundlage, auf der ein gesetzlich gewährtes Bewertungswahlrecht ausgeübt worden ist, wesentlich verändert hat"[84]. Das ist z. B. der Fall, wenn der Gewinn, der sich auf Grund der Veranlagung ergibt, wesentlich von dem Gewinn der eingereichten Steuerbilanz nach oben abweicht[85].

Während bei einer Bilanzänderung ein handels- und steuerrechtlich zulässiger Wertansatz gegen einen anderen ebenfalls zulässigen Wertansatz ausgetauscht werden darf, liegt eine **Bilanzberichtigung** vor, wenn ein Steuerpflichtiger eine bereits eingereichte Bilanz, die **falsche Bilanzansätze** enthält, d. h. Bilanzansätze, die gegen zwingende handels- und steuerrechtliche Vorschriften oder gegen die Grundsätze ordnungsmäßiger Buchführung verstoßen, ändert. Beantragte Bilanzberichtigungen müssen durchgeführt werden, und zwar sowohl zum Vorteil als auch zum Nachteil des Steuerpflichtigen.

Ist die **Veranlagung rechtskräftig**, so ist eine Bilanzberichtigung nur noch möglich, soweit sie nach den Vorschriften der Abgabenordnung[86] vorgenommen werden kann oder soweit sie sich auf die Höhe der veranlagten Steuer infolge Verjährung nicht mehr auswirken kann. Dieser Grundsatzentscheidung des Bundesfinanzhofs vom 27. 3. 1962[87] ist der Große Senat in seinem Beschluß vom 29. 11. 1965[88] in vollem Umfange beigetreten. Der Bundesfinanzhof hat in seinem Urteil vom 11. 10. 1960[89] eine Bilanzberichtigung abgelehnt, die auf Grund neuer Erkenntnisse, die nach Aufstellung der Bilanz erlangt worden waren, vorgenommen werden sollte. Der Bundesfinanzhof steht auf dem Standpunkt, daß Bilanzansätze, die auf Grund von Kenntnissen, die am Bilanzstichtag gegeben waren, ordnungsgemäß gebildet worden sind, nicht falsch sein können, auch wenn sich später auf Grund neuer Informationen ihre Fehlerhaftigkeit herausstellt.

Die Durchbrechung der Bilanzidentität im Falle von Bilanzberichtigungen ist die **Ausnahme** und ist nur in besonders gelagerten Fällen unter Berücksichtigung der Grundsätze von Treu und Glauben möglich. Die

---

[84] Abschn. 15 Abs. 2 EStR 1969
[85] Vgl. BFH vom 29. 1. 1952, BStBl 1952, S. 57
[86] Vgl. § 222 AO
[87] BStBl 1962, S. 273
[88] BStBl 1966, S. 142
[89] BStBl 1961, S. 3

„Zweischneidigkeit" der Bilanzen sorgt in der Regel automatisch dafür, daß frühere Bilanzierungsfehler, die durch Bewertungsmaßnahmen entstanden sind, sich später ausgleichen.

Der Bundesfinanzhof hat folgende Grundsätze entwickelt[90]:

1. Die Bilanzidentität wird nicht durchbrochen, wenn eine Bilanzberichtigung noch möglich ist (Veranlagung noch nicht rechtskräftig oder Voraussetzungen des § 222 AO erfüllt) oder wenn die Berichtigung sich nicht auf die Höhe der veranlagten Steuer auswirkt.

2. Ist eine Bilanzberichtigung wegen Verjährung des Steueranspruchs nicht mehr möglich, dann ist der unrichtige Bilanzansatz „grundsätzlich in der Schlußbilanz des ersten Jahres, dessen Veranlagung geändert werden kann, (erfolgswirksam) richtigzustellen."[91] Auch hier wird die Bilanzidentität gewahrt.

3. Wenn jedoch ein Steuerpflichtiger einen Aktivposten bewußt zu hoch oder einen Passivposten bewußt zu niedrig angesetzt hat, um sich **ungerechtfertigte Steuervorteile** zu verschaffen (z. B. Unterlassung von Abschreibungen in Verlustjahren, um sie später in Gewinnjahren nachholen zu können), so kann unter Durchbrechung der Bilanzidentität die Anfangsbilanz des ersten Jahres berichtigt werden, in dem sich die Berichtigung auf die Veranlagung auswirken kann.

b) Die formale Bilanzkontinuität

Die Beachtung des Prinzips der formalen Bilanzkontinuität erfordert eine Beibehaltung der **Bilanzgliederung,** damit die Bilanzen mehrerer Wirtschaftsjahre miteinander vergleichbar sind. Das heißt also, daß der Inhalt der einzelnen Bilanzpositionen stets gleichbleiben, bzw. **nicht ohne zwingenden wirtschaftlichen Grund** verändert werden soll, daß also z. B. bei einer Aktiengesellschaft nicht in einem Jahre eine Aufgliederung von Bilanzpositionen über die gesetzlich vorgeschriebene Mindestgliederung hinaus erfolgt, während in einem anderen Jahre wieder eine Zusammenziehung bestimmter Positionen vorgenommen wird. Das würde die **Vergleichbarkeit** dieser Bilanzen stören oder zumindest sehr erschweren. Der Betriebsvergleich (Zeitvergleich) ist aber für den Betrieb ein wichtiges Kontrollinstrument und zugleich eine der Grundlagen für betriebliche Dispositionen. Auch eine Änderung der Abschreibungstechnik, z. B. der Übergang von der direkten zur indirekten Abschreibung oder umgekehrt, stellt eine Durchbrechung der formalen Bilanzkontinuität dar.

Zwingende wirtschaftliche Gründe für eine Änderung der Bilanzgliederung können beispielsweise in einer wesentlichen Vergrößerung des Betriebes oder in einer Änderung des Fertigungsprogramms gegeben sein.

---

[90]   Vgl. z. B. BFH v. 3. 7. 1956, BStBl 1956, S. 25; v. 27. 3. 1962, BStBl 1962, S. 273; v. 25. 10. 1963, BStBl 1963, S. 599; BFH v. 29. 11. 1965 Gr. S., BStBl 1966, S. 142

[91]   Abschn. 15 Abs. 1 EStR 1969

c) Die materielle Bilanzkontinuität

aa) Die Gleichmäßigkeit der Bewertungsgrundsätze (Bewertungs-kontinuität)

Der Grundsatz der materiellen Bilanzkontinuität verlangt eine **Bewertungskontinuität**, d. h. die Beibehaltung der in früheren Bilanzen verwendeten Bewertungsgrundsätze. Die Einhaltung dieses Prinzips ist vom betriebswirtschaftlichen Standpunkt aus zu fordern, damit gewährleistet wird, daß die Gewinnermittlung nach gleichen Grundsätzen erfolgt und dementsprechend auch durch Vergleich der Bilanzen mehrerer Perioden Unterlagen für die betrieblichen Dispositionen gewonnen werden können.

Handelsrecht und Aktienrecht sagen jedoch nichts über die Bewertungskontinuität aus. Im Rahmen der gesetzlichen Bewertungsvorschriften kann der Betrieb seine Wertansätze grundsätzlich wählen wie er will, d. h. er kann beispielsweise in einer Periode durch Unterbewertung von Vermögensteilen stille Rücklagen bilden und sie in einer folgenden Periode wieder auflösen, um mehr Gewinn ausschütten zu können. Es ist nach dem Aktienrecht durchaus zulässig, die Bewertungsprinzipien zu ändern, also z. B. in die Herstellungskosten in einem Jahre angemessene Teile der Betriebs- und Verwaltungskosten einzubeziehen, im nächsten Jahre dagegen nicht. Es verstößt grundsätzlich auch nicht gegen die gesetzlichen Vorschriften, in der Handelsbilanz die Abschreibungsmethoden jedes Jahr zu ändern oder gar bereits vorgenommene Abschreibungen, die sich als zu hoch erwiesen haben, durch Zuschreibungen wieder rückgängig zu machen.

Da eine Durchbrechung der Bewertungskontinuität aber dem Ziel der Bilanz, durch einen möglichst sicheren Einblick in die Vermögens- und Ertragslage des Betriebes Rechenschaft zu legen, zuwider laufen kann, weil die Vergleichbarkeit der Bilanz mit früheren Bilanzen nicht mehr gegeben ist, ist dieser Bilanzierungsgrundsatz als **Bestandteil der nicht kodifizierten Grundsätze ordnungsmäßiger Buchführung und Bilanzierung** aufzufassen. Daraus folgt, daß eine Durchbrechung der Bewertungskontinuität durch Änderung der Bewertungs- oder Abschreibungsmethoden stets **sachliche Gründe** haben muß und nicht zu einer bilanzpolitisch gewünschten Erfolgsmanipulierung verwendet werden darf.

Für die Aktiengesellschaft wird die strenge Beachtung dieses Bilanzierungsgrundsatzes durch die Vorschriften des Aktiengesetzes entbehrlich, die die Vergleichbarkeit der Jahresabschlüsse auf andere Weise sicherstellen. So verlangt § 160 Abs. 2, daß Abweichungen von der Bewertungskontinuität, „die die Vergleichbarkeit mit dem letzten Jahresabschluß beeinträchtigen", im **Geschäftsbericht**[92] darzulegen sind. Dazu gehören wesentliche Änderungen der Bewertungs- und Abschreibungsmethoden und die Vornahme außerplanmäßiger Abschreibungen. Sie sind nach dem Gesetz „zu erörtern", d. h. sachlich zu begründen, ohne daß allerdings „Einzel-

---

[92] Einzelheiten vgl. S. 605 ff.

heiten" angegeben werden müssen. Die Vergleichbarkeit der Jahresüberschüsse (bzw. Jahresfehlbeträge) wird insbesondere dadurch gewährleistet, daß die Differenz zwischen dem Jahresüberschuß (bzw. Jahresfehlbetrag), der sich durch Anwendung der geänderten Bewertungs- und Abschreibungsmethoden ergibt, und dem Jahresüberschuß (bzw. Jahresfehlbetrag), der sich bei Beachtung der Bewertungskontinuität ergeben hätte, im Geschäftsbericht angegeben werden muß, wenn sie bestimmte Wertgrenzen überschreitet. Damit wird die durch veränderte Bewertungsmaßnahmen vorgenommene Bildung oder Auflösung stiller Rücklagen automatisch offengelegt.

Adler-Düring-Schmaltz kommen zu dem Schluß, daß für die Aktiengesellschaft nicht der Grundsatz der Bewertungskontinuität, sondern der „Grundsatz der Publizität von Stetigkeitsunterbrechungen"[93] gilt. Ein solcher Grundsatz kann aber für Unternehmungen in Rechtsformen, die keinen Geschäftsbericht aufstellen müssen, keinen Ersatz für den Grundsatz der Bewertungskontinuität darstellen.

Die **Steuerbilanz** kann ihrer Aufgabe, den periodengerechten Gewinn zu ermitteln, dann nicht gerecht werden, wenn nicht generell die gleichen Bewertungsgrundsätze angewendet werden. Zwar ist der Grundsatz der Bewertungskontinuität im Einkommensteuergesetz ebensowenig verankert wie im Aktiengesetz oder im HGB, wohl aber ist er von der **Rechtsprechung** entwickelt worden. Durch die Rechtsprechung wird eine Stetigkeit in der Anwendung der Bewertungsgrundsätze verlangt. Ein Übergang zu anderen Bewertungsmethoden ist in der Steuerbilanz nur dann zulässig, wenn er durch **sachliche Gründe** gerechtfertigt ist, die dem Finanzamt dargelegt werden müssen.

Das gilt insbesondere für den **Wechsel in den Abschreibungsmethoden**. Ein willkürliches Hin- und Herschwanken in den Methoden ist nicht zulässig. § 7 Abs. 3 EStG läßt grundsätzlich den Übergang von der degressiven zur linearen Absetzungsmethode zu. Das ist einfach deshalb eine Notwendigkeit, weil die geometrisch-degressive Abschreibung eine unendliche Abschreibung ist, denn sie erreicht dadurch, daß sie mit gleichem Prozentsatz vom Restbuchwert abschreibt, praktisch nie den Wert null[94]. Bei den relativ geringen steuerlich zulässigen Abschreibungsprozentsätzen (maximal 20 % vom Restwert, höchstens das Doppelte des linearen Abschreibungssatzes) werden bei relativ kurzer Nutzungsdauer höhere Restbuchwerte übrigbleiben, als die effektiven Restwerte (z. B. Schrottwert) ausmachen. Folglich ist es zweckmäßig und sachlich begründet, gegen Ende der Nutzungsdauer auf die lineare Methode überzugehen. Der Übergang von der Absetzung für Abnutzung nach der linearen Methode zur degressiven Methode und der Wechsel zwischen mehreren Arten der degressiven Methode ist in der Steuerbilanz nicht zulässig[95].

---

[93] Adler-Düring-Schmaltz, a. a. O., zu § 149 Tz 29
[94] Vgl. die Ausführungen zu den Methoden der Abschreibung auf S. 310 ff.
[95] Vgl. § 7 Abs. 3 EStG, § 11 Abs. 2 und 3 EStDV und Abschnitt 43 Abs. 7 EStR 1969

bb) Die Fortführung der Wertansätze (Prinzip des Wertzusammenhangs)

Der Begriff der materiellen Bilanzkontinuität schließt auch den Grundsatz der **Wertfortführung** ein, der besagt, daß die in der Bilanz einmal angesetzten Werte auch für spätere Bilanzen maßgeblich sind, daß insbesondere Werterhöhungen über den vorhergehenden Bilanzansatz grundsätzlich **unzulässig** sind. Dieses Prinzip gilt in der Handelsbilanz nur für den Ansatz der Anschaffungs- oder Herstellungskosten, die prinzipiell nicht überschritten werden dürfen, während darunterliegende Wertansätze wieder überschritten werden dürfen (bis zu den Anschaffungs- oder Herstellungskosten), wenn sie sich als zu niedrig herausgestellt haben, bzw. wenn die Werte wieder gestiegen sind. Das gilt z. B. für Wertansätze von Anlagegütern, die sich durch außerplanmäßige Abschreibungen ergeben. Nach § 154 Abs. 2 letzter Satz AktG darf der niedrigere Wertansatz beibehalten werden, „auch wenn die Gründe der außerplanmäßigen Abschreibung oder Wertberichtigung nicht mehr bestehen". Daraus folgt, daß in diesen Fällen auch ein wieder gestiegener Wert angesetzt werden darf. § 155 Abs. 4 AktG enthält eine analoge Vorschrift für Güter des Umlaufvermögens, bei denen der Wertansatz nach dem Niederstwertprinzip zulässigerweise unterschritten wurde, und die wieder im Wert gestiegen sind. In keinem Fall allerdings dürfen die Anschaffungs- oder Herstellungskosten überschritten werden.

In der Steuerbilanz ist die Beachtung des Wertzusammenhangs für alle **abnutzbaren** Güter des Anlagevermögens vorgeschrieben. Hier dürfen keine Werterhöhungen über den letzten Bilanzansatz vorgenommen werden[96]. Dadurch soll verhindert werden, daß der Betrieb von dem in der Steuerbilanz zulässigen Ermessensspielraum bei den Wertansätzen nach Belieben Gebrauch macht, z. B. in einem Jahr für ein Wirtschaftsgut den niedrigen Teilwert[97] ansetzt und im folgenden Jahr wieder auf den darüber liegenden Anschaffungsrestwert (Anschaffungskosten abzüglich AfA) heraufgeht, um evtl. im nächsten Jahre wieder den niedrigeren Teilwert anzusetzen. Das würde dem Betrieb die Möglichkeit geben, in Gewinnjahren den niedrigst möglichen, in Verlustjahren den höchstmöglichen Wertansatz zu wählen, und würde damit zu einer **Verlagerung der Periodengewinne** führen.

Für die **nicht abnutzbaren** Güter des Anlagevermögens und für die Güter des Umlaufvermögens gilt das Prinzip der Wertfortführung in dieser strengen Form nicht. Hier dürfen bei Wertsteigerungen lediglich die Anschaffungs- oder Herstellungskosten nicht überschritten werden. Werte, die unter den Anschaffungs- oder Herstellungskosten liegen, dürfen jedoch bei Wertsteigerungen – wie in der Handelsbilanz – wieder bis zu dieser Grenze aufgewertet werden[98]. Bei land- und forstwirtschaftlichen Betrie-

---

[96] Vgl. § 6 Abs. 1 Nr. 1 EStG
[97] Zum Begriff des Teilwertes vgl. S. 290 ff.
[98] Vgl. § 6 Abs. 1 Nr. 2 EStG

ben dürfen sogar die höheren Teilwerte angesetzt werden, wenn sie über den Anschaffungs- oder Herstellungskosten liegen, vorausgesetzt, daß derartige Wertansätze den Grundsätzen ordnungsmäßiger Buchführung nicht widersprechen[99]. Eine Aufwertung kann jedoch nicht erzwungen werden. Wird eine Werterhöhung vorgenommen, so liegt eine **gesetzlich zulässige Durchbrechung der materiellen Bilanzkontinuität** vor.

Eine Aufwertung (bis zu den Anschaffungs- oder Herstellungskosten) kann insbesondere bei den Gütern des Umlaufvermögens (Waren und Fertigfabrikate) in Zeiten steigender Preise betriebswirtschaftlich sinnvoll sein, da auf diese Weise die beim Umsatz, der in der Regel bereits in der nächsten Periode erfolgt, realisierten und infolge der Preissteigerung besonders hohen Gewinne wenigstens auf zwei Perioden verteilt werden können, was bei progressivem Einkommensteuertarif zu einer Steuerersparnis führen kann, die der Steuerpflichtige höher einschätzt als den momentanen Liquiditätsvorteil bei Beibehaltung des niedrigeren Wertansatzes. Steigt der Tageswert (Teilwert) allerdings über die Anschaffungs- oder Herstellungskosten, so bildet sich eine Zwangsrücklage als Differenz zwischen höherem Tageswert (höherem Teilwert) und Anschaffungs- oder Herstellungskosten, die erst beim Umsatz gewinnerhöhend realisiert wird.

Die Möglichkeit der Werterhöhung bis zu den Anschaffungs- oder Herstellungskosten läßt also zu, daß die **Auflösung stiller Rücklagen**, die sich durch Preiserhöhung gebildet haben, auf wenigstens zwei Perioden **verteilt** wird. Durch Wiederaufwertung bis zu den Anschaffungs- oder Herstellungskosten wird die Differenz zwischen diesen Kosten und dem niedrigeren Tageswert gewinnerhöhend wirksam, durch Umsatz zum höheren Tageswert löst sich die Differenz zwischen diesem Wert und den Anschaffungs- oder Herstellungskosten gewinnerhöhend auf.

---

[99] Vgl. § 6 Abs. 1 Nr. 2 letzter Satz EStG

Dritter Abschnitt

Gliederung und Inhalt der Bilanz

I. Theoretische Überlegungen zur Bilanzgliederung

1. Vorbemerkung

Dem Grundsatz der Klarheit und Übersichtlichkeit der Bilanzierung wird am besten durch eine zweckmäßige Gliederung der Bilanz entsprochen. Welchen Inhalt eine Bilanz hat und wie er zu gliedern ist, hängt von den **Zielsetzungen** ab, die mit ihr verfolgt werden und deren Realisierung voraussetzt, daß mit Hilfe der Gliederung des Bilanzinhalts Einblicke in bestimmte ökonomische Größen und Zusammenhänge gewährt werden können.

Soweit in der theoretischen Bilanzdiskussion unterschiedliche Auffassungen über Aufgaben und Ziele der Bilanz bestehen, werden auch unterschiedliche Vorstellungen über die Kriterien der Bilanzgliederung vertreten. Die im Laufe der Jahrzehnte entwickelten Bilanzauffassungen haben deshalb neben dem materiellen Aspekt der Bewertung der Bilanzpositionen auch den formalen Aspekt der Gliederungsprinzipien der Bilanz zum Inhalt.

Schreibt man einer Bilanz in erster Linie die Aufgabe zu, den **vergleichbaren Periodenerfolg** als Instrument der Überwachung der Rentabilität zu ermitteln, wie das insbesondere Schmalenbach und andere Vertreter der dynamischen Bilanzauffassung tun, so ergibt sich notwendigerweise eine andere Gliederung, als wenn man – wie die Vertreter der statischen Bilanzauffassung – die Aufgaben der Bilanz vor allem in der **Zusammenstellung der Bestände an Vermögen und Schulden** an einem Stichtag sieht, die einerseits den Nachweis erbringen soll, ob über das Kapital am Anfang der Periode hinaus weitere Kapital- (und Vermögens-)teile erwirtschaftet worden sind und ohne Gefährdung des Betriebes entnommen werden können, und die andererseits durch Einblicke in die Finanzierung, die Liquidität, das Risiko, die Reserven u. a. zeigen soll, ob und wie der Betrieb seine ihm gestellten Aufgaben erfüllen kann.

Wie sich die unterschiedlichen Zielsetzungen in der Bilanzgliederung niederschlagen, zeigt sich deutlich, wenn man den Aufbau der Bilanz nach dynamischer Auffassung bei Schmalenbach, Walb und Kosiol und nach statischer Auffassung bei Nicklisch und Le Coutre betrachtet.

2. Der Aufbau der Bilanz nach dynamischer Auffassung

Hauptaufgabe der Bilanz ist nach dynamischer Auffassung die Erfolgsermittlung. Der vergleichbare Periodenerfolg wird als Maßstab der Wirtschaftlichkeit angesehen. Schmalenbach, der Begründer dieser Theorie, geht bei der Erklärung des Bilanzinhalts von folgender Überlegung aus: Würden die Gesamtlebensdauer des Betriebes und die Bilanzperiode übereinstimmen, so würde in einer solchen Totalperiode jeder Aufwand zu einer Ausgabe und jeder Ertrag zu einer Einnahme führen. Die Totalerfolgsrechnung wäre eine reine Einnahmen- und Ausgabenrechnung.

Das bei der Gründung eines Betriebes eingebrachte Kapital erscheint in liquider Form in der Kasse. Aus der Kasse werden Vermögensgüter und Dienstleistungen beschafft (Ausgabe[1]) und zur Erstellung von Ertragsgütern verbraucht (Aufwand). Die Ertragsgüter (Leistung) werden gegen bar verkauft (Einnahme). Die Differenz zwischen Einnahmen und Ausgaben ist – unter Berücksichtigung von Entnahmen und Einlagen – der Erfolg der Periode.

Beispiel:

A	Anfangsbilanz		P
Kasse	5000	Anfangskapital	5000

A	Endbilanz		P
Kasse	6000	Anfangskapital	5000
		+ Gewinn	1000
	6000		6000

Tatsächlich wird jedoch die Gesamtlebensdauer eines Betriebes (Totalperiode) in Geschäftsjahre (Teilperioden) zerlegt, da erstens eine Totalrechnung für die betrieblichen Dispositionen zu spät kommt und zweitens ein gesetzlicher Zwang zur Aufstellung einer Jahresbilanz besteht. Das hat zur Folge, daß am Bilanzstichtag nicht alle Geschäftsvorfälle beendet sind, d. h. daß nicht alle Ausgaben zu Einnahmen geführt haben, sondern Ausgaben und Aufwand sowie Einnahmen und Ertrag zeitlich auseinanderfallen. Es ergeben sich also Differenzen zwischen Einnahmen- und Aus-

---

[1] Schmalenbach verwendet die Begriffe Ausgabe und Einnahme zur Kennzeichnung von Zahlungsvorgängen (= Auszahlungen bzw. Einzahlungen im Sinne unserer Abgrenzung auf S. 9 f.).

gabenrechnung sowie Ertrags- und Aufwandsrechnung (Erfolgsrechnung), weil z. B. nicht alle vom Betrieb beschafften Sachgüter in der Abrechnungsperiode verbraucht bzw. umgeformt, sondern Teile davon aufgespeichert und erst in späteren Perioden zu Aufwand werden, oder weil produzierte Güter (Leistungen) nicht in der Periode ihrer Erstellung zu Einnahmen führen.

Diese sog. „schwebenden Geschäfte"[2] werden neben dem Kapital und den liquiden Mitteln in die Bilanz aufgenommen, wo sie so lange erscheinen, bis sie „ausgelöst" werden, während die Ausgaben und Einnahmen, die in der Rechnungsperiode zu Aufwand und Ertrag geführt haben, in der Verlust- und Gewinnrechnung erfaßt werden. Die dynamische Bilanz Schmalenbachs verrechnet also:

1. alle nicht ausgelösten Aufwendungen und Leistungen (Erträge),
2. alle nicht ausgelösten Ausgaben und Einnahmen.

Schmalenbach bezeichnet es als Aufgabe der Bilanz, „die schwebenden, d. h. noch der Auslösung harrenden Posten, in Evidenz zu erhalten. Man sieht aus ihr, was noch nicht ausgelöst ist. Das noch nicht Ausgelöste stellt noch vorhandene aktive Kräfte und passive Verpflichtungen dar. Die Bilanz ist mithin die Darstellung des Kräftespeichers der Unternehmung."[3] Die in der Bilanz gespeicherten zukünftigen Aufwendungen und Erträge bzw. Ausgaben und Einnahmen hat Schmalenbach folgendermaßen gegliedert:

Aktiva	Dynamische Bilanz nach Schmalenbach	Passiva
1. Liquide Mittel		1. Kapital
2. Ausgabe noch nicht Aufwand (Gekaufte Maschinen mit mehrjähriger Nutzungsdauer)		2. Aufwand noch nicht Ausgabe (Kreditoren, Rückstellungen)
3. Ausgabe noch nicht Einnahme (Wertpapiere, Aktivdarlehen)		3. Einnahme noch nicht Ausgabe (Darlehen)
4. Ertrag noch nicht Aufwand (selbsterstellte Maschinen, Werkzeuge)		4. Aufwand noch nicht Ertrag (rückständige Instandsetzungen durch eigene Werkstatt)
5. Ertrag noch nicht Einnahme (Forderungen, Fertigfabrikate)		5. Einnahme noch nicht Ertrag (Anzahlungen von Kunden)

---

[2] Der Begriff „schwebende Geschäfte" wird von Schmalenbach nicht im juristischen Sinne verwendet, d. h. es handelt sich nicht um Verträge, die noch von keinem der beiden Vertragspartner erfüllt worden sind.

[3] Schmalenbach, E., a. a. O., S. 74

Verkürzt man dieses Schema, so ergibt sich folgende Bilanz:

Aktiva	Dynamische Bilanz	Passiva
1. Liquide Mittel	1. Kapital	
2. Einnahmen späterer Perioden	2. Ausgaben späterer Perioden	
3. Aufwand späterer Perioden	3. Leistungen späterer Perioden	

In dieser Gliederung wird der Unterschied zur statischen Bilanz, die eine reine Beständebilanz ist, klar. Schmalenbach verwendet in der Bilanz die Begriffe Aufwand und Ertrag, die sonst nur in der Verlust- und Gewinnrechnung erscheinen, sowie die Begriffe Ausgaben und Einnahmen zur Charakterisierung der Zahlungsvorgänge. Auf der Aktivseite erscheinen neben den Geldmitteln die Einnahmen und Aufwendungen späterer Perioden (Vorleistungen), auf der Passivseite neben dem Kapital die Erträge und Ausgaben späterer Perioden (Nachleistungen).

Die Bilanzposten werden also nicht als Bestände am Bilanzstichtag interpretiert, sondern als noch nicht erfolgte Umsätze. Die Bilanz dient somit nicht der Erkenntnis eines **Zustandes,** sondern der Erkenntnis einer **Bewegung.** Deshalb trägt sie die Bezeichnung dynamische Bilanz.

Die Bilanz wird bei Schmalenbach zu einem Hilfsmittel der Erfolgsrechnung; letzterer gebührt der Vorrang. Sie nimmt alle Einnahmen und Ausgaben auf, die in der Abrechnungsperiode zu Aufwand und Ertrag geführt haben. Sie erscheinen in der Bilanz als Veränderung der liquiden Mittel und des Kapitals. Einnahmen und Ausgaben, die erst später zu Ertrag und Aufwand werden, werden bis dahin in der Bilanz gespeichert. Das beleuchtet den Hilfscharakter der Bilanz.

Auf die **Unvollständigkeit** des Schmalenbachschen Bilanzschemas haben seine Gegner hingewiesen[4]. So sind beispielsweise auf Kredit beschaffte Rohstoffe, die noch nicht verbraucht sind, in dieser Bilanzgliederung nicht unterzubringen. Sie sind weder Ausgaben[5] noch Aufwand der Periode, ihre Beschaffung stellt auch keinen Ertrag dar, sondern eine erfolgsunwirksame Zunahme von Beständen an Vermögen und Schulden. Die richtige Bezeichnung in Schmalenbachs Terminologie wäre „noch nicht Ausgabe, noch nicht Aufwand". Eine solche Position hat in seinem Bilanzschema keinen Platz.

An die Stelle der Gegenüberstellung von Ausgaben und Einnahmen einerseits und Aufwand und Leistung andererseits bei Schmalenbach führt **Walb** in seiner „**finanzwirtschaftlichen Bilanz**"[6] eine Zweiteilung der

---

[4] Vgl. Nicklisch, H., Dynamik, ZHH, 1920/21, S. 244 ff.; Rieger, W., Schmalenbachs dynamische Bilanz, 2. Aufl., Stuttgart 1954, S. 116 ff.

[5] Im Sinne der Terminologie Schmalenbachs

[6] Walb, E., Die Erfolgsrechnung privater und öffentlicher Betriebe, Berlin und Wien 1926; ders., Die finanzwirtschaftliche Bilanz, 3. Aufl., Wiesbaden 1966

Konten in eine **Zahlungsreihe** (Zahlungsausgänge und Zahlungseingänge) und eine **Leistungsreihe** (Leistungsausgänge und Leistungseingänge) ein. Die Konten der Zahlungsreihe finden in der Bilanz, die Konten der Leistungsreihe in der Gewinn- und Verlustrechnung ihren Abschluß. Die Aktivposten der Bilanz werden als Einnahmen späterer Perioden, die Passivposten als Ausgaben späterer Perioden betrachtet.

Beim Jahresabschluß werden Aufwendungen und Erträge, die noch nicht erfolgswirksam geworden sind, aus der Leistungsreihe in die Zahlenreihe zurückverrechnet. Die Erfolgsrechnung enthält dann nur die Leistungsausgänge (Aufwand) und Leistungseingänge (Ertrag) der Abrechnungsperiode. Die finanzwirtschaftliche Bilanz sieht dann folgendermaßen aus:

Aktiva	Finanzwirtschaftliche Bilanz	Passiva
zukünftige Einnahmen zurückverrechnete Ausgaben		zukünftige Ausgaben zurückverrechnete Einnahmen

Beispiel:
Betragen die Anschaffungskosten beim Kauf einer Maschine 10 000 DM und die Abschreibung am Ende der ersten Periode 1000 DM, so erscheint die Maschine zunächst mit 10 000 DM in der Leistungsreihe. Da aber nur die Abschreibung von 1000 DM Aufwand der Periode darstellt, wird der Restbuchwert von 9000 DM erst in späteren Perioden zu Aufwand (Abschreibung). Folglich wird die noch nicht zu Aufwand gewordene Ausgabe von 9000 DM am Ende der Periode in die Zahlungsreihe zurückverrechnet und in die Bilanz als „zurückverrechnete Ausgabe" aufgenommen.

Zahlungsreihe		Leistungsreihe	
zurückverrechnete Ausgabe 9000	Bank 10 000	Maschine 10 000	zurückverrechneter Leistungseingang 9000

Diese Art der Verrechnung über Leistungsreihe und Zahlungsreihe führt dazu, daß sowohl mit der Bilanz als auch mit der Erfolgsrechnung der Erfolg der Periode unabhängig voneinander ermittelt werden kann. Die Bilanz ist damit nicht mehr nur wie bei Schmalenbach ein großes transitorisches Konto, ein Hilfsmittel der Erfolgsrechnung, sondern ermöglicht **getrennt und unabhängig** von der Erfolgsrechnung die Ermittlung des Periodenerfolges.

Kosiol[7] entwickelt in seiner als **„pagatorische[8] Bilanztheorie"** bezeichneten Auffassung die dynamische Bilanz weiter. Er weist nach, daß auch die Leistungsreihe sich auf Zahlungsvorgänge zurückführen läßt und folglich eine Trennung von Leistungsreihe und Zahlungsreihe nicht erforderlich ist. Sämtliche betrieblichen Vorgänge werden mit den Begriffen **Einnahme und Ausgabe** dargestellt. Das erfordert eine Erweiterung des Zahlungsbegriffes über den Begriff der Barzahlung hinaus. Barzahlungen späterer und früherer Perioden werden mit **Verrechnungszahlungen** bezeichnet. Auf diese Weise können auch die leistungswirtschaftlichen Vorgänge (Aufwand und Ertrag) als Zahlungen definiert werden. Kosiol unterscheidet zwischen Vorverrechnung, Tilgungsverrechnung, Rückverrechnung und Nachverrechnung.

Die Kompliziertheit dieser Verrechnungsbegriffe erfordert eine kurze Erläuterung, bevor das Gliederungsschema der Bilanz dargestellt werden kann.

Die **Vorverrechnung** führt zu erfolgswirksamen und erfolgsunwirksamen Voreinnahmen und Vorausgaben. Erfolgswirksame Voreinnahmen sind z. B. die Debitoren, erfolgswirksame Vorausgaben z. B. die Kreditoren. Die Hingabe eines Darlehens ist eine erfolgsunwirksame Voreinnahme, die Aufnahme eines Kredits eine erfolgsunwirksame Vorausgabe.

Werden Forderungen bezahlt, so stellt die Barzahlung eine Ausgleichseinnahme, die Gegenbuchung auf dem Forderungskonto eine **Tilgungsausgabe** dar. Werden Kreditoren bezahlt, so erfolgt eine Ausgleichsausgabe, der eine **Tilgungseinnahme** als Verrechnungszahlung gegenübersteht.

Beispiele:

Entstehung und Tilgung von Forderungen:

S	Forderungen	H	S	Kasse	H
Voreinnahme	Tilgungsausgabe		Ausgleichs-einnahme		

Entstehung und Tilgung von Kreditoren:

S	Kreditoren	H	S	Kasse	H
Tilgungs-einnahme	Vorausgabe				Ausgleichs-ausgabe

---

[7] Kosiol, E., Bilanzreform und Einheitsbilanz, 2. Aufl., Berlin-Stuttgart 1949; ders., Pagatorische Bilanz. In: Lexikon des kaufmännischen Rechnungswesens, 2. Aufl., hrsg. von Karl Bott, Stuttgart 1956, Bd. III, Sp. 2085 ff.

[8] Pagatorisch = auf Zahlungsvorgängen beruhend.

Die **Rückverrechnung** führt dazu, daß Ausgaben und Einnahmen, die erst in späteren Perioden zu Aufwand bzw. Ertrag werden, durch Rückeinnahmen oder Rückausgaben erfolgsrechnerisch durch Aktivierung oder Passivierung zunächst neutralisiert werden. Ausgaben dieser Art bezeichnet Kosiol als **Vorratsausgaben**. Bei der Aktivierung entsteht eine Rückeinnahme (Kauf einer Maschine), die spätere Aufwandsverrechnung (Abschreibung) stellt eine **Nachausgabe** dar.

Einnahmen, die erst später zu Erträgen führen, heißen **Reservateinnahmen**; ihre Erfolgswirksamkeit wird „reserviert". Werden sie passiviert, so entsteht eine Rückausgabe (z. B. Vorauszahlungen von Kunden). Werden sie später erfolgswirksam, so entstehen **Nacheinnahmen.**

Nacheinnahmen und Nachausgaben bilden zusammen die **Nachverrechnung**, Rückeinnahmen und Rückausgaben die Rückverrechnung.

Beispiele: Kauf einer Maschine 1000 DM, Abschreibung 100 DM;
Vorauszahlung von Kunden und spätere Lieferung 500 DM:

S	Maschinen	H	S	Kasse	H
Zugang (Rück- einnahme) 1000	Abschreibung (Nach- ausgabe 100			(Vorratsaus- gabe) 1000	

S	Vorauszahlung	H	S	Kasse	H
(Nachein- nahme) 500	(Rückaus- gabe 500		(Reservat- einnahme) 500		

Die Einführung der Verrechnungszahlungen ermöglicht den Aufbau einer auf Zahlungsvorgängen beruhenden periodischen Erfolgsrechnung. Die Barzahlungen früherer oder späterer Perioden werden als Verrechnungszahlungen der Abrechnungsperiode aufgefaßt.

Der Periodenerfolg wird als Unterschied sämtlicher Einnahmen und Ausgaben mit Hilfe der **pagatorischen Bewegungsbilanz** ermittelt. Sie ist eine Bruttozusammenstellung aller Einnahmen (Soll) und Ausgaben (Haben), gegliedert nach Verrechnungsarten. Sie enthält die Umsätze aller Bestandskonten, also nicht die Anfangsbestände.

Die **pagatorische Beständebilanz** leitet Kosiol aus der Bewegungsbilanz ab. Die Bestände ergeben sich durch Addition der Anfangsbestände und der entsprechenden Bewegungsgrößen „unter gleichzeitiger Saldierung der positiven und negativen Komponenten"[9]:

„Kasse = Bareinnahmen minus Barausgaben,

Forderungen = Voreinnahmen minus Tilgungsausgaben, (Forts. S. 181)

---

[9] Kosiol, E., Pagatorische Bilanz, a. a. O., Sp. 2095 f.

Einnahmen	Pagatorische Bewegungsbilanz[10]	Ausgaben

I. Bareinnahmen

  a) Ertragseinnahmen
    (bare Verkaufserlöse)

  b) Reservateinnahmen
    (bare Vorauszahlungen
    von Kunden)

  c) Schuldeinnahmen
    (in bar erhaltenes Darlehen)

  d) Ausgleichseinnahmen
    (Bareingang ertragswirk-
    samer oder wechselbezüg-
    licher Forderungen)

II. Verrechnungseinnahmen

  a) Voreinnahmen
    (Forderungsentstehungen)
    1. Ertragswirksame Vorein-
      nahmen
      (Forderungen aus Kre-
      ditverkäufen)
    2. Reservat-Voreinnahmen
      (Vorauszahlungen von
      Kunden durch Wechsel)
    3. Wechselbezügliche Vor-
      einnahmen
      (Darlehensforderungen)

  b) Tilgungseinnahmen
    (Schuldtilgungen = Gegen-
    buchung zu Ausgleichsaus-
    gaben)

  c) Rückeinnahmen
    (Aktivierung von Vorrats-
    ausgaben für Maschineinein-
    käufe)

  d) Nacheinnahmen
    (ertragswirksame Verrech-
    nung passivierter Voraus-
    zahlungen von Kunden)

I. Barausgaben

  a) Aufwandsausgaben
    (bare Lohnzahlungen)

  b) Vorratsausgaben
    (Bareinkauf von Maschinen)

  c) Forderungsausgaben
    (in bar gegebenes Darlehen)

  d) Ausgleichsausgaben
    (bare Begleichung aufwands-
    wirksamer oder wechselbe-
    züglicher Schulden

II. Verrechnungsausgaben

  a) Vorausgaben
    (Schuldentstehungen)
    1. Aufwandswirksame Vor-
      ausgaben
      (Schulden für Reparatur-
      leistungen)
    2. Vorrats-Vorausgaben
      (Schulden für Warenliefe-
      rungen)
    3. Wechselbezügliche Vor-
      ausgaben (Darlehensschul-
      den)

  b) Tilgungsausgaben
    (Forderungstilgungen =
    Gegenbuchung zu Aus-
    gleichseinnahmen)

  c) Rückausgaben
    (Passivierung erhaltener
    Vorauszahlungen von Kun-
    den)

  d) Nachausgaben
    (Verbrauch von Warenvor-
    räten, Abschreibungen,
    Wertberichtigungen)

Saldo = Periodenerfolg (Gewinn)

---

[10] Kosiol, E., Pagatorische Bilanz, a. a. O., Sp. 2095 f.

Schulden   = Vorausgaben minus Tilgungseinnahmen,
Vorräte   = Rückausgaben minus Nacheinnahmen,
Reservate   = Rückeinnahmen minus Nachausgaben."[11]

Aktiva	Pagatorische Beständebilanz (Grundgestalt)[12]	Passiva

I: Einnahmenbestände
 	
  1. Kasse bzw. Guthaben
    = Barbestände
 	
  2. Forderungen
    = Einnahmenvorgriffe
 	
II. Ausgabengegenwerte
 	
  3. Vorräte
		I. Ausgabenbestände
		
		  1. Schulden = Ausgaben-
		    vorgriffe
		
		II. Einnahmengegenwerte
		
		  2. Reservate
		
		Saldo = Periodenerfolg (Gewinn)

3. Der Aufbau der Bilanz nach statischer Auffassung

Nach **Nicklisch**, einem der Hauptvertreter der **statischen Bilanzauffassung**, gliedert sich das Vermögen „nach der Art, in der seine Bestandteile am Betriebsprozeß teilnehmen. Dieser Wertumlauf besteht aus einem ‚Hin‘ von der Beschaffung und Verwendung der Güter bis zur Veräußerung der erzielten Betriebsleistung und aus einem ‚Her‘ von dem Eingange des Gegenwerts als Erlös bis zu dessen Wiederverwendung für die Beschaffung von Gütern, die für die Erneuerung der ersten Hälfte der Bewegung und damit des ganzen Wertumlaufs geeignet sind."[13]
In der ersten Richtung („Hin") laufen „**Erzeugungswerte**", dazu gehören das nicht abnutzbare Anlagevermögen („Fundierungsvermögen"), das abnutzbare Anlagevermögen („Gebrauchsvermögen") und das umlaufende Vermögen, soweit es nicht aus Zahlungsmitteln besteht; in der zweiten Richtung („Her") laufen die Zahlungsmittel („**Regulierungsgüter**").
Die bisher genannten Vermögensgruppen bilden das Betriebsvermögen. Diesen unmittelbar durch den Betriebszweck gebundenen Vermögenswerten stehen solche gegenüber, die nur mittelbar (Reservevermögen) oder überhaupt nicht (Überschußvermögen, „Überwerte") mit dem Betriebszweck zusammenhängen[14].

---

[11] Kosiol, E., Pagatorische Bilanz, a. a. O., Sp. 2097
[12] Kosiol, E., Pagatorische Bilanz, a. a. O., Sp. 2097
[13] Nicklisch, H., Die Betriebswirtschaft, 7. Aufl., Stuttgart 1932, S. 327
[14] Vgl. Nicklisch, H., a. a. O., S. 326

Schematisch läßt sich **Nicklischs Gliederung des Vermögens nach Funktionen** folgendermaßen darstellen:

I. Betriebsvermögen

1. Erzeugungswerte

   a) Fundierungsvermögen (= nicht abnutzbare Anlagegüter)
   b) Gebrauchsvermögen (= abnutzbare Anlagegüter)
   c) Umlaufendes Vermögen (außer Zahlungsmitteln)

2. Regulierungsgüter (= Zahlungsmittel)

II. Reservevermögen

III. Überschußvermögen

Le Coutre hat die statische Bilanz zur „totalen Bilanz" weiterentwickelt. Er sieht in der Frage, ob die Bilanz der Ermittlung des vergleichbaren Periodenerfolgs oder der Feststellung der Bestände an Vermögen und Kapital am Bilanzstichtag dienen soll, keine Alternative und stellt fest: „. . . Die Schaffung wirtschaftlich wirklich brauchbarer Bilanzen ist nur möglich, wenn bei der Bilanzaufstellung nicht nur ein jeweiliger Einzelzweck, sondern auch die naturgegebenen betriebsorganisatorischen Allgemeinzwecke der Bilanzen, ihr Wesen nach Inhalt und Form und ihre betrieblichen Beziehungen lückenlos beachtet werden."[15]

Die Bilanz soll folgenden Zwecken dienen:

a) der Betriebserkenntnis und Betriebsübersicht,
b) der Betriebsführung, insbesondere der Disposition,
c) der Betriebsergebnisfeststellung,
d) der Betriebsüberwachung,
e) der Rechenschaftslegung.

Die Probleme der Bewertung treten hinter der Gliederungslehre zurück. Die Gliederung der Bilanzen muß so erfolgen, daß sie Einblicke für die Betriebsführung, Disposition, Verwaltung und Kontrolle gewähren. Die Gliederung des Bilanzinhaltes soll in folgender Reihenfolge erfolgen, wobei diese Gliederung „gleichzeitig eine Rangordnung nach der wirtschaftlichen Bedeutung und der rechnungsorganisatorischen Seite" darstellt[16].

„1. nach Funktionen,
2. nach Aufgaben,
3. nach Arten,
4. nach Rechtsbeziehungen,
5. nach Risiken,
6. nach indiv. Bedürfnissen."

---

[15] Le Coutre, W., Totale Bilanz. In: Lexikon des kaufmännischen Rechnungswesens, hrsg. von Karl Bott, a. a. O., Sp. 2562
[16] Le Coutre, W., a. a. O., Sp. 2591 f.

Beispiel einer Bilanzgliederung nach Le Coutre (verkürzt)[17]:

Sachkapital	Totale Bilanz	Finanzkapital
A. Werbendes Vermögen		A. Eigenkapital
I. Anlagevermögen		I. Langfristig

a) Produktionsanlagen
    b) Verwaltungsanlagen
    c) Beteiligungen
		a) Grundkapital
		    b) Zusatz- und Zuwachskapital
		  II. Kurzfristig

II. Beschäftigungsvermögen		III. Sofort fällig

a) Vorräte
    b) Forderungen
    c) Zahlungsmittel
		B. Fremdkapital

B. Sicherungsvermögen		I. Langfristig II. Kurzfristig
C. Verwaltungsvermögen		a) Betriebsschulden
D. Überschußvermögen		b) Verwaltungsschulden III. Sofort fällig
E. Sozialvermögen		C. Posten der Rechnungsabgrenzung
F. Posten der Rechnungsabgrenzung		D. Durchlaufende Posten
G. Durchlaufende Posten		E. Jahreserfolg

Die genannten Aufgaben können nicht von einer einzigen Bilanz gelöst werden, vielmehr sind für die verschiedenen Aufgaben getrennte Bilanzen aufzustellen[18]. Die bisher übliche Trennung in Bilanz und Gewinn- und Verlustrechnung wird als nicht ausreichend betrachtet. Le Coutre unterscheidet daher zwischen

1. **Kapitalbestandsbilanzen,** deren Aktiva das Sachkapital und deren Passiva das Finanzkapital darstellen. Die totale Bilanz ist also grundsätzlich eine Kapitaldispositionsrechnung.

---

[17] Le Coutre, W., a. a. O., Sp. 2601 f.

[18] In jüngster Zeit hat *Heinen* den Vorschlag gemacht, für verschiedene Bilanzzwecke, die in Konflikt miteinander stehen, nicht getrennte Bilanzen aufzustellen, sondern eine sog. „*ergänzte Mehrzweckbilanz*" zu entwickeln. „Die ergänzte Mehrzweckbilanztheorie verfolgt das Ziel, ein Grundmodell der Bilanz zu entwickeln, das zugleich mehreren Zwecken mit bestimmtem Anspruchsniveau dient. Über eine relativ geringfügige Ergänzung liefert das Grundmodell weitere Informationen. Der sukzessive Prozeß der Bilanzgestaltung beginnt mit einer hypothetischen Basisbilanz als Ausgangspunkt . . . Die ergänzte Mehrzweckbilanz entwickelt einen Rechnungskalkül, der in der ‚Nähe' der Basisbilanz liegt. Eine völlig unabhängige Rechnung fällt nicht mehr unter den Begriff der ergänzten Mehrzweckbilanz." (Heinen, E., Handelsbilanzen, 5. Aufl., Wiesbaden 1969, S. 76). Als Beispiel für das „methodische Vorgehen der ergänzten Mehrzweckbilanz" führt Heinen die *Bewegungsbilanz* an, die eine Ergänzung zum Jahresabschluß darstellt und „in seiner Nähe" liegt (S. 77).

2. **Kapitalbewegungsbilanzen,** die als
   a) Umsatzbilanzen den Umsatz der Bestände verzeichnen, als
   b) Leistungsbilanzen dem Kapitalverzehr (Aufwand und Kosten) den Kapitalersatz (Erlös und Erträge) gegenüberstellen, und als
   c) Erfolgsbilanzen den Kapitalzuwachs (Gewinn) und die Kapitalvernichtung (Verlust) zeigen.

Die Gliederung der statischen und noch stärker der totalen Bilanz führt dazu, daß die Vermögenswerte nicht mehr allein nach ihren Arten und nach ihrer Liquidierbarkeit angeordnet werden, wie das z. B. in einer nach aktienrechtlichen Gliederungsvorschriften erstellten Handelsbilanz und der daraus abgeleiteten Steuerbilanz der Fall ist, sondern daß einzelne Vermögensarten **je nach ihrem Verwendungszweck auf verschiedene Vermögensgruppen aufgeteilt** werden. Ein Teil der Gebäude, Maschinen, Wertpapiere usw. kann im Betriebsvermögen, ein anderer Teil im Sicherungs-, Verwaltungs- oder Überschußvermögen erscheinen.

Eine solche Gliederung kann jedoch für die Beurteilung der wirtschaftlichen Situation und der zukünftigen Entwicklung des Betriebes von großem Nutzen sein. Sie ist deshalb für die Betriebsführung, für die Gesellschafter, aber auch für die Gläubiger von größter Wichtigkeit. Für die Steuerbilanz dagegen ist sie ohne wesentlichen praktischen Wert, ja sie kann sogar unübersichtlich sein, da mit Hilfe der Steuerbilanz eine Steuerbemessungsgrundlage – der Gewinn – ermittelt werden soll und dafür nicht eine Gliederung des Vermögens nach seinen Zwecken, sondern nach Arten und Bewertungsgruppen von Bedeutung ist.

II. Die Gliederung der Bilanz nach dem Aktiengesetz

1. Vorbemerkung

Zum Inhalt der Bilanz ist aus § 39 Abs. 1 HGB zu entnehmen, daß jeder Kaufmann „bei dem Beginne seines Handelsgewerbes seine Grundstücke, seine Forderungen und Schulden, den Betrag seines baren Geldes und seine sonstigen Vermögensgegenstände genau zu verzeichnen, dabei den Wert der einzelnen Vermögensgegenstände anzugeben und einen das Verhältnis des Vermögens und der Schulden darstellenden Abschluß zu machen" hat. Nach § 4 Abs. 1 und § 5 Abs. 1 EStG ist Gegenstand der Bilanzierung das Betriebsvermögen[1]. Dazu gehören alle Wirtschaftsgüter, die dem Betrieb dienen.

Für bestimmte Betriebe gibt es gesetzliche Gliederungsvorschriften für die Handelsbilanz und die Erfolgsrechnung, die als Kompromiß zwischen theoretischer Erkenntnis über eine zweckentsprechende Gliederung von handelsrechtlichen Jahresabschlüssen einerseits und ihrer praktischen Durchführbarkeit unter dem Gesichtspunkt der Einfachheit, Übersichtlichkeit und Wirtschaftlichkeit der Rechnungslegung andererseits angesehen werden können. Diese Vorschriften knüpfen teils an die Rechtsform des

---

[1] Rechtsprechung und Finanzverwaltung unterscheiden zwischen:

1. *Notwendigem Betriebsvermögen*, zu dem die Wirtschaftsgüter zählen, die entweder auf Grund ihrer Art oder auf Grund ihrer Zweckbestimmung nur in einem Betriebe verwendet werden können. Entscheidend für die Zuordnung zum notwendigen Betriebsvermögen ist die tatsächliche Beziehung des Wirtschaftsgutes zum Betrieb. Der Steuerpflichtige hat kein Wahlrecht, ob er diese Wirtschaftsgüter als Betriebsvermögen oder Privatvermögen behandeln will.

2. *Notwendigem Privatvermögen*, zu dem solche Wirtschaftsgüter zu rechnen sind, die entweder ihrer Art nach nur privat verwendet oder ihrer Zweckbestimmung nach tatsächlich privat verwendet werden.

3. *Gewillkürtem Betriebsvermögen*, das dann vorliegt, wenn es sich um Wirtschaftsgüter handelt, die sowohl Privat- als auch Betriebsvermögen sein können (z. B. teilweise private Nutzung eines PKW oder Gebäudes). Die Abgrenzung ist außerordentlich schwierig. In der Regel kommt es auf den Willen des Steuerpflichtigen an, zu welchem Teil seines Vermögens er diese Wirtschaftsgüter rechnen will. Dieser Wille zeigt sich im Zweifel an der buchmäßigen Behandlung und der Art der Verwendung der betreffenden Güter.

Betriebes (z. B. Aktiengesellschaft, GmbH[2], Genossenschaft), teils an die Zugehörigkeit des Betriebes zu einem bestimmten **Wirtschaftszweig** (z. B. Kreditinstitute, Versicherungen), teils an die **Eigentumsverhältnisse** (z. B. öffentliche Betriebe), teils an bestimmte **Größenmerkmale** (z. B. die dem Publizitätsgesetz unterworfenen Betriebe) an. In einigen der wirtschaftszweigbezogenen Vorschriften wird außerdem noch nach der Rechtsform unterschieden (z. B. Kreditinstitute).

Durch ein gesetzliches Bilanzgliederungsschema ist die Frage nach dem Inhalt der Bilanz **nicht eindeutig** beantwortet, und zwar **erstens,** weil in einem solchen Mindestgliederungsschema nicht alle Wirtschaftsgüter aufgezählt werden, die bilanziert werden **dürfen, zweitens** weil nicht alle aufgeführten Wirtschaftsgüter bilanziert werden **müssen** und **drittens,** weil durch die Bildung von Bilanzpositionen noch nicht in allen Fällen eindeutig über die **Zuordnung** der Wirtschaftsgüter zu dieser oder jener Position entschieden ist. Aus einem gesetzlichen Gliederungsschema können jedoch zwei eindeutige Schlüsse gezogen werden:

1. Alle zu den aufgezählten Bilanzpositionen zählenden Wirtschaftsgüter **müssen** bilanziert werden, es sei denn, durch besondere gesetzliche Vorschriften wird ein **Bilanzierungswahlrecht** eingeräumt.

2. Alle übrigen Wirtschaftsgüter **dürfen** bzw. **müssen** bilanziert werden, es sei denn, durch besondere gesetzliche Vorschriften wird ein **Bilanzierungsverbot** ausgesprochen.

Folglich sind bei der sich nach gesetzlichen Vorschriften vollziehenden Bilanzierung zu unterscheiden:

1. Aktivierungs- und Passivierungsgebote,
2. Aktivierungs- und Passivierungsverbote,
3. Aktivierungs- und Passivierungswahlrechte.

Abgrenzungsschwierigkeiten bei der praktischen Anwendung der Bilanzierungsvorschriften können sich dadurch ergeben, daß der **Begriff des Wirtschaftsgutes**[3] weder im Handels- noch im Steuerrecht definiert worden ist, obwohl das Steuerrecht den Begriff für alle bilanzierungsfähigen Werte (positive Wirtschaftsgüter = Vermögen, negative Wirtschaftsgüter = Schulden) – mit Ausnahme der Eigenkapitalpositionen und der Korrekturposten – verwendet, während das Handelsrecht von **Vermögensgegenständen** und Schulden spricht.

---

[2] Das GmbH-Gesetz enthält keine besonderen Gliederungsvorschriften, jedoch sieht der Referentenentwurf des Bundesjustizministeriums für ein neues GmbH-Gesetz in § 129 Abs. 1 ein Gliederungsschema der Jahresbilanz vor, das dem der Aktiengesellschaft genau nachgebildet ist. Deshalb erübrigt sich eine besondere Erörterung. Auf die durch die Rechtsform der GmbH bedingten geringfügigen Abweichungen wird an entsprechender Stelle hingewiesen.

[3] Zum Begriff des Wirtschaftsgutes vgl. insbesondere: May, E., Das Wirtschaftsgut. Kritische Analyse der steuerlichen Lehre vom Wirtschaftsgut aus betriebswirtschaftlicher Sicht, Wiesbaden 1970; Weber, M., Zur Lehre vom Wirtschaftsgut, Berlin 1969

Der Begriff Wirtschaftsgut umschließt Sachwerte (Grundstücke, Gebäude, Maschinen usw.), Rechte und Verpflichtungen (Forderungen, Verbindlichkeiten, Konzessionen, Patente u. a.) und immaterielle Werte, die nicht zu den Rechten zählen (z. B. derivativer Firmenwert). Grenzfälle ergeben sich vor allem bei der Frage der Bilanzierung von Patenten und gewissen Rückstellungen[4].

Die steuerliche Rechtsprechung hat folgende Grundsätze entwickelt, nach denen das Vorliegen eines Wirtschaftsgutes zu prüfen ist[5]:

1. Wirtschaftsgüter müssen durch eine Geldleistung (-ausgabe) erworben worden sein.
2. Wirtschaftsgüter müssen nach der Verkehrsanschauung einen wesentlichen und über die Dauer der Abrechnungsperiode wesentlich hinausgehenden Wert für das Unternehmen besitzen.
3. Wirtschaftsgüter müssen nach allgemeiner Verkehrsanschauung einer besonderen Bewertung zugänglich sein.
4. Wirtschaftsgüter können auch solche Erwerbungen sein, die zivilrechtlich weder körperliche Sachen noch Rechte sind.
5. Wirtschaftsgüter müssen nicht selbständig veräußerbare Gegenstände sein.
6. Wirtschaftsgüter müssen sich im Gesamtwert des Betriebes auswirken.

Einen bilanzpolitischen Spielraum in der Handels- und Steuerbilanz kann es nur dort geben, wo der Gesetzgeber an die Stelle von Aktivierungs- und Passivierungsgeboten bzw. -verboten **Aktivierungs- und Passivierungswahlrechte** – und an der Stelle von zwingenden Bewertungsvorschriften Bewertungswahlrechte – einräumt.

Die in der Literatur zur Handels- und Steuerbilanz allgemein verwendete Unterscheidung zwischen Bilanzierungs- und Bewertungswahlrechten ist problematisch. Ein **Bilanzierungswahlrecht** überläßt dem Betrieb die Entscheidung, ob er für ein Wirtschaftsgut ein Aktivum oder Passivum ansetzen will oder nicht. Ein **Bewertungswahlrecht** setzt voraus, daß ein Ansatz in der Bilanz erfolgt, überläßt es aber dem Betrieb, zwischen zwei oder mehreren Werten eine Entscheidung zu treffen.

Beide Gruppen von Wahlrechten wirken sich im Prinzip in gleicher Weise auf die Höhe des ausgewiesenen Vermögens und Erfolges aus und können folglich als Instrumente einer Bilanzpolitik eingesetzt werden, die die Höhe des Erfolgs- und Vermögensausweises nach finanzpolitischen, publizitätspolitischen oder steuerpolitischen Überlegungen gestaltet.

Wird z. B. ein derivativer Firmenwert, d. h. ein Firmenwert, der beim Kauf des Betriebes bezahlt worden ist, nicht aktiviert[6], so ist nicht nur das in der Bilanz angesetzte Vermögen niedriger, sondern auch der Erfolg der

---

[4] Vgl. S. 394 f.
[5] Vgl. z. B. BFH vom 18. 1. 1954, BStBl 1954 S. 109; BFH vom 15. 4. 1958, BStBl 1958 S. 261.
[6] § 153 Abs. 5 AktG gewährt ein Bilanzierungswahlrecht

Periode ist geringer, weil der im Kaufpreis bezahlte Firmenwert als Aufwand der Periode verrechnet werden muß, wenn er nicht aktiviert wird. Die Nichtaktivierung wirkt sich in diesem Falle nicht anders aus als der Ansatz eines durch ein Bewertungswahlrecht zugelassenen niedrigeren Wertes eines Wirtschaftsgutes.

Es stellt sich die Frage, ob ein Bilanzierungswahlrecht nicht im Grunde genommen der **Grenzfall eines Bewertungswahlrechts** ist und folglich die Bilanzierungswahlrechte unter die Bewertungswahlrechte zu subsumieren sind. Entscheidet sich der Betrieb, ein Wirtschaftsgut nicht zu bilanzieren, so mißt er diesem Gut im Rahmen der Bilanzbewertung (nicht im Rahmen der Beurteilung seiner Ertragsfähigkeit) einen Wert von Null zu. Wird das Gut dagegen bilanziert, so ist es mit einem positiven Wert anzusetzen; besteht dabei ein Bewertungswahlrecht, so liegt der Bewertungsspielraum des Betriebes ggf. zwischen Null (Nichtaktivierung) und dem höchsten durch das Wahlrecht zulässigen Wert, es sei denn, das Bewertungswahlrecht setzt auch eine untere Wertgrenze, die nicht unterschritten werden darf, so daß das Wirtschaftsgut entweder überhaupt nicht bilanziert oder aber mindestens mit dem durch die untere Wertgrenze festgelegten Wert angesetzt werden muß.

Wegen der prinzipiellen Übereinstimmung der bilanzpolitischen Wirkungen von Bilanzierungs- und Bewertungsentscheidungen und infolge der Notwendigkeit, bei einer Entscheidung für die Bilanzierung eine Bewertung durchführen zu müssen, halten wir es für zweckmäßig, die Bilanzierungswahlrechte mit den Bewertungswahlrechten zusammenzufassen und auch zusammen zu erörtern[7].

2. Anwendungsbereich und formaler Aufbau

§ 151 Abs. 1 AktG schreibt für die Aktiengesellschaft ein Gliederungsschema vor, das auch von Betrieben, die in anderen Rechtsformen geführt werden – soweit für sie keine eigenen gesetzlichen Gliederungsvorschriften bestehen – analog angewendet werden kann, allerdings nur im Hinblick auf die allgemeinen Prinzipien seiner Gliederung, nicht dagegen hinsichtlich des Ausweises jeder einzelnen Bilanzposition[8]. Von diesem gesetzlichen Schema darf eine Aktiengesellschaft nur abweichen, wenn der Geschäftszweig es verlangt oder wenn die vorgenommene Gliederung über die gesetzliche Mindestgliederung im Interesse der Verbesserung der Klarheit und Übersichtlichkeit der Bilanzierung hinausgeht.

Das Gliederungsschema des § 151 Abs. 1 AktG ist auf die Vermögens-

---

[7] Vgl. S. 477 ff.
[8] Vgl. S. 137

und Kapitalstruktur eines in der Rechtsform der Aktiengesellschaft geführten Industriebetriebes zugeschnitten. Eine durch den Geschäftszweig bedingte abweichende Gliederung muß „gleichwertig" sein, d. h. sie muß – wie § 149 Abs. 1 AktG fordert – klar und übersichtlich sein und einen möglichst sicheren Einblick in die Vermögens- und Ertragslage der Gesellschaft gewähren.

Soweit der Wirtschaftszweig ein **völliges Abweichen** vom Gliederungsschema verlangt, wie z. B. bei den Kreditinstituten, sind besondere **Formblätter** für die Bilanz zu verwenden. Die Wirtschaftszweige, für die anstelle des Gliederungsschemas des § 151 Abs. 1 AktG (und des § 157 Abs. 1 AktG für die Gewinn- und Verlustrechnung) besondere Formblätter gelten, sind in § 17 Abs. 1 EGAktG aufgeführt. Es handelt sich um

– Kreditinstitute einschließlich der Hypotheken- und Schiffspfandbriefbanken,
– Gesellschaften, die Eisenbahnen des öffentlichen Verkehrs betreiben,
– Gesellschaften, die Straßenbahnen oder Linienverkehr zur Personenbeförderung betreiben,
– Gesellschaften, die Gütertransport mit Kraftfahrzeugen betreiben,
– Gemeinnützige Wohnungsunternehmen.

§ 17 Abs. 2 EGAktG bestimmt, daß die Jahresabschlüsse dieser Betriebe nach „den bisherigen Vorschriften" zu gliedern sind. Von den in §§ 161 und 278 Abs. 3 AktG, § 33g GenG, § 24 Abs. 2 Hypothekenbankgesetz und ·§ 22 Abs. 2 Schiffsbankgesetz ausgesprochenen Ermächtigungen, nach denen der Bundesjustizminister im Einvernehmen mit dem jeweiligen Ressortminister (z. B. dem Verkehrsminister bei Transportgesellschaften) durch Rechtsverordnung Formblätter oder andere Vorschriften für die Gliederung des Jahresabschlusses erlassen kann, ist bisher erst zum Teil Gebrauch gemacht worden, so daß für einen Teil der genannten Gesellschaften weiterhin die sich auf eine entsprechende Ermächtigung des § 134 AktG 1937 stützenden Formblätter Gültigkeit haben.

Durch Verordnung vom 20. 12. 1967[9] wurden für die Gliederung des Jahresabschlusses von **Kreditinstituten** neue Formblätter erlassen. Ausgenommen von dieser Verordnung sind Hypothekenbanken, Schiffspfandbriefbanken und Unternehmen, die einen Immobilienfonds verwalten (§ 5 VO Formbl.).

Für die Gliederung der Jahresabschlüsse der **Sparkassen** haben die obersten Sparkassenaufsichtsbehörden der Länder ebenfalls ein neues Formblatt aufgestellt, das unter Berücksichtigung der Besonderheiten des Sparkassenwesens den für die übrigen Kreditinstitute vorgeschriebenen Formblättern entspricht[10].

---

[9] BGBl I, S. 1300
[10] Zu den neuen Formblättern wurden durch das Bundesaufsichtsamt für das Kreditwesen (Beilage zum Bundesanzeiger Nr. 161 vom 29. 8. 1968) und die obersten Sparkassenaufsichtsbehörden der Länder Richtlinien für die Aufstellung des Jahresabschlusses erlassen.

Es ist zu beachten, daß sich die Sonderregelungen bei Aktiengesellschaften nur auf die Gliederungsvorschriften der Absätze 1 der §§ 151 und 157 AktG, d. h. auf die Gliederungsschemata, nicht aber auf die sonstigen in diesen Paragraphen enthaltenen Vorschriften über die Gliederung beziehen. Das aktienrechtliche Gliederungsschema enthält folgende Positionen[11]: Auf der **Aktivseite:**

I. Ausstehende Einlagen auf das Grundkapital;
   davon eingefordert:

II. Anlagevermögen:
   A. Sachanlagen und immaterielle Anlagewerte:
      1. Grundstücke und grundstücksgleiche Rechte mit Geschäfts-, Fabrik- und anderen Bauten;
      2. Grundstücke und grundstücksgleiche Rechte mit Wohnbauten;
      3. Grundstücke und grundstücksgleiche Rechte ohne Bauten;
      4. Bauten auf fremden Grundstücken, die nicht zu Nummer 1 oder 2 gehören;
      5. Maschinen und maschinelle Anlagen;
      6. Betriebs- und Geschäftsausstattung;
      7. Anlagen im Bau und Anzahlungen auf Anlagen;
      8. Konzessionen, gewerbliche Schutzrechte und ähnliche Rechte sowie Lizenzen an solchen Rechten.
   B. Finanzanlagen:
      1. Beteiligungen;
      2. Wertpapiere des Anlagevermögens, die nicht zu Nummer 1 gehören;
      3. Ausleihungen mit einer Laufzeit von mindestens vier Jahren;
         davon durch Grundpfandrechte gesichert:

III. Umlaufvermögen:
   A. Vorräte:
      1. Roh-, Hilfs- und Betriebsstoffe;
      2. unfertige Erzeugnisse;
      3. fertige Erzeugnisse, Waren.
   B. Andere Gegenstände des Umlaufvermögens:
      1. geleistete Anzahlungen, soweit sie nicht zu II A Nr. 7 gehören;
      2. Forderungen aus Lieferungen und Leistungen; davon mit einer Restlaufzeit von mehr als einem Jahr:
      3. Wechsel;
         davon bundesbankfähig:
      4. Schecks;
      5. Kassenbestand, Bundesbank- und Postscheckguthaben;
      6. Guthaben bei Kreditinstituten;

---

[11] § 151 Abs. 1 AktG

7. Wertpapiere, die nicht zu Nummer 3, 4, 8 oder 9 oder zu II B gehören;
8. eigene Aktien unter Angabe ihres Nennbetrages;
9. Anteile an einer herrschenden oder an der Gesellschaft mit Mehrheit beteiligten Kapitalgesellschaft oder bergrechtlichen Gewerkschaft unter Angabe ihres Nennbetrags, bei Kuxen ihre Zahl;
10. Forderungen an verbundene Unternehmen;
11. Forderungen aus Krediten, die
    a) unter § 89,
    b) unter § 115
    fallen;
12. sonstige Vermögensgegenstände.
IV. Rechnungsabgrenzungsposten
V. Bilanzverlust

Auf der **Passivseite**:

I. Grundkapital
II. Offene Rücklagen:
    1. Gesetzliche Rücklagen;
    2. andere Rücklagen (freie Rücklagen);
III. Wertberichtigungen
IV. Rückstellungen:
    1. Pensionsrückstellungen;
    2. andere Rückstellungen;
V. Verbindlichkeiten mit einer Laufzeit von mindestens vier Jahren:
    1. Anleihen;
    davon durch Grundpfandrechte gesichert:
    2. Verbindlichkeiten gegenüber Kreditinstituten;
    davon durch Grundpfandrechte gesichert:
    3. sonstige Verbindlichkeiten;
    davon durch Grundpfandrechte gesichert:
    Von Nummern 1 bis 3 sind vor Ablauf von vier Jahren fällig:
VI. Andere Verbindlichkeiten:
    1. Verbindlichkeiten aus Lieferungen und Leistungen;
    2. Verbindlichkeiten aus der Annahme gezogener Wechsel und der Ausstellung eigener Wechsel;
    3. Verbindlichkeiten gegenüber Kreditinstituten, soweit sie nicht zu V gehören;
    4. erhaltene Anzahlungen;
    5. Verbindlichkeiten gegenüber verbundenen Unternehmen;
    6. sonstige Verbindlichkeiten.
VII. Rechnungsabgrenzungsposten
VIII. Bilanzgewinn.

Während ein Zusammenziehen von Positionen des Mindestgliederungsschemas verboten ist, darf eine weitere Aufgliederung erfolgen, d. h. das Schema stellt eine **zwingende Mindestvorschrift** dar. Im Falle einer weiteren Untergliederung ist allerdings der Grundsatz der formalen Bilanzkontinuität zu beachten, d. h. eine einmal gewählte weitere Aufgliederung sollte nicht ohne zwingenden sachlichen Grund rückgängig gemacht werden, weil dadurch die Vergleichbarkeit der Bilanzen beeinträchtigt werden kann. Die Notwendigkeit zu einer über das gesetzliche Gliederungsschema hinausgehenden Gliederung kann sich aus § 149 Abs. 1 AktG ergeben, wenn die Mindestgliederung auf Grund der Besonderheiten eines Betriebes nicht ausreicht, die Klarheit und Übersichtlichkeit der Bilanzierung zu gewährleisten. Adler-Düring-Schmaltz nennen zwei Arten der Erweiterung der Mindestgliederung: entweder werden **zusätzliche Positionen** eingefügt, und zwar dann, „wenn Vermögens- oder Schuldposten vorhanden sind, die sich nicht in die Bilanzposten des § 151 Abs. 1 einordnen lassen"[12], oder es werden gesetzlich vorgeschriebene Posten **weiter aufgeteilt** (z. B. die Position „Betriebs- und Geschäftsausstattung" in Werkzeuge, Fuhrpark, sonstige Betriebsausstattung und Büroausstattung), so daß entweder mehrere Positionen an die Stelle von einer Position treten oder die Zusammensetzung einer Position durch **Vermerke** in einer Vorspalte oder in einer Fußnote erläutert wird (so kann z. B. die Position „gesetzliche Rücklage" in einer Vorspalte nach den verschiedenen Arten ihrer Dotierung, z. B. aus dem Jahresüberschuß oder aus Agiobeträgen erläutert werden).

Außerdem ergibt sich aus dem Gesetz der Ausweis bestimmter Positionen, die

1. im Gliederungsschema **nicht enthalten** sind, weil sie selten auftreten, z. B. der derivative Firmenwert[13], der Unterschiedsbetrag bei der Verschmelzung[14], die Kosten der Ingangsetzung des Geschäftsbetriebes[15];
2. wegen ihres **besonderen Charakters** aus einer im Gliederungsschema angegebenen Position **ausgegliedert** werden müssen, z. B. steuerfreie Rücklagen als „Sonderposten mit Rücklagenanteil"[16];
3. eine im Gliederungsschema aufgeführte Position **durch nähere Angaben in den Vorspalten** oder auf andere Weise (z. B. als Fußnote) erläutern; so muß z. B. bei den ausstehenden Einlagen auf das Grundkapital angegeben werden, wieviel davon bereits eingefordert wurde, bei Ausleihungen mit einer Laufzeit von mindestens vier Jahren sind die durch Grundpfandrechte gesicherten Beträge zu vermerken, bei Wechseln müssen die bundesbankfähigen gesondert ausgewiesen werden, bei eigenen Aktien, die grundsätzlich zum Niederstwertprinzip zu bewerten sind, ist die An-

---

12 Adler-Düring-Schmaltz, a. a. O., Erl. zu § 151 Tz 9
13 Vgl. § 153 Abs. 5 AktG
14 Vgl. § 348 AktG
15 Vgl. § 153 Abs. 4 AktG
16 Vgl. § 152 Abs. 5 AktG

gabe ihres Nennbetrages erforderlich, da der Nennbetrag der eigenen Aktien 10 % des Grundkapitals nicht überschreiten darf, beim Grundkapital ist in der Vorspalte eine Aufteilung nach Aktiengattungen (Stamm-, Vorzugsaktien, bedingtes Kapital) vorzunehmen[17], bei den offenen Rücklagen ist der gesonderte Ausweis der Beträge erforderlich, die

a) die Hauptversammlung aus dem Bilanzgewinn des Vorjahrs eingestellt hat,

b) aus dem Jahresüberschuß des Geschäftsjahres eingestellt werden,

c) für das Geschäftsjahr entnommen werden[18];

4. vom Gesetzgeber nicht aufgenommen wurden, weil sie in absehbarer Zeit auf Grund gesetzlicher Bestimmungen endgültig aus den Bilanzen verschwinden (z. B. der Lastenausgleichsgegenposten gem. § 221 LAG, Rücklagen für die Vermögensabgabe gem. § 218 Abs. 2 LAG, Verbindlichkeiten gem. § 219 LAG).

Es bedarf keiner besonderen Feststellung, daß jeder Vermögens- und Schuldposten nur einmal in der Bilanz ausgewiesen werden kann. Es gibt aber Gegenstände, bei denen es zweifelhaft sein kann, welcher Position sie zuzuordnen sind; so kann z. B. eine Forderung aus Warenlieferungen zugleich eine Forderung gegenüber einem Konzernunternehmen sein. Die Verwaltung hat hier zu entscheiden, welche Art des Ausweises dem Prinzip der Klarheit und Übersichtlichkeit am besten Rechnung trägt. § 151 Abs. 3 AktG sieht vor, daß bei Gegenständen, die mehreren Positionen zugerechnet werden können, die **Mitzugehörigkeit** zu den anderen Positionen zu **vermerken** ist, wenn das zur Aufstellung einer klaren und übersichtlichen Bilanz erforderlich ist. Zuviele Verweise können allerdings die Übersichtlichkeit auch beeinträchtigen.

Forderungen und Verbindlichkeiten gegenüber verbundenen Unternehmen sind in der Regel unter den dafür vorgesehenen Positionen auszuweisen; werden sie ausnahmsweise unter einer anderen Position bilanziert, so **muß** ihre Eigenschaft hier vermerkt werden. Eigene Aktien und Anteile an einer herrschenden oder mit Mehrheit beteiligten Kapitalgesellschaft oder bergrechtlichen Gewerkschaft müssen zwingend unter den dafür vorgesehenen Positionen aufgeführt werden.

Nach § 151 Abs. 2 AktG brauchen **keine Leerposten** geführt zu werden, d. h. wenn bestimmte unter einen Posten fallende Gegenstände nicht vorhanden sind, so braucht der betreffende Posten nicht aufgeführt zu werden. Diese Bestimmung kann ausnahmslos nur auf die Positionen des Gliederungsschemas selbst, nicht dagegen auf die bei bestimmten Positionen geforderten Vermerke angewendet werden. So muß z. B. beim Wechselbestand vermerkt werden, welcher Betrag davon bundesbankfähig ist. Sind keine diskontierbaren Wechsel vorhanden, so könnte an sich der Vermerk weggelassen werden, denn wenn ein gesetzlich vorgeschriebener Vermerk

---

[17] Vgl. § 152 Abs. 3 AktG
[18] Vgl. § 152 Abs. 4 AktG

in einer veröffentlichten (und folglich bereits geprüften) Bilanz fehlt, so muß daraus geschlossen werden, daß ein zu vermerkender Tatbestand nicht existiert. Dennoch könnte ein Bilanzleser, der das gesetzliche Gliederungsschema nicht in allen Einzelheiten im Gedächtnis hat, bei der Beurteilung der Bilanz – hier im Beispiel der Qualität des Wechselbestandes – zu falschen Schlüssen gelangen.

Soweit es die Klarheit und Übersichtlichkeit des Jahresabschlusses verlangen, sind daher bei bestimmten Positionen die vorgeschriebenen Vermerke auch dann anzubringen, wenn sie in einer Fehlanzeige bestehen (z. B. Wechsel, ausstehende Einlagen auf das Grundkapital)[19].

Risiken und Verpflichtungen, für die ein Ausweis auf der Passivseite der Bilanz nicht zwingend vorgeschrieben ist, müssen im Interesse der Klarheit der Rechenschaftslegung entweder in der Bilanz oder im Geschäftsbericht vermerkt werden. Da der Jahresabschluß in den Gesellschaftsblättern veröffentlicht werden muß, während der Geschäftsbericht nur dem Registergericht einzureichen ist, kommt dem Jahresabschluß eine **größere Publizitätswirkung** zu. Deshalb sind in der Bilanz nach § 151 AktG solche Verbindlichkeiten und Haftungsverhältnisse zu vermerken, die für die Beurteilung der Vermögens- und Ertragslage von besonderer Bedeutung sind, es sein denn, sie sind bereits durch Bildung einer Rückstellung in der Bilanz berücksichtigt. Bestehen derartige Verbindlichkeiten oder Haftungen **gegenüber verbundenen Unternehmen,** so ist das bei den einzelnen Vermerken unter Angabe des Betrages kenntlich zu machen.

Im einzelnen handelt es sich:

1. um Verbindlichkeiten, die aus der Begebung und Übertragung von Wechseln entstehen können, d. h. um die Haftung aus Indossamenten;
2. um Verbindlichkeiten aus Bürgschaften, Wechsel- und Scheckbürgschaften;
3. um Verbindlichkeiten aus Gewährleistungsverträgen, das sind „Verträge, in denen jemand sich verpflichtet, für das Eintreten eines bestimmten Erfolges einzustehen"[20], z. B. Garantien für die Ausführung von Arbeiten Dritter. Nicht dazu gehören Garantien für die eigenen Leistungen der Gesellschaft;
4. um die Haftung aus der Bestellung von Sicherheiten für fremde Verbindlichkeiten. Dazu gehören an sich die Bürgschaften, doch sind diese schon unter 2 aufgeführt. Es muß sich also um andere Sicherheiten, z. B. um Sicherungshypotheken handeln[21].

Soweit den aufgeführten Verbindlichkeiten oder Haftungen **Rückgriffsforderungen** gegenüberstehen, müssen erstere dennoch vermerkt werden,

---

[19] Einzelheiten über die Behandlung der einzelnen Vermerke vgl. Adler-Düring-Schmaltz, a. a. O ., Erl. zu § 151 Tz 21 a–f
[20] RG 90, 416, zit. bei Godin-Wilhelmi, Aktiengesetz, 3. Aufl., Berlin 1967, S. 854
[21] Vgl. Godin-Wilhelmi, a. a. O., S. 854

und zwar unsaldiert, d. h. sie dürfen nicht mit den Rückgriffsforderungen verrechnet werden. Im Interesse der Klarheit sind die Rückgriffsforderungen auf der Aktivseite zu vermerken.

Die vier Gruppen von Verbindlichkeiten bzw. Haftungen müssen **gesondert** aufgeführt werden, d. h. sie dürfen nicht in einer Summe zusammengefaßt werden.

III. Der Erkenntniswert der aktienrechtlichen Bilanzgliederung

1. Die unterschiedliche Interessenlage der an der Bilanz interessierten Gruppen

Prüfen wir nun am Beispiel der aktienrechtlichen Bilanzgliederung die Frage, wie eine Handelsbilanz aufgebaut sein muß, wenn sie die ihr zugewiesene Aufgabe, die Vermögens- und Ertragsverhältnisse zum Zwecke der Rechenschaftslegung und Information offenzulegen, erfüllen soll. Diese Prüfung setzt zunächst die Beantwortung einer anderen Frage voraus: welche Informationen muß ein Bilanzleser aus der Bilanz entnehmen können, damit er feststellen kann, daß er „einen möglichst sicheren Einblick in die Vermögens- und Ertragslage" des Betriebes erhalten hat?

Bei der Beantwortung dieser Frage sind wenigstens **zwei Gruppen** von „Bilanzlesern", die Anspruch auf Rechenschaftslegung haben, zu unterscheiden, deren Interessenlage nicht die gleiche sein muß: die **Aktionäre** und die **Gläubiger.** Aber auch innerhalb dieser Gruppen gibt es wieder unterschiedliche Interessenlagen. Ein Aktionär, der seinen Anteil an einer Aktiengesellschaft nur als zinstragende Anlage seines Sparkapitals – evtl. hat er seine Ersparnisse sogar auf mehrere Gesellschaften gestreut – betrachtet, ist in erster Linie am Gewinn und an **möglichst hoher Gewinnausschüttung** interessiert, insbesondere, wenn er die Dividenden für konsumtive Zwecke verwendet. Er möchte folglich aus dem Jahresabschluß Informationen erhalten, wie groß der Gesamtgewinn der Periode ist, und wie er verwendet, d. h. welcher Teil zur Ausschüttung freigegeben und welcher den Rücklagen zugeführt oder aus betriebspolitischen Überlegungen durch Bewertungsmaßnahmen auf spätere Perioden verschoben worden ist. Weiterhin möchte er Informationen über die in naher Zukunft zu erwartende Rentabilitätslage der Gesellschaft haben, um entscheiden zu können, ob sich für ihn die weitere Mitgliedschaft an der Gesellschaft lohnt oder ob ein Verkauf der Aktien und eine anderweitige Anlage des Kapitals zweckmäßiger ist.

Ein anderer Aktionär ist nicht in erster Linie an größtmöglicher Ausschüttung, sondern an einer **Zunahme seines Vermögens** durch Kurssteigerungen interessiert. Für ihn ist nicht die Höhe der Gewinnausschüttung von Vorrang, sondern das langfristige Wachstum des Betriebes, weil er auch Dividenden wieder anlegt. Er interessiert sich folglich neben der Entwicklung des Gewinns für die Vermögensstruktur, insbesondere für die Investitionen, die finanzielle Struktur und die Liquidität. Die Verwendung des Gewinns zur Bildung von Rücklagen und die dadurch bedingte Kurssteigerung hat für ihn den Vorteil, daß sein Vermögen wächst, ohne daß er für den Zuwachs Einkommensteuer entrichten muß. Auch bei einer späteren Veräußerung bleibt die während der privaten Besitzzeit eingetretene Wertsteigerung einkommensteuerfrei, es sei denn, es handelt sich um Spekulationsgewinne im Sinne des § 23 EStG.

Ein dritter Aktionär ist z. B. eine andere Aktiengesellschaft, u. U. sogar eine beherrschende **Konzerngesellschaft.** Sie betrachtet die wirtschaftliche Entwicklung ihrer abhängigen Gesellschaft vom Standpunkt des Konzerns, sie weiß, in welcher Weise die Vermögens- und Ertragslage, die sich im Jahresabschluß zeigt, durch Einflußnahme der Konzernverwaltung verändert worden ist.

Wieder ein anderer Aktionär ist **Minderheitsgesellschafter** eines abhängigen Konzernunternehmens und hat eine Dividendengarantie von der Obergesellschaft erhalten, durch die seine Dividende vertraglich an die Dividendenzahlungen der Obergesellschaft an ihre eigenen Aktionäre gebunden wird. Er ist dann in erster Linie an der **Ertragsentwicklung der Obergesellschaft** interessiert und weiß, daß der Ausweis der Vermögens- und Ertragslage seiner Gesellschaft von den Entscheidungen der Obergesellschaft beeinflußt wird.

Der **Gläubiger** möchte wissen, ob sein Kredit „sicher" ist, d. h. ob die Entwicklung der wirtschaftlichen Lage des Betriebes erwarten läßt, daß die Zinszahlungen und die Tilgungsraten termingerecht geleistet werden können. Ihn interessiert einerseits die **Kapitalstruktur,** aus der er die Entwicklung des Eigenkapitals, insbesondere der Rücklagen, die zur Verlusttilgung herangezogen werden können, bevor das Nominalkapital angegriffen wird, und die Ansprüche anderer Kreditgeber ableiten will, andererseits die **Vermögensstruktur,** aus der er wissen will, welche Arten von Vermögen ihm Sicherheit bieten und welche Vermögenswerte durch **Vorrechte anderer Gläubiger** für ihn nicht in Frage kommen können (z. B. Grundpfandrechte). Daneben ist er besonders im Hinblick auf periodische Zins- und Tilgungsleistungen oder – als Lieferant – im Hinblick auf termingemäße Bezahlung an einem Einblick in die finanzielle Struktur und die Liquiditätslage des Betriebes interessiert. Die Ertragslage ist für den Gläubiger insofern von Bedeutung, als er in der Regel davon ausgehen kann, daß eine Verbesserung der Ertragssituation im Vergleich zur vorhergehenden Bilanz sich positiv auf Sicherheit und Liquidität auswirken wird.

Zusammenfassend kann man feststellen, daß eine Bilanz, die ihre Aufgabe der Selbstinformation der Geschäftsführung und der Rechenschaftslegung und Information gegenüber Gläubigern, Gesellschaftern und anderen interessierten Personen und Institutionen durch Offenlegung der Vermögens- und Ertragslage erfüllen will, durch eine entsprechende Gliederung Auskünfte geben sollte über:

1. die Vermögens- und Kapitalstruktur,
2. die Finanzierung,
3. die Liquiditätslage,
4. die Rentabilität und Gewinnverwendung (in Verbindung mit der Erfolgsrechnung)[1],
5. die Beziehungen zu verbundenen Unternehmen,
6. die finanziellen Beziehungen zwischen der Gesellschaft und den geschäftsführenden Organen bei Unternehmungen, bei denen die Geschäftsführer keine Gesellschafter sind.

2. Einblicke in die Vermögens- und Kapitalstruktur

a) Die Vermögensstruktur

Für die Beurteilung der wirtschaftlichen Situation eines Betriebes ist es praktisch bedeutungslos, nur die Höhe seines Gesamtvermögens und Gesamtkapitals zu kennen. Aussagen lassen sich erst gewinnen, wenn man die Struktur des Vermögens und Kapitals, d. h. ihre Zusammensetzung einerseits nach Vermögens- und Kapitalarten, andererseits nach den Fristen, für die das Kapital zur Verfügung steht, und nach der Dauer der Bindung des Kapitals in Vermögensarten kennt. Weiterhin ist die Kenntnis der Funktionen der Vermögensarten (betriebsnotwendiges Vermögen, Reservevermögen, Überschußvermögen) von Wichtigkeit.

Die Bedeutung, die eine detaillierte Gliederung des Vermögens für die Offenlegung der Vermögenslage (und die Beurteilung der Ertragslage) hat, soll an zwei Gruppen von Positionen des aktienrechtlichen Gliederungsschemas erläutert werden: den Wertpapieren und den Forderungen.

Für die Bilanzierung von **Wertpapieren** sind auf der Aktivseite der Bilanz folgende Positionen vorgesehen:

A. Im Anlagevermögen:
   1. Beteiligungen,
   2. Wertpapiere des Anlagevermögens, die nicht zu den Beteiligungen zählen.
B. Im Umlaufvermögen:
   3. Wechsel; davon bundesbankfähig:,
   4. Schecks,
   5. Wertpapiere des Umlaufvermögens (soweit sie nicht unter 3., 4., 6. und 7. fallen),

---

[1] Vgl. dazu die Ausführungen auf S. 591 ff.

6. eigene Aktien unter Angabe ihres Nennbetrages,

7. Anteile an einer herrschenden oder an der Gesellschaft mit Mehrheit beteiligten Kapitalgesellschaft oder bergrechtlichen Gewerkschaft unter Angabe ihres Nennbetrages, bei Kuxen ihrer Zahl.

Würde man für alle diese Positionen nur einen Sammelposten „Wertpapiere" ansetzen, so wären die Einblicke in die Bilanz dadurch erheblich eingeschränkt. Der gesonderte Ausweis der **Beteiligungen** gibt Auskunft über finanzielle Verflechtungen mit anderen Unternehmungen. Die Trennung in Wertpapiere des Anlagevermögens, die nicht zu den Beteiligungen gehören, und des Umlaufvermögens, die nicht unter die anderen im Umlaufvermögen ausgewiesenen Gruppen fallen, zeigt, daß der Betrieb mit den Wertpapieren **verschiedene Zwecke** verfolgt: die einen dienen der langfristigen Anlage, ohne daß damit – wenn es sich um Anteilspapiere handelt – die Absicht einer Einflußnahme auf andere Gesellschaften verfolgt wird, die anderen werden nur vorübergehend als Liquiditätsreserve gehalten.

Der getrennte Ausweis der **eigenen Aktien** dient dem Gläubiger- und Aktionärsschutz und zeigt, welcher Teil des Aktienkapitals sich in den Händen der Gesellschaft selbst befindet. Die Begründung zum Regierungsentwurf des Aktiengesetzes führt dazu aus: „Der Erwerb eigener Aktien ist in mehrfacher Hinsicht bedenklich. Durch den entgeltlichen Erwerb eigener Aktien werden den Aktionären die geleisteten Einlagen zurückgewährt. Beim Erwerb nicht voll eingezahlter eigener Aktien erlischt außerdem der Anspruch auf die noch ausstehende Einlage. Darin liegt nicht nur eine Gefahr für die Gläubiger der Gesellschaft. Vielmehr sind auch die Aktionäre durch die Möglichkeit gefährdet, daß die Gesellschaft einzelne von ihnen vor anderen bevorzugt. Am schwersten wiegt schließlich, daß die Gesellschaft mit eigenen Aktien einen für sie höchst unsicheren Vermögenswert erwirbt. Denn jeder Verlust, der sie trifft, mindert zusätzlich auch noch den Wert der von ihr erworbenen Aktien."[2]

Gleiches wie für eigene Aktien gilt für die **Anteile an einer herrschenden oder an der Gesellschaft mit Mehrheit beteiligten Kapitalgesellschaft** oder bergrechtlichen Gewerkschaft. Hält eine Aktiengesellschaft Aktien ihrer Obergesellschaft, und zwar auf Veranlassung der Obergesellschaft, mit der sie entweder einen Beherrschungsvertrag abgeschlossen hat oder von der sie faktisch beherrscht wird, so könnte die Obergesellschaft die strengen Bestimmungen über die Fälle und den Umfang, in dem eigene Aktien gehalten werden dürfen[3], umgehen, und zwar einmal zum **Nachteil der Gläubiger,** da beide Gesellschaften, die auf Grund der Beherrschung

---

[2] Kropff, B., Aktiengesetz, a. a. O., S. 90

[3] Nach § 71 Abs. 1 AktG darf die Gesellschaft eigene Aktien nur erwerben,

„1. wenn der Erwerb notwendig ist, um einen schweren Schaden von der Gesellschaft abzuwenden,

2. wenn die Aktien den Arbeitnehmern der Gesellschaft zum Erwerb angeboten werden sollen,

eine wirtschaftliche Einheit bilden, zusammen mehr als 10 % der Aktien der Obergesellschaft halten könnten, und zweitens zum **Nachteil der Aktionäre** der Obergesellschaft, da diese auf Grund ihres Weisungsrechts[4] die abhängige Gesellschaft zu einer bestimmten Art der Stimmabgabe in der Hauptversammlung veranlassen könnte, die zum Nachteil der übrigen Aktionäre ist.

Deshalb unterliegen Aktien einer herrschenden Gesellschaft den gleichen Beschränkungen wie eigene Aktien, d. h. nach § 71 Abs. 1 Satz 2 AktG darf der Gesamtnennbetrag der eigenen Aktien zusammen mit den Aktien der Gesellschaft, die ein abhängiges oder in ihrem Mehrheitsbesitz stehendes Unternehmen erworben hat und noch besitzt, 10 % des Grundkapitals nicht übersteigen, und nach § 136 Abs. 2 AktG darf das **Stimmrecht** für Aktien, die der Gesellschaft (eigene Aktien) oder einem abhängigen Unternehmen gehören, **nicht ausgeübt werden.**

Wechsel und Schecks gehören zu den Zahlungsmitteln. Ein Ausweis unter den Wertpapieren würde zu einer falschen Beurteilung der Liquiditätslage führen.

Ebenso wie für die Wertpapiere sieht das aktienrechtliche Gliederungsschema auch für die **Forderungen** eine Anzahl von Positionen vor:

1. Ausstehende Einlagen auf das Grundkapital; davon eingefordert:,
2. Anzahlungen auf Anlagen,
3. geleistete Anzahlungen, soweit sie nicht zu 2. gehören,
4. Ausleihungen mit einer Laufzeit von mindestens vier Jahren, davon durch Grundpfandrechte gesichert:,
5. Forderungen aus Lieferungen und Leistungen; davon mit einer Restlaufzeit von mehr als einem Jahr:,
6. Forderungen an verbundene Unternehmen,
7. Forderungen aus Krediten an Vorstandsmitglieder (§ 89 AktG),
8. Forderungen aus Krediten an Aufsichtsratsmitglieder (§ 115 AktG).

Hier wird auf den ersten Blick klar, daß eine Zusammenfassung aller oder auch nur eines Teils dieser Positionen unter einen Posten „Forde-

---

3. wenn der Erwerb geschieht, um Aktionäre nach § 305 Abs. 2 oder § 320 Abs. 5 abzufinden,
4. wenn auf die Aktien der Nennbetrag oder höhere Ausgabebetrag voll geleistet ist und der Erwerb unentgeltlich geschieht oder die Gesellschaft mit dem Erwerb eine Einkaufskommission ausführt,
5. durch Gesamtrechtsnachfolge oder
6. auf Grund eines Beschlusses der Hauptversammlung zur Einziehung nach den Vorschriften über die Herabsetzung des Grundkapitals.
Der Gesamtnennbetrag der zu den Zwecken nach Nummern 1 bis 3 erworbenen Aktien darf jedoch zusammen mit dem Betrag anderer Aktien der Gesellschaft, die die Gesellschaft oder ein abhängiges oder ein in ihrem Mehrheitsbesitz stehendes Unternehmen oder ein anderer für Rechnung der Gesellschaft oder eines abhängigen oder eines in ihrem Mehrheitsbesitz stehenden Unternehmens bereits zu diesen Zwecken erworben hat und noch besitzt, zehn von Hundert des Grundkapitals nicht übersteigen.“

[4] Vgl. §§ 308 und 311 AktG

rungen" zu einer Verschleierung der tatsächlich gegebenen Verhältnisse führen würde. Die Forderung an die Aktionäre auf Grund von **ausstehenden Einlagen** auf das Grundkapital sind im Prinzip eine Art Gegenposten zum nominell ausgewiesenen Grundkapital und haben einen völlig anderen Charakter als z. B. die Forderungen aus dem Umsatzprozeß.

Nach § 36 Abs. 2 AktG darf die Anmeldung einer Gesellschaft zur Eintragung in das Handelsregister erst erfolgen, wenn mindestens 25 % des Nennbetrages der Aktien zuzüglich des vollen Agios eingezahlt worden sind.[5] Rückständige Einlagen dürfen weder mit dem Grundkapital verrechnet, noch mit anderen Forderungen zusammengefaßt werden. Für den Bilanzansatz ist es ohne Bedeutung, ob die noch ausstehenden Einlagen bereits eingefordert sind oder nicht. Bereits eingeforderte Teile des Grundkapitals sind jedoch in der **Vorspalte** auszuweisen.[6] Dieser Vermerk, der durch das Aktiengesetz 1965 neu eingeführt worden ist, verbessert den Einblick in die Liquiditätslage des Betriebes, da aus der Hauptspalte nicht ersichtlich ist, ob und wann mit einer Einzahlung der noch ausstehenden Einlagen zu rechnen ist.

Kann mit einer vollen Leistung der ausstehenden Einlagen durch die Aktionäre nicht mehr gerechnet werden, so ist dennoch der volle Nennwert des ausstehenden Betrages zu bilanzieren, jedoch ist eine entsprechende **Wertberichtigung** auf der Passivseite einzustellen, die im Interesse der Bilanzklarheit nicht mit anderen Wertberichtigungen zusammengefaßt werden darf.

Die Forderungen des Umlaufvermögens sind die Gruppe von Positionen, die am weitesten untergliedert ist. Allerdings fehlt es an einem eindeutigen Gliederungskriterium, da mit der Gliederung mehrere Zwecke erreicht werden sollen, so daß eine klare Zuordnung manchmal nicht möglich ist und folglich im Interesse der Bilanzklarheit die Mitzugehörigkeit einer Forderung zu einer anderen Position als der, unter der sie ausgewiesen wird, vermerkt werden muß.

So können z. B. **Forderungen aus Lieferungen** und **Leistungen** nicht nur in der dafür vorgesehenen Position erscheinen, sondern auch unter der Position „Forderungen an verbundene Unternehmen" und weiterhin unter der Position „sonstige Vermögensgegenstände", wenn sie für längere Zeit gestundet worden sind. Hier kommen also drei verschiedene Einteilungskriterien zur Anwendung: die **Art** der Forderungen (z. B. Warenforderung), die besondere rechtliche und wirtschaftliche **Verbindung mit dem Schuldner** der Forderung (z. B. Konzernunternehmung) und die **Bonität** der Forderung.

---

[5] Die nicht volleingezahlten Aktien müssen auf den Namen lauten (§ 10 Abs. 2 AktG). Die jeweiligen Inhaber sind in das Aktienbuch der Gesellschaft einzutragen (§ 67 Abs. 1 AktG). Jeder im Aktienbuch eingetragene Vormann des letzten eingetragenen Inhabers haftet für die innerhalb von zwei Jahren nach der Eintragung eingeforderten Einzahlungen (§ 65 Abs. 2 AktG)

[6] § 151 Abs. 1 Ziff. I AktG

Während die Forderungen aus Warenlieferungen und Leistungen eine Folge der Realisierung der eigentlichen betrieblichen Aufgabe, nämlich des Absatzes betrieblicher Leistungen sind, dienen **Anzahlungen** der Beschaffung von Produktionfaktoren und damit der Vorbereitung des betrieblichen Leistungsprozesses. Sie werden nochmal nach der Fristigkeit der angezahlten Güter (Anzahlungen auf Anlagen und Anzahlungen auf Vorräte) getrennt.

Hat der Betrieb die vereinbarten Lieferungen und Leistungen bereits erhalten, steht aber der endgültige Preis noch nicht fest, so ist eine Rückstellung zu bilden. Eine Verrechnung mit Anzahlungen ist unzulässig[7].

Von den Forderungen auf Grund von Lieferungen und Leistungen dürfen Rabatte und Umsatzprämien abgesetzt werden. Vertreterprovisionen und Umsatzsteuern dagegen stellen Verbindlichkeiten dar, die passiviert werden müssen. Eine Aufrechnung von Forderungen und Verbindlichkeiten ist nicht gestattet[7a].

Forderungen aus Lieferungen und Leistungen können auch durch **Wechsel** gesichert sein, so daß Wechsel wirtschaftlich oft eher zur Gruppe dieser Forderungen als nach rechtlichen Gesichtspunkten zu den Wertpapieren gehören.

Die Ausgliederung der **Forderungen an verbundene Unternehmen**[8] dient wie bei dem Posten Beteiligungen der Offenlegung der bestehenden Unternehmensverbindungen. Zugleich können diese Forderungen aber ihrer Art nach Forderungen aus Lieferungen und Leistungen oder aus Anzahlungen sein. Hier wäre dann im Interesse der Klarheit ein Vermerk der Mitzugehörigkeit zu einer anderen Position nach § 151 Abs. 3 AktG angebracht.

Die finanziellen Beziehungen zwischen der Gesellschaft einerseits und Mitgliedern des **Vorstandes,** des **Aufsichtsrates** und **leitenden Angestellten** andererseits sollen im Interesse der Rechenschaftslegung gegenüber den Aktionären offen dargelegt werden und nicht in anderen Forderungspositionen verschwinden. Dazu dienen zwei Bilanzpositionen:

1. Forderungen aus Krediten an Vorstandsmitglieder und an leitende Angestellte, die nur mit ausdrücklicher Zustimmung des Aufsichtsrats gewährt werden dürfen (§ 89 AktG) und
2. Forderungen aus Krediten an Aufsichtsratsmitglieder (§ 115 AktG).

Nach § 89 AktG besteht eine Ausweispflicht für Kredite, wenn sie ein Monatsgehalt übersteigen, an folgende Personen:

1. Vorstandsmitglieder, Prokuristen und zum gesamten Geschäftsbetrieb ermächtigte Handlungsbevollmächtigte der Gesellschaft oder eines von der Gesellschaft abhängigen oder sie beherrschenden Unternehmens;
2. Ehefrauen und minderjährige Kinder der zu 1. genannten Personen;

---

[7] § 152 Abs. 8 AktG
[7a] § 152 Abs. 8 AktG
[8] Einzelheiten vgl. S. 233

3. Dritte, die für Rechnung der unter 1. und 2. genannten Personen handeln.

Die Kreditgewährung an Aufsichtsratsmitglieder, ihre Ehegatten und minderjährigen Kinder oder an Dritte, die für Rechnung dieser Personen handeln, bedarf nach § 115 Abs. 1 AktG der Einwilligung des Aufsichtsrats. Der Beschluß über die Einwilligung muß die Verzinsung und Rückzahlung des Kredits regeln.

Die Position „sonstige Vermögensgegenstände" nimmt alle Vermögenswerte auf, die nicht unter den übrigen Positionen unterzubringen sind. Es handelt sich dabei in der Regel um Forderungen. Das WP-Handbuch 1968 zählt beispielsweise auf: „Darlehen (soweit sie nicht unter II B, 3, III B 10, 11 fallen), Gehaltsvorschüsse (die nicht unter III B 11 a fallen), Kostenvorschüsse (soweit nicht Anzahlungen), Kautionen, Steuererstattungsansprüche, Schadensersatzansprüche, Forderungen aus Bürgschaftsübernahmen und Treuhandverhältnissen, Rückkaufswerte von Lebensversicherungen."[9]

b) **Die Kapitalstruktur**

Auch für die **Kapitalstruktur** lassen sich gleiche Überlegungen anstellen. Sie werden insbesondere in den folgenden Abschnitten, in denen die Aussagefähigkeit der Bilanzgliederung über die finanzielle Struktur und die Liquidität des Betriebes erörtert wird, vertieft. Der Ausweis einer einzigen Position **Eigenkapital** (bei Personengesellschaften aufgeteilt auf die Gesellschafter entsprechend ihrem Anteil) ist nur in Bilanzen von Unternehmungen unbedenklich, bei denen – wie bei der Einzelunternehmung und den Personengesellschaften – das Eigentum am Betriebe und die Geschäftsführung in der Hand derselben Personen liegen. Die Veränderungen des Eigenkapitals können hier mittels Bilanzvergleich oder der Gewinn- und Verlustrechnung ermittelt werden. Eine Täuschung der Eigentümer ist nicht möglich, da sie ja selbst die Bilanz erstellen oder – falls sie nicht an der Geschäftsführung beteiligt sind – Kontrollrechte haben[10]. Den Gläubigern haftet neben dem Eigenkapital das Privatvermögen wenigstens eines Gesellschafters.

Bei Kapitalgesellschaften dagegen muß wegen der Beschränkung der Haftung auf die Kapitaleinlagen im Interesse des Gläubigerschutzes das Haftungskapital in nomineller Höhe ausgewiesen werden. Änderungen in der Höhe des Eigenkapitals zeigen sich in zusätzlichen Eigenkapitalpositionen. Die Schutzwirkung des Nominalkapitals liegt vor allem darin, daß eine Verminderung durch Kapitalrückzahlungen bei Aktiengesell-

---

[9] WP-Handbuch 1968, a. a. O., S. 560
[10] Nach § 118 Abs. 1 HGB kann ein Gesellschafter einer OHG, auch wenn er auf Grund des Gesellschaftsvertrages nicht an der Geschäftsführung teilnimmt, „die Handelsbücher und die Papiere der Gesellschaft einsehen und sich aus ihnen eine Bilanz anfertigen." Die Kommanditisten der KG haben nach § 166 Abs. 1 HGB das Recht, eine Abschrift der Bilanz zu verlangen „und ihre Richtigkeit unter Einsicht der Bücher und Papiere zu prüfen".

schaften nur im Wege der ordentlichen Kapitalherabsetzung[11], für die strenge Gläubigerschutzbestimmungen[12] gelten erfolgen kann. Auch eine GmbH kann ihr Stammkapital nur unter Beachtung besonderer dem Schutz der Gläubiger dienenden Bestimmungen herabsetzen.[13]

Nach § 151 Abs. 1 AktG sind gesondert auszuweisen:

1. das Grundkapital, mit Vermerk der verschiedenen Aktiengattungen,
2. die gesetzliche Rücklage,
3. freie Rücklagen,
4. steuerfreie Rücklagen (§ 152 Abs. 5 AktG),
5. der Bilanzgewinn.

Die Trennung von **gesetzlichen und freien Rücklagen**[14] hat rechtliche Gründe: erstere dürfen – auch wenn sie durch Thesaurierung von Gewinnen gebildet wurden – im Interesse des Gläubigerschutzes nur zur Tilgung von Verlusten, nicht dagegen zur Zahlung von Dividenden aufgelöst werden. Der gesonderte Ausweis der steuerfreien Rücklagen hat wirtschaftliche Gründe: die steuerrechtlich unter besonderen Voraussetzungen zulässige Bildung von Rücklagen aus dem unversteuerten Gewinn ist in der Regel zeitlich begrenzt; es muß nach einiger Zeit eine Nachversteuerung erfolgen, das Eigenkapital ist also mit einer Steuerschuld belastet.

Der Ausweis des **Bilanzgewinns**, d. h. des Teils des Jahresüberschusses, der zur Ausschüttung freigegeben wird, ist erforderlich, damit eine besonders für die Aktionäre wichtige Aussage über die Verteilung des Jahresüberschusses auf Ausschüttung und Rücklagendotierung ersichtlich wird.

Bei der GmbH ist neben dem Stammkapital das **Nachschußkapital** gesondert auszuweisen.[15] Die Bindung der eingezahlten Nachschüsse an einen besonderen Passivposten ist erforderlich, „weil die eingezahlten Nachschüsse als beweglicher Teil des Gesellschaftskapitals der Gläubigersicherung dienen sollen und nur unter den einschränkenden Voraussetzungen des § 44 Abs. 2 an die Gesellschafter zurückgezahlt werden dürfen. Nicht hingegen sollen eingezahlte Nachschüsse zur Gewinnausschüttung verwendet werden dürfen."[16]

Das GmbH-Gesetz kennt **keine gesetzliche Rücklage**. Auch der Referentenentwurf des Bundesjustizministeriums sieht die Einführung einer gesetzlichen Rücklage nicht vor, weil bei kleinen und mittleren Gesellschaften „die Gesellschafter vielfach als Geschäftsführer dem Unternehmen ihre ganze Arbeitskraft (widmen). Es soll ihnen daher nicht durch das Gesetz zwingend vorgeschrieben werden, ohne Rücksicht auf ihre persönlichen

---

11 Vgl. §§ 222 ff. AktG
12 Vgl. § 225 AktG
13 Vgl. § 58 GmbHG
14 Vgl. die ausführliche Behandlung der Rücklagen im Fünften Abschnitt
15 § 42 Nr. 4 GmbHG und § 129 Abs. 1, Passivseite II des Referentenentwurfs eines Gesetzes über Gesellschaften mit beschränkter Haftung, herausgegeben vom Bundesministerium der Justiz, Köln 1969, S. 59
16 Referentenentwurf . . ., Erläuternde Bemerkungen zu § 130 Abs. 4, a. a. O., S. 292

Verhältnisse alljährlich einen bestimmten Teil des Gewinns in einer gesetzlichen Rücklage anzusammeln."[17]

Neu eingeführt werden soll bei der GmbH eine **Sonderrücklage,** durch
die – ähnlich wie durch die gesetzliche Rücklage der Aktiengesellschaft –
Beträge gegen eine vorzeitige Ausschüttung an den Betrieb gebunden werden sollen, allerdings – im Gegensatz zur gesetzlichen Rücklage der Aktiengesellschaft – nicht Teile des Jahresgewinns, sondern bestimmte Beträge, die aus der vereinfachten Kapitalherabsetzung oder der Einziehung
von Geschäftsanteilen stammen.

Die Aufteilung des Eigenkapitals auf mehrere Positionen gibt auch Aufschlüsse über die **Fristigkeit** des Eigenkapitals bzw. bestimmter Teile und
damit auch über die Finanzierung und die Liquidität.[18] Das Grundkapital
und die gesetzlichen Rücklagen der Aktiengesellschaft sowie das Stammkapital und das Nachschußkapital der GmbH stehen – soweit keine Reduzierung durch Verluste eintritt – grundsätzlich **langfristig** zur Verfügung. Freie Rücklagen dagegen können jederzeit zur Gewinnausschüttung
aufgelöst werden. In der Regel dienen sie allerdings zu einem erheblichen
Teil der langfristigen Finanzierung.

Die Eigenkapitalpositionen der Personenunternehmungen dagegen kön-
nen stärkeren kurzfristigen Schwankungen unterliegen, da hier – insbe-
sondere bei kleinen und mittleren Betrieben – der Unternehmer bzw. die
Gesellschafter in der Regel ihren Lebensunterhalt durch Entnahmen – zum
Teil unabhängig von der Höhe des erzielten Gewinns – decken müssen.
Der Gläubigerschutz wird dennoch durch die unbeschränkte Haftung des
Einzelunternehmers und der vollhaftenden Gesellschafter von Personenge-
sellschaften erreicht.

Die **Struktur des Fremdkapitals** wird durch eine weitere Aufgliederung
der Verbindlichkeiten und eine Unterteilung der Rückstellungen sichtbar
gemacht.[19] Wie bei den Forderungen werden **mehrere Gliederungskriterien**
nebeneinander verwendet: die Fristigkeit (langfristig – kurzfristig), die
Sicherheit (Verbindlichkeiten) oder Unsicherheit (Rückstellungen) über Höhe und Fälligkeitstermin, die Art der Verbindlichkeit (z. B. Lieferantenschulden, erhaltene Anzahlungen, Bankschulden), die besondere rechtliche Sicherung (z. B. Akzepte, Sicherung durch Grundpfandrechte) und
die besondere rechtliche und wirtschaftliche Verbindung mit dem Gläubiger (z. B. Verbindlichkeiten gegenüber verbundenen Unternehmen).

Diese Beispiele für eine Gliederung des Vermögens und Kapitals zeigen,
daß der Ausweis von Sammelpositionen für Wertpapiere, Forderungen,
Eigenkapital, Fremdkapital u. a. in der Bilanz oder die Feststellung der
Veränderung einer solchen Position gegenüber einer vorangegangenen Bi-

---

17 Referentenentwurf . . ., Erläuternde Bemerkungen zu § 129 Abs. 1, Passivseite III Nr. 1,
   a. a. O., S. 289
18 Vgl. dazu S. 206 ff. u. 216 ff.
19 Einzelheiten vgl. bei den Ausführungen über Finanzierung und Liquidität auf S. 220 ff.
   und über die Rückstellungen auf S. 380 f.

lanz für den Bilanzleser kaum Aussagen über die gegenwärtige Vermögens- und Ertragslage bzw. über die Bedeutung der Veränderung für die Entwicklung der Vermögens- und Ertragslage im Abrechnungszeitraum und ggf. auch für die nächste Zukunft erlaubt, und folglich eine den Zielsetzungen der Bilanzgliederung entsprechende Unterteilung der Positionen erfolgen muß.

3. Einblicke in die finanzielle Struktur

a) Vorbemerkung

Die Sicherheit der Gläubiger und die Erfüllung der Ertragserwartungen der Gesellschafter hängen wesentlich davon ab, daß sich die Finanzierungspolitik des Betriebes unter Beachtung bestimmter Finanzierungsgrundsätze vollzieht, über deren Einhaltung die Bilanz gewisse Aufschlüsse geben kann. Diese Grundsätze sind allerdings keine starren Regeln, denn sonst würden sie keinen Spielraum mehr für betriebliche Entscheidungen lassen; eine Finanzierungspolitik im Sinne des Treffens von Entscheidungen wäre nicht möglich. Sie stellen lediglich Entscheidungshilfen dar.

In der Literatur sind – z. T. basierend auf empirischen Untersuchungen – **Finanzierungsregeln** aufgestellt worden, die sich mit dem Problem der Zusammensetzung des Kapitals einer Unternehmung beschäftigen. Ihre Bedeutung für die Praxis ist zwar seit jeher umstritten, jedoch bilden sie – mit mancher Abwandlung – in weiten Bereichen der Wirtschaft noch immer als Faustregeln die Grundlagen finanzierungspolitischer Überlegungen bei der **Gestaltung der Kapitalstruktur** der Betriebe, wenn auch die Theorie und die Praxis inzwischen wesentlich verfeinerte Methoden zur Optimierung der Kapitalstruktur entwickelt haben.

Auch Geschäftsleitungen, die derartige Faustregeln nicht oder nicht allein zur Grundlage ihrer Finanzierungspolitik machen, sind häufig bestrebt, ihre Bilanz so zu gestalten, daß „optisch" der Eindruck entsteht, die Regeln seien beachtet worden. Das hat seinen Grund in der Tatsache, daß die Kreditabteilungen der Banken und z. T. auch die Bilanzanalytiker der Wirtschaftszeitungen, ja selbst manche Wirtschaftsprüfer, in ihren Prüfungsberichten ihre Urteile auf derartige Faustregeln stützen[20].

Die aktienrechtliche Bilanzgliederung gibt Auskünfte über die finanzielle Struktur eines Betriebes nicht nur durch die Gliederung der Passivseite in Eigenkapital und Fremdkapital und die weitere Unterteilung des Eigenkapitals in Grundkapital, gesetzliche und freie Rücklagen und Gewinnvortrag und des Fremdkapitals nach Fristigkeiten und der Art der Siche-

---

[20] Vgl. Härle, D., Finanzierungsregeln und Liquiditätsbeurteilung. In: Finanzierungshandbuch, herausgegeben von H. Janberg, Wiesbaden 1964, S. 139

rung, sondern auch aus dem Aufbau der Vermögensseite lassen sich Rückschlüsse über die Zweckmäßigkeit und Sicherheit der Finanzierung geben,
da sich aus der Zusammensetzung des Vermögens die Verwendung der finanziellen Mittel ersehen läßt.

Die Finanzierungsregeln gehen von einem **gegebenen Kapitalbedarf** aus
und stellen Grundsätze auf, welche Finanzierungsmittel unter bestimmten
Voraussetzungen zur Deckung des Kapitalbedarfs heranzuziehen sind;
d. h. die Finanzierungsregeln beschäftigen sich nicht mit der **Höhe**, sondern
mit der **Zusammensetzung** des Kapitalbedarfs, die wesentlich durch die
vom Betriebszweck her technisch bestimmte Zusammensetzung des Vermögens bestimmt sein kann.

Es sind vor allem zwei dieser Regeln, die uns in diesem Zusammenhang
beschäftigen müssen:

1. die vertikale Kapitalstrukturregel und
2. die horizontale Kapital-Vermögensstrukturregel, die in zwei Spielarten
   auftritt
   a) als „Goldene Finanzierungsregel" (Goldene Bankregel), die lediglich
      auf eine Entsprechung der Fristen zwischen Kapitalbeschaffung und
      -rückzahlung einerseits und Kapitalverwendung andererseits abstellt,
      und
   b) als „Goldene Bilanzregel", die die Forderung nach Fristenüberein-
      stimmung zwischen Kapital und Vermögen mit der Forderung nach
      der Verwendung bestimmter Finanzierungsarten verbindet.

b) Die vertikale Kapitalstrukturregel

Die vertikale Kapitalstrukturregel hat nur die **Zusammensetzung des
Kapitals** zum Inhalt und stellt somit eine Finanzierungsregel dar, die keine
Beziehung zum Vermögen, also zur Verwendung der finanziellen Mittel
hat. Die Regel besagt, daß das Verhältnis von Eigenkapital zu Fremdkapital wie 1:1 sein müsse. Im Rahmen der Bilanzanalyse wird das Verhältnis von Fremdkapital zu Eigenkapital durch den **Verschuldungskoeffi-
zienten**[21] (V) dargestellt:

$$V = \frac{\text{Fremdkapital}}{\text{Eigenkapital}} \times 100.$$

Die Vertikal-Regel wird gewöhnlich damit begründet, daß die Eigentümer des Unternehmens mindestens ebenso viel zur Finanzierung beitragen müssen (durch Kapitaleinlagen und Selbstfinanzierung) wie die Gläubiger[22]. Es besteht kein Zweifel darüber, daß das Risiko der Gläubiger

[21] Vgl. Mellerowicz, K., Allgemeine Betriebswirtschaftslehre, Bd. IV, 12. Aufl., Berlin 1968,
    S. 131; Nowak, P., Betriebswirtschaftliche Kennzahlen, HdW, Bd. I, 2. Aufl., Köln und
    Opladen 1966, S. 719
[22] Vgl. Lipfert, H., Finanzierungsregeln und Bilanzstrukturen. In: Finanzierungshandbuch,
    herausgegeben von H. Janberg, Wiesbaden 1964, S. 164

um so geringer ist, je größer der Anteil des Eigenkapitals am Gesamtkapital ist, und daß vom Standpunkt der Sicherheit der Erschließung und
Erhaltung von Fremdkapitalquellen ein möglichst großer Eigenkapitalanteil zweckmäßig, ja notwendig ist.

Andererseits darf aber nicht übersehen werden, daß die Unternehmung
ihre Zielsetzung der langfristigen Maximierung des Gewinns als eine **Maximierung der Eigenkapitalrentabilität**[23] auffassen kann. Das Fremdkapital erhält den vertraglich vereinbarten Zins, unabhängig von der Ertragslage der Unternehmung. Ist die Verzinsung des Gesamtkapitals höher als
der feste Fremdkapitalzins, so fällt der gesamte vom Fremdkapital über
den festen Fremdkapitalzins hinaus verdiente Ertragsteil dem Eigenkapital
zu. Die Eigenkapitalverzinsung wird prozentual um so größer, je kleiner
der prozentuale Anteil des Eigenkapitals am Gesamtkapital ist. Das zeigen folgende Beispiele:

Gesamtkapital 1 000 000

Ertrag des Gesamtkapitals 150 000 (= Bilanzgewinn[24] + als Aufwand
                            verrechnete Fremdkapitalzinsen)
Fremdkapitalzins 6 %

Fall 1:

Eigenkapital	800 000	Gesamtkapitalertrag	150 000 = 15 %
Fremdkapital	200 000	— Fremkapitalzinsen	12 000 = 6 %
Gesamtkapital	1 000 000	Eigenkapitalverzinsung 138 000 = 17,25 %

Fall 2:

Eigenkapital	500 000	Gesamtkapitalertrag	150 000 = 15 %
Fremdkapital	500 000	— Fremdkapitalzinsen	30 000 = 6 %
Gesamtkapital	1 000 000	Eigenkapitalverzinsung 120 000 = 24 %

Fall 3:

Eigenkapital	200 000	Gesamtkapitalertrag	150 000 = 15 %
Fremdkapital	800 000	— Fremdkapitalzinsen	48 000 = 6 %
Gesamtkapital	1 000 000	Eigenkapitalverzinsung 102 000 = 51 %

[23] Vgl. Hax, H., Rentabilitätsmaximierung als unternehmerische Zielsetzung, ZfhF 1963,
S. 337 ff.

[24] Gemeint ist hier der gesamte Gewinn der Periode vor der Dotierung von Rücklagen. Der
Begriff „Bilanzgewinn" im aktienrechtlichen Sinne umfaßt nur den verteilungsfähigen
Teil des Periodengewinns (Jahresüberschuß, korrigiert um Rücklagenbewegungen).

Das Beispiel zeigt, daß die Eigenkapitalrentabilität um so höher ist, je **größer der Anteil des Fremdkapitals am Gesamtkapital ist.** Das Ergebnis wird allerdings erheblich verändert, wenn die Kapitalverzinsung nach Abzug der Gewinnsteuern berechnet wird. Fremdkapitalzinsen sind eine vom steuerpflichtigen Gewinn abzugsfähige Betriebsausgabe, Eigenkapitalzinsen dagegen sind Bestandteil des steuerpflichtigen Gewinns[25].

Aber auch wenn man den Einfluß der Steuern einmal außer acht läßt, ist ein hoher Prozentsatz von Fremdkapital am Gesamtkapital nicht in allen Fällen vorteilhaft für die Eigenkapitalrentabilität. Angenommen, der Ertrag des Gesamtkapitals beträgt unter sonst gleichen Voraussetzungen nur 30 000 = 3 %. Dann verändern sich die Beispiele wie folgt:

Fall 1:

Eigenkapital	800 000	Gesamtkapitalertrag	30 000 = 3 %
Fremdkapital	200 000	— Fremdkapitalzinsen	12 000 = 6 %
Gesamtkapital	1 000 000	Eigenkapitalverzinsung	18 000 = 2,25 %

Fall 2:

Eigenkapital	500 000	Gesamtkapitalertrag	30 000 = 3 %
Fremdkapital	500 000	— Fremdkapitalzinsen	30 000 = 6 %
Gesamtkapital	1 000 000	Eigenkapitalverzinsung	0 = 0 %

Fall 3:

Eigenkapital	200 000	Gesamtkapitalertrag	30 000 = 3 %
Fremdkapital	800 000	— Fremdkapitalzinsen	48 000 = 6 %
Gesamtkapital	1 000 000	Eigenkapitalverzehr	— 18 000 = — 9 %

Diese Beispiele zeigen, daß sich der Vorteil, durch kostengünstiges Fremdkapital die Eigenkapitalrentabilität zu erhöhen, in einen bedenklichen Nachteil verwandeln kann, weil bei einer Gesamtkapitalrentabilität, die geringer ist als der Fremdkapitalzins, die Eigenkapitalrentabilität um so stärker zurückgeht, je höher der prozentuale Anteil des Fremdkapitals am Gesamtkapital ist. Wie Fall 3 zeigt, kann es sogar zu einer **Verminderung** des Eigenkapitals kommen, weil Fremdkapitalzinsen stets zu termingebundenen Ausgaben führen, Eigenkapitalzinsen dagegen zwar kalkula-

---

[25] Vgl. Wöhe, G., Betriebswirtschaftliche Steuerlehre, Bd. II, 2. Halbband, 2. Aufl., Berlin und Frankfurt/M. 1965, S. 261 ff.

torisch verrechnet werden, aber nicht notwendigerweise mit Ausgaben verbunden sind, mit anderen Worten, Fremdkapitalzinsen müssen auch gezahlt werden, wenn dadurch Verluste (Eigenkapitalverzehr) entstehen, Eigenkapitalzinsen dagegen werden nur gezahlt (Dividenden, Gewinnanteile), wenn Bilanzgewinne entstanden oder freie Rücklagen vorhanden sind.

Das Verhältnis von Eigenkapital zu Fremdkapital wird also – wenn wir zunächst von Steuern, Kreditwürdigkeit und anderen noch zu erörternden Faktoren absehen – nicht nur von der **Rentabilität** des Eigenkapitals, sondern auch vom **Risiko des Eigenkapitalverlustes** und mangelnder Zahlungsbereitschaft mitbestimmt. Hier liegt also ein spezielles finanzwirtschaftliches Risiko, das bei finanzierungspolitischen Entscheidungen beachtet werden muß[26].

Wenn auch in der Literatur überwiegend die Festlegung starrer Normen für die vertikale Kapitalstruktur abgelehnt wird, so zeigt doch die folgende Übersicht, daß – mit Ausnahme des Baugewerbes und des Großhandels – die 1:1-Regel im wesentlichen eingehalten wird.

Kapitalstruktur gewerblicher Betriebe[27] 1960 in % der Bilanzsumme nach Wirtschaftszweigen[28]									
	Bergbau/Energie	Metallerzeugung und -verarbeitung	Übriges verarbeitendes Gewerbe	Baugewerbe	Durchschnitt	Großhandel	Einzelhandel	übrige gewerbl. Wirtschaft	Durchschnitt
	1	2	3	4	1–4	5	6	7	1–7
Eigenkapital	49,1	46,6	50,9	33,4	47,7	34,1	51,5	51,6	46,7
Pensionsrück-stellungen	3,7	3,3	2,0	0,4	2,8	0,6	0,3	1,3	2,2
Fremdkapital	47,2	50,1	47,1	66,2	49,5	65,3	48,2	47,1	51,1
Bilanzsumme	100,0	100,0	100,0	100,0	100,0	100,0	100,0	100,0	100,0

Eine von Lipfert verwendete Zusammenstellung des Eigenkapitalanteils an der Bilanzsumme von 1125 Industrieaktiengesellschaften zeigt aller-

---

[26] Vgl. Lipfert, H., Theorie der optimalen Unternehmensfinanzierung, ZfbF 1965, S. 66
[27] Ohne Banken, Versicherungen und Beteiligungsgesellschaften
[28] Wirtschaft und Statistik 1964, S. 662

dings, daß in dem beobachteten Zeitraum ein ständiger Rückgang des prozentualen Anteils des Eigenkapitals am Gesamtkapital zu verzeichnen ist[29].

Eigenkapitalanteil an der Bilanzsumme[29]
(veröffentlichte Handelsbilanzen)

1907	53,8 %	1953	44,9 %
1916	46,5 %	1954	43,0 %
1924	61,8 %	1955	40,8 %
1929	49,3 %	1956	39,3 %
1934	48,7 %	1957	38,8 %
1938	41,0 %	1958	38,0 %
1950	56,7 %	1959	37,1 %
1951	49,3 %	1960	37,8 %
1952	47,3 %	1961	37,9 %
		1962	37,1 %

Beim Ziehen von Schlußfolgerungen aus dieser Übersicht muß aber beachtet werden, daß gerade die Aktiengesellschaften auf Grund ihrer Rechtsform und der dadurch bedingten gesetzlichen Rechnungslegungs- und Prüfungsvorschriften in Relation zu Unternehmungen in anderen Rechtsformen besonders kreditwürdig sind, und daß infolge der starken **Tendenz zur Bildung stiller Rücklagen,** die erst durch das Aktiengesetz 1965 etwas eingeschränkt worden ist, das Eigenkapital dieser Gesellschaften in der Regel nicht in voller Höhe ausgewiesen wird. Lipfert weist selbst darauf hin, daß die aus seiner Tabelle sich ergebende Verschiebung der Eigenkapital-Fremdkapital-Relation „ganz oder zum Teil eine Folge von im Laufe der Jahre veränderten Bilanzierungspraktiken ist, d. h. daß in jüngster Zeit mehr stilles Risikokapital auf Kosten des erkennbaren Eigenkapitals gebildet wird, dagegen früher ‚ehrlichere' Handelsbilanzen erstellt wurden, die das gesamte oder fast gesamte Haftungskapital oder zumindest einen größeren Teil des Haftungskapitals als heute sichtbar zeigten."[30]
Aber selbst wenn die Statistiken ein Verhalten nach der Vertikal-Regel nachweisen würden, so ist damit nicht erwiesen, daß es sich um eine bewußte Anpassung an eine derartige rational kaum zu begründende Finanzierungsregel handelt. Denn die Entscheidung über die Relation von Eigenkapital zu Fremdkapital hängt von einer Vielzahl von Faktoren ab, die sich im Laufe der Zeit ändern können.
Als Beispiel sei nur der **Einfluß der Steuergesetzgebung** erwähnt. In den Jahren von 1948–1951 wurden für alle Unternehmungen, später gezielt für

---

[29] Lipfert, H., Finanzierungsregeln und Bilanzstrukturen, a. a. O., S. 165
[30] Lipfert, H., Finanzierungsregeln und Bilanzstrukturen, a. a. O., S. 165

bestimmte Gruppen von Unternehmungen (bestimmte Wirtschaftszweige, bestimmte Standorte, bestimmte Personengruppen) die stille Selbstfinanzierung durch **Bewertungsfreiheiten** (Sonderabschreibungen)[31] und die offene Selbstfinanzierung durch **steuerfreie Rücklagen**[32] gefördert.

Die steuerlich zulässige Bildung stiller Rücklagen, die auf Grund des Prinzips der Maßgeblichkeit der Handelsbilanz für die Steuerbilanz zuvor in der Handelsbilanz vorgenommen werden muß, hat zur Folge, daß der **Eigenkapitalanteil größer ist**, als er in der Bilanz – auch in der Handelsbilanz – ausgewiesen wird, und bedeutet zugleich eine erhebliche **Kostenverschiebung** zugunsten einer stärkeren Verwendung von Eigenkapital, weil es sich um Eigenkapital aus Selbstfinanzierung, also aus Thesaurierung von Gewinnen handelt, das zunächst unversteuert zur Verfügung steht.

In gleicher Weise wirkt sich seit 1958 die generelle Zulassung der **degressiven Abschreibung** in der Steuerbilanz aus, wenn sie über den tatsächlich eingetretenen – in der Regel allerdings nicht exakt feststellbaren – Wertverzehr hinausgeht. Entgegengesetzt wirkt die im Jahre 1953 eingeführte **Spaltung des Körperschaftsteuertarifs.** Die Belastung ausgeschütteter Gewinne mit 15 %, zurückbehaltener Gewinne dagegen mit 51 % verteuert die offene Selbstfinanzierung erheblich und macht damit die Aufnahme von Fremdkapital attraktiver[33].

Die angestellten Überlegungen zeigen also, daß bei einem erheblichen Abweichen der Kapitalstruktur von der 1:1-Regel zugunsten des Fremdkapitals aus der Bilanz nicht automatisch negative Rückschlüsse über die Zweckmäßigkeit der Finanzierung gezogen werden können. Vielmehr müssen die Gründe für dieses Abweichen im einzelnen untersucht werden. Die Bilanz allein ist allerdings nicht ausreichend, diese Gründe offenzulegen.

c) Die horizontale Kapital-Vermögensstrukturregel

aa) Die goldene Finanzierungsregel

Töndury-Gsell formulieren die **goldene Finanzierungsregel** folgendermaßen: „Zwischen der Dauer der Bindung des Vermögensmittels, also der Dauer des einzelnen Kapitalbedürfnisses, und der Dauer, während welcher das zur Deckung des Kapitalbedürfnisses herangezogene Kapital zur Verfügung steht, muß Übereinstimmung herrschen. Dieser Grundsatz ist als Mindestforderung in dem Sinne zu erheben, als das Kapital nicht kürzer befristet sein soll, als das Vermögensmittel benötigt wird."[34]

Die Befolgung dieses Grundsatzes soll unter Beachtung der Rückzahlungsverpflichtungen jederzeit die Zahlungsbereitschaft des Betriebes sicherstellen. Diese Aufgabe kann der Grundsatz aber **nicht** erfüllen, denn bei genauer Entsprechung der Fristen der Investition und Finanzierung reichen

---

[31] Einzelheiten vgl. S. 507 ff.
[32] Vgl. S. 527 ff.
[33] Vgl. S. 545
[34] Töndury-Gsell, Finanzierungen, Zürich 1948, S. 37

bei Fremdfinanzierung bis zum Ende der wirtschaftlichen Nutzungsdauer die Erlöse aus einem Investitionsobjekt gerade zur Kapitalrückzahlung und zur Zahlung der Zinsen aus, wenn unterstellt wird, daß die Abschreibungsgegenwerte und eine Verzinsung in Höhe des Fremdkapitalzinses vom Markte zurückvergütet werden.

Eine Reinvestition und damit eine Fortführung des Betriebes ist nur möglich, wenn neues Kapital beschafft wird – durch erneute Kreditaufnahme oder durch Erhöhung des Eigenkapitals. Da unter **Liquidität** die Fähigkeit des Betriebes verstanden wird, seinen fälligen Verbindlichkeiten termingerecht nachkommen zu können, und zwar unter der **Voraussetzung des reibungslosen Ablaufs des Betriebsprozesses** – was bedeutet, daß aus den Einnahmen des Betriebes nicht nur die Rückzahlung und Verzinsung des Fremdkapitals, sondern auch die laufenden Ausgaben für Löhne, Steuern, Materialbeschaffung usw. zu decken sind – sichert die Befolgung der goldenen Finanzierungsregel die Liquidität nur, wenn vorausgesetzt wird, daß

1. die investierten Kapitalbeträge in vollem Umfange über den Umsatzprozeß freigesetzt werden,
2. eine Prolongation oder Substitution der rückzahlbaren Kapitalbeträge möglich ist und
3. alle fälligen Ausgaben aus dem laufenden Betriebsprozeß getätigt werden können.

Härle stellt fest, „daß nicht die Fristenparallelität entscheidend für die Aufrechterhaltung der Liquidität ist, sondern vielmehr die Fähigkeit der Unternehmung, im Bedarfsfalle neue Kapitalien aufzunehmen oder alte verlängern zu lassen. Man kann kaum annehmen, daß zwischen diesen beiden Faktoren eine Beziehung besteht. Die Bereitschaft der Kapitalgeber zur Kredithergabe hängt sicherlich nicht davon ab, ob die Schuldnerunternehmung die alten Kreisläufe beendet hat und das Kapital zur Finanzierung neuer Kreisläufe benötigt. Viel wichtiger für die Gläubiger ist, ob frühere Verpflichtungen pünktlich erfüllt wurden und ob die Unternehmung insgesamt kreditwürdig erscheint."[35]

Weiterhin ist zu bedenken, daß die goldene Finanzierungsregel der Forderung der größtmöglichen Rentabilität des Kapitaleinsatzes widersprechen kann. Sind die Einnahmen aus einer Investition größer als die zur Tilgung und Verzinsung des zur Finanzierung benötigten Fremdkapitalbetrages erforderlichen Ausgaben, so kann der überschießende Betrag im Wege der Selbstfinanzierung zur **Umfinanzierung** verwendet werden, d. h. die Fristigkeit des Fremdkapitals kann **kürzer sein als die Kapitalbindung** in einer Investition, wenn das im Rückzahlungszeitpunkt noch nicht freigesetzte Kapital durch Eigenkapital ersetzt werden kann. Ist das Fremdkapital relativ teuer, so wäre eine Finanzierung nach der goldenen Finanzierungsregel in diesem Falle unzweckmäßig.

---

[35] Härle, D., a. a. O., S. 144

bb) Die goldene Bilanzregel

Die goldene Bilanzregel besagt in ihrer engsten Fassung, daß das Anlagevermögen **mit Eigenkapital** zu finanzieren sei, in einer weiteren Fassung, daß das Anlagevermögen **langfristig,** also mit Eigenkapital und langfristigem Fremdkapital finanziert werden müsse[36]. Diese Faustregel kann noch dahin erweitert werden, daß alles langfristig gebundene Kapital auch langfristig zu finanzieren ist, d. h. daß zum Anlagevermögen auch die **langfristig gebundenen Teile des Umlaufvermögens** (sog. eiserne Bestände, d. h. das Minimum an Roh-, Hilfs- und Betriebsstoffen oder an Waren, das zur Aufrechterhaltung der Betriebsbereitschaft erforderlich ist) zu zählen sind. Die übrigen Teile des Umlaufvermögens können kurzfristig finanziert werden.

Die Finanzierungsgewohnheiten der Praxis zeigen, daß die goldene Bilanzregel in ihrer engen Fassung **nicht** beachtet wird, daß aber das Bestreben besteht, eine Deckung des langfristig gebundenen Kapitals durch langfristiges Kapital sicherzustellen. Die Dauer der Kapitalbindung in einem Investitionsobjekt (z. B. langfristige Bindung in einer maschinellen Anlage, kurzfristige Bindung in Vorräten) bestimmt in der Regel lediglich die **Dauer** der Finanzierung, aber nicht die **Art** der Finanzierung. Die Entscheidung, ob mit Eigen- oder Fremdkapital finanziert wird, hängt von einer Anzahl von Faktoren ab, z. B. von der Lage am Kapitalmarkt, von der Selbstfinanzierungs- bzw. Ausschüttungspolitik des Betriebes, die durch steuerliche Vorschriften beeinflußt werden kann, von der unterschiedlichen steuerlichen Behandlung von Eigen- und Fremdkapital, von der Frage, ob durch Aufnahme von Eigenkapital eine Verschiebung der Herrschaftsverhältnisse eintreten kann u. a.

Aus der folgenden Übersicht, die die Vermögensstruktur gewerblicher Betriebe in Prozent der Bilanzsumme zeigt, wird auf Grund der unterschiedlichen Relationen zwischen Anlage- und Umlaufvermögen ersichtlich, daß die vertikale Kapitalstrukturregel und die horizontale Vermögen-Kapitalstrukturregel **sich widersprechen können.** Im Baugewerbe z. B. beträgt das Anlagevermögen im Durchschnitt 23,8 % der Bilanzsumme. Dafür ist eine langfristige Finanzierung erforderlich. Nach der Vertikal-Regel müßte allein das Eigenkapital 50 % der Bilanzsumme ausmachen. Da das Eigenkapital seinem Wesen nach langfristig ist, könnte in einem Wirtschaftszweig, der so starken Saisonschwankungen unterliegt wie das Baugewerbe, eine langfristige Finanzierung von 50 % bedeuten, daß in saisonschwachen Zeiten eine Überfinanzierung eintritt. Kurzfristige Fremdmittel dagegen könnten so disponiert werden, daß sie während der niedrigsten Saison abgebaut werden.

---

[36] $\dfrac{\text{Langfristiges Kapital}}{\text{Anlagevermögen}} \times 100 = \text{Anlagendeckung}$

Vermögensstruktur gewerblicher Betriebe[37] 1960 in % der Bilanzsumme nach Wirtschaftszweigen[38]

	Bergbau/ Energie 1	Metallerzeugung u.-verarbeitung 2	übriges verarbeitendes Gewerbe 3	Baugewerbe 4	Durchschnitt 1—4	Großhandel 5	Einzelhandel 6	übrige gewerbl. Wirtschaften 7	Durchschnitt 1—7
I. Anlagevermögen									
Sachanlagen	63,3	31,8	33,1	22,2	38,5	13,1	25,5	43,7	35,1
Finanzanlagen	10,6	8,0	7,1	1,6	7,8	5,1	3,6	18,5	8,2
Insgesamt	73,9	39,8	40,2	23,8	46,3	18,2	29,1	62,2	43,3
II. Umlaufvermögen									
Vorräte	5,4	26,9	27,5	24,0	22,2	26,7	43,0	4,1	22,3
Betriebskapital	20,7	33,3	32,3	52,2	31,5	55,1	27,9	33,7	34,4
Insgesamt	26,1	60,2	59,8	76,2	53,7	81,8	70,9	37,8	56,7
Bilanzsumme	100,0	100,0	100,0	100,0	100,0	100,0	100,0	100,0	100,0

37 Ohne Banken, Versicherungen und Beteiligungsgesellschaften
38 Wirtschaft und Statistik 1964, S. 661 (Auswertung der Einheitswertstatistik 1960)

4. Einblicke in die Liquiditätslage

a) Vorbemerkung

Neben dem Finanzplan wird die Bilanz als ein wichtiges Instrument zur Durchführung von Liquiditätsberechnungen und zur Gewinnung von Liquiditätsaussagen angesehen. Ein weiteres wesentliches Anliegen der Bilanzgliederung ist es deshalb, einen Einblick in die Liquiditätsverhältnisse des Betriebes zu geben. Eine auf einen Stichtag aufgestellte Bilanz (Zeitpunkt-Bilanz) ist dazu **nur bedingt geeignet,** wenn man nicht nur eine **statische** (Liquiditätslage am Bilanzstichtag), sondern eine **dynamische** Liquiditätsanalyse (Liquiditätsentwicklung in späteren Perioden) durchführen will.

Diese Aussage trifft auch auf eine nach § 151 Abs. 1 AktG gegliederte Bilanz zu, obwohl dieses Gliederungsschema gegenüber der Gliederung nach § 131 AktG 1937 einige wesentliche Verbesserungen im Hinblick auf den Einblick in die Liquidität gebracht hat. Die Begründung zum Regierungsentwurf eines Aktiengesetzes stellt fest: „Der entscheidende Fortschritt, den der Entwurf gegenüber § 131 Abs. 1 AktG 1937 bringt, ist ein besserer Einblick in die Liquiditätslage der Gesellschaft."[39]

Auch dieser „entscheidende Fortschritt" genügt allerdings nicht zur Gewinnung eindeutiger Aussagen über die Liquidität. Das Institut der Wirtschaftsprüfer hat in seinen Vorschlägen zur Aktienrechtsreform ausdrücklich davon abgesehen, die Bilanz für Erkenntnisse über die Liquiditätslage des Betriebes nutzbar zu machen, weil aus ihr die Liquidität „nicht eindeutig abgelesen werden" könne[40]. Da auch der Finanzplan unter unsicheren Erwartungen aufgestellt wird, gibt es überhaupt kein Rechenwerk, aus dem die Liquidität **eindeutig** ersehen werden kann. Mit Hilfe einer Zeitpunkt-Bilanz lassen sich bestenfalls Aussagen über den wahrscheinlichen Liquiditätsverlauf machen. Ihr relativer Wert ist um so größer, je besser eine Bilanzgliederung die Voraussetzungen erfüllt, die an eine für Liquiditätsaussagen geeignete Bilanz gestellt werden müssen.

Bevor diese Voraussetzungen erörtert werden, ist es zur Vermeidung von Mißverständnissen unerläßlich, kurz auf den in der Literatur recht unterschiedlich umrissenen Begriff der Liquidität einzugehen.

Der Begriff der Liquidität wird in der Literatur – abgesehen von Meinungsverschiedenheiten in Einzelfragen – in zweifacher Bedeutung verwendet:

1. als eine **Eigenschaft der Vermögenswerte** des Betriebes, mehr oder weniger leicht als Zahlungsmittel verwendet oder in Zahlungsmittel umge-

---

[39] Kropff, B., Aktiengesetz, a. a. O., S. 225
[40] Institut der Wirtschaftsprüfer in Deutschland e. V., Vorschläge zur Aktienrechtsreform, Düsseldorf 1956, S. 47

wandelt werden zu können[41]. Dieser Liquiditätsbegriff stellt im wesentlichen auf die **Liquidierbarkeit** der einzelnen Vermögensteile ab. Er steht in enger Beziehung zu dem von Le Coutre geprägten Begriff der „**absoluten Liquidität.**"[42]

Wenn die Eigenschaft des Vermögens, sich in Zahlungsmittel umzuwandeln, auch einen erheblichen Einfluß auf die Zahlungsfähigkeit des Betriebes hat, so erfaßt dieser Liquiditätsbegriff doch nur einen Teil des Liquiditätsproblems, ˙da er nur die Vermögens-, aber nicht die Kapitalseite einbezieht. Er ist als **zu eng** abzulehnen.

2. als ein **Deckungsverhältnis,** d. h. als ein zu einem bestimmten Zeitpunkt gegebenes Verhältnis zwischen verfügbaren Geldmitteln und fälligen Verbindlichkeiten. Gefordert wird die Deckung der jeweils fälligen Verbindlichkeiten durch flüssige Mittel oder fristgerecht in Zahlungsmittel transformierbare Vermögensteile[43]. Der „absolute Liquiditätsbegriff" wird durch eine „**relative Liquidität**" ersetzt, d. h. durch ein Verhältnis zwischen Bedarf und Deckung. Liquidität in diesem Sinne ist „die Fähigkeit, allen Zahlungsverpflichtungen und Zahlungsnotwendigkeiten fristgerecht nachzukommen."[44]

Nach Gutenberg setzt Liquidität voraus, daß die Zahlungsmitteldeckung in jedem Augenblick größer ist als der Zahlungsmittelbedarf oder mindestens ihm gleich[45]. Ist diese Existenzbedingung jedes Betriebes realisiert, so befindet sich das Unternehmen im **finanziellen Gleichgewicht** und wird als liquide bezeichnet[46].

b) Anforderungen an eine für Liquiditätsaussagen geeignete Bilanz

Eine für Liquiditätsaussagen geeignete Bilanz muß eine Reihe von Voraussetzungen erfüllen, die sich zwar formal unter die oben erörterten allgemeinen Bilanzierungsgrundsätze subsumieren lassen (Grundsatz der Klarheit und Übersichtlichkeit, Grundsatz der Vollständigkeit, Grundsatz der Richtigkeit), aber im Hinblick auf die Liquidität einer ergänzenden Analyse bedürfen.

aa) Der Grundsatz der Klarheit und Übersichtlichkeit

Bezieht man diesen Bilanzierungsgrundsatz auf die Brauchbarkeit der Bilanz zur Liquiditätsbeurteilung, so besagt er, daß die **Gliederung nach**

---

[41] Vgl. z. B. Nicklisch, H., Die Betriebswirtschaft, 7. Aufl., Stuttgart 1932, S. 456; Fischer, G., Allgemeine Betriebswirtschaftslehre, 10. Aufl., Heidelberg 1967, S. 162

[42] Vgl. Härle, D., Nochmals: Das Bilanzschema des Referentenentwurfs, ein Mittel zur Darstellung der Liquidität der Aktiengesellschaft? WPg 1960, S. 8

[43] Vgl. Strobel, A., Die Liquidität, 2. Aufl., Stuttgart 1953, S. 41 ff., sowie die dort angegebene Literatur

[44] Mellerowicz, K., Allgemeine Betriebswirtschaftslehre, Bd. III, 12. Aufl. 1967, S. 23

[45] Vgl. Gutenberg, E., Einführung in die Betriebswirtschaftslehre, Wiesbaden 1958, S. 110

[46] Vgl. Gutenberg, E., a. a. O., S. 110

Liquiditätsmerkmalen zu erfolgen hat. Nach Strobel lassen sich dabei zwei Gliederungskriterien unterscheiden, die beide zu beachten sind[47]:

1. Die Gliederung nach dem **Grad der Bindung** der einzelnen Vermögens- und Kapitalteile. Ziel dieses Ordnungsprinzips ist es, die Bilanzpositionen „so zusammenzufassen, daß die Vermögens- und Kapitalteile eliminiert werden, die keinen unmittelbaren Einfluß auf die Liquidität ausüben."[48]

Dieses Merkmal ermöglicht die Zusammenfassung des Bilanzinhalts auf der Aktivseite in den beiden Obergruppen „gebundenes Vermögen" und „freies (variables) Vermögen". Die Einteilung kann sowohl nach **betriebs-wirtschaftlichen** („dauernde oder vorübergehende Bindung im Hinblick auf den Unternehmungszweck und den Betriebszweck"[49]) als auch nach **rechtlichen** Gesichtspunkten erfolgen. Während im **gebundenen** Vermögen alle Vermögensteile enthalten sind, die auf Grund fehlender Geldnähe nicht unmittelbar liquiditätswirksam sind bzw. die infolge ihrer Zweck-bestimmung oder aus rechtlichen Gründen für lange Dauer gebunden sind[50], umfaßt das **freie** Vermögen alle Vermögensteile, die gemäß ihrer Zweckbestimmung dem Betrieb nicht dauernd dienen und in absehbarer Zeit realisiert sind.

Der Gruppierung in gebundenes und freies Vermögen entspricht auf der Passivseite die Einteilung in lang- (mittel-) und kurzfristiges Kapital[51].

2. Die **Gliederung nach der Fristigkeit.** Nach diesem Merkmal sind die Ver-mögenswerte nach der Dauer ihrer Geldwerdung und die Kapitalteile nach ihrer Laufzeit zu gliedern. Dabei sind nur Positionen übereinstim-mender Fristigkeit zu Bilanzgruppen zusammenzufassen. Dieses Gliede-rungsprinzip ordnet also die Bilanzpositionen nach der Zeitspanne, die bis zur Umwandlung der Vermögensgüter in Zahlungsmittel benötigt wird, bzw. die bis zur Fälligkeit der Verbindlichkeiten vergeht.

Eine nach beiden Ordnungsprinzipien gegliederte Liquiditätsbilanz kann wie folgt aufgebaut sein[52] (s. S. 219):

Das **aktienrechtliche Bilanzgliederungsschema** trägt der Forderung, daß eine für Liquiditätsaussagen geeignete Bilanz eine Gegenüberstellung von Zahlungsmittelbedarf und Zahlungsmitteldeckung ermöglichen muß, im Prinzip durch die Anordnung der Vermögenspositionen in der Reihenfolge

---

[47] Vgl. Strobel, A., a. a. O., S. 61 ff.

[48] Strobel, A., a. a. O., S. 65

[49] Strobel, A., a. a. O., S. 62

[50] Z. B. das gesamte Sachanlagevermögen, das die Grundlage für die betriebliche Leistungs-erstellung bildet; in der Regel auch die Beteiligungen, insbesondere wenn der Betrieb mit ihnen für den Produktionsablauf erforderliche Unternehmensverbindungen eingegangen ist (z. B. zur Sicherung der Rohstoffbeschaffung oder der Absatzmöglichkeiten).

[51] Über die Frage, welchen Zeitraum die Begriffe kurz-, mittel- und langfristig umfassen, gehen die Meinungen in der Literatur auseinander. Nach deutschen Bankenstatistiken wird eine Laufzeit bis zu sechs Monaten als kurzfristig, von sechs Monaten bis zu vier Jahren als mittelfristig und ab vier Jahren als langfristig angesehen.

[52] Nach Strobel, A., a. a. O., S. 72 f. (verkürzt)

Liquiditätsbilanz

Aktiva	Passiva
A. Gebundenes Vermögen I. Anlagevermögen II. Umlaufvermögen soweit langfristig gebunden) B. Freies Vermögen I. Nicht betriebsnotwendiges Vermögen II. Umlaufvermögen 1. Vorratsvermögen 2. Forderungen 3. Wertpapiere 4. Geldvermögen	A. Langfristiges Kapital I. Grundkapital II. Rücklagen (offene und stille) III. Gewinn IV. Langfristige Rück- stellungen V. Langfristige Verbindlich- keiten B. Kurzfristiges Kapital I. Rückstellungen II. Verbindlichkeiten

Liquiditätsreserven

I. Nicht in Anspruch genommene Kredite II. Ausstehende Einlagen	I. Kurzfristiger Baraufwand

ihrer Liquidierbarkeit – von den bebauten Grundstücken bis zum Bestand an Zahlungsmitteln – und die Anordnung der Kapitalpositionen – getrennt nach Eigen- und Fremdkapital – nach der Fristigkeit Rechnung.

Dieser liquiditätsbestimmte Gliederungsablauf war in der Bilanzgliederung des Aktiengesetzes 1937 konsequent verwirklicht. Das Aktiengesetz 1965 hat ihn im Umlaufvermögen zum Teil zugunsten eines anderen Gliederungskriteriums aufgegeben, ohne dadurch allerdings die Einblicke in die Liquiditätslage zu verschlechtern. Zwar stehen nach wie vor die Vorräte vor den Forderungen, die Zahlungsmittel folgen jedoch unmittelbar nach den Forderungen aus Warenlieferungen und Leistungen, und erst nach den Zahlungsmitteln schließen sich Wertpapiere, eigene Aktien, Forderungen an Konzernunternehmen, Forderungen aus Krediten an Vorstands- und Aufsichtsratsmitglieder an. Diese Forderungen stehen in der Regel in ihrem Liquiditätsgrad hinter den Zahlungsmitteln und den davor aufgeführten Forderungen zurück. Durch diese Änderung in der Reihenfolge der Positionen wird aber erreicht, daß zunächst die dem Betriebsprozeß dienenden Umlaufgüter ausgewiesen werden und dann erst solche Positionen folgen, die in der Regel mit dem laufenden Betriebsprozeß nicht in unmittelbarem Zusammenhang stehen.

Wichtiger noch als die Gliederung der Bilanz nach Liquiditätsgesichtspunkten, durch die die Klarheit und Übersichtlichkeit erhöht und Mehrarbeiten durch Umgliederungen vermieden werden, ist ein Aufbau der Bilanz, der die **Fristigkeiten und Fälligkeiten** der Vermögens- und Kapitalteile erkennen läßt.

Gerade dieser Aspekt ist im aktienrechtlichen Gliederungsschema **unzureichend** verwirklicht, wenn auch Verbesserungen im Vergleich zum Aktiengesetz 1937 festzustellen sind. Angaben, aus denen Schlüsse auf die Fristigkeit von Bilanzpositionen gezogen werden können, werden vom Gesetzgeber nur bei einem kleinen Teil der Positionen gefordert. Andererseits enthält das Schema Positionen, die Beträge ganz unterschiedlicher Fristigkeit zusammenfassen bzw. zusammenfassen können.

Kernstück der auf einen besseren Liquiditätsausweis gerichteten Umgestaltung des Bilanzschemas ist, wie aus der Begründung des Regierungsentwurfs hervorgeht[53], der **gesonderte Ausweis** der langfristigen Forderungen und Verbindlichkeiten.

Ausleihungen mit einer vereinbarten Laufzeit von **mindestens vier Jahren** sind gesondert anzugeben. Dadurch ist eine bessere Abgrenzung gegenüber den im Umlaufvermögen aufzuführenden kurz- und mittelfristigen Forderungen möglich. Die Aussagekraft dieses langfristigen Bilanzpostens wird jedoch dadurch beeinträchtigt, daß auf die **Gesamtlaufzeit** und nicht auf die **Restlaufzeit** abgestellt wird. Nach der Gesetzesbegründung „gilt es hier, nicht nur die Liquidität, sondern auch die Art der Geldanlage zu zeigen, die das Merkmal der Langfristigkeit nicht etwa in den letzten Jahren der Laufzeit verliert."[54] Diese Position gibt also **keine Auskunft über die Fälligkeit;** werden Ausleihungen kurzfristig fällig, so ist dies aber liquiditätsrelevant. Hinsichtlich der **Fristigkeit** ist der Bilanzleser auf Vermutungen angewiesen. Unter der Annahme, daß die Darlehen in gleichen Jahresraten getilgt werden, läßt sich aus dem ausgewiesenen Abgang eine durchschnittliche Laufzeit errechnen.

Abgesehen davon, daß die langfristigen Ausleihungen kurzfristig fällig werdende Teile enthalten können, sind auch nicht alle im Umlaufvermögen auszuweisenden Forderungen kurzfristiger Natur. Da bei den **Forderungen aus Lieferungen und Leistungen** der Teil anzugeben ist, dessen Restlaufzeit ein Jahr übersteigt, können die in dieser Position enthaltenen kurzfristigen Forderungen errechnet werden. Schwierigkeiten ergeben sich jedoch bei folgenden Positionen, bei denen kein Laufzeitvermerk vorgesehen ist: Forderungen an verbundene Unternehmen, Forderungen aus Krediten an Vorstands- und Aufsichtsratsmitglieder und sonstige Vermögensgegenstände. Sie stellen **Mischposten** dar, d. h. sie können Vermögensteile ganz unterschiedlicher Geldnähe enthalten. Da sie nicht eindeutig bestimmten Fristigkeitsgruppen zugeordnet werden können, beeinträchtigen sie die Liquiditätsaussagen erheblich.

Ein gegenüber dem Aktiengesetz 1937 verbesserter Einblick in die Liquiditätslage wird durch die Vorschrift erreicht, daß bei den **ausstehenden**

---

[53] Vgl. Kropff, B., Aktiengesetz, a. a. O., S. 225
[54] Kropff, B., Aktiengesetz, a. a. O., S. 227

Einlagen auf das Grundkapital der eingeforderte Betrag gesondert anzugeben ist. Dies ist deshalb von Bedeutung, weil er in der Regel den kurzfristigen Mitteln zugerechnet werden kann, während der noch nicht eingeforderte Betrag in die Berechnung der Liquiditätsreserve eingehen kann.

Eine weitere Verbesserung des Einblicks in die Liquiditätslage ergibt sich aus der Bestimmung, daß bei der Position **Wechsel** die bundesbankfähigen, denen ein höherer Liquiditätsgrad zugesprochen wird, gesondert zu vermerken sind. Bei den **Guthaben bei Kreditinstituten** usw. enthält die Bilanz dagegen keine Hinweise auf die langfristig festgelegten Mittel, obwohl derartige Angaben zur Bestimmung der sofort verfügbaren Zahlungsmittel von Bedeutung sein können.

Für Liquiditätsaussagen besser geeignet als bei den langfristigen Forderungen ist die Fristigkeitsregelung für die **langfristigen Verbindlichkeiten**. In den entsprechenden Bilanzpositionen sind nicht nur die Verbindlichkeiten mit einer Laufzeit von mehr als vier Jahren auszuweisen, sondern es ist auch der Betrag anzugeben, der vor Ablauf von vier Jahren fällig wird. Mit Hilfe dieses Vermerks lassen sich zwar diejenigen langfristigen Verbindlichkeiten kenntlich machen, die kurz- oder mittelfristig getilgt werden müssen. Da zur Ermittlung von Liquiditätskennzahlen[55] aber die kurzfristigen Verbindlichkeiten benötigt werden, müssen auch bei diesen im Vermerk zusammengefaßten Beträgen Vermutungen über ihre Restlaufzeit angestellt werden. Das Institut der Wirtschaftsprüfer hält einen Vermerk der Beträge für zweckmäßig, die innerhalb eines Jahres nach dem Bilanzstichtag fällig werden[56].

Auch die Positionen der **Rückstellungen** stellen Mischposten hinsichtlich der Fristigkeit dar. Die ihrer Natur nach langfristigen Pensionsrückstellungen sind zwar gesondert auszuweisen, über die Fristigkeit der unter „andere Rückstellungen" zusammengefaßten Rückstellungen läßt sich aus der Bilanz nichts entnehmen. Der Gesetzgeber ist damit nicht der im Regierungsentwurf[57] vorgesehenen und vom Institut der Wirtschaftsprüfer[58] empfohlenen aussagefähigeren Unterscheidung von langfristigen und sonstigen Rückstellungen gefolgt, und zwar mit der Begründung, das Merkmal „langfristig" sei unsicher.

Ein weiterer Mischposten ist die Position „**Verbindlichkeiten gegenüber verbundenen Unternehmen**", da eine Verpflichtung zu einem Vermerk langfristiger Beträge nicht besteht.

Bei den Positionen „Verbindlichkeiten aus Lieferungen und Leistungen", „Verbindlichkeiten gegenüber Kreditinstituten" und den „sonstigen Verbindlichkeiten" ist zwar dadurch eine Begrenzung der Laufzeit gegeben, daß sie bei den langfristigen Verbindlichkeiten ausgewiesen werden müßten, wenn

---

[55] Vgl. S. 224 f.
[56] Vgl. Institut der Wirtschaftsprüfer, a. a. O., S. 52
[57] Vgl. Kropff, B., Aktiengesetz, a. a. O., S. 229
[58] Vgl. Institut der Wirtschaftsprüfer, a. a. O., S. 52

ihre Laufzeit mindestens vier Jahre betragen würde, doch ist eine mögliche Laufzeit von vier Jahren für eine Liquiditätsbetrachtung zu lang. Auch hier muß der Bilanzleser sich mit Vermutungen über die Fristigkeit behelfen. Dadurch wird die Aussagefähigkeit von Liquiditätsberechnungen in der Regel beeinträchtigt.

bb) Der Grundsatz der Vollständigkeit

Eine weitere Anforderung an ein Rechenwerk, das für Liquiditätsaussagen geeignet sein soll, ist die Vollständigkeit bei der Erfassung der relevanten Positionen. Einer der schwerwiegendsten Einwände gegen die Eignung der Bilanz für Liquiditätsaussagen und gegen die Bedeutung der aus einer aktienrechtlichen Bilanz gewonnenen Aussagen beruht auf der Tatsache, daß sie nur einen Teil der liquiditätsrelevanten Positionen, insbesondere der zukünftigen Einnahmen und Ausgaben enthält.

Die Unvollständigkeit der Bilanz kann sich beziehen auf:

1. Ereignisse, die am Bilanzstichtag zwar bekannt sind, sich aber bilanziell nicht auswirken bzw. nicht auswirken müssen.

2. Ereignisse, die nach dem Bilanzstichtag eintreten.

Zu 1.: Aus der Bilanz nicht ersichtlich sind insbesondere:

– **schwebende Geschäfte,** d. h. Geschäfte, die am Bilanzstichtag vereinbart, aber noch von keiner Seite erfüllt worden sind. Ihre Berücksichtigung kann zu einer Verbesserung der Liquiditätsstruktur führen. Sie sind dann in der Regel der **Liquiditätsreserve** zuzurechnen (z. B. zugesagte, aber noch nicht in Anspruch genommene Kredite). Ein Beispiel für schwebende Geschäfte, die zu einer Liquiditätsverschlechterung führen, sind Abnahmeverpflichtungen gegen bar (z. B. Warenlieferungen gegen Kasse) oder gegen Kredite, die schneller zurückzuzahlen sind, als sich die empfangene Ware selbst liquidisert. Während Gewinne aus schwebenden Geschäften nicht bilanziert werden, sind für drohende Verluste gem. § 152 Abs. 7 AktG in der Bilanz **Rückstellungen** zu bilden[59];

– nicht aktivierungsfähige Geschäftswertinvestitionen (Forschung und Entwicklung, Werbung, Innen- und Außenorganisation, Ausbildung, Sozialinvestitionen);

– Leasingverhältnisse und andere nicht bilanzierte Rechtsverhältnisse;

– Zahlungsverpflichtungen aus dem am Bilanzstichtag bestehenden Bestellobligo[60];

Zu 2.: In der Bilanz fehlen z. B. Angaben über:

– **kurzfristige Zahlungsverpflichtungen** aus Aufwendungen für Löhne, Gehälter, Steuern, Fremdreparaturen, Mieten, Pachten usw.;

---

[59] Vgl. S. 410 ff.
[60] Vgl. Adler-Düring-Schmaltz, a. a. O., Erl. zu § 151, Tz 34

– zukünftige Geschäftswertinvestitionen;
– dispositive Veränderungen nach dem Bilanzstichtag. Härle zählt als
aus der Bilanz nicht ersichtliche dispositionsbedingte Faktoren folgende
Möglichkeiten der Kapitalbeschaffung, Kapitalfreisetzung und Kapital-
prolongation auf:
„einerseits
künftige Kapitalfreisetzungen (Saisonbedingte Reduzierung des Umlaufvermögens, Verminderung des betriebsnotwendigen Vermögens
durch Rationalisierung, Verkürzung der Lagerdauer oder des Debito-
renziels, Eingang von Abschreibungserlösen, die nicht reinvestiert werden, Anlagenverkäufe);
der Umfang der dauernden Kapitalbindung (stets wiederkehrender Kapitalbedarf für Umlauf- und Anlagevermögen einschl. aller aus den
Debitorenerlösen zu leistenden wiederkehrenden Zahlungen für Löhne,
Gehälter, Steuern, Zinsen, Mieten usw.);
erhöhter Kapitalbedarf in der Zukunft (Saisonbedingte Erhöhung des
Umlaufvermögens, dauernd erhöhte Vorratshaltung, erhöhter Debito-
renbestand, verlängerte Lagerdauer, längeres Debitorenziel, zusätzliche
Anlageinvestitionen über die eingehenden Abschreibungserlöse hinaus);
andererseits
die Möglichkeiten der Prolongation vorhandener Mittel; die Möglichkeit der Substitution rückzahlbarer Mittel und der Beschaffung zusätzlichen Kapitals für erhöhten Kapitalbedarf von außen (Banken, Kapitalmarkt, Lieferanten, sonstige Gläubiger, Gesellschafter, Aktionäre)
oder durch Kapitalbildung in der Unternehmung (Gewinneinbehal-
tung, Zuweisung zu eigenkapitalähnlichen Posten)."[61]

cc) Der Grundsatz der Richtigkeit

Soll die Bilanz Liquiditätsaussagen ermöglichen, kommt es nicht nur auf
Vollständigkeit, sondern auch auf die **Richtigkeit der Wertansätze** der
liquiditätsrelevanten Positionen an. Dazu bemerkt Strobel: „Unter dem
Gesichtspunkt der Liquidität ist diejenige Bewertung zutreffend, bei der
die aus der Umwandlung der Vermögensgüter und der Schulden resultierenden Einnahmen und Ausgaben im Vordergrund stehen ... Der tatsächlich später in Geld realisierte Wert ist natürlich nicht mit Sicherheit feststellbar, er kann am Bilanzstichtag nur geschätzt werden. Die Bewertung
muß daher nach der erfahrungsgemäß zu erwartenden Geldwerdung erfolgen."[62]
Auch unter dem Gesichtspunkt der für Liquiditätszwecke richtigen Bewertung ist die Aktienbilanz **nur mit Einschränkungen** verwertbar und
muß – was einem externen Liquiditätsanalytiker meist nicht oder nur
bedingt möglich ist – aufbereitet werden. Insbesondere die auch im Ak-

---

61 Härle, D., a. a. O., S. 10
62 Strobel, A., a. a. O., 80 f.

tiengesetz 1965 noch gegebenen zahlreichen Möglichkeiten der Bildung **stiller Rücklagen**[63], z. B. durch Unterbewertung von Vermögenswerten, für deren Wertansätze Bewertungswahlrechte bestehen, oder durch Wertsteigerungen über die Anschaffungskosten, die grundsätzlich nicht überschritten werden dürfen, die dazu führen können, daß die Bilanzansätze mit den zukünftigen Einnahmen und Ausgaben auch nicht annäherungsweise übereinstimmen, erschweren die Beurteilung der Liquiditätslage der Gesellschaft.

Aus der Bilanz können ferner zukünftige Wertänderungen nicht entnommen werden. Adler-Düring-Schmaltz[64] weisen auf den möglichen späteren Preisverfall für Bestände an fertigen und unfertigen Erzeugnissen hin.

c) Liquiditätsaussagen mit Hilfe von Kennzahlen

Das wichtigste Hilfsmittel, um mit Hilfe der Bilanz zu Liquiditätsaussagen zu kommen, ist die Ermittlung von **Liquiditätskennzahlen,** die auch als **Liquiditätsgrade** bezeichnet werden. Sie werden durch Gegenüberstellung bestimmter Vermögenspositionen (kurzfristiger Deckungsmittel) und kurzfristiger Verbindlichkeiten gebildet und sollen Aussagen über die Zahlungsfähigkeit des Betriebes machen, d. h. Auskunft darüber geben, ob und inwieweit die kurzfristigen Verbindlichkeiten in ihrer Höhe und Fälligkeit mit den Zahlungsmittelbeständen und anderen kurzfristigen Deckungsmitteln übereinstimmen.

Die gebräuchlichsten Liquiditätskennzahlen sind:

1. **Liquidität ersten Grades**
   (Barliquidität) $\qquad = \dfrac{\text{Zahlungsmittel}}{\text{kurzfristige Verbindlichkeiten}} \times 100$

2. **Liquidität zweiten Grades**
   (Liquidität auf kurze Sicht) $\qquad = \dfrac{\text{Zahlungsmittel} + \text{kurzfristige Forderungen}}{\text{kurzfristige Verbindlichkeiten}} \times 100$

3. **Liquidität dritten Grades**
   (Liquidität auf mittlere Sicht) $\qquad = \dfrac{\text{Zahlungsmittel} + \text{kurzfristige Forderungen} + \text{Bestände}}{\text{kurzfristige Verbindlichkeiten}} \times 100$

Die Liquiditätsgrade können als Prozentzahlen oder in Form absoluter Differenzen dargestellt werden. Im letzten Falle zeigen sie die jeweiligen Über- und Unterdeckungen in der absoluten Höhe.

Der Aussagewert dieser Kennzahlen ist **beschränkt.** Während die oben besprochenen Finanzierungskennzahlen (Anlagedeckung, Verschuldungsko-

---

63 Vgl. S. 447 ff.
64 Vgl. Adler-Düring-Schmaltz, a. a. O., Erl. zu § 151, Tz 34

effizient) nicht nur für den Bilanzstichtag gelten, sondern – insbesondere bei langfristiger Finanzierung – davon ausgegangen werden kann, daß sie auch noch im und über den Zeitpunkt der Aufstellung und Veröffentlichung der Bilanz Gültigkeit haben, zeigen die Liquiditätskennzahlen die **Deckungsverhältnisse am Bilanzstichtag.** Das Liquiditätsrisiko ist aber noch nicht einmal am Bilanzstichtag genau einzuschätzen, da – wie oben zum Teil bereits ausgeführt –:

1. die Bilanzzahlen nichts über die genaue Fälligkeit kurzfristiger Forderungen und Verbindlichkeiten aussagen, so daß die Liquiditätskennzahlen nur das **durchschnittliche** Deckungsverhältnis angeben, das vom tatsächlichen Deckungsverhältnis um so mehr abweichen kann, je kleiner die Zahl der Gläubiger und Schuldner und je größer folglich der Anteil der einzelnen kurzfristigen Verbindlichkeiten bzw. Forderungen an der entsprechenden Bilanzposition ist, und es infolgedessen offen bleibt, ob die Zahlungsbereitschaft trotz günstiger Kennzahlen wirklich gewährleistet ist;

2. neben den ausgewiesenen Verbindlichkeiten mit Ausgaben verbundene Aufwendungen (Lohnzahlungen, Zinszahlungen, Steuernachzahlungen, außerordentliche Instandhaltungen, für die keine oder nicht ausreichende Rückstellungen gebildet worden sind) entstehen, die nicht aus der Bilanz zu ersehen sind;

3. aus der Bilanz nicht zu erkennen ist, ob Teile des Vermögens zur Sicherheit übereignet, verpfändet oder abgetreten worden sind. Bei Aktiengesellschaften muß der Geschäftsbericht darüber Angaben enthalten;

4. Bilanzpositionen unter Liquiditätsgesichtspunkten nicht richtig bewertet sein können. Unterbewertungen im Vermögen, die aus der Bilanz nicht zu erkennen sind und infolgedessen bei der Ermittlung von Liquiditätskennzahlen nicht aufgelöst werden können, führen zu Aussagen über die Liquidität, die ungünstiger sind, als es den tatsächlichen Verhältnissen entspricht;

5. die Stichtagsliquidität mit Hilfe **bilanzpolitischer Mittel** beeinflußt werden kann, z. B. durch Wahl des Bilanzstichtages bei Saisonbetrieben, bei denen in der Regel am Ende der Saison geringe Bestände an Fertigfabrikaten und Waren, aber hohe Bestände an Zahlungsmitteln und Forderungen vorhanden sind, während zu Beginn der Saison das Verhältnis umgekehrt ist; ferner durch Wahl von Zahlungsterminen, durch Beschaffungspolitik, durch Bildung stiller Rücklagen oder im Rahmen von Konzernen durch Gewährung von Krediten durch Konzernmitglieder kurz vor dem Bilanzstichtag (und Rückzahlung oft wenige Tage nach dem Bilanzstichtag!) u. a.;

6. die dem Betrieb zur Verfügung stehenden Möglichkeiten zur Beschaffung oder Prolongation kurzfristiger Kredite, mit denen die Zahlungsbereitschaft auf kurze Sicht verbessert werden kann, aus der Bilanz nicht zu ersehen sind.

5. Einblicke in die Beziehungen zu verbundenen Unternehmen

a) Begriff und Arten der verbundenen Unternehmen

Aus einer nach § 131 AktG 1937 gegliederten Bilanz waren nur relativ wenige Einsichten in bestehende Beziehungen zu verbundenen Unternehmen zu gewinnen. Gefordert wurden im Anlagevermögen ein gesonderter Ausweis von **Beteiligungen,** im Umlaufvermögen ein von anderen Forderungen getrennter Ausweis von **Forderungen an Konzernunternehmen** und von eigenen Aktien einschließlich der Aktien einer herrschenden Gesellschaft und auf der Passivseite ein gesonderter Ausweis von **Verbindlichkeiten gegenüber Konzernunternehmen.** Beziehungen zu anderen Unternehmen auf Grund von Unternehmensverbindungen, die nicht unter die Definition des Konzerns nach § 15 AktG 1937 fielen, mußten nicht ersichtlich gemacht werden.

Die Schaffung des Begriffs des **verbundenen Unternehmens**[65] durch das Aktiengesetz 1965, die Ausdehnung bestimmter Bilanzierungsvorschriften von dem Begriff des Konzerns auf den Begriff des verbundenen Unternehmens und die Einführung weiterer Vorschriften zur Offenlegung der Beziehungen zu verbundenen Unternehmen in der Bilanz und der Gewinn- und Verlustrechnung haben dazu beigetragen, daß die Forderung des § 149 Abs. 1 AktG, der Jahresabschluß solle im Rahmen der Bewertungsvorschriften einen möglichst sicheren Einblick in die Vermögens- und Ertragslage der Gesellschaft geben, besser erfüllt wird.

Dennoch sind die Auskünfte, die eine nach aktienrechtlichen Vorschriften erstellte Bilanz über die Beziehungen zu verbundenen Unternehmen gibt, **nicht ausreichend.** Das ist aber nicht in erster Linie eine Folge nicht hinreichender Gliederung, sondern – wie später darzustellen sein wird – bestimmter Bewertungsvorschriften, die den Ausweis von Gewinnen erzwingen, die zwar vom Standpunkt der bilanzierenden Unternehmung als rechtliche Einheit realisiert, vom Standpunkt eines Konzerns als wirtschaftliche Einheit aber nicht realisiert sind, weil es sich um Verrechnungsgewinne aus Umsätzen zwischen Konzernmitgliedern handelt.

Zunächst sei ein Überblick über die Arten der verbundenen Unternehmen gegeben, der auch für das Verständnis der später zu erörternden Gliederung der Gewinn- und Verlustrechnung und der Rechnungslegung im Konzern erforderlich ist.[66]

Nach § 15 AktG 1937 lag ein Konzern vor, wenn

1. rechtlich selbständige Unternehmen unter einheitlicher Leitung zu wirtschaftlichen Zwecken zusammengefaßt wurden,
2. ein rechtlich selbständiges Unternehmen auf Grund von Beteiligungen

---

[65] Vgl. dazu auch S. 627 ff.

[66] Weitere Einzelheiten vgl. S. 627 ff.

oder sonst unmittelbar oder mittelbar unter dem beherrschenden Einfluß eines anderen Unternehmens stand.

In dem Katalog der verbundenen Unternehmen, die in § 15 AktG 1965 erschöpfend aufgezählt werden, ist der Konzernzusammenschluß nur noch eine von mehreren Arten der verbundenen Unternehmen. Er setzt stets eine **einheitliche Leitung**[67] voraus. Ist diese nicht gegeben, so fällt eine Unternehmensverbindung zwar unter den Begriff der verbundenen Unternehmen (§ 15 AktG), nicht aber unter den Konzernbegriff. Die einheitliche Leitung kommt entweder durch Beherrschungsvertrag (§ 291 AktG) oder durch Eingliederung (§ 319 AktG) oder – insbesondere beim Gleichordnungskonzern – durch besondere organisatorische Maßnahmen zustande. Herrschendes und abhängiges Unternehmen gelten nicht mehr automatisch als Konzern; nach § 18 Abs. 1 AktG besteht lediglich die (widerlegbare) Vermutung, daß ein abhängiges Unternehmen mit einem herrschenden Unternehmen einen Konzern bildet.

Nach § 15 AktG 1965 sind verbundene Unternehmen:

1. Im **Mehrheitsbesitz** stehende Unternehmen und mit Mehrheit beteiligte Unternehmen (§ 16).
2. **Abhängige** und **herrschende** Unternehmen (§ 17).
3. **Konzernunternehmen** (§ 18). Konzerne sind Zusammenfassungen rechtlich selbständiger Unternehmen unter einheitlicher Leitung. Dabei sind folgende Typen zu unterscheiden[68]:
    a) der **Unterordnungskonzern,** d. h. die Zusammenfassung als herrschendes und abhängiges Unternehmen (§ 18 Abs. 1). Dabei kann die einheitliche Leitung beruhen:
       aa) auf einem Beherrschungsvertrag (§ 291),
       bb) auf der Eingliederung eines Unternehmens (§ 319),
       cc) auf einer tatsächlichen Beherrschungsmacht (faktischer Konzern). Sie wird vermutet, wenn ein Abhängigkeitsverhältnis nach § 17 besteht (§ 18 Abs. 1 Satz 3).
    b) Der **Gleichordnungskonzern** (§ 18 Abs. 2), bei dem kein Unternehmen von einem anderen abhängig ist.
4. **Wechselseitig beteiligte Unternehmen,** das sind Unternehmen in der Rechtsform der Kapitalgesellschaft oder bergrechtlichen Gewerkschaft, die dadurch verbunden sind, daß jedem Unternehmen mehr als 25 % der Anteile des anderen Unternehmens gehören (§ 19 Abs. Dabei sind **drei Fälle** zu unterscheiden:
    a) Es besteht kein Abhängigkeitsverhältnis, d. h. keines der wechselseitig beteiligten Unternehmen kann auf das andere einen beherrschenden Einfluß ausüben (§ 19 Abs. 1).

---

[67] Vgl. S. 628
[68] Vgl. Godin-Wilhelmi, Aktiengesetz, Band I, 3. Aufl., Berlin 1967, S. 56 f.

b) Ein wechselseitig beteiligtes Unternehmen besitzt eine Mehrheitsbeteiligung an dem anderen Unternehmen oder kann mittelbar oder unmittelbar einen beherrschenden Einfluß ausüben (§ 19 Abs. 2).

c) Jedes der wechselseitigen Unternehmen besitzt eine Mehrheitsbeteiligung an dem anderen Unternehmen oder jedes kann auf das andere unmittelbar oder mittelbar einen beherrschenden Einfluß ausüben (§ 19 Abs. 3).

5. **Vertragsteile eines Unternehmensvertrages.** Dabei kann es sich um folgende in den §§ 291 und 292 aufgeführte Verträge handeln:

a) den **Beherrschungsvertrag.** Er liegt vor, wenn eine AG oder KGaA die Leitung ihrer Gesellschaft einem anderen Unternehmen unterstellt (§ 291 Abs. 1). Durch einen solchen Vertrag wird stets ein Konzernverhältnis in der Form eines Unterordnungskonzerns geschaffen, da eine einheitliche Leitung gegeben ist;

b) den **Gewinnabführungsvertrag,** durch den sich eine AG oder KGaA verpflichtet, ihren gesamten Gewinn einem anderen Unternehmen abzuführen (§ 291 Abs. 1);

c) die **Gewinngemeinschaft,** die dann gegeben ist, wenn eine AG oder KGaA sich verpflichtet, ihren Gewinn oder den Gewinn einzelner ihrer Betriebe ganz oder zum Teil mit dem Gewinn anderer Unternehmen oder einzelner Betriebe anderer Unternehmen zur Aufteilung eines gemeinschaftlichen Gewinns zusammenzulegen (§ 292 Abs. 1 Ziff. 1);

d) den **Teilgewinnabführungsvertrag,** durch den sich eine AG oder KGaA verpflichtet, einen Teil ihres Gewinns oder den Gewinn einzelner ihrer Betriebe ganz oder zum Teil an einen anderen abzuführen (§ 292 Abs. 1 Ziff. 2);

e) den **Betriebspachtvertrag,** durch den eine AG oder KGaA den Betrieb ihres Unternehmens einem anderen verpachtet (§ 292 Abs. 1 Ziff. 3);

f) den **Betriebsüberlassungsvertrag,** durch den eine AG oder KGaA den Betrieb ihres Unternehmens einem anderen überläßt (§ 292 Abs. 1 Ziff. 3).

Zu den verbundenen Unternehmen gehört auch die „**eingegliederte Gesellschaft**" (§ 319 AktG), d. h. die Gesellschaft, deren Aktien sich zu 100 %/o in der Hand der zukünftigen Hauptgesellschaft befinden. Da die Hauptgesellschaft und die eingegliederte Gesellschaft nach § 18 Abs. 1 AktG „als unter einheitlicher Leitung zusammengefaßt" anzusehen sind und folglich einen Konzern bilden, ist eine gesonderte Aufzählung der eingegliederten Gesellschaft in § 15 AktG nicht erforderlich.

Der **Begriff des Unternehmens** ist im Aktiengesetz „angesichts der großen praktischen Schwierigkeiten"[69] nicht definiert worden. Wenn es noch nicht einmal die Betriebswirtschaftslehre fertiggebracht hat, einen einheitlichen

---

[69] Kropff, B., Aktiengesetz, a. a. O., S. 27

Begriff der Unternehmung[70] zu schaffen, so ist es dem Gesetzgeber nicht zu verdenken, wenn er vor einer Definition zurückgeschreckt ist, zumal es im Recht bereits eine Mehrzahl von Unternehmensbegriffen gibt, die sich teilweise erheblich unterscheiden. Godin-Wilhelmi bezeichnen den aktienrechtlichen Begriff des Unternehmens als Begriff, „der als rechtlich neutraler Begriff die Wirtschaftseinheit bezeichnen soll, mit der eine Person, sei es eine natürliche oder juristische oder eine Personengruppe, am Wirtschaftsleben teilnimmt."[71] Die Zusammenfassung der verschiedenen Arten von Unternehmensverbindungen unter dem Begriff „verbundene Unternehmen" verfolgt lediglich den Zweck, Vorschriften, die für alle ... Gruppen von Unternehmensverbindungen gelten, rechtstechnisch zu vereinfachen."[72]

Der Begriff des Unternehmens im aktienrechtlichen Sinne besagt nicht, daß er nur Unternehmen in der Rechtsform der AG oder KGaA umfaßt. Verbundene Unternehmen können alle Rechtsformen, auch die der Personengesellschaft oder Einzelunternehmung, haben, jedoch muß stets eine AG oder KGaA der Unternehmensverbindung angehören. So kann z. B. eine Aktiengesellschaft im Mehrheitsbesitz einer Einzelunternehmung[73] oder Personengesellschaft stehen.

Auch Beherrschungs- und Gewinnabführungsverträge können mit Einzelunternehmungen oder Personengesellschaften als herrschende Unternehmen geschlossen werden. Aktiengesellschaften, die unter der einheitlichen Leitung eines Unternehmens stehen, das nicht in der Rechtsform der AG oder KGaA geführt wird, sind nach § 330 AktG verpflichtet, **Teilkonzernabschlüsse** aufzustellen. Auch Doppelgesellschaften in der Form der Besitzpersonengesellschaft und Betriebskapitalgesellschaft sind verbundene Unternehmen im Sinne des Aktiengesetzes, wenn die Kapitalgesellschaft eine Aktiengesellschaft ist und ein Betriebspachtvertrag im Sinne des § 292 Abs. 1 Ziff. 3 AktG vorliegt.

Kartelle sind keine verbundenen Unternehmen im Sinne des Aktiengesetzes. Zwar haben die Kartelle mit dem Konzern in rechtlicher Hinsicht gemeinsam, daß die zusammengeschlossenen Unternehmen rechtlich selbständig bleiben, jedoch besteht bei Kartellen weder eine einheitliche Leitung, die ein Wesensmerkmal des Konzerns ist, noch bestehen in der Regel finanzielle Beteiligungen, durch die Mehrheits- oder Abhängigkeitsverhältnisse geschaffen werden können. Kartellverträge beziehen sich vorwiegend auf den Absatz und die Produktion von Gütern, die von den im Kartell zusammengeschlossenen Unternehmen in Konkurrenz hergestellt werden (Preiskartell, Konditionenkartell, Normungs- und Typungskartell, Rationalisierungskartell, Exportkartell). Sie sollen in erster Linie den Wettbe-

---

[70] Vgl. Wöhe, G., Einführung, a. a. O., S. 6 f.
[71] Godin-Wilhelmi, a. a. O., S. 57
[72] Kropff, B., Aktiengesetz, a. a. O., S. 27
[73] Vgl. § 16 Abs. 4 AktG

werb zwischen den Kartellmitgliedern einschränken und dem Kartell als Ganzes eine marktbeherrschende Stellung schaffen. Das Ziel der Beherrschung des Marktes wird zwar häufig auch von Konzernen verfolgt, im Gegensatz zum Kartell stellt der Konzern aber – trotz rechtlicher Selbständigkeit der zusammengeschlossenen Unternehmen – durch die kapitalmäßigen Bindungen oder durch Unternehmensverträge eine wirtschaftliche Einheit unter einheitlicher Leitung dar. Kartellverträge fallen nicht unter die in § 15 AktG genannten und in den §§ 291 und 292 AktG einzeln aufgeführten Unternehmensverträge.

b) Der Aussagewert einzelner Bilanzpositionen

Unternehmensverbindungen entstehen in der Mehrzahl der Fälle durch finanzielle Verflechtungen, die in der Bilanz als Beteiligungen ausgewiesen werden.

Beteiligungen sind Mitgliedschaftsrechte, die durch Kapitaleinlagen (Geld- oder Sacheinlagen) bei einer anderen Gesellschaft erworben werden. Für den Begriff der Beteiligung ist es gleichgültig, ob die Mitgliedschaftsrechte in besonderen Urkunden (Aktien, Kuxe) verbrieft sind oder nicht (GmbH-Anteile, Anteile an Personengesellschaften, und zwar sowohl Kapitaleinlagen des des persönlich haftenden Gesellschafters als auch Kommanditeinlagen, Beteiligung als stiller Gesellschafter). Auch die Höhe des Anteils ist grundsätzlich für den Begriff der Beteiligung nicht entscheidend.

Gehören einer Aktiengesellschaft Anteile einer anderen Gesellschaft, so muß nicht notwendigerweise eine Beteiligung vorliegen, nämlich dann nicht, wenn die Anteile als Finanzanlage gehalten werden, ohne daß eine Beteiligungsabsicht besteht. Da aber eine Aktiengesellschaft, sobald ihr mehr als 25 % des Grundkapitals einer anderen Aktiengesellschaft gehören, infolge dieser **Sperrminorität** die Möglichkeit zu einer Einflußnahme besitzt, gelten nach § 152 Abs. 2 AktG im Zweifel als Beteiligung Anteile an einer Kapitalgesellschaft, deren Nennbeträge insgesamt 25 % des Nennkapitals dieser Gesellschaft erreichen. Entscheidend für die Zurechnung ist also nicht allein die Beteiligungsabsicht, sondern bereits **die bloße Möglichkeit der Einflußnahme** auf eine andere Gesellschaft.

Erreicht ein Anteil nicht 25 % des Nennkapitals, so kann dennoch ein Ausweis unter der Position Beteiligungen erforderlich sein, wenn eine Beteiligungsabsicht besteht. Entscheidend ist also nicht allein die Höhe, sondern die **Zweckbestimmung**[74]. Von Bedeutung für den Ausweis der Veränderung der finanziellen Verflechtung in einem Bilanzjahr ist die Vorschrift des § 152 Abs. 1 Satz 2 und Abs. 6 AktG, daß Zu- und Abgänge, Zuschreibungen, Abschreibungen, Umbuchungen und Wertberichtigungen (Abs. 6) gesondert auszuweisen sind und daß Zugänge auch dann anzu-

---

[74] Vgl. Adler-Düring-Schmaltz, a. a. O., Erl. zu § 152, Tz 28

geben sind, wenn Abschreibungen im gleichen Jahr vorgenommen werden mußten.

Aus den bisherigen Ausführungen folgt, daß das Vorhandensein von Beteiligungen in der Bilanz einer Aktiengesellschaft nicht notwendigerweise auf das Bestehen von Unternehmensverbindungen schließen läßt, denn ein Anteil von z. B. 25 % ist keine Mehrheitsbeteiligung nach § 16 AktG, muß außerdem kein Abhängigkeitsverhältnis nach § 17 AktG darstellen und würde ein Konzernverhältnis nur begründen, wenn eine einheitliche Leitung besteht.

Da außerdem alle Beteiligungen in einer Bilanzposition zusammengefaßt sind, werden durch diese Position Beziehungen zu anderen Unternehmen nicht im einzelnen sichtbar gemacht. Darüber kann nur der **Geschäftsbericht** Auskunft geben; § 160 Abs. 3 Nr. 10 AktG fordert eine Berichterstattung über „die rechtlichen und geschäftlichen Beziehungen zu verbundenen Unternehmen mit Sitz im Inland".

Für die Beurteilung der Vermögenslage, insbesondere der Liquiditätslage einer Gesellschaft ist aber der durch den von anderen Finanzanlagen getrennten Ausweis der Beteiligungen gegebene Einblick in den Umfang der finanziellen Verflechtung der Gesellschaft mit anderen Unternehmen von erheblicher Bedeutung.

Werden die Anteile nur vorübergehend als Liquiditätsreserve gehalten, so sind sie unter den Wertpapieren des Umlaufvermögens auszuweisen.

Eigene Aktien gehören nicht zu den Beteiligungen, auch nicht zu den Wertpapieren des Anlagevermögens. Sie sind im **Umlaufvermögen** auszuweisen, weil nach § 152 Abs. 1 AktG beim Anlagevermögen nur die Gegenstände aufzuführen sind, die am Abschlußstichtag bestimmt sind, **dauernd** dem Geschäftsbetriebe der Gesellschaft zu dienen. Das trifft aber bei den eigenen Aktien nicht zu, da sie nur in den in § 71 AktG aufgeführten Ausnahmefällen gehalten werden dürfen.[75] Diese Fälle führen aber prinzipiell nur zu kurzfristigem Besitz der eigenen Aktien. Außerdem sind sie vom Standpunkt des Gläubigerschutzes unsichere Werte, so daß eine Einordnung in die nach dem strengen Niederstwertprinzip zu bewertenden Güter des Umlaufvermögens zweckmäßig ist.

Das Aktiengesetz 1937 faßte eigene Aktien und „**Aktien einer herrschenden Gesellschaft**" in einer Position zusammen. Im Aktiengesetz 1965 ist eine Trennung in zwei Positionen erfolgt, eigene Aktien einerseits[76] und „Anteile an einer herrschenden oder an der Gesellschaft mit Mehrheit beteiligten Kapitalgesellschaft oder bergrechtlichen Gewerkschaft" andererseits[77]. Damit müssen nicht nur wie bisher Aktien einer herrschenden Gesellschaft, sondern auch Anteile an einer herrschenden GmbH oder bergrechtlichen Gewerkschaft bzw. an einer mit Mehrheit beteiligten Kapital-

---

[75] Vgl. S. 199, Anm. 3
[76] § 151 Abs. 1, III Nr. 8 AktG
[77] § 151 Abs. 1, III Nr. 9 AktG

gesellschaft oder bergrechtlichen Gewerkschaft (bei Mehrheitsbesitz kann die Vermutung der Abhängigkeit widerlegt werden) gesondert ausgewiesen werden.

Diese Ausweitung ist durch die in den §§ 16, 17 und 18 AktG erfolgte Begriffsbildung der Arten der verbundenen Unternehmen erforderlich geworden. Sie gibt zugleich einen besseren Einblick in die bestehenden Unternehmensverbindungen im allgemeinen. Einzelheiten können auch hier nur aus dem Geschäftsbericht entnommen werden.

Bei der Bilanzierung ist zu beachten, daß bei **mehrstufiger Beherrschung** bzw. bei Mehrheitsbesitz nacheinandergeschalteter Gesellschaften nicht nur die Anteile an der unmittelbar beteiligten, sondern auch die Anteile an der **mittelbar** beteiligten Gesellschaft unter diesen Positionen auszuweisen sind. Hat z. B. die Gesellschaft A einen Anteil von 76 % an der Gesellschaft B und von 20 % an der Gesellschaft C, und hat außerdem die Gesellschaft B einen Anteil von 60 % an C, so muß C sowohl die Aktien von B als auch von A als Anteile an einer herrschenden oder mit Mehrheit beteiligten Kapitalgesellschaft ausweisen, denn nach § 16 Abs. 4 AktG zählen zu den Anteilen, die einem mit Mehrheit beteiligten Unternehmen gehören, nicht nur die Anteile, die das mit Mehrheit beteiligte Unternehmen selbst hält, sondern auch Anteile, die einem von dem mit Mehrheit beteiligten Unternehmen abhängigen Unternehmen gehören, d. h. A hat einen Anteil von 80 % an C (20 % direkt, 60 % indirekt über B). Mit Hilfe der Vorschrift des § 16 Abs. 4 AktG sollen Umgehungen und Verschleierungen der tatsächlichen Mehrheitsverhältnisse ausgeschlossen werden, d. h. es soll verhindert werden, daß ein an sich mit Mehrheit beteiligtes Unternehmen diese Mehrheitsbeteiligung dadurch verschleiern kann, daß es seine Anteile auf von ihm beherrschte Gesellschaften verteilt.

Ihrem Wesen und Zweck nach gehören Anteile dieser Art ebenfalls ins Anlagevermögen, sie sind rechtlich **echte Beteiligungen.** Wirtschaftlich aber sind sie „insofern unsichere Werte, als sie, soweit die herrschende Gesellschaft oder Gewerkschaft an der bilanzierenden Gesellschaft beteiligt ist, wirtschaftlich dem Besitz eigener Aktien gleichkommen."[78] Deshalb unterliegen sie wie die eigenen Aktien bei der Bewertung dem **strengen Niederstwertprinzip**[79] des Umlaufvermögens.

Mit den eigenen Aktien haben die Aktien einer herrschenden oder mit Mehrheit beteiligten Gesellschaft gemeinsam, daß nach § 136 Abs. 2 AktG das **Stimmrecht nicht ausgeübt** werden kann. Außerdem sind Übernahme und Erwerb von Aktien der herrschenden Gesellschaft nach § 56 Abs. 2 und § 71 Abs. 4 AktG grundsätzlich verboten. Ausnahmen bestehen nur in dem Umfange, in dem es der herrschenden Gesellschaft nach § 71 Abs. 1 Nr. 1–5 und Abs. 3 Satz 2 AktG gestattet wäre, eigene Aktien zu erwerben[80].

---

[78] Kropff, B., Aktiengesetz, a. a. O., S. 228
[79] Vgl. S. 340 ff.
[80] Vgl. S. 199 Anm. 3

§ 151 Abs. 3 AktG verbietet ausdrücklich, daß eigene Aktien und Anteile an einer herrschenden oder mit Mehrheit beteiligten Gesellschaft unter der Position Beteiligungen aufgeführt werden. Das ist auch dann untersagt, wenn die Mitzugehörigkeit zu der entsprechenden Position des Umlaufvermögens bei den Beteiligungen vermerkt wird.

Ist das herrschende oder mit Mehrheit beteiligte Unternehmen eine Personengesellschaft oder Einzelunternehmung, was nach §§ 16 und 17 AktG möglich ist, so erscheinen die Anteile an ihm unter der Position Beteiligungen.

§ 151 Abs. 1 III Nr. 10 und VI Nr. 5 AktG schreiben die gesonderte Bilanzierung von **Forderungen** und **Verbindlichkeiten gegenüber verbundenen Unternehmen** vor. Auch hierin liegt eine Erweiterung der Aussagefähigkeit der Bilanz gegenüber dem Aktiengesetz 1937, da bisher nur Forderungen und Verbindlichkeiten gegenüber Konzernunternehmen auszuweisen waren. Auch zwischen verbundenen Unternehmen, die keinen Konzern bilden, bestehen in der Regel Vermögensbeziehungen auf Grund des Finanz- oder Warenverkehrs.

Im Interesse einer größeren Klarheit der Bilanzierung ist es zweckmäßig, in den Fällen, in denen nur ein oder zwei Arten von Unternehmensverbindungen bestehen, diese auch zu nennen, also statt Forderungen an verbundene Unternehmen z. B. die Bezeichnung „Forderungen an abhängige Unternehmen" oder „Forderungen an abhängige und wechselseitig beteiligte Unternehmen" zu wählen[81]. Es dürfen jedoch nur die gesetzestechnischen Ausdrücke verwendet werden, damit Verschleierungen durch Bezeichnungen wie „befreundete Unternehmen" „Beteiligungsunternehmen", „Tochterunternehmen" u. a. [82] vermieden werden. Gleiches gilt für die entsprechenden Verbindlichkeiten.

Auch der getrennte Ausweis der Forderungen und Verbindlichkeiten gegenüber verbundenen Unternehmen soll in erster Linie den Umfang der finanziellen Verflechtung mit verbundenen Unternehmen zeigen. Die wirtschaftliche Bedeutung dieser Forderungen und Verbindlichkeiten ist eine völlig andere als gegenüber Unternehmen, die außerhalb einer Unternehmensverbindung, insbesondere außerhalb eines Konzerns stehen. Da aber keinerlei Aufgliederung der Forderungen und Verbindlichkeiten nach der Art ihres Entstehens (Waren- oder Kreditbeziehungen, Ansprüche auf Gewinnausschüttungen, auf Gewinn- oder Verlustübernahme, aus Unternehmensverträgen) erfolgen muß, ist die **Publizitätswirkung gering.** Sie könnte aber auch durch eine Aufgliederung nicht wesentlich vergrößert werden, denn – so stellen Adler-Düring-Schmaltz fest: „Da insbesondere mit Mehrheit beteiligte, herrschende und Konzernobergesellschaften es

---

[81] Vgl. Adler-Düring-Schmaltz, a. a. O., Erl. zu § 151, Tz 171; WP-Handbuch 1968, a. a. O., S. 557

[82] Vgl. Forster, K.-H., Zur Frage des Ausweises von Konzernforderungen und des zwingenden Charakters der Gliederungsvorschriften, WPg 1965, S. 475

weitgehend in der Hand haben, in welcher Form Kredite zwischen den verbundenen Unternehmen gewährt werden, ist der Aussagewert jeder Aufgliederung nach Entstehungsursachen problematisch."[83]

6. Die Ergänzung des Jahresabschlusses durch eine Kapitalflußrechnung

Die vorangegangene Untersuchung des Erkenntniswertes einer nach aktienrechtlichen Vorschriften gegliederten Bilanz hat gezeigt, daß einer Zeitpunkt-Betrachtung gewisse Mängel anhaften – insbesondere im Hinblick auf die gelieferten Informationen über Finanzierungs- und Investitionsvorgänge und die Aufrechterhaltung des finanziellen Gleichgewichts. Die Bilanz zeigt einerseits die Bestände an einem Stichtag – gegliedert nach Vermögens- und Kapitalarten – und andererseits den Erfolg als Saldo der Bestandsveränderungen seit dem vorangegangenen Bilanzstichtag in einer Größe – in der aktienrechtlichen Bilanz in der Position Bilanzgewinn sogar nur in Höhe des zur Ausschüttung zur Verfügung gestellten Gewinns. Diese Informationen werden durch die Gewinn- und Verlustrechnung erweitert, in der die Aufwands- und Ertragsarten aufgeführt werden, deren Differenz den Periodenerfolg ergibt.

Aus einem derartigen Jahresabschluß kann weder die Betriebsführung noch können die Gesellschafter, die Gläubiger und die sonstigen Interessenten alle erforderlichen Informationen erhalten, die sie für **in die Zukunft gerichtete Entscheidungen** benötigen, sondern sie können in erster Linie nur rückschauend feststellen, ob ihre früher getroffenen Entscheidungen richtig oder falsch gewesen sind. Busse von Colbe sieht den Mangel des Jahresabschlusses vor allem darin, daß er „allein auf den Gewinn als das Ziel des Unternehmens, aber nicht auf die Einhaltung der existenznotwendigen Nebenbedingungen der Zahlungsbereitschaft ausgerichtet ist"[84].

Bereits seit Jahrzehnten wird gefordert, den Jahresabschluß durch eine **Bewegungsbilanz** (Kapitalflußrechnung, Zeitraumbilanz[85]) zu ergänzen, die z. B. die Frage beantworten soll, „wie eigentlich der Gewinn verwandt worden sei, in welchem Verhältnis er zu den Investitionen beigetragen habe, wie die Ausweitung der Bestände finanziert worden sei . . ."[86].

Käfer, der sich in jüngster Zeit um die Weiterentwicklung von Kapitalflußrechnungen besondere Verdienste erworben hat, sieht das Verhält-

---

[83] Adler-Düring-Schmaltz, a. a. O., Erl. zu § 151, Tz 172
[84] Busse von Colbe, W., Aufbau und Informationsgehalt von Kapitalflußrechnungen, ZfB 1966, 1. Erg. Heft, S. 88
[85] Zur Begriffsbestimmung und Literatur vgl. S. 26 f.
[86] Bauer, W., Die Bewegungsbilanz und ihre Anwendbarkeit, insbesondere als Konzernbilanz, ZfhF 1926, S. 486

nis zwischen Jahresabschluß und Kapitalflußrechnung wie folgt: „Alle drei Abschlußrechnungen gehören zusammen und ergänzen sich gegenseitig: die Bilanz als Darstellung der Bestände, die Gewinn- und Verlustrechnung als Darstellung ausgewählter erfolgswirksamer Umsätze, und – mit dem Anspruch auf gleiche Bedeutung und Geltung – die Kapitalflußrechnung als Darstellung der bisher verborgen gebliebenen Vorgänge der Finanzierung, der Investierung und der Zahlungsmittelversorgung."[87]

Eine Kapitalflußrechnung zeigt nicht die Bestände an Vermögen und Kapital an einem Stichtag, sondern die **Veränderungen** dieser Bestände während einer Abrechnungsperiode, m. a. W. sie erfaßt sämtliche Zugänge und Abgänge. Eine solche Rechnung ist bei entsprechender Ausgestaltung „frei von Bewertungsproblemen und damit intersubjektiv nachprüfbar."[88] Sie läßt sich formal aus folgenden Beziehungen entwickeln:

$$+ \ \text{Aktivmehrung (A)}$$
$$- \ \text{Aktivminderung (a)}$$
$$- \ \text{Passivmehrung (ohne Gewinn) (P)}$$
$$- \ \text{Gewinn (G)}$$
$$+ \ \text{Passivminderung (ohne Verlust) (p)}$$
$$+ \ \text{Verlust (V)}$$
$$= \text{O}$$
$$(1) \ \ A - a - P - G + p + V = O$$

Ordnet man die Gleichung in der Weise, daß auf jeder Seite des Gleichheitszeichens nur positive Werte stehen, so gilt:

$$(2) \ \ A + p + V = P + a + G,$$

oder in Worten:

Aktivmehrung	Aktivminderung
Passivminderung	Passivmehrung
Verlust	Gewinn

Diese Aufstellung ist die Grundform jeder Bewegungsbilanz oder Kapitalflußrechnung, die durch weitere Gliederung der einzelnen Positionen beispielsweise folgendermaßen aufgebaut werden kann[89] (vgl. S. 236).

Löst man die Gleichung (1) nach dem Erfolg der Periode auf, so gilt:

$$(3) \ \ G = A - a - P + p.$$
$$(4) \ \ (V = -A + a + P - p).$$

Hier wird entweder der Grund für die Entstehung des Gewinns in den entsprechenden Änderungen der Positionen auf der rechten Seite der

[87] Käfer, K., Kapitalflußrechnungen – Funds Stratement, Liquiditätsnachweis, Bewegungsbilanz als dritte Jahresrechnung der Unternehmung, Stuttgart 1967, S. 406
[88] Busse von Colbe, W., a. a. O., S. 114
[89] Flohr, G., Die Zeitraumbilanz, Berlin 1963, S. 60

Verwendung	Herkunft
I. Eigenkapitalminderung 　1. Gewinnausschüttung 　2. Kapitalentnahmen 　3. Bilanzverlust II. Investitionen 　1. Anlageinvestitionen 　2. Finanzinvestitionen III. Betriebsmittelzunahme 　1. Vorrätemehrung 　2. Krediteinräumung IV. Schuldentilgung V. Erhöhung der liquiden Mittel	I. Kapitaleinlagen II. Umsatzüberschuß 　1. im engsten Sinne (Gewinn) 　2. im engeren Sinne (Rücklagen) 　3. im weiteren Sinne 　　(Abschreibungen) 　4. im weitesten Sinne 　　(Rückstellungen) III. Betriebsmittelabnahme 　1. Vorräteabbau 　2. Kreditabbau IV. Schuldenaufnahme V. Verminderung der liquiden 　Mittel

Gleichung gesehen, oder es wird umgekehrt argumentiert, daß die Änderungen der Aktiva und Passiva eine Folge des Gewinns sind (z. B. ein Gewinn ist der Grund für eine Erhöhung der Kassenbestände oder eine Erhöhung der Kassenbestände hat einen Gewinn zur Folge).

Ebenso wie nach dem Erfolg läßt sich die Gleichung (1) nach allen anderen Größen auflösen, z. B. nach der Vermehrung der Aktiva oder bestimmter Aktiva.

Busse von Colbe bezeichnet als wichtigste Informationsgrößen, die eine Kapitalflußrechnung neben dem Jahresabschluß liefern kann, die folgenden acht:

„1. Betriebseinnahmen, insbesondere aus Umsatzerlösen.
2. Betriebsausgaben, insbesondere für Material, Personal, Fremdleistungen und Abgaben.
3. Überschuß der Betriebseinnahmen über die Betriebsausgaben (betriebliche Nettoeinnahmen).
4. Ausgaben für Finanz- und Sachanlageinvestitionen sowie für immaterielle Investitionen, wie Ausgaben für Entwicklung und Markterschließung.
5. Der Finanzbedarf, der sich aus einem Überschuß der Investitionsausgaben über die betrieblichen Nettoeinnahmen ergibt.
6. Langfristige Außenfinanzierung durch Eigen- und Fremdkapital.
7. Ausschüttung an die Gesellschafter.
8. Veränderung der liquiden Mittel, eventuell abzüglich der kurzfristigen Verbindlichkeiten."[90]

---

[90] Busse von Colbe, W., Kapitalflußrechnungen als Berichts- und Planungsinstrument. In: Schriften zur Unternehmensführung, Bd. 6/7, hrsg. v. H. Jacob, Wiesbaden 1968, S. 19

Ein großer Teil dieser Informationen läßt sich bei einer Vergangenheits-
rechnung – und nur diese wird hier erörtert – auch aus dem Vergleich
zweier Jahresabschlüsse gewinnen.

In diesem Zusammenhang, wo es um die Aussagefähigkeit der ·Gliede-
rung von Jahresbilanzen geht, mögen diese wenigen Hinweise aus der Literatur genügen, um deutlich zu machen, daß die zusätzliche Aufbereitung
des in die Bilanz- und Erfolgsrechnung eingehenden Zahlenmaterials zu
einer Bewegungsbilanz **wertvolle zusätzliche Informationen** liefert, die aus
einer auf Rechenschaftslegung oder auf Ermittlung einer Steuerbemessungsgrundlage für eine abgelaufene Periode ausgerichteten Jahresbilanz nicht
zu entnehmen sind, die aber als Grundlage für in die Zukunft gerichtete
Entscheidungen benötigt werden.

Die Frage, inwieweit eine „prospektive Kapitalflußrechnung" als mit-
telfristiger Finanzplan dienen kann, um den Anteilseignern · „eine weitere
wertvolle Information für die Bildung ihrer Erwartungen über die künftige Breite und zeitliche Verteilung des Ausschüttungsstromes und über die
.Verkaufspreise ihrer Anteile" zu geben[91], kann an dieser Stelle nicht weiter verfolgt werden[92].

---

[91] Busse von Colbe, W., Aufbau und Informationsgehalt . . ., a. a. O., S. 114
[92] Vgl. dazu insbesondere die zitierten Arbeiten von Busse von Colbe und Käfer. Zur
Kritik vgl. Leffson, U., Wesen und Aussagefähigkeit des Jahresabschlusses, ZfhF 1966,
S. 375 ff.

Vierter Abschnitt

**Die Bewertung in der Handels-
und Steuerbilanz**

I. Grundlagen

1. Das Bewertungsproblem in der Bilanz

Das schwierigste Problem bei der Bilanzierung ist die Feststellung des Wertes der einzelnen Wirtschaftsgüter an einem bestimmten Stichtag, d. h. die Bewertung. Bewerten ist eine Tätigkeit, die das Ziel hat, den Wert einer Sache, eines Verfahrens oder einer Handlungsweise festzustellen. Feststellen hat dabei einen doppelten Sinn und bedeutet, daß der Bewertende entweder eine Entscheidung treffen kann, indem er selbst einen Wert zumißt, oder daß er vorgefundene Werte registriert und überträgt, indem er die Entscheidungen anderer, durch die diese Werte zustandegekommen sind, akzeptiert. Zwar ist auch dieses Akzeptieren eine Entscheidung, jedoch wird durch sie die Höhe eines durch andere bereits fixierten Wertes nicht beeinflußt.

Gibt jemand z. B. das Urteil ab, daß ein bestimmtes Entlohnungsverfahren gerecht ist, so leitet er den Wert des Verfahrens von einem allgemein anerkannten **ethischen Wert**, der Gerechtigkeit, ab. Ein anderer kann das gleiche Verfahren als ungerecht bewerten, wenn er eine andere Vorstellung davon hat, was gerecht ist. Beide gehen bei ihrer Bewertung von der gleichen Norm, der Gerechtigkeit, aus, doch keiner von beiden kann sein Urteil rational beweisen wie ein Rechenexempel. Urteile über ethische Werte (sog. primäre Werturteile) sind persönliche Bekenntnisse, aber keine wissenschaftlichen Erkenntnisse. Sie erfordern eine Entscheidung des Wertenden und beruhen auf **Konventionen**, die dadurch zustande kommen, daß alle, die das Werturteil anerkennen, von den gleichen Wertvorstellungen ausgehen, deren Wurzeln in irrationalen Bereichen liegen[1].

Im Gegensatz zu Urteilen über ethische Werte sind Urteile über **ökonomische Werte** keine Werturteile, sondern rational zu erklärende Feststellungen (Seinsurteile) über den Gebrauchswert, den Tauschwert oder den Ertragswert von Wirtschaftsgütern. Diese Feststellungen führen in der Regel zu einer Bezifferung des zu bewertenden Objekts in Geldeinheiten. Der ökonomische Wert ist eine Folge der Unbegrenztheit der menschlichen Be-

---

[1] Vgl. Wöhe, G., Zur Problematik der Werturteile in der Betriebswirtschaftslehre, ZfhF 1959, S. 165 ff.

dürfnisse und der Knappheit der Güter, die zur Bedarfsdeckung zur Verfügung stehen. Güter, die fähig sind, ein Bedürfnis zu decken, besitzen einen **Gebrauchswert**. Sind sie nicht in unbegrenzter Menge vorhanden, so kann man sie gegen andere, ebenfalls knappe Güter eintauschen, d. h. sie haben auf Grund ihres Gebrauchswertes und ihrer Knappheit einen **Tauschwert**, der sich in Geldeinheiten als Marktpreis ausdrückt. Knappe Güter, die in der Lage sind, einen Ertrag abzuwerfen (z. B. Grund und Boden), besitzen ebenfalls einen Tauschwert (Preis), der sich als **Ertragswert** aus dem Tauschwert der erzielbaren Erträge ableitet. Die „Bezifferung" erfolgt als Bildung von Marktpreisen durch das Zusammentreffen einer Vielzahl von Einzelentscheidungen.

Der Wert eines Wirtschaftsgutes ist jedoch keine dem Gut innewohnende Eigenschaft, die – wie z. B. eine physikalische Eigenschaft – **objektiv** existiert und von der bewertenden Person unabhängig ist. Vielmehr hängt der Wert von einer bestimmten Beziehung zwischen dem Bewertenden und dem zu bewertenden Gut in einer bestimmten Situation und den in dieser Situation gegebenen Entscheidungsmöglichkeiten ab. Ein solcher Wert ist kein rein subjektiver Wert, der von den Präferenzvorstellungen des Wertenden und der Stellung des zu bewertenden Wirtschaftsgutes innerhalb seines Präferenzsystems bestimmt wird. Ein **subjektiver** Wert ist nicht zu quantifizieren und von anderen Personen nicht zu überprüfen. Leitet man den Wert eines Wirschaftsgutes jedoch im Hinblick auf eine gegebene Zielsetzung unter Berücksichtigung des Entscheidungsfeldes des Bewertenden, d. h. der Gesamtheit der Handlungsmöglichkeiten ab, die ihm in einer bestimmten Situation zur Realisierung des Zieles zur Verfügung stehen, so handelt es sich zwar auch um eine subjektbezogene Bewertung, doch lassen sich wissenschaftliche Urteile über den Wert abgeben, da er im Gegensatz zum rein subjektiven Wert nachgeprüft werden kann. Für einen solchen entscheidungsorientierten Wert hat Engels den Begriff „**gerundiver Wert**" vorgeschlagen[2].

Das Bewertungsproblem in der Bilanz stellt sich für den Betrieb aus mehreren Gründen:

1. Im Interesse der langfristigen Existenz des Betriebes ist es erforderlich, in regelmäßigen Abständen festzustellen, ob die am Markt für die produzierten Leistungen erzielbaren Erlöse wenigstens die eingesetzten Aufwendungen decken. Letztere ergeben sich als Preise des Beschaffungsmarktes (z. B. Anschaffungskosten oder Wiederbeschaffungskosten für Anlagegüter, Vorräte usw.), erstere als Preise des Absatzmarktes.

2. Der Gesetzgeber verlangt vom Betriebe in jährlichem Abstand die Aufstellung einer Handelsbilanz zur Rechenschaftslegung und Information

---

bestimmter Personengruppen und einer Steuerbilanz zur Ermittlung von Steuerbemessungsgrundlagen. Dabei fordert er eine Bewertung aller Vermögens- und Schuldpositionen (Einzelbewertung) nach bestimmten Bewertungsvorschriften, die z. T. auch Bewertungswahlrechte enthalten.

3. Bei besonderen Anlässen (z. B. Fusion, Umwandlung, Ausscheiden von Gesellschaftern, Verkauf des Betriebes oder eines Teilbetriebes u. a.) ist es notwendig, den Wert des ganzen Betriebes, den Wert der Kapitalanteile einzelner Gesellschafter oder den Wert einzelner Wirtschaftsgüter festzustellen.

Ein Bewertungsproblem würde nicht entstehen, wenn am Bilanzstichtag nur liquide Mittel vorhanden wären, d. h. wenn der Kreislauf der bei der Gründung des Betriebes eingesetzten Geldbeträge, mit denen Grundstücke, Gebäude, Anlagen, Rohstoffe usw. beschafft wurden, beendet und alle diese Wirtschaftsgüter durch Umsatz wieder in Geld überführt worden wären. Bei einer derartigen **Totalbetrachtung** wären die Vermögens- und Erfolgsermittlung ohne Problem: das Vermögen besteht am Anfang und am Ende der Periode aus dem jeweils vorhandenen Geldbetrag, der Erfolg ergibt sich als Differenz zwischen dem Vermögen am Ende und am Anfang der Totalperiode, vermehrt um Entnahmen, vermindert um Einlagen, die während der Gesamtperiode getätigt worden sind.

Eine derartige theoretische Totalbetrachtung ist für die praktische Bilanzierung ohne Wert. Das Bewertungsproblem im Sinne eines Treffens von Bewertungsentscheidungen ist ausgeklammert. Die Bewertung der Wirtschaftsgüter ist durch den Markt erfolgt: Der Betrieb war bereit, bei der Beschaffung seiner Kostengüter die Preise des Beschaffungsmarktes zu zahlen, und er hat seinerseits beim Absatz seiner Ertragsgüter die Preise des Absatzmarktes erzielt.

Durch die Aufstellung von Jahresbilanzen oder von Sonderbilanzen bei Kapitalerhöhung, Umwandlung, Fusion u. a. wird am Bilanzstichtag ein Schnitt durch Geschäftsvorfälle gemacht, bei denen der Weg vom Geld über den Sachwert zum Geld noch nicht beendet ist wie in der Totalbilanz. Die bei der Gründung des Betriebes eingelegten oder im Laufe der Zeit zugeführten Geldbeträge sind größtenteils nicht mehr in liquider Form vorhanden, können also nicht durch Zählen wie Kassebestände oder an Hand von Bankauszügen exakt ermittelt werden, sondern sie stecken zum größten Teil in Sachgütern wie Grundstücken, Gebäuden, Maschinen, Rohstoffen, Halb- und Fertigfabrikaten oder in Finanzanlagen wie Beteiligungen und Wertpapieren oder in Rechten wie Forderungen. Besteht kein Zweifel, daß Forderungen vom Schuldner in voller Höhe termingerecht bezahlt werden, so entsteht kein Bewertungsproblem. Muß aber damit gerechnet werden, daß ein Teil der Forderungen nicht mehr voll eingebracht werden kann, so muß der wahrscheinliche Verlust beziffert werden: es erfolgt also eine Bewertung der Forderungen durch Schätzung der erwarteten Wertminderung.

Bei Sachgütern, die von Dritten gekauft worden sind, ist der Anschaffungspreis bekannt. Addiert man die mit der Beschaffung zusammenhängenden Nebenaufwendungen (Fracht, Versicherungen, Zoll usw.) hinzu, so ergeben sich die Anschaffungskosten. Sie werden mit Ablauf der Zeit zu einem Vergangenheitswert. Im Zeitpunkt der Anschaffung oder der Veräußerung von Wirtschaftsgütern erfolgt durch Feststellung der Preise am Beschaffungs- oder Absatzmarkt eine Bewertung im Sinne eines Registrierens und einer Übertragung vorgefundener Wertansätze, denn die Bewertung hat bereits durch die Kräfte des Marktes stattgefunden, und der Betrieb trifft bei der Bilanzierung keine Bewertungsentscheidung, auch wenn er Absatz- und Beschaffungspreise auf Grund seiner Marktstellung beeinflussen kann, sondern er verwendet die vorgefundenen Werte zur Bezifferung seiner Wirtschaftsgüter in der Bilanz.

Bewertungsentscheidungen bei der Bilanzierung sind lediglich dort zu treffen, wo

1. entweder zwei zu verschiedenen Zeitpunkten gebildete Marktpreise zur Wahl stehen, z. B. die früheren Anschaffungskosten und die heutigen Wiederbeschaffungskosten eines Wirtschaftsgutes, oder

2. Marktpreise nicht vorhanden sind, z. B. bei der Bewertung von Anlagegütern, deren Wertminderung durch technische (Gebrauch, natürlicher Verschleiß) oder wirtschaftliche Faktoren (technischer Fortschritt) nur geschätzt werden kann, oder

3. Marktpreise zur Bewertung als ungeeignet angesehen werden, wenn z. B. bei Anlagegütern der Wert der noch in ihnen enthaltenen Nutzungen und nicht der Veräußerungswert am Markt zur Grundlage einer Wertzumessung gemacht werden soll, bei der die Zugehörigkeit des zu bewertenden Objekts zu einem bestimmten Betrieb die Höhe des Wertes mitbestimmt, wie das die theoretische Konzeption des Teilwertes für die Bewertung in der Steuerbilanz fordert, oder

4. Marktpreise zwar Ausgangspunkt der Bewertung sind, aber das Problem ihrer Zurechnung auf einzelne Wirtschaftsgüter nicht exakt gelöst werden kann (z. B. bei der Ermittlung der Herstellungskosten oder der Hinzurechnung von Anschaffungsnebenkosten zum Anschaffungspreis [Rechnungspreis] eines Wirtschaftsgutes), so daß der Gesetzgeber gezwungen ist, Bewertungswahlrechte zu gewähren, oder – für die Steuerbilanz – pauschale Zurechnungsverfahren zu nominieren.

Neben der Feststellung des Einzelwertes eines Wirtschaftsgutes steht die Ermittlung des **Gesamtwertes** einer wirtschaftlichen Einheit, z. B. eines Betriebes. Der Gesamtwert eines Betriebes ist nicht identisch mit der Summe der Einzelwerte, die aus Marktpreisen abgeleitet oder geschätzt sind, da der Betrieb als Ganzes im Falle des Verkaufs infolge seines guten Rufs, seiner Organisation, seines Mitarbeiter- und Kundenstammes u. ä. einen wesentlich höheren Preis (Tauschwert) erzielen kann, als es der Summe der Einzelwerte der bilanzierten Wirtschaftsgüter entspricht. Der Gesamtwert eines Betriebes läßt sich folglich nicht aus der Bilanz ablesen. Die Addition der in der Bilanz ausgewiesenen Vermögenswerte ergibt einen Substanz- oder Reproduktionskostenwert, der Gesamtwert wird unter Berücksichtigung des Ertragswertes, der sich durch Kapitalisierung eines nachhaltig zu erwartenden Ertrages errechnet, ermittelt. Betriebswirtschaftslehre und Praxis haben eine Anzahl von Gesamtbewertungsmethoden entwickelt, die sich insbesondere dadurch unterscheiden, welches Gewicht bei der Gesamtwertermittlung dem Ertragswert und dem Substanzwert zugemessen wird.

Aus dem Gesagten ergibt sich, daß sich folgende Bewertungsmöglichkeiten unterscheiden lassen:

1. eine **Einzelbewertung** der einzelnen Wirtschaftsgüter **ohne** Rücksicht auf ihre Zugehörigkeit zu einem Betrieb durch Verwendung von am Markt vorgefundenen Anschaffungskosten, Wiederbeschaffungskosten oder Absatzpreisen;
2. eine **Einzelbewertung** der einzelnen Wirtschaftsgüter **mit** Berücksichtigung ihrer Zugehörigkeit zu einem Betrieb, z. B. mit Hilfe des steuerlichen Teilwertes;
3. eine **Gesamtbewertung** des Betriebes als einer wirtschaftlichen Einheit, die einen ihr zurechenbaren Ertrag abwirft, mit Hilfe besonderer Gesamtbewertungsverfahren.

Die Bewertung in der Bilanz ist grundsätzlich eine Einzelbewertung.

2. Bewertungsgrundsätze

a) Nominelle oder substantielle Kapitalerhaltung

Die bei der Bilanzierung zu beachtenden Bewertungsprinzipien werden durch die mit einer Bilanz verfolgten Zielsetzungen bestimmt. Die Bewertung in der Handelsbilanz wird vom **Prinzip kaufmännischer Vorsicht** beherrscht, das sowohl den Interessen des Betriebes selbst, als auch denen der Gläubiger und Gesellschafter dient, vorausgesetzt, daß es bei der Einschätzung der dem Betrieb drohenden Risiken nicht durch übertriebenen Pessimismus zu willkürlichen Unterbewertungen führt, mit denen der Erfolgs- und Vermögensausweis manipuliert werden soll.

Voraussetzung für die ungestörte Fortführung des Betriebsprozesses ist die Kapitalerhaltung, die – wie unten zu zeigen sein wird – nominell (in Geldeinheiten) oder substantiell (in Gütereinheiten) gemessen werden kann. Sie bedingt, daß nur die Mitttel als Gewinnausschütttung und Steuerzahlung den Betrieb verlassen dürfen, die über die zur Kapitalerhaltung erforderlichen Vermögenswerte hinaus erwirtschaftet worden sind. Dieses Ziel kann nur erreicht werden, wenn die Vermögenswerte nicht zu hoch und die Verbindlichkeiten nicht zu niedrig bewertet werden, d. h. wenn alle exakt meßbaren oder durch Schätzung ermittelten Wertänderungen und Risiken in den Wertansätzen berücksichtigt werden. Die Vorsicht erfordert dabei, geschätzte Aufwendungen eher höher, geschätzte Erträge eher niedriger anzusetzen.

Das Vorsichtsprinzip dient zwar in erster Linie der Kapitalerhaltung des Betriebes, da seine Beachtung verhindern soll, daß der Betrieb sich reicher rechnet als er ist und folglich falsche Entscheidungen über Gewinnausschüttungen, Erweiterungsinvestitionen u. a. trifft, es liegt aber zweitens auch im Interesse der Gläubiger, für deren Sicherheit es entscheidend ist, daß die für die Vermögensgüter in der Bilanz angesetzen Werte beim Umsatz wenigstens realisiert werden können und daß nicht durch zu hohe Bewertung Gewinne buchmäßig entstehen, durch deren Ausschüttung die Kapitalerhaltung und damit die Erhaltung der Haftungssubstanz und der Ertragsfähigkeit in der Zukunft, von der die Fähigkeit des Betriebes zur termingerechten Zinszahlung und Tilgung der Verbindlichkeiten bestimmt wird, beeinträchtigt wird.

Die Beachtung des Vorsichtsprinzips hat drittens den Schutz der Gesellschafter und Aktionäre zum Ziel, da durch zu hohe Bewertung mögliche Gewinnausschüttungen nicht ihren Interessen dienen, denn sie können zur Folge haben, daß der Betrieb nicht mehr die gleiche Menge an Produktionsfaktoren beschaffen kann wie bisher und folglich den Prozeß der betrieblichen Leistungserstellung und -verwertung einschränken muß. Aus dem Prinzip der Vorsicht folgt also zunächst die Notwendigkeit der Fixierung einer **oberen Grenze** der Bewertung, durch die zu hohe Wertansätze des Vermögens verhindert werden sollen.

Da durch eine auch bei großzügiger Auslegung des Vorsichtsprinzips zu niedrige Bewertung der in der Bilanz ausgewiesene Erfolg zu gering ist, verstößt sie gegen das Ziel, den in einer Periode erzielten Gewinn auch in dieser Periode auszuweisen. Dieses Ziel verfolgt die Steuerbilanz in erster Linie, da ihre Aufgabe die Ermittlung von Steuerbemessungsgrundlagen und nicht der Schutz der Gläubiger ist. Es ist aber auch in der Handelsbilanz insbesondere solcher Betriebe von Bedeutung, deren Gesellschafter keinen Einfluß auf die Erstellung des Jahresabschlusses und damit auf die Bewertung nehmen können, weil – wie bei der Aktiengesellschaft – diese Aufgabe allein dem Vorstand obliegt, so daß die Gefahr besteht, daß die Gewinnansprüche der Gesellschafter durch Bewertungsmaßnahmen der Geschäftsführung verkürzt bzw. auf spätere Perioden verschoben werden. Aus diesen Überlegungen folgt die Notwendigkeit der Fixierung von **unteren Wertgrenzen**.

Über die Festlegung von Bewertungsgrenzen gibt es verschiedene theoretische Ansichten, die ihren Niederschlag in den Bilanzauffassungen gefunden haben, die ihrerseits wiederum teilweise die gesetzlichen Bewertungsvorschriften beeinflußt haben. Die Unterschiede in den Bilanzauffassungen sind vor allem bedingt durch unterschiedliche Vorstellungen über die Zielsetzungen der Bilanz und über die Aufgabe der Bilanzbewertung bei der Kapitalerhaltung des Betriebes, von deren Interpretation wiederum der Begriff des Bilanzgewinns abhängt.

Für die Handels- und Steuerbilanz hat der Gesetzgeber das **Prinzip der nominellen Kapitalerhaltung** durch gesetzliche Bewertungsvorschriften fixiert. Danach gilt die Leistungsfähigkeit eines Betriebes als gewahrt, wenn das nominelle Geldkapital ziffernmäßig von Periode zu Periode gleichbleibt. Eine positive Differenz zwischen dem Kapital am Anfang und am Ende der Periode stellt – unter Berücksichtigung von Entnahmen und Einlagen – einen Gewinn, eine negative Differenz einen Verlust dar. Die Bewertung erfolgt grundsätzlich zu Anschaffungs- oder Herstellungskosten. Geld- und Sachwertschwankungen in der Volkswirtschaft werden nicht berücksichtigt. Steigen die Preise infolge konjunktureller Einflüsse oder allgemeiner Geldentwertung, so kann die Produktionsfähigkeit des Betriebes durch Einsatz der gleichen investierten Geldsumme nicht aufrechterhalten werden.

Die nominelle Kapitalerhaltung wird in den Bilanzauffassungen vor allem von **Rieger** in seiner „nominalen Bilanztheorie" vertreten[3]. Nach Rieger ist die Bilanz eine reine Geldrechnung, die die zukünftigen Einnahmen und Ausgaben enthält. Erst am Ende der Lebenszeit einer Unternehmung, also bei der Liquidation, wenn alle Werte wieder zu Geld geworden sind, läßt sich der richtige Erfolg als Totalerfolg als Differenz zwischen Geldeinsatz (Anfangskapital + spätere Einlagen) und Gelderlös (Endkapital + Entnahmen, d. h. Gewinnausschüttungen oder Kapitalrückzahlungen) ermitteln. Jeder Zwischenabschluß ist eine Fiktion, da er einen willkürlichen Schnitt durch betriebliche Zusammenhänge darstellt und an einem Zeitpunkt erfolgt, an dem noch nicht alle Güter wieder zu Geld geworden sind.

Aus diesem reinen Gelddenken entspringt auch die Auffassung Riegers, daß Bewertung nichts anderes als eine Antizipation des geldlichen Endes eines Wirtschaftsgutes sei. Den einzig richtigen Wert, der als Bilanzansatz in Frage kommt, bezeichnet er als „heutigen Wert". Der **heutige Wert** aller noch zu erwartenden Einnahmen und Ausgaben wird gewonnen, indem der zukünftige Geldwert aller noch der Geldwerdung entgegengehenden Wirtschaftsgüter auf den Bilanzstichtag diskontiert wird.

Der heutige Wert ist nicht identisch mit dem Tageswert am Bilanzstichtag. Während der Tageswert als Markt- oder Börsenwert ermittelt werden kann, ist der heutige Wert zu berechnen aus dem zukünftigen Geldwert, den ein Gut erreicht, wenn es in Geldform übergeht. Da dieser Zukunftswert nicht exakt festgestellt, sondern höchstens subjektiv geschätzt werden kann, ist eine befriedigende Bestimmung des heutigen Wertes und damit eine richtige Bewertung nicht möglich. Rieger schließt daraus, daß die Bilanz als Teilrechnung notwendigerweise nicht richtig sein kann. Die

---

[3] Vgl. Rieger, W., Einführung in die Privatwirtschaftslehre, 2. Aufl., Erlangen 1959, S. 203 ff.

einzige Bilanz, die den Anspruch auf unbedingte Richtigkeit erheben kann, ist die Totalbilanz. Folglich fordert Rieger, man solle der Praxis die Freiheit lassen, weiterhin so zu bewerten, wie sie es für zweckmäßig hält, da jede Zwischenrechnung nur eine Fiktion sei.

Auch die meisten Vertreter der dynamischen Bilanzauffassung gehen vom Prinzip der nominellen Kapitalerhaltung aus. So berücksichtigt **Schmalenbach** in seiner Bilanzlehre grundsätzlich keine Preisveränderungen, „die von Veränderungen des Geldwertes, z. B. von inflatorischen Einflüssen, herrühren"[4]. Nur in Extremfällen spricht er sich für eine „reale" oder „indexmäßige" Erhaltung des Kapitals aus, die dann erreicht ist, wenn die Kaufkraft des Endkapitals gleich der Kaufkraft des Anfangskapitals dieser Periode ist. Gewinn ist dann der Überschuß des mittels eines Index auf gleiche Kaufkraft umgerechneten Endkapitals über das Anfangskapital. Die **reale Kapitalerhaltung** ist lediglich eine Variante der nominellen Kapitalerhaltung. Beide entspringen einem rein geldmäßigen Denken.

Auch die zur Gruppe der dynamischen Bilanzlehre zählende pagatorische Bilanztheorie **Kosiols**[5] führt zur nominellen Kapitalerhaltung. „Das Kapital der Unternehmung, das in der pagatorischen Erfolgsrechnung erscheint, ist eine Geldgröße (Ausgabenvorgriffe und Einnahmengegenwerte). Auf Grund des Charakters des pagatorischen Erfolges ist jede durch eine Erfolgsrealisation herbeigeführte Kapitalveränderung gleichfalls geldmäßig realisiert. Das nominelle Kapital gilt als erhalten, wenn die Erlöse mindestens die Aufwandsausgaben decken . . . Die pagatorische Erfolgsrechnung führt zwangsläufig zu nominaler Kapitalerhaltung"[6].

Die Anhänger der **Substanzerhaltung** (substantielle Kapitalerhaltung) fordern eine Bilanzbewertung, durch die nicht nur das Geldkapital in seiner nominellen Höhe, sondern das Realvermögen in seiner Leistungsfähigkeit erhalten wird. In Zeiten starker Preisschwankungen, bei technischem Fortschritt, bei Verschiebungen der Nachfrage usw. ist ein konstant erhaltener investierter Geldbetrag kein Maßstab für die Sicherung der Leistungsfähigkeit des Betriebes. Bei Preissteigerungen ist ein größerer nomineller Geldbetrag erforderlich, um die Produktion auf einem unveränderten Niveau zu erhalten.

Dieses Prinzip der substantiellen Kapitalerhaltung kann als Grundsatz „relativer" oder „qualifizierter" Substanzerhaltung so weit gehen, daß von einer Erhaltung der Substanz erst dann gesprochen wird, wenn die Leistungsfähigkeit des Betriebes nicht nur auf dem gleichen Niveau erhalten wird, sondern mit der Gesamtentwicklung der volkswirtschaftlichen Produktivität Schritt hält. Als echter Gewinn wird dann nur noch das angesehen, was nach Bildung ausreichender Substanzsicherungsrücklagen übrigbleibt.

---

[4] Schmalenbach, E., Dynamische Bilanz, 13. Aufl., Köln und Opladen 1962, S. 186
[5] Vgl. S. 178 ff.
[6] Kosiol, E., Pagatorische Bilanz. In: Lexikon des kaufmännischen Rechnungswesens, hrsg. von Karl Bott, Band III, 2. Aufl., Stuttgart 1956, Sp. 2111 f.

Sommerfeld, ebenfalls ein Vertreter der dynamischen Bilanzauffassung, fordert in seiner „eudynamischen Bilanztheorie"[7] eine Bewertung in der Bilanz, die eine „qualifizierte Substanzerhaltung" ermöglichen soll.

„Die Erhaltung der Substanz", schreibt Sommerfeld, „erschöpft sich nach eudynamischer Auffassung nicht mit der Sicherung des Gleichbleibens des Geldwertes der Substanz. Da Stillstand schon Rückschritt ist, so muß der Unternehmer mit der technischen und sozialen Entwicklung mitgehen. Das ist nur durch ausreichende Substanzmehrung möglich."[8]

Sommerfelds Bilanzauffassung ist durch eine extrem vorsichtige Bewertung gekennzeichnet. Das zeigt sich darin, daß er zu Lasten der Erfolgsrechnung folgende Rücklagen bildet:

1. eine Wachstumssicherungsrücklage, die so viel vom Gewinn aufzunehmen hat, daß eine Erweiterung des Betriebes entsprechend der allgemeinen volkswirtschaftlichen Entwicklung möglich ist;
2. eine Dividendenausgleichsrücklage, die eine dauernde Verzinsung des Eigenkapitals ermöglichen soll;
3. eine Substanzerhaltungsrücklage zur Krisensicherung; daneben
4. eine weitere Substanzerhaltungsrücklage, die dadurch entsteht, daß aus Gründen der Vorsicht die Halb- und Fertigfabrikate nur mit ihrem Materialwert angesetzt werden sollen, während die sonstigen Bearbeitungskosten zunächst als Verlust betrachtet werden.

Während Sommerfeld die Substanzerhaltung durch besonders vorsichtige Bewertung der Halb- und Fertigfabrikate und durch Thesaurierung von Gewinnen in besondere Rücklagen erreichen will, ist es das Anliegen **Schmidts** in seiner „organischen Bilanztheorie", eine Eliminierung von Geldwertänderungen bei der Erfolgsermittlung vorzunehmen[9].

Die Gewinnermittlung und die Bewertung der Wirtschaftsgüter haben so zu erfolgen, daß nicht nur eine Erhaltung des Kapitals, sondern auch der realen Vermögenssubstanz erreicht wird. Deshalb ist es erforderlich, echte Gewinne von **Scheingewinnen** und echte Verluste von **Scheinverlusten** zu trennen. Ein echter Gewinn ist nur dann entstanden, wenn der Verkaufspreis einer Ware höher ist als der Wiederbeschaffungspreis am Verkaufstage. Ist der Wiederbeschaffungspreis am Verkaufstage höher als der Anschaffungspreis, so ist die Differenz ein Scheingewinn.

Echte Gewinne und Verluste entstehen also **nur durch Umsatz**, während Preisänderungen zu Scheingewinnen oder -verlusten führen. „Gewinn kann nur sein", schreibt Schmidt, „was über den Tagesbeschaffungswert der Kostenmenge des Umsatztages hinaus erzielt wird. Weder die Volkswirt-

---

[7] Vgl. Sommerfeld, H., Eudynamische Bilanzlehre, HdB, Bd. I, 1. Aufl., Stuttgart 1926, Sp. 1340 ff.; ferner: Bilanz, eudynamische. In: Lexikon des kaufmännischen Rechnungswesens, a. a. O., Band II, Sp. 980 ff.

[8] Sommerfeld, H., Bilanz, eudynamische, a. a. O., Sp. 983

[9] Vgl. Schmidt, F., Die organische Tageswertbilanz, 3. Aufl. 1929, unveränderter Nachdruck, Wiesbaden 1951

schaft, noch die Betriebe können Gewinne erzielen, wenn nicht die Erlöse erlauben, ein Mehr an Kostenmengen über die verbrauchten hinaus zu bezahlen. Damit ist gleichzeitig gesagt, daß eine bloße Wertänderung der Kostenteile niemals Gewinn aus der Betätigung des Betriebes sein kann, sondern im Rahmen einer besonderen Rechnung für Wertänderungen am ruhenden Vermögen auszuweisen ist."[10]

Beispiel:

Anschaffungskosten		120
Verkaufspreis		200
Wiederbeschaffungskosten		150

Umsatzgewinn = Verkaufspreis — Wiederbeschaffungskosten
$$= 200 - 150 = 50$$
Scheingewinn = Wiederbeschaffungskosten — Anschaffungskosten
$$= 150 - 120 = 30$$
Gesamtgewinn = Verkaufspreis — Anschaffungskosten
$$= 200 - 120 = 80$$

Sämtliche Vermögenswerte und Schulden sind mit dem **Tageswert** des Bilanzstichtages anzusetzen, d. h. daß auch die Anschaffungskosten bei höherem Tageswert überschritten werden dürfen. Um zu vermeiden, daß durch Aufwertung oder Abwertung von Bilanzpositionen Gewinne oder Verluste entstehen, werden die Wertänderungen nicht in der Gewinn- und Verlustrechnung erfaßt, sondern in der Bilanz in einem gesonderten **Vermögenswertänderungskonto** (Wertänderungen am ruhenden Vermögen) verbucht, das ein Vorkonto zum Kapitalkonto ist. Die Abschreibungen werden auf Basis der **Wiederbeschaffungskosten** ermittelt. Da die Wiederbeschaffungskosten als Zukunftswerte nicht bekannt sind, werden hilfsweise die Tageswerte am Bilanzstichtag angesetzt.

Die Tatsache, daß die gesetzlichen Bewertungsvorschriften für die Handelsbilanz vom Prinzip der nominellen Kapitalerhaltung ausgehen, hat keinen unmittelbaren Einfluß auf die Möglichkeiten der Erhaltung der betrieblichen Substanz, denn wenn der Betrieb das Ziel der Substanzerhaltung oder der qualifizierten Substanzerhaltung verfolgt, so muß er seine Gewinnverwendungs- bzw. Rücklagenpolitik diesem Ziel unterordnen, d. h. er muß im Falle von Preissteigerungen Teile des Nominalgewinns durch Bildung offener Rücklagen an den Betrieb binden. Voraussetzung ist allerdings, daß kein Umsatzverlust vorhanden ist, durch den der Scheingewinn gekürzt wird.

---

[10] Schmidt, F., Organische Bilanz. In: Lexikon des kaufmännischen Rechnungswesens, a. a. O., Bd. III, Sp. 2044 f.

Beispiel:

Anschaffungskosten	120
Verkaufspreis	140
Wiederbeschaffungskosten	150

Umsatzverlust	= Verkaufspreis — Wiederbeschaffungskosten
	= 140 — 150 = — 10
Scheingewinn	= Verkaufspreis — Wiederbeschaffungskosten
	= 150 — 120 = + 30
Gesamtgewinn	= Verkaufspreis — Anschaffungskosten
	= 140 — 120 = 20

Selbst bei Zuführung des Gesamtgewinns von 20 zu den Rücklagen fehlen 10 zur Substanzerhaltung. Dieser Fehlbetrag erhöht sich noch dadurch, daß der Gewinn vor Einstellung in die Rücklagen um Steuern gekürzt werden muß.

Bei voller Ausschüttung des Nominalgewinns ist eine Substanzerhaltung nur durch entsprechende Zuführung neuer finanzieller Mittel (Kapitalerhöhung) möglich. Sinken die Wiederbeschaffungkosten, so kann nicht nur der Nominalgewinn ausgeschüttet werden, sondern die Substanzerhaltung ist auch dann noch erreicht, wenn auch früher gebildete Rücklagen den Betrieb verlassen.

Aus diesen Überlegungen folgt, daß die Forderung nach einer Bewertung, die das buchmäßige Entstehen von Preissteigerungsgewinnen (Scheingewinnen) verhindert, im Interesse der Substanzerhaltung nicht erforderlich ist, sondern daß der Betrieb durch entsprechende Verwendung des Nominalgewinns der Substanzerhaltung Rechnung tragen kann[11].

Für den Gesetzgeber besteht keine Veranlassung, für die Handelsbilanz Bewertungsvorschriften zu erlassen, die im Falle von Preissteigerungen dafür sorgen, daß der Teil des Überschusses der Erträge über die Aufwendungen einer Periode, der der Substanzerhaltung dient, nicht als Gewinn erscheint, denn der Gesetzgeber geht nicht wie z. B. die Vorstände und Geschäftsführungen großer Kapitalgesellschaften von der Vorstellung eines „Unternehmens an sich" aus, dessen Substanz durch Gewinnausschüttungen nicht gekürzt werden darf, sondern von den gesellschaftsrechtlichen Verhältnissen: die Gesellschafter stellen dem Unternehmen einen bestimmten Geldbetrag als Eigenkapital zur Verfügung; das „Mehr" an Vermögen, das mit diesem Eigenkapital durch den betrieblichen Umsatzprozeß erzielt wird, steht als Gewinn den Eigenkapitalgebern zu. Dieses „Mehr" wird ebenso wie die Kapitaleinlagen in Geld und nicht in Gütern bemessen. Welcher Teil davon ausgeschüttet oder zur Substanzerhaltung oder Substanzerweiterung zurückbehalten wird, hängt von den Zielsetzungen ab, die die Geschäftsführung verfolgt.

---

[11] Vgl. dazu S. 463 ff.

Die Eigenkapitalgeber werden nicht anders behandelt als die Fremd-
kapitalgeber, die ihren vereinbarten Zins nicht erst dann erhalten, wenn
zuvor der Betrieb die Vermögenssubstanz gesichert hat. Sie können lediglich – soweit sie zugleich Geschäftsführer sind – frei entscheiden, ob sie die
auf ihre Anteile entfallenden Gewinne entnehmen oder zum Teil zur
Selbstfinanzierung im Betriebe belassen. Bei der Aktiengesellschaft regelt
sich die Aufteilung des Gewinns (Jahresüberschusses) auf Ausschüttung und
auf Rücklagenbildung teils nach dem Gesetz[12], teils beruht sie auf einer Entscheidung des Vorstandes, teils auf einer Entscheidung der Hauptversammlung.

Die Tatsache, daß die Nominalgewinne durch Gewinnsteuern gekürzt
werden und folglich bei Preissteigerungen die Substanzerhaltung über
eine Zurückbehaltung von bereits versteuerten Gewinnen durch Rücklagenbildung erfolgen muß[13], ist oft als eine unberechtigte **Besteuerung von
Scheingewinnen** angegriffen worden. Diese Angriffe sind nicht berechtigt,
da es gegen die Gleichmäßigkeit der Besteuerung verstoßen würde, wenn
nicht die in Betrieben erzielten Nominalgewinne, sondern nur die um bestimmte zur Substanzerhaltung erforderliche Beträge gekürzten Gewinne
der Besteuerung unterliegen würden, während bei allen anderen Einkunftsarten (z. B. Einkünfte aus unselbständiger oder selbständiger Arbeit, Einkünfte aus Vermietung und Verpachtung, aus Kapitalvermögen) die Nominaleinkünfte besteuert werden[14].

Fordert man die Freilassung der Preissteigerungsgewinne von der Besteuerung, so müßte ein solches Abgehen vom Nominalwertprinzip auch
auf alle anderen steuerpflichtigen Einkünfte übertragen werden, wenn die

---

[12] Vgl. § 58 AktG
[13] Soll eine Substanzerhaltung nach Steuern möglich sein, so darf die Steuerbelastung des Gesamtgewinns nicht höher als der Umsatzgewinn sein. Beispiel (unter Verwendung der Zahlen des Beispiels auf S. 250):

	Steuersatz		
	60 %	62,5 %	70 %
Gesamtgewinn vor Steuer	80	80	80
– Steuer	48	50	56
Gesamtgewinn nach Steuer	32	30	24
– Scheingewinn (zur Substanzerhaltung erforderlich)	30	30	30
mögliche Ausschüttung	2	–	–
Fehlbetrag für Substanzerhaltung	–	–	6

[14] Bei progressivem Einkommensteuertarif hat die Besteuerung der Nominaleinkünfte bei
laufend steigenden Preisen und Löhnen eine steigende Steuerbelastung zur Folge, wenn
der Progressionstarif nicht entsprechend geändert wird, weil der Steuerpflichtige, dessen
Einkommen zwar nominell, aber wegen entsprechend steigender Preise nicht real steigt,
prozentual immer mehr Steuern zahlen muß. Das ist jedoch kein Einwand gegen eine Besteuerung der Nominaleinkünfte, sondern die Folge der Unterlassung einer notwendigen
Korrektur des Progressionsverlaufs.

Gleichmäßigkeit der Besteuerung nicht verletzt werden soll. Der Wissenschaftliche Beirat beim Bundesministerium der Finanzen hat Überlegungen angestellt, „ob nicht eine durchgängige Umrechnung auf Realwerte für Steuerzwecke möglich wäre. Dies würde jedoch voraussetzen, daß das gesamte Rechnungs- und Wertsystem der Wirtschaft in einheitlicher Weise dem Geldentwertungsprozeß laufend angepaßt und damit gleichsam dynamisiert würde."[15] Der Beirat kommt zu dem Ergebnis, „daß ein derartiges ‚System' in der Praxis undurchführbar ist. . . . da partielle Korrekturen sich wegen der Ungerechtigkeiten, die sie mit sich bringen, nur nachteilig auswirken, ist das Nominalwertprinzip kompromißlos beizubehalten."[16]

b) Realisationsprinzip, Niederstwertprinzip, Höchstwertprinzip, Imparitätsprinzip

Aus dem Prinzip der Vorsicht lassen sich bei der Bewertung der Bilanzpositionen folgende Grundprinzipien ableiten:

1. Das Realisationsprinzip,
2. das Niederstwertprinzip bei der Bewertung von Vermögensgegenständen,
3. das Höchstwertprinzip bei der Bewertung von Verbindlichkeiten.

Das **Realisationsprinzip** besagt, daß Gewinne und Verluste erst dann ausgewiesen werden dürfen, wenn sie durch den Umsatzprozeß in Erscheinung getreten sind. Die bloße Möglichkeit, Fertigfabrikate oder andere Vermögenswerte zu einem späteren Zeitpunkt mit Gewinn veräußern zu können oder mit Verlust absetzen zu müssen, rechtfertigt noch nicht die bilanzmäßige Berücksichtigung derartiger Gewinne bzw. Verluste. Das Prinzip schließt die Beachtung von Wertsteigerungen über die Anschaffungs- oder Herstellungskosten aus. Dabei kommt es nicht darauf an, ob die Wertsteigerung die Folge einer allgemeinen Preissteigerung ist oder der Wert eines einzelnen Wirtschaftsgutes – z. B. eines unbebauten Grundstücks oder eines Wertpapiers – bei konstantem Geldwert gestiegen ist.

Problematisch ist die Bestimmung des **Zeitpunktes,** an dem die Realisation erfolgt ist. Mit dieser Frage hat sich insbesondere Leffson eingehend beschäftigt, dessen Ausführungen wir folgen. Bei Barverkäufen ist der Erfolg im Zeitpunkt des Zahlungseinganges realisiert. Bei Warenlieferungen auf Kredit sind mehrere Realisationszeitpunkte denkbar:

„a) der Zeitpunkt, zu dem der Schuldner bezahlt hat,
b) der Zeitpunkt der Lieferung oder Leistung,
c) der Zeitpunkt des Vertragsschlusses."[17]

---

[15] Gutachten zur Reform der direkten Steuern, erstattet vom Wissenschaftlichen Beirat beim Bundesministerium der Finanzen, Bad Godesberg 1967, S. 19
[16] Gutachten zur Reform der direkten Steuern, a. a. O., S. 19
[17] Leffson, U., Die Grundsätze ordnungsmäßiger Buchführung, Düsseldorf 1964, S. 149

Beurteilt man diese drei möglichen Realisationszeitpunkte nach dem Prinzip der Vorsicht, also nach den Risiken, die die endgültige Abwicklung des Liefervertrages nach diesem Zeitpunkt noch enthält, so ist der Fall a) praktisch risikolos. Der Betrieb hat geliefert und der Abnehmer bezahlt. Der Verkaufserlös ist eingegangen. Möglichen Garantieansprüchen des Abnehmers kann durch Garantierückstellungen Rechnung getragen werden.

Fall c) scheidet aus, wenn das zu liefernde Wirtschaftsgut im Zeitpunkt des Vertragsschlusses noch nicht hergestellt oder beschafft worden ist bzw. wenn sich der Vertrag auf eine vom Betrieb zu erbringende Dienstleistung richtet. Zwar ist der zu erzielende Erlös bereits vertraglich fixiert, doch sind die dafür einzusetzenden Anschaffungs- oder Herstellungskosten und die bis zum Absatz noch anfallenden sonstigen Aufwendungen noch nicht exakt bekannt. „Auf diese Weise würde nicht die gleiche Sicherheit der Erfolgsrechnung, wie sie ein späterer Realisationstermin gewährt, erreicht. Vielmehr würde dem Rechenschaftspflichtigen ein Manipulationsspielraum eingeräumt. Der Gesichtspunkt der richtigen Zurechnung von Erträgen und Aufwendungen verbietet daher, die Ertragsrealisation auf den Zeitpunkt des Vertragsabschlusses zu legen."[18]

Der Fall b), also der Zeitpunkt der Rechnungserteilung, wird in der Regel als Realisationstermin dem Vorsichtsprinzip entsprechen.

„Zu diesem Zeitpunkt treffen folgende Fakten zusammen:

1. Der Ausgang des Sachgutes, die Beendigung der Dienstleistung,
2. die Erfüllung des Vertrages durch den Lieferer,
3. die Entstehung der Forderung,
4. der Gefahrenübergang,
5. die Rechnungserteilung."[19]

Da nach dem Realisationsprinzip am Bilanzstichtag bereits erkennbare, aber durch Umsatz noch nicht eingetretene Wertminderungen nicht berücksichtigt werden, hat das Aktienrecht – und ihm folgend auch das Steuerrecht – das **Niederstwertprinzip** in die gesetzlichen Bewertungsvorschriften eingeführt. Dieses Prinzip besagt, daß von zwei möglichen Wertansätzen – den Anschaffungs- oder Herstellungskosten und dem Börsen- oder Marktpreis – jeweils der niedrigere angesetzt werden muß oder darf und damit eine Aufwandsantizipation verlangt bzw. erlaubt wird. Der niedrigere der beiden zur Wahl stehenden Werte bildet bei strenger Anwendung des Prinzips, die nach § 155 Abs. 2 AktG gefordert wird, die **obere Wertgrenze,** die nicht überschritten werden darf.

Bei Gütern des Anlagevermögens besteht ein Wahlrecht, ob der bisherige Buchwert oder ein niedrigerer Wert am Bilanzstichtag angesetzt wird, wenn letzterer eine Folge einer nur vorübergehenden Wertminderung ist

18 Leffson, U., a. a. O., S. 154 f.
19 Leffson, U., a. a. O., S. 151

(z. B. Kursrückgang von Wertpapieren am Bilanzstichtag). Ist die Wertminderung voraussichtlich von Dauer, so gilt auch bei Gütern des Anlagevermögens das strenge Niederstwertprinzip[20].

Da Ertragsantizipationen unzulässig sind, vollzieht sich die Bewertung im Hinblick auf erwartete Gewinne und erwartete Verluste ungleichmäßig. Deshalb wurde für die dargestellten Bewertungsprinzipien der Begriff **Imparitätsprinzip** geprägt. Dieses Prinzip besagt:

1. noch nicht durch Umsatz realisierte Gewinne dürfen nicht ausgewiesen werden; es gilt also das Realisationsprinzip;
2. noch nicht durch Umsatz realisierte Verluste müssen oder dürfen berücksichtigt werden; das Realisationsprinzip gilt also nicht, an seine Stelle tritt das Niederstwertprinzip.

Das Imparitätsprinzip dient in erster Linie dem Gläubigerschutz, denn es verhindert einerseits, daß noch nicht durch Umsatz realisierte Gewinne ausgeschüttet und der Besteuerung unterworfen werden können, und erreicht andererseits, daß bei drohenden Verlusten Gewinnausschüttungen in Höhe der durch das Niederstwertprinzip erzwungenen Aufwandsantizipationen unterbleiben.

Der gleiche Grundsatz gilt bei der Bewertung von Verbindlichkeiten und führt hier entsprechend zu einem **Höchstwertprinzip**. Liegt der Tageswert einer Verbindlichkeit unter den Anschaffungskosten – das ist z. B. bei Auslandsschulden infolge von Kursänderungen möglich – so sind letztere anzusetzen, da die niedrigere Bewertung einer Schuld zu einem unrealisierten Gewinn führen würde. Entsprechend muß ein über die Anschaffungskosten gestiegener Tageswert passiviert werden.

Auch in der Steuerbilanz ist es zulässig, erwartete Wertminderungen am Bilanzstichtag durch Ansatz eines **niedrigeren Teilwertes** bereits zu berücksichtigen und damit den steuerpflichtigen Gewinn der Periode zu vermindern. Erwartete Wertsteigerungen oder bereits eingetretene, aber noch nicht durch Umsatz realisierte Wertsteigerungen werden auch hier wie in der Handelsbilanz nicht beachtet.

---

[20] Vgl. ausführlich S. 335 f.

II. Die Bewertungsmaßstäbe

1. Überblick

Ausgangswerte in der Handels- und Steuerbilanz sind grundsätzlich die Anschaffungs- oder Herstellungskosten. Sind sie infolge eingetretener Wertminderungen zu hoch, so dürfen oder müssen sie korrigiert werden, bei Anlagegütern durch planmäßige oder außerplanmäßige Abschreibungen, bei Gütern des Umlaufvermögens in der Handelsbilanz durch Ansatz niedrigerer Werte, die, wenn sie an die Stelle der Anschaffungskosten treten, in der Regel vom Beschaffungs- oder Absatzmarkt abgeleitet werden, wenn sie an die Stelle der Herstellungskosten treten, als Reproduktionswert (Wiederherstellungskosten) oder Verkaufswert am Absatzmarkt (abzüglich bis zum Absatz noch anfallender Aufwendungen) ermittelt werden.

In der Steuerbilanz wird als niedrigerer Wert der steuerliche Teilwert angesetzt, der seiner theoretischen Konzeption nach ein selbständiger Wert neben den Anschaffungs- oder Herstellungskosten ist, in der Praxis aber wegen der Unmöglichkeit seiner rechnerischen Ermittlung (entsprechend der theoretischen Konzeption) ebenso wie in der Handelsbilanz durch Korrekturen der Anschaffungs- oder Herstellungskosten an Hand niedrigerer Marktwerte bestimmt wird.

Zur Bewertung in der **Handelsbilanz** dienen folgende Wertmaßstäbe:

1. die Anschaffungskosten,
2. die Herstellungskosten,
3. der Markt- oder Börsenwert am Beschaffungsmarkt (Wiederbeschaffungskosten am Bilanzstichtag)
4. der Reproduktionswert (Wiederherstellungskosten am Bilanzstichtag) und
5. der Verkaufswert am Absatzmarkt abzüglich noch anfallender Aufwendungen.

Zur Bewertung in der **Steuerbilanz** werden folgende Wertmaßstäbe verwendet:

1. die Anschaffungskosten,
2. die Herstellungskosten,
3. der (niedrigere) Teilwert.

In diesem Abschnitt werden zunächst nur die Ausgangswerte (Anschaffungs- oder Herstellungskosten) und wegen seiner besonderen Problematik der steuerliche Teilwert einer ausführlichen Erörterung unterzogen. Alle übrigen Wertmaßstäbe bzw. Korrekturen der Ausgangswerte werden im Rahmen der Erörterung der gesetzlichen Bewertungsvorschriften bei den Gruppen von Bilanzpositionen behandelt (Anlagevermögen, Umlaufvermögen, Verbindlichkeiten), für die sie relevant sind.

2. Die Anschaffungskosten

a) Begriff und Zusammensetzung

Als Anschaffungskosten bezeichnet man die Gegenwerte, die ein Betrieb aufwenden muß, um ein Wirtschaftsgut zu beschaffen und einsatzfähig zu machen. Weder Handelsrecht noch Steuerrecht geben eine Definition des Begriffes Anschaffungskosten.[1] Da sowohl im Aktiengesetz als auch im Einkommensteuergesetz von Anschaffungskosten und nicht von Anschaffungspreisen gesprochen wird, ist der Begriff mit Hilfe der Grundsätze ordnungsmäßiger Buchführung und Bilanzierung weit auszulegen, d. h. die Anschaffungskosten eines Wirtschaftsgutes setzen sich nicht nur aus dem **Anschaffungspreis** (Rechnungspreis), sondern auch aus allen **Nebenkosten** zusammen, die mit der Beschaffung im Zusammenhang stehen, bis die Betriebswirtschaft des Wirtschaftsgutes erreicht ist.[2]

Die Anschaffungskosten stellen einen **Vergangenheitswert** dar. Nur im Moment der Anschaffung sind sie gleich den Wiederbeschaffungskosten bzw. dem Tageswert (Börsen- oder Marktpreis). Durch Wertminderungen oder Preisänderungen im Ablaufe der Zeit entsprechen die tatsächlichen Werte der Wirtschaftsgüter gewöhnlich nicht mehr ihren Anschaffungskosten. Soweit Wertminderungen durch planmäßige Abschreibungen erfaßt werden und die Anschaffungskosten mindern, spricht man von fortgeführten Anschaffungskosten bzw. Anschaffungswerten.

Auf Grund gesetzlicher Vorschriften gelten als Anschaffungskosten:

1. die Werte der DM-Eröffnungsbilanz. Sie war zugleich Handels- und Steuerbilanz (§ 5 Abs. 3 DMBG);
2. die Werte der Schlußbilanz der aufgenommenen Gesellschaft für die aufnehmende Gesellschaft im Falle der Fusion (§ 348 Abs. 1 AktG).

---

[1] Lediglich die Begründung zum Einkommensteuergesetz 1934 umschreibt die Anschaffungskosten als „die Kosten des entgeltlichen Erwerbs einschließlich aller Nebenkosten" (RStBl 1935, S. 38).

[2] § 261 HGB verwendete bis zur Aktienrechtsnovelle von 1931 den Begriff Anschaffungspreis. Die Novelle führte den Begriff Anschaffungskosten ein. Bei korrekter Anwendung der betriebswirtschaftlichen Terminologie müßte man von *Anschaffungsausgaben* sprechen. Die Verrechnung der Kosten erfolgt in der Kostenrechnung.

Der Begriff der Anschaffungskosten ist nach Auffassung des BFH „wirtschaftlich zu bestimmen und umfaßt die Aufwendungen, die ein Unternehmen macht, um das Wirtschaftsgut in der für den Betrieb geeigneten Form zu erhalten. Die Aufwendungen brauchen nicht unmittelbar beim Erwerb gemacht zu werden, sondern können auch vor oder nach dem Erwerb liegen, vorausgesetzt, daß ein sachlicher Zusammenhang mit dem Erwerb besteht."[3]

Wird für mehrere Güter ein Gesamtkaufpreis gezahlt, so erfordert das Prinzip der Einzelbewertung eine Verteilung auf die einzelnen Wirtschaftsgüter. Die wichtigsten und zugleich problematischsten Fälle sind der Erwerb ganzer Betriebe oder Teilbetriebe und der Erwerb bebauter Grundstücke.

Zu den **Anschaffungsnebenkosten** gehören insbesondere Aufwendungen für Transport und Transportversicherung des beschafften Wirtschaftsgutes, für Aufstellung und Montage, z. B. den Bau von Fundamenten für Maschinen, ferner für Gebühren für die Beurkundung von Kaufverträgen (insbesondere bei Grundstücken), für Provisionen und Vermittlergebühren, für Steuern (z. B. Grunderwerbsteuer), Zölle und sonstige Abgaben usw., kurz formuliert für alle Aufwendungen, die erforderlich sind, um das erworbene Wirtschaftsgut in Dienst zu stellen (Maschinen) bzw. wenn es zur Weiterverarbeitung (Roh-, Hilfs- und Betriebsstoffe) oder zum Verkauf (Waren) bestimmt ist, auf Lager zu nehmen.

Die Anschaffungsnebenkosten verursachen Ausgaben, durch deren Aktivierung eine Erhöhung der gekauften Wirtschaftsgüter über den Anschaffungspreis hinaus erfolgt. Der Zweck der Einbeziehung der Nebenkosten in die Anschaffungskosten ist eine **periodengerechte Verteilung des Aufwandes.** Die Anschaffungsnebenkosten werden ebenso wie der Anschaffungspreis bei Gütern des Anlagevermögens, die der Abnutzung unterliegen, mittels der Abschreibung über die Jahre der Gesamtnutzung verteilt, damit verhindert wird, daß der Gewinn einer Wirtschaftsperiode besonders stark reduziert wird, wenn die Anschaffungsnebenkosten im Jahre der Anschaffung voll als Aufwand in der Erfolgsrechnung verrechnet würden. Würde das geschehen, so wäre der Gewinn der folgenden Perioden der Nutzungsdauer des angeschafften Anlagegutes entsprechend höher, weil infolge der geringeren aktivierten Anschaffungskosten die Abschreibungen (Absetzungen) pro Periode kleiner sind. Das widerspricht insbesondere in der Steuerbilanz dem Prinzip, den in einer Periode tatsächlich erwirtschafteten Gewinn auszuweisen.

In der Steuerbilanz besteht eine Aktivierungs**pflicht** für die Anschaffungsnebenkosten, in der Handelsbilanz (außer der Aktienbilanz) in der Regel eine Aktivierungs**recht.** Dadurch ist in der Handelsbilanz eine gewisse Beeinflussung des Periodengewinns möglich, je nachdem, ob Anschaffungsnebenkosten auf die Jahre der Nutzung verteilt oder im Jahre

---

[3] BFH vom 13. 8. 1957, BStBl 1957 S. 349

der Anschaffung voll als Aufwand verrechnet werden. Vom betriebswirtschaftlichen Standpunkt aus ist eine Aktivierung der Nebenkosten zu fordern, da ohne sie eine periodengerechte Aufwandsverteilung und damit eine periodengerechte Gewinnermittlung nicht gewährleistet ist.

Den Einfluß der Aktivierung bzw. sofortigen Aufwandsverrechnung von Anschaffungsnebenkosten auf den Gewinn zeigt folgendes Beispiel eines Wareneinkaufs und -verkaufs:

Periode 1: Einkauf von 1000 Einheiten einer Ware zum Stückpreis von DM 2,–, Transportkosten DM 200,–; Verkauf von 800 Einheiten zum Stückpreis von DM 3,–.

Periode 2: Verkauf von 200 Einheiten zum Stückpreis von DM 3,–

Verrechnet man die Transportkosten sofort als Aufwand, so belasten sie nur die Periode 1.

Gewinn der Periode 1: (800 x 3) – (800 x 2) – 200 = 600;
Stückgewinn = DM 0,75.

Gewinn der Periode 2: (200 x 3) – (200 x 2)   = 200;
Stückgewinn = DM 1,–.

Der richtige Stückgewinn bei Verteilung der Transportkosten auf beide Perioden beträgt:

3 – (2200 : 1000) = DM 0,80.

Der Gesamtgewinn beider Perioden von DM 800,– verteilt sich dann wie folgt:

Periode 1: DM 640,–
Periode 2: DM 160,–.

Im Gegensatz zum Aktiengesetz 1937 folgt das Aktiengesetz 1965 dieser betriebswirtschaftlichen Forderung und schreibt eine Aktivierung der Anschaffungsnebenkosten für die Aktienbilanz **zwingend** vor. Nach § 153 Abs. 1 AktG **sind** Gegenstände des Anlagevermögens mit den Anschaffungskosten anzusetzen. § 133 Ziff. 1 AktG 1937 verwendete die Formulierung: Gegenstände des Anlagevermögens „dürfen höchstens" zu den Anschaffungskosten angesetzt werden. Die Möglichkeit, mit Hilfe einer Entscheidung über Aktivierung oder sofortige Aufwandsverrechnung der Anschaffungsnebenkosten den Periodengewinn zu beeinflussen, bestehen somit für Aktiengesellschaften nicht mehr, vorausgesetzt, daß Klarheit darüber besteht, was unter Nebenkosten zu verstehen ist. Der Gesetzgeber schweigt dazu, so daß in Zweifelsfällen eine Auslegung mit Hilfe der Grundsätze ordnungsmäßiger Buchführung und Bilanzierung erfolgen muß.

Seit der Einführung des Mehrwertsteuersystems (1. 1. 1968) hat der Betrieb die Möglichkeit, die in den Anschaffungspreisen enthaltenen Umsatzsteuerbeträge als Vorsteuern von seiner eigenen Umsatzsteuerschuld abzusetzen. Der Lieferant ist – wenn der Abnehmer es verlangt – verpflichtet,

den Kaufpreis in der Rechnung in zwei Teile aufzuspalten[4]: den Nettopreis und die Umsatzsteuer. In die aktivierungsfähigen Anschaffungskosten
geht **nur der Nettopreis** ein. Die im Kaufpreis gezahlte Umsatzsteuer kann
nicht mehr wie bei der Bruttoumsatzsteuer als Bestandteil der Anschaffungskosten aktiviert werden, da der Betrieb jetzt einen Rechtsanspruch
auf Erstattung oder Aufrechnung an das Finanzamt hat, den es im System
der Bruttoumsatzsteuer nicht gibt, da in diesem System auf jeder Wirt-
schaftsstufe erneut Umsatzsteuer auf den Bruttoumsatz (Endverkaufs-
preis) erhoben wird, ohne daß die in den Beschaffungspreisen enthaltene
Umsatzsteuer der Vorstufen als Vorsteuer abgesetzt werden kann. Durch
Anschaffung eines Wirtschaftsguts erwirbt der Betrieb **zwei** bei der Bilanzierung **getrennt zu behandelnde Vermögenswerte:** das gekaufte Wirtschaftsgut und eine Forderung an das Finanzamt.

Für den Ansatz der Anschaffungskosten in der **Steuerbilanz** bestimmt
§ 9 b Abs. 1 EStG, daß der Vorsteuerbetrag, „soweit er bei der Umsatzsteuer abgezogen werden kann, nicht zu den Anschaffungs- oder Herstellungskosten des Wirtschaftsgutes (gehört), auf dessen Anschaffung oder
Herstellung er entfällt".

b) Einzelfragen

Rabatte und **Skonti,** die von Lieferanten gewährt werden, vermindern
die Anschaffungskosten. Es darf nur der Betrag aktiviert werden, den
der Betrieb tatsächlich ausgegeben hat. Dasselbe gilt von **Subventionen**
und **Zuschüssen Dritter.** Sie mindern den Betrag, den der Betrieb selbst
aufzubringen hat. Diese eigenen Ausgaben bilden auch die Grundlage für
die Bemessung der Abschreibungen. Es kann ggf. im Interesse der Bilanzklarheit liegen, den vollen Betrag der Anschaffungskosten auszuweisen und
durch eine außerplanmäßige Abschreibung oder Wertberichtigung in Höhe
des Zuschusses zu kürzen.

In der **Steuerbilanz** wird durch das Urteil des BFH vom 4. 11. 1965[5]
ein **Wahlrecht** eingeräumt, die Zuschüsse aus öffentlichen und privaten Mitteln entweder als Betriebseinnahmen anzusetzen – d. h. **erfolgswirksam** –
und die Anschaffungskosten der mit diesen Mitteln beschafften Anlagen
ungekürzt zu aktivieren, oder die Anschaffungskosten um die Zuschüsse
zu kürzen, diese also in der Periode der Anschaffung **erfolgsneutral** zu
behandeln[6]. Die steuerlichen Abschreibungen (AfA) werden von den gekürzten Anschaffungskosten vorgenommen. Werden Zuschüsse aus öffentlichen Mitteln erst nach der Anschaffung eines Anlagegutes gewährt, so
sind sie nachträglich von den verbuchten Anschaffungskosten abzusetzen.[7]
Betriebswirtschaftlich erscheint eine Kürzung der Anschaffungskosten um

---

4   Vgl. § 14 Abs. 1 UStG
5   BStBl 1966, S. 167
6   Vgl. Abschnitt 34 Abs. 1 EStR 1969
7   Vgl. Abschnitt 34 Abs. 2 EStR 1969

Subventionen nicht gerechtfertigt, denn da nun der Abschreibungsaufwand um den Betrag der Subvention geringer ist, entsteht während der Nutzungsdauer ein um diesen Betrag höherer Erfolg. Wird er als Gewinn und Steuern an Gesellschafter und Finanzbehörden ausbezahlt, so ist am Ende der wirtschaftlichen Nutzungsdauer eine Wiederbeschaffung der subventionierten Anlage nicht möglich. Es wird in der Regel nicht der Sinn einer Subvention aus öffentlichen Mitteln sein, daß in ihrer Höhe die Gewinnausschüttungen und Gewinnsteuerzahlungen vergrößert werden.

Entsteht durch die Zahlung von Zuschüssen für den Betrieb eine Verpflichtung zu einer Leistung, so haben sie den Charakter von **Anzahlungen** (z. B. Baukostenzuschüsse von Mietern, die auf die spätere Miete angerechnet werden). Eine Minderung der Anschaffungskosten um derartige Zuschüsse erscheint nicht gerechtfertigt, da nicht wie bei nicht rückzahlbaren Zuschüssen ein Dritter einen Teil der Anschaffungskosten endgültig übernimmt, sondern lediglich eine Mitfinanzierung erfolgt, die in einer Vorauseinnahme von Erträgen späterer Perioden besteht.

Adler-Düring-Schmaltz schließen sich bei der Beurteilung dieser Frage für die Aktienbilanz jedoch der steuerrechtlichen Regelung an[8], nach der die Zuschüsse entweder die Anschaffungskosten mindern dürfen oder als Vorauszahlungen behandelt werden. In beiden Fällen werden sie **erfolgsunwirksam** vereinnahmt. Im ersten Falle erfolgt jedoch eine indirekte Nachversteuerung der im voraus vereinnahmten Mieterträge, weil von den verminderten Anschaffungskosten nur geringere periodische Absetzungen möglich sind, im zweiten Falle müssen die Vorauszahlungen in den Jahren, in denen sie auf die Mieten angerechnet werden, den Mieterträgen zugerechnet werden. Da die Abschreibungsdauer und die Zeitdauer der Anrechnung der Mietvorauszahlungen in der Regel nicht übereinstimmen werden (letztere ist in der Regel kürzer), tritt im ersten Falle eine Verlagerung von Periodengewinnen ein.

Die **Kosten der Geldbeschaffung** gehören nicht zu den Anschaffungskosten der Wirtschaftsgüter, die mit dem beschafften Geld gekauft worden sind. Wird z. B. zur Finanzierung neuer Investitionen eine Anleihe unter pari begeben und später über pari zurückgezahlt, so darf die Differenz (Disagio) zwischen dem Emissionsbetrag (Verfügungsbetrag) und dem Rückzahlungsbetrag nicht in die Anschaffungskosten der mit den Anleihemitteln gekauften Anlagen einbezogen werden, sondern ist – da in der Bilanz die Anleihe mit dem Rückzahlungsbetrage zu passivieren ist – als **Disagio** unter die Posten der Rechnungsabgrenzung aufzunehmen und durch Abschreibungen über die Laufzeit der Anleihe zu verteilen.[9]

Problematisch ist die Frage, ob **Zinsen** für das zur Finanzierung der beschafften Wirtschaftsgüter eingesetzte Kapital zu den Anschaffungs-

---

[8] Vgl. Adler-Düring-Schmaltz, Rechnungslegung und Prüfung der Aktiengesellschaft, Bd. I, 4. Aufl., Stuttgart 1968, Erl. zu § 153, Tz 21

[9] Vgl. § 156 Abs. 3 AktG

kosten zu zählen sind. Für Eigenkapitalzinsen ist die Frage eindeutig zu verneinen. Eigenkapitalzinsen sind keine Ausgaben und kein Aufwand, sondern kalkulatorische Kosten. Werden sie durch Umsatz realisiert, so sind sie Bestandteil des Bilanzgewinns. Eine Aktivierung in den Anschaffungskosten würde zum Ausweis von noch nicht realisierten Gewinnen führen und damit gegen das Realisationsprinzip verstoßen.

Hinsichtlich der **Fremdkapitalzinsen** wird in der Regel die Meinung vertreten, daß die Verwendung von Fremdkapital zur Finanzierung einer Anschaffung den Wert des angeschafften Gegenstandes nicht erhöht.[10] Muß der Betrieb dagegen eine Anzahlung auf eine bestellte Anlage leisten und zu diesem Zwecke Fremdkapital aufnehmen, so erspart der Lieferant Finanzierungskosten, so daß der Anschaffungspreis in der Regel niedriger sein wird als im Falle einer vollen Finanzierung durch den Lieferanten. Wenn zwischen den Finanzierungskosten und der Vorauszahlung ein Zusammenhang besteht, wird ein Aktivierungsrecht der Fremdkapitalzinsen bejaht, weil die Zinskosten einen Teil der Anschaffungskosten bilden.[11]

Außer Ansatz bei der Ermittlung der Anschaffungskosten bleiben **Lagerkosten,** die zum Beispiel bei solchen Rohstoffen entstehen, die nicht sofort in die Produktion eingehen, sondern zunächst im Materiallager verbleiben. In der Praxis werden sie indirekt dadurch berücksichtigt, daß man in Anspruch genommene Skonti bei der Ermittlung der Anschaffungskosten nicht vom Rechnungspreis in Abzug bringt.

Auch **Verbindlichkeiten** sind mit den Anschaffungskosten anzusetzen.[12] Als Anschaffungskosten einer Verbindlichkeit betrachtet man den Betrag, der dem Betrieb nach Abzug aller Aufwendungen für die Beschaffung der Verbindlichkeiten (z. B. Provisionen, Maklergebühren) zur Verfügung steht **(Verfügungsbetrag).** Werden die Verbindlichkeiten zum Rückzahlungsbetrag passiviert und liegt dieser über dem Verfügungsbetrag, so wird die Differenz aktiviert und über die Laufzeit der Verbindlichkeit verteilt (z. B. Damnum, Disagio).

Besondere Berechnungsprobleme für die Anschaffungskosten ergeben sich in den Fällen, in denen eine **Übertragung stiller Rücklagen,** die bei der Veräußerung oder beim Ausscheiden von Wirtschaftsgütern auf Grund höherer Gewalt frei geworden sind, auf andere, neu beschaffte Wirtschaftsgüter vom Steuergesetzgeber entweder aus wirtschaftspolitischen Gründen oder aus Gründen der Billigkeit[13] zugelassen wird.

§ 6 b EStG erlaubt, daß Gewinne bei der Veräußerung von Grund und Boden, von Gebäuden, von abnutzbaren beweglichen Anlagegütern mit einer betriebsgewöhnlichen Nutzungsdauer von mindestens 25 Jahren, von Schiffen und von Anteilen an Kapitalgesellschaften auf gleichartige oder andere im Gesetz einzeln aufgeführte Arten von Wirtschaftsgütern in der

---

10 Vgl. Adler-Düring-Schmaltz, a. a.O., Erl. zu § 153, Tz 47
11 Vgl. Adler-Düring-Schmaltz, a. a. O., Erl. zu § 153, Tz 48
12 Vgl. § 6 Abs. 1 Ziff. 3 EStG
13 Vgl. S. 516, 533 ff.

Weise übertragen werden dürfen, daß der **Veräußerungsgewinn** (Differenz zwischen dem um die Veräußerungskosten verminderten Veräußerungspreis und dem Buchwert des ausgeschiedenen Wirtschaftsgutes) von den Anschaffungskosten des neu beschafften Wirtschaftsgutes **abgesetzt** wird. Der verbleibende Betrag gilt als Anschaffungskosten des betreffenden Wirtschaftsguts.[14]

Scheidet ein Wirtschaftsgut infolge höherer Gewalt oder infolge oder zur Vermeidung eines behördlichen Eingriffs (z. B. drohende Enteignung für Straßen- und Autobahnbau) im Laufe eines Wirtschaftsjahres aus dem Betrieb aus und erhält der Betrieb eine Entschädigung dafür, die höher ist als der Buchwert des ausgeschiedenen Wirtschaftsgutes, so darf die Differenz zwischen der Entschädigungszahlung und dem Buchwert (stille Rücklage) auf ein Ersatzwirtschaftsgut übertragen werden, das wirtschaftlich dieselbe oder eine entsprechende Aufgabe erfüllt wie das ausgeschiedene Wirtschaftsgut. Als Anschaffungskosten des Ersatzwirtschaftsgutes ist der Betrag anzusetzen, der sich ergibt, wenn von den tatsächlich bezahlten Beschaffungskosten die übertragene stille Rücklage bzw. die Summe abgesetzt worden ist, die sich als Differenz zwischen dem Restbuchwert des ausgeschiedenen Wirtschaftsgutes und der erhaltenen Entschädigung ergibt.[15]

Umstritten ist die Bestimmung der **Anschaffungskosten beim Tausch** von Wirtschaftsgütern. Das Steuerrecht geht grundsätzlich von der Vorstellung aus, daß beim Tausch die in den Wirtschaftsgütern enthaltenen stillen Rücklagen aufzulösen und wie ein Veräußerungsgewinn zu versteuern sind, mit anderen Worten: werden Wirtschaftsgüter im Wege des Tausches erworben, so sind ihre Anschaffungskosten **gleich dem gemeinen Wert**[16] der hingegebenen Wirtschaftsgüter. Der BFH führt dazu aus: „Die Anschaffungskosten eines erworbenen Wirtschaftsguts können nur danach bemessen werden, was der Kaufmann aus seinem Betriebsvermögen zum Erwerb aufwendet. Wenn seine Gegenleistung nicht wie beim Kauf in Geld, sondern wie beim Tausch in anderen Wirtschaftsgütern besteht, so fehlt es an einer wirtschaftlich vernünftigen Begründung dafür, daß die Gegenleistung und damit der Ansatz der Anschaffungskosten nicht mit dem tatsächlichen Wert, sondern nach dem mehr oder minder zufälligen Buchwert des hingegebenen Wirtschaftsguts bemessen werden soll. Der Reichsfinanzhof und ihm folgend der Bundesfinanzhof haben deshalb in ständiger Rechtsprechung ... die Auffassung vertreten, daß beim Tausch der Anschaffungspreis des eingetauschten Wirtschaftsguts nicht gleich dem Buchwert, sondern gleich dem gemeinen Wert des hingegebenen Wirtschaftsguts ist."[17]

Eine Fortführung der Buchwerte ist nur in dem Ausnahmefall zulässig,

---

[14] Vgl. § 6 Abs. 5 EStG
[15] Vgl. Abschn. 35 EStR 1969
[16] § 9 Abs. 2 BewG bezeichnet den Einzelveräußerungspreis als gemeinen Wert.
[17] BFH-Gutachten vom 16. 12. 1958, BStBl 1959, S. 32

daß die getauschten Wirtschaftsgüter „wert-, art- und **funktionsgleich**"
sind. Wann das der Fall ist, hat weder der Gesetzgeber noch die Rechtsprechung bisher geklärt, so daß die Entscheidung allein bei der Finanzverwaltung liegt.

Für die Handelsbilanz wurde bisher angenommen[18], daß beim Tausch
von Wirtschaftsgütern kein Umsatz erfolge und keine Gewinnrealisierung
vorliege und folglich die Anschaffungskosten der eingetauschten Güter in
der Regel nicht über dem Wert bilanziert werden dürfen, mit dem die
hingegebenen Güter unter Anwendung aller gesetzlichen Bewertungswahlrechte zuletzt hätten angesetzt werden dürfen. Dadurch sollten Gewinn-
manipulationen bei Tauschvorgängen, die eine zu günstige Darstellung der
Ertragslage zum Ziel haben, verhindert werden.

In Anlehnung an den **steuerlichen Zwang zur Gewinnrealisierung** haben
auch Adler-Düring-Schmaltz ihre bisherige ablehnende Haltung zur Annahme einer Gewinnrealisierung beim Tausch aufgegeben und folgende
Grundsätze aufgestellt, denen man zustimmen kann:

„1. Gegen eine Gewinnrealisierung beim Tausch bestehen dem Grunde nach
   insoweit keine Bedenken, als der Tauschvorgang vernünftigen kaufmännischen Überlegungen entspringt, insbesondere soweit er durch betriebliche Notwendigkeiten bedingt ist.
2. Die für den eingetauschten Gegenstand angesetzten Anschaffungskosten müssen seinem vorsichtig geschätzten Zeitwert entsprechen.
3. Tauschvorgänge, die in erster Linie durch bilanzpolitische Gesichtspunkte (insbesondere Gewinnverbesserung) bestimmt sind, müssen nach
   den bisherigen Grundsätzen behandelt werden (keine Gewinnverwirklichung)."[19]

Bei **unentgeltlichem Erwerb** von Wirtschaftsgütern besteht in der Handelsbilanz keine Aktivierungspflicht, wohl aber ein Aktivierungsrecht. Eine
Nichtaktivierung verstößt u. E. gegen den Grundsatz der Vollständigkeit
der Bilanz. Eine Aktivierung erscheint betriebswirtschaftlich insbesondere
in den Fällen erforderlich zu sein, in denen es sich um abnutzbare Anlagegüter handelt, deren Wertverbrauch im Falle der Nichtaktivierung nicht
durch Abschreibungen erfaßt werden kann, so daß es zu einem **Substanzverzehr** infolge überhöhter Gewinnausschüttung und Besteuerung kommen
kann. Die Substanzerhaltung gelingt allerdings – konstante Preise unterstellt – auch dann nicht in vollem Umfange, wenn bei der Aktivierung
der sich ergebende außerordentliche Ertrag nicht als Gewinn ausgeschüttet,
sondern in eine Rücklage überführt wird, weil der außerordentliche Ertrag zuvor um Steuern gekürzt werden muß. Die Anschaffungskosten eines
unentgeltlich erworbenen Wirtschaftsgutes können nur an Hand von

---

[18] Vgl. Godin-Wilhelmi, Aktiengesetz, 2. Aufl., Berlin 1950, Erl. zu § 133, Anm. 2 a; Adler-
      Düring-Schmaltz, Rechnungslegung und Prüfung der Aktiengesellschaft, 3. Aufl., Stuttgart
      1957, Erl. zu § 133, Tz 36 ff. u. 61
[19] Adler-Düring-Schmaltz, a. a. O., 4. Aufl., Erl. zu § 153, Tz 30

Marktwerten geschätzt werden. Der übliche Anschaffungswert (Zeitwert) für ein entsprechendes Gut darf nicht überschritten werden.[20] In der Steuerbilanz besteht nach § 7 Abs. 2 EStDV ein **Aktivierungszwang**, wenn aus betrieblichem Anlaß einzelne Wirtschaftsgüter aus einem Betriebsvermögen unentgeltlich in das Betriebsvermögen eines anderen Steuerpflichtigen übertragen werden. Für den Erwerber gilt der Betrag als Anschaffungskosten, den er für das einzelne Wirtschaftsgut im Zeitpunkt des Erwerbes hätte aufwenden müssen.

Bei unentgeltlichem Erwerb eines Betriebes oder Teilbetriebes gelten in der Steuerbilanz die Buchwerte des bisherigen Betriebsinhabers als Anschaffungskosten.[21]

3. Die Herstellungskosten

a) Der Begriff der Herstellungskosten

Ganz oder teilweise selbsterstellte Güter (Halbfabrikate, Fertigfabrikate, für den eigenen Betrieb erstellte Anlagen und Werkzeuge usw.) sind mit den Herstellungskosten zu bewerten. Diese sind wesentlich schwieriger zu ermitteln als die Anschaffungskosten, da letztere im allgemeinen auf Grund von Rechnungen, die bei der Beschaffung eines Wirtschaftsgutes erteilt werden, genau zu bestimmen sind. Auch die mit der Anschaffung verbundenen Nebenkosten wie Transport- und Aufstellungskosten, Notariatsgebühren u. a. sind gewöhnlich als Aufwendungen, die zu entsprechenden Ausgaben führen, exakt zu berechnen.

Die Herstellungskosten dagegen setzen sich aus einer **Vielzahl von Kostenarten** zusammen, die bei der Erstellung einer Betriebsleistung anfallen. Die Herstellungskosten werden in der **Kostenrechnung** errechnet.[22] Da aber die Kostenrechnung andere Ziele verfolgt als die Bilanz, so ist zu prüfen, ob die in der Kostenrechnung nach betriebswirtschaftlichen Gesichtspunkten ermittelten Herstellungskosten mit den Herstellungskosten, deren Ansatz nach §§ 153 und 155 AktG in der Handelsbilanz und nach § 6 EStG in der Steuerbilanz verlangt wird, in ihrer Höhe und ihrer Zusammensetzung übereinstimmen. Da die Wertansätze in der Handelsbilanz grundsätzlich für die der Steuerbilanz maßgeblich sind, soweit keine zwingenden steuerrechtlichen Vorschriften entgegenstehen, soll zunächst mit der Betrachtung der handelsrechtlichen Herstellungskosten begonnen werden.

Der Begriff der Herstellungskosten wird ebenso wie der Begriff der Anschaffungskosten in den Bewertungsvorschriften des HGB **nicht** erwähnt. Erst das **Aktiengesetz** 1937 führte diesen Begriff in die Handels-

---

[20] Vgl. Adler-Düring-Schmaltz, a. a. O., Erl. zu § 153, Tz 54
[21] Vgl. § 7 Abs. 1 EStDV
[22] In der Kostenrechnung wird häufig der Begriff „Herstellkosten" verwendet.

bilanz ein, ohne ihn jedoch erschöpfend zu definieren oder seinen Umfang abzugrenzen. Das Aktiengesetz 1965 hat die Vorschrift über die Berechnung der Herstellungskosten im § 133 Nr. 1 Abs. 3 AktG 1937 wörtlich in § 153 Abs. 2 übernommen: „Bei der Berechnung der Herstellungskosten dürfen in angemessenem Umfange Abnutzungen und sonstige Wertminderungen sowie angemessene Teile der Betriebs- und Verwaltungskosten eingerechnet werden, die auf den Zeitpunkt der Herstellung entfallen; Vertriebskosten gelten nicht als Betriebs- und Verwaltungskosten." Diese etwas dürftige Umschreibung zwingt, auf den betriebswirtschaftlichen Begriff der Herstellungskosten in der Kostenrechnung zurückzugehen.

Für die **Steuerbilanz** fordert § 6 EStG den Ansatz von Herstellungskosten für Halb- und Fertigfabrikate und für die für den eigenen Betrieb erstellten Anlagen, Werkzeuge usw. Eine Definition des Begriffs Herstellungskosten gibt auch das Einkommensteuergesetz nicht. Was in die steuerlichen Herstellungskosten an Kostenarten einzubeziehen ist, d. h. welchen Umfang sie haben und wie sie zu ermitteln sind, wird weder aus dem Einkommensteuergesetz noch aus der Durchführungsverordnung ersichtlich. Auch die Definition der amtlichen Begründung zu § 6 EStG 1934[23], daß unter Herstellungskosten „alle auf die Herstellung verwendeten Kosten zu verstehen" sind, bringt keine Klärung.

Was nach Auffassung der Finanzverwaltung (unter Berücksichtigung der Rechtsprechung) Bestandteil der Herstellungskosten ist, ist in den Einkommensteuerrichtlinien[24] im einzelnen festgelegt worden. Danach sind Herstellungskosten im Sinne des § 6 EStG „die Aufwendungen, die durch den Verbrauch von Gütern und die Inanspruchnahme von Diensten für die Herstellung eines Erzeugnisses entstehen". Es darf jedoch nicht übersehen werden, daß die Richtlinien kein materielles Recht, sondern lediglich eine Verwaltungsanweisung darstellen und für die Gerichte nicht bindend sind.

Diese Definition der Richtlinien stimmt **nicht mit dem betriebswirtschaftlichen** Kostenbegriff überein, da sie von den **Aufwendungen** ausgeht und somit alle **Zusatzkosten**, also die kalkulatorischen Kostenarten[25], die wesentlicher Bestandteil der Herstellungskosten in der Kostenrechnung sind, ausschließt, soweit ihnen keine Aufwendungen gegenüberstehen.

Terminologisch ist die Bezeichnung Herstellungs**kosten** also ebenso ungenau wie die Bezeichnung Anschaffungs**kosten**. Es müßte Herstellungs**ausgaben** heißen, denn nur die Kosten, die aufwands- und ausgabengleich sind, gehen in die Herstellungskosten ein, nicht dagegen die Zusatzkosten. Das gilt gleichermaßen für die Handels- und die Steuerbilanz.

Anstelle des Begriffs Aufwand verwendet der Steuergesetzgeber den Begriff **Betriebsausgaben,** womit er „die Aufwendungen, die durch den Betrieb veranlaßt sind"[26], meint.

---

[23] RStBl 1935, S. 38
[24] Vgl. Abschnitt 33 EStR 1969
[25] Vgl. S. 271 ff.
[26] § 4 Abs. 4 EStG

Auf Grund der Abhängigkeit der Steuerbilanz von der Handelsbilanz müßte man annehmen, daß die Herstellungskosten in beiden Bilanzen identisch sind. Das ist jedoch aus zwei Gründen nicht der Fall. **Erstens** stimmen Aufwand in der Handelsbilanz und Betriebsausgaben in der Steuerbilanz nicht überein. In der Steuerbilanz dürfen nur die Aufwendungen, die als **abzugsfähige** Betriebsausgaben anerkannt werden, angesetzt werden. Das sind aber nicht alle Aufwendungen, die in die handelsrechtlichen Herstellungskosten eingehen. So können z. B. in der Handelsbilanz höhere Abschreibungsquoten als in der Steuerbilanz verrechnet werden, es können Rückstellungen gebildet werden, die steuerlich nicht zulässig sind usw.[27]

Zweitens besteht für eine Reihe von aufwandsgleichen Kosten in der Handelsbilanz nur ein Aktivierungs**recht**, in der Steuerbilanz aber eine Aktivierungs**pflicht**[28] (z. B. für Fertigungs- und Materialgemeinkosten).

Wir halten also fest: Zur Ermittlung der handelsrechtlichen und steuerrechtlichen Herstellungskosten muß man auf die nach betriebswirtschaftlichen Grundsätzen errechneten **Herstellungskosten der Kostenrechnung** zurückgehen. Die in den Herstellungskosten der Kostenrechnung enthaltenen Kostenarten können aber nur insoweit in die handelsrechtlichen Herstellungskosten eingehen, als ihnen **Aufwendungen** entsprechen; und diese Aufwendungen können wiederum nur in dem Umfange in die steuerlichen Herstellungskosten einbezogen werden, wie sie steuerlich **abzugsfähige Betriebsausgaben** sind.

Um Mißverständnisse zu vermeiden, sei noch darauf hingewiesen, daß das Steuerrecht auch den Begriff **Herstellungsaufwand** verwendet, allerdings in einem speziellen Sinne. Von Herstellungsaufwand – im Gegensatz zu Erhaltungsaufwand – spricht man im Steuerrecht dann, wenn es sich um **Reparaturaufwand** handelt, der aktiviert und durch Abschreibungen auf die Jahre der Nutzung verteilt werden muß, also nicht als Betriebsausgabe einer Periode verrechnet werden darf. Der **Erhaltungsaufwand** (Aufwand für laufende Instandhaltung) dagegen ist die Voraussetzung dafür, daß die geschätzte Nutzungsdauer von Anlagen überhaupt erreicht wird. Er wird nicht aktiviert, sondern mindert als Betriebsausgabe den Gewinn der Periode.[29]

b) Die Ermittlung der Herstellungskosten

aa) Die Herstellungskosten der Kostenrechnung als Ausgangsbasis

α) Die Zusammensetzung der Herstellungskosten

Mit dem Begriff **Herstellung** verbindet sich die Vorstellung eines technischen Vorganges. Betriebswirtschaftlich entspricht er aber nicht nur dem Begriff der Fertigung im Sinne des eigentlichen Herstellungsvorganges, son-

---

[27] Zur Abgrenzung von Aufwand und Betriebsausgaben vgl. S. 15 ff.
[28] Vgl. RFH-Gutachten vom 4. 2. 1939, RStBl 1939, S. 321
[29] Vgl. die ausführliche Abgrenzung von Herstellungs- und Erhaltungsaufwand auf S. 287 ff.

dern in etwa dem weitergefaßten Begriff der **Produktion**, d. h. er schließt auch die Beschaffung, den Transport und die Lagerung der zur Fertigung benötigten Kostengüter (Produktionsfaktoren) ein. Die Lagerung der Fertigfabrikate dagegen gehört bereits zum Vertriebsbereich. Die Herstellungskosten sind also die Summe aller Kosten, die bei der Erstellung einer betrieblichen Leistung anfallen, bis diese Leistung absatzreif ist.

Die Herstellungskosten der Kostenrechnung sind ein Teil der **Selbstkosten.** Sie stellen eigentlich keinen selbständigen Begriff, sondern lediglich eine Zwischensumme im allgemeinen Kalkulationsschema dar, das folgendermaßen aussieht:[30]

Fertigungsmaterial + Materialgemeinkosten	
= + Fertigungslohn + Fertigungsgemeinkosten	Materialkosten
= +	Fertigungskosten Sonderkosten der Fertigung
= + + +	**Herstellungskosten** Verwaltungsgemeinkosten Vertriebsgemeinkosten Sonderkosten des Vertriebs
=	Selbstkosten

Stellt man diesem allgemeinen Kalkulationsschema ein vergleichbares Schema der aktienrechtlichen Herstellungskosten gegenüber, so ergibt sich nach Adler-Düring-Schmaltz folgende Zusammensetzung:[31]

Fertigungsmaterial + Materialgemeinkosten	
= + Fertigungslöhne + Fertigungsgemeinkosten + Sondereinzel- und Sonder- gemeinkosten der Fertigung	Stoffkosten
=	Fertigungskosten + Entwicklungs-, Versuchs- und Konstruktionskosten + Verwaltungskosten = aktienrechtliche Herstellungskosten

---

[30] Vgl. Wöhe, G., Einführung, a. a. O., S. 685
[31] Adler-Düring-Schmaltz, a. a. O., Erl. zu § 155, Tz 38

Unterschiede zu den Herstellungskosten im allgemeinen Kalkulationsschema ergeben sich dadurch, daß

1. im aktienrechtlichen Schema nur kostengleiche Aufwendungen, aber keine Zusatzkosten erscheinen;
2. nach § 153 Abs. 2 AktG „angemessene Teile der Betriebs- und Verwaltungskosten eingerechnet werden" dürfen.

Der gesonderte Ausweis von Entwicklungs-, Versuchs- und Konstruktionskosten ist kein Unterschied in der Zusammensetzung, sondern nur im Ausweis: diese Kosten können auch zu den Sonderkosten der Fertigung gezählt werden.

Es ist das Grundprinzip der Kostenrechnung, daß jeder erstellten Betriebsleistung die Kosten belastet werden, die sie bei ihrer Produktion tatsächlich **verursacht** hat. Nur ein Teil dieser Kosten stellt **Einzelkosten** dar, d. h. solche Kosten, die einem Kostenträger (z. B. einer bestimmten Leistung oder einem bestimmten Auftrag) **direkt** zugerechnet werden können. Solche Einzelkosten sind z. B. die Fertigungslöhne, das Fertigungsmaterial und die Sonderkosten der Fertigung (Entwurfkosten, Lizenzgebühren, Modelle, Spezialwerkzeuge u. a.) oder des Vertriebs (Vertreterprovision, Umsatzsteuer).

Ein großer Teil der Kostenarten aber läßt sich nicht direkt auf die Kostenträger zurechnen, da diese Kosten für mehrere oder alle Kostenbereiche (Kostenstellen) und mehrere oder alle Kostenträger angefallen sind und eine Aufteilung nur mit Hilfe von Schlüsselgrößen möglich ist. Zu diesen sogenannten **Gemeinkosten** gehören z. B. Abschreibungen auf Anlagegüter, Versicherungen, Transportlöhne, Gehälter leitender Angestellter, bestimmte Steuern, Strom, Wasser, Post- und Telefongebühren u. a.

Ist es schon nicht einfach, festzustellen, welche Bestandteile der Herstellungskosten in der Bilanz aktiviert werden müssen bzw. dürfen, so bereitet die Ermittlung der absoluten Beträge, die für jede Kostenart anzusetzen sind, aus mehreren Gründen erhebliche Schwierigkeiten: **erstens** ist die Verteilung der Gemeinkosten auf Kostenstellen und Kostenträger in der Kostenrechnung ein außerordentlich schwieriges Problem, **zweitens** dürfen nicht alle Bestandteile der betriebswirtschaftlichen Herstellungskosten in der Bilanz aktiviert werden, weil es sonst zu Verstößen gegen die Bilanzierungsvorschriften kommt. So dürfen z. B. **kalkulatorische Kosten** in dem Umfange, in dem sie nicht aufwandsgleich sind, nicht aktiviert werden, beispielsweise kalkulatorischer Unternehmerlohn, kalkulatorische Mieten, sowie kalkulatorische Zinsen und Abschreibungen, soweit sie die Aufwandszinsen bzw. bilanziellen Abschreibungen übersteigen.

Drittens können die Grundsätze ordnungsmäßiger Buchführung und Bilanzierung eine Aktivierung von Kostenbestandteilen erfordern, die in der Kostenrechnung nicht den hergestellten Wirtschaftsgütern zugerechnet worden sind, wie das z. B. bei Anwendung einer **Teilkostenrechnung** der

Fall ist, bei der den Kostenträgern nur die variablen Gemeinkosten zugerechnet werden.

Viertens kann in der Kostenrechnung eine **Bewertung** der Kosten erfolgen, die mit den Bewertungsprinzipien der Handelsbilanz nicht vereinbar ist, z. B. die Verrechnung kalkulatorischer Abschreibungen nach gestiegenen Wiederbeschaffungskosten oder die Bewertung der Kostengüter mit Normal- oder Plankosten, die erheblich von den Istkosten abweichen.

β) Die Problematik von Gemeinkostenzuschlägen

Wenden wir uns nun diesen Faktoren im einzelnen zu. Die Zurechnung der Gemeinkosten erfolgt gewöhnlich mit Hilfe sogenannter **Gemeinkostenzuschläge**, d. h. die Gemeinkosten werden prozentual auf eine bestimmte Einzelkostenbasis (z. B. auf die Fertigungslöhne, das Fertigungsmaterial oder die Maschinenstunden) bezogen. Ein Gemeinkostenzuschlag von 150 % auf den Fertigungslohn bedeutet, daß auf je 100,– DM Fertigungslohn 150,– DM Fertigungsgemeinkosten entfallen bzw. verrechnet werden.

Je differenzierter das Fertigungsprogramm eines Betriebes ist, um so problematischer wird dieser Gemeinkostenzuschlag, denn er setzt voraus, daß ein proportionales Verhältnis von Einzel- und Gemeinkosten bei allen produzierten Gütern besteht, was in der Regel nicht der Fall ist. Die Verwendung einer **Kostenstellenrechnung** engt diesen Fehler der Kostenverteilung zwar ein, beseitigt ihn aber nicht. Um eine Kostenstellenrechnung durchführen zu können, wird der Betrieb in Kostenstellen (z. B. Fertigungsstellen, Materialstellen, Verwaltungs- und Vertriebsstellen) aufgeteilt. Für jede einzelne Kostenstelle wird aus dem Verhältnis von Einzelkosten zu Gemeinkosten (bei Verwaltungs- und Vertriebsstellen von Herstellungs- zu Gemeinkosten) ein eigener Gemeinkosten-Zuschlagsprozentsatz ermittelt. Folglich werden nur die Kostenträger mit Gemeinkosten einer Kostenstelle belastet, die im Produktionsprozeß diese Stelle auch beanspruchen. Innerhalb jeder Stelle wird allerdings wieder von der Fiktion einer **Proportionalität** von Einzel- und Gemeinkosten ausgegangen.

Da sich die Gemeinkosten, die mit Hilfe von Zuschlagsätzen auf die Einzelkosten verrechnet werden, aus fixen und aus variablen Kostenarten zusammensetzen, die bei Änderungen des Beschäftigungsgrades verschieden reagieren[32], wird eine genaue Deckung der gesamten Kosten bei Beschäftigungsänderungen nur erreicht, wenn die Gemeinkostenzuschläge jeweils **geändert** werden. Würde man stets die gleichen Gemeinkostenzuschläge verwenden, so entspräche das einem proportionalen Verhältnis von Gesamtkosten und Beschäftigungsgrad.

Geht z. B. der Absatz eines Betriebes zurück, so daß die Produktion eingeschränkt werden muß, so entstehen Überkapazitäten, wenn infolge

---

[32] Fixe Kosten bleiben bei Beschäftigungsänderungen konstant, variable Kosten ändern sich mit dem Beschäftigungsgrad.

mangelnder Teilbarkeit der Produktionsanlagen eine quantitative Anpassung nicht möglich ist. Auch die Kosten der nicht genutzten Anlagen (Zinsen, Abschreibungen) müssen letzten Endes durch den Absatz der Produkte gedeckt werden; je geringer aber die Ausbringung ist, desto höher ist der Fixkostenanteil pro Stück, d. h. desto höher müssen die Gemeinkostenzuschläge angesetzt werden und desto höher werden folglich auch die Herstellungskosten.

Aktiviert man derartig hohe Herstellungskosten in der Bilanz, so ergibt sich – insbesondere, wenn der Absatz weiter zurückgeht und die Lagerbestände steigen – infolge des hohen Fixkostenanteils ein relativ hoher Gewinn. Der Betrieb wird deshalb bestrebt sein, in die Herstellungskosten nur die Gemeinkosten einzubeziehen, die bei „Normalbeschäftigung" anfallen und alle durch die Unterbeschäftigung bedingten zusätzlichen Kosten, denen Aufwendungen entsprechen, als Aufwand der Periode gewinnmindernd zu verrechnen. Obwohl in der Handelsbilanz eine Aktivierungspflicht für Gemeinkosten nicht besteht, ist das Problem auch hier von Bedeutung, wenn ein Betrieb das bestehende Aktivierungswahlrecht bilanzpolitisch nutzen will.

Für die Steuerbilanz hat der Reichsfinanzhof folgende Entscheidung getroffen: „Wird ein Betrieb infolge teilweiser Stillegung oder mangelnder Aufträge nicht voll ausgenutzt, so sind die dadurch verursachten Kosten bei Berechnung der anteiligen Herstellungsgemeinkosten auszuscheiden. Schon mit Rücksicht auf die gegebenenfalls vorzunehmende Abschreibung auf den gemeinen Wert ist davon auszugehen, daß lediglich die für die Herstellung **notwendigen** Gemeinkosten zu aktivieren sind."[33]

Diese Auffassung ist in die Einkommensteuerrichtlinien übernommen worden.[34] Die Richtlinien lassen aber unter Berufung auf den Reichsfinanzhof[35] den Ansatz des **niedrigeren Teilwertes**[36] (anstelle der Herstellungskosten) nur zu, wenn der Nachweis erbracht wird, daß ein Käufer des Betriebes weniger als den üblichen Aufwand für die Herstellung der Güter bezahlen würde. Der niedrigere Teilwert muß – wenn es sich um Güter des Umlaufvermögens handelt – auf Grund des Maßgeblichkeitsprinzips grundsätzlich dann angesetzt werden, wenn das strenge Niederstwertprinzip in der Handelsbilanz ein Unterschreiten der Herstellungskosten erfordert. Dann darf auch der Wert in der Steuerbilanz nicht höher sein.

γ) Die Behandlung der kalkulatorischen Kostenarten

In den Herstellungskosten der Kostenrechnung sind Anteile kalkulatorischer Kostenarten verrechnet, denen ganz oder teilweise keine Ausgaben und kein Aufwand entsprechen. Typische Beispiele dafür sind der kalkula-

---

[33] RFH vom 5. 3. 1940, RStBl 1940, S. 684
[34] Vgl. Abschn. 33 Abs. 7 EStR 1969
[35] Gutachten vom 4. 2. 1939, RStBl 1939, S. 321; Urteil vom 11. 1. 1939, RStBl 1939, S. 323
[36] Zum Begriff des Teilwerts vgl. S. 290 ff.

torische **Unternehmerlohn**, der als Entgelt für die Mitarbeit des Unternehmers in die Selbstkosten einbezogen werden muß, und die kalkulatorischen **Zinsen**, die eine Verzinsung des betriebsnotwendigen Kapitals (Eigen- und Fremdkapital) erreichen sollen. Da der Unternehmer sich selbst kein Gehalt und keine Eigenkapitalzinsen zahlt, sondern Privatentnahmen zu Lasten des Gewinns tätigt, entspricht dem kalkulatorischen Unternehmerlohn kein Aufwand in der Gewinn- und Verlustrechnung und den kalkulatorischen Zinsen Aufwand lediglich in Höhe der Fremdkapitalzinsen. Auch kalkulatorische und bilanzielle **Abschreibungen** entsprechen sich in der Regel nicht, da sie entweder nach unterschiedlichen Zielsetzungen oder/und nach unterschiedlichen Verfahren ermittelt werden. In der Handels- und Steuerbilanz müssen die Anschaffungskosten abnutzbarer Wirtschaftsgüter auf die wirtschaftliche Nutzungsdauer verteilt werden, in der Kostenrechnung dagegen wird eine Abschreibung angestrebt, die eine Substanzerhaltung ermöglicht, indem bei steigenden oder fallenden Wiederbeschaffungskosten die Abschreibung entsprechend angepaßt wird. Es ist auch möglich, daß in der Kostenrechnung und der Bilanz mit unterschiedlich langer Nutzungsdauer gerechnet wird.

Den Einfluß der kalkulatorischen Kostenarten auf das Ergebnis der Kostenrechnung und der Gewinn- und Verlustrechnung zeigt folgendes schematische Beispiel:

K	Kostenrechnung	E		A	Gewinn- und Verlust	E
versch.		Umsatz 1000		versch.		Umsatz 1000
Kosten 600				Aufw. 600		
Unterneh-				Aufwands-		
merlohn 50				zinsen 40		
kalk. Zinsen 80				Abschrei-		
kalk. Abschr. 100				bungen 80		
Gewinn 170				Gewinn 280		
1000		1000		1000		1000

Der Bilanzgewinn beträgt 280, der kalkulatorische Gewinn 170. Der Unterschied liegt darin begründet, daß in der Kostenrechnung der Unternehmerlohn, die Eigenkapitalzinsen und höhere Abschreibungen angesetzt sind. Unternehmerlohn und Eigenkapitalzinsen, sowie die Abschreibungen, soweit sie die Bilanzabschreibungen übersteigen, sind im Bilanzgewinn enthalten.

In der Bilanzrechnung findet also nur der Wertverzehr Berücksichtigung, der in einer Periode als Aufwand eingetreten ist. Das bedeutet, daß alle **Zusatzkosten,** die in den Herstellungskosten der Kostenrechnung enthalten sind, bei der Ermittlung der bilanziellen Herstellungskosten **eliminiert** werden müssen, d. h. die kalkulatorischen Kosten müssen aus den Herstellungskosten herausgerechnet und in den Herstellungskosten der Bilanz durch die tatsächlichen Aufwendungen – soweit überhaupt solche angefallen sind – ersetzt werden. Anderenfalls würden **noch nicht durch Um-**

satz realisierte **Gewinne** in den bilanziellen Herstellungskosten ausgewiesen werden, weil vom Standpunkt des bilanziellen Gewinnbegriffs nicht Aufwand, sondern ein Teil des beim späteren Umsatz zu erwartenden Gewinns aktiviert wird. Das aber widerspricht den Grundsätzen einer ordnungsmäßigen Bilanzierung.

Da die bilanziellen Abschreibungen einer Periode auch höher als die kalkulatorischen sein können, insbesondere wenn in der Bilanz eine Form der Abschreibung in fallenden Jahresbeträgen (degressive Abschreibung), in der Kostenrechnung dagegen eine Abschreibung in gleichbleibenden Jahresbeträgen (lineare Abschreibung) angewendet wird, stellt sich die Frage, ob in die bilanziellen Herstellungskosten ein höherer Abschreibungsbetrag als die kalkulatorischen Abschreibungen eingerechnet werden darf. Wenn man unterstellt, daß die kalkulatorischen Abschreibungen in der Bilanz deshalb überschritten werden, weil der Betrieb eine schnellere Freisetzung des in den Anlagen investierten Kapitals zu Lasten des Bilanzgewinns (Bildung stiller Rücklagen) anstrebt, so läßt sich dieses Ziel nur erreichen, wenn die verrechneten Abschreibungen durch den Umsatzprozeß in den Umsatzerlösen vom Markt erstattet werden. Aktiviert man dagegen die höheren Abschreibungen in den Herstellungskosten der Halb- und Fertigfabrikate, so wird die durch die degressive Abschreibung angestrebte Unterbewertung der Anlagen durch den höheren Wert der Bestände an Fabrikaten wieder kompensiert.

Nach § 153 Abs. 2 AktG besteht – wie oben erwähnt – kein Aktivierungszwang, sondern ein **Aktivierungsrecht** für Abschreibungen. Da eine Aktivierung von Gemeinkosten, soweit sie „auf den Zeitraum der Herstellung entfallen" nur „in angemessenem Umfang"[37] zulässig ist, stellen nach Adler-Düring-Schmaltz[38] die anteiligen kalkulatorischen Abschreibungen die **Obergrenze** der aktivierungsfähigen Abschreibungen dar, wenn die Bilanzabschreibungen höher sind und umgekehrt.

Dieser Ansicht kann man nur in den Fällen beitreten, in denen die Bilanzabschreibungen bewußt aus **finanzierungspolitischen Überlegungen überhöht** sind. Eine absichtliche Überhöhung von Abschreibungsquoten durch Wahl eines hohen Degressionssatzes verstößt aber u. E. gegen § 149 Abs. 1 AktG, denn sie führt nicht zu einem möglichst sicheren Einblick in die Vermögens- und Ertragslage. Man muß davon ausgehen, daß in einer Bilanz, die dem Gesetz und den Grundsätzen ordnungsmäßiger Bilanzierung entspricht, die Abschreibungen nicht absichtlich überhöht werden, sondern daß die Degression, deren berechtigte Höhe natürlich nur geschätzt werden kann, etwa dem Verlauf der erwarteten technischen und wirtschaftlichen Wertminderung entspricht. Dann können aber keine Bedenken gegen einen Ansatz dieser Abschreibungsbeträge in den Herstellungskosten bestehen.

---

[37] § 153 Abs. 2 AktG
[38] Vgl. Adler-Düring-Schmaltz, a. a. O., Erl. zu § 155, Tz 56

Für die **Steuerbilanz** fordern die Richtlinien den Ansatz der Absetzungen für Abnutzung: „Zu den Herstellungskosten gehört auch der Wertverzehr des Anlagevermögens, soweit er der Fertigung der Erzeugnisse gedient hat. Dabei ist grundsätzlich der Betrag anzusetzen, der bei der Bilanzierung des Anlagevermögens als Absetzung für Abnutzung berücksichtigt."[39] Das gilt prinzipiell auch bei Anwendung der **degressiven** Abschreibungsmethode. Allerdings hat der Gesetzgeber in § 7 EStG die Höhe der Degression begrenzt[40], so daß eine bewußte Bildung stiller Rücklagen und damit eine Verschiebung steuerpflichtiger Gewinne auf spätere Perioden durch zu hohe Degressionsbeträge kaum möglich ist.

Da aber dennoch die jährlichen Abschreibungsquoten bei der degressiven Abschreibung in den ersten Jahren der Nutzungsdauer gewöhnlich erheblich über dem Wertverzehr liegen können, würden bei anteiligem Ansatz dieser Quoten die Herstellungskosten relativ hoch erscheinen, und die selbsterstellten Güter wären mit relativ hohen Beträgen zu aktivieren (Aktivierungszwang!). Deshalb lassen die Richtlinien zu, daß auch dann, wenn die jährlichen Abschreibungsbeträge nach der degressiven Methode ermittelt werden, in die steuerlichen Herstellungskosten Absetzungsquoten verrechnet werden dürfen, die mittels der **linearen** Methode errechnet worden sind.[41] Das führt zu einer Verminderung der Herstellungskosten in den ersten Jahren der Nutzungsdauer, in denen die degressiven Quoten sehr hoch wären.

Die Steuerverwaltung verlangt allerdings, daß der Ansatz linearer Abschreibungsquoten auch dann beibehalten werden muß, wenn gegen Ende der Nutzungsdauer die degressiven Jahresbeträge niedriger als die linearen werden. Der Ansatz konstanter anstelle von degressiven Abschreibungsquoten ist jedoch **nicht zwingend.** Wenn das degressive Abschreibungsverfahren den tatsächlichen Wertminderungsverlauf besser erfaßt, so ist es richtiger, die degressiven Quoten in die jeweiligen Herstellungskosten einzubeziehen.

Zwingend sind lineare Abschreibungsquoten dann vorgeschrieben, wenn **Sonderabschreibungen** vorgenommen (z. B. nach § 6 Abs. 2 und § 7 a EStG), aber nicht in den Herstellungskosten berücksichtigt worden sind.[42]

Eine Erhöhung der Herstellungskosten um diese Sonderabschreibung würde bedeuten, daß der Teil der Sonderabschreibungen, der in die Herstellungskosten eingeht, zwar gewinnmindernd in der Gewinn- und Verlustrechnung erscheint, aber wieder gewinnerhöhend in der Bilanz aktiviert wird. Das widerspricht dem Zweck dieser Abschreibungen, die Finanzierung der Betriebe durch Zurückbehaltung von Gewinnen (in Form stiller Rücklagen) zu fördern. Handelt es sich allerdings um Sonderabschreibungen, die nicht neben der normalen Absetzung (AfA), sondern an ihrer

---

[39] Abschnitt 33 Abs. 4 EStR 1969
[40] Vgl. S. 322
[41] Vgl. Abschnitt 33 Abs. 4 Satz 3 EStR 1969
[42] Vgl. Abschnitt 33 Abs. 4 Satz 5 EStR 1969

Stelle verrechnet werden dürfen, so ist der Wertverzehr des der Fertigung dienenden Anlagevermögens in Höhe des normalen Abschreibungsbetrages zu berücksichtigen, der sich bei linearer Abschreibung ergibt. Eine Berücksichtigung von Teilwertabschreibungen ist bei der Ermittlung der steuerlichen Herstellungskosten nicht zulässig.[43] Das gleiche gilt für Absetzungen für außergewöhnliche technische und wirtschaftliche Abnutzung. Es sollen in den Herstellungskosten nur die Wertminderungen der Wirtschaftsgüter erfaßt werden, die in unmittelbarem Zusammenhang mit der Herstellung der Leistung stehen.

δ) Fixe Kosten als Bestandteil der Herstellungskosten

In der Literatur ist es umstritten, welche Gemeinkostenarten anteilig in die aktienrechtlichen Herstellungskosten einbezogen werden dürfen. Im Aktiengesetz[44] werden aufgezählt: Abnutzungen und sonstige Wertminderungen und angemessene Teile der Betriebs- und Verwaltungskosten. Insbesondere ist es ungeklärt, ob eine Aktivierung der variablen Kosten (Teilkostenrechnung) genügt, oder ob zum Zwecke des Ausweises eines möglichst sicheren Einblicks in die Vermögenslage auch anteilige fixe Kosten in die Herstellungskosten einzurechnen sind (Vollkostenrechnung).

Festzustellen ist zunächst, daß Abschreibungen, Betriebs- und Verwaltungskosten, in angemessenem Umfange in die aktienrechtlichen Herstellungskosten einbezogen werden **dürfen,** also ein Bewertungswahlrecht besteht,[45] nach dem die **Untergrenze** durch die Summe der Einzelkosten (Fertigungsmaterial, Fertigungslöhne, Sondereinzelkosten der Fertigung) und die **Obergrenze** durch die Vollkosten (vermindert um Zusatzkosten wie z. B. kalkulatorische Abschreibungen und kalkulatorische Zinsen, soweit sie die Bilanzabschreibungen bzw. die Fremdkapitalzinsen übersteigen) bestimmt werden. Ein Ansatz nur der variablen Kosten liegt zwischen beiden Extremwerten und ist folglich durch das Bewertungswahlrecht formal gedeckt. Offen bleibt aber zunächst die Frage, ob bei der Ausübung des Bewertungsermessens der Betrieb durch die Generalklausel des § 149 Abs. 1 AktG und die Grundsätze ordnungsmäßiger Buchführung und Bilanzierung eingeengt wird. Eine Einengung des Wahlrechts durch § 149 Abs. 1 AktG wird durch das Institut der Wirtschaftsprüfer[46] und den Arbeitskreis Chemie[47] verneint.

---

[43] Vgl. Abschnitt 33 Abs. 4 letzter Satz EStR 1969

[44] Vgl. § 153 Abs. 2 AktG

[45] Anderer Ansicht ist Döllerer, der § 153 Abs. 2 AktG als Mußvorschrift auslegen will, weil das Bewertungswahlrecht dem Sinn des neuen Aktienrechts widersprechen würde. (Döllerer, G., Anschaffungskosten und Herstellungskosten nach neuem Aktienrecht unter Berücksichtigung des Steuerrechts, BB 1966, S. 1405 ff.)

[46] Vgl. HFA/IdW, Stellungnahme NA 5/1966, Zur Bewertung der Vorräte, WPg 1966, S. 677 f.

[47] Vgl. Arbeitskreis des Betriebswirtschaftlichen Ausschusses des Verbandes der Chemischen Industrie e. V., Gliederungsvorschriften der Jahresbilanz und der Gewinn- und Verlustrechnung im AktG 1965, ZfB 1966, 2. Erg. Heft, S. 3 ff.; sowie: Die Bewertungsvorschriften im AktG 1965, ZfB 1966, 2. Ergänzungsheft, S. 29 ff., insbes. S. 37 f.

Wird auf die Aktivierung der oben genannten Kosten (Aufwendungen) verzichtet, so sind die Herstellungskosten für die Steuerbilanz **nicht maßgeblich**, da dort nach Abschnitt 33 Abs. 4 EStR 1969 zu den Herstellungskosten „auch der Wertverzehr des Anlagevermögens (gehört), soweit er der Fertigung der Erzeugnisse gedient hat". Diese Vorschrift geht auf das Gutachten des RFH vom 4. 2. 1939[48] zurück.

Die Bilanz soll zeigen, welche Vermögenswerte an einem Stichtag vorhanden sind und welcher Periodenerfolg entstanden ist. Sind Vermögenswerte zur Erstellung von Fabrikaten eingesetzt worden, so kann eine Verminderung des Vermögens nur eingetreten sein, wenn dabei Werte vernichtet wurden, d. h. am Bilanzstichtag nicht damit zu rechnen ist, daß diese Werte durch Umsatz der Fabrikate vom Markt zurückvergütet werden.

Die **Teilkostenrechnung** ist zwar geeignet, die Mängel, die der Vollkostenrechnung bei der Bestimmung der Preisuntergrenze, der Optimierung des Produktionsprogramms, der Verfahrensauswahl und der Anpassung des Betriebes an Beschäftigungsschwankungen anhaften, zu reduzieren, sie ist aber kein geeignetes Verfahren zur Ermittlung bilanzieller Herstellungskosten. Sie dient **Zielen, die nicht mit der Bilanz verfolgt** werden. Eine Auflösung der Gesamtkosten in beschäftigungsabhängige und beschäftigungsunabhängige ist erforderlich, um die Kostenrechnung zu einem Instrument der Betriebspolitik zu machen. Die Betriebsführung muß wissen, welchen Beitrag ein Produkt zur Deckung der fixen Kosten leistet. Solange der Absatzpreis über den variablen Kosten liegt, wird zumindest ein Teil der fixen Kosten gedeckt, d. h. solange liefert auch eine Verlustproduktion (gemessen an Vollkosten) einen Beitrag zur Deckung der fixen Kosten, die durch Einstellung dieser Produktion nicht vermindert werden können.

Albach interpretiert die Vorschrift des § 153 Abs. 2 AktG vom Standpunkt der Teilkostenrechnung und kommt dabei zu dem Ergebnis, daß in den Herstellungskosten der Gegenstände des Umlaufvermögens die fixen Teile der Abschreibungen, Betriebs- und Verwaltungskosten **nicht aktiviert werden dürfen**. Er begründet das mit folgenden Argumenten:

„1. Jede Aufteilung der fixen Kosten auf das Umlaufvermögen ist willkürlich und verstößt folglich gegen das Prinzip der Richtigkeit der Bilanz.

2. Jede Verteilung der fixen Kosten auf das Umlaufvermögen stellt eine Aktivierung von Ausgaben dar, die für die Schaffung von Produktionsmöglichkeiten ausgegeben sind, nicht aber für die Herstellung der zu bewertenden Wirtschaftsgüter. Die Aktivierung dieser Ausgaben verstößt also gegen das Prinzip der Aktivierungspflicht.

3. Die Aktivierung der fixen Kosten verschleiert die Bedeutung, die die Kon-

---

junkturschwankungen für die Ertragslage des Unternehmens haben ..."[49]

4. „Die fixen Kosten sind ... Periodenkosten. Diese Periodenkosten sind aus dem Periodengewinn abzudecken . . . Jede Aktivierung dieser Kosten durch eine willkürliche Aufteilung auf die während der Periode gefertigten Produkte stellt eine Aktivierung zukünftiger Periodengewinne dar. Sie verstößt damit gegen das Realisationsprinzip."[50]

Das erste Argument trifft u. E. **nicht** zu. Es kann nicht als Willkür bezeichnet werden, wenn Halb- und Fertigfabrikaten Teile der Anschaffungskosten der Anlagen zugerechnet werden, die durch die Herstellung dieser Fabrikate eine Wertminderung erleiden. Daß diese Wertminderung nicht exakt zurechenbar ist, sondern geschätzt werden muß, wirkt sich auch beim Ansatz aller abschreibungsfähigen Wirtschaftsgüter in der Bilanz aus, ohne daß darin ein Verstoß gegen die Richtigkeit der Bilanz gesehen wird. Außerdem tritt das gleiche Problem auch bei einer Reihe von variablen Gemeinkostenarten auf, die nur mit Hilfe oft recht problematischer Schlüssel zugerechnet werden können.

Da es sich nach § 153 Abs. 2 AktG um „angemessene Teile" der Abschreibungen handelt, ist eine Beschränkung auf die **geschätzte verschleißbedingte Wertminderung** vorzunehmen, die ohne die Herstellung der Fabrikate nicht eingetreten wäre. Das bedeutet zugleich, daß im Falle der Unterbeschäftigung einer Anlage der sich aus einem zeitbezogenen Verteilungsverfahren ergebende Abschreibungsbetrag nur in „angemessenem Umfange" berücksichtigt werden kann. Außerplanmäßige Abschreibungen zur Erfassung wirtschaftlicher Wertminderungen (z. B. technischer Fortschritt), die auch dann eingetreten wären, wenn nicht produziert worden wäre, sollten außer Ansatz bleiben; das folgt sowohl aus dem Prinzip kaufmännischer Vorsicht als auch aus dem Prinzip der Bewertungskontinuität.

Dem zweiten Argument ist entgegenzuhalten, daß der Betrieb die Ausgaben zwar tätigt, um Produktionsmöglichkeiten zu schaffen, daß diese aber nicht um ihrer selbst willen da sind, sondern damit produziert werden kann. Es ist zwar nicht zu bestreiten, daß die Ausgaben auch dann erfolgt sind, wenn nicht produziert wird, und daß auch dann eine wirtschaftliche Entwertung eintreten kann (technischer Fortschritt), die nicht auf erstellte Leistungen verrechnet werden kann. Ein **technischer** Verschleiß tritt aber in der Regel **als Folge der Nutzung** der Anlagen zur Erstellung von Betriebsleistungen ein, es existiert also ein **ursächlicher Zusammenhang** zwischen der Produktion der Fabrikate und dem Wertverzehr der Anlagen, der in einer Abgabe von Nutzungen besteht, die ebenso Bestandteil des Wertes der produzierten Leistung sind wie die – genauer zure-

---

[49] Albach, H., Rechnungslegung im neuen Aktienrecht, NB 1966, S. 180

[50] Albach H., Bewertungsprobleme des Jahresabschlusses nach dem Aktiengesetz 1965, BB 1966, S. 380 f.

chenbaren – Löhne und Materialien. Würden Anlagen ebenso wie Rohstoffe bei der Produktion innerhalb einer Bilanzperiode verbraucht, so würde das Problem der wirtschaftlichen Entwertung neben der technischen Wertminderung infolge der Kürze der Zeitperiode in der Regel keine Rolle spielen. Der Wertverzehr wäre allein durch den technischen Prozeß der Herstellung eingetreten.

Eine Aktivierung der im Betriebe erstellten Wirtschaftsgüter nur mit ihren variablen Kosten würde bedeuten, daß alle fixen Kosten der Periode als Aufwand erscheinen und den Erfolg entsprechend beeinflussen. Eine solche Rechnung halten wir mit der Zielsetzung der Handelsbilanz, einen möglichst sicheren Einblick in die Vermögens- und Ertragslage zu geben, nicht für vereinbar. Werden Halb- und Fertigfabrikate erstellt, so vollzieht sich eine **Umschichtung** im Betriebsvermögen: aus Rohstoffen, Arbeitsleistungen und Maschinennutzungen werden Ertragsgüter; der Bestand an Rohstoffen, gezahlten Löhnen und Maschinen vermindert sich, dafür erhöht sich der Bestand an Fabrikaten entsprechend. Es ist keine Vernichtung von Werten eingetreten, sondern eine **Umformung**. Ist am Bilanzstichtag mit einem Absatzpreis zu rechnen, der diese Herstellungskosten und die noch anfallenden Vertriebskosten deckt, so kann auch das Prinzip kaufmännischer Vorsicht nicht zu einer niedrigeren Bewertung veranlassen.

Aber selbst wenn ein niedrigerer Wertansatz infolge einer erwarteten Absatzpreissenkung aus Gründen kaufmännischer Vorsicht angemessen ist, so bestehen doch die Herstellungkosten aus den aufgeführten Bestandteilen, es muß oder darf nach dem Niederstwertprinzip lediglich ein **unter** den Herstellungskosten liegender Wertansatz gewählt werden, weil befürchtet wird, daß der Absatzpreis die Herstellungskosten (zuzüglich der bis zum Absatz noch anfallenden Aufwendungen) nicht mehr deckt.

Ein Ansatz der mit Herstellungskosten zu bewertenden Güter nur mit ihren variablen Kosten kann keinen sicheren Einblick in die **Vermögenslage** geben, denn das Vermögen ist um angemessene Fixkostenbestandteile zu niedrig ausgewiesen, d. h. am Bilanzstichtage würde ein Verlust der anteiligen fixen Kosten buchtechnisch unterstellt, ohne daß die Nutzungsabgabe der Anlagen, die am Markt abgesetzt werden kann, im Vermögen erfaßt würde. Auch die **Ertragslage** ist falsch ausgewiesen, denn dem Wertverzehr in Höhe der anteiligen fixen Kosten steht ein Wertzuwachs in den Fertigfabrikaten gegenüber. Die Tatsache, daß dieser Wertzuwachs noch nicht realisiert ist, trifft nicht nur auf die als fix verrechneten Kostenbestandteile zu, sondern auch auf den Gesamtwert aller Fabrikate – wie auch aller anderen Vermögensbestände – mit Ausnahme der Zahlungsmittel.

Man könnte einwenden, daß bei etwa gleicher Produktion und gleichem Absatz pro Periode der Gewinnausweis nicht beeinträchtigt würde, weil – wenn ein nur zu variablen Kosten bewerteter Bestand an Fabrikaten in der folgenden Periode zu einem mindestens die Vollkosten deckenden

Preis abgesetzt wird, die in der ersten Periode als Verlust angesetzten fixen Kosten in der nächsten Periode im Gewinn enthalten sind, so daß im Ergebnis die Nichtaktivierung der Fixkostenanteile in den Beständen der Periode 2 durch den Absatz und die dabei eintretende Deckung der Fixkostenanteile der Periode 1 ausgeglichen wird. Abgesehen davon, daß ein solches Verfahren die Bestände stets zu niedrig ausweist, läßt sich bei einer derartigen Berechnung die **Verlagerung von Periodengewinnen** nicht vermeiden, wenn man die wenig realistische Annahme einer Konstanz von Lagerhaltung und Umsatz fallen läßt.

Das vierte Argument Albachs, daß fixe Kosten **als Periodenkosten aus dem Periodengewinn zu decken** sind, ist u. E. in dieser allgemeinen Form unhaltbar. Verschleißbedingte Wertminderungen an Anlagegütern können entweder pro Periode – und folglich als fixe Kosten – oder pro Leistungseinheit – und folglich als proportionale Kosten verrechnet werden. Es wird von niemandem bestritten, daß sie im letzteren Falle als variable Kosten in die Herstellungskosten einbezogen werden können; es ist nicht einzusehen, daß sie nur im ersteren Falle nicht aktiviert werden dürfen, denn es handelt sich doch in beiden Fällen um die Erfassung eines bei der Produktion eingetretenen Wertverzehrs, der Bestandteil der Produktionskosten ist.

Albach ist zuzustimmen, daß eine **willkürliche** Aufteilung fixer Kosten auf produzierte Produkte **gegen das Realisationsprinzip verstoßen** kann. Würde z. B. ein erheblicher Teil der fixen Kosten in Produktarten aktiviert, bei denen normalerweise relativ hohe Lagerbestände gebildet werden, während den Produktarten, bei denen erfahrungsgemäß geringe Lagerbestände entstehen, entsprechend weniger fixe Kosten zugerechnet werden, so wäre der Periodengewinn zu hoch, weil Aufwandsteile nicht erfolgswirksam verrechnet, sondern aktiviert worden sind. Das ist aber kein Problem der Fixkostenverteilung allein, sondern ganz allgemein ein Problem der Gemeinkostenverteilung. Man kann also nicht folgern, daß nur durch eine Aktivierung „angemessener" Teile von Fixkosten unrealisierte Gewinne zum Ausweis kommen, wenngleich nicht übersehen werden darf, daß bei der Schlüsselung fixer Kosten die Manipulierungsmöglichkeiten besonders groß sind.

Wir halten fest, daß ein Ansatz nur der variablen Kosten als Herstellungskosten nach dem Vorbild der Deckungsbeitragsrechnung, der den Zielsetzungen der Kostenrechnung entspricht, mit den Zielen einer Bilanz, die das Vermögen und den Periodengewinn „möglichst sicher" ausweisen soll, **nicht vereinbar** ist, auch wenn er nicht gegen die Vorschrift des § 153 Abs. 2 AktG verstößt.

ε) Ist- oder Sollkosten als Basis der Herstellungskosten

Die Kostenrechnungen der einzelnen Betriebe sind je nach dem Wirtschaftszweig, dem Fertigungsprogramm, der Betriebsgröße und der Einstellung der Betriebsführung zu von der Betriebswirtschaftslehre entwickelten modernen Kostenrechnungsverfahren sehr unterschiedlich organisiert. Es werden **verschiedene Kostenrechnungssysteme** angewendet (Istkosten-, Normalkosten-, Plankostenrechnung), die sich dadurch unterscheiden, ob die tatsächlich angefallenen Kosten oder Kostenbeträge angesetzt werden, die im Interesse einer Erhöhung der Genauigkeit der Kostenrechnung, einer Vereinfachung der Betriebsabrechnung und einer Verbesserung der Kostenkontrolle nach irgendeinem Verfahren normiert werden.

Als mögliche Basis für die Berechnung der Herstellungskosten führt Forster an:

„1. die tatsächlich angefallenen Kosten,
2. die Kosten auf Basis einer Normalbeschäftigung,
3. die Kosten auf Basis einer optimalen Beschäftigung,
4. die Kosten des innerhalb eines Unternehmens am kostengünstigsten arbeitenden Betriebes,
5. die Kosten des innerhalb eines Konzerns kostengünstigsten Unternehmens oder Betriebes,
6. die Kosten eines nach dem jeweiligen Stand der Technik kostengünstigsten Betriebes."[51]

Er kommt zu dem Ergebnis, daß die **Istkosten** in jedem Falle die **obere Grenze** der aktivierbaren Herstellungkosten darstellen, daß sie jedoch bei Bestehen von Unterbeschäftigung nicht in jedem Fall aktiviert werden können. Das entspricht im wesentlichen der oben zitierten Auffassung der Finanzverwaltung und der Rechtsprechung, der wir zustimmen. Sollkosten als Berechnungsgrundlage werden dann akzeptiert, wenn „ihre Festsetzung an Maßstäbe geknüpft ist, die in einem sinnvollen Zusammenhang mit den jeweiligen Kosten stehen."[52] Die unter Ziffer 5 und 6 angeführten Methoden werden als nur in Ausnahmefällen anwendbar charakterisiert.[53]

bb) Aktivierungspflicht und Aktivierungsrecht für Gemeinkosten

Die Abgrenzung der aktivierungspflichtigen bzw. aktivierungsfähigen Gemeinkostenbeträge ist für die Herstellungskosten der Handels- und Steuerbilanz von unterschiedlicher Bedeutung. Da nach § 153 Abs. 2 AktG Abschreibungen, Betriebs- und Verwaltungskosten in angemessenem Umfange angesetzt werden **dürfen**, die Einkommensteuerrichtlinien dagegen die Aktivierung der Materialgemeinkosten, der Fertigungsgemeinkosten und angemessener Absetzungen verlangen[54], soll die Abgrenzung der Kosten, die in die Herstellungskosten einbezogen werden dürfen, von de-

[51] Forster, K.-H., Zur Frage der Ermittlung der Herstellungskosten nach § 153 Abs. 2 AktG 1965, WPg 1967, S. 337, übernommen von Adler-Düring-Schmaltz, a. a. O., Erl. zu § 155, Tz 23
[52] Forster, K.-H., a. a. O., S. 337
[53] Einzelheiten bei Forster, K.-H., a. a. O., S. 339 und Adler-Düring-Schmaltz, a. a. O., Erl. zu § 155, Tz 32/33
[54] Vgl. Abschn. 33 Abs. 4 EStR 1969

nen, die nicht angesetzt werden dürfen, verhindern, daß der Betrieb Vermögen und Erfolg in der Handelsbilanz zu hoch ausweist, während der Aktivierungszwang in der Steuerbilanz einen zu niedrigen Gewinnausweis infolge der Nichtaktivierung von Gemeinkosten vermeiden soll.

Den Einfluß der Aktivierung bzw. Nichtaktivierung von Gemeinkosten auf den Periodengewinn zeigt das folgende schematische Beispiel:

Fertigungslöhne	200	
+ Fertigungsmaterial	300	
= Einzelkosten (EK)		500
Lohngemeinkosten (120 %)	240	
+ Materialgemeinkosten (60 %)	180	
= Fertigungsgemeinkosten		420
Herstellungskosten (HK) (Kostenrechnung)		920
+ Verwaltungsgemeinkosten (5 % der HK)		46
= Herstellungskosten (Bilanz)		966

Fall 1:

Volle Aktivierung der Gemeinkosten (GK). Es wird angenommen, daß der Aufwand der Periode 2400 DM, der Ertrag der Periode 3000 DM beträgt; es ist also ein Gewinn von 600 DM entstanden.

Periode 1:

S Fertigfabrikate H	S Schlußbilanzkonto H	S Gewinn u. Verlust H
EK 500 966	Fertig-	Aufw. Ertrag
GK 466	fabr. 966	2400 3000
966 966		Gewinn
		600
		3000 3000

Periode 2:

Der Bestand an Fertigfabrikaten wird zu 1200 DM verkauft, die Vertriebskosten (VtK) betragen 84 DM.

S Fertigfabrikate H	S Verkauf H
AB 966 966	966 1200
966 966	VtK 84
	Gewinn 150
	1200 1200

Der Gewinn beider Perioden beträgt 750 (600 + 150).

Fall 2: Nur die Einzelkosten werden aktiviert.

Periode 1:

S	Fertigfabrikate	H
EK	500	500
GK	466	466
	966	966

S	Schlußbilanzkonto	H
Fertig-fabr.	500	

S	Gewinn u. Verlust	H
Aufw.		Ertrag
	2400	3000
GK	466	
Gewinn		
	134	
	3000	3000

Periode 2:

Der Bestand an Fertigfabrikaten wird zu 1200 DM verkauft, die Vertriebskosten betragen 84 DM.

S	Fertigfabrikate	H
AB	500	500
	500	500

S	Verkauf	H
	500	1200
VtK	84	
Gewinn	616	
	1200	1200

Der Gewinn beider Perioden beträgt ebenfalls 750 (134 + 616), verteilt sich jedoch anders auf beide Perioden als im Fall 1.

Zusammenstellung des Gewinns:

	Periode 1	Periode 2	insgesamt
Fall 1	600	150	750
Fall 2	134	616	750

Werden die anteiligen Gemeinkosten in die Herstellungskosten einbezogen, so tritt eine Erhöhung des Werts des Vermögens gegenüber einer Nichtaktivierung und damit eine relative Erhöhung des ausgewiesenen Gewinns ein. Erfolgt keine Aktivierung, so werden die anteiligen Gemeinkosten – soweit sie mit Ausgaben verbunden sind – als Aufwand in der Erfolgsrechnung erscheinen. Die zu Herstellungskosten bewerteten Bestände sind **unterbewertet,** der ausgewiesene Gewinn wird durch Bildung stiller Rücklagen vermindert.

Das macht sich insbesondere bei starken Schwankungen der Bestände bemerkbar. Hat ein Betrieb viel produziert und wenig abgesetzt, so kann er den Gewinn der Periode erheblich mindern, wenn er in den zu aktivierenden Beständen an Halb- und Fertigfabrikaten keine anteiligen Gemeinkosten verrechnet, sondern diese in voller Höhe in der Gewinn- und Verlustrechnung als Aufwand erscheinen läßt. Produziert dagegen der Betrieb in einer Periode wenig, verkauft er aber die Bestände früherer Perioden, so entsteht, wenn in den Herstellungskosten der Bestände keine anteiligen Gemeinkosten enthalten sind, ein zu hoher Gewinn.

Die Einkommensteuer-Richtlinien zählen zu den Materialgemeinkosten und den Fertigungsgemeinkosten, die zu aktivieren sind u. a. auch die Aufwendungen für folgende Kostenstellen:

„Lagerhaltung, Transport und Prüfung des Fertigungsmaterials,
Vorbereitung und Kontrolle der Fertigung,
Werkzeuglager,
Betriebsleitung, Raumkosten, Sachversicherungen,
Unfallstationen und Unfallverhütungseinrichtungen der Fertigungsstätten, Lohnbüro, soweit in ihm die Löhne und Gehälter der in der Fertigung tätigen Arbeitnehmer abgerechnet werden."[55]

Der Aktivierungszwang der genannten Gemeinkosten stellt eine **Durchbrechung des Prinzips der Maßgeblichkeit** der Handelsbilanz für die Steuerbilanz dar, die nicht nur vom steuerrechtlichen, sondern auch vom betriebswirtschaftlichen Standpunkt aus als berechtigt angesehen werden muß; denn das oben in seinen Konsequenzen dargestellte Wahlrecht des § 153 Abs. 2 AktG, die Gemeinkosten zu aktivieren oder nicht, gibt dem Betrieb die Möglichkeit, Gewinne in eine spätere Periode zu verlagern. Das widerspricht dem Grundsatz, einen in einer Periode erzielten Gewinn auch in dieser Periode auszuweisen. Eine Anpassung der Handelsbilanz an die Regelung der Steuerbilanz ist in diesem Falle zu fordern, und nicht umgekehrt. Damit würde die Möglichkeit zu einer willkürlichen Bildung stiller Rücklagen in der Handelsbilanz, die dieser Bilanz ihren Erkenntniswert nehmen, verringert.

Der Gesetzgeber hat die Möglichkeit der **Bildung stiller Rücklagen** durch die Bestimmung des § 149 Abs. 1 AktG, daß der geforderte „möglichst" sichere Einblick in die Vermögens- und Ertragslage „im Rahmen der Bewertungsvorschriften" erreicht werden soll, sanktioniert, denn das Bewertungswahlrecht bei der Ermittlung der Herstellungskosten zählt zu den Bewertungsvorschriften. Verschleierungen der Aussagekraft der Bilanz sollen allerdings durch die in § 160 Abs. 2 AktG ausgesprochene Pflicht vermieden werden, im Geschäftsbericht über Änderungen der angewandten Bewertungsmethoden zu berichten, zu denen ohne Zweifel auch ein Wechsel in den Grundsätzen der Ermittlung der Herstellungskosten gehört. Bei Nicht-Aktiengesellschaften gibt es eine derartige Berichtspflicht nicht. Allerdings müßte auch hier ein sachlich nicht begründeter Wechsel in der Methode der Ermittlung der Herstellungskosten als Verstoß gegen den Grundsatz der Bewertungskontinuität angesehen werden.

cc) Einzelfragen

α) Verwaltungsgemeinkosten

Die **Verwaltungskosten** sind in der Steuerbilanz ebenso wie in der Handelsbilanz in den Herstellungskosten aktivierungsfähig, eine Pflicht zur

---

[55] Abschnitt 33 Abs. 2 EStR 1969

Aktivierung besteht aber auch in der Steuerbilanz nicht. Das betrifft allerdings nur die **allgemeinen** Verwaltungskosten (z. B. anteilige Gehälter der Geschäftsführung, des Rechnungswesens, Büromaterial, Abschreibungen auf Verwaltungsgebäude und -inventar, Kosten des Personalwesens, der Rechts- und Versicherungsabteilung usw.).

Bei einer Anzahl von Kostenarten ist die Trennung von Fertigungsgemeinkosten und Verwaltungsgemeinkosten schwierig und problematisch. Die Kosten der technischen Verwaltung des Fertigungs- und Materialbereichs, der Arbeitsvorbereitung, der Lagerverwaltung, des Lohnbüros usw. sind zweifellos in die Fertigungs- und nicht in die Verwaltungsgemeinkosten einzubeziehen und damit in der Steuerbilanz aktivierungspflichtig; die Kosten des Lohnbüros allerdings nur in dem Umfange, wie sie auf die Lohn- und Gehaltsabrechnung für die im Fertigungsbereich tätigen Arbeitnehmer entfallen, und die Kosten der Lagerverwaltung nur insoweit, wie sie für die Fertigung tätig ist (Werkstofflager, Lager der Halbfabrikate). Sobald ein Produkt verkaufsreif den Fertigungsbereich verläßt, geht die weitere Lagerung zu Lasten des Vertriebsbereichs.

Soweit der Betrieb über eine Kostenstellenrechnung verfügt, stellen die genannten Bereiche in der Regel eigene **Hilfskostenstellen**, und zwar Fertigungs- oder Materialhilfsstellen (und nicht Verwaltungskostenstellen) dar, deren Gemeinkostensummen auf die entsprechenden Hauptkostenstellen verrechnet werden und somit in den Gemeinkostenzuschlägen des Fertigungs- oder Materialbereichs enthalten sind.

Schwierigkeiten bereitet – insbesondere bei kleineren Betrieben – die Abgrenzung der Verwaltungsgemeinkosten von den **Vertriebskosten**, die weder in der Handels- noch in der Steuerbilanz in die Herstellungskosten einbezogen werden dürfen. Erfolgt in einem Betrieb keine räumliche oder personelle Trennung von Verwaltungs- und Vertriebsbereich, so ist eine Bestimmung der Verwaltungsgemeinkosten nur durch Schätzung möglich.

Aber auch die Trennung von Vertriebsgemeinkosten und Fertigungsgemeinkosten ist nicht eindeutig durchzuführen. Die Kosten der Lagerung von Fertigfabrikaten sind in der Regel Vertriebskosten. Sie gehören nur dann zu den Herstellungskosten, wenn sie Bestandteil des Produktionsprozesses sind.[56] Ebenso zählen auch **Verpackungskosten** bei bestimmten Gütern zu den Herstellungskosten, wenn – wie z. B. bei Markenartikeln (Zigaretten, Schokolade, Seifenpulver) oder bei Konserven – die Verpackung die Güter erst absatzreif macht.[57]

Dadurch, daß der Ansatz der (anteiligen) allgemeinen Verwaltungskosten auch in der Steuerbilanz freigestellt wird, besteht die Möglichkeit der **Beeinflussung des Periodengewinns,** wenn nicht nur die Verwaltungskosten

---

[56] Z. B. Lagerzeiten für Gärung alkoholischer Getränke, vgl. Blümich-Falk, Einkommensteuergesetz, Bd. I, 9. Aufl., Berlin und Frankfurt/M. 1964, S. 564
[57] Vgl. Börnstein, U., Die Fertigungsgemeinkosten als Teil der Herstellungskosten, DB 1959, S. 384

der abgesetzten Produkte, sondern auch der auf Lager genommenen Fertigfabrikate als Aufwand der Produktionsperiode verrechnet werden, statt aktiviert zu werden. Die Herstellungskosten sind dann zu niedrig, dafür sind die Gewinne in den Jahren des Absatzes entsprechend höher.

In Anbetracht des prozentual geringen Anteils der allgemeinen Verwaltungsgemeinkosten an den gesamten Herstellungskosten ist die Frage der Aktivierung allerdings von geringer praktischer Bedeutung. Das ist jedoch kein Argument gegen eine Aktivierungspflicht. Wesentlicher für den Verzicht auf die Aktivierungspflicht dürfte die Schwierigkeit gewesen sein, die anteilig auf die Fertigung entfallenden Verwaltungsgemeinkosten zu ermitteln. Sie können nur durch vorsichtige Schätzung verteilt werden.

β) Entwicklungs- und Forschungsaufwendungen

Sonderkosten (z. B. Entwicklungs- und Entwurfskosten, Modelle, Schablonen, Sonderwerkzeuge u. a.) gehören zu den Herstellungskosten, soweit sie in unmittelbarer Beziehung zur Produktion der zu aktivierenden Halb- und Fertigfabrikate bzw. der für den eigenen Betrieb erstellten Maschinen und Werkzeuge stehen und nicht zu den allgemeinen Verwaltungs- und Vertriebskosten zählen.

Forschungs- und Entwicklungsarbeiten stehen aber häufig nicht in einem unmittelbaren Zusammenhang mit der laufenden Herstellung, sondern kommen erst späteren Herstellungsprozessen zugute. Eine anteilige Aktivierung in die Herstellungskosten der laufenden Produktion verstößt deshalb gegen die Grundsätze ordnungsmäßiger Buchführung.[58] Da über die technische Verwertbarkeit und die wirtschaftlichen Erfolgsaussichten von Entwicklungsarbeiten in der Regel keine genauen Voraussagen gemacht werden können, außerdem durch die Grundlagenforschung wissenschaftliche Erkenntnisse gewonnen werden sollen, die keine aktivierbaren Werte darstellen, kommt eine Aktivierung auch aus Gründen kaufmännischer Vorsicht nicht in Frage.

Da die Forschungs- und Entwicklungsaufwendungen heute zu einer erheblichen Belastung in verschiedenen Wirtschaftszweigen geworden sind (in der Elektroindustrie und der chemischen und pharmazeutischen Industrie z. B. machen sie ca. 5 % des Umsatzes aus), ist ihre Behandlung durch Ländererlasse der Finanzminister für die Bundesrepublik einheitlich geregelt worden.[59] Die Finanzverwaltung hatte in zunehmendem Maße bei Betriebsprüfungen die Aktivierung dieser Aufwendungen in den Herstellungskosten gefordert. Nach dem Erlaß stellen jedoch Aufwendungen für Grundlagenforschung und Neuentwicklung **sofort abzugsfähige Betriebsausgaben** dar, weil bei ihnen der Erfolg ungewiß ist.

Aufwendungen für die **Weiterentwicklung** von Erzeugnissen der lau-

---

[58] Vgl. dazu: Flume, W., Die Forschungs- und Entwicklungskosten in der Handelsbilanz und Steuerbilanz. DB 1958, S. 1047
[59] Vgl. Erlaß über die Behandlung der Forschungs- und Entwicklungskosten v. 4. 12. 1958, BStBl II 1958, S. 181 ff.

fenden Fertigung gehören zu den Fertigungsgemeinkosten und sind bei der Bilanzierung der Halb- und Fertigfabrikate anteilig zu aktivieren. Bereitet es große Schwierigkeiten, diese Aufwendungen von den nicht zu aktivierenden Kosten der Grundlagenforschung und Neuentwicklung abzusondern, so dürfen als geschätzter Wert 2 % des Gesamtaufwandes für Forschungs- und Entwicklungsarbeiten (Grundlagenforschung + Neuentwicklung = Weiterentwicklung) angesetzt werden.[60]

γ) Steuern

Ein besonders schwieriges Problem stellt die Frage dar, welche **Steuern** in die Herstellungskosten einzubeziehen sind. Grundsätzlich sind alle Steuern, mit Ausnahme der Einkommensteuer, Kirchensteuer und Vermögensteuer der Einzelunternehmer und Personengesellschafter **Aufwand**.[61]

Die **Vermögensteuer** der Kapitalgesellschaften, die auf Grund der Rechtsform selbständig vermögensteuerpflichtig sind, trägt Kostencharakter, soweit sie das betriebsnotwendige Vermögen trifft und ist eindeutig als Aufwand anzusehen. Sie kann folglich in der Handelsbilanz in die Herstellungskosten einbezogen werden, soweit sie auf die zur Herstellung verwendeten Wirtschaftsgüter entfällt. Steuerlich wird sie **nicht** als abzugsfähige Betriebsausgabe anerkannt und muß dem körperschaftlichen Gewinn als „Personensteuer" hinzugerechnet werden.[62] Eine Einrechnung in die steuerlichen Herstellungskosten ist also nicht möglich.

Die **Gewerbekapitalsteuer** ist dagegen bei der Ermittlung der steuerlichen Herstellungskosten zu berücksichtigen.[63] Diese Regelung ist juristisch konsequent, da die Gewerbekapitalsteuer das „Objekt Betrieb" trifft und folglich betriebsbedingt ist, also Kosten darstellt, während die Vermögensteuer der Kapitalgesellschaften steuerrechtlich das „Subjekt Betrieb" besteuert und folglich zu den nicht abzugsfähigen Personensteuern gehört. Wirtschaftlich gesehen aber ist der Betrieb stets Objekt, und folglich stellt die Vermögenssteuer der Kapitalgesellschaften Aufwand und Kosten dar.

Bei der **Gewerbeertragsteuer** besteht trotz ihres rechtlich anerkannten Objektcharakters nur ein **Recht**, jedoch **keine Pflicht** zur Aktivierung in den Herstellungskosten. Vom kostentheoretischen Standpunkt aus hat die Gewerbeertragssteuer ebenso Kostencharakter wie die Gewerbekapitalsteuer, streng genommen allerdings nur insoweit, als sie sich auf betriebliche (und nicht auf neutrale) Erträge bezieht. Da ihre Bemessungsgrundlage aber der Gewinn ist (zuzüglich der im Gewerbesteuergesetz geforderten Hinzurechnungen und abzüglich der Kürzungen), kann sie nur von den Betriebsleistungen „verursacht" worden sein, die den Gewinn erzielt haben. Das sind aber grundsätzlich nicht die für den eigenen Betrieb erstellten Ma-

---

[60] Vgl. Ländererlaß, a. a. O., S. 189
[61] Zur Frage des Kostencharakters der Steuern vgl. Wöhe, G., Betriebswirtschaftliche Steuerlehre, Bd. II, 2. Halbband, 2. Aufl. Berlin und Frankfurt/M. 1965, S. 33 ff.
[62] Vgl. § 12 Ziff. 2 KStG
[63] Vgl. Abschnitt 33 Abs. 6 EStR 1969

schinen und Werkzeuge und nicht die aktivierten, also noch nicht abgesetzten Halb- und Fertigfabrikate, denn in letzteren dürfen ja unrealisierte Gewinne nicht ausgewiesen werden. Eine Aktivierung von Gewerbeertragsteuer in den Herstellungskosten würde u. E. gegen die Bilanzierungsgrundsätze verstoßen.

Gleiches gilt für die **Körperschaftsteuer,** die rechtlich zwar eine nicht abzugsfähige Personensteuer ist und folglich nicht in die steuerlichen Herstellungskosten einbezogen werden darf, die aber vom wirtschaftlichen Standpunkt den Charakter einer Objektsteuer hat, denn sie besteuert den Reinertrag (und nicht das Einkommen!) des Betriebes. Soweit sie betriebliche Erträge trifft, hat sie ebenso Kostencharakter wie die Gewerbeertragsteuer, soweit sie neutrale Erträge belastet, ist sie neutraler Aufwand. Eine Einbeziehung in die Selbstkosten der Kostenrechnung ist deshalb erforderlich; eine Berücksichtigung bei der Ermittlung der bilanziellen Herstellungskosten scheidet aus den gleichen Überlegungen aus wie bei der Gewerbeertragsteuer. Ob eine Überwälzung der Körperschaftsteuer im Preis gelingt oder nicht, ist nicht entscheidend für ihren Kostencharakter.

Die **Umsatzsteuer** kann bei der Ermittlung der Herstellungskosten nicht berücksichtigt werden. Sie gehört zu den Sonderkosten des Vertriebes.

dd) Herstellungs- und Erhaltungsaufwand

Ein besonderes Problem im Hinblick auf die Herstellungskosten ergibt sich bei Wirtschaftsgütern, die dem Betrieb bereits seit mehreren Jahren dienen (Gebäude, maschinelle Anlagen) und an denen Reparaturen vorgenommen werden. Dabei ist eine Unterscheidung zu machen zwischen Reparaturen, die **Erhaltungsaufwand** darstellen und solchen, die **Herstellungsaufwand** sind. Die Abgrenzung zwischen diesen beiden Aufwandsarten ist zwar theoretisch möglich, in der Praxis aber nicht immer einfach. Sie ist jedoch von erheblicher Bedeutung für die Gewinnermittlung, denn während der Herstellungsaufwand grundsätzlich zu **aktivieren** und auf die Jahre der Nutzungsdauer zu verteilen ist, stellt der Erhaltungsaufwand im Jahre der Aufwendung eine voll **abzugsfähige Betriebsausgabe** dar.

Die Nutzungsdauer von Wirtschaftsgütern des Anlagevermögens, die der Abnutzung unterliegen, wird unter der Voraussetzung geschätzt, daß an diesen Wirtschaftsgütern laufende Instandhaltungsarbeiten (Erhaltungsaufwand) durchgeführt werden. Anderenfalls könnte die Nutzungsdauer nicht erreicht werden. Diese Instandhaltungen führen also nicht zu einer Werterhöhung des Wirtschaftsgutes, sondern verhindern lediglich eine schnellere Wertminderung als sie bei der Schätzung der Nutzungsdauer angenommen wurde. **Erhaltungsaufwand** liegt also dann vor, wenn ein Aufwand dazu dient, die geschätzte Nutzungsdauer eines Wirtschaftsgutes zu erreichen, m. a. W. der Erhaltungsaufwand hat die Aufgabe, ein Wirtschaftsgut bis zum Ende der geschätzten Nutzungsdauer **in nutzungsfähigem Zustand zu erhalten.** Durch den Erhaltungsaufwand wird weder der Wert eines Wirtschaftsgutes erhöht, noch seine Nutzungsdauer verlängert[64], vielmehr wird lediglich eine durch die regelmäßige Abschreibung nicht erfaßte Wertminderung durch Reparaturen kompensiert.

Die Grenze zwischen Herstellungs- und Erhaltungsaufwand ist fließend. Der BFH ist der Ansicht, daß sich keine festen Abgrenzungsregeln aufstellen lassen, die auf alle auftretenden Fälle angewendet werden können, sondern daß es jeweils auf den Einzelfall ankommt. Die vom RFH und BFH an Hand von Einzelfällen entwickelten Grundsätze und Abgrenzungsmerkmale werden in der Regel auch in der Handelsbilanz anzuwenden sein, wenn entschieden werden muß, ob ein Zugang vorliegt, der als solcher auszuweisen ist oder ob es sich um nicht aktivierungfähigen Erhaltungsaufwand handelt.

Zum Erhaltungsaufwand zählen Aufwendungen, die

1. die Wesensart eines Wirtschaftsgutes verändern,
2. das Wirtschaftsgut in ordnungsmäßigem Zustand erhalten sollen und
3. regelmäßig in ungefähr gleicher Höhe wiederkehren.[65]

John schlägt vor, den Erhaltungsaufwand in **Instandhaltungsaufwand** und **Instandsetzungskosten** aufzuteilen.[66] Zur ersten Gruppe gehören solche Reparaturausgaben, die nach einem genauen Wartungsplan entweder jährlich oder in größeren regelmäßigen Abständen erfolgen, die also bereits bei Inbetriebnahme des betreffenden Wirtschaftsgutes im voraus berechnet werden bzw. geschätzt werden können. Werden fällige Reparaturen in einem Jahre unterlassen, so ist für sie eine Rückstellung zu bilden, da es sich um Aufwand einer Periode handelt, der erst in einer späteren Periode zu Ausgaben führt. Erfolgen die Reparaturen in größeren Zeitabständen, wie z. B. bei der Erneuerung des Verputzes oder des Daches eines Gebäudes, so ist es erforderlich, von Beginn der Nutzung an eine Rückstellung[67] zu bilden, da der Aufwand nicht nur im Jahr der Reparatur entsteht, sondern sich über die bisherige Nutzungsdauer verteilt. Eine Aktivierung der Reparaturausgaben und eine Abschreibung über spätere Jahre wäre aber vom betriebswirtschaftlichen Standpunkt aus nicht richtig, da der Aufwand bereits in der Vergangenheit eingetreten ist, die Abschreibung über mehrere Jahre aber bedeutet, daß der Aufwand erst in der Zukunft erfolgt.

Zu den **Instandsetzungskosten** zählt John[68] Reparaturaufwendungen für

---

[64] In der Literatur wird teilweise die Ansicht vertreten, daß Reparaturen prinzipiell zu einer Verlängerung der Nutzungsdauer führen. Vgl. z. B. Kosiol, E., Anlagenrechnung, Theorie und Praxis der Abschreibungen, 2. Aufl., Wiesbaden 1955, S. 85; Vogt, J., Umstrittene Reparaturen, FR 1957, S. 317

[65] Vgl. Abschnitt 157 Abs. 1 EStR 1969

[66] Vgl. John, G., Die Bewertung von Grund und Boden und Gebäuden in der Steuerbilanz, Köln-Berlin-Bonn-München 1964, S. 74 ff.

[67] Vgl. S. 412 ff.

[68] John, G., a. a. O., S. 78

unvorhergesehene Schäden. Die Aufwendungen sollen dazu dienen, ein Wirtschaftsgut wieder in gebrauchsfähigen Zustand zu versetzen, damit es die geschätzte Nutzungsdauer erreichen kann.

Der Erhaltungsaufwand ist prinzipiell nach § 11 Abs. 2 EStG in voller Höhe in dem Kalenderjahr abzusetzen, in dem er geleistet worden ist. Abweichend von dieser Regelung dürfen größere Aufwendungen für die Erhaltung von Gebäuden, die überwiegend Wohnzwecken dienen und nicht zu einem Betriebsvermögen gehören auf zwei bis fünf Jahre gleichmäßig verteilt werden.[69]

Ist eine an sich erforderliche Instandhaltung nicht durchgeführt worden, so ist bei späterer Nachholung der Aufwand in der Steuerbilanz als Herstellungsaufwand zu aktivieren. Diese Regelung ergibt sich aus der Tatsache, daß **Rückstellungen für unterlassene Reparaturen** in der Steuerbilanz im Gegensatz zur Handelsbilanz **unzulässig** sind[70], aber die durch die Unterlassung von Reparaturen eingetretene Wertminderung durch Absetzung für außergewöhnliche Wertminderung oder durch Teilwertabschreibungen erfaßt werden darf. Werden solche Abschreibungen vorgenommen, so werden sie bei Nachholung von Reparaturen praktisch durch Aktivierung des Aufwandes als Herstellungsaufwand rückgängig gemacht.

Herstellungsaufwendungen haben zur Folge, daß die Nutzungsmöglichkeiten eines Wirtschaftsgutes geändert werden, und zwar entweder quantitativ, d. h. in der Weise, daß das Wirtschaftsgut mehr Nutzungen abgeben kann, also einen größeren Nutzungsvorrat repräsentiert (z. B. Aufstocken eines Gebäudes) oder qualitativ, d. h. in der Weise, daß Nutzungen anderer Art zur Verfügung gestellt werden (z. B. Umbau eines Fabrikgebäudes in ein Verwaltungsgebäude).[71]

Aktivierungspflichtiger Herstellungsaufwand liegt vor, wenn

1. ein Wirtschaftsgut durch die Aufwendungen in seiner Substanz vermehrt worden ist,
2. der Zustand des Wirtschaftsgutes (Nutzungsvorrat, Verwendungsmöglichkeit) dadurch wesentlich verändert oder über seinen bisherigen Zustand hinaus erheblich verbessert worden ist,
3. die wirtschaftliche Nutzungsdauer des Wirtschaftsgutes durch die Aufwendungen verlängert worden ist.

Ist jedoch bei einem Gebäude im Zusammenhang mit notwendigen Erhaltungsmaßnahmen eine dem technischen Fortschritt entsprechende übliche Modernisierung verbunden, so ist eine erhebliche Verbesserung nicht notwendigerweise anzunehmen.[72]

---

[69] Vgl. § 82 b Abs. 1 EStDV
[70] Zur Kritik dieser Regelung s. S. 413 f.
[71] Vgl. John, G., a. a. O., S. 79
[72] Vgl. BFH vom 8. 3. 1966, BStBl 1966, S. 324

4. Der Teilwert

a) Begriff und theoretische Konzeption

Die Anschaffungs- und Herstellungskosten sind bei der Bewertung in der Handels- und Steuerbilanz die Ausgangswerte. Sie dürfen bei Wertsteigerungen grundsätzlich nicht überschritten werden, müssen oder dürfen aber bei Wertminderungen unterschritten werden. Bei Anlagegütern werden Wertminderungen durch planmäßige oder außerplanmäßige Abschreibungen erfaßt, bei Umlaufgütern durch Berücksichtigung niedrigerer Börsen- oder Marktwerte oder .– wenn ein solcher Wert nicht ermittelt werden kann – durch Rückrechnung von den am Bilanzstichtag noch erzielbaren Absatzpreisen.

Problematisch ist, wie bei eingetretenen Wertminderungen die **untere Wertgrenze** in den Fällen bestimmt werden kann, in denen ein Wert vom Markt nicht ohne weiteres abgeleitet werden kann. Das trifft vor allem für Güter des Anlagevermögens zu.

Das Steuerrecht hat für diesen Zweck den Begriff des Teilwertes entwickelt, der als sog. **niedrigerer Teilwert** – d. h. als ein unter den Anschaffungs- oder Herstellungskosten liegender Wert – die Wertuntergrenze für alle Wirtschaftsgüter bildet, die nicht unterschritten werden darf. Daß dennoch in der Steuerbilanz Wertansätze möglich sind, die unter dem Teilwert liegen, ist eine Folge davon, daß im Falle des Steigens des Teilwertes – ohne daß er die Anschaffungs- oder Herstellungskosten überschreitet – eine Wertaufholung (Zuschreibung) entweder unzulässig (Prinzip des strengen Wertzusammenhanges bei abnutzbaren Gütern des Anlagevermögens) oder fakultativ ist (bei nicht abnutzbaren Gütern des Anlagevermögens und bei Gütern des Umlaufvermögens).[73] Letzteres gilt gemäß § 6 Abs. 1 Ziff. 3 EStG „unter sinngemäßer Anwendung" auch für Verbindlichkeiten.

Der Begriff Teilwert wurde in der **Rechtsprechung** des RFH zum ersten Male im Urteil vom 14. 12. 1926[74] ausdrücklich erwähnt und später in den § 6 des EStG 1934[75] für die steuerliche Gewinnermittlung und in den § 12 des Reichsbewertungsgesetzes 1934[76] für die steuerliche Vermögensbewertung aufgenommen. Er wird heute in § 6 Abs. 1 EStG und fast gleichlautend[77] in § 10 BewG noch ebenso wie im Jahre 1934 definiert als „der Be-

---

[73] Bei der Ermittlung des *Einheitswerts* des Betriebsvermögens mit Hilfe der Vermögensaufstellung ist auch ein *höherer Teilwert*, d. h. ein über den Anschaffungs- oder Herstellungskosten liegender Teilwert zu berücksichtigen, da hier Wertsteigerungen über die Anschaffungs- oder Herstellungskosten erfaßt werden sollen, damit auch sie der laufenden Vermögensteuer und anderen Substanzsteuern (z. B. Gewerbekapitalsteuer) unterworfen werden können. Nach § 6 Abs. 1 Ziff. 2 letzter Satz EStG ist lediglich bei land- und forstwirtschaftlichen Betrieben der Ansatz des höheren Teilwerts zulässig, wenn das den Grundsätzen ordnungsmäßiger Buchführung entspricht.

[74] Amtl. Slg. Bd. 20, S. 88

[75] RStBl 1935, S. 38

[76] RGBl I, S. 1035

[77] Das Bewertungsgesetz verwendet den Begriff „Unternehmen" statt Betrieb.

trag, den ein Erwerber des ganzen Betriebes im Rahmen des Gesamtkaufpreises für das einzelne Wirtschaftsgut ansetzen würde; dabei ist davon auszugehen, daß der Erwerber den Betrieb fortführt." Der Teilwert löste für die Bewertung in der Steuerbilanz den **gemeinen Wert** ab, der nach § 9 BewG als der Preis bestimmt wird, der im gewöhnlichen Geschäftsverkehr nach der Beschaffenheit des Wirtschaftsgutes bei der **Veräußerung** zu erzielen wäre. Dabei sind alle Umstände, die den Preis beeinflussen, zu berücksichtigen. Ungewöhnliche und persönliche Verhältnisse bleiben außer Betracht. Während der Anschaffungswert ein historischer Wert ist, der ausdrückt, was ein Gut bei seiner Beschaffung gekostet hat, ohne Rücksicht darauf, welcher Preis jetzt für dieses Gut zu erzielen wäre, stellt der gemeine Wert den Wert am Absatzmarkt im **Zeitpunkt der Bewertung** dar, unabhängig davon, welche Anschaffungskosten ein Wirtschaftsgut früher einmal verursacht hat.

Bei abnutzungsfähigen Wirtschaftsgütern des Anlagevermögens führt der gemeine Wert in der Regel zu einer **Unterbewertung,** da derartige Güter nach ihrer Inbetriebnahme am Markt gewöhnlich einen erheblichen Wertverlust erleiden. Der Veräußerungswert einer „gebrauchten" Maschine liegt meistens um mehr als die Abschreibung unter dem einer fabrikneuen Maschine, auch wenn die Nutzungsfähigkeit sich noch kaum gemindert hat. Bei Gütern des Umlaufvermögens dagegen hat eine Bewertung mit dem gemeinen Wert in der Regel den **Ausweis unrealisierter Gewinne** zur Folge, da der Einzelveräußerungspreis den erzielbaren Gewinn enthält.

Als entscheidender Mangel des gemeinen Wertes wurde angesehen, daß er vom **Absatzmarkt** abgeleitet wird und daß folglich die Summe der gemeinen Werte aller Wirtschaftsgüter eines Betriebes nicht den **Gesamtwert** des Betriebes darstellt, da der Gesamtwert auch vom **Ertrag** des Betriebes abhängt und nicht allein von den Veräußerungspreisen der einzelnen Wirtschaftsgüter. Das trifft insbesondere für solche Wirtschaftsgüter zu, die überhaupt nicht am Markt veräußert, sondern im Betriebe durch Nutzungsabgabe verbraucht werden sollen wie Gebäude, Maschinen, Werkzeuge usw. Bei der Bewertung derartiger Wirtschaftsgüter kommt es nicht darauf an, welchen Einzelveräußerungspreis sie erzielen würden, wenn sie isoliert für sich an den Markt kommen, sondern es ist wesentlich, einen Wertansatz zu finden, der die **Bedeutung der betreffenden Wirtschaftsgüter für den Betrieb,** in dem sie sich befinden, und zwar im Rahmen der Gesamtheit aller übrigen Wirtschaftsgüter dieses Betriebes zum Ausdruck bringt. Diese Forderung wurde zum ersten Male von **Mirre**[78] erhoben, der auch den Begriff des Teilwertes prägte. Mirre stellt fest, daß „nicht der gemeine Wert der einzelnen Sache, sondern ihre Bedeutung für die ganze Einheit, zu der sie gehört, hier kurz Teilwert genannt, zu ermitteln ist."[79]

---

[78] Vgl. Mirre, L., Gemeiner Wert und Ertragswert. Zeitschrift des Deutschen Notarvereins 1913, S. 155 ff.
[79] Mirre, L., a. a. O., S. 169

20*

Seine maßgebende Formulierung erhielt der Teilwert durch das Urteil des Reichsfinanzhofes vom 14. 12. 1926[80], in dem es heißt: „Bei einem zu einer wirtschaftlichen Einheit gehörenden Gegenstand ist in der Tat scharf zu unterscheiden zwischen dem Werte, den der' Gegenstand als Teil der wirtschaftlichen Einheit hat, kurz gesagt dem Teilwert, und dem Werte, den er aus dem Zusammenhang gerissen für sich haben würde, kurz gesagt dem Einzelwerte".

Nach der Definition des § 6 EStG soll der Gesamtkaufpreis, den ein fiktiver Käufer für den Betrieb unter der Voraussetzung der Weiterführung zahlt, auf die einzelnen Wirtschaftsgüter verteilt werden. Dieser Gesamtkaufpreis steht aber weder in unmittelbarer Beziehung zu den Preisen, die für die Wirtschaftsgüter eines Betriebes einmal bezahlt worden sind (Anschaffungskosten), noch zu den Preisen, die jetzt für sie zu bezahlen sein würden (Wiederbeschaffungskosten). Vielmehr geht der Käufer von der Überlegung aus, welcher **nachhaltige Ertrag** mit dem Betrieb als Ganzes in Zukunft zu erzielen ist.

Theoretisch müßte also der **Ertragswert des Betriebes** auf die Wirtschaftsgüter verteilt werden. Der Teilwert wäre dann – betriebswirtschaftlich interpretiert – der Teil des Ertragswertes eines ganzen Betriebes, der durch das zu bewertende Wirtschaftsgut erwirtschaftet wird. In einen anderen Betrieb gestellt, könnte das gleiche Wirtschaftsgut auf Grund einer anderen Ertragslage, eines anderen Beschäftigungsgrades usw. einen anderen Teilwert haben, da der produktive Beitrag dieses Wirtschaftsgutes, d. h. der Wert der von ihm noch zu erwartenden Nutzungen, praktisch in jedem Betrieb ein anderer sein kann.

Zehn Wirtschaftsgüter, z. B. 10 Maschinen der gleichen technischen und qualitativen Beschaffenheit, werden bei normalen Marktverhältnissen den gleichen gemeinen Wert (Einzelveräußerungspreis) haben. Werden sie aber in 10 verschiedenen Betrieben eingesetzt, so können sie bei unterschiedlicher Struktur und Ertragslage der Betriebe durchaus verschiedene Teilwerte haben. Der Gesetzgeber wollte mit dem Begriff des Teilwertes erreichen, daß für ein Wirtschaftsgut der Wert angesetzt wird, der im Rahmen eines konkreten Betriebes diesem Wirtschaftsgut tatsächlich zukommt.

Der Teilwert wird damit zu einem **ertragsabhängigen Wert.** Er soll – was dem gemeinen Wert als preisabhängigem Wert nicht gelingen konnte – eine **Verbindung zwischen Einzelbewertung und Gesamtbewertung** herstellen. Der Teilwert ist ein **Einzelwert.** Aber weil in ihm die Betriebszugehörigkeit – und nicht der Einzelveräußerungspreis am Markt – berücksichtigt werden soll, der Teilwert eines Wirtschaftsgutes sich also mit der Ertragslage des Betriebes ändert, soll die Summe aller Teilwerte – zuzüglich des Wertes der in der Bilanz nicht bilanzierungsfähigen immateriellen Wirtschaftsgüter (z. B. Organisation) – theoretisch gleich dem Gesamtwert des Betriebes sein. Dabei geht man – nach der Definition des Ge-

---

[80] Amtl. Slg. Bd. 20, S. 88 f.

setzes – vom Gesamtwert aus und verteilt ihn auf die einzelnen Wirtschaftsgüter. Theoretisch müßte dann die Summe der Einzelwerte gleich dem Gesamtwert sein. Dieses Ziel der Verbindung von Einzel- und Gesamtbewertung verfolgte man mit der Einführung des Teilwertbegriffs, mußte jedoch feststellen, daß es nicht realisierbar ist, weil **erstens** eine exakte Berechnung des Gesamtwertes eines Betriebes nicht möglich ist und **zweitens** eine Verteilung des Gesamtwertes auf die einzelnen Wirtschaftsgüter nicht gelingen kann.

Die heute gültige Definition des Teilwertes in § 6 EStG geht von **drei Fiktionen** aus:

1. Ein fiktiver Käufer soll den Gesamtwert des Betriebes ermitteln;
2. die Ermittlung des Gesamtwertes soll unter dem Gesichtspunkt der Fortführung des Betriebes – also unter Berücksichtigung der zukünftig zu erwartenden Erträge erfolgen;
3. der fiktive Käufer soll den Gesamtkaufpreis, den er zu zahlen bereit ist, auf die einzelnen Wirtschaftsgüter verteilen.

b) Unmöglichkeit der rechnerischen Ermittlung des Teilwertes

Die Finanzverwaltung mußte bald nach Einführung des Teilwertes feststellen, daß es weder ein exaktes Verfahren gibt, den (fiktiven) Gesamtkaufpreis eines Betriebes zu ermitteln, noch eine exakte Aufteilung eines fiktiven Gesamtkaufpreises auf die einzelnen Wirtschaftsgüter möglich ist. Der RFH hat nacheinander zwei Verfahren zur Ermittlung des Teilwertes entwickelt, die sich beide als unbrauchbar erwiesen haben.

Im Urteil des RFH von 14. 12. 1926[81] heißt es: „Der Teilwert bestimmt sich nach demjenigen Betrage, den ein Käufer des ganzen Unternehmens vermutlich . . . weniger für das Unternehmen geben würde, wenn der betreffende Gegenstand nicht zu dem Unternehmen gehörte." Der Betrieb wird also als Ganzes einmal mit und einmal ohne das zu bewertende Wirtschaftsgut bewertet. Der Teilwert des Wirtschaftsgutes ist dann die Differenz zwischen beiden Gesamtwerten **(Differenzmethode)**. Diese Methode ist **rechentechnisch nicht durchführbar**. Selbst wenn sie es aber wäre, würde sie zu falschen Ergebnissen führen, denn der Ausfall eines für den Betriebsprozeß außerordentlich wichtigen Wirtschaftsgutes würde zu einer hohen Gesamtwertminderung führen, so daß das zu bewertende Wirtschaftsgut überbewertet würde.

Das wiederholt sich bei allen Wirtschaftsgütern, die zur Ermittlung ihres Teilwertes als Differenz zweier Gesamtwerte gedanklich aus dem Betrieb genommen werden. „Die Folge davon ist", schreibt Kosiol mit Recht, „daß die Summe der Ausfallwerte niemals den Gesamtwert ergibt, sondern weit höher liegt, da jedem Gut ein spezifischer Überwert von den übrigen Gütern her zugerechnet wird."[82]

---

81 Amtl. Slg. Bd. 20, S. 89
82 Kosiol, E., Bilanzreform und Einheitsbilanz, 9. Aufl., Berlin und Stuttgart 1949, S. 145

Eine Verteilung des (fiktiven) Gesamtkaufpreises auf die einzelnen Wirtschaftsgüter (**Zurechnungsmethode**) scheitert nicht nur am Fehlen eines geeigneten Verteilungschlüssels, sondern auch daran, daß im Gesamtkaufpreis auch der **Firmenwert** enthalten ist. Der Firmenwert ist die Differenz zwischen dem durch Kapitalisierung des nachhaltig zu erwartenden Reinertrages des Betriebes ermittelten Gesamtwert und dem Reproduktionswert der bilanzierungsfähigen Wirtschaftsgüter des Betriebes. Er besteht theoretisch aus zwei Teilen, die sich allerdings nicht getrennt berechnen lassen: **erstens** aus dem Wert von Wirtschaftsgütern (Organisation, Kundenstamm usw.), die keine selbständigen Vermögensgüter darstellen und nicht in der Bilanz enthalten sind (nicht bilanzierungsfähige immaterielle Wirtschaftsgüter),[83] **zweitens** aus der Summe der „Mehrwerte" von Wirtschaftsgütern, die in der Bilanz auf Grund der in den Reproduktionskosten erfolgten preisabhängigen Bewertung gemessen an der ertragsabhängigen Bewertung zu niedrig erscheinen. Die zweite Komponente des Geschäftswertes müßte auf die in der Bilanz ausgewiesenen selbständigen Vermögensgüter (und genau genommen auch auf die nicht bilanzierungsfähigen immateriellen Wirtschaftsgüter) verteilt, die erste Komponente als selbständige Position in der Bilanz aktiviert werden.

Um dem unterschiedlichen Charakter der beiden Teile des Geschäftswertes Rechnung zu tragen, ist es zweckmäßig, folgende Wertbegriffe zu unterscheiden[84]:

1. den **Teilreproduktionswert.** Er ist gleich der Summe der Wiederbeschaffungskosten aller selbständigen Wirtschaftsgüter des Betriebes,
2. den **Gesamtreproduktionswert.** Er ist gleich um die Wiederbeschaffungskosten der nicht bilanzierungsfähigen immateriellen Wirtschaftsgüter höher als der Teilreproduktionswert,
3. den **Ertragswert.** Er ist gleich dem Wert der kapitalisierten zukünftigen Reinerträge des Betriebes.

Der **originäre Geschäftswert** ist also die Differenz zwischen dem Ertragswert und dem Teilreproduktionswert. Er setzt sich aus zwei Komponenten zusammen, dem Wert der nicht bilanzierungsfähigen immateriellen Wirtschaftsgüter, der gleich der Differenz zwischen Gesamt- und Teilreproduktionswert ist, und dem Kapitalisierungsmehrwert, der gleich der Differenz zwischen Ertragswert und Gesamtreproduktionswert ist.

Der Wert der nicht bilanzierungsfähigen immateriellen Wirtschaftsgüter kann nur positiv oder gleich Null sein, dagegen niemals negativ. Der Kapitalisierungswert kann dagegen entweder ein **Mehrwert** oder ein **Minderwert** sein, je nachdem, ob der Ertragswert größer oder kleiner als der Gesamt- oder Teilproduktionswert ist.

---

[83] Kosiol spricht von „adjunktiven" Wirtschaftsgütern; Kosiol, E., a. a. O., S. 146
[84] Vgl. Schmalenbach, E., Dynamische Bilanz, 9. Aufl., Leipzig 1948, S. 104 ff.; Kosiol, E., a. a. O., 145 ff. und 153; Jacob, H., Das Bewertungsproblem in den Steuerbilanzen, Wiesbaden 1961, S. 126 f.

Der RFH hat versucht, die Schwierigkeiten der Zurechnungsmethode durch die Forderung zu beseitigen, „daß bei Verteilung des Gesamtkaufpreises auf die einzelnen Wirtschaftsgüter zunächst der Geschäftswert auszuscheiden und dann der Restbetrag des Gesamtkaufpreises auf die anderen Wirtschaftsgüter zu verteilen ist."[85]

Diese Forderung ist – wie gezeigt – nicht zu erfüllen, denn ein Ausscheiden des Geschäftswertes setzt voraus, daß er sich berechnen läßt. Will man also dem Reichsfinanzhof folgen, und bei der Verteilung des Gesamtkaufpreises auf die einzelnen Wirtschaftsgüter zunächst den Geschäftswert ausscheiden, so muß man zunächst die einzelnen Wirtschaftsgüter bewerten, um den Firmenwert bestimmen zu können. Diese Bewertung kann aber lediglich mit Hilfe der Anschaffungskosten oder Wiederbeschaffungskosten zum Reproduktionswert der selbständigen Wirtschaftsgüter führen (Teilreproduktionswert). Der Geschäftswert ergibt sich also als **Differenz des Gesamtwertes und des Teilreproduktionswertes.**

Vermindert man nun den Gesamtkaufpreis um den Geschäftswert, um der Forderung des Reichsfinanzhofes zu genügen, so verbleibt der Teil des Gesamtwertes, der auf die einzelnen Wirtschaftsgüter als Teilwert zuzurechnen ist. Der verbleibende Wert ist aber dann nichts anderes als der **Teilreproduktionswert.** Dieses Verfahren ist völlig unsinnig, denn der Teilwert kann dann nichts anderes sein als der **Einzelwert,** den man vorher zur Ermittlung des Reproduktionswertes angesetzt hat. Der Teilwert ist dann aber **kein ertragsabhängiger Wert** mehr.

Anders ausgedrückt: zunächst setzt man das Ganze aus seinen Teilen zusammen, um dann das Ganze wieder auf die Teile verteilen zu können. Daraus folgt, daß der Begriff des Teilwertes, wie er in § 6 EStG formuliert ist, **unhaltbar** und **unbrauchbar** ist. Das liegt aber nicht nur an der Formulierung, sondern auch an der Tatsache, daß der Zweck, den man mit der Schaffung dieses Wertbegriffes erreichen wollte, rechentechnisch nicht realisiert werden kann.

Die Unbrauchbarkeit des Teilwertes wird auch aus der Tatsache ersichtlich, daß der Teilwert als Bewertungsmaßstab für die **Gewinnermittlung** mit Hilfe der Steuerbilanz dienen soll. Damit der Teilwert aber berechnet werden kann, müßte der Gewinn bereits zuvor bekannt sein, da der Ertragswert als Bestimmungsgröße des fiktiven Gesamtkaufpreises durch Kapitalisierung des zukünftigen Reinertrages ermittelt wird.

Neuere Bilanztheorien[86] gehen von geschätzten zukünftigen Gewinnen (Einzahlungsüberschüssen) aus und können so zumindest einen Barwert („Teilwert") der gesamten Unternehmung ermitteln. Jedoch befassen sich herkömmliche Bilanzen (abgesehen vom derivativen Firmenwert) mit realisierten (vergangenen) Gewinnen.

---

[85] RFH vom 19. 1. 1938, RStBl 1938, S. 180
[86] Vgl. die kritische Analyse bei Schneider, D., Die Problematik betriebswirtschaftlicher Teilwertlehren, WPg 1969, S. 305 ff.

c) Die „Vermutungen" des RFH zur Teilwertermittlung

Der Gesetzgeber hat aus der Erkenntnis, daß der Teilwert sich entsprechend seiner Definition und Zielsetzung nicht berechnen läßt, bis heute keine Konsequenzen gezogen. Statt dessen hat die Rechtsprechung zur Bestimmung des Teilwerts sog. „Vermutungen" aufgestellt, die grundsätzlich gelten, solange sie nicht vom Steuerpflichtigen widerlegt worden sind. Auf die einzelnen Gruppen von Wirtschaftsgütern bezogen, ergeben sich nach der ständigen Rechtsprechung des Reichsfinanzhofes folgende Einzelvermutungen[87]:

1. Im Zeitpunkt der Anschaffung oder Herstellung eines Wirtschaftsgutes ist der Teilwert gleich den tatsächlichen **Anschaffungs- oder Herstellungskosten,** die gewöhnlich den Wiederbeschaffungskosten entsprechen. Das gilt auch dann, wenn der Betrieb für das beschaffte Wirtschaftsgut einen höheren Preis bezahlt hat, als ein Dritter ohne betrieblichen Anlaß bezahlt haben würde, da anzunehmen ist, daß ein Betrieb für ein Wirtschaftsgut kaum größere Aufwendungen machen wird, als ihm das Gut wert ist.

2. Bei **nichtabnutzbaren** Wirtschaftsgütern des Anlagevermögens gilt die Vermutung, daß der Teilwert gleich den Anschaffungskosten ist, auch für spätere Stichtage.

3. Bei Gütern des Anlagevermögens, die der **Abnutzung** unterliegen, entspricht der Teilwert den um die Absetzungen für Abnutzung verminderten Anschaffungs- oder Herstellungskosten. Sind die Wiederbeschaffungskosten inzwischen gesunken, so kann von ihnen ausgegangen werden.

4. Für die Güter des **Umlaufvermögens,** die einen Börsen- oder Marktpreis haben, besteht die Vermutung, daß der Teilwert gleich den Wiederbeschaffungskosten ist, die in der Regel dem Börsen- oder Marktpreis entsprechen.

5. Die **Wiederbeschaffungskosten** bilden grundsätzlich die **obere Grenze** des Teilwertes. Für Gegenstände des Anlagevermögens ist die **untere Grenze** des Teilwertes der **Einzelveräußerungspreis** (abzüglich evtl. entstehender Verkaufskosten).

Betrachtet man die angeführten Vermutungen, so ist von der ursprünglichen Idee des Teilwertes als eines betriebs- bzw. ertragsbezogenen Wertes nichts mehr übrig geblieben. Indem der Reichsfinanzhof den Teilwert mit Hilfe von Werten bestimmt, die vom **Ertrag unabhängig,** statt dessen aber von **Marktpreisen abhängig** sind (Anschaffungs-, Herstellungs-, Wiederbeschaffungskosten), gibt er seine mit dem Teilwert verfolgte Zielsetzung, anstelle einer isolierten am Markt orientierten Bewertung der einzelnen Wirtschaftsgüter eine betriebsbezogene Bewertung durchzufüh-

---

[87] Vgl. Blümich-Falk, Einkommensteuergesetz, Bd. 1, 9. Aufl., Berlin und Frankfurt/M. 1964, S. 588 f.

ren, auf und gesteht ein, daß die in der Legaldefinition geforderte Beziehung zum Gesamtwert **nicht** hergestellt werden kann.

Da der Reichsfinanzhof aber wiederholt zum Ausdruck gebracht hat, daß er den Gesamtwert einer wirtschaftlichen Einheit als einen ertragsabhängigen Wert aufgefaßt wissen will[88], ergibt sich ein **Widerspruch** zu den Teilwertvermutungen, nach denen nicht der Gesamtwert des Betriebes, der von den in der Zukunft zu erwartenden Erträgen abhängig ist, für die Höhe der Einzelwerte ausschlaggebend ist, sondern einzig und allein die Preise bestimmend sein sollen. Die Anschaffungskosten sind ein historischer Wert, der über die Ertrags- oder Nutzungsfähigkeit eines Wirtschaftsgutes in einem konkreten Betriebe ebensowenig etwas aussagen kann wie die Wiederbeschaffungskosten. Die mit Hilfe dieser Vermutungen ermittelten Teilwerte können keine Verbindung zwischen Einzelbewertung und Gesamtbewertung herstellen. „Indem der RFH sein System der Teilwert-Vermutungen einführte", schreibt Jacob[89], „beugte er sich der Gesetzmäßigkeit, daß eine Einzelbewertung nur auf der Grundlage von Preisen, nicht aber auf der Grundlage des Ertrages der übergeordneten Einheit möglich ist."

Es stellt sich die Frage, ob man in der Steuerbilanz ohne den – durch die Vermutungen des RFH interpretierten – Teilwert auskommt. Seine Aufgabe ist es, eine untere Wertgrenze, die im Interesse der Ermittlung des Periodengewinns nicht unterschritten werden darf, zu bestimmen.

Für die Bewertung in der Handelsbilanz ist der Teilwert weder als ertragsabhängiger Wert im Sinne der steuerrechtlichen Teilwertdefinition noch als marktpreisabhängiger Wert im Sinne der Teilwertvermutungen der Steuerrechtsprechung jemals in Betracht gezogen worden. Die handelsrechtlichen Bewertungsvorschriften haben von jeher die Aufgabe, im Interesse des Gläubigerschutzes die **obere Grenze** der Bewertung festzulegen. Seitdem das Aktiengesetz 1965 neben das Ziel des Gläubigerschutzes auch das des Schutzes der Aktionäre gestellt hat, kennt auch das Aktiengesetz feste Wertgrenzen, die nur in den im Gesetz aufgeführten Fällen unterschritten werden dürfen. Es gibt also auch für die Handelsbilanz – zumindestens der Aktiengesellschaften – eine **untere Grenze** der Bewertung. Sie ist im Gesetz teils mit Hilfe marktpreisabhängiger, teils mit steuerrechtlich für zweckmäßig erachteten Bewertungsmaßnahmen fixiert worden.

Somit liegt die Frage nahe, ob die Schwierigkeiten des Teilwertes nicht einfach durch **Übernahme der aktienrechtlichen Bewertungsvorschriften in die Steuerbilanz** überwunden werden können. Diese Frage läßt sich nicht generell beantworten. Sie wird im folgenden bei der Erörterung der Wertansätze der einzelnen Wirtschaftsgüter in der Handels- und Steuerbilanz von Fall zu Fall untersucht.

---

[88]　Vgl. RFH vom 11. 1. 1929, RStBl 1929, S. 221; RFH vom 16. 12. 1931, StW 9932, Nr. 429, Sp. 816; RFH vom 24. 1. 1935, StW 1935, Nr. 177, Sp. 413

[89]　Jacob, H., a. a. O., S. 125

III. Die Wertansätze des Anlagevermögens

1. Vorbemerkung

Die für die Bilanzierung der einzelnen Wirtschaftsgüter zu verwendenden Wertansätze lassen sich nur zum Teil gesetzlich fixieren (z. B. Nominalwerte, Anschaffungskosten). Ein großer Teil der Wertansätze beruht auf **Bewertungsentscheidungen** des Betriebes, die sich im Rahmen der vom Gesetzgeber eingeräumten Bewertungswahlrechte vollziehen. Diese enthalten oft einen erheblichen Spielraum für die Bewertung, weil eine exakte Wertbestimmung nicht möglich ist, sondern Schätzungen vorgenommen werden müssen. So kann z. B. die wirtschaftliche Nutzungsdauer abnutzbarer Anlagegüter nur geschätzt werden; daher beruht auch die zur Erfassung der in einer Periode eingetretenen Wertminderung von Anlagegütern verrechnete Abschreibung nur auf einer Schätzung, da eine genaue Messung in den meisten Fällen nicht möglich ist.

Die Berufung des Gesetzgebers auf die nicht kodifizierten Grundsätze ordnungsmäßiger Buchführung bei der Ausübung der Bewertungswahlrechte kann nur den Sinn haben, vorsätzliche Bewertungsmanipulationen, mit denen der Betrieb bilanzpolitische Ziele (z. B. eine gezielte Beeinflußung des Ertrags- und Vermögensausweises) realisieren möchte, in gewissen Grenzen zu halten, damit die vom Gesetzgeber der Bilanz zugewiesenen Aufgaben (Gläubigerschutz, Aktionärsschutz, Ermittlung einer Steuerbemessungsgrundlage, die die Gleichbehandlung der Steuerpflichtigen bei gleichen wirtschaftlichen Tatbeständen sicherstellt) in etwa erreicht werden.

Die **handelsrechtlichen** Bewertungsvorschriften sind in § 40 HGB, §§ 153 ff. AktG, § 42 GmbHG und § 33 c GenG niedergelegt. § 40 HGB bestimmt, daß bei der Aufstellung der Bilanz sämtliche Vermögensgegenstände und Schulden nach dem Werte anzusetzen sind, der ihnen am Bilanzstichtage beizulegen ist. Dieser sog. **„Zeitwert"** kann nur mit Hilfe der Grundsätze ordnungsmäßiger Buchführung interpretiert werden, die zum Teil im Aktiengesetz 1937 und 1965 kodifiziert worden sind. Im HGB gibt es bis heute keine Unterscheidung zwischen Anlage- und Umlaufvermögen und entsprechend auch keine gesonderten Vorschriften über die Bewertung dieser beiden Vermögensgruppen.

Für Aktiengesellschaften enthalten die § 153 ff. AktG[1] eingehende Vorschriften über die Bewertung, die auch von Unternehmen anderer Rechtsformen angewendet werden müssen, soweit sie eine Kodifizierung von Grundsätzen ordnungsmäßiger Buchführung sind; soweit sie nur der Realisierung von speziellen Zielsetzungen der Aktienbilanz dienen, sind sie u. E. für Nicht-Aktiengesellschaften nicht verbindlich.[2]

Für die **Steuerbilanz** regeln die §§ 6 und 7 EStG die Bewertung. Soweit diese Vorschriften Bewertungswahlrechte einräumen, gelten nach dem Grundsatz der Maßgeblichkeit der Handelsbilanz für die Steuerbilanz die entsprechenden Wertansätze der Handelsbilanz.

Das **Aktiengesetz** unterscheidet bei den Vermögensgegenständen zwei große Bewertungsgruppen. Einteilungskriterium ist der Zeitraum, in dem sich ein Vermögensgegenstand nach seiner Zweckbestimmung in der Regel im Betrieb befindet:

1. Gegenstände des Anlagevermögens (§§ 153 und 154 AktG),
2. Gegenstände des Umlaufvermögens (§ 155 AktG).

Das **Einkommensteuergesetz** bildet für die Vermögensgegenstände ebenfalls zwei Bewertungsgruppen, verwendet als Abgrenzungskriterium jedoch nicht die Zeit der Betriebszugehörigkeit, sondern die Abnutzung im Zeitablauf:

1. Wirtschaftsgüter des Anlagevermögens, die der Abnutzung unterliegen (§ 6 Abs. 1 Nr. 1 EStG),
2. Wirtschaftsgüter des Anlagevermögens, die nicht der Abnutzung unterliegen und Güter des Umlaufvermögens (§ 6 Abs. 1 Nr. 2 EStG).

Wenden wir uns nun Einzelheiten der Bewertung der einzelnen Gruppen von Wirtschaftsgütern zu.

2. Bewertung durch Abschreibung

a) Begriff, Arten und Aufgaben der Abschreibung

Ausgangswerte für die Bewertung aller Gegenstände des Anlagevermögens sind in der Handels- und Steuerbilanz die **Anschaffungs- oder Herstellungskosten.** Sie dürfen auch bei Vorliegen höherer Wiederbeschaffungskosten nicht überschritten werden, damit bei Preissteigerungen ein Ausweis von Gewinnen, die sich bei Ansatz der Wiederbeschaffungskosten

---

[1] Der Referentenentwurf eines neuen GmbH-Gesetzes übernimmt die aktienrechtlichen Bewertungsvorschriften größtenteils wörtlich in die §§ 131 ff.

[2] Vgl. S. 133 ff.

buchmäßig ergeben würden, solange verhindert wird, bis diese zu erwartenden Gewinne durch Umsatz der Wirtschaftsgüter am Markt tatsächlich realisiert worden sind (Realisationsprinzip). Während das Aktiengesetz 1937 in § 133 „höchstens" die Anschaffungs- oder Herstellungskosten forderte, woraus – wie oben erwähnt[3] – ein Aktivierungswahlrecht für die Anschaffungsnebenkosten abgeleitet wurde, schreibt § 153 Abs. 1 AktG 1965 vor, daß die Anschaffungs- oder Herstellungskosten anzusetzen **sind** – ggf. vermindert um Abschreibungen und Wertberichtigungen gemäß § 154 AktG. Aus einer Höchstwertvorschrift ist somit – für Aktiengesellschaften – ein fester Wertansatz geworden, der nicht nur nicht über-, sondern auch nicht unterschritten werden darf, wenn keine durch Abschreibungen zu erfassenden Wertminderungen eingetreten sind.

Nach § 6 Abs. 1 Nr. 1 und 2 EStG sind in der **Steuerbilanz** für alle Wirtschaftsgüter die Anschaffungs- oder Herstellungskosten feste Wertansätze und nicht nur Höchstwerte. Diese Übereinstimmung zwischen den Wertansätzen für das Anlagevermögen in der Handels- und Steuerbilanz besteht aber nur im Wortlaut der gesetzlichen Vorschriften. Tatsächlich können die Wertansätze differieren, und zwar einerseits, weil die Erfassung von Wertminderungen durch Abschreibungen in der Handelsbilanz nach den Grundsätzen ordnungsmäßiger Buchführung zu erfolgen hat, deren Auslegung immer problematisch ist, während z. B. die Absetzung in fallenden Jahresbeträgen (degressive Abschreibung) in der Steuerbilanz bestimmte in § 7 Abs. 2 EStG zahlenmäßig festgelegte Sätze nicht übersteigen darf, andererseits weil das Aktiengesetz bei der Ermittlung der Herstellungskosten für bestimmte Bestandteile – wie oben dargestellt[4] – ein Aktivierungsrecht einräumt, für die in der Steuerbilanz eine Aktivierungspflicht besteht.

Die Tatsache, daß es in jedem Betriebe Wirtschaftsgüter gibt, die auf Grund ihrer natürlichen (Rohstoffvorkommen), technischen (Maschinen) oder rechtlichen (Patente) Beschaffenheit nicht in einer Periode im Betriebsprozeß verbraucht und folglich auch nicht in einer Periode in voller Höhe ihrer Anschaffungs- oder Herstellungskosten als Aufwand in der Gewinn- und Verlustrechnung verrechnet werden, sondern über mehrere Perioden Nutzungen abgeben können, erfordert an jedem Bilanzstichtag eine Wertfortschreitung oder Neubewertung dieser Wirtschaftsgüter.

Grundsätzlich sind im Hinblick auf die Erfassung von Wertminderungen zwei Gruppen von Wirtschaftsgütern des Anlagevermögens zu unterscheiden:

1. Wirtschaftsgüter, deren **Nutzung zeitlich begrenzt** ist, d. h. deren Nutzungsvorrat sich durch Gebrauch (Verschleiß), durch wirtschaftliche Entwertung (z. B. technischer Fortschritt) oder durch Zeitablauf (z. B. Patente) von Periode zu Periode vermindert. Die Wertminderung ist

---

[3] Vgl. S. 259
[4] Vgl. S. 273 f.

durch planmäßige Abschreibung von den Anschaffungs- oder Herstellungskosten zu erfassen;

2. Wirtschaftsgüter, deren Nutzungsvorrat im Zeitablauf **nicht abnimmt.** Sie sind grundsätzlich zu den Anschaffungs- oder Herstellungskosten zu bewerten (z. B. Grund und Boden, Beteiligungen, Wertpapiere).

Treten außergewöhnliche Wertänderungen ein (z. B. ein Steigen oder Sinken der Wiederbeschaffungskosten oder der Kurswerte über bzw. unter die Anschaffungskosten, eine unerwartete technische oder wirtschaftliche Entwertung von Maschinen), so müssen oder dürfen Wertminderungen durch außerplanmäßige Abschreibungen erfaßt werden, während nach dem Realisationsprinzip Wertsteigerungen über die Anschaffungs- oder Herstellungskosten nicht berücksichtigt werden dürfen.

Als **Abschreibungen**[5] bezeichnet man also die Beträge, die zur Erfassung des Wertverzehrs am Anlagevermögen[6] in der Gewinn- und Verlustrechnung als Aufwand (und in der Kostenrechnung als Kosten) angesetzt werden. Die Abschreibungen einer Periode werden bei Gütern, deren Nutzung zeitlich begrenzt ist, in der Weise ermittelt, daß die Anschaffungs- oder Herstellungskosten mit Hilfe einer planmäßigen Rechnung (**Abschreibungsplan**) auf die Jahre der wirtschaftlichen Nutzung verteilt werden. Außergewöhnliche Wertminderungen werden zusätzlich erfaßt und erfordern jeweils eine Neuberechnung der planmäßigen Abschreibung für die Restnutzungsdauer. Bei Anlagegütern, deren Nutzung zeitlich nicht begrenzt ist, werden die Anschaffungs- oder Herstellungskosten von Fall zu Fall um eingetretene Wertminderungen gekürzt (außerplanmäßige Abschreibung).

Wenn die Gründe für eine außerplanmäßige Abschreibung wegfallen, so hat der Betrieb nach § 154 Abs. 2 AktG ein Wahlrecht, ob er den bisherigen (niedrigeren) Bilanzansatz beibehalten oder eine **Zuschreibung** vornehmen will. § 6 Abs. 1 Nr. 1 EStG verbietet bei abnutzbaren Anlagegütern einen Ansatz, der über den letzten Bilanzansatz hinausgeht (Prinzip des strengen Wertzusammenhanges). Bei nicht abnutzbaren Anlagegütern sind jedoch nach § 6 Abs. 1 Nr. 2 EStG Zuschreibungen bis zur Höhe der Anschaffungs- oder Herstellungskosten zulässig.

Umstritten ist, ob in der Handelsbilanz **planmäßige** Abschreibungen durch Zuschreibungen korrigiert werden dürfen. Adler-Düring-Schmaltz lehnen eine Zuschreibung ab: „Zuschreibungen zur Korrektur überhöhter planmäßiger Abschreibungen sind . . . nicht möglich, da im Rahmen einer

---

[5] Zur Technik der Verrechnung von Abschreibungen vgl. S. 97 ff.

[6] Der Begriff der Abschreibung wird auch für die Erfassung von Wertminderungen bei Gütern des Umlaufvermögens verwendet. So fordert § 40 Abs. 3 HGB, daß uneinbringliche Forderungen „abzuschreiben" sind. Zur Unterscheidung könnte man die in diesem Abschnitt zu behandelnde Abschreibung als Anlageabschreibung (Sach- und Finanzanlagen) bezeichnen. Da jedoch im täglichen Sprachgebrauch mit dem Wort Abschreibung in der Regel die Anlageabschreibungen bezeichnet werden, halten wir diese Präzisierung nicht für erforderlich.

Änderung des Abschreibungsplanes nur die künftigen Abschreibungen geändert werden können, nicht dagegen die in der Vergangenheit bereits verrechneten Abschreibungen."[7]

Akzeptiert wird also nur eine Verlängerung der Nutzungsdauer oder die Anwendung einer anderen Abschreibungsmethode und damit eine Korrektur des Abschreibungsplanes für die Zukunft. Aus dem Wortlaut des Gesetzes ergibt sich diese Einschränkung der Auswirkungen einer Korrektur auf die Zukunft nicht. U. E. kommt es auf diese Weise zu einer Unterbewertung des **Vermögens,** die der Forderung des § 149 Abs. 1 AktG nach einem möglichst sicheren Einblick in die Vermögenslage widerspricht.[8] Ein Ausgleich des zu niedrigen Wertansatzes erfolgt erst allmählich im Laufe der verlängerten Nutzungsdauer oder durch Verlangsamung der Abschreibung durch Verwendung einer anderen Methode der Verteilung.

Auch die **Ertragslage** wird nicht richtig dargestellt, denn die jährlichen Abschreibungen sind infolge der eingetretenen Unterbewertung während der Restnutzungsdauer zu niedrig, der Gewinn ist folglich relativ zu hoch. Im Falle der Zuschreibung werden die in der Vergangenheit vorgenommenen Abschreibungen in dem Umfange, in dem sie sich als zu hoch erwiesen haben, rückgängig gemacht, und der zugeschriebene Betrag wird in den Jahren der Restnutzungsdauer erneut abgeschrieben. Damit ist der Erfolgsausweis dieser Jahre genauer; im Jahre der Zuschreibung entsteht allerdings ein Erfolg, der um den Betrag zu hoch ist, um den die Erfolge der vergangenen Jahre zu niedrig ausgewiesen worden sind.

Wir sind der Ansicht, daß der Grundsatz der Richtigkeit des Vermögens- und Ertragsausweises in diesem Falle über den Grundsatz der Bewertungskontinuität gestellt werden sollte. Die Durchbrechung der Bewertungskontinuität muß – bei Aktiengesellschaften – im Geschäftsbericht erwähnt und kann folglich nicht verschleiert werden.

In der Handels- und Steuerbilanz sind planmäßige Abschreibungen **zwingend** vorgeschrieben.[9] Handels- und Steuerrecht verwenden jedoch eine unterschiedliche Terminologie. Dem aktienrechtlichen und betriebswirtschaftlichen Begriff der planmäßigen Abschreibung entspricht im Einkommensteuergesetz der Begriff der **Absetzung für Abnutzung** (AfA) oder Absetzung für Substanzverringerung. Dem aktienrechtlichen Begriff der außerplanmäßigen Abschreibung stehen im Steuerrecht zwei Begriffe gegenüber: die Absetzung für außergewöhnliche technische oder wirtschaftliche Abnutzung (AfaA) und die Teilwertabschreibung.

Darüber hinaus gibt es im Steuerrecht sog. **steuerliche Sonderabschreibungen,** die für begrenzte Zeit und oft auch für einen begrenzten Personenkreis aus wirtschaftspolitischen, insbesondere konjunkturpolitischen

---

[7] Adler-Düring-Schmaltz, a. a. O., Erl. zu § 154, Tz 64
[8] Gleicher Ansicht: Brehmer, F., Zur Frage der Zuschreibungen bei abnutzbaren Anlagegegenständen, WPg 1969, S. 284 ff.
[9] Vgl. § 154 Abs. 1 AktG, § 7 Abs. 1 EStG

Gründen zugelassen werden. Sie stehen in keiner Beziehung zum geschätzten Wertminderungsverlauf, sondern dienen der Beeinflussung der Steuerbemessungsgrundlage „Gewinn", insbesondere wenn sie neben der planmäßigen Absetzung zusätzlich in Anspruch genommen werden dürfen.

Mit Hilfe von Sonderabschreibungen wird der Aufwand der Periode buchtechnisch erhöht und folglich der ausgewiesene Gewinn entsprechend vermindert. Es tritt also eine Steuerersparnis in der Periode ein, die allerdings nicht endgültig ist, sondern nur eine Steuerverschiebung auf spätere Perioden darstellt, da in den folgenden Perioden der Restnutzungsdauer um die Sonderabschreibung weniger abgeschrieben werden kann, denn insgesamt darf auf die Nutzungsdauer kein größerer Betrag als die Anschaffungskosten verteilt werden. Immerhin führt die Steuerverschiebung infolge der zinslosen Steuerstundung zu einer Liquiditätsverbesserung im Jahre der Sonderabschreibung und zu einem Zinsgewinn, bis die durch die Sonderabschreibung gebildeten stillen Rücklagen sich im Zeitablauf auflösen und zu einer Steuermehrbelastung führen.

Werden Sonderabschreibungen über einen längeren Zeitraum oder ohne zeitliche Begrenzung gewährt, so haben sie – wenn laufende Ersatzinvestitionen vorgenommen werden – einen langfristigen bzw. permanenten zinslosen Steuerkredit zur Folge, der im Falle von Erweiterungsinvestitionen wächst. Erst im Falle einer Schrumpfung des Investitionsvolumens treten Steuermehrbelastungen ein.

Die steuerlichen Sonderabschreibungen können zu einer Bildung erheblicher stiller Rücklagen führen. Das Aktiengesetz läßt die Übernahme derartiger von der Zielsetzung des Steuergesetzgebers zweckmäßiger, von der Zielsetzung der Handelsbilanz aber falscher Wertansätze in der Aktienbilanz zu, hat aber keinen besonderen Begriff für diese steuerliche Sonderabschreibung geprägt.

Aktienrecht	Steuerrecht
Planmäßige Abschreibung § 154 Abs. 1	Absetzung für Abnutzung (AfA) und Absetzung für Substanzverringerung § 7 EStG
Außerplanmäßige Abschreibung § 154 Abs. 2 Satz 1 Nr. 1	1. Absetzung für außergewöhnliche technische oder wirtschaftliche Abnutzung (AfaA) § 7 Abs. 1 letzter Satz EStG 2. Teilwertabschreibung § 6 EStG
Außerplanmäßige Abschreibung § 154 Abs. 2 Satz 1 Nr. 2	Steuerliche Sonderabschreibungen

Sowohl nach Handels- als auch nach Steuerrecht sind die Anschaffungsbzw. Herstellungskosten eines Wirtschaftsgutes mittels jährlicher Abschreibungen über die Jahre der Nutzung zu verteilen, ggf. vermindert um einen geschätzten Restverkaufserlös (Restwert), d. h. die Berechnung der Abschreibungen geht vom Prinzip der nominellen Kapitalerhaltung aus: der Markt muß zunächst den in der Periode verrechneten Betrag der Anschaffungs- oder Herstellungskosten zurückvergüten, bevor – falls auch alle anderen Aufwendungen durch den Umsatzerlös gedeckt sind – ein Bilanzgewinn eintreten kann.

Die Abschreibung hat eine **Strukturänderung im Vermögen** zur Folge: Das Anlagevermögen vermindert sich um die Abschreibungen, das Umlaufvermögen (liquide Mittel oder Bestände, falls die Abschreibungen in die Herstellungskosten einbezogen worden sind) erhöht sich um die Abschreibungsgegenwerte, die durch den Umsatzprozeß vom Markt zurückvergütet oder in die noch auf Lager befindlichen Bestände eingerechnet worden sind, bis schließlich die gesamten Anschaffungs- oder Herstellungskosten aus dem Anlagevermögen verschwinden und – wenn alle produzierten Leistungen ohne Verlust abgesetzt worden sind – an ihre Stelle in gleicher Höhe liquide Mittel getreten sind.

Steigende oder sinkende Wiederbeschaffungskosten haben auf den Gesamtbetrag der Abschreibungen keinen Einfluß. Sie werden jedoch in der Kostenrechnung bei der Bemessung der **kalkulatorischen Abschreibungen** berücksichtigt, weil die Kostenrechnung vom Prinzip der Substanzerhaltung ausgeht, so daß – insbesondere in Zeiten steigender oder sinkender Wiederbeschaffungskosten abnutzbarer Anlagegüter – Differenzen zwischen der Gesamtabschreibung in der Bilanz- und der Kostenrechnung und somit auch bei der Festlegung der jährlichen Abschreibungsbeträge entstehen. Unterschiede in den in beiden Rechnungen angesetzten Abschreibungsbeträgen können allerdings auch bei gleicher Gesamtabschreibung eintreten, wenn verschiedene Verteilungsverfahren (z. B. Abschreibung in gleichen Jahresbeträgen einerseits und in fallenden Jahresbeträgen andererseits) angewendet werden.

Für ein und dasselbe Wirtschaftsgut kann es in einer Periode also drei verschiedene Abschreibungsquoten geben: eine handelsrechtliche, eine steuerrechtliche und eine kalkulatorische. Während aber die Gesamtabschreibung während der wirtschaftlichen Nutzungsdauer in der Handels- und Steuerbilanz stets gleich hoch, nämlich gleich den Anschaffungs- oder Herstellungskosten ist, kann sie in der Kostenrechnung entsprechend der Entwicklung der Wiederbeschaffungskosten höher oder niedriger sein.

Den Unterschied zwischen Bilanz- und Kostenrechnung im Hinblick auf die Abschreibungen zeigt das folgende Beispiel, in dem unterstellt wird, daß Aufwand und Kosten – mit Ausnahme der Abschreibungen – und Ertrag und Erlös gleich groß sind, also keine neutralen Aufwendungen oder Zusatzkosten bzw. neutralen Erträge vorhanden sind.

Anschaffungskosten: 100 000 DM
Wiederbeschaffungskosten: 120 000 DM
Nutzungsdauer: 5 Jahre

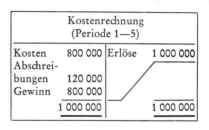

Gewinn- und Verlustrechnung (Periode 1—5)			
Aufwand	800 000	Erträge	1 000 000
Abschrei-			
bungen	100 000		
Gewinn	100 000		
Gewinn	1 000 000		1 000 000

Kostenrechnung (Periode 1—5)			
Kosten	800 000	Erlöse	1 000 000
Abschrei-			
bungen	120 000		
Gewinn	800 000		
	1 000 000		1 000 000

Verläßt der gesamte Bilanzgewinn den Betrieb als Ausschüttung bzw. Steuerzahlung, so ist eine Substanzerhaltung nicht möglich, da 20 000 DM, die zur Wiederbeschaffung benötigt werden, ausgeschüttet worden sind. Da das Bilanzrecht keine Rücksicht auf die Substanzerhaltung nimmt, müßte eine Rücklage aus dem Bilanzgewinn von 20 000 DM gebildet werden. In der Steuerbilanz kann eine Zuführung zu den offenen Rücklagen nur aus dem bereits versteuerten Gewinn erfolgen, d. h. aber, daß bei einem Steuersatz von z. B. 50 % der Bilanzgewinn mindestens doppelt so hoch wie der zur Substanzerhaltung in eine offene Rücklage zu überführende Betrag sein muß, in unserem Beispiel also 40 000 DM.

b) Die Ermittlung der jährlichen Abschreibungsbeträge

Das schwierigste Problem der Abschreibung ist die **Bemessung der jährlichen Abschreibungsbeträge.** Wenn die Zielsetzungen von Handels- und Steuerbilanz realisiert werden sollen, dann müßte der in einer Periode eingetretene Wertverzehr am Anlagevermögen auch tatsächlich erfaßt werden, da anderenfalls weder die Vermögens- noch die Ertragslage und damit der steuerliche Gewinn richtig ausgewiesen werden.

Eine exakte Ermittlung des Anteils der Anschaffungs- oder Herstellungskosten, der in einer Periode „verbraucht" worden ist, ist bei den meisten Anlagegütern nicht möglich. Die Wertminderungen haben oft mehrere Ursachen, sie sind außerdem in der Regel nicht zu quantifizieren. Das Aktiengesetz schreibt deshalb keine besondere Methode der Verteilung der Anschaffungs- oder Herstellungskosten auf die Jahre der Nutzung vor, sondern bestimmt lediglich: Der Abschreibungsplan „muß die Anschaffungs- oder Herstellungskosten nach einer den Grundsätzen ordnungsmäßiger Buchführung entsprechenden Abschreibungsmethode auf die Geschäftsjahre verteilen, in denen der Gegenstand voraussichtlich genutzt wird."[10]

Da durch die Methode der Verteilung der Anschaffungs- oder Herstellungskosten einerseits und durch die Schätzung der wirtschaftlichen Nutzungsdauer andererseits der Periodengewinn erheblich beeinflußt werden kann, versucht der Steuergesetzgeber im Einkommensteuergesetz die Mög-

---

[10] § 154 Abs. 1 Satz 2 AktG

lichkeiten absichtlicher Gewinnverlagerungen mit Hilfe der AfA einzuschränken. § 7 Abs. 1 EStG bestimmt: „Bei Wirtschaftsgütern, deren Verwendung oder Nutzung ... sich erfahrungsgemäß auf einen Zeitraum von mehr als einem Jahr erstreckt, ist jeweils für ein Jahr der Teil der Anschaffungs- oder Herstellungskosten abzusetzen, der bei gleichmäßiger Verteilung dieser Kosten auf die Gesamtdauer der Verwendung oder Nutzung auf ein Jahr entfällt." Zwar sind auch andere Verteilungsverfahren zulässig, jedoch sind sie entweder zahlenmäßig begrenzt (z. B. degressive Absetzung) oder an bestimmte Voraussetzungen gebunden (z. B. Leistungsabschreibung).

Der in § 154 Abs. 1 AktG ausgesprochene **Grundsatz der Planmäßigkeit** erfordert die Aufstellung eines Abschreibungsplanes, aus dem der Abschreibungsverlauf eindeutig ersichtlich ist und durch den der Grundsatz der Bewertungskontinuität gesichert werden soll. Dieser Plan kann geändert werden, wenn sachliche Gründe es rechtfertigen (z. B. Verkürzung der wirtschaftlichen Nutzungsdauer infolge unerwarteten technischen Fortschritts). Das dem Plan zugrunde liegende Abschreibungsverfahren muß nach § 160 Abs. 2 Satz 2 AktG im Geschäftsbericht angegeben werden. Über jede Änderung der Abschreibungsmethode, die die Vergleichbarkeit des Jahresabschlusses mit dem letzten Jahresabschluß beeinträchtigt, ist ebenfalls im Geschäftsbericht zu berichten.[11] Unabhängig davon, ob die Vergleichbarkeit des Jahresabschlusses beeinträchtigt wird, sind Angaben über Änderungen der Bewertungs- und Abschreibungsmethoden zu machen, wenn durch die Änderung der Jahresüberschuß (bzw. Jahresfehlbetrag) um mehr als 10 % unter oder über dem Betrag liegt, der sich ohne Änderung ergeben hätte. Übersteigt der Unterschiedsbetrag 0,5 % des Grundkapitals, so ist er im Geschäftsbericht anzugeben.[12][13]

Zur Aufstellung des Abschreibungsplanes müssen somit neben den Anschaffungs- oder Herstellungskosten bestimmt werden:

1. Die wirtschaftliche Nutzungsdauer;
2. der Verlauf der Wertminderung des in dem abzuschreibenden Wirtschaftsgut enthaltenen Nutzungsvorrats und damit das zweckmäßige Abschreibungsverfahren;
3. der am Ende der wirtschaftlichen Nutzungsdauer noch erzielbare Restverkaufserlös.

c) Die wirtschaftliche Nutzungsdauer

Als **wirtschaftliche** Nutzungsdauer bezeichnet man den Zeitraum, in dem es wirtschaftlich sinnvoll ist, eine Anlage zu nutzen. Sie ist in der Regel kürzer als die **technische** Nutzungsdauer (Lebensdauer), unter der

---

[11] Vgl. § 160 Abs. 2 Satz 4 AktG
[12] Vgl. § 160 Abs. 2 Satz 5 AktG
[13] Vgl. dazu ausführlich S. 606

der Zeitraum zu verstehen ist, in dem eine Anlage technisch einwandfreie Nutzungen abgeben kann. Die Lebensdauer läßt sich in der Regel durch Reparaturen und Austausch von Einzelteilen verlängern. Sie stellt die obere Grenze der wirtschaftlichen Nutzungsdauer dar.

Die Berechnung der wirtschaftlichen Nutzungsdauer von Anlagegütern ist theoretisch mit Hilfe der Investitionsrechnung möglich[14], in der Praxis aber außerordentlich schwierig. Folglich wird die Ermittlung in der Regel mit Hilfe von Schätzungen vorgenommen, die von Vergangenheitswerten ausgehen, d. h. von der beobachteten durchschnittlichen Nutzungsdauer einer vergleichbaren Anlage. Sind Vergangenheitswerte nicht verfügbar – insbesondere bei neu entwickelten Anlagegütern –, so enthält die Schätzung besonders hohe Risiken, denen man durch die Wahl eines degressiven Abschreibungsverfahrens begegnen kann. Gelangt man im Laufe der Nutzungsdauer zu neuen Erkenntnissen über den Wertminderungsverlauf, so sind Korrekturen der dem Abschreibungsplan zugrundegelegten wirtschaftlichen Nutzungsdauer erforderlich, über die – wie oben erwähnt – bei Aktiengesellschaften im Geschäftsbericht berichtet werden muß.

Die wirtschaftliche Nutzungsdauer eines Wirtschaftsgutes wird durch eine Reihe von Faktoren begrenzt. Die Beschaffung einer Anlage ist für den Betrieb dann vorteilhaft, wenn die Summe der mit der Anlage erzielten Einnahmen die Summe der laufenden Ausgaben übersteigt und der Überschuß der Einnahmen über die Ausgaben die Amortisation und eine angemessene Verzinsung des eingesetzten Kapitals ermöglicht. Die Berechnung der Vorteilhaftigkeit setzt folglich die exakte Ermittlung der durch den Einsatz der Anlage bedingten Einnahmen- und Ausgabenreihe voraus. Somit stellt sich die Frage, welche Faktoren die mit der Anlage erzielbaren Einnahmen und Ausgaben beeinflussen.

Die Fähigkeit einer Anlage, **Einnahmen** (einschließlich des Restverkaufserlöses) zu erzielen, kann durch drei Gruppen von Faktoren begrenzt werden:

1. durch technische Entwertung infolge von Verschleiß (Gebrauch, natürlicher Verschleiß durch Witterungseinflüsse u. ä., Katastrophen),
2. durch wirtschaftliche Entwertung (z. B. technischer Fortschritt, Einschränkung oder Wegfall der Verwendungsmöglichkeit infolge von Nachfragerückgang oder Modewechsel, Fehlinvestition),
3. durch vertragliche Begrenzung der Nutzungszeit (z. B. Konzessionen).

Die wirtschaftliche Nutzungsdauer einer Anlage ist solange noch nicht beendet, wie die Einnahmen dieser Anlage in einer Periode noch ausreichen, um

---

[14] Vgl. Schneider, D., Die wirtschaftliche Nutzungsdauer von Anlagegütern als Bestimmungsgrund der Abschreibungen, Köln und Opladen 1961; Moxter, A., Zur Bestimmung der optimalen Nutzungsdauer von Anlagegegenständen. In: Produktionstheorie und Produktionsplanung. Festschrift zum 65. Geburtstag von Karl Hax, Köln und Opladen 1966, S. 75 ff.

1. die **laufenden Betriebsausgaben,** die zum Einsatz der Anlage erforderlich sind, zu decken. Dazu zählen auch planmäßige Instandhaltungsaufwendungen (laufende Wartung, Ersatzteile), die Voraussetzung dafür
sind, daß die Anlage technisch noch genutzt werden kann. Die Abgrenzung zu Reparaturen, durch die eine Verlängerung der technischen Nutzungsfähigkeit eintritt, ist oft schwierig. Es kann sich nur um solche
Aufwendungen handeln, die schon bei Inbetriebnahme als planmäßige
Instandhaltung einzurechnen sind, d. h. eine bestimmte wirtschaftliche
Nutzungsdauer kann nur erreicht werden, wenn z. B. bei einer Maschine nach einer bestimmten Zahl von Laufstunden ein Verschleißteil
ersetzt wird. Anderenfalls wäre die technische Nutzungsdauer beendet;
2. die **Minderung des Restverkaufserlöses** der Anlage in der Periode zu
decken. Anderenfalls wäre es zweckmäßiger, die Anlage bereits eine Periode früher zu veräußern. Der Restverkaufserlös wird in der Investitionsrechnung zu den Einnahmen gezählt, die Minderung des Restverkaufserlöses zu den Ausgaben;
3. die **Zinsen auf den Restverkaufserlös** zu decken. Sie werden berücksichtigt, weil man den Restverkaufserlös zu Beginn der Periode aus dem
Betrieb entnehmen, d. h. das Investitionsobjekt verkaufen und den Erlös ertragbringend anlegen könnte;
4. die **Ertragsteuern** auf den Teil der Einnahmen zu decken, der steuerlicher Gewinn ist. Der steuerliche Gewinn kann sich aus zwei Komponenten zusammensetzen: dem Betriebsgewinn und dem außerordentlichen Gewinn. Der **Betriebsgewinn** ist gleich dem Periodenüberschuß
vor Abzug der Steuern, vermindert um die steuerliche Abschreibung:

> laufende Einnahmen
> — laufende Ausgaben
> _____
> = Periodenüberschuß vor Abzug der Steuern
>
> — steuerliche Abschreibung (AfA)
> _____
> = Betriebsgewinn
>
> — Steuern (Betriebsgewinn x Steuersatz)
> _____
> Nettoperiodenüberschuß (Periodenüberschuß nach Abzug der Steuern)

Der **außerordentliche Gewinn** ergibt sich als Differenz zwischen dem
Restverkaufserlös und dem Restbuchwert der zu betrachtenden Periode:

> Restverkaufserlös
> — Restbuchwert
> _____
> = a. o. Gewinn
>
> — Steuern
> _____
> = a. o. Nettogewinn

Es stellt sich die Frage, ob für die praktische Bilanzierung eine Ermittlung der wirtschaftlichen Nutzungsdauer mit Hilfe der Investitionsrechnung möglich und zweckmäßig ist. Während sich die Anschaffungsausgaben (Anschaffungskosten) für ein Anlagegut ohne Schwierigkeiten ermitteln lassen und sich auch die laufenden Betriebsausgaben, die planmäßigen Instandsetzungsausgaben und der erzielbare Restverkaufserlös schätzen lassen, ist die Ermittlung der laufenden Einnahmen und damit auch der Ertragsteuerausgaben problematisch, und zwar aus zweifachem Grunde: erstens sind die zukünftigen Einnahmen mit größeren Unsicherheiten behaftet als die zukünftigen Ausgaben, und zweitens ist eine Zuordnung eines bestimmten Teils der Gesamteinnahmen auf ein einzelnes Anlagegut praktisch nicht möglich. Der Betrieb erzielt Umsatzerlöse durch Verkauf von Fertigfabrikaten. Welcher Teil der Erlöse als Einnahmen auf die an der Produktion beteiligten Anlagen zuzurechnen ist, ist eine praktisch nicht lösbare Aufgabe. Die Steuerbelastung hängt nicht von der Höhe des Gesamtgewinns ab, der über die Nutzungsdauer eines Anlagegutes erzielt wird, sondern von der Aufteilung des Gewinns auf die Perioden.

Für die Bemessung der steuerlichen Abschreibung (AfA) werden von der Finanzverwaltung die „betriebsgewöhnlichen Nutzungsdauern" von Anlagegütern festgesetzt (AfA-Tabellen). Grundlage für diese Tabellen sind nicht Nutzungsdauerberechnungen auf der Basis von Investitionsrechnungen, sondern Erfahrungswerte und Schätzungen. Die Wahrscheinlichkeit, daß die vorgeschriebene „betriebsgewöhnliche Nutzungsdauer" länger oder kürzer als die tatsächlich erreichte ist, dürfte gleich groß sein.

Stellt sie sich als zu kurz heraus, so hat der Betrieb dagegen keine Bedenken, da die schnellere Gesamtabschreibung zu einer Steuerverschiebung auf spätere Perioden führt (vorausgesetzt, daß der Betrieb mit Gewinn arbeitet; im Verlustfall wäre eine Verzögerung der Abschreibung vorteilhaft). Ist die vorgeschriebene Nutzungsdauer zu lang, so kann der Restwert über den niedrigeren Teilwert zu liegen kommen und der Betrieb kann – wenn es ihm gelingt, die Vermutung des RFH, daß der Teilwert bei abnutzbaren Anlagegütern gleich den fortgeführten Anschaffungskosten ist, zu widerlegen –, die Nutzungsdauer verkürzen.

Für alle Betriebe, die sich bei der Erstellung ihrer Handelsbilanz aus Gründen der Arbeitsvereinfachung von steuerlichen Vorschriften leiten lassen, ist die wirtschaftliche Nutzungsdauer ihrer Anlagegüter somit durch die AfA-Tabellen der Finanzverwaltung festgelegt, es sei denn, es gelingt, eine kürzere wirtschaftliche Nutzungsdauer zu begründen. Gelingt diese Begründung nicht, obwohl der Betrieb auf Grund einer Investitionsrechnung zu einer kürzeren wirtschaftlichen Nutzungsdauer kommt, so kann er diese zwar zur Grundlage der Verteilung der Anschaffungskosten in der Handelsbilanz machen, kann aber die Restwertansätze der Handelsbilanz nicht für steuerliche Zwecke verwenden.

Für **Gebäude** ist die wirtschaftliche Nutzungsdauer nicht durch die Finanzverwaltung, sondern durch den Gesetzgeber festgesetzt worden. Ab

1. 1. 1965 können gemäß § 7 Abs. 4 EStG von den Anschaffungs- oder Herstellungskosten abgesetzt werden:

1. bei Gebäuden, die nach dem 31. 12. 1924 fertiggestellt worden sind, jährlich 2 %,

2. bei Gebäuden, die vor dem 1. 1. 1925 fertiggestellt worden sind, jährlich 2,5 %.

Für alle seit dem 1. 1. 1925 hergestellten Gebäude, ganz gleich, ob es sich um Betriebs- oder Wohngebäude handelt, wird also eine betriebsgewöhnliche Nutzungsdauer von 50 Jahren unterstellt. Kann nachgewiesen werden, daß die tatsächliche Nutzungsdauer kürzer ist, so ist diese der Absetzung zugrunde zu legen.

d) Die Methoden planmäßiger Abschreibung

aa) Überblick

Ist die wirtschaftliche Nutzungsdauer eines Anlagegutes fixiert, so muß eine Entscheidung über das Verfahren der Verteilung der Anschaffungs- oder Herstellungskosten auf diesen Zeitraum getroffen werden. § 154 Abs. 1 AktG bestimmt, daß die Verteilung nach einer den **Grundsätzen ordnungsmäßiger Buchführung** entsprechenden Abschreibungsmethode erfolgen muß. Diesen Grundsätzen entspricht jedes Abschreibungsverfahren, das die Anschaffungs- oder Herstellungskosten eines Anlagegutes auf die mit diesem Gut produzierten Leistungen verteilt; das kann „sowohl die leistungsproportionale Abschreibung als auch ein normiertes Abschreibungsverfahren, das sich der Nutzungskurve anpaßt", sein.[15] Ist die jährliche Leistungsabgabe etwa konstant, so kann eine Verteilung in gleichbleibenden Jahresbeträgen erfolgen, wenn keine zukünftigen wirtschaftlichen Risiken (z. B. technischer Fortschritt, Einschränkung der Verwendungsmöglichkeiten u. ä.) berücksichtigt werden müssen. Bestehen derartige Risiken, so kann eine Verteilung in fallenden Jahresbeträgen erforderlich werden.

Da eine exakte Erfassung der auf eine Periode entfallenden Wertminderung bei den meisten Anlagegütern nicht möglich ist, muß die Verteilung einerseits im Interesse des Gläubigerschutzes in der Handelsbilanz so erfolgen, daß ein zu hoher Wertansatz ausgeschlossen wird, und andererseits darf zum Schutze der Gesellschafter von Kapitalgesellschaften vor einer Verkürzung bzw. Verschiebung ihrer Gewinnansprüche durch die Verwaltung und zum Schutze der Finanzbehörden vor einer Steuerverschiebung auf spätere Perioden der Wertansatz in der Handels- und Steuerbilanz nicht zu niedrig gewählt werden.

Die Unmöglichkeit der exakten rechnerischen Ermittlung periodischer Abschreibungsbeträge, die der tatsächlichen technischen und wirtschaft-

---

[15] Albach, H., Rechnungslegung im neuen Aktienrecht, NB 1966, S. 181

lichen Wertminderung entsprechen, hat den Handels- und Steuergesetzgeber gezwungen, die Grundsätze der Planmäßigkeit und Kontinuität der
Abschreibung über den Grundsatz der Richtigkeit der Wertansätze zu
stellen, es sei denn, die Unrichtigkeit der Wertansätze wird auf Grund
außerordentlicher Wertminderungen so offensichtlich, daß sie durch außerplanmäßige Abschreibungen korrigiert werden muß.

Wird erwartet, daß sich am Ende der wirtschaftlichen Nutzungsdauer
noch ein Restwert (**Schrottwert**) ergibt, der die Kosten der Außerbetriebnahme und Veräußerung der Wirtschaftsgüter übersteigt (**Nettoliquida-
tionserlös**), so können die zu verteilenden Anschaffungs- oder Herstellungskosten um den geschätzten Restwert vermindert werden, da nur der Teil
der Anschaffungs- oder Herstellungskosten abgeschrieben werden sollte,
der aller Voraussicht nach beim Ausscheiden des Wirtschaftsgutes verbraucht worden ist. Wird kein Restwert berücksichtigt, so tritt im Jahr
der Veräußerung des Wirtschaftsgutes buchtechnisch ein außerordentlicher
Ertrag in Höhe des während der Abschreibungsdauer zu viel verrechneten
Abschreibungsaufwandes ein.

Steuerrechtlich kommt der Ansatz eines Schrottwertes nur in Ausnahmefällen in Betracht. Das ergibt sich aus dem Wortlaut des § 7 Abs. 1 EStG,
nach dem die Anschaffungs- oder Herstellungskosten auf die betriebsgewöhnliche Nutzungsdauer zu verteilen sind. Nach Littmann ist die AfA
„keine nach betriebswirtschaftlichen Grundsätzen zu bemessende, sondern
eine reine Verteilungsabschreibung, eine Abschreibung also, bei der es darauf ankommt, die Anschaffungs- oder Herstellungskosten in bestimmten
jährlichen Teilbeträgen auf die Gesamtnutzungsdauer eines Wirtschaftsgutes zu verteilen."[16]

Nach einem Beschluß des Großen Senats des BFH vom 7. 12. 1967[17] ist
jedoch bei Gegenständen von großem Gewicht oder aus wertvollem Material (z. B. bei Schiffen), ein Schrottwert zu berücksichtigen, wenn er im
Vergleich zu den Anschaffungs- oder Herstellungskosten erheblich ins Gewicht fällt. Diese Hinwendung des BFH zu einer betriebswirtschaftlichen
Betrachtungsweise, die vermeiden soll, daß ein Betrieb gezwungen wird,
zunächst nicht eingetretene Wertminderungen durch eine AfA auf Null
zu berücksichtigen und später einen nicht eingetretenen Veräußerungsgewinn auszuweisen, wird von Littmann als nicht mit dem Wortlaut des
Gesetzes vereinbar angesehen. Nach seiner Auffassung regelt § 7 EStG
„die Verteilung der Anschaffungs- oder Herstellungskosten mit den auf
die einzelnen Jahre entfallenden Beträgen zwingend. Es soll bewußt davon
abgesehen werden, hierbei in irgendeiner Weise auch zu berücksichtigen,
was nach Ablauf der betriebsgewöhnlichen Nutzungsdauer ggf. von dem
Wirtschaftsgut noch übrig ist und in anderer Weise als durch Verwendung
oder Nutzung zum Zwecke der Einkünfteerzielung verwertet werden

---

[16] Littmann, E., Das Einkommensteuerrecht, 9. Aufl., Stuttgart 1969, S. 844
[17] BStBl 1968, S. 268

kann."[18] Da die Auffassung des Großen Senats vom betriebswirtschaftlichen Standpunkt aus sinnvoll ist, sollte der Gesetzgeber ihr bei einer Reform der Gewinnermittlungsvorschriften Beachtung schenken. Die Finanzverwaltung hat sich ihr bereits angeschlossen.[19]

Folgende Methoden können bei der Ermittlung der jährlichen Abschreibungsbeträge angewendet werden:

1. Die **Zeitabschreibung:** die Anschaffungs- oder Herstellungskosten werden mit Hilfe eines planmäßigen Verteilungsverfahrens entsprechend dem Zeitablauf auf die wirtschaftliche Nutzungsdauer verteilt. Der Abschreibungsbetrag einer Abrechnungsperiode ist von der Zahl der mit dem abzuschreibenden Wirtschaftsgut produzierten Leistungen und damit vom Beschäftigungsgrad unabhängig.

   Die Berechnung des jährlichen Abschreibungsbetrages kann erfolgen durch:

   a) Abschreibung in gleichbleibenden Jahresbeträgen (lineare Abschreibung)

   b) Abschreibung in fallenden Jahresbeträgen (degressive Abschreibung)
      aa) geometrisch-degressive Abschreibung
      bb) arithmetisch-degressive Abschreibung
      cc) degressive Abschreibung mit unregelmäßigen Quoten

   c) Abschreibung mit steigenden Jahresbeträgen (progressive Abschreibung)

2. Die **Leistungsabschreibung:** die Anschaffungs- oder Herstellungskosten werden entsprechend der Beanspruchung, d. h. entsprechend der in einer Abrechnungsperiode mit dem abzuschreibenden Wirtschaftsgut produzierten Leistungen (Stückzahl, Maschinenstunden, Km-Leistung bei Kraftfahrzeugen) verteilt. Schwankungen des Beschäftigungsgrades beeinflussen die Höhe der Periodenabschreibung, so daß bei entsprechender Beanspruchung lineare, degressive, progressive oder unregelmäßige Abschreibungsverläufe denkbar sind.

bb) Die Abschreibung in gleichbleibenden Jahresbeträgen (lineare Abschreibung)

Diese Methode, die auch als konstante oder gleichmäßige Abschreibung bezeichnet wird, kann grundsätzlich bei allen Wirtschaftsgütern, die der planmäßigen Abschreibung in der Handelsbilanz und der Absetzung für Abnutzung in der Steuerbilanz unterworfen werden müssen, angewendet werden. Die Anschaffungs- oder Herstellungskosten werden gleichmäßig auf die betriebsgewöhnliche Nutzungsdauer verteilt, indem ihr Gesamtbetrag durch die Zahl der Jahre der Nutzung dividiert wird.

---

[18] Littmann, E., a. a. O., S. 847
[19] Vgl. Abschnitt 43 Abs. 3 EStR 1969

Betragen z. B. die Anschaffungskosten (A) einer Anlage 500 000 DM und die Nutzungsdauer (n) 10 Jahre, so beläuft sich die jährliche Abschreibungsquote (a) auf 50 000 DM.

$$a = \frac{A}{n}$$

$$a = \frac{500\,000}{10}$$

$$a = 50\,000$$

Die Abschreibungsquote kann auch als konstanter Prozentsatz der Anschaffungs- oder Herstellungskosten ausgedrückt werden. Sie errechnet sich dann wie folgt:

$$a = \frac{1}{n} \times 100$$

$$a = \frac{1}{10} \times 100$$

$$a = 10\,\% \text{ von A}$$

Der Restwert (Schrottwert) wird – wie oben erwähnt – im allgemeinen bei der Ermittlung der Abschreibungsquoten nicht berücksichtigt, es sei denn, daß ihm im Verhältnis zum Gesamtabschreibungsbetrag eine besondere Bedeutung zukommt. Wird im vorangegangenen Beispiel ein Restwert (R) von 5000 DM angesetzt, so ergibt sich folgende Berechnung:

$$a = \frac{A-R}{n}$$

$$a = \frac{500\,000-5000}{10}$$

$$a = 49\,500$$

Die These, daß das lineare Abschreibungsverfahren zu einer **gleichmäßigen Aufwandsbelastung** pro Periode führt, trifft nur zu, wenn auch die Reparaturen der abzuschreibenden Wirtschaftsgüter pro Periode etwa in gleicher Höhe anfallen. Treten sie dagegen erst im späteren Verlauf der Nutzungsdauer auf – und das ist die Regel – so nimmt der jährliche Aufwand für eine Anlage gegen Ende der Nutzungsdauer auch bei linearer Abschreibung zu.

Soll diese Abschreibungsmethode die Wertminderung pro Periode erfassen, so müßte eine völlig gleichmäßige Verschleißabnutzung des Wirtschaftsgutes von Beginn bis zum Ende der wirtschaftlichen Nutzungsdauer erfolgen, und außerdem dürften keine anderen Wertminderungsursachen eintreten oder alle in einer Periode wirksamen Wertminderungsursachen müßten zusammen pro Periode die gleiche Wertminderung ergeben. Beide Annahmen sind unrealistisch. Bleibt die Gebrauchsfähigkeit einer Anlage bis zum Ende der wirtschaftlichen Nutzungsdauer nahezu konstant, um erst dann schlagartig abzusinken, so entspricht der Verlauf der tatsächlichen Wertminderung nicht dem Verlauf der durch die Abschreibung unterstellten Wertminderung (Restbuchwerte).

Da der Marktwert (gemeine Wert) einer Anlage in der Regel stark absinkt, sobald sie in Gebrauch genommen worden ist, hat die lineare Abschreibung also gewöhnlich weder eine Beziehung zum Zeitwert (Veräußerungswert), noch zur tatsächlichen Wertminderung. Sie berücksichtigt auch die Gefahr zukünftiger Wertminderungen durch technische Fortschritte oder Nachfrageschwankungen nicht. Während die Entwicklung der Veräußerungswerte am Markt kein Bestimmungsfaktor der jährlichen Abschreibungsquote ist und folglich keinen Einfluß auf den jährlichen Restbuchwert haben kann, darf letzterer den Wert der zukünftigen Nutzungen nicht übersteigen. Die lineare Abschreibung wird also dann nur kein den Grundsätzen ordnungsmäßiger Buchführung entsprechendes Abschreibungsverfahren sein, wenn die begründete Erwartung besteht, daß die zukünftigen Nutzungen infolge wirtschaftlicher Risiken später nicht in vollem Umfange gezogen werden können. Das Prinzip kaufmännischer Vorsicht erfordert dann in den ersten Jahren der Nutzung eine schnellere Abschreibung als in späteren Jahren.

Die Abschreibungsgegenwerte, die an den Betrieb gebunden werden, – vorausgesetzt, daß sie „verdient", d. h. im Umsatzerlös der produzierten Leistungen enthalten sind – sind in jedem Jahr gleich hoch.

Der Steuergesetzgeber betrachtet die Abschreibung in gleichbleibenden Jahresbeträgen als Normalfall der Verteilung der Anschaffungs- oder Herstellungskosten.[20] Das zeigt sich z. B. darin, daß ein Übergang von der linearen zur degressiven Abschreibung nicht erlaubt ist[21], während ein Wechsel von der degressiven zur linearen Abschreibung zugelassen wird[22], und daß die unter besonderen Voraussetzungen mögliche degressive Abschreibung von Gebäuden nur vom Bauherrn, nicht dagegen vom Erwerber in Anspruch genommen werden darf.[23]

cc) Die Abschreibung in fallenden Jahresbeträgen (degressive Abschreibung)

α) Allgemeine Charakteristik

Die degressive Abschreibung ist ein Verfahren, das die Anschaffungs- oder Herstellungskosten eines Anlagegutes mittels sinkender jährlicher Abschreibungsquoten auf die wirtschaftliche Nutzungsdauer verteilt, d. h. die Abschreibungsquote ist im ersten Jahr der Nutzung am höchsten, im letzten Jahr am geringsten. Die Degression der Abschreibungsquoten kann **regelmäßig** (z. B. in Form einer geometrischen oder arithmetischen Reihe

---

20 Vgl. § 7 Abs. 1 Satz 1 und 2 EStG
21 Vgl. § 7 Abs. 3 Satz 3 EStG
22 Vgl. § 7 Abs. 3 Satz 1 und 2 EStG
23 Vgl. § 7 Abs. 5 EStG

der Abschreibungsbeträge) oder **unregelmäßig** (z. B. durch Vornahme steuerlicher Sonderabschreibungen neben der Normalabschreibung) erfolgen. Die einzelnen Berechnungsmethoden werden unten ausführlich besprochen.

Die Berechtigung einer Abschreibung mit fallenden Jahresbeträgen ist seit jeher – insbesondere wegen der über Jahrzehnte ablehnenden Haltung des Steuergesetzgebers und der Rechtsprechung – umstritten, obwohl es seit langem in der Betriebswirtschaftslehre als herrschende Meinung angesehen werden kann, daß dieses Abschreibungsverfahren sich betriebswirtschaftlich begründen läßt.[24] Die Diskussion ist durch die Foderung der Mehrheit des Wissenschaftlichen Beirats beim Bundesministerium der Finanzen[25], die degressive Abschreibung völlig abzuschaffen und durch die im Stabilitätsgesetz[26] vorgesehene Möglichkeit, die degressive Abschreibung aus konjunkturpolitischen Gründen vorübergehend auszusetzen, neu belebt worden.

Für die degressive Abschreibung spricht die Tatsache, daß abnutzbare Anlagegüter nicht nur durch technischen Verschleiß im Laufe der Nutzungsdauer entwertet werden, sondern daß sie von Anfang an der **wirtschaftlichen** Entwertung durch technischen Fortschritt, Nachfrageverschiebungen, Modeänderungen u. a. ausgesetzt sind. Das Prinzip kaufmännischer Vorsicht als ein Grundprinzip der Bilanzbewertung erfordert daher, dem durch das Zusammenwirken mehrerer Wertminderungskomponenten degressiven Verlauf der Nutzungskurve abnutzbarer Anlagegüter durch eine entsprechende Bemessung der Abschreibungsquoten Rechnung zu tragen.

Die Behauptung des Wissenschaftlichen Beirats, „daß die zu erwartende normale Entwertung durch den technischen Fortschritt bereits durch die Festlegung eines entsprechend verkürzten Abschreibungszeitraums (der ‚wirtschaftlichen‘ Lebensdauer des Anlagegutes) berücksichtigt wird"[27], trifft u. E. nicht zu. In den Vobemerkungen zu den AfA-Tabellen wird in Ziff. 4 festgestellt: „Bei der Ermittlung der Nutzungsdauer ist die technische und wirtschaftliche Abnutzung berücksichtigt, die sich im Durchschnitt bei einem unter üblichen Bedingungen in einer Schicht arbeitenden Betrieb nach dem gegenwärtigen Stand der wirtschaftlichen und technischen Verhältnisse ergibt." Daraus kann u. E. nicht geschlossen werden, daß die Nutzungsdauer im Hinblick auf in der Zukunft drohende Risiken aus technischem Fortschritt, Nachfragerückgängen u. ä. bereits verkürzt worden ist.

[24] Vgl. insbesondere: Albach, H., Die degressive Abschreibung, Wiesbaden 1967; Hax, K., Was ist betriebswirtschaftlich notwendige Abschreibung? In: Festschrift für Karl Käfer, Stuttgart 1968, S. 147 ff.; Ruchti, H., Die Abschreibung. Ihre grundsätzliche Bedeutung als Aufwands-, Ertrags- und Finanzfaktor, Stuttgart 1953

[25] Vgl. Gutachten zur Reform der direkten Steuern, erstattet vom Wissenschaftlichen Beirat beim Bundesministerium der Finanzen, Bad Godesberg 1967, S. 20 f.

[26] Vgl. § 51 Abs. 2 EStG, eingefügt durch das Gesetz zur Förderung der Stabilität und des Wachstums der Wirtschaft vom 8. 6. 1967, BGBl I, S. 582

[27] Gutachten zur Reform der direkten Steuern, a. a. O., S. 20

Ein weiteres Argument für die degressive Abschreibung ist die Feststellung, daß sie eine **planmäßigere Aufwandsverteilung** als die lineare Abschreibung ermöglicht, weil die Risiken des technischen Fortschritts usw. bereits im Abschreibungsplan berücksichtigt worden sind und infolgedessen außerplanmäßige Abschreibungen nur in ganz außergewöhnlichen Fällen noch zusätzlich erforderlich werden[28], und weil sich außerdem derartige Risiken – ebenso wie z. B. eine Fehlschätzung der wirtschaftlichen Nutzungsdauer – um so weniger auswirken, je später sie eintreten. Leffson stellt dazu fest: „Bei degressiver Abschreibungsmethode wirken sich Fehlschätzungen der Nutzungsdauer nach der halben vorgesehenen Nutzungszeit nicht mehr nennenswert aus. Die Frage der Korrektur des Abschreibungsverlaufes stellt sich daher bei degressivem Abschreibungsverlauf kaum. Hierin liegt einer der Vorzüge dieser Abschreibungsmethode."[29]

Im Gegensatz zur linearen Abschreibung wird bei der degressiven Abschreibung eine etwa gleichmäßige Aufwandsbelastung der einzelnen Jahre erreicht, wenn die jährlichen Abschreibungsquoten und der jährliche Reparaturaufwand addiert werden, da in der Regel der Reparaturaufwand mit zunehmendem Alter einer Anlage steigt.

Bei Anlagegütern, deren Gebrauchswert erst am Ende der Nutzungsdauer plötzlich abfällt, entspricht der Abschreibungsverlauf allerdings noch weniger dem Wertminderungsverlauf als bei konstanter Abschreibung, da in den Jahren der geringsten Abnutzung die verrechneten Abschreibungsbeträge am größten sind. Man kann den degressiven Abschreibungsverlauf jedoch damit begründen, daß die Nutzungsabgabe einer Anlage in der Regel in den ersten Jahren am größten, in den letzten Jahren am geringsten ist und folglich der Betrieb in den ersten Jahren der Nutzungsdauer die höheren Abschreibungskosten leichter tragen kann. Dieses Argument trifft allerdings eher für die Bemessung der kalkulatorischen Abschreibung zu. In der Bilanz erfordert der sichere Einblick in die Vermögens- und Ertragslage, daß einer Periode nur der Aufwand zugerechnet wird, der in ihr verursacht worden ist.

Die Tatsache, daß der an den Betrieb gebundene Teil der Umsatzerlöse (Abschreibungsgegenwerte) bei degressiver Abschreibung in den ersten Jahren der Nutzungsdauer höher ist als bei linearer Abschreibung, hat nicht nur für die Risikominderung, sondern auch für die **Finanzierung aus Abschreibungsgegenwerten** Bedeutung. Sowohl die Risikominderung als auch das Finanzierungsvolumen werden außerdem positiv dadurch beeinflußt, daß bei degressiver Abschreibung in den ersten Jahren der Nutzung weniger Gewinn ausgewiesen wird und folglich – bei steuerlicher Anerkennung der degressiven Abschreibung – weniger Steuern gezahlt werden müssen als bei linearer Abschreibung. In den letzten Jahren der

---

[28] In der Steuerbilanz sind Absetzungen für außergewöhnliche technische und wirtschaftliche Abnutzungen (AfaA) unzulässig, wenn degressiv abgeschrieben wird (vgl. S. 338).

[29] Leffson, U., Die Grundsätze ordnungsmäßiger Buchführung, Düsseldorf 1964, S. 241

Nutzung ist es dagegen umgekehrt. Die Wahl der Abschreibungsmethode wird somit zu einem bilanz- und finanzierungspolitischen Instrument.[30]

β) Die geometrisch-degressive Abschreibung

Die geometrisch-degressive Abschreibungsmethode ermittelt die jährlichen Abschreibungsquoten nicht wie die lineare als festen Prozentsatz von den Anschaffungs- oder Herstellungskosten, sondern als festen Prozentsatz des bei direkter Abschreibung sich ergebenden Restbuchwertes. Sie wird deshalb auch als **Buchwertabschreibung** bezeichnet.

Beispiel: Anschaffungskosten 100 000 DM, Nutzungsdauer 5 Jahre, Abschreibungsprozentsatz vom jeweiligen Buchwert:
   a) 20 %
   b) 40 %

Jahr (Ende)	Abschreibungs-prozentsatz		Jahresabschreibung		Restbuchwert	
	a)	b)	a)	b)	a)	b)
1	20	40	2000	4000	8000	6000
2	20	40	1600	2400	6400	3600
3	20	40	1280	1400	5120	2160
4	20	40	1024	864	4096	1296
5	20	40	819,20	518,40	3276,80	777,60

Das Beispiel zeigt, daß dieses Verfahren nicht zum Restwert Null führt (unendliche Abschreibung). Je niedriger der Restwert (Schrottwert) am Ende der Nutzungsdauer ist, auf den abgeschrieben werden muß, desto höher muß der auf den jährlichen Restbuchwert angewendete Abschreibungsprozentsatz sein. Der Abschreibungsprozentsatz vom jeweiligen Restbuchwert muß – wenn am Ende der Nutzungsdauer etwa der gleiche Restwert erreicht werden soll – wesentlich höher sein als der Abschreibungsprozentsatz von den Anschaffungskosten.

Die Höhe des am Ende der Nutzungsdauer noch erzielbaren Schrottwertes bestimmt also den Abschreibungsprozentsatz. Er wird mit Hilfe folgender Formel ermittelt:

$$p = 100 \left(1 - \sqrt[n]{\frac{R_n}{A}}\right)$$

p = Abschreibungsprozentsatz
n = Zahl der Jahre der Nutzung
A = Anschaffungskosten
R_n = Restwert am Ende der Nutzungsdauer.

---

[30] Vgl. dazu die ausführliche Behandlung der Abschreibungspolitik auf S. 504 ff.

Den Einfluß der Höhe des Restwertes auf den Abschreibungsprozentsatz zeigt folgendes Beispiel: Anschaffungskosten 100 000 DM, Nutzungsdauer 10 Jahre, Restwert am Ende der Nutzungsdauer:

a) 1000 DM, b) 100 DM, c) 1,– DM

Restwert am Ende der Nutzungsdauer	Abschreibungsprozentsatz vom Buchwert
1000	20,57
100	30,90
1	68,38

Die folgende Tabelle gibt eine Übersicht über die erforderlichen Abschreibungsprozentsätze für Nutzungsdauern zwischen 5 und 40 Jahren bei Restwerten (Schrottwerten) von 1 – 10 % der Anschaffungs- oder Herstellungskosten:[31]

Restwert in % der Anschaffungskosten	bei wirtschaftlicher Nutzungsdauer in Jahren							
	5	10	12	15	20	25	30	40
1	60,19	36,90	31,87	26,44	20,57	16,82	14,23	10,88
2	54,27	32,38	27,82	22,96	17,77	14,49	12,23	9,32
3	50,41	29,58	25,34	20,85	16,08	13,09	11,03	8,39
4	47,47	27,52	23,53	19,31	14,87	12,08	10,17	7,73
5	45,07	25,89	22,09	18,10	13,91	11,29	9,50	7,22
6	43,03	24,52	20,90	17,10	13,12	10,64	8,95	6,79
7	41,25	23,35	19,88	16,24	12,45	10,09	8,48	6,43
8	39,66	22,32	18,98	15,50	11,86	9,61	8,07	6,12
9	38,22	21,40	18,18	14,83	11,34	9,18	7,71	5,84
10	36,90	20,57	17,46	14,23	10,87	8,80	7,39	5,59

Ein Abschreibungsprozentsatz von 68,38 % bei einem Wirtschaftsgut, bei dem kein Schrottwert berücksichtigt wird, weil er etwa den erwarteten Kosten der Außerbetriebnahme und Veräußerung am Ende der Nutzungsdauer entspricht, ist – abgesehen davon, daß er steuerlich unzulässig ist – auch betriebswirtschaftlich unrealistisch. Bei zehnjähriger Nutzungsdauer rechtfertigen technischer Verschleiß und in der Zukunft erwartete wirtschaftliche Wertminderung eine Abschreibung von fast 70 % der Anschaffungskosten am Ende des ersten Wirtschaftsjahres auch bei sehr risikobelasteten Wirtschaftsgütern in der Regel nicht.

Will man die Degression mildern, aber dennoch auf einen relativ niedrigen Restwert kommen, so ist es zweckmäßig, Wirtschaftsgüter, die abge-

---

[31] Vgl. Littmann, E., a. a. O., S. 883

schrieben werden müssen, mit solchen, die normalerweise nicht abgeschrieben werden, zu koppeln, also z. B. die Anschaffungskosten eines Grundstückes und eines Gebäudes zu addieren und so abzuschreiben, daß als Restwert der Wert des Grundstücks zuzüglich des Abbruchwertes des Gebäudes verbleibt.

Das folgende Beispiel[32] zeigt den Unterschied in der Höhe der Degression, wenn einmal vom Wert des Gebäudes einschließlich des Grundstücks und das andere Mal nur vom Wert des Grundstücks abgeschrieben wird.

Beispiel: Gebäude 1 000 000,–, Abbruchswert 100 000,–, Nutzungsdauer 25 Jahre; Grundstückswert 500 000,–.

Abschreibungsprozentsatz auf Gebäude einschließlich Grundstückswert:

$$p = 100 \left(1 - \sqrt[25]{\frac{600\,000}{1\,500\,000}}\right) = 3,6\,{}^0\!/_0$$

Abschreibungsprozentsatz auf Gebäude allein:

$$p = 100 \left(1 - \sqrt[25]{\frac{100\,000}{1\,000\,000}}\right) = 8,8\,{}^0\!/_0$$

Es ergibt sich folgender Abschreibungsverlauf:

	Gebäude einschl. Grundstück	Gebäude allein
Anschaffungswert	1 500 000 DM	1 000 000 DM
Abschreibung 1. Jahr	54 000 DM	88 000 DM
Restwert	1 446 000 DM	912 000 DM
Abschreibung 2. Jahr	52 056 DM	80 256 DM
Restwert	1 393 944 DM	831 744 DM
Abschreibung 3. Jahr	50 182 DM	73 193 DM
Restwert	1 343 762 DM	758 551 DM
usw.		

In beiden Fällen ist nach 25 Jahren der Restwert des Gebäudes von 100 000 erreicht. Die Differenz zwischen den jährlichen Abschreibungsbeträgen ist aber im ersten Fall am Anfang wesentlich geringer.

Eine Milderung der Degression läßt sich auch dadurch erreichen, daß man zur Berechnung des Abschreibungsprozentsatzes den Anschaffungskosten des abzuschreibenden Wirtschaftsgutes einen **fiktiven Restwert** hinzufügt, auf den dann der Gesamtwert abgeschrieben wird. Bezeichnet man

---

[32] Das Beispiel findet sich bei Ruchti, H., a. a. O., S. 59 ff.

den fiktiven Restwert mit R_f, so ergibt sich, wenn ein tatsächlicher Restwert nicht berücksichtigt wird:

$$p = 100 \left(1 - \sqrt[n]{\frac{R_f}{A + R_f}}\right)$$

Wird dagegen – wie im obigen Fall der Abschreibung eines Gebäudes – ein Restwert angesetzt, der durch einen fiktiven Restwert erhöht wird, so gilt:

$$p = 100 \left(1 - \sqrt[n]{\frac{R_n + R_f}{A + R_f}}\right)$$

Der Unterschied im Abschreibungsverlauf bei geometrisch-degressiver und linearer Abschreibung wird im folgenden Beispiel gezeigt. Bei einem Abschreibungsprozentsatz von 25 % vom Buchwert beträgt bei zehnjähriger Nutzungsdauer der Restwert 5,6 % der Anschaffungskosten. Es wird unterstellt, daß ein Restwert in dieser Höhe auch bei linearer Abschreibung berücksichtigt wird, d. h. 94,4 % der Anschaffungskosten in gleichbleibenden Jahresbeträgen verteilt werden.

Beispiel: Anschaffungskosten 100 000, Nutzungsdauer 10 Jahre, Abschreibung vom Buchwert 25 %, Abschreibung von den Anschaffungskosten 10 %.

Jahr (Ende)	geometrisch-degr. Abschreibung 25 %	Restbuchwert	lineare Abschreibung 10 %	Restbuchwert
1	25 000	75 000	9 440	90 560
2	18 750	56 250	9 440	81 120
3	14 060	42 190	9 440	71 680
4	10 550	31 640	9 440	62 240
5	7 910	23 730	9 440	52 800
6	5 930	17 800	9 440	43 360
7	4 450	13 350	9 440	33 920
8	3 340	10 010	9 440	24 480
9	2 510	7 500	9 440	15 040
10	1 900	5 600	9 440	5 600

Steuerrechtlich ist die geometrisch-degressive Abschreibung für Wirtschaftsgüter, die vor dem 1. 1. 1958 angeschafft oder hergestellt worden sind, gesetzlich nicht geregelt. Das Gesetz ließ nur die Abschreibung in gleichbleibenden Jahresbeträgen zu. Durch § 7 Abs. 2 EStG 1958 wurde die Buchwertabschreibung für bewegliche Wirtschaftsgüter des Anlagevermögens, die nach dem 31. 12. 1957 angeschafft oder hergestellt worden sind, erstmals ausdrücklich durch den Gesetzgeber erlaubt.

Rechtsprechung und Verwaltung ließen dieses Verfahren jedoch in besonderen Fällen bereits früher zu. Zwar hatte der RFH in seinem Urteil vom 29. 7. 1927[33] entschieden, daß die Absetzung für Abnutzung grundsätzlich auf die voraussichtliche Nutzungsdauer gleichmäßig zu verteilen sei, doch distanzierte er sich bereits in seinem Urteil vom 1. 7. 1931[34] wieder von dieser Auffassung durch die Festlegung, daß unter der Verteilung auf die Gesamtdauer der Verwendung oder Nutzung, von der das EStG 1925 in § 16 Abs. 2 spricht, nicht unbedingt eine gleichmäßige Verteilung zu verstehen und daß insbesondere eine Absetzung vom jeweiligen Restbuchwert nicht ausgeschlossen sei. Der Reichsfinanzhof begründete seine Auffassung einmal damit, daß die geometrisch-degressive Abschreibung zu einer gleichmäßigeren Aufwandsbelastung der einzelnen Abrechnungsperioden führt, da den mit fortschreitender Nutzungszeitdauer abnehmenden Abschreibungsquoten zunehmende Reparaturquoten gegenüberstehen; zum anderen würden durch die degressive Abschreibung neben der technisch bedingten Wertminderung auch wirtschaftlich bedingte Wertminderungen z. B. durch technische Fortschritte oder Nachfrageverschiebungen am Absatzmarkt berücksichtigt. Der Reichsfinanzhof stützte sich auf ein Gutachten, das er vom Deutschen Industrie- und Handelstag zur Frage der degressiven Abschreibung erbeten hatte. In diesem Gutachten wird die geometrisch-degressive Abschreibung befürwortet. Die Auffassung des Reichsfinanzhofs fand jedoch im EStG 1934 keinen Niederschlag.

In seinem Urteil vom 5. 11. 1943[35] akzeptierte der RFH die geometrisch-degressive Abschreibung bei Massengegenständen, bei denen eine Einzelbewertung schwer möglich sei, bei Gebäuden, die infolge der besonderen Entwicklung eines Betriebes relativ schnell wieder abgebrochen werden müssen, und bei Maschinen, die infolge neuer technischer Erfindungen ungewöhnlich rasch veralten.

Die Verwaltung erkannte in den Einkommensteuerrichtlinien 1952[36] die geometrisch-degressive Abschreibung für bewegliche Anlagegüter an, die eine Nutzungsdauer von mindestens 10 Jahren haben und nach dem 31. 12. 1951 angeschafft oder hergestellt worden sind.

Die heute gültige gesetzliche Regelung der degressiven Abschreibung basiert auf einem grundsätzlichen Urteil des Bundesfinanzhofes vom 11. 2. 1955[37], über das die Regelung des § 7 EStG 1958 jedoch noch wesentlich hinausgeht. Der Bundesfinanzhof stellt in diesem Urteil fest, daß die degressive Abschreibung nicht dem Einkommensteuerrecht widerspreche, sondern gleichberechtigt neben der linearen Abschreibung stehe. Allerdings müsse das im einzelnen Falle angewendete Abschreibungsverfahren das vom **betriebswirtschaftlichen** Standpunkt aus zweckmäßigste sein, mit an-

---

[33] RStBl 1927, S. 221 ff.
[34] RStBl 1931, S. 877
[35] RStBl 1942, S. 18
[36] Vgl. Abschn. 62 EStR 1952
[37] Vgl. BFH vom 11. 2. 1955, BStBl 1955, S. 165

deren Worten, die degressive Abschreibung darf nur dann angewendet werden, wenn ein Rückgang des Nutzens des Wirtschaftsgutes für die einzelnen Jahre des Nutzungszeitraumes eintritt, z. B. durch steigenden Erhaltungsaufwand, durch drohende Veralterung aufgrund des technischen Fortschritts oder durch Einflüsse des Absatzmarktes. Bei kurzer Nutzungsdauer wie z. B. bei Schreibmaschinen oder PKW wurde das durch technische Fortschritte bedingte Risiko nicht anerkannt.

Das Einkommensteuergesetz 1958 verzichtete auf die vom BFH geforderte betriebswirtschaftliche Begründung der Anwendung der degressiven Abschreibung und läßt sie (und zwar nicht nur die geometrisch-degressive, sondern auch die arithmetisch-degressive und die digitale) **für alle beweglichen Wirtschaftsgüter** des Anlagevermögens ohne Rücksicht auf die Länge der betriebsgewöhnlichen Nutzungsdauer zu. Durch Begrenzung des zulässigen Abschreibungsprozentsatzes vom jeweiligen Buchwert, die durch das Steueränderungsgesetz 1960 noch verschärft wurde, ist allerdings die geometrisch-degressive Methode bei relativ kurzer Nutzungsdauer praktisch nicht anwendbar, da außerordentlich hohe Restwerte übrigbleiben.

Der zu wählende Abschreibungsprozentsatz muß **zwei Bedingungen** erfüllen:[38]

1. Er darf nicht höher sein als das Zweifache des Prozentsatzes, der sich bei der Absetzung für Abnutzung in gleichen Jahresbeträgen (lineare Abschreibung) ergibt;
2. er darf unabhängig von der ersten Bedingung 20 % nicht übersteigen.

Nach dem Einkommensteuergesetz 1958 durfte der Abschreibungsprozentsatz nicht höher als das 2,5 fache des linearen Satzes sein, höchstens jedoch 25 % betragen.

Die Höchstgrenze von 20 % ist in der Abschreibungspraxis maßgebend bis zu einer Nutzungsdauer von 9 Jahren. Bei einer Nutzungsdauer von 10 Jahren beträgt das Doppelte des linearen Satzes genau 20 %. Von hier an hat die Höchstgrenze also keine Bedeutung mehr. Dafür ist aber die Bedingung zu beachten, daß der Prozentsatz bei geometrisch-degressiver Absetzung das Zweifache des linearen Satzes, das nun immer unter 20 % liegt, nicht übersteigen darf.

Beispiel:

Anschaffungs- kosten DM	Nutzungs- dauer (Jahre)	Absetzung am Ende des ersten Jahres	
		linear (in % vom Anschaffungswert)	geometrisch-degressiv (in % vom Restbuchwert)
10 000	20	5 % = 500	2 x 5 % = 10 % = 1000
10 000	10	10 % = 1000	2 x 10 % = 20 % = 2000
10 000	5	20 % = 2000	maximal 20 % = 2000
10 000	4	25 % = 2500	maximal 20 % = 2000

---

[38] Vgl. § 7 Abs. 2 EStG

Diese Begrenzung des Abschreibungsprozentsatzes führt insbesondere bei Wirtschaftsgütern mit einer Nutzungsdauer unter 10 Jahren zu sehr hohen Restwerten. Das Beispiel auf S. 317 zeigt, daß bei einer Nutzungsdauer von 5 Jahren und einem Abschreibungsprozentsatz von 20 % ein Restwert von 32,8 % der Anschaffungskosten übrigbleibt, während nach dem EStG 1958 der Restwert 23,7 % betrug. Der Betrieb wäre hier gezwungen, beispielsweise im 4. Jahr der Nutzungsdauer auf die **lineare** Abschreibung überzugehen, um auf einen Restwert von Null zu kommen.

Beispiel:

Jahr (Ende)	Abschreibungsprozentsatz vom		Jahresabschreibung		Restbuchwert	
	Buchwert	Anschaffungswert	degressiv	linear	degressiv	linear
1	20	20	2 000	2 000	8 000	8 000
2	20	20	1 600	2 000	6 400	6 000
3	20	20	1 280	2 000	5 120	4 000
4	20	20	2 560*	2 000	2 560	2 000
5	20	20	2 560	2 000	0	0

* am Ende des 4. Jahres erfolgt der Übergang zur linearen Methode, um auf Null abschreiben zu können.

Das Beispiel zeigt, daß durch die gesetzliche Begrenzung des Abschreibungsprozentsatzes vom Buchwert auf 20 % bei einer Nutzungsdauer von z. B. 5 Jahren bei linearer Abschreibung eine schnellerer Freisetzung der investierten Geldbeträge als bei degressiver erfolgt. Am Ende des 3. Jahres sind bei Anwendung der degressiven Abschreibungsmethode 4880 DM, bei Anwendung des linearen Verfahrens 6000 DM abgeschrieben. Am Ende des 4. Jahres beträgt der freigesetzte Betrag bei degressiver Abschreibung 7440 DM und bei linearer Abschreibung 8000 DM.

Die folgende in Abschn. 43 Abs. 5 EStR 1969 aufgeführte Tabelle gibt einen Überblick über die zulässigen Abschreibungsprozentsätze vom jeweiligen Restbuchwert (vgl. S. 324).

„Die Hundertsätze der Spalte 2 gelten für nach dem 31. 12. 1957 angeschaffte oder hergestellte bewegliche Anlagegüter, soweit nicht die Hundertsätze der Spalte 3 oder 4 maßgebend sind. Die Hundertsätze der Spalte 3 gelten für bewegliche Anlagegüter mit einer Nutzungsdauer von mehr als 15 Jahren, die in der Zeit vom 1. 1. 1958 bis zum 31. 12. 1960 angeschafft oder hergestellt worden sind. Die Hundertsätze der Spalte 4 gelten für bewegliche Anlagegüter mit einer Nutzungsdauer von weniger als 16 Jahren, die nach dem 8. 3. 1960, und für bewegliche Anlagegüter mit einer Nutzungsdauer von mehr als 15 Jahren, die nach dem 31. 12. 1960 angeschafft oder hergestellt worden sind. Sind die Wirtschaftsgüter jedoch vor dem 9. 3. 1960 bestellt und bis zum 31. 12. 1961 geliefert

Betriebs-gewöhnliche Nutzungs-dauer (Jahre)	Degressive Absetzung (v. H. des Buchwerts)		
	nach § 7 Abs. 2 Satz 2 EStG 1958	nach § 52 Abs. 10 EStG	nach § 7 Abs. 2 Satz 2 EStG
1	2	3	4
4 — 10	25	—	20
11	22,73	—	18,18
12	20,83	—	16,66
13	19,23	—	15,38
14	17,86	—	14,28
15	16,67	—	13,32
16	15,63	16,00	12,50
17	14,71	16,00	11,76
18	13,89	16,00	11,10
19	13,16	15,79	10,52
20	12,50	15,00	10,00
21	11,91	14,29	9,52
22	11,37	13,64	9,08
23	10,87	13,05	8,68
24	10,42	12,50	8,32
25	10,00	12,00	8,00
30	8,33	11,67	6,66
40	6,25	8,75	5,00

worden und ist vor dem 13. 3. 1960 auf die Wirtschaftsgüter eine Anzahlung geleistet oder von dem Lieferanten schriftliche Auftragsbestätigung erteilt worden, so sind weiterhin die Hundertsätze der Spalte 2 maßgebend. Das gleiche gilt für selbst hergestellte Wirtschaftsgüter, wenn mit der Herstellung vor dem 9. 3. 1960 begonnen worden ist und die Wirtschaftsgüter bis zum 31. 12. 1961 fertiggestellt worden sind (§ 52 Abs. 9 EStG)."[39]

γ) Die arithmetisch-degressive Abschreibung

Bei diesem Verfahren vermindern sich die jährlichen Abschreibungsquoten stets um den gleichen Betrag.

Beispiel: Anschaffungskosten 18 000 DM, Nutzungsdauer 6 Jahre, kein Schrottwert

Jahr (Ende)	Jahresabschreibung	Restbuchwert
1	5 500	12 500
2	4 500	8 000
3	3 500	4 500
4	2 500	2 000
5	1 500	500
6	500	0

---

[39] Abschn. 43 Abs. 4 EStR 1969

Ist die Abschreibungsquote des letzten Jahres gleich dem Betrag, um den die jährliche Abschreibungsquote abnimmt (Degressionsbetrag), wird also auf Null abgeschrieben, so bezeichnet man diese Form der arithmetisch-degressiven Abschreibung als **digitale Abschreibung** (Jahressummenabsetzung). Die Abschreibungsquoten werden in der Weise erreicht, daß man die Jahresziffern der geschätzten Nutzungsdauer addiert und die Anschaffungs- oder Herstellungskosten durch die erhaltene Summe dividiert. Der Quotient ist der Degressionsbetrag, der mit den Jahresziffern in fallender Reihe multipliziert wird. Die Produkte ergeben die jährlichen Abschreibungsquoten.

Beispiel: Anschaffungskosten (A) 90 000 DM, Nutzungsdauer (n) 5 Jahre, kein Schrottwert

Addition der Jahresziffern von n: $1 + 2 + 3 + 4 + 5 = 15$.

$$\text{Degressionsbetrag} \quad D = \frac{\text{Anschaffungskosten}}{\text{Summe der Jahresziffern}}$$

$$D = \frac{A}{\dfrac{n(n+1)}{2}}$$

$$D = 2 \cdot \frac{A}{n(n+1)}$$

$$D = 2 \cdot \frac{90\,000}{30}$$

$$D = 6000$$

Die jährliche Abschreibungsquote ergibt sich, wenn man den Ausdruck für den Degressionsbetrag mit den Jahresziffern in umgekehrter Reihenfolge multipliziert. Bezeichnet man die Abschreibungsquote des 1. Jahres mit a_1, des 2. Jahres mit a_2 usw., so folgt daraus:

$$a_1 = D \cdot n$$
$$a_2 = D(n-1)$$
$$a_3 = D(n-2) \text{ usw.}$$

Jahr (Ende)	Degressionsbetrag mal Jahresziffer in fallender Reihe	Jahres- abschreibung	Restbuchwert
1	6 000 x 5	30 000	60 000
2	6 000 x 4	24 000	36 000
3	6 000 x 3	18 000	18 000
4	6 000 x 2	12 000	6 000
5	6 000 x 1	6 000	0

Nach § 7 Abs. 2 Satz 3 EStG kann durch Rechtsverordnung die Anwendung anderer Verfahren der Absetzung für Abnutzung in fallenden Jahresbeträgen als die geometrisch-degressive Methode erlaubt werden. § 11a EStDV läßt die arithmetisch-degressive bzw. digitale Abschreibung zu, wenn **zwei Bedingungen** erfüllt sind:

1. Im ersten Jahr der Nutzung darf sich kein höherer Abschreibungsbetrag ergeben als bei Anwendung des geometrisch-degressiven Verfahrens unter Berücksichtigung der dort gesetzten Grenzen;
2. für die ersten drei Jahre der Nutzung zusammen darf sich keine höhere Abschreibung ergeben als bei zulässiger geometrisch-degressiver Abschreibung.

Im obigen Beispiel beträgt − bei einem Höchstsatz von 20 % − die geometrisch-degressive Abschreibung im 1. Jahr der Nutzung 18 000 DM, die arithmetisch-degressive dagegen 30 000 DM, also ist die erste Bedingung nicht erfüllt, die arithmetisch-degressive Methode ist nicht anwendbar.

Infolge der Begrenzung der geometrisch-degressiven Abschreibung auf das Zweifache der linearen Abschreibung und des Degressionssatzes auf höchstens 20 % vom Buchwert für Wirtschaftsgüter, die nach dem 8. 3. 1960 angeschafft oder hergestellt worden sind, durch das Steueränderungsgesetz 1960, kommt der digitalen Abschreibung zur Zeit kaum Bedeutung zu, da sie erst bei mehr als zwanzigjähriger Nutzungsdauer angewendet werden kann, während bei einer geometrisch-degressiven Abschreibung in Höhe des 2,5-fachen Satzes der linearen Abschreibung und bei einem Degressionssatz von höchstens 25 %, die für zu einem früheren Zeitpunkt angeschaffte oder hergestellte Wirtschaftsgüter Anwendung findet, die Voraussetzungen für die Zulässigkeit des digitalen Verfahrens bereits bei achtjähriger Nutzungsdauer erfüllt waren.[40]

Nach § 7 Abs. 5 EStG ist für Gebäude, die nach dem 31. 12. 1964 fertiggestellt worden sind, eine besondere Form der arithmetisch-degressiven Abschreibung, nämlich eine zeitliche Staffelung der Abschreibungsprozentsätze (**Abschreibung in fallenden Staffelsätzen**) zulässig, und zwar darf der Bauherr (nicht Erwerber!) von den Herstellungskosten folgende Beträge abschreiben:

Jahr	Abschreibungsprozentsatz	Gesamtabschreibung
1 — 12	je 3,5 %	42 %
13 — 32	je 2,0 %	40 %
33 — 50	je 1,0 %	18 %
insgesamt in 50 Jahren		100 %

---

[40] Vgl. Littmann, E., a. a. O., S. 890

δ) **Die Abschreibung in unregelmäßig fallenden Jahresbeträgen**

Bei diesem Verfahren werden die ersten Jahre der Nutzungsdauer zwar mit höheren Abschreibungsquoten belegt als die späteren, jedoch erfolgt der Abfall der Quoten nicht in einer regelmäßigen Degression oder in fallenden Staffelsätzen, sondern infolge der Zulässigkeit **steuerlicher Sonderabschreibungen,** die entweder neben oder anstelle der AfA vorgenommen werden dürfen, kommt es zu einem Abfall der Abschreibungsquoten, die der Betrieb nach bilanzpolitischen Überlegungen bestimmen kann, da in der Regel die Aufteilung der gesamten Sonderabschreibung auf mehrere Jahre in das Belieben des Steuerpflichtigen gestellt ist.

§ 7 a EStG ließ ab 1949 bei beweglichen Wirtschaftsgütern, die auf dem Wege der Ersatzbeschaffung an die Stelle von im Kriege zerstörten oder beschädigten Gütern traten, neben der Normalabschreibung Sonderabschreibungen von 50 % der Anschaffungs- oder Herstellungskosten in den beiden ersten Jahren der Nutzung zu. Die Verteilung der Sonderabschreibung lag im Ermessen des Steuerpflichtigen.

Beispiel:

Anschaffungskosten 10 000 DM, Nutzungsdauer 5 Jahre, lineare Abschreibung 20 %, Sonderabschreibung in den beiden ersten Jahren 50 %. Sie wird beispielsweise folgendermaßen verteilt:

	Fall a	Fall b	Fall c
1. Jahr	45	30	15
2. Jahr	5	20	35

Jahr (Ende)	Normalab-schreibung	Sonderabschreibung			Restbuchwert		
		a	b	c	a	b	c
1	2 000	4 500	3 000	1 500	3 500	5 000	6 500
2	2 000	500	2 000	3 500	1 000	1 000	1 000
3	333	—	—	—	667	667	667
4	333	—	—	—	334	334	334
5	334	—	—	—	—	—	—
insgesamt	5 000	5 000	5 000	5 000			

Das Beispiel zeigt, daß Sonderabschreibungen auch zu steigenden Abschreibungsquoten vom ersten zum zweiten Jahr der Nutzungsdauer führen können. Insgesamt werden aber in allen Fällen 90 % der Anschaffungskosten in zwei Jahren, die restlichen 10 % in drei Jahren abgeschrieben.

Nach § 14 Abs. 1 BHG dürfen abnutzbare Anlagegüter, die nach dem 31. 12. 1969 angeschafft oder hergestellt worden sind und zu einer in Berlin gelegenen Betriebsstätte gehören, im ersten Jahr der Nutzung und in den folgenden vier Jahren anstelle der normalen AfA nach § 7 EStG bis zur Höhe von insgesamt 75 % der Anschaffungs- oder Herstellungskosten abgeschrieben werden. Der Restbuchwert ist linear abzuschreiben. Die Verteilung der 75 % ist beliebig. Die Abschreibung kann auch in einem kürzeren Zeitraum vorgenommen werden, im Extremfall im ersten Jahr der Nutzung.

dd) Die Abschreibung in steigenden Jahresbeträgen (progressive Abschreibung)

Bei diesem Verfahren wird im ersten Jahr der Nutzung der geringste, im letzten Jahr der höchste Abschreibungsbetrag verrechnet. Die Ermittlung der Jahresquoten erfolgt in der gleichen Weise wie bei der degressiven Abschreibung, lediglich werden die Beträge in umgekehrter zeitlicher Reihenfolge verrechnet. Die jährlichen Abschreibungsquoten können also in geometrischer, arithmetischer oder unregelmäßiger Folge steigen. Da diesem Verfahren **kaum praktische Bedeutung** zukommt, kann auf eine Darstellung an Hand von Zahlenbeispielen verzichtet werden.

Theoretisch kann die Entwicklung der Restbuchwerte bei progressiver Abschreibung der durch technischen Verschleiß eingetretenen Wertminderung in manchen Fällen besser als bei degressiver Abschreibung entsprechen. Die Verteilung der Anschaffungs- oder Herstellungskosten in steigenden Jahresbeträge widerspricht jedoch in der Regel dem Prinzip kaufmännischer Vorsicht und des Gläubigerschutzes, da sie den Risiken der wirtschaftlichen Entwertung abnutzbarer Anlagegüter nicht Rechnung trägt und infolgedessen die Gefahr nicht auszuschließen ist, daß mittels zu hoher Restbuchwerte eine zu günstige Darstellung der Vermögens- und Ertragslage erfolgt.

Schmalenbach hält dieses Verfahren für anwendbar „bei Anlagen, die absichtlich größer gebaut werden als die augenblicklichen Bedürfnisse nötig machen und bei denen von vornherein auf allmähliche Produktionssteigerung Rücksicht genommen wird."[41] Allgemein kann man feststellen, daß eine Abschreibung in steigenden Jahresbeträgen bei Anlagen zweckmäßig sein kann, bei denen erst nach einer gewissen Anlaufzeit mit einer Vollausnutzung und mit steigenden Erträgen zu rechnen ist. Kosiol weist aber mit Recht darauf hin, daß auch in diesen Fällen „der anfängliche Minderverschleiß meistens durch eine verschärfte Überholungsgefahr mindestens ausgeglichen (wird), so daß man als Resultante, z. B. bei Eisenbahngesellschaften, die gleichbleibende Abschreibung vorzieht."[42]

Im Einkommensteuergesetz wird das progressive Abschreibungsverfahren nicht erwähnt. Es muß jedoch auch für die Steuerbilanz als zulässig an-

---

41 Schmalenbach, E., Dynamische Bilanz, 13. Aufl., Köln und Opladen 1962, S. 131
42 Kosiol, E., Anlagenrechnung, Theorie und Praxis der Abschreibungen, 2. Aufl., Wiesbaden 1955, S. 66

gesehen werden, da es weder durch Gesetz verboten noch durch die Rechtsprechung abgelehnt worden ist. Der Betrieb hat grundsätzlich ein Wahlrecht, welche Abschreibungsmethode er anwenden will. Maßgeblich ist die in der Handelsbilanz getroffene Entscheidung, es sei denn, zwingende steuerrechtliche Vorschriften verlangen ein Abweichen vom handelsrechtlichen Bilanzansatz.

Die Verteilung der Anschaffungs- oder Herstellungskosten in steigenden Jahresbeträgen hat für den Betrieb den Nachteil, daß er - falls Gewinne erzielt worden sind – in den ersten Jahren der Nutzung mehr, in den späteren Jahren weniger Steuern zu entrichten hat als bei linearer und erst recht bei degressiver Abschreibung. Das führt zu einem Zinsverlust und ist außerdem ein erheblicher Liquiditätsnachteil.

ee) Die Abschreibung nach der Leistung und Inanspruchnahme

Bei diesem Verfahren wird nicht die Zeit geschätzt, auf die die Anschaffungs- oder Herstellungskosten zu verteilen sind, sondern die mögliche Leistungsabgabe. Die Dauer der Abschreibung hängt von dem Zeitraum ab, in dem ein Anlagegut seinen Leistungsvorrat durch Inanspruchnahme bei der Produktion abgibt. Die Anschaffungs- oder Herstellungskosten werden durch die geschätzte Zahl der mit einem Anlagegut zu bearbeitenden Produkte oder der möglichen Laufstunden einer Anlage dividiert. Auf diese Weise ergibt sich der Abschreibungsbetrag je Produkteinheit oder Maschinenstunde.

Der Abschreibungsbetrag einer Periode hängt also von der Höhe der Ausbringung dieser Periode ab, d. h. Schwankungen im Beschäftigungsgrad beeinflussen die Höhe der Jahresabschreibung. Dadurch verlieren die Abschreibungen den Charakter der auf die Zeitperiode bezogenen fixen Kosten. Sie sind als Gesamtkosten dem Beschäftigungsgrad **proportional,** auf die Leistungseinheit bezogen also konstant. Dieses Abschreibungsverfahren eignet sich deshalb besonders für die Kostenrechnung.

Der Mangel des Verfahrens besteht darin, daß nur die Abnutzung durch Gebrauch (technischer Verschleiß), nicht dagegen der auch bei vorübergehender Außerbetriebnahme mögliche natürliche Verschleiß (z. B. durch Witterungseinflüsse) und vor allem nicht die durch Zeitablauf bedingte wirtschaftliche Entwertung durch technischen Fortschritt usw. berücksichtigt werden.

Beispiel:

Anschaffungskosten einer Maschine 60 000 DM, Gesamtleistungsabgabe: Bearbeitung von 120 000 Werkstücken; Produktion einer Periode: 15 000 Werkstücke

$$a = \frac{60\,000}{120\,000} \times 15\,000$$

$$a = 7500$$

Allgemein formuliert:

$$a = \frac{A - R}{L_G} \cdot L_P$$

a = Jahresabschreibung L_G = Gesamtleistungsvorrat des Anlage-
A = Anschaffungskosten   gutes
R = Restwert (Schrottwert) L_P = in der Periode verbrauchter Leistungs-
                                 vorrat

Dieser Mangel der Leistungsabschreibung läßt sich beseitigen, wenn auch bei ihrer Berechnung von einer wirtschaftlichen Nutzungsdauer ausgegangen wird, bei deren Schätzung die Risiken der wirtschaftlichen Wertminderung berücksichtigt worden sind.[43]

Beispiel:

Anschaffungskosten einer Maschine 72 000 DM, Nutzungsdauer 10 Jahre, Laufzeit pro Tag 8 Stunden, 300 Arbeitstage im Jahr

Gesamtlaufzeit   = 300 Tage x 8 Stunden x 10 Jahre
                  = 24 000 Stunden

Abschreibungsbetrag pro Maschinenstunde $= \dfrac{72\,000}{24\,000}$

$= 3,- DM.$

Nach § 7 Absatz 1 Satz 3 EStG ist die Absetzung nach der Leistung bei beweglichen Gütern des Anlagevermögens zulässig, wenn **folgende Voraussetzungen** erfüllt sind:

1. Die Anwendung der Methode muß sich **wirtschaftlich begründen** lassen. Nach den Einkommensteuerrichtlinien ist die Absetzung nach Maßgabe der Leistung bei solchen beweglichen Wirtschaftsgütern des Anlagevermögens wirtschaftlich begründet, „deren Leistung in der Regel erheblich schwankt und deren Verschleiß dementsprechend wesentliche Unterschiede aufweist."[44]

2. Der auf ein Jahr entfallende Umfang der Leistung muß **nachweisbar** sein. Der Nachweis kann nach den Worten der Richtlinien „z. B. bei einer Spezialmaschine durch ein die Anzahl der Arbeitsvorgänge registrierendes Zählwerk oder bei einem Kraftfahrzeug durch den Kilometerzähler geführt werden."[44]

e) **Außerplanmäßige Abschreibungen**

aa) **Die Problematik der Bestimmung eines niedrigeren Wertes**

Liegt der Wert eines Anlagegutes am Bilanzstichtag unter den Anschaffungs- oder Herstellungskosten bzw. den fortgeführten, d. h. um

---

[43] Vgl. Heinen, E., a. a. O., S. 151
[44] Abschnitt 43 Abs. 4 EStR 1969

planmäßige Abschreibungen verminderten Anschaffungs- oder Herstellungskosten, so folgt aus dem Imparitätsprinzip, daß die Wertminderung bereits vor ihrer Realisierung durch den Umsatzprozeß durch außerplanmäßige Abschreibung erfaßt werden muß oder darf. Die Bezeichnung „außerplanmäßig" besagt, daß die dem Abschreibungsplan entsprechende Bewertung zu hoch ist, weil wertmindernde Tatbestände eingetreten sind, die im Plan nicht berücksichtigt wurden.

Es stellt sich die Frage, wann ein niedrigerer Wert am Bilanzstichtag vorliegt, d. h. welches die Maßgrößen sind, mit denen der bisherige Buchwert verglichen werden muß, der bei nicht abnutzbaren Anlagegütern gleich den um planmäßige Abschreibungen verminderten Anschaffungs- oder Herstellungskosten ist, in beiden Fällen ggf. vermindert um in früheren Perioden vorgenommene außerplanmäßige Abschreibungen, deren Grund nicht nur Wertminderungen, sondern auch die Übernahme steuerlich zulässiger Wertansätze[45] in die Handelsbilanz sein können. Die Antwort hängt in erster Linie davon ab, auf welche Ursachen die Wertminderung zurückzuführen ist.

Als **außergewöhnlich** ist eine Entwertung dann anzusehen,

1. wenn die **technische Fähigkeit** des zu bewertenden Wirtschaftsgutes, Nutzungen abzugeben, aus bestimmten Gründen stärker abgenommen hat, als das durch die planmäßige Abschreibung berücksichtigt wird. Eine außergewöhnliche technische Abnutzung liegt dann vor, wenn durch besondere Umstände ein erhöhter Verschleiß oder Substanzverzehr bei einem abnutzbaren Wirtschaftsgut (z. B. durch Brand, Explosion, Hochwasser, Bergschäden oder auch durch vorübergehende Mehrinanspruchnahme durch Einlegen einer zweiten Schicht) eingetreten ist;
2. wenn der Nutzungsvorrat, den ein Anlagegut noch repräsentiert, aus **wirtschaftlichen Gründen** stärker entwertet worden ist, als es der planmäßigen Abschreibung entspricht. Eine außergewöhnliche wirtschaftliche Abnutzung ist dann gegeben, wenn die wirtschaftliche Leistungsfähigkeit eines Anlagegutes z. B. durch Einschränkung oder Fortfall der Verwendungsmöglichkeit, durch technischen Fortschritt, durch Nachfragerückgang infolge von Modewechsel oder durch Verlust von Absatzgebieten infolge politischer Ereignisse oder wirtschaftspolitischer Maßnahmen gesunken ist;
3. wenn die **Wiederbeschaffungskosten** oder der Einzelveräußerungswert des Anlagegutes gesunken sind. Der Einzelveräußerungswert kommt als Wertansatz nur in Sonderfällen in Frage, da die Anlagegüter normalerweise dazu bestimmt sind, dauernd dem Betrieb zu dienen.[46] Handelt es sich jedoch z. B. um stillgelegte Anlagen, die anderweitig im Betriebe nicht verwendet werden können, oder um Anlagen, die vor Ablauf ihrer dem Abschreibungsplan zugrunde liegenden Nutzungsdauer ver-

---

[45] Vgl. § 154 Abs. 2 Nr. 2 AktG
[46] Vgl. § 152 Abs. 1 AktG

äußert werden sollen, so erfordert die kaufmännische Vorsicht, keinen höheren Wert als den erwarteten Verkaufserlös abzüglich noch entstehender Aufwendungen anzusetzen. Gibt es am Markt keinen Anhaltspunkt für einen Verkaufserlös, so muß ggf. auf den Schrottwert heruntergegangen werden.[47]

Liegen die Wiederbeschaffungskosten unter den Anschaffungskosten bzw. die fortgeführten Wiederbeschaffungskosten unter den fortgeführten Anschaffungskosten oder Herstellungskosten, so läßt sich ein Ansatz des niedrigeren Wertes damit begründen, daß die Konkurrenz das gleiche Anlagegut zu niedrigeren Anschaffungskosten erwerben kann und folglich niedrigere Abschreibungen hat. Die Nutzungsmöglichkeiten der eigenen Anlage werden folglich wirtschaftlich beeinträchtigt.

Albach lehnt die Wiederbeschaffungskosten als Maßstab für den niedrigeren Wert ab. „Das Unternehmen würde möglicherweise unter den gegebenen Verhältnissen das Wirtschaftsgut nicht beschaffen, so daß es unsinnig ist, so zu tun, als kaufte es das Gut doch. Der Wiederbeschaffungswert ist für die Bewertung des vorhandenen Wirtschaftsgutes in einem Unternehmen unerheblich."[48] Dem ist entgegenzuhalten, daß die niedrigeren Wiederbeschaffungskosten wohl der höchste Wert wären, den ein Käufer des Betriebes – im Sinne der Teilwertdefinition – für das Wirtschaftsgut anzusetzen bereit wäre, solange seine Nutzungsfähigkeit – und das wird unterstellt – nicht durch andere Faktoren beeinträchtigt wird.

Die **Ermittlung des Wiederbeschaffungswertes** kann entweder in der Weise erfolgen, daß die Wiederbeschaffungskosten eines gleichen neuwertigen Gutes um planmäßige Abschreibungen gekürzt werden oder daß – soweit vorhanden – ein vom Markt abgeleiteter Wert eines gleichen Wirtschaftsgutes gleichen Alters und Zustandes (**Wiederbeschaffungszeitwert**) verwendet wird. Adler-Düring-Schmaltz weisen darauf hin, daß zwischen beiden Werten Differenzen möglich sind, die durch die Marktlage bedingt sein können.[49] Bei langer Lieferzeit für neue Güter wird der Wiederbeschaffungszeitwert gebrauchter Güter über den fortgeführten Wiederbeschaffungskosten neuer Güter liegen, bei hohem Angebot auf dem Gebrauchtmarkt wird es umgekehrt sein. Ist ein Wiederbeschaffungszeitwert festzustellen, so ist er als maßgeblich anzusehen. In den meisten Fällen wird es ihn allerdings nicht geben.

Bei Ermittlung des **Wiederbeschaffungsneuwertes** ist zu berücksichtigen, daß neue Anlagen in der Regel technisch verbessert sind, so daß von den fortgeführten Wiederbeschaffungskosten noch ein Abschlag gemacht werden muß.

Für die Erfassung außerordentlicher Wertminderungen an abnutzbaren Anlagegütern kommen zwei Verfahren in Betracht:

---

[47] Vgl. Adler-Düring-Schmaltz, a. a. O., Erl. zu § 154, Tz 76
[48] Albach, H., Zur Bewertung von Wirtschaftsgütern mit dem Teilwert, WPg 1963, S. 630
[49] Vgl. Adler-Düring-Schmaltz, a. a. O., Erl. zu § 154, Tz 75

1. Es wird eine außerplanmäßige Abschreibung vorgenommen, und der
Restwert wird auf die **unverkürzte** Restnutzungsdauer durch die planmäßige Abschreibung verteilt. Dieses Verfahren wird dann in Frage
kommen, wenn der Nutzungsvorrat des Wirtschaftsgutes mengenmäßig
unverändert geblieben, wertmäßig aber geringer geworden ist, weil z. B.
durch Nachfragerückgang oder durch technischen Fortschritt, den die
Konkurrenz bereits eingeführt hat, die Leistungen der abzuschreibenden Anlagen nur noch zu einem geringeren Preis am Markt abgesetzt
werden können.
2. Es wird eine außerplanmäßige Abschreibung vorgenommen, und außerdem werden die zukünftigen planmäßigen Abschreibungen auf der
Grundlage einer **verkürzten** Nutzungsdauer bemessen. Das wird inbesondere dann erforderlich sein, wenn der Nutzungsvorrat, der in einem
Anlagegut noch enthalten ist, mengenmäßig plötzlich abgenommen hat,
z. B. durch übermäßige Inanspruchnahme einer Anlage, durch Beschädigung der Anlage, durch Katastropheneinflüsse u. ä.

Beispiel:

Anschaffungskosten 100 000 DM
Nutzungsdauer 10 Jahre
Abschreibung in gleichen Jahresbeträgen
a. o. Wertminderung im 4. Jahr 15 000 DM

Fall 1: Nutzungsdauer unverändert
Fall 2: Nutzungsdauer auf 7 Jahre verkürzt.

Jahr (Ende)	planmäßige Abschreibung		außerplanmäßige Abschreibung		Gesamt-abschreibung		Restwert	
	1	2	1	2	1	2	1	2
3.	10 000	10 000	—	—	10 000	10 000	70 000	70 000
4.	10 000	10 000	15 000	15 000	25 000	25 000	45 000	45 000
5.	7 500	15 000	—	—	7 500	15 000	37 500	30 000
6.	7 500	15 000	—	—	7 500	15 000	30 000	15 000
7.	7 500	15 000	—	—	7 500	15 000	22 500	—
8.	7 500	—	—	—	7 500	—	15 000	—
9.	7 500	—	—	—	7 500	—	7 500	—
10.	7 500	—	—	—	7 500	—	—	—

Es ist denkbar, daß außerordentliche Wertminderungen nicht oder nicht
in entsprechender Höhe zu einer außerplanmäßigen Abschreibung führen
können, weil der sich bei Berücksichtigung der außerordentlichen Wertminderung ergebende Bilanzansatz bereits durch planmäßige Abschreibung erreicht worden ist. Die Anwendung eines degressiven Abschreibungsverfahrens kann – auch ohne daß das beabsichtigt ist – insbesondere in den
ersten Perioden der Nutzungsdauer zu Unterbewertungen führen, so daß
die außerordentlichen Wertminderungen – unbeabsichtigt – bereits er-

faßt worden sind. Das trifft z. B. bei gesunkenen Wiederbeschaffungskosten oder bei Wertminderungen durch technische Fortschritte zu, da z. B.
letztere aus Gründen kaufmännischer Vorsicht im Abschreibungsplan – z. B.
durch Wahl der Abschreibungsmethode oder durch die Höhe der Degression – im Durchschnitt berücksichtigt werden.

Die Möglichkeiten der Ermittlung des niedrigeren Wertes, der den Gütern des Anlagevermögens am Abschlußstichtag beizulegen ist, zeigen, daß
es sich in allen Fällen um einen **betriebsbezogenen Wert** handelt, d. h.
einen Wert, der von den Ertragserwartungen ausgeht, die der Betrieb im
Hinblick auf das zu bewertende Wirtschaftsgut hat. Aufgabe dieser Bewertung ist es, den Abschreibungsplan in all den Fällen zu korrigieren,
in denen unvorhergesehene Ereignisse technischer oder wirtschaftlicher Art
eine Korrektur erfordern.

Genau das gleiche Ziel verfolgt der Steuergesetzgeber in § 6 EStG mit
dem **niedrigeren Teilwert**, wenn man ihn nicht allein nach seiner Definition, sondern in der Weise auslegt, wie das der RFH in seinen (wider-
legbaren) Teilwertvermutungen getan hat. Die Vermutung, daß der Teilwert bei nicht abnutzbaren Anlagegütern gleich den Anschaffungskosten
und bei abnutzbaren Anlagegütern gleich den um die Absetzung für Abnutzung (AfA) verminderten Anschaffungs- oder Herstellungskosten ist,
kann vom Betrieb widerlegt werden. Der RFH führt in seinem Urteil
vom 14. 12. 1926 zwei Gründe dafür an, daß der Teilwert unter den (fortgeführten) Wiederbeschaffungskosten liegen kann: „Geht das Unternehmen aber nicht gut oder gewährt der Gegenstand nicht den erwähnten
Nutzen, so wird der Teilwert zwischen dem Wiederbeschaffungswert und
dem Einzelwerte liegen oder mit letzterem zusammenfallen. Der beste
Weg zur Ermittlung des Teilwertes ist in der Regel, daß man zunächst
den Wiederbeschaffungswert ermittelt und die beiden zuletzt genannten
Möglichkeiten, kurz gesagt: die Unrentierlichkeit des Betriebs und die Unrentierlichkeit des Gegenstandes im Betriebe, sodann berücksichtigt."[50] Ein
auf diese Weise ermittelter Teilwert liegt **unter** den (fortgeführten) Wiederbeschaffungskosten der zu bewertenden Wirtschaftsgüter.

Ein dritter Grund für die Widerlegung der Vermutung, daß der Teilwert gleich den (fortgeführten) Anschaffungs- oder Herstellungskosten ist,
ist die Tatsache, daß die (fortgeführten) Wiederbeschaffungskosten gesunken sind und damit eine Teilwertabschreibung erforderlich wird.

Die Berücksichtigung der „Unrentierlichkeit" des gesamten Betriebes bei
der Bewertung eines einzelnen Wirtschaftsgutes ist betriebswirtschaftlich
nicht sinnvoll und rechentechnisch nicht lösbar. Sie könnte nur durch eine
Gesamtabschreibung des Betriebes erfaßt werden. Sie entspringt der Vorstellung, daß der Teilwert durch Aufteilung des Gesamtwertes (Gesamtkaufpreises) des Betriebes ermittelt wird, die der RFH – wie oben gezeigt –
durch Aufstellung seiner Teilwertvermutungen selbst aufgegeben hat. Der

---

[50] Amtl. Slg., Bd. 20, S. 89

RFH hat im übrigen „eine Abschreibung auf das Gesamtunternehmen in dem Sinne, daß der Gesamtwert des Unternehmens als einer wirtschaftlichen Einheit durch ein Wertberichtigungskonto auf das richtige Maß zurückgeführt wird"[51], abgelehnt.

Die Ursachen, die nach Ansicht des RFH zu einer „Unrentierlichkeit eines Gegenstandes im Betrieb" und damit zu einer Teilwertabschreibung führen können, sind die folgenden:[52]

1. die Tatsache, daß ein gleiches oder gleichnützliches Gut normalerweise billiger angeschafft oder hergestellt werden kann;
2. das Vorliegen einer Fehlmaßnahme (Fehlinvestition);
3. die nachhaltig nicht volle Nutzung eines Gutes;
4. das technische Veralten eines Gutes;
5. Veränderungen am Gegenstand selbst oder sonstige Ereignisse, die geeignet erscheinen, den Gebrauchswert des Gegenstandes herabzusetzen.

bb) Handels- und steuerrechtliche Vorschriften über den Ansatz eines niedrigen Wertes

Weder Handels- noch Steuerrecht enthalten Vorschriften darüber, **wie** die Ermittlung des Wertes von Gütern des Anlagevermögens zu erfolgen hat, wenn er unter den Anschaffungs- oder Herstellungskosten bzw. den um planmäßige Abschreibungen verminderten Anschaffungs- oder Herstellungskosten liegt, sondern bestimmen nur, unter welchen Voraussetzungen ein niedrigerer Wert angesetzt werden **muß** und unter welchen Voraussetzungen ein **Wahlrecht** besteht, entweder den bisherigen Bilanzansatz fortzuführen oder einen niedrigeren Wert zu bilanzieren. Für die **Handelsbilanz** ergeben sich danach folgende Bewertungsmöglichkeiten:

1. Der niedrigere Wert **muß** angesetzt werden, d. h. es ist eine außerplanmäßige Abschreibung oder Wertberichtigung durchzuführen, wenn es sich um eine voraussichtliche **dauernde Wertminderung** handelt (strenges Niederstwertprinzip).[53] Wann eine voraussichtlich dauernde Wertminderung vorliegt, ist problematisch. Nach der Begründung des Regierungsentwurfs ist sie gegeben, wenn der Zeitwert einer Anlage „den Wert, der sich aus planmäßigen Abschreibungen ergibt, während eines erheblichen Teils der Restnutzungsdauer nicht erreichen wird . . ."[54] Der Akzent liegt hier wohl auf den Worten „während eines erheblichen Teils der Restnutzungsdauer". Damit soll klargestellt werden, daß ein Zwang zu einer außerplanmäßigen Abschreibung nicht bereits dann besteht, wenn durch eine planmäßige Abschreibung sich am Anfang der Nutzungsdauer ein

---

[51] RFH vom 15. 10. 1924, Amtl. Slg., Bd. 15, S. 7
[52] Die Zusammenstellung findet sich bei Jacob, H., a. a. O., S. 176, der die einzelnen Ursachen ausführlich erläutert.
[53] Vgl. § 154 Abs. 2 Satz 1, 2. Halbsatz AktG
[54] Kropff, B., Aktiengesetz, a. a. O., S. 245

Restbuchwert ergibt, der über dem Zeitwert liegt, der bekanntlich nach Inbetriebnahme einer neuen Anlage sofort stark abfällt, da gebrauchte Anlagen am Markt nur noch mit einem erheblichen Preisabschlag gehandelt werden. In den folgenden Jahren vermindert sich der Zeitwert dann u. U. relativ langsam, so daß bei Fortführung der planmäßigen Abschreibungen der Buchwert den Zeitwert erreicht und ggf. unterschreitet, ohne daß eine außerplanmäßige Abschreibung erforderlich wird.

2. Der niedrigere Wert **darf** angesetzt werden, wenn die Wertminderung voraussichtlich nicht von Dauer ist. Liegt z. B. der Kurswert von Finanzanlagen (Beteiligungen, Wertpapiere) am Bilanzstichtag unter dem Buchwert und ist ersichtlich, daß es sich um eine vorübergehende Kursminderung handelt, so räumt § 154 Abs. 2 Satz 1 Nr. 1 AktG ein Abwertungswahlrecht ein. Der Betrieb darf auch den bisherigen Buchwert fortführen. In Zweifelsfällen gebietet das Prinzip kaufmännischer Vorsicht den Ansatz des niedrigeren Wertes am Bilanzstichtag.

3. Ein niedrigerer Wert **darf** angesetzt werden, „der für Zwecke der Steuern vom Einkommen und vom Ertrag für zulässig gehalten wird."[55] Diese bereits oben[56] als nicht mit den Zielen der Handelsbilanz zu vereinbarende charakterisierte Vorschrift mußte der Aktiengesetzgeber einfügen, weil nahezu alle aus wirtschafts-, konjunktur- und sozialpolitischen Zielsetzungen vom Steuergesetzgeber zugelassenen Unterbewertungen, die zu Gewinnverschiebungen auf spätere Perioden und damit zu zinslosen Steuerstundungen führen, Kann-Vorschriften sind und folglich der Wertansatz der Handelsbilanz für die Steuerbilanz maßgeblich ist. Eine wirtschaftspolitisch gewünschte Steuerverschiebung durch Bildung stiller Rücklagen muß also zuvor in der Handelsbilanz vollzogen werden, damit sie in die Steuerbilanz übernommen werden kann. „Ohne diese Vorschrift bestände die Gefahr, daß die Unternehmen durch die handelsrechtlichen Bewertungsvorschriften gehindert würden, steuerliche Abschreibungsmöglichkeiten auszunutzen."[57]

Durch diese Vorschrift wird die Handelsbilanz praktisch – wenn auch nicht rechtlich – **von der Steuerbilanz abhängig**.[58] Der Wertansatz in der Handelsbilanz wird allein durch steuerliche Überlegungen bestimmt.

Adler-Düring-Schmaltz zählen neben den erwähnten steuerpolitisch bedingten Sonderabschreibungen auch die Teilwertabschreibungen nach § 6 EStG zu den Abschreibungsgründen. U. E. sind die Abschreibungen auf den niedrigeren Teilwert nichts anderes als der Ansatz eines niedrigeren Wertes am Abschlußstichtag nach § 154 Abs. 2 Satz 1 Nr. 1 AktG bei tatsächlich eingetretener dauernder oder vorübergehender Wertminderung.

55   § 154 Abs. 2 Satz 1 Nr. 2 AktG
56   Vgl. S. 37 ff., 130 f.
57   Kropff, B., Aktiengesetz, a. a. O., S. 245
58   A. A. Adler-Düring-Schmaltz, a. a. O., Erl. zu § 154, Tz 84; gleicher Ansicht Mutze, O., Zu den Bewertungsvorschriften unseres künftigen Aktiengesetzes, AG 1965, S. 6

Die Zulässigkeit eines für Zwecke der Steuern vom Einkommen und vom Ertrag in der Steuerbilanz angesetzten niedrigeren Wertes in der Handelsbilanz dagegen führt zu einer **Unterbewertung**, da ihr Zweck nicht die Erfassung einer Wertminderung, sondern die wirtschaftspolitisch gewollte Veränderung einer Steuerbemessungsgrundlage ist.

4. Ein durch außerplanmäßige Abschreibung oder Wertberichtigung gebildeter niedrigerer Wertansatz darf auch dann beibehalten werden, „wenn die Gründe der außerplanmäßigen Abschreibung oder Wertberichtigung nicht mehr bestehen."[59] Diese Vorschrift entspricht nach der Begründung dem „Grundsatz der Bewertungsstetigkeit."[60] Dieser Grundsatz muß aber nicht eingehalten werden, d. h. die außerplanmäßigen Abschreibungen dürfen durch eine entsprechende oder teilweise **Zuschreibung** rückgängig gemacht werden, so daß bei nicht abnutzbaren Wirtschaftsgütern die Anschaffungs- oder Herstellungskosten, bei abnutzbaren Wirtschaftsgütern die durch planmäßige Abschreibung erreichten Restbuchwerte wieder angesetzt werden dürfen. Letzteres ist u. E. insbesondere dann erforderlich, wenn der niedrigere Wertansatz durch Anwendung steuerlicher Vorschriften und nicht auf Grund geschätzter Wertminderungen zustande gekommen ist, und die Finanzbehörden den steuerlichen Wertansatz nicht akzeptieren. Dann sollte man den Grundsatz der Richtigkeit der Bilanz über den Grundsatz der Bewertungsstetigkeit stellen.

In der **Steuerbilanz** darf ein unter den Anschaffungs- oder Herstellungskosten bzw. den fortgeführten Anschaffungs- oder Herstellungskosten liegender Wert von Gütern des Anlagevermögens entweder durch Vornahme einer **Absetzung für außergewöhnliche technische oder wirtschaftliche Abnutzung** (AfaA)[61] oder durch eine **Teilwertabschreibung**[62] berücksichtigt werden. Maßgeblich ist der Wertansatz in der Handelsbilanz. Ist dort die außergewöhnliche Wertminderung nicht beachtet worden, so kommt auch in der Steuerbilanz ein niedrigerer Wertansatz nicht in Betracht.

Zwischen der AfaA und der Teilwertabschreibung bestehen folgende Unterschiede:

1. Die AfaA erfaßt Wertminderungen, die ihre Ursache entweder in einer außergewöhnlichen **technischen Abnutzung** (z. B. Explosion, Brand oder sonstige Beschädigung) und damit einer mengenmäßigen Verminderung des Nutzungsvorrates eines Wirtschaftsgutes haben oder die durch eine außergewöhnliche **wirtschaftliche Abnutzung** (z. B. Verwendung anderer Produktionsverfahren infolge technischen Fortschritts) bedingt sind und bei gleichem mengenmäßigen Nutzungsvorrat zu einer Entwertung dieses Nutzungsvorrates führen.

---

[59] § 154 Abs. 2 letzter Satz AktG
[60] Kropff, B., Aktiengesetz, a. a. O., S. 245
[61] Vgl. § 7 Abs. 1 Satz 4 EStG
[62] Vgl. § 6 Abs. 1 Nr. 1 Satz 2 EStG

Die Teilwertabschreibung dagegen berücksichtigt Wertminderungen, deren Ursache in erster Linie in einem **Sinken der Wiederbeschaffungskosten** und nicht in einer Abnutzung der zu bewertenden Wirtschaftsgüter liegt. Eine Verminderung der mengenmäßigen Nutzungsmöglichkeiten ist also nicht eingetreten, wohl aber ist der Wert der noch abzugebenden Nutzungen gesunken.

2. Die AfaA ist nur bei **abnutzbaren Gütern** des Anlagevermögens, also bei Wirtschaftsgütern zulässig, die der planmäßigen Absetzung für Abnutzung (AfA) unterliegen.

   Die Teilwertabschreibung ist bei **allen** Wirtschaftsgütern möglich, wenn der Teilwert unter die Anschaffungs- oder Herstellungskosten gesunken ist. Sie kommt in erster Linie bei nicht abnutzbaren Wirtschaftsgütern in Betracht, für die eine Absetzung nach § 7 EStG nicht möglich ist. Bei abnutzbaren Anlagegütern ist sie dann anwendbar, wenn Wertminderungen neben der laufenden, durch die AfA erfaßten Abnutzung durch eine AfaA nicht berücksichtigt werden können (z. B. Sinken der Wiederbeschaffungskosten, Schnellbaukosten bei Warenhäusern[63], Fehlentscheidung bei der Beschaffung wie z. B. die nachträgliche Feststellung von Mängeln, für die kein Ersatzanspruch besteht).

3. Die AfaA kann zu einem **unter** dem Teilwert liegenden Wertansatz führen, da sie nicht an den Teilwert gebunden ist. Der RFH führt in seinem Urteil vom 1. 7. 1931 aus: „Die Absetzungen für technische und wirtschaftliche Abnutzung sind Aufwandsverteilungen auf mehrere Wirtschaftsjahre; ihre Höhe ist nicht etwa durch den jeweiligen Teilwert nach unten begrenzt."[64] Ist z. B. der Wert eines Gebäudes durch ein Schadensfeuer gesunken, so kann der Wertminderung durch eine AfaA auch dann Rechnung getragen werden, wenn der Teilwert, der infolge von Wertsteigerungen in früheren Jahren über dem durch planmäßige AfA erreichten Restbuchwert liegt, infolge der durch das Schadensfeuer verursachten Wertminderung nicht unter diesen Restbuchwert absinkt.

4. Führt eine außerordentliche Wertminderung zu einer **Verkürzung der wirtschaftlichen Nutzungsdauer,** so kommt nur eine AfaA, nicht dagegen eine Teilwertabschreibung in Betracht.[65]

5. Die AfaA ist nur bei Wirtschaftsgütern zulässig, die **linear** oder **nach Maßgabe der Leistung** abgeschrieben werden, die Teilwertabschreibung dagegen ist an keine bestimmte Abschreibungsmethode gebunden.

6. Die AfaA ist bei allen Gewinnermittlungsmethoden des Einkommensteuerrechts zulässig, während die Teilwertabschreibung nur bei buchführenden Gewerbetreibenden möglich ist, da § 6 EStG nur für Gewerbetreibende im Sinne des § 5 und § 4 Abs. 1 EStG gilt.

---

63 Vgl. BFH vom 26. 8. 1958, BStBl 1958, S. 420
64 RFH vom 1. 7. 1931, RStBl 1931, S. 877
65 Vgl. Littmann, E., a. a. O., S. 879

7. Eine Teilwertabschreibung darf bei nicht abnutzbaren Anlagegütern durch **Zuschreibungen** rückgängig gemacht werden. Für abnutzbare Anlagegüter gilt das **Prinzip des strengen Wertzusammenhanges,** d. h. der letzte Bilanzansatz darf nicht mehr überschritten werden, ganz gleich, ob er durch eine AfA, AfaA oder Teilwertabschreibung erreicht worden ist.

Trotz der aufgeführten Unterschiede ist eine scharfe Trennung zwischen der Absetzung für außergewöhnliche Abnutzung und der Teilwertabschreibung nicht in allen Fällen möglich. Die praktischen Auswirkungen der Unterscheidung zwischen beiden Abschreibungen sind deshalb relativ gering, weil der Teilwert im Gegensatz zu seiner Definition nach der Auslegung der Rechtsprechung nicht auf dem Wege über eine Gesamtbewertung des Betriebes, sondern an Hand von an Marktpreisen orientierten Schätzungen ermittelt wird, auch wenn bei derartigen Schätzungen die Ertragserwartungen, die der Betrieb im Hinblick auf das zu bewertende Gut hat, berücksichtigt werden.

IV. Bewertung des Umlaufvermögens

1. Allgemeine Prinzipien

a) Wertansätze in der Handelsbilanz

Die Bewertung der Wirtschaftsgüter des Umlaufvermögens erfolgt grundsätzlich unter Beachtung des Imparitätsprinzips, d. h. das Realisationsprinzip gilt nur für Gewinne, nicht aber für Verluste. Am Bilanzstichtag infolge von Wertsteigerungen mögliche Gewinne dürfen nicht ausgewiesen werden, solange sie nicht durch Umsatz realisiert sind, am Bilanzstichtag drohende, aber durch Umsatz noch nicht realisierte Verluste dagegen müssen nach dem Prinzip kaufmännischer Vorsicht berücksichtigt werden. Es gilt also das **strenge Niederstwertprinzip:** von zwei am Bilanzstichtag zur Verfügung stehenden Werten – z. B. den Anschaffungs- oder Herstellungskosten einerseits und einem Börsen- oder Marktpreis andererseits – muß stets der niedrigere angesetzt werden. Wenn ein Börsen- oder Marktpreis nicht festzustellen ist, die Anschaffungs- oder Herstellungskosten aber den Wert des Wirtschaftsgutes am Bilanzstichtag überschreiten, so ist dieser Wert anzusetzen.

Während nach § 133 Ziff. 3 AktG 1937 der niedrigste der beiden Werte die obere Wertgrenze bildete, aber zum Zwecke der Bildung stiller Rücklagen ohne besondere gesetzliche Regelung unterschritten werden durfte („Die Gegenstände des Umlaufvermögens . . . dürfen höchstens zu den Anschaffungs- oder Herstellungskosten angesetzt werden . . ."), bildet der „Niederstwert" nach § 155 Abs. 2 AktG 1965 prinzipiell die obere **und** die untere Wertgrenze. Eine **Unterschreitung** ist nur in zwei im Gesetz ausdrücklich genannten Fällen zulässig:[1]

1. wenn bei vernünftiger kaufmännischer Beurteilung in der nächsten Zukunft mit **Wertschwankungen** zu rechnen ist, die eine Änderung der Wertansätze zur Folge hätten;
2. wenn auf Grund **steuerrechtlicher Vorschriften** ein niedrigerer Wert angesetzt werden darf.

Das Ziel, die willkürliche Bildung stiller Rücklagen durch Unterbewer-

---

[1] § 155 Abs. 3 AktG

tung von Vorräten zu verhindern, ist durch diese Bestimmungen nur scheinbar erreicht worden. Die Begriffe „in nächster Zukunft" und bei „vernünftiger kaufmännischer Beurteilung" sind außerordentlich dehnbar und
lassen einen so erheblichen Bewertungsspielraum nach unten bestehen, daß
die Grenze zwischen betriebswirtschaftlicher Notwendigkeit und Willkür
wohl nur in Fällen krasser Unterbewertung gezogen werden kann. Die
Begründung des Regierungsentwurfs eines Aktiengesetzes begründet diese
Vorschrift, die erheblich über den Grundsatz hinausgeht, daß die bis zur
Aufstellung des Jahresabschlusses gewonnenen besseren Kenntnisse über die
Verhältnisse am Bilanzstichtag bei der Bewertung berücksichtigt werden
müssen, damit, daß „ein ständiges Auf und Ab in den Wertansätzen
der Vorräte, das die Bilanzklarheit eher beeinträchtigen als fördern könnte, vermieden werden (soll). Außerdem sollen die Gesellschaften durch
diese Vorschrift die Möglichkeit erhalten, den in den Vorräten liegenden
Risiken, insbesondere auch dem Vertriebsrisiko, hinreichend Rechnung zu
tragen."[2]
Dieses **Abwertungswahlrecht** ist unproblematisch, wenn die zu bewertenden Wirtschaftsgüter zwischen dem Bilanzstichtag und dem Stichtag der
Bilanzaufstellung abgesetzt worden sind. In diesem Falle darf höchstens
der erzielte Verkaufserlös abzüglich aller Verkaufsaufwendungen angesetzt werden, vorausgesetzt, daß dieser Wert nicht über den Anschaffungs-
oder Herstellungskosten liegt. Da dieser Betrag durch Umsatz inzwischen
realisiert ist, kommt ein niedrigerer Wertansatz in der Bilanz nicht in Betracht.
Sind die Güter dagegen zum Zeitpunkt der Bilanzaufstellung noch nicht
abgesetzt worden, so müssen die bis zum voraussichtlichen Absatzzeitpunkt
erwarteten Wertminderungen **geschätzt** werden. Die Preisentwicklung zwischen dem Bilanzstichtag und dem Zeitpunkt der Bilanzaufstellung kann
dabei einen Anhaltspunkt für die Schätzung liefern, wenn davon ausgegangen werden kann, daß der Trend der Preisentwicklung sich fortsetzt.
Ist dagegen mit erheblichen **Preisschwankungen** am Absatzmarkt zu
rechnen, so muß der Betrieb „nach dem Vorsichtsprinzip den niedrigsten der mit annähernd gleicher Wahrscheinlichkeit erwarteten Preise
wählen."[3]
In der Vorschrift des § 155 Abs. 3 Nr. 1 AktG wird – darauf weist Leffson hin – der Grundsatz kodifiziert, daß weder die Preise am Bilanzstichtag noch die Preise am Stichtag der Bilanzaufstellung, sondern die
in nächster Zukunft erwarteten Preise Ausgangspunkt für die Bewertung
sind, vorausgesetzt, daß der sich nach dieser Weise ergebende Wert unter
den Anschaffungs- und Herstellungskosten liegt.[4]
Die Vorschrift des § 155 Abs. 3 Ziff. 2 AktG ist ebenso bedenklich wie
die analoge Vorschrift für das Anlagevermögen, da sie Unterbewertungen

---

[2] Kropff, B., Aktiengesetz, a. a. O., S. 247
[3] Leffson, U., Die Niederstwertvorschrift des § 155 AktG, WPg 1967, S. 60
[4] Vgl. Leffson, U., a. a. O., S. 61

und damit die Bildung stiller Rücklagen zuläßt, deren **Zielsetzungen mit denen der Handelsbilanz nichts zu tun haben** und die geeignet sind, der Realisierung der Zielsetzung der Handelsbilanz, eine Rechenschaftslegung durch einen möglichst sicheren Einblick in die Vermögens- und Ertragslage zu geben, entgegenzuwirken, auch wenn dieses Ziel nach § 149 Abs. 1 AktG „nur" „im Rahmen der Bewertungsvorschriften" erreicht werden muß.

Diese Bewertungsvorschrift widerspricht aber der Zielsetzung der Handelsbilanz, denn sie schränkt den sicheren Einblick in die Lage des Betriebes nicht nur ein, sondern kann ihn u. U. unmöglich machen, insbesondere, wenn die steuerlichen Gewinnermittlungsvorschriften weiterhin so stark (oder noch stärker!) in den Dienst der Wirtschafts- und Konjunkturpolitik gestellt werden wie in den letzten Jahren.[5] Die Feststellung der amtlichen Begründung, „wenn der Gesetzgeber steuerliche Sonderabschreibungen, Bewertungsabschläge und dergleichen zuläßt, dürfen der Inanspruchnahmen dieser steuerlichen Vergünstigungen handelsrechtliche Hindernisse nicht entgegenstehen",[6] ist u. E. vom betriebswirtschaftlichen Standpunkt aus nicht haltbar. Eine längst fällige **Aufgabe des Prinzips der Maßgeblichkeit** der Handelsbilanz für die Steuerbilanz hätte − wenigstens für die zeitlich begrenzten steuerlichen Sondervorschriften, die wirtschaftspolitische Ziele verfolgen −, durch eine konsequentere Haltung des Aktiengesetzgebers in der Frage der stillen Rücklagen vom Steuergesetzgeber erzwungen werden können.

Ein praktisches Beispiel einer steuerlichen Vorschrift, die im Umlaufvermögen zu Unterbewertungen führen kann, ist der sog. **Importwarenabschlag**.[7] Bei bestimmten Wirtschaftsgütern des Umlaufvermögens, die aus dem Ausland eingeführt werden, ist ein Bewertungsabschlag bis zu 20 % der Anschaffungskosten oder des niedrigeren Börsen- oder Marktpreises (Wiederbeschaffungspreis) am Bilanzstichtag zulässig.[8]

Für die Bewertung des Umlaufvermögens in einer Aktienbilanz kommen also folgende Werte in Frage:

1. die Anschaffungs- oder Herstellungkosten (§ 155 Abs. 1),

---

[5] Vgl. Wöhe, G., Sind die Anforderungen an die Ordnungsmäßigkeit der Buchführung noch zeitgemäß?, Steuer-Kongreß-Report 1967, München 1967, S. 220 f.

[6] Kropff, B., Aktiengesetz, a. a. O., S. 247

[7] Vgl. § 80 EStDV

[8] Begünstigt werden zwei Arten von Waren:
   (1) Waren, deren Preis am Weltmarkt wesentlichen Schwankungen unterliegt;
   (2) Waren, die wegen ihrer besonderen volkswirtschaftlichen Bedeutung zur Deckung des Bedarfs der deutschen Wirtschaft erforderlich sind (Waren des volkswirtschaftlich vordringlichen Bedarfs).
   Voraussetzung für die Anwendung des Bewertungsabschlages ist, daß die Waren ausländischer Herkunft sind, daß sie nach der Beschaffung nicht be- oder verarbeitet werden und daß das Land Berlin für das Wirtschaftsgut nicht vertraglich das mit der Einlagerung verbundene Preisrisiko übernommen hat (Vgl. § 80 Abs. 2 EStDV).

2. der aus dem Börsen- oder Marktpreis des Bilanzstichtages abgeleitete Wert (§ 155 Abs. 2 Satz 1),
3. der den Wirtschaftsgütern am Bilanzstichtag beizulegende Wert (§ 155 Abs. 2 Satz 2),
4. der bei vernünftiger kaufmännischer Beurteilung auf Grund erwarteter Wertschwankungen für notwendig erachtete Wert (§ 155 Abs. 3 Nr. 1),
5. der als Folge steuerlicher Vorschriften zulässige niedrigere Wert (§ 155 Abs. 3 Nr. 2).

Die Ermittlung der **Anschaffungskosten** erfolgt für Güter des Umlaufvermögens nach den gleichen Prinzipien wie bei den Gütern des Anlagevermögens.[9] Da nach § 155 Abs. 1 AktG die Anschaffungskosten anzusetzen sind und – wie oben erwähnt – nicht mehr wie nach § 133 AktG 1937 höchstens angesetzt werden dürfen, besteht auch hier im Gegensatz zum Aktiengesetz 1937 ein **Aktivierungszwang** für die Anschaffungsnebenkosten.

Bei der Aktivierung von Roh-, Hilfs- und Betriebsstoffen können bei der Ermittlung der **Anschaffungsnebenkosten** Abgrenzungsschwierigkeiten entstehen. Zählt man zu den Nebenkosten alle Aufwendungen, die neben dem Rechnungspreis getätigt werden müssen, damit das beschaffte Wirtschaftsgut im Produktionsprozeß eingesetzt werden kann, so rechnen z. B. Transportkosten, Zölle, Versicherungen u. ä. zu den Nebenkosten, nicht aber in der Regel die Lagerkosten, die zeitabhängig sind und mit zunehmender Lagerdauer steigen. Sie werden als Materialgemeinkosten in der Kostenrechnung verrechnet. In der Bilanz erfolgt eine Aktivierung erst nach Verarbeitung der Roh-, Hilfs- oder Betriebsstoffe in den Herstellungskosten der Halb- und Fertigfabrikate[10], es sei denn, es handelt sich um Materialgemeinkosten, die nicht zeitbezogen sind, sondern einzelnen Materiallieferungen unmittelbar zugerechnet werden können.[11]

Die Ermittlung der **Herstellungskosten** wurde oben bereits ausführlich dargestellt.[12]

Als **Börsenpreis** gilt der an einer deutschen Börse amtlich festgestellte oder der im Freiverkehr ermittelte Preis am Bilanzstichtag. „Marktpreis ist der Durchschnittspreis, der sich aus dem Vergleich einer erheblichen Anzahl an dem Ort, an dem die Gesellschaft ihre Waren abzusetzen pflegt, am Abschlußstichtag über Waren und Wertpapiere der betreffenden Art und Güte geschlossener Kaufverträge ergibt."[13]

§ 155 Abs. 2 AktG verlangt nicht den Ansatz des Börsen- oder Marktpreises, sondern des Wertes, der sich aus dem Börsen- oder Marktpreis

[9] Vgl. S. 265 ff.
[10] A. A. Sandig, C., Zur Frage der Bilanzierungsfähigkeit von Materialgemeinkosten, WPg 1957, S. 64
[11] Vgl. Adler-Düring-Schmaltz, a. a. O., Erl. zu § 155, Tz 13
[12] Vgl. S. 267 ff.
[13] Godin-Wilhelmi, a. a. O., S. 879

ergibt, d. h. es sind diese Werte entweder um Anschaffungsnebenkosten zu erhöhen oder um Verkaufsspesen zu vermindern.[14]

Marktpreise sind entweder vom Beschaffungsmarkt oder vom Absatzmarkt abzuleiten. Der **Beschaffungsmarkt** kommt in Frage für Roh-, Hilfs- und Betriebsstoffe und für Halb- und Fertigfabrikate, für die Fremdbezug möglich wäre. Ausgangswert sind die Wiederbeschaffungskosten am Bilanzstichtag, zuzüglich angemessener Nebenkosten. Der **Absatzmarkt** ist maßgeblich für Halb- und Fertigfabrikate, sowie für den Überbestand an Roh-, Hilfs- und Betriebsstoffen. Es erfolgt eine **verlustfreie Bewertung**[15], d. h. vom erwarteten Preis am Absatzmarkt sind alle noch bis zum Absatz anfallenden Aufwendungen abzusetzen.[16] Ist der sich ergebende Wert **niedriger** als die Anschaffungs- oder Herstellungskosten, so ist der niedrigere Wert anzusetzen, da der am Stichtag erzielbare Preis die höheren Anschaffungs- oder Herstellungskosten zuzüglich der bis zum Verkauf noch anfallenden Aufwendungen nicht voll deckt, also ein Verlust zu erwarten ist, der nach dem Imparitätsprinzip bereits berücksichtigt werden muß, bevor er durch Umsatz in Erscheinung getreten ist.

Der den Wirtschaftsgütern **am Abschlußstichtag beizulegende Wert**[17], der dann zu ermitteln ist, wenn ein Börsen- oder Marktwert nicht existiert, und der dann anzusetzen ist, wenn er unter den Anschaffungs- oder Herstellungskosten liegt, ist bei Roh-, Hilfs- und Betriebsstoffen vom **Beschaffungsmarkt** abzuleiten. Dabei ist von den **Wiederbeschaffungskosten** auszugehen, wenn es sich um Wirtschaftsgüter handelt, die im Betriebe noch verwendet werden können. Die Wiederbeschaffungskosten dürfen angemessene Nebenkosten enthalten.

Handelt es sich um Rohstoffe, deren Verwendbarkeit im Betriebe eingeschränkt ist, so erfordert das Prinzip kaufmännischer Vorsicht die Vornahme von Abschlägen (sog. Gängigkeitsabschreibung[18]). Sind die Rohstoffe usw. überhaupt nicht mehr verwendbar, so kommt als Bewertungsmaßstab nur der vom **Absatzmarkt** abgeleitete Verkaufspreis (evtl. Schrottpreis) abzüglich aller bis zum Verkauf noch anfallender Aufwendungen in Frage. Entscheidend für die Bewertung ist also nicht die Art der Wirtschaftsgüter, sondern der **Grad ihrer Verwendbarkeit** für den Betrieb.

Eine andere Ansicht vertritt Leffson in den Fällen, in denen sinkende Wiederbeschaffungspreise von Rohstoffen keinen Einfluß auf die Absatzpreise der aus ihnen produzierten Güter haben. Er ist der Meinung, daß nicht der geringste Anlaß besteht, „diese Stoffe im Jahresabschluß niedriger als mit den effektiv gezahlten Anschaffungspreisen zu bewerten, auch wenn die Wiederbeschaffungspreise unter die Anschaffungspreise ge-

---

[14] Adler-Düring-Schmaltz, a. a. O., Erl. zu § 155, Tz 166
[15] Vgl. Koch, H., Die Problematik des Niederstwertprinzips, WPg 1957, S. 33 u. 66
[16] Vgl. Adler-Düring-Schmaltz, a. a. O., Erl. zu § 155, Tz 171
[17] § 155 Abs. 2 Satz 2 AktG
[18] Adler-Düring-Schmaltz, a. a. O., Erl. zu § 155, Tz 174

sunken sind."[19] Er leitet diese Auffassung aus dem „Sinn der Niederstwertvorschrift und des allgemeineren Imparitätsprinzips" ab, nach dem
„Bilanzgegenstände höchstens mit Werten angesetzt werden, die sich später
auch realisieren lassen."[20] Diese Interpretation mag vom ·betriebswirt-
schaftlichen Standpunkt aus ebenso sinnvoll sein wie z. B. die Forderung,
über die Anschaffungskosten gestiegene Wiederbeschaffungskosten von
Grund und Boden oder Wertpapieren im Interesse eines genauen Einblicks in die Vermögenslage des Betriebes anzusetzen. Sie erscheint uns
aber – ebenso wie die zuletzt genannte Forderung – vom Standpunkt
des Vorsichtsprinzips und des Gläubigerschutzes aus problematisch, weil
der Wert der Rohstoffe nicht nach ihren **eigenen** Wiederbeschaffungsprei-
sen, sondern aus der Entwicklung der in der Zukunft erwarteten **Absatzpreise von Fertigfabrikaten** abgeleitet wird, in die sie noch gar nicht eingegangen sind.

Bei Halbfabrikaten, Fertigfabrikaten und Waren, für die kein Börsen-
oder Marktpreis besteht oder deren Absatzpreise am Markt gesunken sind,
muß die Bewertung nach den Verhältnissen am Absatzmarkt erfolgen.
Es ist eine **verlustfreie Bewertung** vorzunehmen, d. h. Ausgangspunkt ist
der vorsichtig geschätzte Verkaufserlös, der um alle bis zum Verkauf noch
anfallenden Aufwendungen zu kürzen ist. Es erfolgt also eine retrograde
Bewertung. Bei Fertigfabrikaten und Waren handelt es sich dabei vor
allem um Erlösschmälerungen, Verpackungs-, Vertriebs- und Verwaltungskosten. Adler-Düring-Schmaltz zählen auch Kapitaldienstkosten, d. h. entstandene Zinsverluste hinzu, wenn die Wirtschaftsgüter voraussichtlich für
längere Zeit nicht abgesetzt werden können. Sie schlagen folgendes Schema
für eine verlustfreie Bewertung von Fertigfabrikaten und Waren vor:[21]

Voraussichtlicher Verkaufserlös
– Erlösschmälerungen
– Verpackungskosten und Ausgangsfrachten
– Sonstige Vertriebskosten
– noch anfallende Verwaltungskosten
– Kapitaldienstkosten
= am Bilanzstichtag beizulegender Wert

Beispiel:

Herstellungskosten	1 000 DM
+ bis zum Absatz noch anfallende Aufwendungen	200 DM
= Gesamtaufwand	1 200 DM
Absatzpreis am Bilanzstichtag	1 100 DM
./. bis zum Absatz noch anfallende Aufwendungen	200 DM
= am Bilanzstichtag beizulegender Wert	900 DM

---

[19] Leffson, U., a. a. O., S. 58
[20] Leffson, U., a. a. O., S. 58
[21] Adler-Düring-Schmaltz, a. a. O., Erl. zu § 155, Tz 179

Handelt es sich um Halbfabrikate, so sind außerdem alle Produktionskosten abzusetzen, die bis zur Fertigstellung der Produkte noch anfallen.

Ist durch Ausübung eines Abwertungswahlrechtes ein niedrigerer Wertansatz gebildet worden, so darf er nach § 155 Abs. 4 AktG beibehalten werden, „auch wenn seine Gründe nicht mehr bestehen" (**Beibehaltungswahlrecht**). Angenommen, der Kurs eines Wertpapieres, das am 31. 12. 1969 zu seinen Anschaffungskosten von 250 und am 31. 12. 1970 zum Börsenkurs von 200 bilanziert wird, steigt bis zum 31. 12. 1971 auf 280 an. Dann darf der niedrigere Wert von 200 weitergeführt, oder es dürfen wieder die Anschaffungskosten von 250 angesetzt werden. Adler-DüringSchmaltz stellen dazu fest, daß bei Fortführung des niedrigeren Wertes der buchmäßige Ausweis eines Gewinns, „dessen Realisierung noch aussteht, sofort ausgewiesen werden muß. Die Regelung dient somit sowohl der Bewertungskontinuität als auch einem möglichst sicheren Einblick in die Ertragslage."[22]

Aus dieser Formulierung müßte geschlossen werden, daß im Falle der Zuschreibung bis zu den Anschaffungskosten ein **unrealisierter Gewinn ausgewiesen** wird, durch den der sichere Einblick in die Ertragslage gefährdet wird. Eine solche Interpretation bedeutet aber, daß der Gesetzgeber mit dieser Vorschrift das Realisationsprinzip für Gewinne durchbrochen hat. U. E. handelt es sich bei der Zuschreibung aber nicht um den Ausweis eines unrealisierten Gewinns, sondern darum, einen früher erwarteten und buchtechnisch in einer früheren Periode **bereits erfaßten Verlust,** der nicht realisiert wurde und mit dem am Bilanzstichtag auch nicht mehr zu rechnen ist, jetzt buchtechnisch wieder **rückgängig zu machen.** Der sichere Einblick in die Ertragslage wird deshalb u. E. nicht durch Beibehaltung des niedrigeren Wertes, durch den eine stille Rücklage bestehen bleibt, sondern durch **Rückkehr zu dem früheren Ausgangswert** (bis zur oberen Grenze der Anschaffungskosten) erreicht.

Den Ansatz eines **Zwischenwertes** lehnen Adler-Düring-Schmaltz ab. Sie weisen jedoch darauf hin, daß ein derartiger Ansatz praktisch möglich ist, weil das Steuerrecht ihn zuläßt und der Betrieb in der Handelsbilanz zunächst (fiktiv) zu den höheren Anschaffungskosten zurückkehren kann und dann nach § 155 Abs. 3 Nr. 2 AktG einen niedrigeren Zwischenwert, der steuerlich erlaubt ist, wählen kann.[23]

b) Wertansätze in der Steuerbilanz

Wirtschaftsgüter des Umlaufvermögens sind in der **Steuerbilanz** gemäß § 6 Abs. 1 Nr. 2 EStG nach den gleichen Grundsätzen wie die nichtabnutzbaren Wirtschaftsgüter des Anlagevermögens zu bewerten, d. h. oberer Grenzwert sind die Anschaffungs- oder Herstellungskosten, die in keinem

---

[22]　Adler-Düring-Schmaltz, a. a. O., Erl. zu § 155 Tz 212

[23]　Vgl. Adler-Düring-Schmaltz, a. a. O., Erl. zu § 155 Tz 213

Falle überschritten werden dürfen. Ist der Teilwert niedriger, so **darf** er angesetzt werden, ein Zwang dazu besteht aber nicht. Dieses in § 6 Abs. 1 EStG eingeräumte Bewertungswahlrecht hat aber keine praktische Bedeutung, da die Wertansätze der Handelsbilanz maßgeblich für die Steuerbilanz sind, soweit keine zwingenden Vorschriften andere Wertansätze in der Steuerbilanz verlangen. Infolgedessen muß auch in der Steuerbilanz das **strenge Niederstwertprinzip** beachtet werden.

Der Zwang zur Anwendung des strengen Niederstwertprinzips in der Steuerbilanz wird für Steuerpflichtige, die den Gewinn nach § 5 EStG ermitteln, in Abschnitt 36 Abs. 1 EStR 1969 als Regelfall ausgesprochen. Erfolgt die Gewinnermittlung nach § 4 Abs. 1 EStG (unvollständiger Vermögensvergleich), so gilt die Bindung an das strenge Niederstwertprinzip der Handelsbilanz nicht, sondern es ist ein Ansatz entsprechend dem Wortlaut des § 6 Abs. 1 EStG zulässig, d. h. die Güter des Umlaufvermögens dürfen auch dann mit den Anschaffungs- oder Herstellungskosten angesetzt werden, wenn ihr Teilwert erheblich und voraussichtlich dauernd unter die Anschaffungs- oder Herstellungskosten gesunken ist, es sei denn, die Wirtschaftsgüter sind wertlos.

Die Frage, ob zwischen dem **niedrigeren Teilwert** eines Wirtschaftsgutes des Umlaufvermögens und dem nach § 155 Abs. 3 AktG zulässigen Wertansatz ein Unterschied besteht, wird in der Literatur überwiegend dahingehend beantwortet, daß es „bei richtigem Verständnis der Bewertungsvorschrift des Aktienrechts kaum zu einem Auseinanderfallen zwischen einem aktienrechtlichen Wertansatz und dem, was der überkommene Teilwertbegriff verlangen würde (kommt).“[24] Vodrazka weist darauf hin, daß sich die aktienrechtliche Vorstellung einer „vernünftigen kaufmännischen Beurteilung“ bei der Festsetzung eines niedrigeren Wertansatzes mit der im Teilwertbegriff enthaltenen Vorstellung vom Verhalten eines fiktiven Erwerbers des Betriebes deckt. In beiden Fällen werden „die Daten betrieblicher Planungsrechnungen, Marktforschungsergebnisse u. ä. die Grundlagen der Berechnung bilden.“[25]

Bei der Übernahme steuerlich zulässiger niedrigerer Wertansätze in die Aktienbilanz nach § 155 Abs. 3 Nr. 2 AktG sind die Ansätze in der Handels- und Steuerbilanz automatisch gleich. Die Frage nach dem niedrigeren Teilwert stellt sich nicht, wenn es sich um die Anwendung von steuerlichen Bewertungsfreiheiten (Sonderabschreibungen) handelt, da in diesen Fällen der Teilwert in der Regel unterschritten wird, ohne daß entsprechende Wertminderungen eingetreten sind. Der niedrigere Wertansatz wird lediglich zur – wirtschaftspolitisch gewünschten – Korrektur der Steuerbemessungsgrundlage Gewinn zugelassen.

Ebenso wie bei den Wirtschaftsgütern des nicht abnutzbaren Anlagevermögens gilt auch bei den Gütern des Umlaufvermögens das Prinzip

---

[24] Heigl, A., Brauchen wir den Teilwert noch?, StW 1969, S. 474
[25] Vodrazka, K., Wertuntergrenzen für das bilanzielle Vermögen. In: Zur Besteuerung der Unternehmung, Festschrift für Peter Scherpf, Berlin 1968, S. 165

des strengen Wertzusammenhanges nicht. Ist eine Bewertung zum niedrigeren Teilwert erfolgt, so darf der **letzte Bilanzansatz überschritten** werden, wenn der Teilwert wieder ansteigt, allerdings nur bis zur Grenze der Anschaffungs- oder Herstellungskosten. Voraussetzung ist jedoch, daß eine entsprechende Wertaufstockung in der Handelsbilanz erfolgt ist, die – wie oben dargestellt – durch Verzicht auf das Beibehaltungswahlrecht des § 155 Abs. 4 und die Anwendung der Vorschrift des § 155 Abs. 3 Nr. 2 AktG zulässig ist.

Da kein Zwang zur Wertaufholung besteht, hat der Betrieb durch dieses Bewertungswahlrecht eine Möglichkeit, im Rahmen der steuerlichen Gewinnermittlung **stille Rücklagen** zu bilden. Im Umlaufvermögen kommt ihnen allerdings in der Regel relativ wenig Bedeutung zu, da sie sich auf Grund des schnellen Umschlags der Bestände in der Regel bald auflösen.

2. Die Verfahren zur Bewertung gleichartiger Vorräte[26]

a) Überblick

Grundsätzlich gilt auch für die Güter des Umlaufvermögens nach § 39 Abs. 1 und 2 und § 40 Abs. 2 HGB das Prinzip der **Einzelbewertung.** Ein Warenlager kann nicht als Ganzes bewertet werden, sondern die einzelnen Wirtschaftsgüter sind getrennt zu bewerten. Das setzt allerdings voraus, daß die einzelnen Mengen, aus denen sich der Gesamtbestand zusammensetzt, getrennt nach ihren verschiedenen Anschaffungs- bzw. Herstellungskosten gelagert werden. Dem Betrieb steht es frei, welche Güter des Bestandes er zuerst verbraucht oder verkauft. Er kann grundsätzlich die am teuersten beschafften zuerst absetzen, um einen möglichst niedrigen Wert für den Endbestand und einen vergleichsweise niedrigen Gewinn in der Periode auszuweisen; diese Entscheidung trifft der Betrieb aber **im Zeitpunkt des Verbrauchs** bzw. Verkaufs, nicht erst im Zeitpunkt der Bilanzierung, so daß eine nachträgliche Gewinnbeeinflussung nicht möglich ist.

Werden die Güter **nicht getrennt** nach unterschiedlichen Anschaffungskosten gelagert – so ist in der Handels- und Steuerbilanz eine **Sammel-** oder **Gruppenbewertung** oder der Ansatz eines **Festwertes** zulässig[27], vorausgesetzt, daß es sich um Güter handelt, die im wesentlichen gleichartig sind und ungefähr die gleiche Preislage haben. In diesem Fall muß die Zusammensetzung des zusammen bewerteten Endbestandes nach den verschiedenen Anschaffungspreisen **geschätzt** werden.

---

[26] Zu den Vorräten werden gezählt: Roh-, Hilfs- und Betriebsstoffe, Halbfabrikate, Fertigfabrikate und Waren.

[27] Vgl. § 40 Abs. 4 HGB

Die Einkommensteuer-Richtlinien[28] führen dazu aus, daß bei Wirtschaftsgütern, die im Verkehr nach Maß, Zahl oder Gewicht bestimmt werden und bei denen die Anschaffungs- oder Herstellungskosten wegen Schwankungen der Einstandspreise im Laufe des Wirtschaftsjahres im einzelnen nicht mehr einwandfrei feststellbar sind, der Wert im Schätzungswege zu ermitteln ist.

Handels- und Steuerrecht gehen bei der Schätzung von dem Prinzip aus, der Einzelbewertung **möglichst nahe** zu kommen, d. h. eine Methode anzuwenden, die der Bewertung der Vorräte im Falle getrennter Lagerung in etwa entspricht. Es soll ein Ergebnis angestrebt werden, das „auf Grund von einwandfreien Unterlagen ermittelt worden wäre."[29]

Zur Ermittlung der Anschaffungs- bzw. Herstellungskosten gleichartiger Vorräte hat die Betriebswirtschaftslehre mehrere Methoden entwickelt. Sie führen zu unterschiedlichen Wertansätzen in der Bilanz und damit zu einer unterschiedlichen Höhe des **Periodengewinns.** Sie haben deshalb in Zeiten steigender oder sinkender Preise einen unterschiedlichen Einfluß auf die **Substanzerhaltung** des Betriebes. Daraus folgt, daß die Methoden zwar in erster Linie Verfahren zur Schätzung des Wertes des Endbestandes bei einer fiktiven Einzelbewertung sind, daß sie aber zugleich als **bilanzpolitisches Instrument** zur Beeinflussung des Periodengewinns angewendet werden können.

In Zeiten permanenter Preissteigerungen liegt die bilanzpolitische Bedeutung der einzelnen Schätzungsverfahren vor allem darin, die Besteuerung und die Ausschüttung von Preissteigerungsgewinnen (sog. Scheingewinnen) zu verhindern oder doch wenigstens einzuschränken. Ein **Preissteigerungsgewinn** entsteht beim Umsatz als Differenz zwischen den niedrigeren Anschaffungskosten und den höheren Wiederbeschaffungskosten der umgesetzten oder in die Produktion eingegangenen Wirtschaftsgüter (Waren, Rohstoffe usw.). Eine Besteuerung der Preissteigerungsgewinne kann die Substanzerhaltung des Betriebes in Frage stellen. Handels- und steuerrechtliche Bewertungsvorschriften nehmen grundsätzlich **keine Rücksicht** auf die Substanzerhaltung, sondern besteuern den gesamten Gewinn, der sich als Differenz zwischen den Anschaffungs- bzw. Herstellungskosten zuzüglich aller Aufwendungen und dem Verkaufspreis ergibt. Der Betrieb muß deshalb bestrebt sein, eine Substanzerhaltung mit Hilfe bilanzpolitischer Maßnahmen zu versuchen, z. B. durch Bindung von Preissteigerungsgewinnen an den Betrieb mit Hilfe der Bildung stiller oder offener Rücklagen.[30]

Wegen der Möglichkeit der gezielten Beeinflussung des Periodengewinns lehnen Steuerrechtsprechung und **Finanzverwaltung** die meisten Schätzungsverfahren ab und akzeptieren — bisher — grundsätzlich nur die

[28] Vgl. Abschn. 36 Abs. 2 EStR 1969
[29] RFH v. 5. 7. 1933, RStBl 1933, S. 765
[30] Vgl. S. 466 ff.

Methode der Durchschnittsbewertung. Andere Verfahren werden nur bei Vorliegen besonderer Voraussetzungen im Einzelfall zugelassen.[31]

Demgegenüber hat das **Aktienrecht** die wesentlichsten Schätzungsverfahren anerkannt. § 155 Abs. 1 Satz 3 AktG bestimmt:

> „Soweit es den Grundsätzen ordnungsmäßiger Buchführung entspricht, kann für den Wertansatz gleichartiger Gegenstände des Vorratsvermögens unterstellt werden, daß die zuerst oder daß die zuletzt angeschafften oder hergestellten Gegenstände zuerst oder in einer sonstigen bestimmten Folge verbraucht oder veräußert worden sind."

Diese Bestimmung hat eine umfangreiche Diskussion über die Frage ausgelöst, ob das angewendete Schätzungsverfahren der **tatsächlichen Verbrauchsfolge** in etwa entsprechen muß, anderenfalls also den Grundsätzen ordnungsmäßiger Buchführung widerspricht, oder ob der Gesetzgeber durch die Formulierung „... kann ... unterstellt werden" eine **Fiktion** über die Verbrauchsfolge aufgestellt hat, die dem Betrieb ein Bewertungswahlrecht einräumt, die Verbrauchsfolge zu bestimmen, das er nach bilanzpolitischen Überlegungen zur Beeinflussung der Darstellung der Vermögens- und Ertragslage ebenso anwenden kann wie z. B. das Recht zur Wahl einer Abschreibungsmethode. Die Beantwortung dieser Frage hängt im wesentlichen davon ab, welche Bedeutung man der Generalklausel des § 149 Abs. 1 AktG, daß der Jahresabschluß im Rahmen der Bewertungsvorschriften einen möglichst sicheren Einblick in die Vermögens- und Ertragslage geben soll, bei der Ausübung gesetzlich zugelassener Bewertungswahlrechte zumißt. Wir kommen auf diese Frage bei der Erörterung der einzelnen Schätzungsverfahren zurück.

Der Begriff der **Gleichartigkeit** der zu bewertenden Wirtschaftsgüter wird handelsrechtlich weit ausgelegt. Die Begründung des Regierungsentwurfs eines Aktiengesetzes führt aus, daß es sich bei den nach diesen Verfahren zu bewertenden Gütern des Vorratsvermögens „nicht um einander genau gleiche Gegensätze zu handeln braucht."[32] Mißbräuche erscheinen nach der Begründung ausgeschlossen, weil die Schätzungsverfahren den Grundsätzen ordnungsmäßiger Buchführung entsprechen müssen. Voraussetzung für die Gleichartigkeit ist nicht nur, daß es sich um im Preis etwa gleiche Güter derselben Warengattung handelt, sondern auch bei Gütern unterschiedlicher Warengattungen wird bei annähernder Preisgleichheit die Gleichartigkeit bejaht, wenn die Güter dem gleichen Verwendungszweck dienen, d. h. „funktionsgleich" sind.[33] Das kommt auch in einem Gutachten des Instituts der Wirtschaftsprüfer zum Ausdruck, in dem ausgeführt wird, gleichartig seien „Gegenstände im Sinne dieser Bestimmung, wenn sie annähernd gleiche Beschaffenheit (Warengattung) oder Verwend-

---

[31] Vgl. S. 364
[32] Kropff, B., Aktiengesetz, a. a. O., S. 246
[33] Adler-Düring-Schmaltz, a. a. O., Erl. zu § 155, Tz 98 ff.

barkeit sowie annähernde Preisgleichheit besitzen."[34] Preisgleichheit als Voraussetzung für gleichartige Waren forderte der RFH bereits in seinem Urteil vom 5. 7. 1933.[35] Demgegenüber stellt Littmann fest: „Gleichwertigkeit ist nicht Merkmal der Gleichartigkeit."[36] Er räumt jedoch ein, daß gleichartige Gegenstände in der Regel auch gleichwertig sein werden.

Ist eine Einzelbewertung von Vorräten nicht möglich, weil der jeweilige Bestand aus einer Mehrzahl einzelner Lieferungen stammt, die nicht getrennt gelagert, sondern zusammengefaßt werden, so ergeben sich für die Bewertung des Endbestandes und der Abgänge grundsätzlich mehrere Möglichkeiten:

1. Man bildet aus sämtlichen Anschaffungskosten einen **gewogenen Durchschnitt** (durchschnittliche Anschaffungskosten);
2. man ordnet die Anschaffungskosten der einzelnen Lieferungen der **zeitlichen** Reihenfolge nach, d. h. man verbraucht jeweils die zuerst oder zuletzt bezahlten „Preise";
3. man ordnet die Anschaffungskosten **der Höhe** nach, d. h. man bucht jeweils zuerst die höchsten oder niedrigsten bezahlten Preise aus.

Wird die Entscheidung über die Verbrauchsfoge nicht im Zeitpunkt des Verbrauchs, sondern erst bei der Bilanzierung getroffen, so hat der Betrieb die Möglichkeit, eine gezielte Beeinflussung des Periodengewinns vorzunehmen.

Es darf nicht übersehen werden, daß die mit Hilfe der einzelnen Verfahren ermittelten Werte nicht ohne weiteres als Bilanzansätze in Frage kommen, sondern daß sie die **fiktiven Anschaffungs- oder Herstellungskosten** der als Bestände zu aktivierenden Vorräte sind. Sie kommen bei Anwendung des strengen Niederstwertprinzips nur zum Zuge, wenn sie unter dem Börsen- oder Marktwert liegen.

Die mit Hilfe der Methoden der Vorratsbewertung ermittelten Endbestandswerte müssen zusammen mit den als Aufwand verrechneten Abgängen grundsätzlich den Anschaffungskosten, d. h. dem Wert der Anfangsbestände einschließlich sämtlicher Zugänge entsprechen, d. h. die gesamten Anschaffungskosten in der Periode für eine der Sammelbewertung unterliegende Position werden auf die **Abgänge** und den **Endbestand** verteilt.

Waren z. B. die Anschaffungskosten in der Periode unterschiedlich hoch, und werden die niedrigsten Anschaffungskosten bei der Bewertung des Endbestandes verwendet, so ist der Aufwand (Abgang) der Periode höher und somit der Jahresgewinn niedriger, als wenn der Endbestand mit den höchsten Anschaffungskosten bewertet wurde. In der folgenden Periode wirkt sich das allerdings umgekehrt aus, denn ein niedriger Endbestand

---

[34] Sonderausschuß Neues Aktienrecht des Instituts der Wirtschaftsprüfer: Stellungnahme NA 5/1966: Zur Bewertung der Vorräte, WPg 1966, S. 678
[35] RStBl 1933, S. 765
[36] Littmann, E., a. a. O., S. 686

bedeutet auf Grund der Bilanzidentität zugleich einen entsprechend niedrigen Anfangsbestand in der nächsten Periode. Folglich sind die Aufwendungen der nächsten Periode unter sonst gleichbleibenden Umständen niedriger und der Gewinn wird entsprechend höher sein.

Handelt es sich bei der Bewertung nicht um Warenbestände, sondern um **Rohstoffe,** die in die Selbstkosten der Halb- und Fertigfabrikate verrechnet werden, so bedeutet bei unterschiedlichen Beschaffungspreisen ein geringer Endbestandswert der Rohstoffe, daß der Rohstoffverbrauch mit den höheren Anschaffungskosten bewertet wurde und folglich die zu Herstellungskosten aktivierten Halb- und Fertigfabrikate entsprechend höher angesetzt werden müssen, als wenn die Bewertung der Fabrikate mit den jeweils niedrigsten Anschaffungskosten der Rohstoffe erfolgt wäre. Die **gewinnmindernde Wirkung** der niedrigen Bewertung des Rohstoffendbestandes wird dann je nach der Höhe des Absatzes an Fertigfabrikaten zum Teil wieder durch die Aktivierung der Halb- und Fertigfabrikate mit höheren Herstellungskosten **kompensiert.**

Neben den Schätzungsverfahren, die eine bestimmte Verbrauchsfolge unterstellen, läßt § 40 Abs. 4 HGB zwei weitere Verfahren zur Vorratsbewertung zu:

1. die **Gruppenbewertung** für „annähernd gleichwertige oder solche gleichartigen Vermögensgegenstände, bei denen nach der Art des Bestandes oder auf Grund sonstiger Umstände ein Durchschnittswert bekannt ist",
2. die **Festbewertung** bei Roh-, Hilfs- und Betriebsstoffen, „wenn ihr Bestand in seiner Größe, seinem Wert und seiner Zusammensetzung nur geringen Veränderungen unterliegt."

b) Die Durchschnittsmethode

Bei dieser Methode wird ein Durchschnittspreis (durchschnittliche Anschaffungskosten) als gewogenes arithmetisches Mittel aus allen Einkäufen einer Waren- oder Rohstoffart, deren Einheiten im wesentlichen gleichartig sind und ungefähr die gleiche Preislage haben, errechnet. Mit den ermittelten durchschnittlichen Anschaffungskosten werden dann sowohl die Abgänge als auch der Endbestand bewertet. Schließt man den Anfangsbestand in die Berechnung ein, so ergibt sich ein durchschnittlicher Buchbestandswert, rechnet man ohne den Anfangsbestand, so stellt der Durchschnitt den mittleren Beschaffungswert dar.

Sind die Preisverhältnisse im allgemeinen konstant, so werden zwar auch gewisse kleinere Schwankungen der Anschaffungskosten der einzelnen Zugänge eintreten, z. B. dadurch, daß unterschiedliche Bestellmengen (verschiedene Rabatte) beschafft werden, oder daß verschiedene Lieferanten herangezogen werden müssen (unterschiedliche Lieferbedingungen und Transportkosten), oder daß auf Grund der Liquiditätslage des Betriebes einmal eine Skontierung möglich, ein anderes Mal nicht möglich ist. Der-

Beispiel:

Anfangsbestand	100 ME à 24 DM =	2 400 DM
Zugang	100 ME à 25 DM =	2 500 DM
Zugang	100 ME à 26 DM =	2 600 DM
Zugang	300 ME à 27 DM =	8 100 DM
Zugang	200 ME à 28 DM =	5 600 DM
	800 ME	= 21 200 DM

durchschnittlicher Buchbestandswert: $\dfrac{21\,200}{800} = 26{,}50$ DM

durchschnittlicher Beschaffungswert: $\dfrac{18\,800}{700} = 26{,}86$ DM

artige Schwankungen der Anschaffungskosten werden sich aber in etwa ausgleichen, so daß der gewogene Durchschnittswert nicht wesentlich vom Tageswert am Bilanzstichtag abweichen wird.

Sind die Wiederbeschaffungskosten im Laufe des Wirtschaftsjahres **gesunken,** so wirken sich in den durchschnittlichen Anschaffungskosten auch die höheren Anschaffungskosten zu Beginn des Jahres aus, und der Durchschnittswert liegt **über** dem Tageswert am Bilanzstichtag. Sein Ansatz würde **dem Niederstwertprinzip widersprechen.** Sind die durchschnittlichen Anschaffungskosten höher als der Tageswert, so ist dieser anzusetzen, und die Differenz zwischen beiden Werten ist abzuschreiben, da das strenge Niederstwertprinzip beachtet werden muß.[37]

Daraus folgt, daß der Endbestand nur bei konstanten oder steigenden Preisen mit den durchschnittlichen Anschaffungskosten bewertet werden kann. Im Falle sinkender Preise verbietet das Niederstwertprinzip diesen Ansatz.

Die Durchschnittsmethode führt nur dann zur bestmöglichen Annäherung an die Wertansätze, die im Falle einer Einzelbewertung durch getrennte Lagerung der zu unterschiedlichen Anschaffungskosten beschafften Zugänge zu verwenden wären, wenn alle Zugänge der Periode **bereits vor dem ersten Abgang** erfolgen, denn nur dann entspricht die in dem Verfahren enthaltene Unterstellung, daß alle Abgänge aus einem Bestand erfolgen, der zu Beginn des Jahres den gleichen Durchschnittswert liefert wie am Ende des Jahres, der Wirklichkeit. Die Abgänge der Periode stammen dann ebenso wie der Endbestand streng verhältnismäßig aus dem Anfangsbestand und allen Zugängen, aufgeteilt nach den verschiedenen tatsächlich bezahlten Anschaffungskosten.[38] Adler-Düring-Schmaltz weisen darauf hin, daß man diese dem Durchschnittsverfahren anhaftenden Ungenauigkeiten bei Vorräten mit kurzer Lagerdauer vermindern kann, wenn

---

[37] § 155, Abs. 2 AktG
[38] Vgl. Koncok, G., Zu den Auswirkungen des AktG 1965 auf das Bilanzsteuerrecht, DB 1966, S. 1071

man die durchschnittlichen Anschaffungskosten aus den Zugängen des letzten Halbjahres oder Quartals berechnet.[39]

Die dargestellte Methode der Bewertung zum gewogenen Durchschnittswert kann dadurch verfeinert werden, daß die durchschnittlichen Anschaffungskosten nicht am Ende der Periode, sondern laufend, d. h. **nach jedem Zugang neu** ermittelt werden (Skontration). Die Abgänge werden dann stets mit dem jeweils zuletzt ermittelten Durchschnittspreis bewertet. Die durchschnittlichen Anschaffungskosten werden also bis zum Jahresende fortgeschrieben, so daß der Endbestand **mit den zuletzt ermittelten durchschnittlichen Anschaffungskosten** bewertet wird, falls diese Bewertung nicht gegen das strenge Niederstwertprinzip verstößt.

Beispiel:

Anfangsbestand	100 ME à 24,— DM =	2 400 DM
Abgang	50 ME à 24,— DM =	1 200 DM
Bestand	50 ME à 24,— DM =	1 200 DM
Zugang	100 ME à 25,— DM =	2 500 DM
Bestand	150 ME à 24,67 DM =	3 700 DM
Abgang	100 ME à 24,67 DM =	2 467 DM
Bestand	50 ME à 24,67 DM =	1 233 DM
Zugang	100 ME à 26,— DM =	2 600 DM
Bestand	150 ME à 25,55 DM =	3 833 DM
Abgang	50 ME à 25,55 DM =	1 278 DM
Bestand	100 ME à 25,55 DM =	2 555 DM
Zugang	300 ME à 27,— DM =	8 100 DM
Bestand	400 ME à 26,64 DM =	10 655 DM
Abgang	200 ME à 26,64 DM =	5 328 DM
Bestand	200 ME à 26,64 DM =	5 328 DM
Zugang	200 ME à 28,— DM =	5 600 DM
Bestand	400 ME à 27,32 DM =	10 928 DM
Abgang	300 ME à 27,32 DM =	8 196 DM
Endbestand	100 ME à 27,32 DM =	2 732 DM

Unterstellen wir, daß die Anschaffungskosten des letzten Zuganges gleich dem Tageswert am Bilanzstichtag sind, so erfolgt die Bewertung des Endbestandes nach dem Niederstwertprinzip mit den nach dem letzten Zugang ermittelten durchschnittlichen Anschaffungskosten von DM 27,32 je Einheit.

---

[39] Vgl. Adler-Düring-Schmaltz, a. a. O., Erl. zu § 155, Tz 86

Die erst am Ende der Periode ermittelten durchschnittlichen Anschaffungskosten aus Anfangsbestand und allen Zugängen der Periode ohne Berücksichtigung der Abgänge betragen 26,50 DM je Einheit.

c) Die Lifo-, Fifo- und Hifo-Methode

aa) Darstellung

Anstelle einer Bewertung zu durchschnittlichen Anschaffungskosten besteht aber auch die Möglichkeit, jeweils die zuletzt oder zuerst angefallenen oder die höchsten Anschaffungskosten zu „verbrauchen". Folgende Methoden sind möglich:

Die Lifo-Methode (lifo = last in, first out) unterstellt, daß die zuletzt beschafften Güter stets zuerst veräußert oder verbraucht werden (buchtechnisch, nicht gegenständlich), und daß die zuerst gekauften Güter als Endbestand verbleiben. Diese Methode ist bei steigenden Preisen zweckmäßig, denn dann bleiben die zuerst mit den niedrigsten Preisen beschafften Güter als Endbestand erhalten, oder besser gesagt, der Endbestand wird mit den niedrigen Anschaffungskosten des Anfangsbestandes bzw. der zeitlich am weitesten zurückliegenden Beschaffungen bewertet. Die ausgewiesenen Gewinne – und damit die Preissteigerungsgewinne – werden vermindert, vorausgesetzt, daß die ausgewiesenen Bestände keinen zu starken Schwankungen unterliegen.

Ebenso wie bei der Durchschnittsmethode kann man den Bestand entweder erst am Ende der Periode bewerten; die Lifo-Unterstellung für die Verbrauchsfolge gilt also für die gesamte Periode (Perioden-Lifo); oder man bewertet jeden Abgang nach der Lifo-Methode, d. h. mit den Anschaffungskosten der im Zeitpunkt jedes Abganges jeweils zuletzt beschafften Güter (permanentes Lifo). Die Anforderungen an das Rechnungswesen sind im letzten Falle allerdings erheblich größer. Das Institut der Wirtschaftsprüfer hält die Methode des Perioden-Lifo für ausreichend.[40]

Die Fifo-Methode (fifo = first in, first out) geht davon aus, daß die zuerst erworbenen Güter buchtechnisch auch als zuerst veräußert oder verbraucht angesehen werden. Folglich wird der Endbestand mit den Anschaffungskosten der zuletzt beschafften Güter bewertet. Dieses Verfahren ist bei sinkenden Preisen zweckmäßig. Der Gewinn wird niedriger ausgewiesen, die Substanzerhaltung eher ermöglicht, als wenn die hohen Beschaffungspreise von früher für den Endbestand angesetzt worden wären.

Bei der Fifo-Methode ist es auf die Bewertung des Endbestandes ohne Einfluß, ob die Bewertung der Abgänge am Ende der Periode oder laufend bei jedem einzelnen Abgang erfolgt. In beiden Fällen werden die Abgänge in zeitlicher Reihenfolge der Anschaffungskosten der Zugänge bewertet.

---

[40] Vgl. Sonderausschuß Neues Aktienrecht des Instituts der Wirtschaftsprüfer, a. a. O., S. 678

Die **Hifo-Methode** (hifo = highest in, first out) bucht grundsätzlich die mit den **höchsten** Beschaffungspreisen hereingenommenen Güter **zuerst** aus, so daß bei der Bewertung des Endbestandes stets die niedrigst möglichen Wertansätze gewählt werden. Diese Methode entspricht insbesondere dann dem Prinzip kaufmännischer Vorsicht, wenn der Trend der Anschaffungskosten innerhalb einer Periode nicht in einer Richtung läuft, also die Preise weder permanent steigen noch permanent sinken, sondern wenn innerhalb der Periode **Schwankungen der Preise** erfolgt sind.

Bei der Hifo-Methode kann sich ebenso wie bei der Durchschnittsmethode und der Lifo-Methode ein unterschiedlicher Endbestandswert ergeben, je nachdem, ob die Methode bei Bewertung jedes Abganges (**permanentes Hifo**), oder erst am Jahresende angewendet wird (**Perioden-Hifo**).

Man kann auch zwei oder mehrere Schätzungsverfahren kombinieren, z. B. in der Weise, daß die über den Anfangsbestand hinausgehende Menge des Endbestandes nach einem anderen Verfahren bewertet wird als die dem Anfangsbestand entsprechende Endbestandsmenge, beispielsweise der Basisbestand nach der Lifo-Methode, der Mehrbestand nach der Fifo- oder Durchschnittsmethode. Beide Bestandswerte ergeben zusammen dann den Bilanzwert des Endbestandes.[41]

Betrachten wir die bisher charakterisierten Methoden, die zur Schätzung der Anschaffungskosten von gleichartigen Vorräten angewendet werden können, an Hand eines Zahlenbeispiels, in dem der Einfachheit halber unterstellt wird, daß die Bewertung am Ende der Periode (und nicht bei jedem Abgang) erfolgt.

Dabei wollen wir nacheinander von drei Voraussetzungen ausgehen:

1. die Anschaffungskosten steigen während der gesamten Periode;
2. die Anschaffungskosten sinken während der gesamten Periode;
3. die Anschaffungskosten schwanken während der gesamten Periode.

bb) Der Einfluß steigender Preise auf die Bewertung des Endbestandes

1. Durchschnittliche Anschaffungskosten

Soll		Gemischtes Warenkonto		Haben
AB 100 ME à 24 DM =	2 400 DM	Verkauf 200 ME à 30 DM =	6 000 DM	
+ 100 ME à 25 DM =	2 500 DM	Verkauf 300 ME à 35 DM =	10 500 DM	
+ 100 ME à 26 DM =	2 600 DM	Verkauf 200 ME à 40 DM =	8 000 DM	
+ 300 ME à 27 DM =	8 100 DM			
+ 200 ME à 28 DM =	5 600 DM		24 500 DM	
	21 200 DM	EB 100 ME à 26,50 DM	2 650 DM	
Gewinn	5 950 DM			
	27 150 DM		27 150 DM	

---

[41] Vgl. Adler-Düring-Schmaltz, a. a. O., Erl. zu § 155, Tz 112 ff.

2. Lifo-Methode

Soll	Gemischtes Warenkonto		Haben
AB 100 ME à 24 DM = 2 400 DM	Verkauf 200 ME à 30 DM =	6 000 DM	
+ 100 ME à 25 DM = 2 500 DM	Verkauf 300 ME à 35 DM =	10 500 DM	
+ 100 ME à 26 DM = 2 600 DM	Verkauf 200 ME à 40 DM =	8 000 DM	
+ 300 ME à 27 DM = 8 100 DM		24 500 DM	
+ 200 ME à 28 DM = 5 600 DM	EB 100 ME à 24 DM	2 400 DM	
21 200 DM			
Gewinn 5 700 DM			
26 900 DM		26 900 DM	

3. Fifo-Methode

Soll	Gemischtes Warenkonto		Haben
AB 100 ME à 24 DM = 2 400 DM	Verkauf 200 ME à 30 DM =	6 000 DM	
+ 100 ME à 25 DM = 2 500 DM	Verkauf 300 ME à 35 DM =	10 500 DM	
+ 100 ME à 26 DM = 2 600 DM	Verkauf 200 ME à 40 DM =	8 000 DM	
+ 300 ME à 27 DM = 8 100 DM		24 500 DM	
+ 200 ME à 28 DM = 5 600 DM	EB 100 ME à 28 DM	2 800 DM	
21 200 DM			
Gewinn 6 100 DM			
27 300 DM		27 300 DM	

4. Hifo-Methode

Diese Methode führt bei kontinuierlich steigenden Preisen zum gleichen Endbestandswert wie die Lifo-Methode.

Unterstellen wir, daß die Wiederbeschaffungskosten am Bilanzstichtag (Tageswert) gleich den Anschaffungskosten der zuletzt beschafften Menge (DM 28 je Einheit) sind. Bei Anwendung des **Niederstwertprinzips** ergibt sich dann folgende Bewertung:

Methode	Wert des End-bestandes je Einheit	Tageswert am Bilanzstichtag je Einheit	zulässiger Bilanzansatz je Einheit (Handelsbilanz)
Durchschnitts-methode	26,50	28,—	26,50
Lifo	24,—	28,—	24,—
Fifo	28,—	28,—	28,—
Hifo	24,—	28,—	24,—

Im Beispiel wird ein gleicher mengenmäßiger Anfangs- und Endbestand unterstellt. Bei steigenden Preisen sind in diesem Falle bei Anwendung der **Lifo-Methode** Anfangs- und Endbestand auch wertmäßig gleich groß, d. h. die Abgänge der abgelaufenen Periode sind insgesamt mit den Anschaffungskosten der Zugänge dieser Periode bewertet worden. Der Wert des Endbestandes entspricht dem Wert des Endbestandes der Vorperiode.

Unterstellt man, daß bei weiter steigenden Preisen die mengenmäßige und damit wertmäßige Übereinstimmung von Anfangs- und Endbestand über mehrere Perioden besteht, so erfolgt eine Bewertung des Endbestandes, die sich **vom tatsächlichen Preisniveau erheblich nach unten entfernt** hat. Trotz genereller Zulässigkeit der Lifo-Methode in der Handelsbilanz erscheint dieses Verfahren bedenklich, da ein sicherer Einblick in die Vermögens- und Ertragslage nicht mehr gewährleistet ist. U. E. ist die Anwendung des Verfahrens in diesem Falle nicht möglich, da das Ergebnis nicht mehr den Grundsätzen ordnungsmäßiger Buchführung und Bilanzierung entspricht.

Bei Verwendung der **durchschnittlichen Anschaffungskosten** als Bilanzansatz dagegen wirkt sich das Steigen der Anschaffungskosten während der Periode im Durchschnitt aus. Die Bewertung des Anfangsbestandes hat keine größere Bedeutung für die Bewertung des Endbestandes als die jedes einzelnen Zugangs. Sind Anfangs- und Endbestand mengenmäßig gleich groß, so ist der Wert des Endbestandes bei steigenden Preisen stets größer als der Wert des Anfangsbestandes.

Bei der **Fifo-Methode** hat der Wert des Anfangsbestandes keinen Einfluß auf den Wertansatz des Endbestandes, wenn während der Periode wenigstens ein Verbrauch in Höhe des Anfangsbestandes erfolgt ist, da der Anfangsbestand buchtechnisch als zuerst verbraucht gilt.

Die **Hifo-Methode** führt unter den gemachten Voraussetzungen zum gleichen Ergebnis wie die Lifo-Methode.

In der Praxis ist es die Regel, daß Endbestand und Anfangsbestand einer Periode nicht genau übereinstimmen. Ist der **Endbestand mengenmäßig größer** als der Anfangsbestand, beispielsweise 150 ME, so wird bei der Durchschnittsmethode weiterhin jede Einheit des Endbestandes mit den durchschnittlichen Anschaffungskosten bewertet, bei der Lifo-Methode dagegen entspricht nur die dem Anfangsbestand entsprechende Menge des Endbestandes (Basisbestand) auch wertmäßig dem Anfangsbestand. Für den den Anfangsbestand übersteigenden Teil des Endbestandes (Mehrbestand) sind die Anschaffungskosten der Zugänge in zeitlicher Reihenfolge anzusetzen.

Bei Anwendung der Fifo-Methode werden die Anschaffungskosten der Zugänge in zeitlich rückwärtiger Folge zur Bewertung des Endbestandes herangezogen. Die Hifo-Methode führt zum gleichen Ergebnis wie die Lifo-Methode.

Beispiel (unter Verwendung der Zahlen des vorangegangenen Beispiels):

Methode	Wert des Endbestandes
Durchschnittliche Anschaffungskosten	150 ME à 26,50 DM = 3 975 DM
Lifo	100 ME à 24,— DM 50 ME à 25,— DM = 3 650 DM
Fifo	150 ME à 28,— DM = 4 200 DM
Hifo	100 ME à 24,— DM 50 ME à 25,— DM = 3 650 DM

Ist der **Endbestand mengenmäßig** kleiner als der Anfangsbestand, z. B. 50 ME, so hat das auf den Endbestandswert je Einheit bei der Durchschnittsmethode keinen Einfluß, bei der Lifo- und Hifo-Methode wird jede Einheit des Endbestandes mit den gleichen Anschaffungskosten bewertet wie der Anfangsbestand, d. h. der Wertansatz je Einheit des Endbestandes entspricht dem je Einheit des Endbestandes der Vorperiode, bei der Fifo-Methode sind die Anschaffungskosten des letzten Zuganges anzusetzen.

cc) Der Einfluß sinkender Preise auf die Bewertung des Endbestandes

1. Durchschnittliche Anschaffungskosten

Soll		Gemischtes Warenkonto	Haben
AB 200 ME à 28 DM =	5 600 DM	Verkauf 200 ME à 30 DM =	6 000 DM
+ 300 ME à 27 DM =	8 100 DM	Verkauf 200 ME à 29 DM =	5 800 DM
+ 100 ME à 26 DM =	2 600 DM	Verkauf 300 ME à 26 DM =	7 800 DM
+ 100 ME à 25 DM =	2 500 DM		19 600 DM
+ 100 ME à 24 DM =	2 400 DM	EB 100 ME à 26,50 DM	2 650 DM
	21 200 DM		
Gewinn	1 050 DM		
	22 250 DM		22 250 DM

2. Lifo-Methode

Soll		Gemischtes Warenkonto	Haben
AB 200 ME à 28 DM =	5 600 DM	Verkauf 200 ME à 20 DM =	6 000 DM
+ 300 ME à 27 DM =	8 100 DM	Verkauf 200 ME à 29 DM =	5 800 DM
+ 100 ME à 26 DM =	2 600 DM	Verkauf 300 ME à 26 DM =	7 800 DM
+ 100 ME à 25 DM =	2 500 DM		19 600 DM
+ 100 ME à 24 DM =	2 400 DM	EB 100 ME à 28 DM	2 800 DM
	21 200 DM		
Gewinn	1 200 DM		
	22 400 DM		22 400 DM

3. Fifo-Methode

Soll	Gemischtes Warenkonto	Haben
AB 200 ME à 28 DM = 5 600 DM	Verkauf 200 ME à 30 DM = 6 000 DM	
+ 300 ME à 27 DM = 8 100 DM	Verkauf 200 ME à 29 DM = 5 800 DM	
+ 100 ME à 26 DM = 2 600 DM	Verkauf 300 ME à 26 DM = 7 800 DM	
+ 100 ME à 25 DM = 2 500 DM	19 600 DM	
+ 100 ME à 24 DM = 2 400 DM	EB 100 ME à 24 DM 2 400 DM	
21 200 DM		
Gewinn 800 DM		
22 000 DM	22 000 DM	

4. Hifo-Methode

Diese Methode führt bei kontinuierlich sinkenden Preisen zum gleichen Ergebnis wie die Fifo-Methode.

Unterstellen wir auch im Falle sinkender Preise, daß die Wiederbeschaffungskosten am Bilanzstichtag (Tageswert) den Anschaffungskosten der zuletzt beschafften Menge (24 DM) entsprechen. Bei Anwendung des **Niederstwertprinzips** ergibt sich dann folgende Bewertung:

Methode	Wert des Endbestandes je Einheit	Tageswert am Bilanzstichtag je Einheit	zulässiger Bilanzansatz je Einheit (Handelsbilanz)
Durchschnitts-methode	26,50	24,—	24,—
Lifo	28,—	24,—	24,—
Fifo	24,—	24,—	24,—
Hifo	24,—	24,—	24,—

Ist der Endbestand mengenmäßig größer oder kleiner als der Anfangsbestand, so kommt dennoch ein anderer Endbestandswert je Einheit für die Bilanzierung nicht in Betracht, da nach dem strengen Niederstwertprinzip der Endbestand unter den gemachten Voraussetzungen stets zum niedrigeren Tageswert zu bewerten ist.

dd) Der Einfluß schwankender Preise auf die Bewertung des Endbestandes

1. Durchschnittliche Anschaffungskosten

Soll		Gemischtes Warenkonto		Haben
AB 100 ME à 26 DM =	2 600 DM	Verkauf 200 ME à 35 DM =	7 000 DM	
+ 200 ME à 28 DM =	5 600 DM	Verkauf 300 ME à 35 DM =	10 500 DM	
+ 100 ME à 24 DM =	2 400 DM	Verkauf 200 ME à 35 DM =	7 000 DM	
+ 100 ME à 25 DM =	2 500 DM		24 500 DM	
+ 300 ME à 27 DM =	8 100 DM	EB 100 ME à 26,50 DM	2 650 DM	
	21 200 DM			
Gewinn	5 950 DM			
	27 150 DM		27 150 DM	

2. Lifo-Methode

Soll		Gemischtes Warenkonto		Haben
AB 100 ME à 26 DM =	2 600 DM	Verkauf 200 ME à 35 DM =	7 000 DM	
+ 200 ME à 28 DM =	5 600 DM	Verkauf 300 ME à 35 DM =	10 500 DM	
+ 100 ME à 24 DM =	2 400 DM	Verkauf 200 ME à 35 DM =	7 000 DM	
+ 100 ME à 25 DM =	2 500 DM		24 500 DM	
+ 300 ME à 27 DM =	8 100 DM	EB 100 ME à 26 DM	2 600 DM	
	21 200 DM			
Gewinn	5 900 DM			
	27 100 DM		27 100 DM	

3. Fifo-Methode

Soll		Gemischtes Warenkonto		Haben
AB 100 ME à 26 DM =	2 600 DM	Verkauf 200 ME à 25 DM =	7 000 DM	
+ 200 ME à 28 DM =	5 600 DM	Verkauf 300 ME à 35 DM =	10 500 DM	
+ 100 ME à 24 DM =	2 400 DM	Verkauf 200 ME à 35 DM =	7 000 DM	
+ 100 ME à 25 DM =	2 500 DM		24 500 DM	
+ 300 ME à 27 DM =	8 100 DM	EB 100 ME à 27 DM	2 700 DM	
	21 200 DM			
Gewinn	6 000 DM			
	27 200 DM		27 200 DM	

4. Hifo-Methode

Soll	Gemischtes Warenkonto	Haben

AB 100 ME à 26 DM = 2 600 DM
+ 200 ME à 28 DM = 5 600 DM
+ 100 ME à 24 DM = 2 400 DM
+ 100 ME à 25 DM = 2 500 DM
+ 300 ME à 27 DM = 8 100 DM
               21 200 DM
Gewinn   5 700 DM
               26 900 DM
	Verkauf 200 ME à 35 DM = 7 000 DM
	Verkauf 300 ME à 35 DM = 10 500 DM
	Verkauf 200 ME à 35 DM = 7 000 DM
	               24 500 DM
	EB 100 ME à 24 DM 2 400 DM
	
	               26 900 DM

Gehen wir auch im Falle schwankender Preise von der Annahme aus, daß der Tageswert am Bilanzstichtag gleich den Anschaffungskosten der zuletzt beschafften Menge ist (DM 27 je Einheit). Bei Anwendung des **Niederstwertprinzips** ergibt sich dann folgende Bewertung:

Methode	Wert des Endbestandes je Einheit	Tageswert am Bilanzstichtag je Einheit	zulässiger Bilanzansatz je Einheit (Handelsbilanz)
Durchschnitts-methode	26,50	27,—	26,50
Lifo	26,—	27,—	26,—
Fifo	27,—	27,—	27,—
Hifo	24,—	27,—	24,—

Bei schwankenden Preisen führte also die **Hifo-Methode** zum niedrigsten Endbestandswert.

Unterstellen wir, daß der Endbestand größer ist als der Anfangsbestand, z. B. 150 ME, so führen in unserem Zahlenbeispiel die Lifo- und Hifo-Methoden zu einem etwas höheren Endbestandswert als im vorangegangenen Beispiel. Der niedrigste Endbestandswert ergibt sich aber auch hier bei Anwendung der **Hifo-Methode.**

Methode	Wert des Endbestandes je Einheit		Tageswert am Bilanzstichtag je Einheit	zulässiger Bilanzansatz je Einheit (Handelsbilanz)
Durchschnitts-Methode		26,50	27,—	26,50
Lifo	100 à 26			
	50 à 28	26,66	27,—	26,66
Fifo	150 à 27	27,—	27,—	27,—
Hifo	100 à 24			
	50 à 25	24,33	27,—	24,33

d) **Handels- und steuerrechtliche Zulässigkeit von Verbrauchsfolgeunterstellungen**

Kommen wir nun auf die Frage zurück, unter welchen Voraussetzungen die dargestellten Schätzungsverfahren in der Handels- und Steuerbilanz angewendet werden dürfen. Die Rechtsprechung hat zur Frage der Zulässigkeit in der Steuerbilanz mehrfach – am ausführlichsten im Gutachten des OFH vom 3. 6. 1949[42] – Stellung genommen. Auf diesem Gutachten basieren Rechtsprechung und Einkommensteuerrichtlinien bis heute.

Das **Gutachten des OFH** führt aus: „Weder das Last-in-First-out-Verfahren, noch das First-in-First-out-Verfahren ist mit dem geltenden deutschen Einkommensteuerrecht vereinbar. Fallen die Preise, so würde beim Last-in-First-out-Verfahren der Ansatz der Bestände mit den hohen Anschaffungskosten der zuerst gekauften Vorräte über dem Teilwert liegen, und somit gegen § 133 Ziff. 3 AktG verstoßen. Steigen die Preise, so würden beim First-in-First-out-Verfahren die Ansätze für zuerst gekaufte Waren, die entgegen der Vermutung dieses Verfahrens am Bilanzstichtag noch vorhanden sind, über den tatsächlichen Anschaffungskosten liegen und somit ebenfalls gegen das geltende Steuer- und Handelsrecht verstoßen."[43]

Aus den Ausführungen des OFH ergibt sich, daß er die Lifo- und Fifo-Methode als **selbständige Bewertungsverfahren** beurteilt und nicht als Schätzungsverfahren, die einer nicht durchführbaren Einzelbewertung im Rahmen der geltenden Bewertungsvorschriften – also insbesondere unter Beachtung des strengen Niederstwertprinzips – möglichst nahe kommen soll.

Die Richtlinien fassen die Ansicht der Rechtsprechung dahingehend zusammen, daß bei der Ermittlung des Endbestandswertes gleichartiger Vorräte, „bei denen die Anschaffungs- oder Herstellungskosten wegen der Schwankungen der Einstandspreise im Laufe des Wirtschaftsjahres im einzelnen nicht mehr einwandfrei feststellbar sind", eine Schätzung erfolgen müsse. „In diesen Fällen stellt die Durchschnittsbewertung – Bewertung nach dem gewogenen Mittel der im Laufe des Wirtschaftsjahres erworbenen und gegebenenfalls zu Beginn des Wirtschaftsjahres vorhandenen Wirtschaftsgüter – ein zweckentsprechendes Schätzungsverfahren dar."[44] Wie in den Beispielen gezeigt wurde, führt die Durchschnittsbewertung nur in Ausnahmefällen zu einer bestmöglichen Schätzung.

In seinem Urteil vom 15. 2. 1966[45] hat der BFH den „Anschaffungspreis des vermischten Grundbestandes" als „einzig feststehende Schätzungsgrundlage" für **Wertpapiere** bezeichnet und damit die Durchschnittsmethode bestätigt. Er ist also der Forderung nach Übertragung der aktienrechtlichen Zulässigkeit von Verbrauchsfolgeunterstellungen **nicht** gefolgt,

---

[42] StW 1949, Nr. 50, Sp. 108
[43] OFH-Gutachten vom 3. 6. 1949, StW 1949, Nr. 50, Sp. 108
[44] Abschn. 36 Abs. 2 EStR 1969
[45] BStBl 1966, S. 274

sondern hat die Fifo- und Lifo-Methode für die Bewertung gleichartiger Vorräte damit **erneut abgelehnt.**

Diese Ablehnung gilt aber nur dann, wenn die Methoden zu einer Fiktion über die zeitliche Verbrauchsfolge führen, die den tatsächlichen Verhältnissen nicht entspricht. Kann der Betrieb z. B. durch die Art der Lagerung **nachweisen,** daß die Verbrauchsfolge einer dieser Methoden entspricht, so muß sie auch steuerlich als zulässig angesehen werden[46], wenn dadurch das strenge Niederstwertprinzip, das über die Handelsbilanz auch für die Steuerbilanz maßgebend ist, nicht verletzt wird.

Werden z. B. flüssige Betriebsstoffe (Öl) in Tanks gelagert, so tritt bei jedem Zugang eine Vermischung von Bestand und Zugang ein, für die Bewertung der Abgänge und des Endbestandes kommt nur die Methode des laufenden gewogenen Durchschnitts (Skontration) in Frage. Erfolgt die Lagerung eines festen Rohstoffes in Behältern, die von oben gefüllt und von unten entleert werden, so kann glaubhaft gemacht werden, daß die zuerst beschafften Mengen auch zuerst verbraucht werden. Eine Bewertung nach der Fifo-Methode würde – im Rahmen des Niederstwertprinzips – den Grundsätzen ordnungsmäßiger Bilanzierung entsprechen und wäre zu akzeptieren. Die Lifo-Methode dagegen scheidet aus, da die zuletzt beschafften Mengen offensichtlich nicht zuerst verbraucht werden. Umgekehrt wäre es, wenn die Beschickung und Entleerung des Behälters von oben erfolgen würde. Hier würden auf Grund der Art der Lagerung die zuletzt beschafften Mengen in der Regel zuerst verbraucht.

Vom Standpunkt der Zielsetzung der Steuerbilanz ist es u. E. durchaus berechtigt, die Lifo- und Fifo-Methode dann abzulehnen, wenn durch ein Verfahren eine Fiktion über die Verbrauchsfolge aufgestellt wird, mit deren Hilfe eine **Gewinnverlagerung** auf spätere Perioden ermöglicht wird.

Die in der Literatur mehrfach geäußerte Meinung, der gesetzlichen Anerkennung der Schätzungsverfahren durch das Aktiengesetz 1965 müsse auch der Steuergesetzgeber folgen, geht von der Voraussetzung aus, daß die Schätzungsverfahren handelsrechtlich im Rahmen des Niederstwertprinzips ohne Einschränkung, also insbesondere ohne Rücksicht auf die tatsächliche Verbrauchsfolge, angewendet werden dürfen.

Soll in der Steuerbilanz entsprechend ihrer Zielsetzung in erster Linie verhindert werden, daß durch zu niedrige Bewertung der Vorräte Periodengewinne auf spätere Perioden verlagert werden können, so hat die Handelsbilanz neben dieser Aufgabe der periodengerechten Gewinnermittlung das Ziel, den Gläubiger vor einer zu optimistischen Darstellung der Vermögenslage zu schützen, d. h. zu hohe Wertansätze sollen verhindert werden. Da die Schätzungsverfahren, die der Ermittlung der Anschaffungs- oder Herstellungskosten gleichartiger Vorräte dienen, nur im Rahmen des Niederstwertprinzips Anwendung finden dürfen, kann eine zu hohe Bewertung nicht eintreten, denn wenn nach dem Lifo-, Fifo- oder

---

[46] Vgl. Abschn. 36 Abs. 2 EStR 1969

einem ähnlichen Verfahren ein über dem Börsen- oder Marktpreis am Bilanzstichtag liegender Wertansatz ermittelt würde, dürfte er nicht angesetzt werden.

Die Frage der Zulässigkeit kann sich also nur in den Fällen stellen, in denen die geschätzten Anschaffungs- oder Herstellungskosten **unter dem Tageswert** am Bilanzstichtag liegen. Adler-Düring-Schmaltz[47] und sich ihnen anschließend das WP-Handbuch[48] vertreten die Ansicht[49], daß die für die Schätzung der Anschaffungskosten unterstellte Verbrauchsfolge – von extremen Fällen abgesehen[50] – mit der tatsächlichen Verbrauchsfolge nicht übereinstimmen müsse. Sie begründen ihre Ansicht mit dem Wortlaut des Gesetzes[51], das ausdrücklich davon spricht, daß – soweit es den Grundsätzen ordnungsmäßiger Buchführung entspricht – eine den genannten Schätzungsverfahren entsprechende Verbrauchsfolge „unterstellt" werden könne. Daraus folgert Gessler[52], daß es nicht der Wille des Gesetzgebers gewesen sei, die Verfahren nur zuzulassen, wenn sie der tatsächlichen Verbrauchsfolge auf Grund der Art der Lagerung entsprechen, da dann der Hinweis auf die Grundsätze ordnungsmäßiger Buchführung genügt hätte und das Wort „unterstellt" keinen Sinn habe. Die ausdrückliche Erwähnung der Grundsätze ordnungsmäßiger Buchführung ist nach der Begründung des Regierungsentwurfs[53] erfolgt, um Mißbräuche auszuschließen, insbesondere auch bei der Bestimmung der „Gleichartigkeit" der zu bewertenden Vorräte.

Anderer Ansicht sind Albach[54], Döllerer[55] und Rau[56] im Hinblick auf das Lifo-Verfahren. Sie halten es nur für zulässig, wenn es den tatsächlichen Verhältnisse am nächsten kommt."[57] Albach interpretiert die Worte des

---

[47] Vgl. Adler-Düring-Schmaltz, a. a. O., Erl. zu § 155 Tz 92 ff.
[48] Vgl. WP-Handbuch 1968, a. a. O., S. 545 f.
[49] Gleiche Ansicht: Gessler, E., Rechnungslegung im neuen Aktienrecht, NB 1966, S. 195; Görres, P., Zur Anwendbarkeit des Lifo-Verfahrens nach dem neuen Aktiengesetz, BB 1966, S. 264; Hornef, H., Bilanzpolitische Überlegungen beim Übergang auf das neue Aktiengesetz, BB 1966, S. 509 f.; Langen, H., Unterstellung von Verbrauchsfolgen für Gegenstände des Vorratsvermögens und Grundsätze ordnungsmäßiger Buchführung, BB 1966, S. 551
[50] Ein solcher Fall liegt z. B. vor, „wenn die tatsächlichen Verhältnisse der mit dem jeweiligen Verfahren verbundenen Fiktion derart widersprechen, daß auch bei einer anderen Gestaltungsweise des Betriebsablaufes eine Übereinstimmung von tatsächlichem Ablauf und Fiktion absolut undenkbar erscheint". Adler-Düring-Schmaltz, a. a. O., Erl. zu § 155, Tz 95. (Ein Beispiel dafür ist die Bewertung verderblicher Waren nach dem Lifo-Verfahren.)
[51] § 155 Abs. 1 Satz 3 AktG
[52] Vgl. Gessler, E., a. a. O., S. 195
[53] Vgl. Kropff, B., Aktiengesetz, a. a. O., S. 246
[54] Vgl. Albach, H., Rechnungslegung im neuen Aktienrecht, NB 1966, S. 184 ff.
[55] Vgl. Döllerer, G., Rechnungslegung nach dem neuen Aktiengesetz und ihre Auswirkungen auf das Steuerrecht, BB 1965, S. 1405, insbes. 1412; ders., Gläubigerschutz und Aktionärsschutz im neuen Aktienrecht – ein Scheingegensatz, BB 1966, S. 629 ff., insbes. S. 631
[56] Rau, H. G., Lifo-Bewertung steuerrechtlich nicht zulässig, BB 1966, S. 439
[57] Döllerer, G., a. a. O., S. 631

Gesetzes „... kann ... unterstellt werden ..." in dem Sinne, daß bei gleichartigen Gegenständen, die nicht getrennt gelagert werden, der für die Einzelbewertung erforderliche rechtliche Identitätsnachweis nur durch „Unterstellung" geführt werden könne, diese aber an die aus der tatsächlichen Lagerung abgeleitete Verbrauchsfolge gebunden sei. Er kommt zu dem Schluß, „daß die Lifo-Methode dann nicht anwendbar ist, wenn aus der Art der Lagerung folgt, daß die zuletzt angeschafften Gegenstände nicht zuerst verbraucht werden können. Nur in denjenigen Fällen, in denen sich aus der Art der Lagerung keinerlei Anhaltspunkte für die Schätzung der tatsächlichen Anschaffungskosten gewinnen lassen, hat der Bilanzierende Freiheit in der Wahl der Bewertungsmethode."[58]

Albachs Interpretation **engt den bilanzpolitischen Spielraum** des Betriebes bei der Vorratsbewertung **stark ein.** Gerade die Möglichkeit, die Unterstellung einer bestimmten Verbrauchsfolge bilanzpolitisch zu nutzen, z. B. bei steigenden Preisen Preissteigerungen durch Anwendung des Lifo-Verfahrens wenigstens teilweise nicht im Bilanzgewinn in Erscheinung treten zu lassen, um die Substanzerhaltung des Betriebes durch Ausschüttung von Preissteigerungsgewinnen nicht zu gefährden, sollte dem Betrieb erhalten bleiben.

Albach ist zwar zuzustimmen, daß in dem auf dem Anschaffungskostenprinzip beruhenden aktienrechtlichen Jahresabschluß das Prinzip der Substanzerhaltung keinen Platz habe[59], das schließt aber nicht aus, daß der Betrieb dennoch bestrebt ist, alle gesetzlichen Möglichkeiten der Bewertung für seine Ziele, also auch für das Ziel der Substanzerhaltung, auszuschöpfen.

Wir halten die **weitere Auslegung** des § 155 Abs. 1 Satz 3 AktG vom betriebswirtschaftlichen Standpunkt aus für zweckmäßig und vom rechtlichen Standpunkt aus für zulässig und dem Willen des Gesetzgebers entsprechend. Eine zu hohe Bewertung wird durch das Niederstwertprinzip ausgeschlossen, eine niedrige Bewertung kann nicht als Verstoß gegen § 149 Abs. 1 AktG angesehen werden, wenn sie als **Wahlrecht** ausdrücklich – hier durch eine Fiktion über die Verbrauchsfolge – in den Bewertungsvorschriften enthalten ist. § 149 Abs. 1 AktG fordert einen möglichst sicheren Einblick in die Vermögens- und Ertragslage im Rahmen der Bewertungsvorschriften. Im Rahmen dieser Bewertungsvorschriften ist auch ein niedrigerer Wertansatz, der „für Zwecke der Steuern vom Einkommen und Ertrag für zulässig gehalten wird"[60] erlaubt. Wir halten zwar die zuletzt genannte Vorschrift für wenig glücklich, da sie Bewertungsmaßnahmen, die steuerlichen Zwecken dienen, in die Handelsbilanz übertragen, die mit diesen Zielen nichts zu tun haben muß. Derartige Bewertungsmaßnahmen sind aber durch das Gesetz gedeckt.

Für die Frage der steuerlichen Anerkennung der Lifo-Methode ist es von Bedeutung, ob diese weite Auslegung des § 155 Abs. 1 Satz 3 AktG

[58] Albach, H., a. a. O., S. 185
[59] Albach, H., a. a. O., S. 185, Anm. 36
[60] § 155 Abs. 3 Nr. 2 AktG

als eine **Durchbrechung** des Prinzips der Bewertung zu Anschaffungs- oder Herstellungskosten interpretiert wird, weil sie ermöglicht, einen Bestand nicht mit seinen Anschaffungskosten, sondern mit denen eines anderen – gleichartigen – Bestandes zu bewerten, oder ob diese Vorschrift eine **gesetzliche Auslegung** des Begriffs der Anschaffungs- oder Herstellungskosten ist.

Aus der zuletzt genannten Auffassung folgert Fasold[61], daß es sich bei der Anwendung der Lifo-Methode nicht um ein **Bewertungs-**, sondern um ein **Bilanzierungsproblem** handele und folglich dieses Verfahren auch in der Steuerbilanz angewendet werden dürfe, weil die Steuerbilanz nur bei der Frage, ob ein Wirtschaftsgut zu bilanzieren sei, von der Handelsbilanz abweichen kann. Mit der Verbrauchsfolgefiktion lasse der Gesetzgeber zu, den Endbestand am Bilanzstichtag als den Bestand zu identifizieren, der zuerst beschafft worden ist. Es geht bei der Lifo-Methode also nicht darum, einen Endbestand mit den Anschaffungskosten anderer – gleichartiger Vorräte – zu **bewerten**, sondern zu fingieren, daß als Endbestand die zuerst beschafften Wirtschaftsgüter **bilanziert** werden.

Gegen diese Auffassung spricht, daß der Gesetzgeber in § 155 AktG die **Bewertungsvorschriften** für die Gegenstände des Umlaufvermögens kodifiziert[62] und dabei Verbrauchsfolgefiktionen geschaffen hat, die mit § 6 EStG nicht vereinbar ist, wenn das angewendete Verfahren nicht mit der tatsächlichen Verbrauchsfolge übereinstimmt. Es wurde oben bereits darauf hingewiesen, daß die Lifo-Methode in Zeiten steigender Preise die Bildung erheblicher **stiller Rücklagen** ermöglicht und folglich gegen die Zielsetzung der Steuerbilanz, den periodengerechten Gewinn zu ermitteln, verstößt. Wendet man dagegen ein, daß diese Zielsetzung bereits seit Jahrzehnten durch Gewährung von Sonderabschreibungen, steuerfreien Rücklagen u. ä. wirtschaftspolitischen Zielen untergeordnet wird, so ist dem entgegenzuhalten, daß derartige Sonderbewertungsvorschriften in der Regel zeitlich begrenzt und auf bestimmte Wirtschaftszweige, Standorte oder Personengruppen beschränkt sind, während die Anerkennung der Lifo-Methode (und auch anderer Verbrauchsfolgeunterstellungen) eine generelle Anerkennung von Möglichkeiten zur Gewinnverlagerung durch Bildung stiller Rücklagen darstellen würde.

Die extensive Auslegung des § 155 Abs. 1 Satz 3 AktG gilt auch für die **Hifo-Methode,** deren Zulässigkeit von Albach[63] mit der Begründung verneint wird, sie entspreche nicht den Grundsätzen ordnungsmäßiger Buchführung. Kropff[64] lehnt diese Methode ab, weil sie seiner Ansicht nach

---

[61] Vgl. Fasold, R., Zur Anerkennung des Lifo-Verfahrens nach dem AktG 1965 für das Bilanzsteuerrecht, DB 1966, S. 1286 ff.

[62] Vgl. Sauer, O., Die Bewertung der Vorräte nach dem lifo-Verfahren und mit den Herstellungskosten, StBp 1969, S. 74

[63] Vgl. Albach, H., a. a. O., S. 185

[64] Vgl. Kropff, B., Bilanzwahrheit und Ermessensspielraum in den Rechnungslegungsvorschriften des Aktiengesetzes 1965, WPg 1966, S. 377

nicht durch den Wortlaut des § 155 Abs. 1 Satz 3 AktG gedeckt werde. Demgegenüber weisen Adler-Düring-Schmaltz darauf hin, daß es seit jeher „guten kaufmännischen Prinzipien" entspreche, „zunächst die am teuersten eingekauften Teilmengen zu verbrauchen oder zu veräußern, um die mit einer späteren Verwertung ggf. verbundenen Risiken zu vermeiden."[65] Die Vereinbarkeit der Hifo-Methode mit dem Wortlaut des Gesetzes begründen sie damit, daß ein Verbrauch nicht nur in einer bestimmten zeitlichen Folge, sondern nach § 155 Abs. 1 Satz 3 AktG auch „in einer sonstigen bestimmten Folge" unterstellt werden kann.

Die Hifo-Methode hat praktische Bedeutung nur im Falle **schwankender Preise**, denn bei permanent steigenden oder fallenden Anschaffungskosten führt sie zum gleichen Ergebnis wie die Lifo- bzw. Fifo-Methode. Die **bilanzpolitische Bedeutung** dieser Methode liegt darin, daß der Endbestand stets mit den niedrigst möglichen Anschaffungskosten bewertet werden kann, falls nicht das Niederstwertprinzip einen noch niedrigeren Ansatz erzwingt.

Es stellt sich die Frage, ob der Gesetzgeber bei der Aufstellung der Fiktion eines Verbrauchs „in einer sonstigen bestimmten Folge" nur an das Hifo-Verfahren gedacht hat. Wäre das der Fall, so hätte er wohl dieses Verfahren ausdrücklich genannt. Die allgemeine Formulierung läßt jedes Verfahren zu, bei dem eine „bestimmte nicht willkürlich beeinflußbare Folge"[66] und kein Verstoß gegen die Grundsätze ordnungsmäßiger Buchführung vorliegt. Theoretisch denkbar wäre bei schwankenden Anschaffungskosten eine Verbrauchsfolge, bei der stets die Teilmengen mit den niedrigsten Anschaffungskosten zuerst buchtechnisch verbraucht werden. Abgesehen davon, daß bei einer solchen Bewertung ein relativ hoher Endbestandswert ermittelt würde, der wegen des Niederstwertprinzips häufig nicht angesetzt werden dürfte, ist dieses Verfahren betriebswirtschaftlich wenig zweckmäßig, da es dem Prinzip der kaufmännischen Vorsicht widerspricht.

Eine Fiktion über eine bestimmte Verbrauchsfolge kann auch bei Unternehmen vorteilhaft sein, die zu einem Konzern gehören und in die **Konzernbilanz** einbezogen werden müssen. Nach § 331 Abs. 2 AktG dürfen in der Konzernbilanz Vorräte, die aus Lieferungen anderer in den Konzernabschluß einbezogener Unternehmen stammen, und zur Bearbeitung, Verarbeitung oder Weiterveräußerung bestimmt sind, „höchstens zu dem Wert angesetzt werden, zu dem sie, wenn die einbezogenen Unternehmen auch rechtlich ein einziges Unternehmen bilden würden, in der auf den gleichen Stichtag aufgestellten Jahresbilanz dieses Unternehmens höchstens ange-

[65] Adler-Düring-Schmaltz, a. a. O., Erl. zu § 155, Tz 129; gleicher Ansicht: Forster, K.-H., Neue Pflichten des Abschlußprüfers nach dem Aktiengesetz von 1965, WPg 1965, S. 593; Hornef, H., a. a. O., S. 510; Mutze, O., Zu den Bewertungsvorschriften unseres künftigen Aktiengesetzes, AG 1965, S. 7

[66] Adler-Düring-Schmaltz, a. a. O., Erl. zu § 155, Tz 133

setzt werden dürften", d. h. konzerninterne Gewinne und Vertriebskosten, die in den Preisen der konzerninternen Lieferungen enthalten sind, müssen eliminiert werden. Bezieht z. B. ein Konzernunternehm Vorräte gleicher Art sowohl von anderen Konzernunternehmen als auch von konzernexternen Unternehmen, und erfolgt keine getrennte Lagerung der einzelnen Zugänge, so kann eine Verbrauchsfiktion zweckmäßig sein, die besagt, daß die **konzerninternen Lieferungen als zuerst verbraucht** gelten.

Besteht dann der Endbestand nur aus konzernexternen Lieferungen, so entfällt bei der Konsolidierung das rechentechnisch schwierige Problem der Zwischengewinneliminierung. Enthält dagegen auch der Endbestand noch konzerninterne Lieferungen, so kann die Fiktion in der Weise erweitert werden, daß auch die konzerninternen Lieferungen in einer „bestimmten Verbrauchsfolge" ausgebucht werden, z. B. diejenigen zuerst, die die höchsten Zwischengewinne enthalten, so daß im Endbestand ggf. nur noch konzerninterne Lieferungen enthalten sind, die keine oder nur unbedeutende Zwischengewinne enthalten. Dieses Verfahren wird als **Kifo-Methode** (Konzern in – first out) bezeichnet.[67]

Ein Mißbrauch der Schätzungsverfahren wird in der Aktienbilanz durch die in § 160 Abs. 2 AktG ausgesprochene Verpflichtung vermieden oder doch wenigstens erheblich eingeschränkt, im **Geschäftsbericht** über die angewendeten Methoden der Bewertung und Abschreibung – und somit auch über die bei der Ermittlung der Anschaffungskosten gleichartiger Vorräte angewendeten Schätzungsverfahren –, sowie über Änderungen der Bewertungs- und Abschreibungsmethoden zu berichten.

Die Ablehnung der Unterstellung einer bestimmten Verbrauchsfolge bei Anwendung der Schätzungsverfahren des § 155 Abs. 1 Satz 3 AktG überrascht insbesondere bei Autoren, die bei der Ermittlung der Herstellungskosten die Aktivierung gewisser Gemeinkosten, insbesondere von anteiligen fixen Kosten nicht für zulässig halten.[68] Da das Niederstwertprinzip eine höhere Bewertung der Vorräte verhindert, kann diese Ablehnung nur auf der Vorstellung beruhen, daß anderenfalls eine zu niedrige Bewertung durch die Wahl bestimmter Methoden ermöglicht wird. Eine zu niedrige Bewertung von Beständen ergibt sich aber immer dann, wenn durch Nichtaktivierung von Gemeinkosten Herstellungskosten angesetzt werden, die auch unter Beachtung kaufmännischer Vorsicht auf Grund der Absatzpreise am Markt, die eine Deckung anteiliger fixer Kosten als sicher erscheinen lassen, eindeutig zu niedrig sind.

---

[67] Vgl. die ausführliche Darstellung des Kifo-Verfahrens durch Busse von Colbe, W. und Ordelheide, D., Vorratsbewertung und Ermittlung konzerninterner Erfolge mit Hilfe des Kifo-Verfahrens, ZfB 1969, S. 221 ff.; ferner Haase, K. D. und Löcherbach, G., Zur Zwischengewinneliminierung im Rahmen einer konsolidierten Konzern-Kostenrechnung, unter besonderer Berücksichtigung des Matrizenkalküls, WPg 1968, S. 571 f.; Heine, K.-H., Organisatorische Probleme des Konzernabschlusses, WPg 1968, S. 205

[68] Vgl. Albach, H., a. a. O., S. 180 f.

e) Die Bewertung von Vorräten nach § 40 Abs. 4 HGB

aa) Die Gruppenbewertung

Dieses Bewertungsverfahren ermöglicht die Zusammenfassung von Wirtschaftsgütern zu einer Bewertungsgruppe. Es stellt somit eine **Durchbrechung des Prinzips der Einzelbewertung** dar. Der Gesetzgeber hat das Verfahren durch das Gesetz zur Änderung des Handelsgesetzbuches und der Reichsabgabenordnung vom 2. 8. 1965[69] zugelassen, um die Bewertungsarbeiten bei der Aufstellung des Inventars und des Jahresabschlusses in den Fällen zu vereinfachen, in denen in der Regel die größere Genauigkeit der Einzelbewertung in keinem angemessenen Verhältnis zum zusätzlichen Arbeitsaufwand steht.

Der Gesetzgeber entwickelte keine neue Bewertungsmethode, sondern kodifizierte ein seit langem in der Praxis geübtes, in der Literatur begründetes[70] und als zu den Grundsätzen ordnungsmäßiger Buchführung und Bilanzierung zählendes und auch von der Steuerrechtsprechung akzeptiertes[71] Verfahren und versuchte damit die den Grundsätzen ordnungsmäßiger Buchführung und Bilanzierung anhaftenden fließenden Grenzen zu fixieren.

Nach § 40 Abs. 1 Nr. 1 HGB darf die Gruppenbewertung – vorausgesetzt daß sie den Grundsätzen ordnungsmäßiger Buchführung und Bilanzierung entspricht – in zwei Fällen angewendet werden:

1. bei annähernd **gleichwertigen** Vermögensgegenständen;
2. bei **gleichartigen** Vermögensgegenständen, bei denen nach der Art des Bestandes oder auf Grund sonstiger Umstände ein **Durchschnittswert** bekannt ist.

Der Hinweis auf die Grundsätze ordnungsmäßiger Buchführung und Bilanzierung hat wie bei den in § 155 Abs. 1 Satz 3 AktG zugelassenen Verbrauchsfolgeunterstellungen den Zweck, Mißbräuche auszuschließen, die dann vorliegen, wenn trotz annähernder Gleichwertigkeit oder Gleichartigkeit der Wirtschaftsgüter durch die Zusammenfassung zu einer Bewertungsgruppe ein möglichst sicherer Einblick in die Vermögens- und Ertragslage nicht erreicht wird.[72]

Wenn die zu einer Bewertungsgruppe zusammengefaßten Wirtschaftsgüter annähernd **gleichwertig** sind, so brauchen sie nicht gleichartig zu sein, dürfen aber auch nicht völlig verschiedenartig sein, d. h. sie dürfen nicht nur zufällig etwa gleich hohe Anschaffungs- oder Herstellungskosten ha-

---

[69] BGBl I, S. 665
[70] Vgl. insbesondere Hax, K., Die Substanzerhaltung der Betriebe, Köln und Opladen 1957, S. 85 ff.
[71] Vgl. RFH vom 1. 2. 1933, RStBl 1933, S. 1062. Diesem Urteil liegt ein Gutachten des Industrie- und Handelstages vom 17. 1. 1933 zugrunde; ferner: RFH vom 5. 7. 1933, RStBl 1933, S. 765
[72] Vgl. Adler-Düring-Schmaltz, a. a. O., Erl. zu § 155, Tz 144

ben, sondern müssen auch „andere wichtige gemeinsame Merkmale"[73] haben,
z. B. zum gleichen Sortiment gehören. Sind sie **gleichartig**, so brauchen sie
nicht annähernd gleichwertig zu sein, jedoch muß für sie ein Durchschnittswert bekannt sein.

Vermögensgegenstände erfüllen das Merkmal der **Gleichwertigkeit**,
„wenn ihre Preise (je nach Bewertungsverfahren Einkaufs- oder Verkaufspreise) nur geringfügig voneinander abweichen."[74] Als Maßstab muß gelten,
daß der Gesamtwert nicht wesentlich von der Summe der Einzelwerte
abweicht.[75] Je niedriger der Einzelwert eines Wirtschaftgutes ist, desto höher darf die prozentuale Wertabweichung, je höher der Einzelwert eines
Wirtschaftsgutes ist, desto niedriger darf die prozentuale Wertabweichung
der zu einer Gruppe zusammengefaßten Wirtschaftsgüter sein. Adler-Düring-Schmaltz sehen bei geringem Einzelwert einen „Spielraum von 20 %
zwischen dem höchsten und dem niedrigsten Einzelwert der einzelnen Vermögensgegenstände noch als vertretbar"[76] an. Besonders wertvolle Güter
sind regelmäßig einzeln zu bewerten.[77]

Da bei diesem Verfahren der Gruppenbewertung keine strengen Anforderungen an die Gleichartigkeit der Wirtschaftsgüter gestellt werden,
stellt es eine **Erweiterung der Vorratsbewertungsmethoden** dar, die das
Aktiengesetz in § 155 Abs. 1 Satz 3 durch die Zulässigkeit von Verbrauchsfolgefiktionen zur Verfügung stellt. Diese dürfen nur bei gleichartigen Gütern angewendet werden. Über § 149 Abs. 2 AktG gilt die Gruppenbewertung nach § 40 Abs. 4 HGB auch für Aktiengesellschaften.

Der Begriff der **Gleichartigkeit** ist in derselben Weise wie bei den aktienrechtlichen Vorratsbewertungsmethoden[78] zu interpretieren, d. h. die
Wirtschaftsgüter müssen dem gleichen Verwendungszweck dienen, also
„funktionsgleich" sein.[79] Die Forderung des Gesetzes, daß ein Durchschnittswert bekannt sein muß, und zwar „nach der Art des Bestandes oder auf
Grund sonstiger Umstände"[80] bringt zum Ausdruck, „daß ein Durchschnittswert nicht allein nach rechnerischen Gesichtspunkten zu bilden ist,
sondern daß branchenübliche Maßstäbe beachtet werden müssen ... Es
kommt in dem Begriff Durchschnittswert weiter zum Ausdruck, daß die
Preisunterschiede bei einer Gruppenbildung für das richtige Gewinnermitt-
lungsergebnis nicht zu groß sein dürfen, und daß die Gliederung des Grup-
penbestands nach Menge und Preis nachprüfbar sein muß."[81]

---

[73] Adler-Düring-Schmaltz, a. a. O., Erl. zu § 155, Tz 140
[74] Abschnitt 36, Abs. 3 EStR 1969
[75] Vgl. WP-Handbuch 1968, a. a. O., S. 546
[76] Adler-Düring-Schmaltz, a. a. O., Erl. zu § 155, Tz 140
[77] Vgl. Abschn. 36 Abs. 3 letzter Satz EStR 1969
[78] Vgl. S. 350
[79] Vgl. Adler-Düring-Schmaltz, a. a. O., Erl. zu § 155, Tz 98 ff.
[80] § 40, Abs. 4 Nr. 1 HGB
[81] Bühler, E., Die neuen Aufbewahrungs- und Inventurvorschriften nach Handels- und Steuerrecht, StBp 1965, S. 230

bb) Die Festbewertung

Die Zulässigkeit einer „**Bewertung mit eisernen Beständen**" wird von der Praxis seit jeher, insbesondere in Zeiten starker Preissteigerungen gefordert, in denen es auf Grund des der Handels- und Steuerbilanz zugrunde liegenden Prinzips der nominellen Kapitalerhaltung zur Besteuerung von **Preissteigerungsgewinnen** (Scheingewinnen) kommen kann. Bei diesem Verfahren wird ein Mindestbestand an Roh-, Hilfs- und Betriebsstoffen, Halb- und Fertigfabrikaten oder Waren, der zur Aufrechterhaltung der Betriebsbereitschaft erforderlich ist, mit Festwerten angesetzt. Treten Preissteigerungen ein, so werden die verbrauchten oder abgesetzten Güter zwar zu höheren Preisen wiederbeschafft, jedoch darf in der Schlußbilanz die **Menge** des eisernen Bestandes – ungeachtet der tatsächlichen Anschaffungskosten dieser Menge – mit dem **Festwert** angesetzt werden.

Diese Bewertung hat zur Folge, daß die dem eisernen Bestand entsprechende Menge an Gütern **unterbewertet** wird und eine stille Rücklage entsteht, durch die Teile des Umsatzerlöses an den Betrieb gebunden werden, die bei steigenden Preisen zur **Substanzerhaltung** herangezogen werden können. Bei einer Bewertung zu den tatsächlichen Anschaffungskosten können diese stillen Rücklagen nicht entstehen. Folglich sind die ausgewiesenen Gewinne entsprechend höher. Verlassen sie den Betrieb als Steuerzahlung und Gewinnausschüttung, so ist eine Substanzerhaltung nicht möglich.

Die Bewertung mit eisernen Beständen entspricht bei kontinuierlich steigenden Preisen im Prinzip der Lifo-Methode, denn auch sie geht von der Fiktion aus, daß die zuletzt (mit den höchsten Preisen) beschafften Güter zuerst verkauft werden. Im Gegensatz zur Lifo-Methode ist jedoch der eiserne Bestand mengenmäßig fixiert. Übersteigt der Endbestand den eisernen Bestand, so ist die Differenz mit den tatsächlichen Anschaffungskosten anzusetzen, während bei der Lifo-Methode die Verbrauchsfolgeunterstellung bei der Bewertung des gesamten Endbestandes stets den Ansatz der „ältesten" Preise zuläßt.

Handels- und Steuerrecht gestatten den Ansatz eines eisernen Bestandes mit einem Festwert zum Ausgleich von Preisschwankungen grundsätzlich nicht. Der Reichsfinanzhof hat den Ansatz eines eisernen **Bestandes** mit einem Festwert bei Gütern des Umlaufvermögens stets abgelehnt.[82] Der Oberste Finanzgerichtshof ist dieser Auffassung in seinem Gutachten vom 3. 6. 1949 zwar prinzipiell beigetreten, soweit es sich um die Bildung eines eisernen Bestandes beim allgemeinen Vorratsvermögen handelt. Er hält es jedoch für vertretbar, „wirtschaftlichen Zweckbestimmungen insoweit Rechnung zu tragen"[83], als er Teilen des Vorratsvermögens einen anlageähnlichen Charakter zuerkennt. Dieser Begriff soll allerdings sehr eng un-

---

[82] Vgl. RFH vom 19. 10. 1938, RStBl 1939, S. 26
[83] StW 1949, Nr. 50, Sp. 110

ter Beachtung rechtlicher und betriebswirtschaftlicher Gesichtspunkte gefaßt werden. Als **anlageähnliches Vorratsvermögen** betrachtet der OFH den Mindestbestand an Waren und Rohstoffen, der erforderlich ist, um die reibungslose Fortführung des Betriebes bis zum Eingang von Ersatzgütern „unter gemeingewöhnlichen Verhältnissen" sicherzustellen.

Die Finanzverwaltung hat die Auffassung des Obersten Finanzgerichtshofs nicht anerkannt und den Ansatz eines eisernen Bestandes nicht zugelassen. Die Betriebe, die eine Bewertung mit eisernen Beständen durchgeführt hatten, wurden veranlagt, als ob die Bewertung mit eisernen Beständen nicht existierte. Die dadurch bedingte steuerliche Mehrbelastung wurde aber gestundet[84], bis der Bundesfinanzhof zur Frage der eisernen Bestände Stellung genommen hatte. Diese Stellungnahme erfolgte in den Urteilen des BFH vom 1. 3. 1955[85] und vom 3. 3. 1955.[86] Darin wird die Auffassung des Obersten Finanzgerichtshofes für die Veranlagungszeiträume 1950 – 1954, also rückwirkend, anerkannt. Ab 1. 1. 1955 ist es jedoch nicht mehr zulässig, zum Ausgleich von Preisschwankungen Wirtschaftsgüter des Vorratsvermögens zu einem Sammelposten Eiserner Bestand zusammenzufassen und mit einem Festwert anzusetzen, sondern grundsätzlich sind die Bewertungsvorschriften des § 6 Abs. 1 Ziff. 2 anzuwenden.

Die vom Bundesfinanzhof offen gelassene Frage, ob Wirtschaftsgüter des Vorratsvermögens **aus Vereinfachungsgründen** mit einem Festwert angesetzt werden können, wurde noch in den Einkommensteuerrichtlinien 1963[87] mit der Begründung verneint, daß bei einer Bewertung von Teilen des Vorratsvermögens mit einem Festwert der Periodengewinn nicht einwandfrei ermittelt werden könne. Hatte der Betrieb jedoch Roh-, Hilfs- und Betriebsstoffe zur Vereinfachung der Inventur mit einem Festwert angesetzt, so wurde das nicht beanstandet, wenn ihre Menge und ihr Börsen- oder Marktpreis erfahrungsgemäß keinen erheblichen Schwankungen unterlagen.

Der zuletzt genannte Grundsatz wurde durch das oben erwähnte Gesetz zur Änderung des Handelsgesetzbuches und der Reichsabgabenordnung vom 2. 8. 1965 kodifiziert. Der Ansatz von Festwerten ist jedoch nicht bei allen Vorräten, sondern nur bei den Roh-, Hilfs- und Betriebsstoffen, sowie bei Gütern des beweglichen Anlagevermögens[88] erlaubt. Für Fertigfabrikate und Waren kommt ein Festwert also nicht in Betracht. Unter der Voraussetzung, daß der Bestand „in seiner Größe, seinem Wert und seiner Zusammensetzung nur geringen Veränderungen unterliegt", dürfen derartige Güter „mit einer gleichbleibenden Menge und mit einem gleichbleibenden Wert"[89] angesetzt werden. Auch dieses Verfahren dient

---

[84] Vgl. Abschnitt 30 Abs. 3 EStR 1953
[85] BFH vom 1. 3. 1955, BStBl 1955, S. 144 ff.
[86] BFH vom 3. 3. 1955, BStBl 1955, S. 222
[87] Abschnitt 36 Abs. 3 EStR 1963
[88] Vgl. Adler-Düring-Schmaltz, a. a. O., Erl. zu § 152 Tz 19 ff.
[89] § 40 Abs. 4 Nr. 2 HGB

in erster Linie einer **Vereinfachung** der Bewertungsarbeiten bei der Inventur und dem Jahresabschluß.

Der Ansatz von Festwerten geht von der Vorstellung aus, daß Zugänge und Abgänge (Verbrauch) sich ungefähr entsprechen. Mißbräuche sollen durch die Bestimmung des Gesetzes verhindert werden, daß die Festbewertung den Grundsätzen ordnungsmäßiger Buchführung und Bilanzierung entsprechen und daß in der Regel an jedem dritten Bilanzstichtage eine **Inventur** durchgeführt werden müsse, damit überprüft werden kann, ob der Ansatz der bisherigen Mengen und der bisherigen Werte noch berechtigt ist.

Der Festwert darf nicht um den Verbrauch an Roh-, Hilfs- und Betriebsstoffen der Periode vermindert werden, dafür dürfen die **Zugänge sofort als Aufwand** verrechnet werden. Diese Art der Bewertung hat nur dann keinen nennenswerten Einfluß auf den Periodengewinn, wenn die Forderung, daß Verbrauch und Zugänge sich in etwa entsprechen müssen, erfüllt ist. Ein Festwert darf nach der Gesetzesbegründung nur zur Erleichterung der Inventur und Bewertung, nicht jedoch zum Ausgleich von Preisschwankungen, insbesondere von Preissteigerungen, angesetzt werden.[90]

Tritt eine **wesentliche Änderung** des Wertes des Bestandes ein, so muß eine **Fortschreibung** des Festwertes erfolgen. Abschnitt 31 Abs. 5 EStR 1969[91] führen dazu aus: „Übersteigt der für diesen Bilanzstichtag ermittelte Wert den bisherigen Festwert um mehr als 10 v. H., so ist der ermittelte Wert als neuer Festwert maßgebend. Der bisherige Festwert ist solange um die Anschaffungs- oder Herstellungskosten der im Festwert erfaßten und nach dem Bilanzstichtag des vorangegangenen Wirtschaftsjahrs angeschafften oder hergestellten Wirtschaftsgüter aufzustocken, bis der neue Festwert erreicht ist. Ist der ermittelte Wert niedriger als der bisherige Festwert, so kann der Steuerpflichtige den ermittelten Wert als neuen Festwert ansetzen. Übersteigt der ermittelte Wert den bisherigen Festwert um nicht mehr als 10 v. H., so kann der bisherige Festwert beibehalten werden."

---

[90] Vgl. auch BFH vom 1. 3. 1955, BStBl 1955, S. 144; BFH vom 3. 3. 1955, BStBl 1955, S. 222

[91] Abschn. 31 Abs. 5 EStR 1969 bezieht sich zwar nur auf Güter des beweglichen Anlagevermögens, jedoch verweist Abschn. 36 Abs. 4, der die Festbewertung bei Roh-, Hilfs- und Betriebsstoffen zum Gegenstand hat, ausdrücklich auf die erstgenannte Vorschrift.

V. Die Bewertung von Verbindlichkeiten

1. Allgemeine Grundsätze

§ 156 Abs. 2 AktG bestimmt, daß Verbindlichkeiten zu ihrem Rückzahlungsbetrag, Rentenverpflichtungen zu ihrem Barwert anzusetzen sind. Als **Rückzahlungsbetrag** (Erfüllungsbetrag) ist der Betrag anzusehen, der vom Betrieb „bei normaler Tilgung aufgebracht werden muß, ohne außergewöhnliche Aufwendungen, wie Strafzuschläge wegen unpünktlicher Zahlung."[1]

§ 6 Abs. 1 Ziff. 3 EStG schreibt vor, daß Verbindlichkeiten unter sinngemäßer Anwendung der Vorschriften der Ziff. 2, d. h. der Vorschriften über die Bewertung der nicht abnutzbaren Güter des Anlagevermögens und der Güter des Umlaufvermögens zu bewerten sind. Das Imparitätsprinzip gilt also auch bei der Bewertung von Verbindlichkeiten, d. h. noch nicht durch Umsatz realisierte Gewinne dürfen nicht ausgewiesen werden (Realisationsprinzip), während wahrscheinliche, aber noch nicht durch Umsatz realisierte Verluste zu berücksichtigen sind (Höchstwertprinzip).

Die sinngemäße Anwendung der Bewertungsvorschriften des § 6 Abs. 1 Ziff. 2 EStG bedeutet, daß die **Anschaffungskosten,** die für die Vermögenspositionen die obere Grenze der Bewertung darstellen, für die Verbindlichkeiten die **untere Grenze** bilden. Als Anschaffungskosten einer Verbindlichkeit gilt grundsätzlich der **Verfügungsbetrag,** der dem Schuldner zugeflossen ist.[2] So wie sich die Anschaffungskosten eines Anlagegutes aus dem Anschaffungspreis und den Anschaffungsnebenkosten zusammensetzen, da alle Beträge aktiviert werden sollen, die bis zur Betriebsbereitschaft eines angeschafften Wirtschaftsgutes aufgewendet werden müssen, so darf als Anschaffungskosten einer Verbindlichkeit nur der Betrag angesetzt werden, über den der Betrieb nach Abzug aller Aufwendungen, die mit der Aufnahme der Schuld in Verbindung stehen, tatsächlich verfügen kann.

Entspricht der Verfügungsbetrag der tatsächlichen Schuld, so ergeben sich keine weiteren Bewertungsprobleme. Sind der Verfügungsbetrag und

---

[1] Godin-Wilhelmi, Aktiengesetz, Bd. I, 3. Aufl., Berlin 1967, S. 885
[2] Vgl. Abschn. 37 Abs. 1 EStR 1969

der Rückzahlungsbetrag gleich dem Nennwert der Verbindlichkeit, so ist dieser anzusetzen. Das wird in der Regel bei der größten Zahl der Verbindlichkeiten gegenüber inländischen Gläubigern der Fall sein. In Abschn. 37 Abs. 3 EStR 1969 wird gefordert, daß Darlehensschulden, „deren Verfügungsbetrag unter dem Nennbetrag liegt und die mit dem Nennbetrag zurückgezahlt werden müssen, mit dem Verfügungsbetrag anzusetzen (sind); der Unterschiedsbetrag zwischen dem Nennbetrag und dem Verfügungsbetrag (Agio, Disagio, Damnum, Zuteilungsgebühren, Abschlußgebühren) ist auf die Laufzeit des Darlehens zu verteilen."[3]

Nimmt man diese Vorschrift wörtlich, so muß die Verbindlichkeit in der Steuerbilanz niedriger angesetzt werden als in der Handelsbilanz. Während nach dem Aktiengesetz[4] der Nennbetrag oder – z. B. bei Anleihen – der höhere Rückzahlungsbetrag passiviert werden muß und durch die Einstellung eines Disagios oder Damnums unter die aktiven Posten der Rechnungsabgrenzung korrigiert werden darf, müßte in der Steuerbilanz außerdem ein Gegenposten in Höhe der Differenz zwischen dem zu passivierenden Verfügungsbetrag und dem Rückzahlungsbetrag passiviert werden, wenn auf der Aktivseite diese Differenz als Disagio oder Damnum angesetzt wird. Dieser Gegenposten ist begrifflich weder eine Rückstellung noch eine Wertberichtigung, sondern ein gesondert ausgewiesener Teil der Verbindlichkeit.

Beispiel:

Darlehen 100 000 DM, Auszahlungskurs 97 %, Damnum 3000 DM

Verbuchung nach § 156 Abs. 3 AktG:

						Aktive Rechnungs-	
S	Bank	H	S	Darlehen	H	S abgrenzung (Damnum)	H
97 000					100 000	3 000	

Verbuchung nach Abschn. 37 Abs. 3 EStR 1969:

						Aktive Rechnungs-	
S	Bank	H	S	Darlehen	H	S abgrenzung (Damnum)	H
97 000					97 000	3 000	

S	pass. Gegenposten	H
		3 000

Eine getrennte Passivierung des Verfügungsbetrages und der Differenz zwischen dem Verfügungs- und dem Rückzahlungsbetrag ist als Verstoß gegen die Bilanzklarheit abzulehnen. „Vor allem unter Liquiditätsgesichtspunkten erweist sich die Regelung in Abschnitt 37 EStR als verfehlt: Echte

---

[3] Vgl. BFH vom 29. 6. 1967, BStBl S. 670
[4] Vgl. § 156 Abs. 3 AktG

Verbindlichkeiten sind unter anderen Posten ausgewiesen und lassen die Liquidität des Betriebes günstiger erscheinen."[5]

Die in den Einkommensteuerrichtlinien geforderte Verteilung des Differenzbetrages auf die Laufzeit der Verbindlichkeit könnte auch in der Weise erfolgen, daß ein Aktivposten für diese Differenz nicht angesetzt, sondern der auf eine Periode entfallende Teil des Differenzbetrages als Aufwand verrechnet und der Verbindlichkeit zugeschrieben wird (Buchungssatz: Gewinn und Verlust an Verbindlichkeiten). Im Zeitpunkt der Rückzahlung ist dann die Verbindlichkeit auf den Rückzahlungsbetrag angewachsen.

Die übersichtlichste Form der Bilanzierung ist die nach dem Aktiengesetz. Für die Anwendung der aktienrechtlichen Regelung auch in der Steuerbilanz spricht sich Littmann aus, wenn er feststellt: „In Wirklichkeit hat der Darlehensnehmer ein Darlehen im Nennbetrag erhalten, er hat nur gleichzeitig mit der Darlehensaufnahme an die Bank das Damnum bezahlt, das sich bilanzmäßig wohl doch mehr als Korrekturposten zur Passivierung des Nennbetrages darstellt."[6]

Während in der Steuerbilanz der Unterschiedsbetrag zwischen Rückzahlungs- und Verfügungsbetrag aktiviert und über die Laufzeit des Kredits verteilt werden muß, räumt § 156 Abs. 3 AktG ein **Aktivierungswahlrecht** ein, das allerdings nur im Jahre der Kreditaufnahme ausgeübt werden darf.[7] Wird der Differenzbetrag aktiviert, so muß er **planmäßig** abgeschrieben werden. Eine besondere Abschreibungsmethode ist nicht vorgeschrieben.

In der Steuerbilanz muß die Abschreibung über die Laufzeit der Verbindlichkeit verteilt werden, in der Handelsbilanz darf auch ein anderer Abschreibungszeitraum gewählt werden. Bei vorzeitiger Rückzahlung des Kredits ist der Restbuchwert des Disagios oder Damnums als Aufwand der Rückzahlungsperiode zu verrechnen. Wird die Laufzeit einer Anleihe verkürzt, so muß das Disagio neu auf die Restlaufzeit aufgeteilt werden.

Eine Abzinsung unverzinslicher oder niedrig verzinslicher Verbindlichkeiten ist mit der Vorschrift des § 156 Abs. 2 AktG, daß Verbindlichkeiten mit ihrem Rückzahlungsbetrag anzusetzen sind, **nicht** zu vereinbaren. Das gilt auch für Wechselverbindlichkeiten, die stets in der Höhe der Wechselsumme auszuweisen sind.

Auch in der Steuerbilanz kommt der Ansatz eines **unter** dem Verfügungsbetrage liegenden Barwertes nicht in Betracht, da ein niedrigerer Teilwert einer Verbindlichkeit, der unter ihren Anschaffungskosten liegt, nicht berücksichtigt werden darf.

Liegt der Teilwert einer Verbindlichkeit **über** den Anschaffungskosten,

---

[5] Von der Heyden, D., Körner, W., Bilanzsteuerrecht in der Praxis, 2. Aufl., Herne/Berlin 1967, S. 262

[6] Littmann, E., a. a. O., S. 722; vgl. dazu auch das von Littmann erwähnte Urteil des BFH v. 29. 6. 1967, BStBl. 1967, S. 670, in dem der BFH das Aufgeld (oder Abgeld), das der Darlehensnehmer zahlt, zu den Anschaffungskosten des Kredits zählt.

[7] Vgl. Adler-Düring-Schmaltz, a. a. O., Erl. zu § 156, Tz 26

so bedeutet sinngemäße Anwendung der für das nichtabnutzbare Anlagevermögen geltenden Vorschriften, daß der **höhere Teilwert** angesetzt werden darf, wodurch ein möglicher Verlust bereits vor seiner Realisierung
zum Ausweis gelangt. Muß eine Verbindlichkeit außergewöhnlich hoch
verzinst werden, weil beispielsweise das Zinsniveau in der Volkswirtschaft
während der Laufzeit dieser Verbindlichkeit erheblich gesunken ist, so
entspricht es nach Auffassung des RFH „dem Grundsatz, unrealisierte Gewinne nicht, wohl aber unrealisierte Verluste zu berücksichtigen, . . . wenn
. . . im Falle einer Verbesserung der allgemeinen Kreditbedingungen der
höhere negative Wert der Schuld eingesetzt wird."[8]
Der BFH hat sich jedoch in seinem Urteil vom 15. 5. 1963[9] von dieser
Auffassung distanziert – u. E. zu Recht, denn durch Änderungen der
Kapitalmarktverhältnisse wird der Rückzahlungsbetrag einer Verbindlichkeit nicht berührt. Die Finanzverwaltung ist ihm gefolgt. Abschn. 37 Abs. 3
EStR 1969 stellen fest: „Eine Verbesserung der allgemeinen Kreditbedingungen seit der Darlehnsaufnahme rechtfertigt es nicht, die Darlehnsschuld
mit einem über dem Verfügungsbetrag liegenden Wert anzusetzen oder sie
durch Kürzung des Unterschiedsbetrags zwischen dem Nennbetrag der
Schuld und dem Verfügungsbetrag mit einem höheren Teilwert auszuweisen."
Adler-Düring-Schmaltz sind der Ansicht, daß es im Falle eines erheblichen Absinkens des Kapitalmarktzinsfußes richtig sein kann, „den Barwert der Mehrzinsen zurückzustellen."[10] Vom Standpunkt einer korrekten Periodenabgrenzung halten wir eine derartige Rückstellung nicht für
zweckmäßig.
Die Bewertung von Verbindlichkeiten in **ausländischer Währung** regeln
die Einkommensteuerrichtlinien.[11] Ist der Kurs der ausländischen Währung gestiegen, so daß sich die Schuld in inländischer Währung vergrößert
hat, so dürfen Valutaverbindlichkeiten, die nach dem 20. 6. 1948 entstanden sind, mit dem **höheren Teilwert** angesetzt werden. Soweit eine Gewinnermittlung nach § 5 EStG erfolgt, **muß** der höhere Teilwert angesetzt werden, ein möglicher, aber noch nicht realisierter Verlust muß also
ausgewiesen werden.[12]
Ist der Kurs der ausländischen Währung gesunken, sind also zur Rückzahlung der Schuld weniger inländische Zahlungsmittel erforderlich, so
kann der **niedrigere Teilwert** angesetzt werden, wenn er die Anschaffungskosten (Verfügungsbetrag) nicht unterschreitet. Das bedeutet also, daß
auch hier ein noch nicht realisierter Gewinn nicht ausgewiesen werden darf.
Diese allgemeinen Bilanzierungsgrundsätze, nach denen Kursverluste sofort, Kursgewinne aber erst nach ihrer Realisierung auszuweisen sind, gel-

---

8 RFH vom 19. 12. 1928, RStBl 1929, S. 139
9 BStBl 1963, S. 327
10 Adler-Düring-Schmaltz, a. a. O., Erl. zu § 156, Tz 20
11 Vgl. Abschnitt 37 Abs. 2 EStR 1969
12 BFH vom 7. 8. 1951, BStBl 1951, S. 191

ten auch für Verbindlichkeiten in ausländischer Währung, die vor dem 21. 6. 1948 entstanden sind, soweit sie durch das **Londoner Schuldenabkommen** vom 27. 2. 1953 (im Gesetz vom 24. 8. 1953) geregelt worden sind. Sonstige Valutaverbindlichkeiten, die vor der Währungsreform entstanden sind, sind in den auf die DM-Eröffnungsbilanz folgenden Bilanzen mit dem Verrechnungskurs anzusetzen, der für die DM-Eröffnungsbilanz maßgebend war.

Bei der Bewertung der nicht abnutzbaren Wirtschaftsgüter des Anlagevermögens darf der letzte Bilanzansatz bis zur Höhe der Anschaffungskosten überschritten werden, d. h. das Prinzip des strengen Wertzusammenhanges gilt hier nicht. Die in § 6 Abs. 1 Ziff. 3 EStG geforderte sinngemäße Anwendung dieser Bewertungsvorschriften für die Bewertung der Verbindlichkeiten bedeutet, daß eine Verbindlichkeit, die mit einem höheren Teilwert angesetzt worden ist, bei einem Sinken des Teilwertes bis zur Höhe der Anschaffungskosten abgeschrieben werden kann. Ein Unterschreiten der Anschaffungskosten ist jedoch nicht möglich.

2. Rückstellungen

a) Begriff, Aufgaben und Einteilung der Rückstellungen

Rückstellungen sind Passivposten, die die Aufgabe haben, **Aufwendungen,** die erst in einer späteren Periode zu einer in ihrer Höhe und ihrem genauen Fälligkeitstermin am Bilanzstichtag noch nicht feststehenden Ausgabe[13] (z. B. Steuerrückstellungen) oder Mindereinnahme (z. B. Delkredererückstellungen) führen, **der Periode ihrer Verursachung zuzurechnen.** Eine rechtsverbindliche Verpflichtung gegenüber einem Dritten muß nach betriebswirtschaftlicher Auffassung nicht bestehen, um eine Rückstellung bilden zu können. Es muß lediglich die Wahrscheinlichkeit für eine spätere Inanspruchnahme und somit für eine spätere Ausgabe gegeben sein, deren wirtschaftliche Begründung bereits aus der laufenden Abrechnungsperiode herrührt.

Der **Umfang des Rückstellungsbegriffs** hängt entscheidend davon ab, welche Ziele mit einer Bilanz verfolgt werden. Soll in erster Linie der Bestand an Vermögen und Kapital an einem Stichtag festgestellt werden, so

---

[13] Die Bildung einer Rückstellung ist ein Schuldenzugang, folglich eine Ausgabe der Periode, in der auch der Aufwand verursacht worden ist. Der Vorgang ist *erfolgswirksam.* (Vgl. die begriffliche Abgrenzung zwischen Aufwand und Ausgaben auf S. 13 f.). Wird die Schuld später getilgt, so erfolgt eine Ausgabe (Auszahlung), der ein Schuldenabgang, also eine Einnahme der Periode entspricht. Der Vorgang ist *erfolgsunwirksam.* Wird die Rückstellung für einen drohenden Verlust (z. B. Forderungsausfall) gebildet, so entsteht bei Eintritt des Verlustes ein Forderungsabgang (Ausgabe) in Höhe der erwarteten, aber nicht eingetretenen Einnahme (= Mindereinnahme), der in Höhe der aufgelösten Rückstellung ein Schuldenabgang (Einnahme) entspricht. Der Vorgang ist *erfolgsunwirksam.*

kommt der Rückstellung die Aufgabe zu, einen vollständigen **Ausweis der Schulden** zu ermöglichen, indem auch Schulden, die ihrem Verpflichtungsgrunde, ihrer Höhe und dem Termin ihrer Fälligkeit nach noch ungewiß sind, bereits erfaßt werden. Eine rechtswirksame Verbindlichkeit (mit ungewisser Höhe) muß nicht notwendigerweise bestehen, es genügt, daß in der Abrechnungsperiode eine Schuld wirtschaftlich begründet wurde. Dieser – der statischen Bilanztheorie entspringende – Rückstellungsbegriff betont also vorwiegend den Schuldcharakter der Rückstellung.

Wird der Bilanz dagegen in erster Linie die Aufgabe zugeordnet, den in einer Periode erzielten Erfolg auszuweisen, wie das die dynamische Bilanzauffassung fordert, so erhält der Rückstellungsbegriff einen weiteren Umfang. Rückstellungen werden als eine Art **Abgrenzungsposten** aufgefaßt, die ähnlich wie die Rechnungsabgrenzungsposten die Aufgabe haben, den Erfolg der Abrechnungsperiode von dem späterer Perioden dadurch abzugrenzen, daß die Aufwendungen (und Erträge) jeweils der Periode zugerechnet werden, in der sie verursacht worden sind. Daraus folgt, daß Rückstellungen nicht nur für ungewisse Verpflichtungen gegenüber einem Dritten, die ihren wirtschaftlichen Grund in der Abrechnungsperiode haben, gebildet werden müssen, sondern auch für Aufwendungen oder **drohende Verluste**, die wirtschaftlich in der Abrechnungsperiode begründet worden sind, die aber erst in einer späteren Periode zu einer Ausgabe oder Mindereinnahme führen, **ohne** daß eine Verpflichtung gegenüber einem Dritten besteht. Das ist z. B. bei im Abstand mehrerer Perioden regelmäßig anfallenden Ausgaben (z. B. für Großreparaturen) oder aperiodisch anfallenden Ausgaben (z. B. bei innerhalb größerer Zeiträume erfahrungsgemäß immer wieder auftretenden Risikoverlusten) der Fall. Hier hat die Rückstellung die Aufgabe einer Verteilung der Ausgaben auf mehrere Perioden, weil der der Ausgabe entsprechende Aufwand entweder in mehreren Perioden verursacht worden ist (Großreparaturen) oder durch Verteilung auf mehrere Perioden „periodisiert" werden soll. In diesen Fällen kann man von einer **wirtschaftlichen Verpflichtung** des Betriebes gegen sich selbst sprechen.

Eine Notwendigkeit zur Bildung von Rückstellungen ergibt sich vom betriebswirtschaftlichen Standpunkt aus den Grundsätzen ordnungsmäßiger Buchführung und Bilanzierung, nach denen mögliche Verluste bereits als echte Verluste auszuweisen sind (Imparitätsprinzip).

Gehen wir von dem weiteren dynamischen Rückstellungsbegriff aus, so muß also, um die Bildung einer Rückstellung rechtfertigen zu können, eine der frei folgenden Voraussetzungen erfüllt sein:

1. Der Betrieb rechnet mit einer **Inanspruchnahme durch einen Dritten,** die ihren wirtschaftlichen Grund in der Abrechnungsperiode hat, aber voraussichtlich erst in einer späteren Periode erfolgen und zu einer Ausgabe oder Mindereinnahme führen wird. Hier ergeben sich folgende Möglichkeiten:

a) Es besteht bereits eine **rechtswirksame Verpflichtung** gegenüber einem Dritten, die Höhe der später fällig werdenden Ausgabe ist aber noch ungewiß. Beispiel: Pensionsrückstellungen.

b) Es ist eine **Verpflichtung** gegenüber einem Dritten bereits **verursacht,** aber rechtswirksam noch **nicht** festgesetzt worden. Beispiele: Steuerrückstellungen, Rückstellungen für Bergschäden, die bereits erkennbar sind.

c) Es besteht auf Grund der bisherigen Erfahrung die **Wahrscheinlichkeit,** daß eine Verpflichtung gegenüber einem Dritten entstehen wird, die ihren wirtschaftlichen Grund in der Abrechnungsperiode hat. Höhe und Fälligkeit sind noch ungewiß. Beispiele: Garantierückstellungen, Rückstellungen für Bergschäden, die bereits verursacht, aber noch nicht erkennbar sind.

2. Es besteht eine rechtswirksame Verpflichtung auf Grund eines Vertrages, der in der Abrechnungsperiode abgeschlossen wurde, der aber noch von keinem der beiden Vertragspartner erfüllt wurde (**schwebendes Geschäft**), bei dessen Erfüllung der Betrieb aber einen am Bilanzstichtag bereits erkennbaren Verlust erleiden wird. Beispiel: Rückstellungen für drohende Verluste aus schwebenden Geschäften, z. B. als Folge von Preissenkungen.

3. Es ist ein **Aufwand** entstanden oder droht ein **Verlust,** der seinen wirtschaftlichen Grund in der Abrechnungsperiode hat, aber erst in einer späteren Periode zu einer Ausgabe bzw. Mindereinnahme führt, **ohne** daß eine Inanspruchnahme durch einen Dritten erfolgt. Hier ergeben sich folgende Möglichkeiten:

a) Es ist ein **drohender Verlust,** der seinen wirtschaftlichen Grund in der Abrechnungsperiode hat, bereits **erkennbar,** in seiner Höhe aber nur zu schätzen. Beispiele: Delkredererückstellungen, Rückstellungen für Selbstversicherungen.

b) Es besteht eine **wirtschaftliche** Verpflichtung des Betriebes gegen sich selbst, die ihren wirtschaftlichen Grund in der Abrechnungsperiode hat, aber erst später zu einer Ausgabe führen wird. Beispiel: Rückstellungen für aufgeschobene Reparaturen.

Diese Einteilung der Rückstellungen genügt nicht zur Systematisierung aller möglichen Rückstellungsarten; mit ihrer Hilfe soll lediglich herausgestellt werden, welche Voraussetzungen erfüllt sein müssen, damit sich eine Rückstellung betriebswirtschaftlich rechtfertigen läßt. Vom betriebswirtschaftlichen Standpunkt aus ist nicht in erster Linie die Frage bedeutsam, ob eine Verpflichtung gegenüber einem Dritten besteht oder nicht, sondern für den Betrieb ist es wichtiger zu wissen, wie durch die Rückstellungen seine derzeitige und zukünftige **Liquiditätslage** und seine **Finanzierungspolitik** beeinflußt werden. Bei der Beurteilung der Rückstellungen kommt es in erster Linie auf den Zeitpunkt an, an dem die Zahlung für den in der Periode verrechneten Aufwand erfolgen wird.

Besteht z. B. eine rechtswirksame Verpflichtung des Betriebes auf Zahlung eines Ruhegehalts und wird mit Hilfe von Pensionsrückstellungen[14] ein Betrag angesammelt, aus dem die Pensionen gezahlt werden können, so ist es die Regel, daß die Zahlung erst viele Jahre später beginnt und sich dann auf eine Anzahl von Jahren verteilt. Nur bei Großbetrieben, die eine größere Anzahl von Pensionszusagen gegeben haben, wird sich im Laufe eines Zeitraums von vielen Jahren, ja oft Jahrzehnten, der Zustand einspielen, daß die Pensionszahlungen einer Periode und die aufwandswirksamen Pensionsrückstellungen (für andere Pensionszusagen) der gleichen Periode sich im Durchschnitt etwa ausgleichen können. Betriebe, die noch nicht lange bestehen und noch relativ junge Mitarbeiter haben, müssen u. U. überhaupt noch keine Pensionen bezahlen, können aber Jahr für Jahr Rückstellungen für spätere Zahlungen bilden.

Bei einer Rückstellung für Steuerabschlußzahlungen erfolgt die Ausgabe in der Regel schon in der folgenden Periode, bei Rückstellungen für aufgeschobene Reparaturen, für Garantieverpflichtungen, für Bergschäden u. a. kann die Zahlung im nächsten Jahr, u. U. aber auch erst nach mehreren Jahren fällig werden.

Da eine Rückstellung Vermögensteile so lange an den Betrieb bindet, bis die Ausgaben einmal fällig werden, tritt eine mehr oder weniger lang andauernde **Stärkung der Liquidität** ein, und es besteht für den Betrieb die Möglichkeit, mit diesen Mitteln zu arbeiten. Ohne Bildung der Rückstellung wäre der entsprechende Betrag als Gewinn ausgewiesen worden und hätte u. U. den Betrieb als Ausschüttung und Steuerzahlung verlassen.[15] Entsprechend müßte dann im Jahre der Ausgabe eine aufwandswirksame Verrechnung erfolgen, so daß der Gewinn dieser Periode zu niedrig ist, da ein periodenfremder Aufwand verrechnet wurde.

Auch mit Hilfe des Zeitpunkts der Zahlung läßt sich jedoch keine zufriedenstellende Systematisierung der verschiedenen Rückstellungsarten durchführen, weil – wie die obigen Beispiele zeigen – bei ein und derselben Art der Rückstellung der Zeitpunkt der Zahlung und damit die Dauer, für die durch die Rückstellung Vermögenswerte an den Betrieb gebunden werden und nicht als Gewinn erscheinen, unterschiedlich sein kann; jedoch sollte beim Ausweis in der Bilanz im Interesse des Einblicks in die Finanzierung und Liquidität zumindest eine **Trennung in langfristige und kurzfristige Rückstellungen** vorgenommen werden.

b) Die Abgrenzung der Rückstellungen von anderen Passivpositionen

aa) Rückstellungen – Rücklagen

Im Gegensatz zu den Rücklagen[16], die Teile des Eigenkapitals sind und – abgesehen von der gesetzlichen Rücklage der Aktiengesellschaft – nicht

---

[14] Vgl. S. 397 ff.
[15] Vgl. S. 492 ff.
[16] Zum Begriff der Rücklagen vgl. ausführlich S. 419 ff.

zweckgebunden sein müssen, sind die Rückstellungen wirtschaftlich als Fremdkapital anzusehen und sind stets zweckgebunden. Da Rückstellungen für Aufwendungen gebildet werden, die ihren wirtschaftlichen Grund in der abgelaufenen Periode haben, die aber erst in einer späteren Periode zu Ausgaben oder Mindereinnahmen führen, und da die Höhe dieser Ausgaben bzw. Mindereinnahmen in der Regel nur geschätzt werden kann, ist es denkbar, daß durch eine zu hohe Schätzung des Aufwandes in den Rückstellungen Eigenkapitalteile (versteckte Rücklagen) enthalten sind. Das ändert aber nichts daran, daß es sich bei einer richtig bemessenen Rückstellung nicht um Eigenkapital, sondern um Fremdkapital handelt. Man muß Auler zustimmen, daß Rückstellungen ja gerade deshalb gebildet werden, „um vom Ertrag bzw. Eigenkapital diejenigen Beträge auszuscheiden, welche nicht mehr dazugezählt werden können."[17]

Kosiol bezeichnet die Rückstellungen als „belastetes oder zweckgebundenes Eigenkapital."[18] Diese Auffassung ist u. E. bei denjenigen Rückstellungen keinesfalls zutreffend, bei denen eine Verpflichtung des Betriebes gegenüber Dritten zu einer späteren Zahlung besteht, deren Höhe und Termin noch ungewiß ist und die deshalb nicht unter der Bilanzposition „Verbindlichkeiten" aufgeführt werden können, wie z. B. bei Pensionsrückstellungen oder Steuerrückstellungen. Sie könnte vom wirtschaftlichen Standpunkt aus aber auch nicht für Rückstellungen für schwebende Prozesse akzeptiert werden. Wird der Prozeß gewonnen, so tritt keine Ausgabe ein, der zurückgestellte Betrag fällt ins Eigenkapital zurück. Aber die Tatsache, daß die Rückstellung nicht oder nicht in voller Höhe benötigt wird, ändert nichts daran, daß in der Periode der Rückstellungsbildung ein Verlust in Höhe des geschätzten Betrages droht, der seinen wirtschaftlichen Grund in der Abrechnungsperiode hat und deshalb in dieser Periode als Aufwand erfaßt werden muß.

Werninger versucht, die Schwierigkeiten der begrifflichen Zuordnung der Rückstellungen zum Fremdkapital oder Eigenkapital dadurch zu umgehen, daß er vorschlägt, „die Rückstellungen als einen gesonderten Posten zu betrachten, den man ähnlich wie die Wertberichtigungen, nicht eindeutig dem Eigen- oder Fremdkapital zuordnen kann."[19] Diese Auffassung erscheint deshalb nicht haltbar, weil erstens die Wertberichtigungen überhaupt kein Kapital, sondern ein Korrekturposten zum Vermögen sind wie andererseits z. B. der Verlustvortrag ein Korrekturposten zum Kapital und nicht deshalb Vermögen ist, weil er auf der Vermögensseite erscheint, und weil zweitens Rückstellungen Kapital sind, das ebenso wie alle anderen Kapitalpositionen durch die Summe der Vermögenswerte gedeckt ist. Ein „Zwischending" zwischen Eigen- und Fremdkapital gibt es nicht. Soweit bei den Rückstellungen bereits eine rechtliche Verpflichtung zu einer späteren Zahlung besteht, sind sie auch juristisch eindeutig Fremdkapital,

---

17 Auler, W., Die Bildung und Auflösung von Rückstellungen, WPg 1952, S. 171
18 Kosiol, E., Bilanzreform und Einheitsbilanz, 2. Aufl., Berlin und Stuttgart 1949, S. 159
19 Werninger, G., Rückstellungen in der Bilanz, Wiesbaden 1960, S. 61

soweit eine solche Verpflichtung nicht oder noch nicht besteht, sind sie wirtschaftlich kein Eigenkapital mehr, sondern dienen dazu, zu zeigen, daß sich das Eigenkapital um den zurückgestellten Betrag vermindert hat, auch wenn eine Ausgabe noch nicht erfolgt ist.

Auch die Tatsache, daß der Gegenwert der Rückstellungen dem Betrieb unter Umständen langfristig zu anderer Verwendung zur Verfügung steht, wie z. B. bei den Pensionsrückstellungen, berechtigt nicht, sie als Eigenkapital zu bezeichnen. Es ist wohl noch niemand auf den Gedanken gekommen, eine vom Betrieb gegebene Anleihe deshalb dem Eigenkapital zuzurechnen, weil die Anleihemittel erst nach zwanzig Jahren zurückgezahlt werden müssen.

Die Bildung von **offenen Rücklagen** hat keinen Einfluß auf die Höhe des Gewinns, sondern stellt eine **Gewinnverwendung** dar, ist also erfolgsneutral. Offene Rücklagen können folglich nur gebildet werden, wenn auch Gewinn erwirtschaftet worden ist oder wenn neues Eigenkapital von außen zugeführt wird (z. B. Agio bei Kapitalerhöhungen).[20] Die Bildung von **Rückstellungen** ist dagegen **erfolgswirksam**. Es entsteht ein Aufwand in Höhe der Rückstellung, der den Periodengewinn mindert. Wurde der Aufwand zu hoch geschätzt oder stellt sich später heraus, daß er überhaupt nicht eingetreten ist, so ist eine **Gewinnverlagerung** in die Periode erfolgt, in der die Rückstellung aufgelöst werden muß. Die Bildung von Rückstellungen ist also unabhängig davon, ob Gewinne entstanden sind. Das hat zur Folge, daß Rücklagen grundsätzlich aus dem **versteuerten** Gewinn gebildet werden, Rückstellungen dagegen in der Regel den steuerbaren Gewinn mindern. Eine Gewinnerhöhung tritt lediglich bei der Auflösung von Rückstellungen um den Betrag ein, um den sie überhöht waren, d. h. nicht in gleicher Höhe zu Ausgaben geführt haben.

Eine Ausnahme bilden Rückstellungen, die in der Handelsbilanz für Aufwendungen gemacht werden, die in der Steuerbilanz **nicht als Betriebsausgabe abzugsfähig** sind wie z. B. Rückstellungen für Körperschaftsteuer. Sie sind in der Periode ihrer Bildung dem steuerpflichtigen Gewinn wieder hinzuzurechnen und bekommen damit steuerrechtlich den Charakter von Rücklagen (die Körperschaftsteuer ist steuerrechtlich **Gewinnverwendung** und nicht Aufwand), während sie vom betriebswirtschaftlichen Standpunkt aus als Aufwand anzusehen sind (die Körperschaftsteuer ist betriebswirtschaftlich nicht Verwendung von Gewinn, sondern mindert als **Aufwand** den entstehenden Gewinn).

bb) Rückstellungen – Verbindlichkeiten

Rückstellungen und Verbindlichkeiten sind zwei Bestandteile des Fremdkapitals. Im Gegensatz zu den „sicheren" Verbindlichkeiten sind Rückstellungen „ungewisse" Verbindlichkeiten.

---

[20] Eine Ausnahme bildet die Rücklage für Preissteigerung nach § 74 EStDV. Ihre Bildung kann auch zu einem vortragsfähigen Verlust führen. (Vgl. Blümich-Falk, Einkommensteuergesetz, Bd. I, 9. Aufl. 1964, S. 553)

Rückstellungen und Verbindlichkeiten haben gemeinsam, daß sie nicht in der Periode bilanziert werden, in der die Schuld geltend gemacht wird oder fällig ist, sondern in der Periode, **in der die Schuld wirtschaftlich entstanden ist.** „Schulden, die mit einer für den Betrieb geleisteten Tätigkeit zusammenhängen", führt der Reichsfinanzhof in seinem Urteil vom 29..7. 1936 aus, „fallen nach den Grundsätzen ordnungsmäßiger Buchführung regelmäßig dem Wirtschaftsjahr zur Last, in dem die Tätigkeit für den Betrieb geleistet wurde."[21]

Von den sicheren Verbindlichkeiten unterscheiden sich die Rückstellungen dadurch, daß bei ersteren der Verpflichtungsgrund, die Höhe und der Termin der Fälligkeit bekannt sind, bei letzteren gewöhnlich nur der Zweck feststeht, für den sie gebildet werden, die Höhe und der Termin der Ausgabe oder des zu erwartenden Verlustes aber in der Regel ungewiß sind.

In einer Bilanz, die auch der Erfolgsabgrenzung dienen soll, muß für die Rückstellungen ebenso eine Passivierungspflicht bestehen wie für die Verbindlichkeiten. Gesetz und Rechtsprechung räumen für bestimmte Rückstellungen jedoch ein Passivierungsrecht ein (z. B. Pensionsrückstellungen).

cc) Rückstellungen – Rechnungsabgrenzungsposten

Mit den Rechnungsabgrenzungsposten haben die Rückstellungen gemeinsam, daß sie der **periodischen Erfolgsabgrenzung** dienen, indem sie einen Aufwand der Periode zurechnen, in der er wirtschaftlich verursacht worden ist, und nicht der Periode, in der der Zahlungsvorgang erfolgt. Der Rechnungsabgrenzungsposten, bei dem die gleichen Beziehungen zwischen Leistungs- und Zahlungsbereich gegeben sind wie bei den meisten Rückstellungen, ist das **antizipative Passivum.** Bei beiden gilt: Aufwand jetzt, Ausgabe (Auszahlung) später. In beiden Fällen werden Kapitalteile, die sonst als Gewinn ausgewiesen worden wären und den Betrieb ggf. als Gewinnausschüttung und Steuerzahlung verlassen hätten, an den Betrieb gebunden.

Zwischen einer Rückstellung und einem antizipativen Passivum besteht aber der **Unterschied,** daß beim Rechnungsabgrenzungsposten Grund, Höhe und Fälligkeitstermin der Zahlung bekannt sind, bei der Rückstellung dagegen Grund, Höhe und/oder Fälligkeit der späteren Ausgabe ungewiß sind. Muß der Betrieb z. B. für das abgelaufene Jahr noch Miete bezahlen, ist die Zahlung aber vertraglich erst in der nächsten Periode fällig, so grenzt er passiv ab, da der Aufwand bereits eingetreten ist, die Auszahlung jedoch erst in der nächsten Periode (in einer bestimmten Höhe und zu einem bestimmten Termin) fällig wird. Ohne Abgrenzung in der Bilanz wäre der Periodengewinn zu hoch, da ein Aufwand nicht erfaßt wurde, obwohl er bereits verursacht worden ist, und da der Zahlungsmittelbestand in Höhe der erst in der nächsten Periode fälligen Auszahlung

---

[21] RFH vom 29. 7. 1936, RStBl 1936, S. 986

zu hoch ausgewiesen wird. Antizipative Passiva werden in der Regel für Leistungen gebildet, die der Betrieb fortlaufend in Anspruch nimmt und in regelmäßigen Zeitabständen entsprechend den bestehenden Verträgen abrechnet (z. B. Mieten, Versicherungsprämien, Darlehenszinsen u. a.).

Der Ansatz eines passiven Rechnungsabgrenzungsposten stellt stets die Passivierung einer **echten (sicheren) Verbindlichkeit** dar, deren Einfluß auf den Gewinn der laufenden und einer folgenden Periode abgegrenzt werden soll. Das Aktiengesetz 1965 läßt allerdings die bisher praktizierte Abgrenzung mit Hilfe von antizipativen Rechnungsabgrenzungsposten nicht mehr zu, sondern verlangt einen Ausweis der abzugrenzenden Beträge als Verbindlichkeiten (bzw. bei aktiver Abgrenzung als Forderungen).[22]

Rückstellungen und Rechnungsabgrenzungsposten lassen sich also begrifflich genau voneinander trennen. Man kann der Ansicht des Bundesfinanzhofs nicht folgen, daß eine scharfe Abgrenzung zwischen beiden Positionen nicht möglich sei. Der BFH führt aus: „Ob für in der RM-Zeit entstandene noch nicht fällige Gewerbesteuer eine Rückstellung nach § 30 Abs. 2 DMBG oder ein Rechnungsabgrenzungsposten nach § 34 DMBG einzusetzen ist, kann zweifelhaft sein, da die Begriffe Rückstellung und Rechnungsabgrenzung ineinander übergehen . . .“[23]

Man kann auch Littmann-Förger nicht zustimmen, wenn sie schreiben: „Man braucht sich über diese augenscheinliche Verwischung der Begriffe Rückstellung und passive Rechnungsabgrenzung durch die Rechtsprechung nicht zu ereifern. Sie ermöglicht nicht selten eine elastische, weniger doktrinäre Argumentation im Einzelfall“[24], wohl aber ist ihnen Recht zu geben, wenn sie grundsätzlich für ein Festhalten an der traditionellen Begriffsbestimmung der Rechnungsabgrenzungsposten eintreten, da nur dann sich Begriffsverwirrungen vermeiden lassen.

dd) Rückstellungen – Wertberichtigungen

Mit den Wertberichtigungen haben die Rückstellungen gemeinsam, daß sie beide einen Aufwand erfassen, der in einer anderen Periode zu einer Ausgabe[25] führt bzw. geführt hat. Während bei der Rückstellung die Ausgabe **später** als der Aufwand erfolgt, liegt die Ausgabe bei der **Wertberichtigung** in der Regel **früher** (z. B. indirekte Abschreibungen auf Maschinen). Hat der Betrieb beispielsweise eine fällige Reparatur auf später verschoben, so kann er dafür eine Rückstellung bilden, denn es folgt später eine Ausgabe in noch ungewisser, also nur zu schätzender Höhe, während in der laufenden Abrechnungsperiode ein Aufwand bereits verursacht worden ist. Die Bildung einer Wertberichtigung für unterlassene Reparaturen

---

[22] Das Einkommensteuerrecht hat sich dieser Auffassung inzwischen angeschlossen (Vgl. § 5 Abs. 3 EStG 1969).

[23] BFH v. 15. 12. 1953, BStBl 1954, S. 34

[24] Littmann, E., Förger, K., Rückstellungen in Ertragsteuerbilanzen und bei der Einheitsbewertung des Betriebsvermögens, Stuttgart 1964, S. 84

[25] Vgl. Anmerkung 13 auf S. 379

aber ist unmöglich, denn es soll nicht eine indirekte Abschreibung der zu reparierenden Wirtschaftsgüter, sondern eine periodenrichtige Zurechnung des Reparaturaufwandes erfolgen.

Rückstellungen und Wertberichtigungen stimmen ferner darin überein, daß der **Aufwand** einer Periode **nur geschätzt ist.** Die Abschreibungsquote eines Jahres, die bei indirekter Abschreibung der Wertberichtigung hinzugefügt wird, entspricht in der Regel nicht der tatsächlich eingetretenen Wertminderung, da die Abschreibung lediglich eine frühere Ausgabe, d. h. die Anschaffungskosten, auf die Jahre der Nutzung verteilt. Für die Gesamtdauer der wirtschaftlichen Nutzung steht der insgesamt durch die Wertberichtigung zu erfassende Aufwand jedoch von Anfang an fest, Schätzungsfehler bei der Verteilung auf die Perioden gleichen sich also insgesamt aus. Schätzungsfehler bei der Bemessung der Rückstellungen dagegen müssen erfolgswirksam in der Periode korrigiert werden, in der die Ausgabe eintritt. Ist die Ausgabe geringer als die Rückstellung, tritt ein außerordentlicher Ertrag, ist sie höher, ein außerordentlicher Aufwand in der Periode der Zahlung ein.

Der **Unterschied** zwischen Rückstellung und Wertberichtigung liegt darin, daß die Bildung einer Wertberichtigung sowohl vermögens- als auch erfolgswirksam ist, da sie einen zu hoch in der Bilanz angesetzten Vermögensposten korrigiert und damit zugleich den Gewinn der Periode mindert, während die Rückstellung keinem einzelnen Vermögensposten gegenübersteht, ihre Bildung also nur **erfolgswirksam,** aber nicht **vermögenswirksam** ist. Daran ändert auch die Tatsache nichts, daß zwischen bestimmten Rückstellungen und bestimmten Vermögensposten enge Beziehungen bestehen können, z. B. zwischen den Gebäuden und den Rückstellungen für aufgeschobene Reparaturen oder zwischen den Debitoren einerseits und Garantie- oder Provisionsrückstellungen andererseits. Die Wertberichtigung zeigt, daß durch sie der Wert eines konkreten Vermögenspostens korrigiert wird; die Rückstellung kann lediglich zeigen, daß im Zusammenhang mit bestimmten Vermögensposten Aufwendungen entstanden sind, die später noch zu Ausgaben führen werden. Dadurch wird der **Gesamtgewinn,** nicht aber der Wert eines einzelnen Aktivpostens korrigiert.

Ein weiterer Unterschied zwischen Wertberichtigung und Rückstellung besteht in der Art ihrer **Auflösung.** Eine Rückstellung wird in der Regel durch einen **Zahlungsvorgang** aufgelöst, der vermögenswirksam, aber nicht erfolgswirksam ist (z. B. Zahlung von Steuerschulden, für die eine Rückstellung gebildet wurde). Eine Wertberichtigung dagegen kann nur ausgebucht werden, wenn auch der Aktivposten, den sie korrigiert, aus der Bilanz verschwindet (z. B. Ausbuchen einer voll [indirekt] abgeschriebenen Maschine). Dieser Vorgang ist weder vermögens- noch erfolgswirksam.

Ein steuerrechtlich bedingter Unterschied zwischen beiden Bilanzpositionen ergibt sich dadurch, daß Rückstellungen nicht dem Prinzip des **Wertzusammenhanges** unterliegen, während bei den Wertberichtigungen zu den

Posten des abnutzbaren Anlagevermögens dieses Prinzip beachtet werden muß. Der Bilanzansatz einer Rückstellung kann also gegenüber dem vorhergehenden Bilanzansatz unterschritten werden, wenn beispielsweise sich herausgestellt hat, daß die später zu erwartende Ausgabe hinter dem geschätzten und in die Rückstellung eingestellten Betrag zurückbleiben wird. Ein Unterschreiten des letzten Bilanzansatzes bei den genannten Wertberichtigungen, das einer Aufwertung der durch die Wertberichtigungen korrigierten Wirtschaftsgüter gleichkäme, verstößt gegen § 6 Abs. 1 Nr. 1 EStG, da nach dieser Vorschrift bei Gütern des abnutzbaren Anlagevermögens der letzte Bilanzansatz nicht überschritten werden darf.[26]

Der Bundesfinanzhof umreißt den Unterschied zwischen Rückstellung und Wertberichtigung folgendermaßen: Der passive Wertberichtigungsposten „hat im Gegensatz zur Rückstellung als selbständigem passivem Wirtschaftsgut den Zweck, die Bewertung eines aktiven Hauptpostens ... zu berichtigen. Den wichtigsten Wertberichtigungsposten stellt das Delkredere dar ..."[27] Gerade die Delkredere-Wertberichtigung ist aber kein gutes Beispiel für die Abgrenzung beider Begriffe, denn von einer Delkredere-Wertberichtigung kann nur gesprochen werden, wenn es sich um die indirekte Abschreibung eines bereits eingetretenen und damit in seiner Höhe genau feststehenden Forderungsverlustes handelt. Ist der Verlust dagegen noch nicht sicher, sondern lediglich möglich (sog. dubiose Forderungen), so sollte eine Delkredere-Rückstellung gebildet werden.

c) Rückstellungen in Handels- und Steuerbilanz

aa) Der handelsrechtliche Rückstellungsbegriff

Sowohl in der Handelsbilanz als auch in der Steuerbilanz wurden Rückstellungen bereits in einer Zeit gebildet, zu der weder das Handels- noch das Steuerrecht eine ausdrückliche Möglichkeit oder Pflicht zur Bildung von Rückstellungen vorsah. Die Rückstellungsbildung entsprach dem **Prinzip der kaufmännischen Vorsicht,** ungewisse Verbindlichkeiten und drohende Verluste bereits zu berücksichtigen, bevor sie zu Ausgaben bzw. Mindereinnahmen geführt haben. Sie entsprang somit den nicht kodifizierten Grundsätzen ordnungsmäßiger Buchführung und Bilanzierung.

Die Rückstellungen wurden jedoch noch nicht immer scharf gegen die Rücklagen abgegrenzt und häufig mit ihnen zusammen als „Reserven" ausgewiesen, wodurch die Eigenkapitalreserven in Wirklichkeit zum Teil Fremdkapitalcharakter trugen. Erst die Aktienrechtsnovelle von 1931 schrieb in § 261a HGB ein Gliederungsschema für die Aktienbilanz[28] vor, das erstmals die Position Rückstellungen enthielt. Sie mußten nach den Rücklagen (Reservefonds) und vor den Wertberichtigungen ausgewiesen

---

[26] Vgl. Werninger, G., a. a. O., S. 67
[27] BFH v. 2. 6. 1960, StRK § 5 EinkStRspr. 265
[28] Vgl. S. 188 ff.

werden. Sie waren damit schon rein optisch mehr den Eigenkapitalpositionen als den Verbindlichkeiten zugeordnet.

Im Gliederungsschema des Aktiengesetzes 1937 (§ 131) erhielten die Rückstellungen die Bezeichnung „Rückstellungen für ungewisse Schulden" und wurden nach den Wertberichtigungen, also unmittelbar vor den Verbindlichkeiten eingeordnet. Diese Bezeichnung war unglücklich gewählt, denn sie vermittelte den Eindruck einer gesetzlichen Nominierung des **statischen** Rückstellungsbegriffs, der Rückstellungen, die nicht für eine wahrscheinliche Inanspruchnahme durch einen Dritten in einer späteren Periode gebildet werden, ausschließt. Die Auslegung dieses aktienrechtlichen Begriffs erfolgte jedoch nach den Grundsätzen ordnungsgemäßer Bilanzierung, nach denen auch für drohende Verluste, die keine Inanspruchnahme durch einen Dritten zur Voraussetzung hatten, Rückstellungen zum Zwecke der Periodenabgrenzung zu bilden sind. Nach der Auslegung des aktienrechtlichen Rückstellungsbegriffes durch das WP-Handbuch[29] 1959 dienen Rückstellungen „der Erfassung von Aufwendungen und Verlusten, die am Bilanzstichtag dem Grunde, aber nicht der Höhe nach bekannt sind, oder von Verbindlichkeiten und Lasten, die am Bilanzstichtag bereits bestehen, sich nach Betrag und Fälligkeit aber nicht genau bestimmen lassen".

Ein **Mangel** der Position „Rückstellungen für ungewisse Schulden" war es, daß in ihr sämtliche Rückstellungen zusammengefaßt werden durften, obwohl sie – insbesondere wegen der sehr unterschiedlichen Fristigkeit ihrer Auflösung bei Anfall späterer Ausgaben oder bei Ausbleiben späterer Einnahmen – vom betriebswirtschaftlichen Standpunkt aus im Hinblick auf ihren Einfluß auf Liquidität, Finanzierung, Steuerbelastung bzw. -verschiebung usw. recht unterschiedlich zu beurteilen sind. So kann z. B. eine Steuerrückstellung innerhalb weniger Wochen nach dem Bilanzstichtag, eine Pensionsrückstellung dagegen u. U. erst nach 25 Jahren zu Auszahlungen führen.

Dieser Mangel an Bilanzklarheit ist durch das Aktiengesetz 1965 beseitigt oder doch zumindest stark eingeschränkt worden, da das Gesetz einerseits die Rückstellungsarten aufzählt, die zugelassen werden, andererseits einen **gesonderten Ausweis** bestimmter Rückstellungsarten verlangt.

Nach § 152 Abs. 7 AktG dürfen Rückstellungen für „ungewisse Verbindlichkeiten und für drohende Verluste aus schwebenden Geschäften" gebildet werden. Damit sind Rückstellungen, die die **Periodisierung** von stoßweise anfallenden Ausgaben zum Ziel haben, grundsätzlich **nicht mehr** **zulässig** (z. B. sog. Selbstversicherungen, kalkulatorische Wagniszuschläge). Ausnahmen werden erschöpfend im Gesetz aufgezählt (Nr. 2 und 3 der folgenden Aufstellung).

Für andere Zwecke dürfen in einer Aktienbilanz keine Rückstellungen gebildet werden. In dieser Einschränkung gegenüber der bisherigen Praxis

---

[29] WP-Handbuch 1959, Düsseldorf 1959, S. 568

(in der Aktienbilanz) sehen Adler-Düring-Schmaltz – u. E. zu Recht – eine wieder **stärkere Betonung des statischen Charakters** der Rückstellungen.[30]

Aus dieser Einengung des Rückstellungsbegriffs ist zu folgern, daß es sich um eine **Spezialregelung des Aktiengesetzes** handelt. Der möglichst sichere Einblick in die Vermögens- und Ertragslage wird ja durch § 149 Abs. 1 AktG nur „im Rahmen der Bewertungsvorschriften" verlangt, d. h. eine betriebswirtschaftlich bessere Einsicht in die wirtschaftliche Lage kann durch Bewertungs- und sonstige Bilanzierungsvorschriften verhindert werden. Es ist nicht einzusehen, warum eine verursachungsgemäße Aufwandszurechnung durch Bildung von Rückstellungen, die als ein Grundsatz ordnungsmäßiger Buchführung und Bilanzierung angesehen werden muß, wenn mit dem Jahresabschluß der vergleichbare Periodenerfolg ermittelt werden soll, in Nicht-Aktiengesellschaften unterlassen werden soll, nur weil der Gesetzgeber sich im Aktiengesetz besserer betriebswirtschaftlicher Einsicht verschlossen hat.

Nach § 151 Abs. 1 und § 152 Abs. 7 AktG sind folgende Rückstellungen **gesondert** auszuweisen:

1. Pensionsrückstellungen,
2. Rückstellungen für im Geschäftsjahr unterlassene Aufwendungen für Instandhaltung oder Abraumbeseitigung, die im folgenden Geschäftsjahr nachgeholt werden,
3. Rückstellungen für Gewährleistungen, die ohne rechtliche Verpflichtung erbracht werden,
4. andere Rückstellungen.

Da das Mindestgliederungsschema des § 151 AktG nur die unter 1. und 4. genannten Rückstellungen enthält, können die unter 2. und 3. aufgeführten Rückstellungen entweder zusätzlich nach 1. oder als Vorspalte zu 4. ausgewiesen werden.

Von Bedeutung für die Verbesserung der Bilanzklarheit sind die Trennung und der gesonderte Ausweis von Rückstellungen für **Gewährleistungen,** die **ohne rechtliche Verpflichtung** erbracht werden, von den **Garantierückstellungen,** die in der Gruppe der Rückstellungen ausgewiesen werden (andere Rückstellungen), die auf Grund einer rechtlichen Verpflichtung zu bilden sind. Auf diese Weise kann der Bilanzleser erkennen, wie hoch die ungewissen Verpflichtungen anzusetzen sind, auf deren Erfüllung ein Rechtsanspruch eines Dritten besteht und wie hoch die ungewissen Verpflichtungen aus Gewährleistungen zu beziffern sind, zu deren Erfüllung sich der Betrieb verpflichtet fühlt, ohne daß ein Rechtsanspruch besteht.

Hier stimmt der Aktiengesetzgeber mit der Auffassung des Bundesfinanzhofs überein, der in seinem Urteil vom 20. 11. 1962 feststellt: „Die Bildung einer Rückstellung setzt jedoch nicht stets das Vorliegen einer

---

30 Vgl. Adler-Düring-Schmaltz, a. a. O., Erl. zu § 152 Tz 102

klagbaren Verpflichtung voraus. Es genügt ... auch das Vorliegen einer sittlichen Verpflichtung, der sich der Unternehmer nicht entziehen zu können glaubt."[31]

Aus der Formulierung des § 152 Abs. 7 AktG, daß bestimmte Arten von Rückstellungen gebildet werden **dürfen,** kann nicht gefolgert werden, daß in der Handelsbilanz generell ein Passivierungswahlrecht für Rückstellungen besteht. Vielmehr muß – wie bereits oben erwähnt – die Frage der **Passivierungspflicht** allein nach den Grundsätzen ordnungsmäßiger Buchführung beurteilt werden. Daraus folgt, daß alle Rückstellungen für ungewisse Verbindlichkeiten und für Verluste aus schwebenden Geschäften **zwingend** gebildet werden müssen, da andernfalls der in § 39 HGB geforderte Schuldenausweis unvollständig wäre. Da nach dem Prinzip kaufmännischer Vorsicht drohende Verluste bereits berücksichtigt werden müssen, bevor sie realisiert sind, besteht u. E. die Passivierungspflicht auch dann, wenn eine rechtswirksame Verbindlichkeit noch nicht vorliegt, sondern die Inanspruchnahme durch einen Dritten droht. Andernfalls weist der Betrieb seine Vermögens- und Ertragslage zu günstig aus und verstößt damit gegen das Gläubigerschutzprinzip; der in § 149 Abs. 1 AktG geforderte möglichst sichere Einblick in die wirtschaftliche Lage des Betriebes wäre nicht gegeben.

Im Gegensatz zu dieser Auffassung steht das Urteil des Bundesgerichtshofs vom 27. 2. 1961[32], in dem die **Pflicht zur Bildung von Pensionsrückstellungen** in der Handelsbilanz verneint wird, weil nicht nur die Höhe der späteren Ausgabe ungewiß, sondern es auch fraglich sei, ob es überhaupt zu einer Ausgabe kommen wird. Diese Ansicht steht nicht nur im Widerspruch zu den betriebswirtschaftlichen Bilanzierungsgrundsätzen, sondern auch im Widerspruch zu dem handelsrechtlich geforderten vollständigen Schuldenausweis. Man kann die Passivierungspflicht für eine Verbindlichkeit nicht deshalb aufheben, weil die Möglichkeit besteht, daß der Gläubiger vor Eintritt der Fälligkeit stirbt, auch wenn die Schuld im Falle des Todes des Gläubigers vertraglich erlischt.

Außerdem handelt es sich bei der Bilanzierung einer Pensionsrückstellung nicht nur um die Frage einer vollständigen Schuldenerfassung, sondern ebenso um die Frage des richtigen Ausweises des Periodengewinns durch Berücksichtigung von Aufwendungen in der Periode ihrer Verursachung und nicht in der Periode, in der sie zu Auszahlungen führen.

Vom betriebswirtschaftlichen Standpunkt aus – und zwar sowohl bei statischer als auch bei dynamischer Auslegung des Rückstellungsbegriffs – ist eine **Passivierungspflicht zu fordern.** Der Aktiengesetzgeber hat sich jedoch der Auffassung des BGH angeschlossen, obwohl bei der Beratung des Gesetzes eine starke Tendenz zur Einführung der Passivierungspflicht sichtbar wurde. Die gegen die Passivierungspflicht im Ausschußbericht vor-

---

[31] BStBl 1963, S. 113
[32] BGHZ Bd. 34, S. 324

gebrachten Argumente können nicht überzeugen. Neben der Tatsache, daß Pensionsverpflichtungen „in besonderem Maße ungewiß" seien, wurde vor allem darauf hingewiesen, daß eine Passivierungspflicht „die Unternehmen von Pensionszusagen abhalten und damit eine sozialpolitisch erwünschte Entwicklung einschränken"[33] könnte, und daß Aktiengesellschaften, die bisher noch keine Pensionsrückstellungen gebildet hätten, einer Passivierungspflicht „nicht ohne weiteres nachkommen" könnten.

Der in § 159 AktG geforderte **Vermerk der Pensionszahlungen** einer Periode und der in den folgenden fünf Jahren voraussichtlich zu leistenden Zahlungen, der von der Passivierung der Pensionsrückstellungen unabhängig ist, kann im Falle der Nicht-Passivierung der Pensionsrückstellungen den Mangel an Aussagefähigkeit der Bilanz nicht ausgleichen.

Auch Rückstellungen, die der Periodenabgrenzung dienen, ohne daß sie für eine ungewisse Verbindlichkeit gebildet werden, müssen passiviert werden, wenn man dem Jahresabschluß die Aufgabe zuschreibt, den vergleichbaren Periodengewinn zu ermitteln. Mit einem Passivierungsrecht und damit der Möglichkeit, die Rückstellungsbildung aus betriebspolitischen Erwägungen zu unterlassen (Gewinnausweis, Dividendenpolitik), kann diese Zielsetzung nicht mit Sicherheit erreicht werden. Für die aktienrechtlich zulässigen Rückstellungen für **unterlassene Aufwendungen für Instandhaltung** oder Abraumbeseitigung muß deshalb ebenso eine Passivierungspflicht angenommen werden.[34] Anderer Ansicht sind Adler-Düring-Schmaltz, die ein Passivierungsrecht mit der Begründung annehmen, daß das Aktiengesetz „durch das grundsätzliche Verbot der reinen Aufwandsrückstellungen die daraus resultierenden Einschränkungen der Vergleichbarkeit offensichtlich in Kauf (nimmt)."[35]

bb) Der steuerrechtliche Rückstellungsbegriff

Da Rückstellungen den steuerpflichtigen Gewinn mindern, werden in der Steuerbilanz seit jeher strenge Maßstäbe bei ihrer Bildung angelegt, um willkürliche Gewinnverlagerungen zu verhindern. Nach Auffassung des RFH handelt es sich bei der Bildung von Rückstellungen um „die Bewertung einer am Bilanzstichtage bereits bestehenden, nur ihrem Betrage nach noch nicht feststehenden Schuld oder eines in seiner Höhe nach noch nicht feststehenden Verlustes . . ."[36] Die Auslegung des Rückstellungsbegriffs ist also **streng statisch,** es muß eine Verpflichtung gegenüber einem Dritten oder ein drohender Verlust, der zu einer Vermögensminderung führt, vorliegen.

Die Auffassung des RFH hat sich mit der bilanztheoretischen Klärung

---

[33] Kropff, B., Aktiengesetz, a. a. O., S. 255

[34] So auch Albach, H., Bewertungsprobleme des Jahresabschlusses nach dem Aktiengesetz 1965, BB 1966, S. 382; Döllerer, G., Rechnungslegung nach dem neuen Aktiengesetz und ihre Auswirkungen auf das Steuerrecht, BB 1965, S. 1411

[35] Adler-Düring-Schmaltz, a. a. O., Erl. zu § 152, Tz 159

[36] RFH vom 17. 12. 1929, RStBl 1930, S. 95

des Rückstellungsbegriffs in der Betriebswirtschaftslehre allmählich in Richtung auf eine Erweiterung des steuerrechtlichen Rückstellungsbegriffs entwickelt. Anfangs wurde das Bestehen einer **rechtswirksamen Verpflichtung** gefordert: „Verpflichtungen zu Betriebsausgaben, die reine Unkosten des betreffenden Jahres darstellen, sind bilanzfähig und bilanzpflichtig, sobald die Schuld entstanden ist."[37] Diese Ansicht wird im Urteil vom 17. 12. 1929 bekräftigt, das noch eine erhebliche Unsicherheit in der Abgrenzung der Rückstellungen von den Rücklagen zeigt: „Die Rückstellungen für eine zwar sicher bevorstehende, aber erst in ein künftiges Bilanzjahr fallende Ausgabe, stellt eine echte Rücklage (Reserve) dar und muß daher dem steuerpflichtigen Gewinn hinzugerechnet werden. Handelt es sich bei einer Rückstellung aber um die Bewertung einer am Bilanzschlußtage bereits bestehenden nur ihrem Betrage nach noch nicht feststehenden Schuld, so darf sie am steuerpflichtigen Gewinn abgesetzt werden."[38] Der RFH hätte auch bei dem damaligen Stand der betriebswirtschaftlichen Erkenntnisse über den Rückstellungsbegriff klar erkennen müssen, daß auch Rückstellungen für bereits bestehende, aber ihrer Höhe nach noch ungewisse Schulden Aufwand sind, der zu in ein späteres Bilanzjahr fallenden Ausgaben führt und folglich seiner eigenen Definition nach zu den Rücklagen gerechnet werden muß.

Die Forderung, daß die Bildung einer Rückstellung das Bestehen einer rechtswirksamen Verpflichtung voraussetzt, wurde vom RFH allmählich **aufgegeben**. So heißt es im Urteil des RFH vom 15. 1. 1931: „Notwendig ist nur, daß die Ausgaben wirtschaftlich das abgelaufene Wirtschaftsjahr betrafen. Es kommt dabei nicht darauf an, ob die Ausgaben bereits am Stichtag in klagbarer Weise zugesagt waren, noch weniger darauf, ob die Zusage in vertragliche Form gekleidet war.[39] Diese Auffassung wurde im Urteil vom 23. 11. 1937 bestätigt: „Die Passivierung setzt nicht stets das Bestehen einer rechtsverbindlichen Verpflichtung am Bilanzstichtag voraus. Es genügt die Gewißheit, daß eine wirtschaftlich das abgelaufene Jahr treffende Schuld entstehen wird."[40]

Der statische Rückstellungsbegriff des RFH, der in der Rückstellungsbildung eine notwendige Maßnahme zur vollständigen Schuldenerfassung am Bilanzstichtage sieht, schließt auch Rückstellungen **für Verluste** ein, die dem Betrage nach noch nicht genau feststehen. Die Zulässigkeit derartiger Rückstellungen wird von einer **eingetretenen Vermögensminderung** abhängig gemacht. Eine Periodenabgrenzung im Sinne der dynamischen Bilanzauffassung durch Abgrenzung von Zufallsverlusten im Wege der Periodisierung bleibt ausgeschlossen, wie das folgende Urteil vom 21. 10. 1931 zeigt: „Grundsätzlich bleibt der Senat bei der ständigen Rechtsprechung des RFH, die dahin geht, daß Rückstellungen für Zufallsverluste, deren

---

[37] RFH vom 16. 10. 1925, Amtl. Slg., Bd. 17, S. 304
[38] RStBl 1930, S. 95
[39] RStBl 1931, S. 201
[40] RStBl 1938, S. 85

Eintritt nur möglich aber ganz ungewiß ist, und die ihren Grund nicht in
Betriebsvorgängen des abgelaufenen Jahres haben, nicht zulässig sind."[41]

Das Urteil des RFH vom 14. 1. 1942 zeigt deutlich, daß der statische
Rückstellungsbegriff auch durch die Anerkennung von Verlustrückstel-
lungen nicht verlassen wird: „Eine Rückstellung ist nur zulässig, wenn
am Bilanzstichtag für ein Unternehmen eine Verbindlichkeit oder ein Verlust tatsächlich entstanden sind, die lediglich dem Betrag nach noch nicht
feststehen. Es genügt aber nicht eine entfernte Möglichkeit einer Inanspruchnahme oder eines Verlustes zur Rechtfertigung einer Rückstellung; die Inanspruchnahme oder der Verlust muß vielmehr mit einiger Sicherheit oder
wenigstens einiger Wahrscheinlichkeit erwartet werden können."[42]

Durch die Rechtsprechung des OFH und BFH trat **eine gewisse Ausweitung** des Rückstellungsbegriffs ein, ohne daß es aber bisher zu einer
Anerkennung des dynamischen Rückstellungsbegriffes gekommen ist. Das
Urteil des OFH vom 28. 2. 1948 läßt keinen Zweifel: „Die Grundsätze
der dynamischen Bilanz, die von den Geldposten abgesehen, Ausgaben und
Einnahmen, Aufwendungen und Leistungen zur Ermittlung des Erfolgs
gruppiert und verrechnet, können hierbei nur insoweit berücksichtigt werden, als sie mit diesen Bestimmungen (gemeint sind die §§ 6 und 7 EStG
1934, d. Verf.) nicht in Widerspruch stehen. Das EStG gründet somit die
Bilanz auf die Bewertung einzelner Wirtschaftsgüter."[43]

Der OFH knüpft die Zulässigkeit der Rückstellungsbildung an das Vorhandensein eines **„passiven Wirtschaftsgutes".** In dem oben zitierten Urteil
vom 28. 2. 1948 führt er dazu aus: „Für den Begriff des Wirtschaftsgutes
ist die Frage, ob eine Forderung oder eine Verpflichtung fällig ist, ohne
Bedeutung. Diese Tatsache berührt wohl den Wertansatz, nicht aber die
Frage, ob ein Wirtschaftsgut vorliegt. Der Begriff des Wirtschaftsguts setzt
voraus, daß es sich um ein Gut handelt, das selbständig bewertungsfähig
ist."[43]

Diese Definition führt neben den bis dahin für eine Rückstellungsbildung in der Steuerbilanz erforderlichen Merkmalen der ungewissen Schulden oder drohenden Verluste einen dritten Tatbestand auf: **die selbständig
bewertungsfähige Last.** Der OFH greift damit die Gedankengänge auf,
die der RFH in seinem Urteil vom 9. 11. 1943 entwickelt hat: „Rückstellungen sind nicht nur dann vom steuerlichen Gewinn absetzbar, wenn
eine rechtsverbindliche Verpflichtung vorliegt, es genügt, daß die nachträgliche Belastung des Unternehmens wirtschaftlich das abgelaufene Bilanzjahr
trifft, und der Steuerpflichtige mit dieser **Betriebslast** rechnen mußte."[44]

Diese Entwicklung machte den Weg für die Anerkennung von Rückstellungen frei, die nicht auf einer Verpflichtung gegenüber Dritten beruhen.
Allerdings hat der BFH diesen Weg mit größter Zurückhaltung und nicht

41 RStBl 1932, S. 290
42 RStBl 1942, S. 183
43 FR 1949, S. 10
44 RStBl 1944, S. 149

immer konsequent beschritten. So erkannte der OFH in seinem „Enttrümmerungsurteil"[45] eine Rückstellung für die bei der **Trümmerbeseitigung** an einem Grundstück zu erwartenden Ausgaben an und der BFH ließ durch das Urteil vom 26. 6. 1951[46] eine Rückstellung für **unterlassene Abraumbeseitigung** zu. Rückstellungen für aufgeschobene Reparaturen dagegen werden bis heute nur in dem Ausnahmefall zugelassen, daß sie innerhalb von 3 Monaten nach dem Bilanzstichtag erfolgen.[47]

Eine gewisse Ausweitung des steuerlichen Rückstellungsbegriffs erfolgte durch die Anerkennung von Rückstellungen für Gewährleistungen, die **ohne** rechtliche Verpflichtung aus **Kulanzgründen** erfolgen. Beispiele dafür sind die beiden folgenden Urteile: „Die Rechtsprechung . . . hat anerkannt, daß auch eine sittliche Verpflichtung, der sich ein Unternehmer nicht entziehen zu können glaubt, eine Rückstellung rechtfertigen kann. Den sittlichen Verpflichtungen wird man solche Verpflichtungen gleichstellen müssen, denen ein Kaufmann aus geschäftlichen Erwägungen heraus nachkommt, ohne daß ein Anspruch besteht, der vor den Gerichten mit Erfolg geltend gemacht werden kann."[48]

„Die Bildung einer Rückstellung setzt jedoch nicht stets das Vorliegen einer klagbaren Verpflichtung voraus. Es genügt die Gewißheit, daß in den folgenden Jahren eine wirtschaftlich das abgelaufene Jahr treffende Schuld entstehen werde oder auch das Vorliegen einer sittlichen Verpflichtung, der sich der Unternehmer nicht zu entziehen können glaubt."[49]

Zusammenfassend läßt sich feststellen, daß auf Grund des derzeitigen Standes der Rechtsprechung Rückstellungen in der Steuerbilanz gebildet werden dürfen, wenn

1. eine ihrer Höhe nach ungewisse Schuld gegenüber einem Dritten entweder rechtswirksam besteht oder in der Abrechnungsperiode wirtschaftlich bereits begründet ist,
2. eine sittliche Verpflichtung zu einer Leistung gegenüber einem Dritten in ungewisser Höhe besteht, die wirtschaftlich in der Abrechnungsperiode begründet ist,
3. ein drohender Verlust zu einer Vermögensminderung führt,
4. eine selbständig bewertungsfähige Betriebslast vorliegt.

Rückstellungen, die lediglich der Abgrenzung des Periodengewinns dienen sollen, ohne daß einer der vier genannten Gründe vorliegt, sind in der Steuerbilanz **unzulässig.**

Aus dem Grundsatz der Maßgeblichkeit der Handelsbilanz für die Steuerbilanz folgt zwangsläufig, daß Rückstellungen in der Steuerbilanz nur gebildet werden dürfen, wenn sie **auch in der Handelsbilanz** enthalten

---

45 OFH vom 11. 5. 1949, StW 1949, Nr. 41, Sp. 85
46 BStBl 1951, S. 211
47 Vgl. BFH v. 15. 2. 1955, BStBl 1955, S. 173
48 BFH vom 29. 5. 1956, BStBl 1956, S. 212
49 BFH vom 20. 11. 1962, BStBl 1963, S. 113

sind und daß sie in der Steuerbilanz niemals größer sein dürfen als in der Handelsbilanz. Das Maßgeblichkeitsprinzip gilt aber nicht für die jährliche Einstellung in die Rückstellungen (z. B. Pensionsrückstellungen), sondern **für den Gesamtbetrag** der Rückstellungen für einen bestimmten Zweck in der Bilanz. Ist z. B. die Zuführung zu den Pensionsrückstellungen in der Handelsbilanz einige Jahre lang größer als die nach § 6 a EStG zulässige Zuführung, und wird – da keine Passivierungspflicht besteht –, in einer Periode die Einstellung in die Handelsbilanz aus bilanzpolitischen Überlegungen unterlassen, so darf die steuerlich zulässige Ansammlung der Pensionsrückstellungen fortgeführt werden, solange der Gesamtbetrag der Pensionsrückstellungen dadurch in der Steuerbilanz nicht größer wird als in der Handelsbilanz.

Die **Höhe** der Rückstellungen kann nur **geschätzt** werden. Werden sie in der Handelsbilanz bewußt überhöht, so daß versteckte Rücklagen entstehen, so werden in der Steuerbilanz die Rückstellungen nur in dem Umfange anerkannt, wie sie angemessen sind. Der darüber hinausgehende Betrag ist wie eine Rücklage steuerpflichtig, muß also dem steuerpflichtigen Gewinn hinzugerechnet werden.

Für die Aktienbilanz schreibt § 156 Abs. 4 AktG vor, daß Rückstellungen nur in Höhe des Betrages angesetzt werden dürfen, „der nach vernünftiger kaufmännischer Beurteilung notwendig ist." Diese Vorschrift muß als Bestandteil der Grundsätze ordnungsmäßiger Buchführung und Bilanzierung angesehen und folglich auch für Bilanzen anderer Rechtsformen angewendet werden.

Bei Rückstellungen, die nur **der Höhe nach ungewiß** sind, bei denen aber der Betrieb mit Sicherheit mit einer Inanspruchnahme rechnen muß (z. B. Steuerrückstellungen), ist die Schätzung in der Regel einfacher durchzuführen als bei Rückstellungen, die **dem Grunde nach ungewiß** sind, insbesondere, wenn es sich bei letzteren nicht um Einzel-, sondern um Sammelrückstellungen handelt. Würde man z. B. bei der Berechnung einer Garantierückstellung davon ausgehen, daß jeder einzelne Umsatzakt zu einer Inanspruchnahme führt, so wäre die Rückstellung zweifellos überhöht. Hier muß vielmehr ein Erfahrungssatz verwendet werden, der aus der tatsächlichen Inanspruchnahme der Vergangenheit (z. B. im Verhältnis zum Umsatz) resultiert. Daß sich dabei Schätzungsrücklagen nicht vermeiden lassen, wird auch in der Begründung des Regierungsentwurfs eines Aktiengesetzes zugegeben. „Sie sind sogar, da die Rückstellungen für **ungewisse** Schulden und für **drohende** Verluste gebildet werden, durch den Begriff der Rückstellung bedingt."[50]

d) Einzelne Rückstellungsarten

Es ist im Rahmen dieses Buches nicht möglich, sämtliche Rückstellungsarten zu erörtern. Im folgenden sollen deshalb nur die wichtigsten behan-

---

[50] Kropff, B., Aktiengesetz, a. a. O., S. 249

delt werden, und zwar **erstens** als Beispiele für Rückstellungen, die wegen einer späteren Inanspruchnahme durch einen Dritten gebildet werden müssen, die Pensionsrückstellungen, Steuerrückstellungen, Rückstellungen für Bergschäden und Garantierückstellungen, **zweitens** Rückstellungen für drohende Verluste aus schwebenden Geschäften und **drittens** als Beispiele für – als Ausnahme zugelassene – Rückstellungen, die nicht zu einer Inanspruchnahme durch einen Dritten führen, die Rückstellungen für unterlassene Reparaturen und unterlassene Abraumbeseitigung.

aa) Pensionsrückstellungen

α) Begriff und Aufgaben

Verpflichtet sich ein Betrieb vertraglich, einzelnen Arbeitnehmern eine Alters-, Invaliden- oder Hinterbliebenenversorgung zu gewähren, so kann er dieser Verpflichtung in verschiedenen Formen nachkommen: er kann beispielsweise eine Pensions- oder Unterstützungskasse gründen, der er die für die Versorgungsansprüche benötigten Mittel zuführt, oder er kann zugunsten seiner Arbeitnehmer Lebensversicherungen abschließen. Er hat aber auch die Möglichkeit, für derartige Ansprüche Rückstellungen schon vom Jahre der Zusage an, also in der Regel schon viele Jahre vor Eintreten des Versorgungsfalles in die Bilanz einzustellen. Nur der letztgenannte Fall der Pensionsrückstellungen interessiert uns an dieser Stelle.

Die Pensionen werden als ein Anspruch betrachtet, den sich der Arbeitnehmer durch seine Tätigkeit im Betriebe neben dem gezahlten Arbeitsentgelt erwirbt. Pensionen sind also **wirtschaftlich als Lohn- und Gehaltsaufwendungen** zu betrachten, die – solange der Arbeitnehmer im Betriebe tätig ist – in einer bestimmten Höhe einbehalten und **angesammelt werden**, um dem Arbeitnehmer nach seinem Ausscheiden aus dem aktiven Dienst im Betriebe als Rente oder als einmalige Kapitalleistung ausbezahlt zu werden. Für den Betrieb sind sie also Aufwand der Perioden, in denen der Arbeitnehmer tätig ist. Die Auszahlungen treten erst nach dem Ausscheiden des Arbeitnehmers aus dem Betriebe ein.

Pensionszusagen werden nicht nur an Arbeitnehmer, sondern sie können unter bestimmten Voraussetzungen auch an freiberuflich Tätige (z. B. selbständige Handelsvertreter) oder an Gesellschafter-Geschäftsführer gegeben werden.

Zur Frage der Zulässigkeit von Pensionsrückstellungen für **geschäftsführende Gesellschafter** hat sich die Rechtsprechung des BFH in der letzten Zeit grundlegend geändert. Pensionsrückstellungen für Gesellschafter-Geschäftsführer von **Personengesellschaften** dürfen nach dem Urteil des BFH vom 16. 2. 1967[51] nicht mehr gebildet werden, da sie – entgegen der langjährigen Rechtsprechung – als Gewinnverteilungsabrede angesehen werden. Vorhandene Pensionsrückstellungen müssen aufgelöst werden. Aus

---

[51] BStBl 1967, S. 222

Billigkeitsgründen darf die Auflösung der am 31. 12. 1967 vorhandenen Rückstellung auf 5 Jahre gleichmäßig verteilt werden.

Pensionsrückstellungen für **geschäftsführende Gesellschafter von Kapitalgesellschaften** waren lange Zeit nur zulässig, wenn die Beteiligung des geschäftsführenden Gesellschafters unter 50 %/o lag. Der BFH bezweifelte bei einem 50 %/o übersteigenden Anteil die Ernsthaftigkeit der Pensionszusage[52], da der beherrschende Gesellschafter-Geschäftsführer wirtschaftlich betrachtet sein eigener Arbeitgeber sei und deshalb nicht in den Ruhestand versetzt werden könne. In seinem Urteil vom 15. 12. 1965[53] rückte der BFH von dieser Ansicht ab und läßt zu, daß auch für beherrschende geschäftsführende Gesellschafter von Kapitalgesellschaften Pensionsrückstellungen nach den Vorschriften des § 6a EStG gebildet werden dürfen, wenn für die Berechnung als Altersgrenze das 75. Lebensjahr zugrunde gelegt wird.

Vom betriebswirtschaftlichen Standpunkt aus ist eine Passivierungspflicht für Pensionsrückstellungen anzunehmen, da andernfalls eine exakte Periodenabgrenzung nicht gesichert ist. Dennoch besteht – wie oben erwähnt – handels- und steuerrechtlich nur ein Passivierungsrecht[54], d. h. der Betrieb kann den Aufwand auch erst in den Jahren verrechnen, in denen die **Zahlungen** erfolgen. In diesem Falle wird der Erfolg der Perioden vor Eintritt des Versorgungsfalles zu hoch, nach dessen Eintritt zu niedrig ausgewiesen.

Hierin liegt eine doppelte Gefahr. Werden die Gewinne vor Eintritt des Versorgungsfalls ausgeschüttet (an Gesellschafter und an das Finanzamt), so sind die eingegangenen Pensionsverpflichtungen nicht durch entsprechende Vermögenswerte gedeckt. Gläubiger und Aktionäre erhalten einen zu günstigen Eindruck von der Ertragslage, da sie nicht erkennen können, daß durch die eingegangenen, aber nicht ausgewiesenen Pensionsverpflichtungen beträchtliche Vermögenswerte eigentlich bereits den Arbeitnehmern gehören. Vor allem im Interesse des Gläubigerschutzes ist deshalb eine Passivierung der Pensionsanwartschaften zu fordern.

Im aktienrechtlichen Jahresabschluß – wie oben kurz erwähnt – wird ein **Vermerk** der im Geschäftsjahr geleisteten Pensionszahlungen einschließlich der Zahlungen an rechtlich selbständige Versorgungskassen und der in den nächsten 5 Jahren voraussichtlich zu leistenden Zahlungen gefordert.[55] Dieser Vermerk kann den Mangel der fehlenden Passivierungspflicht der Rückstellungen nicht ausgleichen, denn den Zahlungen ist es nicht anzusehen, inwieweit sie auf Grund früherer Rückstellungsbildung erfolgsunwirksam sind bzw. in welchem Umfange sie den Erfolg beeinflußt haben.[56] Auch die Position 18 der aktienrechtlichen Gewinn- und Verlust-

---

52 Vgl. BStBl 1959, S. 374; BStBl 1962, S. 399
53 BStBl 1966, S. 202
54 Vgl. BGH v. 27. 2. 1961; BGHZ Bd. 34, S. 324; BFH v. 27. 5. 1964, BStBl 1964, S. 489
55 Vgl. § 159 AktG
56 Adler-Düring-Schmaltz schlagen vor, den Vermerk unter der Gewinn- und Verlustrechnung anzubringen (a. a. O., Erl. zu § 159, Tz 12).

rechnung[57] (Aufwendungen für Altersversorgung und Unterstützung) klärt den Sachverhalt nicht, denn sie enthält alle entsprechenden Aufwendungen, ganz gleich ob sie auf einer Zuführung zu den Pensionsrückstellungen für Pensionsanwartschaften, einer Zahlung laufender Pensionen, für die keine Rückstellungen gebildet worden sind oder auf einer Zahlung an Unterstützungskassen beruhen.

Ein **Wechsel in der bilanzmäßigen Behandlung** einer Pensionszusage löst im Geschäftsbericht der Aktiengesellschaft eine Berichtspflicht nach § 160 Abs. 2 Satz 4 AktG aus, denn sowohl die Unterbrechung der Zuführungen zu den Pensionsrückstellungen als auch der Beginn oder die Wiederaufnahme derartiger Zuführungen bei bereits laufenden Zusagen stellen einen Wechsel in der Bewertung von Pensionsverpflichtungen dar, durch den die Vergleichbarkeit des Jahresabschlusses mit dem vorangegangenen Jahresabschluß beeinträchtigt werden kann.

Ferner ist zu bedenken, daß der Betrieb – wenn er nicht passiviert – von der Annahme ausgeht, daß die Erträge der künftigen Jahre und die vorhandenen liquiden Mittel zur Zahlung der Pensionen ausreichen würden. Das muß aber nicht unbedingt der Fall sein. Gerade bei jüngeren Betrieben, die vertraglich eine Anzahl von Pensionsanwartschaften vereinbart, aber noch nicht einen einzigen eingetretenen Versorgungsfall haben, wird in den späteren Jahren eine Belastung eintreten, die den laufenden Ertrag außerordentlich stark vermindert. Nur bei sehr großen Betrieben wird – über eine längere Zeitdauer betrachtet – der Aufwand für Pensionen mit den Ausgaben pro Periode im Durchschnitt etwa übereinstimmen. Hier erscheint es relativ gleichgültig, ob der Aufwand in Form von Rückstellungen früherer Perioden verrechnet wird, oder als Aufwand der Periode, in der die Zahlung tatsächlich erfolgt.[58] Zwar ist auch hier dann die Periodenabgrenzung nicht korrekt, wenn keine Rückstellungen gebildet werden, doch gleicht sich der Fehler rechnungsmäßig aus, wenn Aufwand und Ausgabe einer Periode sich im Durchschnitt entsprechen.

β) Bildung, Berechnung und Auflösung

Nach § 6a Abs. 1 EStG dürfen Rückstellungen für Pensionsanwartschaften in der Steuerbilanz nur gebildet werden, „wenn die Pensionsanwartschaft auf einer vertraglichen Pensionsverpflichtung beruht oder sich aus einer Betriebsvereinbarung, einem Tarifvertrag oder einer Besoldungsordnung ergibt." Eine nur sittliche Verpflichtung genügt nicht.

Die Bildung einer Pensionsrückstellung wird dann steuerlich nicht anerkannt, wenn der Betrieb die Pensionszusage nach freiem Belieben ohne Berücksichtigung der Interessen des Pensionsberechtigten **widerrufen** kann. Ein Widerruf ist gegenüber einem noch aktiven Arbeitnehmer arbeitsrecht-

---

[57] Vgl. § 157 AktG
[58] Zu den unterschiedlichen Auswirkungen der Verrechnungsart auf Finanzierung und Liquidität vgl. S. 492 ff.

lich im allgemeinen zulässig, wenn die Pensionszusage eine der folgenden (oder ähnliche) Formulierungen enthält: „freiwillig und ohne Rechtsanspruch", „jederzeitiger Widerruf vorbehalten", „ein Rechtsanspruch auf die Leistung besteht nicht", „die Leistungen sind unverbindlich."[59] Befindet sich ein Arbeitnehmer bereits im Ruhestand oder steht er unmittelbar davor, so ist ein Widerruf – auch bei Vorliegen derartiger Vorbehalte – nur noch **nach billigem Ermessen**, d. h. unter Abwägen der berechtigten Interessen des Betriebes und des Pensionsberechtigten, möglich.

Nicht alle **Vorbehalte** schließen die Möglichkeit der Bildung von Pensionsrückstellungen aus. Da Pensionszusagen sich weit in die Zukunft hin erstrecken, muß der Betrieb sich dagegen absichern, Verpflichtungen einzugehen, die ihn später so belasten, daß die Existenz des Betriebes überhaupt gefährdet wird. Deshalb behalten sich die Betriebe bei Pensionszusagen gewöhnlich vor, die Pensionen an die wirtschaftliche Entwicklung anzupassen, die im Moment der Zusage noch nicht übersehen werden kann. Erfolgen diese Vorbehalte nach „billigem Ermessen", d. h. in der Weise, daß nicht einseitig nur die Interessen des Betriebes, sondern auch die Interessen des Arbeitnehmers berücksichtigt werden müssen, so sind auch unter diesen Voraussetzungen Rückstellungen zulässig. Nach den Richtlinien sind z. B. folgende (oder ähnliche) Vorbehalte als unschädlich anzusehen:[60]

a) als **allgemeiner Vorbehalt:**
   „Die Firma behält sich vor, die Leistungen zu kürzen oder einzustellen, wenn die bei Erteilung der Pensionszusage maßgebenden Verhältnisse sich nachhaltig so wesentlich geändert haben, daß der Firma die Aufrechterhaltung der zugesagten Leistungen auch unter objektiver Beachtung der Belange des Pensionsberechtigten nicht mehr zugemutet werden kann";
b) als **spezielle Vorbehalte:**
   „Die Firma behält sich vor, die zugesagten Leistungen zu kürzen oder einzustellen, wenn
   1. die wirtschaftliche Lage des Unternehmens sich nachhaltig so wesentlich verschlechtert hat, daß ihm eine Aufrechterhaltung der zugesagten Leistungen nicht mehr zugemutet werden kann, oder
   2. der Personenkreis, die Beiträge, die Leistungen oder das Pensionierungsalter bei der gesetzlichen Sozialversicherung oder anderer Versorgungseinrichtungen mit Rechtsanspruch sich wesentlich ändern, oder
   3. die rechtliche, insbesondere die steuerrechtliche Behandlung der Aufwendungen, die zur planmäßigen Finanzierung der Versorgungsleistungen von der Firma gemacht werden oder gemacht worden sind, sich so wesentlich ändert, daß der Firma die Aufrechterhaltung der zugesagten Leistungen nicht mehr zugemutet werden kann, oder

---

[59] Vgl. Abschn. 41 Abs. 2 EStR 1969
[60] Abschn. 41 Abs. 3 EStR 1969

4. der Pensionsberechtigte Handlungen begeht, die in grober Weise gegen Treu und Glauben verstoßen oder zu einer fristlosen Entlassung
berechtigen würden."

Das Passivierungswahlrecht für Pensionsrückstellungen läßt dem Betrieb
einen erheblichen Spielraum, die Höhe des Jahresgewinns, der Steuerzahlungen und damit auch die Finanzierungsmöglichkeiten und die Liquiditätslage zu beeinflussen, denn das Wahlrecht bezieht sich nicht nur darauf,
ob für eine Pensionsanwartschaft überhaupt Rückstellungen gebildet werden oder nicht, sondern es ermöglicht auch eine Unterbrechung und eine
spätere Wiederaufnahme der Zuführungen zu den Rückstellungen. Allerdings dürfen unterlassene Zuführungen in späteren Jahren nicht nachgeholt werden.[61] Aus dem Prinzip der Einzelbewertung ergibt sich, daß jede
Pensionsverpflichtung für sich zu bewerten ist und folglich für einzelne
Zusagen Rückstellungen gebildet werden können, während bei anderen die
Aufwandsverrechnung erst in den Perioden der Zahlungen erfolgt.

Der BFH hat dieses Wahlrecht ausdrücklich bestätigt: „Die Betriebe können, wenn sie sich zur späteren Versorgung ihrer Arbeitnehmer verpflichten, wegen dieser Versorgungslast schon vor Eintritt des Versorgungsfalles
Rückstellungen bilden ... Sie können statt dessen auf Rückstellungen verzichten und die späteren Versorgungsleistungen als Betriebsausgaben im
Zahlungsjahr behandeln. Sie können aber auch von der letztgenannten
Methode zur Bildung von Rückstellungen übergehen ..."[62]

In der Handelsbilanz sind Rentenverpflichtungen nach § 156 Abs. 2
AktG mit ihrem Barwert anzusetzen. Das gilt auch für Pensionsverpflichtungen, die bereits laufen. Soweit es sich um Anwartschaften handelt, für
die Rückstellungen gebildet werden, ist der jährliche Zuführungsbetrag zu
errechnen. Die Berechnung muß nach versicherungsmathematischen Grundsätzen erfolgen, d. h. daß Zinsen und Zinseszinsen und biologische Wahr-
scheinlichkeiten (Sterbens- und Invaliditätswahrscheinlichkeit) berücksichtigt werden müssen. Die Rückstellung soll in dem Jahr, in dem der Versorgungsfall eintritt (z. B. Altersgrenze) dem kapitalisierten Wert der zu
erwartenden Pensionsleistungen (Barwert der Pensionsverpflichtung) entsprechen. Dieser Betrag muß vom Zeitpunkt der Pensionszusage an bis
zum Eintritt des Versorgungsfalls angesammelt werden.

Nach § 9 EStDV darf eine Pensionsrückstellung den Gewinn eines Wirtschaftsjahres nur bis zur Höhe des Betrages mindern, der sich als Unterschied des Gegenwartswertes am Schluß des Wirtschaftsjahres und am
Schluß des vorangegangenen Wirtschaftsjahres ergibt. Der Gegenwartswert
ist die Differenz zwischen dem Barwert der künftigen Pensionsleistungen
und dem Barwert der gleichbleibenden Jahresbeträge, die nach Schluß des
Wirtschaftsjahres bis zum Eintritt des Versorgungsfalles aufzubringen wären, um den Barwert der künftigen Pensionsleistungen vom Zeitpunkt der

---

[61] Vgl. BFH vom 27. 5. 1964, BStBl 1964, S. 489
[62] BFH vom 22. 1. 1958, BStBl 1958, S. 186

Pensionszusage bis zum Eintritt des Versorgungsfalles anzusammeln. Ändert sich die Höhe des zugesagten Pensionsbetrages (z. B. infolge Gehaltserhöhung), so ändert sich auch der Jahresbetrag und ist neu zu errechnen. Die künftigen Pensionsleistungen sind bei der Ermittlung ihres Gegenwartswertes **abzuzinsen**. Da die Pensionszahlungen erst in späteren Jahren erfolgen, kann der Betrieb mit den Beträgen, die er den Pensionsrückstellungen zuführt, inzwischen arbeiten. Die mit den Gegenwerten der Pensionsrückstellungen erzielten Erträge sollte er zur Ansammlung mitverwenden, d. h. er sollte die Rückstellungen mit einem Satz verzinsen, der etwa der durchschnittlichen Rendite entspricht.

Die Höhe der jährlichen Zuführung zu den Pensionsrückstellungen hängt von dem der Berechnung zugrunde gelegten **Zinssatz** ab. Je niedriger der bei der Abzinsung verwendete Zinssatz ist, desto höher ist der Wert einer Pensionsverpflichtung.

Damit durch die Wahl eines extrem niedrigen Rechnungszinssatzes die jährliche Zuführung zu den Rückstellungen nicht willkürlich überhöht werden kann, schreibt § 6a Abs. 2 EStG einen Zinssatz von mindestens 5,5 % vor. Da dieser Zinssatz in der Handelsbilanz unterschritten werden kann – sowohl Adler-Düring-Schmaltz[63] als auch das Wirtschaftsprüfer-Handbuch[64] halten einen Zinssatz von 3 % für die Untergrenze –, können die **jährlichen Zuführungen in der Handelsbilanz größer als in der Steuerbilanz** sein. Dem Prinzip der Maßgeblichkeit steht dann der zwingende steuerliche Mindestzinsfuß von 5,5 % entgegen.

Da aber – wie an anderer Stelle erwähnt – das Maßgeblichkeitsprinzip sich nicht auf die jährliche Zuführung, sondern auf den Gesamtbetrag der Pensionsrückstellungen bezieht, kann in der Steuerbilanz eine steuerrechtlich zulässige Zuführung auch in Jahren erfolgen, in denen in der Handelsbilanz aus bilanzpolitischen Überlegungen die Zuführung unterbleibt oder herabgesetzt wird, solange der Gesamtbetrag der Pensionsrückstellungen in der Steuerbilanz den Ansatz in der Handelsbilanz nicht überschreitet.

Ist der Versorgungsfall eingetreten, so beginnen die zugesagten Pensionszahlungen. Da sie zwar Auszahlungen, aber nicht Aufwand der Periode sind, muß nun in Höhe der Zahlungen die Pensionsrückstellung wieder aufgelöst werden. Das kann gem. Abschnitt 41 Abs. 15 EStR 1969 entweder nach der **buchhalterischen** oder nach der **versicherungsmathematischen Methode** erfolgen. Bei der erstgenannten Methode werden die laufenden Pensionszahlungen unmittelbar gegen die Rückstellungen verbucht, bei der letztgenannten Methode ergibt sich der aufzulösende Betrag als Unterschiedsbetrag zwischen dem versicherungsmathematischen Barwert der künftigen Pensionsleistungen am Schluß des Wirtschaftsjahres und am Schluß des vorangegangenen Wirtschaftsjahres, berechnet auf der Grundlage eines Rech-

---

63 Vgl. a. a. O., Erl. zu § 156, Tz 58
64 Vgl. a. a. O., S. 584

nungszinssatzes von 5,5 %. Dieser Unterschiedsbetrag erhöht den Periodengewinn, dafür darf die Pensionszahlung als Betriebsausgabe abgesetzt werden.

bb) Rückstellungen für Steuern

Bei der Bilanzierung von Steuern ist zu unterscheiden zwischen Steuerschulden, die im abgelaufenen Geschäftsjahr wirtschaftlich oder rechtlich entstanden sind und Steuerbeträgen, die bereits rechtskräftig veranlagt sind. Bei Letzteren sind Höhe und Fälligkeitstermin fixiert, folglich sind sie als „sonstige Verbindlichkeiten" auszuweisen und interessieren in diesem Zusammenhang nicht (z. B. noch zu zahlende Steuervorauszahlungen). Bei ersteren kommt die Bildung einer Rückstellung dann nicht in Betracht, wenn sich die Steuerschuld (z. B. Abschlußzahlung) am Bilanzstichtag genau berechnen läßt; auch in diesem Fall liegt eine Verbindlichkeit vor. Steuerrückstellungen können also nur in den Fällen gebildet werden, in denen die Höhe der entstandenen Steuerschuld **nur geschätzt** werden kann.

Nicht alle Steuern, die betriebswirtschaftlich als Aufwand anzusehen sind, werden steuerrechtlich als Betriebsausgabe anerkannt. Das bedeutet, daß Steuerrückstellungen der Handelsbilanz in die Steuerbilanz nur insoweit übernommen werden dürfen, wie sie **Betriebsausgaben** darstellen. Andere Steuerrückstellungen müssen dem steuerpflichtigen Gewinn hinzugerechnet werden.

Eine Bildung von Rückstellungen ist betriebswirtschaftlich für Steuern **nicht** möglich, die keinen Aufwand, sondern eine Privatentnahme darstellen, weil sie nicht vom Betrieb, sondern vom Eigentümer des Betriebes (Unternehmer, Gesellschafter) geschuldet werden, obwohl sie meist vom Betrieb gezahlt werden. Das sind die **Einkommensteuer** und die **Vermögensteuer** der natürlichen Personen.

Soweit in Handelsbilanzen von Personenunternehmungen Rückstellungen für Personensteuern enthalten sind, ist das vom betriebswirtschaftlichen Standpunkt aus falsch, da nicht Aufwand, sondern Gewinnverwendung vorliegt. Die Steuerrückstellung ist in Wirklichkeit eine Eigenkapitalposition, die spätere Steuerzahlung führt als Privatentnahme zu einer Minderung des Eigenkapitals. Für die Gewinnermittlung in der Steuerbilanz bestimmt § 12 Nr. 3 EStG: „Unbeschadet der Vorschrift des § 10 dürfen weder bei den einzelnen Einkunftsarten noch vom Gesamtbetrag der Einkünfte abgezogen werden ... die Steuern vom Einkommen und sonstige Personensteuern sowie die Umsatzsteuer für den Eigenverbrauch."

Alle von einer Kapitalgesellschaft geschuldeten Steuern stellen prinzipiell **Aufwand** dar, auch wenn ihre Bemessungsgrundlage der Gewinn ist wie z. B. bei der Körperschaftsteuer. Bei einer Kapitalgesellschaft kann es aufgrund ihrer rechtlichen Konstruktion keine Privatentnahmen geben.

Die **Körperschaftsteuer** wird in der Steuerbilanz nicht als Betriebsausgabe anerkannt. Gleiches gilt für die **Vermögensteuer** der Kapitalgesellschaften. Folglich kommt bei Kapitalgesellschaften eine Rückstellung für diese beiden Steuern – ebenso wie für die Einkommensteuer bei Personenunternehmen (die Vermögensteuer der natürlichen Personen ist bei der Einkommensteuer abzugsfähig!) – nicht in Betracht. Da aber alle Ausgaben einer Kapitalgesellschaft (betriebswirtschaftlich) Betriebsausgaben sind, müssen in der Handelsbilanz auch für diese Steuern Rückstellungen gebildet werden. In der Steuerbilanz müssen die Rückstellungen für die Körperschaftsteuer und Vermögensteuer bei der Berechnung des körperschaftspflichtigen Gewinns außerhalb der Bilanz **dem Gewinn wieder hinzugerechnet** werden. Werden zuviel gezahlte Steuern zurückvergütet oder sind die Rückstellungen in der Handelbilanz zu hoch bemessen worden und müssen deshalb erfolgswirksam aufgelöst werden, so sind die dadurch entstehenden außerordentlichen Erträge vom Gewinn in der Steuerbilanz abzusetzen.

Im aktienrechtlichen Jahresabschluß ist die gezahlte Körperschaftsteuer unter Position 24a der Gewinn- und Verlustrechnung[65] (Steuern vom Einkommen, vom Ertrag und vom Vermögen) auszuweisen. Für die **Abschlußzahlung** wird in der Regel eine Rückstellung gebildet, obwohl bei strenger Auslegung des Rückstellungsbegriffes eigentlich eine Verbindlichkeit vorliegt, denn auf Grund des in der Steuerbilanz festgestellten Gewinns läßt sich die Körperschaftsteuerabschlußzahlung exakt berechnen. Für eine Rückstellung spricht, daß es ungewiß sein kann, ob der vom Betrieb ermittelte körperschaftsteuerpflichtige Gewinn von der Finanzbehörde anerkannt wird oder ob z. B. bestimmte Betriebsausgaben (z. B. Teilwertabschreibungen) nicht akzeptiert oder Tatbestände der verdeckten Gewinnausschüttung festgestellt werden.

Derartige und ähnliche Risiken können außerdem durch eine **Rückstellung für das Betriebsprüfungsrisiko** für Steuern erfaßt werden, die möglicherweise aufgrund einer Betriebsprüfung nachgezahlt werden müssen.[66] In der Steuerbilanz werden solche Rückstellungen allerdings nicht schon deshalb zugelassen, weil Betriebsprüfungen erfahrungsgemäß zu Beanstandungen führen, die Steuernachzahlungen zur Folge haben; vielmehr müssen Einzelsachverhalte nachgewiesen werden können, auf Grund derer mit einer Steuernachforderung gerechnet werden muß.[67]

Die Spaltung des Körperschaftsteuersatzes hat zur Folge, daß der Bilanzgewinn mit dem ermäßigten Tarif für berücksichtigungsfähige Ausschüttungen versteuert wird. Entsprechend ist die Körperschaftsteuerrückstellung zu berechnen. Da aber die Hauptversammlung im Beschluß über die Verwendung des Bilanzgewinns Teile dieses Gewinns den offenen Rücklagen zuweisen oder als Gewinn vortragen kann[68], ist in diesem Falle die Körperschaftsteuerrückstellung für die Abschlußzahlung zu niedrig.

---

[65] Vgl. § 157 AktG
[66] Vgl. Adler-Düring-Schmaltz, a. a. O., Erl. zu § 152 Tz 120
[67] Vgl. BFH v. 13. 1. 1966, BStBl 1966, S. 189
[68] Vgl. § 58 Abs. 3 AktG

§ 174 Abs. 3 AktG stellt aber ausdrücklich fest, daß ein Beschluß der Hauptversammlung über die Gewinnverwendung nicht zur Änderung des festgestellten Jahresabschlusses führt. In den Beschluß ist u. a. „der zusätzliche Aufwand auf Grund des Beschlusses", das ist im wesentlichen der Körperschaftsteueraufwand, aufzunehmen.[69] Die **Gewerbesteuer** ist eine bei der Gewinnermittlung **abzugsfähige Betriebsausgabe.** Sie vermindert den einkommen- oder körperschaftsteuerpflichtigen Gewinn. Da dieser Gewinn aber die Grundlage der Berechnung des Gewerbeertrages bildet, ist der Gewerbeertrag erst zu berechnen, nachdem die Gewerbesteuer vom Gewinn abgezogen worden ist. Die Gewerbeertragsteuer ist aber ihrerseits durch die Höhe des Gewerbeertrages bestimmt. Eine genaue Berechnung der Gewerbeertragsteuer ist daher nur mit Hilfe von Formeln möglich.

Die Einkommensteuerrichtlinien schreiben vor, daß nicht nur rückständige Gewerbesteuervorauszahlungen in die Schlußbilanz als Verbindlichkeit aufzunehmen sind, sondern daß „entsprechend den Grundsätzen ordnungsmäßiger Buchführung auch für eine sich ergebende Abschlußzahlung eine Rückstellung in die Schlußbilanz einzusetzen" ist.[70] Die Schwierigkeiten der Berechnung werden dadurch umgangen, daß eine Rückstellung in Höhe von 9/10 des Betrages gebildet werden kann, der sich ergeben würde, wenn die Gewerbesteuer nicht als Betriebsausgabe berücksichtigt würde.

Bei der **Umsatzsteuer** entstehen insbesondere nach der Einführung der Mehrwertsteuer keine wesentlichen Rückstellungsprobleme. In Höhe der in den Anschaffungskosten der beschafften Wirtschaftsgüter (Anlagen, Vorräte) enthaltenen Vorsteuern hat der Betrieb eine Forderung an das Finanzamt – die Anschaffungskosten sind gem. § 9b Abs. 1 EStG ausschließlich der im Kaufpreis enthaltenen Umsatzsteuern (Vorsteuern) zu aktivieren –, die seine Umsatzsteuerschuld mindert, d. h. die Umsatzsteuerzahllast ergibt sich als Differenz zwischen verrechneter Umsatzsteuer (Absatzpreis ohne Umsatzsteuer mal Steuersatz) und Vorsteuern.

Da die Versteuerung nach vereinbarten Entgelten (Soll-Einnahmen) erfolgt, ist die Umsatzsteuerschuld am Bilanzstichtag exakt zu berechnen, folglich kommt eine Rückstellungsbildung **nicht** in Betracht. Soweit jedoch die vereinnahmten Entgelte (Ist-Einnahmen) versteuert werden, ist die Umsatzsteuer auf die in der Abrechnungsperiode bereits **vereinnahmten** Entgelte eine **Verbindlichkeit,** für die Umsatzsteuer auf die **noch bestehenden Forderungen** aus Warenlieferungen und Leistungen kann dagegen eine **Rückstellung** angesetzt werden.

Die Berechnung der Steuerschuld nach vereinnahmten Entgelten war die Regel bei der Bruttoumsatzsteuer und ist heute nach § 19 Abs. 1 UStG 1958 möglich für Unternehmer, deren Gesamtumsatz zuzüglich der darauf entfallenden Steuer im vorangegangenen Kalenderjahr 60 000 DM nicht

---

[69] Vgl. Adler-Düring-Schmaltz, a. a. O., Erl. zu § 156 Tz 47 ff.
[70] Abschnitt 22 Abs. 2 EStR 1969

überstiegen hat, weil in diesen Fällen weiterhin die Bruttoumsatzsteuer mit einem Steuersatz von 4 % der Bemessungsgrundlage (zuzüglich der Umsatzsteuer) erhoben wird, es sei denn, der Unternehmer optiert nach § 19 Abs. 4 UStG für eine Besteuerung mit der Mehrwertsteuer. § 20 Abs. 1 UStG läßt in Ausnahmefällen (z. B. wenn der Gesamtumsatz im vorangegangenen Kalenderjahr nicht größer als 250 000 DM war) auf Antrag auch bei der Mehrwertsteuer eine Berechnung der Steuer nach den Ist-Einnahmen zu.

Auch bei einer Versteuerung nach vereinnahmten Entgelten halten wir eine Bildung von Rückstellungen nicht für richtig. Die Höhe der Steuerschuld ist an Hand des Forderungsbestandes genau zu berechnen. Sollte ein Teil der Forderungen nicht mehr eingehen, so müßte die Rückstellung diesen Umstand berücksichtigen. Aus Gründen kaufmännischer Vorsicht wird man aber von der höchstmöglichen Umsatzsteuerschuld ausgehen und dafür eine Verbindlichkeit ansetzen.

cc) Rückstellungen für Bergschäden

Der Bergbaubetrieb ist zur Beseitigung aller Schäden verpflichtet, die sich als Folge der Abbautätigkeit ergeben. Der Abbau führt häufig zu Bodensenkungen, die Schäden an Gebäuden, Industrie- und Eisenbahnanlagen, Straßen, Brücken, Rohrleitungen u. a. verursachen können. Zwar versuchen die Betriebe, dem zu erwartenden Schaden durch sog. „Versatz" der ausgebeuteten Flöze entgegenzuwirken, doch können die Schäden dadurch lediglich reduziert, in der Regel aber nicht völlig verhindert werden.

Bergschäden treten oft erst mehrere Jahre nach Beendigung der Abbauhandlungen ein. Sie müssen aber im Interesse einer korrekten Periodenabgrenzung den Rechnungsperioden als Aufwand belastet werden, in denen sie verursacht worden sind. Ausgaben fallen gewöhnlich erst später im Zusammenhang mit der Beseitigung der eingetretenen Schäden an.

Soweit die Höhe des eingetretenen Bergschadens bereits feststeht, liegt eine **echte Verbindlichkeit** des Betriebes vor. Ist die Höhe des Schadens dagegen noch ungewiß, so darf in der Handels- und Steuerbilanz eine Rückstellung gebildet werden. Das gilt nicht nur für den Fall, daß der Schaden bereits **eingetreten** ist und eine Verpflichtung in Form eines Schadenersatzanspruchs besteht, dessen Höhe noch ungewiß ist, sondern auch dann, wenn Schäden als Folge der in der Abrechnungsperiode durchgeführten Abbauhandlungen bereits **verursacht** worden sind, aber **noch nicht nachgewiesen** werden können, d. h. eine rechtswirksame Verpflichtung noch nicht besteht. Zulässig sind auch Rückstellungen für Bergschäden, die erst nach Stillegung des Betriebes zu erwarten sind.

Würden keine Rückstellungen für Bergschäden gebildet, so wäre der ausgewiesene Gewinn in den Jahren, in denen die Schäden verursacht, aber nicht verrechnet bzw. beseitigt worden sind, zu hoch und in den Jahren, in denen die Schadensersatzansprüche bezahlt werden müssen, zu niedrig.

In beiden Fällen entsteht ein **falsches Bild** über die Rentabilität des Betriebes und besteht die Gefahr, daß infolge einer falschen Beurteilung der betrieblichen Situation nicht die richtigen Dispositionen getroffen werden. Bezieht man die Bergschäden periodenrichtig in die Kostenrechnung ein, berücksichtigt sie aber in der Bilanz **nicht**, so kann zwar die Selbstkostenrechnung als Grundlage der Kalkulation des Angebotspreises verwendet werden, der **Gewinn** würde aber um die in die Selbstkosten einbezogenen und in den Verkaufserlösen gedeckten Kosten für die Bergschäden **höher** in der Bilanz erscheinen, da den verrechneten Kosten kein entsprechender Aufwand in der Gewinn- und Verlustrechnung gegenübersteht, solange keine Ausgaben für die Beseitigung der Bergschäden anfallen. Eine Periodenabgrenzung in der Bilanz würde nicht stattfinden.

Theoretisch läßt sich die Notwendigkeit der Bildung von Rückstellungen für Bergschäden begründen. Praktisch ist es aber außerordentlich schwierig, **die Höhe der jährlichen Zuführung** zur Rückstellung zu bestimmen. Sie läßt sich nur an Hand von Erfahrungswerten der Vergangenheit schätzen und hängt wesentlich vom Wert der durch den Abbau gefährdeten Objekte an der Oberfläche ab. So ist es ein Unterschied, ob der Abbau unter einem landwirtschaftlich genutzten Grundstück stattfindet, oder ob sich auf der Oberfläche Gebäude, Bahnanlagen oder Straßen befinden. Bei der Bemessung der Rückstellung geht man von der Annahme aus, daß in jedem Jahr durch die Abbautätigkeit neue Schäden verursacht werden und in jedem Jahr früher verursachte Schäden zu Schadensersatzzahlungen führen. In jedem Jahr muß eine Rückstellung vorhanden sein, die für alle bisher verursachten Bergschäden ausreicht.

Das in der Praxis am häufigsten verwandte Berechnungsverfahren wurde von **Heinemann** entwickelt und ist unter der Bezeichnung „Rheinstahl-Verfahren" oder „Methode der jährlichen Berechnung der Gesamtrückstellung" bekannt geworden.[71] Bei diesem Verfahren geht man von der Frage aus, wie hoch bei Stillegung eines Bergwerks der Rückstellungsbetrag sein muß, um alle künftigen Schadensersatzansprüche befriedigen zu können. Die Finanzverwaltung hat dieses Verfahren gebilligt und weiterentwickelt. Es muß in jedem Jahr – ähnlich wie bei den Pensionsrückstellungen – der Gesamtrückstellungsbetrag ermittelt werden, der ein Vielfaches des während eines Zeitraumes von mindestens 10 Jahren durchschnittlich angefallenen Aufwandes beträgt:

$$\text{Rückstellung} = a \cdot \frac{\text{Ausgaben für Bergschäden mindestens der letzten 10 Jahre}}{10}$$

Die Finanzverwaltung rechnet gewöhnlich mit einem Multiplikator (a) von

---

[71] Vgl. Heinemann, Die Rückstellung für kommende Bergschäden, „Glückauf" 1940, S. 113; van der Velde, K., Rückstellungen für Bergschäden, FR 1955, S. 297; ders., Berechnungsmethoden für Rückstellungen im Steuerrecht, insbesondere Rückstellungen für Bergschäden, FR 1949, S. 296 ff.

5, in Ausnahmefällen von 7. Heinemann legt seinen Berechnungen dagegen einen Multiplikator von 10 zugrunde.

Bei der jährlichen Neuberechnung des Rückstellungsbetrages wird ein **gleitender Durchschnitt** berechnet, indem die Ausgaben des letzten Jahres in die Rechnung einbezogen werden und dafür die Ausgaben des am weitesten zurückliegenden Jahres aus der Berechnung ausscheiden. Die tatsächlich getätigten Ausgaben werden˙ (erfolgswirksam) über das Gewinn- und Verlustkonto verrechnet, außerdem wirkt sich jede durch die jährliche Neuberechnung bedingte Änderung des Rückstellungskontos erfolgswirksam aus. Dieses Verfahren kann aber zu ungenauen Ergebnissen führen, denn – wie van der Velde ausführt – „die Proportionalität oder gar die Progression der Bergschäden im Verhältnis zur Förderung kommt hier überhaupt nicht zum Ausdruck."[72]

dd) Rückstellungen für Garantieverpflichtungen

In bestimmten Wirtschaftszweigen ist es üblich, daß der Betrieb für die gelieferten Güter oder erstellten Leistungen eine zeitlich befristete Garantie dafür übernimmt, daß die Lieferungen oder Leistungen die zugesicherten Eigenschaften haben oder behalten und daß innerhalb dieser Zeit auftretende Mängel beseitigt werden. Dadurch bedingte kostenlose Ersatzlieferungen oder Nacharbeiten stellen für den Betrieb Erlösschmälerungen dar, die im Interesse einer richtigen Aufwandsverteilung in der Periode erfaßt werden müssen, in der die Leistung (Umsatz) erfolgt ist.

Rückstellungen für Garantieverpflichtungen (Gewährleistungen) sind sowohl in der Handels- als auch in der Steuerbilanz zulässig. Jedoch besteht **kein Zwang** zu ihrer Bildung. Da die Garantieansprüche Verpflichtungen des Betriebes gegenüber Dritten darstellen, die zu einer Inanspruchnahme, also zu späteren Ausgaben führen können, war ihre steuerliche Anerkennung von Anfang an nicht in Frage gestellt.

Der Bundesfinanzhof äußert sich zur Frage der Garantierückstellungen wie folgt: „Unter dem Gesichtspunkt dynamischer Bilanzbetrachtung und richtiger Periodenabgrenzung kann der Kaufmann künftige Erlösschmälerungen durch Garantierückstellungen berücksichtigen ... Er ist dabei berechtigt, solche Rückstellungen auf Grund der in der Vergangenheit gemachten Erfahrungen auch dann in gewissem Umfang zu bilden, wenn zwar am Bilanzstichtag oder am Tag der Bilanzaufstellung Garantiefälle noch nicht bekanntgeworden sind, er aber auf mit einer gewissen Regelmäßigkeit nach Grund und Höhe auftretende tatsächliche Garantieinanspruchnahmen hinweisen kann ... Selbst dort, wo letzteres nicht der Fall ist, ist eine vorsichtige Rückstellungsbildung zulässig, sofern sich aus den branchenmäßigen Erfahrungen und der individuellen Gestaltung des Betriebs die Wahrscheinlichkeit ergibt, Garantieleistungen auf Grund gesetz-

---

[72] Van der Velde, K., Berechnungsmethoden ..., a. a. O., S. 297

licher Mängelhaftung oder vertraglicher Vereinbarung erbringen zu müssen ..."[73]

Rückstellungen für Garantieleistungen werden auch dann steuerlich anerkannt, wenn die Garantieleistungen weder auf Gesetz, noch auf vertraglicher Vereinbarung beruhen, sondern aus **Kulanz** bewirkt werden. § 152 Abs. 7 AktG nennt unter den Zwecken, für die Rückstellungen gebildet werden dürfen, ausdrücklich „Gewährleistungen, die ohne rechtliche Verpflichtung erbracht werden." Der Bundesfinanzhof führt dazu aus: „Grundsätzlich können Garantieleistungen aus Kulanzgründen nur dann durch eine Rückstellung berücksichtigt werden, wenn bis zum Bilanztag eine Verpflichtung zur Garantieleistung eingegangen worden ist. Ist jedoch auf Grund von in der Vergangenheit erbrachten Kulanzleistungen am Bilanztag, unter Berücksichtigung des pflichtgemäßen Ermessens des vorsichtigen Kaufmanns damit zu rechnen, daß Kulanzleistungen auch in Zukunft bewilligt werden müssen, so kann auch hierfür eine Rückstellung gebildet werden."[74]

Bei der Bildung von Garantierückstellungen ist der Betrieb in der Wahl des Verfahrens frei; er kann Einzelrückstellungen oder Pauschalrückstellungen bilden oder auch beide Verfahren gemischt anwenden.[75] Problematisch ist die **Bemessung** derartiger Rückstellungen. Ihre Höhe kann ebenso wie bei den Rückstellungen für Bergschäden nur auf Grund von Erfahrungssätzen **geschätzt** werden. Dabei geht der Betrieb in der Regel von der Höhe des Umsatzes aus, der mit Garantiezusagen belastet ist. Das unterschiedliche Risiko und die unterschiedlichen Garantiefristen bei verschiedenen Produkten oder Leistungen müssen bei der Berechnung berücksichtigt werden. Der Bundesfinanzhof hat in seinem Urteil vom 5. 2. 1953 klargestellt, daß in der Regel die durchschnittliche Inanspruchnahme der Vergangenheit die Bemessungsgrundlage für die Rückstellungen bilde. Die Erfahrung der Vergangenheit liefere aber nur einen beschränkten Anhaltspunkt, „wenn z. B. eine veränderte Bauweise, ein neues Verfahren, noch nicht erprobtes Material und dergleichen größere Wagnisse bringen."[76]

Der Betrieb ist nach Ansicht der Rechtsprechung verpflichtet, im Rahmen des Zumutbaren Tatsachen dafür anzuführen, daß er in dem von ihm „geschätzten Ausmaß mit einer gewissen Wahrscheinlichkeit nachträgliche Garantiearbeiten wird ausführen müssen. Da ein objektiver Maßstab für die Wahrscheinlichkeit künftiger Garantieleistungen nur aus der Erfahrung gewonnen werden kann, die Verhältnisse bei den einzelnen StPfl. im allgemeinen nicht gleich liegen und das Steuergeheimnis die Offenlegung der Verhältnisse von Vergleichsbetrieben sehr erschwert, legt die

---

[73] BFH vom 17. 1. 1963, BStBl 1963, S. 237
[74] BFH vom 20. 11. 1962, BStBl 1963, S. 113
[75] BFH vom 1. 4. 1958, BStBl 1958, S. 291
[76] BFH vom 5. 2. 1953, DB 1953, S. 287

Rechtsprechung auf die Erfahrungen, die der StPfl. in seinem eigenen Betrieb in der Vergangenheit machte, entscheidendes Gewicht."[77] Grundsätzlich ist die Handelsbilanz für den Ansatz in der Steuerbilanz maßgeblich. Erfolgt keine Inanspruchnahme des Betriebes, so darf – wenn das Risiko am Ende des folgenden Jahres etwa gleich hoch ist – keine weitere Zuführung zur Rückstellung erfolgen. Besteht ein Anspruch des Betriebes gegenüber einer Versicherungsgesellschaft auf Deckung des Schadens, der dem Betrieb durch Garantieleistungen entsteht, so ist der Versicherungsanspruch zu aktivieren bzw. von der zulässigen Rückstellung abzusetzen. Die Versicherungsbeiträge stellen dann laufenden (indirekten) Garantieaufwand dar.

ee) Rückstellungen für drohende Verluste aus schwebenden Geschäften

Als schwebende Geschäfte werden Verträge bezeichnet, die noch von keinem der beiden Vertragspartner erfüllt worden sind. Hat z. B. ein Betrieb Rohstoffe oder Waren bestellt, aber noch nicht erhalten und auch noch nicht bezahlt (**schwebendes Anschaffungsgeschäft**), oder ist er vertraglich zu einer Lieferung verpflichtet, ohne daß er bisher eine Anzahlung erhalten hat (**schwebendes Absatzgeschäft**), so werden sich in der Regel Forderungen und Verbindlichkeiten ausgleichen. Deshalb werden derartige Verträge buchhalterisch noch nicht erfaßt und gehen folglich auch nicht in die Bilanz ein, obwohl sie oft mit erheblichen Risiken belastet sein können.

Kann der Betrieb aber bereits am Bilanzstichtag mit einiger Wahrscheinlichkeit übersehen, daß ihm aus der Erfüllung eines abgeschlossenen Vertrages ein **Verlust** erwachsen wird, da inzwischen die Wiederbeschaffungskosten gesunken (bei Anschaffungsgeschäften) oder die Herstellungs- oder Beschaffungskosten gestiegen sind (bei Lieferverträgen) oder das ganze Geschäft sich als Fehldisposition erwiesen hat, so erfordern die Grundsätze der kaufmännischen Vorsicht und des Gläubigerschutzes die Bildung einer Rückstellung in Höhe des erwarteten Verlustes, denn mögliche Verluste sind in der Bilanz als echte Verluste zu behandeln, während mögliche Gewinne vor ihrer Realisierung nicht berücksichtigt werden dürfen. Der Betrieb muß damit rechnen, daß nach Abwicklung des Geschäftes eine Vermögensminderung eingetreten sein wird.

Ein schwebendes Geschäft kann auch dann gegeben sein, wenn eine Seite bereits **teilweise geleistet** hat. Hat der Betrieb z. B. eine Warenlieferung anbezahlt, ist die Ware aber am Bilanzstichtag noch nicht geliefert worden, so ist eine Rückstellung erforderlich, wenn die Wiederbeschaffungskosten der Ware inzwischen gesunken sind, so daß der Wert der später gelieferten Waren erheblich niedriger ist als die Forderung des Betriebes aus der Vorauszahlung.

Rückstellungen für Verluste aus schwebenden Geschäften werden aber

---

77 BFH vom 18. 10. 1960, BStBl 1960, S. 495

nicht nur vorgenommen, wenn ersichtlich wird, daß der Wert von bestellten, aber erst in einer späteren Periode gelieferten Gütern des Anlage-
oder Umlaufvermögens unter den vereinbarten Preis gesunken ist oder
daß der vereinbarte Verkaufspreis für Fertigfabrikate und Waren unter
den später aufzuwendenden Selbstkosten bzw. Einkaufspreisen liegt, sondern auch bei Arbeitsverträgen, Mietverträgen, Pachtverträgen u. ä. kann
der Fall eintreten, daß die vertraglich zu entrichtende **Zahlung** für den
Betrieb auf Grund einer Änderung der wirtschaftlichen Verhältnisse weit
höher ist als der Gegenwert, den der Betrieb erhält. Beispiele: ein Mietvertrag ist für mehrere Jahre abgeschlossen worden, der Betrieb kann aber
die gemietete Sache nicht mehr oder nicht mehr in vollem Umfang nutzen;
ein Arbeitsvertrag mit einem Facharbeiter ist für längere Zeit nicht kündbar, der Facharbeiter kann aber auf Grund einer Änderung des Beschäftigungsgrades nur noch mit Hilfsarbeiten beschäftigt werden.

Erstreckt sich der zu erwartende Verlust aus einem noch nicht abgewickelten Vertrag **über mehrere Jahre,** so würde die Bildung einer Rückstellung in Höhe des insgesamt erwarteten Verlustes eine periodengerechte
Erfolgsermittlung verhindern. Angenommen, der Betrieb hat ein Lagerhaus zum jährlichen Mietpreis von 1000 DM gemietet. Er kann dieses Lagerhaus aber nicht mehr verwenden (auch nicht weitervermieten). Der
Mietvertrag läuft aber noch weitere drei Jahre. Dann läßt sich schon jetzt
erkennen, daß durch Erfüllung des Mietvertrages in den nächsten drei Jahren ein Verlust in Höhe von 3000 DM eintritt. Die Grundsätze ordnungsmäßiger Bilanzierung verlangen im Interesse der Bilanzklarheit einen Hinweis auf diesen Verlust. Der Aufwand betrifft aber nicht das abgelaufene,
sondern die drei **folgenden** Geschäftsjahre, folglich sind die Voraussetzungen zur Bildung einer Rückstellung nicht gegeben. Im Interesse der
Klarheit sollte jedoch eine Rückstellung gebildet werden, der in gleicher
Höhe eine **aktive Rechnungsabgrenzung** gegenübergestellt wird, die in den
folgenden drei Jahren mit je 1000 DM aufgelöst wird. So wird der mit
Sicherheit zu erwartende Verlust bereits ausgewiesen, jedoch wird in jeder
Periode nur der Aufwand erfaßt, der diese Periode betrifft.[78]

In der **Handelsbilanz** sind Rückstellungen für drohende Verluste aus
schwebenden Geschäften, die am Bilanzstichtag von beiden Seiten noch
nicht erfüllt sind, zu bilden, da die Grundsätze ordnungsmäßiger Buchführung und Bilanzierung sie fordern. § 152 Abs. 7 AktG erwähnt diese
Rückstellungen ausdrücklich neben den Rückstellungen für ungewisse Verbindlichkeiten, obwohl sie an sich in diese Gruppe eingereiht werden
können.

Auch in der **Steuerbilanz** werden derartige Rückstellungen nach der langjährigen Rechtsprechung des RFH und BFH anerkannt. Bereits im Jahre
1925 hat der RFH dazu ausgeführt: „Vielmehr ist bei der Frage, inwie-

---

[78] Vgl. die Ausführungen und Beispiele bei Herrmann-Heuer, Kommentar zur Einkommensteuer und Körperschaftsteuer, a. a. O., Anmerkung 72 zu § 5 EStG

weit ein Verlust aus schwebenden Geschäften am Stichtag bereits in einer handels- und steuerrechtlich zu berücksichtigenden Weise als eingetreten zu gelten hat, von dem allgemein anerkannten kaufmännischen Grundsatz auszugehen, daß bei der Bilanzaufstellung nicht realisierte Verluste in der gleichen Weise wie realisierte Verluste zu behandeln sind und ebenso wie diese das Bilanzergebnis beeinflussen."[79]

In dem gleichen Urteil wird festgestellt, daß bei schwebenden Anschaffungsgeschäften über Gegenstände des Betriebsvermögens ein – wenn auch noch nicht realisierter – Verlust vorliegt, wenn am Bilanzstichtag der **gemeine Wert** der Gegenstände bereits niedriger als die Kaufpreisschuld ist. Der drohende Verlust kann nur geschätzt werden. Die Schätzung hat gemäß § 156 Abs. 4 AktG „nach vernünftiger kaufmännischer Beurteilung" zu erfolgen. Der drohende Verlust muß sich aus dem schwebenden Geschäft unmittelbar ergeben. „Keinesfalls dürfen allgemeine Konjunkturrisiken, die nicht unmittelbar die am Bilanzstichtag schwebenden Geschäfte angehen, berücksichtigt werden. Liegt in den am Bilanzstichtag schwebenden Geschäften selbst kein Risiko, so kann der Kaufmann nicht etwa wegen seiner pessimistischen Beurteilung der künftigen Konjunktur eine Rückstellung bilden. Hier würde es sich nicht um Rückstellungen, sondern um Rücklagen handeln, die auf das Ergebnis ohne Einfluß sind . . ."[80] Es darf jedoch nicht übersehen werden, daß im Einzelfall ein drohender Verlust eine unmittelbare Folge der Konjunkturentwicklung sein kann.

Bestehen **Beherrschungs- oder Gewinnabführungsverträge**, so ist die Obergesellschaft nach § 302 Abs. 1 AktG verpflichtet, jeden bei der abhängigen Gesellschaft entstehenden Jahresfehlbetrag auszugleichen. Außerdem kann eine Verpflichtung zu Ausgleichszahlungen an außenstehende Aktionäre der abhängigen Gesellschaft (Dividendengarantie)[81] bestehen. Auch bei derartigen Verpflichtungen handelt es sich um drohende Verluste aus schwebenden Geschäften[82], wenn die Obergesellschaft aus den abgeschlossenen Verträgen keine entsprechenden Vorteile zieht.

ff) Rückstellungen für unterlassene Aufwendungen für Instandhaltung oder Abraumbeseitigung

Die meisten Anlagegüter erreichen ihre geschätzte wirtschaftliche Nutzungsdauer nur dann, wenn in gewissen zeitlichen Abständen Instandhaltungsarbeiten[83] durchgeführt werden, z. B. einzelne Verschleißteile ausgewechselt werden. Erfolgen die Reparaturarbeiten in der Periode, in der sie auf Grund des Instandhaltungsplans erforderlich sind, so stellen sie Aufwand bzw. Betriebsausgaben dieser Perioden dar und sind bei der Gewinnermittlung voll abzugsfähig.

---

[79] RFH vom 4. 11. 1925, Amtl. Slg. Bd. 17, S. 335
[80] BFH vom 3. 7. 1956, BStBl 1956, S. 248
[81] Vgl. § 304 Abs. 2 AktG
[82] Vgl. WP-Handbuch 1968, a. a. O., S. 594
[83] Vgl. die Ausführungen zum Begriff des Erhaltungsaufwandes auf S. 287 ff.

Muß die an sich fällige Reparatur aber aus irgendwelchen Gründen in eine spätere Periode verschoben werden, so ist der Verschleiß, d. h. der Aufwand dennoch eingetreten, die Ausgabe wird jedoch auf eine spätere Periode verschoben. Folglich ist – nach dynamischer Bilanzauffassung – zum Zwecke korrekter Periodenabgrenzung eine Rückstellung zu bilden. Die statische Bilanzauffassung verneint dagegen die Berechtigung einer Rückstellungsbildung, weil es sich um einen Aufwand handelt, dem keine ungewisse Verbindlichkeit zugrunde liegt, so daß eine Aufwandsverrechnung erst in der Periode in Frage kommt, in der die Reparatur durchgeführt wird.

Sowohl Steuerrecht als auch Aktienrecht folgen hier der statischen Bilanztheorie. Sie lassen Rückstellungen für unterlassene Aufwendungen für Instandhaltung prinzipiell nicht zu. Das Steuerrecht schränkt diesen Grundsatz aber durch die Ausnahme ein, daß derartige Rückstellungen in der Steuerbilanz gebildet werden dürfen, wenn die Instandhaltungsarbeiten innerhalb der auf den Bilanzstichtag folgenden drei Monate[84] vorgenommen werden. Dagegen dehnt das Aktiengesetz den Zeitraum für die Nachholung durch § 152 Abs. 7 Nr. 1 AktG auf das folgende Geschäftsjahr aus.

Beide Regelungen sind **inkonsequent.** Die Steuerrechtsprechung hat Rückstellungen für unterlassene Reparaturen in konsequenter Anwendung des steuerrechtlichen Rückstellungsbegriffs grundsätzlich mit der Begründung abgelehnt, daß es sich bei einer rückständigen Reparatur weder um ein selbständig bewertbares passives Wirtschaftsgut noch um eine selbständig bewertbare Betriebslast handelt. Diese Gründe gelten natürlich auch dann, wenn die Reparatur innerhalb von drei Monaten nach dem Bilanzstichtag nachgeholt wird. Dennoch ist diese Billigkeitsregelung zu begrüßen, da sie wenigstens für den Ausnahmefall eine Annäherung an eine dynamische Betrachtung darstellt.

Besonders problematisch wird die Ablehnung von Rückstellungen für rückständige Reparaturen aber, wenn man zwei wirtschaftlich vergleichbare Tatbestände betrachtet, in denen der BFH Rückstellungen zugelassen hat. Es handelt sich in dem einen Fall um Rückstellungen für die noch nicht erfolgte **Enttrümmerung eines Grundstücks**[85] und im zweiten Fall für Rückstellungen für **Abraumrückstände.**[86] In beiden Fällen besteht keine Verpflichtung gegenüber einem Dritten, jedoch wurden beide Tatbestände als „selbständig bewertungsfähige Betriebslast" anerkannt.

Das Aktiengesetz durchbricht im Falle der Reparatur- und Abraumrückstellungen seine grundsätzliche Ablehnung von Aufwandsrückstellungen, denen keine ungewisse Verbindlichkeit zugrunde liegt, und zwar unter Berufung auf die steuerliche Anerkennung. Dazu heißt es im Ausschußbe-

---

84 Vgl. BFH vom 15. 2. 1955, BStBl 1955, S. 173
85 Vgl. OFH vom 11. 5. 1949, StW 1949, Nr. 41, Sp. 85; BFH vom 26. 6. 1951, BStBl 1951, S. 211
86 Vgl. BFH vom 15. 2. 1955, BStBl 1955, S. 173

richt: „Die steuerliche Anerkennung setzt aber nach dem Grundsatz, daß die Steuerbilanz der Handelsbilanz folgt, voraus, daß die Rückstellungen auch in der Handelsbilanz gebildet werden. Ihre steuerliche Anerkennung wäre gefährdet, wenn sie in der Handelsbilanz nicht gebildet werden dürften."[87]

Daß das Aktiengesetz seine Ausnahme aber nicht auf die steuerlich zulässigen drei Monate nach dem Bilanzstichtag (bei Rückstellungen für rückständige Instandhaltung), sondern auf ein Jahr erstreckt, führt nun dazu, daß Rückstellungen in der Aktienbilanz, die nur mit Rücksicht auf die steuerliche Regelung akzeptiert worden sind, in der Steuerbilanz nicht anerkannt werden können, wenn nicht sichergestellt ist, daß die Ausführung der Reparaturen innerhalb von drei Monaten erfolgen kann. Dieser Zeitraum ist im allgemeinen bereits abgelaufen, bis die Aktienbilanz aufgestellt ist.

Die gleiche Regelung wie für rückständige Reparaturen gilt in der Aktienbilanz für unterlassene Aufwendungen für Abraumbeseitigung; Rückstellungen sind also nur zulässig, wenn die Abraumbeseitigung im nächsten Jahr erfolgt, während nach Auffassung des BFH „bei einem Steinbruchunternehmen der Abraumvorrat ein aktivierungsfähiges Wirtschaftsgut und der Abraumrückstand eine passivierungsfähige Last" ist.[88] Da es sich bei der Bildung entsprechender Rückstellungen aber nur um ein Passivierungsrecht, nicht um eine Passivierungspflicht handelt, ist die Behandlung in der **Handelsbilanz maßgebend**, d. h. bei Aktiengesellschaften ist eine Rückstellung in der Steuerbilanz in den Fällen nicht möglich, in denen das Aktienrecht die Einstellung einer Rückstellung in die Handelsbilanz nicht zuläßt.

In den Handelsbilanzen von Nicht-Aktiengesellschaften sind u. E. Rückstellungen für aufgeschobene Reparaturen und Abraumbeseitigung **als zulässig** anzusehen, da sie für eine periodengerechte Erfolgsermittlung erforderlich sind. Die Rückwendung des Aktienrechts zum statischen Rückstellungsbegriff kann nicht als eine verbindliche Interpretation der Grundsätze ordnungsmäßiger Buchführung und Bilanzierung angesehen werden, sondern ist wohl in erster Linie zum Schutze der Aktionäre vor der Gefahr einer willkürlichen Gewinnverkürzung durch Ansatz zu hoher Rückstellungen erfolgt.

Der Betrieb kann allerdings versuchen, die Wertminderung der Periode, die erst durch eine spätere Instandhaltungsarbeit ausgeglichen werden soll, in der Bilanz erfolgswirksam zu verrechnen, und zwar durch eine **außerplanmäßige Abschreibung** bzw. in der Steuerbilanz entweder durch eine **Absetzung wegen außergewöhnlicher Abnutzung**, dann nämlich, wenn wegen der unterlassenen Instandhaltung die geschätzte Nutzungsdauer des Wirtschaftsgutes nicht erreicht wird und die Verkürzung der Nut-

---

[87] Kropff, B., Aktiengesetz, a. a. O., S. 237
[88] BFH vom 26. 6. 1951, BStBl 1951, S. 211

zungsdauer nachgewiesen werden kann, oder durch eine **Teilwertabschrei-bung.** Der Oberste Finanzgerichtshof führt dazu aus: „Das EStG bietet für die Berücksichtigung unterlassener Reparaturen Möglichkeiten, die der statischen und solche, die der dynamischen Bilanzlehre entsprechen. Der Aufwand des Jahres, in dem keine Reparaturen durchgeführt worden sind, besteht statisch betrachtet in dem Wertverzehr des Gutes, der zu einem niedrigeren Teilwert führt. Dynamisch betrachtet wird durch das Unterlassen der Reparaturen die Gebrauchsdauer des Gutes verkürzt, d. h. die aufgewandten Anschaffungskosten werden in einer kürzeren Periode Aufwand, als dies ursprünglich vorgesehen war.

Dem gestattet das EStG durch erhöhte Abnutzungsabsetzungen nach § 7 EStG (außerordentliche Absetzungen für Abnutzung) Rechnung zu tragen. Dagegen ist es nicht zulässig, die Reparaturen ... als innerbetriebliche Aufwandrückstellung zu Lasten des Gewinns einzusetzen."[89]

Letztere wird bei degressiver Abschreibung allerding selten gelingen, weil hier der Teilwert gewöhnlich höher ist als der Restbuchwert. Außerdem wird es nicht immer möglich sein, den Nachweis zu erbringen, daß der Teilwert gesunken ist, weil eine fällige Reparatur auf später verschoben worden ist, insbesondere dann, wenn sich die Unterlassung der Reparatur erst später durch ein schlagartiges Unbrauchbarwerden des Wirtschaftsgutes vor Ablauf der betriebsgewöhnlichen Nutzungsdauer auswirkt.

Werden die Reparaturen später nachgeholt, so ist nun allerdings die Reparaturausgabe zu **aktivieren,** weil ja die Wertminderung, die durch die Reparatur beseitigt werden soll, bereits durch eine außergewöhnliche Absetzung oder eine Teilwertabschreibung erfolgswirksam erfaßt wurde und sonst zweimal abgezogen würde. Die Reparaturausgaben sind dann ebenso erfolgsunwirksam wie im Falle der Verrechnung gegen eine früher gebildete Rückstellung. Dennoch ist es vom betriebswirtschaftlichen Standpunkt aus falsch, einen Aufwand, der erst später zu einer Ausgabe führt, durch eine Abschreibung, also durch eine Wertberichtigung auf der Passivseite zu erfassen, da die Abschreibung die Aufgabe hat, eine bereits früher erfolgte Ausgabe erfolgswirksam zu verrechnen.

---

[89] OFH vom 28. 2. 1948, StW 1948, Nr. 5, Sp. 13

Fünfter Abschnitt

Rücklagen

I. Begriff und Arten der Rücklagen

Unter Rücklagen (Reserven) versteht man im täglichen Sprachgebrauch Vermögenswerte (z. B. Bargeld, Sparguthaben, Wertpapiere, Sachgüter), die den Charakter eines Notvorrates haben, d. h. erst dann eingesetzt werden, wenn die planmäßig zur Lebensführung im Haushalt oder zur Leistungserstellung im Betrieb bereitgestellten Vermögenswerte auf Grund außergewöhnlicher Ereignisse nicht ausreichen.

In der Betriebswirtschaftslehre wird der Begriff der Rücklagen zwar auch im Sinne von konkreten Reservevorräten (z. B. Reservegrundstücke, Reservemaschinen, Reservefonds finanzieller Mittel oder von Wertpapieren u. a.) verwendet, doch hat sich darüber hinaus der Begriff der Rücklage als terminus technicus des betrieblichen Rechnungswesens entwickelt. In diesem Sinne sind Rücklagen **Eigenkapital, das**

1. nicht auf den Kapitalkonten (Grundkapital, Stammkapital, Gesellschaftskapital), sondern auf gesonderten Rücklagekonten ausgewiesen wird (offene Rücklagen), oder das
2. überhaupt nicht in der Bilanz in Erscheinung tritt, da z. B. Vermögenswerte unterbewertet worden sind (stille Rücklagen im engeren Sinne), oder das
3. in überhöhten Passivpositionen, z. B. Rückstellungen, steckt (versteckte (stille) Rücklagen).

Die offenen Rücklagen erscheinen auf der Passivseite der Bilanz als **gesonderte Bilanzpositionen,** in der Regel jedoch nur bei Gesellschaften mit nominell fest gebundenem Haftungskapital (Grundkapital der Aktiengesellschaft, Stammkapital der GmbH) und bei Erwerbs- und Wirtschaftsgenossenschaften. Bei Betrieben dieser Rechtsformen wird der nicht ausgeschüttete Gewinn nicht wie bei der Einzelunternehmung und den Personengesellschaften vom Gewinn- und Verlustkonto auf die Eigenkapitalkonten übertragen, sondern wird entweder einem Rücklagekonto zugeführt oder als Gewinnvortrag bilanziert.

Die Überführung von Gewinnen auf die **Eigenkapitalkonten von Personenunternehmen** kann wirtschaftlich die gleichen Zwecke (z. B. Kapitalerhaltung oder Kapitalerweiterung) verfolgen wie die Bildung offener Rücklagen bei Kapitalgesellschaften und Genossenschaften. Bei der Kommanditgesellschaft ist zu beachten, daß Gewinne den Kapitalanteilen der

Kommanditisten nur zugeschrieben werden dürfen, solange die gezeichnete Einlage noch nicht voll eingezahlt ist[1].

Offene Rücklagen entstehen entweder durch **Zurückbehaltung von Gewinnen** (Gewinnthesaurierung) oder durch Zuführung von Eigenkapital über das Haftungskapital hinaus, vor allem bei besonderen Finanzierungsvorgängen (z. B. Agio-Beträge bei der Aktienausgabe, Zuzahlungen bei Sanierungen u. a.).

Die offenen Rücklagen haben **keinen gesonderten Gegenposten** auf der Aktivseite der Bilanz, sondern sind wie alles Kapital durch die Gesamtheit aller Vermögenswerte gedeckt. Ihre betriebswirtschaftliche Bedeutung hängt wesentlich davon ab, ob die den Rücklagen zugeführten Gewinnteile im Laufe des Abrechnungszeitraums dem Betrieb bereits **in liquider Form** zur Verfügung gestanden haben oder ob sie **noch in Forderungen** stecken.

Die in den Rücklagen gebundenen Beträge können z. B. als Selbstfinanzierungsmittel für zusätzliche Investitionen im Betriebe Verwendung finden oder gegebenenfalls zur Rückzahlung von Fremdkapital und damit der Verbesserung des Verhältnisses von Eigenkapital zu Fremdkapital dienen. Offene Rücklagen können auch im Wege der Kapitalerhöhung aus Gesellschaftsmitteln (nominelle Kapitalerhöhung) in Haftungskapital umgewandelt werden. Dann ändert sich nicht die Höhe, sondern nur die Zusammensetzung des Eigenkapitals. Die Entscheidung über die Verwendung der Gewinne fällt nicht erst nach Bildung der Rücklagen in der Bilanz, sondern kann bereits unmittelbar nach der Gewinnrealisierung erfolgen.

Im Gegensatz zu diesen ihrem Wesen nach abstrakten Kapitalrücklagen handelt es sich bei den oben erwähnten **Vermögensrücklagen** um konkrete Vermögenswerte (Grundstücke, Anlagen, Vorräte, Wertpapiere, liquide Mittel), deren Zweckbestimmung es ist, nicht im laufenden Betriebsprozeß eingesetzt zu werden, sondern „in Reserve zu liegen". Diese Zweckbestimmung kann sich ändern, z. B. durch Schwankungen des Beschäftigungsgrades. Bei rückläufiger Beschäftigung können bisher betriebsnotwendige Vermögensteile nicht mehr im Prozeß der Leistungserstellung eingesetzt werden. Folglich erhöht sich – soweit diese Wirtschaftsgüter nicht veräußert werden können oder sollen – das **Reservevermögen** des Betriebes, d. h. der Bestand an Wirtschaftgütern, auf die jederzeit bei Bedarf zurückgegriffen werden kann. Das Reservevermögen wird in der Regel nicht gesondert bilanziert, sondern ist in den entsprechenden Bilanzpositionen auf der Aktivseite enthalten.

Während auf Vermögensrücklagen erst dann zurückgegriffen wird, wenn keine anderen Vermögenswerte zur Realisierung bestimmter Zwecke zur Verfügung stehen, dieser Rücklagebegriff sich also mit dem des täglichen Sprachgebrauchs deckt, werden die **Kapitalrücklagen** gegen eingetretene Verluste und Wertminderungen aufgerechnet, bevor das Nominalkapital

---

[1] Vgl. § 167 Abs. 2 HGB

dafür herangezogen wird. Die Rücklagen stellen sich also gewissermaßen schützend vor das nominell ausgewiesene Haftungskapital und erhalten damit zugleich den Charakter von **Garantieposten für die Gläubiger:** je höher die Rücklagen sind, desto geringer ist das Risiko, daß das nominell gebundene Haftungskapital durch Verluste angegriffen wird. Soweit der Gesetzgeber die Bildung offener Rücklagen zwingend vorschreibt (gesetzliche Rücklagen) und ihre Auflösung nur zum Ausgleich von Verlusten und sonstigen Wertminderungen zuläßt, wird die **Ausschüttung** der in die Rücklagen zu überführenden Teile des Gewinns **gesperrt.** Die Sperrfunktion besteht insbesondere darin, daß nach einem Vermögensverlust, der buchtechnisch durch Reduzierung einer gesetzlichen Rücklage ausgeglichen wird, spätere Vermögensmehrungen in dem Umfange nicht als Gewinn ausgeschüttet werden können, in dem die Rücklage wieder aufgefüllt werden muß.

Die Bildung und Auflösung offener, d. h. in der Bilanz ausgewiesener Rücklagen ist gesetzlich nur für bestimmte Körperschaften vorgeschrieben, insbesondere für die Aktiengesellschaft (§ 150 AktG), die GmbH (§ 42 GmbHG) und die Genossenschaft (§ 33 d GenG). Es gibt drei Arten von offenen Rücklagen:

1. die gesetzliche Rücklage
2. die freien Rücklagen
3. die statutarischen Rücklagen.

Für die **statutarischen Rücklagen** wird jedoch in der Regel kein besonderer Passivposten gebildet, sondern sie sind in den gesetzlichen bzw. den freien Rücklagen enthalten, wenn die Satzung (Statut) Vorschriften über ihre Bildung enthält (z. B. Zuführungen zur gesetzlichen Rücklage über den gesetzlich vorgeschriebenen Mindestbetrag hinaus oder Zweckbindung bestimmter Teile des Gewinns in offenen Rücklagen für soziale Zwecke). Die Auflösung der statutarischen Rücklagen erfolgt nach den gesetzlichen Bestimmungen über die Auflösung der gesetzlichen und freien Rücklagen.

Bei den Erwerbs- und Wirtschaftsgenossenschaften erfüllt der „**Reservefonds**" als zwingend zu bildende statutarische Rücklage die Aufgaben der gesetzlichen Rücklage der Aktiengesellschaft. Nach § 7 Nr. 4 GenG **muß** das Statut die Mindesthöhe und die Art der Bildung eines Reservefonds bestimmen, der zur Deckung von Bilanzverlusten dienen soll, und muß Angaben enthalten, welcher Teil des jährlichen Reingewinns zur Ansammlung dieser Rücklagen zu verwenden ist.

Stille Rücklagen können im Rahmen der durch die Bewertungsvorschriften gesetzten Grenzen durch **Unterbewertung von Vermögensteilen** oder durch **Überbewertung von Schulden** in allen Betrieben gebildet werden, unabhängig davon, in welcher Rechtsform sie geführt werden. Außerdem können sie ohne Zutun des Betriebes durch **Wertsteigerungen** über die Anschaffungskosten entstehen. Soweit der Gesetzgeber einen Ermessensspielraum für die Bildung und Auflösung offener und stiller Rücklagen gewährt, sind die Rücklagen **eines der wichtigsten Instrumente der Bilanz-politik**[2], denn jede Entscheidung über die Bildung oder Auflösung einer offenen Rücklage beeinflußt die Höhe des Teils des Periodenerfolges, der zur Ausschüttung freigegeben und der im Betriebe zurückbehalten wird; jede Bildung oder Auflösung einer stillen Rücklage hat Einfluß auf die Höhe des in der Bilanz ausgewiesenen Periodenerfolges und die Höhe des bilanzierten Vermögens.

Die Bildung offener Rücklagen mindert also nicht den ausgewiesenen Periodenerfolg, sondern nur den zur Ausschüttung zur Verfügung stehenden Teil dieses Erfolgs. Sie sind der bilanzmäßige Ausweis einer Entscheidung über die **Gewinnverwendung.** Die Bildung stiller Rücklagen führt dagegen zum Ausweis eines niedrigeren Periodenerfolges, hat also einen unmittelbaren Einfluß auf die **buchmäßige Entstehung** von Bilanzgewinnen. In einer Periode erzielte Gewinne werden in Höhe der stillen Rücklagen an den Betrieb gebunden, ohne daß das in der Bilanz der Periode sichtbar wird. Erst bei der Auflösung der stillen Rücklagen in späteren Perioden werden diese Gewinne buchmäßig als Bilanzgewinne ausgewiesen, wobei jedoch nicht ersichtlich ist, welcher Teil der Gewinne auf die Rücklagenauflösung entfällt.

Gewinne, die zur Bildung offener Rücklagen verwendet werden, also eine Form der Gewinnverwendung darstellen, sind grundsätzlich **steuerpflichtig** (Einkommensteuer, Körperschaftsteuer, Gewerbeertragsteuer), d. h. die Rücklagen sind aus dem nach Abzug der Steuern verbleibenden Gewinn zu bilden. Rücklagen, die durch **Kapitaleinlagen** entstehen, z. B. Agio-Beträge bei der Überpari-Ausgabe von Aktien, unterliegen wie alle Einlagen **nicht** der Ertragsbesteuerung, allerdings unter bestimmten Voraussetzungen der Gesellschaftsteuer.

Von der Regel, daß offene Rücklagen aus dem versteuerten Gewinn gebildet werden, gibt es einige Ausnahmen, die durch steuerrechtliche Vorschriften gewährt werden. Der Begriff „steuerfreie Rücklagen" wird im allgemeinen auf diese Ausnahmen angewandt. Rücklagen dieser Art sind grundsätzlich für einen bestimmten Zweck gebildet oder aus einem bestimmten Anlaß zugelassen. Sie werden aus dem unversteuerten Gewinn gebildet, so daß in den Perioden ihrer Entstehung Teile des Gewinns der Besteuerung entzogen werden. In der Regel müssen sie allerdings innerhalb bestimmter Fristen gewinnerhöhend aufgelöst werden, so daß für den Betrieb durch Bildung derartiger Rücklagen gewöhnlich keine endgültige Steuerersparnis, sondern lediglich eine **Steuerverschiebung** in spätere Perioden eintritt. Beispiele für derartige Rücklagen sind die Rücklage für Ersatzbeschaffung, die Rücklage für Preissteigerung, die Rücklage für Zuschüsse der öffentlichen Hand, die Rücklage für Kapitalanlagen in Entwicklungsländern u. a.[3].

---

[2] Vgl. S. 462 ff.
[3] Vgl. dazu ausführlich S. 534 ff.

Stille Rücklagen mindern – soweit sie steuerrechtlich zugelassen sind – den ausgewiesenen Periodengewinn, so daß eine Steuerpflicht erst bei ihrer Auflösung entsteht. Die Bildung stiller Rücklagen hat ebenso wie die der steuerfreien Rücklagen eine **zeitliche Verschiebung der Steuerzahlung** zur Folge. Bei progressivem Tarif können auch Steuerersparnisse oder -mehrbelastungen eintreten.

II. Die offenen Rücklagen

1. Die gesetzliche Rücklage nach dem Aktiengesetz

a) Die Bildung der gesetzlichen Rücklage

Für Aktiengesellschaften schreiben § 150 Abs. 1 und 2 Nr. 1 AktG vor, daß eine gesetzliche Rücklage in Höhe von 10 % des Grundkapitals gebildet werden muß. Unter Grundkapital ist der in der Bilanz ausgewiesene Nennbetrag zu verstehen, unabhängig davon, ob er voll eingezahlt ist oder nicht. Der gesetzlichen Rücklage sind entweder Teile des Gewinns oder von Kapitaleinlagen (z. B. Agiobeträge) zuzuführen. Im einzelnen handelt es sich um die im folgenden besprochenen, im Gesetz erschöpfend aufgeführten Beträge.

aa) Zuweisungen aus dem Jahresüberschuß

Bis die gesetzliche Rücklage aufgefüllt ist, müssen ihr jährlich 5 % des um einen ggf. vorhandenen Verlustvortrag geminderten Jahresüberschusses zugeführt werden. Aus der Gliederung der Gewinn- und Verlustrechnung[1] ergibt sich, daß unter Jahresüberschuß der Bilanzgewinn vor Abzug eines Verlustvortrages und von Zuführungen zur gesetzlichen und den freien Rücklagen zu verstehen ist, m. a. W., die den offenen Rücklagen zugeführten Beträge sind in der Bemessungsgrundlage für die Dotierung der gesetzlichen Rücklage enthalten, denn sie stellen ja bereits eine Verwendung des Jahresüberschusses dar, während ein Gewinnvortrag oder die aus der Auflösung von Rücklagen gewonnenen Beträge nicht in die Bemessungsgrundlage eingehen, da sie bereits in einer früheren Periode Bestandteile der Bemessungsgrundlage waren. Der Abzug eines Verlustvortrages hat allerdings zur Folge, daß nicht mehr der Jahresüberschuß der Periode, sondern nur noch der nach Tilgung von Verlusten verfügbare Jahresüberschuß als Bemessungsgrundlage dient.

---

[1] Vgl. § 157 AktG

Es ergibt sich also folgende Rechnung:

> Bilanzgewinn
> + Zuführung zur
>   a) gesetzlichen Rücklage
>   b) freien Rücklage
> ./. Gewinnvortrag
> ./. Entnahme aus der
>   a) gesetzlichen Rücklage
>   b) freien Rücklage
> = Bemessungsgrundlage

Nach § 130 AktG 1937 mußten dagegen der gesetzlichen Rücklage 5 % des jährlichen **Reingewinns** zugeführt werden. Unter Reingewinn war der Überschuß der Aktivposten über die Passivposten nach Vornahme von Abschreibungen und Bildung von Wertberichtigungen, Rückstellungen und Rücklagen zu verstehen. Da der in der Bilanz ausgewiesene Reingewinn also bereits um die gesetzliche Rücklage gekürzt war, machte der Zuführungsbetrag nicht 5 %, sondern nur 4,7619 %[2] des Reingewinns vor Abzug der gesetzlichen Rücklage aus.

Beispiel:

AktG 1937	Reingewinn vor Abzug des Zuweisungsbetrages	1 000 000 DM
	— 4,7619 % des Gewinns (= 5 % des Reingewinns)	47 619 DM
	= Reingewinn	952 381 DM

AktG 1965	Jahresüberschuß	1 000 000 DM
	— 5 % des Jahresüberschusses	50 000 DM
	= Bilanzgewinn	950 000 DM

Nach der heute gültigen Regelung ist der jährliche Zuführungsbetrag zur gesetzlichen Rücklage größer als nach dem Aktiengesetz von 1937, es sei denn, der Bilanzgewinn ist infolge der Auflösung freier Rücklagen größer als der Jahresüberschuß. Dafür ist aber zum Schutz der Aktionäre die Zuführung auf 5 % des Jahresüberschusses begrenzt, während nach § 130 AktG 1937 **mindestens** 5 % des Reingewinns zugeführt werden mußten, so daß der Vorstand jederzeit eine schnellere Ansammlung der gesetzlichen Rücklage zu Lasten des ausgeschütteten Gewinns vornehmen konnte.

---

[2] $\dfrac{5 \times 100}{5 + 100} = 4,7619$

Die **Satzung** kann bestimmen, daß in die gesetzliche Rücklage ein **höherer Betrag** als 10 %/o des Grundkapitals einzustellen ist, sie darf aber keine Bestimmung enthalten, daß der jährlich zuzuführende Betrag mehr als 5 %/o des Jahresüberschusses betragen soll.

Der Zwang zur Bildung einer gesetzlichen Rücklage aus dem Jahresüberschuß dient in erster Linie dem **Schutz der Gläubiger**. Die aus dem Gewinn der gesetzlichen Rücklage zugeführten Beträge werden endgültig – abgesehen vom Fall der Liquidation des Betriebes – von der Gewinnausschüttung an die Aktionäre ausgeschlossen. Verluste, die 10 %/o des Grundkapitals nicht übersteigen, können – wenn die gesetzliche Rücklage aufgefüllt ist – durch Auflösung dieser Rücklage aufgefangen werden, ohne daß das Grundkapital bzw. die ihm entsprechenden Vermögenswerte angegriffen werden. Hätte der Gesetzgeber die Rücklagenbildung in das freie Ermessen des Vorstandes gestellt – wie z. B. bei der GmbH, die eine gesetzliche Rücklage nicht kennt[3], so bestünde die Gefahr, daß die erzielten Gewinne in voller Höhe ausgeschüttet würden und im Verlustfalle sofort das Grundkapital durch einen Verlustvortrag korrigiert werden müßte.

Von der Bildung einer gesetzlichen Rücklage sind nach § 324 Abs. 1 AktG nur die **eingegliederten Gesellschaften** befreit. Die Eingliederung ist die engste Verbindung von Unternehmen, die rechtlich selbständig bleiben. Wirtschaftlich kommt sie einer Fusion gleich, denn beide Unternehmen – die Hauptgesellschaft und die eingegliederte Gesellschaft – bilden eine wirtschaftliche Einheit. Die Hauptgesellschaft besitzt die uneingeschränkte Leitungsmacht über die eingegliederte Gesellschaft und kann ohne Einschränkung über deren Vermögen verfügen. Ein besonderer Schutz der Gläubiger der eingegliederten Gesellschaft ist nicht erforderlich, weil die Eingliederung eine Mithaftung der Hauptgesellschaft für die Verbindlichkeiten der eingegliederten Gesellschaft begründet. Durch diese Mithaftung sichern das Grundkapital und die Rücklagen der Hauptgesellschaft auch die Gläubiger der eingegliederten Gesellschaft, so daß bei dieser eine gesetzliche Rücklage nicht erforderlich ist. Eine bei der Eingliederung vorhandene gesetzliche Rücklage kann von der Hauptgesellschaft aufgelöst werden[4].

bb) Zuweisungen aus dem Aktienagio

In die gesetzliche Rücklage sind ferner Agio-Beträge einzustellen – auch wenn diese über 10 %/o des Grundkapitals ansteigt –, die sich durch **Überpari-Ausgabe von Aktien** und im Zusammenhang mit der Ausgabe von Wandelschuldverschreibungen ergeben. In beiden Fällen dürfen Emissions-

---

[3]   Auch der vom Bundesjustizministerium vorgelegte Referentenentwurf eines neuen GmbH-Gesetzes sieht eine gesetzliche Rücklage nicht vor. Zu dem dort neu eingeführten Begriff der „Sonderrücklage" vgl. S. 205
[4]   Vgl. § 324 Abs. 1 AktG

kosten im Gegensatz zur Regelung des § 130 AktG 1937 nicht mehr vom Agio-Betrag abgesetzt werden, sondern müssen ebenso wie bei einer Pari-Emission über die Gewinn- und Verlustrechnung verrechnet werden.

Übernimmt ein Bankenkonsortium die Aktien mit der Verpflichtung, sie zu einem bestimmten Ausgabekurs an die Aktionäre weiterzugeben, so gilt als Agio nicht nur die Differenz zwischen dem Nennwert und dem Zeichenkurs des Konsortiums[5]. Es ist nicht mehr zulässig, die letztgenannte Differenz um die dem Konsortium zu zahlende Provision und andere zu erstattende Emissionskosten zu kürzen.

Problematisch ist die Bestimmung des Agios bei der **Einbringung von Sacheinlagen** gegen Gewährung von Gesellschaftsrechten. Werden sie mit einem höheren Wert als dem Nennwert der dafür gewährten Aktien bewertet, so ist die Differenz als Agio der gesetzlichen Rücklage zuzuführen. Die Gefahr einer Überbewertung von Sacheinlagen wird durch die für Sachgründungen geltenden speziellen **Prüfungsvorschriften** verringert. Außerdem gibt § 188 Abs. 4 AktG dem Registergericht die Möglichkeit, die Eintragung der Durchführung einer Kapitalerhöhung abzulehnen, „wenn der Wert der Sacheinlage nicht unwesentlich hinter dem Nennbetrag der dafür zu gewährenden Aktien zurückbleibt".

Häufig erfolgt eine zu niedrige Bewertung von Sacheinlagen, so daß bereits bei ihrer Einbringung stille Rücklagen entstehen. Aus den aktienrechtlichen Bewertungsvorschriften kann nicht abgeleitet werden, daß derartige **Unterbewertungen von Sacheinlagen** unzulässig sind[6]. Betriebswirtschaftlich sind zu niedrig bewertete Sacheinlagen jedoch problematisch. Wird z. B. eine maschinelle Anlage als Sacheinlage unterbewertet, so sind ihre Anschaffungskosten und damit auch die Abschreibungen über die Restnutzungsdauer zu niedrig und die Periodengewinne entsprechend zu hoch. Werden die Periodengewinne ausgeschüttet, so kann aus den verbleibenden Abschreibungsgegenwerten eine Wiederbeschaffung der Anlage ceteris paribus nicht erfolgen, d. h. im Umfange der zu niedrigen Bewertung ist Substanz ausgeschüttet worden. Wäre dieser Betrag bei richtiger Bewertung als Agio in die gesetzliche Rücklage überführt worden, so wäre er für die Gewinnausschüttung gesperrt worden.

Nach § 150 Abs. 2 Nr. 3 AktG ist der gesetzlichen Rücklage ferner das Agio zuzuführen, das „bei der Ausgabe von Wandelschuldverschreibungen über ihren Rückzahlungsbetrag hinaus erzielt wird". Auch von diesem Agio dürfen Emissionskosten nicht abgezogen werden. Für die Zuführung ist es ohne Bedeutung, ob später ein Umtausch der Wandelschuldverschreibungen gegen Bezugsaktien erfolgt oder nicht. Nach dem Aktiengesetz 1937 mußte

---

[5] Vgl. Adler-Düring-Schmaltz, Rechnungslegung und Prüfung der Aktiengesellschaft, Band I, 4. Aufl., Stuttgart 1968, Erl. zu § 150 Tz 21; Scherpf, P., Die aktienrechtliche Rechnungslegung und Prüfung, Köln 1967, S. 49
[6] So auch Godin-Wilhelmi, Aktiengesetz, Band I, 3. Aufl., Berlin 1967, S. 827; Adler-Düring-Schmaltz, a. a. O., Erl. zu § 150, Tz 22

nur das beim Umtausch der Wandelschuldverschreibungen tatsächlich er-
zielte Agio zugeführt werden. Die neue Regelung wird damit begründet,
„daß auch das bei der Ausgabe von Wandelschuldverschreibungen erzielte
Aufgeld nicht echter betrieblicher Gewinn ist, sondern ebenso wie das Auf-
geld bei der Ausgabe von Aktien eine Kapitalzuführung darstellt."[7]
Sind Ausgabekurs und Rückzahlungsbetrag gleich, so kommt bei der
Ausgabe der Wandelschuldverschreibung eine Zuführung zur gesetzlichen
Rücklage nicht in Frage, wohl aber kann bei der späteren Ausgabe der
Bezugsaktien eine Zuführungspflicht nach § 150 Abs. 2 Nr. 2 AktG ent-
stehen, soweit ein Betrag „über den Nennbetrag hinaus" erzielt wird.

Adler-Düring-Schmaltz geben dazu folgendes Beispiel[8]: Es wird eine
Wandelschuldverschreibung in Höhe von nominell 1 000 000 DM zum
Kurs von 120 % ausgegeben. Sie kann entweder gegen Aktien zum Nennwert von 1 000 000 DM umgetauscht oder zum Ausgabewert von
1 200 000 DM zurückgezahlt werden. Da der Ausgabe- und der Rückzahlungsbetrag gleich groß sind, kommt eine Zuführung in die gesetzliche
Rücklage nicht in Frage. Machen alle Obligationäre vom Umtauschrecht
Gebrauch, so treten an die Stelle von 1 200 000 DM Obligationen Aktien
zum Nennwert von 1 000 000 DM, die Differenz von 200 000 DM ist der
gesetzlichen Rücklage als der Betrag zuzuführen, „der bei der Ausgabe von
Aktien einschließlich von Bezugsaktien über den Nennbetrag der Aktien
hinaus erzielt wird."[9]

cc) Zuzahlungen durch Aktionäre gegen Gewährung von Vorzugsrechten

Leisten Aktionäre gegen Gewährung von Vorzugsrechten Zuzahlungen,
so sind sie grundsätzlich ohne Abzug von entstandenen Kosten der gesetzlichen Rücklage zuzuführen, denn es handelt sich bei derartigen Zuzahlungen um Kapitalzuführungen, die ebensowenig wie andere Kapitaleinlagen
zur Gewinnausschüttung verwendet werden dürfen. In der Literatur besteht aber Übereinstimmung darüber, daß eine Einstellung in die gesetzliche
Rücklage dann **nicht** erforderlich ist, wenn die Zuzahlungen **zur Deckung
außerordentlicher Verluste** oder außerplanmäßiger Abschreibungen verwendet werden[10], die zu einem Jahresfehlbetrag führen, der nicht durch
einen Gewinnvortrag oder − falls die gesetzliche Rücklage 10 % oder den
in der Satzung vorgeschriebenen höheren Betrag nicht überschreitet −
durch Auflösung freier Rücklagen ausgeglichen werden kann. Unter diesen
Voraussetzungen hätte die Einstellung in die gesetzliche Rücklage keinen
Zweck, wenn die eingestellten Beträge zum Verlustausgleich sofort wieder
entnommen werden müßten.

---

7 Kropff, B., Aktiengesetz, Düsseldorf 1965, S. 221
8 Adler-Düring-Schmaltz, a. a. O., Erl. zu § 150, Tz 36
9 § 150 Abs. 2 Nr. 2 AktG
10 Vgl. Adler-Düring- Schmaltz, a. a. O., Erl. zu § 150, Tz 42; Godin-Wilhelmi, a. a. O.,
   S. 838 f.; Scherpf, P., a. a. O., S. 54 f.

Beispiel:

A	Bilanz I		P
verschiedene Aktiva	700	Grundkapital	1000
Verlust	300		
	1000		1000

Die Aktionäre leisten eine Zuzahlung von 300,– zur Tilgung des Verlustes gegen Gewährung von Vorzugsrechten.

A	Bilanz II			P
verschiedene Aktiva	700	Grundkapital		
Bank	300	Stammaktien	700	
		Vorzugsaktien	300	1000
	1000			1000

dd) Zuführung im Zusammenhang mit einer vereinfachten Kapitalherabsetzung

§ 150 Abs. 2 AktG weist auf die Bestimmungen der §§ 232 und 237 Abs. 5 AktG über die Einstellung von Beträgen in die gesetzliche Rücklage bei Kapitalherabsetzungen hin. Hat eine Gesellschaft erhebliche Verluste erlitten, so kann sie zum buchtechnischen Ausgleich der Verluste eine Kapitalherabsetzung in vereinfachter Form **(Sanierung)** vornehmen. Voraussetzung ist, daß alle freien Rücklagen und der Teil der gesetzlichen Rücklage, der 10 % des nach der Kapitalherabsetzung verbleibenden Grundkapitals übersteigt, zuvor **aufgelöst** worden sind.

Da nach einer vereinfachten Kapitalherabsetzung Gewinne erst wieder ausgeschüttet werden dürfen, wenn die gesetzliche Rücklage 10 % des herabgesetzten Grundkapitals erreicht hat[11] [12], setzt man das Kapital gewöhnlich um einen höheren Betrag herunter als der Verlust ausmacht. Dadurch entsteht ein **Buchgewinn,** der auf die gesetzliche Rücklage überführt werden muß. § 231 AktG bestimmt jedoch, daß die aus der Auflösung freier Rücklagen und aus der Kapitalherabsetzung gewonnenen Beträge, die in die gesetzliche Rücklage eingestellt werden, 10 % des herabgesetzten Grundkapitals bzw. des Mindestgrundkapitals von 100 000 DM nicht überschreiten dürfen. Durch diese Vorschrift soll zum Schutze der Aktionäre verhindert werden, daß der Kapitalschnitt zu groß wird.

---

[11] Vgl. § 233 Abs. 1 AktG
[12] Auch dann ist die Ausschüttung in den beiden ersten Jahren nach der Kapitalherabsetzung auf 4 % beschränkt, es sei denn, die Gläubiger, deren Forderungen vor der Bekanntmachung der Eintragung des Beschlusses begründet waren, sind befriedigt oder sichergestellt worden (§ 233 Abs. 2 AktG).

Beispiel:

A	Bilanz I		P
versch. Aktiva	700	Grundkapital	1000
Verlust	300		
	1000		1000

Vereinfachte Kapitalherabsetzung: 350,–

A	Bilanz II		P
versch. Aktiva	700	Grundkapital	650
		gesetzl. Rücklage	50
	700		700

Stellt sich jedoch bei der Aufstellung der Jahresbilanz für das Geschäftsjahr, in dem der Beschluß über die Kapitalherabsetzung gefaßt wurde, oder für eines der beiden folgenden Geschäftsjahre heraus, daß die Wertminderungen oder sonstigen Verluste gar nicht die Höhe erreichen, von der man bei der Beschlußfassung ausgegangen ist, so sind die sich dadurch ergebenden **Buchgewinne** in die gesetzliche Rücklage einzustellen.[13] Das kann z. B. der Fall sein, wenn die Buchverluste durch zu hohe Abschreibungen, insbesondere außerplanmäßige Abschreibungen oder zu hohe Rückstellungen, die u. U. nicht zu den erwarteten Ausgaben führen und folglich gewinnerhöhend aufzulösen sind, entstanden sind.

Die Pflicht zur Einstellung derartiger Beträge in die gesetzliche Rücklage verhindert, daß sie als Gewinne ausgeschüttet werden können. Die Einstellung kann bei außerplanmäßigen Abschreibungen, die sich als zu hoch herausgestellt haben, jedoch umgangen werden, da nach § 154 Abs. 2 letzter Satz und § 155 Abs. 4 AktG ein **niedrigerer Wertansatz beibehalten** werden darf, auch wenn seine Gründe nicht mehr bestehen. Durch die außerplanmäßigen Abschreibungen, die sich als zu hoch erwiesen haben, sind dann stille Rücklagen gebildet worden.

Die in die gesetzliche Rücklage einzustellenden Buchgewinne können auch mehr als 10 % des herabgesetzten Grundkapitals ausmachen, d. h. die Aktionäre sind in diesem Falle nicht vor einem zu großen Kapitalschnitt geschützt. Bereits im Jahre der Beschlußfassung kann sich herausstellen, daß der Verlust bei der Beschlußfassung zu hoch angesetzt worden war.[14]

Beispiel:

Im Jahre nach der Sanierung ergibt sich, daß der Verlust infolge zu vorsichtiger Bewertung von Wertpapieren um 40 zu hoch angesetzt wurde. Die Wertpapiere werden in der Jahresbilanz entsprechend höher bewertet. Die Zuschreibung muß in die gesetzliche Rücklage eingestellt werden.

---

[13] Vgl. § 232 AktG
[14] Vgl. Adler-Düring-Schmaltz, a. a. O., Erl. zu § 150, Tz 50

A	Bilanz III	P
versch. Aktiva 740	Grundkapital	650
	gesetzl. Rücklage	90
740		740

Erfolgt eine Kapitalherabsetzung durch **Einziehung von Aktien**, die die Gesellschaft unentgeltlich oder zu Lasten des Bilanzgewinns oder einer freien Rücklage erworben hat, so ist nach § 237 Abs. 5 AktG ein Betrag in die gesetzliche Rücklage einzustellen, der dem Gesamtnennbetrag der eingezogenen Aktien gleichkommt.

ee) Beschleunigte Auffüllung der gesetzlichen Rücklage bei Beherrschungs-, Gewinnabführungs- und Teilgewinnabführungsverträgen

Die Vorschrift, daß 5 % des um einen Verlustvortrag aus dem Vorjahr geminderten Jahresüberschusses in die gesetzliche Rücklage einzustellen sind, bis die Rücklage den zehnten oder den in der Satzung bestimmten höheren Teil des Grundkapitals erreicht hat, kann bei Bestehen von Beherrschungs-, Gewinnabführungs- und Teilgewinnabführungsverträgen die Aufgabe der gesetzlichen Rücklagen, das Grundkapital zu sichern und damit Gläubiger und Aktionäre vor einer Aushöhlung der bilanzmäßigen Substanz zu schützen, nicht erfüllen.

Durch Abschluß eines **Beherrschungsvertrages** unterwirft sich die abhängige Gesellschaft den Weisungen der herrschenden Gesellschaft. Diese kann eine Geschäftspolitik verfolgen, durch die bei der abhängigen Gesellschaft kein oder nur ein geringer Gewinn entsteht, so daß der Jahresüberschuß keine angemessene Bezugsgröße für die Dotierung der gesetzlichen Rücklage ist, und folglich die Gefahr besteht, daß die nach Gesetz oder Satzung vorgeschriebene Höhe der gesetzlichen Rücklage nicht erreicht wird.

Besteht ein **Gewinn- oder Teilgewinnabführungsvertrag**, so ist die abhängige Gesellschaft verpflichtet, ihren Gewinn ganz oder teilweise an eine andere Gesellschaft abzuführen. Da Gewinnabführungen beim Jahresabschluß als Verbindlichkeiten behandelt werden und folglich in der Gewinn- und Verlustrechnung unter den Aufwandsposten erscheinen, entsteht im Jahresabschluß überhaupt kein bzw. ein stark verminderter Jahresüberschuß, so daß auch in diesen Fällen keine Zuführung zur gesetzlichen Rücklage bzw. eine zu geringe Zuführung erfolgt, verglichen mit der Zuführung bei Nichtbestehen solcher Verträge. Es kommt hinzu, daß durch derartige Verträge der Umfang der Bildung freier Rücklagen von der herrschenden Gesellschaft bestimmt werden kann. Je weniger freie Rücklagen aber gebildet werden können, desto wichtiger ist die Funktion der gesetzlichen Rücklage.

Um die Funktion der gesetzlichen Rücklage zu sichern, hat der Gesetzgeber für die Fälle des Beherrschungs-, Gewinnabführungs- und Teilgewinnabführungsvertrages in § 300 AktG besondere Vorschriften für die

Einstellungen in die gesetzliche Rücklage erlassen. Sie gelten nicht für die Gewinngemeinschaft, weil bei dieser keine einseitigen Pflichten zur Gewinnabführung bestehen. Hier werden keine Gewinne abgeführt, sondern sie werden auf vertraglicher Basis umverteilt.

Besteht ein **Teilgewinnabführungsvertrag,** so ist nach § 300 Nr. 2 AktG der Betrag in die gesetzliche Rücklage einzustellen, der sich nach § 150 Abs. 2 Nr. 1 AktG aus dem um einen Verlustvortrag aus dem Vorjahr geminderten Jahresüberschuß, der sich ohne die Gewinnabführung ergeben würde, errechnen würde. Die Berechnung erfolgt also in einer Weise, als ob der Teilgewinnabführungsvertrag nicht bestehen würde. In der Gewinn- und Verlustrechnung (§ 157) ist in Position 27 der Betrag anzugeben, der auf Grund einer Gewinngemeinschaft, eines Gewinnabführungs- oder Teilgewinnabführungsvertrages abzuführen ist. Erst nach dieser Position ergibt sich in Position 28 der Jahresüberschuß (bzw. Jahresfehlbetrag). Folglich errechnet sich die Bemessungsgrundlage für die Ermittlung des in die gesetzliche Rücklage einzustellenden Betrages in der Weise, daß die Position 27 der Gewinn- und Verlustrechnung bei der Ermittlung des Jahresüberschusses weggelassen wird.

Beispiel:

Jahresüberschuß (§ 157 Abs. 1 Nr. 28)	20 000 DM	
+ auf Grund eines Teilgewinnabführungs-vertrages abgeführter Gewinn (§ 157 Abs. 1 Nr. 27)	15 000 DM	35 000 DM
— Verlustvortrag aus dem Vorjahr (§ 157 Abs. 1 Nr. 29)		5 000 DM
= Bemessungsgrundlage für die Rücklagen-zuführung gem. § 300 Nr. 2		30 000 DM
Einstellung in die gesetzl. Rücklage (5 %/o der Bemessungsgrundlage)		1 500 DM

Die Auffüllung der gesetzlichen Rücklage erfolgt in dieser Weise so lange, bis die in § 150 Abs. 2 Nr. 1 AktG geforderte Höhe (10 %/o oder der in der Satzung bestimmte höhere Teil des Grundkapitals) erreicht ist.

Während es beim Teilgewinnabführungsvertrag wie im Normalfall der Bildung einer gesetzlichen Rücklage von der Höhe des Gewinns abhängt, wie lange es dauert, bis die Rücklage die in Gesetz oder Satzung vorgeschriebene Höhe erreicht hat, stellt das Gesetz in § 300 Nr. 1 AktG bei Bestehen von **Gewinnabführungsverträgen** strengere Anforderungen. Hier ist die gesetzliche Rücklage **innerhalb von 5 Jahren** auf die in Gesetz oder Satzung vorgesehene Höhe aufzufüllen.

Wird eine Kapitalerhöhung durchgeführt, so verlängert sich diese Frist auf den Zeitraum von 5 Geschäftsjahren, die nach der Kapitalerhöhung beginnen.

Durch diese Bestimmung wird erreicht, daß die gesetzliche Rücklage spätestens nach fünfjähriger Laufzeit des Vertrages (bzw. 5 Jahre nach einer inzwischen erfolgten Kapitalerhöhung) die vorgeschriebene Höhe erreicht hat, vorausgesetzt, daß der um einen Verlustvortrag aus dem Vorjahr geminderte Jahresüberschuß, der ohne die Gewinnabführung entstanden wäre, ausreicht, um eine entsprechende Dotierung der gesetzlichen Rücklage vorzunehmen.

Beispiel: Grundkapital 1 000 000,– DM; es ist noch keine gesetzliche Rücklage vorhanden; Jahresüberschuß ohne Berücksichtigung eines Gewinnabführungsvertrages jährlich 100 000,– DM, kein Verlustvortrag.

Die Dotierung der gesetzlichen Rücklage, die 100 000,– DM erreichen muß, vollzieht sich folgendermaßen:

Jahr	nach § 300 Nr. 1 AktG	nach § 150 Abs. 2 Nr. 1 AktG
1	20 000 DM (= 20 % des Jahres- überschusses)	5 % des Jahresüberschusses 5000 DM
2	20 000 DM « «	« « 5000 DM
3	20 000 DM « «	« « 5000 DM
4	20 000 DM « «	« « 5000 DM
5	20 000 DM « «	« « 5000 DM
1—5	100 000 DM (= 10 % des Grund- kapitals)	(2,5 % des Grund- kapitals) 25 000 DM

Besteht ein Gewinnabführungsvertrag, so ist also nach 5 Jahren die gesetzliche Rücklage aufgefüllt, besteht kein derartiger Vertrag, so ist unter den angenommenen Voraussetzungen im gleichen Zeitraum erst ein Viertel der gesetzlichen Rücklage erreicht.

Beispiel: Grundkapital 1 000 000,– DM; noch keine gesetzliche Rücklage; Jahresüberschuß ohne Berücksichtigung des Gewinnabführungsvertrages 25 000,– DM, Verlustvortrag aus dem Vorjahr 30 000,– DM

Jahresüberschuß (ohne Berücksichtigung des Gewinnabführungsvertrages)	25 000 DM
— Verlustvortrag	30 000 DM
= Bemessungsgrundlage der gesetzlichen Rücklage	— 5 000 DM

Eine Einstellung in die gesetzliche Rücklage ist in diesem Falle nicht möglich. Dennoch bleibt die Verpflichtung nach § 300 Nr. 1 AktG, die gesetzliche Rücklage innerhalb von 5 Jahren aufzufüllen, bestehen, d. h. die Auffüllung muß nun in 4 Jahren erfolgen. Angenommen, die ohne Bestehen eines Gewinnabführungsvertrages nach Abzug eines Verlustvortrages entstehenden Jahresüberschüsse der folgenden 4 Jahre reichen zur Dotierung aus, so sind pro Jahr 25 000,– DM zuzuführen, damit am Ende des 5. Vertragsjahres die 10 % des Grundkapitals = 100 000,– DM in der gesetzlichen Rücklage vorhanden sind. Nach § 150 Abs. 2 Nr. 1 AktG dagegen erfolgt keine Nachholung der in Verlustjahren unterbliebenen Zuführungen, sondern die Auffüllung schiebt sich durch Verlustjahre zeitlich hinaus.

Erfolgt während der ersten 5 Vertragsjahre eine **Kapitalerhöhung**, so beginnt die Fünfjahresfrist mit der Kapitalerhöhung neu zu laufen.[15]

Beispiel: Grundkapital 1 000 000,– DM; gesetzl. Rücklage am Ende des 3. Jahres 60 000,– DM; Restauffüllung also noch 40 000,– DM, Erhöhung des Grundkapitals im 3. Vertragsjahr auf 1 500 000,– DM; der Sollbetrag der gesetzl. Rücklage erhöht sich auf 150 000,– DM, die in den 5 auf die Kapitalerhöhung folgenden Geschäftsjahren in gleichen Beträgen zugeführt werden müssen.

Sollbetrag der gesetzl. Rücklage am Ende des 5. Jahres	100 000 DM	
Zuführung 1.—3. Jahr	60 000 DM	
Restzuführung	40 000 DM	
Sollbetrag nach der Kapitalerhöhung am Ende des 8. Jahres		150 000 DM
abzügl. der bereits erfolgten Zuführungen		60 000 DM
Restzuführung in 5 Jahren		90 000 DM
Zuführung im 4.—8. Jahr pro Jahr		18 000 DM

Ist bei Abschluß eines Gewinnabführungsvertrages die gesetzliche Rücklage bereits weitgehend aufgefüllt, so könnte die grundsätzliche Pflicht zur Auffüllung auf 10 % bzw. einen höheren in der Satzung bestimmten Teil des Grundkapitals zur Folge haben, daß die Jahreszuführungen in den ersten 5 Vertragsjahren kleiner als nach § 150 Abs. 2 Nr. 1 AktG sind, d. h. weniger als 5 % des um einen Verlustvortrag gekürzten Jahresüberschusses, der sich ohne Gewinnabführungsvertrag ergibt, betragen. In diesem Falle bestimmt § 300 Nr. 1 AktG, daß **mindestens** der Betrag, der sich nach § 300 Nr. 2 AktG errechnet, d. h. 5 % des sich ohne Gewinnabführungsvertrag ergebenden Jahresüberschusses, der um einen Verlustvortrag gekürzt ist, in die gesetzliche Rücklage einzustellen ist. Sinn dieser

---

[15] § 300 Nr. 1 AktG

Vorschrift ist es, daß bei Bestehen eines Gewinnabführungsvertrages die
gesetzliche Rücklage möglichst schnell aufgefüllt werden soll.

Beispiel: Grundkapital 1 000 000,– DM; gesetzl. Rücklage 95 000,– DM
(bei Abschluß des Vertrages; Jahresüberschuß ohne Gewinnabführungsvertrag 80 000,– DM, kein Verlustvortrag)

Sollbetrag der gesetzlichen Rücklage nach 5 Jahren	100 000 DM
— Istbetrag bei Vertragsabschluß	95 000 DM
= Restzuführung in 5 Jahren	5000 DM
Jahreszuführung	1000 DM
Jahreszuführung nach § 150 Abs. 2 Nr. 1:	
5 % von 80 000,— DM	4000 DM

Unter diesen Voraussetzungen sind auch bei Bestehen eines Gewinnabführungsvertrages nach § 300 Nr. 1 AktG in Verbindung mit § 300 Nr. 2 AktG
4000 DM im ersten Vertragsjahr zuzuführen. Erfordert der Jahresüberschuß des 2. Vertragsjahres eine Zuführung von wenigstens 1000 DM, so
ist die volle Auffüllung der gesetzlichen Rücklage bereits nach 2 statt nach
5 Vertragsjahren eingetreten. Anderenfalls würde die Absicht des § 300
AktG, bei Gewinnabführungsverträgen eine schnellere Auffüllung der gesetzlichen Rücklage sicherzustellen, ins Gegenteil verkehrt.

Besteht ein **Beherrschungsvertrag mit Gewinnabführungsvertrag** (Organschaft mit Gewinnabführungsvertrag), so gelten die dargestellten Bestimmungen des § 300 Nr. 1 AktG.

Besteht dagegen neben dem Beherrschungsvertrag **kein** Gewinnabführungsvertrag, so kann auf Grund von Weisungen bei der abhängigen Gesellschaft die Entstehung von Gewinnen verhindert werden, ohne daß eine
Ermittlung des ohne Vertrag erzielten Gewinnes möglich ist. Folglich ist
auch eine Zuführung zur gesetzlichen Rücklage nicht möglich. Ein Schaden
für die Gläubiger kann dadurch allerdings nicht entstehen, weil die Obergesellschaft verpflichtet ist, für die Schulden der beherrschten Gesellschaft
aufzukommen. Entsteht aber bei der abhängigen Gesellschaft ein Gewinn,
so muß die Dotierung der gesetzlichen Rücklage nach § 300 Nr. 1 AktG
erfolgen; die herrschende Gesellschaft kann auf Grund ihres Weisungsrechts
eine Abführung der Gewinne vor der gesetzlich geforderten Einstellung in
die gesetzliche Rücklage nicht verlangen.[16] Sie kann aber z. B. durch Festsetzung von Verrechnungspreisen das Entstehen von Gewinnen bei der abhängigen Gesellschaft und damit die Bemessungsgrundlage der gesetzlichen
Rücklage beeinflussen.

Besteht neben dem Beherrschungsvertrag ein Teilgewinnabführungsvertrag, so sind die Vorschriften des § 300 Nr. 2 AktG auf die Dotierung der
gesetzlichen Rücklage anzuwenden.

---

[16] Vgl. § 300 Nr. 3 AktG

29*

Die Verpflichtung zur beschleunigten Auffüllung der gesetzlichen Rücklage hatte bis zur Einführung des § 7a KStG **steuerliche Konsequenzen,** wenn ein Organschaftsverhältnis mit Ergebnisabführungsvertrag bestand, da in einem solchen Fall die Zuführungen zur gesetzlichen Rücklage als eigenes Einkommen von der Organgesellschaft zu versteuern waren[17], während Zuführungen zu freien Rücklagen beim Organträger besteuert wurden. Heute gelten nach § 7a Abs. 3 KStG noch Ausgleichszahlungen an Minderheitsaktionäre als eigenes Einkommen des Organs.

b) Die Verwendung der gesetzlichen Rücklage

Nach § 150 Abs. 3 AktG darf die gesetzliche Rücklage, wenn sie den zehnten oder den in der Satzung bestimmten höheren Teil des Grundkapitals **nicht** übersteigt, nur für zwei Aufgaben verwendet werden:

1. zum **Ausgleich eines Jahresfehlbetrages,** wenn zuvor alle freien Rücklagen aufgelöst worden sind und ein aus dem Vorjahr vorhandener Gewinnvortrag zur Verlustdeckung herangezogen worden ist;
2. zum **Ausgleich eines Verlustvortrages,** soweit er nicht durch einen Jahresüberschuß gedeckt ist und soweit ein Ausgleich durch Auflösung freier Rücklagen nicht möglich ist. Die Auflösung der freien Rücklagen muß in beiden Fällen auch dann erfolgen, wenn sie mit einer Zweckbindung versehen sind, die Tilgung von Verlusten geht also allen anderen Verwendungszwecken vor. **Sonderposten mit Rücklageanteil**[18] zählen nicht zu den aufzulösenden freien Rücklagen. Sie sind in der Bilanz getrennt von den offenen Rücklagen auszuweisen. Da es sich um noch nicht versteuerte Rücklagen[19] handelt, haben sie teils Rücklage-, teils Rückstellungscharakter, denn die auf sie entfallenden Steuern (Körperschaftsteuer, Gewerbeertragsteuer) müssen in späteren Perioden nachgezahlt werden.

In beiden Fällen der möglichen Verwendung der gesetzlichen Rücklage besteht **kein Zwang zur Auflösung** von Rücklagen, der Verlust kann also auch ganz oder zum Teil vorgetragen werden. Das wird beispielsweise dann zweckmäßig sein, wenn zur Verlusttilgung eine zweckgebundene freie Rücklage aufgelöst werden müßte, die man – buchtechnisch – gern erhalten möchte (z. B. eine Zuweisung der Hauptversammlung aus dem verteilungsfähigen Bilanzgewinn in eine der Belegschaft zugute kommende Rücklage), und wenn die Erwartung besteht, daß der Verlustvortrag in der nächsten Periode mit einem Jahresüberschuß verrechnet werden kann. Ein **Verlustvortrag** kommt aber nur in Frage, soweit der Jahresfehlbetrag nicht mit einem Gewinnvortrag aus der Vorperiode verrechnet bzw.

---

[17] Vgl. Abschnitt 31, Abs. 1 Nr. 2 KStR 1964
[18] Vgl. § 152 Abs. 5 AktG
[19] Sog. steuerfreie Rücklagen, vgl. S. 527 ff.

soweit ein Verlustvortrag aus der Vorperiode nicht durch einen Jahresüberschuß gedeckt werden kann.

Wird die gesetzliche Rücklage ganz oder teilweise aufgelöst, obwohl noch freie Rücklagen vorhanden sind, so ist der Jahresabschluß nach § 256 Abs. 1 Nr. 4 AktG nichtig.

Die Regelung des § 150 Abs. 3 AktG ist **strenger** als die des § 130 Abs. 3 AktG 1937, die eine Auflösung der gesetzlichen Rücklage zum Ausgleich von Verlusten und Wertminderungen bereits dann gestattete, wenn noch freie Rücklagen vorhanden waren, so daß der Vorstand die Entscheidung darüber treffen konnte, welche Rücklagen er zur Verlusttilgung auflöste. Die strengere Regelung des Aktiengesetzes 1965 liegt zweifellos im Interesse der Gläubiger und Aktionäre. Die gesetzliche Rücklage wird solange von einer Auflösung verschont, wie noch andere offene Rücklagen vorhanden sind. Der Vorstand kann außerdem später mögliche Gewinnausschüttungen nicht mit der Begründung kürzen, daß er die zur Verlusttilgung herangezogene gesetzliche Rücklage zunächst wieder auffüllen muß.

Ist die gesetzliche Rücklage **höher** als 10 %, so darf sie zwar auch nur zum Ausgleich eines Jahresfehlbetrages (nach Aufrechnung mit einem Gewinnvortrag aus dem Vorjahr) oder eines Verlustvortrages aus dem Vorjahr (nach Aufrechnung mit einem evtl. vorhandenen Jahresüberschuß) aufgelöst werden, jedoch ist eine vorherige Auflösung freier Rücklagen in dem Umfange nicht erforderlich[20], in dem die gesetzliche Rücklage 10 % des Grundkapitals übersteigt. Ist dieser Betrag aufgelöst, so gilt die oben dargestellte Regelung des § 150 Abs. 3 AktG, d. h. es sind nun erst die vorhandenen freien Rücklagen aufzulösen.

Eine Ausschüttung von Dividenden aus der gesetzlichen Rücklage ist aber **in jedem Falle unzulässig,** auch wenn z. B. ein satzungsgemäß höherer Prozentsatz der gesetzlichen Rücklage als 10 % des Grundkapitals durch Beschluß der Hauptversammlung auf 10 % herabgesetzt worden ist. Auch der höhere Betrag darf nur zur Verlusttilgung herangezogen werden.

Werden gleichzeitig mit dem Ausgleich eines Jahresfehlbetrages oder Verlustvortrages freie Rücklagen **zur Gewinnausschüttung** aufgelöst, so muß der Verlustausgleich zuvor zu Lasten der freien Rücklagen erfolgen, d. h. die gesetzliche Rücklage darf in diesem Fall auch dann nicht angegriffen werden, soweit sie 10 % des Grundkapitals übersteigt[21], da anderenfalls die Gewinnausschüttung indirekt zu Lasten der gesetzlichen Rücklage gehen könnte.

Eine **Kapitalerhöhung aus Gesellschaftsmitteln** durch Ausgabe von Gratisaktien aus dem den zehnten oder den in der Satzung bestimmten höheren Teil des Grundkapitals übersteigenden Betrage der gesetzlichen Rücklage ist nach § 150 Abs. 4 Ziff. 3 AktG zulässig.[22]

---

[20] Vgl. § 150 Abs. 4 Ziff. 1 und 2 AktG
[21] Vgl. § 150 Abs. 4 letzter Satz AktG
[22] Vgl. § 208 Abs. 1 Satz 2 AktG

Die Auflösung der gesetzlichen Rücklage zur Verlusttilgung kann bereits in der Bilanz erfolgen, so daß der Ausweis eines Verlustes in der Bilanz vermieden werden kann. Eine Verschleierung des Verlustes ist dadurch nicht möglich, da die Verwendung der gesetzlichen Rücklage und ihre Auflösung in der Erfolgsrechnung getrennt ausgewiesen werden müssen.

2. Freie Rücklagen

Freie Rücklagen sind offene Rücklagen, die in der Regel durch die geschäftsführenden Organe der Aktiengesellschaft, GmbH und Genossenschaft nach freiem Ermessen gebildet und wieder aufgelöst werden können. Sie sind also das **Ergebnis der Gewinnverwendungspolitik.** Es wurde oben bereits darauf hingewiesen, daß bei Personenunternehmen die Zuführung von Gewinnen zu den Eigenkapitalkonten wirtschaftlich die gleichen Aufgaben und Wirkungen hat wie die Rücklagenbildung bei Kapitalgesellschaften und Genossenschaften.

Da durch die Bildung von offenen Rücklagen der zur Ausschüttung an die Gesellschafter verbleibende Bilanzgewinn erheblich gekürzt werden kann, ist von den Aktionären immer wieder gefordert worden, daß die Bildung freier Rücklagen aus dem Bilanzfeststellungsrecht von Vorstand und Aufsichtsrat herausgenommen und als eine Maßnahme der Gewinnverwendung **der Hauptversammlung** zugebilligt wird. Da in diesem Falle aber die Gefahr besteht, daß die Hauptversammlung den gesamten Gewinn ausschüttet und entgegen den Interessen des allein für die Geschäftsführung verantwortlichen Vorstandes – und damit letztlich auch gegen die Interessen der Gesellschaft – keine Zuführung zu den offenen Rücklagen über den in die gesetzliche Rücklage einzustellenden Betrag hinaus beschließt, hat das Aktiengesetz 1965 eine Kompromißlösung eingeführt.

Nach § 58 Abs. 2 AktG dürfen Vorstand und Aufsichtsrat, wenn sie den Jahresabschluß feststellen, **nicht mehr als die Hälfte** des um einen Verlustvortrag und die Zuführung zur gesetzlichen Rücklage verminderten Jahresüberschusses in die freien Rücklagen einstellen, es sei denn, sie sind durch die Satzung zur Zuführung eines größeren Teils ermächtigt. Die Einstellung eines die Hälfte des (korrigierten) Jahresüberschusses übersteigenden Teils durch Vorstand und Aufsichtsrat ist allerdings nur solange zulässig, wie die gesamten freien Rücklagen **nicht über die Hälfte des Grundkapitals** angewachsen sind. Ist die Hälfte des Grundkapitals erreicht, so darf nur noch maximal die Hälfte des (korrigierten) Jahresüberschusses zugeführt werden.

Benötigt der Vorstand zur Führung des Betriebes einen größeren Teil des Jahresüberschusses (z. B. zur Finanzierung geplanter Erweiterungsinvestitionen aus dem Gewinn), so kann nach § 58 Abs. 3 AktG die **Hauptversammlung** beim Beschluß über die Verwendung des Bilanzgewinns den offenen Rücklagen **weitere Beträge** zuführen oder sie als Gewinnvortrag stehen lassen. Das setzt aber in der Regel voraus, daß der Vorstand die Hauptversammlung eingehend über die betriebswirtschaftliche Notwendigkeit einer weitergehenden Rücklagendotierung informiert, da sonst die Aktionäre – insbesondere bei Streubesitz der Aktien – nicht bereit sein werden, auf Teile der möglichen Gewinnausschüttung freiwillig zu verzichten. Ist aber die Mehrheit der Aktionäre[23] nicht an einer Gewinnausschüttung interessiert (z. B. aus steuerlichen Gründen, da Dividenden Einkommensteuerpflicht auslösen, während durch Rücklagenbildung entstandene Kurssteigerungen bei Veräußerung der Aktien steuerfrei bleiben, wenn die Aktien zum Privatvermögen des Steuerpflichtigen gehören und keine wesentliche Beteiligung darstellen), so werden die Rechte der übrigen Aktionäre durch die Vorschrift des § 254 Abs. 1 AktG geschützt, daß der Beschluß der Hauptversammlung über die Verwendung des Bilanzgewinns **angefochten** werden kann, „wenn die Hauptversammlung aus dem Bilanzgewinn Beträge in die Rücklage stellt, die nicht nach Gesetz oder Satzung von der Verteilung unter die Aktionäre ausgeschlossen sind, obwohl die Einstellung bei vernünftiger kaufmännischer Beurteilung nicht notwendig ist, um die Lebens- und Widerstandsfähigkeit der Gesellschaft für einen hinsichtlich der wirtschaftlichen und finanziellen Notwendigkeit übersehbaren Zeitraum zu sichern und dadurch unter die Aktionäre kein Gewinn in Höhe von mindestens vier von Hundert des Grundkapitals abzüglich von noch nicht eingeforderten Einlagen verteilt werden kann." Der Schutz der Minderheit erstreckt sich also nur auf eine Mindestdividende von 4 %.

Stellt die Hauptversammlung den Jahresabschluß fest[24], so kann für diesen Fall die Satzung die Bestimmung enthalten, daß ein Teil, jedoch nicht mehr als die Hälfte des um einen Verlustvortrag und die Zuführung zur gesetzlichen Rücklage verminderten Jahresüberschusses in die freie Rücklage eingestellt werden muß.[25]

Freie Rücklagen können ohne oder mit besonderer Zweckbestimmung gebildet werden. In den Bilanzen finden sich die verschiedensten Bezeichnungen für die Verwendung der Rücklagen, z. B. Erneuerungsrücklagen, Rationalisierungsrücklagen, Sozialrücklagen, Substanzerhaltungsrücklagen u. a. Soweit keine Zweckbezeichnung angegeben wird, handelt es sich bei den freien Rücklagen um nicht entnommene Gewinne, die **für jeden beliebigen Zweck** eingesetzt werden können. Eine der Hauptaufgaben der Rücklagenbildung ist die Selbstfinanzierung, aber auch zur Stabilisierung

---

23 Für den Beschluß über die Verwendung des Bilanzgewinns ist nur die einfache Mehrheit erforderlich.

24 Vorstand und Aufsichtsrat können das Feststellungsrecht der Hauptversammlung überlassen oder das Feststellungsrecht geht kraft Gesetzes auf die Hauptversammlung über, wenn der Aufsichtsrat einen vom Vorstand aufgestellten Jahresabschluß nicht billigt (Vgl. § 173 Abs. 1 AktG).

25 Vgl. § 58 Abs. 1 AktG

von Dividendenzahlungen können freie Rücklagen angesammelt werden. Da sie nicht ausgeschüttete Gewinne sind, kann in Jahren, in denen der Jahresüberschuß gering ist, der Bilanzgewinn durch Entnahmen aus den freien Rücklagen erhöht werden.

Alle Zweckbindungen müssen hinter die Verwendung freier Rücklagen zum Ausgleich von Verlusten zurücktreten. Wie oben bereits erwähnt, schreibt § 150 Abs. 3 AktG vor, daß zum Ausgleich eines Jahresfehlbetrages oder eines Verlustvortrages die gesetzliche Rücklage – soweit sie 10 % des Grundkapitals nicht übersteigt – erst verwendet werden darf, wenn zuvor alle freien Rücklagen aufgelöst worden sind.[26]

3. Bilanzierung der offenen Rücklagen

Die Bildung der offenen Rücklagen erfolgt buchtechnisch – soweit sie eine Verwendung des (ggf. um einen Gewinnvortrag aus dem Vorjahr vermehrten) Jahresüberschusses darstellen – über die Position 31 der Gewinn- und Verlustrechnung nach § 157 Abs. 1 AktG.

§ 152 Abs. 4 AktG verlangt in einer Vorspalte eine **Darstellung der Bewegungen in den Rücklagen**, die der Vergrößerung der Bilanzklarheit dienen soll. Aus der Gewinn- und Verlustrechnung läßt sich zwar ersehen, welche Beträge den Rücklagen aus dem Jahresüberschuß zugeführt und welche Beträge aus den Rücklagen entnommen worden sind, jedoch sind die Beträge nicht zu erkennen, die die Hauptversammlung in ihrem Beschluß über die Verwendung des Bilanzgewinns in die offenen Rücklagen eingestellt hat, da durch diesen Beschluß der festgestellte Jahresabschluß nicht geändert wird[27], so daß diese Beträge erst in der folgenden Jahresbilanz als Teil der offenen Rücklagen erscheinen, obwohl dieser Teil keine Verwendung des Jahresüberschusses, sondern eine **Korrektur der Gewinnverwendung der Vorperiode** darstellt. In der Bilanz sind deshalb in der Vorspalte oder in einer sonstigen Form zu vermerken:

1. die Beträge, die die Hauptversammlung aus dem Bilanzgewinn des Vorjahres eingestellt hat. Diese Beträge sind im Gegensatz zu den unter 2. und 3. aufgeführten nicht aus der Gewinn- und Verlustrechnung zu ermitteln;

2. die Beträge, die aus dem Jahresüberschuß des Geschäftsjahres eingestellt werden;

---

[26] Sind bei der Feststellung des Jahresabschlusses die Bestimmungen des Gesetzes oder der Satzung über die Einstellung von Beträgen in offene Rücklagen oder über die Entnahme von Beträgen aus offenen Rücklagen verletzt worden, so ist der Jahresabschluß *nichtig* (§ 256 Abs. 1 Nr. 4 AktG).

[27] Vgl. § 174 Abs. 3 AktG

3. die Beträge, die für das Geschäftsjahr entnommen werden.[28] [29]

Alle **nicht erfolgswirksamen Veränderungen** in den Rücklagen sind aus der Gewinn- und Verlustrechnung nicht zu ersehen. Wie oben dargestellt, muß die Dotierung der gesetzlichen Rücklage nicht nur aus dem Jahresüberschuß, sondern auch aus bestimmten Kapitalzuführungen erfolgen, z. B. aus dem Aktienagio, aus Zuzahlungen der Aktionäre gegen Gewährung von Vorzugsrechten und im Zusammenhang mit der vereinfachten Kapitalherabsetzung. Aus den gesetzlichen Vorschriften über diese Rücklagedotierungen ergibt sich keine Verpflichtung zur Kenntlichmachung dieser Beträge bei der Position gesetzliche Rücklage. Es ist Adler-Düring-Schmaltz zuzustimmen, daß im Interesse eines möglichst sicheren Einblicks in die Vermögens- und Ertragslage der Gesellschaft eine derartige Verpflichtung aus § 149 Abs. 1 AktG abgeleitet werden muß.[30] Gleiches gilt für erfolgsunwirksame Umbuchungen von Rücklagen, z. B. durch Überführung offener Rücklagen in Grundkapital im Wege der Kapitalerhöhung aus Gesellschaftsmitteln.

Beispiel für eine übersichtliche Bilanzierung der Rücklagenbewegung:[31]

II. Offene Rücklagen	DM	DM
1. Gesetzliche Rücklagen		
Vortrag zum 1. Januar	1 000 000	
+ Einstellung aus einem Agio	250 000	
− Entnahme zur Kapitalerhöhung aus Gesellschaftsmitteln	750 000	500 000
2. freie Rücklagen		
Vortrag zum 1. Januar	2 000 000	
+ Einstellung durch die Hauptversammlung aus dem Bilanzgewinn des Vorjahrs	300 000	
+ Einstellung aus dem Jahresüberschuß des Geschäftsjahrs	200 000	2 500 000

Die Aufgliederung in der Vorspalte zeigt, daß die Bewegung in der gesetzlichen Rücklage auf **erfolgsunwirksamen** Vorgängen beruht und daß

[28] Vgl. § 152 Abs. 4 AktG
[29] § 130 des Referentenentwurfs eines neuen GmbH-Gesetzes hat die Ziffern (1) − (3) übernommen und eine für die GmbH spezifische Position hinzugefügt: (4) „die bisher als Sonderrücklage ausgewiesenen Beträge, die mit Ablauf des Geschäftsjahres freie Rücklagen geworden sind."
[30] Vgl. Adler-Düring-Schmaltz, a. a. O., Erl. zu § 152, Tz 61
[31] Vgl. Adler-Düring-Schmaltz, a. a. O., Erl. zu § 152, Tz 63; vgl. auch die Vorschläge für eine noch weitergehende Gliederung des Vermerks in Tz 64/65.

die Mehrung der freien Rücklagen einerseits eine Folge davon ist, daß die
Hauptversammlung den in der Vorperiode zur Ausschüttung freigegebe-
nen Bilanzgewinn zum Teil den Rücklagen zugewiesen hat, andererseits
Gewinnverwendung dieser Periode darstellt.

Ein **Jahresverlust** ist auch dann in der Bilanz auszuweisen, wenn er
durch Auflösung freier Rücklagen ausgeglichen wird. Zwar erscheint dann
unter der Position „Bilanzverlust" der Wert Null, in der Vorspalte ist
jedoch die Aufrechnung des Verlustes mit der freien Rücklage durchzuführen. Diese Art der Bilanzierung ist im Interesse der Bilanzklarheit erforderlich, da Entnahmen aus den freien Rücklagen zwar in der Gewinn-
und Verlustrechnung gesondert auszuweisen sind, diesen Entnahmen aber
nicht – wie das bei Entnahmen aus der gesetzlichen Rücklage der Fall
ist – anzusehen ist, ob sie zur Deckung eines Verlustes oder für andere
Zwecke, z. B. zur Zahlung von Dividenden getätigt werden.

Steuerfreie Rücklagen sind nach § 152 Abs. 5 AktG getrennt von den
übrigen offenen Rücklagen auszuweisen, und zwar nicht in der Vorspalte,
sondern als zusätzliche Position, die unter der Bezeichnung „II a Sonderposten mit Rücklageanteil" zwischen den Rücklagen (Position II der Passivseite) und den Wertberichtigungen (Position III der Passivseite) steht.
Aus der Bilanz läßt sich jedoch nicht feststellen, wie hoch der Anteil an
Eigenkapital und der Anteil an noch zu zahlender Steuer in den Sonderposten ist.

Die Begründung zum Regierungsentwurf verlangt für die Sonderposten
mit Rücklageanteil, daß „jede Art für sich unter Angabe der Vorschriften,
nach denen sie gebildet sind"[32], ausgewiesen werden muß, z. B.:

II a Sonderposten mit Rücklageanteil	
1. Rücklage für Ersatzbeschaffung gem. Abschnitt 35 EStR 1969	6 000 DM
2. Rücklage gem. § 6 b Abs. 3 EStG	10 000 DM
3. Rücklage gem. § 1 Abs. 1 Nr. 2 Entwicklungshilfe-Steuergesetz	8 000 DM 24 000 DM

---

[32] Kropff, B., Aktiengesetz, a. a. O., S. 235

III. Die stillen Rücklagen

1. Begriff und Arten

Die stillen Rücklagen gehören ebenso wie die offenen Rücklagen zum Eigenkapital des Betriebes, sind jedoch – wie die Bezeichnung ausdrücken soll – **Eigenkapitalteile, deren Existenz aus der Bilanz nicht zu ersehen** ist, und zwar entweder, weil die Eigenkapitalteile und die ihnen entsprechenden Vermögenswerte nicht in der Bilanz enthalten sind (stille Rücklagen im engeren Sinne) oder in Fremdkapitalpositionen versteckt sind (versteckte Rücklagen). Heinen definiert die stillen Rücklagen – er verwendet den Terminus „stille Reserven" – als „Differenz zwischen den Buchwerten und den höheren tatsächlichen Werten von Aktiven bzw. zwischen den Buchwerten und den niedrigeren tatsächlichen Werten von Passiven."[1]

Die stillen Rücklagen im engeren Sinne unterscheiden sich von den versteckten Rücklagen dadurch, daß erstere überhaupt nicht in der Bilanz enthalten sind, letztere dagegen in der Bilanz erscheinen, aber im Gewande von Fremdkapital statt als Eigenkapital. Werden stille Rücklagen durch **Unterbewertung** von Vermögensteilen gebildet, so führt das zu einer **Komprimierung der Bilanzsumme;** die Bildung versteckter Rücklagen hat dagegen **keinen Einfluß** auf die Höhe der Bilanzsumme. Je mehr versteckte Rücklagen man bildet, desto kleiner wird das ausgewiesene Eigenkapital bei gleicher Bilanzsumme, je mehr stille Rücklagen im engeren Sinne man bildet, desto kleiner wird die gesamte Bilanzsumme.

Den buchtechnischen Unterschied zwischen offenen Rücklagen, stillen Rücklagen im engeren Sinne und versteckten (stillen) Rücklagen zeigt die folgende Darstellung:

---

[1] Heinen, E., Handelsbilanzen, 5. Auflage, Wiesbaden 1969, S. 234. Von diesen stillen Reserven „im weiteren Sinne" unterscheidet Heinen stille Reserven „im engeren Sinne", worunter er – im Gegensatz zu unserer Begriffsdefinition – nur den Teil der stillen Rücklagen versteht, der „realisierte Gewinne, die durch verrechnungstechnische Aufwandsantizipation (z. B. überhöhte Abschreibungen) verdeckt werden", (S. 234) darstellt, d. h. er schließt damit solche Differenzen zwischen Buchwert und höherem tatsächlichen Wert von Aktivposten aus, die eine Folge von Wertsteigerungen sind, die noch nicht durch Umsatz realisiert worden sind.

I		II		III	
Bilanz mit offenen Rücklagen		**Bilanz nach Bildung stiller Rücklagen**		**Bilanz mit versteckten Rücklagen**	
A	P	A	P	A	P
AV 1000	NK 800	AV 700	NK 800	AV 1000	NK 800
	RL 400	UV 1200	RL 400		RL 300
UV	RS 100		RS 100	UV	RS 200
			FK 900	1200	
1200	FK 900	Unterbewertung 300	Stilles EK 300		FK 900

AV = Anlagevermögen   RL = Rücklage   EK = Eigenkapital
UV = Umlaufvermögen   RS = Rückstellung
NK = Nominalkapital   FK = Fremdkapital

Bilanz I: Ausgangsbilanz

Bilanz II: Das Anlagevermögen wird durch überhöhte Abschreibungen um 300 DM zu niedrig bewertet. Entsprechend wird in der Bilanz 300 DM weniger an Eigenkapital (offene Rücklage) ausgewiesen.

Bilanz III: Die Rückstellung wird statt mit 100 DM mit 200 DM angesetzt, obwohl nur mit einer späteren Auszahlung von 100 DM zu rechnen ist. Das Eigenkapital (offene Rücklage) ist um 100 DM zu niedrig, die Rückstellung um 100 zu hoch bewertet. Das Vermögen bleibt unberührt.

Nicht alle Vermögenswerte, die in der Bilanz nicht ausgewiesen sind, aber an der Erzielung des betrieblichen Erfolges mitgewirkt haben, sind stille Rücklagen. Auch der **Firmenwert** setzt sich aus Werten zusammen, die nicht in der Bilanz erscheinen, aber maßgeblich am Erfolg beteiligt sein können, z. B. der Wert des guten Rufes des Betriebes, der Wert der Organisation, des Mitarbeiterstabs, des Kundenstamms, eines Markennamens, u. a. Derartige immaterielle Werte, die in der Regel nicht Gegenstand des Rechtsverkehrs sind, dürfen nicht aktiviert werden (originärer Firmenwert)[2], es sei denn, bei Erwerb eines Betriebes ist für sie ein Teil des Kaufpreises bezahlt worden (derivativer Firmenwert).[3] Stille Rück-

---

[2] Vgl. § 153 Abs. 5 Satz 1 AktG
[3] Vgl. § 153 Abs. 5 Satz 2 und 3 AktG

lagen können also nur durch Bewertungsmaßnahmen bei Wirtschaftsgütern entstehen, für die eine Bilanzierungspflicht oder ein Bilanzierungsrecht besteht. Die Unterbewertung eines aktivierungspflichtigen Wirtschaftsgutes findet theoretisch ihre Grenze im Ansatz eines Erinnerungspostens von 1 DM. Stille Rücklagen im engeren Sinne können durch folgende bilanzpolitisch bedingte Maßnahmen gebildet werden:

1. durch Unterbewertung von Vermögensgegenständen,
2. durch Nichtaktivierung aktivierungsfähiger Wirtschaftsgüter,
3. durch Unterlassen der Zuschreibung von Wertsteigerungen.

Unterbewertungen sind **erstens** durch Verrechnung von **Abschreibungsquoten** möglich, die die geschätzte Wertminderung erheblich übersteigen. Das ist dann der Fall, wenn entweder die Nutzungsdauer zu kurz angesetzt wird, d. h. die Anschaffungs- oder Herstellungskosten auf eine kürzere als die betriebsgewöhnliche Nutzungsdauer verteilt werden, oder ein Abschreibungsverfahren (z. B. degressive Abschreibung) angewendet wird, bei dem in den ersten Jahren der Nutzungsdauer mehr abgeschrieben wird, als es der geschätzten Wertminderung entspricht, so daß der Buchwert geringer ist als der tatsächliche Wert, dafür aber in den späteren Jahren der Nutzungsdauer nur noch entsprechend weniger abgeschrieben werden kann – vorausgesetzt, daß bis zum Ende der Nutzungsdauer nicht mehr als die Anschaffungs- oder Herstellungskosten verteilt werden –, so daß die in den ersten Jahren gebildeten stillen Rücklagen sich im Zeitablauf wieder auflösen. Die Tatsache, daß die Wertminderung der meisten Wirtschaftsgüter nicht exakt berechnet, sondern nur **geschätzt** werden kann, hat zur Folge, daß auch die Höhe der entstehenden stillen Rücklagen nur durch Schätzung ermittelt werden kann.

Unterbewertungen können **zweitens** durch zu niedrigen Ansatz der **Herstellungskosten**, z. B. von selbsterstellten Anlagen oder Halb- und Fertigfabrikaten vorgenommen werden. Das kann buchtechnisch in der Weise geschehen, daß nicht alle Gemeinkosten, die durch die Herstellung der aktivierten Wirtschaftsgüter verursacht worden sind, aktiviert, sondern zum Teil als Aufwand der Produktionsperiode und nicht der Umsatzperiode über die Gewinn- und Verlustrechnung verrechnet werden.

Drittens besteht die Möglichkeit, im Umlaufvermögen durch eine Überspitzung des Prinzips der kaufmännischen Vorsicht oder durch **Anwendung spezieller Bewertungsverfahren** (Bewertung von eisernen Beständen mit einem Festwert, Bewertung gleichartiger Vorräte nach der Lifo- Fifo- oder Hifo-Methode) Vorräte zu niedrig zu bewerten. Auch bei den Forderungen können durch extrem vorsichtige Bewertung stille Rücklagen gelegt werden.

Ein Beispiel für ein Aktivierungsrecht sind die sog. **geringwertigen Wirtschaftsgüter.** Nach § 6 Abs. 2 EStG brauchen die Anschaffungs- oder Herstellungskosten von beweglichen Wirtschaftsgütern des Anlagevermögens, die der Abnutzung unterliegen und einer selbständigen Bewertung und Nutzung fähig sind, nicht aktiviert zu werden, sondern dürfen im Jahr der Anschaffung oder Herstellung – trotz mehrjähriger wirtschaftlicher Nutzungsdauer – in voller Höhe als Betriebsausgabe verrechnet werden, vorausgesetzt, daß die Anschaffungs- oder Herstellungskosten 800 DM nicht übersteigen. Im Falle der Nichtaktivierung werden stille Rücklagen gebildet, die sich im Laufe der Nutzungsdauer wieder auflösen.

Stille Rücklagen können ferner durch **Wertsteigerungen** entstehen, die auf Grund betriebswirtschaftlicher Bewertungsprinzipien oder gesetzlicher Bewertungsvorschriften bei der Bilanzierung nicht berücksichtigt werden. Das ist z. B. der Fall, wenn die Wiederbeschaffungskosten von Wirtschaftsgütern über die Anschaffungskosten steigen und die Anerkennung des Realisationsprinzips durch gesetzliche Bewertungsvorschriften ein Überschreiten der Anschaffungskosten unmöglich macht, weil andernfalls noch nicht durch Umsatz realisierte Gewinne ausgewiesen werden müßten. In diesem Fall ist die stille Rücklage nicht das Ergebnis einer bilanzpolitischen Entscheidung, sondern die automatische Folge der Beachtung einer Bilanzierungsvorschrift.

Versteckte Rücklagen entstehen beispielsweise durch absichtliche oder unabsichtliche **Überhöhung von Rückstellungen.** Da Rückstellungen für Verpflichtungen oder drohende Verluste gebildet werden, die ihren wirtschaftlichen Grund zwar in der Abrechnungsperiode haben, aber erst zu einem späteren Zeitpunkt zu einer Auszahlung (z. B. Pensionsrückstellungen) oder zu einer Mindereinzahlung (z. B. Delkredererückstellungen) führen, deren Höhe nur geschätzt werden kann, enthalten die Rückstellungen in der Höhe, in der die tatsächliche Ausgabe bzw. der tatsächlich eingetretene Verlust hinter der Schätzung zurückbleibt, versteckte Rücklagen.

Da stille Rücklagen im engeren Sinne stets an konkrete Vermögenspositionen gebunden sind, lösen sie sich in vielen Fällen ohne Zutun des Betriebes auf, z. B. wenn unterbewertete Vorräte verkauft werden oder zu schnell abgeschriebene Wirtschaftsgüter des Anlagevermögens ausscheiden, oder wenn bei stark degressiver Abschreibung gegen Ende der Nutzungsdauer die jährlichen Abschreibungsbeträge immer kleiner werden. Stille Rücklagen in nicht abnutzbaren Anlagegütern (z. B. im Grund und Boden) können dagegen langfristig vorhanden sein. Ihre Auflösung erfolgt unter Umständen erst bei der Liquidation des Betriebes. Auch versteckte Rücklagen können sich automatisch auflösen, so z. B. wenn mit einer überhöhten Garantierückstellung nur wenige Garantiefälle verrechnet werden können.

Offene Rücklagen lösen sich dagegen nicht ohne Zutun des Betriebes auf, es bedarf dazu stets einer **betrieblichen Entscheidung,** auch wenn durch den betrieblichen Umsatzprozeß sich das Eigenkapital und damit der Gegenwert der Rücklagen vermindert hat. Eine solche Wertminderung könnte unter Beibehaltung der offenen Rücklagen auch durch einen Verlustausweis gezeigt werden.

2. Die Zulässigkeit stiller Rücklagen in der Handels- und Steuerbilanz

Die Bildung stiller Rücklagen vermindert, ihre Auflösung erhöht den ausgewiesenen Periodenerfolg, m. a. W. stille Rücklagen stellen – mit Ausnahme der unten besprochenen Zwangsrücklagen – eine **Verletzung des Prinzips der periodengerechten Gewinnermittlung** dar, denn sie ermöglichen bei ihrer Bildung, daß bereits erzielte Gewinne erst später zum Ausweis gelangen, und bei ihrer Auflösung, daß bereits früher erzielte Gewinne erst jetzt als Periodengewinn erscheinen. Soweit es sich um stille Rücklagen im engeren Sinne handelt, wird durch ihre Bildung auch das Vermögen zu niedrig ausgewiesen. Die Bilanzen werden also verfälscht, und grundlegende Bilanzierungsprinzipien (Bilanzklarheit, Bilanzwahrheit) werden absichtlich oder unabsichtlich verletzt. Deshalb stellt sich die Frage, wie der Gesetzgeber in den handels- und steuerrechtlichen Bilanzierungsvorschriften das Problem der stillen Rücklagen geregelt hat.

Zunächst ist die Vorfrage zu stellen, ob und in welchem Umfange in der Handels- und Steuerbilanz die Bildung stiller Rücklagen zugelassen werden kann, wenn man von den **Zielsetzungen beider Bilanzen** ausgeht.

a) Die Vereinbarkeit stiller Rücklagen mit den Zielsetzungen von Handels- und Steuerbilanz

Die **Handelsbilanz** soll eine Rechenschaftslegung sein, die Gläubiger, Gesellschafter, Belegschaftsmitglieder und – insbesondere bei Publikumsgesellschaften – andere interessierte Personen und Institutionen über die wirtschaftliche Lage des Betriebes informiert, und bei den Betrieben, die keine interne Bilanz aufstellen, die Geschäftsführung zu periodischer Selbstinformation zwingt. Die Tatsache, daß die Bildung stiller Rücklagen durch buchmäßige Erhöhung des Periodenaufwandes (z. B. überhöhte Abschreibungen) oder durch buchmäßige Verminderung des Periodenertrages (z. B. überhöhte Delkredererückstellungen) den Periodengewinn reduziert, spricht zunächst **gegen** die Zulassung stiller Rücklagen in der Handelsbilanz, denn § 149 Abs. 1 AktG verlangt vom Jahresabschluß im Rahmen der Bewertungsvorschriften einen möglichst sicheren Einblick in die Vermögens- und Ertragslage der Gesellschaft. Daraus ist zu folgern, daß der in einer Periode erzielte Gewinn und das am Bilanzstichtag vorhandene Vermögen auch tatsächlich aus dem Jahresabschluß zu ersehen sein müssen.

Da aber durch die **Bildung** stiller Rücklagen die möglichen Gewinnausschüttungen an die Gesellschafter und Gewinnabführungen an die Finanzbehörden vermindert werden, **erhöht sie den Gläubigerschutz**, verstößt also nicht gegen eine wesentliche Zielsetzung der Handelsbilanz, vorausgesetzt, daß der Umfang der stillen Rücklagen sich aus dem Prinzip kaufmännischer Vorsicht – auch wenn es großzügig ausgelegt wird – begründen läßt und nicht aus reiner Bewertungswillkür, die anderen Zielsetzungen als denen der Handelsbilanz dienen soll, erfolgt.

Vom Standpunkt der Aktionäre ist die Bildung stiller Rücklagen dann **negativ** zu beurteilen, wenn die Aktionäre ein Interesse an möglichst hohen Gewinnausschüttungen haben, da Bemessungsgrundlage für den Teil des Gewinns, den der Vorstand nach § 58 AktG zur Ausschüttung freigeben muß, die Position **Jahresüberschuß** ist, die durch erhöhte Aufwandsverrechnung als Folge von Unterbewertungen (z. B. erhöhter Abschreibungsaufwand) reduziert wird. Handelt es sich dagegen um Großaktionäre, die nicht in erster Linie an Ausschüttungen, sondern an einem Zuwachs des Gesellschaftsvermögens interessiert sind, so können stille Rücklagen – insbesondere wenn sie steuerlich zulässig sind und zu einer Verschiebung von Gewinnsteuern auf spätere Perioden führen, auch **positiv** beurteilt werden.

Soweit durch die Bildung von stillen Rücklagen Preissteigerungsgewinne vor der Ausschüttung bewahrt werden, sind sie auch im Interesse der Gesellschafter günstig zu beurteilen. Sie dienen in diesem Falle der Kapitalerhaltung und der Kapitalsicherung. Sobald sie aber höher sind, als es zur Erfüllung dieser Aufgabe notwendig ist, kürzen sie die Gewinnansprüche der Gesellschafter.

Da stille Rücklagen aber in späteren Perioden wieder aufgelöst werden und dann entweder einen Verlustausweis verhindern oder sogar einen Gewinnausweis und eine Gewinnausschüttung ermöglichen können, enthalten sie die Gefahr, daß die Geschäftsführung durch ihre Auflösung Gläubiger, Gesellschafter und die Öffentlichkeit über die wirtschaftliche Lage des Betriebes täuschen kann, weil eine Rentabilität vorgespiegelt wird, die nicht auf der Leistung der Abrechnungsperiode, sondern früherer Perioden beruht.

Für die Handelsbilanz ist deshalb zunächst festzustellen, daß die Bildung stiller Rücklagen – soweit sie aus kaufmännischer Vorsicht erfolgt und nicht zum Zwecke absichtlicher Gewinnmanipulierungen – im Interesse der Gläubiger und auch der Gesellschafter liegen **kann**; da aber durch die Auflösung stiller Rücklagen, die aus der Bilanz nicht zu ersehen ist, eine gezielte Täuschung über die Ertragslage des Betriebes möglich ist, sind stille Rücklagen in der Handelsbilanz **generell als mit den Zielen dieser Bilanz unvereinbar** abzulehnen. Dennoch entstehen bei Anwendung der handelsrechtlichen Bewertungsvorschriften stille Rücklagen. Sie werden im Folgenden analysiert.

Zuvor soll noch ein Blick auf die **Steuerbilanz** geworfen werden. Ist das oberste Ziel der Besteuerung die Gewinnung größtmöglicher Einnahmen zur Deckung der Staatsausgaben, so widerspricht jede Bewertung in der Steuerbilanz, die zu einer Verringerung oder einer zinslosen zeitlichen Verschiebung der Steuereinnahmen führen kann, dieser Zielsetzung. Daraus folgt, daß eine dieser Zielsetzung der Besteuerung entsprechende Steuerbilanz die Aufgabe hat, den in einer Periode erzielten Gewinn zu ermitteln, damit er auch in dieser Periode der Besteuerung unterworfen werden kann. Das bedeutet: stille Rücklagen, die den steuerpflichtigen Gewinn reduzieren, dürfen in der Steuerbilanz **nicht zugelassen** werden. Dennoch schließen die steuerrechtlichen Bewertungsvorschriften die Bildung stiller Rücklagen nicht völlig aus.

Verfolgt der Staat dagegen mit der Steuerpolitik zugleich **ordnungspolitische Ziele**, d. h. benutzt er die Steuerpolitik als Instrument der Wirtschafts-, Konjunktur- und Sozialpolitik, indem er versucht, die unternehmerischen Entscheidungen über Investition, Finanzierungsform (z. B. Selbstfinanzierung), über Wahl oder Wechsel der Rechtsform und des Standortes, über Zusammenschlüsse zu Konzernen oder über die Vornahme von Fusionen u. a. zu beeinflussen, so kann die Zulässigkeit der Bildung stiller Rücklagen in der Steuerbilanz oder die Behandlung vorhandener stiller Rücklagen bei Umwandlung, Fusion oder Veräußerung von Betrieben oder von einzelnen Wirtschaftsgütern eines der Instrumente sein, mit denen eine derartige Ordnungspolitik vollzogen werden soll. Die wirtschaftspolitischen Ziele werden dann **über** das Ziel der periodengerechten Gewinnermittlung gestellt.

Da in den letzten Jahrzehnten die Steuerpolitik in einem immer stärkeren Maß zu einem Instrument staatlicher Beeinflussung unternehmerischer Entscheidungen geworden ist, kann man das früher einmal gültige Urteil, daß stille Rücklagen dem Wesen der Steuerbilanz widersprechen, nicht mehr aufrechterhalten. Sie widersprechen dem Ziel periodengerechter Gewinnermittlung, können aber durchaus berechtigt sein, wenn dieses Ziel **wirtschaftspolitischen Zielen untergeordnet** wird.

Da wirtschaftspolitische Zielsetzungen sich aber, wie die Erfahrung zeigt, in relativ kurzen Zeitabständen ändern, müssen in ebenso kurzen Intervallen die Steuergesetze geändert werden. Deshalb stellen die Vorschriften, durch die die periodengerechte Gewinnermittlung zugunsten ordnungspolitischer Ziele beeinträchtigt wird, in der Regel zeitlich oder auf besondere Personenkreise oder Wirtschaftszweige begrenzte **Sondervorschriften** dar, die zum Teil von Jahr zu Jahr verlängert oder durch im Abstand von einem Jahr erlassene Steueränderungsgesetze modifiziert werden. Eine solche Gesetzgebungspraxis bei Gesetzesnormen, die die unternehmerischen Entscheidungen erheblich beeinflussen können oder sollen, stört eine langfristige betriebliche Steuerpolitik, deren Aufgabe eine optimale Anpassung an die steuerrechtlichen Normen ist.

Man kann also zwei Gruppen von stillen Rücklagen in der Steuerbilanz unterscheiden:

1. stille Rücklagen, die als Folge von Vorschriften über Bewertung und Abschreibung gebildet werden, die lediglich der **Gewinnermittlung** dienen, und

2. stille Rücklagen, die als Mittel zur Durchsetzung **wirtschaftspolitischer Ziele** zugelassen werden, und zwar durch Gewinn- und folglich Steuerverschiebungen auf spätere Perioden.

b) Die Arten stiller Rücklagen in der Handels- und Steuerbilanz

In der Betriebswirtschaftslehre hat sich eine Einteilung der stillen Rücklagen im Hinblick auf ihr Verhältnis zu den gesetzlichen Bewertungsvorschriften in Zwangsrücklagen, Schätzungsrücklagen, Ermessensrücklagen und Willkürrücklagen durchgesetzt.

Der Begriff **Zwangsrücklagen** soll zum Ausdruck bringen, daß der Betrieb im Gegensatz zu den drei anderen genannten Arten zur Bildung stiller Rücklagen gezwungen wird, und zwar durch **gesetzliche Bewertungsvorschriften**. Obere Grenze der Bewertung der Wirtschaftsgüter des Anlagevermögens sind in der Handelsbilanz und Steuerbilanz die Anschaffungs- oder Herstellungskosten. Sie dürfen auch dann nicht überschritten werden, wenn die Wiederbeschaffungskosten über die Anschaffungs- oder Herstellungskosten gestiegen sind. Das hat zur Folge, daß Wertsteigerungen, die über die Anschaffungs- oder Herstellungskosten hinausgehen, nicht ausgewiesen werden können und folglich stille Rücklagen entstehen. Sie könnten nur vermieden werden, wenn das Anschaffungswertprinzip aufgegeben und eine Bewertung (und Abschreibung) nach den Wiederbeschaffungskosten durchgeführt würde.

Ein solches Verfahren, das in einer internen Bilanz, die der Selbstinformation der Geschäftsführung dient, angewendet werden sollte, ist für die Handelsbilanz abzulehnen, da es zum Ausweis und damit ggf. zur **Ausschüttung unrealisierter Gewinne** führt und folglich sowohl gegen das Prinzip des Gläubigerschutzes als auch gegen die Interessen der Aktionäre verstößt, denn die Ausschüttung von Wertsteigerungen bedeutet eine Verminderung der Vermögenssubstanz.

In der **Steuerbilanz** ist ein Überschreiten der Anschaffungs- oder Herstellungskosten abzulehnen, da es zu einer Besteuerung von Wertsteigerungen führen würde, die nach dem Gewinnbegriff des Einkommensteuergesetzes zum steuerpflichtigen Gewinn gezählt werden müßten, obwohl eine Gewinnrealisierung durch Umsatz noch nicht erfolgt ist.

Ist z. B. ein Wertpapier zu 180 angeschafft worden, und steigt der Kurs auf 240, so würde bei einer Bewertung zu 240 ein Buchgewinn von 60 anfallen. Würde dieser Betrag den Betrieb als Gewinnausschüttung (40) und Steuerzahlung (20) verlassen, so würde sich die Liquidität des Betriebes verschlechtern, denn er zahlt die 60 ja nicht aus dem Umsatzerlös des Wertpapiers, sondern aus anderen liquiden Mitteln. Verkauft er das Wertpapier nach drei Jahren zu 180, so entsteht ein Verlust von 60, der den steuerpflichtigen Gewinn der Veräußerungsperiode mindert. Unterstellen wir gleichbleibenden proportionalen Steuersatz, so hat der Betrieb bei einer Bewertung zu Wiederbeschaffungskosten (Tageswerten) per Saldo zwar nicht zuviel Steuern entrichtet, denn er spart jetzt Steuern von 20, er hat aber neben der Liquiditätsbelastung auch – gegenüber einer Bewertung zu Anschaffungskosten – einen Zinsverlust erlitten, weil er eine Wertsteigerung als Gewinn versteuern mußte, die sich später nicht durch Umsatz reali-

sieren ließ. Außerdem hat sich die Substanz des Betriebes um die Gewinnausschüttung vermindert.

Auch das **Prinzip des strengen Wertzusammenhanges,** nach dem gem.
§ 6 Abs. 1 Ziff. 1 EStG bei abnutzbaren Wirtschaftsgütern des Anlagevermögens der letzte Bilanzansatz nicht überschritten werden darf, kann die
Bildung von Zwangsrücklagen zur Folge haben. Ist beispielsweise der Teilwert einer Maschine durch Anwendung der regulären Abschreibung (AfA)
unterschritten worden, so ist eine Bewertung mit einem über dem letzten
Bilanzansatz (Anschaffungsrestwert) liegenden Wert nicht zulässig. Die
Maschine ist folglich auf Grund einer zwingenden gesetzlichen Vorschrift
unterbewertet, d. h. sie enthält eine stille Rücklage.

Zwangsrücklagen in der Steuerbilanz sind vom betriebswirtschaftlichen
Standpunkt aus **positiv** zu beurteilen, da sie verhindern, daß Wertsteigerungen als Gewinne versteuert werden müssen, bevor sie durch Umsatz
realisiert worden sind. Zwangsrücklagen sind also die Folge der Anerkennung des Realisationsprinzips für Gewinne in der Steuerbilanz. Dieses
Prinzip präzisiert den in § 4 EStG nur formal definierten Gewinnbegriff
dahingehend, daß steuerpflichtig nur Gewinne sind, die durch Umsatz entstanden sind. Ist aber der steuerpflichtige Gewinn in dieser Weise definiert,
so können Zwangsrücklagen ihn nicht vermindern. Folglich kann ihre Bildung nicht gegen das Prinzip periodengerechter Gewinnermittlung verstoßen. Ein socher Verstoß liegt nur dann vor, wenn durch Umsatz erzielte
Gewinne mit Hilfe stiller Rücklagen zeitweilig der Besteuerung entzogen
werden.

Ebensowenig wie Zwangsrücklagen können **Schätzungsrücklagen** in beiden Bilanzen vermieden werden. Sie entstehen allgemein dann, wenn der
Wert eines Aktiv- oder Passivpostens in der Bilanz wegen der mangelnden
menschlichen Voraussicht nur schätzungsweise festgestellt werden kann. So
z. B. wenn die Nutzungsdauer von Wirtschaftsgütern zu kurz geschätzt wird oder die Verteilung der Anschaffungskosten durch Abschreibungen auf die Jahre der Nutzung nicht entsprechend der Wertminderung
erfolgt oder Rückstellungen zu hoch angesetzt werden. Ist der Ansatz einer
zu kurzen Nutzungsdauer oder einer zu hohen Rückstellung nicht die Folge
einer unvollkommenen Voraussicht, sondern einer **absichtlichen Fehlschätzung,** so liegt eine Willkürrücklage vor. Gleiches gilt, wenn die Diskrepanz zwischen Abschreibungsquote und Wertminderung nicht infolge der
Unmöglichkeit einer exakten Messung der Wertminderung, sondern einer
absichtlichen Unterbewertung zustande kommt.

In beiden Bilanzen besteht die Möglichkeit – abgesehen von gewissen
Einschränkungen in der Steuerbilanz – das Abschreibungsverfahren frei
zu wählen. Während für die Handelsbilanz auch keine Beschränkungen
der Höhe der Degressionsquoten bei degressiver Abschreibung bestehen,
hat das Steuerrecht dafür Obergrenzen festgesetzt. Willkürliche Fehlschätzungen werden jedoch für die Aktienbilanzen und die aus ihnen abgeleiteten Steuerbilanzen durch die Vorschrift des § 149 Abs. 1 AktG verhin-

dert, denn die Forderung nach einem möglichst sicheren Einblick in die Vermögens- und Ertragslage im Rahmen der Bewertungsvorschriften kann nur erfüllt werden, wenn Ermessensspielräume in den Bewertungs- und Abschreibungsvorschriften allein unter dem Gesichtspunkt der bestmöglichen Offenlegung der Vermögens- und Ertragssituation ausgenutzt werden.

Ermessensrücklagen können, wie die Bezeichnung sagt, dann gebildet werden, wenn die gesetzlichen Bewertungsvorschriften dem Betrieb ein Ermessen einräumen, zwischen zwei oder mehreren Wertansätzen für ein Wirtschaftsgut zu wählen. Das ist beispielsweise bei den nicht abnutzbaren Gütern des Anlagevermögens und bei den Gütern des Umlaufvermögens möglich. Für diese Güter gilt das Prinzip des strengen Wertzusammenhanges auch in der Steuerbilanz nicht, d. h. der **letzte Bilanzansatz darf** im Falle einer Wertsteigerung **überschritten werden.** Er kann aber auch beibehalten werden, oder es kann ein Zwischenwert angesetzt werden.

Maßgeblich für den Ansatz in der Steuerbilanz ist auch hier die Handelsbilanz. § 154 Abs. 2 letzter Satz AktG räumt für Güter des Anlagevermögens ein, daß ein durch außerplanmäßige Abschreibung oder Wertberichtigung entstandener niedriger Wertansatz auch dann beibehalten werden darf, wenn die Gründe der außerplanmäßigen Abschreibung oder Wertberichtigung nicht mehr bestehen. Entsprechend darf auch ein bei Gütern des Umlaufvermögens nach § 155 Abs. 2 und 3 AktG zulässiger Wertansatz fortgeführt werden, wenn seine Gründe nicht mehr bestehen.[4] Der Betrieb hat also die Möglichkeit – je nachdem, ob er sein Vermögen und damit seinen Gewinn höher oder niedriger ausweisen will – die entstandenen stillen Rücklagen aufzulösen oder beizubehalten.

Unterschreitet der Betrieb willkürlich den bekannten oder durch Schätzung ermittelten Wert eines Wirtschaftsgutes, so entsteht eine **Willkürrücklage.** Für die Handelsbilanz sind Willkürrücklagen seit jeher geradezu charakteristisch, denn sie werden aus betriebspolitischen Überlegungen gebildet, die über Zielsetzungen der Handelsbilanz gestellt werden, soweit das Handelsrecht nicht einen Riegel vorschiebt. Es war ein ausgesprochenes Ziel der Neufassung der aktienrechtlichen Rechnungslegungsvorschriften im Aktiengesetz 1965, die Möglichkeiten zur Bildung von Willkürrücklagen, die das Aktiengesetz 1937 offen ließ, zu beseitigen, und zwar in erster Linie im Interesse der Aktionäre, deren Gewinnansprüche durch Bildung von Willkürrücklagen beeinträchtigt werden können.

Da gerade diese Bewertungsvorschriften nicht als Grundsätze ordnungsmäßiger Buchführung und Bilanzierung für Nicht-Aktiengesellschaften angesehen werden können[5], gelten für diese Betriebe noch die als Grundsätze ordnungsmäßiger Buchführung und Bilanzierung anerkannten Vorschriften des Aktiengesetzes 1937. Danach sind als Wertobergrenze bei Gütern des Anlagevermögens „höchstens" die Anschaffungs- oder Herstel-

---

4 Vgl. S. 347 f.
5 Vgl. S. 135 f.

lungskosten, bei Gütern des Umlaufvermögens „höchstens" der sich nach dem Niederstwertprinzip ergebende Wert zu verwenden, woraus geschlossen wird, daß **auch ein niedrigerer Ansatz zulässig** ist.

Unter dem Deckmantel des Prinzips kaufmännischer Vorsicht können also durch absichtlich zu kurze Schätzung der Nutzungsdauer, durch absichtliche Wahl zu hoher Degressionssätze bei der Abschreibung oder durch absichtlich zu hoch angesetzte Wertabschläge bei Vorräten und Forderungen Willkürrücklagen gebildet werden, indem der Periodenaufwand buchmäßig vergrößert oder der Periodenertrag buchmäßig vermindert wird.

Das Aktiengesetz 1965 hat aus den durch das Wort „höchstens" charakterisierten Wertobergrenzen **feste Ansätze** gemacht, die nur noch in den durch das Gesetz zugelassenen Ausnahmefällen unterschritten werden dürfen.[6] Zu diesen Ausnahmen gehört auch die Bestimmung, daß in der Steuerbilanz erlaubte niedrigere Wertansätze in die Handelsbilanz übernommen werden dürfen, d. h. alle aus wirtschaftspolitischen Gründen zugelassenen Sonderbewertungen in der Steuerbilanz, die den Zweck haben, die Steuerbemessungsgrundlagen zu verändern, und die vom Standpunkt der andersgearteten Zielsetzungen der Handelsbilanz zur Bildung erheblicher Willkürrücklagen führen können, sind in der Handelsbilanz zugelassen worden. Anderenfalls könnten sie wegen des Prinzips der Maßgeblichkeit der Handelsbilanz für die Steuerbilanz in letzterer nicht angewendet werden. **Hier verliert das Maßgeblichkeitsprinzip seinen Sinn,** denn es führt dazu, daß die Handelsbilanz erheblich an Aussagewert verlieren kann.[7]

Eine Bildung von Willkürrücklagen ist in der **Steuerbilanz** bei Anwendung der „normalen" Bewertungsvorschriften der §§ 6 und 7 EStG kaum möglich, da – im Gegensatz zur Handelsbilanz (außer der Aktienbilanz nach neuem Recht) – eine untere Wertgrenze durch den niedrigeren Teilwert fixiert ist. Zwar kann die Zulässigkeit der degressiven Abschreibung theoretisch in der Steuerbilanz zur Bildung von Willkürrücklagen führen, doch da die steuerlich zulässigen Degressionssätze sehr gering sind, ist der Umfang der stillen Rücklagen praktisch wesentlich kleiner als in der Handelsbilanz, die keine Begrenzung der Degression kennt.

Es darf allerdings nicht übersehen werden, daß bereits beim Ansatz des Teilwertes stille Rücklagen vorhanden sein können, da nach der Vermutung des Reichsfinanzhofs der Teilwert von abnutzungsfähigen Wirtschaftsgütern gleich den Anschaffungs- oder Herstellungkosten, vermindert um die Absetzung für Abnutzung ist. Diese **Teilwertvermutung** gilt auch dann, wenn degressiv abgeschrieben wird und folglich in den ersten Jahren der Nutzungsdauer die Abschreibung höher als die Wertminderung sein kann.

Im Umlaufvermögen werden Willkürrücklagen, die in der Handelsbi-

---

6 Vgl. S. 300 u. 340
7 Vgl. die Kritik auf S. 37 ff.

lanz durch ein Unterschreiten des (niedrigeren) Tageswertes gebildet werden können, durch die Vorschrift verhindert, daß der niedrigere Teilwert, der nach den Vermutungen des Reichsfinanzhofs gleich den Wiederbeschaffungskosten ist, nicht unterschritten werden darf.

Obwohl stille Rücklagen dem Prinzip der periodengerechten Gewinnermittlung widersprechen und deshalb durch die Bewertungsvorschriften der §§ 6 und 7 EStG verhindert werden sollen, sind sie insbesondere in der Zeit nach dem 2. Weltkriege in steigendem Maße ein **von der Steuerpolitik bevorzugtes Instrument** geworden, die Entscheidungen des Betriebes im Hinblick auf bestimmte wirtschaftspolitische Zielsetzungen zu beeinflussen. Da der Betrieb aber bei der Inanspruchnahme fast aller dieser von der Steuerpolitik angebotenen Möglichkeiten der Bildung stiller Rücklagen, deren Wirkung in der Regel eine Steuerstundung ist, ein freies Entscheidungsrecht hat, sind sie ein wesentliches Mittel der Rücklagenpolitik. Sie werden in dieser Funktion unten ausführlich analysiert.

Sechster Abschnitt

Bewertungs- und Rücklagenpolitik

I. Begriffliche Abgrenzungen

Bewertungs- und Rücklagenpolitik sind die wichtigsten Instrumente, die zur Realisierung bilanzpolitischer Ziele eingesetzt werden können. Andere bilanzpolitische Mittel – z. B. die Gliederungspolitik, die Wahl des Bilanzstichtages und des Stichtages der Bilanzaufstellung – wurden oben bereits kurz erörtert[1]. Gegenstand der Bewertungspolitik ist die zweckmäßige Gestaltung der Wertansätze der Bilanzpositionen, Gegenstand der Rücklagenpolitik die zweckmäßige Gestaltung der Rücklagen nach Art und Umfang zur Realisierung betrieblicher Zielsetzungen. Bewertungs- und rücklagepolitische Entscheidungen erfordern eine Kenntnis der Ziele und der zu ihrer Durchsetzung zur Verfügung stehenden Mittel (z. B. Abschreibungsverfahren, Verfahren zur Ermittlung der Herstellungskosten oder der Bewertung gleichartiger Vorräte, offene, stille, steuerfreie, steuerpflichtige Rücklagen) und der Wirkungen ihres Einsatzes.

Gesetzliche Vorschriften können den bewertungs- und rücklagepolitischen Spielraum des Betriebes einengen oder erweitern. Eine Einengung erfolgt z. B. durch die gesetzliche Festlegung von Wertober- und Wertuntergrenzen, das Verbot der Anwendung bestimmter Abschreibungsverfahren, Aktivierungs- und Passivierungspflichten, Vorschriften über die Bildung und Verwendung der gesetzlichen Rücklage der Aktiengesellschaft[2], und über die Verwendung des Jahresüberschusses zur Bildung freier Rücklagen[3], ferner durch die Begrenzung der Möglichkeiten zur Bildung stiller Rücklagen durch aktienrechtliche und steuerrechtliche Bewertungsvorschriften und durch den Zwang zur Berichterstattung im Geschäftsbericht über die Bildung und Auflösung stiller Rücklagen als Folge einer Veränderung der Bewertungs- und Abschreibungsverfahren gegenüber dem vorhergehenden Jahresabschluß.[4] Beispiele für eine Erweiterung des Entscheidungsspielraums sind die Zulassung bestimmter Bewertungsfreiheiten und bestimmter steuerfreier Rücklagen in der Steuerbilanz aus wirtschaftspolitischen Überlegungen, die – damit sie in der Steuerbilanz wirksam werden können –, in den meisten Fällen zuvor in der Handelsbilanz berücksichtigt werden müssen.

---

[1] Vgl. S. 47 ff.
[2] Vgl. § 150 AktG
[3] Vgl. § 58 AktG
[4] Vgl. § 160 Abs. 2 AktG

Bewertungs- und Rücklagenpolitik lassen sich nicht immer scharf gegeneinander abgrenzen. Die Abgrenzung ist unproblematisch bei der Bildung und Auflösung offener Rücklagen. Diese ist, wenn man von Kapitalrücklagen absieht, die auf Grund gesetzlicher Vorschriften in die gesetzliche Rücklage der Aktiengesellschaft eingestellt werden müssen (z. B. Agiobeträge, Zuzahlungen der Aktionäre) und deren Einstellung eine erfolgsunwirksame Kapitalzuführung darstellt, eine **Entscheidung über die Gewinnverwendung**. Erzielte Periodengewinne werden nicht als Bilanzgewinn, sondern auf Rücklagepositionen ausgewiesen. Werden offene Rücklagen zum Zwecke der Gewinnausschüttung aufgelöst, so wird eine Entscheidung über die Verwendung von in früheren Perioden erzielten und bisher thesaurierten Gewinnen getroffen.

Die Bildung und Auflösung **offener** Rücklagen hat nichts mit der Bewertung des Vermögens und der Schulden zu tun. Rücklagen- und Bewertungspolitik lassen sich in diesem Falle also scharf gegeneinander abgrenzen. Die Bildung **stiller** Rücklagen dagegen beruht in der Regel auf einer Bewertungsentscheidung. Durch Unterbewertung von Vermögensteilen (z. B. zu hohe Anlagenabschreibung oder zu niedriger Ansatz der Herstellungskosten von Halb- und Fertigfabrikaten) oder durch Überbewertung von Schulden (z. B. Überhöhung von Rückstellungen) werden erzielte Gewinne buchmäßig nicht gezeigt, obwohl sie ebenso wie bei der Bildung offener Rücklagen an den Betrieb gebunden worden sind. Hier überschneiden sich die Begriffe Bewertungs- und Rücklagenpolitik. Die Bewertungsentscheidung ist zugleich 'eine Entscheidung über die Bildung stiller Rücklagen, oder anders formuliert: die Bildung stiller Rücklagen ist durch Bewertungsmaßnahmen erfolgt. Es handelt sich allerdings auch bei der Bildung stiller Rücklagen um eine Entscheidung über die Gewinnverwendung, wenn man den Gewinnbegriff im wirtschaftlichen und nicht nur im bilanztechnischen Sinne verwendet.

Die **Gewinnerzielung** wird durch die Rücklagenbildung nicht tangiert. Letztere erfolgt erst, nachdem ein Gewinn erzielt worden ist, sie entscheidet darüber, welche Teile des Gewinns als Bilanzgewinn, als offene Rücklagen, als versteckte Rücklagen ausgewiesen werden oder durch Bildung stiller Rücklagen im engeren Sinne überhaupt nicht in der Bilanz erscheinen.

Stille Rücklagen reduzieren also nicht den **erzielten,** sondern nur den in der Periode der Erzielung aus der Bilanz **ersichtlichen** und damit den – wenn es sich um eine Steuerbilanz handelt – in dieser Periode zu **versteuernden** Gewinn. Wird durch Unterbewertung von Vermögenspositionen nicht nur der erzielte Gewinn buchtechnisch reduziert, sondern entsteht ein Buchverlust, so ist die stille Rücklagenbildung in Höhe des Verlustes allerdings keine Verwendung von Periodengewinnen, sondern eine buchtechnische Kürzung des Ausweises des bereits in früheren Perioden vorhanden gewesenen Eigenkapitals.

Eine scharfe begriffliche Trennung zwischen Bewertungs- und Rücklagenpolitik ließe sich dadurch erreichen, daß man die Entscheidungen über die Bildung stiller Rücklagen **der Bewertungspolitik zuordnet,** weil stille Rücklagen meist durch Bewertungsentscheidungen zustande kommen. Der Begriff Rücklagenpolitik würde sich dann nur auf die offenen Rücklagen beziehen. Soweit stille Rücklagen nicht durch Bewertungsentscheidungen entstehen, sondern eine Folge gesetzlicher Bewertungsvorschriften sind (Zwangsrücklagen), können sie dennoch nicht aus dem Bereich der Bilanzpolitik ausgeschlossen werden. Da Wertsteigerungen über die Anschaffungskosten nicht ausgewiesen werden dürfen, solange sie nicht durch Umsatz realisiert worden sind, ist in diesen Fällen zwar die Bildung stiller Rücklagen der freien Entscheidung des Betriebes entzogen, ihre Auflösung bedarf jedoch einer Entscheidung, die insbesondere im Hinblick auf die vom Steuerrecht eingeräumten Möglichkeiten der Übertragung von bei der Veräußerung aufgelösten stillen Rücklagen auf andere Wirtschaftsgüter in den Bereich der Bilanzpolitik gehört.

Die Begriffe Bewertungs- und Rücklagenpolitik bedürfen noch einer Abgrenzung zum Begriff der **Gewinnverwendungspolitik.** Wie oben gezeigt, ist sowohl die Bildung offener als auch die Bildung stiller Rücklagen eine Entscheidung über die Gewinnverwendung. Der Begriff Gewinnverwendungspolitik eignet sich aber dennoch nicht als Oberbegriff, weil er enger ist als der Begriff Bewertungspolitik, denn nicht alle Bewertungsentscheidungen führen zur Bildung von stillen Rücklagen und sind somit Entscheidungen über die Gewinnverwendung. Soweit durch eine Bewertungsmaßnahme (z. B. eine planmäßige oder außerplanmäßige Abschreibung) ein in der Periode eingetretener Wertverzehr (Aufwand) erfaßt wird, hat das nichts mit Gewinnverwendung zu tun. Gewinnverwendung durch Bewertung liegt dann vor, wenn durch buchtechnische Überhöhung des Periodenaufwandes der ausgewiesene Bilanzgewinn vermindert wird, indem Teile des erzielten Gewinns „still" an den Betrieb gebunden werden und damit eine Entscheidung über eine Nichtausschüttung getroffen wird (z. B. stark degressive Abschreibung, die weder durch technische noch durch wirtschaftliche Wertminderungsfaktoren begründet ist).

Für die im Betriebe erzielten Gewinne gibt es zwei Verwendungsmöglichkeiten: entweder sie werden von den Gesellschaftern bzw. zur Zahlung von Dividenden oder zur Zahlung von Steuern **entnommen** oder sie werden **zurückbehalten.** Je höher bei gegebenem Gewinn die mit Hilfe der Rücklagenbildung erfolgte Gewinnthesaurierung ist, desto kleiner ist der zur Ausschüttung verbleibende Teil des Gewinns und umgekehrt.

Rücklagenpolitik und **Ausschüttungspolitik** (Dividendenpolitik) stehen also in einer Wechselbeziehung, die zu einer Rangordnung der betrieblichen Ziele führen kann: ist zur Realisierung bestimmter betrieblicher Ziele eine Gewinnthesaurierung in einer bestimmten Höhe erforderlich, so kann nur noch der „Rest" des Gewinns ausgeschüttet werden, soll an die Gesellschafter eine bestimmte Nominalverzinsung gezahlt werden (Dividendenstabilisierung), so steht nur noch der „Rest" des Gewinns zur Rücklagenbildung und den damit verfolgten Zielen zur Verfügung. Es können also

Zielkonflikte entstehen: soll eine Neuinvestition finanziert werden, und sind Finanzierungsmittel von außen nicht zu beschaffen, so ist die Bildung von Rücklagen zum Zwecke der Selbstfinanzierung erforderlich, andererseits kann aber eine zu geringe Gewinnausschüttung – vor allem wenn sie sich über mehrere Perioden fortsetzt – das Interesse der Aktionäre oder der potentiellen Aktionäre an der Gesellschaft erheblich beeinträchtigen.

Die Rücklagenpolitik ist andererseits zugleich ein **Instrument** der Ausschüttungspolitik: eine Stabilisierung der Dividenden ist nur möglich, wenn in Verlustjahren oder Jahren geringer Gewinnerzielung ein Gewinnausweis durch Auflösung von in früheren Jahren gebildeten Rücklagen erfolgen kann.

Ebenso kann die Ausschüttungspolitik der Rücklagenpolitik dienen, wenn Gewinne an sich thesauriert werden sollen, aus steuerlichen Überlegungen aber die Ausschüttung und Wiedereinlage von Gewinnen vorteilhaft ist (z. B. höhere steuerliche Belastung der zurückbehaltenen als der ausgeschütteten Gewinne).

Da offene Rücklagen nur in den Bilanzen von Kapitalgesellschaften gebildet werden, die Bildung stiller Rücklagen dagegen von der Rechtsform unabhängig ist, sind auch Entscheidungen über die Gewinnverwendung in Personenunternehmen, die nicht über die Bildung stiller Rücklagen erfolgen, aus der Bilanz nicht zu erkennen. Das Problem einer Entscheidung über eine Aufteilung des Jahresüberschusses auf offene Rücklagen und ausschüttungsfähigen Gewinn stellt sich somit bei Personengesellschaften nicht. Die Entnahmen der Gesellschafter stehen oft in keiner unmittelbaren Beziehung zum Jahresgewinn.

Die Interdependenzen und die begrifflichen Überschneidungen zwischen den bilanzpolitischen Instrumenten der Bewertungs-, Rücklagen-, Gewinnverwendungs- und Ausschüttungspolitik lassen es als zweckmäßig erscheinen, nicht diese Instrumente getrennt zu betrachten, sondern von den bilanzpolitischen Zielen auszugehen, zu deren Realisierung sie teilweise alternativ zur Verfügung stehen.

Die gesetzlichen Vorschriften über die Bilanzierung enthalten Aktivierungs-, Passivierungs-, Bewertungs- und Gewinnausweiswahlrechte, die dem Betrieb einen bestimmten bilanzpolitischen Spielraum lassen und ihm damit die Möglichkeit einräumen, Entscheidungen über die Art und Höhe der Bilanzansätze zu treffen. Wie er diese Wahlrechte ausübt, hängt von den Zielsetzungen ab, die er mit der Bilanzierung neben den oder anstelle der Zielsetzungen des Gesetzgebers verfolgt.

Durch bilanzpolitische Maßnahmen können vor allem **drei Größen** in ihrer Höhe und ihrer Zusammensetzung beeinflußt werden: das ausgewiesene Vermögen, die ausgewiesenen Schulden und der ausgewiesene Erfolg. Die Beeinflussung dieser Größen ist jedoch in der Regel nicht das **Ziel** der Bilanzpolitik, sondern ein **Mittel,** das zur Realisierung einer Anzahl von betrieblichen Zielen eingesetzt werden kann.

Verfolgt die Bilanzpolitik das Ziel, den Ausweis des Erfolges des Vermögens und der Schulden im Interesse übergeordneter betrieblicher Zielsetzungen zu gestalten (z. B. Beeinflussung der finanziellen Sphäre, der Steuerbelastung, der Meinung Außenstehender), so steht im Rahmen der gesetzlichen Bilanzierungsvorschriften eine Reihe von Instrumenten zur Verfügung. Bei ihrem Einsatz ist zu beachten, daß zwischen den drei Größen Vermögen, Schulden und Erfolg Interdependenzen bestehen, durch die Zielkonflikte ausgelöst werden können.

Im folgenden sollen zunächst die Ziele, die mit Hilfe bewertungs- und rücklagepolitischer Maßnahmen verfolgt werden können, danach die Interdependenzen zwischen den Größen Erfolg, Vermögen und Schulden, die beim Einsatz bewertungs- und rücklagepolitischer Mittel zu beachten sind, und schließlich die Instrumente der Bewertungs- und Rücklagenpolitik betrachtet werden.

II. Die Ziele der Bewertungs- und Rücklagenpolitik

Die in den letzten fünfzig Jahren permanent steigende Steuerbelastung der Betriebe und die insbesondere seit Ende des Zweiten Weltkrieges immer mehr zunehmende gewollte oder ungewollte Beeinflussung der unternehmerischen Entscheidungen durch steuerpolitische Maßnahmen, mit denen außerfiskalische Ziele durchgesetzt werden sollen, haben zur Folge, daß die Bilanzpolitik in immer stärkerem Maße in erster Linie der **Minimierung der steuerlichen Belastung** durch Gestaltung der Steuerbilanz dient, und daß andere Ziele zugunsten der steuerlichen zurücktreten müssen. Diese Gestaltung wirkt durch das Prinzip der Maßgeblichkeit der Handelsbilanz für die Steuerbilanz auf die Handelsbilanz zurück, wodurch dieses Prinzip in vielen Fällen umgekehrt wird.

Da Personenunternehmungen (mit Ausnahme der wenigen, die dem Publizitätsgesetz unterliegen) keine Handelsbilanzen veröffentlichen müssen, verwenden sie in weitem Umfange die Steuerbilanz zugleich als Handelsbilanz; das heißt aber, daß die bilanzpolitischen Möglichkeiten ihre Grenze in den steuerrechtlichen Vorschriften finden. Der fehlende Zwang zur Publizität hat zur Folge, daß bilanzpolitische Maßnahmen zur Beeinflussung der Meinungsbildung Außenstehender kaum Bedeutung haben. Die Beurteilung der Kreditwürdigkeit durch potentielle Kreditgeber erfolgt nicht allein nach der Jahresbilanz, sondern nach einem Kreditstatus, für dessen Aufstellung die Jahresbilanz nur ein Hilfsmittel ist. Dabei wird in der Regel die Steuerbilanz herangezogen, da Steuerbilanzen in gewissen Zeitabständen der steuerlichen Betriebsprüfung unterliegen und folglich die Wahrscheinlichkeit, daß sie den gesetzlichen Vorschriften entsprechend aufgestellt worden sind, größer als bei Handelsbilanzen ist, die zwar nach den Grundsätzen ordnungsmäßiger Bilanzierung zu erstellen, aber keiner Prüfung zu unterwerfen sind.

Zwar dominiert auch bei Kapitalgesellschaften der steuerliche Gesichtspunkt bei der Gestaltung der Bilanzansätze, jedoch treten hier – insbesondere bei publizitätspflichtigen Gesellschaften – häufig auch nicht-steuerliche Ziele der Bilanzpolitik in den Vordergrund. Dadurch können teils Zielkonflikte entstehen (z. B. ein aus „optischen Gründen" gewünschter hoher Gewinnausweis löst hohe Steuerbelastung aus), teils werden bilanzpolitische Ziele durch steuerliche Vorschriften unterstützt (z. B. möglichst geringer Gewinnausweis aus ausschüttungspolitischen Überlegungen durch Bildung stiller Rücklagen, die zu Steuerverschiebungen auf spätere Perioden führen). Wegen der besonderen Bedeutung der steuerlichen Vorschriften für die Bilanzpolitik müssen sie im folgenden ausführlich analysiert werden.

Die wichtigsten Ziele, die mit Hilfe bewertungs- und rücklagepolitischer Maßnahmen auf dem Wege über eine Gestaltung der Höhe des ausgewiesenen Erfolges, des ausgewiesenen Vermögens und der ausgewiesenen Schulden realisiert werden können, sind einerseits die Beeinflussung des finanziellen Bereichs des Betriebes und andererseits die Beeinflussung der am Betriebe interessierten Personengruppen in einer Weise, die dem guten Ruf des Betriebes dient.[1] Im einzelnen handelt es sich dabei um Maßnahmen

1. der Kapitalsicherung,
2. der Kapitalerhaltung,
3. der Kapitalerweiterung,
4. der Kapitalumschichtung,
5. der Liquiditätsverbesserung,
6. der Steuerminimierung,
7. der Ausschüttungspolitik,
8. der Meinungsbildungspolitik.

1. Kapitalsicherung

Das betriebliche Kapital ist ständig von einer Vielzahl von Risiken bedroht, deren Eintritt zwar ungewiß, aber vielfach unvermeidlich ist, da es sich um Verlustquellen handelt, auf die der Betrieb keinen Einfluß nehmen kann. Gegen eine Anzahl spezieller Risiken kann sich der Betrieb abschirmen. Das ist erstens möglich durch Abschluß von **Fremdversicherungen**; sie führen zu laufenden Zahlungen von Versicherungsprämien, durch die Aufwendungen und Ausgaben auch dann entstehen, wenn keine Risikoverluste eintreten (z. B. Feuer-, Diebstahl-, Unfallversicherung).

Handelt es sich um Risiken, die zwar auch im Einzelfall unregelmäßig, über einen längeren Zeitraum betrachtet aber mit einer gewissen Regelmäßigkeit auftreten und infolgedessen in etwa zu quantifizieren sind (z. B. Anlagen-, Bestände-, Gewährleistungsrisiko), so ist zweitens eine „**Selbstversicherung**" möglich, indem man die in unregelmäßigen Zeitabständen eintretenden Verluste periodisiert. Die Periodisierung erfolgt in der Kostenrechnung durch Ansatz kalkulatorischer Wagniszuschläge, die durchschnittliche Verluste (als Erfahrungs- oder Schätzungswerte) darstellen. Dadurch wird vermieden, daß die Kostenrechnung mit Zufallsverlusten belastet wird, weil bei zutreffender Schätzung über einen längeren Zeitraum die periodisch verrechneten kalkulatorischen Wagniszuschläge und die

---

[1] Vgl. S. 474

aperiodisch eingetretenen Wagnisaufwendungen im wesentlichen übereinstimmen.

Dieser Verrechnung (Periodisierung) von aperiodisch anfallenden Kosten in der Kostenrechnung kann in der Bilanz durch Bildung von **Rückstellungen** Rechnung getragen werden. Dadurch wird in jeder Periode ein bestimmter buchtechnischer Risikoaufwand verrechnet, ohne daß entsprechende Ausgaben anfallen. Der Gewinn wird um die Rückstellung niedriger ausgewiesen, der Gegenwert der Rückstellungen bleibt aber an den Betrieb gebunden, solange keine Risikoverluste eintreten. Es werden folglich Gewinnteile an den Betrieb gebunden, die bei plötzlich auftretenden Risikoverlusten zum Ausgleich zur Verfügung stehen (Aufwandsperiodisierung). In der Steuerbilanz sind Rückstellungen für Selbstversicherungen nicht zulässig[2], soweit sie nicht für Ansprüche Dritter, die noch nicht entstanden, aber auf Grund der Erfahrung wahrscheinlich sind, gebildet werden (z. B. Garantierückstellungen).

Für das **allgemeine Unternehmerrisiko**, d. h. für die Summe aller nicht speziell erfaßbaren Risiken, die ein Betrieb mit sich bringen kann (z. B. Konjunkturentwicklung, Modeänderung, technischer Fortschritt, Fehlinvestitionen u. a.), dürfen Rückstellungen nicht gebildet werden. Eine Kapitalsicherung kann hier nur durch Bildung von **Rücklagen**, insbesondere durch Ansammlung von Gewinnen zum Schutze des bisher vorhandenen Kapitals erfolgen. Rücklagen, die zu diesem Zwecke gebildet werden, sollen das nominell fest gebundene Haftungskapital (Grundkapital, Stammkapital) gegen Risiken abschirmen und in gewissen Grenzen einen bilanzmäßigen Verlustausgleich ermöglichen, bevor das Nominalkapital angegriffen werden muß.

Die Abdeckung eines Verlustes durch Auflösung von Rücklagen ist zunächst nur ein buchtechnischer Vorgang, der einen Verlustausweis (als Korrekturposten zum Eigenkapital) vermeiden soll. Da – wie oben erwähnt – Entnahmen aus der gesetzlichen Rücklage nur zulässig sind zur Tilgung eines Jahresfehlbetrages oder eines Verlustvortrages und in der Gewinn- und Verlustrechnung auszuweisen sind, und da eine Verlusttilgung aus freien Rücklagen in der Vorspalte der Position Nr. 32 (Bilanzverlust)[3] durchgeführt werden muß, kann durch die Möglichkeit des bilanzmäßigen Verlustausgleichs das Entstehen eines Verlustes nicht verschleiert werden. Die Rücklagenauflösung hat also in dieser Hinsicht keine Publizitätswirkung.

Es darf nicht übersehen werden, daß in Höhe des Verlustes betriebliche Vermögenssubstanz verlorengegangen ist. Die Kapitalsicherung liegt in dem Umstand, daß durch die Bildung der Rücklagen in früheren Perioden zusätzliches Vermögen an den Betrieb gebunden wurde, das jetzt zwar durch den Verlust aufgezehrt worden ist, das ohne Rücklage aber früher

---

[2] Vgl. S. 395
[3] Vgl. § 157 Abs. 1 AktG

den Betrieb als Gewinnausschüttung verlassen hätte, so daß der nun eingetretene Verlust zu einer Reduzierung des Eigenkapitals unter den buchmäßig ausgewiesenen Betrag des Nominalkapitals führen könnte.
Der **Gläubiger** beurteilt seine Position gegenüber dem Betrieb auch danach, wie hoch die Teile des Eigenkapitals sind, die gesetzlich oder satzungsmäßig vor einer Rückzahlung an die Gesellschafter oder einer Gewinnausschüttung gesperrt sind. Kapitalrückzahlungen sind bei der Aktiengesellschaft nur durch Beschluß der Hauptversammlung im Wege der ordentlichen Kapitalherabsetzung möglich, wenn die Vorschriften über den Schutz der Gläubiger[4] beachtet worden sind. Im Falle der vereinfachten Kapitalherabsetzung ist bereits zuvor ein Kapitalverlust eingetreten, der jetzt lediglich zu einer buchtechnischen Herabsetzung des Grundkapitals führt.
Die gesetzliche Rücklage darf nur zur Tilgung eines Jahresfehlbetrages oder eines Verlustvortrages aufgelöst werden. Freie Rücklagen dagegen können in Verlustjahren zur Aufrechterhaltung von Dividendenzahlungen wieder aufgelöst werden, so daß sich die durch die negative Ertragslage des Betriebes an sich schon ungünstige Situation der Gläubiger dadurch noch mehr verschlechtert. Sind die freien Rücklagen jedoch so hoch, daß eine Auflösung für Gewinnausschüttungen auch im Laufe mehrerer Jahre unwahrscheinlich ist, so können auch sie die Aufgabe der Kapitalsicherung und der dadurch eintretenden Steigerung der Kreditwürdigkeit erfüllen.
Die Bildung von Rücklagen zum Zwecke der Kapitalsicherung erfolgt aber auch im Interesse der **Gesellschafter,** denn wenn Verluste mangels Rücklagen nicht aufgerechnet werden können, wird es unter Umständen im Wege der Sanierung zur Herabsetzung des Grundkapitals und damit zu einer Herabstempelung des Nennwerts der Aktien oder zu einer Zusammenlegung von Aktien kommen müssen, wenn nicht zu erwarten ist, daß Verlustvorträge durch Gewinne späterer Perioden abgetragen werden können.
Bei allen offenen Rücklagen darf jedoch nicht außer Acht gelassen werden, daß Passivrücklagen allein den Gläubiger nicht schützen können. Wesentlich ist es, welche Verwendung die zurückbehaltenen Gewinne im Betriebe gefunden haben. Eine Bindung in Anlagegütern, die auf Grund der Beschäftigungslage nur teilweise genutzt werden können oder die sich als Fehlinvestitionen herausgestellt haben, bedeutet für den Gläubiger – trotz sehr hoher buchmäßiger Rücklagen – keine Sicherheit. Auch Rücklagen in einer Bilanz schließen – wie praktische Beispiele beweisen – eine Illiquidität nicht aus.[5]
Stille Rücklagen eignen sich – vorwiegend aus buchtechnischen Gründen – nicht im gleichen Maße zur Kapitalsicherung wie offene Rücklagen, da letztere durch Verwendung von Gewinnen oder Zuführung von neuem Ka-

---

[4] Vgl. § 225 AktG
[5] Vgl. Mellerowicz, K., Unternehmenspolitik, 2. Aufl., Bd. III, Freiburg 1965, S. 387

pitalbeschaffungsmaßnahmen (z. B. Aktienagio), erstere durch Bewertungsmaßnahmen gebildet werden. Zwar ist – wenn wir zunächst von Steuern
absehen – die vermögensmäßige Wirkung für den Betrieb die gleiche,
jedoch wird bei der Bildung stiller Rücklagen Vermögen und Kapital um
die Rücklagen niedriger ausgewiesen. Im Verlustfalle ist ein buchmäßiger
Ausgleich dann nicht ohne weiteres möglich, wenn die stillen Rücklagen
nicht nach Belieben aufgelöst und gegen den Buchverlust aufgerechnet werden können. Das ist z. B. dann der Fall, wenn die stillen Rücklagen durch
Unterbewertung von Wirtschaftsgütern gebildet worden sind (z. B. Anlageabschreibungen, steuerliche Sonderabschreibungen), bei denen eine Wiederaufwertung (Zuschreibung) nicht in Frage kommt (z. B. Prinzip des strengen Wertzusammenhanges in der Steuerbilanz). Hier wird es zum Ausweis eines Buchverlustes kommen müssen, durch den der Eindruck eines
Verlustes eines Teils des Grundkapitals entstehen könnte, obwohl das Vermögen – wäre es nicht unterbewertet – das Grundkapital durchaus deckt.

2. Kapitalerhaltung

Da – wie oben dargestellt – die handels- und steuerrechtlichen Bewertungsvorschriften vom Prinzip der **nominellen** Kapitalerhaltung ausgehen,
ist in Zeiten steigender Preise die Erhaltung der zu uneingeschränkter betrieblicher Leistungserstellung erforderlichen Vermögenswerte in Frage
gestellt, wenn Preissteigerungsgewinne im ausgewiesenen Bilanzgewinn enthalten sind und dieser Gewinn zur Zahlung von Gewinnanteilen und
Steuern den Betrieb verläßt. Sind die Wiederbeschaffungskosten der in den
umgesetzten Leistungen enthaltenen Kostengüter gestiegen und soll eine
substantielle Kapitalerhaltung erreicht werden, so muß die Differenz zwischen den früheren Anschaffungskosten und den heutigen Wiederbeschaffungskosten, die im Bilanzgewinn enthalten ist, durch Überführung in
offene Rücklagen oder durch Bildung stiller Rücklagen mittels Unterbewertung von Vermögen oder Überbewertung von Schulden **gegen eine
Ausschüttung gesperrt** werden, denn diese Differenz stellt vom Standpunkt
der Substanzerhaltung Aufwand dar, obwohl sie bei einer sich nach dem
Prinzip nomineller Kapitalerhaltung vollziehenden Bewertung Bilanzgewinn ist. Anders formuliert: von den Umsatzerlösen muß soviel zurückbehalten werden, wie zur Wiederbeschaffung der Kostengüter benötigt
wird, mit denen die umgesetzten Leistungen erstellt worden sind. Nur der
darüber hinausgehende Betrag darf als Bilanzgewinn gezeigt werden und
den Betrieb verlassen, wenn man von der Zielsetzung der Substanzerhaltung ausgeht.

Werden die an den Betrieb gebundenen Gewinnteile erst zu einem späteren Zeitpunkt zur Wiederbeschaffung von im Preis gestiegenen Wirt-

schaftsgütern benötigt (z. B. bei Anlagegütern), so muß beachtet werden, daß im Falle einer zwischenzeitlich anderweitigen Verwendung der Mittel im Reinvestitionsplan die Finanzierung der Ersatzbeschaffung aus anderen Quellen berücksichtigt wird.

Die **substantielle** Kapitalerhaltung ist eines der wichtigsten bilanzpolitischen Ziele, weil sie sowohl im Interesse der Unternehmer und Anteilseigner, als auch der Steuerbehörden und der Öffentlichkeit liegt. Unternehmer, Mitunternehmer, Mehrheitsaktionäre und Kleinaktionäre betrachten den Betrieb – von Spekulanten abgesehen – als dauerhafte Einkommensquelle. „Gewinn ist für sie der Betrag, der ausgeschüttet werden kann, ohne die Substanz der Einkommensquelle und ihre dauerhaften Entwicklungschancen zu gefährden."[6]

Auch die Steuerbehörden müßten an sich im Interesse der Erhaltung der Steuerquelle von einer Besteuerung solcher Bilanzgewinne absehen, die zur Substanzerhaltung benötigt werden; und die Öffentlichkeit muß daran interessiert sein, daß ein stetiges Wirtschaftswachstum nicht dadurch gefährdet wird, daß dem Betrieb Bilanzgewinne entzogen werden, die im wirtschaftlichen Sinne Aufwand sind.

Daß Handels- und Steuerrecht am Prinzip der **nominellen** Kapitalerhaltung festhalten, ist neben anderen Gründen (gesellschaftsrechtliche und nicht betriebswirtschaftliche Betrachtung im Handelsrecht, Gleichmäßigkeit der Besteuerung im Verhältnis zu anderen Einkunftsarten, die sich nur nominell erfassen lassen[7]), nicht zuletzt auf die rechnerischen Schwierigkeiten zurückzuführen, an denen die exakte Ermittlung eines betriebswirtschaftlich richtigen Gewinns, d. h. eines Gewinns, der dem Betrieb ohne Beeinträchtigung seiner Leistungsfähigkeit entzogen werden kann, scheitert.

Der Vorschlag Schneiders, die wirtschaftliche Leistungsfähigkeit einer Unternehmung als erhalten anzusehen, „wenn sie am Ende des Jahres den gleichen Ertragswert aufweist wie am Anfang des Jahres"[8], ist zwar theoretisch einleuchtend, führt aber – worauf Schneider selbst hinweist – zu praktischen Schwierigkeiten der Verwirklichung. Mit ihnen kann der Gesetzgeber selbst dann nicht fertig werden, wenn er – wovon er noch weit entfernt zu sein scheint – das Prinzip anerkennen würde.

Durch Bewertungsentscheidungen gebildete **stille** Rücklagen eignen sich für die subtantielle Kapitalerhaltung besser als die Bildung **offener** Rücklagen und zwar nicht nur, weil die Dotierungen offener Rücklagen in der Regel nur aus dem um die Steuer verkürzten Gewinn gebildet werden können, sondern auch deshalb, weil der Ausweis offener Rücklagen zu einer **Fehleinschätzung der Ertragskraft** des Betriebes durch Gesellschafter, Gläubiger usw. führen kann. Der Bilanzleser geht grundsätzlich von den aus-

---

[6] Schneider, D., Ausschüttungsfähiger Gewinn und das Minimum an Selbstfinanzierung. ZfbF 1968, S. 7

[7] Vgl. S. 252

[8] Schneider, D., a. a. O., S. 11

gewiesenen Nominalwerten aus, er sieht in den Rücklagen echte Gewinne, die nicht ausgeschüttet wurden, und kann nicht erkennen, ob es sich bei der durch die Bildung offener Rücklagen vollzogenen Kapitalerweiterung um Mittel handelt, die auch zu einer Kapazitätserweiterung führen, oder um Mittel, die infolge von Preissteigerungen der Kostengüter gerade – oder vielleicht noch nicht einmal in vollem Umfange – ausreichen, um die bisherige Kapazität zu erhalten.

Die Grenzen der Eignung stiller Rücklagen liegen allerdings nicht nur in den für ihre Bildung geltenden gesetzlichen Bewertungs-, insbesondere Abschreibungsvorschriften, sondern auch in dem Umstand, daß stille Rücklagen – im Gegensatz zu freien offenen Rücklagen – nicht nach Belieben aufgelöst werden können; teilweise lösen sie sich durch Umsatzvorgänge automatisch auf, teilweise ist ihre Auflösung infolge gesetzlicher Vorschriften nicht möglich (z. B. strenger Wertzusammenhang für abnutzbare Güter des Anlagevermögens in der Steuerbilanz).

3. Kapitalerweiterung

Die Thesaurierung von Gewinnen durch die Bildung von Rücklagen in offener oder stiller Form ist die Hauptform der Innenfinanzierung, die als Selbstfinanzierung bezeichnet wird. In den bewertungs- und rücklagepolitischen Möglichkeiten der Kapitalerweiterung liegt die Hauptbedeutung der Bilanzpolitik für die betriebliche Finanzierungs- und Steuerpolitik.

Da jede Rücklagenbildung, die eine Verwendung von erzielten Gewinnen oder eine Folge von Kapitalzuführungen ist, eine Erhöhung des Eigenkapitals zur Folge hat, führt auch die Bildung offener oder stiller Rücklagen, die zum Zwecke der Kapitalsicherung oder der Kapitalerhaltung und nicht zum Zwecke der Finanzierung neuer Investitionen erfolgt, automatisch zu einer Kapitalerweiterung. Der Unterschied zwischen den beiden erstgenannten Zielen der Bewertungs- und Rücklagenpolitik und der Selbstfinanzierung liegt also in der **Zielsetzung**: Gewinne werden nicht an den Betrieb gebunden, um neue Investitionen zu finanzieren, sondern um eventuell eintretende Kapitalverluste wettmachen oder Preissteigerungen der Kostengüter auffangen zu können.

Da den Rücklagen keine gesondert ausgewiesenen Vermögenspositionen auf der Aktivseite der Bilanz entsprechen, werden alle Rücklagen, ganz gleich aus welchem Grunde sie gebildet werden, die Finanzierung des Betriebes beeinflussen, d. h. sind einmal Rücklagen gebildet worden und treten keine Verluste ein, so stehen die Gegenwerte der Rücklagen – soweit sie in liquiden Mitteln aus dem Umsatzprozeß oder aus Kapitalzuführungen (Agio) bestehen – für Finanzierungszwecke zur Verfügung. Ob es allerdings zu einer Kapazitätserweiterung kommen kann, hängt davon ab, ob durch die Rücklagenbildung Gewinne im betriebswirtschaftlichen Sinne, d. h. Gewinne, die dem Betrieb **ohne Minderung seiner Leistungsfähigkeit** entzogen werden könnten, an den Betrieb gebunden werden, oder ob es sich um Bilanzgewinne handelt, von denen ein Teil zur Substanzerhaltung benötigt wird, bevor eine Kapazitätserweiterung finanziert werden kann. Die bilanzpolitischen Möglichkeiten, die Kapitalerweiterung positiv oder negativ zu beeinflussen, sind in den letzten zweieinhalb Jahrzehnten insbesondere durch steuerliche Vorschriften (z. B. Sonderabschreibungen, Bildung steuerfreier Rücklagen, unterschiedliche Steuertarife für ausgeschüttete und zurückbehaltene Gewinne) beeinflußt worden. Sie werden unten ausführlich analysiert.

4. Kapitalumschichtung

Nicht ausgeschüttete Gewinne können auch zur **Rückzahlung von Fremdkapital** angesammelt werden. Das Kapital und die liquiden Mittel des Betriebes erhöhen sich dann nur kurzfristig durch Gewinnansammlung; sobald die Rückzahlung erfolgt, gehen Fremdkapital und liquide Mittel um den gleichen Betrag zurück, um den das Eigenkapital in Form von Rücklagen zugenommen hat.

Die Kapitalumschichtung kann sowohl durch Bildung stiller als auch offener Rücklagen vorbereitet werden. Welche Form zweckmäßiger ist, läßt sich nicht generell sagen. Da stille Rücklagen nicht nach Belieben aufgelöst werden können, tritt gegebenenfalls bei der Rückzahlung von Fremdkapital an dessen Stelle kein entsprechendes zusätzliches Eigenkapital, während bei der Verwendung offener Rücklagen das Eigenkapital zunächst bilanziell um den Betrag erhöht wird, um den später das Fremdkapital reduziert werden soll.

Beispiel:

Es wird ein Gewinn von 20 erzielt, der zunächst liquid vorhanden ist und dann zur Rückzahlung von Fremdkapital verwendet wird (von Steuern wird abgesehen):

A	Bilanz vor Rückzahlung		P		A	Bilanz nach Rückzahlung		P
Waren	100	EK	70		Waren	100	EK	70
Kasse	20	FK	30				FK	10
		Gewinn	20				Gewinn	20
	120		120			100		100

Fall 1: Bildung **stiller** Rücklagen in Höhe des Gewinns: Vermögen und Eigenkapital sind unterbewertet um den zurückgezahlten Betrag.

A	Bilanz vor Rückzahlung	P		A	Bilanz nach Rückzahlung	P
Waren	80	EK	70	Waren	80	EK	70
Kasse	20	FK	30			FK	10
	100		100		80		80

Fall 2: Bildung **offener** Rücklagen (OR) in Höhe des Gewinns: Höhe des Vermögens ist unverändert, das Eigenkapital hat sich um die Rückzahlung erhöht.

A	Bilanz vor Rückzahlung	P		A	Bilanz nach Rückzahlung	P
Waren	100	EK	70	Waren	100	EK	70
Kasse	20	OR	20			OR	20
		FK	30			FK	10
	120		120		100		100

Ein anderer Fall der Kapitalumschichtung ist die **Kapitalerhöhung aus Gesellschaftsmitteln** (nominelle Kapitalerhöhung), bei der eine Umschichtung im Eigenkapital erfolgt, indem angesammelte offene Rücklagen in Nominalkapital umgewandelt und damit endgültig für eine Gewinnausschüttung gesperrt werden. Der Grund für eine derartige Maßnahme, die bilanzpolitisch über mehrere Jahre vorbereitet wird, ist bei Aktiengesellschaften meist in dem Ziel zu suchen, durch Reduzierung der Rücklagen und gleichzeitige Erhöhung des Nominalkapitals einen zu hohen Kurs der Aktien, der bei stabilisierter Nominaldividende zu einer relativ niedrigen Effektivverzinsung führt, zu korrigieren. Die Notwendigkeit zu einer derartigen Kapitalumschichtung ist häufig eine Folge einer anderen rücklagepolitischen Zielsetzung: der Thesaurierung von Gewinnen zum Zwecke der Kapitalerweiterung.

5. Liquiditätsverbesserung

Jede Thesaurierung erzielter Gewinne hat eine Verbesserung der Liquidität zur Folge, die für den Betrieb von besonderem Wert ist, wenn die Gewinne sich bereits in Form von Zahlungsmitteln im Vermögen befinden. Der Liquiditätseffekt der Gewinnthesaurierung wird durch die Bildung stiller Rücklagen mit Hilfe von Bewertungsmaßnahmen gegenüber einer Bildung offener Rücklagen oder einer Zuführung der Gewinne auf die Kapitalkonten bei Personenunternehmen erheblich vergrößert, da erstere eine Verwendung von noch nicht steuerpflichtigen Gewinnen darstellen. Es wird nicht nur die Ausschüttung von Gewinnen an die Gesellschafter, sondern auch die Zahlung von Steuern auf später verschoben und damit der Abfluß liquider Mittel zunächst verhindert.

Zwar beeinflussen alle hier angeführten bewertungs- und rücklagepolitischen Ziele die Liquidität des Betriebes, dennoch kann in bestimmten Situationen das Ziel der Liquiditätsverbesserung als **originäre Zielsetzung** über die anderen Ziele gestellt werden, wenn z. B. zugunsten einer Verbesserung der Liquidität die Ausschüttungspolitik geändert oder der aus optischen Gründen an sich erwünschte Ausweis offener Rücklagen wegen der Liquiditätswirkung der durch Bildung stiller Rücklagen eintretenden Steuerverschiebung unterlassen wird.

6. Steuerminimierung

Bei dem Streben nach einer Minimierung der Steuerbelastung muß der Betrieb versuchen, jede Möglichkeit der Minderung der Steuerbelastung durch **zeitliche Verlagerung** von steuerpflichtigen Gewinnen mit Hilfe der Bildung stiller oder steuerfreier offener Rücklagen zu nutzen. Dabei kommt es – bei proportionalen Tarifen – allerdings zu keiner endgültigen Steuerersparnis, sondern zu einer **Steuerverschiebung**, die einer zinslosen Steuerstundung gleichkommt und eine Liquiditätsverbesserung und einen Zinsertrag zur Folge haben kann, was dann eine indirekte Minderung der Steuerbelastung bedeutet.

Bei **progressivem** Steuertarif kann – insbesondere bei stark schwankenden Jahresgewinnen – im Endergebnis durch Bildung stiller Rücklagen, die sich erst nach längerer Zeit auflösen, darüber hinaus eine endgültige Steuerersparnis eintreten, wenn in den Jahren der Rücklagenbildung die Gewinne relativ hoch, in den Jahren der Rücklagenauflösung relativ niedrig sind. Ist jedoch die Gewinnsituation umgekehrt, so kann die mit Hilfe der Rücklagenbildung vorgenommene Steuerverschiebung zu einer absolut höheren Steuerbelastung führen, so daß der durch die Verschiebung eintretende Zinsertrag unter Umständen überkompensiert wird und die Liquiditätsverbesserung in der Gegenwart durch eine Steuermehrbelastung erkauft wird.

Dieses Ergebnis ist eine Folge der Tatsache, daß bei progressivem Einkommensteuertarif die Gesamtsteuerbelastung während der Totalperiode am geringsten ist, wenn es dem Betrieb durch bewertungs- und rücklagepolitische Maßnahmen gelingt, den Gesamtgewinn gleichmäßig auf die Wirtschaftsjahre zu verteilen. Vogt bezeichnet diesen Tatbestand als das „Gesetz der Normallinie", das er folgendermaßen formuliert: „Für stark schwankende Einkommen ergibt sich bei einem progressiven Tarif eine Mehrsteuer gegenüber einem gleichmäßig auf die einzelnen Jahre verteilten Einkommen."[9] Zwar wird ein exaktes Einhalten der „Normallinie" wegen fehlender sicherer Voraussicht der zukünftigen Gewinnentwicklung in der

---

9 Vogt, F. J., Bilanztaktik, 6. Aufl., Heidelberg 1963, S. 17

Regel nicht möglich sein, jedoch muß dieser steuerliche Tatbestand im Rahmen der betrieblichen Steuerplanung beachtet werden, wenn nicht gegenwärtige Steuerersparnisse in späteren Jahren zu Steuermehrbelastungen führen sollen, die – auch unter Berücksichtigung des Zinsgewinns infolge von Steuerverschiebungen – zu einer insgesamt höheren Steuerbelastung führen.

Das folgende Beispiel zeigt, daß bei progressivem Einkommensteuertarif durch Egalisierung der ausgewiesenen steuerpflichtigen Jahresgewinne eine Steuerersparnis erzielt werden kann, die um so größer ist, je höher die Unterschiede in den tatsächlich erzielten Jahresgewinnen sind.

Angenommen der Gewinn der Totalperiode (5 Jahre) beträgt 500 000 DM. Er verteilt sich wie folgt auf die Jahre:

Jahr	Fall 1		Fall 2		Fall 3	
	Gewinn	ESt[10]	Gewinn	ESt[10]	Gewinn	ESt[10]
1	100 000	33 970	20 000	3 218	500 000	242 395
2	100 000	33 970	80 000	24 916	0	0
3	100 000	33 970	220 000	94 018	0	0
4	100 000	33 970	140 000	53 254	0	0
5	100 000	33 970	40 000	8 886	0	0
1–5	500 000	169 850	500 000	184 292	500 000	242 395

Das Beispiel zeigt, daß die Gesamtsteuerbelastung bei gleichem Gesamtgewinn im Fall 2 um 8,5 %, im Fall 3 um 42,7 % höher ist als im Fall 1. Die durchschnittliche Steuerbelastung des Gesamtgewinns beträgt im Fall 1 33,97 %, im Fall 2 36,85 % und im Fall 3 48,48 %.

7. Ausschüttungspolitik

Die Ausschüttungspolitik gehört einerseits insoweit in diesen Zusammenhang, als mit Hilfe bewertungs- und rücklagepolitischer Maßnahmen die Höhe des zur Ausschüttung freigegebenen Gewinns in einer Weise reguliert werden kann, die – bei Kapitalgesellschaften – den im Hinblick auf die Gewinnverwendung zwischen Geschäftsführung und Gesellschaftern bestehenden Interessengegensatz möglichst klein hält. Will die Geschäftsführung zum Zwecke der Kapitalsicherung, der Kapitalerhaltung oder der Selbstfinanzierung einen möglichst großen Teil des erzielten Gewinns zurückbehalten, so muß sie, je nach der Zusammensetzung der Gruppe der Aktionäre mit einer mehr oder weniger großen Opposition gegen die Reduzierung möglicher Gewinnausschüttungen rechnen.

---

[10] ESt errechnet nach der Splitting-Tabelle, ohne Ergänzungsabgabe.

Das Aktiengesetz begrenzt die Zuführung zu den offenen Rücklagen auf 50 % eines nach § 58 korrigierten Jahresüberschusses.[11] Über die Verwendung der übrigen 50 %, die als Bilanzgewinn ausgewiesen werden müssen, hat die Hauptversammlung zu beschließen. Ist auf Grund der Interessenlage der Aktionäre und der Mehrheitsverhältnisse nicht damit zu rechnen, daß die Hauptversammlung einem Antrag des Vorstandes, Teile des Bilanzgewinns den Rücklagen zuzuweisen, entspricht, so wird der Vorstand versuchen, durch Ausnutzung aller legalen Bewertungswahlrechte (insbesondere auch steuerlicher Sonderabschreibungen) stille Rücklagen zu bilden, also einen niedrigeren Jahresüberschuß auszuweisen, der dann bei einer Rücklagendotierung gem. § 58 AktG zu einem entsprechend niedrigen Bilanzgewinn und damit zu einem entsprechend geringeren Mittelabfluß führt.

Die Ausschüttungspolitik ist noch in anderer Weise Ziel rücklagepolitischer Überlegungen. Soll über eine Reihe von Jahren trotz schwankender Erfolge eine gleiche Nominaldividende gezahlt werden (Dividendenstabilisierung), so kann sich der Ausgleich zwischen guten und schlechten Jahren in der Weise vollziehen, daß in Jahren, in denen die Gewinne höher als eine festgelegte Gewinnausschüttung sind, Rücklagen gebildet und in Jahren, in denen der Periodengewinn hinter der gewünschten Gewinnausschüttung zurückbleibt, Rücklagen aufgelöst werden.

Eine derartige Dividendenpolitik hat sowohl für den Betrieb als auch für den Aktionär **Vorteile** und **Nachteile**.[12] Der Aktionär erhält eine gleichbleibende Nominalverzinsung, mit der er auch in schlechten Jahren rechnet, so daß er in der Regel gegen eine Thesaurierung der über die Dividende hinausgehenden Gewinne nicht opponiert. Das ermöglicht dem Betrieb eine regelmäßige Selbstfinanzierung, solange die erforderlichen Erträge erzielt werden. Außerdem kennt er die durch die Ausschüttung auf ihn zukommende Liquiditätsbelastung lange vorher und kann seine Planung darauf einrichten. Hat sich der Aktionär aber an die stabile Dividende gewöhnt, so ist der Betrieb bei schlechter Ertragslage gezwungen – um einen Vertrauensschwund bei den Aktionären und in der Öffentlichkeit zu vermeiden –, durch Einsatz aller zur Verfügung stehenden bilanzpolitischen Instrumente einen Bilanzgewinn auszuweisen, der zur Dividendenzahlung ausreicht, auch wenn sich der Betrieb dadurch aller stillen und offenen Rücklagen (außer der gesetzlichen Rücklage) entblößt. Der Nachteil für den Betrieb und die Aktionäre besteht dann darin, daß bei weiterer Verschlechterung der Ertragslage die Widerstandsfähigkeit des Betriebes wegen zu hoher Gewinnausschüttungen geschwächt ist. Bei guter Ertragslage muß der Aktionär den Nachteil hinnehmen, daß bei steigenden Kursen die Realverzinsung seiner Aktien immer geringer wird.

---

[11] Vgl. S. 438 f.
[12] Vgl. Mellerowicz, K., a. a. O., S. 416 f.

8. Meinungsbildungspolitik

Bewertungs- und rücklagepolitische Entscheidungen rufen bei den Bilanzlesern gewisse Vorstellungen über die Vermögens- und Ertragslage und insbesondere über die Ertragserwartungen in der Zukunft hervor, von denen die Bereitschaft der Aktionäre, ihre Aktien weiterhin zu behalten oder an Kapitalerhöhungen teilzunehmen und potentieller Aktionäre und Gläubiger, sich zu engagieren, beeinflußt wird. Das kann zur Folge haben, daß der Betrieb in bestimmten Situationen gezwungen sein kann, bilanzpolitische Entscheidungen vor allem aus „optischen Gründen" zu treffen und in der Rangordnung der Ziele die Beeinflussung der Meinung gewisser Personengruppen über andere bilanzpolitische Ziele zu stellen. So erhöht z. B. die Zunahme offener Rücklagen neben regelmäßigen Gewinnausschüttungen das Vertrauen der Gesellschafter und Gläubiger und ist zugleich ein positives Element bei der Beurteilung der Kreditwürdigkeit durch potentielle Gläubiger und der Beurteilung der Ertragserwartungen durch potentielle Anleger. Diese Wirkung kann bei der Entscheidung über die Bindung von Gewinnen an den Betrieb mittels stiller oder offener Rücklagen zu einer Bevorzugung der offenen Rücklagen führen, obwohl stille Rücklagen steuerlich vorteilhafter sind.

Eine im Verhältnis zur Gewinnausschüttung relativ hohe Dotierung offener Rücklagen kann andererseits zur Verärgerung solcher Aktionäre führen, die aus ihrer Beteiligung in erster Linie Barausschüttungen ziehen wollen, während Aktionäre, die an einem einkommensteuerfreien Vermögenszuwachs interessiert sind (bei privatem Besitz sind auch Gewinne bei der Veräußerung der Aktien steuerfrei, wenn die Veräußerung außerhalb der Spekulationsfrist von 6 Monaten erfolgt und der Veräußerer am Kapital der Gesellschaft nicht wesentlich beteiligt ist), eine hohe Rücklagendotierung und dadurch bedingte Kurssteigerungen als positiv ansehen.

Ein hoher Gewinnausweis kann mit dem Ziel vermieden werden, Wünsche der Arbeitnehmer nach höheren Löhnen, Gratifikationen oder Gewinnbeteiligungen nicht herauszufordern; die Vermeidung eines niedrigen Gewinnausweises oder gar eines Verlustausweises kann den Zweck verfolgen, Fehldispositionen zu verschleiern.

III. Interdependenzen bei der Gestaltung des Erfolgs-, Vermögens- und Schuldenausweises

1. Soll der **Bilanzgewinn niedriger** ausgewiesen werden, als der in der Periode erzielte Gewinn ist, so ist das möglich:[1]
   a) durch zu niedrige Bewertung des vorhandenen Vermögens bei konstantem Schuldenausweis. Sie kann erfolgen durch:
      aa) Nichtaktivierung von Vermögenswerten,
      bb) Unterbewertung durch zu niedrige Aktivierung,
      cc) Unterbewertung durch zu hohe planmäßige oder außerplanmäßige Abschreibungen,
      dd) Unterbewertung durch Unterlassung von Zuschreibungen;
   b) durch zu hohe Bewertung der vorhandenen Schulden bei konstantem Vermögensausweis. Sie kann erfolgen durch:
      aa) Überbewertung durch zu hohe Passivierung (z. B. Rückstellungen),
      bb) Überbewertung durch Unterlassung von Abschreibungen von im Wert gesunkenen Verbindlichkeiten (z. B. Auslandsschulden);
   c) durch Überführung von Periodengewinnen auf Rücklagekonten. Der Ausweis des Vermögens und der Schulden wird nicht berührt;
   d) durch Antizipation von Aufwand, der zukünftige Perioden betrifft (z. B. Nichtaktivierung eines bei der Aufnahme von Verbindlichkeiten entstehenden Disagios oder Damnums unter die Posten der Rechnungsabgrenzung).

In den Fällen a, b und d ist die Höhe des erzielten Periodengewinns weder aus der Bilanz noch aus der Gewinn- und Verlustrechnung festzustellen. Der Bilanzleser sieht nur den ausgewiesenen Gewinn. Im Falle c läßt sich aus der Erfolgsrechnung erkennen, wie hoch der Jahresüberschuß ist und in welchem Umfange er thesauriert wird bzw. zur Ausschüttung zur Verfügung steht.

Im Falle a wird das Ziel der Minderung des Gewinnausweises durch einen niedrigeren Ausweis des Vermögens erkauft, im Fall b wird zwar das Vermögen nicht reduziert, jedoch stehen ihm überhöhte Schulden gegenüber. Der Betrieb muß also entscheiden, ob er z. B. das Ziel, den Gläubigern und sonstigen Interessenten ein möglichst hohes Vermögen zu zeigen – wodurch bei konstanten Schulden automatisch ein höherer Gewinn ausgewie-

---

[1] Im folgenden werden theoretisch mögliche Maßnahmen ohne Rücksicht auf ihre handels- und steuerrechtliche Zulässigkeit aufgezählt.

sen wird – dem Ziel, durch möglichst niedrigen Gewinnausweis Steuern auf
spätere Perioden zu verschieben bzw. Mittel zur Selbstfinanzierung in stiller
Form an den Betrieb zu binden, die bei höherem Gewinnausweis zum Teil
ausgeschüttet werden müßten[2], überordnet.

Hoher Vermögensausweis bei gleichzeitig relativ niedrigem Gewinnausweis ist nur möglich durch Überbewertung der Schulden. Soll aber bei gegebenem Vermögen die Schuldenbelastung möglichst niedrig gezeigt werden, so ist das nur durch höheren Gewinnausweis und folglich höhere
Steuerzahlungen zu erkaufen.

2. Soll der **Bilanzgewinn höher** ausgewiesen werden als der in der Periode
erzielte Gewinn ist, oder soll ein entstandener Verlust buchtechnisch
vermindert oder beseitigt oder soll trotz entstandenem Verlust sogar ein
Bilanzgewinn ausgewiesen werden, so ist das möglich:
a) durch zu hohe Bewertung des vorhandenen Vermögens bei konstantem Schuldenausweis. Sie kann erfolgen durch:
aa) Aktivierung von nicht aktivierungsfähigem Aufwand (z. B. Aktivierung selbstentwickelter Patente, Aktivierung eines originären
Firmenwertes),
bb) Überbewertung durch zu hohe Aktivierung,
cc) Überbewertung durch zu niedrige planmäßige oder außerplanmäßige Abschreibungen,
dd) Überbewertung durch zu hohe Zuschreibungen;
b) durch zu niedrige Bewertung der vorhandenen Schulden bei konstantem Vermögensausweis. Sie kann erfolgen durch:
aa) Unterbewertung durch zu niedrige Passivierung,
bb) Unterbewertung durch Unterlassung von Zuschreibungen (z. B.
bei Auslandsschulden),
cc) Nichtpassivierung von Verbindlichkeiten (z. B. Pensionsansprüche);
c) durch Auflösung von in früheren Perioden gebildeten offenen Rücklagen. Der Ausweis des Vermögens und der Schulden wird nicht berührt;
d) durch Auflösung von in früheren Perioden gebildeten stillen Rücklagen (Wertaufholung). Das Vermögen wird durch Zuschreibungen
oder Aktivierungen erhöht, oder die Schulden werden vermindert
(z. B. Auflösung überhöhter Rückstellungen).

---

[2] Vgl. § 58 AktG

IV. Instrumente der Bewertungs- und Rücklagenpolitik

Die allgemeinen Vorschriften über die Bewertung, Abschreibung, Bildung von Rückstellungen und Rücklagen, Ermittlung der Herstellungskosten und ihre Problematik wurden oben ausführlich dargestellt und erörtert. Sie sollen hier nicht wiederholt, sondern daraufhin untersucht werden, ob und in welchem Umfange sie geeignet sind, den Erfolgs-, Vermögens- und Schuldenausweis zur Realisierung der oben aufgeführten bewertungs- und rücklagepolitischen Ziele zu beeinflussen.

1. Die Beeinflussung des Erfolgs- und Vermögensausweises durch Aktivierungswahlrechte

a) Immaterielle Anlagewerte und Firmenwert

Die in der Bilanz ausgewiesenen Vermögenswerte ergeben auch dann, wenn in ihnen keine stillen Rücklagen enthalten sind, nicht den Gesamtwert eines Betriebes, da an der Erzielung des Ertrages auch Faktoren beteiligt sind, die in der Bilanz keinen wertmäßigen Ausdruck finden, entweder weil sie nicht aktiviert werden dürfen, oder weil der Betrieb sie unter Ausnutzung eines Aktivierungswahlrechtes nicht aktiviert.

Zu diesen Faktoren zählen insbesondere die **immateriellen Anlagewerte** (z. B. Patente, Lizenzen, Konzessionen, Markenrechte, Urheberrechte, Verlagsrechte, know-how usw.) und der **Firmenwert.** Während die Anschaffungs- oder Herstellungskosten der immateriellen Anlagewerte in der Regel feststellbar sind, ist der Firmenwert nur auf dem Wege über eine Gesamtbewertung zu ermitteln. Er ist gleich der Differenz zwischen dem Ertragswert (Wert des nachhaltig zu erwartenden kapitalisierten Reinertrages) und dem Teilreproduktionswert (Summe der Wiederbeschaffungskosten aller selbständig bilanzierungsfähigen Wirtschaftsgüter).[1]

Diese Differenz beruht – wie oben dargestellt – einerseits auf einer erfolgreichen Betriebsführung, auf dem guten Ruf des Betriebes, auf seinem Kundenstamm, der inneren und äußeren Organisation, auf einem gut abgestimmten Produktionsprogramm und der Qualität der produzierten Gü-

---

[1] Vgl. S. 294 f.

ter, die ggf. unter einer Marke als Markenartikel zu einem Begriff für die Abnehmer geworden sind, auf modernen Absatzmethoden usw., andererseits auf einem sog. **Kapitalisierungsmehrwert,** der eine Folge davon ist, daß bestimmte im Reproduktionswert enthaltene Wirtschaftsgüter durch eine Bewertung zu Wiederbeschaffungskosten niedriger bewertet worden sind, als es ihrer Ertragsfähigkeit im Rahmen des gesamten Betriebes entspricht. Diese beiden Bestandteile – der Wert der nicht bilanzierungsfähigen immateriellen Wirtschaftsgüter, die an der Ertragserzielung beteiligt sind, und der Kapitalisierungsmehrwert – bilden zusammen den **originären,** d. h. den vom Betriebe selbst geschaffenen Firmenwert.

Sowohl in der Handels- als auch in der Steuerbilanz besteht ein Aktivierungsverbot für immaterielle Anlagewerte, die der Betrieb selbst geschaffen hat (z. B. Entwicklungsaufwendungen für ein Patent) und für den originären Firmenwert. Für **entgeltlich erworbene** immaterielle Anlagewerte und für den **derivativen** Firmenwert, d. h. den Teil[2] des originären Firmenwertes, den ein Käufer des ganzen Betriebes im Kaufpreis bezahlt hat, räumt das Aktiengesetz ein **Aktivierungswahlrecht** ein. Es dürfen also die Anschaffungskosten, jedoch nicht die Herstellungskosten derartiger Werte aktiviert werden. Sie sind bei Aktivierung planmäßig abzuschreiben.

§ 153 Abs. 3 AktG stellt fest: „Für immaterielle Anlagewerte darf ein Aktivposten nur angesetzt werden, wenn sie entgeltlich erworben wurden" und in Abs. 5 Satz 2 heißt es: „Übersteigt jedoch die für die Übernahme eines Unternehmens bewirkte Gegenleistung die Werte der einzelnen Vermögensgegenstände des Unternehmens im Zeitpunkt der Übernahme, so darf der Unterschied unter die Posten des Anlagevermögens aufgenommen werden."[3]

Das Aktivierungswahlrecht für immaterielle Anlagewerte räumt dem Betrieb folgende Entscheidungsmöglichkeiten ein:

„1. Das erworbene immaterielle Aktivum braucht überhaupt nicht als Zugang behandelt zu werden,

2. es kann voll aktiviert werden (vor allem, wenn der Erwerbspreis niedrig und ganz sicher gerechtfertigt ist),

3. es kann auch nur zum Teil aktiviert werden (besonders dann, wenn der Sicherheitskoeffizient nicht 100 % ist."[4]

---

[2] In Ausnahmefällen ist es denkbar, daß der derivative Firmenwert größer als der originäre ist, z. B. wenn ein Käufer daran interessiert ist, einen Betrieb auf jeden Fall, also ohne Rücksicht auf die Angemessenheit des Verkaufspreises zu erwerben.

[3] Die Begründung zum Regierungsentwurf führt dazu aus: „Absatz 3 entscheidet eine zum Aktiengesetz entstandene Streitfrage im Sinne bewährter kaufmännischer Übung. Immaterielle Anlagewerte sind in der Regel schwer schätzbar und daher unsichere Werte. Sie sollen deshalb nur bei entgeltlichem Erwerb aktiviert werden dürfen, wie es schon bisher für den Geschäfts- oder Firmenwert vorgeschrieben ist . . . Damit ist zugleich klargestellt, daß Entwicklungskosten auch nicht als Herstellungskosten eines Patents aktiviert werden dürfen." (Kropff, B., Aktiengesetz, a. a. O., S. 244)

[4] Mellerowicz-Brönner, Rechnungslegung und Gewinnverwendung der Aktiengesellschaft, Berlin 1970, Erl. zu § 153, Anm. 95

4. Die Anschaffungskosten werden im Interesse der Klarheit und Übersichtlichkeit ganz oder teilweise aktiviert, aber sofort abgeschrieben.

Entscheidet sich der Betrieb für eine Aktivierung immaterieller Anlagewerte, so erfolgt entweder eine Umformung von Vermögen, ohne daß sich seine Höhe ändert: in Höhe der Anschaffungskosten des erworbenen Wirtschaftsgutes mindern sich die Zahlungsmittel; oder es tritt eine Zunahme von Vermögen und Schulden in gleicher Höhe ein: in Höhe der Anschaffungskosten erhält der Betrieb einen Kredit. Der Erfolg der Periode wird nur in Höhe der Periodenabschreibung gekürzt. Der verbleibende Restbuchwert wird über die angesetzte Nutzungsdauer durch Abschreibungen verteilt.

Aktiviert der Betrieb die Anschaffungskosten nicht, so mindert sich das ausgewiesene Vermögen um die aufgewendeten Zahlungsmittel oder erhöhen sich die Schulden bei der Beschaffung auf Kredit, ohne daß ein entsprechender Vermögenswert bilanziert wird. Der Erfolg der Periode ist um den Betrag der Anschaffungskosten niedriger.

Bei immateriellen Anlagegütern ist das **Risiko wirtschaftlicher Entwertung** besonders groß. Dieser Tatsache muß sowohl bei der Schätzung der der planmäßigen Abschreibung zugrunde zu legenden wirtschaftlichen Nutzungsdauer als auch bei der Wahl der Abschreibungsmethode Rechnung getragen werden. So wird beispielsweise die Nutzungsdauer von Patenten in der Regel nicht nach der Patentschutzfrist von 18 Jahren, sondern erheblich kürzer angesetzt.

Das **Steuerrecht** läßt kein Aktivierungswahlrecht zu § 5 Abs. 2 EStG bestimmt, daß für entgeltlich erworbene immaterielle Wirtschaftsgüter des Anlagevermögens ein Aktivposten anzusetzen ist. Auch die Aktivierung des derivativen Firmenwertes ist nach herrschender Auffassung zwingend.[5]

Ein weiterer Unterschied zwischen handels- und steuerrechtlicher Regelung besteht darin, daß nach § 153 Abs. 5 letzter Satz AktG ein derivativer Firmenwert in fünf gleichen Jahresbeträgen abzuschreiben ist, unabhängig davon, ob er sich im Wert gemindert hat, während aus der Tatsache, daß der Steuergesetzgeber den derivativen Firmenwert zur Gruppe der nicht abnutzbaren Wirtschaftsgüter zählt, gefolgert wird, daß eine **regelmäßige Abschreibung** (AfA) des Firmenwertes **nicht zulässig** ist, sondern lediglich im Falle von Wertminderungen der niedrigere Teilwert angesetzt werden darf.

Das handelsrechtliche Abschreibungsgebot entspringt dem Prinzip kaufmännischer Vorsicht. Der Käufer bezahlt den derivativen Firmenwert als Aufwendung für zukünftige Erträge, die er mit dem übernommenen Betrieb erzielen will und die eine Folge einer Vielzahl von Komponenten sind, deren wertmäßige Entwicklung außerordentlich unsicher ist. Auch wenn bei einem späteren erneuten Verkauf des Betriebes ein gleich hoher oder sogar höherer Firmenwert bezahlt werden würde, ist es fraglich, ob der beim er-

---

[5] Vgl. Littmann, E., a. a. O., S. 375

sten Verkauf bezahlte Firmenwert mit dem späteren identisch ist, oder ob
er auf anderen Komponenten beruht; das heißt, der derivative Firmenwert
kann sich verflüchtigen und ein **neuer originärer Firmenwert** entstehen,
der jedoch nicht aktiviert werden darf. Deshalb ist eine schematische Abschreibung ohne Rücksicht auf die wertmäßige Entwicklung eine zweckmäßige Regelung, durch die eine zu hohe Vermögensbewertung ausgeschlossen wird.

Vom Standpunkt der periodengerechten Gewinnermittlung ist sie allerdings dann problematisch, wenn eine Wertminderung offensichtlich nicht
eingetreten ist. Die Abschreibung führt dann zu einer Freisetzung des für
den Firmenwert aufgewendeten Kapitalbetrages, der nicht zur Wiederbeschaffung des abgeschriebenen Gutes – wie z. B. bei Maschinen und Gebäuden – verwendet wird, sondern für andere Zwecke zur Verfügung steht.

Vom Standpunkt der periodengerechten Gewinnermittlung müßte man
sowohl den originären Firmenwert als auch selbstgeschaffene immaterielle
Anlagewerte aktivieren, – ebenso wie eine selbsterstellte Maschine oder produzierte Fertigfabrikate. Das Prinzip des Gläubigerschutzes in der Handelsbilanz und die Unzulässigkeit eines Verlustrücktrages in der Steuerbilanz sprechen allerdings gegen eine Aktivierung.

Die Steuerbilanz steht nicht unter dem Prinzip des Gläubigerschutzes,
sondern will den in der Periode erzielten Gewinn ermitteln. Folglich ist es
konsequent, daß das Steuerrecht regelmäßige Abschreibungen beim derivativen Firmenwert nicht zuläßt, weil eine regelmäßige Wertminderung nicht
zu erwarten ist. Treten Wertminderungen ein, so können sie durch Teilwertabschreibungen erfaßt werden.

Problematisch wird die steuerrechtliche Regelung jedoch durch die vom
RFH entwickelte **Einheitswerttheorie**, nach der der Firmenwert als ein einheitliches Wirtschaftsgut betrachtet wird. Im Urteil vom 29. 7. 1931 wird
ausgeführt: „Mögen nun auch die einzelnen Umstände, auf denen der jeweilige Geschäftswert beruht, im Laufe der Zeit wechseln, so berührt dies
doch den einmal entgeltlich erworbenen Geschäftswert als solchen nicht in
der Weise, daß nun je nach dem Wechsel der den Geschäftswert beeinflus-
senden Umstände jeweils ein **neues** wirtschaftliches Gut im Sinne eines
neuen Geschäftswertes angenommen werden könnte . . .“[6]

Die Kritik an der Einheitswerttheorie des RFH basiert in erster Linie auf
dem Argument, daß die Faktoren, auf denen der Firmenwert im Zeitpunkt
des Erwerbs beruhte, allmählich **schwinden**, daß dafür aber durch bestimmte
Maßnahmen des Betriebes (Werbung, Verbesserung der Organisation) ein
neuer originärer Firmenwert geschaffen wird. Auch wenn der Firmenwert
insgesamt unverändert bliebe, so würde sich doch der derivative Firmenwert
verringern und würde durch einen neuen originären Firmenwert ersetzt.
Erfolgt keine Absetzung des derivativen Firmenwertes, so wird praktisch
in dem Umfange, in dem er sich vermindert, ein originärer Firmenwert

---

[6] RFH vom 29. 7. 1931, Amtl. Slg., Bd. 29, S. 224

aktiviert. Das verstößt aber gegen die handels- und steuerrechtlichen Bilanzierungsgrundsätze.[7]

Der BFH weist diese Kritik zurück und vertritt die Ansicht, daß es dem Wesen des Geschäftswertes widerspreche, „hier zwei voneinander getrennte Geschäftswerte, einen schwindenden derivativen und einen gleichzeitig neu entstehenden originären Geschäftswert anzunehmen . . . Dieser Mehrwert ist ein einheitliches Wirtschaftsgut, das nicht zerlegt werden kann, auch wenn die Umstände, auf denen er beruht, im Laufe der Zeit wechseln (Einheitswerttheorie . . .)."[8] U. E. liegen zwei Wirtschaftsgüter vor, von denen das eine – der derivative Firmenwert – im Falle der Wertminderung abzuschreiben ist, während das andere – der originäre Firmenwert – nicht aktivierungsfähig ist.

Durch diese unbefriedigende steuerrechtliche Regelung werden auch die in der Handelsbilanz bestehenden bilanzpolitischen Möglichkeiten des Betriebes eingeschränkt, denn aus steuerlichen Gründen wird es stets das Ziel des Betriebes sein müssen, den derivativen Firmenwert so niedrig wie möglich und dafür den Teilwert abschreibungsfähiger Güter entsprechend höher anzusetzen, soweit das beim „Aushandeln" der Teilwertansätze mit der Finanzverwaltung möglich ist.

Die **bilanzpolitische Bedeutung** der Behandlung des derivativen Firmenwertes liegt nicht nur in der Tatsache, daß er im Falle der Nichtaktivierung in voller Höhe als Aufwand der Periode des Kaufs und damit vermögens- und gewinnmindernd verrechnet werden darf, während im Falle der Aktivierung die Höhe des Vermögens und Erfolges der Periode nicht beeinflußt wird, weil das einschließlich Firmenwert ausgewiesene Reinvermögen dem Kaufpreis entspricht, sondern auch darin, daß die **Festsetzung seiner Anschaffungskosten** bei gegebenem Gesamtkaufpreis des Betriebes in gewissen Grenzen bilanzpolitisch gestaltet werden kann, da eine exakte Berechnung nicht möglich ist.

Zwar verlangt das Aktiengesetz ausdrücklich einen „gesonderten Ausweis" des derivativen Firmenwerts unter den Posten des Anlagevermögens, und das Steuerrecht sieht als derivativen Firmenwert den Betrag an, den der Käufer des Betriebes dem Verkäufer über die Teilwerte der bilanzierten Wirtschaftsgüter hinaus vergütet, dennoch wird wegen der Unsicherheiten der „richtigen" Bewertung der bilanzierten Wirtschaftsgüter (z. B. durch Auflösung stiller Rücklagen) bzw. wegen der Unsicherheiten bei der Bestimmung der steuerlichen Teilwerte dem Betrieb ein Spielraum bei der Fi-

---

[7] Vgl. dazu: Hasenack, W., Die betriebswirtschaftliche Unhaltbarkeit des Verbots, den translativen Firmenwert in der Steuerbilanz regelmäßig abzuschreiben, BFuP 1958, S. 301 ff.; Kosiol, E., Einheitsbilanz oder Bilanzangleichung?, StW 1949, Sp. 163; Littmann, E., Der steuerliche Gewinnbegriff im Lichte statischer und dynamischer Bilanzauffassung, StW 1948, Sp. 641; Spitaler, A., Die Lehre von der Einheit des Geschäftswertes, Steuerberater-Jahrbuch 1959/60, S. 445 ff.; Kossak, E., Die immateriellen Wirtschaftsgüter und ihre Behandlung in der Bilanz, Wiesbaden 1960, S. 84 ff.
[8] BFH vom 15. 4. 1958, BStBl 1958, S. 330

xierung der Anschaffungskosten des derivativen Firmenwertes nach oben
und unten bleiben.

Ein **höherer** Ansatz als bei „richtiger" Bewertung ergibt sich, wenn (bei
gegebenem Kaufpreis) die stillen Rücklagen in den bilanzierungsfähigen
Wirtschaftsgütern nicht in vollem Umfange aufgelöst werden, ein **niedrigerer** Ansatz, wenn der im Kaufpreis vereinbarte Firmenwert zum Teil auf
bilanzierte Wirtschaftsgüter verteilt wird, also z. B. Grundstücke und Gebäude höher bewertet werden.

Beispiel: Vereinbarter Kaufpreis eines Betriebes 520 000 DM

Buchwerte des Vermögens	620 000 DM	
geschätzte stille Rücklagen	130 000 DM	
Teilwerte des Vermögens		750 000 DM
Buchwerte der Verbindlichkeiten	300 000 DM	
stille Rücklagen in Rückstellungen	20 000 DM	
Teilwerte der Verbindlichkeiten		280 000 DM
Wert des Reinvermögens (Eigenkapital)		470 000 DM
vereinbarter Kaufpreis		520 000 DM
derivativer Firmenwert		50 000 DM

Werden im Vermögen nur stille Rücklagen von z. B. 100 000 DM aufgelöst, so erhöhen sich die Anschaffungskosten des derivativen Firmenwertes auf 80 000 DM, werden die stillen Rücklagen dagegen auf 150 000 DM
geschätzt, so vermindern sich die Anschaffungskosten des Firmenwertes auf
30 000 DM.

Da die Abschreibung des Firmenwertes in der Handelsbilanz in fünf Jahren erfolgen muß, kann der Käufer des Betriebes den **Gewinn** dieser Perioden **erhöhen,** wenn er Teile des Firmenwertes bei der Übernahme des Betriebes auf nicht abnutzbare oder langfristig abschreibungsfähige Güter
überträgt, oder er kann den Gewinn innerhalb der fünf Perioden verschieben, wenn er stille Rücklagen, die sich in kurzer Zeit auflösen (z. B. bei Vorräten), bei der Übernahme nicht auflöst und dafür den Firmenwert höher
ansetzt.

Entsprechend kann er den **Gewinn niedriger ausweisen,** wenn er den
Firmenwert relativ hoch ansetzt, indem er stille Rücklagen in Gütern mit
noch relativ langer Nutzungsdauer nicht auflöst, oder wenn er den Firmenwert relativ niedrig ansetzt, dafür aber Güter höher bewertet, die in weniger als fünf Jahren abgeschrieben werden.

Da in der Steuerbilanz eine regelmäßige Abschreibung des Firmenwertes
nicht in Betracht kommt, führt jede Teilübertragung von Firmenwert auf
abschreibungsfähige Wirtschaftsgüter zu einer Gewinn- und Steuerverschiebung in die Zukunft.

Beispiele:

Angenommen, der Wert eines Gebäudes beträgt 400 000 DM, die Nutzungsdauer noch 40 Jahre, die Jahresabschreibung bei linearer Methode also 10 000 DM. Ist das Gebäude auf Grund früherer steuerlicher Sonderabschreibungen im Jahr des Verkaufs des Betriebes nur mit 320 000 DM angesetzt worden, so enthält dieser Wertansatz eine stille Rücklage von 80 000 DM. Wird sie beim Verkauf des Betriebes nicht dem Gebäude zugerechnet, sondern ist sie im Firmenwert enthalten, so wird der Betrag von 80 000 DM mit dem Firmenwert in der Handelsbilanz in fünf Jahren, also mit jährlich 16 000 DM abgeschrieben; folglich ist die Jahresabschreibung des Gebäudes 40 Jahre lang um 2000 DM niedriger (Jahresabschreibung von 8000 DM statt von 10 000 DM). Der Gewinn der ersten fünf Perioden ist jeweils um 16 000 — 2000 = 14 000 DM zu niedrig (14 000 · 5 = 70 000) und in den folgenden 35 Perioden jeweils um 2000 DM (2000 · 35 = 70 000) zu hoch angesetzt.

Beträgt der Wert eines Warenbestandes 100 000 DM, wird er aber nur mit 80 000 DM bilanziert, so daß eine stille Rücklage von 20 000 DM vorhanden ist, die beim Verkauf des Betriebes nicht dem Warenbestand, sondern dem Firmenwert zugerechnet wird, und wird der Warenbestand im folgenden Jahre verkauft, so wird die in den Waren enthaltene stille Rücklage von 20 000 DM in einem Jahr frei, obwohl sie bereits durch Aktivierung im Firmenwert aufgelöst worden ist. Der Gewinn wird also in einer Periode um 20 000 DM erhöht. Diese Erhöhung, die durch sofortige Abschreibung des Firmenwertes um 20 000 DM kompensiert werden müßte, wird durch eine auf fünf Jahre verteilte Abschreibung des Firmenwertes nur um 4000 DM pro Periode wieder rückgängig gemacht. Wird die stille Rücklage beim Verkauf des Betriebes nicht als Firmenwert deklariert, sondern durch Erhöhung des Wertansatzes des Warenbestandes aufgelöst, so kann beim Verkauf der Waren ein Einfluß auf den Periodengewinn nicht mehr entstehen.

b) Verschmelzungsmehrwert

Ein dem derivativen Firmenwert ähnlicher Wert kann bei der Verschmelzung von Aktiengesellschaften entstehen. Da gemäß § 348 Abs. 1 AktG die in der Schlußbilanz der übertragenden Gesellschaft angesetzten Werte für die übernehmende Gesellschaft als Anschaffungskosten gelten, eine Neubewertung der übernommenen Vermögensgegenstände also nicht zulässig ist, ist häufig die Summe der Bilanzwerte der übertragenden Gesellschaft niedriger als die von der übernehmenden Gesellschaft gewährte Gegenleistung, die in Aktien der übernehmenden Gesellschaft, daneben in baren Zuzahlungen bestehen kann; letztere dürfen allerdings 10 % des Gesamtnennbetrages der gewährten Aktien nicht übersteigen.[9]

---

[9] Vgl. § 344 Abs. 2 AktG

Diese Differenz zwischen Schlußbilanzwerten und gewährter Gegenleistung ist jedoch nicht in vollem Umfange auf die Vergütung eines **Firmenwertes** zurückzuführen, sondern zum Teil auch dadurch bedingt, daß in den übernommenen Vermögenswerten **stille Rücklagen** enthalten sind, die häufig zu einem nicht unerheblichen Teil auf die Anwendung steuerlicher Sonderbewertungsvorschriften zurückzuführen sind.

Diese als **Verschmelzungsmehrwert** bezeichnete Differenz darf im Anlagevermögen ausgewiesen werden, jedoch nicht durch Erhöhung einzelner Vermögenspositionen, sondern ebenso wie ein derivativer Firmenwert als **gesonderter** Posten.

Voraussetzung für die Zulässigkeit der Aktivierung ist, daß zur Durchführung der Fusion bei der übernehmenden Gesellschaft eine **Kapitalerhöhung** stattgefunden hat. Durch Aktivierung des Verschmelzungsmehrwertes kann der Ausweis eines Verschmelzungsverlustes in Höhe der Differenz zwischen dem übernommenen Vermögen und der gewährten Gegenleistung vermieden werden.

Ist die Fusion jedoch dadurch vorbereitet worden, daß die übernehmende Gesellschaft bereits in früheren Jahren Aktien der übertragenden Gesellschaft erworben hat oder daß die übernehmende Gesellschaft über eigene Aktien verfügt, so ist der Ansatz eines Verschmelzungsmehrwertes **nicht** erlaubt, d. h. daß dann evtl. ein Verschmelzungsverlust ausgewiesen werden muß.[10]

Ein aktivierter Verschmelzungsmehrwert ist ebenso wie ein derivativer Firmenwert in spätestens fünf Jahren **abzuschreiben.** Wie beim Firmenwert ist es unerheblich, ob er sich in diesem Zeitraum im Werte gemindert hat.

c) Kosten der Ingangsetzung des Geschäftsbetriebes

Während durch § 153 Abs. 4 Satz 1 AktG eine Aktivierung von Aufwendungen für die **Gründung** und die **Kapitalbeschaffung** (Gerichts- und Notariatskosten, Gebühren für Gründungsprüfer und Gutachter, Kapitalverkehrsteuer, Druckkosten für Aktien und Prospekte, Provisionen u. ä.) ausdrücklich verboten wird, räumt Satz 2 dieser Vorschrift ein Aktivierungswahlrecht für „die **Kosten der Ingangsetzung** des Geschäftsbetriebs der Gesellschaft" ein. Dazu zählen alle Aufwendungen, die zum Anlaufen des Betriebes bei der Gründung erforderlich sind und nicht als selbständig bilanzierungsfähige Wirtschaftsgüter aktiviert werden müssen, z. B. Aufwendungen zum Aufbau der Betriebsorganisation, für Einführungswerbung, für Entwicklungsarbeiten, die mit der Aufnahme des Geschäftsbetriebes in Zusammenhang stehen u. a. Der aktivierte Betrag erscheint in der Gewinn- und Verlustrechnung unter Position 3: andere aktivierte Eigenleistungen.[11] Aktiviert werden dürfen nur die Aufwendungen der **erstmaligen** Ingangsetzung, nicht die Aufwendungen für spätere Betriebserweiterungen.

---

[10] Zur Kritik dieser Vorschrift vgl. Adler-Düring-Schmaltz, a. a. O., Erl. zu § 153, Tz 142 ff.
[11] Vgl. § 157 Abs. 1 AktG

Die Ingangsetzungsaufwendungen dürfen nicht einzelnen Wirtschaftsgütern zugerechnet werden, sondern sind als **gesonderte** Position auszuweisen und innerhalb von 5 Jahren mit mindestens 20 % jährlich abzuschreiben. Eine schnellere Abschreibung ist zulässig. Die Abschreibung muß beginnen, „wenn die Einrichtung des Betriebes im wesentlichen abgeschlossen ist."[12] Voraussetzung für eine Aktivierung ist nach den Grundsätzen ordnungsmäßiger Buchführung, daß aufgrund der zukünftigen Ertragserwartungen damit zu rechnen ist, daß die jährlichen Abschreibungen dieser Position durch Erträge gedeckt werden. Adler-Düring-Schmaltz halten es nicht für zwingend, daß der Ausgleich bereits während des Abschreibungszeitraums von fünf Jahren erfolgt.[13]

Dieses Aktivierungswahlrecht, das streng genommen eine Durchbrechung des Bilanzierungsverbotes für den originären Firmenwert darstellt, ist als eine vom Gesetzgeber beabsichtigte **Bilanzierungshilfe** zu verstehen. Während der Anlaufzeit hat der Betrieb zwar erhebliche Aufwendungen, aber in der Regel noch keine Erträge. Die Folge davon ist, daß bereits die erste Jahresbilanz einen Verlust zeigt, der auf die nächste Periode vorgetragen und erheblich vergrößert wird, wenn auch am Ende dieser Periode die Anlaufzeit noch nicht abgeschlossen ist.

Das kann unangenehme rechtliche und wirtschaftliche Folgen haben. Nach § 92 Abs. 1 AktG ist der Vorstand verpflichtet, im Falle des Verlustes von 50 % des Grundkapitals die Hauptversammlung einzuberufen und ihr den Verlust anzuzeigen. Außerdem kann die Gesellschaft nach Anlaufen des Betriebes so lange keine Dividende ausschütten, bis der vorgetragene Verlust getilgt ist. Die Aktivierung und Verteilung dieser ihrem Wesen nach nicht aktivierungsfähigen Aufwendungen auf fünf Jahre kann es dem Betrieb ermöglichen, in diesen Jahren bereits eine Dividende auszuschütten.

Da die bei Nichtaktivierung der Ingangsetzungsaufwendungen ausgewiesenen Bilanzverluste dann keine echten Wertminderungen sind, wenn entsprechende – nicht bilanzierungsfähige – immaterielle Werte (z. B. Organisation) geschaffen worden sind, die nach Anlaufen des Betriebes an der Erzielung des Ertrages ebenso beteiligt sind, wie die bilanzierungsfähigen Wirtschaftsgüter, ist dieses Aktivierungswahlrecht als vorübergehende Bilanzierungshilfe positiv zu beurteilen, zumal dem Risiko der schnellen Verflüchtigung derartiger immaterieller Werte durch das Abschreibungsgebot Rechnung getragen wird.

Kann es sich eine Gesellschaft auf Grund der Zusammensetzung ihres Aktionärskreises oder infolge ihres Namens und ihrer Stellung am Markt (z. B. eine Tochtergesellschaft eines Konzerns) leisten, in den ersten Jahren ihrer Tätigkeit keine Dividende auszuschütten, so kann sie sich ein bilanzmäßiges Alibi dafür durch Nichtaktivierung der Ingangsetzungsaufwen-

---

[12] WP-Handbuch 1968, a. a. O., S. 538, a. A. Mellerowicz-Brönner, a. a. O., Erl. zu § 153, Anm. 85
[13] Vgl. Adler-Düring-Schmaltz, a. a. O., Erl. zu § 153, Tz 126

dungen und entsprechende Verlustvorträge schaffen. Ist sie dagegen aus finanzierungspolitischen Überlegungen und zur Festigung ihres Ansehens und ihrer Marktstellung darauf angewiesen, möglichst bald Dividenden auszuschütten, so wird eine Aktivierung aller Ingangsetzungsaufwendungen zweckmäßig sein.

Steuerlich sind Ingangsetzungsaufwendungen in der Regel als **Betriebsausgaben** zu behandeln[14], so daß in der Steuerbilanz meist ein nach § 10 d EStG vortragsfähiger Verlust entstehen wird. Eine Aktivierung derartiger Aufwendungen würde voraussetzen, daß durch sie ein aktivierungsfähiges Wirtschaftsgut geschaffen worden ist.

d) Geringwertige Anlagegüter

§ 6 Abs. 2 EStG räumt dem Betrieb ein **Wahlrecht** ein, ob er sog. geringwertige Anlagegüter aktivieren und über die betriebsgewöhnliche Nutzungsdauer abschreiben oder im Jahre der Anschaffung oder Herstellung sofort in voller Höhe ihrer Anschaffungs- oder Herstellungskosten als Aufwand (Betriebsausgabe) verrechnen will. Diese „Sofortabschreibung" ist praktisch eine Nichtaktivierung von Anlagegütern mit mehrjähriger Nutzungsdauer. Eine teilweise Aktivierung und entsprechend teilweise Abschreibung im Jahr der Anschaffung oder Herstellung ist nicht zulässig. Auch eine Nachholung einer im Jahre der Anschaffung oder Herstellung nicht in Anspruch genommenen Bewertungsfreiheit in späteren Jahren ist nicht erlaubt.[15]

Geringwertige Wirtschaftsgüter im Sinne des § 6 Abs. 2 EStG müssen mehrere **Voraussetzungen** erfüllen:

1. Das Wirtschaftsgut muß zu den abnutzbaren Anlagegütern gehören,
2. das Wirtschaftsgut muß selbständig bewertungsfähig sein,
3. das Wirtschaftsgut muß selbständig nutzungsfähig sein,
4. die Anschaffungs- oder Herstellungskosten dürfen 800 DM nicht übersteigen.

Da die Vorschrift des § 6 Abs. 2 eine Kannvorschrift ist, ist sie nur anzuwenden, wenn die geringwertigen Wirtschaftsgüter **auch in der Handelsbilanz** nicht aktiviert werden. Das Prinzip der Maßgeblichkeit der Handelsbilanz für die Steuerbilanz wird hier – wie auch in anderen Fällen – praktisch umgekehrt, denn die steuerliche Vorschrift wird für die Handelsbilanz maßgeblich, wenn der Betrieb sie bilanzpolitisch nutzen will.

Der Gesetzgeber verfolgt mit dieser Bewertungsfreiheit zwei Ziele:

1. eine **Arbeitsvereinfachung** im Bereiche des betrieblichen Rechnungswesens und der Finanzverwaltung. Die Möglichkeit, die Anschaffungs- oder Herstellungskosten geringwertiger Anlagegüter sofort als Aufwand zu

---

[14] Vgl. BFH vom 28. 1. 1954, BStBl 1954, S. 109; BFH vom 14. 6. 1955, BStBl 1955, S. 221
[15] Vgl. Abschn. 40 Abs. 5 EStR 1969

verrechnen und nicht mittels Abschreibungen über mehrere Jahre verteilen zu müssen, hat eine erhebliche Verringerung der Buchungs- und Bilanzierungsarbeit zur Folge.

Nach Abschn. 31 Abs. 3 EStR 1969 brauchen geringwertige Anlagegüter **nicht in das Bestandsverzeichnis** aufgenommen zu werden, „wenn ihre Anschaffungs- oder Herstellungskosten nicht mehr als 100 DM betragen haben oder auf einem besonderen Konto verbucht oder bei ihrer Anschaffung oder Herstellung in einem besonderen Verzeichnis erfaßt worden sind."

Die gewünschte Arbeitsvereinfachung tritt allerdings nicht in vollem Umfange ein, weil viele Zweifelsfälle im Hinblick auf die Voraussetzungen für das Vorliegen eines geringwertigen Wirtschaftsgutes die Finanzämter, Betriebsprüfungsstellen, Gerichte und nicht zuletzt die Betriebe selbst belasten;

2. eine **Beeinflussung der Selbstfinanzierung** durch Aufwandsantizipation (Sofortabschreibung) und dadurch bedingte Steuerverschiebung. Durch Fixierung einer oberen Grenze für die Anschaffungs- oder Herstellungskosten (zur Zeit 800 DM) hat der Steuergesetzgeber die Möglichkeit, den Kreis der geringwertigen Wirtschaftsgüter enger oder weiter zu ziehen und damit die Höhe der möglichen Steuerstundungen zu beeinflussen.

In dem unter 2. genannten Zweck liegt die bilanzpolitische Bedeutung der geringwertigen Wirtschaftsgüter. Dem **Vorteil** der Gewinn- und Steuerverlagerung durch Bildung stiller Rücklagen, deren Höhe der Betrieb durch Bestimmung des Umfanges und des Zeitpunktes der Beschaffung geringwertiger Wirtschaftsgüter beeinflussen kann, steht der **Nachteil** gegenüber, daß der Betrieb sich wegen der Steuerverschiebung und dem damit verbundenen Liquiditätsvorteil und Zinsgewinn zu Anschaffungen verleiten lassen kann, die nicht dringend erforderlich sind, und dabei übersieht, daß trotz der Steuerverschiebung eine Liquiditäts- und Rentabilitätsverschlechterung eintritt, wenn Wirtschaftsgüter nur beschafft werden, um die steuerliche Bewertungsfreiheit zu nutzen.

Die Möglichkeit der „Sofortabschreibung" kann aber auch zur Folge haben, daß Anschaffungen, die an sich in Kürze geplant sind, zeitlich vorgezogen werden, um in Jahren mit hohen Gewinnen die Progression abzuschwächen.

e) Korrekturposten zum Rückzahlungsbetrag von Verbindlichkeiten

Da Verbindlichkeiten grundsätzlich zu ihrem Rückzahlungsbetrag anzusetzen sind[16], dieser aber häufig nicht mit dem Ausgabebetrag übereinstimmt, ergibt sich ein Differenzbetrag, der – wenn der Ausgabebetrag niedriger ist – bei der Emission von Anleihen als **Disagio,** bei der Einräumung von hypothekarisch gesicherten Krediten als **Damnum** bezeichnet

---

[16] Vgl. § 156 Abs. 2 AktG

wird. Die Differenz kann dadurch entstehen, daß die Emission einer Anleihe oder die Auszahlung eines Darlehens unter dem Nennwert oder/und die Rückzahlung über dem Nennwert, also mit einem Agio erfolgt.

Nach dem Ausschußbericht ist der Unterschiedsbetrag „betriebswirtschaftlich als vorweg gezahlter Zins anzusehen und soll daher bei allen Verbindlichkeiten über die Laufzeit verteilt werden können."[17]

§ 156 Abs. 3 AktG läßt zu, daß in den Fällen, in denen der Rückzahlungsbetrag höher als der Ausgabebetrag ist, „der Unterschied unter die Rechnungsabgrenzungsposten der Aktivseite aufgenommen werden" darf. Der Betrag muß gesondert ausgewiesen werden und muß durch planmäßige jährliche Abschreibungen, die auf die Laufzeit der Verbindlichkeit verteilt werden dürfen, getilgt werden.

Der Betrieb hat somit ein **Wahlrecht,** ob er den Differenzbetrag aktivieren und durch Abschreibungen wie einen zusätzlichen Zinsaufwand auf die Laufzeit verteilen, oder ob er das Disagio im Jahre der Entstehung der Verbindlichkeit in voller Höhe als Aufwand verrechnen will.

Entscheidet er sich für die Aktivierung, so hat er ein weiteres Wahlrecht, in welchem Zeitraum und nach welcher planmäßigen Methode er den Betrag abschreibt, denn die Verteilung auf die Laufzeit ist nicht zwingend. Mellerowicz-Brönner stellen dazu fest: „Bei der Bemessung der Abschreibung sollte der Charakter des Unterschiedsbetrages als vorausgezahlter Zins berücksichtigt werden, d. h. die jährliche Abschreibung sollte im gleichen Verhältnis abnehmen wie der Jahreszins, so daß sie letztlich einen gleichbleibenden Prozentsatz der zu zahlenden Zinsen darstellt."[18] Wird die Verbindlichkeit oder die Anleihe vorzeitig zurückgezahlt oder ermäßigt sich das Zinsniveau, so kann eine außerplanmäßige Abschreibung erforderlich werden.[19]

Die **Ausgabekosten** einer Verbindlichkeit dürfen nach dem Aktiengesetz 1965 nicht mehr wie vorher in den Korrekturposten einbezogen und mit ihm auf die Laufzeit verteilt werden. Diese Regelung läßt sich analog aus der Vorschrift des § 150 Abs. 2 AktG ableiten, nach der bei der Ausgabe von Aktien oder Wandelschuldverschreibungen ein Agio in die gesetzliche Rücklage einzustellen ist, ohne daß eine Kürzung um Ausgabekosten erfolgen darf. Diese sind vielmehr – ebenso wie notwendigerweise bei einer Pari-Ausgabe – zu Lasten der Gewinn- und Verlustrechnung in der Ausgabeperiode zu verrechnen. Der Ausschußbericht stellt dazu fest, daß der Gewinnausweis verzerrt würde, „wenn die Ausgabekosten bei einer Pari-Emission den Gewinn belasteten, bei einer Überpari-Emission hingegen nicht."[20] Analog würde eine ungleiche Behandlung der Emmissionskosten einer Anleihe gegeben sein, wenn diese Kosten bei Übereinstimmung von Rückzahlungs- und Ausgabebetrag als Aufwand der Periode verrechnet

---

[17] Kropff, B., Aktiengesetz, a. a. O., S. 248
[18] Mellerowicz-Brönner, a. a. O., Erl. zu § 156, Anm. 10
[19] Vgl. WP-Handbuch 1968, a. a. O., S. 563
[20] Kropff, B., Aktiengesetz, a. a. O., S. 221

werden müßten und bei höherem Rückzahlungsbetrag in das Disagio einbezogen werden dürften.

In der **Steuerbilanz** besteht kein Aktivierungswahlrecht für den Unterschiedsbetrag. Er **muß** aktiviert werden und ist auf die Laufzeit der Verbindlichkeit zu verteilen, und zwar in gleichen Jahresbeträgen.[21] Das bedeutet, daß das Steuerrecht keinen Spielraum für bilanzpolitische Möglichkeiten läßt.

2. Die Beeinflussung des Erfolgs- und Schuldenausweises durch Passivierungswahlrechte

a) Passivierungswahlrechte bei Rückstellungen

Begriff, Aufgaben und Arten der Rückstellungen wurden oben[22] ausführlich erörtert. In diesem Zusammenhang interessiert die bilanzpolitische Bedeutung der Rückstellungen, die darin liegt, daß der Betrieb trotz grundsätzlicher Passivierungspflicht

1. bei bestimmten Arten von Rückstellungen ein **Passivierungswahlrecht** hat, durch das er seine Schulden richtig (im Falle der Passivierung) oder niedriger (im Falle der Nicht-Passivierung) ansetzen darf und folglich bei gegebenem Vermögen den Erfolg der Periode nicht beeinflussen bzw. zu hoch ausweisen kann,
2. durch zu niedrigen Ansatz von Rückstellungen die Schulden zu niedrig und damit den Erfolg zu hoch ausweisen kann,
3. durch Überhöhung des Ansatzes von Rückstellungen **versteckte Rücklagen** bilden und somit die Schulden zu hoch und den Periodengewinn zu niedrig ansetzen kann,
4. durch Unterlassung von Zuführungen zu den Pensionsrückstellungen in einzelnen Jahren und Wiederaufnahme der Zuführungen in anderen Jahren eine Korrektur schwankender Periodengewinne vornehmen kann. Unterlassene Zuführungen dürfen in der Steuerbilanz jedoch nicht nachgeholt werden.

Die **bilanzpolitische Bedeutung** der Rückstellungen ist um so größer, je weiter in der Zukunft ihre Auflösung liegt, d. h. je später die Ereignisse und damit die Inanspruchnahmen des Betriebes eintreten, für die die Rückstellungen gebildet werden müssen oder dürfen. Das gilt insbesondere dann, wenn durch Ansatz von Rückstellungen Beträge eine zeitlang an den Betrieb gebunden werden sollen, die andernfalls als Gewinn und Steuern den Betrieb sofort verlassen würden. Will man diese Mittel zur Selbstfinanzie-

---

[21] Vgl. BFH vom 29. 6. 1967, BStBl 1967, S. 670; Abschn. 37 Abs. 3 EStR 1969
[22] Vgl. S. 379 ff.

rung verwenden und z. B. in Anlagegütern langfristig binden, so wirkt sich eine automatische Auflösung stiller Rücklagen in der folgenden Periode (z. B. bei Steuerrückstellungen) störend aus, weil die „zurückgestellten" Mittel bereits nach wenigen Monaten benötigt werden.

Ein **Passivierungswahlrecht** besteht nach dem Urteil des Bundesgerichtshofes vom 27. 2. 1961[23] für Pensionsrückstellungen, obwohl – wie an anderer Stelle begründet – vom betriebswirtschaftlichen Standpunkt aus eine Passivierungspflicht zu fordern ist. Ein Passivierungswahlrecht nehmen Adler-Düring-Schmaltz auch für Rückstellungen für unterlassene Aufwendungen für Instandhaltung oder Abraumbeseitigung an, die nach § 152 Abs. 7 AktG dann zulässig sind, wenn die Instandhaltung im folgenden Jahre nachgeholt wird[24], ferner für Rückstellungen für Kulanzleistungen (Rückstellungen für Gewährleistungen, die ohne rechtliche Verpflichtung erbracht werden.[25]

Werden die in der Handelsbilanz gebildeten Rückstellungen steuerlich anerkannt[26], so hat die Reduzierung des ausgewiesenen Periodengewinns eine **Minderung der Steuerbelastung** der betreffenden Periode zur Folge. Der durch die Rückstellungen erfaßte Wertverzehr der Periode, der erst in der Zukunft zu einer noch nicht exakt bestimmbaren Inanspruchnahme des Betriebes führen wird, wird in der Periode des Aufwandes und nicht in der Periode der Zahlung (oder Mindereinnahme) als steuerliche Betriebsausgabe wirksam.

Der Betrieb muß also in den Fällen, in denen er ein Passivierungswahlrecht für Rückstellungen oder einen Spielraum bei der Fixierung der meist auf Schätzungen beruhenden Höhe der Rückstellungen hat, bei seiner Entscheidung abwägen, ob von seinen Zielsetzungen her ein vollständiger und möglichst hoher Ansatz von Rückstellungen zweckmäßig ist, durch den der ausgewiesene Bilanzgewinn und damit die Steuerbelastung der Periode reduziert, dafür aber mehr Schulden ausgewiesen werden, oder ob im Interesse eines niedrigen Schulden- und höheren Gewinnausweises (z. B. aus ausschüttungspolitischen Gründen in Jahren geringer Gewinne) die Bildung von Rückstellungen auf das infolge gesetzlicher Bewertungsvorschriften unumgängliche Minimum reduziert wird.

Mögliche Auswirkungen einer bilanzpolitischen Entscheidung über die Bildung von Rückstellungen auf den Erfolgs- und Schuldenausweis und – auf dem Wege über die Höhe der möglichen Gewinnausschüttung und den Zeitpunkt der Steuerzahlung – auch auf den Vermögensausweis werden im folgenden am Beispiel der Pensionsrückstellungen gezeigt.

Da der Betrieb die durch **Pensionsrückstellungen** angesammelten Beträge auf Grund vertraglicher Verpflichtungen nach Eintritt der Versorgungsfälle an Arbeitnehmer auszahlen muß, stellen diese Beträge Fremdkapital

---

[23] BGHZ Bd. 34, S. 324
[24] Vgl. Die Begründung unserer gegenteiligen Auffassung auf S. 412 ff.
[25] Vgl. Adler-Düring-Schmaltz, a. a. O., Erl. zu § 152, Tz 159 f.
[26] Zur Frage des steuerrechtlichen Rückstellungsbegriffes vgl. S. 392 ff.

dar, das nicht von außen zugeführt wird, sondern aus dem betrieblichen Umsatzprozeß stammt. Ohne die Bildung von Pensionsrückstellungen ist der Periodengewinn des Betriebes c. p. um die Jahreszuführung zu den Rückstellungen größer, solange noch keine Pensionszahlungen erfolgen. Die Rückstellung bindet, da sie als Aufwand verrechnet wird, Mittel an den Betrieb, die sonst als Gewinn erscheinen würden.

Erfolgen die Zuführungen in der steuerlich zulässigen Höhe[27], so mindern sie als Betriebsausgaben den steuerpflichtigen Gewinn und Gewerbeertrag und reduzieren damit die Einkommen-, Körperschaft- und Gewerbeertragsteuerbelastung. Ohne Passivierung von Pensionsanwartschaften würde eine entsprechende Verminderung der Steuerbelastung erst in den Perioden der Auszahlung der Pensionen eintreten.

Da Pensionsrückstellungen zum Fremdkapital des Betriebes zu zählen sind, haben sie auch einen Einfluß auf die Höhe der **Gewerbekapital-** und **Vermögensteuerbelastung** des Betriebes.

In der Regel mindern die Pensionsrückstellungen das Gewerbekapital. Der BFH hat in seinem Urteil vom 4. 12. 1962 dazu ausgeführt: „Rückstellungen für Pensions- und Rentenanwartschaften, die im laufenden Geschäftsbetrieb begründet sind, können bei der Ermittlung des Gewerbekapitals nicht wieder hinzugerechnet werden.[28]

Nach § 12 Abs. 2 Ziff. 1 GewStG gehören Pensionsrückstellungen nur dann zu den Verbindlichkeiten, die – soweit sie bei der Feststellung des Einheitswertes des Betriebsvermögens[29] abgezogen worden sind – wieder hinzugerechnet werden müssen, wenn sie zu den Renten und dauernden Lasten zu zählen sind, „die wirtschaftlich mit der Gründung oder dem Erwerb des Betriebes (Teilbetriebs) oder eines Anteils am Betrieb zusammenhängen.“[30]

Die **Bewertung** von Pensionsanwartschaften zur Ermittlung der Bemessungsgrundlagen für die Gewerbekapital- und Vermögensteuer regelt § 104 BewG. Abs. 1 läßt zu, daß bei der Ermittlung des Einheitswertes des Betriebes eine Pensionsanwartschaft abgezogen werden kann, wenn sie „auf einer vertraglichen Pensionsverpflichtung beruht oder sich aus einer Betriebsvereinbarung, einem Tarifvertrag oder einer Besoldungsordnung ergibt.“ Die Abzugsfähigkeit hängt nicht davon ab, daß Pensionsrückstellungen in der Handelsbilanz gebildet werden.

Der Wert der abzugsfähigen Pensionsverpflichtung wird in der Weise ermittelt, daß die Jahresrente, die bis zur Vollendung des 65. Lebensjahres nach Maßgabe der vom Betriebe gegebenen Zusage erreicht werden kann, mit einem Faktor multipliziert wird, der mit sinkender Lebenser-

---

[27] Vgl. S. 399 ff.

[28] BFH vom 4. 12. 1962, BStBl 1963, S. 93

[29] Der Einheitswert des Betriebsvermögens wird nach § 21 Abs. 1 Ziff. 2 BewG alle drei Jahre festgestellt (Hauptfeststellung). Eine Fortschreibung in der Zwischenzeit erfolgt nur, wenn die in § 22 Abs. 1 Ziff. 2 angegebenen Wertgrenzen überschritten werden.

[30] § 8 Ziff. 2 GewStG

wartung zunimmt und auf einem Zinssatz von 5,5 % beruht. Er beträgt nach § 104 Abs. 2 BewG bei einem Alter des Pensionsberechtigten von mehr als 30 bis zu 38 Jahren das 0,5fache, und steigt bei einem Alter von mehr als 64 Jahren auf das 10fache der erreichbaren Jahresrente.

Die **steuerlichen Auswirkungen** einer Entscheidung für oder gegen die Passivierung von Pensionsanwartschaften sind bei den Ertragsteuern (Einkommen-, Körperschaft- und Gewerbeertragsteuer) andere als bei der Vermögen- und Gewerbekapitalsteuer. Für erstere ist die Bezugsgröße die jährliche Zuführung zu den Rückstellungen; jeder Zuführungsbetrag führt zu einer einmaligen Steuerminderung im Vergleich zum Fall der Nicht-Zuführung, vorausgesetzt, daß durch die Zuführung kein buchmäßiger Verlust entsteht. Für letztere ist die Bezugsgröße der Barwert der gesamten Pensionslast, die im Zeitablauf durch Zunahme des Vervielfältigers gem. § 104 Abs. 2 BewG steigt. Die Steuerminderung wiederholt sich nicht nur jedes Jahr, sondern steigt außerdem mit Zunahme des Wertes der Pensionsverpflichtung. Die Minderung der Vermögensteuerbelastung durch Passivierung von Pensionsanwartschaften ist für Kapitalgesellschaften von größerer Bedeutung als für Personengesellschaften, da bei ersteren die Vermögensteuer gem. § 12 Ziff. 2 KStG bei der Ermittlung des steuerpflichtigen Gewinns nicht abzugsfähig ist.

Die bilanzpolitische Bedeutung der Pensionsrückstellungen liegt insbesondere in dem Einfluß einer Entscheidung für oder gegen die Passivierung auf den **finanziellen Bereich**[31] des Betriebes, also auf die oben genannten Ziele der Kapitalerweiterung durch Innenfinanzierung, der Kapitalsicherung und der Kapitalerhaltung. Daneben besteht über die Höhe der möglichen Gewinnausschüttung ein unmittelbarer Einfluß auf die Ausschüttungspolitik.

Diese Wirkungen hängen davon ab, ob

1. die vermögensmäßigen Gegenwerte der den Pensionsrückstellungen zugeführten Beträge langfristig im Betriebe verbleiben, weil noch keine Pensionszahlungen erfolgen müssen, oder ob sie den Betrieb zum Teil oder in voller Höhe als Pensionszahlungen verlassen;

2. der Gewinn nach Abzug der Steuern in voller Höhe unabhängig von der Entscheidung über die Bildung von Pensionsrückstellungen zurückbehalten oder in voller Höhe oder zum Teil an die Gesellschafter ausgeschüttet wird. Von dieser Entscheidung hängt sowohl die Höhe der Körperschaftsteuerbelastung ab als auch die Ersparnis an Vermögen- und Gewerbekapitalsteuer;

3. der Gewinn vor Berücksichtigung der Pensionsrückstellungen kleiner

---

[31] Mit dem Problem des Einflusses der Pensionsrückstellungen auf die Finanzierung hat sich insbesondere H. Weihrauch beschäftigt. Vgl. Weihrauch, H.: Pensionsrückstellungen als Mittel der Finanzierung, Stuttgart 1962; derselbe: Finanzierungseffekt durch Pensionsrückstellungen, in: Finanzierungs-Handbuch, herausgegeben von H. Janberg, Wiesbaden 1964, S. 317 ff.

ist als die Zuführung zu den Rückstellungen, so daß durch die Zuführung ein Bilanzverlust entsteht;

4. auch ohne Zuführung zu den Pensionsrückstellungen bereits ein Verlust vorhanden ist, so daß der Bilanzverlust um die Zuführung vergrößert wird.

Diese Voraussetzungen werden in den folgenden fünf Fällen kombiniert:[32] Dabei werden die Vermögensteuer und Gewerbekapitalsteuer wegen der in diesem Zusammenhang zu langwierigen Erläuterungen zu den Berechnungen nicht berücksichtigt.

Fall 1: Wird der gesamte nach Abzug der Ertragsteuern verbleibende **Gewinn thesauriert,** so beruht der Finanzierungseffekt der Pensionsrückstellungen lediglich auf der **Ersparnis von Ertragsteuern,** denn werden z. B. 10 000 DM den Rückstellungen zugeführt, so ist dieser Betrag eine bei der steuerlichen Gewinnermittlung abzugsfähige Betriebsausgabe; wird er dagegen als Gewinn im Betriebe belassen, so ist er zuvor zu versteuern. Die Ertragsteuerersparnis beträgt 57,39 % des den Pensionsrückstellungen zugeführten Betrages, wenn wir von einer Kapitalmarktgesellschaft ausgehen, und errechnet sich wie folgt:[33]

Es werden gespart:

Körperschaftsteuer	51 %
+ Gewerbeertragsteuer 15 %[34] i. H.	+ 13,04 %
	= 64,04 %
Da die Gewerbesteuer als Betriebsausgabe abgezogen werden kann, ermäßigt sich der Satz um 51 % von 13,04 %	= 6,65 %
gesamte Steuerersparnis	= 57,39 %.

Die Erhöhung der Pensionsrückstellungen um 10 000 DM hat also eine Steuerersparnis von 5739 DM zur Folge, die als zusätzliche Finanzierungsmittel zur Verfügung stehen, so lange noch keine Pensionen zu zahlen sind.

Ist dagegen die jährliche Pensionszahlung gleich der jährlichen Zuführung zu den Rückstellungen, so mindern sich die finanziellen Mittel nicht um die Zahlung von 10 000 DM, sondern infolge der Steuerersparnis nur um 10 000 DM – 5739 DM = 4261 DM. Da diese Zahlung aber auch erfolgen müßte, wenn keine Pensionsrückstellungen gebildet worden sind, so hat die Rückstellungsbildung in diesem Falle keinen Einfluß auf die Höhe der finanziellen Mittel. Das zeigt folgende Gegenüberstellung:

Wird die Pensionszahlung zu Lasten einer vorhandenen Pensionsrückstellung verrechnet, so ist sie erfolgsunwirksam. Wird gleichzeitig ein Betrag in Höhe der Zahlung den Pensionsrückstellungen zugeführt, so ist

[32] Zum Teil entnommen aus: Wöhe, G., Einführung, a. a. O., S. 431 ff.
[33] Vgl. Wöhe, G., Betriebswirtschaftliche Steuerlehre, Band II, 2. Halbband, 2. Aufl., Berlin u. Frankfurt/M. 1965, S. 258
[34] Steuermeßzahl 5 % und angenommener Hebesatz 300 %

diese Zuführung erfolgswirksam. Aufwand (Zuführung zur Rückstellung)
und Ausgabe (Pensionszahlung zu Lasten früher gebildeter Rückstellungen)
betragen also 10 000 DM, der Gewinn wird um 10 000 DM gekürzt, die
finanziellen Mittel mindern sich aber nur um den um die ersparten Steuern
gekürzten Betrag (Fall A).

Sind keine Rückstellungen vorhanden (Fall B), so ist die Pensionszahlung erfolgswirksam, mindert den Gewinn und folglich die Steuerbelastung,
so daß das gleiche Ergebnis wie im Fall A eintritt. Der vom Gewinn der
Periode verbleibende Betrag (Selbstfinanzierung) ist in beiden Fällen derselbe, jedoch ist im Falle A die finanzielle Situation des Betriebes insgesamt
um die in früheren Jahren durch die Bildung von Pensionsrückstellungen
ersparten Ertragsteuern günstiger, soweit diese Rückstellungen noch nicht
durch Pensionszahlungen aufgelöst werden mußten.

Fall A		Fall B	
Gewinn (vor Pensionsrück-stellung)	25 000	Gewinn (vor Pensions-zahlung)	25 000
– Pensionsrückstellung	10 000	– Pensionszahlung	10 000
verbleibender Gewinn	15 000	verbleibender Gewinn	15 000
– Ertragsteuern (57,39 %)	8 609	– Ertragsteuern (57,39 %)	8 609
Rest (= zusätzl. Mittel)	6 391	Rest (= zusätzl. Mittel)	6 391

Fall 2: Schüttet der Betrieb den Gewinn stets vollständig an die Gesellschafter und an das Finanzamt aus, so steht ihm – solange er noch keine Pensionen zahlen muß – der den Pensionsrückstellungen zugeführte Betrag in
voller Höhe zusätzlich zur Verfügung. Die in einer Periode zusätzlich verfügbaren Mittel vermindern sich, je höher die Pensionszahlungen in der
gleichen Periode sind und sind gleich Null, wenn die Pensionszahlungen
gleich den Zuführungen zu den Rückstellungen werden.

Die in den früheren Perioden, in denen noch keine oder geringere Pensionen gezahlt werden mußten, bereits angesammelten Mittel stehen dem
Betrieb weiterhin zur Verfügung. Diese angesammelten Mittel werden erst
abgebaut, wenn die Pensionszahlungen einer Periode größer als die Zuführungen zu den Rückstellungen dieser Periode sind. Bei richtiger Rückstellung (die Pensionsberechtigten erreichen genau das versicherungsmathe-
matisch angenommene Alter) verlassen dann die letzten angesammelten
Mittel mit der letzten Zahlung den Betrieb.

Fall 3: Entsteht durch die Zuführung zu den Pensionsrückstellungen ein
Verlust, weil der zugeführte Betrag größer ist als der Gewinn, der ohne
Dotierung der Rückstellungen entstanden wäre, so stehen dem Betrieb
– wenn der Gewinn ausgeschüttet worden wäre – zusätzliche Mittel in
Höhe des unversteuerten Gewinns zur Verfügung, solange noch keine
Pensionen gezahlt werden müssen. Beträgt der Jahresgewinn z. B. 6000 DM,

und werden 10 000 DM den Pensionsrückstellungen gutgeschrieben, so ergibt sich ein Bilanzverlust von 4000 DM. Der Gewinn von 6000 DM ist über die Pensionsrückstellung an den Betrieb gebunden worden. Außerdem darf der Verlust von 4000 DM in den folgenden 5 Jahren in der Steuerbilanz vorgetragen werden, so daß – falls in dieser Zeit ein Gewinn von mindestens 4000 DM vorhanden ist – eine Steuerersparnis von 57,39 % im Falle der Thesaurierung entsteht. Die finanziellen Mittel des Betriebes erhöhen sich also um 57,39 % von 4000 DM. Wäre der Gewinn dagegen ausgeschüttet worden, so bindet die Möglichkeit des Verlustvortrages den gesamten Betrag von 4000 DM an den Betrieb.

Werden dagegen Pensionen in Höhe der Zuführung zu den Rückstellungen ausbezahlt, so mindern sich die finanziellen Mittel des Betriebes um den Verlust. Die Minderung wird – falls der Verlustvortrag in den folgenden 5 Jahren gegen Gewinne aufgerechnet werden kann – in Höhe der ersparten Ertragsteuern kompensiert. Die Minderung würde aber auch eintreten, wenn keine Pensionsrückstellungen gebildet worden wären. Dann wäre die Pensionszahlung erfolgswirksam, während im Falle der Rückstellungsbildung diese erfolgswirksam, die Zahlung aber erfolgsunwirksam ist.

Fall 4: Würde der Gewinn von 6000 DM – falls keine Rückstellungen gebildet würden und auch noch keine Zahlungen erfolgten – zurückbehalten, so müßten 3443 DM Ertragsteuern entrichtet werden, der Zuwachs an finanziellen Mitteln betrüge also 2557 DM. Er ist im Falle der Zuführung von 10 000 DM zu den Pensionsrückstellungen um die ersparten Ertragsteuern auf 6000 DM, d. h. um 3443 DM größer. Außerdem tritt auch hier im Falle einer Verrechnung des Verlustvortrages gegen Gewinn in den folgenden fünf Jahren eine Ersparnis an Ertragsteuern auf 4000 DM ein.

Sind in diesem Falle Pensionen in Höhe der Zuführung zu den Rückstellungen zu zahlen, so tritt auch hier ein Verlust in Höhe von 4000 DM ein, ganz gleich, ob eine Pensionsrückstellung gebildet wird oder nicht. Die Minderung der Zahlungsmittel in Höhe des Verlustes ist keine Folge der Pensionsrückstellung, sondern der Pensionszahlungen.

Fall 5: Ergibt sich auch ohne Bildung von Pensionsrückstellungen ein **Verlust,** so wird er im Falle einer Zuführung zu den Rückstellungen um diese vergrößert, d. h. die Verbindlichkeiten nehmen zu, ohne daß sich das Vermögen vermehrt. Sind noch keine Pensionen zu zahlen, so ist der Finanzierungseffekt zunächst gleich Null, d. h. der Betrieb hat durch die Bildung der Rückstellungen nicht mehr und nicht weniger Mittel als zuvor. Der Verlustvortrag erhöht sich jedoch um die Rückstellung. Kann er in den folgenden Jahren gegen Gewinne aufgerechnet werden, so tritt eine Mehrung der Mittel in Höhe der ersparten Ertragsteuern ein. Die zeitliche Begrenzung des Verlustvortrages kann sich hier sehr negativ auswirken.

Werden dagegen in Höhe der Zuführung zu den Rückstellungen Pensionen gezahlt, so mindern sich die finanziellen Mittel um diese Auszahlung, ohne daß eine Deckung aus dem Umsatz der Periode möglich ist. Kann der Verlustvortrag in den folgenden Jahren gegen Gewinne aufgerechnet werden, so wird der Abfluß von Mitteln in Höhe der ersparten Ertragsteuern kompensiert. Der Mittelabfluß ist von der Bildung der Pensionsrückstellungen unabhängig, da die Pensionszahlungen in jedem Falle erfolgen.

Wir kommen also zu folgendem Ergebnis:

1. Solange die Zuführungen zu den Pensionsrückstellungen in einer Periode größer sind als die Pensionszahlungen und die Gewinne vor Bildung der Pensionsrückstellungen mindestens deren Höhe erreichen, tritt eine Mehrung der finanziellen Mittel ein, da durch die Rückstellungen mehr Mittel an den Betrieb gebunden als ausgezahlt werden.

2. Sind die Pensionszahlungen einer Periode für alle pensionierten Arbeitnehmer **gleich** den Zuführungen zu den Pensionsrückstellungen dieser Periode für die noch aktiven Arbeitnehmer, so ist der Finanzierungseffekt gleich Null, denn der Aufwand für die neu gebildeten Pensionsrückstellungen und die (erfolgsunwirksamen) Auszahlungen einer Periode sind gleich groß, was auch der Fall wäre, wenn keine Pensionsrückstellungen gebildet worden wären und die Auszahlungen aufwandswirksam verrechnet würden. Der in den früheren Perioden, in denen noch keine oder geringere Zahlungen als Zuführungen erfolgten, angesammelte Betrag steht jedoch weiterhin zur Verfügung.

3. Sind die Pensionszahlungen einer Periode **größer** als die Zuführungen dieser Periode zu den Rückstellungen, weil z. B. mehr Arbeitnehmer eine Pension empfangen als Rückstellungen für noch tätige Arbeitnehmer gebildet werden können, so tritt eine Minderung der finanziellen Mittel durch Abbau früher angesammelter Rückstellungs-Gegenwerte ein, da die erfolgsunwirksamen Auszahlungen, die zu Lasten der vorhandenen Rückstellungen gehen, größer sind als die aufwandswirksamen Rückstellungen, die Mittel an den Betrieb binden. Der Gesamtbestand an Rückstellungen vermindert sich.

4. Der Finanzierungseffekt der Pensionsrückstellungen ist größer, wenn der Gewinn des Betriebes voll ausgeschüttet wird, als wenn er zurückbehalten wird. Im letzten Fall beruht die Finanzierungswirkung lediglich auf einer Ersparnis an Ertragsteuern.

Betriebe, die die Altersversorgung für ihre Arbeitnehmer neu einführen, oder Betriebe, die erst neu gegründet worden sind, werden in der Regel über viele Jahre oder gar Jahrzehnte Pensionsrückstellungen bilden können, bevor sie Pensionen auszahlen müssen. In diesen Jahren sind die Pensionsrückstellungen ein beachtenswertes bilanzpolitisches Instrument. Spielt sich später der Zustand ein, daß die Pensionszahlungen für die ausgeschiedenen Arbeitnehmer im Durchschnitt etwa den Zuführungen für die noch aktiven Arbeitnehmer entsprechen, so tritt von diesem Zeitpunkt an kein neuer Finanzierungseffekt ein, die früher angesammelten Mittel werden aber zur Zahlung noch nicht benötigt und können weiterhin im Betriebe arbeiten. Erst wenn durch Verringerung des Personalstandes oder unerwartet lange Lebensdauer der Pensionierten die Zahlungen größer als die Zuführungen zu den Rückstellungen werden, werden die in den ersten Jahren freigesetzten Mittel allmählich benötigt und abgebaut.

b) Lastenausgleichs-Vermögensabgabe

Nach § 218 LAG hat der Betrieb ein Wahlrecht, die Lastenausgleichs-Vermögensabgabe ganz oder zum Teil zu **passivieren,** oder eine **Rücklage** für die Abgabeschuld zu bilden. Er kann aber auch auf beide Bilanzierungsmaßnahmen verzichten und sich lediglich auf einen **Vermerk** des auf der Basis eines Rechnungszinsfußes von $4^{1}/_{2} \%$ errechneten Gegenwartswertes und der auf sie zu entrichtenden Vierteljahresbeträge beschränken.

Entscheidet sich der Betrieb für die **Passivierung** der Abgabeschuld, so wird sie vor den sonstigen Verbindlichkeiten ausgewiesen. Das Passivierungswahlrecht geht aber nicht so weit, daß eine als Verbindlichkeit ausgewiesene Vermögensabgabe mit Hinweis auf das Wahlrecht wieder aufgelöst werden kann. Eine solche Auflösung widerspricht nach herrschender Ansicht den Grundsätzen ordnungsmäßiger Buchführung und Bilanzierung.[35] Infolgedessen ist die bilanzpolitische Bedeutung dieses Passivierungswahlrechts gering, da es praktisch nur einmal ausgeübt werden kann.

Im Falle der Passivierung der gesamten Abgabeschuld ist der Vermerk des Gegenwartswertes und des Vierteljahresbetrages nicht erforderlich.[36] Bei einer Teilpassivierung darf der zu vermerkende Gegenwartswert um den passivierten Betrag gekürzt werden, vorausgesetzt, daß die Kürzung im Vermerk kenntlich gemacht wird.[37] Der volle Vermerk ist dagegen auch dann anzubringen, wenn eine Rücklage für die Vermögensabgabe ausgewiesen wird.

Bei Einzelunternehmungen und Personengesellschaften erscheint die Vermögensabgabeschuld nicht in der Bilanz, da sie hier den Charakter einer Personensteuer hat, also z. B. mit der Vermögensteuer vergleichbar ist.

Die in den Vierteljahresbeträgen enthaltenen Tilgungsanteile vermindern den passivierten Betrag auch dann, wenn nur eine Teilpassivierung vorgenommen wird.

Bildet der Betrieb eine **Rücklage** für die Vermögensabgabe, so darf diese nach § 218 Abs. 2 Satz 3 LAG nur für folgende Zwecke verwendet werden:

1. Zur Entrichtung der Vierteljahresbeträge (einschließlich der hierin enthaltenen Zinsanteile);

---

[35] Vgl. Gessler, E., Bilanzierung der Lastenausgleichsabgaben, Lastenausgleichsgesetz (Textausgabe), Bonn 1952, S. 90; Adler-Düring-Schmaltz, a. a. O., Erl. zu § 151, Tz 239; WP-Handbuch 1968, a. a. O., S. 598
[36] Vgl. § 228 Abs. 1 LAG.
[37] Vgl. Adler-Düring-Schmaltz, a. a. O., Erl. zu § 151, Tz 239

2. zur Ablösung der Vermögensabgabe;
3. zum Ausgleich von Wertminderungen und zur Deckung von sonstigen Verlusten.

Die **bilanzpolitische Bedeutung** dieser Rücklage liegt vor allem in dem unter 3. genannten Zweck. Nach § 150 Abs. 3 AktG müssen zum Ausgleich eines Jahresfehlbetrages oder eines Verlustvortrages aus dem Vorjahr grundsätzlich zunächst die freien Rücklagen herangezogen werden, bevor die gesetzliche Rücklage verwendet werden darf, es sei denn, diese übersteigt den zehnten oder den in der Satzung bestimmten höheren Teil des Grundkapitals und der Betrieb löst nicht gleichzeitig freie Rücklagen zur Gewinnausschüttung auf. Diese Einschränkungen gelten für die Rücklage für die Vermögensabgabe nicht, da sie im Gegensatz zur gesetzlichen Rücklage freiwillig gebildet wird. Der Betrieb darf also die Rücklage für die Vermögensabgabe zum Ausgleich von Wertminderungen und Verlusten auch dann verwenden, wenn freie Rücklagen vorhanden und sogar gleichzeitig zur Gewinnausschüttung aufgelöst werden.[38]

Werden Teile der Rücklage für die Vermögensabgabe nicht mehr benötigt – z. B. bei Ablösung der Vermögensabgabe –, so ist eine Überführung auf die gesetzliche Rücklage erforderlich, wenn die Bildung der Rücklage für die Vermögensabgabe zu Lasten der gesetzlichen Rücklage erfolgt ist. Ist sie dagegen zu Lasten des Gewinns gebildet worden, so ist eine gewinnerhöhende Auflösung zulässig.

3. Die Beeinflussung des Erfolgs- und Vermögensausweises durch Bewertungswahlrechte

a) Die Abschreibung als Instrument der Bildung stiller Rücklagen

aa) Grundsätzliche Überlegungen

Das zweifellos in seinen Auswirkungen auf den ausgewiesenen Periodengewinn bedeutsamste Bewertungswahlrecht ist das Recht zur **Wahl der Abschreibungsmethode,** dessen Bedeutung durch die Einräumung steuerlicher Bewertungswahlrechte (Sonderabschreibungen, Bewertungsfreiheiten), die außerfiskalischen Zielen dienen, noch erheblich verstärkt wird. Die mehrfach kritisierte Bestimmung[39] der §§ 154 Abs. 2 und 155 Abs. 3 AktG, die die Übernahme auch solcher steuerlichen Wertansätze in die Handelsbilanz erlaubt, die – wie die meisten steuerlichen Sonderabschreibungen – in keiner Beziehung zur Wertminderung der abgeschriebenen Wirtschaftsgüter stehen, sondern die Steuerbemessungsgrundlage Gewinn aus wirt-

---

[38] Vgl. Adler-Düring-Schmaltz, a. a. O., Erl. zu § 151, Tz 286
[39] Vgl. S. 37 ff.

schaftspolitischen Gründen beeinflussen sollen, stört zwar den sicheren Einblick in die Vermögens- und Ertragslage und widerspricht damit einer wesentlichen Zielsetzung, die der Gesetzgeber mit der Handelsbilanz verfolgt; sie hat aber vom bilanzpolitischen Standpunkt für den Betrieb besondere Bedeutung, denn sie ermöglicht es dem Betrieb, die im Aktiengesetz 1965 strenger gewordenen **Bewertungsvorschriften** mit Hilfe steuerlicher Bewertungswahlrechte **zu unterlaufen.** Nach der durch das Aktiengesetz 1965 vorgenommenen Einschränkung der Möglichkeiten der Bildung stiller Rücklagen wurden diese Bestimmungen erforderlich, damit wegen des Prinzips der Maßgeblichkeit der Handelsbilanz für die Steuerbilanz die steuerlichen Wahlrechte überhaupt angewendet werden können.

Die verschiedenen Abschreibungsmethoden und ihre betriebswirtschaftliche Berechtigung wurden bereits ausführlich erörtert.[40] In diesem Zusammenhang interessiert die Frage, in welchem Umfange durch handels- und steuerrechtliche Abschreibungswahlrechte stille Rücklagen zur Beeinflussung des Erfolgs- und Vermögensausweises gebildet oder aufgelöst werden können.

Will der Betrieb Gewinne zurückbehalten, so bieten die **stillen** Rücklagen gegenüber den offenen Rücklagen **mehrere Vorteile:**

1. In Höhe der durch Bewertungsmaßnahmen gebildeten stillen Rücklagen wird c. p. der **steuerpflichtige Gewinn gemindert.** Da die Steuerbelastung bei der offenen Rücklagenbildung sofort eintritt, reduziert sie den thesaurierungsfähigen Gewinn um mehr als die Hälfte.[41] Bei der Bildung stiller Rücklagen wird die Steuerzahlung auf spätere Perioden verschoben. Es erfolgt also eine Steuerstundung, die für den Betrieb zunächst eine **Liquiditätshilfe** darstellt und außerdem – da der „Steuerkredit" zinslos gewährt wird – zu einem **Zinsgewinn** führt und folglich auch die Rentabilität des Betriebes, seine Investitionsentscheidungen und seine Entscheidungen über die Finanzierungsform beeinflussen kann. Dafür wird bei der späteren Auflösung der stillen Rücklagen die Liquidität infolge der Nachversteuerung stärker belastet als ohne die Bildung und Auflösung der stillen Rücklagen.

Ob es im Endergebnis zu einer endgültigen Steuerersparnis oder zu einer Steuermehrbelastung kommt, hängt von der Ausgestaltung und der Entwicklung der Steuertarife und der Höhe der erzielten Periodengewinne ab. Ändern sich die Steuertarife im Zeitablauf nicht, so ändert sich bei proportionalen Tarifen (Körperschaftsteuer) die absolute Steuerbelastung nicht, während bei progressiven Tarifen (Einkommensteuer) sowohl ab-

---

[40] Vgl. S. 299 ff.

[41] Bei Einzelunternehmungen und Personengesellschaften unterliegt der ausgewiesene Gewinn unabhängig davon, ob er entnommen oder zurückbehalten wird, der Einkommensteuer beim Unternehmer bzw. den Gesellschaftern. Die Problematik der Entscheidung, Gewinne auszuweisen und sofort zu versteuern oder durch stille Rücklagenbildung mittels Bewertungsfreiheiten auf spätere Perioden zu verschieben, besteht hier also ebenso.

solute Steuerersparnisse (durch Milderung der Progression) als auch absolute Steuermehrbelastungen möglich sind.[42]

2. Durch Bildung stiller Rücklagen kann der Interessengegensatz zwischen dem Vorstand einer Aktiengesellschaft und den Aktionären gemildert werden, da solchen Aktionären, die ihre Anteile vor allem zu dem Zwecke erworben haben, möglichst hohe Dividendenzahlungen zu erhalten, eine offene Rücklagenbildung bei einem Körperschaftsteuersatz von 51 % für thesaurierte Gewinne und von 15 % für ausschüttungsfähige Gewinne schwer verständlich zu machen ist.

3. Bei Aktiengesellschaften beschränkt § 58 AktG die Zuführungen zu den offenen Rücklagen auf 50 % des Jahresüberschusses.[43] Diese Bestimmung kann unterlaufen werden, wenn Bewertungswahlrechte zur Verfügung stehen, mit deren Hilfe der Jahresüberschuß durch Bildung stiller Rücklagen reduziert werden kann.

Eine exakte Bestimmung des Umfanges der durch die Wahl einer planmäßigen Abschreibungsmethode und die Vornahme steuerlicher Sonderabschreibungen gebildeten stillen Rücklagen scheitert daran, daß

1. die wirtschaftliche Nutzungsdauer zwar unter sicheren Erwartungen berechnet werden kann, praktisch aber infolge der Unsicherheit der Zukunft nur geschätzt wird,

2. die in einer Periode eintretenden Wertminderungen eines abschreibungsfähigen Wirtschaftsgutes eine Folge einer Mehrzahl von Komponenten (Abschreibungsursachen) sind und in den meisten Fällen nicht gemessen, sondern nur geschätzt werden können.

Die Notwendigkeit, die wirtschaftliche Nutzungsdauer und die Wertminderung der Periode zu schätzen, erweitert zwar den bilanzpolitischen Spielraum, jedoch setzen sowohl die gesetzlichen und die von der Finanzverwaltung erlassenen Vorschriften[44] als auch die Grundsätze ordnungsmäßiger Buchführung und Bilanzierung (z. B. Anwendung degressiver Abschreibung und Höhe der Degression) dem Schätzungsspielraum Grenzen.

Deshalb kommt den steuerlichen „Bewertungsfreiheiten", die in keiner Beziehung zur Wertminderung stehen und folglich vom Standpunkt der Zielsetzung der Handelsbilanz den Grundsätzen ordnungsmäßiger Bilanzierung widersprechen, besondere bilanzpolitische Bedeutung zu. Bevor ausgewählte steuerliche Bewertungswahlrechte erörtert werden, soll zunächst die unterschiedliche steuerliche Auswirkung der Bildung stiller Rücklagen durch Nutzung von Bewertungswahlrechten und der Bildung offener

---

[42] Vgl. dazu das Zahlenbeispiel auf S. 472

[43] Einzelheiten vgl. S. 438

[44] § 154 Abs. 1 AktG: Planmäßige Abschreibung, d. h. Aufstellung eines Abschreibungsplans; § 160 Abs. 2 AktG: Berichterstattung über einen Wechsel in der Abschreibungsmethode und über die Vornahme außerplanmäßiger Abschreibungen; § 7 Abs. 2 EStG: Begrenzung der degressiven Abschreibung; Fixierung der Nutzungsdauer durch die AfA-Tabellen.

Rücklagen durch Verwendung des ausgewiesenen Jahresüberschusses (bzw. bei Personenunternehmungen durch Ausweis eines entsprechend höheren Gewinns) gezeigt werden, da auf ihr zum großen Teil die Entscheidungen des Betriebes über die Ausnutzung steuerlicher Bewertungswahlrechte und damit zugleich die Realisierung der hinter den Bewertungsfreiheiten stehenden wirtschaftspolitischen Zielsetzungen beruhen.

bb) Steuerliche Auswirkungen der Bildung stiller und offener Rücklagen

Betrachten wir den Unterschied zwischen stiller und offener Rücklagenbildung an einem Beispiel. Nehmen wir an, der Gewinn einer Kapitalgesellschaft beträgt 100 000 DM. Werden (steuerlich zulässige) stille Rücklagen in Höhe von 100 000 DM gebildet, so erscheint der Gewinn nicht in der Bilanz. Es fällt weder Körperschaftsteuer noch Gewerbeertragsteuer an, vorausgesetzt, daß körperschaftsteuerlicher Gewinn und Gewerbeertrag gleich groß sind.[45] Sehen wir zunächst von der Vermögensteuer und Gewerbekapitalsteuer ab, so steht der Gewinn von 100 000 DM ungekürzt zur Verfügung, d. h. das Eigenkapital hat sich um 100 000 DM erhöht, wenn wir unterstellen, daß der Gewinn im Falle eines Ausweises in voller Höhe an Gesellschafter und Finanzamt ausgezahlt worden wäre. Wäre der Gewinn in offener Form zurückbehalten worden, so tritt durch Bildung stiller Rücklagen eine Erhöhung des Eigenkapitals um die zunächst ersparten Ertragsteuern ein.

Wird der Gewinn ausgewiesen, aber nicht ausgeschüttet, sondern auf eine offene Rücklage überführt, so ist er zuvor zu versteuern. Aus dem Gewinn sind zu entrichten: Körperschaftsteuer, Gewerbeertragsteuer, Gewerbekapitalsteuer und Vermögensteuer. Im Gegensatz zur Gewerbesteuer ist die Vermögensteuer bei der Ermittlung des körperschaftsteuerpflichtigen Gewinns nicht abzugsfähig. Von der Vermögensteuer und der Gewerbekapitalsteuer können wir auch hier zunächst absehen, da Bemessungsgrundlage dieser Steuern nicht der Gewinn, sondern der Einheitswert des Betriebsvermögens bzw. das Gewerbekapital ist und da die **Form** der Rücklagenbildung auf die Höhe dieser Steuern keinen Einfluß hat. Ist ein Gewinn entstanden, so erhöht er das Eigenkapital und folglich das Betriebsvermögen (bzw. das Gewerbekapital[46]) – vorausgesetzt, daß er nicht entnommen wird – ganz gleich, ob er ausgewiesen wird oder durch Bildung stiller Rücklagen buchtechnisch nicht in Erscheinung tritt, denn die Bewertung in der steuerlichen Vermögensaufstellung erfolgt nach anderen Prin-

---

45 Zur Ermittlung des Gewerbeertrages vgl. §§ 8, 9 GewStG

46 Da eine Hauptfeststellung des Einheitswertes des Betriebsvermögens, der auch die Grundlage für die Ermittlung des Gewerbekapitals darstellt, nur alle drei Jahre erfolgt und in der Zwischenzeit eingetretene Wertänderungen durch Wertfortschreibungen nur berücksichtigt werden, wenn bestimmte Wertgrenzen überschritten werden, ist es praktisch möglich, daß nicht ausgeschüttete Gewinne bis zur nächsten Hauptfeststellung keine Erhöhung der Vermögensteuer und Gewerbekapitalsteuer auslösen, wenn die Wertgrenzen nicht erreicht werden.

zipien als in der Steuerbilanz. Stille Rücklagen müssen in der **Vermögens-aufstellung** aufgelöst werden.

Die **Körperschaftsteuer** beträgt für nicht ausgeschüttete Gewinne bei Kapitalmarktgesellschaften 51 %, bei personenbezogenen Kapitalgesell-schaften 49 %.

Die **Gewerbeertragsteuer** errechnet sich bei Kapitalgesellschaften aus dem Ansatz:[47]

$$G_E = \frac{m \cdot h}{100} (E - G_E),$$

wobei m die Meßzahl, h der Hebesatz und E der Gewerbeertrag vor Abzug der Gewerbeertragsteuer ist. Beträgt der Hebesatz 300 %, so ergibt sich bei einer Steuermeßzahl von 5 %:

$$G_E = \frac{15}{100} (E - G_E),$$

$$G_E = \frac{15}{115} E,$$

$$G_E = 0{,}1304\ E.$$

Die effektive Belastung mit Gewerbeertragsteuer beträgt also nicht 15 %, sondern nur 13,04 % des Gewerbeertrages.

Da die Gewerbeertragsteuer vom körperschaftsteuerpflichtigen Gewinn abgezogen werden darf, ergibt sich die Gesamtbelastung des Gewinns nicht durch Addition beider Steuersätze, sondern durch folgende Berechnung, bei der unterstellt wird, daß Betriebsgewinn und Gewerbeertrag überein-stimmen:

Betriebsgewinn (vor Abzug von Steuern)	100,00	
– Gewerbeertragsteuer 13,04 %	13,04	13,04
KSt-pflichtiger Gewinn	86,96	
51 % KSt von 86,96		44,35
Gesamtbelastung		57,39

Die Gewerbeertragsteuer erhöht also die Ertragsteuerbelastung insgesamt nur um 6,39 % (57,39 – 51 = 6,39).

Im Falle der Gewinnausschüttung unterliegt der nach Abzug der Steuer zur Ausschüttung gelangende Teil des Gewinns bei Kapitalmarktgesell-schaften einem Körperschaftsteuersatz von 15 % und bei personenbezo-genen Kapitalgesellschaften von 26,5 %. Die Steuern auf den ausgeschüt-teten Teil des Gewinns gelten als zurückbehaltener Gewinn und sind folg-

---

[47] Zu den folgenden Berechnungen vgl. Wöhe, G., Betriebswirtschaftliche Steuerlehre, Band II, 2. Halbband, a. a. O., S. 210 ff.

lich mit dem normalen Tarif von 51 bzw. 49 % zu versteuern. Folglich beträgt bei Kapitalmarktgesellschaften die Belastung des ausgeschütteten Gewinns nicht 15 %, sondern 23,44 % (bzw. bei personenbezogenen Kapitalgesellschaften nicht 26,5 %, sondern 34,19 %).

Bei einem Gewinn von 100,– DM können also maximal 100 — 23,44 = 76,56 ausgeschüttet werden, wenn nur die Körperschaftsteuer berücksichtigt wird. Die Richtigkeit dieser Rechnung zeigt die Probe:

Ausschüttung	76,56
+ 15 % KSt auf Ausschüttung	11,48
+ 51 % KSt auf die nicht ausgeschütteten Gewinnteile (23,44)	11,96
Gewinn vor Steuer	100,00

Die folgende Übersicht zeigt die Belastung des Gewinns der Kapitalgesellschaften mit Körperschaft- und Gewerbeertragsteuer (in % des Gewinns vor Steuern):

	Gewerbe-ertrag-steuer	Körperschaftsteuer		Gesamtbelastung	
		volle Aus-schüttung	volle Thesau-rierung	volle Aus-schüttung	volle Thesau-rierung
Kapitalmarkt-gesellschaften	13,04	23,44	51	33,42	57,39
personenbezogene Gesellschaften	13,04	34,19	49	42,77	55,65

Aus der Übersicht ist zu ersehen, daß einer Kapitalgesellschaft von je 100 DM Gewinn bei völliger Thesaurierung mittels offener Rücklagen nur 42,61 DM zur Verfügung stehen, bei Bildung stiller Rücklagen mittels Bewertungsentscheidungen dagegen der volle Betrag von 100 DM. Obwohl auf den ersten Blick durch die Bildung stiller Rücklagen bestimmte bilanzpolitische Ziele (Selbstfinanzierung, Kapitalerhaltung, Steuerminimierung u. a.) besser realisiert werden können als durch die Bildung offener Rücklagen, muß beachtet werden, in welchen Wirtschaftsgütern die stillen Rücklagen liegen und wie schnell sie sich folglich wieder auflösen, ohne daß der Betrieb einen unmittelbaren Einfluß darauf nehmen kann. Eine Freisetzung stiller Rücklagen, die durch Unterbewertung von Fertigfabrikaten entstanden sind, wird sich u. U. wenige Wochen nach dem Bilanzstichtag ergeben, während stille Rücklagen in langfristigen Anlagegütern erst über einen langen Zeitraum in kleinen Teilbeträgen oder – z. B. bei unbebauten Grundstücken oder Beteiligungen – auf einmal beim Verkauf aufgedeckt werden.

Wird der nach Abzug der Steuern verbleibende Gewinn dagegen ausgeschüttet, so beträgt die Ausschüttung 66,58 % des Gewinns vor Abzug der Steuern.

cc) Methodenwahlrechte

Während das Recht zur **Wahl der Abschreibungsmethode** als ein **originäres** bilanzpolitisches Instrument bezeichnet werden kann, da es der Gesetzgeber sowohl in der Handels- als auch in der Steuerbilanz in der Regel nur für Bilanzierungszwecke und nicht für andere übergeordnete Ziele einräumt, dienen die meisten im Zusammenhang mit steuerlichen **Sonderabschreibungen** gewährten Bewertungswahlrechte der Durchsetzung wirtschafts- und konjunkturpolitischer Ziele. Sie sind also **abgeleitete** bilanzpolitische Instrumente. Vom Standpunkt des Betriebes wird diese Unterscheidung in der Regel allerdings bedeutungslos sein, weil für ihn entscheidend ist, welche Möglichkeiten der Erfolgs- und Vermögensbeeinflussung ihm das jeweilige Wahlrecht gibt und nicht, welchen Zweck der Gesetzgeber mit ihm verfolgt.

Das Methodenwahlrecht steht jedem Betrieb für alle abnutzbaren Anlagegüter – im Steuerrecht mit gewissen Einschränkungen bei Gebäuden – zur Verfügung, die steuerlichen Sonderabschreibungen dagegen sind in der Regel an bestimmte Voraussetzungen gebunden, zu denen z. B. der Standort (Berlinpräferenzen), der Wirtschaftszweig (Bergbau, Landwirtschaft), die Zugehörigkeit des Unternehmers zu einem bestimmten Personenkreis (Vertriebene), die Zugehörigkeit des abschreibungsfähigen Wirtschaftsgutes zu einer Gruppe begünstigter Investitionen (z. B. Anlagen zur Beseitigung der Verunreinigung der Gewässer und der Luft, bestimmte Anlagen im Bergbau) gehören.

Die Abschreibungsmethoden, ihre Voraussetzungen und Auswirkungen auf den Erfolgs- und Vermögensausweis wurden oben bereits ausführlich an Hand von Zahlenbeispielen dargestellt.[48] Ergänzend ist an dieser Stelle auf die Vorschrift des Abschn. 43 Abs. 8 EStR 1969 hinzuweisen, die aus Vereinfachungsgründen für Wirtschaftsgüter, die im abgelaufenen Geschäftsjahr angeschafft oder hergestellt worden sind, zuläßt, daß anstelle einer pro-rata-temporis Abschreibung „für die in der ersten Hälfte eines Wirtschaftsjahres angeschafften oder hergestellten beweglichen Anlagegüter der für ein Jahr in Betracht kommende AfA-Betrag und für die in der zweiten Hälfte des Wirtschaftsjahres angeschafften oder hergestellten beweglichen Anlagegüter die Hälfte des für ein Jahr in Betracht kommenden AfA-Betrages abgesetzt wird." Diese Bestimmung kann den **Beschaffungszeitpunkt** bei Neu- oder Ersatzinvestitionen beeinflussen, denn zeichnet sich gegen Ende des Jahres ein hoher Gewinn ab, so kann es zweckmäßig sein, Anschaffungen, die für das kommende Jahr geplant sind, noch am Ende des abgelaufenen Jahres vorzunehmen, um den steuerpflichtigen Gewinn um die halbe Jahresabschreibung dieser Wirtschaftsgüter zu reduzieren.

Die Bedeutung des Methodenwahlrechts wird in der Steuerbilanz durch die Begrenzung der Degressionssätze bei der Abschreibung in fallenden

---

[48] Vgl. S. 317 ff.

Jahresbeträgen[49] vermindert. Eine weitere Reduzierung oder sogar völlige Beseitigung der Degression ist als **konjunkturpolitische Maßnahme** zulässig. § 51 Abs. 2 EStG[50] ermächtigt die Bundesregierung, durch Rechtsverordnung die Bemessung der Abschreibung in fallenden Jahresbeträgen **ganz oder teilweise auszuschließen**, „wenn eine Störung des gesamtwirtschaftlichen Gleichgewichts eingetreten ist oder sich abzeichnet, die erhebliche Preissteigerungen mit sich gebracht hat oder erwarten läßt . . ." Ein Ausschluß der degressiven Abschreibung kommt nur für Wirtschaftsgüter in Betracht, die innerhalb eines von der Bundesregierung festgesetzten Zeitraums, der ein Jahr nicht übersteigen und nicht rückwirkend festgesetzt werden darf, angeschafft oder hergestellt worden sind.

Neben dem Einfluß auf die Höhe des ausgewiesenen und zu versteuernden Periodengewinns und auf die Höhe des ausgewiesenen Vermögens hat die Wahl der Abschreibungsmethode einen Einfluß auf die **Investitionsentscheidung** des Betriebes. Der Kapitalwert einer Investition[51] wird gewöhnlich durch die Zahlung von Steuern reduziert.[52] Der negative Einfluß der Ertragsteuern ist jedoch je nach der angewendeten Abschreibungsmethode unterschiedlich hoch. Ist der Kapitalwert ohne Berücksichtigung der Ertragsteuern positiv, so wird er sich zwar bei Einbeziehung der Ertragsteuern in die Investitionsrechnung in der Regel vermindern, je nach der gewählten Abschreibungsmethode kann er aber noch positiv bleiben, so daß die Investition auch bei Berücksichtigung der Steuern vorteilhaft ist, oder negativ werden, so daß die Investition sich nicht lohnt.[53]

Wird eine Anlage **degressiv** abgeschrieben, so sind bis zu einem bestimmten Zeitpunkt die jährlichen Abschreibungsquoten höher als bei linearer Abschreibung; nach diesem Zeitpunkt sind sie niedriger. Die Differenz zwischen den höheren degressiven Abschreibungsbeträgen und den gleichbleibenden Abschreibungsbeträgen in den ersten Jahren der Nutzungsdauer ist gleich der Differenz zwischen linearer Abschreibung und niedrigerer degressiver Abschreibung in den späteren Jahren der Nutzungsdauer, da die Summe der Jahresabschreibungen bei beiden Abschreibungsmethoden gleich sein muß.

Die erste Differenz mal Steuersatz bedeutet eine **Steuerersparnis**, die den Kapitalwert der abzuschreibenden Anlage erhöht, die zweite Differenz mal Steuersatz bedeutet eine **Steuermehrbelastung**, die den Kapitalwert ver-

---

[49] Vgl. § 7 Abs. 2 EStG

[50] Eingefügt durch das Gesetz zur Förderung der Stabilität und des Wachstums der Wirtschaft vom 8. 6. 1967 (BGBl I, S. 581)

[51] Der Kapitalwert einer Investition ergibt sich als Differenz aller abgezinsten Einnahmen und Ausgaben dieser Investition. Die Abzinsung erfolgt mit dem Kalkulationszinsfuß, d. h. der vom Betrieb gewünschten Mindestverzinsung (in Höhe der Kapitalkosten). Ist der Kapitalwert gleich Null, so wird gerade noch diese Mindestverzinsung erreicht.

[52] Zu dem Fall eines wachsenden Kapitalwertes bei steigenden Steuersätzen vgl. Schneider, D., Korrekturen zum Einfluß der Besteuerung auf die Investition, ZfbF 1969, S. 297

[53] Zu den folgenden Ausführungen vgl. Wöhe, G., Betriebswirtschaftliche Steuerlehre, Bd. II, 2. Halbband, a. a. O., S. 201 ff. und die dort angestellten Berechnungen.

ringert. Anders formuliert: Die Betriebsgewinne (Periodenüberschuß abzüglich Abschreibungen)[54] sind – proportionaler Steuersatz unterstellt – in den ersten Jahren der Nutzungsdauer um den gleichen Betrag niedriger, um den sie in den späteren Jahren höher sind. Folglich sind die Steuerersparnisse in den ersten Jahren gleich den Steuermehrbelastungen in den späteren Jahren; unter Berücksichtigung der Zinsen erhöht jedoch die Steuerersparnis den Kapitalwert um einen größeren Betrag als die Steuermehrbelastung ihn vermindert, d. h. die Summe der Barwerte der Steuerersparnisse ist größer als die Summe der Barwerte der Steuermehrbelastungen.

Die nachteilige Wirkung der Ertragsteuern auf die Rentabilität einer Investition ist also bei degressiver Abschreibung **geringer** als bei linearer, weil die Verschiebung des Verrechnungszeitraums der Abschreibungsbeträge auf den Investitionszeitpunkt hin den Nachteil der Abzinsung mindert; mit anderen Worten: es entsteht eine **Steuerersparnis durch Zinsgewinn,** weil die Steuern erst später zu zahlen sind. Die Ersparnisse sind um so größer, je stärker die Degression ist. Bei progressiver Abschreibung ist die nachteilige Wirkung der Ertragsteuern größer als bei linearer, weil bei dieser Methode die Gewinne in den ersten Jahren der Nutzungsdauer sehr hoch sind.

Der Einfluß der Abschreibungsmethode wird vor allem bedeutsam, wenn **zwei Investitionsalternativen** verglichen werden, von denen die eine degressiv, die andere aber nur linear abgeschrieben werden darf (z. B. Maschinen und Gebäude), oder wenn bei einer Alternative steuerliche Sonderabschreibungen möglich sind, bei einer anderen dagegen nicht.

Wird eine Maschine in einer kürzeren Zeit abgeschrieben als es ihrer wirtschaftlichen Nutzungsdauer entspricht, so sind bei linearer Abschreibung die jährlichen Abschreibungsbeträge bis zum Ende der steuerlich zulässigen Abschreibungsdauer höher, als sie sich bei Zugrundelegung der wirtschaftlichen Nutzungsdauer ergeben würden.

Die Mehrabschreibung in den ersten Jahren führt – ebenso wie bei der degressiven Abschreibungsmethode – zu einer Steuerersparnis, die der Investition als Einnahme (bzw. Minderausgabe) zuzurechnen ist. Diese Steuerersparnis ist gleich dem Betrag der Steuermehrbelastung, die als Folge davon eintritt, daß in der Zeit zwischen dem Ende der steuerlichen und der wirtschaftlichen Nutzungsdauer keine Abschreibungen mehr berechnet werden können. Da die Abzinsungsfaktoren von Jahr zu Jahr sinken, ist der **Barwert der Steuerersparnis größer als der Barwert der Steuermehrbelastung.** Das bedeutet, daß der Kapitalwert einer Investition bei Verrechnung der Abschreibungsbeträge auf der Grundlage einer unter der wirtschaftlichen Nutzungsdauer liegenden steuerlichen Nutzungsdauer steigt, und zwar um so stärker, je mehr die steuerliche Nutzungsdauer verkürzt wird.

Wendet man in diesem Falle die **degressive** Abschreibungsmethode an, so

---

[54] Vgl. S. 308

ist die Erhöhung des Kapitalwerts sowohl auf die Berechnung der Abschreibung auf der Grundlage einer unter der wirtschaftlichen Nutzungsdauer liegenden steuerlichen Abschreibungsdauer als auch auf die degressive Abschreibung zurückzuführen. Die Rentabilitätsminderung der Ertragsteuern kann also sowohl durch Verkürzung der steuerlichen Nutzungsdauer als auch durch Anwendung der degressiven Abschreibung reduziert werden.

Stimmen steuerliche Abschreibungsdauer und wirtschaftliche Nutzungsdauer überein, so wird bei Verwendung der gleichen Abschreibungsmethode die Vorteilhaftigkeit **langfristiger** Investitionen durch Ertragsteuern stärker vermindert als die kurzfristiger.

Erfolgt **keine Aktivierung** der Anschaffungsausgaben, sondern wird das Investitionsobjekt trotz mehrjähriger Nutzungsdauer in der Periode der Anschaffung voll als Aufwand verrechnet, so tritt im Jahre der Anschaffung eine Steuerersparnis in Höhe der Anschaffungskosten mal Steuersatz ein, die der Investition als Einnahme zugerechnet wird (vorausgesetzt, daß an anderer Stelle im Betriebe entsprechende Gewinne erzielt worden sind, d. h. daß ein **Verlustausgleich** möglich ist). Dafür kann über die Nutzungsdauer keine steuerliche Abschreibung verrechnet werden, die Steuerbelastung ist also in diesen Jahren um die Beträge der fehlenden Abschreibungen mal Steuersatz höher. Da die Steuerersparnis (Einnahme) zeitlich früher liegt als die Steuermehrbelastung (Ausgabe), wird der investitionshemmende Einfluß der Ertragsteuern in diesem Falle weitestgehend aufgehoben.

Die Ausführungen über den Einfluß der Abschreibungsmethode auf die Investitionsentscheidung zeigen, daß die durch das Stabilisierungsgesetz der Regierung gegebene Möglichkeit der Aussetzung der degressiven Abschreibung nicht nur zu höheren Steuerzahlungen der Betriebe und entsprechend höheren Steuereinnahmen des Staates führen (die ihren konjunkturpolitischen Zweck nur erfüllen, wenn sie vorübergehend stillgelegt werden), sondern daß diese Aussetzung auch Investitionsvorhaben, die bei Anwendung der degressiven Abschreibungsmethode und von Sonderabschreibungen vorteilhaft sind, unvorteilhaft machen kann, da ihr Kapitalwert bei linearer Abschreibung negativ ist.

dd) Abschreibungswahlrechte durch steuerliche Sonderabschreibungen

Die ersten Sonderabschreibungen, die der Gesetzgeber nach dem Zweiten Weltkriege durch die Einführung der sog. „Siebener-Gruppe" des Einkommensteuergesetzes zuließ, sollten auf dem Wege der durch stille Rücklagenbildung eintretenden Steuerstundung dem **Wiederaufbau** der deutschen Wirtschaft dienen und zugleich eine finanzielle Hilfe für Betriebe sein, die durch den Krieg und die Kriegsfolgen Vermögensverluste erlitten hatten.

So räumte beispielsweise § 7a EStG, der mit Wirkung vom 21. 6. 1948 (Währungsstichtag) in das Einkommensteuergesetz aufgenommen wurde, eine **Bewertungsfreiheit bei der Ersatzbeschaffung** von durch den Krieg zerstörten oder durch Kriegsfolgen (Demontagen) verlorengegangenen beweglichen Wirtschaftsgüter ein. Neben der normalen AfA durften in den beiden ersten Jahren nach der Anschaffung oder Herstellung bis zu 50 % der Anschaffungs- oder Herstellungskosten abgeschrieben werden, sofern die Sonderabschreibungen 100 000 DM im Jahr nicht überstiegen, anderenfalls war in den beiden ersten Jahren eine Sonderabschreibung von je 15 % neben der normalen Absetzung zulässig.

Bei der damaligen Höhe der Steuersätze (Einkommensteuerspitzensatz, zunächst 95 %, später allmählich fallend, Körperschaftsteuersatz 65 %, später 60 %) stellten die infolge der Sonderabschreibungen eintretende Bildung stiller Rücklagen und die dadurch bedingten Gewinnverlagerungen und Steuerverschiebungen eine beachtliche **Liquiditätshilfe** für den Betrieb dar, zumal damals die degressive Abschreibung noch nicht zugelassen war. Diese Liquiditätsverbesserung hatte einen starken Einfluß auf die Investitionsentscheidungen und zwar sowohl hinsichtlich des Umfanges als auch der Art und der Finanzierung der Investitionen. Die Tatsache, daß in den späteren Jahren der Nutzungsdauer der Wirtschaftsgüter, deren Anschaffungs- oder Herstellungskosten durch Sonderabschreibungen in den beiden ersten Jahren außerordentlich gekürzt wurden, die Abschreibungen entsprechend geringer und folglich die Periodengewinne höher als bei normaler Abschreibung waren, wirkte sich infolge der inzwischen eingetretenen Tarifsenkungen auch bei progressivem Tarif in der Regel nicht negativ aus. Es trat in den meisten Fällen in gewissem Umfange sogar eine endgültige Steuerersparnis ein. Außerdem wirkten sich infolge steigender Neuinvestitionen die verminderten Abschreibungsmöglichkeiten nicht so stark aus.

Ähnliche Sonderabschreibungen wie durch § 7a EStG für bewegliche Wirtschaftsgüter wurden durch §§ 7b für Wohngebäude, 7d für Schiffe und 7e für Fabrikgebäude und Lagerhäuser zugelassen. Die Sonderabschreibungen nach § 7b EStG durften **anstelle** der Normalabschreibung nach § 7 EStG, alle übrigen Sonderabschreibungen **neben** der Normalabschreibung in Anspruch genommen werden.

Dienten die Sonderabschreibungen nach 1948 zunächst der Förderung der Finanzierung des Wiederaufbaus der Betriebe und der Förderung des Wohnungs- und Schiffbaus, so wurde ab 1951 eine zusätzliche Tendenz sichtbar: der § 7a EStG wurde in den Dienst der **Sozialpolitik** gestellt, indem die Sonderabschreibungen von der Ersatzbeschaffung kriegszerstörter Wirtschaftsgüter auf alle beweglichen Wirtschaftsgüter ausgedehnt, ihre Anwendung aber zugleich einer bestimmten Personengruppe vorbehalten wurde: den Vertriebenen und rassisch und politisch Verfolgten. Die Finanzierungshilfe wurde nur noch einer Personengruppe gewährt, die durch den Krieg besondere wirtschaftliche Schäden erlitten hatte. Mit Hilfe von Steuervergünstigungen sollte die **Eingliederung** dieses Personenkreises in die Wirtschaft der Bundesrepublik beschleunigt und zugleich eine Art zusätzlicher **Lastenausgleich** angestrebt werden.

Die Zielsetzung des § 7b EStG hat sich inzwischen erneut geändert. Diese Vorschrift dient heute nicht mehr generell der Förderung des Wohnungsbaus, sondern der Förderung der **Eigentumsbildung** durch Steuerbegünstigungen beim Bau von Eigenheimen.

Die Bildung stiller Rücklagen durch Sonderabschreibungen wird ferner als Instrument der **Förderung der Investitionstätigkeit einzelner Wirtschaftszweige** verwendet. So räumte z. B. § 36 IHG den durch das Investitionshilfegesetz begünstigten Betrieben der Grundstoffindustrien und der Energie- und Wasserwirtschaft Sonderabschreibungen ein, die denen der §§ 7a und 7b EStG ähnelten. Im Gegensatz zu der Regelung der Sonderabschreibungen in den zuletzt genannten Vorschriften mußte aber nicht der verbliebene Restbuchwert auf die Restnutzungsdauer verteilt werden, sondern es durften die im Jahr der Anschaffung begonnenen linearen Abschreibungen beibehalten werden. Das hatte zur Folge, daß die Wirtschaftsgüter in einer kürzeren Zeit als der betriebsgewöhnlichen Nutzungsdauer abgeschrieben werden konnten und der durch die Steuerstundung eingeräumte Steuerkredit sich damit noch vergrößerte.

Ein noch gezielterer Einfluß auf die Investitionsentscheidungen der Betriebe wird durch eine Anzahl von Bewertungsfreiheiten versucht[55], deren Ziel teils die Steuerbegünstigung bestimmter Wirtschaftszweige ist, deren Ertragslage und internationale Konkurrenzfähigkeit im gesamtwirtschaftlichen Interesse durch steuerliche Begünstigung von Rationalisierungsinvestitionen verbessert werden soll, oder die durch zwischenstaatliche Verträge (Montanunion, EWG) Nachteile hinnehmen müssen, die – außer durch direkte Subventionen – auch durch steuerliche Hilfen ausgeglichen werden sollen, teils die Förderung von Investitionsvorhaben ist, die nicht allein im Interesse eines Betriebes, sondern auch oder vor allem in dem der Allgemeinheit liegen.

Beispiele für die **erste Gruppe** sind die Begünstigung **land- und forstwirtschaftlicher** Betriebe bei der Anschaffung oder Herstellung bestimmter Wirtschaftsgüter und der Vornahme bestimmter Baumaßnahmen (Sonderabschreibungen von 50 % bei beweglichen, von 30 % bei unbeweglichen Wirtschaftsgütern in den ersten drei Jahren der betriebsgewöhnlichen Nutzungsdauer; §§ 76–78 EStDV[56]) und die Bewertungsfreiheit für bestimmte Wirtschaftsgüter des Anlagevermögens im **Kohlen- und Erzbergbau** (Son-

---

[55] Ihre gesetzliche Grundlage bildet § 51 Abs. 1 EStG
[56] Steuermindereinnahmen als Folge dieser Begünstigung 1969 40 Mill. DM, für 1970 veranschlagt 45 Mill. DM (vgl. „Bericht der Bundesregierung über die Entwicklung der Finanzhilfen des Bundes und der Steuervergünstigungen für die Jahre 1967 bis 1970 gemäß § 12 des Gesetzes zur Förderung der Stabilität und des Wachstums der Wirtschaft (StWG) vom 8. Juni 1967" vom 16. 2. 1970, BT-Drucksache VI/391, S. 68/69, im folgenden als „Subventionsbericht" bezeichnet). Die Zahlenangaben im Subventionsbericht beruhen auf Schätzungen. Es ist zu beachten, daß durch die Vorwegnahme von Abschreibungen *kein endgültiger Steuerausfall* eintritt, sondern nach Ablauf des Begünstigungszeitraums Mehreinnahmen anfallen. Die Mindereinnahmen zeigen aber die Größenordnung des Liquiditätsvorteils, den die begünstigten Betriebe haben.

derabschreibungen in gleicher Höhe, jedoch innerhalb der ersten 5 Jahre der betriebsgewöhnlichen Nutzungsdauer; § 81 EStDV).[57]

Beispiele für die **zweite Gruppe** sind Bewertungsfreiheiten für Anlagen zur Verhinderung, Beseitigung oder Verringerung von Schädigungen durch Abwässer (§ 79 EStDV), der Verunreinigung der Luft (§ 82 EStDV) oder von Lärm oder Erschütterungen (§ 82 e EStDV), Bewertungsfreiheiten für abnutzbare Wirtschaftsgüter des Anlagevermögens, die der Forschung oder Entwicklung dienen (§ 82 d EStDV), und Bewertungsfreiheiten für abnutzbare Wirtschaftsgüter des Anlagevermögens privater Krankenanstalten (§ 75 EStDV).[58] In allen Fällen betragen die Sonderabschreibungen 50 % der Anschaffungs- oder Herstellungskosten in den ersten 5 Jahren der Nutzungsdauer. Da sie nach Belieben auf die fünf Jahre verteilt werden dürfen, (z. B. 50 % im 1. Jahr oder 5 x 10 % in fünf Jahren oder in beliebiger anderer Aufteilung), ist die bilanzpolitische Bedeutung dieser Abschreibungswahlrechte außerordentlich groß.

Sonderabschreibungen werden außerdem – neben anderen Steuervergünstigungen – zur **Beeinflussung der Standortwahl** angewendet. So besteht nach § 14 Abs. 1 BHG eine Bewertungsfreiheit für abnutzbare Anlagegüter, die zum Anlagevermögen einer in Westberlin gelegenen Betriebsstätte gehören und dort mindestens drei Jahre nach ihrer Anschaffung oder Herstellung verbleiben. Die Sonderabschreibung beträgt 75 % der Anschaffungs- oder Herstellungskosten und kann in den ersten fünf Jahren der Nutzungsdauer nach Belieben in Anspruch genommen werden. Sie tritt an die Stelle der Normalabschreibung. Der Restwert darf bei beweglichen Anlagegütern nur noch linear abgeschrieben werden, bei Gebäuden ist § 7 Abs. 4 EStG anzuwenden.[59]

Für Betriebe in den Ostgrenzgebieten werden Sonderabschreibungen von den Finanzbehörden zugelassen, wenn Investitionen vorgenommen worden sind, die dazu beitragen, die wirtschaftliche Entwicklung der Grenzgebiete zu fördern und neue Arbeitsplätze zu schaffen oder bestehende Arbeitsplätze zu erhalten. Der Zweck dieser Maßnahmen ist es, die Abwanderung aus Gebieten, die durch ihre geographische Lage besonders gefährdet oder als Folge politischer Ereignisse wirtschaftlich benachteiligt sind, zu verhindern oder – wie im Falle von Westberlin – sogar einen Anreiz zur Standortverlagerung von Zweigbetrieben nach Berlin zu geben.[60]

Eine Beeinflussung der **Standortwahl im internationalen Bereich** wird durch das Entwicklungshilfe-Steuergesetz versucht, das für bestimmte Ka-

---

[57] Steuermindereinnahmen 1969 50 Mill. DM, für 1970 veranschlagt ebenfalls 50 Mill. DM (vgl. Subventionsbericht, a. a. O., S. 74/75).

[58] Steuermindereinnahmen dieser Gruppe: 1969 217 Mill. DM, davon 125 Mill. DM durch § 82 d EStDV; für 1970 ist der gleiche Betrag bei gleicher Aufteilung veranschlagt (vgl. Subventionsbericht, a. a. O., S. 116/117).

[59] Steuermindereinnahmen 1969: 210 Mill. DM; für 1970 veranschlagt: 220 Mill. DM (vgl. Subventionsbericht, a. a. O., S. 82/83).

[60] Die gleiche Zielsetzung verfolgen *Investitionszulagen* von 10–30 % der Anschaffungs- oder Herstellungskosten beweglicher Anlagegüter nach § 19 BHG und von 10 % für Investi-

pitalanlagen in Entwicklungsländern einen Bewertungsabschlag (Sonderabschreibung) von 15 % der Anschaffungs- oder Herstellungskosten der Kapitalanlagen und die Bildung einer den steuerlichen Gewinn mindernden (offenen) Rücklage bis zu 50 % der um den Bewertungsabschlag verminderten Anschaffungs- oder Herstellungskosten zuläßt.[61]

b) Aufwertungswahlrechte

Die Möglichkeiten der Wertaufholung durch Zuschreibungen wurden bei der Behandlung der Bilanzierungsgrundsätze und der Bewertungsvorschriften[62] eingehend erörtert. Die Einzelheiten sollen hier nicht wiederholt, sondern lediglich die bilanzpolitische Bedeutung der Aufwertungswahlrechte herausgestellt werden. Sie ist im Vergleich zur Bedeutung der Abwertungswahlrechte **relativ gering**. Das hat folgende Gründe:

1. Das Anschaffungswertprinzip setzt in der Handels- und Steuerbilanz eine **obere Wertgrenze**, die in keinem Fall überschritten werden darf und an der folglich jedes Aufwertungswahlrecht endet, so daß Wertsteigerungen, die diese Grenze überschreiten, bis zu ihrer Realisation durch Umsatz unberücksichtigt bleiben. Im Gegensatz dazu gibt es für Abwertungswahlrechte in der Regel keine feste Wertuntergrenze, da die Wertminderungen, die erfaßt werden dürfen, nur im Rahmen der Grundsätze ordnungsmäßiger Buchführung und Bilanzierung geschätzt werden können und folglich immer ein gewisser bilanzpolitischer Spielraum bleibt. Außerdem ermöglichen die steuerlichen Abschreibungswahlrechte (Sonderabschreibungen) den Ansatz niedrigerer Werte, ohne daß entsprechende Wertminderungen eingetreten sind. Diese Ansätze dürfen – wie oben dargestellt – nach § 154 Abs. 2 Nr. 2 und § 155 Abs. 3 Nr. 2 AktG auch in die Handelsbilanz übernommen werden.

Theoretisch enden die Abwertungsmöglichkeiten allerdings beim Wert Null, so daß der Spielraum der möglichen Abwertung (von den Anschaffungskosten bis Null) und der möglichen Aufwertung (von Null bis zu den Anschaffungskosten) gleich groß ist. Während aber der niedrigst mögliche Wert von Null durch Abwertung auch erreicht werden kann, ist der Ansatz des höchstmöglichen Wertes, wenn er über den Anschaffungskosten liegt, nicht zulässig.

2. Zuschreibungen verstoßen gegen das Realisationsprinzip und sind folglich **nicht** zulässig, wenn sie **Wertsteigerungen** erfassen sollen, auch wenn dadurch die Anschaffungs- oder Herstellungskosten nicht überschritten werden (Beispiel: Steigen der Wiederbeschaffungskosten eines planmäßig abgeschriebenen Anlagegutes). Zuschreibungen sind nur zulässig, um

---

tionen im Zonenrandgebiet und in anderen förderungsbedürftigen Gebieten nach dem Investitionszulagengesetz vom 18. 8. 1969 (BGBl I, S. 1211). Diese Zulagen mindern die Anschaffungs- oder Herstellungskosten und damit die Abschreibungen *nicht*.

[61] Einzelheiten vgl. bei der Erörterung der steuerfreien Rücklagen auf S. 540 f.
[62] Vgl. S. 301 f.

planmäßige oder außerplanmäßige Abschreibungen rückgängig zu machen, die sich als zu hoch herausgestellt haben. Mit anderen Worten: eine vermutete Wertminderung, die aus Vorsichtsgründen durch Abschreibungen berücksichtigt wurde, die aber nicht eingetreten ist, wird durch Zuschreibung zurückgerechnet. Das Realisationsprinzip ist nicht verletzt.

3. § 6 Abs. 1 Satz 4 EStG verbietet, daß bei abnutzbaren Anlagegütern die bereits am Schluß des vorangegangenen Wirtschaftsjahres zum Anlagevermögen gehört haben, der letzte Bilanzansatz überschritten wird **(Prinzip des strengen Wertzusammenhangs)**.[63] Aufwertungswahlrechte gibt es in der Steuerbilanz also nur bei den nicht abnutzbaren Wirtschaftsgütern des Anlagevermögens und bei Gütern des Umlaufvermögens. Bei den abnutzbaren Anlagegütern müssen stille Rücklagen, die sich z. B. durch zu schnelle Abschreibung infolge einer zu kurz geschätzten Nutzungsdauer gebildet haben, beibehalten werden. Ihre Auflösung ist nur durch Korrektur der zukünftigen Abschreibungen auf der Basis einer neu geschätzten Nutzungsdauer möglich.

4. Da das Ziel der Bilanzpolitik in den meisten Fällen aus steuerlichen und ausschüttungspolitischen Gründen eine Reduzierung des ausgewiesenen Gewinns ist, und der Betrieb in der Regel im Interesse der Kapitalsicherung eine gewisse Unterbewertung seines Vermögens positiv beurteilt, kommt es zu Wertaufholungen durch freiwillige Auflösung stiller Rücklagen nur in den Fällen, in denen eine ungünstige Ertragslage bilanzmäßig korrigiert werden soll oder aus bestimmten Gründen (z. B. vor Neuemissionen) der Eindruck einer besonders günstigen Ertragslage erweckt werden soll.

Im Gegensatz zum Steuerrecht verbietet das Aktiengesetz Zuschreibungen auch bei Anlagegütern, die planmäßig abgeschrieben werden, **nicht**. Dennoch lehnen führende Kommentare – wie an anderer Stelle dargelegt[64] – Zuschreibungen ab, durch die **planmäßige** Abschreibungen rückgängig gemacht werden, weil – so Adler-Düring-Schmaltz – „im Rahmen einer Änderung des Abschreibungsplans nur die künftigen Abschreibungen geändert werden können, nicht dagegen die in der Vergangenheit bereits verrechneten Abschreibungen."[65]

Eine andere Ansicht wird im WP-Handbuch 1968 vertreten: „War die Nutzungsdauer ursprünglich zu kurz geschätzt worden, so ist eine Neuschätzung nur dann geboten, wenn andernfalls bei Fortführung des bisherigen Abschreibungsplans der möglichst sichere Einblick in die Vermögens- und Ertragslage der Gesellschaft (§ 149 Abs. 1 S. 2) beeinträchtigt würde. In diesem Fall ist auch eine Zuschreibung möglich."[66]

---

[63] Vgl. S. 169
[64] Vgl. S. 301 f.
[65] Adler-Düring-Schmaltz, a. a. O., Erl. zu § 154, Tz 64
[66] WP-Handbuch 1968, a. a. O., S. 502

Wir halten diese Ansicht für zutreffend, da u. E. der Grundsatz der Bewertungskontinuität dem Grundsatz der Richtigkeit des Vermögens- und Erfolgsausweises untergeordnet werden muß, zumal Durchbrechungen der Bewertungskontinuität bei Aktiengesellschaften im Geschäftsbericht anzugeben sind.[67]

Soweit **außerplanmäßige** Abschreibungen vorgenommen worden sind, deren Gründe nicht mehr bestehen[68], ist die Zulässigkeit von Zuschreibungen unbestritten. Bei abnutzbaren Anlagegütern ist in der Handelsbilanz eine Zuschreibung bis zur Höhe der Anschaffungs- oder Herstellungskosten „abzüglich planmäßiger Abschreibungen auf der Grundlage einer neuen Beurteilung der Nutzungsdauer im Zuschreibungszeitpunkt"[69] möglich, bei nicht abnutzbaren Anlagegütern und Gütern des Umlaufvermögens bis zu den Anschaffungs- oder Herstellungskosten.

Da Zuschreibungen ebenso wie Abschreibungen in der Regel auf Schätzungen beruhen, sind sie als bilanzpolitisches Instrument **problematischer** als Abschreibungen, da eine zu großzügige Schätzung bei der Zuschreibung zu einer Überbewertung des Vermögens und damit zu einer Verletzung des Prinzips des **Gläubigerschutzes** führen kann, während der Gläubiger durch einen zu niedrigen Wertansatz nur dann getäuscht werden kann, wenn dieser bei schlechter Ertragslage zur Verschleierung von Verlusten wieder aufgewertet wird. Problematisch können Zuschreibungen aber vor allem dann sein, wenn sie nicht zum Ausgleich von Verlusten oder zur Angleichung der Handelsbilanz an die Steuerbilanz, sondern zu dem Zwecke vorgenommen werden, Gewinnausschüttungen zu ermöglichen.

c) Sonstige Bewertungswahlrechte

Zwei Bewertungswahlrechte, mit denen der Erfolgs- und Vermögensausweis reguliert werden kann, wurden an anderer Stelle bereits so ausführlich erörtert, daß in diesem Zusammenhang ein kurzer Hinweis genügt. Es handelt sich um:

1. das Recht zur Aktivierung bestimmter Gemeinkosten bei der Ermittlung der **Herstellungskosten.** Werden die betreffenden Gemeinkosten in die Herstellungskosten einbezogen, so ist der Wert des Vermögens gegenüber dem Fall der Nichtaktivierung und damit auch der ausgewiesene Erfolg höher. Bei absoluter Betrachtung tritt lediglich eine erfolgsunwirksame Umschichtung im Vermögen ein. Werden die betreffenden Gemeinkosten nicht aktiviert, so erscheinen sie als Aufwand in der Erfolgsrechnung. Die zu Herstellungskosten angesetzten Bestände sind unterbewertet, der ausgewiesene Gewinn wird durch Bildung stiller Rück-

---

[67] Vgl. § 160 Abs. 2 AktG
[68] Vgl. § 154 Abs. 2 und § 155 Abs. 4 AktG
[69] Mellerowicz-Brönner, a. a. O., Erl. zu § 154, Anm. 37

lagen reduziert. Der Betrieb hat also ein Wahlrecht, ob er Aufwendungen in der Periode, in der sie verursacht worden sind, oder in der Periode, in der der Absatz erfolgt, wirksam werden lassen will;[70]

2. **Wahlrechte bei der Bewertung gleichartiger Vorräte,** mit deren Hilfe insbesondere in Zeiten steigender Preise eine Substanzerhaltung angestrebt werden kann. Für die Bewertung des Endbestandes kann der Betrieb in der Handelsbilanz zwischen folgenden Verfahren wählen, die jeweils zu einem anderen Endbestandswert und damit zu einem anderen Erfolgs- und Vermögensausweis führen:[71]

a) Er bildet einen gewogenen Durchschnit aus sämtlichen Anschaffungskosten (Durchschnittsmethode);

b) er ordnet die Anschaffungskosten der einzelnen Lieferungen der zeitlichen Reihenfolge nach, d. h. er „verbraucht" jeweils die zuerst oder zuletzt bezahlten Preise (Fifo- und Lifo-Methode);

c) er ordnet die Anschaffungskosten der Höhe nach, d. h. er bucht jeweils zuerst die höchsten (oder niedrigsten) bezahlten Preise aus (Hifo-Methode);

d) er wählt die Gruppenbewertung nach § 40 Abs. 4 Nr. 1 HGB;

e) er wählt die Festbewertung nach § 40 Abs. 4 Nr. 2 HGB.

d) Bewertungswahlrechte bei der Auflösung oder Übertragung stiller Rücklagen bei Veräußerung, Umwandlung und Fusion[72]

aa) Überblick

Da stille Rücklagen Gewinne sind, die noch nicht ausgewiesen und besteuert wurden, kann der Betrieb ein Interesse daran haben, ihre Auflösung so lange wie möglich hinauszuschieben oder sie – wenn sich eine Auflösung nicht vermeiden läßt – auf andere Wirtschaftsgüter übertragen, um den zinslosen Steuerkredit möglichst lange nutzen zu können. Die Interessenlage der Finanzverwaltung ist im „normalen" Falle genau die entgegengesetzte. Sie muß darauf bestehen, daß stille Rücklagen, die als Zwangs-, Schätzungs- oder Ermessensrücklagen entstanden sind, bei ihrer Auflösung unverzüglich der Besteuerung unterworfen werden.

Soweit stille Rücklagen im **Umlaufvermögen** gebildet worden sind, lösen sie sich in der Regel in der folgenden Periode durch Umsatz wieder auf und führen dann zu einer relativen Steuererhöhung (z. B. Unterbewertung von Vorräten, zu niedriger Ansatz von Herstellungskosten durch Nichtaktivierung bestimmter Gemeinkostenarten).

Soweit stille Rücklagen im **Anlagevermögen** gebildet worden sind, kommt es darauf an, ob

---

[70] Einzelheiten zu diesem Problem vgl. S. 267, insbesondere das Zahlenbeispiel auf S. 281 f.

[71] Einzelheiten und Berechnungsbeispiele vgl. S. 352 ff.

[72] Vgl. Wöhe, G., Bildung, Auflösung und Übertragung stiller Rücklagen im Steuerrecht aus der Sicht der betriebswirtschaftlichen Steuerlehre, ZfbF 1966, S. 98–117, insb. S. 111 ff.

1. die Unterbewertung im **abnutzbaren** Anlagevermögen erfolgt ist; dabei ist die Auflösung der Rücklagen abhängig von der Restnutzungsdauer und dem angewendeten Abschreibungsverfahren;

2. die Unterbewertung bei **nicht abnutzbaren** Anlagegütern vorgenommen worden ist. Hier lösen sich die Rücklagen nur auf, wenn die Wirtschaftsgüter veräußert werden oder wenn der Betrieb liquidiert wird. Geht man davon aus, daß es sich um Anlagegüter handelt, bei denen eine Veräußerung voraussichtlich nicht stattfinden wird (z. B. Grund und Boden, wesentliche Beteiligungen), und unterstellt man, daß eine Liquidierung des Betriebes weder beabsichtigt noch in absehbarer Zeit zu erwarten ist, so bedeutet die Bildung stiller Rücklagen in diesen Fällen praktisch eine **endgültige** Steuerersparnis.

Soweit stille Rücklagen aus **wirtschaftspolitischen Gründen** zugelassen worden sind, hängt die Realisierung der gewollten wirtschaftspolitischen Zielsetzung — vorausgesetzt, daß sie mit der stillen Rücklagenbildung überhaupt realisiert oder gefördert werden kann — nicht nur davon ab, daß die Betriebe von der Möglichkeit der Bildung stiller Rücklagen überhaupt Gebrauch machen, sondern auch davon, daß die vom Steuergesetzgeber gewünschte Wirkung nicht durch eine vorzeitige Auflösung der stillen Rücklagen, die durch andere steuerrechtliche Vorschriften gefordert wird, die nicht von wirtschaftspolitischen Zielen beeinflußt sind, sondern „nur" vom Standpunkt periodengerechter Gewinnermittlung ausgehen, verhindert wird. Deshalb gibt es Fälle, in denen der Steuergesetzgeber zuläßt, daß frei werdende stille Rücklagen nicht sofort besteuert, sondern auf andere Wirtschaftsgüter oder — im Falle von Fusion und Umwandlung — auf Betriebe anderer Rechtsformen übertragen oder noch eine zeitlang als steuerfreie (offene) Rücklagen geführt werden.

Es kommen aber auch noch andere Gründe für eine nicht sofortige Versteuerung stiller Rücklagen hinzu. Die wichtigsten Gründe für dieses „Entgegenkommen" des Steuergesetzgebers sind die folgenden:

1. Erfolgt die **Auflösung** der stillen Rücklagen **durch höhere Gewalt oder staatlichen Zwang** (z. B. bei Zerstörung oder Enteignung eines Wirtschaftsgutes, das stille Rücklagen enthält, und Ersatz des Wertes einschließlich der stillen Rücklagen durch eine Versicherung oder durch staatliche Entschädigung), so sind zwei Gründe denkbar:

    a) Die stille Rücklage war wirtschaftspolitisch erwünscht (z. B. Förderung der Selbstfinanzierung), ihre plötzliche Auflösung stellt die Realisierung der wirtschaftspolitischen Zielsetzungen in Frage, da sie dem Betrieb, wenn die Besteuerung sofort erfolgen würde, liquide Mittel abverlangt, die unter Berücksichtigung der normalen Auflösung der stillen Rücklage im Zeitablauf investiert wurden.

    b) Der Betrieb soll vor einer plötzlichen Liquiditätsbelastung und einer — bei progressivem Tarif im Zusammenhang mit dem Grundsatz, daß

Gewinne stets in der Periode, in der sie entstanden sind, voll zu versteuern sind – relativ hohen Steuerbelastung verschont werden, d. h. er soll nicht schlechter gestellt werden als bei „normaler" Auflösung der stillen Rücklagen. Bei regulärer Abschreibung hätte sich eine stille Rücklage, die durch Sonderabschreibungen entstanden ist, allmählich über mehrere Perioden aufgelöst. Bei nicht abnutzbaren Gütern (z. B. Grund und Boden), die durch staatlichen Zwang ausscheiden, wäre eine Realisierung der durch Wertsteigerungen eingetretenen stillen Rücklagen erst bei der Veräußerung erfolgt. Es handelt sich in diesen Fällen nicht um ein einer wirtschaftspolitischen Zielsetzung adäquates Verhalten des Steuergesetzgebers, sondern um eine Billigkeitsmaßnahme.

2. Löst sich die stille Rücklage bei der **Veräußerung von Wirtschaftsgütern** auf, die im Betriebe nicht mehr voll nutzungsfähig sind, mit deren Verkaufserlös der Betrieb aber Wirtschaftsgüter besserer Nutzungsfähigkeit beschaffen könnte, so wird die Besteuerung der stillen Rücklage den Verkaufserlös u. U. so stark mindern, daß der Betrieb in vielen Fällen die Veräußerung lieber unterläßt. Das kann zur Folge haben, daß wirtschaftspolitisch erwünschte Maßnahmen unterbleiben (z. B. Standortverlagerungen, die den Verkauf von Grundstücken voraussetzen, in denen so erhebliche stille Rücklagen stecken können, daß aus dem um die Steuern verminderten Verkaufserlös eine Beschaffung entsprechender Grundstücke an anderer Stelle nicht möglich ist). Deshalb läßt § 6 b EStG unter bestimmten Voraussetzungen die Übertragung stiller Rücklagen auf neu angeschaffte oder hergestellte Wirtschaftsgüter zu.

3. Die Zulässigkeit der Übertragung stiller Rücklagen bei der **Umwandlung oder Fusion** soll Umwandlungs- oder Fusionsvorgänge ermöglichen, die im Falle der Besteuerung der stillen Rücklagen, die bei der Übertragung auf ein anderes Rechtssubjekt frei werden, behindert oder gar unterbleiben würden. Auch für diese Maßnahmen können zwei Überlegungen maßgebend sein:

   a) die wirtschaftspolitischen Zielsetzungen, die mit den steuerlich zulässigen Rücklagen verfolgt werden, sollen nicht durch eine vorzeitige Auflösung der stillen Rücklagen gefährdet werden,

   b) bestimmte Umwandlungs- oder Fusionsvorgänge sollen aus wirtschaftspolitischen Gründen beeinflußt werden.

4. Es kann sich bei dem Hinausschieben der Besteuerung frei gewordener stiller Rücklagen aber auch um reine **Billigkeitsmaßnahmen** und nicht um eine wirtschaftspolitischen Zielsetzungen entspringende Maßnahme handeln, wenn stille Rücklagen bei ihrer Auflösung nicht sofort besteuert werden müssen, sondern die Steuerbelastung auf mehrere Jahre verteilt werden kann, indem die realisierten stillen Rücklagen, zunächst als steuerfreie (offene) Rücklagen, die über mehrere Jahre mit einem Bruchteil gewinnerhöhend aufgelöst werden müssen, in der Steuerbilanz erscheinen.

Zusammenfassend sind also **drei Gruppen** von Fällen zu unterscheiden, in denen der Gesetzgeber dem Betrieb ein Wahlrecht einräumt, ob er bei bestimmten Anlässen stille Rücklagen auflösen oder übertragen will:

1. Es wird eine Übertragung von stillen Rücklagen, die beim Ausscheiden von Wirtschaftsgütern aus dem Betrieb – sei es durch Verkauf oder durch höhere Gewalt – frei werden, auf neu angeschaffte oder hergestellte Wirtschaftsgüter zugelassen, deren Anschaffungs- oder Herstellungskosten um den Betrag der stillen Rücklage niedriger angesetzt werden, so daß eine endgültige Auflösung der stillen Rücklage bis zum Ende der Nutzungsdauer bzw. bis zur Veräußerung des neuen Wirtschaftsgutes hinausgeschoben wird.

2. Stille Rücklagen dürfen bei der Umwandlung entweder auf eine andere Rechtsform (formwechselnde Umwandlung) oder auf ein anderes Rechtssubjekt (übertragende Umwandlung) und bei Fusionsvorgängen übertragen werden. Der Betrieb kann sich aber auch für ihre Auflösung und damit für die Besteuerung von Umwandlungs- und Fusionsgewinnen entscheiden.

3. Stille Rücklagen dürfen nach ihrer Auflösung auf eine steuerfreie Rücklage[73] überführt werden, die innerhalb eines bestimmten Zeitraums gewinnerhöhend aufgelöst werden muß. Dadurch wird eine Verteilung der Besteuerung der stillen Rücklagen auf mehrere Perioden ermöglicht.

bb) Übertragung von bei der Veräußerung aufgelösten stillen Rücklagen auf andere Wirtschaftsgüter

Zur **ersten Gruppe** gehört **erstens** die Übertragung stiller Rücklagen, die bei Veräußerung frei geworden sind, auf andere Wirtschaftsgüter nach § 6b EStG und **zweitens** die Übertragung stiller Rücklagen, die beim Ausscheiden von Wirtschaftsgütern auf Grund höherer Gewalt oder behördlichen Eingriffs (z. B. Enteignung für Straßenbau, Inanspruchnahme für Verteidigungszwecke) aufgedeckt werden, auf Ersatzwirtschaftsgüter (Rücklage für Ersatzbeschaffung).[74]

Die Übertragung erfolgt in beiden Fällen in der Weise, daß der durch Auflösung der stillen Rücklagen entstandene Gewinn im Jahre der Auflösung nicht der Besteuerung unterworfen, sondern von den Anschaffungs- oder Herstellungskosten der neu angeschafften oder hergestellten Wirtschaftsgüter abgesetzt wird.[75]

Die Zielsetzung des § 6b EStG ist **wirtschaftspolitischer Art.** In den beiden letzten Jahrzehnten sind in vielen Betrieben erhebliche stille Rücklagen entstanden, die teils eine Folge von **Bewertungsvorschriften** (Höchstwertvorschriften des DM-Bilanzgesetzes, Sonderabschreibungen nach § 7a

---

[73] Vgl. S. 527 ff.

[74] Vgl. Abschnitt 35 EStR 1969

[75] Einzelheiten der gesetzlichen Regelungen werden bei der Behandlung der steuerfreien Rücklagen dargestellt, vgl. S. 532 ff.

ff. EStG, nach § 36 IHG, nach § 14 BHG u. a., degressive Abschreibung), teils eine Folge von **Wertsteigerungen** (z. B. bei Grund und Boden) und **Preissteigerungen** auf Grund einer allgemeinen Geldentwertung sind. Würden die bei der Veräußerung frei gewordenen stillen Rücklagen sofort der Besteuerung unterworfen, so würde das in den Fällen, in denen die Wiederbeschaffungskosten gestiegen sind, eine Besteuerung betrieblicher Substanz zur Folge haben. Die Verkaufserlöse würden nach Abzug der Steuern nicht ausreichen, um die gleiche Menge an Gütern wiederbeschaffen zu können. Nach den Grundsätzen steuerlicher Gewinnermittlung sind die frei werdenden stillen Rücklagen aber steuerpflichtiger Gewinn, da nach diesen Grundsätzen der Nominalgewinn, d. h. die Differenz zwischen Beschaffungs- und Veräußerungspreis besteuert und auf die Substanzerhaltung des Betriebes keine Rücksicht genommen wird.

Die Besteuerung von Veräußerungsgewinnen, die aus aufgelösten stillen Rücklagen bestehen, hatte zur Folge, daß in vielen Fällen die Veräußerung von Wirtschaftsgütern, die vom betriebswirtschaftlichen Standpunkt aus zweckmäßig gewesen wäre, unterblieb. Wirtschaftlich zweckmäßige **Standortverlagerungen** konnten nicht durchgeführt werden, weil der bei der Veräußerung der bisher genutzten Grundstücke erzielte Kaufpreis nicht in voller Höhe zur Beschaffung von Grundstücken in einer wirtschaftlich günstigeren Standortlage verwendet werden konnte, sondern zuvor die im Veräußerungspreis enthaltenen stillen Rücklagen, die gerade beim Grund und Boden ein Mehrfaches der früheren Anschaffungskosten ausmachen können, der Einkommen-, Körperschaft- und Gewerbeertragsteuer unterworfen werden mußten. Gleiches gilt für **Rationalisierungsmaßnahmen**, die durch Veräußerung von nicht mehr benötigten Wirtschaftsgütern finanziert werden sollen. Enthielten sie hohe stille Rücklagen, so minderte die Steuerbelastung des Verkaufserlöses den für Rationalisierungsinvestitionen verbleibenden Betrag erheblich. Auch die **Änderung von Beteiligungsverhältnissen** an Kapitalgesellschaften wurde durch die Besteuerung der bei der Veräußerung von Beteiligungen frei werdenden stillen Rücklagen erschwert.

Durch den Verzicht auf die sofortige Besteuerung von bei der Veräußerung aufgedeckten stillen Rücklagen gibt aber der Steuergesetzgeber das Prinzip der nominellen Kapitalerhaltung nicht zugunsten des Prinzips der Substanzerhaltung auf, denn die Freistellung der stillen Rücklagen von der Besteuerung ist keine endgültige, sondern es erfolgt eine Nachversteuerung, wenn sich die übertragenen stillen Rücklagen später auflösen.

Die Zulässigkeit der Übertragung stiller Rücklagen auf Ersatzwirtschaftsgüter ist in erster Linie eine **Billigkeitsmaßnahme**. Das Ausscheiden von Wirtschaftsgütern durch höhere Gewalt ist für den Betrieb eine unerwartete zusätzliche Belastung. Der Steuergesetzgeber hält es deshalb für unbillig, die Liquiditätslage des Betriebes in dieser Situation durch die Besteuerung stiller Rücklagen zu belasten und dadurch die Beseitigung des eingetretenen Schadens durch Wiederbeschaffung des ausgeschiedenen Wirtschaftsgutes noch zu erschweren. Sind die stillen Rücklagen allerdings nicht auf Wertsteigerungen zurückzuführen, sondern sind sie eine Folge von Bewertungsfreiheiten, die wirtschaftspolitische Gründe haben, so ist die Fortführung der stillen Rücklagen in den Ersatzwirtschaftsgütern auch vom wirtschaftspolitischen Standpunkt erwünscht.

cc) Wahlrechte bei der Behandlung stiller Rücklagen bei der Umwandlung

Eine gezielte Beeinflussung des Periodengewinns ist auch durch die Ausnutzung von Wahlrechten bei der Auflösung oder Übertragung von stillen Rücklagen im Rahmen bestimmter Umwandlungsvorgänge, der Einbringung eines Betriebes, Teilbetriebes oder Mitunternehmeranteils in eine Kapital- oder Personengesellschaft und von bestimmten Fusionsvorgängen möglich. Während bei **formwechselnden** Umwandlungen (Umwandlung einer Personengesellschaft in eine andere Personengesellschaft, z. B. OHG in KG, die nach der Rechtsprechung des RFH als ein Vorfall im Betriebe, aber nicht als Veräußerung des Betriebes angesehen wird[76], ferner Umwandlung einer Kapitalgesellschaft in eine andere Kapitalgesellschaft[77]) grundsätzlich die **Buchwerte fortgeführt werden müssen,** eine Gewinnrealisierung im Zeitpunkt der Umwandlung also nicht in Frage kommt, bestehen bei der Umwandlung einer Personengesellschaft in eine Kapitalgesellschaft, bei der Umwandlung einer Kapitalgesellschaft in eine Personengesellschaft und bei der Einbringung eines Betriebes, Teilbetriebes oder Mitunternehmeranteils in eine Kapital- oder Personengesellschaft **Wahlrechte** im Hinblick auf die Auflösung oder Übertragung stiller Rücklagen.

Bei der Umwandlung einer **Personengesellschaft in eine Kapitalgesellschaft** handelt es sich um eine Umgründung, d. h. die Personengesellschaft wird liquidiert und eine Kapitalgesellschaft wird neu gegründet; es entsteht also ein neues Rechtssubjekt, auf das die Vermögens- und Schuldposten im Wege der Einzelübertragung übertragen werden. Daraus müßte man schließen, daß die in der Personengesellschaft entstandenen stillen Rücklagen bei der Auflösung der Gesellschaft zu realisieren und der Besteuerung zu unterwerfen sind. Dennoch hat die Rechtsprechung unter bestimmten Voraussetzungen[78] zugelassen, daß die stillen Rücklagen auf die Kapitalgesellschaft übertragen werden, eine Gewinnrealisierung im Zeitpunkt der Umwandlung also unterbleiben darf. Der Betrieb hat grundsätzlich ein Wahlrecht, ob er

1. alle stillen Rücklagen auflösen, d. h. die Wirtschaftsgüter mit ihren Teilwerten bewerten will,
2. nur einen Teil der stillen Rücklagen realisieren will, also einen Teil der Wirtschaftsgüter mit ihren Teilwerten, einen anderen Teil mit ihren letz-

---

[76] Vgl. RFH vom 1. 4. 1936, StW 1936, Nr. 288, Sp. 736
[77] Vgl. BFH vom 19. 8. 1958, BStBl 1958, S. 468
[78] Vgl. Brönner, H., Die Besteuerung der Gesellschaften, des Gesellschafterwechsels und der Umwandlungen, 11. Aufl., Stuttgart 1965, S. 873 f.

ten steuerlichen Buchwerten und wieder andere mit Zwischenwerten ansetzen will, oder

3. die letzten steuerlichen Buchwerte fortführen, d. h. keine stillen Rücklagen realisieren will („Buchwertverknüpfung").

Diese von der Rechtsprechung entwickelten Grundsätze wurden in § 17 UmwStG 1969[79] kodifiziert. Dabei wurde auf die bis dahin geltende Voraussetzung der wesentlichen Beteiligung für die Fortführung der Buchwerte verzichtet. Durch eine Ergänzung des handelsrechtlichen Umwandlungsgesetzes vom 12. 11. 1956[80] wurde inzwischen die Gesamtrechtsnachfolge bei der übertragenden Umwandlung einer Personengesellschaft in eine AG, KGaA oder GmbH und einer Einzelunternehmung in eine AG, oder KGaA (nicht GmbH!) zugelassen.

Die für das in die Kapitalgesellschaft eingebrachte Betriebsvermögen gewählten Wertansätze sind für die Kapitalgesellschaft die Anschaffungskosten und für den Einbringenden einerseits der Veräußerungspreis und andererseits die Anschaffungskosten des Anteils an der Kapitalgesellschaft.

Vom betriebswirtschaftlichen Standpunkt aus ist dieses Wahlrecht positiv zu beurteilen, denn es ermöglicht dem Betrieb eine Entscheidung, durch die die steuerliche Belastung soweit wie möglich reduziert bzw. ihre nachteilige Auswirkung auf die Liquiditäts- und Rentabilitätslage vermindert werden kann.

Die **bilanzpolitische Bedeutung** der Bewertungswahlrechte des Umwandlungssteuergesetzes liegt vor allem darin, daß mit der Entscheidung über die sofortige Auflösung stiller Rücklagen (Gewinnrealisierung) oder die Übertragung durch Fortführung der Buchwerte die ausgewiesenen Gewinne **zukünftiger Jahresbilanzen** über die Höhe der Abschreibungen und der steuerlichen Belastung beeinflußt werden können.

Obwohl durch die Übertragung der stillen Rücklagen die Entstehung eines Umwandlungsgewinns und folglich eine Einkommensteuerbelastung der Gesellschafter der Personengesellschaft im Zeitpunkt der Umwandlung vermieden wird, kann es dennoch zwingende betriebswirtschaftliche Gründe **für eine Auflösung** der stillen Rücklagen bei der Umwandlung einer Personengesellschaft in eine Kapitalgesellschaft geben. Vor der Entscheidung, wie das Wahlrecht ausgeübt werden soll, muß der Betrieb folgende Überlegungen anstellen:

1. **Auflösung** der stillen Rücklagen durch Ansatz des eingebrachten Betriebsvermögens bei der Kapitalgesellschaft zu Teilwerten bedeutet, daß
   a) der Veräußerungsgewinn (Umwandlungsgewinn) sofort besteuert wird. Allerdings räumt § 17 Abs. 5 UmwStG zwei Tarifbegünstigungen ein: der Veräußerungsgewinn wird erstens nach § 34 Abs. 1 EStG besteu-

---

[79] Gesetz über steuerliche Maßnahmen bei Änderung der Unternehmensform (Umwandlungssteuergesetz) vom 15. 8. 1969, BGBl I, S. 1163

[80] Gesetz zur Ergänzung der handelsrechtlichen Vorschriften über die Änderung der Unternehmensform vom 15. 8. 1969, BGBl I, S. 1171

ert, d. h. es wird der Tarif für außerordentliche Einkünfte angewendet; zweitens gilt für den Veräußerungsgewinn die Freibetragsregelung des § 16 Abs. 4 EStG, vorausgesetzt, daß alle stillen Rücklagen aufgelöst, d. h. die Teilwerte angesetzt werden. Beim Ansatz von Zwischenwerten, also einer teilweisen Auflösung stiller Rücklagen, ist § 16 Abs. 4 EStG nicht anwendbar;

b) eine spätere Auflösung der stillen Rücklagen in der Kapitalgesellschaft, die im Zeitablauf oder bei der Veräußerung eingetreten wäre, und damit eine Belastung der aufgelösten stillen Rücklagen mit Körperschaftsteuer verhindert wird;

c) die Vermögenswerte auf die Kapitalgesellschaft zu Teilwerten statt zu Buchwerten übertragen werden. Dadurch erhöhen sich bei abnutzbaren Gütern des Anlagevermögens die Abschreibungen in den Jahren der Restnutzungsdauer um den Betrag der aufgelösten stillen Rücklagen, so daß eine Minderung der laufenden Steuerbelastung, die sich jetzt – im Falle der Ausschüttung von Gewinnen – aus Körperschaftsteuer und Einkommensteuer zusammensetzt, eintritt. Diese Steuerersparnis hängt von der Ertragslage und der Ausschüttungs- und Thesaurierungspolitik der späteren Jahre ab. Die Differenz zwischen der Steuerbelastung des Umwandlungsgewinns (einschließlich der Zinsbelastung der im Vergleich zur Fortführung der Buchwerte früheren Steuerzahlung) und der Steuerersparnis infolge höherer Abschreibungsmöglichkeiten ist die verbleibende (Ertrag-) Steuerbelastung des Umwandlungsvorganges;

d) ein Verlustvortrag, der bei der Umwandlung in eine Kapitalgesellschaft nicht übertragen werden darf, ausgenutzt werden kann. Die von der Kapitalgesellschaft übernommenen Werte können folglich um den Verlustvortrag höher angesetzt werden, ohne daß in der Personengesellschaft ein Umwandlungsgewinn entsteht. Durch die auf diese Weise in der Kapitalgesellschaft geschaffenen zusätzlichen Abschreibungsmöglichkeiten wird der Verlustvortrag steuerlich noch wirksam;

e) die von den Personengesellschaften übernommenen Anteile an der Kapitalgesellschaft keine stillen Rücklagen enthalten, die im Falle späterer Veräußerung (bei wesentlicher Beteiligung) zu einer Einkommensteuerbelastung führen können.

2. **Übertragung** der stillen Rücklagen bedeutet, daß

a) die später in der Kapitalgesellschaft frei werdenden stillen Rücklagen der Körperschaftsteuer unterworfen werden und im Falle der Ausschüttung dann der normale Einkommensteuertarif zum Zuge kommt, also die Tarifvorteile der §§ 34 Abs. 1 und 16 Abs. 4 EStG nicht in Anspruch genommen werden können;

b) kein Umwandlungsgewinn und folglich keine Liquiditätsbelastung durch Ertragsteuerzahlungen besteht;

c) ein Zinsgewinn auf den Kapitalbetrag eintritt, der im Falle der Auflösung der stillen Rücklagen den Betrieb als Steuern auf den Umwandlungsgewinn verlassen hätte;

d) bei den Anteilseignern im Falle der Veräußerung ihrer Anteile ein Veräußerungsgewinn in Höhe der stillen Rücklagen (zuzüglich oder abzüglich inzwischen eingetretener Wertänderungen) eintritt. Bei privatem Anteilsbesitz besteht Einkommensteuerpflicht für Veräußerungsgewinne nur innerhalb der Spekulationsfrist von 6 Monaten[81] und bei wesentlicher Beteiligung.[82] Zieht man die steuerliche Belastung im Falle der Anteilsveräußerung in die Betrachtung ein, so ist der Preis für die Übertragung der stillen Rücklagen erstens ihre doppelte steuerliche Erfassung – einmal bei der Auflösung der im eingebrachten Betriebsvermögen liegenden stillen Rücklagen und ein zweites Mal bei der Veräußerung der Anteile – und zweitens der Verzicht auf die begünstigte Besteuerung des Veräußerungsgewinns (Umwandlungsgewinns) und statt dessen die Unterwerfung der stillen Rücklagen unter die doppelte steuerliche Belastung (Körperschaft- und Einkommensteuer) der in Kapitalgesellschaften erzielten und ausgeschütteten Gewinne.

3. Eine Auflösung stiller Rücklagen ist folglich – wenn man die Liquiditätsbelastung außer acht läßt – dann vorteilhaft, wenn die Steuerbelastung des Umwandlungsgewinns unter Berücksichtigung der durch die sofortige Steuerzahlung verlorenen Zinsen geringer ist als die spätere Belastung der aufgelösten stillen Rücklagen unter Berücksichtigung der durch die höheren Abschreibungsmöglichkeiten eingetretenen Ersparnis an laufenden Steuern, oder wenn ein Verlustvortrag vorhanden ist.

4. Bei den heute gültigen Einkommen- und Körperschaftsteuertarifen wird die spätere Steuerbelastung der stillen Rücklagen in der Kapitalgesellschaft in der Mehrzahl der Fälle sowohl bei Ausschüttung als auch bei Thesaurierung höher sein, zumal bei Bewertung zu Teilwerten, also bei völliger Auflösung der stillen Rücklagen, die Besteuerung des Umwandlungsgewinns nach § 34 Abs. 1 EStG erfolgt. Daraus folgt, daß eine Kompensation der höheren Steuerbelastung nur eintritt, wenn die Steuerverschiebung auf spätere Perioden zu größeren Zinsgewinnen führt, m. a. W. wenn die Auflösung der stillen Rücklagen sehr weit **in die Zukunft verlagert** wird.

Bei stillen Rücklagen, die in nicht abnutzbaren Gütern des Anlagevermögens stecken, die in der Regel bis zum Ende der Lebensdauer des Betriebes vorhanden sind (z. B. Grund und Boden), ist die Übertragung vom Standpunkt der Steuerminimierung also stets zweckmäßig. Gleiches gilt für stille Rücklagen in Gebäuden mit noch erheblicher Restnutzungsdauer. Bei stillen Rücklagen, die in Lagerbeständen enthalten sind, die

---

[81] Vgl. § 23 Abs. 2 EStG
[82] Vgl. § 17 EStG

bereits in der nächsten Periode veräußert werden sollen, wäre die Auflösung und sofortige Besteuerung zweckmäßig, da sie bereits in der nächsten Periode zusätzlich der Körperschaftsteuer unterliegen würden. Bei Anlagen unterschiedlicher Nutzungsdauer müßte in jedem einzelnen Falle die oben angestellte Rechnung ausgeführt werden.

5. Es darf jedoch nicht übersehen werden, daß auch in den Fällen, in denen eine sofortige Auflösung stiller Rücklagen steuerlich günstiger als die Übertragung ist, die Entscheidung des Betriebs dennoch häufig für die Fortführung der stillen Rücklagen ausfällt, wenn die durch die Besteuerung des Umwandlungsgewinns ausgelöste **Liquiditätsbelastung** nicht getragen werden kann.

Bei der Umwandlung einer **Kapitalgesellschaft in eine Personengesellschaft** mußten bis zum Inkrafttreten des Umwandlungssteuergesetzes 1969 die stillen Rücklagen grundsätzlich aufgelöst und in der untergehenden Kapitalgesellschaft noch der Körperschaftsteuer unterworfen werden, obwohl sich diese Umwandlung im Wege der Gesamtrechtsnachfolge, also ohne Liquidation vollzieht.

Diese Regelung hatte zur Folge, daß in vielen Fällen eine Umwandlung in die wirtschaftlich zweckmäßigste Rechtsform aus steuerlichen Gründen unterbleiben mußte, weil die durch den Umwandlungsvorgang ausgelösten Steuerzahlungen dem Betriebe erhebliche liquide Mittel ·entzogen und infolgedessen das finanzielle Gleichgewicht gestört hätten.

Das Umwandlungssteuerrecht wurde sowohl vom wirtschaftlichen als auch vom rechtlichen Standpunkt aus kritisiert. **Wirtschaftlich** ist es nicht berechtigt, einen Betrieb, dessen Produktions- und Absatzprozeß durch den Umwandlungsvorgang nicht berührt wird, zur Auflösung und Besteuerung stiller Rücklagen zu zwingen. Ein solches Recht ist aber auch **fiskalisch** verfehlt, „weil eine steuerliche Rechtsgestaltung", wie Thiel feststellt, „die keine steuerlichen Erträge liefert und nur die einmal gewählte Unternehmungsform für alle Zeiten erstarren läßt, keine Existenzberechtigung besitzt."[83]

§ 4 UmwStG schreibt vor: „Bei der Ermittlung des Gewinns der umgewandelten Kapitalgesellschaft ist das Betriebsvermögen mit dem Wert anzusetzen, der sich nach den steuerrechtlichen Vorschriften über die Gewinnermittlung ergibt (steuerliche Umwandlungsbilanz)." Diese Vorschrift verlangt also die **Fortführung der letzten steuerlichen Buchwerte** der Kapitalgesellschaft bei der übernehmenden Personengesellschaft, verzichtet also auf eine Auflösung der stillen Rücklagen im Zeitpunkt der Umwandlung, allerdings unter der Voraussetzung, daß eine spätere Besteuerung der stillen Rücklagen bei den Gesellschaftern der Personengesellschaft sichergestellt ist.

---

[83] Thiel, R., Die schwindende Kapitalgesellschaft im Körperschaftsteuer- und Einkommensteuerrecht, DB 1957, S. 31

Das bilanzpolitisch bedeutsame **Wahlrecht** besteht darin, daß bei einer Umwandlung nach dem handelsrechtlichen Umwandlungsgesetz 1956 das Umwandlungssteuergesetz nur auf Antrag angewendet wird und auf Antrag außerdem auf die §§ 2 und 3 dieses Gesetzes (Umwandlungsstichtag, steuerlicher Umwandlungszeitpunkt) beschränkt werden kann[84], so daß die Vorschriften des § 4 UmwStG (Wertansätze in der steuerlichen Umwandlungsbilanz) nicht angewendet werden müssen, die stillen Rücklagen bei der Umwandlung also auch aufgelöst werden dürfen.

Die Vorschriften des Umwandlungssteuergesetzes über die **Wertansätze** und die **Ermittlung des Übernahmegewinns** bei der Personengesellschaft können in diesem Zusammenhang nicht in allen Einzelheiten erörtert werden. Grundsätzlich besteht folgende für die künftigen Jahresbilanzen bedeutsame Entscheidungssituation:

Werden die Buchwerte der schwindenden Kapitalgesellschaft in der Personengesellschaft fortgeführt, so unterliegen die stillen Rücklagen nicht mehr der Körperschaftsteuer. Bei der Personengesellschaft kann ein Übernahmegewinn oder -verlust nur entstehen, wenn sich die Anteile der umgewandelten Kapitalgesellschaft bereits im Betriebsvermögen der Personengesellschaft befinden und zwischen dem Buchwert der Anteile und dem Buchwert des übernommenen Vermögens eine **Differenz** besteht. Sie bleibt zwar nach § 5 Abs. 2 UmwStG bei der Ermittlung des Gewinns der übernehmenden Personengesellschaft unberücksichtigt, indem sie **außerhalb der Bilanz** vom Bilanzgewinn abzuziehen oder ihm zuzurechnen ist.

Der Übernahmegewinn wird jedoch **bei den Gesellschaftern** besteuert, während ein Übernahmeverlust bei der Ermittlung des Einkommens der Gesellschafter unberücksichtigt bleibt. § 8 Abs. 4 UmwStG bestimmt aber, daß die Besteuerung nach § 34 Abs. 1 EStG (a. o. Einkünfte) mit der weiteren Vergünstigung erfolgt, daß als Steuersatz nicht die Hälfte, sondern ein Drittel des durchschnittlichen Einkommensteuersatzes angewendet wird und die Steuerschuld mit je einem Fünftel auf fünf Jahre verteilt werden kann. Diese Vergünstigungen gelten für den Teil des Übernahmegewinns, der als Gewinn aus der **Veräußerung eines Teilbetriebes** angesehen wird (Differenz zwischen dem Wert des übernommenen Betriebsvermögens und den tatsächlichen Anschaffungskosten der Anteile).

Entscheidet man sich bei der Umwandlung einer Kapitalgesellschaft auf eine Personengesellschaft nicht für die Anwendung des Umwandlungssteuergesetzes, so müssen die im Vermögen der umgewandelten Kapitalgesellschaft enthaltenen stillen Rücklagen als **Übertragungsgewinn** der Körperschaftsteuer unterworfen werden, und außerdem entsteht in der Personengesellschaft ein einkommensteuerpflichtiger **Übernahmegewinn**, wenn der Buchwert der Anteile an der Kapitalgesellschaft niedriger als die übernommenen Vermögenswerte ist.

---

[84] Vgl. § 1 UmwStG

Beispiel: Eine GmbH wird auf eine OHG umgewandelt. Sämtliche Anteile der GmbH befinden sich im Betriebsvermögen der OHG

Buchwerte GmbH	100 000 DM
Teilwerte GmbH	130 000 DM
Buchwert der Anteile	80 000 DM
Umwandlungsbilanz GmbH	100 000 DM = Ersparnis von KSt auf 30 000 DM
Übernahmebilanz OHG	100 000 DM = (1) Übernahme stiller Rücklagen
	von 30 000 DM, die bei späterer
	Auflösung der ESt unterliegen
	(2) Übernahmegewinn
	20 000 DM

Steuern (sofort):
GmbH: 0
OHG: 0
Gesellschafter: ESt auf 20 000 DM (teilweise Begünstigung nach § 8 Abs. 4 und
Verteilung nach § 8 Abs. 6 UmwStG)

Steuern (später):
OHG (= Gesellschafter): ESt auf sich auflösende stille Rücklagen von 30 000 DM

dd) Wahlrechte bei der Behandlung stiller Rücklagen bei der Fusion

Auch bei Fusionsvorgängen bestehen Bewertungswahlrechte, durch die die Höhe des Vermögens, der Abschreibungen und der Gewinne zukünftiger Perioden beeinflußt werden können.

Das Körperschaftsteuergesetz geht in § 15 Abs. 1 bei der Fusion grundsätzlich davon aus, daß die stillen Rücklagen der übertragenden Gesellschaft **aufgelöst** werden müssen, läßt jedoch nach § 15 Abs. 2 eine Übertragung stiller Rücklagen auf die übernehmende Gesellschaft zu, wenn folgende Voraussetzungen erfüllt sind:

1. Das Vermögen einer inländischen Kapitalgesellschaft muß **als Ganzes** auf eine andere inländische Kapitalgesellschaft übertragen werden;
2. die Übertragung muß **gegen Gewährung von Gesellschaftsrechten** der übernehmenden Gesellschaft erfolgen;
3. es muß sichergestellt sein, daß die übertragenen stillen Rücklagen später der Körperschaftsteuer unterliegen.

Der BFH unterscheidet zwischen einer Fusion „**auf gesellschaftlicher Grundlage**" und einer Fusion „**auf betrieblicher Grundlage**". Erstere ist eine Fusion, die sich bei der übernehmenden Gesellschaft auf Grund einer Kapitalerhöhung, also gegen Gewährung von Gesellschaftsrechten an die Gesellschafter der übertragenden Gesellschaft vollzieht und für die übernehmende Gesellschaft eine erfolgsneutrale gesellschaftsrechtliche Einlage bedeutet.

Von einer Verschmelzung auf betrieblicher Grundlage spricht der BFH dann, wenn die Fusion auf Grund der bereits im Besitz der übernehmenden Gesellschaft befindlichen Aktien der übertragenden Gesellschaft durchgeführt wird. Die unter 2. genannte Voraussetzung des § 15 Abs. 2 KStG ist dann nach herrschender Rechtsprechung nicht erfüllt.[85]

Da Fusionsvorgänge in der Regel von langer Hand durch Erwerb von Anteilen vorbereitet werden, viele Fusionen also zum erheblichen Teil auf betrieblicher Grundlage und nicht gegen Gewährung von Gesellschaftsrechten erfolgen, ergibt sich durch den Zwang zur Auflösung stiller Rücklagen der übertragenden Gesellschaft eine **zweifache** Körperschaftsteuerbelastung: erstens bei der übertragenden Gesellschaft auf die realisierten stillen Rücklagen, zweitens bei der übernehmenden Gesellschaft in Höhe der bei der Übernahme freiwerdenden stillen Rücklagen in den Anteilen der übernommenen Gesellschaft.

§ 15 UmwStG 1969 hat diese betriebswirtschaftlich unbefriedigende Rechtslage dadurch verbessert, daß auch im Falle der Fusion auf betrieblicher Grundlage von der Auflösung der stillen Rücklagen abgesehen werden kann, indem die für die Umwandlung einer Kapitalgesellschaft auf eine Personengesellschaft geltenden Vorschriften (§§ 3–12 UmwStG) für den Teil des bei einer Fusion übergehenden Vermögens, der dem Anteil der übernehmenden Gesellschaft am Grundkapital der übertragenden Gesellschaft entspricht, angewendet werden dürfen.

Beispiel:[86]

Gesellschaft A besitzt 20 % der Anteile der Gesellschaft B. B wird im Wege der Fusion auf A übertragen.

	Buchwerte	Teilwerte	Stille Rücklagen
Grundstück	200 000 DM	600 000 DM	400 000 DM
Maschinen	1 800 000 DM	1 800 000 DM	–
Sonstige Werte	2 000 000 DM	3 600 000 DM	1 600 000 DM
	4 000 000 DM	6 000 000 DM	2 000 000 DM

Im Umfange der Beteiligung von A an B (20 %) sind stille Rücklagen aufzulösen, und zwar nicht beliebig, sondern nach dem Grundsatz der Einzelbewertung gleichmäßig bei allen Wirtschaftsgütern, in denen stille Rücklagen liegen.

	Auflösung stiller Rücklagen (20 %)
Grundstück	80 000 DM
Maschinen	–
Sonstige Werte	320 000 DM
	400 000 DM

---

[85] Zur Kritik vgl. Wöhe, G., Betriebswirtschaftliche Steuerlehre, Band II, 1. Halbband, a. a. O., S. 266 ff.

[86] Nach Brönner, H., Umwandlungssteuergesetz, Stuttgart 1969, S. 184 f.

Nach § 15 UmwStG entsteht bei der übertragenden Gesellschaft **kein Fusionsgewinn**, die übernehmende Gesellschaft kann die übernommenen **Buchwerte fortführen**, muß aber einen **Übernahmegewinn** in Höhe des der Beteiligung entsprechenden Prozentsatzes der stillen Rücklagen (20 %) versteuern.

Übersteigt der Übernahmegewinn die tatsächlichen Anschaffungskosten der Beteiligung, so gilt:

1. er ist steuerfrei, wenn ein zwischen dem Inkrafttreten des UmwStG und dem 31. 12. 1972 wirksam werdender Fusionsvertrag vorliegt;
2. er wird mit dem ermäßigten Steuersatz von 16 % KSt belegt, wenn der Fusionsvertrag nach dem 31. 12. 1972 wirksam wird. Außerdem besteht nach § 8 Abs. 6 UmwStG die Möglichkeit, die Steuerzahlung auf 5 Jahre gleichmäßig zu verteilen.

4. Die Beeinflussung des steuerpflichtigen Gewinns durch Bildung steuerfreier Rücklagen

a) Begriff der steuerfreien Rücklagen und Systematisierung nach ihren Zielsetzungen[87]

Steuerfreie Rücklagen sind **offene** Rücklagen, die durch Verwendung von Gewinnen gebildet werden, aber – im Gegensatz zur Regel – nicht aus dem versteuerten, sondern aus dem unversteuerten Gewinn. Zwar sind auch in der Steuerbilanz zulässige stille Rücklagen, die durch Unterbewertung von Vermögensteilen oder Überbewertung von Schulden (z. B. Rückstellungen) entstehen, grundsätzlich bis zu ihrer Auflösung steuerfrei, da durch ihre Bildung ein geringerer Periodengewinn ausgewiesen und besteuert wird als erwirtschaftet worden ist, während offene Rücklagen durch Verwendung des entstandenen Gewinns angesammelt werden, doch hat sich der Begriff „steuerfreie Rücklage" als terminus technicus für solche offenen Rücklagen durchgesetzt, die aus dem **unversteuerten Gewinn** gebildet werden, so daß in der Periode ihrer Entstehung Teile des Gewinns der Besteuerung entzogen werden.

In der Regel müssen die steuerfreien Rücklagen jedoch innerhalb bestimmter Fristen gewinnerhöhend aufgelöst werden, so daß für den Betrieb **keine endgültigen Steuerersparnisse,** sondern lediglich Steuerverschiebungen auf spätere Perioden eintreten. Es erfolgt eine **Steuerstundung,** die für den Betrieb zunächst eine Liquiditäts- und Finanzierungshilfe darstellt und außerdem – da der Steuerkredit zinslos gewährt wird – zu einem Zins-

---

[87] Vgl. Wöhe, G., Steuerfreie Rücklagen. Zwischen Billigkeit und Wirtschaftspolitik, Der Volkswirt 1966, S. 393 ff.

gewinn führt und folglich auch die Rentabilität und die Investitionsentscheidungen des Betriebes beeinflußt.

Da steuerfreie Rücklagen die Ausnahme von der Regel, daß offene Rücklagen aus dem versteuerten Gewinn zu bilden sind, darstellen, sind sie ein **Instrument der Steuerpolitik,** mit der die unternehmerischen Entscheidungen beeinflußt werden sollen. Diese Beeinflussung kann entweder **Selbstzweck** sein, so z. B. wenn steuerfreie Rücklagen aus Billigkeitserwägungen zugelassen werden, damit der Betrieb stille Rücklagen, die aus irgendwelchen Gründen plötzlich aufgedeckt werden, nicht in der gleichen Periode der Besteuerung unterwerfen muß, sondern eine Verteilung auf mehrere Perioden mit Hilfe einer in einem bestimmten Zeitraum aufzulösenden steuerfreien Rücklage vornehmen kann; oder sie können ein **Mittel zum Zweck** sein, so z. B. wenn die Betriebe zur Durchführung bestimmter Investitionen, zur Wahl bestimmter Standorte oder bestimmter Rechtsformen veranlaßt werden sollen, die **im Interesse einer wirtschaftspolitischen Zielsetzung** liegen. Durch steuerfreie Rücklagen gewährte Steuerkredite können z. B. bisher unvorteilhafte Investitionen vorteilhaft machen und so einen wesentlichen Einfluß auf die Investitionsentscheidungen eines Betriebes ausüben.

Der Übergang zwischen diesen beiden Gruppen von steuerfreien Rücklagen ist teilweise fließend. Auch hinter Maßnahmen, die auf den ersten Blick offensichtlich aus Gründen der Billigkeit zugelassen werden, stecken oft wirtschaftspolitische „Hintergedanken".

Gliedert man die wichtigsten steuerfreien Rücklagen nach den mit ihnen vom Steuergesetzgeber verfolgten Zielsetzungen, so ergibt sich folgende Systematik:

I. Steuerfreie Rücklagen **als Billigkeitsmaßnahme** ohne unmittelbare wirtschaftspolitische Zielsetzung

   1. Steuerfreie Rücklagen zur zeitlich begrenzten Aufnahme aufgelöster stiller Rücklagen

      a) Die Besteuerung aufgelöster stiller Rücklagen soll über mehrere Perioden verteilt werden.[88]

      b) Die aufgelösten stillen Rücklagen sollen in einer späteren Periode auf andere Wirtschaftsgüter übertragen werden.[89]

   2. Steuerfreie Rücklagen zur zeitlich begrenzten Aufnahme von Gewinnen bei Umwandlungsvorgängen.[90]

   3. Steuerfreie Rücklagen zum Zwecke der erfolgsneutralen Behandlung von Zuschüssen aus privaten oder öffentlichen Mitteln zur Anschaffung von Anlagegütern, wenn die Anschaffung erst im folgenden Wirtschaftsjahr erfolgt.[91]

---

[88] § 6a Abs. 4 EStG; § 6b Abs. 3 EStG; § 5 Abs. 1 UmwStG 1957
[89] § 6b Abs. 3 EStG, Rücklage für Ersatzbeschaffung, Abschn. 35 EStR 1967
[90] § 5 Abs. 2 UmwStG 1957; § 6 Abs. 1–3 UmwStG 1969; § 4 Abs. 1 Entwicklungshilfe-Steuergesetz
[91] Vgl. Abschn. 34 Abs. 3 EStR 1969

4. Steuerfreie Rücklage zum Zwecke der vorübergehenden Stundung der Steuern auf Preissteigerungsgewinne (Rücklage für Preissteigerung).[92]

II. Steuerfreie Rücklagen **als Instrument der Wirtschaftspolitik**

  1. Steuerfreie Rücklagen zum Ausgleich von Standortnachteilen

    a) Steuerfreie Rücklage für das Vorratsvermögen nach § 15 BHG,

    b) Steuerfreie Rücklage für Betriebe im Zonenrandgebiet,[93]

    c) Steuerfreie Rücklage für Kapitalanlagen in Entwicklungsländern.[94]

  2. Steuerfreie Rücklagen zur Förderung bestimmter Wirtschaftszweige

    a) Steuerfreie Rücklagen zur Förderung des Steinkohlenbergbaus bei Verwendung von Steinkohle in Kraftwerken[95], ferner bei Veräußerungsgewinnen im Zusammenhang mit Stillegungen und Veräußerung für Rationalisierung,[96]

    b) Steuerfreie Rücklagen für Versicherungsunternehmungen (Kernreaktorversicherung).

  3. Steuerfreie Rücklagen zur Förderung deutscher Auslandsinvestitionen.[97]

  4. Steuerfreie Rücklagen zur Förderung des Exports[98].

Eine gesetzliche Pflicht zur Bildung steuerfreier Rücklagen besteht nicht. Der Betrieb kann auf sie verzichten, er kann sie jedoch in späteren Perioden nicht nachholen, damit willkürliche Gewinnmanipulierungen ausgeschlossen werden. Da die Bildung steuerfreier Rücklagen im freien Ermessen des Betriebes steht, fällt sie in den Bereich der rücklagepolitischen Entscheidungen des Betriebes.

Der Steuergesetzgeber macht die Zulässigkeit steuerfreier Rücklagen in der Steuerbilanz in der Regel davon abhängig, daß sie **auch in die Handelsbilanz eingestellt** werden. Für den Betrieb ergibt sich hier ein Konflikt, wenn die Bildung der steuerfreien Rücklage mit anderen rücklagepolitischen Zielsetzungen, z. B. der Dividendenpolitik, auf Grund ihrer Wirkungen (Steuerstundung, Liquidität, Finanzierung) in Widerstreit steht. Daraus folgt, daß die steuerrechtlichen Vorschriften über die Bildung steuerfreier Rücklagen für die Handelsbilanz maßgeblich werden, das **Prinzip der Maßgeblichkeit** der Handelsbilanz für die Steuerbilanz also praktisch **umgekehrt wird,** denn wenn der Betrieb die Vorteile steuerfreier

---

[92] § 74 EStDV

[93] Vgl. Empfehlungen des BdF, BAnz 1965, Nr. 173

[94] § 34 d EStG; § 19 b KStG; § 1 Abs. 1 Ziff. 2, § 2 und § 4 Abs. 1 Entwicklungshilfe-Steuergesetz

[95] Vgl. § 1 des Gesetzes zur Förderung der Verwendung von Steinkohle in Kraftwerken vom 12. 8. 1965 (BGBl I, S. 777)

[96] Vgl. § 30 des Gesetzes zur Förderung der Rationalisierung im Steinkohlenbergbau vom 29. 7. 1963 (BGBl I, S. 549); Gesetz über steuerliche Maßnahmen bei der Stillegung von Steinkohlenbergwerken (BGBl I, 1967 S. 403).

[97] Vgl. Gesetz über steuerliche Maßnahmen bei Auslandsinvestitionen der deutschen Wirtschaft vom 18. 8. 1969 (BGBl I, S. 1214)

[98] Vgl. § 3 AusfFördG

Rücklagen nutzen will, so muß er sie in der Regel zuvor in die Handelsbilanz aufnehmen, damit sie auf diese Weise für die Steuerbilanz maßgeblich werden.

Die Aktienbilanz trägt dem durch die Bindung der Steuerbilanz an die Handelsbilanz erforderlichen Ausweis steuerfreier Rücklagen durch die Position „Sonderposten mit Rücklageanteil" Rechnung. Eine Einstellung in die offenen Rücklagen kommt deshalb nicht in Frage, weil die steuerfreien Rücklagen nicht in voller Höhe Eigenkapital darstellen, sondern bei ihrer Auflösung in späteren Jahren um Ertragsteuern zu kürzen sind. Erst dann kann der nach Abzug der Steuern verbleibende Teil als Gewinnverwendung auf offene Rücklagen übertragen werden.

§ 152 Abs. 5 AktG hat folgenden Wortlaut: „Werden auf der Passivseite Posten ausgewiesen, die auf Grund steuerlicher Vorschriften erst bei ihrer Auflösung zu versteuern sind, so sind diese Posten gesondert von den offenen Rücklagen unter Angabe der Vorschriften, nach denen sie gebildet sind, auf der Passivseite unter ‚IIa Sonderposten mit Rücklageanteil' auszuweisen". Aus dieser Vorschrift kann **nicht** entnommen werden, daß ein Passivierungszwang für steuerfreie Rücklagen besteht. Es wäre demnach auch möglich, entsprechende **Rückstellungen** für die bei der späteren Auflösung der steuerfreien Rücklagen anfallenden Steuern zu machen. Da jedoch die Inanspruchnahme der meisten steuerfreien Rücklagen in der Steuerbilanz von der Passivierung in der Handelsbilanz abhängig gemacht wird, bleibt dem Betrieb nichts anderes als ein gesonderter Ausweis nach § 152 Abs. 5 AktG übrig.

Während die steuerfreien Rücklagen in den Fällen, in denen sie aus Billigkeitserwägungen zugelassen werden, ein technisches Instrument darstellen, mit dem die Besteuerung freigewordener stiller Rücklagen, gewährter Zuschüsse oder entstandener Preissteigerungsgewinne **zeitlich hinausgeschoben** wird, ohne daß in der Regel der dadurch eintretende Liquiditätsvorteil durch zusätzliche Risiken oder sonstige Mehrbelastungen erkauft werden muß, werden sie bei der zweiten Gruppe **als Anreiz** verwendet, den Betrieb zu bestimmten wirtschaftspolitisch erwünschten Entscheidungen zu veranlassen. Für die mit der Bildung derartiger steuerfreier Rücklagen verbundenen wirtschaftlichen Vorteile muß der Betrieb eine **Gegenleistung** erbringen, sei es, daß er besonders risikoreiche Investitionen durchführt (Entwicklungsländer), sei es, daß er besondere politisch bedingte Standortrisiken (Berlin, Zonenrandgebiete) zu tragen hat, sei es, daß er aus wirtschaftspolitischen Gründen veranlaßt werden soll, auf ein kostengünstigeres Verfahren zu verzichten u. a. m.

Bei fast allen steuerfreien Rücklagen – also auch bei den aus Billigkeitserwägungen zugelassenen, bei denen auf den ersten Blick infolge der Steuerstundung stets ein finanzwirtschaftlicher Vorteil einzutreten scheint – muß beachtet werden, daß die gestundeten Steuerzahlungen in späteren Perioden **nachzuentrichten** sind, und zwar entweder in der Periode der erfolgswirksamen Auflösung der steuerfreien Rücklagen oder – in den

Fällen der Übertragung stiller Rücklagen auf neu beschaffte Wirtschaftsgüter mit Hilfe steuerfreier Rücklagen – bei späterer Auflösung der stillen
Rücklagen durch Verrechnung niedrigerer jährlicher Abschreibungsbeträge.
Die Entscheidung über die Bildung steuerfreier Rücklagen wird folglich von
der gegenwärtigen und der in Zukunft erwarteten **Gewinnsituation** und
der davon abhängenden **Ertragsteuerbelastung** mitbestimmt.

Auch **dividendenpolitische Überlegungen** können es als zweckmäßig erscheinen lassen, auf die Vorteile steuerfreier Rücklagen zu verzichten, da
durch ihre – auch in der Handelsbilanz notwendige – Bildung Gewinnteile
in dem „Sonderposten mit Rücklageanteil" gebunden werden, die anderenfalls – vermindert um eine angemessene Steuerrückstellung – als Bilanzgewinn zur Ausschüttung zur Verfügung gestellt werden könnten.

Umgekehrt kann durch Bildung steuerfreier Rücklagen der Jahresüberschuß und damit auch der Teil des Jahresüberschusses, der nach § 58 Abs. 2
AktG vom Vorstand und Aufsichtsrat nicht in die freien Rücklagen eingestellt, sondern als Bilanzgewinn zur Ausschüttung freigegeben werden muß
(über dessen Verwendung nach § 174 Abs. 1 AktG die Hauptversammlung
beschließt), vermindert werden, da nach § 158 Abs. 6 AktG Einstellungen
in Sonderposten mit Rücklageanteil in einem zwischen den Posten Nr. 25
und Nr. 26 der Gewinn- und Verlustrechnung nach § 157 Abs. 1 AktG
einzufügenden Posten gesondert auszuweisen sind, obwohl sie zu dem Teil,
der nicht für spätere Steuerzahlungen benötigt wird, nicht Aufwand, sondern Gewinnverwendung darstellen.

Durch Bildung steuerfreier Rücklagen kann der Vorstand also den Teil
des Jahresgewinns, den er zur Ausschüttung freigeben muß, weil er ihn
nicht in die freien Rücklagen überführen darf, ebenso reduzieren wie durch
die Bildung stiller Rücklagen. Zwar wird durch die Verminderung des
Jahresüberschusses auch die mögliche Dotierung der freien Rücklagen absolut geringer, dafür aber ist der Betrag der steuerfreien Rücklagen zusätzlich
an den Betrieb gebunden worden. Der Finanzierungs- und Liquiditätsvorteil ergibt sich also nicht nur durch die Steuerstundung, sondern auch durch
die **insgesamt höhere Rücklagendotierung.** Auch hier ist aber zu beachten,
daß infolge der späteren erfolgswirksamen Auflösung der steuerfreien
Rücklagen die Gewinne späterer Perioden und damit die zur Ausschüttung
zur Verfügung stehenden Beträge vergleichsweise höher sind.

Die Finanzierungs- und Liquiditätswirkung bei der Bildung einer steuerfreien Rücklage zeigt das folgende Beispiel, bei dem ein proportionaler
Ertragsteuersatz von 50 % unterstellt und angenommen wird, daß der Jahresüberschuß weder um einen Verlustvortrag noch eine Zuführung zur
gesetzlichen Rücklage gekürzt werden muß, sondern zur Hälfte auf freie
Rücklagen überführt, zur Hälfte als Bilanzgewinn ausgewiesen wird.

Das Beispiel zeigt, daß bei der Bildung einer steuerfreien Rücklage bei
500 000 DM Jahresgewinn 115 000 DM den Betrieb verlassen können,
während 155 000 DM an den Betrieb gebunden bleiben, bis die steuerfreie
Rücklage aufgelöst und versteuert werden muß, während ohne steuerfreie

	Mit steuerfreier Rücklage	Ohne steuerfreie Rücklage
Jahresgewinn vor Steuerrückstellung	500 000	500 000
steuerfreie Rücklage	40 000	—
	460 000	500 000
Steuerrückstellung (50 %)	230 000	250 000
Jahresüberschuß nach		
§ 157 Abs. 1 Nr. 28 AktG	230 000	250 000
Einstellung in freie Rücklagen	115 000	125 000
Bilanzgewinn	115 000	125 000

Rücklage 125 000 DM ausgeschüttet werden können, aber auch nur 125 000 an den Betrieb gebunden werden, da die Steuerrückstellung von 250 000 DM kurzfristig zur Steuerzahlung aufgelöst wird, denn es erfolgt ja keine Steuerstundung. Der Liquiditäts- und Finanzierungsvorteil von 30 000 DM ist also nur zu 20 000 DM auf die **Steuerstundung**, zum übrigen auf die durch die Bildung der steuerfreien Rücklage möglich gewordene **geringere Gewinnausschüttung** zurückzuführen.

b) Steuerfreie Rücklagen als Billigkeitsmaßnahme ohne unmittelbare wirtschaftspolitische Zielsetzung

aa) Steuerfreie Rücklagen zur zeitlich begrenzten Aufnahme aufgelöster stiller Rücklagen

Betrachten wir zunächst die steuerfreien Rücklagen, deren Bildung **aus Gründen der Billigkeit** und ohne unmittelbare wirtschaftspolitische Zielsetzung zugelassen worden ist. Zu dieser Gruppe gehören **erstens** alle steuerfreien Rücklagen, deren Aufgabe es ist, stille Rücklagen, die sich aufgelöst haben, für eine begrenzte Zeit aufzunehmen. Der Zweck dieser Aufnahme kann ein doppelter sein: entweder soll auf diese Weise die Besteuerung der frei gewordenen stillen Rücklagen auf einen längeren Zeitraum, d. h. auf den Zeitraum verteilt werden, in dem die steuerfreie Rücklage gewinnerhöhend aufgelöst werden muß, oder soll die Besteuerung so lange ausgesetzt werden, bis der Betrieb in der Lage ist, die aufgedeckten stillen Rücklagen auf andere Wirtschaftsgüter zu übertragen. In diesem Falle wird die steuerfreie Rücklage erfolgsneutral aufgelöst.

Beispiele für die erste Untergruppe sind die steuerfreien Rücklagen nach § 6 a Abs. 4 EStG (Auslösung von Pensionsrückstellungen), nach § 6 b Abs. 3 EStG, wenn eine Übertragung von bei der Veräußerung aufgelösten stillen Rücklagen auf andere Wirtschaftsgüter nicht beabsichtigt ist, nach § 5 Abs. 1 UmwStG 1957; Beispiele für die zweite Untergruppe sind die Rücklage für Ersatzbeschaffung und die steuerfreie Rücklage nach § 6 b Abs. 3

EStG, wenn eine Übertragung von bei der Veräußerung von Wirtschaftsgüter aufgedeckten stillen Rücklagen auf andere Wirtschaftsgüter erfolgt. Nach § 6 a Abs. 4 EStG ist eine **Pensionsrückstellung** insoweit gewinnerhöhend aufzulösen, wie nach dem Eintritt des Versorgungsfalles eine in der Steuerbilanz des vorangegangenen Jahres ausgewiesene Rückstellung für eine Pensionsverpflichtung höher als der unter Zugrundelegung eines Rechnungszinsfußes von $5^{1/2} \%$ errechnete versicherungsmathematische Barwert der künftigen Pensionsleistungen am Schluß des Wirtschaftsjahres ist. Damit der aufgelöste Betrag nicht den Gewinn einer einzigen Periode erhöht, darf er mit Hilfe einer steuerfreien Rücklage in Höhe von vier Fünftel des Betrages auf die vier folgenden Wirtschaftsjahre verteilt werden, in denen diese Rücklage mit je einem Viertel, spätestens jedoch bei Wegfall der Pensionsverpflichtung, gewinnerhöhend aufgelöst werden muß.

Ein anderes Beispiel für aus Billigkeitsgründen zugelassene steuerfreie Rücklagen sind die den steuerpflichtigen Gewinn mindernden Rücklagen nach dem **Umwandlungssteuergesetz**[99], das in den Jahren 1957–1959 galt und die Aufgabe hatte, Betrieben, die unmittelbar nach dem 2. Weltkriege aus steuerlichen Überlegungen die Rechtsform der Kapitalgesellschaft gewählt hatten, die Möglichkeit einer steuerbegünstigten Umwandlung in die Rechtsform der Personengesellschaft zu geben, nachdem im Laufe der Jahre durch eine laufende Senkung des Einkommensteuertarifs die relative Besserstellung der Kapitalgesellschaften beseitigt worden war.

War z. B. bei der Übertragung einer Kapitalgesellschaft auf eine bereits bestehende Personengesellschaft (verschmelzende Umwandlung) der Buchwert der Anteile der Kapitalgesellschaft niedriger als der Buchwert der von der Kapitalgesellschaft übertragenen Wirtschaftsgüter, so entstand bei der übernehmenden Gesellschaft ein **Umwandlungsgewinn** (Auflösung der in den Anteilen steckenden stillen Rücklagen), der steuerbegünstigt war. Er war zu vermeiden durch niedrigere Bewertung (sog. Zusammenschneiden oder Abstockung) der übernommenen Wirtschaftsgüter. War eine volle Abstockung nicht möglich, so wurde der Umwandlungsgewinn zwar vermindert, aber nicht ganz vermieden. Vielmehr ergab sich ein „Zwischenwert", der zwischen dem niedrigeren Wert der Anteile und dem höheren Wert der übernommenen Wirtschaftsgüter lag. Für diesen Gewinn galt keine Tarifbegünstigung, dafür räumte aber § 5 Abs. 1 UmwStG 1957 die Möglichkeit ein, in Höhe von 75 % des Umwandlungsgewinns eine steuerfreie Rücklage zu bilden, die in den folgenden drei Wirtschaftsjahren mit je einem Drittel wieder aufzulösen war.

§ 6 b EStG räumt die **Übertragung stiller Rücklagen**, die bei der **Veräußerung** bestimmter Wirtschaftsgüter frei werden, auf andere im Gesetz aufgezählte neu angeschaffte oder hergestellte Wirtschaftsgüter ein, Ab-

---

[99] Gesetz über Steuererleichterungen bei der Umwandlung von Kapitalgesellschaften und bergrechtlichen Gewerkschaften (Umwandlungs-Steuergesetz) vom 11. 10. 1957 (BGBl I S. 1713)

schnitt 35 EStR 1969 regelt die Übertragung stiller Rücklagen, die beim **Ausscheiden** von Wirtschaftsgütern auf Grund höherer Gewalt (z. B. Brand, Sturm- und Überschwemmungsschäden) oder behördlichen Eingriffs (z. B. Enteignung für Straßenbau, Inanspruchnahme für Verteidigungszwecke) aufgedeckt werden, auf Ersatzwirtschaftsgüter (**Rücklage für Ersatzbeschaffung**).

In beiden Fällen erfolgt die Übertragung in der Weise, daß der durch Auflösung der stillen Rücklagen entstandene Gewinn im Jahre der Auflösung nicht der Besteuerung unterworfen, sondern von den Anschaffungs- oder Herstellungskosten der neu angeschafften oder hergestellten Wirtschaftsgüter abgesetzt wird. In den Fällen, in denen die Übertragung nicht in derselben Rechnungsperiode möglich ist, darf die frei gewordene stille Rücklage auf eine steuerfreie Rücklage übertragen werden, die im Falle des § 6 b EStG in den beiden folgenden Wirtschaftsjahren (bei neu hergestellten Gebäuden den vier folgenden Wirtschaftsjahren) und im Falle der Rücklage für Ersatzbeschaffung im folgenden, bei Gebäuden in den beiden folgenden Jahren beibehalten werden kann und danach – falls die Übertragung nicht erfolgt ist – **gewinnerhöhend** aufgelöst werden muß.

§ 6 b EStG zählt in Abs. 1 erschöpfend die Wirtschaftsgüter auf, bei deren Veräußerung aufgedeckte stille Rücklagen unter zeitlich begrenzter Bildung steuerfreier Rücklagen auf andere Wirtschaftsgüter übertragen werden dürfen. Es sind das vor allem Grund und Boden, Gebäude, abnutzbare bewegliche Wirtschaftsgüter mit einer betriebsgewöhnlichen Nutzungsdauer von mindestens 25 Jahren und Anteile an Kapitalgesellschaften. Die veräußerten Wirtschaftsgüter müssen nach § 6 b Abs. 4 Ziff. 2 EStG im Zeitpunkt der Veräußerung mindestens sechs Jahre ununterbrochen zum Anlagevermögen einer inländischen Betriebsstätte gehört haben.

Alle stillen Rücklagen, die durch Veräußerung der genannten Wirtschaftsgüter aufgedeckt werden, können grundsätzlich auf abnutzbare bewegliche Wirtschaftsgüter (ohne Festlegung einer Mindestnutzungsdauer) übertragen werden. Daneben ist eine Übertragung möglich:

von Grund und Boden	auf Grund und Boden und Gebäude,
von Gebäuden	auf Gebäude,
von Anteilen an Kapitalgesellschaften	auf Anteile an Kapitalgesellschaften und Gebäude[100]

Die Bildung einer **Rücklage für Ersatzbeschaffung** ist an folgende Voraussetzungen geknüpft:

---

[100] Die Übertragung von Anteilen an Kapitalgesellschaften auf Anteile an Kapitalgesellschaften ist an die Voraussetzung geknüpft, daß „der Bundesminister für Wirtschaft im Benehmen mit dem Bundesminister der Finanzen und der von der Landesregierung bestimmten Stelle bescheinigt hat, daß der Erwerb der Anteile unter Berücksichtigung der Veräußerung der Anteile volkswirtschaftlich besonders förderungswürdig und geeignet ist, die Unternehmensstruktur eines Wirtschaftszweigs zu verbessern oder einer breiten Einkommensstreuung zu dienen." (§ 6 b Abs. 1 Ziff. 5 EStG)

1. Die Entschädigung muß für das ausgeschiedene Wirtschaftsgut als solches und darf nicht für Schäden gezahlt werden, die die Folge des Ausscheidens aus dem Betriebsvermögen sind (z. B. Aufräumungsarbeiten, entgehender Gewinn, Umzugskosten).
2. Das Ersatzwirtschaftsgut muß wirtschaftlich dieselbe oder eine entsprechende Aufgabe erfüllen wie das ausgeschiedene Wirtschaftsgut. Es schadet jedoch nichts, wenn das neue Wirtschaftsgut dem technischen Fortschritt angepaßt ist, es darf sich nur nicht um ein Gut anderer Art handeln.

Das Ersatzwirtschaftsgut ist mit dem Betrag in der Bilanz anzusetzen, der sich ergibt, wenn die steuerfreie Rücklage, auf die die Differenz zwischen dem Restbuchwert des ausgeschiedenen Wirtschaftsguts und der erhaltenden Entschädigung übertragen worden ist, von den Anschaffungs- oder Herstellungskosten des Ersatzwirtschaftsgutes abgesetzt wird.

Der **Unterschied** zwischen der Behandlung stiller Rücklagen nach § 6 b EStG und der Rücklage für Ersatzbeschaffung besteht darin, daß

1. § 6 b EStG nur auf bestimmte Anlagegüter, die Rücklage für Ersatzbeschaffung auf alle Wirtschaftsgüter anwendbar ist;
2. § 6 b EStG für jede Veräußerung, die Rücklage für Ersatzbeschaffung dagegen nur beim Ausscheiden auf Grund höherer Gewalt gilt;
3. nach § 6 b EStG die Übertragung der stillen Rücklage auf alle zulässigen Wirtschaftsgüter, bei der Rücklage für Ersatzbeschaffung dagegen nur auf das betreffende Ersatzwirtschaftsgut möglich ist;
4. eine steuerfreie Rücklage nach § 6 b EStG auch dann gebildet werden kann, wenn eine Übertragung der stillen Rücklage nicht beabsichtigt ist, während die Rücklage für Ersatzbeschaffung nur zulässig ist, wenn die Ersatzbeschaffung ernstlich geplant ist.

Beispiel für eine Rücklage für Ersatzbeschaffung:

Eine Maschine wird durch einen Betriebsunfall Anfang Oktober 1970 zerstört und im folgenden Jahr wiederbeschafft. Die Anschaffungskosten der ausgeschiedenen Maschine betrugen 20 000 DM, die Nutzungsdauer war auf 10 Jahre veranschlagt, die lineare Abschreibung beträgt also 10 % der Anschaffungskosten = 2000 DM im Jahr. Der Restbuchwert belief sich Ende 1969 auf 12 000 DM. Die Versicherung bezahlt eine Entschädigung von 15 000 DM. An Wiederbeschaffungskosten für das Ersatzwirtschafts- gut fallen 24 000 DM an.

```
  Buchwert am 31. 12. 1969    DM 12 000
– AfA vom 1. 1. – 30. 9. 1970  DM  1 500
─────────────────────────────────────────
= Buchwert am 1. 10. 1970     DM 10 500
```

Die Versicherung zahlt also 4500 DM mehr als der Buchwert beim Ausscheiden beträgt. Die Erhöhung des Periodengewinns um diesen Betrag wird durch Übertragung auf eine steuerfreie Rücklage verhindert. Bei der

Wiederbeschaffung wird sie von den Anschaffungskosten des Ersatzwirtschaftsgutes abgesetzt und wird damit wieder zu einer stillen Rücklage.

	S Maschine H	S Bank H	S Gewinn- und Verlustrechnung H
1970	10 500 │ (1) 10 500	(2) 15 000 │	(1) 10 500 │ (2) 15 000 (3) 4 500 │

	S Rücklagen für Ersatzbeschaffung H
	│ (3) 4 500

	S Maschine H	S Bank H	S Rücklage für Ersatzbeschaffung H
1971	(1) 19 500 │	│ (1) 24 000	(1) 4 500 │ 4 500

Die Zulässigkeit einer Rücklage für Ersatzbeschaffung ist deshalb eine **Billigkeitsmaßnahme,** weil sie verhindern soll, daß Betriebe, bei denen stille Rücklagen durch höhere Gewalt oder behördlichen Eingriff zu einem früheren Zeitpunkt aufgedeckt werden als sie sich durch den normalen Umsatzprozeß aufgelöst hätten, steuerlich schlechter gestellt werden als andere. Das ist im Interesse der Gleichmäßigkeit der Besteuerung zu begrüßen. Tatsächlich werden diese Betriebe aber steuerlich **begünstigt,** wenn die Nutzungsdauer der Ersatzwirtschaftsgüter **länger** als die Restnutzungsdauer der ausgeschiedenen Wirtschaftsgüter ist, denn die übertragene stille Rücklage wird sich bei abnutzbaren Gütern in der Regel erst im Laufe der gesamten Nutzungsdauer des Ersatzwirtschaftsgutes auflösen.

Hinter der „Billigkeitsmaßnahme" kann allerdings auch ein wirtschaftspolitischer Hintergedanke stecken, wenn es sich bei den vorzeitig aufgelösten stillen Rücklagen um solche handelt, die man aus wirtschaftspolitischen Gründen (z. B. Förderung der Selbstfinanzierung) zugelassen hat und deren vorzeitige Aufdeckung und Besteuerung die Realisierung der wirtschaftspolitischen Zielsetzung in Frage stellen könnte.

Die steuerfreie Rücklage nach § 6 b Abs. 3 EStG zählen wir deshalb zu den Billigkeitsmaßnahmen, weil die **wirtschaftspolitische Zielsetzung** des § 6 b EStG, nämlich die Veräußerung von Wirtschaftsgütern, in denen hohe stille Rücklagen enthalten sind, zu ermöglichen, um Standortverlagerungen, Rationalisierungsmaßnahmen oder die Änderung von Beteiligungsverhältnissen wegen der dabei eintretenden Steuerbelastung der aufgelösten stillen Rücklagen nicht zu behindern, nicht durch die **steuerfreien** Rücklagen, sondern durch die Übertragung der **stillen** Rücklagen erreicht werden soll. Die steuerfreie Rücklage ist nur ein technisches Hilfsmittel, die Besteuerung im Rahmen der vom Gesetz gewährten Fristen so lange auszusetzen, bis die Übertragung der stillen Rücklagen auf neu angeschaffte oder hergestellte Wirtschaftsgüter erfolgt ist. Ist die Übertragung nicht beabsichtigt, so ist die steuerfreie Rücklage nur ein Instrument, die Steuer vorübergehend zu stunden.

Gleiches gilt für die Bildung steuerfreier Rücklagen bei der Übertragung stiller Rücklagen auf **Anteile an ausländischen Kapitalgesellschaften.** Das wirtschaftspolitische Ziel, deutsche Auslandsinvestitionen zu fördern, soll durch Übertragung stiller Rücklagen realisiert werden.

bb) Steuerfreie Rücklagen bei Umwandlungsvorgängen

Zur zweiten Gruppe der steuerfreien Rücklagen, die aus Billigkeitserwägungen zugelassen werden, zählen solche, mit deren Hilfe Gewinne, die bei **Umwandlungsvorgängen** entstehen, für eine begrenzte Zeit aufgenommen werden, damit die steuerliche Belastung dieser Gewinne nicht im Jahre der Umwandlung erfolgt, sondern auf mehrere Jahre verteilt wird.

Eine solche steuerfreie Rücklage ließ § 5 Abs. 2 UmwStG 1957 zu, durch die die Besteuerung von Gewinnen, die bei der Umwandlung durch Erlöschen von Forderungen und Verbindlichkeiten zwischen der umgewandelten Kapitalgesellschaft und der übernehmenden Personengesellschaft oder durch Auflösung von Rückstellungen entstanden (Übernahmegewinne zweiter Stufe), auf drei Jahre verteilt werden konnte.

Das **Umwandlungssteuergesetz 1969**[101] hat diese Regelung übernommen. Nach § 6 Abs. 1 und 2 dieses Gesetzes darf bei der Umwandlung einer Kapitalgesellschaft in eine Personengesellschaft letztere für den sich aus der Vereinigung von Forderungen und Verbindlichkeiten bzw. aus der Auflösung von Rückstellungen ergebenden Gewinn eine den steuerpflichtigen Gewinn mindernde Rücklage bilden, die in den folgenden drei Wirtschaftsjahren mit mindestens je einem Drittel gewinnerhöhend aufzulösen ist.

Bei der Auflösung von Rückstellungen handelt es sich insbesondere um **Pensionsrückstellungen** für geschäftsführende Gesellschafter. Die Bildung derartiger Rückstellungen ist in Kapitalgesellschaften unter bestimmten Voraussetzungen[102] zulässig, in Personengesellschaften dagegen nicht.[103] Übernahmegewinne können auch durch den Wegfall von Pachterneuerungsrückstellungen entstehen, die auf Grund eines Pachtverhältnisses zwischen der schwindenden Kapitalgesellschaft und der übernehmenden Personengesellschaft gebildet worden sind.

§ 4 Abs. 1 Entwicklungshilfe-Steuergesetz[104] läßt zu, daß im Inland

---

101 Gesetz über steuerliche Maßnahmen bei Änderung der Unternehmensform (Umwandlungssteuergesetz) vom 14. 8. 1969 (BGBl I, S. 1163)
102 Vgl. S. 397 ff., 489 ff.
103 Vgl. BFH vom 16. 2. 1967, BStBl 1967, S. 222
104 Gesetz über steuerliche Maßnahmen zur Förderung von privaten Kapitalanlagen in Entwicklungsländern vom 15. 3. 1968, BGBl I, S. 217

steuerpflichtige Gewinne aus Kapitalanlagen in Entwicklungsländern von den Anschaffungs- oder Herstellungskosten beweglicher Wirtschaftsgüter abgezogen werden dürfen, wenn die Gewinne „infolge einer durch die Verhältnisse im Entwicklungsland bedingte Umwandlung der Personengesellschaft, des Betriebs oder der Betriebsstätte im Entwicklungsland in eine Kapitalgesellschaft" entstanden sind. Wird der Abzug im Jahre der Umwandlung **nicht** vorgenommen, so darf in entsprechender Höhe eine **steuerfreie Rücklage** gebildet werden, die wie eine steuerfreie Rücklage nach § 6 b Abs. 3–5 EStG zu behandeln ist, allerdings mit der Einschränkung, daß sie nur auf die Anschaffungs- oder Herstellungskosten von abnutzbaren beweglichen Wirtschaftsgütern des Anlagevermögens übertragen werden darf.

cc) Steuerfreie Rücklagen für Zuschüsse

Die Zulassung steuerfreier Rücklagen, die nach Abschn. 34 Abs. 3 EStR 1969 gebildet werden dürfen, damit der Betrieb **Zuschüsse aus privaten oder öffentlichen Mitteln,** die zur Beschaffung von Anlagegütern gewährt werden, auch dann erfolgsneutral vereinnahmen kann, wenn die Beschaffung nicht im Jahre der Gewährung der Zuschüsse, sondern erst im folgenden Jahre erfolgt, stellt eine dritte Kategorie von aus Billigkeitsmaßnahmen resultierenden Rücklagebildungen dar; sie soll verhindern, daß der Zuschuß um Steuern gekürzt und folglich nicht mehr in voller Höhe zur Beschaffung von Anlagegütern zur Verfügung steht. Im Jahre der Anschaffung müssen die Anschaffungskosten um den Zuschuß vermindert werden. Dabei ist die steuerfreie Rücklage aufzulösen. Infolge der um den Zuschuß geringeren Abschreibungen erfolgt – verteilt auf die Nutzungsdauer der beschafften Anlagegüter – eine indirekte Nachversteuerung des Zuschusses.[105]

dd) Steuerfreie Rücklagen zur Stundung von Preissteigerungsgewinnen

Zur Gruppe der steuerfreien Rücklagen, die aus Billigkeitserwägungen zugelassen werden, rechnen wir viertens die **Preissteigerungsrücklage** (§ 74 EStDV).[106] Bei ihr handelt es sich nicht wie bei den bisher besprochenen steuerfreien Rücklagen um die Übertragung aufgedeckter stiller Rücklagen auf eine steuerfreie Rücklage, sondern um eine Abschwächung der in Zeiten von Preissteigerungen eintretenden **Besteuerung von Preissteigerungsgewinnen** („Scheingewinnen"), die eine Folge des im Steuerrecht streng angewendeten Prinzips der nominellen Kapitalerhaltung ist.

Treten in einem Wirtschaftsjahr starke Preissteigerungen ein, so führt das zum Ausweis von Preissteigerungsgewinnen, wenn der Betrieb seine

---

[105] Einzelheiten und Kritik vgl. S. 260 f.

[106] Steuermindereinnahmen (Steuerverschiebung) 1969: 20 Mill. DM; für 1970 veranschlagt: 30 Mill. DM (Subventionsbericht, a. a. O., S. 88/89)

zum gestiegenen Absatzpreis verkauften Güter noch mit relativ niedrigen Beschaffungspreisen eingekauft hat. Würde die Differenz zwischen dem Beschaffungspreis (zuzüglich der Aufwendungen für Vertrieb usw.) und dem Absatzpreis als Gewinn (Steuer und Ausschüttung) den Betrieb verlassen, so wäre eine **Substanzerhaltung nicht möglich,** wenn inzwischen auch die Wiederbeschaffungspreise gestiegen sind. Das zeigt das folgende schematische Beispiel:

Anschaffungskosten am	1. 1. 1970	100 DM
Verkauf am	1. 10. 1970	180 DM
Wiederbeschaffungskosten am	1. 10. 1970	150 DM

Der Gewinn beträgt also 80 DM. Gehen davon 40 DM als Steuern ab, so verbleiben dem Betrieb Erlöse von 140 DM. Folglich kann er nicht die gleiche Menge wiederbeschaffen, weil dazu 150 DM erforderlich sind. Die steuerlichen Bewertungsvorschriften tragen dem Prinzip der Substanzerhaltung grundsätzlich **nicht** Rechnung, sondern basieren auf dem Prinzip der nominellen Kapitalerhaltung. Der Nominalgewinn von 80 DM setzt sich zusammen aus einem „echten" Gewinn von 30 DM (Verkaufspreis ./. Wiederbeschaffungskosten: 180 ./. 150 = 30) und einem **Preissteigerungsgewinn** von 50 DM (Wiederbeschaffungskosten ./. Anschaffungskosten: 150 ./. 100 = 50). Da die Steuern vom Nominalgewinn erhoben werden, reicht der „echte" Gewinn zur Deckung der Steuern nicht aus.

Eine Rücklage für Preissteigerung darf nur gebildet werden, wenn der Börsen- oder Marktpreis am Schluß des vorangegangenen Wirtschaftsjahres um mehr als 10 % gestiegen ist. Diese Rücklage ist spätestens bis zum Ende des auf die Bildung folgenden sechsten Wirtschaftsjahres **gewinnerhöhend** aufzulösen.

Ausgangspunkt für die Berechnung der Rücklage ist der Börsen- oder Marktpreis des betreffenden Wirtschaftsgutes am Ende des vorangegangenen Wirtschaftsjahres (p_1) zuzüglich der vom Betrieb zu tragenden Preissteigerung von 10 % dieses Preises und der Börsen- oder Marktpreis am Ende des Wirtschaftsjahres (p_2). Es ist nun der Prozentsatz (s) zu ermitteln, um den p_1 niedriger ist als p_2, d. h. die Differenz $p_2 - p_1$ ist in Prozent von p_2 auszudrücken. Das läßt sich nach folgender Formel berechnen:

$$s = \left[p_2 - \left(p_1 + \frac{p_1 \cdot 10}{100} \right) \right] \cdot \frac{100}{p_2}$$

Der Höchstbetrag der Preissteigerungsrücklage ergibt sich dann durch Anwendung dieses Prozentsatzes auf die in der Schlußbilanz ausgewiesenen und mit den Anschaffungs- oder Herstellungskosten bewerteten Wirtschaftsgüter. Sind die Wirtschaftsgüter mit einem **niedrigeren Teilwert** angesetzt, so ist der Prozentsatz auf diesen anzuwenden. Ist der Teilwert jedoch niedriger als der Börsen- oder Marktpreis am Schluß des Wirtschaftsjahres, so darf keine Rücklage gebildet werden.

Beispiel:

Am 31. 12. 1970 werden 10 Einheiten einer Waré mit Anschaffungskosten von 210 DM je Einheit = 2100 DM bilanziert. Der Börsen- oder Marktpreis beträgt:

am 31. 12. 1970   240 DM (p_2)
am 31. 12. 1969   200 DM (p_1)

$$s = \left[\, 240 - (200 + \frac{200 \cdot 10}{100}) \right] \cdot \frac{100}{240}$$

$$s = 8,3\,\%.$$

Die steuerliche zulässige Rücklage beträgt 8,3 % von 2100 DM = 174,30 DM.

Wenn der Betrieb die sich aus einer Preissteigerung bis zu 10 % ergebenden Preissteigerungsgewinne sofort versteuern und den darüber hinausgehenden Preissteigerungsgewinn später nachversteuern muß, so wird klar ersichtlich, daß die Rücklage für Preissteigerung im Endergebnis **nicht der Substanzerhaltung der Betriebe dient,** sondern nur eine Liquiditätshilfe durch Steuerstundung darstellt, durch die das Steuerrecht nicht vom Prinzip der nominellen Kapitalerhaltung abgeht. Es handelt sich um eine Billigkeitsmaßnahme in Zeiten extremer Preissteigerungen, aber nicht um einen endgültigen Verzicht auf die Besteuerung von Preissteigerungsgewinnen.

Den bisher erörterten steuerfreien Rücklagen ist gemeinsam, daß sie nicht den Zweck haben, die Steuerbelastung zu verringern, sondern eine **Zahlungserleichterung** durch Stundung von Steuern darstellen. Sie verbessern kurzfristig die betriebliche **Liquidität** und führen, da der Steuerkredit zinslos gewährt wird, zu einem **Zinsgewinn** und damit zu einer relativen Erhöhung der **Rentabilität.**

c) Steuerfreie Rücklagen als Instrument der Wirtschaftspolitik

aa) Steuerfreie Rücklagen zum Ausgleich von Standortnachteilen

Wenden wir uns nun der Betrachtung der steuerfreien Rücklagen zu, die die Betriebe zu Entscheidungen veranlassen sollen, die im Interesse **wirtschaftspolitischer Zielsetzungen** liegen. Auch diese Gruppe läßt sich in mehrere Untergruppen gliedern. Verschiedene steuerfreie Rücklagen haben die Aufgabe, spezielle standortbedingte Risiken oder Kostenerhöhungen – im Zusammenwirken mit anderen Steuervergünstigungen – auszugleichen oder wenigstens zu vermindern, weil der Staat ein politisches Interesse daran hat, daß eine Abwanderung von diesen Standorten verhindert oder sogar eine Zuwanderung erreicht wird.

Hier ist zunächst die **steuerfreie Rücklage für das Vorratsvermögen** nach § 15 BHG zu nennen. Nach dieser Vorschrift durften Betriebe und Betriebsstätten in Westberlin in den Kalenderjahren 1962 und 1963 eine steuerfreie Rücklage bis zur Höhe von je 7,5 % des Wertes bilden, mit dem ihr in Westberlin befindliches Vorratsvermögen (Roh-, Hilfs- und Betriebs-stoffe, Halbfabrikate und Waren) in der Bilanz ausgewiesen ist. Die Rück-lage durfte jedoch Ende 1963 15 % des Vorratsvermögens dieses Jahres nicht übersteigen. Sie ist erst in den Jahren 1971–1974 mit je einem Viertel gewinnerhöhend aufzulösen, also nachzuversteuern.

Der **Zweck** ist ein doppelter: zunächst wird wie bei jeder steuerfreien Rücklage eine **Liquiditätshilfe** gewährt und ein Zinsgewinn durch Steuer-stundung ermöglicht; zugleich aber wurde durch die Bindung der Höhe dieser Vorteile an die Höhe des Vorratsvermögens ein Anreiz gegeben, die **Vorräte** in den beiden Jahren **möglichst groß** zu halten, denn je größer die – politisch erwünschte – Vorratshaltung war, desto größer ist der Steuer-vorteil, der in der Form des zinslosen Kredits über viele Jahre fortwirkt.

Auch Betrieben in den **Zonenrandgebieten** können steuerfreie Rücklagen gewährt werden, allerdings nicht generell für alle Betriebe, die ihren Stand-ort in diesen Gebieten haben, sondern nur im Einzelfall als Billigkeits-maßnahme auf Grund nachgewiesener wirtschaftlicher Nachteile. Doch hinter dieser Billigkeitsmaßnahme steht – im Gegensatz zu den oben er-wähnten – das gleiche wirtschaftspolitische Ziel wie im Falle von West-berlin: die Bindung der Betriebe an Standorte, deren Verlassen politisch nicht erwünscht ist.

Eine Beeinflussung der Standortwahl im internationalen Raum versucht der Steuergesetzgeber durch die Zulassung steuerfreier Rücklagen für pri-vate **Kapitalanlagen in Entwicklungsländern.** § 1 Abs. 1 des Entwicklungs-hilfe-Steuergesetzes räumt für bestimmte Kapitalanlagen in Entwicklungs-ländern folgende zwei Begünstigungen ein:

1. einen Bewertungsabschlag (Sonderabschreibung) bis zu 15 % der An-schaffungs- oder Herstellungskosten der Kapitalanlagen und
2. die Bildung einer den steuerlichen Gewinn mindernden Rücklage bis zu 50 % der um den Bewertungsabschlag verminderten Anschaffungs- oder Herstellungskosten der Kapitalanlagen.[107]

Der Betrieb kann auch auf den Bewertungsabschlag verzichten und eine steuerfreie Rücklage in Höhe bis zu 50 % der gesamten Anschaffungs- oder Herstellungskosten bilden.

Die steuerfreie Rücklage ist vom sechsten Jahre an, das auf ihre Bildung folgt, mit mindestens einem Sechstel **gewinnerhöhend** aufzulösen. Ein vor-zeitiger Beginn der Auflösung ist unzulässig, jedoch kann sich die Auflö-sung auf einen kürzeren Zeitraum als sechs Jahre verteilen.

Begünstigt werden im einzelnen folgende Kapitalanlagen:

1. Beteiligungen an Kapitalgesellschaften in Entwicklungsländern, die bei der Gründung oder einer Kapitalerhöhung erworben worden sind;
2. Darlehen, die nach dem 31. 12. 1967 und vor dem 1. 1. 1973 an Kapital-

---

[107] Steuermindereinnahmen (Steuerverschiebung) durch beide Begünstigungen 1969: 80 Mill. DM; für 1970 veranschlagt: 85 Mill. DM (Subventionsbericht, a. a. O., S. 92/93)

gesellschaften in Entwicklungsländern im Zusammenhang mit der Gründung oder einer erheblichen Erweiterung des Unternehmens hingegeben worden sind, wenn eine Anzahl von im Gesetz aufgeführten Voraussetzungen erfüllt ist;

3. Einlagen in Personengesellschaften in Entwicklungsländern zum Zwecke der Gründung oder einer erheblichen Erweiterung der Gesellschaft;

4. Betriebsvermögen, das einem Betrieb oder einer Betriebsstätte des Steuerpflichtigen in Entwicklungsländern zum Zwecke der Gründung oder einer erheblichen Erweiterung des Betriebes bzw. der Betriebsstätte zugeführt worden ist.

Außerdem darf nach § 2 Entwicklungshilfe-Steuergesetz für Beteiligungen an Kapitalgesellschaften in Entwicklungsländern, die von der Entwicklungsgesellschaft (Deutsche Gesellschaft für wirtschaftliche Zusammenarbeit mbH) erworben werden, eine steuerfreie Rücklage in Höhe von 50 % der Anschaffungskosten dieser Beteiligungen gebildet werden. Sie ist in gleicher Weise wie die oben erwähnte steuerfreie Rücklage aufzulösen.

Die steuerfreie Rücklage wirkt sich auf die **Investitionsentscheidungen** der Betriebe aus, da sie die Vorteilhaftigkeit von Investitionen beeinflussen kann. Der durch die Bildung der Rücklage eintretenden Steuerersparnis steht in den Jahren der Auflösung der Rücklage eine Steuermehrbelastung gegenüber. Unterstellt man proportionalen Tarif, so ist die abgezinste Steuerersparnis, die im ersten Jahr der Nutzungsdauer durch die steuerfreie Rücklage entstanden ist, größer als die abgezinste Steuermehrbelastung, die in den Jahren der Auflösung der Rücklage eintritt, so daß der Kapitalwert eines Investitionsobjektes als Folge der Bildung der steuerfreien Rücklage steigt.

Der Kapitalwert eines Investitionsobjektes, der im Inland positiv ist, kann auf Grund des höheren Risikos und der höheren Kosten in einem Entwicklungsland negativ sein. Berücksichtigt man jedoch die Steuervergünstigungen, die für Investitionen in Entwicklungsländern eingeräumt werden, so kann durch sie der an sich negative Kapitalwert positiv werden, so daß auch diese Investition vorteilhaft wird.

bb) Steuerfreie Rücklagen zur Förderung bestimmter Wirtschaftszweige

Eine **zweite Gruppe** von steuerfreien Rücklagen, die wirtschaftspolitische Ziele verfolgen, bilden solche, mit denen **bestimmte Wirtschaftszweige** gefördert werden sollen. Die Steuerbegünstigung hat hier die Wirkung einer Subvention, durch die ein unmittelbarer Einfluß auf die Wettbewerbsverhältnisse zwischen Substitutionsgütern genommen werden kann.

Um die Absatzschwierigkeiten im **Steinkohlenbergbau** zu vermindern, läßt das „Gesetz zur Förderung der Verwendung von Steinkohle in Kraftwerken" vom 12. 8. 1965[108] bei neu errichteten **Kraftwerken** die Bildung

---

[108] BGBl I, S. 777. Steuermindereinnahmen (endgültig) 1969: 180 Mill. DM; für 1970 veranschlagt: 200 Mill. DM (Subventionsbericht, a. a. O., S. 76/77)

einer steuerfreien Rücklage bis zu 45 % der Anschaffungs- oder Herstellungskosten der abnutzbaren Anlagegüter zu, die im Rahmen der Errichtung beschafft worden sind, vorausgesetzt, das Kraftwerk wird mindestens 10 Jahre lang ausschließlich mit Stein- oder Pechkohle betrieben. Nach 10 Jahren ist die Rücklage aufzulösen, jedoch **nicht gewinnerhöhend**, sondern **erfolgsneutral**. Es tritt also nicht nur eine Steuerstundung, sondern eine **endgültige Steuerersparnis** ein. Die normalen Abschreibungen (AfA) werden durch die Rücklage nicht geschmälert.

Mit dieser Vorschrift beschreitet der Steuergesetzgeber einen betriebswirtschaftlich problematischen Weg. Steuererlaß und dadurch bedingter Liquiditäts- und Rentabilitätsvorteil sollen die Betriebe veranlassen, auf ein kostengünstigeres Verfahren (Verwendung von Öl) zu verzichten und ein Verfahren zu wählen, das an sich weniger wirtschaftlich ist, aber durch steuerliche Subventionierung vorteilhafter gemacht wird. Bei dieser Vorschrift handelt es sich um den besonderen Fall, daß nicht die Betriebe, die sie anwenden, begünstigt werden sollen, sondern ein anderer Wirtschaftszweig gefördert werden soll.

Der Steinkohlenbergbau wurde noch durch eine andere steuerliche Maßnahme begünstigt. Durch § 30 des „Gesetzes zur Förderung der Rationalisierung im Steinkohlenbergbau" vom 29. 7. 1963[109] wurde eine steuerfreie Rücklage zur Aufnahme von **Veräußerungsgewinnen** zugelassen, die bei der Veräußerung von Wirtschaftsgütern des Anlagevermögens entstanden sind, vorausgesetzt, daß die Wirtschaftsgüter im unmittelbaren Zusammenhang mit der **Stillegung eines Steinkohlenbergwerks** veräußert worden sind und daß der Erwerber sie zur Rationalisierung des Steinkohlenbergbaus verwendet. Diese Bestimmung galt für Veräußerungen, die in der Zeit vom 15. 5. 1962 bis zum 31. 12. 1968 erfolgten.

Die steuerfreie Rücklage ist vom fünften Jahre ihrer Bildung an mit jährlich 12,5 % gewinnerhöhend aufzulösen. Eine **Besonderheit** gegenüber anderen steuerfreien Rücklagen stellt jedoch die Möglichkeit dar, in den der Bildung der Rücklage folgenden 4 Jahren von den Anschaffungs- oder Herstellungskosten des in diesem Zeitraum angeschafften oder hergestellten Bergbauanlagevermögens den Betrag abzusetzen, um den die Rücklage gewinnerhöhend aufgelöst wird. Das hat für den Betrieb den Vorteil, daß der durch die Auflösung entstehende außerordentliche Ertrag durch Nichtaktivierung eines entsprechenden Betrages des Anlagevermögens kompensiert wird und eine Nachversteuerung der aufgelösten Rücklage nicht im Jahre der Auflösung erfolgt, sondern **indirekt im Laufe vieler Jahre** dadurch eintritt, daß die Abschreibungen der zu niedrig aktivierten Wirtschaftsgüter geringer sind.

Zu dieser Gruppe gehört ferner die steuerfreie Rücklage, die **Versicherungsunternehmungen** auf Grund eines koordinierten Ländererlasses zum Ausgleich der in der **Versicherung von Kernreaktoren** bestehenden beson-

---

[109] BGBl I, S. 549

deren und neuartigen Risiken aus Billigkeitsgründen nach § 131 AO bilden dürfen. Ziel dieser Vorschrift ist zwar in erster Linie die steuerliche Begünstigung bei der Versicherung von Risiken, deren Umfang aus Mangel an Erfahrungen noch nicht voll abgeschätzt werden kann, daneben aber zugleich der Versuch einer „Hilfestellung" für die Betriebe und Institute, die daran interessiert sind, daß ihnen bestimmte durch den Betrieb von Kernreaktoren entstehende Risiken zu einer wirtschaftlich tragbaren Prämie von einer Versicherungsunternehmung abgenommen werden.

cc) Steuerfreie Rücklagen zur Förderung deutscher Auslandsinvestitionen

Zur **Förderung deutscher Auslandsinvestitionen** werden neben anderen Maßnahmen durch die §§ 1 und 3 des „Gesetzes über steuerliche Maßnahmen bei Auslandsinvestitionen der deutschen Wirtschaft" vom 18. 8. 1969[110] **steuerfreie Rücklagen** zugelassen. Werden Auslandsinvestitionen nicht durch Einlage von Geld, sondern durch Überführung von Sachwerten (z. B. maschinelle Anlagen) oder von technischem Wissen in ausländiche Betriebe vorgenommen, so kann es zur **Auflösung stiller Rücklagen** in den überführten Wirtschaftsgütern kommen. Das ist z. B. dann der Fall, wenn die Einbringung der Wirtschaftsgüter gegen Gewährung von Gesellschaftsrechten einer ausländischen Kapitalgesellschaft erfolgt. Dann liegt ein **Tauschvorgang** vor, bei dem die in den Wirtschaftsgütern liegenden stillen Rücklagen nach den steuerlichen Gewinnermittlungsvorschriften grundsätzlich aufgelöst werden müssen. Gleiches gilt bei der Überführung von Wirtschaftsgütern in Länder, mit denen ein **Doppelbesteuerungsabkommen** abgeschlossen worden ist. In diesen Fällen scheiden die Wirtschaftsgüter mit der Überführung ins Ausland endgültig aus der inländischen Besteuerung aus.

Die Besteuerung dieser stillen Rücklagen hat sich auf die Bereitschaft zur Durchführung von Auslandsinvestitionen negativ ausgewirkt. Deshalb sieht § 1 Abs. 1 des genannten Gesetzes vor, daß Gewinne, die bei der Überführung von abnutzbaren Gütern des Anlagevermögens eines inländischen Betriebes in Gesellschaften, Betriebe oder Betriebsstätten im Ausland entstehen, in eine steuerfreie Rücklage eingestellt werden dürfen. Sie ist vom fünften auf ihre Bildung folgenden Wirtschaftsjahr an jährlich mit mindestens einem Fünftel gewinnerhöhend aufzulösen.

Auslandsinvestitionen im Sinne dieses Gesetzes sind:[111]

1. der Erwerb von Beteiligungen an Kapitalgesellschaften mit Sitz und Geschäftsleitung in einem ausländischen Staat,
2. Einlagen in Personengesellschaften in einem ausländischen Staat,
3. die Zuführung von Betriebsvermögen in einen Betrieb oder eine Betriebsstätte des Steuerpflichtigen in einem ausländischen Staat.

§ 3 Abs. 1 des Gesetzes läßt bei Betrieben, die mit mindestens 50 % an

---

[110] BGBl I, S. 1214
[111] § 1 Abs. 2 Auslandsinvestitionsgesetz

einer ausländischen Kapitalgesellschaft beteiligt sind, die Bildung einer
steuerfreien Rücklage für Verluste der ausländischen Kapitalgesellschaft zu.
Mit dieser Vorschrift soll inbesondere die steuerliche Benachteiligung inländischer Muttergesellschaften, die hohe Anlaufverluste ausländischer
Tochtergesellschaften hinnehmen müssen, gemildert werden. Bei inländischen Beherrschungsverhältnissen können mit Hilfe von Organschaftsver-
trägen die Verluste der Tochtergesellschaften mit Gewinnen der Muttergesellschaft verrechnet werden. Dieser Verlustausgleich ist mit ausländischen Tochtergesellschaften nicht möglich. Durch die Zulässigkeit der Bildung einer steuerfreien Rücklage bei der Muttergesellschaft in Höhe der
auf sie entfallenden Verluste einer ausländischen Tochtergesellschaft wird der
steuerliche Nachteil der Beteiligung an einer ausländischen Gesellschaft vermindert. Die Rücklage ist bei späteren Gewinnen der Tochtergesellschaft,
spätestens jedoch nach fünf Jahren gewinnerhöhend aufzulösen. Die umfangreichen Voraussetzungen über die Bildung und Auflösung derartiger
steuerfreier Rücklagen sind in § 3 Abs. 2 und 3 des Gesetzes aufgeführt.

dd) Steuerfreie Rücklagen zur Förderung des Exports

Als letzte der steuerfreien Rücklagen, mit denen eine wirtschaftspolitische Zielsetzung verfolgt wird, sei die **Ausfuhrförderungsrücklage** genannt,
die durch das Ausfuhrförderungsgesetz vom 28. 6. 1951[112] zugelassen wurde, aber bereits mit dem 31. 12. 1954 ausgelaufen ist. Durch langfristige
Stundung der Steuerzahlungen auf Gewinne aus bestimmten Lieferungen
an ausländische Abnehmer und durch einen vom Gewinn absetzbaren Betrag (endgültige Steuerersparnis) sollte eine Steigerung der Ausfuhr von
Fertigerzeugnissen erreicht werden.

5. Direkte Beeinflussung der Gewinnverwendung durch Gestaltung der Steuertarife

a) Die Spaltung des Körperschaftsteuertarifs

Neben der dargestellten steuerrechtlichen Einflußnahme auf die Entscheidungen des Betriebes über Kapitalerweiterungen mit Hilfe von Sonderabschreibungen und steuerfreien Rücklagen versucht der Steuergesetzgeber
auch durch die Gestaltung der Steuertarife auf die Rücklagen- und Ausschüttungspolitik einzuwirken. Ein Beispiel dafür ist die im Jahre 1953
eingeführte und bis heute beibehaltene Spaltung des Körperschaftsteuer-
tarifes in einen Normal-Satz für die in die Rücklagen überführten Gewinnteile (51 %) und einen ermäßigten Satz (15 %) für ausschüttungsfähige
Gewinnteile.
Diese Maßnahme hatte zwei Gründe: **erstens** sollte die während der

---

[112] BGBl I, S. 405

Wiederaufbauperiode nach dem 2. Weltkriege durch steuerliche Sonderabschreibungen geförderte und infolge der nach der Währungsreform noch
nicht wieder voll hergestellten Funktionsfähigkeit des Kapitalmarktes
übersteigerte Selbstfinanzierung auf ein niedrigeres Niveau gesenkt werden, indem über die steuerliche Begünstigung der Gewinnausschüttungen
die Betriebe veranlaßt werden sollten, einen größeren Teil ihrer Gewinne
als bisher auszuschütten und somit über den Kapitalmarkt der gesamten
Wirtschaft als Kapitalangebot zur Verfügung zu stellen, und **zweitens** kam
der Gesetzgeber der seit Jahrzehnten vorgetragenen Kritik an der steuerlichen Doppelbelastung der in Kapitalgesellschaften erzielten Gewinne
einen kleinen Schritt entgegen, indem er zwar nicht – wie gefordert – die
ausgeschütteten Gewinne völlig von der Körperschaftsteuer befreite, aber
ihre Belastung wenigstens reduzierte.

Die erwartete generelle Zunahme der Gewinnausschüttungen trat nicht
ein, obwohl der Interessengegensatz zwischen einem Aktionär, der bei guter
Ertragslage auch entsprechend hohe Dividenden erwartet, und einem Vorstand, der davon ausgeht, daß bei einer Thesaurierung der Gewinne nach
Abzug der Steuern noch etwa 40 % zur Finanzierung neuer Investitionen
zur Verfügung stehen, bei Ausschüttung an die Aktionäre und Abführung
an das Finanzamt dagegen für entsprechende Finanzierungsmaßnahmen
ggf. Fremdkapital aufgenommen werden muß, das die zukünftige Liquidität mit Zins- und Tilgungszahlungen belastete, verschärft wurde.

Soll die offene Rücklagenbildung und damit die Möglichkeit zur Selbstfinanzierung eingeschränkt werden, so muß die Relation zwischen den beiden Steuersätzen so gestaltet werden, daß kein Anreiz zur **Ausschüttung
und sofortigen Wiedereinlage** besteht, da sonst der höhere Steuersatz für
zurückbehaltene Gewinne umgangen werden könnte, d. h. die Gesamtbelastung aus Körperschaftsteuer auf den ausgeschütteten Gewinn zuzüglich
der Einkommensteuer auf den ausgeschütteten Gewinn beim Empfänger
und aus Gesellschaftsteuer für den wieder eingelegten Teil des ausgeschütteten Gewinns muß größer sein als die im Vergleich zur endgültigen Ausschüttung an sich schon hohe Steuerbelastung bei Thesaurierung des Gewinns.

Es ist die Frage zu untersuchen, ob der Finanzierungseffekt größer ist,
wenn der Gewinn – nach Versteuerung – nicht auf Rücklagekonten überführt, sondern zunächst ausgeschüttet und danach sofort wieder eingelegt
wird.

In diesem Falle werden die Empfänger der Gewinne gemäß § 43 EStG
mit **Kapitalertragsteuer** belastet. Die Kapitalertragsteuer ist keine selbständige Steuer, sondern ebenso wie die Lohnsteuer eine besondere Erhebungsform der Einkommensteuer (Quellenabzug). Sie beträgt für Dividenden
25 %. Die endgültige Einkommensteuerbelastung der Dividenden hängt
von dem gesamten steuerpflichtigen Einkommen des Dividendenempfän-
gers ab.

Legen die Gesellschafter die um die Kapitalertragsteuer gekürzten Gewinne wieder ein, so unterliegt dieser Finanzierungsvorgang der **Gesell-**

schaftsteuer. Sie ist nach § 8 KVStG zu berechnen „beim Erwerb von Gesellschaftsrechten (§ 2 Nr. 1), wenn die Gegenleistung in Geld besteht, vom Geldbetrag. Zur Gegenleistung gehören auch die von den Gesellschaftern übernommenen Kosten der Gesellschaftsgründung oder Kapitalerhöhung, dagegen nicht die Gesellschaftsteuer, die für den Erwerb der Gesellschaftsrechte zu entrichten ist; . . ."

Unterstellt man, daß die Gesellschafter die Gesellschaftsteuer tragen, so folgt aus dem zitierten Wortlaut des Kapitalverkehrsteuergesetzes, daß die Bemessungsgrundlage für die Gesellschaftsteuer sich um diese Steuer mindert. Es ergibt sich also folgende Rechnung:

	Kapitalmarkt-gesellschaften	personenbezogene Gesellschaften
Ausschüttungsfähig sind von je 100 DM Gewinn[113]	66,58 DM	57,23 DM
− 25 % Kapitalertragsteuer	16,65 DM	14,31 DM
Von den Gesellschaftern wieder eingelegter Gewinn	49,93 DM	42,92 DM
− 2,5 % Gesellschaftsteuer von 48,71[114] bzw. 41,87	1,22 DM	1,05 DM
Zur Finanzierung verbleibender Betrag	48,71 DM	41,87 DM

Wir kommen zu folgendem Ergebnis:

Von je 100 DM stehen dem Betrieb zur Finanzierung zur Verfügung (ohne Berücksichtigung der Vermögen- und Gewerbekapitalsteuer):

	Kapitalmarkt-gesellschaften	personenbezogene Gesellschaften
(1) im Falle der Bildung stiller Rücklagen	100,00 DM	100,00 DM
(2) im Falle der Bildung offener Rücklagen	44,35 DM[115]	42,61 DM[115]
(3) im Falle der Ausschüttung und Wiederzuführung	48,71 DM	41,87 DM

Der unter 3) aufgeführte Fall der Ausschüttung und Wiedereinlage ist bei Kapitalmarktgesellschaften zwar günstiger als Fall 2), technisch aber bei Pu-

---

[113] Der Gewinn wurde um die Körperschaftsteuer und Gewerbeertragsteuer gekürzt. Ergänzungsabgabe, Vermögensteuer und Gewerbekapitalsteuer blieben außer Ansatz. Zur Berechnung vgl. S. 503

[114] Der von den Gesellschaften wieder eingelegte Gewinnanteil beträgt 49,93 DM. Die Bemessungsgrundlage für die Gesellschaftsteuer vermindert sich aber noch um die Gesellschaftsteuer. Bezeichnet man den zur Finanzierung verbleibenden Gewinnteil mit F, so ergibt sich:

$$F = 49,93 - 0,025 \cdot 48,71$$
$$F = 48,71$$

[115] Zur Berechnung vgl. S. 503

blikumsgesellschaften mit Streubesitz kaum durchführbar. Bei einer kleinen GmbH (personenbezogene Gesellschaft) wäre er zwar praktisch zu realisieren, gerade hier aber ist er auf Grund der höheren Besteuerung der Ausschüttung nicht vorteilhaft.

Da der durchschnittliche Einkommensteuersatz, den ein Aktionär auf sein Gesamteinkommen zu zahlen hat, höher als die Kapitalertragsteuer (25 %), die auf die Einkommensteuerschuld angerechnet wird, sein kann, wird in diesem Fall der einem Aktionär zur Wiedereinzahlung (Fall 3) verbleibende Betrag noch geringer sein als in obiger Übersicht.

Außerdem mindert sich in allen drei Fällen der zur Finanzierung zur Verfügung stehende Betrag noch um die Vermögen- und Gewerbekapitalsteuer, die – bezogen auf den Gewinn – prozentual umso höher sind, je größer das Betriebsvermögen bzw. das Gewerbekapital ist, das zur Erzielung eines Gewinns von 100 DM erforderlich ist, d. h. je geringer die Kapitalrentabilität ist.

Statt der „tropfenweisen" Erhöhung des Gesellschaftskapitals durch die Wiedereinlage von ausgeschütteten Gewinnen kann der Betrieb die Form der **Kapitalerhöhung aus Gesellschaftsmitteln** (nominelle Kapitalerhöhung) wählen, wenn er den Gesellschaftern neue Anteile (Gratisanteile) zukommen lassen will, weil durch die zu starke Rücklagenbildung ein nicht erwünschter Einfluß auf Kurs und Realdividende ausgeht. Da eine nominelle Kapitalerhöhung aber nur durch Auflösung bereits gebildeter offener Rücklagen vorgenommen werden kann und folglich bilanzpolitisch längere Zeit vorbereitet werden muß, tritt der Finanzierungseffekt bereits bei der Bildung der Rücklagen ein, d. h. die nominelle Kapitalerhöhung ist in den Fällen ungünstiger, in denen die Bildung offener Rücklagen ungünstiger als die Ausschüttung und Wiedereinlage ist.

Unter Verwendung der oben ermittelten Zahlen verbleiben dem Betrieb von je 100 DM Gewinn:

	Kapitalmarkt-gesellschaften	personenbezogene Gesellschaften
(1) im Falle der Ausschüttung und Wiedereinlage	48,71	41,87
(2) im Falle der Kapitalerhöhung aus Gesellschaftsmitteln (Gratisanteile)	42,61	44,35
Differenz	+ 6,10	– 2,48

Der Aussagewert dieser Gegenüberstellung steht und fällt jedoch mit der persönlichen Einkommensteuerbelastung des Gesellschafters. Bei dem unterstellten Einkommensteuersatz von 25 % (Kapitalertragsteuer) ist bei Kapitalmarktgesellschaften die Bildung offener Rücklagen und Kapitalerhöhung aus Gesellschaftsmitteln ungünstiger als die Ausschüttung und Wiedereinlage, bei personenbezogenen Gesellschaften ist es umgekehrt.

Will man feststellen, bis zu welcher prozentualen Einkommensteuerbelastung eine Ausschüttung und Wiedereinlage vorteilhaft ist, so muß man prüfen, bei welcher durchschnittlichen Einkommensteuerbelastung der Gesellschafter der zur Wiedereinlage (nach Abzug der Gesellschaftsteuer) zur Verfügung stehende Betrag dem bei der Bildung offener Rücklagen zur Finanzierung verbleibenden Betrag (42,61 %) entspricht. Es ergibt sich die folgende Rechnung:

Bleiben wir bei der Unterstellung, daß der Aktionär die Gesellschaftsteuer trägt, so gilt für den Fall des Ansatzes von 25 % Kapitalertragsteuer: (G = Gewinn; F = der zur Finanzierung verbleibende Teil von G):

$$F = G - 0,3342\,G - 0,25\,(G - 0,3342\,G) - 0,025\,F$$
$$1,025\ F = 0,4993\,G$$
$$\underline{F = 0,4871\,G}$$

Will man die prozentuale Einkommensteuerbelastung (x) ermitteln, bei der der zur Finanzierung verbleibende Betrag dieser Rechnung gleich dem zur Finanzierung verbleibenden Betrag bei der Bildung offener Rücklagen ist (42,61 G), so gilt:

$$F = G - 0,3342\,G - x\,(G - 0,3342\,G) - 0,025\,F$$

Da $\quad F = 0,4261$ und $G = 1,0$ ist, folgt:

$$1 - 0,3342 - x\,(1 - 0,3342) - 0,0107 = 0,4261$$
$$0,6658\ x = 0,2291$$
$$\underline{x = 0,3440}$$

Bei einer durchschnittlichen Einkommensteuerbelastung des Aktionärs in Höhe von 34,40 % ist somit für ihn Gleichheit gegeben. Zahlt der Aktionär 10 % Kirchensteuer von der Einkommensteuer, so gilt für den Einkommensteuersatz bei Gleichheit, wenn man unberücksichtigt läßt, daß die Kirchensteuer beim steuerpflichtigen Einkommen abzugsfähig (Sonderausgabe) ist:

$$x + 0,1\,x = 0,3440$$
$$x = \frac{0,3440}{1,1}$$
$$\underline{x = 0,3127}$$

Probe:	
Gewinn	100,00
KSt und Gewerbeertragsteuer 0,3342 % von 100	33,42
	66,58
34,40 % Einkommensteuer (einschließlich KiSt)	22,90
	43,68
2,5 % Gesellschaftsteuer von 42,61	1,07
	42,61

b) Die Begünstigung des nicht entnommenen Gewinns nach § 10 a EStG

Während die Körperschaftsteuer die nicht entnommenen Gewinne stärker als die ausgeschütteten trifft und damit einen unmittelbaren Einfluß auf bilanzpolitische Entscheidungen hat, räumt § 10 a EStG eine **endgültige Steuerbefreiung** eines Teils der nicht entnommenen Gewinne von Einzelunternehmungen und Personengesellschaften ein. Zwar wird auch dadurch die Entscheidung des Betriebes über Entnahme oder Thesaurierung von Gewinnen beeinflußt, jedoch wird — da keine gesonderten Rücklagenkonten geführt werden — diese Entscheidung über die Gewinnthesaurierung aus der Bilanz nicht so klar erkennbar wie in einer Bilanz einer Kapitalgesellschaft.

Nach dieser Vorschrift können Steuerpflichtige, die zur Gruppe der Vertriebenen oder rassisch und politisch Verfolgten gehören, „auf Antrag bis zu 50 von Hundert der Summe der nicht entnommenen Gewinne, höchstens aber 20 000 Deutsche Mark als Sonderausgaben vom Gesamtbetrag der Einkünfte abziehen."

Die Begünstigung des nicht entnommenen Gewinns wurde im Jahre 1941 eingeführt[116] und hatte den Zweck, die Nachteile, die die hohe Einkommensteuerprogression für die Kapitalbildung der Einzelunternehmungen und der Personengesellschaften brachte, teilweise auszugleichen. Der von der Steuer befreite Gewinnbetrag durfte 10 % des Gesamtgewinns nicht überschreiten. Diese Steuerbegünstigung wurde nach der Währungsreform im EStG 1948 in den § 10 (Sonderausgaben) übernommen. Der Höchstbetrag wurde dabei auf 15 % des Gesamtgewinns erhöht. Durch das Steueränderungsgesetz vom 29. 4. 1950[117] wurde die Steuerbegünstigung des nicht entnommenen Gewinns in einem neu geschaffenen § 10 a EStG geregelt. Ab 1952 kann diese Vorschrift nur noch von Vertriebenen und Verfolgten in Anspruch genommen werden. Aus einer zunächst wirtschaftspolitischen Maßnahme der generellen Förderung der Selbstfinanzierung ist damit zugleich eine **sozialpolitische** Förderungsmaßnahme geworden, die allerdings zusätzlich an die Rechtsform des Betriebes und nicht allein an die Zugehörigkeit zu der genannten Personengruppe gebunden ist.

Diese Vorschrift führte besonders unmittelbar nach 1945, als die Einkommensteuerprogression bis zu 95 % anstieg, zu einer **erheblichen Steuerersparnis** im Falle der Zurückbehaltung von Gewinnen. Durch die Begrenzung auf 50 % des nicht entnommenen Gewinns und auf 10 bzw. 15 % des Gesamtgewinns bzw. ab 1952 auf 20 000 DM jährlich wirkte sich diese Vorschrift allerdings vor allem für **kleinere Betriebe** günstig aus. Da sie nur für die Einkommensteuer, nicht aber für die Körperschaftsteuer galt, blieben die Kapitalgesellschaften außerhalb des Kreises der durch diese Vorschrift begünstigten Betriebe. Das war nur so lange vertretbar, wie die Einkommensteuerprogression bereits bei kleineren Einkommen über dem Tarif der Körperschaftsteuer lag, denn der niedrigere Körperschaftsteuersatz bedeutete,

---

116 Vgl. StÄndVO vom 20. 8. 1941, RStBl 1941, S. 593
117 BStBl I 1951, S. 5

daß Gewinne von Kapitalgesellschaften, die zurückbehalten wurden, steuerlich günstiger gestellt wurden, als entsprechende in Einzelunternehmungen
oder Personengesellschaften erzielte Gewinne. § 10a EStG sollte hier einen
Ausgleich schaffen und sollte insbesondere auch der „Flucht in die GmbH"
bzw. der Bildung von **Doppelgesellschaften** durch Ausgliederung eines Be-
triebsteils aus einer Personengesellschaft und Überführung in eine Kapitalgesellschaft, die durch die höhere steuerliche Belastung der Personengesellschaften als Folge der starken Einkommensteuerprogression ausgelöst
wurde, entgegenwirken.

§ 10 a EStG enthält zwar keine Vorschriften darüber, wie die begünstigten Gewinne verwendet werden müssen, trifft aber durch die Vorschrift
über die **Nachversteuerung** späterer Mehrentnahmen Vorsorge dafür, daß
tatsächlich eine Eigenkapitalbildung erfolgt, die eine Selbstfinanzierung ermöglicht. Abs. 2 des § 10 a EStG bestimmt, daß dann, wenn der Steuerpflichtige in einem der auf die Steuerbegünstigung folgenden drei Jahre
mehr als den laufenden Jahresgewinn entnimmt, der **Mehrbetrag** (Mehr-
entnahme) **nachversteuert** werden muß. Aus einer endgültigen Steuerersparnis würde dann lediglich eine Steuerverschiebung, die infolge der Progression der Einkommensteuer je nach der Höhe der Jahresgewinne allerdings zu einer größeren oder geringeren Gesamtsteuerbelastung führen
könnte.

Siebenter Abschnitt

Die Erfolgsrechnung

I. Begriff, Aufgaben und Inhalt der Erfolgsrechnung

Der Jahresabschluß hat die Aufgabe, den an der Rechnungslegung Interessierten einen möglichst sicheren Einblick in die wirtschaftliche Lage des Unternehmens zu geben, indem er sie sowohl über die Vermögens- als auch über die Ertragslage informiert. Die Bilanz ist zwar geeignet, in den durch die gesetzlichen Bewertungsvorschriften gesteckten Grenzen die Vermögenslage eines Unternehmens darzustellen, den Erfolg zeigt sie aber gewöhnlich in einer Summe, dem Bilanzgewinn oder Bilanzverlust, der bei Personenunternehmungen in der Regel zu einer Änderung der Eigenkapitalposition[1,2], bei Kapitalgesellschaften zum Ausweis einer gesonderten Gewinn- oder Verlustposition und ggf. zu einer Änderung der Rücklagepositionen führt.

Der **Bilanzgewinn** ist bei **Kapitalgesellschaften** nur der Teil des erwirtschafteten Gewinns (Jahresüberschuß), der zur Ausschüttung zur Verfügung steht. Andere Teile sind bereits verwendet worden, z. B. zur Erhöhung der Rücklagen, zur Zahlung von Steuern oder zur Abführung an eine Konzernobergesellschaft. Während in der Handelsbilanz die Körperschaft- und Vermögensteuer **als Aufwand** den ausgewiesenen Jahresüberschuß verringern, werden diese Steuern in der Steuerbilanz **nicht als abzugsfähige Betriebsausgaben anerkannt** und sind folglich Bestandteil des steuerpflichtigen Gewinns. Gewinnabführungen an eine Obergesellschaft auf Grund eines aktienrechtlichen Gewinnabführungs- oder Beherrschungs-

---

[1] Da eine Änderung des Eigenkapitals nicht nur eine Folge des sich am Jahresende ergebenden Erfolgs ist, werden die Bewegungen im Kapital zweckmäßigerweise in einer Vorspaltenrechnung gezeigt, z. B.

Kapital		
Stand am 1. 1. 1970	100 000	
+ Einlagen	20 000	
./. Entnahmen	10 000	
+ Gewinn	15 000	125 000

[2] Der einem Kommanditisten zustehende Gewinnanteil darf seinem Kapitalanteil nur so lange zugeschrieben werden, „als dieser den Betrag der bedungenen Einlage nicht erreicht." (§ 167 Abs. 1 HGB)

vertrages[3] mindern in der Handelsbilanz als Aufwand den ausgewiesenen Jahresüberschuß, in der Steuerbilanz sind sie nur dann abzugsfähig, wenn die Voraussetzungen der **körperschaftsteuerlichen Organschaft**[4] erfüllt sind.

Dem Bilanzgewinn ist es nicht anzusehen, ob er in der Abrechnungsperiode durch Umsatz von Betriebsleistungen oder durch außerordentliche Erträge aus Beteiligungen, anderen Wertpapieren oder Anlageverkäufen entstanden ist, oder ob er bereits in früheren Perioden erzielt wurde, in denen er durch Bildung stiller' Rücklagen nicht gezeigt wurde, und in dieser Periode durch Bewertungsmaßnahmen oder Umsatzvorgänge, die zur Auflösung stiller Rücklagen führen, zum Ausweis gebracht wird. Zur Beurteilung der Ertragslage einer Unternehmung muß deshalb zur Bilanz eine Gewinn- und Verlustrechnung treten.

Während in der Bilanz der Erfolg einer Abrechnungsperiode als Saldo durch Gegenüberstellung von Vermögens- und Kapitalpositionen an einem Zeitpunkt (Bilanzstichtag) ermittelt wird, saldiert die Gewinn- und Verlustrechnung die Summe aller Erträge und die Summe aller Aufwendungen einer Abrechnungsperiode und bestimmt so nicht nur den Erfolg als Saldo, sondern zeigt je nach dem Umfang der Aufgliederung der Aufwands- und Ertragsarten auch die **Quellen des Erfolges** auf, d. h. sie erklärt sein Zustandekommen.

Die Erfolgsrechnung ist eine **Aufwands- und Ertragsrechnung,** keine Ausgaben- und Einnahmenrechnung. Nur ein Teil der Aufwendungen und Erträge einer Abrechnungsperiode stimmt mit den Ausgaben und Einnahmen dieses Zeitraums überein; anderen Aufwendungen und Erträgen sind Ausgaben und Einnahmen in früheren Perioden vorausgegangen, oder es folgen ihnen in späteren Perioden Auszahlungen und Einzahlungen nach, wenn aus Kreditvorgängen Zahlungsvorgänge werden, z. B. Abschreibungen auf Maschinen (Ausgaben früher, Aufwand jetzt), Verbrauch von Rohstoffen, die auf Kredit gekauft worden sind (Aufwand jetzt, Auszahlung später[5]), Lieferungen auf Grund früherer Anzahlungen (Einnahmen früher, Ertrag jetzt) oder Forderungen aus Warenlieferungen (Ertrag jetzt, Einzahlung später[6]).

Die Erfolgsrechnung **grenzt den Erfolg zweier oder mehrerer Perioden ab,** indem sie jeder Periode die Aufwendungen und Erträge zurechnet, die in dieser Periode verursacht worden sind, auch wenn die entsprechenden Zahlungsvorgänge in früheren oder späteren Perioden liegen. Sind Zahlungen für die folgende Periode geleistet und auf Aufwandskonten

---

[3] Vgl. § 291 AktG

[4] Vgl. § 7 a KStG

[5] Der Kreditkauf ist als Schuldenzugang eine Ausgabe, die bei späterer Zahlung zu einer *Auszahlung*, also einer anderen Form der Ausgabe wird (Vgl. die Abgrenzung der Begriffe auf S. 8 ff.).

[6] Die Warenlieferung ist als Forderungszugang eine Einnahme, die bei späterer Bezahlung zu einer *Einzahlung*, also einer anderen Form der Einnahme wird (Vgl. die Abgrenzung der Begriffe auf S. 8 ff.).

gegengebucht worden (z. B. Vorauszahlungen von Löhnen und Gehältern, Versicherungsprämien, Mieten u. ä.), so ist eine **Rechnungsabgrenzung**[7] erforderlich, durch die verhindert wird, daß die Zahlungen bereits in dieser Periode erfolgswirksam werden, denn der Aufwand tritt erst in der folgenden Periode ein und ist ihr folglich zuzurechnen. Ist z. B. eine Vorauszahlung von Löhnen für die kommende Periode erfolgt, die auf dem Lohnkonto (Aufwandskonto) dieser Periode erfaßt ist, so darf der Betrag vom Lohnkonto nicht in die Erfolgsrechnung, sondern muß mit Hilfe eines Rechnungsabgrenzungspostens (transitorisches Aktivum) auf die Vermögensseite der Bilanz übernommen werden, damit die für die kommende Periode geleistete Zahlung und die dadurch eingetretene Vermögensminderung buchtechnisch kompensiert wird, und der Vorgang folglich nicht in dieser, sondern erst in der nächsten Periode in der Erfolgsrechnung wirkam wird.

Sind Zahlungen in der Abrechnungsperiode eingegangen, die erst in der folgenden Periode zu Erträgen führen, so ist eine passive Rechnungsabgrenzung erforderlich (z. B. im voraus erhaltene Mieten), denn das Vermögen der Periode ist um diese Zahlungen zu hoch, die Gegenbuchung auf dem Mietertragskonto darf in der Abrechnungsperiode nicht erfolgswirksam werden, da der Mietertrag ein Erfolg der nächsten Periode ist.

Das System der doppelten Buchführung bedingt, daß jede durch einen Aufwand hervorgerufene Minderung des Vermögens und jede durch einen Ertrag bedingte Mehrung des Vermögens den Erfolgssaldo in der Bilanz und in der Gewinn- und Verlustrechnung gleichermaßen beeinflußt. Wird z. B. eine indirekte Abschreibung durchgeführt, so ist diese ein Aufwand, der bei gegebenem Ertrag den Gewinnsaldo in der Gewinn- und Verlustrechnung mindert, und sie führt zugleich zu einer Erhöhung eines Passivpostens (Wertberichtigungen), der den Gewinnsaldo in der Bilanz entsprechend mindert.

Die doppelte Buchführung verdankt — wie bereits oben erwähnt — ihren Namen nicht nur der Tatsache, daß jeder Geschäftsvorfall mindestens zwei Konten berührt, indem er auf einem Konto im Soll und auf dem zweiten Konto im Haben verbucht wird, sondern auch dem Umstand, daß sie automatisch **den Erfolg auf zweifache Weise feststellt**: in der Bilanz durch Vermögensvergleich (Vermögen am Ende der Periode abzüglich Vermögen am Anfang der Periode, vermindert um Einlagen und vermehrt um Entnahmen), in der Erfolgsrechnung durch Saldierung von Erträgen und Aufwendungen der Periode.

Die Automatik der doppelten Buchführung hat zur Folge, daß alle bilanzpolitischen Entscheidungen, die den Erfolg beeinflussen, nicht nur auf die Bilanz, sondern auch auf die Gewinn- und Verlustrechnung einwirken.

Das HGB enthält nur Vorschriften über die Aufstellung der Bilanz,

---

[7] Vgl. S. 107 ff.

sagt jedoch nichts über die Gewinn- und Verlustrechnung aus. Solange man der Bilanz keine andere Aufgabe zuschrieb, als die, das Vermögen und die Schulden des Betriebes an einem Stichtag festzustellen, waren Vorschriften über die Erfolgsrechnung entbehrlich. Soll aber der Jahresabschluß einen möglichst sicheren Einblick nicht nur in die Vermögens-, sondern auch in die Ertragslage des Betriebes geben, so muß eine Erfolgsrechnung nach bestimmten Grundsätzen, insbesondere dem **Grundsatz der Klarheit** und Übersichtlichkeit und dem **Grundsatz des Bruttoausweises** aller Aufwendungen und Erträge aufgestellt werden, denn eine Beurteilung der Ertragslage ist aus einem Gewinn- oder Verlustsaldo allein nicht möglich. Entscheidend ist die Kenntnis, wie der Erfolg zustandegekommen ist, ob z. B. der Gewinn eine Folge betrieblicher Umsatztätigkeit oder mehr oder weniger zufälliger außerordentlicher Erträge ist, oder ob ein Verlust durch Umsatzverluste oder durch außerordentliche Verluste oder aus überhöhten Abschreibungen, die einen Umsatzgewinn überkompensieren, entstanden ist.

Unter den Bilanztheoretikern war es vor allem **Schmalenbach,** der in seiner dynamischen Bilanzlehre die Erfolgsrechnung in den Vordergrund gerückt hat. Die Bilanz ist seiner Ansicht nach ein Hilfsmittel der Erfolgsrechnung. „Wenn wir es als eine dringende Aufgabe des Kaufmanns hinstellen", schreibt Schmalenbach, „den Erfolg des Unternehmens zu berechnen, so ist damit zugleich gesagt, daß es sehr wesentlich ist, die **Komponenten** des Erfolges, den Ertrag und den Aufwand zu bestimmen. Und da es nicht die Bilanz, sondern die Gewinn- und Verlustrechnung ist, die diese Komponenten ausspricht, ergibt sich daraus die Regel: **Nicht die Bilanz, sondern die Gewinn- und Verlustrechnung** ist es, der in der Abschlußrechnung der Vorrang gebührt. Die Gewinn- und Verlustrechnung hat den Inhalt der Bilanz zu bestimmen und nicht die Bilanz den Inhalt der Gewinn- und Verlustrechnung."[8]

Die Gewinn- und Verlustrechnung nimmt alle Einnahmen und Ausgaben auf, die in der Abrechnungsperiode zu Ertrag und Aufwand geführt haben. Sie erscheinen in der Bilanz als Veränderung der liquiden Mittel und des Kapitals. Einnahmen und Ausgaben, die erst später zu Ertrag und Aufwand werden, werden bis dahin in der Bilanz gespeichert. Das beleuchtet den Hilfscharakter der Bilanz. Die Erfolgsrechnung nimmt ferner alle Aufwendungen und Erträge der Abrechnungsperiode auf, die erst in späteren Perioden zu Einnahmen und Ausgaben[9] führen. Sie erscheinen ebenfalls in der Bilanz. Die Gewinn- und Verlustrechnung enthält außerdem Aufwendungen und Erträge, die bereits in früheren Perioden zu Einnahmen und Ausgaben geführt haben.

Nach Schmalenbach hat die Erfolgsrechnung folgenden Inhalt:

---

[8] Schmalenbach, E., Dynamische Bilanz, 13. Aufl., Köln und Opladen 1962, S. 51 (Hervorhebungen im Original kursiv).

[9] Schmalenbach verwendet die Begriffe Einnahmen und Ausgaben für Zahlungsvorgänge (Einzahlung – Auszahlung), nicht für Kreditvorgänge.

Soll	Erfolgsrechnung	Haben
1. Aufwand jetzt, Ausgabe jetzt (Kauf und Verbrauch von Rohstoffen) 2. Aufwand jetzt, Ausgabe früher (Abschreibung) 3. Aufwand jetzt, Ausgabe später (Verbrauch von Rohstoffen auf Kredit) 4. Aufwand jetzt, Ertrag jetzt (Produktion von Fabrikaten) 5. Aufwand jetzt, Ertrag früher (Abschreibung selbsterstellter Maschinen) 6. Aufwand jetzt, Ertrag später (rückständige Instandsetzungen durch eigene Werkstatt)	1. Ertrag jetzt, Einnahme jetzt (Verkauf von in der Periode produzierten Produkten) 2. Ertrag jetzt, Einnahme früher (Nachlieferung auf Grund von Anzahlungen) 3. Ertrag jetzt, Einnahme später (Produktion auf Lager, Verkauf auf Ziel) 4. Ertrag jetzt, Aufwand jetzt (Produktion von Fabrikaten) 5. Ertrag jetzt, Aufwand früher (Nachholung rückständiger Instandsetzungen durch eigene Werkstatt) 6. Ertrag jetzt, Aufwand später (Produktion von Maschinen zum eigenen Gebrauch)	

Die **Zusammenhänge zwischen Bilanz und Erfolgsrechnung** nach Schmalenbach können folgendermaßen zusammengefaßt werden:

1. Nur in der Bilanz werden gespeichert:
   a) Ausgaben und Einnahmen, die erst später zu Aufwand und Ertrag werden,
   b) Ausgaben und Einnahmen, die erst später zu Einnahmen und Ausgaben werden.
2. In der Bilanz werden folgende Vorgänge gespeichert, die gleichzeitig die Erfolgsrechnung berühren:
   a) Aufwendungen und Erträge, die erst später zu Erträgen und Aufwendungen werden,
   b) Aufwendungen und Erträge, die erst später zu Ausgaben und Einnahmen werden.

Insbesondere unter dem Einfluß der dynamischen Bilanzlehre, die der Ermittlung des Periodenerfolges den Vorrang vor der Stichtagsfeststellung von Vermögen und Schulden gibt, wurde der Ausgestaltung der Gewinn- und Verlustrechnung auch im Aktienrecht mehr Gewicht beigemessen. Erste Ansätze einer **Gliederung der Erfolgsrechnung** enthielt der § 261 c HGB.[10] Die Gewinn- und Verlustrechnung wurde neben der Bilanz zum zweiten

---

[10] Eingeführt durch die Aktienrechtsnovelle vom 15. 12. 1931, RGBl I, S. 760

Bestandteil des zu veröffentlichenden Jahresabschlusses. In dieser Gewinn-
und Verlustrechnung wurde jedoch das **Bruttoprinzip** noch **nicht beachtet**.
Von den Umsatzerlösen durfte bei Produktionsbetrieben der gesamte Materialaufwand, bei Handelsbetrieben der Wareneinsatz abgesetzt werden.
Nur wenige Aufwandsarten mußten gesondert ausgewiesen, alle übrigen
durften in einer Position zusammengefaßt werden.

Das Aktiengesetz 1937 hat diese unbefriedigende und gegen das Prinzip der Klarheit und Übersichtlichkeit verstoßende Gliederungsschema
noch dadurch verschlechtert, daß nun vom Umsatzerlös nicht mehr nur
der Materialaufwand, sondern auch alle sonstigen Aufwendungen, die
nicht gesondert ausgewiesen werden mußten, also damit auch Aufwendungen, die mit der Umsatzerzielung in keinem Zusammenhang standen, abgesetzt werden durften. Erst in der Neufassung des § 132 AktG 1937 durch
die kleine Aktienrechtsreform (23. 12. 1959) hat sich das Bruttoprinzip
durchgesetzt. Das Aktiengesetz 1965 hat diese Neufassung des § 132 AktG
1937 in den § 157 übernommen.

Für Zwecke der Besteuerung ist eine Aufgliederung des Erfolges nach
seinen Quellen nicht unbedingt erforderlich, weil die Aufgabe der steuerlichen Gewinnermittlung die Feststellung einer Steuerbemessungsgrundlage
ist, auf deren Zusammensetzung es nicht ankommt. In welchem Umfange
z. B. ein Gewinn aus betrieblichen oder aus neutralen Erträgen stammt,
ist für seine Besteuerung in der Regel ohne Bedeutung. Soweit Erträge
nicht der Besteuerung unterliegen, ergibt sich das aus speziellen steuerrechtlichen Vorschriften (z. B. Schachtelprivileg) und aus ihren Auswirkungen
auf einzelne Konten (z. B. Erträge aus Beteiligungen), aber nicht unmittelbar aus der Gewinn- und Verlustrechnung.

Eine Aufgliederung der Aufwandsarten in der Gewinn- und Verlustrechnung ermöglicht zwar keine Nachprüfung, ob die steuerrechtlichen
Vorschriften z. B. über die Höhe der zulässigen Absetzungen oder der
zulässigen Pensionsrückstellungen beachtet worden sind. Der Nachweis
kann nur an Hand der Konten oder zusätzlicher Unterlagen geführt werden. Eine differenzierte Zusammenstellung einzelner Aufwandsarten kann
aber auch steuerlich von Interesse sein, weil nicht alle handelsrechtlich zulässigen Aufwendungen abzugsfähige Betriebsausgaben sind (z. B. bestimmte Steuern und bestimmte Rückstellungen).

Soweit für die Ermittlung der Steuerbemessungsgrundlage die Feststellung des Periodenerfolges als Saldo zwischen dem Vermögen am Anfang
und am Ende der Periode genügt, wird der steuerpflichtige Gewinn nicht
durch eine Erfolgsrechnung, sondern durch **Vermögensvergleich** ermittelt.
§ 4 Abs. 1 EStG definiert den Gewinn als „Unterschiedsbetrag zwischen
dem Betriebsvermögen am Schluß des vorangegangenen Wirtschaftsjahres,
vermehrt um den Wert der Entnahmen und vermindert um den Wert der
Einlagen". Da aber Betriebe, die zur Führung von Büchern verpflichtet
sind, nach § 5 EStG das Betriebsvermögen für den Schluß des Wirtschaftsjahres anzusetzen haben, „das nach den handelsrechtlichen Grundsätzen

ordnungsmäßiger Buchführung auszuweisen ist" (Prinzip der Maßgeblichkeit der Handelsbilanz), erlangt in diesen Fällen auch die Erfolgsrechnung für steuerliche Zwecke automatisch Bedeutung, weil sie ein integrierender Bestandteil des Systems der doppelten Buchführung ist. § 60 Abs. 2 EStDV verlangt deshalb von Betrieben, die Bücher nach den Grundsätzen der doppelten Buchführung führen, daß sie ihrer Steuererklärung neben der Bilanz auch eine Gewinn- und Verlustrechnung beifügen.

II. Der Aufbau der Erfolgsrechnung

1. Kontoform oder Staffelform

Das Aktiengesetz 1965 schreibt in § 157 Abs. 1 für die Erfolgsrechnung zwingend die **Staffelform** vor.[1] Ihr Vorteil ist die größere Übersichtlichkeit durch **Bildung von Zwischensummen**, die den Charakter betriebswirtschaftlicher Kennzahlen haben und die geeignet sind, die Aussagekraft der Erfolgsrechnung zu erweitern.

Eine Gegenüberstellung der aktienrechtlichen Erfolgsrechnung in Kontoform und Staffelform (beide verkürzt) zeigt deutlich den größeren Aussagewert der Staffelform, insbesondere durch die in Position 4, 6 und 28 gebildeten Zwischensummen. Die Position 28 zeigt den Jahresüberschuß (-fehlbetrag) der Periode vor Korrektur mit Erfolgsteilen früherer Perioden (Gewinn- oder Verlustvortrag, Entnahmen aus den Rücklagen) und vor Verwendung von Gewinnteilen der Periode (Einstellungen in die Rücklagen). In Position 32 erscheint nur der verteilungsfähige Bilanzgewinn (bzw. der Bilanzverlust).

Aufwendungen	Gewinn- und Verlustrechnung nach § 132 n. F. AktG 1937		Erträge
1.	Verminderung des Bestandes an fertigen und halbfertigen Erzeugnissen	1.—3.	Gesamtleistung
2.–15.	Aufwendungen (gegliedert nach Aufwandsarten)	4.—12.	außerordentliche Erträge
		13.	Gewinnvortrag aus dem Vorjahr
16.	Verlustvortrag aus dem Vorjahr	14.	Entnahmen aus Rücklagen
17.	Einstellungen in Rücklagen (Gewinnverwendung)	15.	Reinverlust
18.	Reingewinn		

---

[1] Die Neufassung der aktienrechtlichen Gewinn- und Verlustrechnung durch das Gesetz über die Kapitalerhöhung aus Gesellschaftsmitteln und über die Gewinn- und Verlustrechnung vom 23. 12. 1959 hat neben der bis dahin in Deutschland üblichen und für die Aktiengesellschaft zwingend vorgeschriebenen Kontoform (§ 261 c HGB, § 132 AktG 1937) auch die vorwiegend in Amerika gebräuchliche Staffelform für die Gewinn- und Verlustrechnung zugelassen.

Gewinn- und Verlustrechnung nach § 157 AktG (Staffelform)		
4. (Summe 1.—3.)		**Gesamtleistung**
5.		— Materialaufwand
6.		= **Rohertrag** (Rohaufwand)
7.—15.		+ außerordentliche Erträge
16.—27.		— sämtliche Aufwendungen (außer Materialaufwand)
28.		= **Jahresüberschuß** (Jahresfehlbetrag)
29.	+ (—)	Gewinnvortrag (Verlustvortrag)
30.		+ Entnahmen aus Rücklagen
31.		— Einstellungen in die Rücklagen
32.		= **Bilanzgewinn** (Bilanzverlust)

2. Bruttoprinzip oder Nettoprinzip

Die Grundsätze ordnungsmäßiger Buchführung und Bilanzierung gelten für die Erfolgsrechnung sinngemäß. Sie hat in erster Linie **klar und übersichtlich** zu sein. Das wird durch eine entsprechend ausführliche Gliederung der Aufwands- und Ertragspositionen erreicht. Für die Aktiengesellschaften ist in § 157 AktG eine **Mindestgliederung** der Erfolgsrechnung vorgeschrieben. Ebenso wie das Bilanzierungsschema des § 151 AktG kann diese Gliederungsvorschrift der Erfolgsrechnung auch von Betrieben anderer Rechtsformen analog angewendet werden; es besteht dazu allerdings weder ein gesetzlicher Zwang noch kann behauptet werden, daß die aktienrechtliche Gliederung Bestandteil der Grundsätze ordnungsmäßiger Buchführung und Bilanzierung ist. Man kann vielmehr umgekehrt feststellen, daß diese Grundsätze (endlich!) auch in der aktienrechtlichen Gewinn- und Verlustrechnung Beachtung gefunden haben. Während sich für die Anwendung der aktienrechtlichen Bilanzgliederung seit 1937 eine gewohnheitsrechtliche Übung herausgebildet hat, kann das für die Gliederung der Erfolgsrechnung nach § 132 AktG (1937) nicht festgestellt werden, da diese durch die Mißachtung des Bruttoprinzips der Klarheit und Übersichtlichkeit der Rechnungslegung widersprach.

Das Gliederungsschema des § 157 AktG 1965 hat zwar diese Mängel im wesentlichen beseitigt, enthält jedoch eine Anzahl spezifisch aktienrechtlicher Positionen, die eine Übertragung auf Unternehmen anderer Rechtsformen erschweren. Da aber weder das HGB, noch das GmbH-Gesetz Vorschriften über die Aufstellung und Gliederung der Erfolgsrechnung enthält, kommt dem aktienrechtlichen Gliederungsschema für alle Unternehmen erhöhte Bedeutung zu. Diese wird noch unterstrichen durch die fast unveränderte Übernahme dieses Gliederungsschemas in den § 135 des vom Bundesjustizministerium veröffentlichten **Entwurfs eines neuen GmbH-Gesetzes** und durch die in § 5 Abs. 2 des **Publizitätsgesetzes** ausgesprochene Pflicht für die diesem Gesetz unterworfenen Unternehmen, ihre Bilanzen und Erfolgsrechnungen nach aktienrechtlichen Vorschriften zu gliedern.

Für den Aufbau einer Gewinn- und Verlustrechnung gibt es grundsätzlich zwei Möglichkeiten:

1. Der Aufbau erfolgt nach dem **Bruttoprinzip**, d. h. sämtliche Aufwendungen und Erträge werden ohne jede Saldierung gegenübergestellt. Nur so sind die Voraussetzungen gegeben, daß sämtliche Erfolgsquellen voll sichtbar werden. Vor allem wird der betriebliche Umsatzerlös ohne Abzug bestimmter (z. B. Materialverbrauch) oder aller Aufwendungen ausgewiesen.

2. Der Aufbau erfolgt nach dem **Nettoprinzip**, d. h. Aufwands- und Ertragspositionen werden völlig oder teilweise gegeneinander aufgerechnet; im Extremfall erscheint nur noch der Gewinn oder der Verlust. Die Aufrechnung kann z. B. bei gleichartigen Aufwands- und Ertragspositionen (z. B. Zinsaufwand und Zinsertrag) oder bei aus mehreren Aufwands- und Ertragsarten zusammengesetzten Positionen (z. B. außerordentliche Aufwendungen und Erträge) oder zwischen sämtlichen Umsatzerlösen und bestimmten Aufwandsarten (z. B. Materialaufwand, Energieaufwand, Steueraufwand u. a.) erfolgen.

Die Aussagefähigkeit der Salden ist gering. Beträgt z. B. nach Saldierung mit den Zinserträgen der Zinsaufwand der Periode 5000 DM, so kann sich dieser Saldo aus Zinsaufwand von 6000 DM und Zinserträgen von 1000 DM, aber ebensogut aus Zinsaufwand von 600 000 DM und Zinserträgen von 595 000 DM ergeben.

Je größer die Zahl der Aufwands- und Ertragsarten ist, die miteinander verrechnet werden, und je ungleichartiger ihre Zusammensetzung ist, desto geringer ist der Aussagewert des Saldos. Saldierungen beim Umsatzerlös verhindern jeden Einblick in die Höhe des Umsatzes und verschleiern damit eine für die Beurteilung der Ertragslage des Betriebs entscheidende Größe.

Das Prinzip der Klarheit erfordert ferner eine scharfe Trennung der Aufwendungen und Erträge, die mit der Erstellung und dem Absatz der Betriebsleistung zusammenhängen, von den Aufwendungen und Erträgen, die **neutralen** (betriebsfremden oder außerordentlichen) Charakter haben. Nur so wird erkenntlich, welcher Teil des Gesamterfolges das Ergebnis der eigentlichen betrieblichen Tätigkeit ist und welcher Teil aus anderen Quellen stammt.

Die folgenden Beispiele zeigen eine Erfolgsrechnung in Brutto- und in Nettoform mit Spaltung des betrieblichen und des neutralen Erfolges:

Aufwand		Bruttoerfolgsrechnung		Ertrag	
I. Betriebsaufwand				I. Betriebsertrag	
1. Löhne und Gehälter	80 000			(Umsatzerlös)	390 000
2. Soziale Ausgaben	12 000			II. Neutrale Erträge	
3. Materialverbrauch	125 000			1. Erträge aus	
4. Abschreibungen	75 000	292 000		Beteili-	
II. Neutraler Aufwand				gungen	35 000
1. Aufwand für				2. Erträge aus	
Beteiligungen	18 000			Zinsen	18 000
2. Zinsaufwand	12 000			3. a. o. Erträge	17 000	70 000
3. a. o. Aufwand	20 000	50 000			
III. Gewinn		118 000			
		460 000			460 000

Aufwand		Nettoerfolgsrechnung		Ertrag	
I. Betriebsaufwand				I. Betriebsertrag	
1. Löhne und Gehälter	80 000			abzügl. Materialverbr.	265 000
2. Soziale Abgaben	12 000			II. Neutrale Erträge	
3. Abschreibungen	75 000	167 000		1. Erträge aus	
II. Neutraler Aufwand				Beteiligungen	
a. o. Aufwand (Saldo)		3 000		(Saldo)	17 000
III. Gewinn				2. Erträge aus	
		118 000		Zinsen	6 000	23 000
		288 000			288 000

Die Gegenüberstellung zeigt, daß die Aussagekraft der Bruttoerfolgsrechnung wesentlich größer ist. **Beispiele** für Erfolgsrechnungen, bei denen überwiegend das Netto-Prinzip angewendet wurde, waren die Gliederungsschemata der aktienrechtlichen Gewinn- und Verlustrechnung nach § 261 c HGB (eingeführt durch die Aktienrechtsnovelle von 1931) und nach § 132 AktG 1937.

§ 261 c HGB schreibt folgende Mindestgliederung vor:

Aufwendungen	Gewinn- und Verlustrechnung	Erträge
1. Löhne und Gehälter 2. Soziale Abgaben 3. Abschreibungen auf Anlagen 4. Andere Abschreibungen 5. Zinsen, soweit sie die Ertragszinsen übersteigen 6. Besitzsteuern der Gesellschaft 7. Alle übrigen Aufwendungen mit Ausnahme der Aufwendungen für Roh-, Hilfs- und Betriebsstoffe, bei Handelsbetrieben mit Ausnahme der Aufwendungen für die bezogenen Waren 8. Reingewinn	1. Der Betrag, der sich nach Abzug der Aufwendungen für Roh-, Hilfs- und Betriebsstoffe, bei Handelsbetrieben nach Abzug der Aufwendungen für die bezogenen Waren sowie nach Abzug der unter 2 bis 5 gesondert auszuweisenden Erträge ergibt 2. Erträge aus Beteiligungen 3. Zinsen, soweit sie die Aufwandszinsen übersteigen, und sonstige Kapitalerträge 4. Außerordentliche Erträge 5. Außerordentliche Zuwendungen 6. Verlust	

§ 132 AktG 1937 vergrößerte die Saldierungsmöglichkeiten noch: Während nach § 261 c HGB sämtliche Aufwendungen, die nicht gesondert ausgewiesen werden mußten, in einem Sammelposten (Position 7) erschienen, durften diese Aufwendungen nach § 132 AktG 1937 (Position 9) sogar noch vom Umsatzerlös (Jahresertrag) abgesetzt werden. Position 9 erschien also nur dann in der Gewinn- und Verlustrechnung, wenn die in dieser Position zusammengefaßten Aufwendungen größer waren als der Jahresumsatz abzüglich des Materialaufwandes und zuzüglich der nicht gesondert auszuweisenden Erträge.

§ 132 AktG 1937 sah folgende Mindestgliederung der Erfolgsrechnung vor:

Aufwendungen	Gewinn- und Verlustrechnung	Erträge
1. Löhne und Gehälter 2. Soziale Abgaben 3. Abschreibungen und Wertberichtigungen auf das Anlagevermögen 4. Zinsen, soweit sie die Ertragszinsen übersteigen; den Zinsen stehen ähnliche Aufwendungen gleich 5. Steuern vom Einkommen, vom Ertrag und vom Vermögen mit Ausnahme derjenigen Steuern vom Einkommen, die regelmäßig durch Steuerabzug erhoben werden.	1. der Jahresertrag nach Abzug der Aufwendungen, soweit sie nicht nach I Nr. 1 bis 8 auf der Seite der Aufwendungen gesondert auszuweisen sind, sowie nach Abzug der Erträge, die unter Nr. 2 bis 6 gesondert auszuweisen sind 2. Erträge aus Beteiligungen 3. Zinsen, soweit sie die Aufwandszinsen übersteigen; den Zinsen stehen ähnliche Erträge gleich	

(Fortsetzung folgende Seite)

Aufwendungen	Gewinn- und Verlustrechnung (Fortsetzung)	Erträge

6. Beiträge an Berufsvertretungen, wenn die Zugehörigkeit auf gesetzlicher Vorschrift beruht
7. Beträge von
  a) Wertminderungen,
  b) sonstigen Verlusten,
  zu deren Ausgleich die gesetzliche Rücklage verwandt worden ist
8. außerordentliche Aufwendungen, soweit sie nicht in Nr. 1 bis 7 und 9 enthalten sind
9. alle übrigen Aufwendungen, soweit sie den Teil des Jahresertrages unter II Nr. 1 übersteigen
		4. außerordentliche Erträge einschließlich der Beträge, die durch die Auflösung von Wertberichtigungen, Rückstellungen und freien Rücklagen gewonnen sind
		5. die aus der Auflösung der gesetzlichen Rücklage gewonnenen Beträge
		6. außerordentliche Zuwendungen

Die Gliederung zeigt, daß die Position „Jahresertrag" eine **Nettogröße** war, die sich folgendermaßen zusammensetzte:

	Umsatzerlös
—	Anfangsbestand an Halb- und Fertigerzeugnissen
+	Endbestand an Halb- und Fertigerzeugnissen
—	Verbrauch an Stoffen jeder Art
—	alle übrigen Aufwendungen, soweit ihr gesonderter Ausweis nicht vorgeschrieben war
+	Erträge, soweit sie nicht gesondert ausgewiesen werden müssen
+	Ertragsposten mit durchlaufendem Charakter (aktivierte selbsterstellte Anlagen)
=	Jahresertrag gemäß § 132, II, 1 AktG 1937

Die dem Prinzip der Klarheit widersprechenden Saldierungsmöglichkeiten der aktienrechtlichen Gewinn- und Verlustrechnung wurden vor allem mit dem Hinweis verteidigt, daß durch Ausweis des Bruttoumsatzes und des Materialaufwandes der Konkurrenz wichtige Einblicke in den Betrieb gewährt würden, und daß durch den gesetzlichen Zwang zur Veröffentlichung des Jahresabschlusses die Aktiengesellschaft damit gegenüber anderen Rechtsformen diskriminiert würde. Diese Begründung ist in den mei-

sten Fällen nicht stichhaltig und trifft höchstens für Betriebe mit einheitlicher Massenfertigung zu.

Die in der Gliederung der Erfolgsrechnung nach § 132 AktG 1937 enthaltenen Mängel wurden als so schwerwiegend empfunden, daß eine Änderung dieser Vorschrift nicht erst durch das Aktiengesetz 1965, sondern
bereits durch die sog. „Kleine Aktienrechtsreform"[2] vorgenommen wurde.
Das Aktiengesetz 1965 hat das Gliederungsschema dieses Gesetzes mit nur
geringen Änderungen übernommen, läßt allerdings – wie oben erwähnt –
nur noch die Staffelform zu.

3. Produktionsrechnung oder Umsatzrechnung

Produktion (Ertrag) und Verkauf (Umsatzerlös) einer Periode stimmen
gewöhnlich nicht überein, sondern es bilden sich Lagerbestände an Halb-
und Fertigfabrikaten, so daß mehr verkauft als produziert (Minderung
der Bestände an Fertigfabrikaten) oder mehr produziert als verkauft werden kann (Mehrung der Bestände). Die Erfolgsrechnung kann zur Ermittlung des Betriebserfolges entweder sämtliche Aufwendungen, die bei der
Erstellung der Betriebsleistungen im Betriebe entstanden sind, sämtlichen
Erträgen, also nicht nur den Umsatzerlösen, sondern auch den nichtabge-
setzten Leistungen gegenüberstellen. Dann spricht man von einer **Produktionsrechnung.** Erscheint dagegen auf der Ertragsseite nicht der gesamte
Ertrag der Periode, sondern der Umsatzerlös, der größer oder kleiner als
der Periodenertrag sein kann, während die Umsatzaufwendungen unter
Berücksichtigung der Bestandsveränderungen der Fabrikate auf der Aufwandseite stehen, so spricht man von einer **Umsatzrechnung.**

Die Gliederung des Aufwandes kann nach **Kostenträgern** (z. B. Herstellungskosten für Produkt A, für Produkt B usw.), nach **Kostenstellen** (z. B.
Kosten des Fertigungs-, des Verwaltungs-, des Vertriebsbereiches) oder
nach **Kostenarten** (Löhne, Gehälter, Material, Abschreibungen, Steuern
usw.) erfolgen.

Im folgenden Beispiel treten zu den Aufwandsarten der Periode von
140 000 DM noch Aufwendungen von 10 000 DM für Halbfabrikate der
Vorperiode, die in dieser Periode zu Fertigfabrikaten verarbeitet und abgesetzt wurden, und Aufwendungen von 10 000 DM für Fertigfabrikate,
die ebenfalls aus Lagerbeständen der Vorperiode jetzt abgesetzt wurden.
Auf der Aufwandsseite wird also der gesamte Umsatzaufwand von
160 000 DM, bestehend aus dem Produktionaufwand dieser Periode von
140 000 DM und dem Produktionsaufwand früherer Perioden von 20 000
DM, ausgewiesen.

---

[2] Vgl. § 19 des Gesetzes über die Kapitalerhöhung aus Gesellschaftsmitteln und über die Ge-
winn- und Verlustrechnung vom 23. 12. 1959.

Beispiel:

Aufwand	Gewinn- und Verlustrechnung (Umsatzrechnung)		Ertrag
Anfangsbestand an Fertig-fabrikaten	20 000	Umsatzerlös	200 000
+ Herstellungskosten der produzierten Fabrikate (einschließlich Bestands-veränderungen der Halb-fabrikate)	140 000		
+ Verwaltungs- und Ver-triebsaufwand	10 000		
	170 000		
./. Endbestand an Fertig-fabrikaten	10 000		
Umsatzaufwand	160 000		
Gewinn	40 000		
	200 000		200 000

Beispiel:

Aufwand	Gewinn- und Verlustrechnung (Umsatzrechnung)		Ertrag
1. Löhne und Gehälter	30 000	Umsatzerlös	200 000
2. Materialverbrauch	70 000		
3. Abschreibungen	10 000		
4. Zinsen	5 000		
5. sonst. Aufwendungen	25 000 140 000		
Bestandsminderungen an Halbfabrikaten	10 000		
Bestandsminderungen an Fertigfabrikaten	10 000 20 000		
	160 000		
Gewinn	40 000		
	200 000		200 000

Die Klarheit und Übersichtlichkeit des Ausweises der Umsatzaufwendungen kann noch dadurch vergrößert werden, daß die Bestandsminderung an Halb- und Fertigfabrikaten nicht in je einem Gesamtbetrag ausgewiesen, sondern in Teilbeträgen zu den einzelnen Aufwandsarten hinzugerechnet werden, aus denen sich die Bestände zusammensetzen (Löhne, Materialverbrauch usw.). Bei Bestandsmehrungen muß dementsprechend eine Subtraktion erfolgen.

Bei einer derartigen Verrechnung stehen den Umsatzerlösen nicht die um die Sammelposition Bestandsminderung vermehrten (bzw. die Sammelposition Bestandsmehrung verminderten), nach Aufwandsarten gegliederten Aufwendungen der Periode gegenüber, sondern nur nach Aufwandsarten gegliederte Aufwendungen.

Für die Aufwandsseite des letzten Beispiels ergibt sich dann z. B. folgendes Bild:

	Aufwand der Periode	Halbfabrikate Minderung +	Fertigfabrikate Minderung +	Umsatzaufwand
1. Löhne	30 000	2 300	2 100	34 400
2. Materialverbrauch	70 000	5 300	4 900	80 200
3. Abschreibungen	10 000	1 000	700	11 700
4. Zins	5 000	250	350	5 600
5. sonstige Aufwendungen	25 000	1 150	1 950	28 100
	140 000	10 000	10 000	160 000
6. Gewinn				40 000
				200 000

Die folgende Produktionsrechnung zeigt nur den Produktionsaufwand der Abrechnungsperiode, gegliedert nach Aufwandsarten. Die Betriebsleistung aus dem Umsatz der Periode wird korrigiert um die Veränderung der Bestände an Halb- und Fertigfabrikaten. Da der Endbestand niedriger als der Anfangsbestand ist, ist in der Abrechnungsperiode mehr umgesetzt als produziert worden.

Beispiel:

Aufwand	Gewinn- und Verlustrechnung (Produktionsrechnung)		Ertrag
Betriebsaufwand der Periode			**Betriebsleistung**
			1. Umsatzerlös 200 000
1. Löhne und Gehälter 30 000			2. Endbestand an Halb- und Fertig- fabrikaten 20 000
2. Materialverbrauch 70 000			
3. Abschreibungen 10 000			
4. Zinsen 5 000			220 000
5. Sonstige Aufwen- dungen 25 000 140 000			3. Anfangsbestand an Halb- und Fertig- fabrikaten 40 000 180 000
Gewinn 40 000			
180 000			180 000

III. Die aktienrechtliche Gewinn-und Verlustrechnung

1. Die Gliederung

Die heutige Gliederung der aktienrechtlichen Erfolgsrechnung (§ 157 AktG) hat die Mängel des alten Schemas vor allem dadurch beseitigt, daß das **Bruttoprinzip** konsequent eingehalten wird. Sämtliche Aufwendungen und Erträge sind getrennt in voller Höhe auszuweisen; Saldierungen sind nicht mehr möglich, soweit Absatz 4 des § 157 AktG[1] nicht zur Anwendung kommt. Durch den Zwang zum Bruttoausweis erhalten Gläubiger, Aktionäre und die interessierte Öffentlichkeit einen wesentlich besseren Einblick in die Ertragslage der Gesellschaft als früher.

Das Gliederungsschema für die aktienrechtliche Gewinn- und Verlustrechnung ist eine **Mindestvorschrift**, deren Anwendung zwingend ist, es sei denn, der Geschäftszweig bedingt eine andere Gliederung, die gleichwertig, d. h. in erster Linie eine Bruttorechnung sein muß. Sind einzelne in der Mindestgliederung aufgeführte Aufwendungen oder Erträge nicht angefallen, so brauchen ebenso wie in der Bilanz keine Leerposten geführt zu werden, sondern die betreffenden Positionen der Gliederung können weggelassen werden.[2] Da die Bestimmung des § 149 Abs. 1 AktG, daß der Jahresabschluß einen möglichst sicheren Einblick in die Vermögens- und Ertragslage der Gesellschaft geben soll, auch für die Erfolgsrechnung gilt, kann im Interesse eines klaren und übersichtlichen Jahresabschlusses eine Erweiterung der Mindestgliederung notwendig werden.

Das **Prinzip der Kontinuität** der Gliederung wird in § 157 Abs. 3 AktG ausdrücklich gefordert: soweit Aufwendungen und Erträge unter einem anderen Posten als gleichartige Aufwendungen und Erträge in der Erfolgsrechnung des vorangegangenen Geschäftsjahres ausgewiesen werden, ist das in der Gewinn- und Verlustrechnung zu vermerken.

§ 157 Abs. 1 AktG hat folgenden Wortlaut:

„1. In der Gewinn- und Verlustrechnung sind, wenn der Geschäftszweig keine abweichende Gliederung bedingt, die gleichwertig sein muß, unbeschadet einer weiteren Gliederung folgende Posten in Staffelform gesondert auszuweisen:

---

[1] Vgl. S. 574 f.
[2] Vgl. § 157 Abs. 2 AktG

1. Umsatzerlöse .....
2. Erhöhung oder Verminderung des Bestands an fertigen und unfertigen Erzeugnissen ....
3. andere aktivierte Eigenleistungen .....
4. Gesamtleistung .....
5. Aufwendungen für Roh-, Hilfs- und Betriebsstoffe sowie für bezogene Waren .....
6. Rohertrag/Rohaufwand .....
7. Erträge aus Gewinngemeinschaften, Gewinnabführungs- und Teilgewinnabführungsverträgen .....
8. Erträge aus Beteiligungen .....
9. Erträge aus den anderen Finanzanlagen .....
10. Sonstige Zinsen und ähnliche Erträge .....
11. Erträge aus dem Abgang von Gegenständen des Anlagevermögens und aus Zuschreibungen zu Gegenständen des Anlagevermögens .....
12. Erträge aus der Herabsetzung der Pauschalwertberichtigung zu Forderungen .....
13. Erträge aus der Auflösung von Rückstellungen .....
14. Sonstige Erträge davon außerordentliche .....
15. Erträge aus Verlustübernahme ....
16. Löhne und Gehälter .....
17. soziale Abgaben
18. Aufwendungen für Altersversorgung und Unterstützung .....
19. Abschreibungen und Wertberichtigungen auf Sachanlagen und immaterielle Anlagewerte .....
20. Abschreibungen und Wertberichtigungen auf Finanzanlagen mit Ausnahme des Betrags, der in die Pauschalwertberichtigung zu Forderungen eingestellt ist .....
21. Verluste aus Wertminderungen oder dem Abgang von Gegenständen des Umlaufvermögens außer Vorräten (§ 151 Abs. 1 Aktivseite III B) und Einstellung in die Pauschalwertberichtigung zu Forderungen .....
22. Verluste aus dem Abgang von Gegenständen des Anlagevermögens .....
23. Zinsen und ähnliche Aufwendungen .....
24. Steuern
    a) vom Einkommen, vom Ertrag und vom Vermögen .....
    b) sonstige ....
25. Aufwendungen aus Verlustübernahme .....

26. Sonstige Aufwendungen   ....

27. auf Grund einer Gewinngemeinschaft, eines Gewinnabfüh-
    rungs- und eines Teilgewinnabführungsvertrags abgeführte
    Gewinne   ....

28. Jahresüberschuß/Jahresfehlbetrag   ....

29. Gewinnvortrag/Verlustvortrag aus dem Vorjahr   ....

                                                           ....

30. Entnahmen aus offenen Rücklagen
    a) aus der gesetzlichen Rücklage   ....
    b) aus freien Rücklagen   ....

                                                           ....

31. Einstellungen aus dem Jahresüberschuß in offene Rück-
    lagen
    a) in die gesetzliche Rücklage   ....
    b) in freie Rücklagen   ....

32. Bilanzgewinn/Bilanzverlust   ...."

Hält eine Aktiengesellschaft die gesetzliche Mindestgliederung der Erfolgsrechnung nicht ein, so ist der Jahresabschluß **nichtig,** wenn seine Klarheit und Übersichtlichkeit dadurch wesentlich beeinträchtigt werden. § 256
Abs. 4 Nr. 2 AktG sieht es als wesentliche Beeinträchtigung an, wenn folgende Positionen nicht gesondert ausgewiesen werden:

1. die Gesamtleistung (Pos. 4) und ihre Bestandteile, das sind die Umsatzerlöse (Pos. 1), die Erhöhung oder Verminderung des Bestandes an fertigen und unfertigen Erzeugnissen (Pos. 2) und die anderen aktivierten
   Eigenleistungen (Pos. 3);
2. der Materialaufwand (Pos. 3);
3. Erträge aus Gewinngemeinschaften, Gewinnabführungs- und Teilgewinnabführungsverträgen und auf Grund derartiger Verträge abgeführte Gewinne (Pos. 7 und 27);
4. Erträge und Aufwendungen aus Verlustübernahmen (Pos. 15 und 25);
5. Steuern (Pos. 24).

Eine **Einschränkung des Bruttoprinzips** sieht § 157 Abs. 4 AktG für kleinere Aktiengesellschaften (Bilanzsumme bis zu 3 Mill. DM), deren Aktien
nicht an der Börse notiert werden, und für Familienaktiengesellschaften
mit einer Bilanzsumme bis zu 10 Mill. DM vor. Von der Betriebsleistung –
bestehend aus den Umsatzerlösen, den Bestandsveränderungen der fertigen
und unfertigen Erzeugnisse und den anderen aktivierten Eigenleistungen –
darf der Materialaufwand abgesetzt werden. Die Differenz ist der Rohertrag bzw. Rohaufwand der Position 6 des normalen Gliederungsschemas.
Die Gewinn- und Verlustrechnung der genannten Arten von Aktiengesellschaften darf also unmittelbar mit dieser Position beginnen. Aus dem

Jahresabschluß sind dann - wie nach dem Aktiengesetz 1937 – weder die betriebliche Gesamtleistung noch die Umsatzerlöse und der Materialaufwand zu ersehen. Bei Familiengesellschaften haben die Aktionäre allerdings nach § 157 Abs. 4 Satz 2 AktG das Recht, zu verlangen, daß ihnen in der Hauptversammlung über den Jahresabschluß die Gewinn- und Verlustrechnung in der Form vorgelegt wird, die sie ohne diese Einschränkung hätte.

2. Erläuterungen zu einzelnen Positionen

a) Die Gesamtleistung und ihre Komponenten

Die Position Gesamtleistung (Nr. 4) zeigt die Summe der Betriebserträge, die in den Positionen 1–3 getrennt nach Umsatzerlösen, Bestandsveränderungen und sonstigen aktivierten Eigenleistungen auszuweisen sind.

aa) Umsatzerlöse (Position 1)

Der Umsatzbegriff wird im Aktienrecht enger gefaßt als im Umsatzsteuergesetz. Zu den Umsatzerlösen im aktienrechtlichen Sinne gehören nicht sämtliche Lieferungen und Leistungen, sondern nur diejenigen, die sich **aus der Realisierung des Betriebszwecks** ergeben. Nach § 158 Abs. 1 AktG zählen bei Produktions- und Handelsbetrieben zu den Umsatzerlösen „nur die Erlöse aus der Erzeugung, Fertigung oder Lieferung" von Fertigfabrikaten und Waren. Ferner rechnen zu den Umsatzerlösen Vergütungen für Dienstleistungen aus Werkverträgen, Erlöse aus Nebenprodukten und Abfällen, aus Verkäufen an Belegschaftsmitglieder u. a.

Erlöse aus anderen Umsätzen, z. B. aus Anlageverkäufen, aus Werkswohnungen u. a., gehören nicht in diese Position, sondern – soweit für sie nicht eigene Positionen vorgesehen sind – zu den „sonstigen Erträgen" (Position 14). Die Abgrenzung von Umsatzerlösen und sonstigen Erträgen wird nicht immer einfach und eindeutig sein. So ist in der Regel der Verkauf von Abfallprodukten und von Schrott den Umsatzerlösen zuzurechnen, wenn es sich um Abfälle handelt, die bei der Erstellung der Betriebsleistungen zwangsläufig anfallen, während der Verkauf von Anlagenschrott als außerordentlicher Ertrag unter Position 11 gesondert ausgewiesen werden muß.

Die Umsatzerlöse sind um Preisnachlässe und zurückgewährte Entgelte zu vermindern.[3] Zu den **Preisnachlässen** rechnen Barzahlungsnachlässe (Skonti)[4], Mengennachlässe[5] und Sondernachlässe, z. B. Großverbraucher-

---

[3] Vgl. § 158 Abs. 2 AktG
[4] Vgl. §§ 2–6 Rabattgesetz
[5] Vgl. §§ 7 und 8 Rabattgesetz

nachlaß.[6] Die Behandlung der Preisnachlässe war in § 132 n. F. AktG 1937 (1959) nicht eindeutig geregelt. **Skonti** sind als Erlösschmälerungen zu betrachten: ein von der Gesellschaft angebotener Lieferantenkredit ist nicht in Anspruch genommen worden, folglich sind keine Zinserträge erzielt worden. Daraus folgt, daß Erträge, die nicht erzielt worden sind, von den Umsatzerlösen abgesetzt werden **müssen** und nicht nur abgesetzt werden **dürfen**. § 132 Abs. 4 n. F. AktG 1937 (1959) bestimmte, daß **bei der Ermittlung** der Umsatzerlöse „nur Preisnachlässe und abgesetzte Entgelte" abgezogen werden dürfen. Daraus ist geschlossen worden, daß es sich um eine Kann-Vorschrift handelt. Diese Vorschrift kann u. E. nur so interpretiert werden, daß Umsatzerlöse nur die Beträge sein können, die tatsächlich eingegangen sind. Das Wort „nur" in der Vorschrift ist so zu verstehen, daß **andere** Abzüge als die aufgeführten bei der Ermittlung der Umsatzerlöse **nicht** abgesetzt werden **dürfen**.

bb) Erhöhung oder Verminderung des Bestands an fertigen und unfertigen Erzeugnissen (Position 2)

Bestandserhöhungen treten dann ein, wenn in einer Periode mehr produziert als abgesetzt wird. Die Zunahme der Bestände ist ein Ertrag der Periode, der zum Umsatzerlös hinzutritt. Der Bestandserhöhung stehen auf der Aufwandsseite die entsprechenden Aufwandsarten gegenüber, die zur Herstellung der Bestände eingesetzt worden sind. Wird in einer Periode mehr abgesetzt als produziert, so hat das eine Bestandsminderung zur Folge, der Umsatzerlös ist also teilweise ein Gegenwert für in früheren Perioden produzierte Fabrikate und folglich um die Bestandsminderung zu kürzen.

Die Bewertung erfolgt zu Herstellungskosten. Zu beachten ist allerdings, daß Bestandsveränderungen nicht nur auf Grund von Mengenänderungen eintreten können, sondern auch infolge von **Bewertungsmaßnahmen**, z. B. der Auflösung stiller Rücklagen in den Beständen oder der Bewertung von Beständen mit einem unter den Herstellungskosten liegenden Börsen- oder Marktpreis.

Die Position 2 entspricht der Differenz zwischen den in der Bilanz ausgewiesenen Beständen an fertigen und unfertigen Erzeugnissen der laufenden und der vorangegangenen Periode. In der Bilanz werden zusammen mit den Fertigfabrikaten auch Waren ausgewiesen. Bestandsänderungen bei Waren gehören aber nicht in Position 2, sondern die Differenz zwischen der Summe aus Anfangsbestand und Zugängen und dem Endbestand an Waren ist als **Wareneinsatz** in Position 5 ebenso wie der Einsatz von Roh-, Hilfs- und Betriebsstoffen für die Fertigung der Gesamtleistung abzusetzen.

Das trifft nicht für die im Betriebe selbst erzeugten Roh-, Hilfs- und

---

[6] Vgl. § 9 Rabattgesetz

Betriebsstoffe zu. Sie sind eine Betriebsleistung, so daß die entsprechenden Bestandsveränderungen in Position 2 zu erfassen sind.

In der nach § 132 n. F. AktG 1937 (1959) zulässigen Kontoform der Erfolgsrechnung wurden die Bestandserhöhungen an Halb- und Fertigfabrikaten auf der Ertragsseite, die Bestandsminderungen auf der Aufwandsseite ausgewiesen, eine Saldierung war unzulässig. Da es in § 157 Abs. 1 Ziff. 2 AktG 1965 heißt: „Erhöhung oder Verminderung des Bestandes ...“ darf folglich eine Saldierung vorgenommen werden, so daß nur die **Netto-Bestandsveränderung** gezeigt wird. Die Kontoform ist also in diesem Falle klarer, sie gibt einen besseren Einblick in die Bewegung der Bestände.

cc) Andere aktivierte Eigenleistungen (Position 3)

Das Wort „andere“ weist darauf hin, daß auch die in Position 2 erfaßten Bestandsveränderungen Eigenleistungen sind. Position 3 erfaßt also Eigenleistungen, die nicht zu Position 2 gehören. Das sind in erster Linie **innerbetriebliche Leistungen**, z. B. selbsterstellte Anlagen und Werkzeuge, die ebenfalls einen betrieblichen Ertrag darstellen, auch wenn kein Gewinn entsteht, sondern sich nur eine Vermögensumschichtung vollzieht. Da die bei der Erstellung der aktivierten Eigenleistungen angefallenen Aufwendungen (Löhne, Material, Abschreibungen) in den entsprechenden Aufwandspositionen der Erfolgsrechnung enthalten sind, muß auch der mit diesen Produktionsfaktoren erstellte Gegenwert ausgewiesen werden, der einem Teil der Gesamtleistung entspricht.

Enthält aber eine aktivierte Eigenleistung, z. B. eine selbsterstellte Maschine, in größerem Umfange Werkstoffe, die von außen bezogen werden (z. B. Armaturen, fertige Einbauteile), so würde sich ein falsches Bild über die „Eigenleistung“ ergeben, wenn die Aufwendungen für den Fremdbezug in Position 5, die Erträge in Position 3 erscheinen (**Bruttomethode**).[7] Zweckmäßiger ist es, diese Aufblähung der Gewinn- und Verlustrechnung um den gleichen Betrag in einem Aufwands- und einem Ertragsposten dadurch zu vermeiden, daß die fremdbezogenen Werkstoffe sofort als Anschaffungskosten auf den Anlagekonten aktiviert werden und nur die im betriebswirtschaftlichen Sinne echte Eigenleistung mit ihren Herstellungskosten hinzutritt (**Nettomethode**). Adler-Düring-Schmaltz sind der Ansicht, daß die Bruttomethode nur dann vertretbar ist, wenn die Fremdbezüge im Verhältnis zum Wert der Eigenleistung untergeordnete Bedeutung haben.[8]

b) Rohertrag – Rohaufwand (Position 6)

Werden von der Gesamtleistung die in Position 5 aufgeführten Aufwendungen für Roh-, Hilfs- und Betriebsstoffe sowie für bezogene Waren

---

[7] Vgl. Scherpf, P., Die aktienrechtliche Rechnungslegung und Prüfung, Köln 1967, S. 159
[8] Vgl. Adler-Düring-Schmaltz, a. a. O., Erl. zu § 157, Tz 59

abgezogen, so verbleibt als Differenz der **Rohertrag** (bzw. der Rohaufwand, wenn die Position 5 größer als die Position 4 ist). Saldierungen zwischen Betriebserträgen und Materialaufwendungen wie im Gliederungsschema 1937 sind nicht mehr möglich, es sei denn, es handelt sich um „kleine Aktiengesellschaften" im Sinne des § 157 Abs. 4 Nr. 1 (Bilanzsumme nicht über 3 Mill. DM) oder um Familiengesellschaften im Sinne des § 157 Abs. 4 Nr. 2 AktG (Bilanzsumme nicht über 10 Mill. DM).

Die Größe Rohertrag (Pos. 6) hat vom betriebswirtschaftlichen Standpunkt aus **wenig Aussagekraft**. Sie ist weder eine Brutto- noch eine Nettogröße. Vom betrieblichen Bruttoertrag (Gesamtleistung) sind zwar die Materialaufwendungen abgesetzt, jedoch nicht die übrigen betriebsbedingten Aufwendungen wie Löhne und Gehälter, soziale Abgaben, Abschreibungen, Zinsen, Steuern usw. Diese Aufwendungen und die neutralen Aufwendungen werden erst in den Positionen 16–26 aufgeführt und von der Summe aus Rohertrag (Pos. 6) und den in Positionen 7–15 ausgewiesenen neutralen Erträgen abgesetzt.

Es kommt hinzu, daß die Position Gesamtleistung nicht immer eine eindeutige Aussage über den Gesamtertrag einer Periode im betriebswirtschaftlichen Sinn enthält, weil z. B. Eigenleistungen nicht aktiviert, sondern als Aufwand verrechnet werden, obwohl sie mehrere Perioden lang genutzt werden können (z. B. selbsterstellte Werkzeuge), oder weil Bestandsänderungen allein eine Folge von Bewertungsmaßnahmen sind.[9]

c) Die Steuern

aa) Allgemeines

Unter Position 24 sind sämtliche Steueraufwendungen der Gesellschaft auszuweisen, und zwar unterteilt in **zwei Gruppen**:

1. die Steuern von Einkommen, vom Ertrag und vom Vermögen;
2. sonstige Steuern.

Bei der Beratung der Kleinen Aktienrechtsreform und des Aktiengesetzes 1965 wurde eine weitere Aufgliederung dieser Positionen, insbesondere eine Trennung der Steuern vom Einkommen und Ertrag einerseits und vom Vermögen andererseits mit der Begründung gefordert, daß dadurch zusätzliche Einblicke in die Lage der Gesellschaft möglich würden. Vor allem glaubte man, daß aus der Ertragsteuerbelastung Rückschlüsse auf den „tatsächlichen Gewinn" gezogen werden könnten, der im handelsrechtlichen Jahresabschluß infolge von in der Steuerbilanz nicht zulässigen Unterbewertungen nicht richtig zum Ausweis komme. Gegen diese Forderung wurde eingewandt, daß die weitere Aufgliederung zu „irreführenden Rückschlüssen auf den auszuschüttenden Gewinn" führen könne und daß man

---

[9] Vgl. Heinen, E., Handelsbilanzen, 5. Aufl., Wiesbaden 1969, S. 257

außerdem an der grundsätzlichen Trennung von Handelsbilanz und Steuerbilanz festhalten und keinen Anlaß bieten wolle, „steuerliche Zahlen
zur Beurteilung des Unternehmens heranzuziehen".[10] Dem ist zuzustimmen.

Außerdem muß beachtet werden, daß sich im Hinblick auf die Möglichkeiten, durch Unterbewertungen den Periodengewinn zu mindern, das
Verhältnis von Handels- und Steuerbilanz teilweise umgekehrt hat. Das
Steuerrecht läßt aus wirtschaftspolitischen Gründen Bewertungsfreiheiten
und Bewertungsabschläge zu, die den „tatsächlichen Gewinn" der Periode um mehr reduzieren können als es nach den handelsrechtlichen Zielsetzungen der Bilanz zu vertreten ist. Da der Aktiengesetzgeber aber wegen des falsch verstandenen Maßgeblichkeitsprinzips glaubt, diese steuerrechtlichen Unterbewertungen zulassen zu müssen, dürfte die Gefahr, daß
in der Handelsbilanz wesentlich weniger Gewinn ausgewiesen wird als
in der Steuerbilanz, für die Aktiengesellschaften stark zurückgegangen
sein. Ein sich aus einem durch wirtschafts- und konjunkturpolitische Zielsetzungen beeinflußten steuerlichen Periodengewinn ergebender Steueraufwand dürfte heute zur Ermittlung des tatsächlichen betrieblichen Erfolges
einer Periode kaum geeignet sein (abgesehen von anderen Einwendungen
gegen eine solche Ermittlung).

bb) Steuern von Einkommen, vom Ertrag und vom Vermögen

Zur **ersten Gruppe** der auszuweisenden Steuern gehören:

1. Steuern vom **Einkommen:** Körperschaftsteuer einschließlich Kapitalertragsteuer,
2. Steuern vom **Ertrag:** Gewerbeertragsteuer,
3. Steuern vom **Vermögen:** Vermögensteuer, Gewerbekapitalsteuer, Grund-
steuer, Erbschaftsteuer, Schenkungssteuer.

Bei der auszuweisenden **Kapitalertragsteuer** handelt es sich nicht um die
von der Gesellschaft im Wege des Quellenabzugs einbehaltenen und abgeführten Steuerbeträge, die die Aktionäre auf die von der Gesellschaft gezahlten Dividenden schulden und die zur Gewinnausschüttung gehören,
sondern um Steuern, die die Gesellschaft auf Grund von ihr zugeflossenen Kapitalerträgen schuldet. Da die Gesellschaft diese Beträge aber nicht
zahlt, sondern wegen des Quellenabzugsverfahrens die Erträge netto, d.
h. abzüglich der darauf entfallenden Steuer erhält, erfordert der Zwang
zur Berücksichtigung der Kapitalertragsteuer, daß die Kapitalerträge
brutto, d. h. zuzüglich der Steuer ausgewiesen werden müssen. Diese Verbuchung ist im Interesse des Bruttoprinzips erforderlich, denn nur so wird
einerseits die Summe der in der Periode erzielten Erträge (vor Abzug der
Kapitalertragsteuer) und andererseits die Summe des Steueraufwandes der
Gesellschaft sichtbar.

---

[10] Kropff, B., Aktiengesetz, a. a. O., S. 253

Nach § 19 Abs. 7 KStG ist die Körperschaftsteuer bei bestimmten Einkünften (z. B. den in § 43 Abs. 1 Ziff. 3–5 EStG aufgezählten Zinsen) durch den Steuerabzug abgegolten. Bei Dividenden wird die von der ausschüttenden Gesellschaft einbehaltene Kapitalertragsteuer bei der empfangenden Gesellschaft auf die Körperschaftsteuer angerechnet. Sie hat bei dieser Gesellschaft folglich den gleichen Charakter wie eine Körperschaftsteuervorauszahlung.

Zur Körperschaftsteuer gehört auch die besondere Körperschaftsteuer nach § 9 Abs. 1 KStG (Nachsteuer). Sie ist bei Erträgen aus Beteiligungen zu entrichten, die nach § 9 Abs. 1 KStG bei einer unbeschränkt körperschaftsteuerpflichtigen Kapitalgesellschaft, die an einer anderen unbeschränkt körperschaftsteuerpflichtigen Kapitalgesellschaft mit mindestens 25 % beteiligt ist, dem Schachtelprivileg unterliegen, d. h. – da sie bereits bei der ausschüttenden Gesellschaft der Körperschaftsteuer unterlegen haben –, bei der empfangenden Gesellschaft der Gewinnermittlung grundsätzlich außer Ansatz bleiben. Da ausschüttungsfähige Gewinne einem ermäßigten Körperschaftsteuertarif unterliegen, hat die empfangende Gesellschaft eine Nachsteuer in Höhe der Differenz zwischen dem Steuersatz für thesaurierte Gewinne (bei Kapitalmarktgesellschaften 51 %) und für ausschüttungsfähige Gewinne (bei Kapitalmarktgesellschaften 15 %) zu entrichten, wenn sie ihrerseits die empfangenen Gewinnanteile nicht ausschüttet.

Der Körperschaftsteuer hinzuzurechnen ist auch die Ergänzungsabgabe zur (Einkommen- und) Körperschaftsteuer gem. Art. 106 Abs. 1 Ziff. 7 GG.

Die Lohnsummensteuer gehört nicht zu dieser Gruppe, sondern ist steuersystematisch in die „sonstigen Steuern" einzuordnen. Sie ist ein Kostenfaktor, der die Personalkosten des Betriebes erhöht. Sie ist also im Gegensatz zu der von der Gesellschaft im Lohnsteuerabzugsverfahren einbehaltenen Lohnsteuer, die eine Steuerzahlung für die Arbeitnehmer darstellt, durch die kein zusätzlicher Aufwand entsteht, ein echter Steueraufwand. Da sie ein Bestandteil der Gewerbesteuer ist, wird sie häufig zusammen mit der Gewerbeertrag- und Gewerbekapitalsteuer in die Steuern vom Einkommen, Ertrag und Vermögen einbezogen. Diese Ausweisform wird im Interesse eines Ausweises der gesamten Gewerbesteuer in der gleichen Position für zulässig gehalten[11]. Man kann die Zusammenfassung der Lohnsummensteuer mit den übrigen Teilen der Gewerbesteuer vom betriebswirtschaftlichen Standpunkt aus damit begründen, daß die als Aufwand verrechneten Löhne und Gehälter ebenso einen betrieblichen Ertrag darstellen wie die als Aufwand verrechneten, aber zum Gewerbeertrag hinzuzählenden Fremdkapitalzinsen.

Problematisch an dieser Steuerposition ist die Periodenabgrenzung. Streng genommen dürfte die Steuerposition nur Steueraufwand der Ab-

---

11 Vgl. Adler-Düring-Schmaltz, a. a. O., Erl. zu § 157, Tz 168; WP-Handbuch 1968, a. a. O.,
     S. 631

rechnungsperiode enthalten. Da aber Steuern teils im Laufe der Periode im Wege der Vorauszahlung gezahlt, teils am Ende der Periode durch **Rückstellungen für die Abschlußzahlungen** berücksichtigt werden, sind erfolgswirksame Nachzahlungen für frühere Perioden nicht zu vermeiden, wenn die Rückstellungen zu niedrig angesetzt worden sind. Erweisen sich die Steuerrückstellungen später als zu hoch, so ist der Steueraufwand früherer Perioden zu hoch bemessen worden. Nachzahlungen und Erstattungen für frühere Jahre können miteinander **verrechnet** werden. Unzulässig ist es jedoch, den Steueraufwand des laufenden Jahres mit Steuererstattungen für frühere Jahre zu verrechnen, da dadurch der Steueraufwand der laufenden Periode zu niedrig angesetzt würde. Derartige Erstattungen gehören in die Position 14: „sonstige Erträge".

Nachzahlungen für frühere Jahre dürfen auch mit Steuerrückstellungen früherer Jahre, die sich als zu hoch erwiesen haben, verrechnet werden. Nicht mehr benötigte Rückstellungen sind als „Erträge aus der Auflösung von Rückstellungen" (Position 13) auszuweisen. Eine Verrechnung mit laufendem Steueraufwand verstößt gegen das Bruttoprinzip, da es den Steueraufwand der Periode durch Saldierung verkürzen würde.

Besteht ein körperschaftsteuerliches, gewerbesteuerliches und umsatzsteuerliches **Organschaftsverhältnis**[12], so ist der Organträger (Obergesellschaft) Steuerschuldner. Folglich wird die Obergesellschaft mit dem gesamten Steueraufwand (dieser Steuern) belastet. § 158 Abs. 4 AktG bestimmt ausdrücklich, daß als Steuern die Beträge auszuweisen sind, „die die Gesellschaft als Steuerschuldner zu entrichten hat."

Werden – insbesondere wenn von einem Organträger mehrere Organgesellschaften abhängig sind, die vom Organträger entrichteten Steuern den Organen anteilig belastet **(Konzern-Steuerumlage**[13]), so können diese Beträge entweder beim Organträger als außerordentliche Erträge (Position 14) und beim Organ als sonstige Aufwendungen angesetzt werden[14] oder sie können beim Organträger vom Steueraufwand (Position 24 a und b getrennt) in der Vorspalte abgesetzt und beim Organ entsprechend hinzugerechnet werden.[15]

In beiden Fällen wird bei beiden Gesellschaften zusammen unter Position 24 derselbe Steueraufwand (610 000) ausgewiesen, nur anders aufgeteilt. Im Fall II ist beim Organträger der Steueraufwand um 120 000 DM höher als im Fall I, dafür erscheint ein entsprechender Ertrag von 120 000 DM als „sonstige Erträge".

---

12 Vgl. § 7 a KStG, § 2 Abs. 2 Ziff. 2 GewStG, § 2 Abs. 2 Ziff. 2 UStG
13 Vgl. Rose, G., Die Konzern-Steuerumlagen in Organkreisen, DB 1965, S. 261 ff.
14 Vgl. Fall II im folgenden Beispiel
15 Vgl. Adler-Düring-Schmaltz, a. a. O., Erl. zu § 157, Tz 173; Scherpf, P., a. a. O., S. 184; WP-Handbuch, a. a. O., S. 632, Arbeitskreis Gewinn- und Verlustrechnung im Institut der Wirtschaftsprüfer. Zur Neugliederung der gesetzlichen Gewinn- und Verlustrechnung gemäß § 132 nF Aktiengesetz, WPg 1960, S. 551

Beispiel:

Fall I

Organträger	DM	DM
Position 24: Steuern		
a) vom Einkommen, vom Ertrag, vom Vermögen	400 000	
— an Organgesellschaft weiterbelastet	80 000	320 000
b) sonstige	160 000	
— an Organgesellschaft weiterbelastet	40 000	120 000
		440 000

Organgesellschaft	DM	DM
Position 24: Steuern		
a) vom Einkommen, vom Ertrag, vom Vermögen	30 000	
+ an Organträger erstattet	80 000	110 000
b) sonstige	20 000	
+ an Organträger erstattet	40 000	60 000
		170 000

Fall II

Organträger	DM	DM
Position 14: sonstige Erträge		120 000
Position 24: Steuern		
a) vom Einkommen, vom Ertrag, vom Vermögen	400 000	
b) sonstige	160 000	560 000

Organgesellschaft		DM
Position 24: Steuern		
a) vom Einkommen, vom Ertrag, vom Vermögen	20 000	
b) sonstige	30 000	50 000
Position 26: sonstige Aufwendungen		120 000

Beim Organ ist der Steueraufwand im Fall II um 120 000 DM niedriger als im Fall I, zum Ausgleich tritt ein „sonstiger Aufwand" von 120 000 DM hinzu.

cc) Sonstige Steuern

Zur **zweiten Gruppe** der Position 24, den „**sonstigen Steuern**", gehören alle nicht unter der ersten Gruppe auszuweisenden Steuern, die von der Gesellschaft zu entrichten sind, z. B. Ausfuhrzölle, Beförderungsteuer, Kraftfahrzeugsteuer, Mineralölsteuer, Lohnsummensteuer, Umsatzsteuer, Wechselsteuer, Versicherungsteuer, spezielle Verbrauchsteuern u. a. Gewisse Steuern sind als Anschaffungsnebenkosten zu aktivieren (z. B. Grunderwerbsteuer, Börsenumsatzsteuer, Eingangszölle, Ausgleichsteuern). Sie sind dann nicht in Position 24 enthalten. Sie werden nur in dem Umfange zu Aufwand, in dem sie durch Abschreibungen verteilt werden. Der in Position 24 insgesamt erfaßte Steueraufwand ist dann infolge der im Interesse einer periodengerechten Gewinnermittlung vorgenommenen Aktivierung von Steuern als Anschaffungsnebenkosten um die in den Abschreibungen enthaltenen Steuerbeträge niedriger.

Da nach § 158 Abs. 4 AktG als Steuern die Beträge auszuweisen sind, die die Gesellschaft **als Steuerschuldner** zu entrichten hat, muß auch die gezahlte Umsatzsteuer in der Position 24 b enthalten sein. Die genannte Bestimmung geht von der bei Inkrafttreten des Aktiengesetzes 1965 gültigen **Bruttoumsatzsteuer** aus. Bei dieser Form der Umsatzsteuer wurde unterstellt, daß sie als Bestandteil der Preise im Umsatzerlös (Position 1) enthalten und entsprechend als Steueraufwand auszuweisen war. Bei dieser Annahme wurde folglich auf der Aufwands- und Ertragsseite – wenn die Umsatzerlöse die Umsatzaufwendungen wenigstens deckten – der gleiche Betrag an Umsatzsteuer ausgewiesen.

Im **Mehrwertsteuersystem** wird die Steuer in der Ausgangsrechnung gesondert ausgewiesen (Bruttopreis = Nettopreis + Mehrwertsteuer). Die in den Bruttopreisen der beschafften Wirtschaftsgüter (Vorleistungen) enthaltenen Umsatzsteuerbeträge werden dem Betrieb (Erwerber) auf seine Umsatzsteuerschuld als **Vorsteuern** angerechnet, seine **Zahllast** an das Finanzamt ist also um die Vorsteuern geringer als der sich durch Anwendung des Steuersatzes auf seine Nettopreise (Nettoumsätze) ergebende Betrag.

Nach § 158 Abs. 2 AktG müssen die **Bruttoumsatzerlöse** ausgewiesen werden. Zulässig ist nur der Abzug von Preisnachlässen und zurückgewährten Entgelten. Beide Begriffe können nicht auf die Umsatzsteuer angewendet werden. Der Betrieb erwirbt durch den Kauf von Wirtschaftsgütern (Rohstoffe, Waren, Anlagegüter) Vermögenswerte in Höhe der Bruttoanschaffungspreise. In der Bilanz werden die Wirtschaftsgüter nur mit ihren Netto-Anschaffungskosten (Nettopreis + Anschaffungsnebenkosten) aktiviert; soweit sie in der Abrechnungsperiode verbraucht worden sind (Rohstoffe, Abschreibungen usw.) gehen sie ebenfalls zu Nettowerten als Aufwand in die Gewinn- und Verlustrechnung ein. Auch die im Kaufpreis enthaltene Umsatzsteuer (Vorsteuer) stellt einen **eigenen Vermögenswert** dar, den der Betrieb gegen bar oder auf Kredit von seinen Lieferanten erworben hat. Dieser Vermögenswert kann verwendet werden:

1. zur Aufrechnung gegen anfallende Umsatzsteuerschulden,
2. zur Erlangung einer Barrückzahlung vom Finanzamt – auf Antrag (§ 18 Abs. 2 UStG),
3. zur Aufrechnung – das folgt aus Nr. 2, wenn Nr. 1 nicht zum Zuge kommt – gegen andere fällige Steuerschulden.

Die **Vorsteuer** als Vermögenswert hat weder zeitlich noch der Höhe nach notwendigerweise etwas mit der Umsatzsteuerschuld des Betriebes auf eigene Umsätze zu tun, denn sie wird auch dann verrechnet oder erstattet, wenn die Güter, in deren Kaufpreis sie enthalten ist, vom Käufer noch nicht umgesetzt worden sind. Daraus ist aber nicht zu folgern, daß die Umsatzsteuer in Höhe der Vorsteuern keinen Aufwandscharakter hat, auch wenn diese eine Forderung an das Finanzamt auf Aufrechnung gegen eine Umsatzsteuerschuld bzw. auf eine Rückzahlung darstellen, die vom Umsatz unabhängig ist.

Das zeigt folgendes einfaches Beispiel: Der Betrieb kauft Rohstoffe zu Bruttoanschaffungskosten von 1100 DM (Nettopreis 1000 DM + 10 % USt = 100 DM). Er setzt die Rohstoffe zur Produktion von Fertigfabrikaten ein. Dabei fallen noch 800 DM Lohnaufwand an. Von weiteren Aufwendungen und einem Gewinnaufschlag wird abgesehen.

Rohstoffe	1000
Löhne	800
	1800
10 % USt	180
Angebotspreis	1980

Nach Abzug der Vorsteuer von 100 DM beträgt die Umsatzsteuer-Zahllast an das Finanzamt 80 DM. Der Betrieb hat dann bezahlt:

Für	Rohstoffe	1100
	Löhne	800
	USt	80
		1980

Der Gesamtaufwand beträgt also 1980 DM, die der Betrieb von seinem Abnehmer zurückerhalten muß, wenn kein Verlust eintreten soll. Der Betrieb hat zwar nur Umsatzsteuer von 80,– DM an das Finanzamt bezahlt, außerdem aber noch Umsatzsteuer von 100 DM im Kaufpreis an der Rohstofflieferanten. Die **gesamte** Umsatzsteuer ist also Aufwand. Würde die Vorsteuer sofort bei der Beschaffung der Rohstoffe erstattet, so müßten später beim Umsatz 180 DM an das Finanzamt entrichtet werden. Am Gesamtaufwand ändert sich nichts.

Die Vorschriften des § 158 Abs. 2 und Abs. 4 AktG sind u. E. nach Einführung des Mehrwertsteuersystems **weiterhin anwendbar**. Wird nach Abs. 2 der Bruttoumsatzerlös ausgewiesen, so ist darin die gesamte Umsatzsteuer enthalten, d. h. die Vorsteuern sind noch nicht abgezogen. Nach Abs. 4 ist zwar nur die „gezahlte Steuer" auszuweisen; darunter kann aber nicht nur die sog. „Zahllast" (Umsatzsteuer abzüglich Vorsteuer) verstanden werden, denn tatsächlich ist ja die Vorsteuer, die von der eigenen Steuerschuld abgesetzt wird, im Kaufpreis an den Lieferanten bezahlt worden.

Das Institut der Wirtschaftsprüfer[16] hat für den Ausweis der Mehrwertsteuer folgende drei Methoden vorgeschlagen:

1. Bruttoausweis der Umsatzerlöse unter offener Absetzung der darauf entfallenden Mehrwertsteuer in der Vorspalte. Posten Nr. 1 der Gewinn- und Verlustrechnung könnte dann wie folgt ausgewiesen werden:

   Umsatzerlöse   . . . . . .
   – Mehrwertsteuer   . . . .

2. Bruttoausweis der Umsatzerlöse einschließlich Mehrwertsteuer; Ausweis der Mehrwertsteuer unter den Aufwendungen (Posten Nr. 24 b);
3. Nettoausweis der Umsatzerlöse, d. h. Ausweis der Umsatzerlöse ohne Mehrwertsteuer.

U. E. bleibt die Umsatzsteuer auch bei hundertprozentiger Überwälzung ein betrieblicher Aufwand und kann deshalb nicht mit der Begründung aus der Gewinn- und Verlustrechnung herausgenommen werden, es handele sich um einen durchlaufenden Posten. Es ist wohl noch niemand auf den Gedanken gekommen, die Löhne als „durchlaufenden Posten" zu bezeichnen, wenn sie durch die Umsatzerlöse gedeckt worden sind und dann die Umsatzerlöse um die Löhne gekürzt auszuweisen. Berücksichtigt man die Umsatzsteuer in der Gewinn- und Verlustrechnung nicht, so ist das u. E. eine **unzulässige Saldierung**, die gegen das Bruttoprinzip verstößt, und die nicht anders zu beurteilen wäre als eine Saldierung zwischen Umsatzerlösen und anderen Aufwandsarten. Methode 3 ist deshalb abzulehnen. Gleiches gilt für Methode 1, bei der im Endergebnis ebenfalls ein Nettoausweis erfolgt.

---

[16] Stellungnahme HFA 3/1968: Die Behandlung der Mehrwertsteuer im Jahresabschluß, WPg 1969, S. 15

Den besten Einblick gewährt u. E. Methode 2, wenn man folgenden Ausweis wählt:

Umsatzerlöse ohne USt
+ Umsatzsteuer
= Umsatzerlöse einschl. USt

bei **gleichzeitigem Ausweis** der Umsatzsteuer in Position 24 b.

Der Unterschied zur Bruttoumsatzsteuer besteht lediglich darin, daß diese nur zum Teil ausgewiesen wurde (4 %/o auf den Umsatz), ein anderer Teil steckte in den Anschaffungskosten der Anlagen, Rohstoffe usw. Es wurde also nur die **Zahllast** an das Finanzamt gezeigt.

Beim Mehrwertsteuersystem ist (der Idee nach) in den Zugängen (Anlagen, Rohstoffe usw.) keine Umsatzsteuer enthalten (Aktivierung der Nettoanschaffungskosten), dafür stellt die **gesamte** Umsatzsteuer (nicht nur die Zahllast) Aufwand dar.

d) Der Ausweis der Beziehungen zu verbundenen Unternehmen

Ebenso wie die aktienrechtliche Gliederung der Jahresbilanz nach § 151 AktG enthält auch die Gliederung der Gewinn- und Verlustrechnung nach § 157 AktG einige Positionen, durch die die Beziehungen der bilanzierenden Gesellschaft zu verbundenen Unternehmen offengelegt werden sollen. Auch für die Gewinn- und Verlustrechnung gilt aber die für die Bilanz gemachte Feststellung, daß der Jahresabschluß **nicht geeignet** ist, **Einzelheiten** dieser Beziehungen zu zeigen. Vielmehr kann lediglich ein Hinweis gegeben werden, daß finanzielle Verflechtungen bestehen und dadurch die Vermögens- und Ertragslage der Gesellschaft beeinflußt wird. Über die rechtlichen und geschäftlichen Beziehungen zu verbundenen Unternehmen muß jedoch im **Geschäftsbericht** berichtet werden, ebenso über geschäftliche Vorgänge bei diesen Unternehmen, die auf die Lage der Gesellschaft von erheblichem Einfluß sein können[17]. Allerdings kann die Schutzklausel nach § 160 Abs. 4 AktG in Anspruch genommen werden, so daß Einzelheiten nicht angegeben werden müssen[18].

In der Gewinn- und Verlustrechnung erfolgt **kein gesonderter Ausweis** der Aufwendungen und Erträge, die eine Folge von Geschäftsvorfällen sind, die mit Konzernunternehmen abgewickelt worden oder noch abzuwickeln sind. Es ist jedoch festzustellen, daß das Aktiengesetz 1965 bzw. bereits die sog. Kleine Aktienrechtsreform, die mit Wirkung vom 1. 1. 1960 eine neue, wesentlich erweiterte Gliederung der Gewinn- und Verlustrechnung eingeführt hat, den Einblick in die Beeinflussung der Ertragslage durch das Bestehen von Unternehmensverbindungen **verbessert** hat.

Die oben dargestellten Möglichkeiten zu Saldierungen in der Gewinn- und Verlustrechnung des Aktiengesetzes 1937 verhinderten bei Gesellschaf-

---

[17] Vgl. § 160 Abs. 3 Ziff. 10 AktG
[18] Vgl. die Ausführungen zum Geschäftsbericht, S. 599 f.

ten, die auf Grund von **Gewinnabführungsverträgen** zur Abführung ihrer Gewinne verpflichtet waren, einen Einblick in die Ertragslage, denn die Gewinnabführung war buchtechnisch ein Aufwand, der mit den nicht gesondert auszuweisenden Erträgen saldiert werden durfte. Die außenstehenden Aktionäre konnten also nicht erfahren, welcher Gewinn ohne das Bestehen des Gewinnabführungsvertrages entstanden wäre. Gleiches galt für eine Gesellschaft, die vertraglich zur Deckung eines Verlustes bei einer anderen Gesellschaft verpflichtet war. Ihr tatsächlicher Gewinn wurde nicht sichtbar; entsprechend brauchte bei der begünstigten Gesellschaft der Verlust nicht gezeigt zu werden.

Zwar läßt auch die Gliederung der Gewinn- und Verlustrechnung nach § 157 Abs. 1 AktG 1965 unter Berücksichtigung aller Einzelpositionen nicht erschöpfend erkennen, welcher Teil der Aufwendungen und Erträge eine Folge von Unternehmensverbindungen ist, doch muß eine Anzahl von Positionen getrennt ausgewiesen werden, die allein eine Folge von Unternehmensverbindungen sind. Dennoch können auch andere Positionen durch Unternehmensverbindungen beeinflußt sein, ohne daß das sichtbar gemacht werden muß.

Unter Position 7 müssen **Erträge aus Gewinngemeinschaften, Gewinnabführungs- und Teilgewinnabführungsverträgen** gesondert ausgewiesen werden. Analog sind unter den Aufwendungen in Pos. 27 Gewinne auszuweisen, die auf Grund einer Gewinngemeinschaft, eines Gewinnabführungsvertrages und eines Teilgewinnabführungsvertrages an ein anderes Unternehmen abgeführt werden mußten. Ein **Gewinnabführungsvertrag** liegt nach § 291 Abs. 1 AktG vor, wenn sich eine Aktiengesellschaft oder Kommanditgesellschaft auf Aktien verpflichtet, ihren ganzen Gewinn an ein anderes Unternehmen abzuführen. Bezieht sich diese Verpflichtung dagegen nur auf einen Teil des Gewinns oder auf den Gewinn oder einen Teil des Gewinns einzelner Betriebsstätten einer Aktiengesellschaft oder Kommanditgesellschaft auf Aktien, so handelt es sich um einen Teilgewinnabführungsvertrag im Sinne des § 292 Abs. 1 Nr. 2 AktG.

Während beim Gewinnabführungsvertrag eine einseitige Gewinnabführung des abhängigen an das herrschende Unternehmen erfolgt, ist es das Wesen der **Gewinngemeinschaft,** daß die von allen beteiligten Unternehmen erwirtschafteten Gesamtgewinne oder auch nur die Gewinne aus bestimmten Quellen (z. B. aus Export, gemeinsamer Patentverwertung u. a.) in eine gemeinsame Kasse fließen und dann nach bestimmten Schlüsseln aufgeteilt werden **(Gewinnpoolung),** deren Grundlage z. B. die Kapitalbasis oder der Umsatz sein kann. Gewinnpoolung setzt aber nicht nur vertragliche Vereinbarungen über die **Aufteilung** des Gewinns, sondern auch über die **Ermittlung** des Gewinns (Bewertung, Abschreibung, Bildung von Rückstellungen usw.) voraus.

Eine Gewinngemeinschaft liegt auch dann vor, wenn die Gewinne nicht zusammengelegt und nach einem bestimmten Schlüssel wieder aufgeteilt werden, sondern wenn die Aufwendungen und Erträge der an der Gewinngemeinschaft beteiligten Unternehmen so manipuliert werden, daß bei jedem Unternehmen von vornherein der Gewinn entsteht, der dem beabsichtigten Verteilungsschlüssel entspricht[19].

Da nach dem Wortlaut des Gesetzes der Zweck der Zusammenlegung des Gewinns die Aufteilung des Gewinns ist, liegt keine Gewinngemeinschaft vor, wenn der Gewinn nicht aufgeteilt, sondern von den Beteiligten z. B. für die Grundlagenforschung verwendet wird, deren Ergebnisse allen Beteiligten zugute kommen sollen. Eine solche vertragliche Vereinbarung ist zwar eine **Interessengemeinschaft**, aber keine Gewinngemeinschaft. Der Gewinn wäre lediglich Berechnungsgrundlage für die Höhe des Aufwandes, den jede Gesellschaft für die gemeinsamen Aufgaben beizusteuern hätte[20].

Betriebswirtschaftlich stellen die abgeführten Gewinne zweifellos echte Gewinne der abführenden Gesellschaft dar, die teils aus dem betrieblichen Umsatzprozeß, teils aus Beteiligungen und anderen Wertpapieren stammen, teils aber auch eine Folge der Verrechnungspolitik der Konzernleitung sein können. Die auf Grund derartiger Verträge zugeflossenen Gewinne dagegen sind in der Regel nicht eine Folge des eigenen Umsatzprozesses, sondern der Beteiligung an anderen Unternehmen oder der vertraglichen Gewinnpoolung. Auf Grund bestehender Verträge haben Gewinnabführungen aber **den Charakter von Verbindlichkeiten** gegenüber verbundenen Unternehmen.

Es wäre betriebswirtschaftlich richtiger, sie **in den Jahresüberschuß einzubeziehen** und danach erst bei der Ermittlung des ausschüttungsfähigen Bilanzgewinns den Jahresüberschuß um diese Beträge zu kürzen, wie das ja auch mit den den Rücklagen zugeführten Beträgen erfolgt. Nicht nur die Bildung von Rücklagen, auch die Abführung von Gewinnen stellt wirtschaftlich betrachtet **Gewinnverwendung** dar, auch wenn buchtechnisch diese Beträge auf der Aufwandsseite einer kontenmäßig geführten Gewinn- und Verlustrechnung erscheinen. Eine **Saldierung** zwischen vertraglich abgeführten und aus Abführungsverträgen erhaltenen Beträgen ist **unzulässig**.

Für die Gewinnabführung ist im Gesetz ein **Höchstbetrag** festgesetzt worden, der verhindern soll, daß die Erhaltung des Grundkapitals in Frage gestellt und ein Jahresfehlbetrag als Folge der Gewinnabführung ausgewiesen wird. Da für die Berechnung des abzuführenden Gewinns Vertragsfreiheit besteht, ist es möglich, daß eine Art der Berechnung vereinbart wird, die zur Folge haben kann, daß ein Gewinn abgeführt werden muß, der höher als der Jahresüberschuß ohne Berücksichtigung der Gewinnabführung ist. Die Folge wäre ein buchtechnischer Jahresfehlbetrag. § 301 AktG bestimmt deshalb, daß niemals ein höherer Gewinn abgeführt werden darf als der, der sich ergibt, wenn beim Jahresabschluß die Gewinnabführung nicht berücksichtigt wird und ein Verlustvortrag abgesetzt worden ist.

---

[19] Vgl. Havermann, H., Die verbundenen Unternehmen und ihre Pflichten nach dem Aktiengesetz 1965, WPg 1966, S. 92

[20] Vgl. Godin-Wilhelmi, Aktiengesetz, 3. Aufl., Berlin 1967, S. 1525

Diese Vorschrift gilt u. E. nicht für die Gewinngemeinschaft, da es sich bei ihr nicht um eine Gewinnabführung, sondern um ein Zusammenlegen des Gewinns zum Zwecke einer Neuverteilung handelt. Außerdem besteht bei einer Gewinngemeinschaft kein Verhältnis der Über- und Unterordnung und somit kein Weisungsrecht, das für eine Gesellschaft Nachteile bringen kann. Da eine Gewinngemeinschaft ebenso wie alle übrigen Unternehmensverträge beim Abschluß der Zustimmung der Hauptversammlung mit Dreiviertelmehrheit des bei der Beschlußfassung vertretenen Grundkapitals bedarf, kann eine Gesellschaft keinen Vertrag schließen, der nicht auf Leistung und Gegenleistung beruht.

§ 58 AktG regelt die **Verteilung des Jahresüberschusses** und bestimmt in Abs. 2, daß Vorstand und Aufsichtsrat grundsätzlich **nur die Hälfte** des Jahresüberschusses in die freien Rücklagen einstellen dürfen[21]. Diese Vorschrift dient dem Schutz der Aktionäre, d. h. der Sicherung ihres Anspruchs auf Gewinnausschüttung. Der Betrag des vertraglich abzuführenden Gewinns kann allerdings so hoch sein, daß ein Jahresüberschuß nicht mehr entsteht und **folglich eine Dividendenzahlung nicht möglich** ist, obwohl Gewinne erzielt worden sind.

Da die Berechnung des bei Bestehen einer Gewinngemeinschaft abzuführenden Gewinns nicht notwendigerweise nach aktienrechtlichen Gewinnermittlungsvorschriften erfolgt, sondern besondere vertragliche Vereinbarungen über Abschreibungen, Bewertung usw. getroffen werden können. ist es denkbar, daß eine Gesellschaft, die Gewinne abführt und aus dem gemeinsamen „Topf" entsprechend dem vertraglichen Verteilungsschlüssel einen Gewinnanteil zurückbekommt, dennoch einen **Jahresfehlbetrag** ausweist.

Beispiel: Jahresüberschuß ohne Berücksichtigung
der Gewinngemeinschaft 100
Abführung auf Grund der Gewinngemeinschaft
(Pos. 27) — 120
Zuführung auf Grund der Gewinngemeinschaft
(Pos. 7) + 15
Jahresfehlbetrag — 5

Andererseits kann eine Gesellschaft in einem Jahr, in dem sie selbst keinen Gewinn erzielt hat, aus der Gewinngemeinschaft Erträge erzielen, die zu einem Jahresüberschuß führen, aus dem dann gem. § 58 AktG Dividenden gezahlt werden können.

Wird eine Gesellschaft von einer Obergesellschaft nicht zu 100 % beherrscht, sondern sind noch **Minderheitsaktionäre** vorhanden, so muß diesen beim Abschluß eines Gewinnabführungsvertrages ein „angemessener Ausgleich"[22] zugesichert werden. Die Zahlung der garantierten Dividen-

---

[21] Vgl. S. 438 f.
[22] Dividendengarantie (§ 304 AktG), auf Antrag eine Abfindung (§ 305 AktG)

den kann durch die herrschende oder die abhängige Gesellschaft erfolgen. Die Garantie kann sich entweder auf eine feste Dividende (**Rentengarantie**) oder auf eine in einem bestimmten Verhältnis zur Ausschüttung der herrschenden Gesellschaft festgesetzte Dividende (**Rentabilitätsgarantie**)[23] beziehen. Wird die Dividende von der abhängigen Gesellschaft bezahlt, so muß diese durch die herrschende Gesellschaft so gestellt werden, daß diese Zahlung möglich ist. Zahlt die herrschende Gesellschaft, so hat sie die unter Pos. 7 auszuweisenden Erträge aus Gewinnabführungsverträgen **um die Ausgleichszahlung** für die Minderheitsaktionäre der abhängigen Gesellschaft **zu kürzen**[24], ist diese Zahlung größer als die Erträge aus Gewinnabführungsverträgen, so ist der übersteigende Betrag unter den Aufwendungen aus Verlustübernahme auszuweisen (Pos. 25). Zahlt die abhängige Gesellschaft den Ausgleich, so sind die Erträge aus Gewinnabführungsverträgen bei der herrschenden Gesellschaft bereits gekürzt.

Gesondert auszuweisen sind ferner Erträge (Pos. 15) und Aufwendungen (Pos. 25) aus **Verlustübernahme.** § 302 Abs. 1 AktG schreibt vor, daß bei Bestehen eines Beherrschungs- oder Gewinnabführungsvertrages die herrschende Gesellschaft bei der abhängigen Gesellschaft entstehende Verluste auszugleichen hat. Bei Betriebspacht- und Betriebsüberlassungsverträgen besteht diese Verpflichtung nur, „soweit die vereinbarte Gegenleistung das angemessene Entgelt nicht erreicht"[25]. Erträge aus Verlustübernahme können also bei Gesellschaften entstehen, die Anspruch auf Verlustausgleich haben, Aufwendungen aus Verlustübernahme bei Gesellschaften, die vertraglich zum Ausgleich verpflichtet sind.

Hat die herrschende Gesellschaft sich verpflichtet, an die Minderheitsaktionäre der abhängigen Gesellschaft eine **garantierte Dividende** direkt zu zahlen, so wird ihre Verpflichtung zum Verlustausgleich bei der abhängigen Gesellschaft gemindert. Muß die abhängige Gesellschaft selbst die garantierte Dividende zahlen, so muß die herrschende Gesellschaft die abhängige Gesellschaft so stellen, daß sie dazu in der Lage ist. Pos. 25 zeigt dann bei der herrschenden Gesellschaft nicht nur den Betrag des übernommenen Verlustes, sondern auch den Betrag der der abhängigen Gesellschaft erstatteten Dividende.

Der gesonderte Ausweis von Gewinnabführungen und Verlustübernahmen läßt zwar einen Rückschluß darauf zu, wie hoch der Gewinn einer Gesellschaft gewesen wäre, wenn sie ihn nicht ganz oder zum Teil hätte abführen müssen oder wenn sie nicht auf Grund von Gewinnabführungsverträgen Gewinne von anderen Gesellschaften erhalten hätte, bzw. wie hoch der Verlust gewesen wäre, wenn er nicht von einer anderen Gesellschaft vertraglich übernommen worden wäre; dennoch sind diese Aussagen nicht geeignet, einen sicheren Einblick zu gewähren, in welchem Umfang die Ertragslage durch das Bestehen von Unternehmensverbindungen be-

---

[23] Vgl. Rasch, H., Deutsches Konzernrecht, 4. Aufl., Köln-Berlin-Bonn-München 1968, S. 161
[24] Vgl. § 158 Abs. 3 AktG
[25] § 302 Abs. 2 AktG

einflußt worden ist, denn die Gewinne und Verluste sind **Saldogrößen,** die durch Saldierung von Erträgen und Aufwendungen zustande kommen, die **in ihrer Höhe selbst vom Bestehen von Unternehmensverbindungen mitbestimmt** werden können.

So können Verluste oder Gewinne einer abhängigen Gesellschaft eine Folge davon sein, daß die herrschende Gesellschaft für Lieferungen zwischen Konzernunternehmen **Verrechnungspreise** festsetzt, die eine Verschiebung von Gewinnen von einer Gesellschaft auf eine andere zur Folge haben. Liefert die herrschende Gesellschaft A Fabrikate an die abhängige Gesellschaft B zum Verrechnungspreis von 100 bei Selbstkosten von 70, so entsteht bei A ein Gewinn von 30. Ist der Absatzpreis, den B am Markt erzielt, ebenfalls 100, und unterstellen wir, daß bei B keine weiteren Aufwendungen anfallen, so ist der Gewinn bei B Null.

Würde A den Verrechnungspreis auf 110 festsetzen, so wäre der Gewinn bei A 40, bei B würde ein Verlust von 10 eintreten, den A auszugleichen hätte.

Würde A den Verrechnungspreis auf 70 festsetzen, so wäre der Gewinn bei A Null, bei B 30. Bei Bestehen eines Gewinnabführungsvertrages hätte B diese 30 abzuführen.

Diese Beispiele zeigen, daß aus der Höhe der Gewinnabführung und Verlustübernahme **kein Rückschluß auf die Ertragslage** einer einzelnen Gesellschaft gezogen werden kann. Nur ein konsolidierter Jahresabschluß, in dem die innerkonzernlichen Beziehungen, insbesondere die Zwischengewinne zwischen den Konzernunternehmen eliminiert worden sind, könnte hier eine Aussage über die Vermögens- und Ertragslage des Konzerns geben, aus der Rückschlüsse auf die Vermögens- und Ertragslage der Einzelgesellschaften zu ziehen wären.

e) Jahresüberschuß – Bilanzgewinn

Der Jahresüberschuß (bzw. Jahresfehlbetrag) (Pos. 28) ergibt sich als Differenz zwischen den in Position 1–27 einzeln aufgeführten Erträgen und Aufwendungen. Wird er um einen Gewinnvortrag aus dem Vorjahr und/oder um Entnahmen aus den offenen Rücklagen erhöht oder um einen Verlustvortrag aus dem Vorjahr und/oder um Einstellungen in die offenen Rücklagen vermindert, so ergibt sich der Bilanzgewinn (bzw. Bilanzverlust).

Weder der Jahresüberschuß noch der Bilanzgewinn (Pos. 32) lassen einen **Einblick in die Ertragslage** der Unternehmung zu, der vom betriebswirtschaftlichen Standpunkt aus befriedigen kann. Keine der beiden Größen ist identisch mit dem Gewinn, den die Gesellschaft in einer Periode erzielt hat. Vielmehr kann der Jahresüberschuß einerseits bereits um Gewinnteile gekürzt worden sein, die zur Zahlung von Steuern und zur Abführung an andere Unternehmungen verwendet worden sind, andererseits kann er Gewinnteile früherer Perioden (Steuererstattungen) oder anderer Unternehmungen (Erträge aus Gewinnabführung und Gewinngemeinschaften) enthalten. Es kommt hinzu, daß im Rahmen der gesetzlichen Bewertungsvorschriften noch immer stille Rücklagen gebildet werden können, die den ausgewiesenen Periodengewinn reduzieren und in den Jahren ihrer Auflösung erhöhen.

Der **Bilanzgewinn** ist der „verteilungsfähige Reingewinn", d. h. einerseits der Teil des Jahresüberschusses, der vom Vorstand nicht in die Rücklagen überführt worden ist, andererseits der Teil, der aus einem **Gewinnvortrag** einer früheren Periode stammt oder aus **Rücklagen,** die in einer früheren Periode gebildet worden sind, entnommen wird. Ist der Bilanzgewinn größer als der Jahresüberschuß, so ist das ein Zeichen, daß **Gewinne früherer Perioden** mit zur Ausschüttung gelangen, ist er kleiner, so sind Verluste früherer Perioden getilgt oder Rücklagen gebildet worden. Der Vorstand kann nicht mehr wie nach dem Aktiengesetz 1937 frei entscheiden, welchen Teil des Jahresüberschusses er in die Rücklagen überführt. § 58 Abs. 2 AktG bestimmt, daß Vorstand und Aufsichtsrat, wenn sie den Jahresabschluß aufstellen, höchstens die Hälfte eines um einen Verlustvortrag und die gesetzlich vorgeschriebene Auffüllungsrate der gesetzlichen Rücklage gekürzten Jahresüberschusses in die freien Rücklagen einstellen dürfen[26]. Die Hauptversammlung kann allerdings – insbesondere wenn der Vorstand die betriebswirtschaftliche Notwendigkeit überzeugend darlegt – in ihrem Beschluß über die Verwendung des Bilanzgewinns weitere Beträge in die offenen Rücklagen einstellen.

Ein solcher Beschluß wird erst im folgenden Jahresabschluß sichtbar. Damit er den Bilanzgewinn der nächsten Periode nicht beeinflußt, darf eine derartige Rücklagenzuweisung nicht über die Gewinn- und Verlustrechnung laufen, sondern muß ebenso wie eine Dotierung der gesetzlichen Rücklage aus Agiobeträgen **erfolgsneutral** in die Bilanz aufgenommen werden. Im Interesse der Bilanzklarheit verlangt § 152 Abs. 4 Nr. 1 AktG, daß Beträge, die die Hauptversammlung aus dem Bilanzgewinn des Vorjahres in die Rücklagen eingestellt hat, gesondert, d. h. in einer **Vorspalte** vermerkt werden, damit sichtbar gemacht wird, welcher Teil der Erhöhung der Rücklagen aus Gewinnen einer früheren Periode stammt.

Wir halten also zunächst fest, daß aus der Gewinn- und Verlustrechnung zwar die Verwendung des Jahresüberschusses entweder zur Rücklagenbildung oder zur Gewinnausschüttung einerseits und die Zusammensetzung des Bilanzgewinns aus Teilen des Jahresüberschusses, der Rücklagen und Gewinnvorträge früherer Perioden andererseits zu ersehen sind. Da aber der Jahresüberschuß selbst nicht genau den in einer Periode erzielten Gewinn zeigt, ist der **Einblick in die Ertragslage** der Gesellschaft trotz Offenlegung der Verwendung des Jahresüberschusses und der Zusammensetzung des Bilanzgewinns **unvollständig.**

Der Bilanzleser – insbesondere der Aktionär – möchte nicht nur wis-

---

[26] Einzelheiten vgl. S. 438 f.

sen, wieviel Gewinn **verwendet** wird, sondern ihn interessiert auch, wieviel Gewinn **entstanden** ist. Eine Rentabilitätskennziffer aus der Relation von Eigenkapital und Bilanzgewinn ist ohne Aussagewert. Gleiches gilt für eine Kennziffer aus Eigenkapital und Jahresüberschuß. Dieser kann bereits gekürzt sein um die oben erwähnten Abführungen auf Grund von Gewinnabführungs- oder Gewinngemeinschaftsverträgen oder auf Grund von Verlustübernahmen. Die abgeführten Beträge sind aber von der Gesellschaft zunächst erwirtschaftet worden, auch wenn sie auf Grund bestehender Verträge abzuführen sind. Andererseits können bestehende Unternehmensverträge zur Folge haben, daß z. B. eine Konzernobergesellschaft durch Weisungen über Verrechnungspreise für Lieferungen zwischen Konzernunternehmen den Gewinn einer Gesellschaft über die Höhe der Umsatzerlöse bzw. der Zinserträge beeinflussen kann.

Außerdem sind im „Jahresüberschuß" Steuern vom Einkommen, vom Ertrag und vom Vermögen nicht enthalten, da sie als gesonderte Aufwandsposition (Pos. 24) abgesetzt werden müssen. Selbst wenn man auch den Gewinnsteuern Aufwandscharakter zuschreibt, so daß sie nicht zur Gewinnverwendung zählen, wäre zur Ermittlung des Periodengewinns eine Abgrenzung der Steuern nach solchen Aufwendungen erforderlich, die die Abrechnungsperiode betreffen und nach solchen, die Abschlußzahlungen für die Vorperiode darstellen.

Der Periodengewinn einer Aktiengesellschaft kann also aus der Gewinn- und Verlustrechnung des § 157 AktG auch schätzungsweise **nicht ohne zusätzliche Nebenrechnungen** ermittelt werden. Eine exakte Berechnung würde einen Einblick in die Konten der Buchführung erfordern. Auch wenn man berücksichtigt, daß es nicht die Hauptaufgabe der Aktienbilanz ist, eine Grundlage für innerbetriebliche Dispositionen zu bilden, sondern daß sie unter Beachtung des Gläubigerschutzprinzips in erster Linie der Information der Gläubiger und der Aktionäre dienen soll, so scheint die Forderung nicht unbillig zu sein, daß die Gewinn- und Verlustrechnung einer Aktiengesellschaft als Teil des Jahresabschlusses den Aktionären in einer Zahl zeigen sollte, welchen Gewinn die Gesellschaft in einer Periode tatsächlich erzielt hat, und daß sie nicht nur zeigt, welcher Teil des Gewinns zur Verteilung zur Verfügung gestellt wird, und es im übrigen der Sachkenntnis des Aktionärs überläßt, sich ein ungefähres Bild über die tatsächliche Ertragslage des Betriebes durch Korrektur der Position „Jahresüberschuß" (Jahresfehlbetrag) an Hand von Nebenrechnungen und Schätzungen zu machen.

Achter Abschnitt

Der Geschäftsbericht

I. Aufbau, Aufgaben und Aufstellung

Für Unternehmen, die in bestimmten **Rechtsformen** geführt werden oder bestimmten **Wirtschaftszweigen** angehören, ist die Aufstellung eines Geschäftsberichts gesetzlich vorgeschrieben, so z. B. für Aktiengesellschaften, Genossenschaften, Versicherungsunternehmungen, Bausparkassen und Eigenbetriebe. Außerdem werden Unternehmungen, die die in § 1 Abs. 1 des „Gesetzes über die Rechnungslegung von bestimmten Unternehmen und Konzernen" vom 15. August 1969 (Publizitätsgesetz) aufgezählten **Größenmerkmale** erfüllen[1] in § 5 Abs. 1 dieses Gesetzes zur Erstellung eines Geschäftsberichtes verpflichtet, – mit Ausnahme der Unternehmungen, die in der Rechtsform einer Personengesellschaft oder als Einzelunternehmung geführt werden.

Der Geschäftsbericht stellt für diese Unternehmungen neben der Bilanz und der Gewinn- und Verlustrechnung einen dritten, ergänzenden Bestandteil der Rechenschaftslegung dar. Er hat die Aufgabe, den Organen der Gesellschaft (Aufsichtsrat, Hauptversammlung), den Gesellschaftern, den Gläubigern, der Belegschaft und der interessierten Öffentlichkeit Informationen über den Geschäftsverlauf und die Lage der Gesellschaft zu liefern, die aus der Bilanz und der Gewinn- und Verlustrechnung nicht gewonnen werden können.

Zu diesem Zwecke ist der Geschäftsbericht der Aktiengesellschaft in einen **Lagebericht**, der allgemeine Angaben über die wirtschaftliche Situation der Gesellschaft enthält[2], und einen **Erläuterungsbericht** eingeteilt, der erstens die Positionen der Bilanz und der Erfolgsrechnung erläutert[3], zweitens Angaben über die Bewertungs- und Abschreibungsmethoden macht[4] und drittens Einzelerläuterungen zu bestimmten im Gesetz aufgeführten wirtschaftlichen und rechtlichen Tatbeständen und Vorgängen gibt[5].

Der Geschäftsbericht muß **vollständig** sein, d. h. er muß alle Angaben enthalten, die für den Aufsichtsrat und die Hauptversammlung bei der Beschlußfassung von Bedeutung sein können. Er muß außerdem **verständlich** sein, damit auch ein nicht fachkundiger Leser den Inhalt verstehen

---

[1] Vgl. S. 625 f.
[2] Vgl. § 160 Abs. 1 AktG
[3] Vgl. § 160 Abs. 2 Satz 1 AktG
[4] Vgl. § 160 Abs. 2 Satz 2–5 AktG
[5] Vgl. § 160 Abs. 3 AktG

kann. Insbesondere sollen Bezugnahmen auf Gesetzesparagraphen ohne entsprechende Erläuterungen unterlassen werden[6].

Die Vorschrift des § 149 Abs. 1 AktG, daß der Jahresabschluß so klar und übersichtlich aufzustellen ist, daß er im Rahmen der Bewertungsvorschriften einen möglichst sicheren Einblick in die Vermögens- und Ertragslage der Gesellschaft gewährt, gilt analog auch für die Abfassung des Geschäftsberichts. Das hat zur Folge, daß trotz der zusätzlichen Informationen, die der Geschäftsbericht gibt, der durch die Bewertungsvorschriften gesteckte Rahmen nicht überschritten wird.

Es wurde oben bereits darauf hingewiesen, daß die beiden Ziele der Handelsbilanz – Schutz der Gläubiger vor zu günstiger Darstellung der Vermögens- und Ertragslage und vor zu hohen Gewinnausschüttungen einerseits und Schutz der Aktionäre vor zu ungünstiger Darstellung der Vermögens- und Ertragslage und vor Verkürzung ihrer Gewinnansprüche durch die Verwaltung andererseits – nicht in vollem Umfange mit denselben Bewertungsvorschriften realisiert werden können. Im Interesse des Gläubigerschutzes wurde das Imparitätsprinzip geschaffen: Wertsteigerungen über die Anschaffungs- oder Herstellungskosten, die noch nicht durch Umsatz realisiert sind, dürfen prinzipielll nicht ausgewiesen werden, drohende Verluste aber müssen bereits berücksichtigt werden, bevor sie durch Umsatz eingetreten sind. Die Folge dieser Vorschriften, die vor allem verhindern sollen, daß unrealisierte Gewinne ausgewiesen und ausgeschüttet werden, kann eine – gesetzlich vorgeschriebene – falsche Information der Aktionäre und aller anderen interessierten Personen über die tatsächliche Vermögenslage der Gesellschaft sein. Der Jahresabschluß stellt diese Lage nur im Rahmen der gesetzlichen Bewertungsvorschriften „möglichst sicher" dar.

Hier hätte der Geschäftsbericht eine echte **zusätzliche Funktion** zum Jahresabschluß: Berichterstattung über die Vermögens- und Ertragslage der Gesellschaft ohne Beachtung des durch die Bewertungsvorschriften gesteckten Rahmens, d. h. unter Verwendung von Tageswerten, auch wenn sie über den Anschaffungs- oder Herstellungskosten liegen und folglich in der Bilanz nicht angesetzt werden dürfen.

Leider verlangt der Gesetzgeber lediglich eine Berichterstattung über die angewendeten – gesetzlich zulässigen – Bewertungs- und Abschreibungsmethoden und über Veränderungen dieser Methoden gegenüber der vorhergehenden Periode, z. B. Änderung des Abschreibungsverfahrens oder der Grundsätze der Ermittlung der Herstellungskosten, und eine Berichterstattung über die Auswirkungen, die diese Änderungen auf den Erfolg haben. Die Pflichtangaben im Geschäftsbericht sind also an die gesetzlichen Bewertungsvorschriften gebunden. Sie dienen der **Information über die Durchbrechung der Bewertungskontinuität** und ihrer Folgen für den Periodenerfolg.

---

[6] Vgl. Schmaltz, K., Der Geschäftsbericht, HdB, Bd. II, 3. Aufl., Stuttgart 1958, Sp. 2244

Zur Aufstellung des Geschäftsberichts ist der **Vorstand** verpflichtet. Er muß ihn in den ersten drei Monaten des Geschäftsjahres zusammen mit der Jahresbilanz und der Gewinn- und Verlustrechnung den Abschlußprüfern vorlegen[7]. Die Prüfungspflicht erstreckt sich in erster Linie auf den Erläuterungsbericht. Der Lagebericht ist oft sehr allgemein gehalten und muß vom Abschlußprüfer lediglich geprüft werden, ob er durch die Angabe allgemeiner Tendenzen der wirtschaftlichen Entwicklung der Gesellschaft nicht dazu geeignet ist, einen falschen Gesamteindruck über die Situation der Gesellschaft zu vermitteln.

Nach Eingang des Prüfungsberichts hat der Vorstand den Geschäftsbericht zusammen mit dem Jahresabschluß und dem Prüfungsbericht dem **Aufsichtsrat** vorzulegen[8]. Vom Tage der Einberufung der Hauptversammlung an ist der Geschäftsbericht zusammen mit dem Jahresabschluß, dem Bericht des Aufsichtsrats und dem Vorschlag des Vorstandes für die Verwendung des Bilanzgewinns in den Geschäftsräumen der Gesellschaft zur Einsicht der Aktionäre auszulegen[9].

Jahresabschluß und Geschäftsbericht sind nach der Hauptversammlung unverzüglich dem Handelsregister einzureichen[10]. Während der Jahresabschluß in den Gesellschaftsblättern veröffentlicht werden muß, ergibt sich die **Publizitätswirkung** des Geschäftsberichts auf Grund der Publizität des Handelsregisters. Viele Aktiengesellschaften verteilen jedoch ihre Geschäftsberichte freiwillig an ihre Aktionäre und stellen ihn auch anderen interessierten Personen und Institutionen zur Verfügung, z. B. wissenschaftlichen Instituten oder Banken, die Bilanzarchive unterhalten und Jahresabschlüsse und Geschäftsberichte für wissenschaftliche Zwecke bzw. zur Kundenberatung auswerten. Diese veröffentlichten Geschäftsberichte sind allerdings nicht immer mit denen identisch, die nach § 160 AktG gefordert werden, sondern werden oft publizistisch aufbereitet[11].

§ 175 Abs. 2 AktG räumt den Aktionären außerdem das Recht ein, von den oben genannten Vorlagen, die mit der Einberufung der Hauptversammlung in den Geschäftsräumen ausgelegt werden müssen, eine Abschrift zu verlangen.

Bei der Aufstellung des Geschäftsberichts handelt der Vorstand unter eigener Verantwortung und ist an Weisungen des Aufsichtsrats über den Inhalt des Berichts nicht gebunden. Die Berichterstattung des Vorstandes hat – worauf § 160 Abs. 4 AktG ausdrücklich hinweist – den Grundsätzen einer gewissenhaften und getreuen Rechenschaftslegung zu entsprechen.

Nach § 160 Abs. 4 AktG darf bzw. muß der Vorstand von einer gegen-

7 Vgl. § 148 AktG
8 Vgl. § 170 Abs. 1 AktG
9 Vgl. § 175 Abs. 2 AktG
10 Vgl. § 177 Abs. 1 AktG
11 Vgl. Goerdeler, R., Geschäftsbericht, Konzerngeschäftsbericht und „Abhängigkeitsbericht" aus der Sicht des Wirtschaftsprüfers, WPg 1966, S. 113 ff.

über dem AktG 1937 stark eingeschränkten **Schutzklausel** Gebrauch machen. Er muß die Berichterstattung insoweit unterlassen, „wie es für das Wohl der Bundesrepublik Deutschland oder eines ihrer Länder erforderlich ist". Er darf bei der Berichterstattung über die aus der Jahresbilanz nicht ersichtlichen Haftungsverhältnisse einschließlich der Bestellung von Sicherheiten für eigene Verbindlichkeiten[12] und über die rechtlichen und geschäftlichen Beziehungen zu verbundenen Unternehmen mit Sitz im Inland, ferner über geschäftliche Vorgänge bei diesen Unternehmen, die auf die Lage der Gesellschaft von erheblichem Einfluß sein können, auf die Angabe von Einzelheiten insoweit verzichten, „als nach vernünftiger kaufmännischer Beurteilung damit gerechnet werden muß, daß durch die Angaben der Gesellschaft oder einem verbundenen Unternehmen erhebliche Nachteile entstehen"[13]. In den beiden letztgenannten Fällen ist jedoch bei der entsprechenden Ziffer zu vermerken, daß von der Schutzklausel Gebrauch gemacht worden ist.

Angaben über Wertsteigerungen über die Anschaffungs- oder Herstellungskosten bzw. die fortgeführten, d. h. um planmäßige Abschreibungen verminderten Anschaffungs- oder Herstellungskosten hinaus enthält auch der Geschäftsbericht nicht. Die in vielen Betrieben insbesondere bei Gütern des nicht abnutzbaren Anlagevermögens – z. B. Grund und Boden, Wertpapiere, Beteiligungen – infolge der gesetzlichen Bewertungsvorschriften bei Wert- und Preissteigerungen zwangsläufig entstehenden stillen Rücklagen (Zwangsrücklagen), die echte betriebliche Vermögenssubstanz darstellen, die an der Ertragserzielung beteiligt ist, sind also nicht nur aus dem Jahresabschluß, sondern auch aus dem Geschäftsbericht nicht zu erkennen, d. h. die Informationen der an der Rechenschaftslegung interessierten Gruppen bleibt auch nach Kenntnis des Geschäftsberichts unvollständig, da im Geschäftsbericht nur über die Bildung bzw. Auflösung stiller Rücklagen als Folge einer Veränderung der Bewertungs- und Abschreibungsmethoden – im Rahmen des durch das Gesetz gegebenen Ermessensspielraums –, nicht aber über die Bildung stiller Rücklagen als Folge der Anwendung von zwingenden gesetzlichen Bewertungsvorschriften zu berichten ist.

---

[12] Vgl. § 160 Abs. 3 Ziff. 7 AktG
[13] § 160 Abs. 3 Ziff. 10 AktG

II. Der Lagebericht

Nach § 160 Abs. 1 AktG ist im Lagebericht auf drei Bereiche einzugehen:

1. auf den Geschäftsablauf im Berichtsjahr,
2. auf die Lage der Gesellschaft und
3. auf Vorgänge von besonderer Bedeutung, die nach Ende des Geschäftsjahres eingetreten sind.

Diese Angaben sind die Voraussetzungen dafür, daß sich aus dem Jahresabschluß und dem Geschäftsbericht ein relativ – im Rahmen der durch die Bewertungsvorschriften gesteckten Grenzen – umfassendes Bild über die wirtschaftliche Lage der Gesellschaft ergibt, denn die Positionen der Bilanz und Gewinn- und Verlustrechnung sind allein – trotz der Erläuterungen im Erläuterungsbericht – nicht geeignet, den Außenstehenden (Aktionär, Gläubiger) dieses Bild in vollem Umfange zu vermitteln.

Welche Angaben der Lagebericht im einzelnen zu enthalten hat, geht aus dem Gesetz nicht hervor. Insbesondere sollen hier **allgemeine Angaben über die Wirtschaftslage** der Gesellschaft (oder auch des gesamten Wirtschaftszweiges) gemacht werden, die aus der Bilanz und Gewinn- und Verlustrechnung nicht zu ersehen sind. So ist über alle wichtigen Ereignisse des abgelaufenen Geschäftsjahres zu berichten, die den Erfolg wesentlich beeinflußt und Auswirkungen auf spätere Geschäftsjahre haben, z. B. die Durchführung wesentlicher Erweiterungsinvestitionen, Änderungen im Produktionsprogramm oder in den Produktionsverfahren, die Entwicklung des Umsatzes, die Gründung von Filialen, der Erwerb wesentlicher Beteiligungen und die Beziehungen zu anderen Gesellschaften, insbesondere zu verbundenen Unternehmen, der Abschluß wichtiger Verträge, die Entwicklung des Beschäftigungsgrades und des Auftragsbestandes u. a.

Der Vorstand ist nicht verpflichtet, genaue Zahlenangaben über die einzelnen Tatbestände vorzulegen; es genügt auch eine Angabe der tendenziellen Entwicklung gewisser betrieblicher Größen oder die Verwendung von Relativzahlen und Schaubildern, die keine Rückschlüsse auf die Größenordnung der absoluten Zahlen zulassen, so insbesondere bei Angaben über die Entwicklung des Umsatzes, der Kosten, der Rentabilität, der Liquidität usw. Der Lagebericht kann auch Aussagen über die in Zukunft erwartete Entwicklung des Betriebs, über die Preisentwicklung an den Absatz- und Beschaffungsmärkten usw. enthalten. Durch Vergleich mit ent-

sprechenden Größen aus früheren Jahren wird die Aussagekraft des Lageberichts erhöht.

Im Lagebericht sind ferner alle wichtigen Vorgänge darzulegen, die
nach Ablauf des Geschäftsjahres bis zur Aufstellung des Jahresabschlusses
eingetreten sind, und ohne deren Kenntnis sich der Leser des Jahresabschlusses und des Geschäftsberichts kein richtiges Bild über die Lage der
Gesellschaft im Zeitpunkt des Bekanntwerdens von Jahresabschluß und
Geschäftsbericht machen kann. Als wichtig sind solche Ereignisse anzusehen,
die zu einer anderen Beurteilung der Gesamtlage führen können, als sie
sich aus den Tatbeständen des abgelaufenen Geschäftsjahres ergibt, z. B.
starke Preiseinbrüche auf den Absatzmärkten, erhebliche Preissteigerungen
auf den Beschaffungsmärkten, Verlust von Exportmärkten, Begründung
von Konzernverflechtungen, Erwerb wesentlicher Beteiligungen, Bewertung
von Vorräten, die inzwischen verkauft wurden u. a.

Der Lagebericht eignet sich ausgezeichnet, um bestimmte im Jahresabschluß verfolgte **bilanzpolitische Ziele** zu unterstützen. So kann beispielsweise eine durch Bewertungsentscheidungen – im Rahmen der gesetzlich
zulässigen Bewertungswahlrechte – beabsichtigte positive Beeinflussung
des Erfolgsausweises durch eine entsprechende Interpretation der derzeitigen wirtschaftlichen Lage untermauert werden, und zugleich kann eine
hohe Rücklagenbildung – und folglich eine geringere Gewinnausschüttung – mit einer pessimistischen Interpretation der Zukunftserwartungen
begründet werden. Andererseits kann eine ungünstige Ertragslage durch
betont optimistische Hinweise auf die zukünftige Ertragsentwicklung ba-
gatellisiert werden. Der Lagebericht kann also insbesondere dort, wo die
Zahlen des Jahresabschlusses infolge gesetzlicher Vorschrifen für publizitätspolitische Ziele nicht mehr „gestaltet" werden können, als bilanzpolitisches Instrument eingesetzt werden.

Der Lagebericht wird in der Regel durch einen **Sozialbericht** ergänzt,
in dem der Vorstand über die sozialen Verhältnisse und Leistungen des
Betriebes Rechenschaft gibt. Eine gesetzliche Berichtspflicht besteht nicht.
Hierbei sind folgende Angaben von Interesse[1]: Zahl der Belegschaftsmitglieder, Einzelheiten über die Zusammensetzung der Belegschaft, Veränderungen der Entlohnung und der Arbeitszeit, Einzelheiten über Tarifver-
träge, Urlaubsregelung, Freizeitgestaltung, Facharbeiter- und Nachwuchs-
schulung, Werkswohnungen, Siedlungen, Erholungsheime, Weihnachtsgrati-
fikationen, Gewinnbeteiligung der Arbeitnehmer, Eigentumsbildung, Beleg-
schaftsaktien, Zuweisungen an Pensions- und Unterstützungskassen usw.

Aus dem Jahresabschluß sind diese Angaben nicht zu ersehen. In der
Gewinn- und Verlustrechnung müssen lediglich die sozialen Abgaben, d. h.
der gesetzliche Sozialaufwand und die Aufwendungen für Altersversorgung und Unterstützung gesondert ausgewiesen werden.

---

[1] Vgl. Adler-Düring-Schmaltz, Rechnungslegung und Prüfung der Aktiengesellschaft, Bd. I,
4. Aufl., Stuttgart 1968, Erl. zu § 160, Tz 24

III. Der Erläuterungsbericht

1. Übersicht

Kernstück des Geschäftsberichts ist der Erläuterungsbericht. Er hat die Aufgabe, die einzelnen Positionen der Bilanz und der Gewinn- und Verlustrechnung zu erklären oder ihre Angaben zu ergänzen. Eine Stellungnahme ist dann erforderlich, wenn die Positionen ohne Erläuterung nicht verständlich sind, oder wenn im Gesetz ausdrücklich Angaben verlangt werden[1]. Das Gesetz fordert auch eine Berichterstattung, wenn wesentliche Abweichungen gegenüber dem letzten Jahresabschluß bestehen, die die Vergleichbarkeit beeinträchtigen.

Wie weit die Berichterstattungspflicht bei den im Gesetz nicht ausdrücklich verlangten Angaben geht, war im Aktiengesetz 1937 in das Ermessen des Vorstandes gestellt. Gefordert wurde lediglich, daß „wesentliche Abweichungen von dem letzten Jahresabschluß"[2] zu erläutern waren. Diese allgemeine Formulierung ist im neuen Aktiengesetz präzisiert worden.

Der Erläuterungsbericht läßt sich wie folgt gliedern:

1. Erläuterungen zu den **einzelnen Positionen** des Jahresabschlusses (§ 160 Abs. 2 Satz 1).
2. Erläuterungen zur **Bewertung und Abschreibung**
   a) Angabe der Bewertungs- und Abschreibungsmethoden (§ 160 Abs. 2 Satz 2).
   b) Angabe der Abschreibungen und Wertberichtigungen auf Zugänge des Geschäftsjahres für die einzelnen Posten des Anlagevermögens (§ 160 Abs. 2 Satz 3).
   c) Angaben über Abweichungen, die die Vergleichbarkeit mit dem letzten Jahresabschluß beeinträchtigen, insbesondere über wesentliche Änderungen der Bewertungs- und Abschreibungsmethoden einschließlich der Vornahme außerplanmäßiger Abschreibungen und Wertberichtigungen (§ 160 Abs. 2 Satz 4).
   d) Angabe der Differenz zwischen dem Jahresüberschuß (bzw. Jahresfehlbetrag), der sich auf Basis veränderter Bewertungs- und Ab-

---

[1] Vgl. § 160 Abs. 3 Ziff. 1–11 AktG
[2] § 128 Abs. 2 AktG 1937

schreibungsmethoden ergibt, und dem Jahresüberschuß (bzw. Jahresfehlbetrag), der sich unter Verwendung der bisher angewendeten Methoden errechnet, wenn diese Differenz bestimmte Grenzen überschreitet (§ 160 Abs. 2 Satz 5).

3. **Einzelangaben** zu im Gesetz gesondert aufgeführten Tatbeständen (§ 160 Abs. 3).

2. Berichterstattung über Bewertung und Abschreibung

Nach § 160 Abs. 2 AktG sind im Erläuterungsbericht „die Bewertungs- und Abschreibungsmethoden so vollständig anzugeben, wie es zur Vermittlung eines möglichst sicheren Einblicks in die Vermögens- und Ertragslage der Gesellschaft erforderlich ist". Allerdings werden Angaben über die Bewertungs- und Abschreibungsmethoden, soweit diese nicht geändert worden sind, nicht in jedem Jahr erneut verlangt, sondern es darf auf die Erläuterungen eines früheren Geschäftsjahres, das nicht mehr als drei Jahre zurückliegt, Bezug genommen werden.

Da das Aktiengesetz für die einzelnen Wirtschaftsgüter des Anlagevermögens keine bestimmten Abschreibungsverfahren vorschreibt, sondern lediglich fordert, daß die Abschreibungen planmäßig sein müssen, sind hier Angaben über die angewendeten **Abschreibungsverfahren** zu machen. Bei Verwendung der degressiven Abschreibung sollten u. E. auch Hinweise auf den Umfang der Degression gegeben werden, da bei einer Abschreibung mit stark fallenden Jahresquoten in den ersten Jahren der Nutzungsdauer mit einer – nicht meßbaren und im Umfang nicht nachweisbaren – Bildung stiller Rücklagen gerechnet werden kann.

Adler-Düring-Schmaltz sehen als eine „ausreichende Angabe der Abschreibungsmethoden" die Feststellung an, „daß die planmäßige Abschreibung des Anlagevermögens nach Maßgabe der jeweils steuerlich zulässigen Höchstsätze erfolgt. Ob degressiv oder linear abgeschrieben wird, ist zu erwähnen"[3]. Daraus ist zu schließen, daß in den Fällen, in denen über die steuerlich zulässigen Beträge abgeschrieben wird, gesondert zu berichten ist. Solange sich die steuerlich zulässigen Degressionssätze in engen Grenzen halten[4], kann man eine solche Form der Berichterstattung als angemessen ansehen. Wenn aber die steuerlichen Höchstsätze der Degression im Rahmen von konjunkturpolitischen Maßnahmen kurzfristig geändert werden, so sind u. E. genaue Angaben unerläßlich, auch wenn sich durch die Änderung der angewendeten Degressionssätze die Abschreibungsmethode als solche nicht geändert hat.

---

[3] Adler-Düring-Schmaltz, a. a. O., Erl. zu § 160, Tz 33
[4] Vgl. S. 322

Anzugeben sind ferner die Grundsätze für die Ermittlung der **Herstellungskosten,** wenn in größerem Umfange Anlagen oder Werkzeuge selbst hergestellt werden. Durch Aktivierung oder Nichtaktivierung von bestimmten Gemeinkosten kann das Jahresergebnis erheblich beeinflußt werden[5]. Gleiches gilt für die im Umlaufvermögen zu Herstellungskosten auszuweisenden Bestände an Halb- und Fertigfabrikaten.

Wird bei der **Bewertung von gleichartigen Gütern des Vorratsvermögens** die Lifo- oder Fifomethode, die Bewertung zu durchschnittlichen Anschaffungskosten oder das Festwertverfahren angewendet, so ist ebenfalls an dieser Stelle darüber zu berichten.

Auch **Unterbewertungen als Folge der Anwendung steuerlich zulässiger Bewertungsvorschriften** in der Handelsbilanz[6], die vom betriebswirtschaftlichen Standpunkt aus in der Handelsbilanz zu stillen Willkürrücklagen führen (z. B. Sonderabschreibungen von 50 % neben der Normalabschreibung in den beiden ersten Jahren der Nutzungsdauer), sollten hier erläutert werden, da sie in vielen Fällen geeignet sind, die Aussagekraft des Jahresabschlusses stark zu beeinträchtigen. Sie haben zwar den Charakter von Sonderabschreibungen, die aus wirtschaftspolitischen Gründen eingeräumt und erwünscht sind, treten aber nicht außerplanmäßig wie z. B. Abschreibungen wegen außergewöhnlicher technischer und wirtschaftlicher Wertminderung ein, sondern ermöglichen die Aufstellung eines Abschreibungsplans über die geschätzte wirtschaftliche Nutzungsdauer.

§ 160 Abs. 2 Satz 3 AktG verlangt, daß die Abschreibungen und Wertberichtigungen zu den einzelnen Posten des Anlagevermögens lückenlos angegeben werden, die auf **Zugänge** des Geschäftsjahres gemacht worden sind.

3. Berichterstattung über Änderungen der Bewertungs- und Abschreibungsmethoden

Im Erläuterungsbericht ist ferner über sämtliche Abweichungen des Jahresabschlusses vom letzten Jahresabschluß zu berichten, die die **Vergleichbarkeit** mit diesem beeinträchtigen, so vor allem über Änderungen in den Bewertungs- und Abschreibungsmethoden und über die Vornahme außerplanmäßiger Abschreibungen und Wertberichtigungen[7].

Die Bewertungsvorschriften, zu denen auch die Vorschriften über Abschreibungen und Wertberichtigungen gehören, lassen **weitgehende Wahlrechte** zu, und zwar sowohl durch die Einräumung eines Ermessens bei der Auswahl alternativer Wertansätze als auch bei der Auswahl von Be-

---

[5] Vgl. S. 281 f.
[6] Vgl. § 160, Abs. 2 Satz 4 AktG
[7] Vgl. §§ 154, Abs. 2, 155 Abs. 3 AktG

wertungsmethoden (Abschreibungsmethoden). Der in § 149 Abs. 1 AktG geforderte möglichst sichere Einblick in die Vermögens- und Ertragslage der Gesellschaft bedingt nicht nur Informationen, wie die Wahlrechte ausgeübt worden sind, sondern insbesondere auch Angaben, die die Vergleichbarkeit der Jahresabschlüsse (in erster Linie im Zeitvergleich, aber auch im zwischenbetrieblichen Vergleich) sicherstellen. Da die **Voraussetzung für die Vergleichbarkeit eine ausnahmslose Bewertungskontinuität** ist, diese Kontinuität aber durch die gesetzlichen Bewertungsvorschriften nicht ausdrücklich verlangt wird, der Betrieb vielmehr im Rahmen der gesetzlich zugelassenen Wahlmöglichkeiten die Bewertungsmethoden ändern kann, muß folglich über jede Störung der Bewertungskontinuität berichtet werden. Je größer der durch die gesetzlichen Bewertungswahlrechte gegebene Bewertungsspielraum ist, desto strenger müssen u. E. die Anforderungen an die Berichterstattung über Änderungen in der Ausübung der Wahlrechte sein[8].

Bei der Berichterstattung über die Durchbrechung der Bewertungskontinuität brauchen „Einzelheiten nicht angegeben zu werden"[9]. Forster legt diese Vorschrift in dem Sinne aus, daß „zwar bei den einzelnen Positionen auf einen wesentlichen Wechsel von Bewertungs- und Abschreibungsmethoden hingewiesen werden muß, daß aber die Gründe für den Wechsel sowie die betragsmäßige Auswirkung bei der einzelnen Bilanzposition nicht unbedingt angegeben zu werden brauchen"[10]. Wir sind der Ansicht, daß gerade der **Hinweis auf die Gründe** eines Methodenwechsels wesentlich ist, um eine willkürliche Anwendung von Bewertungswahlrechten zur Erfolgsbeeinflussung einzuschränken.

Von besonderer Bedeutung für die Klarheit des Jahresabschlusses ist die zwingende Vorschrift, daß die Differenz zwischen einem Gewinn- oder Verlust („Jahresüberschuß oder Jahresfehlbetrag"), der sich als Folge der Änderung von Bewertungs- und Abschreibungsmethoden oder der Vornahme von Sonderabschreibungen gegenüber einem Gewinn und Verlust ergibt, der sich nach den beim letzten Jahresabschluß angewendeten Bewertungs- und Abschreibungsmethoden errechnet, auszuweisen ist, wenn sie

1. mehr als 10 % unter oder über dem Betrag liegt, der sich ohne Änderung der Methoden ergeben hätte und

2. mehr als 0,5 % des Grundkapitals beträgt.

Durch diese Vorschrift soll erreicht werden, daß eine einen bestimmten Umfang übersteigende **Bildung oder Auflösung stiller Rücklagen**, die eine Folge einer Änderung der Bewertungs- und Abschreibungsmethoden im Rah-

---

8 Vgl. Knoche, M., Die Berichterstattung über Bewertungsänderungen im Geschäftsbericht nach neuem Aktienrecht, Düsseldorf 1967, S. 14.

9 § 160, Abs. 2 Satz 4 AktG.

10 Forster, K.-H., Neue Pflichten des Abschlußprüfers nach dem Aktiengesetz von 1965, WPg 1965, S. 596. Der Auffassung von Forster schließt sich U. Ertner an (Der Geschäftsbericht als Instrument erweiterter aktienrechtlicher Rechnungslegung, Berlin 1968, S. 62). Anderer Ansicht ist Ph. Möhring (Das neue Aktiengesetz, NJW 1966, S. 89)

men der vom Gesetz gegebenen Wahlrechte ist und die aus der Bilanz und der Gewinn- und Verlustrechnung **nicht** zu ersehen ist, im Geschäftsbericht erläutert wird, und daß folglich dem Bilanzleser, der den in einer Gesellschaft erzielten Gewinn (und nicht nur den in der Erfolgsrechnung ausgewiesenen Gewinn) aus dem veröffentlichten Jahresabschluß errechnen will, eine weitere Information zur Verfügung gestellt wird.

Ohne derartige **zahlenmäßige Angaben** würden auch die in Satz 2–4 festgelegten Berichtspflichten keinen Einblick ermöglichen, in welchem Umfange die angegebenen Änderungen der Bewertungs- und Abschreibungsmethoden das Ergebnis des Jahresabschlusses, insbesondere den Erfolg beeinflußt haben. Da bei sehr niedrigem Jahresüberschuß der Betrag von 10 %/o nur einen geringen absoluten Betrag ausmacht, und in solchen Fällen eine Zahlenangabe weder für den sicheren Einblick in die Vermögens- und Ertragslage noch für die Vergleichbarkeit mit früheren Bilanzen von Bedeutung ist, tritt die Berichtspflicht erst ein, wenn die Mindestgrenze von 0,5 %/o des Grundkapitals überschritten wird. Diese Vorschrift bürdet den Gesellschaften eine erhebliche Rechenarbeit auf: die Bewertung muß einmal nach der bisherigen und einmal nach der neuen Methode durchgeführt werden, damit die Differenz festgestellt und geprüft werden kann, ob eine Berichtspflicht entsteht.

Anhand dieser umfangreichen Berichtspflichten muß der Vorstand entscheiden, worüber er denn nun tatsächlich berichten muß, und der Wirtschaftsprüfer muß prüfen, ob der Geschäftsbericht in diesem Bereich auch den gesetzlichen Vorschriften entspricht. Der Vorstand wird in der Regel bestrebt sein, nicht mehr Tatbestände offenzulegen, als das Gesetz verlangt. Dabei muß er sich von **zwei Fragen** leiten lassen:

1. Ist die Bekanntgabe einer Bewertungsmaßnahme bzw. -methode erforderlich, um einen möglichst sicheren Einblick in die Vermögens- und Ertragslage der Gesellschaft zu geben?
2. Wird durch eine Bewertungsmaßnahme oder Änderung einer Bewertungs- oder Abschreibungsmethode die Vergleichbarkeit des Jahresabschlusses mit dem letzten Jahresabschluß beeinträchtigt?

Zur Beantwortung dieser Fragen sind die Bewertungs- und Abschreibungsvorschriften des Aktiengesetzes nach verschiedenen Kategorien zu gliedern, da nicht alle Kategorien eine Berichtspflicht auslösen[11]:

1. Der Wertansatz ist **zwingend** und eindeutig im Gesetz definiert; bei seiner Ermittlung gibt es keine Bewertungs- und Schätzungsprobleme. Es besteht **kein Wahlrecht**. (Beispiele: § 156 Abs. 1: Das Grundkapital ist zum Nennbetrag anzusetzen; § 156 Abs. 2: Verbindlichkeiten sind zu ihrem Rückzahlungsbetrag zu bilanzieren). Hier kann **keine Berichtspflicht** entstehen.

---

[11] Vgl. Wanik, O., Darstellung der Bewertungs- und Abschreibungsmethoden im Geschäftsbericht. In: Wirtschaftsprüfung im neuen Aktienrecht, Düsseldorf 1966, S. 50.

2. Es besteht ein **Aktivierungsverbot.** (Beispiele: § 153 Abs. 2: Vertriebs-kosten; § 153 Abs. 4: Aufwendungen für Gründung und Kapitalbe-schaffung; § 153 Abs. 5: originärer Firmenwert). Auch hier kann **keine Berichtspflicht** entstehen.

3. Es sind zwei oder mehrere Wertansätze möglich, die **Wahl** zwischen den Wertansätzen ist aber **zwingend vorgeschrieben.** (Beispiele: § 155 Abs. 2: strenges Niederstwertprinzip = Anschaffungs- bzw. Herstel-lungskosten oder Börsen- bzw. Marktpreis; § 154 Abs. 2: außerplan-mäßige Abschreibungen, die bei voraussichtlich dauernder Wertminde-rung vorgenommen werden müssen).

Im Falle der Anwendung des strengen Niederstwertprinzip wird eine Berichtspflicht in der Regel nicht entstehen können, wenn die beiden zur Wahl stehenden Werte eindeutig fixiert sind, z. B. Anschaffungs-kosten einerseits und Markt- und Börsenwert andererseits.

Treten an die Stelle der Anschaffungskosten die **Herstellungskosten,** so kann sich eine Berichtspflicht aus dem Umstand ergeben, daß die Her-stellungskosten nicht eindeutig im Gesetz definiert sind, daß insbeson-dere bei der Einbeziehung bestimmter Gemeinkosten keine Aktivie-rungspflicht, sondern lediglich ein Aktivierungsrecht besteht und folglich ein Methodenwechsel bei der Ermittlung der Herstellungskosten auf-treten kann. Es muß also sowohl nach § 160 Abs. Satz 2 über die Me-thode der Ermittlung der Herstellungskosten als auch ggf. nach Satz 4 über eine Änderung dieser Methode berichtet werden.

Über **außerplanmäßige Abschreibungen,** die bei voraussichtlich dauern-der Wertminderung vorgenommen werden müssen, ist nach Satz 4 zu berichten, wenn durch sie die Vergleichbarkeit dès Jahresabschlusses be-einträchtigt wird. Das wird bei außerplanmäßigen Abschreibungen grundsätzlich anzunehmen sein, da sie die Bewertungskontinuität durch-brechen. Das Gesetz schließt die außerplanmäßigen Abschreibungen und Wertberichtigungen zwar ausdrücklich in den Begriff „Änderung der Bewertungs- und Abschreibungsmethoden" ein, eine solche Änderung liegt aber nur dann vor, wenn **freiwillig** von einer Methode zur anderen übergegangen wird, also die außerplanmäßige Abschreibung freiwillig ist. Besteht ein gesetzlicher Zwang zur Vornahme außerplanmäßiger Ab-schreibungen, so ist das keine Methodenänderung, wohl aber kann die Vergleichbarkeit mit dem vorhergehenden Jahresabschluß beeinträchtigt werden.

Das Gesetz sagt ausdrücklich, daß Einzelheiten nicht angegeben zu wer-den brauchen. Das dürfte so auszulegen sein, daß die Angaben zwar vollständig sein müssen, daß aber nicht für jede außerplanmäßige Ab-schreibung eine ausführliche Darlegung der Gründe gegeben werden muß.

4. Der Wertansatz ist zwar zwingend im Gesetz definiert, er muß aber **mit Hilfe bestimmter Rechenverfahren** ermittelt werden. Dabei sind ver-schiedene Verfahren möglich und zulässig. (Beispiel: Abschreibung von

Anschaffungs- oder Herstellungskosten nach § 154 Abs. 1; Ermittlung der Herstellungskosten nach § 153 Abs. 2). Hier ergibt sich eine Berichtspflicht, und zwar sowohl nach Satz 2 (Bericht über die Bewertungs- und Abschreibungsmethoden mit der Möglichkeit, auf den Bericht in einem früheren Geschäftsjahr, das nicht weiter als drei Jahre zurückliegt, Bezug zu nehmen), als auch nach Satz 4, wenn die Ermittlungsmethoden geändert werden und dadurch die Vergleichbarkeit beeinträchtigt wird. Dazu gilt dasselbe wie zu 3.

5. Es sind zwei oder mehrere Wertansätze möglich, der Betrieb hat aber im Gegensatz zu Fall 3. (z. B. strenges Niederstwertprinzip), wo ein Zwang besteht, welcher der zur Wahl stehenden Wertansätze angesetzt werden muß, ein **echtes Wahlrecht** zwischen zwei oder mehreren Werten, das er nach freiem Ermessen ausüben kann. (Beispiele: § 156 Abs. 3: Aktivierung oder sofortige Aufwandsverrechnung eines Anleihe-Disagios; § 153 Abs. 4: Aktivierung oder sofortige Aufwandsverrechnung der Kosten der Ingangsetzung des Geschäftsbetriebs; § 153 Abs. 5: Aktivierung oder sofortige Aufwandsverrechnung eines derivativen Firmenwertes; § 155 Abs. 3: Wahl steuerlich zulässiger Wertansätze, die unter dem Wert liegen, der sich nach dem Niederstwertprinzip ergibt; § 155 Abs. 4: Fortführung eines niedrigeren Wertansatzes, auch wenn seine Gründe nicht mehr bestehen; § 154 Abs. 2: freiwillige außerplanmäßige Abschreibung bei nicht dauernder Wertminderung; § 154 Abs. 2 letzter Satz: Fortführung eines durch außerplanmäßige Abschreibung verminderten Wertansatzes, auch wenn der Grund für die außerplanmäßige Abschreibung wegfällt; § 155 Abs. 1 Satz 3: Ermittlung des Wertansatzes für gleichartige Gegenstände des Vorratsvermögens nach der Lifo-, Fifo- oder einer ähnlichen Methode; Wechsel zwischen zwei zulässigen Abschreibungsmethoden). Auch hier kann sich die Berichtspflicht sowohl nach Satz 2 als auch nach Satz 4 ergeben.

Einen gewissen Anhaltspunkt, wann zu berichten ist, gibt Satz 5, der eine Berichtspflicht vorschreibt, wenn die Änderung der Bewertungs- und Abschreibungsmethode einen quantitativ fixierten Einfluß auf die Ertragslage hat. Jedoch ist zu beachten, daß Satz 4 nicht nur auf den **Umfang** abzielt, sondern vor allem auf den Einfluß, den eine Maßnahme auf die **Struktur** des Erfolges hat. Soweit strukturelle Veränderungen die Vergleichbarkeit beeinflussen, dürfte eine Berichtspflicht auch dann gegeben sein, wenn die in Satz 5 genannten Wertgrenzen nicht erreicht sind[12], oder sich eine Berichtspflicht nach Satz 5 bei enger Auslegung überhaupt nicht ergibt, weil z. B. eine außerplanmäßige Abschreibung wegen voraussichtlich dauernder Wertminderung **zwingend** ist und folglich im Gegensatz zu einer **freiwillig** vorgenommenen außerplanmäßigen Abschreibung (bei nicht dauernder Wertminderung) nicht als Änderung der Bewertungs- und Abschreibungsmethode angesehen werden kann, wohl aber die Vergleich-

---

12 Vgl. Wanik, O., a. a. O., S. 49

barkeit beeinträchtigen kann: d. h. nach Satz 4 ist zwar über die zwingende außerplanmäßige Abschreibung zu berichten, bei der Berechnung des Unterschiedsbetrages nach Satz 5 bleibt sie aber wegen ihres zwingenden Charakters außer Ansatz.

Gleiches gilt grundsätzlich für alle Bewertungsänderungen, die sich zwingend aus dem Gesetz ergeben. Sie sind nicht als Methodenänderung im Sinne von Satz 5 anzusehen, also nicht in den Unterschiedsbetrag einzubeziehen.[13]

Diese Regelung erscheint in höchstem Maße unbefriedigend, denn sie hat zur Folge, daß über bestimmte Bewertungs- und Abschreibungsmaßnahmen zwar berichtet werden muß, daß ihre Auswirkungen aber nicht quantifiziert werden müssen, weil die Maßnahmen nicht unter den Begriff der „Methodenänderung" fallen. Bei außerplanmäßigen Abschreibungen wird es oft nicht genau zu bestimmen sein, ob sie zwingend (wegen dauernder Wertminderung) oder freiwillig (wegen Wertminderung am Bilanzstichtag) vorgenommen worden sind. Es ist mit Recht daraufhingewiesen worden, „daß je nach Interessensituation der Gesellschaft geltend gemacht wird, daß es sich um eine freiwillige oder um eine zwingende Maßnahme handelt, je nachdem ob der nach § 160 Abs. 2 Satz 5 zu errechnende Änderungsbetrag die dort vorgeschriebenen Grenzen überschreitet oder nicht."[14]

4. Einzelangaben

Zu den Angaben, die vom Gesetzgeber im Erläuterungsbericht ausdrücklich gefordert werden[15], gehört die Berichterstattung über:

a) Vorratsaktien

Vorratsaktien sind Aktien, die ein Aktionär im eigenen Namen, aber **für Rechnung der Gesellschaft** oder eines abhängigen oder eines im Mehrheitsbesitz der Gesellschaft stehenden Unternehmens als Gründer oder Zeichner oder in Ausübung eines bei der bedingten Kapitalerhöhung eingeräumten Umtausch- oder Bezugsrechts übernommen hat. Der Übernehmer haftet für die volle Einlage, jedoch stehen ihm keine Rechte aus den Aktien zu (Dividende, Stimmrecht, Bezugsrecht), bevor er sie für eigene Rechnung

---

[13] Vgl. Adler-Düring-Schmaltz, a. a. O., Erl. zu § 160, Tz 54; WP-Handbuch 1968, a. a. O., S. 453.

[14] Petersen, E., Bewertungswahlrechte und Erläuterungspflichten nach dem neuen Aktienrecht, WPg 1968, S. 252.

[15] Vgl. § 160 Abs. 3, Ziff. 1–11 AktG

übernommen hat.[16] Der Übernehmer zahlt in der Regel nur den Mindest-
einzahlungsbetrag (25 %/o des Nennwerts) ein und erhält dafür einen Kredit von der Gesellschaft in entsprechender Höhe.

Die Vorratsaktien müssen zur Verfügung der Gesellschaft gehalten wer-
den. Ihre Aufgabe besteht darin, daß die Gesellschaft sie später z. B. zum
Erwerb größerer Beteiligungen zur Vorbereitung von Fusionen oder bei
Vornahme größerer Investitionen verwerten will.

Zu berichten ist über **Bestand und Zugang**, d. h. daß nicht nur über
die Zugänge zu berichten ist, sondern auch ein früherer Bestand in jedem
Geschäftsbericht erneut angegeben werden muß, und daß auch dann, wenn
keine Zugänge stattgefunden haben, ein früherer Bestand erneut angegeben werden muß. Sind Vorratsaktien im Laufe des Berichtsjahres verwertet worden, so müssen die Erlöse und ihre Verwendung angegeben werden.

Der Grund für diese strenge Berichtspflicht ist in dem besonderen Risiko
dieser Aktien zu suchen. Da die Vorratsaktien für Rechnung der Gesellschaft übernommen werden, fließt ihr kein neues Eigenkapital zu, solange
die Aktien nicht verwertet worden sind.

Der Umweg, über den Erwerb von Aktien durch einen Dritten eine
Kapitalerhöhung zu erreichen, ist durch die Möglichkeit zur Bildung des
genehmigten Kapitals (§§ 202 ff. AktG) und der bedingten Kapitalerhöhung (§§ 192 ff. AktG) weitgehend bedeutungslos geworden.

b) Eigene Aktien

Der Erwerb eigener Aktien durch die Gesellschaft ist **grundsätzlich verboten**, da er gegen das Prinzip des Schutzes der Gläubiger und der Aktionäre verstößt, denn wirtschaftlich bedeutet der Erwerb eigener Aktien
nichts anderes als eine Rückzahlung von Teilen des Grundkapitals. § 71
Abs. 1 AktG läßt jedoch in einigen Ausnahmefällen zu, daß die Gesellschaft eigene Aktien erwerben kann.[17]

Zu berichten ist über den Bestand an eigenen Aktien, die die Gesellschaft, ein abhängiges oder im Mehrheitsbesitz der Gesellschaft stehendes
Unternehmen oder ein anderer für Rechnung der Gesellschaft oder eines
abhängigen oder eines im Mehrheitsbesitz der Gesellschaft stehenden Unternehmens erworben oder als Pfand genommen hat. Ebenso wie bei den
Vorratsaktien muß der Bestand in jedem Geschäftsjahr angegeben werden,
auch wenn er sich nicht verändert hat.

Der Grund für die Berichtspflicht ist darin zu suchen, daß der Erwerb
eigener Aktien einer Rückzahlung von Grundkapital gleichkommt; der
Ausweis des Grundkapitals in der Bilanz bleibt zwar unverändert, der
vermögensmäßige Gegenwert in Höhe des Wertes der im Umlaufvermögen
bilanzierten eigenen Aktien ist aber dann nicht vorhanden, wenn die eige-

---

[16] Vgl. § 56 Abs. 1 AktG
[17] Vgl. S. 199, Anm. 3

nen Aktien nicht mehr oder nur noch zu einem unter dem Nennwert liegenden Wert verwertet werden können.

Die Berichtspflicht ist unabhängig davon, ob der Erwerb nach § 71 AktG zulässig war oder nicht.

Die Berichtspflicht erstreckt sich auch auf eigene Aktien, die am Bilanzstichtag nicht mehr vorhanden, sondern im Laufe des Geschäftsjahres veräußert worden sind. Das gilt selbst dann, wenn Erwerb und Veräußerung im gleichen Geschäftsjahr erfolgt sind. Erwerbs- und Veräußerungspreise sind anzugeben, außerdem ist im Falle der Veräußerung über die Verwendung der Erlöse zu berichten.

Nach dem Aktiengesetz 1937 (§ 128) konnte der Vorstand die Berichterstattung unter Berufung auf die Schutzklausel vermeiden, wenn der Erwerb der eigenen Aktien zur Abwehr eines schweren Schadens von der Gesellschaft vorgenommen worden war. Diese Möglichkeit besteht heute nicht mehr.

c) Bestehen einer wechselseitigen Beteiligung

Nach § 19 Abs. 1 AktG sind wechselseitig beteiligte Unternehmen solche Unternehmungen mit Sitz im Inland in der Rechtsform einer Kapitalgesellschaft oder bergrechtlichen Gewerkschaft, die dadurch verbunden sind, daß jeder Unternehmung mehr als der vierte Teil der Anteile der anderen Unternehmung gehört. Zu berichten ist erstens über die Tatsache der wechselseitigen Beteiligung, und zweitens ist das andere Unternehmen namentlich anzugeben.

Vorschriften über wechselseitige Beteiligungen gab es im alten Aktienrecht nicht. Die Begründung des Regierungsentwurfs eines Aktiengesetzes nennt drei Überlegungen, die den Gesetzgeber zur Einführung besonderer Pflichten für wechselseitig beteiligte Unternehmen veranlaßt haben:[18]

1. Eine wechselseitige Beteiligung zweier Kapitalgesellschaften **gefährdet die Kapitalgrundlage,** und zwar sowohl die Aufbringung, als auch die Erhaltung und den richtigen Ausweis des Kapitals.

   Beispiel: Es werden zwei Aktiengesellschaften A und B mit je 1 Mill. Grundkapital gegründet. Jede der beiden Gesellschaften übernimmt 500 000 DM des Kapitals der anderen Gesellschaft. Das Grundkapital beider Gesellschaften beträgt dann 2 Mill. DM, die effektiv vorhandenen Mittel belaufen sich aber nur auf 1 Mill. DM, denn A erwirbt für 500 000 DM eine Beteiligung an B, und B verwendet die gleichen 500 000 DM, um eine Beteiligung an A zu erwerben. Im Falle der Liquidation beider Gesellschaften stehen je Gesellschaft dem Grundkapital von 1 Mill. DM nur echte Vermögenswerte von 500 000 DM gegenüber.
   Erhöhen später beide Gesellschaften ihr Grundkapital um je 500 000 DM, und zeichnet jede Gesellschaft die Anteile der anderen Gesellschaft,

---

18 Vgl. Kropff, E., Aktiengesetz, a. a. O., S. 34

so erhöht sich das Grundkapital jeder Gesellschaft auf 1,5 Mill. DM, ohne daß auch nur eine Mark neue Vermögenswerte zufließen. Würden beide Gesellschaften liquidiert, so stehen je Gesellschaft dem Grundkapital von 1,5 Mill. DM echte Vermögenswerte von nur 500 000 DM gegenüber. Die gleiche Kapitaleinlage kann zum Zwecke der Kapitalerhöhung mehrfach zwischen den beiden Gesellschaften hin- und herwandern, ohne daß ein echter Vermögenszuwachs eintritt.

2. Die wechselseitige Beteiligung kommt im Ergebnis einer **Rückgewähr von Einlagen** an die Aktionäre gleich. Eine solche Rückgewähr ist aber nach § 57 Abs. 1 AktG unzulässig.

3. Die wechselseitige Beteiligung kann außerdem eine **Herrschaft der Verwaltung in der Hauptversammlung** zur Folge haben, die den Grundsätzen des Gesellschaftsrechts widerspricht: „Die Rechte aus wechselseitigen Beteiligungen werden durch die Verwaltungen ausgeübt, die dadurch die Willensbildung in der Hauptversammlung der anderen Gesellschaft erheblich, bei hoher Beteiligung sogar maßgeblich beeinflussen. Das Ergebnis sind Verwaltungen, die zwar gegenseitig auf Verständnis angewiesen sind, aber keiner Kontrolle durch die eigentlichen Anteilseigner mehr unterliegen und sich der Sache nach durch wechselseitige Zuwahl ergänzen."[19] Die außenstehenden Aktionäre verlieren jede Einflußmöglichkeit auf die Gesellschaft. Da das neue Aktienrecht insgesamt die Tendenz einer Verstärkung der Stellung der Aktionäre verfolgt, befürchtet der Gesetzgeber, daß mit Hilfe des Instruments der wechselseitigen Beteiligung die Rechte der außenstehenden Aktionäre eingeengt werden könnten und hat deshalb die besonderen Regelungen für die wechselseitige Beteiligung getroffen.

Die Vorschriften über die Aktienübernahme durch abhängige oder in Mehrheitsbesitz stehende Unternehmen reichen nicht aus, um wechselseitige Beteiligungen zu verhindern. § 56 Abs. 2 AktG verbietet, daß ein abhängiges Unternehmen Aktien der herrschenden Gesellschaft oder ein in Mehrheitsbesitz stehendes Unternehmen Aktien der herrschenden Gesellschaft oder ein in Mehrheitsbesitz stehendes Unternehmen Aktien der an ihm mit Mehrheit beteiligten Gesellschaft als Gründer oder Zeichner oder in Ausübung eines bei einer bedingten Kapitalerhöhung eingeräumten Umtausch- oder Bezugsrechts übernimmt. Nach § 71 Abs. 4 AktG dürfen derartige Unternehmen Aktien der Obergesellschaft nur in dem Umfange erwerben oder in Pfand nehmen, wie das durch § 71 AktG, der den Erwerb eigener Aktien regelt, für die Übernahme eigener Aktien zulässig ist.

Hat aber eine Gesellschaft A einen Anteil an B, der zu einer Beherrschung nicht ausreicht, z. B. 26 %, so könnte z. B. die Gesellschaft B eine Beherrschung über A erlangen und könnte somit das Stimmrecht von A in der Hauptversammlung von B, das immerhin eine Sperrminorität erreicht, lahmlegen, da nach § 136 Abs. 2 AktG das Stimmrecht für eigene Aktien

[19] Kropff, B., Aktiengesetz, a. a. O., S. 35

und für Aktien, die einem abhängigen Unternehmen gehören, nicht ausgeübt werden darf (A ist jetzt von B abhängig, so daß A das Stimmrecht
seiner B-Anteile nicht ausüben kann)[20]. Die §§ 20, 21 und 328 AktG wirken
durch besondere Mitteilungspflichten und Einschränkungen der Rechte einer
derartigen Beeinflussung des Stimmrechts entgegen.

Die besondere Bedeutung der Berichterstattung im Geschäftsbericht ergibt sich vor allem aus der **Beschränkung der Rechte** aus der Beteiligung,
die § 328 Abs. 1 AktG ausspricht. Danach darf eine Gesellschaft die Rechte
aus Anteilen, die ihr an dem anderen Unternehmen gehören, nur für höchstens den vierten Teil aller Anteile des anderen Unternehmens ausüben,
sobald dem einen Unternehmen das Bestehen der wechselseitigen Beteiligung bekannt geworden ist oder ihm das andere Unternehmen eine Mitteilung nach § 20 Abs. 3 oder § 21 Abs. 1 AktG gemacht hat. Diese Vorschrift beschränkt nicht nur das Stimmrecht, sondern auch das Recht auf
Gewinnanteil und das Bezugsrecht. Nicht betroffen ist das Recht auf neue
Aktien bei einer Kapitalerhöhung aus Gesellschaftsmitteln, weil eine solche
Kapitalerhöhung den Wert der Anteile in der Regel nicht verändert, denn
der Erhöhung der Nennwerte entspricht eine Verminderung des Kurses.
Die prozentuale Beteiligung bleibt im übrigen gleich.

Die Beschränkung trifft nicht nur die im Eigentum der wechselseitig beteiligten Unternehmen selbst stehenden Anteile, sondern auch **Anteile, die
ihnen zuzurechnen** sind[21], d. h. auch Anteile, die einem von einem wechselseitig beteiligten Unternehmen abhängigen Unternehmen gehören, sind
mit zu berücksichtigen. Die amtliche Begründung führt dazu aus[22]: „Es
kann daher namentlich auch ein abhängiges Unternehmen Rechte aus solchen Anteilen nicht ausüben, soweit sie zusammen mit den Anteilen, die
dem herrschenden Unternehmen zustehen, den vierten Teil aller Anteile des
anderen Unternehmens übersteigen. Der Entzug aller Rechte aus den über
den vierten Teil aller Anteile hinausgehenden Anteilen soll unmittelbar
den Einfluß der Verwaltung aus wechselseitigen Beteiligungen einschränken. Mittelbar soll erreicht werden, daß neue wechselseitige Beteiligungen
nicht begründet, gleichwohl entstehende wechselseitige Beteiligungen beschleunigt abgebaut werden."

d) Bedingte Kapitalerhöhung

Als bedingte Kapitalerhöhung bezeichnet man eine Erhöhung des Grundkapitals, „die nur so weit durchgeführt werden soll, wie von einem Um-
tausch- oder Bezugsrecht Gebrauch gemacht wird, das die Gesellschaft auf
die neuen Aktien (Bezugsaktien) einräumt".[23]

---

[20] Vgl. Würdinger, H., Aktien- und Konzernrecht, 2. Aufl., Karlsruhe 1966, S. 273
[21] Vgl. § 16 Abs. 4 AktG
[22] Kropff, B., a. a. O., S. 433 f.
[23] § 192 Abs. 1 AktG

Mit einer bedingten Kapitalerhöhung können drei Ziele verfolgt werden. **Erstens** soll sie die Ansprüche auf Aktien, die sich aus Umtausch- und Bezugsrechten der Inhaber von Wandelschuldverschreibungen ergeben, sichern; **zweitens** dient sie zur Vorbereitung von Fusionen, und **drittens** soll sie die Gewährung von Bezugsrechten an Arbeitnehmer der Gesellschaft zum Bezug neuer Aktien gegen Einlage von Geldforderungen ermöglichen, die den Arbeitnehmern aus einer ihnen von der Gesellschaft eingeräumten Gewinnbeteiligung zustehen.

Der Nennbetrag des bedingten Kapitals darf die Hälfte des Nennbetrages des bisherigen Grundkapitals nicht überschreiten.

Im Gegensatz zur ordentlichen Kapitalerhöhung wird die bedingte Kapitalerhöhung bereits mit der Ausgabe der Aktien und nicht erst mit der Eintragung der Durchführung der Kapitalerhöhung wirksam.[24] Der Vorstand ist verpflichtet, nach Ablauf eines Geschäftsjahres innerhalb eines Monats zur Eintragung in das Handelsregister anzumelden, in welchem Umfange im abgelaufenen Geschäftsjahr Bezugsaktien ausgegeben worden sind.[25] Darüber ist im Geschäftsbericht zu berichten. Dabei sind alle Einzelheiten anzugeben, die erforderlich sind, damit Aufsichtsrat und Hauptversammlung in die Lage versetzt werden, nachzuprüfen, ob die Aktienausgabe dem Beschluß über die bedingte Kapitalerhöhung entspricht.

e) Genehmigtes Kapital

Das genehmigte Kapital[26] ist eine Form der Kapitalerhöhung, die nicht an einen bestimmten Finanzierungsanlaß gebunden ist. Der Vorstand wird für längstens fünf Jahre von der Hauptversammlung ermächtigt, das Grundkapital bis zu einem bestimmten Nennbetrag, der die Hälfte des bisherigen Grundkapitals nicht überschreiten darf, durch Ausgabe neuer Aktien gegen Einlagen, zu der der Aufsichtsrat seine Zustimmung geben soll, zu erhöhen.

Dieses Verfahren soll die Schwerfälligkeit, die der ordentlichen Kapitalerhöhung durch eine Anzahl rechtlicher Vorschriften anhaftet, überwinden und dem Vorstand eine größere Elastizität in der finanziellen Disposition, insbesondere die Ausnutzung günstiger Situationen am Kapitalmarkt ermöglichen.

Das genehmigte Kapital darf in der Bilanz nur in **Vorspalte** ausgewiesen werden, jedoch ist ein Vermerk vor Ausgabe der Aktien und vor der Eintragung ins Handelsregister nicht vorgeschrieben. Deshalb kommt der Berichterstattung im Geschäftsbericht eine besondere Bedeutung zu. Anzugeben sind der Nennbetrag des genehmigten Kapitals, soweit von der Ermächtigung noch kein Gebrauch gemacht wurde, der Inhalt des Ermäch-

---

[24] Vgl. § 200 AktG
[25] Vgl. § 201, Abs. 1 AktG
[26] Vgl. §§ 202 ff. AktG

tigungsbeschlusses, insbesondere die Bedingungen der Aktienausgabe, und – falls im Berichtsjahr Aktien augegeben werden – alle Angaben, die erforderlich sind, um eine Nachprüfung zu ermöglichen, ob die Ausgabe im Rahmen der Emächtigung erfolgt ist.

f) Genußrechte, Rechte aus Besserungsscheinen und ähnliche Rechte

Genußrechte und Rechte aus Besserungsscheinen sind keine Aktionärsrechte, sondern gewähren **Gläubigerrechte** am Reingewinn und/oder am Liquidationserlös. Sie sind meist in einer Urkunde verbrieft (Genußscheine, Besserungsscheine).

Besserungsscheine sind schriftlich verbriefte Schuldversprechen der Gesellschaft, den Gläubigern, die auf ihre Forderungen gegenüber der Gesellschaft verzichtet haben (z. B. im Rahmen von Sanierungsmaßnahmen), die erlassenen Schulden aus späteren Gewinnen oder dem Liquidationserlös zurückzuzahlen.

Für derartige Rechte besteht in der Regel **keine Passivierungspflicht**[27]. Deshalb ist eine Berichterstattung im Geschäftsbericht von besonderer Wichtigkeit, denn die Aktionäre haben einen Anspruch auf Information darüber, wer neben ihnen noch Rechte auf Gewinn- und Liquidationserlösteile geltend machen kann.

Zu berichten ist über Inhalt, Nennbetrag, Ausgestaltung und Zweck der bestehenden Rechte und über den berechtigten Personenkreis. Anzugeben sind sowohl die im Berichtsjahr neu geschaffenen Rechte als auch der Gesamtbestand der vorhandenen Rechte dieser Art.

g) Haftungsverhältnisse

Über Haftungsverhältnisse, einschließlich der Bestellung von Sicherheiten für eigene Verbindlichkeiten, die aus der Jahresbilanz nicht ersichtlich sind, ist im Geschäftsbericht zu berichten. Die Bestellung von Sicherheiten für fremde Verbindlichkeiten sowie für Verbindlichkeiten aus der Begebung von Wechseln, aus Bürgschaften, Wechsel- und Scheckbürgschaften und aus Gewährleistungsverträgen sind in der Bilanz „unter dem Strich" zu vermerken.[28]

Die Sicherung von Verbindlichkeiten durch **Grundpfandrechte** ist in der Bilanz bei Verbindlichkeiten mit einer Laufzeit von mindestens vier Jahren[29] anzugeben; das betrifft Anleihen, Verbindlichkeiten gegenüber Kreditinstituten und sonstige Verbindlichkeiten. Erläuterungen dazu können im Geschäftsbericht nach § 160 Abs. 2 Satz 1 bei den allgemeinen Erläuterungen zu den Positionen des Jahresabschlusses erforderlich werden. Glei-

---

[27] Passiviert werden müssen nur solche Genußrechte, die einen Anspruch auf Zahlung unabhängig von Gewinn und Liquidationserlös gewähren.
[28] Vgl. § 151 Abs. 5 AktG
[29] Vgl. § 151 Abs. 1 Passivseite V AktG

ches gilt für besondere Rückstellungen, z. B. für Garantiezusagen oder für Verluste aus schwebenden Geschäften.

Die Berichtspflicht ergibt sich insbesondere aus der Notwendigkeit, die Gläubiger der Gesellschaft über das Risiko ihrer Kreditgewährung so weit wie nur irgend möglich zu informieren. So zeigt die Bilanz zwar – im Rahmen der Bewertungsvorschriften – den Wert und die Struktur des Vermögens, das zur Deckung der Verbindlichkeiten mindestens vorhanden ist, sie zeigt aber z. B. nicht bei allen Vermögenspositionen besondere Rechte einzelner Gläubiger, durch die das Risiko anderer Gläubiger erheblich vergrößert wird.

Beispiele für derartige Haftungsverhältnisse sind Pfandbestellungen, Sicherungsübereignungen, Eigentumsvorbehalte, Vertragsstrafen, Verpflichtungen zur Leistung noch ausstehender Einlagen auf Aktien[30] auf GmbH-Anteile[31] und auf Genossenschaftsanteile[32], die der Gesellschaft gehören, soweit sie nicht in der Bilanz passiviert worden sind, und dingliche Belastungen des Grundvermögens, die nicht aus der Bilanz zu ersehen sind (z. B. Verbindlichkeiten mit einer Laufzeit unter vier Jahren).

Die Verpfändung von Waren und Wertpapieren und insbesondere die **Sicherungsübereignung** sind weit verbreitete Mittel der Kreditsicherung. Die Sicherungsübereignung bietet dem Schuldner im Gegensatz zum Pfandrecht den Vorteil, daß er unmittelbarer Besitzer der übereigneten Sache bleibt (während beim Pfandrecht der Gläubiger unmittelbaren Besitz an der Sache erlangen muß, § 1205 BGB). Der Schuldner kann die übereignete Sache – z. B. eine maschinelle Anlage – folglich weiter nutzen und ihre Erträge mit zur Tilgung und Verzinsung des Kredits verwenden. Der Gläubiger ist Eigentümer und hat infolgedessen im Konkursfalle ein Aussonderungsrecht. Nach Erfüllung des Sicherungszweckes ist er zur Rückübertragung verpflichtet.

Eigentumsvorbehalte sind heute in der Praxis weit verbreitet. Der Verkäufer überträgt das Eigentum unter der Bedingung, daß der Kaufpreis voll bezahlt worden ist. Solange das nicht der Fall ist, hat er einen Herausgabeanspruch. Es ist herrschende Auffassung[33], daß jeder Dritte damit rechnen muß, daß eine Gesellschaft Vermögenswerte in Besitz hat, die noch nicht voll bezahlt sind und unter Eigentumsvorbehalt stehen, und daß folglich bei branchenüblichen Eigentumsvorbehalten keine Berichtspflicht besteht, es sei denn, die Gesellschaft ist mit ihrer Zahlung im Rückstand und muß damit rechnen, daß der Eigentumsvorbehalt geltend gemacht wird[34].

Zeichnet die Gesellschaft Aktien, GmbH-Anteile oder Genossenschaftsanteile, hat sie jedoch erst einen Teil des Zeichnungsbetrages bezahlt, so

---

[30] Vgl. §§ 54, 66 AktG
[31] Vgl. §§ 21 f. GmbHG
[32] Vgl. §§ 97 und 133 GenG
[33] Vgl. Adler-Düring-Schmaltz, a. a. O., Erl. zu § 160, Tz 172 und die dort angegebene Literatur; WP-Handbuch 1968, a. a. O., S. 463
[34] Vgl. Adler-Düring-Schmaltz, a. a. O., Erl. zu § 160, Tz 172

kann sie diese entweder zum Zeichnungsbetrage als Beteiligung aktivieren, oder sie kann nur die bisher geleisteten Zahlungen aktivieren, muß dann aber die **Verpflichtung zur Resteinzahlung** im Geschäftsbericht erwähnen.

h) Gesamtbezüge der Mitglieder des Vorstands und Aufsichtsrats

Um insbesondere Aktionären, aber auch anderen interessierten Personen offenzulegen, wie hoch der Personalaufwand für die Verwaltung der Gesellschaft im Berichtsjahr gewesen ist, müssen die Gesamtbezüge (Gehälter, Gewinnbeteiligungen, Aufwandsentschädigungen, Versicherungsentgelte, Provisionen und Nebenleistungen jeder Art) der Mitglieder des Vorstands, des Aufsichtsrats und eines Beirats oder einer ähnlichen Einrichtung jeweils gesondert unter Bezeichnung der einzelnen Einrichtung angegeben werden.

Getrennt davon sind die Gesamtbezüge (Abfindung, Ruhegehälter, Hinterbliebenenbezüge und Leistungen verwandter Art) der früheren Mitglieder des Vorstands und ihrer Hinterbliebenen auszuweisen.

Anzugeben sind – um Umgehungen der Berichtspflicht zu verhindern – auch solche Bezüge, die nicht ausgezahlt, sondern in Ansprüche anderer Art umgewandelt oder zur Erhöhung anderer Ansprüche verwandt werden (z. B. Pensionsansprüche).

Gesondert anzugeben sind ferner Bezüge, die Mitgliedern des Vorstands der Gesellschaft von verbundenen Unternehmen für ihre Tätigkeit für die Gesellschaft oder für ihre Tätigkeit als gesetzliche Vertreter oder Angestellte der verbundenen Unternehmen gewährt worden sind. Erhält ein Vorstandsmitglied in seiner Eigenschaft als Aufsichtsratsmitglied eines verbundenen Unternehmens Bezüge, so besteht keine Berichtspflicht, da die Tätigkeit für das verbundene Unternehmen und nicht für die eigene Gesellschaft ausgeübt wird.

i) Beziehungen zu verbundenen Unternehmen

Die Berichtspflicht erstreckt sich auf die rechtlichen und geschäftlichen Beziehungen zu verbundenen Unternehmen mit Sitz im Inland im Sinne des § 15 AktG, d. h. auf im Mehrheitsbesitz stehende und mit Mehrheit beteiligte Unternehmen (§ 16 AktG), auf abhängige und herrschende Unternehmen (§ 17 AktG), auf Konzernunternehmen (§ 18 AktG), auf wechselseitig beteiligte Unternehmen (§ 19 AktG) und auf Unternehmen, mit denen die Gesellschaft durch Beherrschungs- und/oder Gewinnabführungsvertrag (§ 291 AktG) oder andere Unternehmensverträge im Sinne des § 292 AktG (Gewinngemeinschaftsvertrag, Teilgewinnabführungsvertrag, Betriebspacht- und Betriebsüberlassungsvertrag) verbunden ist[35].

Die Vermögens- und Ertragslage einer Gesellschaft kann durch Unter-

---

[35] Einzelheiten über die Arten der „verbundenen Unternehmen" und ihre Abgrenzung vgl. S. 226 ff.

nehmensverbindungen erheblich beeinflußt werden, ohne daß der Jahresabschluß darüber hinreichende Aufschlüsse gibt. Insbesondere bei Unterordnungskonzernen kann damit gerechnet werden, daß durch Weisungen der Konzernleitung, z. B. durch Festsetzen von Verrechnungspreisen für Lieferungen und Leistungen zwischen Konzerngesellschaften, **Gewinnverlagerungen** von einer Gesellschaft auf eine andere eintreten können, die aus der Gewinn- und Verlustrechnung nicht zu erkennen sind.

Es ist umstritten, inwieweit sich aus § 160 Abs. 3 Ziff. 10 AktG die Pflicht ergibt, die verbundenen Unternehmen **namentlich** aufzuführen. Eine Konzernobergesellschaft sollte alle wesentlichen abhängigen Gesellschaften namentlich nennen. Sie ist nach § 329 Abs. 1 AktG auch zur Aufstellung eines Konzerngeschäftsberichts[36] verpflichtet, in dem alle inländischen Konzernunternehmen, auch wenn sie nicht in den Konzernabschluß einbezogen werden dürfen oder müssen, namentlich anzugeben sind[37].

Eine abhängige Konzerngesellschaft sollte wenigstens die Obergesellschaft namentlich aufführen. Ob bei anderen verbundenen Unternehmen eine Namensnennung erfolgt, hängt von der wirtschaftlichen Bedeutung der Unternehmensverbindung ab. § 160 Abs. 3 Ziff. 10 AktG fordert eine Berichterstattung über geschäftliche Vorgänge bei verbundenen Unternehmen, „die auf die Lage der Gesellschaft von erheblichem Einfluß sein können". Die Angabe von Einzelheiten kann jedoch durch Anwendung der Schutzklausel vermieden werden.

Besteht ein **Beherrschungsvertrag,** so kann die herrschende Gesellschaft einer abhängigen Gesellschaft auch Weisungen erteilen, die für dieses Unternehmen nachteilig sind, wenn die Weisungen den Belangen der Obergesellschaft oder anderer Konzerngesellschaften dienen[38].

Ist dagegen **kein Beherrschungsvertrag** abgeschlossen worden, so dürfen nachteilige Weisungen durch die Obergesellschaft nur gegeben werden, wenn die Nachteile ausgeglichen werden. Der Vorstand der abhängigen Gesellschaft ist nach § 312 AktG verpflichtet, einen Bericht über die Beziehungen zu verbundenen Unternehmen zu erstellen (**Abhängigkeitsbericht**), in dem alle Rechtsgeschäfte und andere Maßnahmen, die die abhängige Gesellschaft auf Veranlassung oder im Interesse der herrschenden Gesellschaft oder eines mit ihr verbundenen Unternehmens vorgenommen oder unterlassen hat, aufzuführen sind. Am Schluß des Berichts hat der Vorstand eine Erklärung abzugeben, „ob die Gesellschaft nach den Umständen, die ihm in dem Zeitpunkt bekannt waren, in dem das Rechtsgeschäft vorgenommen oder die Maßnahme getroffen oder unterlassen wurde, bei jedem Rechtsgeschäft eine angemessene Gegenleistung erhielt und dadurch, daß die Maßnahme getroffen oder unterlassen wurde, nicht benachteiligt wurde."[39]

---

[36] Vgl. S. 710 ff.
[37] Vgl. § 334 Abs. 1
[38] Vgl. § 308 Abs. 1 AktG
[39] § 312 Abs. 3 AktG

Diese Erklärung muß nach § 312 Abs. 3 Satz 3 AktG in den Geschäftsbericht aufgenommen werden. Sie wird durch diese Vorschrift zum notwendigen Bestandteil des Geschäftsberichts, ohne den dieser unvollständig
wäre. Die Erklärung ist zweckmäßigerweise unter Nr. 10 auszuweisen. Sie
kann aber auch gesondert an das Ende des Geschäftsberichts gesetzt werden.

j) Mitteilung über das Bestehen einer Beteiligung

Das Aktiengesetz 1965 hat folgende **Mitteilungspflichten** eingeführt:

1. Jedes Unternehmen, dem mehr als 25 % der Aktien einer inländischen
   Aktiengesellschaft gehören, hat das der Gesellschaft unverzüglich schriftlich mitzuteilen[40]. Hier handelt es sich also um eine Mitteilungspflicht
   einer Unternehmung – ganz gleich in welcher Rechtsform sie geführt
   wird – als Aktionär einer Aktiengesellschaft.
2. Gehören einer Aktiengesellschaft mehr als 25 % der Anteile an einer
   anderen Kapitalgesellschaft oder einer bergrechtlichen Gewerkschaft mit
   Sitz im Inland, so besteht für sie nach § 21 Abs. 1 AktG gegenüber dem
   Unternehmen, an dem sie beteiligt ist, ebenfalls eine Mitteilungspflicht.
   Diese Vorschrift ist insbesondere erforderlich wegen der Bestimmung
   über wechselseitig beteiligte Unternehmen (§§ 19, 328 AktG). Wenn nur
   die Aktionäre einer Aktiengesellschaft – soweit sie Unternehmer sind –
   einer Mitteilungspflicht nachkommen müßten, so wäre es denkbar, daß
   ein in der Rechtsform einer anderen Kapitalgesellschaft oder bergrechtlichen Gewerkschaft geführtes Unternehmen nicht erfahren würde, daß
   eine Aktiengesellschaft an ihm beteiligt ist.

Entsprechende Mitteilungen sind zu machen, sobald einem Unternehmen
eine **Mehrheitsbeteiligung** an einer Aktiengesellschaft[41] gehört, oder sobald
einer Aktiengesellschaft eine Mehrheitsbeteiligung an einem anderen Unternehmen gehört[42]. Die Berechnung der Mehrheit erfolgt nach § 16
Abs. 4 AktG.

Die letztgenannte Mitteilungspflicht einer Aktiengesellschaft unterscheidet sich von der Mitteilungspflicht nach § 21 Abs. 1 AktG dadurch, daß
sie gegenüber jedem Unternehmen, ganz gleich in welcher Rechtsform es
geführt wird, besteht. Eine Aktiengesellschaft muß also eine Beteiligung
von mehr als 25 % nur einer Kapitalgesellschaft oder bergrechtlichen Gewerkschaft melden, eine Beteiligung von mehr als 50 % dagegen jedem
betroffenen Unternehmen. Die Mitteilung einer Mehrheitsbeteiligung ist
deshalb von besonderer Bedeutung, weil nach § 17 Abs. 2 AktG bei Bestehen einer Mehrheitsbeteiligung ein Abhängigkeitsverhältnis vermutet
wird.

---

[40] Vgl. § 20 Abs. 1 AktG
[41] Vgl. § 20 Abs. 4 AktG
[42] Vgl. § 20 Abs. 2 AktG

Wenn die Grenze von mehr als 25 %/o oder mehr als 50 %/o wieder unterschritten wird, so ist auch das dem anderen Unternehmen unverzüglich
mitzuteilen. Alle übrigen Veränderungen in den Beteiligungsverhältnissen
lösen keine Mitteilungspflicht aus, insbesondere auch nicht das Überschreiten der 75 %/o-Grenze, durch das eine Sperrminorität eines anderen Ak-
tionäres ausgeschlossen wird.

Ziel der Mitteilungspflichten ist danach in erster Linie eine Verbesserung
der Publizität durch Informationen über erreichte Sperrminoritäten und
Mehrheiten.

Hat die Gesellschaft eine Mitteilung erhalten, daß ein anderes Unternehmen an ihr beteiligt ist, so hat sie darüber im Geschäftsbericht zu berichten. Dabei muß sie angeben, wem die Beteiligung gehört und ob sie den
vierten Teil aller Aktien der Gesellschaft übersteigt oder eine Mehrheitsbeteiligung ist.

Das AktG 1937 kannte keine derartigen Mitteilungspflichten für Beteiligungen an einer Aktiengesellschaft und für Beteiligungen einer Aktiengesellschaft an einem anderen Unternehmen. Die Einführung der Mitteilungspflichten war bei den Beratungen über das Aktiengesetz 1965 stark
umstritten. Der Rechts- und Wirtschaftsausschuß hat zu dieser Frage Sach-
verständige gehört. Die der Wirtschaft nahestehenden Sachverständigen
haben sich grundsätzlich gegen eine Einführung von Mitteilungspflichten
ausgesprochen. In der Begründung zum Regierungsentwurf heißt es dazu:
„Der Entwurf schreibt sie vor, um die Aktionäre, die Gläubiger und die
Öffentlichkeit über geplante und bestehende Konzernverbindungen besser zu unterrichten und die vielfach auch für die Unternehmensleitung
selbst nicht erkennbaren Machtverhältnisse in der Gesellschaft deutlicher
hervortreten zu lassen. Ferner soll durch diese Mitteilungspflicht die Rechtssicherheit bei der Anwendung derjenigen Vorschriften, die an die Höhe
einer Beteiligung anknüpfen, erhöht werden."[43]

---

[43] Kropff, Aktiengesetz, a. a. O., S. 38

Neunter Abschnitt

Die Rechnungslegung im Konzern

Vorbemerkung

Das Aktiengesetz 1965 enthält erstmals Vorschriften über die Rechnungslegung im Konzern, die zum ersten Male für das Geschäftsjahr angewendet werden mußten, das nach dem 31. 12. 1966 begann[1]. Nach § 329 Abs. 1 AktG sind Unterordnungskonzerne verpflichtet, eine Konzernbilanz, eine Konzern-Gewinn- und Verlustrechnung und einen Konzerngeschäftsbericht aufzustellen, wenn die Obergesellschaft eine Aktiengesellschaft oder eine Kommanditgesellschaft auf Aktien mit Sitz im Inland ist. § 29 Abs. 1 EGAktG dehnt diese Rechnungslegungsvorschriften auch auf Obergesellschaften mit Sitz im Inland aus, die in der Rechtsform der GmbH oder der bergrechtlichen Gewerkschaft geführt werden, wenn zum Konzern wenigstens eine Aktiengesellschaft oder Kommanditaktiengesellschaft gehört. Auf Konzerne, zu denen kein Unternehmen dieser beiden Rechtsformen zählt, waren die aktienrechtlichen Konzernrechnungslegungsvorschriften zunächst nicht anzuwenden; sie stellten somit kein allgemeines Konzernrecht dar.

Diese Rechtslage hat sich durch die Verabschiedung des „Gesetzes über die Rechnungslegung von bestimmten Unternehmen und Konzernen" vom 15. August 1969[2] (Publizitätsgesetz) geändert. § 11 Abs. 1 dieses Gesetzes bestimmt, daß die Konzernobergesellschaft (Konzernleitung) von Unterordnungskonzernen unabhängig von der Rechtsform der Obergesellschaft und der Konzernunternehmen Rechnung zu legen hat, wenn sie ihren Sitz (Hauptniederlassung) im Inland hat und für drei aufeinanderfolgende Abschlußstichtage der Konzernleitung jeweils mindestens zwei der drei folgenden Merkmale zutreffen:

1. Die Bilanzsumme einer auf den Abschlußstichtag aufgestellten Konzernbilanz übersteigt 125 Mill. DM.
2. Die Außenumsatzerlöse des Konzerns in den zwölf Monaten vor dem Abschlußstichtag übersteigen 250 Mill. DM.

---

[1] Vgl. § 23 Abs. 1 EGAktG
[2] BGBl I, S. 1189

3. Die Konzernunternehmen mit Sitz im Inland haben in den zwölf Monaten vor dem Abschlußstichtag insgesamt durchschnittlich mehr als
5000 Arbeitnehmer beschäftigt.

Die nach dem Publizitätsgesetz zur Rechnungslegung verpflichteten Konzernobergesellschaften haben einen Konzernabschluß und einen Konzerngeschäftsbericht aufzustellen, auf den die entsprechenden Vorschriften des
Aktiengesetzes anzuwenden sind[3] [4].

Nach § 338 Abs. 2 AktG ist der geprüfte Konzernabschluß zusammen
mit dem Jahresabschluß zum Handelsregister einzureichen und in den Gesellschaftsblättern der Obergesellschaft zu veröffentlichen. Konzernabschlüsse, die nach dem Publizitätsgesetz aufzustellen sind, unterliegen nach
§ 14 dieses Gesetzes ebenfalls der Pflichtprüfung. Sie sind zum Handelsregister einzureichen und im Bundesanzeiger zu veröffentlichen, und zwar
auch dann, wenn die Obergesellschaft auf Grund ihrer Rechtsform nicht
zur Veröffentlichung ihres Jahresabschlusses verpflichtet ist.

---

[3] Vgl. § 13 Publizitätsgesetz
[4] Weitere Einzelheiten über den Kreis der zur Aufstellung von Konzernabschlüssen verpflichteten Unternehmungen vgl. S. 652 ff.

I. Die Begriffe Konzern und Konzernabschluß

1. Der aktienrechtliche Konzernbegriff als Spezialfall des Begriffs „verbundene Unternehmen"

Das Aktiengesetz 1965 verwendet zur Charakterisierung aller möglichen Formen von Unternehmenszusammenschlüssen, bei denen die rechtliche Selbständigkeit der zusammengeschlossenen Unternehmen erhalten bleibt, den Begriff der „verbundenen Unternehmen", den das Aktiengesetz 1937 nicht kennt. Dieses Gesetz enthält nur eine Definition des Konzernbegriffs. Nach § 15 Abs. 1 AktG 1937 bilden rechtlich selbständige Unternehmen, die zu wirtschaftlichen Zwecken unter einheitlicher Leitung zusammengeschlossen sind, einen Konzern. § 15 Abs. 2 AktG 1937 stellt fest, daß dann, wenn ein rechtlich selbständiges Unternehmen auf Grund von Beteiligungen oder sonst unmittelbar oder mittelbar unter dem beherrschenden Einfluß eines anderen Unternehmens steht, das herrschende und das abhängige Unternehmen als Konzern gelten.

Wesensmerkmale des Konzerns nach altem Aktienrecht waren also entweder die **einheitliche Leitung** oder/und ein **Abhängigkeitsverhältnis**. Herrschende und abhängige Gesellschaft galten auch ohne den Tatbestand der einheitlichen Leitung als Konzern. Der Konzernbegriff des Aktiengesetzes 1965 fordert in § 18 nur noch **eine** Voraussetzung: die einheitliche Leitung.

In dem Katalog der verbundenen Unternehmen, die in § 15 AktG 1965 erschöpfend aufgezählt werden, ist der Konzernzusammenschluß nur noch eine von mehreren Arten der verbundenen Unternehmen. Er setzt stets eine einheitliche Leitung voraus (§ 18). Ist diese nicht gegeben, so fällt eine Unternehmensverbindung zwar unter den Begriff der verbundenen Unternehmen (§ 17), nicht aber unter den Konzernbegriff.

§ 18 AktG 1965 definiert den Konzern wie folgt:

„1. Sind ein herrschendes und ein oder mehrere abhängige Unternehmen unter der einheitlichen Leitung des herrschenden Unternehmens zusammengefaßt, so bilden sie einen Konzern; die einzelnen Unternehmen sind Konzernunternehmen. Unternehmen, zwischen denen ein Beherrschungsvertrag (§ 291) besteht oder von denen das eine in das andere eingegliedert ist (§ 319), sind als unter einheitlicher Leitung zusammengefaßt anzusehen.

Von einem abhängigen Unternehmen wird vermutet, daß es mit dem herrschenden Unternehmen einen Konzern bildet.

2. Sind rechtlich selbständige Unternehmen, ohne daß das eine Unternehmen von dem anderen abhängig ist, unter einheitlicher Leitung zusammengefaßt, so bilden sie auch einen Konzern; die einzelnen Unternehmen
sind Konzernunternehmen."

Der **Begriff der einheitlichen Leitung** ist im Gesetz nicht näher umschrie-
ben worden. Die Begründung des Rechtsausschusses des Bundestages geht
von einem sehr weit gefaßten Begriff aus und stellt fest: „Als Zusammenfassung unter einheitlicher Leitung muß es bereits angesehen werden, wenn
die Konzernleitung die Geschäftspolitik der Konzerngesellschaften und
sonstige grundsätzliche Fragen ihrer Geschäftsführung aufeinander ab-
stimmt. Diese Abstimmung setzt kein Weisungsrecht voraus. Sie kann sich
vielmehr auch in der lockeren Form gemeinsamer Beratungen vollziehen
oder aus einer personellen Verflechtung der Verwaltungen ergeben. Eine
gesetzliche Festlegung der an die einheitliche Leitung zu stellenden Anforderungen erscheint aber angesichts der vielfältigen Formen, die die Wirtschaft für die Konzernleitung herausgebildet hat, nicht möglich[1]."

Im Falle eines Abhängigkeitsverhältnisses läßt sich die einheitliche Leitung
leichter herstellen als im Gleichordnungskonzern. Während im ersten Falle
auf Grund der bestehenden Beteiligungs- oder Vertragsverhältnisse das
herrschende Unternehmen nicht nur die Konzernführung bilden, sondern
auch die personelle Besetzung der Verwaltungsorgane der abhängigen Gesellschaft maßgeblich beeinflussen kann, müssen die in einem Gleichordnungskonzern zusammengefaßten Unternehmen in gegenseitiger Abstimmung ein gemeinsames Führungsorgan schaffen.

Die Beziehungen, die zwischen verbundenen Unternehmen, die Konzernunternehmen sind, und allen anderen Arten von verbundenen Unternehmen bestehen, hat Havermann[2] treffend mit den Begriffen multilateral und bilateral zu kennzeichnen versucht. Beziehungen zwischen Konzernunternehmen sind **multilateral,** d. h. alle Unternehmen, die unter einheitlicher Leitung stehen, sind miteinander verbunden.

Beherrscht z. B. die Gesellschaft A die beiden Gesellschaften B und C
und übt A die einheitliche Leitung aus, so sind B und C nicht nur im
Verhältnis zu A verbundene Unternehmen, sondern auch untereinander,
auch wenn zwischen B und C weder eine vertragliche, noch eine kapitalmäßige Bindung besteht. Nach § 18 Abs. 1 AktG sind alle drei Unternehmen Konzernunternehmen, so daß z. B. Forderungen, die B an C hat,
bei B als Forderungen an verbundene Unternehmen[3] ausgewiesen werden
müssen.

---

[1] Kropff, B., Aktiengesetz, a. a. O., S. 33
[2] Vgl. Havermann, H., Die verbundenen Unternehmen und ihre Pflichten nach dem AktG
1965, WPg 1966, S. 32
[3] Vgl. § 151 Abs. 1 AktG

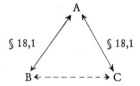

Gleiches gilt für zwei Gesellschaften A und B, deren Anteile sich in der Hand eines Eigentümers befinden, der kein Unternehmen ist. Stehen sie unter der einheitlichen Leitung des Eigentümers, so sind sie Konzernunternehmen, obwohl kein Abhängigkeitsverhältnis besteht. Es liegt ein **Gleichordnungskonzern** nach § 18 Abs. 2 AktG vor.

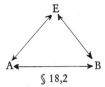

Kombiniert man beide Fälle, so sind **alle** Gesellschaften Konzernunternehmen, da sie unter einheitlicher Leitung zusammengefaßt sind. Sind also die Anteile von A und B in der Hand eines privaten Eigentümers E und beherrscht außerdem die Gesellschaft A die beiden Gesellschaften C und D, so sind auch B einerseits und C und D andererseits verbundene Unternehmen.[4]

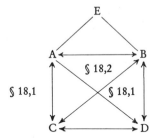

Sind Unternehmen nicht durch einheitliche Leitung verbunden, so gelten nur solche Unternehmen als verbundene Unternehmen, die im Verhältnis zueinander

a) in Mehrheitsbesitz stehende und mit Mehrheit beteiligte Unternehmen (§ 16 AktG),
b) abhängige und herrschende (§ 17 AktG),
c) wechselseitig beteiligte (§ 19 AktG) oder
d) Vertragsteile eines Unternehmensvertrages (§§ 15, 291, 292 AktG) sind.

---

[4] Vgl. Havermann, H., a. a. O., S. 31

Kann z. B. A auf B und C einen beherrschenden Einfluß ausüben, ohne daß eine einheitliche Leitung besteht, so sind nur A und B und A und C im Verhältnis zueinander verbundene Unternehmen, nicht aber B und C. Die Beziehungen zwischen den Unternehmen sind also bilateral.

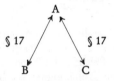

Der Einfluß kann auch **mittelbar** sein. Beherrscht A nur B, B aber seinerseits C und D, so herrscht A auch über C und D. C und D sind aber im Verhältnis zueinander keine verbundenen Unternehmen.

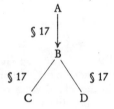

Besteht außerdem eine **wechselseitige Beteiligung** zwischen B und X, so ist X nur im Verhältnis zu B ein verbundenes Unternehmen, nicht dagegen im Verhältnis zu A, C und D.

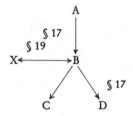

Der Begriff der **Mehrheitsbeteiligung** ist im Aktiengesetz 1965 vom Begriff der Beherrschung bzw. Abhängigkeit und vom Begriff des Konzerns getrennt worden. Nach § 15 Abs. 2 AktG 1937 waren diese drei Begriffe zusammengefaßt in der Bestimmung, daß – neben dem in Abs. 1 aufgeführten Erfordernis der einheitlichen Leitung – ein Konzern auch ohne Bestehen einer einheitlichen Leitung gegeben ist, wenn ein rechtlich selbständiges Unternehmen auf Grund von Beteiligungen oder sonst unmittelbar oder mittelbar unter dem beherrschenden Einfluß eines anderen Unternehmens steht.

Nach § 17 Abs. 2 AktG wird von einem in Mehrheitsbesitz stehenden Unternehmen **vermutet**, daß es von dem an ihm mit Mehrheit beteiligten Unternehmen **abhängig** ist. Diese Vermutung kann **widerlegt** werden, d. h. ein in Mehrheitsbesitz stehendes Unternehmen muß nicht notwendigerweise abhängig sein (z. B. stimmrechtslose Vorzugsaktien), wie das in § 15 Abs. 2 AktG 1937 unterstellt wurde.

Im Bericht des Rechtsausschusses des Bundestages wird dazu als Begründung ausgeführt: „Als Beispiel für einen Sachverhalt, der eine Widerlegung der gesetzlichen Vermutung gestatten sollte, wurde der Fall genannt, daß die Kapitalmehrheit zu einem erheblichen Teil aus Vorzugsaktien ohne Stimmrecht besteht. Vor allem dachte man aber an den namentlich bei internationalen Gemeinschaftsgründungen sowie beim Übergang der Kapitalmehrheit einer Familiengesellschaft auf ein familienfremdes Unternehmen gelegentlich vorkommenden Fall, daß ein mit Mehrheit beteiligtes Unternehmen sich im Verhältnis zu anderen Gesellschaftern vertraglich verpflichtet, die Verwaltungsrechte nur aus einem Teil seiner Aktien auszuüben."[5]

Aber auch ein **abhängiges Unternehmen** muß nicht notwendigerweise ein Konzernunternehmen sein, wie das in § 15 Abs. 2 AktG 1937 festgestellt wurde. Zwar gilt nach § 18 Abs. 1 AktG 1965 die Vermutung, daß ein abhängiges Unternehmen mit dem herrschenden Unternehmen einen Konzern bildet, doch kann auch diese Vermutung widerlegt werden; dann nämlich, wenn zwar Abhängigkeit, aber **keine einheitliche Leitung** besteht.

Die Widerlegung ist nicht möglich, wenn ein **Beherrschungsvertrag** (§ 291 AktG) oder eine **Eingliederung** (§ 319 AktG) vorliegt. Die Widerlegung der Konzernvermutung ist von besonderer praktischer Bedeutung für die Frage, ob eine abhängige Gesellschaft in eine Konzernbilanz einzubeziehen ist oder nicht. Besteht ein Abhängigkeitsverhältnis, so gilt für den Konzernabschlußprüfer zunächst die Vermutung, daß die abhängige Gesellschaft in den Konzernabschluß aufgenommen werden muß. Die Verwaltung kann die Vermutung durch den Nachweis widerlegen, daß die abhängige Gesellschaft einer einheitlichen Leitung nicht unterliegt.

Liegt eine Mehrheitsbeteiligung vor, so gilt also:

1. Mehrheitsbeteiligung (§ 16) läßt Abhängigkeitsverhältnis vermuten (§ 17 Abs. 2),
2. Abhängigkeitsverhältnis (§ 17) läßt Konzern vermuten (§ 18 Abs. 1 Satz 3),
3. Konzern, wenn beide Vermutungen nicht widerlegt werden können.

Nach § 17 Abs. 1 AktG sind abhängige Unternehmen „rechtlich selbständige Unternehmen, auf die ein anderes Unternehmen (herrschendes Unternehmen) unmittelbar oder mittelbar einen beherrschenden Einfluß ausüben kann." Diese Begriffsbestimmung lehnt sich eng an die des § 15 Abs. 2 AktG 1937 an. Nach dem alten Recht begründet jedoch jedes Ab-

---

hängigkeitsverhältnis ein Konzernverhältnis, auch wenn keine einheitliche Leitung besteht. Diese Fiktion ist beseitigt worden, weil es im Wirtschaftsleben Abhängigkeitsverhältnisse gibt, die deshalb kein Konzernverhältnis darstellen, weil es eben an einer einheitlichen Leitung fehlt und eine solche auch aus betriebswirtschaftlichen Gründen gar nicht hergestellt werden soll oder kann. Wenn z. B. ein Unternehmen der Nahrungsmittelindustrie eine Mehrheitsbeteiligung an einer Ölraffinerie besitzt, so kann sie zwar einen Einfluß auf diese ausüben, es muß aber nicht zu einer einheitlichen Leitung beider Unternehmen kommen, die sich in völlig unterschiedlichen Sektoren der Wirtschaft betätigen.

Die auf Grund eines Abhängigkeitsverhältnisses mögliche Einflußnahme des herrschenden auf das abhängige Unternehmen muß nicht tatsächlich ausgeübt werden. Der Tatbestand des verbundenen Unternehmens ist bereits erfüllt, **wenn die Möglichkeit zur Einflußnahme besteht.** „Damit wird gleichzeitig der wesentlichste Unterschied zwischen dem Konzernbegriff und dem Abhängigkeitsbegriff verdeutlicht. Während es für den Konzern begriffswesentlich ist, daß die Leitung tatsächlich ausgeübt wird, genügt für ein Abhängigkeitsverhältnis bereits die Möglichkeit der Einflußnahme. Dies gilt auch, wenn es – wie unter Umständen bei einer vorübergehenden Bankbeteiligung – unwahrscheinlich ist, daß von der Beherrschungsmacht Gebrauch gemacht wird. Aus Gründen der Rechtsklarheit kann es nicht darauf ankommen, ob der beherrschende Einfluß mehr oder weniger wahrscheinlich ausgeübt wird."[6]

2. Konzernarten

Konzerne, die durch Abhängigkeitsverhältnisse entstehen, bezeichnet man als **Unterordnungskonzerne.** Sind dagegen rechtlich selbständige Unternehmen, ohne daß ein Abhängigkeitsverhältnis besteht, unter einheitlicher Leitung zusammengefaßt, so bilden sie einen **Gleichordnungskonzern.** Die Rechnungslegungsvorschriften des Aktiengesetzes beziehen sich nur auf die Unterordnungskonzerne[7].

In der Praxis haben sich zwei weitere Konzernbegriffe herausgebildet, die im Gesetz nicht enthalten sind: der **Vertragskonzern** und der **faktische Konzern.** Ersterer beruht auf Beherrschungsvertrag, letzterer auf tatsächlicher Beherrschung durch Beteiligungsverhältnisse; allerdings muß auch hier die einheitliche Leitung hinzutreten, sonst handelt es sich um ein Abhängigkeitsverhältnis nach § 17 AktG. Die Vorschriften der §§ 311 ff. AktG, die die Verantwortlichkeit des herrschenden Unternehmens und seiner ge-

---

[6] Kropff, B., Aktiengesetz, a. a. O., S. 31
[7] Vgl. S. 649 ff.

setzlichen Vertreter gegenüber einem abhängigen Unternehmen bei Fehlen eines Beherrschungsvertrages regeln, gelten nicht nur für den faktischen Konzern, sondern auch für Abhängigkeitsverhältnisse außerhalb von Konzernverhältnissen.

Durch einen Vertrag allein kommt in der Praxis ein Konzern in der Regel nicht zustande, vielmehr ist eine kapitalmäßige Mehrheitsbeteiligung im allgemeinen die Voraussetzung für den Abschluß eines Beherrschungsvertrages.

Beruht der Konzern **auf Vertrag**, so darf die herrschende Gesellschaft im Interesse des Konzerns einer abhängigen Gesellschaft auch Weisungen erteilen, die für diese nachteilig sind. Der Vorstand der abhängigen Gesellschaft muß diese Weisungen befolgen. Die Minderheitsaktionäre sollen jedoch vor Nachteilen durch die Bestimmung geschützt werden, daß die herrschende Gesellschaft ihnen entweder eine **Dividendengarantie** zusichern[8] oder eine **angemessene Entschädigung** (Abfindung) gewähren muß, wenn sie ausscheiden wollen, nachdem ein Beherrschungsvertrag geschlossen worden ist[9].

Beruht der Konzern nicht auf Vertrag, sondern **auf faktischer Beherrschung,** so darf eine herrschende Gesellschaft ihren Einfluß nicht dazu benutzen, eine abhängige Gesellschaft zu veranlassen, „ein für sie nachteiliges Rechtsgeschäft vorzunehmen oder Maßnahmen zu ihrem Nachteil zu treffen oder zu unterlassen, es sei denn, daß die Nachteile ausgeglichen werden"[10].

Damit diese den Interessen der Minderheitsaktionäre und der Gläubiger gleichermaßen dienende Vorschrift eingehalten wird, ist der Vorstand der abhängigen Gesellschaft verpflichtet, einen Bericht über die Beziehungen der Gesellschaft zu verbundenen Unternehmungen aufzustellen, in dem alle Rechtsgeschäfte und andere Maßnahmen, die die abhängige Gesellschaft auf Veranlassung oder im Interesse der herrschenden Gesellschaft oder anderer Konzernunternehmen vorgenommen oder unterlassen hat, aufzuführen sind[11]. Am Schluß dieses „**Abhängigkeitsberichts**" hat der Vorstand zu erklären, ob seine Gesellschaft für alle derartigen Rechtsgeschäfte und Maßnahmen eine angemessene Gegenleistung erhalten hat und ob Nachteile, die ihr entstanden sind, ausgeglichen worden sind. Diese Erklärung ist auch in den Konzern-Geschäftsbericht aufzunehmen[12]. Der Abhängigkeitsbericht ist von den Abschlußprüfern (§ 313 AktG) und vom Aufsichtsrat (§ 314 AktG) zu prüfen.

Vom wirtschaftlichen Standpunkt aus kann die Konzernbildung auf horizontaler oder vertikaler Ebene erfolgen. Ziel eines **horizontalen** Konzerns

---

8   Vgl. § 304 AktG
9   Vgl. § 305 AktG
10   § 311 Abs. 1 AktG
11   Vgl. § 312 Abs. 1 und 2 AktG
12   Vgl. § 312 Abs. 3 AktG

ist es – wie beim Kartell[13] –, marktbeherrschende Positionen zu erringen, die Konkurrenz auszuschalten und damit die Möglichkeit autonomer Preispolitik zu schaffen. Eine Erhöhung der Absatzpreise gegenüber den bei Wettbewerb sich bildenden Preisen ist beim horizontalen Konzern nicht so negativ zu beurteilen wie beim Kartell, weil durch die einheitliche wirtschaftliche Leitung des Konzerns Überkapazitäten durch straffe Investitionspolitik vermieden oder durch Betriebsstillegungen abgebaut werden können, während beim Kartell die Überkapazitäten ja gerade eine der Ursachen von Unwirtschaftlichkeiten sind[14].

Vertikale Konzerne stellen einen Zusammenschluß von Betrieben aufeinanderfolgender Produktions- oder Handelsstufen dar (Integration) und entstehen im allgemeinen nicht nur mit dem Ziel der Marktbeherrschung, sondern sind häufig eine Folge von bereits bestehenden horizontalen Konzentrationen. Wird z. B. ein Rohstoffmarkt durch ein Kartell beherrscht, so besteht die Tendenz zur betrieblichen Integration, um durch Angliederung eines Rohstoffgewinnungsbetriebes dem hohen Kartellpreis auszuweichen.

Konzerne können auch **branchenfremde (anorganische) Zusammenschlüsse** sein, und zwar dann, wenn weder eine horizontale noch eine vertikale Verbindung besteht, sondern Unternehmen verschiedener Wirschaftszweige und Produktions- und Handelsstufen sich aus Gründen der Risikostreuung oder der Finanzanlagepolitik verbinden.

Die Zusammenhänge zwischen den einzelnen Merkmalen der Verbundenheit von Unternehmen (Mehrheitsbeteiligung, § 16; Beherrschung, § 17; Konzern, § 18) und den verschiedenen in der Praxis möglichen Formen der Verbundenheit kann man wie folgt graphisch darstellen:

Merkmale   **Gestaltungsformen:**

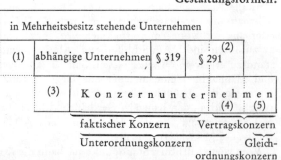

§ 16 AktG Mehrheitsbeteiligung

§§ 17, 291, 319 AktG Beherrschung

§ 18, 1 und 2 AktG einheitl. Leitung

---

13 Kartelle sind Unternehmenszusammenschlüsse, bei denen neben der rechtlichen auch die wirtschaftliche, insbesondere die kapitalmäßige Selbständigkeit des einzelnen Unternehmens erhalten bleibt. Ein Kartell kommt durch vertragliche Absprachen zustande, die in der Regel auf Beseitigung oder Beschränkung des Wettbewerbs abzielen. Kartelle, die den Wettbewerb behindern, sind durch das „Gesetz gegen Wettbewerbsbeschränkungen" (Kartellgesetz) vom 27. 7. 1957 i. d. F. vom 3. 1. 1966 (BGBl I, S. 37) verboten.

14 Vgl. Wöhe, G., Einführung, a. a. O., S. 143 f.

Die Ziffern bedeuten:

(1) = in Mehrheitsbesitz, aber nicht abhängig, da Abhängigkeitsvermutung widerlegt

(2) = nicht in Mehrheitsbesitz, aber vertragliche Abhängigkeit (§ 291)

(3) = abhängig, aber nicht Konzernunternehmen, da keine einheitliche Leitung

(4) = durch Vertrag abhängig und wegen einheitlicher Leitung Konzernunternehmen

(5) = nicht abhängig, durch Vertrag Konzernmitglied

3. Der Begriff des Konzernabschlusses

Der Konzernabschluß setzt sich aus einer Konzernbilanz und einer Konzernerfolgsrechnung zusammen. Beide werden durch einen Konzerngeschäftsbericht ergänzt und erläutert.

Eine Konzernbilanz entsteht nicht durch Addition der Einzelbilanzen der Konzernunternehmen. Eine solche Zusammenfassung ergibt eine **Gemeinschaftsbilanz**, die nicht geeignet ist, Einblicke in die wirtschaftliche Lage eines Konzerns zu geben. Die Konzernbilanz ist eine **konsolidierte Bilanz**, d. h. eine Bilanz, die zwar ebenso wie die Gemeinschaftsbilanz aus den Einzelbilanzen der Konzernunternehmen zusammengesetzt wird, aber unter Aufrechnung der Positionen, die eine Folge der wirtschaftlichen Beziehungen zwischen den rechtlich selbständigen Konzernunternehmen sind. Gleiches gilt für die Konzernerfolgsrechnung. Hier sind insbesondere die konzerninternen Lieferungen und Leistungen (Innenumsatzerlöse) zu eliminieren[15].

Da die Konzernunternehmen unter der einheitlichen Leitung einer Konzernverwaltung stehen, kann die Aussagekraft der Jahresabschlüsse der einzelnen Konzernunternehmen erheblich eingeschränkt sein, insbesondere wenn abhängige Gesellschaften Weisungen befolgen müssen, die zwar zum Vorteil des Gesamtkonzerns, aber zu ihrem eigenen Nachteil sind. Der Jahresabschluß einer abhängigen Konzerngesellschaft zeigt also u. U. nicht die tatsächliche Vermögens- und Ertragslage, sondern infolge der Verflechtung mit anderen Konzernunternehmen läßt sich eine Beurteilung der wirtschaftlichen Lage nur über eine Beurteilung der Vermögens- und Ertragslage des Konzerns geben[16]. Es kommt hinzu, daß dem interessierten Aktionär oder Gläubiger nicht alle Jahresabschlüsse der Konzernunternehmen

---

[15] Vgl. S. 698 ff.

[16] Vgl. auch die Kritik an der beschränkten Aussagefähigkeit einer nach der aktienrechtlichen Mindestgliederung aufgebauten Einzelbilanz über die Beziehungen zu verbundenen Unternehmen auf S. 226 ff.

zur Verfügung stehen, da dem Konzern auch Unternehmen angehören können, die nicht zur Veröffentlichung ihrer Jahresabschlüsse verpflichtet sind (z. B. GmbH), so daß aus den veröffentlichten Jahresabschlüssen allein kein sicherer Einblick in die Vermögens- und Ertragslage eines Konzerns möglich ist.

Der Konzernabschluß soll nach der Begründung des Regierungsentwurfs des Aktiengesetzes die „Mängel der Einzelabschlüsse dadurch beseitigen, daß er die Einzelabschlüsse zusammenfaßt, und zwar nicht im Wege einer einfachen Addition, sondern unter weitgehender Ausschaltung innerkonzernlicher Beziehungen. Ein in dieser Weise ‚bereinigter' Konzernabschluß ist geeignet, die Vermögens- und Ertragslage des Konzerns wiederzugeben und darüber hinaus wertvolle Hinweise für die Beurteilung des einzelnen Konzernunternehmens zu liefern"[17]. Da die einzelnen Konzernunternehmen nach § 18 AktG rechtlich selbständige Unternehmen sind, bleibt für die Gesellschafter und die Gläubiger jeder Gesellschaft sowie für die Finanzbehörde der Einzelabschluß maßgebend. Die Konzernbilanz kann also die Einzelabschlüsse nicht ersetzen, sondern nur ergänzen. „Das schließt nicht aus, daß zur Beurteilung einzelner Fragen, z. B. der Angemessenheit einer Gewinnausschüttung, aus dem Konzernabschluß gewonnene Erkenntnisse mit zu berücksichtigen sind."[18]

---

[17] Kropff, B., Aktiengesetz, a. a. O., S. 436 f.
[18] Kropff, B., Aktiengesetz, a. a. O., S. 437

II. Die Entwicklung der Konzern-Rechnungslegungsvorschriften

Auf die Beschränktheit der Aussagefähigkeit von Einzelbilanzen der Konzernunternehmen und die Notwendigkeit der Aufstellung konsolidierter Jahresabschlüsse der Konzerne hatte man von betriebswirtschaftlicher und juristischer Seite bereits in den zwanziger Jahren hingewiesen, doch erst unter dem Eindruck des Zusammenbruchs verschiedener Konzerne während der Weltwirtschaftskrise wurde durch die **Aktienrechtsnovelle** vom 19. September 1931[1] im Rahmen der Einführung neuer Vorschriften über den Jahresabschluß und den Geschäftsbericht der gesonderte Ausweis von Beteiligungen und Forderungen und Verbindlichkeiten gegenüber Konzernunternehmen in der Bilanz und von Erträgen aus Beteiligungen in der Gewinn- und Verlustrechnung sowie Angaben über Beziehungen zu Konzernunternehmen im Geschäftsbericht verlangt.

Außerdem ermächtigte der Gesetzgeber die Reichsregierung in dem durch die gleiche Novelle in das Handelsgesetzbuch eingeführten § 261 d, „für Konzerngesellschaften Vorschriften über die Aufstellung des eigenen und über die Aufstellung eines gemeinschaftlichen Jahresabschlusses zu erlassen." Die Reichsregierung machte von dieser Ermächtigung keinen Gebrauch. Das Aktiengesetz 1937[2] verzichtete auf eine Regelung des Konzernabschlusses und übernahm lediglich die erwähnten Vorschriften über die Rechnungslegung und den Geschäftsbericht in die §§ 128 ff. und die Ermächtigung der Reichsregierung in den § 134. Aber auch in der Folgezeit unterblieb eine Regelung des Konzernabschlusses.

Soweit Konzerne nicht freiwillig konsolidierte Bilanzen aufstellten und veröffentlichten, beschränkten sich daher die Einblicke in die Vermögens- und Ertragslage eines Konzerns auf die aus den Jahresabschlüssen und den Geschäftsberichten der einzelnen Konzernunternehmen ersichtlichen Tatbestände, d. h. auf die in den Bilanzen ausgewiesene Höhe der Beteiligungen und der Forderungen und Verbindlichkeiten gegenüber Konzernunternehmen, auf die in den Gewinn- und Verlustrechnungen gesondert ausgewiesenen Erträge aus Beteiligungen und auf die in den Geschäftsberichten enthaltenen Angaben über die Beziehungen zu Konzernunternehmen.

Eine Ausnahme bildeten die nach dem 2. Weltkrieg nach den **Vorschriften der Besatzungsmächte** im Rahmen der „Entflechtung" neu geordneten

---

[1] RGBl I 1931, S. 493
[2] RGBl I 1937, S. 107

Konzerne des deutschen Kohlenbergbaus und der deutschen Stahl- und Eisenindustrie, die nach dem Gesetz Nr. 27 der Alliierten Hohen Kommission vom 16. 5. 1950 ihrem Geschäftsbericht eine durch den Abschlußprüfer der Gesellschaft geprüfte und testierte konsolidierte Bilanz und Gewinn- und Verlustrechnung hinzufügen mußten, solange sie unter alliierter Kontrolle standen. Nach Beendigung dieser Kontrolle haben nicht nur die meisten dieser Konzerne die ihnen aufgezwungene Praxis, konsolidierte Jahresabschlüsse aufzustellen und zu veröffentlichen, freiwillig beibehalten, sondern auch andere Konzerne haben sich dieser Praxis angeschlossen. Die Begründung zum Regierungsentwurf erwähnt, daß bereits vor Inkrafttreten des Aktiengesetzes 1965 etwa 40 Konzerne freiwillig Konzernabschlüsse aufstellten und veröffentlichten[3]. Der vom Bundesjustizministerium im Oktober 1958 veröffentlichte Entwurf eines neuen Aktiengesetzes (Referentenentwurf) enthielt erstmals besondere Vorschriften über die Rechnungslegung im Konzern. Er führte unter Beachtung der Vorschläge aus Wissenschaft und Praxis im Jahre 1959 zum Regierungsentwurf eines Aktiengesetzes und nach intensiven Beratungen zur Verabschiedung des Aktiengesetzes vom 6. September 1965[4].

Seit der Einführung der aktienrechtlichen Vorschriften über die Rechnungslegung im Konzern und der Ausdehnung des Anwendungsbereichs dieser Vorschriften durch das Publizitätsgesetz gehört die Bundesrepublik Deutschland zu den wenigen Staaten (Frankreich, Kanada, Norwegen, Schweden, Südafrika, USA), die Vorschriften über die Aufstellung von Konzernabschlüssen und/oder Konzerngeschäftsberichten erlassen haben[5].

---

[3] Vgl. Kropff, B., Aktiengesetz, a. a. O., S. 436
[4] BGBl I 1965, S. 1089
[5] Zu Einzelheiten und Literaturangaben zu ausländischen Konzernrechnungslegungsvorschriften vgl. Busse von Colbe, W., Konzernabschlüsse, Wiesbaden 1969, S. 18 ff.

III. Theoretische Grundlagen des Konzernabschlusses

Über den Umfang der bei der Zusammenfassung der Einzelbilanzen zur Konzernbilanz erforderlichen Aufrechnungen gibt es unterschiedliche Auffassungen. In der Literatur haben sich mehrere Theorien über den konsolidierten Jahresabschluß gebildet, von denen heute vor allem zwei von praktischer Bedeutung sind: die **Einheitstheorie** und die **Interessentheorie**. Eine ältere dritte Theorie, die von Bühler als „bürgerlich-rechtliche (handelsrechtliche) Betrachtung"[1] des Konzerns und von Edelkott als "formaljuristische Theorie"[2] bezeichnet wird – insbesondere von Fuchs-Gerloff vertreten – hat bei der aktienrechtlichen Regelung des Konzernabschlusses keine Beachtung gefunden, da sie die Konzernbilanz hinsichtlich des Gewinns als Zusammenfassung der Einzelbilanzen ansieht und von einer Eliminierung der Zwischengewinne absieht. „Die konsolidierte Bilanz ist", so schreiben Fuchs-Gerloff", ... nicht die Bilanz des Konzerns, geschweige denn eine Fusionsbilanz, sondern sie ist eine, von den Einzelbilanzen ausgehende, zusätzliche Übersicht der Obergesellschaft, die durch einen bestimmten Konsolidierungsvorgang zustande kommt, wobei aber die Grundsätze, die bei dem Konsolidierungsvorgang angewendet werden sollen, erst noch in der Praxis entwickelt werden müssen."[3]

1. Die Einheitstheorie

Die Einheitstheorie kann heute als die herrschende angesehen werden. Sie bildet auch im wesentlichen die Grundlage der Vorschriften über die Konzernrechnungslegung im Aktiengesetz 1965, allerdings mit der Einschränkung, daß **für Beziehungen zu Dritten,** also zu Gesellschaftern, Gläubigern und den Finanzbehörden **die Einzelbilanzen maßgeblich** bleiben, d. h. die Verrechnung innerkonzernlicher Beziehungen im Konzernabschluß für

---

[1] Bühler, O., Steuerrecht der Gesellschaften und Konzerne, 3. Aufl., Berlin und Frankfurt/ M. 1956, S. 322

[2] Edelkott, D., Der Konzernabschluß in Deutschland. Eine Untersuchung über seine Aussagefähigkeit und seine zweckmäßige Gestaltung, Zürich 1963, S. 24

[3] Fuchs, H., Gerloff, O., Die konsolidierte Bilanz, Köln 1954, S. 94

sie keine rechtlichen Wirkungen hat. So richten sich die Gewinnansprüche der Gesellschafter jedes Konzernunternehmens nach dessen Einzelbilanz. Das gilt gleichermaßen für die Obergesellschaft, wie auch für die abhängigen Gesellschaften. Allerdings schließt das nicht aus, daß von der Konzernleitung „zur Beurteilung einzelner Fragen, z. B. der Angemessenheit einer Gewinnausschüttung, aus dem Konzernabschluß gewonnene Erkenntnisse mit zu berücksichtigen sind"[4], d. h. z. B. daß konzerninterne Gewinne, also Gewinne, die zwar vom Standpunkt eines Konzernunternehmens realisiert und in seiner Einzelbilanz ausgewiesen, vom Standpunkt des Konzerns als wirtschaftliche Einheit aber noch nicht durch Umsatz mit konzernexternen Wirtschaftseinheiten verwirklicht worden sind, nicht zur Ausschüttung freigegeben werden.

Infolge der **Maßgeblichkeit der Einzelbilanzen für die Besteuerung** kann allerdings eine Besteuerung konzerninterner Gewinne nicht vermieden werden. **Schachtelprivileg**[5] und **Organschaft**[6] verhindern lediglich, daß bereits um die Körperschaftsteuer gekürzte Gewinne, die abhängige Gesellschaften an die Obergesellschaft als Dividende zahlen bzw. auf Grund von Ergebnisabführungsverträgen abführen, bei der Obergesellschaft erneut der Körperschaftsteuer unterliegen. Die in den Steuerbilanzen der abhängigen Unternehmen ermittelten Gewinne enthalten jedoch die konzerninternen Gewinne.

Die Einheitstheorie geht von der Vorstellung aus, daß die in einem Konzern zusammengefaßten, rechtlich selbständigen Unternehmen eine **wirtschaftliche Einheit** bilden und daß es folglich die Aufgabe des Konzernabschlusses ist, einen möglichst sicheren Einblick in die Vermögens- und Ertragslage des Konzerns zu geben, der durch einen Konzerngeschäftsbericht noch verbessert werden soll. Betrachtet man die Konzernunternehmen wirtschaftlich als Betriebsabteilungen eines einheitlichen Unternehmens, d. h. vernachlässigt man die rechtliche Selbständigkeit der unter einheitlicher Leitung stehenden Unternehmen, so folgt daraus, daß sowohl die Gesellschafter des herrschenden Unternehmens als auch die außenstehenden Gesellschafter (Minderheiten) des abhängigen Unternehmens als Anteilseigner der wirtschaftlichen Einheit angesehen werden. Alle Fragen der Gliederung, Bewertung sowie der Aufrechnung konzerninterner Positionen werden unter diesem Gesichtspunkt behandelt.

---

4 Kropff, B., Aktiengesetz, a. a. O., S. 437
5 Auf Grund des Schachtelprivilegs (§ 9 KStG) dürfen bei der Ermittlung des körperschaftsteuerpflichtigen Gewinns alle Gewinnanteile außer Ansatz gelassen werden, die einer inländischen Kapitalgesellschaft aus einer Beteiligung von mindestens 25 % an einer anderen inländischen Kapitalgesellschaft zugeflossen sind.
6 Verpflichtet sich eine inländische Kapitalgesellschaft (Organgesellschaft) durch einen Gewinnabführungsvertrag ihren ganzen Gewinn an ein anderes inländisches Unternehmen (Organträger) abzuführen, so ist dieser dem Organträger zuzurechnen, wenn die Organgesellschaft finanziell, wirtschaftlich und organisatorisch in das andere Unternehmen eingegliedert ist. Der Organträger muß einen Verlust der Organgesellschaft übernehmen (Einzelheiten vgl. § 7 a KStG).

Bores gibt folgende Definition der konsolidierten Bilanz: „Eine konsolidierte Bilanz ist eine aus den Einzelbilanzen einer Gruppe wirtschaftlich eng zusammengehöriger Gesellschaften zusammengefaßte Bilanz, bei der alle zwischengesellschaftlichen Konten aufgerechnet werden. Die Gesellschaften bilden gewöhnlich eine wirtschaftliche Einheit."[7] Edelkott definiert: „Die konsolidierte Bilanz soll grundsätzlich derjenigen Bilanz entsprechen, welche aufzustellen wäre, wenn die Obergesellschaft und die einbezogenen Untergesellschaften nicht nur wirtschaftlich, sondern auch juristisch ein einheitliches Unternehmen bilden würden."[8]

Die in den Einzeljahresabschlüssen der Konzernunternehmen ausgewiesenen Bestands- und Erfolgspositionen müssen in **konzerninterne und konzernexterne** aufgeteilt werden, d. h. einerseits in solche, die eine Folge von wirtschaftlichen Vorgängen sind, die sich zwischen Konzernunternehmen wie zwischen Abteilungen eines einheitlichen Unternehmens vollziehen und die nur deshalb den Charakter von buchungs- und bilanzierungspflichtigen Geschäftsvorfällen bekommen, weil sie Vorgänge zwischen rechtlich selbständigen Teilen wirtschaftlicher Einheiten sind, und andererseits in solche Positionen, die eine Folge von Beziehungen von Konzernunternehmen mit außerhalb des Konzerns stehenden Wirtschaftseinheiten sind. Die konzerninternen Vorgänge (Positionen) **müssen aufgerechnet werden,** da sich sonst im Konzernabschluß **Doppelzählungen** ergeben würden, die ein falsches Bild über die Vermögens- und Ertragslage des Konzerns zur Folge hätten.

Die Aufrechnung (Konsolidierung) erstreckt sich in der Konzernbilanz auf drei Bereiche: das Eigenkapital **(Kapitalkonsolidierung),** die Konzernforderungen und -verbindlichkeiten **(Forderungs- und Schuldenkonsolidierung)** und den Erfolg **(Erfolgskonsolidierung).** In der Konzern-Gewinn- und Verlustrechnung erfolgt eine Konsolidierung der Innenumsatzerlöse.

Die Addition aller Kapitalpositionen der Konzernunternehmen kann deshalb nicht das Gesamtkapital des Konzerns ergeben, weil die herrschende Gesellschaft an den abhängigen Gesellschaften beteiligt ist, also einen Teil ihres Kapitals den abhängigen Gesellschaften gegen Gewährung von Anteilsrechten zur Verfügung gestellt hat, die bei ihr im Vermögen als Beteiligungen erscheinen. Ist z. B. die Obergesellschaft A zu 100 % an der abhängigen Gesellschaft B beteiligt, so ist die Beteiligung einmal als Beteiligungsposition in der Bilanz von A und ein zweites Mal in Form irgendwelcher Vermögensgegenstände in der Bilanz von B enthalten. Die bei der Obergesellschaft ausgewiesene Beteiligung muß folglich gegen das Kapital der abhängigen Gesellschaft aufgerechnet werden. Wären A und B Betriebsabteilungen eines einheitlichen Unternehmens X, so

---

[7] Bores, W., Konsoldierte Erfolgsbilanzen und andere Bilanzierungsmethoden für Konzerne und Kontrollgesellschaften, Leipzig 1935, S. 4 f.
[8] Edelkott, D., a. a. O., S. 18

könnte A nicht kapitalmäßig an B beteiligt sein und B könnte kein eigenes Kapital haben.

Bestehen mehrfache Abhängigkeiten, so müssen weitere Aufrechnungen erfolgen. In der Konzernbilanz darf nur das Kapital erscheinen, das dem Konzern als wirtschaftliche Einheit tatsächlich zur Verfügung steht. Infolge der rechtlichen Selbständigkeit werden Teile des Kapitals der wirtschaftlichen Einheit mehrfach ausgewiesen.

Beispiel: A beherrscht B zu 100 %, C ist zu 80 % von B abhängig.

A	Bilanz A		P		A	Bilanz B		P
Beteiligung B	500	Kapital	900		Beteiligung C	320	Kapital	450
Versch. Aktiva	700	Rückl.	100		Versch. Aktiva	280	Rücklagen	50
		Verbindl.	200				Verbindl.	100
	1200		1200			600		600

A	Bilanz C		P		A	Konzernbilanz		P
Versch. Aktiva	550	Kapital	300		Versch.		Grundkapital	
		Rückl.	100		Aktiva 1530		Konzern	900
		Verbindl.	150				Minderh.	60
	550		550				Rücklagen	
							Konzern	100
							Minderh.	20
							Verbindl.	450
						1530		1530

Eine Addition des Kapitals der drei Gesellschaften ergibt ein Eigenkapital von 1900, bestehend aus Grundkapital von 1650 und Rücklagen von 250. Im Konzern als wirtschaftliche Einheit sind aber nur 1080 an Eigenkapital wirksam, 80 davon gehören der Minderheit an C. Die Differenz von 820 ist eine Folge der durch die rechtliche Selbständigkeit und der dadurch bedingten Rechtsbeziehungen zwischen den drei Gesellschaften eintretenden Doppelzählungen. 500 des Kapitals von A arbeiten in der Gesellschaft B, 320 ihres Kapitals hat die Gesellschaft B an C weitergegeben.

Ebenso wie die Kapitalkonsolidierung dient auch die **Konsolidierung der Forderungen und Verbindlichkeiten** dem Zweck, die Vermögenslage des Konzerns richtig darzustellen. Hat z. B. die Obergesellschaft A Halbfabrikate im Werte von 100 an die abhängige Gesellschaft B auf Kredit geliefert, so erscheint in der Bilanz von A eine Forderung von 100, in der Bilanz von B eine Verbindlichkeit von 100. Betrachtet man den Konzern als wirtschaftliche Einheit, so hat die Lieferung zwischen zwei rechtlich selbständigen Konzernunternehmen den gleichen Charakter wie eine Lieferung zwischen zwei Abteilungen eines einheitlichen Unternehmens, die sich in der Bilanz nicht niederschlägt. Folglich müssen auch sämtliche Forderungen und Verbindlichkeiten, die eine Folge von Beziehungen zwischen Konzernunternehmen sind, im Jahresabschluß des Konzerns konsolidiert (aufgerechnet) werden.

Neben der Kapital- und Schuldenkonsolidierung kommt der **Konsolidierung des Erfolges** eine ganz besondere Bedeutung zu. Aus den Einzelbilanzen ist die Ertragslage des Konzerns nicht ohne weiteres zu erkennen, da Gewinne oder Verluste einzelner Gesellschaften, die eine Folge von Umsätzen zwischen diesen Gesellschaften sind, nicht in jedem Falle zugleich Gewinne oder Verluste des gesamten Konzerns sind. Eine Addition der in den Einzelbilanzen ausgewiesenen Gewinne oder Verluste ergibt dann nicht den Gesamterfolg des Konzerns, wenn ein Teil dieser Gewinne oder Verluste vom Standpunkt des Konzerns als wirtschaftliche Einheit noch nicht realisiert, sondern als Folge von Verrechnungen zwischen Konzernunternehmen eingetreten ist. Realisiert ist ein Konzerngewinn erst dann, wenn er eine Folge eines Umsatzes mit außerhalb des Konzerns stehenden Wirtschaftseinheiten ist. Die Aussage einer Einzelbilanz über die Ertragslage der bilanzierenden Konzerngesellschaft ist immer dann problematisch, wenn in dieser Bilanz ein vom Standpunkt des Konzerns noch nicht realisierter Gewinn ausgewiesen wird.

Es kommt hinzu, daß die Konzernverwaltung das Bild über die Ertragslage der einzelnen Gesellschaften verändern kann, da sie die Möglichkeit hat, **Gewinnverlagerungen** zwischen den einzelnen Gesellschaften – z. B. durch Festsetzen von Verrechnungspreisen – vorzunehmen und ferner die Liquidität der einzelnen Gesellschaften zu beeinflussen. Das soll an einem Zahlenbeispiel gezeigt werden.

Angenommen, in einem vertikalen Konzern liefert die Obergesellschaft A Halbfabrikate an die abhängige Gesellschaft B, die diese zu Endprodukten weiterverarbeitet und entweder zunächst auf Lager nimmt oder an einen außerhalb des Konzerns stehenden Abnehmer verkauft.

I. Entstehung eines Zwischengewinns

Fall 1: A liefert zu Selbstkosten von 500 DM an B; B verarbeitet weiter und nimmt die Fertigfabrikate zunächst auf Lager

Selbstkosten bei A	500 DM	
Verkauf an B	500 DM	
Gewinn bei A		0 DM
Weiterverarbeitung bei B	300 DM	
Herstellungskosten bei B	800 DM	
Gewinn bei B		0 DM
Gewinn des Konzerns		0 DM

Fall 2: A liefert zum von der Konzernleitung festgesetzten Verrechnungspreis von 650 DM an B; B verarbeitet weiter und nimmt die Fertigfabrikate auf Lager

Selbstkosten bei A	500 DM	
Verkauf an B	650 DM	
Gewinn bei A		150 DM
Weiterverarbeitung bei B	300 DM	
Herstellungskosten bei B	950 DM	
Gewinn bei B		0 DM
Gewinn des Konzerns		0 DM

Der Konzern hat in beiden Fällen keinen Gewinn. Der Zwischengewinn bei A ist für den Konzern als wirtschaftliche Einheit **noch nicht durch Umsatz realisiert** und muß im Konzernabschluß eliminiert werden, wenn die Ertragslage des Konzerns richtig dargestellt werden soll.

Wenn aber für die Gesellschafter, für die Gläubiger und auf Grund steuerlicher Vorschriften auch für die Finanzbehörden die Einzelbilanzen der Konzernunternehmen maßgeblich bleiben, erheben letztere und – wenn die Obergesellschaft die abhängigen Gesellschaften nicht zu 100 % beherrscht – die außenstehenden Aktionäre Anspruch auf die ihnen zustehenden Teile der Gewinne der Einzelgesellschaften. Das hat zur Folge, daß im Falle der Ausschüttung von Gewinnen, die vom Standpunkt des Konzerns als wirtschaftliche Einheit Zwischengewinne sind, die **Substanz des Konzerns angegriffen** werden kann.

II. Gewinnverschiebung durch die Konzernverwaltung

Fall 1: A liefert zu Selbstkosten von 500 DM an B; B verkauft zu 1000 DM nach außen weiter

Selbstkosten bei A	500,— DM	
Verkauf an B	500,— DM	
Gewinn bei A		0 DM
Weiterverarbeitung bei B	300,— DM	
Herstellungskosten bei B	800,— DM	
Vertriebskosten bei B	50,— DM	
Verkauf nach außen	1000,— DM	
Gewinn bei B		150,— DM
Konzerngewinn		150,— DM

Fall 2: A liefert zum von der Konzernleitung festgesetzten Verrechnungspreis von 650 DM an B; B verkauft zu 1000 DM nach außen weiter

Selbstkosten bei A	500,— DM	
Verkauf an B	650,— DM	
Gewinn bei A		150,— DM
Weiterverarbeitung bei B	300,— DM	
Herstellungskosten bei B	950,— DM	
Vertriebskosten bei B	50,— DM	
Verkauf nach außen	1000,— DM	
Gewinn bei B		0 DM
Gewinn des Konzerns		150,— DM

Das Beispiel zeigt, daß der Gewinn des Konzerns in Höhe von 150 DM
je nach der Höhe des Verrechnungspreises, den die Konzernleitung für
die Lieferung von A an B festsetzt, entweder bei A oder bei B entstehen
kann. Er kann natürlich auch auf beide Gesellschaften verteilt werden;
es könnte sogar bei der einen Gesellschaft ein Gewinn, bei der anderen
ein Verlust eintreten. Wird der Verrechnungspreis bei A auf 700 DM festgesetzt, so würde A einen Gewinn von 200 DM, B einen Verlust von 50 DM
erzielen, der Konzerngewinn wäre unverändert 150 DM.

Ebenso wie die Bilanzgewinne der Einzelbilanzen bei der Aufstellung
der Konzernbilanz um die in ihnen enthaltenen konzerninternen Gewinne
korrigiert werden müssen, wenn der Ausweis von durch den Konzern als
wirtschaftliche Einheit noch nicht realisierten Gewinnen vermieden werden
soll, sind bei der Zusammenfassung der Gewinn- und Verlustrechnungen
der Konzernunternehmen zur Konzern-Gewinn- und Verlustrechnung alle
Umsatzerlöse, die eine Folge von Lieferungen und Leistungen zwischen
Konzernunternehmen und nicht von Umsätzen mit konzernexternen Wirtschaftseinheiten sind, mit den auf sie entfallenden Aufwendungen der Konzernunternehmen aufzurechnen, die diese Lieferungen und Leistungen erhalten (**Konsolidierung der Innenumsatzerlöse**).

Aufgrund der bisherigen Ausführungen lassen sich die **Aufgaben des
Konzernabschlusses** und sein Verhältnis zu den Einzelbilanzen der Konzernunternehmen bei Anwendung des Gedankens der Einheitstheorie folgendermaßen charakterisieren:

1. Der Konzernabschluß soll einen möglichst sicheren Einblick in die Ver-
mögens- und Ertragslage des Konzerns als wirtschaftliche Einheit geben.
Der **Einblick in die Vermögenslage** wird erreicht durch eine Aufrechnung der konzerninternen Beteiligungen (Kapitalkonsolidierung) und
der konzerninternen Forderungen und Verbindlichkeiten (Schuldenkonsolidierung).
Der **Einblick in die Ertragslage** wird erreicht durch eine Eliminierung

konzerninterner Gewinne, d. h. durch die Reduzierung der Einzelbilanzen auf einen durch den Konzern als wirtschaftliche Einheit realisierten Gewinn und durch eine Eliminierung der Innenumsatzerlöse und der auf sie entfallenden Aufwendungen.

2. Die **Interessenten am Konzernabschluß** sind die Konzernleitung, der Aufsichtsrat und die Aktionäre der Obergesellschaft, die Vorstände, Aufsichtsräte und Minderheitsaktionäre der abhängigen Gesellschaften, ferner die Gläubiger, die potentiellen Aktionäre, die Belegschaften, die Konkurrenten und der Staat.

Die Konzernleitung benötigt den Konzernabschluß als Unterlage für ihre Führungsentscheidungen, insbesondere ihre Weisungen an die abhängigen Gesellschaften, die sie ohne exakte Informationen über die wirtschaftliche Lage des Konzerns sinnvoll nicht erteilen kann. Das Informationsinteresse der übrigen Gruppen richtet sich zwar in erster Linie auf die Situation derjenigen Konzerngesellschaft, an der sie beteiligt sind oder an die sie Ansprüche – sei es als Gläubiger, als Arbeitnehmer oder als Fiskus – zu stellen haben, also auf den Einzeljahresabschluß; durch den Konzernabschluß können aber die durch die einheitliche Konzernleitung im Interesse des Gesamtkonzerns vorgenommenen Beeinträchtigungen der Aussagefähigkeit der Einzelbilanzen zum Teil aufgedeckt werden.

So kann die Konzernleitung die Vermögens- und Liquiditätslage einer Einzelgesellschaft beeinflussen, indem sie sie veranlaßt, Forderungen an andere Konzernunternehmen abzutreten, Schulden zu übernehmen oder Darlehen zu gewähren oder indem sie Kapitalerhöhungen mittels wechselseitiger Beteiligungen veranlaßt, durch die keine neuen Mittel zufließen, sondern nur das Haftungskapital und als Gegenposten die Beteiligungen erhöht werden[9].

Durch Bewertungs-, Abschreibungs- und Aktivierungspolitik, durch den Ansatz von Verrechnungspreisen für Lieferungen und Leistungen zwischen Konzernunternehmen kann die Konzernleitung die Gewinne der Einzelbilanzen beeinflussen, so daß die dort ausgewiesene Ertragslage weder der tatsächlichen Ertragslage des Einzelunternehmens noch des Konzerns als wirtschaftliche Einheit entspricht.

Durch Informationen über die Lage der wirtschaftlichen Einheit kann das sich aus einem Einzelabschluß ergebende Bild korrigiert werden.

3. Im Hinblick auf den in den Einzelbilanzen und der Konzernbilanz ausgewiesenen Gewinn läßt sich folgendes feststellen:

   a) In der **Handelsbilanz eines einzelnen Konzernunternehmens** setzt sich der Jahresüberschuß zusammen:

     – aus Gewinnen, die durch Umsatz mit konzernfremden Wirtschaftseinheiten erzielt worden sind,

---

[9] Vgl. Gutenberg, E., Konzernbilanzen, HdS Bd. 6, Stuttgart, Tübingen, Göttingen 1959, S. 180

- aus neutralen Gewinnen (Beteiligungsgewinne, Zinsgewinne u. a.), die mit konzernfremden Wirtschaftseinheiten erzielt worden sind,
- aus konzerninternen Verrechnungsgewinnen (Umsatzgewinne, Zinsgewinne u. a.),
- aus erhaltenen Gewinnanteilen anderer Konzernunternehmen.

Der Jahresüberschuß ist gekürzt um Gewinnabführungen an andere Konzernunternehmen.

b) In der **Steuerbilanz eines einzelnen Konzernunternehmens** ergibt sich der steuerpflichtige Gewinn:
- aus Gewinnen, die durch Umsatz mit konzernfremden Wirtschaftseinheiten erzielt worden sind,
- aus neutralen Gewinnen, die mit konzernfremden Wirtschaftseinheiten erzielt worden sind, soweit sie nicht als Beteiligungsgewinne unter das Schachtelprivileg fallen (ein Konzernunternehmen hat z. B. eine Beteiligung von mindestens 25 % an einer konzernfremden Gesellschaft),
- aus konzerninternen Verrechnungsgewinnen.

Die von anderen Konzernunternehmen erhaltenen Beteiligungsgewinne bleiben durch Anwendung des Schachtelprivilegs oder der Organtheorie steuerlich außer Ansatz.

c) In der **Konzernbilanz** setzt sich der Jahresüberschuß zusammen:
- aus Gewinnen, die durch Umsatz mit konzernfremden Wirtschaftseinheiten erzielt worden sind,
- aus neutralen Gewinnen, die mit konzernfremden Wirtschaftseinheiten erzielt worden sind.

Konzerninterne Gewinne bleiben außer Ansatz.

Konzernexterne Gewinne werden nur einmal berücksichtigt, auch wenn sie auf Grund von Verschachtelungen durch Weitergabe an andere Konzerngesellschaften mehrfach in den (Einzel-) Handelsbilanzen erscheinen.

2. Die Interessentheorie

Die Interessentheorie betrachtet den Konzernabschluß zwar auch als Abschluß einer aus mehreren selbständigen Unternehmen bestehenden wirtschaftlichen Einheit, faßt die wirtschaftliche Einheit aber enger als die Einheitstheorie. Nach der Interessentheorie wird die handelsrechtliche Selbständigkeit der Konzernunternehmen in den Vordergrund gestellt. Der Konzernabschluß wird lediglich als ein **erweiterter Abschluß der Obergesellschaft** aufgefaßt. Die Anteile der außenstehenden Gesellschafter (Minderheiten) werden wie Fremdkapital behandelt. Die auf die Minderheiten entfallenden zwischengesellschaftlichen Gewinne **werden als realisiert angesehen** und nur die auf die Gesellschafter der Obergesellschaft entfallenden Zwischengewinne werden eliminiert.

Der Konzernabschluß zeigt nur die Anteile der Gesellschafter der Obergesellschaft am Vermögen des Konzerns; die Minderheiten werden wie Gläubiger betrachtet. Der Konzern wird also nur in dem Umfange als wirtschaftliche Einheit angesehen, in dem er den Gesellschaftern der Obergesellschaft gehört. An die Stelle der Position „Beteiligungen" der Obergesellschaft an den abhängigen Gesellschaften treten die den Beteiligungen entsprechenden Teile der Aktiva dieser Gesellschaften[10].

Ein auf diese Weise aufgestellter Konzernabschluß ist nicht geeignet, einen sicheren Einblick in die Vermögens- und Ertragslage eines Konzerns zu geben und dadurch der Konzernleitung als Instrument der Information und der Planung, Lenkung und Kontrolle zu dienen, weil die Konsolidierung - insbesondere die Erfolgskonsolidierung – unvollständig ist. Er ist deshalb **vom betriebswirtschaftlichen Standpunkt aus als unzweckmäßig** anzusehen. Diese Auffassung wird von Heinen nur für konsolidierte Bilanzen geteilt, die „konzernintern als zusätzliches Lenkungs- und Kontrollinstrument der Konzernleitung verwandt"[11] werden. Für veröffentlichte Bilanzen schließt er sich der Interessentheorie an. Der Aktiengesetzgeber ist – u. E. zu Recht – auch für die auf Grund gesetzlicher Vorschriften zu veröffentlichenden Konzernabschlüsse im wesentlichen der Einheitstheorie gefolgt.

Von den Minderheiten wird unterstellt, daß sie kein Interesse am Konzern, sondern nur ein Interesse an ihrer Einzelgesellschaft haben. Deshalb müssen die Anteile der Minderheiten am Gewinn – unabhängig davon, ob sie vom Standpunkt des Konzerns realisiert sind oder nicht – getrennt ausgewiesen werden.

Nach dieser Theorie ist es auch möglich, auf den Ausweis der Minderheitsbeteiligungen überhaupt zu verzichten und die Aktiva und Passiva nur in Höhe des Prozentsatzes der Mehrheitsbeteiligung in die konsolidierte Bilanz einzusetzen.

---

[10] Vgl. Fuchs, Gerloff, O., a. a. O., S. 64
[11] Heinen, E., Handelsbilanzen, 5. Aufl., Wiesbaden 1969, S. 275

IV. Der Konsolidierungskreis

1. Der Kreis der nach dem Aktiengesetz zur Aufstellung eines Konzernabschlusses verpflichteten Unternehmen

Das Aktiengesetz verpflichtet nicht jeden Konzern, sondern nur die **Unterordnungskonzerne** zur Aufstellung eines Konzernabschlusses und Konzerngeschäftsberichts. § 329 Abs. 1 Satz 1 AktG stellt fest: „Stehen in einem Konzern die Konzernunternehmen unter der einheitlichen Leitung einer Aktiengesellschaft oder Kommanditgesellschaft auf Aktien mit Sitz im Inland (Obergesellschaft), so hat der Vorstand der Obergesellschaft auf den Stichtag des Jahresabschlusses der Obergesellschaft eine Konzernbilanz und eine Konzern-Gewinn- und Verlustrechnung (Konzernabschluß) sowie einen Konzerngeschäftsbericht aufzustellen." Die Aufstellung muß in den ersten fünf Monaten nach dem Stichtag des Konzernabschlusses erfolgen.

Das Gesetz verwendet hier den Begriff „Obergesellschaft". Bei **Gleichordnungskonzernen** gibt es keine Obergesellschaft, da es ja gerade das Wesen dieses Konzerntyps ist, daß Nebenordnungsverhältnisse und keine Über- und Unterordnungsverhältnisse bestehen. Gleichordnungskonzerne bleiben also von der Verpflichtung zur Aufstellung von Konzernabschlüssen befreit. Diese Regelung ergibt sich konsequent aus der Zielsetzung des Konzernabschlusses: er soll zum Schutze der Aktionäre und der Gläubiger Einblicke in die Vermögens- und Ertragslage des Konzerns **als wirtschaftliche Einheit** geben, die sich aus den Einzelbilanzen nicht gewinnen lassen. Eine Gefahr der Beeinträchtigung von Herrschafts- und Vermögensrechten von Aktionären als Folge einer einheitlichen Leitung kann sich aber nur ergeben, wenn ein **Abhängigkeitsverhältnis** in Form eines Beherrschungsvertrages oder faktischer Beherrschung gegeben ist, auf Grund dessen die abhängige Gesellschaft Weisungen der herrschenden Gesellschaft zu befolgen hat und die herrschende Gesellschaft die Liquiditäts- und Rentabilitätslage der abhängigen Gesellschaft und damit die Ansprüche der außenstehenden Gesellschafter der abhängigen Gesellschaft durch innerkonzernliche Verrechnungen beeinflussen kann. Durch derartige Verrechnungen können auch die Sicherheiten der Gläubiger beeinträchtigt werden.

Im Falle der Nebenordnung im Gleichordnungskonzern sind derartige Vermögens- und Ertragsverschiebungen in der Regel nicht möglich, da sich

keine Gesellschaft der anderen unterordnet und folglich eine einheitliche
Leitung nur durch gegenseitige Übereinkunft zustande kommen kann.

Ist die Obergesellschaft gemäß § 329 Abs. 1 AktG eine inländische Aktiengesellschaft oder Kommanditgesellschaft auf Aktien, so kommt es auf
die Rechtsform der übrigen Konzernunternehmen nicht an. § 28 Abs. 1
EGAktG dehnt die Pflicht zur Aufstellung eines Konzernabschlusses und Konzerngeschäftsberichts auch auf inländische Obergesellschaften in der Rechtsform der GmbH oder bergrechtlichen Gewerkschaft aus, vorausgesetzt, daß
mindestens eines der Konzernunternehmen, die unter der einheitlichen Leitung einer solchen Obergesellschaft stehen, eine Aktiengesellschaft oder
Kommanditgesellschaft auf Aktien ist.

Pflicht zur Aufstellung eines Konzernabschlusses:	nach § 329 Abs. 1 AktG	nach § 28 Abs. 1 EG AktG
Obergesellschaft	AG oder KGaA	GmbH oder bergrecht-liche Gewerkschaft
übrige Konzernunternehmen	jede beliebige Rechtsform	mindestens eine AG oder KGaA, sonst jede beliebige Rechtsform

Stehen in einem Konzern die Konzernunternehmen unter der einheitlichen Leitung eines Unternehmens mit Sitz (Hauptniederlassung) im Inland, das nicht die Rechtsform der Aktiengesellschaft oder Kommanditgesellschaft auf Aktien bzw. der GmbH oder bergrechtlichen Gewerkschaft,
sondern beispielsweise der Kommanditgesellschaft hat, beherrscht aber die
Konzernleitung über eine oder mehrere zum Konzern gehörende Aktiengesellschaften oder Kommanditgesellschaften auf Aktien mit Sitz im Inland andere Konzernunternehmen, so haben nach § 330 Abs. 1 Satz 1 AktG
die Vorstände der Aktiengesellschaft oder Kommanditgesellschaft auf Aktien mit Sitz im Inland, die der Konzernleitung am nächsten stehen, je
einen **Teilkonzernabschluß** und einen **Teilkonzerngeschäftsbericht** aufzustellen.

Beherrscht z. B. die Kommanditgesellschaft A die Aktiengesellschaft B,
von der wiederum die Gesellschaften C und D abhängig sind (ganz gleich,
in welcher Rechtsform sie geführt werden), und stehen alle Unternehmen
unter der einheitlichen Leitung der Kommanditgesellschaft A, so ist die
Obergesellschaft A auf Grund ihrer Rechtsform nicht zur Aufstellung eines
Konzernabschlusses verpflichtet; jedoch muß die abhängige Aktiengesell-
schaft B, da von ihr die Gesellschaften C und D abhängig sind, einen
Teilkonzernabschluß aufstellen. Sie ist Obergesellschaft im Verhältnis zu
C und D, abhängige Gesellschaft im Verhältnis zu A. Sie steht von allen
Konzerngesellschaften der Konzernleitung am nächsten.

Beherrscht die Kommanditgesellschaft A noch eine zweite Aktiengesellschaft E, von der die Gesellschaften F und G abhängig sind (ganz gleich

in welcher Rechtsform sie geführt werden), so muß auch E einen Teilkonzernabschluß aufstellen. Da aber die Aktiengesellschaften B und E nur über eine Personengesellschaft miteinander verbunden sind, die keinen Konzernabschluß aufzustellen braucht, kann weder die Gesellschaft B die Gesellschaft E in ihren Teilkonzernabschluß einbeziehen noch besteht die umgekehrte Möglichkeit. Es sind also zwei Teilkonzernabschlüsse zu erstellen.

Die Pflicht zur Aufstellung von Teilkonzernabschlüssen und Teilkonzerngeschäftsberichten wird durch § 28 Abs. 2 EG AktG auf GmbH und bergrechtliche Gewerkschaften ausgedehnt, wenn sie andere Konzernunternehmen beherrschen, von denen mindestens eines die Rechtsform der Aktiengesellschaft oder der Kommanditgesellschaft auf Aktien haben muß, vorausgesetzt, daß die Konzernleitung auf Grund ihrer Rechtsform nicht zur Aufstellung eines Konzernabschlusses verpflichtet ist.

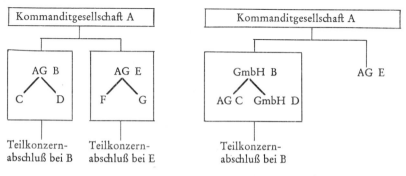

Pflicht zur Aufstellung eines Teilkonzernabschlusses	nach § 330, Abs. 1 AktG	nach § 28 Abs. 2 EG AktG
Obergesellschaft	jede beliebige Rechtsform außer AG, KGaA, GmbH, bergr. Gewerkschaft	jede beliebige Rechtsform außer AG, KGaA, GmbH, bergr. Gewerkschaft
Tochtergesellschaften	AG oder KGaA	GmbH oder bergrechtl. Gewerkschaft
Enkelgesellschaften	jede beliebige Rechtsform	mindestens eine AG oder KGaA, sonst jede beliebige Rechtsform

Sind im Rahmen eines Konzerns mehrere Teilkonzernabschlüsse aufzustellen, so kann sich die Konzernspitze davon befreien, wenn sie einen vollständigen Konzernabschluß aufstellt, auch wenn sie dazu auf Grund ihrer Rechtsform durch das Gesetz nicht verpflichtet ist[1].

---

[1] Vgl. § 330, Abs. 1 Satz 3 AktG

Nach § 329 Abs. 1 AktG und § 28 Abs. 1 EG AktG setzt die Verpflichtung zur Aufstellung eines Konzernabschlusses voraus, daß die Obergesellschaft ihren Sitz im Inland hat. Um Umgehungen der Rechnungslegungs- und Veröffentlichungspflichten der Konzerne durch Verlegung des Sitzes der Konzernleitung ins Ausland zu vermeiden, schreiben § 330 Abs. 2 AktG und § 28 Abs. 2 EG AktG vor, daß in den Fällen, in denen die Konzernspitze (ganz gleich, in welcher Rechtsform sie geführt wird) ihren **Sitz im Ausland** hat, die Vorstände der Aktiengesellschaften oder Kommanditgesellschaften auf Aktien bzw. die Geschäftsleitungen der GmbH oder bergrechtlichen Gewerkschaften mit Sitz im Inland, die der Konzernleitung am nächsten stehen, für sich und die von ihnen abhängigen Unternehmen (im Falle der GmbH und bergrechtlichen Gewerkschaft muß sich eine Aktiengesellschaft oder Kommanditgesellschaft auf Aktien unter den Enkelgesellschaften befinden) zur Aufstellung von **Teilkonzernabschlüssen** und **Teilkonzerngeschäftsberichten** verpflichtet sind. Die Aufstellung kann unterbleiben, „wenn die Konzernleitung einen Konzernabschluß im Bundesanzeiger bekanntmacht"[2], der nach den aktienrechtlichen Grundsätzen über die Aufstellung einer Konzernbilanz und Konzern-Gewinn- und Verlustrechnung erstellt und von Wirtschaftsprüfern geprüft worden ist.

Pflicht zur Aufstellung eines Teilkonzernabschlusses	nach § 330 Abs. 2 AktG	nach § 28 Abs. 2 EG AktG
Obergesellschaft	jede beliebige Rechtsform, Sitz im **Ausland**	jede beliebige Rechtsform, Sitz im **Ausland**
Tochtergesellschaften	AG oder KGaA, Sitz im **Inland**	GmbH oder bergrechtliche Gewerkschaft, Sitz im **Inland**
Enkelgesellschaften	jede beliebige Rechtsform, Sitz im **Inland**	mindestens eine AG oder KGaA, sonst jede beliebige Rechtsform, Sitz im **Inland**

2. Der Kreis der nach dem Publizitätsgesetz zur Aufstellung eines Konzernabschlusses verpflichteten Unternehmen

Das Publizitätsgesetz dehnt die Pflicht zur Aufstellung von Konzernabschlüssen auf alle Unternehmen mit Sitz im Inland aus, die – obwohl sie Konzernobergesellschaften sind – auf Grund ihrer Rechtsform nicht

---

[2] § 330, Abs. 2 AktG

zur Konzernrechnungslegung nach dem Aktiengesetz verpflichtet sind, jedoch die oben[3] aufgeführten Größenmerkmale nach § 11 Abs. 1 erfüllen. Zu einem solchen Konzern braucht also überhaupt keine Aktiengesellschaft oder Kommanditgesellschaft auf Aktien zu gehören.

Pflicht zur Aufstellung eines Konzernabschlusses	nach § 11 Abs. 1 PublG
Gesamtkonzern	Größenmerkmale nach § 11 Abs. 1 Nr. 1—3
Obergesellschaft (Sitz im Inland)	jede beliebige Rechtsform außer AG, KGaG, GmbH, bergr. Gewerkschaft
übrige Konzernunternehmen	jede beliebige Rechtsform

Die Bestimmungen des § 11 Abs. 1 des Publizitätsgesetzes haben zur Folge, daß die nach § 330 Abs. 1 AktG und § 28 Abs. 2 EG AktG aufzustellenden Teilkonzernabschlüsse nicht mehr ausreichen, sondern daß auch inländische Personenunternehmen, die die Konzernleitung innehaben, zur Konzernrechnungslegung verpflichtet sind. Damit werden die nach dem Aktiengesetz gegebenen Möglichkeiten ausgeschlossen, die Rechnungslegungspflicht für den Gesamtkonzern durch eine Gestaltung der kapitalmäßigen Verflechtung zu umgehen, durch die eine Aufspaltung des Konzerns in mehrere Teilkonzerne bei der Rechnungslegung eintritt.

Hat die Konzernleitung ihren **Sitz im Ausland** und beherrscht sie über ein oder mehrere Konzernunternehmen mit Sitz im Inland andere Konzernunternehmen, so haben die der Konzernleitung am nächsten stehenden inländischen Konzernunternehmen (Teilkonzernleitungen) für ihren Konzernbereich Rechnung zu legen, wenn die oben aufgeführten Voraussetzungen des § 11 Abs. 1 zutreffen[4].

Pflicht zur Aufstellung eines Teilkonzernabschlusses	nach § 11 Abs. 3 PublG
Obergesellschaft (Sitz im Ausland)	jede beliebige Rechtsform
Teilkonzern (Inland)	Größenmerkmale nach § 11 Abs. 1 Nr. 1—3
Tochtergesellschaften	jede beliebige Rechrsform außer AG, KGaA, GmbH, bergr. Gewerkschaft
Enkelgesellschaften	jede beliebige Rechtsform

---

[3] Vgl. S. 625 f.
[4] Vgl. § 11 Abs. 3 PublG

3. Voraussetzungen für die Einbeziehung eines Konzernunternehmens in den Konzern- bzw. Teilkonzernabschluß nach dem AktG

Da die aktienrechtlichen Rechtslegungsvorschriften für Konzerne den Konzern grundsätzlich als wirtschaftliche Einheit auffassen, stellt sich die Frage, wie hoch eine Mehrheitsbeteiligung sein muß, damit Obergesellschaft und abhängige Gesellschaft eine wirtschaftliche Einheit bilden. Die Tatsache, daß nach dem Aktiengesetz wichtige Gesellschaftsbeschlüsse nur mit Dreiviertelmehrheit gefaßt werden können (Satzungsänderungen, Kapitalerhöhung, Sanierung, Umwandlung, Fusion usw.) spricht für eine mindestens 75%ige Beteiligung. Das Umsatzsteuerrecht erkannte seit 1. 10 1961 bis zur Einführung des Mehrwertsteuergesetzes ein Organschaftsverhältnis, das eine finanzielle, wirtschaftliche und organisatorische Eingliederung eines Unternehmens in ein anderes voraussetzt, erst an, wenn die Obergesellschaft mehr als 75 % der Anteile (oder Stimmrechte) der abhängigen Gesellschaft besaß (§ 2 Abs. 2 Ziff. 2 UStG [alt]).

Das am 1. 1. 1968 in Kraft getretene Mehrwertsteuergesetz fordert das nicht mehr; vielmehr genügt wieder wie vor dem 1. 10. 1961 für die finanzielle Eingliederung eine mehr als 50%ige Beteiligung. Dazu müssen allerdings noch die beiden anderen Voraussetzungen der steuerlichen Organschaft, die wirtschaftliche und organisatorische Eingliederung, treten. Entscheidend für die steuerliche Anerkennung der wirtschaftlichen Einheit eines Konzerns ist stets „das Gesamtbild der tatsächlichen Verhältnisse"[5].

Nach § 329 Abs. 2 AktG sind in den Konzernabschluß alle **inländischen** Konzernunternehmen einzubeziehen, deren Anteile zu **mehr als der Hälfte** Konzernunternehmen gehören. Es wird keine direkte Mehrheitsbeteiligung durch die Obergesellschaft gefordert, sondern es genügt auch eine **indirekte** Mehrheitsbeteiligung. Ist z. B. die Obergesellschaft A zu 100 % an der Gesellschaft B und nur zu 30 % an der Gesellschaft C beteiligt, ist aber auch B zu 40 % an C beteiligt, so hat A eine indirekte Beteiligung an C von 70 %. B und C sind von A in den Konzernabschluß aufzunehmen.

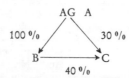

Die Mehrheitsbeteiligung allerdings – darauf sei noch einmal hingewiesen – reicht nicht aus, um ein Unternehmen zu einem Konzernunternehmen zu machen, auch wenn die Mehrheitsbeteiligung zur Abhängigkeit führt. Vielmehr ist das entscheidende Kriterium für den Konzern die einheitliche Leitung. Die Konzernvermutung kann widerlegt werden durch

---

[5] Vgl. § 2 Abs. 2 Ziff. 2 UStG (MWStG)

den Nachweis, daß ein Unternehmen nicht unter der einheitlichen Leitung der Obergesellschaft steht. Damit steht bei der Prüfung der Frage, ob ein Unternehmen einzubeziehen ist, an erster Stelle die Prüfung der Frage der einheitlichen Leitung, die im Gesetz nicht geklärt ist[6].

Für die Frage, ob ein Konzernunternehmen in den Konzernabschluß einzubeziehen ist, ist in erster Linie die direkte oder indirekte finanzielle Verbindung (Beteiligungsquote) zwischen der Obergesellschaft und dem Konzernunternehmen entscheidend. Für die Berechnung dieser Quote sind die Vorschriften der §§ 16 Abs. 2 und 4 und 320 Abs. 1 AktG (eingegliederte Gesellschaft) maßgebend, d. h. bei der Berechnung des Anteils der Obergesellschaft an einem Konzernunternehmen bleiben die eigenen Anteile des Konzernunternehmens außer Ansatz. Hat ein Konzernunternehmen z. B. ein Grundkapital von 1 000 000 DM und hält es 10 % eigene Aktien, so ist die Mehrheit und damit die Pflicht zur Einbeziehung in den Konzernabschluß gegeben, wenn mehr als die Hälfte von 900 000 DM, d. h. mehr als 450 000 DM des Nennwerts der Anteile der Obergesellschaft gehören. „Gehören" heißt, daß nach § 16 Abs. 4 AktG auch die Anteile, die sich bei von der Obergesellschaft abhängigen Gesellschaften befinden, der Obergesellschaft zugerechnet werden müssen.

Von dem Grundsatz, daß inländische Konzernunternehmen, die von der Obergesellschaft mit Mehrheit beherrscht werden, in den Konzernabschluß einzubeziehen sind, gibt es einige Ausnahmen, durch die der Konsolidierungskreis teils enger, teils weiter gezogen wird. Eine Einengung oder Erweiterung des Konsolidierungskreises ist in den Fällen erforderlich, in denen der Grundsatz der Klarheit und Übersichtlichkeit der Darstellung der Vermögens- und Ertragslage des Konzerns über das Kriterium des Umfanges der finanziellen Abhängigkeit der Konzernunternehmen von der Obergesellschaft gestellt werden muß.

Eine Einschränkung der in den Konzernabschluß einzubeziehenden Konzernunternehmen, an denen die Obergesellschaft eine Mehrheitsbeteiligung besitzt, muß erstens in den Fällen vorgenommen werden, in denen eine Einbeziehung eines Unternehmens die Aufgabe des Konzernabschlusses, einen möglichst sicheren Einblick in die Vermögens- (insbesondere die Liquiditäts-) und Ertragslage des Konzerns als wirtschaftliche Einheit zu geben, beeinträchtigen würde. Der Ausschluß muß nach § 334 Abs. 1 AktG im Geschäftsbericht näher begründet werden.

Nach Ansicht der Begründung des Regierungsentwurfs[7] kann das bei „Unternehmen mit stark abweichendem Geschäftszweig" der Fall sein. Diese Bestimmung muß u. E. eng ausgelegt werden. Keinesfalls kann generell angenommen werden, daß zwei Unternehmen, die unterschiedlichen Wirtschaftszweigen angehören, nicht im gleichen Konzernabschluß erscheinen können, weil sonst die Aussagefähigkeit des Abschlusses beeinträchtigt wür-

---

[6] Vgl. die Ausführungen zu § 18 AktG auf S. 627 ff.
[7] Vgl. Kropff, B., Aktiengesetz, a. a. O., S. 439

de. Der Konzernabschluß soll eine Aussage über die Rentabilität und die Liquidität des Konzerns ermöglichen. Beide Größen werden zweifellos von allen Gesellschaften beeinflußt, die dem Konzern angehören. Gerade reine Finanzkonzerne, bei denen das Ziel des Zusammenschlusses die Risikostreuung der Kapitalanlage ist, bestehen überwiegend oder zum Teil aus branchenfremden Unternehmen. Busse von Colbe weist mit Recht darauf hin, daß „die Tatsache, daß ein Konzernunternehmen eine vom übrigen Konzern abweichende Tätigkeit ausübt, keinesfalls ein Grund (ist), es von der Konsolidierung auszuschließen. Durch Einfügung von Sonderposten in den Konzernabschluß – etwa bei der Einbeziehung von Banken, Versicherungsunternehmen, Versorgungskassen oder Wohnungsbauunternehmen in einen industriellen Konzern – kann die nötige Klarheit der Darstellung im Konzernabschluß ohne Schwierigkeiten bewahrt werden."[8]

Eine zweite Einschränkung des Konsolidierungskreises darf vorgenommen werden, wenn trotz Mehrheitsbeteiligung seitens der Obergesellschaft durch die Nichtberücksichtigung eines Konzernunternehmens im Konzernabschluß die Darstellung der Vermögens- und Ertragslage des Konzerns **„wegen der geringen Bedeutung des Konzernunternehmens"** nicht beeinträchtigt wird. Dann wird der Grundsatz der Klarheit und Übersichtlichkeit des Konzernabschlusses über den Grundsatz der Vollständigkeit gestellt. Der Ausschluß muß nach § 334 Abs. 1 AktG im Konzerngeschäftsbericht begründet werden.

Auch diese Vorschrift muß eng ausgelegt werden, denn jeder Ausschluß führt zu einem unvollständigen Konzernabschluß, und es ist immer zu prüfen, ob nicht dem Prinzip der Vollständigkeit Vorrang vor dem Prinzip der Übersichtlichkeit gegeben werden muß, da ersteres ein materielles, letzteres ein formelles Prinzip ist. Havermann[9] hat darauf hingewiesen, daß die „geringe Bedeutung" eines Konzernunternehmens sich nicht durch feste Zahlenangaben definieren läßt, z. B. in der Weise, daß Unternehmen, deren Vermögen weniger als 3 oder 5 % der Bilanzsumme des Konzerns oder deren Umsatz weniger als 3 oder 5 % des Konzernumsatzes beträgt, nicht in den Konzernabschluß einbezogen werden müssen, weil in dem nicht einbezogenen Unternehmen, insbesondere wenn es keine Aktiengesellschaft ist, erhebliche stille Rücklagen vorhanden sein können, so daß das Vermögen dieses Unternehmens unter Berücksichtigung der nicht in der Bilanz ausgewiesenen Vermögensteile einen höheren Prozentsatz der Bilanzsumme des Konzerns ausmachen würde.

Eine von v. Wysocki durchgeführte Auswertung von 126 Konzernabschlüssen und Konzerngeschäftsberichten deutscher Obergesellschaften zum 31. 12. 1967 hat ergeben, daß 51,5 % der untersuchten Obergesellschaften alle Konzernunternehmen mit Sitz im Inland, an denen eine Mehrheits-

---

[8] Busse von Colbe, W., Der Konzernabschluß nach neuem Aktienrecht, AG 1966, S. 273
[9] Vgl. Havermann, H., Zweifelsfragen der Rechnungslegung im Konzern. In: Wirtschaftsprüfung im neuen Aktienrecht, Düsseldorf 1966, S. 76

beteiligung besteht, einbezogen haben; bei 38,9 % wurden ein oder mehrere Konzernunternehmen „wegen geringer Bedeutung" (§ 329 Abs. 2 Satz 2 AktG), bei 19 % wegen Beeinträchtigung des Aussagewertes des Konzernabschlusses (§ 329 Abs. 2 Satz 3 AktG) nicht einbezogen[10].

Der Konsolidierungskreis wird **erweitert** durch die Vorschriften, die die Einbeziehung von Konzernunternehmen, an denen die Obergesellschaft nicht mit Mehrheit beteiligt ist oder die ihren Sitz im Ausland haben, zulassen oder zwingend fordern. Grundsätzlich **dürfen** alle übrigen Konzernunternehmen – inländische und ausländische – für die kein gesetzlicher Zwang zur Einbeziehung oder zum Ausschluß besteht – in den Konzernabschluß einbezogen werden.

Derartige Konzernunternehmen **müssen** zwingend einbezogen werden – soweit sie ihren Sitz im Inland haben – „wenn ihre Einbeziehung zu einer anderen Beurteilung der Vermögens- oder der Ertragslage des Konzerns führt."[11]

Im Geschäftsbericht sind alle in den Konzernabschluß einbezogenen inländischen Konzernunternehmen zu bezeichnen. Sind Konzernunternehmen mit Sitz im Ausland freiwillig einbezogen worden, so ist auch das im Geschäftsbericht anzugeben.

Konzernunternehmen mit **Sitz im Ausland** brauchen grundsätzlich nicht in den Konzernabschluß aufgenommen zu werden, gleichgültig, ob die inländische Obergesellschaft eine Mehrheits- oder Minderheitsbeteiligung an ihnen besitzt. Sie müssen noch nicht einmal einbezogen werden, wenn ihre Berücksichtigung zu einer anderen Beurteilung der Vermögens- und Ertragslage des Konzerns führen würde. In einer Zeit immer stärker werdender internationaler Verflechtungen von Unternehmungen ist diese Regelung als unbefriedigend anzusehen. Eine starke Entwertung der Aussagefähigkeit des konsolidierten Abschlusses eines Konzerns mit bedeutenden Konzerngliedern, die ihren Sitz im Ausland haben, kann auch durch die Bestimmung des § 334 Abs. 2 Satz 3 AktG, daß bereits entstandene oder zu erwartende größere Verluste bei Konzernunternehmen, die nicht in den Konzernabschluß einzubeziehen sind, im Konzerngeschäftsbericht anzugeben sind, nur bedingt verhindert werden.

Führt die **freiwillige Einbeziehung** von nicht konsolidierungspflichtigen inländischen Konzernunternehmen bzw. von ausländischen Konzernunternehmen zu einer Beeinträchtigung des Aussagewertes des Konzernabschlusses, so hat ihre Einbeziehung ebenfalls zu unterbleiben. Das wird zwar im Gesetz nicht ausdrücklich gesagt, ergibt sich aber aus § 329 Abs. 2 Satz 3 AktG, nach dem die Einbeziehung – wenn sie den Aussagewert des Konzernabschlusses beeinträchtigt – sogar bei solchen Konzernunternehmen verboten ist, die sonst zwingend zu konsolidieren sind.

Analog ist davon auszugehen, daß eine freiwillige Einbeziehung aus-

---

[10]　v. Wysocki, K., Konzernrechnungslegung in Deutschland, Düsseldorf 1969, S. 19
[11]　§ 329 Abs. 2 Satz 4 AktG

ländischer Konzernunternehmen nicht in Frage kommen kann, wenn dadurch – z. B. infolge anderer Gliederungs-, Bewertungs- und Abschreibungsvorschriften – die Aussagefähigkeit des Konzernabschlusses gestört würde.

Es bleibt also nur ein problematischer Fall übrig: daß ausländische Konzernunternehmen auch. dann nicht in den Konzernabschluß aufgenommen zu werden brauchen, wenn nur durch ihre Berücksichtigung ein sicherer Einblick in die Vermögens- und Ertragslage des Konzerns gegeben werden kann.

Jedes aus den oben angeführten Vorschriften zwingende oder freiwillige Nichteinziehen von Konzernunternehmen in den Konzernabschluß kann zur Folge haben, daß ein falsches Bild über die Ertragslage des Konzerns entsteht, wenn einbezogene Unternehmen Lieferungen an nicht einbezogene Unternehmen vornehmen, bei denen Zwischengewinne entstehen, die im Konzernabschluß nicht eliminiert werden müssen, wenn die empfangenden Unternehmen nicht einbezogen worden sind.

4. Schematische Übersicht über den Konsolidierungskreis

Voraussetzung für jede Einbeziehung in den Konzernabschluß:
  Einheitliche Leitung durch die Obergesellschaft.

Rechtsform der Obergesellschaft:

  § 329 Abs. 1 AktG: AG oder KGaA;
  § 28 Abs. 1 EG AktG: GmbH und bergrechtliche Gewerkschaft, wenn zu den Konzernunternehmen wenigstens eine AG oder KGaA gehört;
  § 11 Abs. 1 PublG: jede beliebige Rechtsform außer AG, KGaA, GmbH, bergrechtliche Gewerkschaft, wenn bestimmte Größenmerkmale erfüllt sind.

  I. Die **Einbeziehung** ist **zwingend** unter folgenden Voraussetzungen:

  1. Sitz im Inland (§ 329 Abs. 2 Satz 1 AktG);
  2. mehr als die Hälfte der Anteile befindet sich im Besitz der Obergesellschaft oder anderer von der Obergesellschaft abhängiger Konzernunternehmen (§ 329 Abs. 2 Satz 1 AktG);
  3. durch die Einbeziehung wird der Aussagewert des Konzernabschlusses nicht beeinträchtigt (§ 329 Abs. 2 Satz 3 AktG);
  4. weniger als die Hälfte der Anteile befindet sich im Besitz der Obergesellschaft oder anderer von der Obergesellschaft abhängiger Konzernunternehmen, die Einbeziehung führt jedoch zu einer anderen

Beurteilung der Vermögens- und Ertragslage des Konzerns (§ 329 Abs. 2 Satz 4 AktG).

II. Die **Einbeziehung ist freiwillig** unter folgenden Voraussetzungen:

1. Sitz im Inland (§ 329 Abs. 2 Satz 1 AktG);

2. mehr als die Hälfte der Anteile befindet sich im Besitz der Obergesellschaft oder anderer von der Obergesellschaft abhängiger Konzernunternehmen, jedoch wird infolge der geringen Bedeutung des Konzernunternehmens die Darstellung der Vermögens- und Ertragslage des Konzerns nicht beeinträchtigt (§ 329 Abs. 2 Satz 2 AktG);

3. weniger als die Hälfte der Anteile befindet sich im Besitz der Obergesellschaft oder anderer von der Obergesellschaft abhängiger Konzernunternehmen; die Nichtberücksichtigung führt zu keiner anderen Beurteilung der Vermögens- und Ertragslage des Konzerns (§ 329 Abs. 2, Satz 4 AktG);

4. Sitz im Ausland, unabhängig von der Höhe der Anteile (§ 329 Abs. 2 Satz 4 AktG).

III. Die **Einbeziehung ist verboten** unter folgenden Voraussetzungen:

1. Sitz im Inland;

2. mehr als die Hälfte der Anteile befindet sich im Besitz der Obergesellschaft oder anderer von der Obergesellschaft abhängiger Konzernunternehmen, jedoch beeinträchtigt die Einbeziehung den Aussagewert des Konzernabschlusses (§ 329 Abs. 2 Satz 3 AktG);

3. in den Fällen der freiwilligen Einbeziehung wird der Aussagewert des Konzernabschlusses beeinträchtigt (im Gesetz nicht ausdrücklich erwähnt, folgt jedoch aus § 329 Abs. 2 Satz 3 AktG).

V. Die Konzernbilanz

1. Voraussetzungen für die Konsolidierung

a) Gliederung

Für die Aufstellung einer Konzernbilanz muß eine Anzahl technischer Voraussetzungen erfüllt sein. In **formaler** Hinsicht sind zu fordern: ein einheitliches Buchhaltungs- und Kontierungssystem und ein einheitliches Gliederungsschema der Einzelbilanzen der Konzernunternehmen. Letzteres macht besonders dann Schwierigkeiten, wenn in einem Konzern Unternehmen zusammengefaßt sind, die auf Grund gesetzlicher Vorschriften unterschiedliche Gliederungsschemata für ihre Einzelbilanzen anwenden müssen (z. B. Industriebetriebe, Banken, Versicherungen).

Das Aktiengesetz schreibt für die Konzernbilanz **kein besonderes Gliederungsschema** vor, sondern grundsätzlich sind unabhängig von der Rechtsform der Obergesellschaft die für die Einzelbilanzen geltenden Gliederungsvorschriften der §§ 151 und 152 AktG anzuwenden, soweit die Eigenart der Konzernbilanz keine Abweichungen bedingt[1]. Eine solche Abweichung ergibt sich beispielsweise bei den Positionen Roh-, Hilfs- und Betriebsstoffe, unfertige und fertige Erzeugnisse sowie Waren, die nach § 331 Abs. 4 AktG in einer Position ausgewiesen werden können, weil im vertikalen Konzern die Fertigfabrikate eines vorgelagerten Konzernunternehmens für das nachgelagerte Konzernunternehmen Rohstoffe oder Halbfabrikate sein können und folglich Schwierigkeiten bei der Zurechnung in der Konzernbilanz entstehen könnten, die durch die Zusammenfassung in einer Position „Vorräte" umgangen werden.

Über die in §§ 151/152 AktG vorgesehenen Bilanzpositionen hinaus schreibt § 331 Abs. 1 AktG für die Konzernbilanz zwei spezielle Positionen vor. Für Anteile konzernfremder Gesellschafter an den übrigen in den Konzernabschluß einbezogenen Unternehmen – also nicht an der Obergesellschaft – muß in Höhe ihres Anteils an Kapital, offenen Rücklagen und Gewinn und Verlust ein **„Ausgleichsposten für Anteile in**

---

[1] Vgl. § 331 Abs. 4 AktG

Fremdbesitz"[2] ausgewiesen werden, wobei der auf Gewinn und der auf Verlust entfallende Betrag gesondert anzugeben ist[3].

Ferner müssen die sich bei der Kapitalkonsolidierung ergebenden **Kapitalaufrechnungsdifferenzen**[4] in einer Position bilanziert werden. Derartige Differenzen ergeben sich, wenn die Wertansätze der Anteile an den in den Konzernabschluß einbezogenen Unternehmen höher oder niedriger sind als der auf die Anteile entfallende Betrag des Kapitals und der offenen Rücklagen dieser Unternehmen[5].

Besondere Schwierigkeiten bei der Aufstellung einer Konzernbilanz können sich dann ergeben, wenn einzelne Konzernunternehmen entweder, weil sie keine Aktiengesellschaften oder weil sie ausländische Unternehmen sind, ihre Einzelbilanzen nach anderen Prinzipien gliedern, als § 151 AktG für die Aktiengesellschaft vorschreibt. Dann müssen **Umgliederungen** erfolgen, die besonders dann kompliziert sind, wenn die abweichenden Gliederungen weniger ausführlich sind, so daß z. B. Vermögensgegenstände in einer Position zusammengefaßt sind, die nach § 151 AktG grundsätzlich getrennt ausgewiesen werden müssen. Diese Schwierigkeiten könnten – wenigstens bei inländischen Konzernunternehmen – vermieden werden, wenn auch Unternehmen, die keine Aktiengesellschaften sind, das aktienrechtliche Gliederungsschema analog anwenden.

b) Bewertung

In **materieller** Hinsicht ist eine einheitliche Anwendung und Auslegung der Bewertungsvorschriften und -grundsätze zu fordern, insbesondere in den Fällen, in denen die gesetzlichen Vorschriften einen Ermessensspielraum einräumen (Abschreibungspolitik, Politik der stillen Rücklagen, Aktivierungs- und Passivierungspolitik).

Der Gesetzgeber hat **keine besonderen Bewertungsvorschriften** für die Konzernbilanz erlassen. Es gilt das **Prinzip der Maßgeblichkeit der Einzelbilanzen** für die Konzernbilanz, d. h. die Vermögensgegenstände und Schulden sind mit den in den Einzelbilanzen angesetzten Werten in die Konzernbilanz zu übernehmen, soweit nicht zwingende Konzernrechnungslegungsvorschriften eine andere Bewertung verlangen. Diese Regelung entspricht nicht in vollem Umfange der Einheitstheorie, denn alle Entscheidungen über Bewertung und Abschreibung, Aktivierung und Passivierung, Ermittlung der Herstellungskosten u. a. werden in den Einzelbilanzen aus einer bestimmten Interessenlage jedes einzelnen Unternehmens getroffen. Die Zielsetzungen des Konzerns können u. U. völlig andere Entscheidungen verlangen. Bei hoher Beteiligungsquote und straffer Führung des Konzerns kann diese Interessenkollision allerdings dadurch vermieden

---

[2] Vgl. S. 679 f.
[3] Vgl. § 331 Abs. 1 Nr. 2 AktG
[4] Vgl. S. 672 ff.
[5] Vgl. § 331 Abs. 1 Nr. 3 AktG

werden, daß die Konzernverwaltung einheitliche **Bilanzierungs- und Bewertungsrichtlinien** erläßt.

Nach § 331 Abs. 1 Nr. 1 AktG müssen bei der Kapitalkonsolidierung an die Stelle der Anteile an den Konzernunternehmen die Vermögensgegenstände und Verbindlichkeiten mit den in den Einzelbilanzen eingesetzten Werten treten. Da Konzerne nicht nur aus Aktiengesellschaften bestehen, die aktienrechtlichen Gliederungs- und Bewertungsvorschriften aber nur für Aktiengesellschaften verbindlich sind, müssen in den Konzernabschluß auch Positionen aufgenommen werden, die u. U. nicht dem aktienrechtlichen Gliederungsschema der §§ 151 ff. AktG entsprechen und nicht nach §§ 153 ff. AktG bewertet worden sind. Der Konzernabschlußprüfer hat aber nach § 336 Abs. 3 AktG zu überprüfen, ob die aus nicht geprüften Einzelbilanzen übernommenen Positionen den Grundsätzen ordnungsmäßiger Buchführung entsprechen. Damit bekommt die in der Literatur umstrittene Frage, ob die Rechnungslegungsvorschriften des Aktiengesetzes 1965 als Grundsätze ordnungsmäßiger Buchführung und Bilanzierung auch für Unternehmen anzusehen sind, die nicht in der Rechtsform der Aktiengesellschaft geführt werden, auch für den Konzernabschluß Bedeutung. Würde man diese Frage bejahen, so würden alle Einzelbilanzen der Konzernunternehmen – ganz gleich, in welcher Rechtsform sie geführt werden – den aktienrechtlichen Gliederungs- und Bewertungsprinzipien entsprechen.

Wir hatten oben[6] festgestellt, daß das Aktiengesetz 1965 zwar eine Reihe von allgemeinen Bilanzierungs-, insbesondere Bewertungsvorschriften enthält, die als eine Kodifizierung allgemeiner, für Unternehmen aller Rechtsformen geltender Bilanzierungsregeln angesehen werden können, daß es aber auch neue Bilanzierungsgrundsätze eingeführt hat, die allein der Realisierung von Zielsetzungen dienen (vor allem dem Aktionärsschutz), die durch die Rechtsform der Aktiengesellschaft bedingt sind und für Unternehmen in anderen Rechtsformen keine Bedeutung haben.

Es besteht für Nicht-Aktiengesellschaften also keine Notwendigkeit, Bewertungsprinzipien, die Zielsetzungen dienen, die nur für Aktiengesellschaften von Bedeutung sind, in ihre Einzelbilanzen zu übernehmen; dennoch stellt sich die Frage, ob im Interesse des sicheren Einblicks in die Vermögens- und Ertragslage des Konzerns als wirtschaftliche Einheit **einheitliche Bewertungs- und Gliederungsvorschriften** für alle Konzernunternehmen erforderlich sind. U. E. ist die Vorschrift, daß die Einzelabschlüsse der Konzernunternehmen, die nicht Aktiengesellschaften sind, den Grundsätzen ordnungsmäßiger Buchführung entsprechen müssen, ausreichend, um eine willkürliche Beeinflussung des Ausweises der wirtschaftlichen Lage des Konzerns zu verhindern.

Außerdem verweist § 331 Abs. 4 AktG für die Aufstellung des Konzernabschlusses auch auf § 149 AktG und damit nicht nur auf die Bestim-

---

[6] Vgl. S. 133 ff.

mung, daß der Jahresabschluß – hier der Konzernabschluß – den Grundsätzen ordnungsmäßiger Buchführung entsprechen muß, sondern auch auf
die allgemeine Regel, daß der Jahresabschluß – hier der Konzernabschluß – „im Rahmen der Bewertungsvorschriften einen möglichst sicheren Einblick in die Vermögens- und Ertragslage" geben soll[7]. Wird dieser sichere Einblick durch Positionen gestört, die aus Einzelbilanzen übernommen werden müssen, die nicht nach aktienrechtlichen Grundsätzen aufgestellt zu werden brauchen, so gibt § 331 Abs. 4 AktG u. E. nicht nur
die Möglichkeit, diese Positionen zu berichtigen, sondern enthält sogar die
Verpflichtung zur Korrektur.

Im übrigen darf nicht übersehen werden, daß auch dann, wenn alle
Konzernunternehmen Aktiengesellschaften wären, eine völlige Vereinheitlichung der Wertansätze nicht gegeben ist, da die aktienrechtlichen Bewertungsvorschriften noch immer einen erheblichen Bewertungsspielraum enthalten[8]. Eine Vereinheitlichung wäre nur möglich, wenn die Konzernverwaltung von sich aus genaue Regeln für alle Konzernunternehmen über
die Bewertungs-, Abschreibungs-, Rückstellungspolitik und über die Anwendung von Aktivierungs- und Passivierungswahlrechten gibt.

Werden **ausländische** Konzernunternehmen freiwillig in den Konzernabschluß einbezogen, so müssen auch ihre Abschlüsse den (inländischen)
Grundsätzen ordnungsmäßiger Buchführung entsprechen. Das kann eine
Berichtigung von Wertansätzen erforderlich machen[9], insbesondere wenn
in der Bilanz eines ausländischen Konzernunternehmens das Anschaffungs-
oder Niederstwertprinzip nicht beachtet werden muß. Nach § 329 Abs. 2
Satz 3 AktG ist von der Einbeziehung eines inländischen Konzernunternehmens abzusehen, „wenn sie den Aussagewert des Konzernabschlusses
beeinträchtigen würde". Diese Vorschrift ist analog auf die freiwillig einbezogenen ausländischen Konzernunternehmen anzuwenden, so daß man
folgern könnte, daß ausländische Konzernunternehmen, deren Bilanzansätze mit deutschen Bewertungsmaßstäben gemessen gegen grundsätzliche
Bewertungsvorschriften verstoßen, den **Aussagewert des Konzernabschlusses beeinträchtigen** und folglich nicht einbezogen werden dürfen[10]. Ist das
ausländische Konzernunternehmen aber von großer Bedeutung für den
Konzern, so dürfte eine Einbeziehung nach einer Korrektur der Wertansätze nach aktienrechtlichen Bewertungsprinzipien zweckmäßiger sein als
ein Verzicht auf die Einbeziehung.

Wir halten also fest, daß die Ansätze in der Konzernbilanz aus einer
Zusammenfassung von Vermögens- und Schuldpositionen entstehen, die
in den Einzelbilanzen durch Anwendung unterschiedlicher Bewertungsregeln zustande gekommen sind. Es handelt sich:

1. um Bewertungsgrundsätze des Aktiengesetzes 1965, deren Ermessens-

---

[7] § 149 Abs. 1 AktG
[8] Vgl. Scherpf, P., Die aktienrechtliche Rechnungslegung und Prüfung, Köln 1967, S. 264
[9] Vgl. Scherpf, P., a. a. O., S. 265
[10] Vgl. z. B. WP-Handbuch 1968, Düsseldorf 1968, S. 687

spielräume in den einzelnen Konzernunternehmen, die in der Rechtsform der Aktiengesellschaft geführt werden, unterschiedlich ausgenutzt werden,

2. um Bewertungsgrundsätze des HGB – interpretiert durch die Bewertungsregeln des Aktiengesetzes 1937 –, des GmbHG und des GenG für Konzernunternehmen, die nicht in der Rechtsform der Aktiengesellschaft geführt werden und

3. um Bewertungsgrundsätze, die von ausländischen Konzernunternehmen angewendet werden[11].

Es ist problematisch, ob das Prinzip der Maßgeblichkeit der Einzelbilanz für die Konzernbilanz auch dann gilt, wenn es offensichtlich gegen die Einheitstheorie verstößt. Nach § 153 Abs. 3 AktG darf zum Beispiel für immaterielle Werte ein Aktivposten nur angesetzt werden, wenn sie entgeltlich erworben wurden. Hat z. B. das Konzernunternehmen A ein Patent selbst entwickelt und an das Konzernunternehmen B verkauft, so darf B in seiner Einzelbilanz das Patent mit dem Kaufpreis aktivieren. Der Konzern als wirtschaftliche Einheit hat aber das Patent nicht entgeltlich erworben, sondern selbst entwickelt. Vom Standpunkt der Einheitstheorie darf eine Aktivierung in der Konzernbilanz nicht erfolgen, nach dem in § 331 Abs. 1 AktG ausgesprochenen Maßgeblichkeitsprinzip muß aber eine Aktivierung vorgenommen werden.

c) Bilanzstichtag

In zeitlicher Hinsicht ist ein einheitlicher Bilanzstichtag zu fordern, da anderenfalls eine zuverlässige Eliminierung von konzerninternen Beziehungen, insbesondere von Zwischengewinnen nicht möglich ist. Nach § 329 Abs. 1 AktG ist der Konzernabschluß in der Regel auf den Stichtag des Jahresabschlusses der Obergesellschaft aufzustellen; jedoch kann im Interesse der Klarheit und Übersichtlichkeit des Konzernabschlusses auch ein anderer Stichtag gewählt werden, wenn die Stichtage der einbezogenen Unternehmen voneinander abweichen. Eine Vereinheitlichung abweichender Bilanzstichtage ist sowohl vom betriebswirtschaftlichen als auch vom rechtlichen Standpunkt aus problematisch. Bei Saisonbetrieben ist es oft zweckmäßig, einen vom Ende des Kalenderjahres abweichenden Bilanzstichtag zu wählen, der auf einen Zeitpunkt fällt, an dem die Saisonspitze vorbei ist. Dann sind in der Regel die Lagerbestände weitgehend abgebaut, so daß die Inventurarbeiten und die Aufstellung des Inventars erleichtert werden. Außerdem steht Personal zur Durchführung der Abschlußarbeiten zur Verfügung. Ferner ist die Liquiditätslage gewöhnlich besser als zu einem anderen Zeitpunkt[12]. Die Angleichung des Abschluß-

11 Vgl. WP-Handbuch 1968, a. a. O., S. 687
12 Vgl. Schuhmann, W., Der Konzernabschluß, die Bilanzierungspraxis deutscher Konzerne, Wiesbaden 1962, S. 60

stichtages an den der Obergesellschaft würde den Einzelabschluß eines Saisonbetriebes unter Umständen erheblich in seiner Aussagekraft beeinträchtigen.

§ 331 Abs. 3 AktG bestimmt zwar, daß die in den Konzernabschluß einbezogenen Unternehmen denselben Abschlußstichtag haben sollen, jedoch hat der Gesetzgeber davon abgesehen, von Konzernunternehmen, die einen anderen Stichtag als den der Obergesellschaft haben, eine Änderung ihrer Abschlußstichtage zu verlangen.

§ 331 Abs. 3 Satz 2 AktG fordert jedoch von Konzernunternehmen, deren Abschlußstichtag nicht mit dem Stichtag der Konzernbilanz übereinstimmt, die **Aufstellung eines Zwischenabschlusses** auf den Stichtag des Konzernabschlusses. Der Gesetzgeber schreibt aber keine Feststellung des Zwischenabschlusses nach den Grundsätzen über die Feststellung des Jahresabschlusses vor, da er für die Beziehungen zwischen dem Konzernunternehmen und seinen Gesellschaftern und Gläubigern ohne Bedeutung ist[13]. Für diese Personen ist allein der Einzelabschluß maßgebend. Da der Zwischenabschluß jedoch die Darstellung der Vermögens- und Ertragslage des Konzerns im Konzernabschluß beeinflußt, bedarf er der Billigung des Aufsichtsrates, soweit es sich um Konzernunternehmen handelt, für die ein Aufsichtsrat vorgesehen ist.

Da Zwischenabschlüsse noch nicht einer Pflichtprüfung unterzogen worden sind, müssen sie im Rahmen der Pflichtprüfung des Konzernabschlusses wie alle noch nicht geprüften Einzelabschlüsse darauf geprüft werden, ob sie den Grundsätzen ordnungsmäßiger Buchführung entsprechen[14]. Die Aufstellung eines Zwischenabschlusses bedeutet eine erhebliche **zusätzliche Arbeitsbelastung** für einen Betrieb und sollte nur in den Fällen einer Angleichung des Bilanzstichtages an den Stichtag der Konzernbilanz vorgezogen werden, in denen – wie bei den erwähnten Saisonbetrieben – die Angleichung größere Nachteile hat[15]. Es ist zu erwarten, daß bei solchen Konzernunternehmen, deren abweichender Abschlußstichtag nicht auf betriebswirtschaftlichen Überlegungen beruht, sondern z. B. historisch (Gründungsdatum) bedingt ist, die Vorschriften über den Konzernabschluß zu einer Vereinheitlichung der Bilanzstichtage beitragen werden.

Wie stark die Arbeitsbelastung ist, zeigt ein einfaches Beispiel. Ist der Abschlußstichtag der Obergesellschaft der 31. 12. und der eines Konzernunternehmens der 30. 9., so setzt sich das „Konzerngeschäftsjahr"[16] des abhängigen Unternehmens aus 9 Monaten des abgelaufenen und 3 Monaten des laufenden Geschäftsjahres dieses Unternehmens zusammen. In den Konzernabschluß gehen also 9 Monate des festgestellten und geprüften Einzelabschlusses und 3 Monate des laufenden Geschäftsjahres ein, für das

---

13 Vgl. Kropff, B., Aktiengesetz, a. a. O., S. 445
14 Vgl. § 336 Abs. 3 AktG.
15 Vgl. Heinen, E., a. a. O., S. 257
16 Dieser Ausdruck findet sich in der Begründung; vgl. Kropff, B., Aktiengesetz, a. a. O., S. 445

noch kein Abschluß vorliegt. Es bedarf keiner besonderen Erwähnung, mit welcher außerordentlichen Arbeitsbelastung allein die Zerlegung des letzten Einzelabschlusses in 9 Monate, die einbezogen werden, und 3 Monate, die nicht einbezogen (d. h. in den vorhergehenden Konzernabschluß einbezogen) werden, verbunden ist, ganz abgesehen von der Problematik der „zeitlichen Zurechnung".

Da nur drei Monate des laufenden Geschäftsjahres in die Konzernbilanz eingehen, hat das durch den Zwischenabschluß ermittelte Zwischenergebnis noch keinen endgültigen Charakter. Die in diesen drei Monaten erzielten Gewinne können z. B. durch Verluste in den übrigen 9 Monaten des Geschäftsjahres aufgezehrt werden, oder sie sind zunächst lediglich konzerninterne Gewinne, die eliminiert werden müssen, obwohl sie – würde man das gesamte Geschäftsjahr betrachten – innerhalb dieses Zeitraums zu echten Gewinnen werden können. Man sollte aber diese zeitlichen Abgrenzungsschwierigkeiten nicht überbewerten, wie das in der Literatur oft geschehen ist, denn jeder Bilanzstichtag stellt einen Schnitt durch laufende Geschäftsvorfälle dar. Auch bei Übereinstimmung der Bilanzstichtage aller Konzernunternehmen werden konzerninterne Gewinne einer Periode konzernexterne Gewinne einer folgenden Periode sein. Wie jede Bilanz, so weist auch die Konzernbilanz das Vermögen und die Schulden an einem Stichtag und den Erfolg einer Abrechnungsperiode aus.

Bei der technischen Ermittlung des periodengerechten Konzernergebnisses entsteht nicht nur das noch zu behandelnde Problem der Ausschaltung konzerninterner Gewinne (Zwischengewinne)[17], da nur der durch den Konzern als wirtschaftliche Einheit realisierte Gewinn ausgewiesen werden soll (konzernexterner Gewinn), sondern auch das Problem einer **zeitlichen Abgrenzung** der in den einzelnen Konzernunternehmen erzielten Teile des konzernexternen Gewinns.

Nehmen wir an, eine Obergesellschaft besitzt 100 % der Anteile einer Untergesellschaft, sämtliche Zwischengewinne sind eliminiert, und beide Gesellschaften haben den gleichen Bilanzstichtag.

1. Besteht **kein Gewinnabführungsvertrag**, so fließt der Gewinn der Untergesellschaft der Obergesellschaft (rechtlich) erst nach der Feststellung der Bilanz, also erst drei oder mehr Monate nach dem Bilanzstichtag zu. Der Gewinn der Untergesellschaft ist in der Bilanz der Obergesellschaft also noch nicht enthalten, sondern erscheint **im nächsten Abschluß** der Obergesellschaft unter der Position „Erträge aus Beteiligungen".

Wird eine Konzernbilanz erstellt, in der unter Konsolidierung von Schulden und Kapital beide Bilanzen zusammengefaßt werden, so erscheint der Gewinn der Untergesellschaft in zwei Jahresabschlüssen, wenn man keine entsprechende zeitliche Abgrenzung vornimmt:

a) im ersten Jahr vor der Abführung an die Obergesellschaft als **passiver**

---

[17] Vgl. S. 685 ff.

Ausgleichsposten[18] (bei der Aufrechnung der Beteiligung der Obergesellschaft gegen das Reinvermögen der Untergesellschaft) und
b) im zweiten Jahr nach der Abführung an die Obergesellschaft als **Gewinn aus Beteiligung** bei der Obergesellschaft.

Den Zusammenhang zeigt das folgende Beispiel: es wird unterstellt, daß
der einzige Geschäftsvorfall 1970 die Gewinnabführung ist.

1969

A	Obergesellschaft	P		A	Untergesellschaft	P
Vermögen	300	Kapital	500	Vermögen	250	Kapital	200
Beteiligung	200					Gewinn	50
	500		500		250		250

A	Konzernbilanz	P
Vermögen	550	Kapital	500
		pass. Ausgl. Posten (Gewinn)	50
	550		550

1970

A	Obergesellschaft	P		A	Untergesellschaft	P
Vermögen	350	Kapital	500	Vermögen	200	Kapital	200
Beteiligung	200	Gewinn	50				
	550		550				

A	Konzernbilanz	P
Vermögen	550	Kapital	500
		Gewinn	50
	550		550

Obwohl in beiden Perioden zusammen nur ein Gewinn von 50 entstanden ist, erscheint in beiden Konzernbilanzen ein Gewinn von je 50. Folglich muß der Gewinn im Konzernabschluß dem Geschäftsjahr zugerechnet
werden, in dem er wirtschaftlich entstanden ist. Das ist im Beispiel das
Jahr 1969.

Im folgenden Geschäftsjahr muß der der Obergesellschaft inzwischen
zugeflossene Gewinn der Untergesellschaft vom Gewinn der Obergesellschaft abgesetzt werden, d. h. die Teile des Gewinns, die vom Standpunkt
des Konzerns als wirtschaftliche Einheit periodenfremd sind, müssen abgegrenzt werden. Diese Feststellung bezieht sich nicht nur auf die Einzel-

---

[18] Vgl. S. 673

bilanz der Obergesellschaft, sondern ebenso auf die Bilanzen aller Konzernunternehmen, wenn sie periodenfremde Beteiligungserträge von anderen Konzernunternehmen enthalten[19].

2. Besteht dagegen ein **Gewinnabführungsvertrag**, so fließen alle bei der Untergesellschaft entstehenden Gewinne der Obergesellschaft direkt zu. Bei der Untergesellschaft sind sie nicht Bestandteil des Jahresüberschusses und des Bilanzgewinns, sondern erscheinen unter Position 27 der Gewinn- und Verlustrechnung (§ 157 AktG), die die auf Grund einer Gewinngemeinschaft, eines Gewinnabführungsvertrages oder Teilgewinnabführungsvertrages abgeführten Gewinne aufnimmt. Die Bilanz der Obergesellschaft enthält also bereits alle in der Abrechnungsperiode entstandenen Gewinne. Unter den oben gemachten Voraussetzungen – keine konzerninternen Gewinne, hundertprozentige Beteiligung, gleicher Bilanzstichtag – deckt sich der Konzerngewinn mit dem Gewinn der Obergesellschaft; eine Periodenabgrenzung zwischen Einzelbilanzen und Konzernbilanz ist also nicht erforderlich.

3. Nehmen wir unter sonst gleichen Voraussetzungen an, daß das Geschäftsjahr der Obergesellschaft vom 1. 1.–31. 12. und das der Untergesellschaft vom 1. 10.–30. 9. läuft. Besteht kein Gewinnabführungsvertrag, so enthält die Bilanz der Obergesellschaft zum 31. 12. 1970 die Beteiligungserträge aus dem Geschäftsjahr der Untergesellschaft, das am 30. 9. 1970 endet. Die Untergesellschaft muß zum 31. 12. 1970 einen Zwischenabschluß aufstellen, der die Zeit vom 1. 1.–31. 12. 1970 umfaßt und somit nur 9 Monate des abgelaufenen Geschäftsjahres und 3 Monate des laufenden Geschäftsjahres der Untergesellschaft enthält. Dabei müssen **folgende Abgrenzungen** vorgenommen werden, wenn der Konzernabschluß den Periodenerfolg des Konzerns als wirtschaftliche Einheit zeigen soll:

a) Die Bilanz der Obergesellschaft zum 31. 12. 1970 enthält den von der Untergesellschaft abgeführten Gewinn des am 30. 9. 1970 endenden Geschäftsjahres. Dieser Gewinn muß berichtigt werden auf den Anteil der 9 Monate vom 1. 1.–30. 9. 1970.

b) Die Bilanz der Obergesellschaft enthält noch nicht den in der Zwischenbilanz der Untergesellschaft errechneten Gewinnanteil vom 1. 10.–31. 12. 1970. Dieser Gewinnanteil muß aus der Zwischenbilanz in die Konzernbilanz aufgenommen werden.

c) Aus der Zwischenbilanz der Untergesellschaft muß der Teil des Gewinns eliminiert werden, der bereits von der Obergesellschaft vereinnahmt worden ist, das ist der Gewinn vom 1. 1.–30. 9. 1970.

Bei der Ermittlung des Periodengewinns eines Konzerns als wirtschaftliche Einheit sind also folgende Korrekturen der Gewinne der Einzelbilanzen vorzunehmen:

---

[19] Vgl. Edelkott, D., a. a. O., S. 126

1. Konzerninterne Gewinne, die vom Standpunkt des Konzerns noch nicht realisiert sind, müssen eliminiert werden;
2. konzernexterne Gewinne sind zeitlich so abzugrenzen, daß sie in der Periode in der Konzernbilanz erscheinen, in der sie wirtschaftlich erzielt worden sind und nicht erst in der Periode, in der sie der Obergesellschaft als Beteiligungserträge zugeflossen sind.

2. Die Konsolidierung des Kapitals

a) Möglichkeiten der Kapitalkonsolidierung

Die Kapitalkonsolidierung erfolgt in der Weise, daß bei 100 %iger Beherrschung die **Beteiligung der Obergesellschaft gegen das Eigenkapital der abhängigen Gesellschaft**, bei Bestehen von Minderheitsanteilen gegen einen der Beteiligung entsprechenden Teil des Eigenkapitals der abhängigen Gesellschaft aufgerechnet wird. Bestehen auch zwischen abhängigen Gesellschaften Beteiligungsverhältnisse, so hat auch zwischen diesen eine Kapitalkonsolidierung zu erfolgen. Nicht aufgerechnet werden dürfen die Anteile der abhängigen Gesellschaften an der Obergesellschaft.

Beispiel: Obergesellschaft A ist zu 100 % an Gesellschaft B beteiligt.

A	Bilanz A		P		A	Bilanz B		P
Beteiligung	350	Kapital	900		versch. Aktiva		Kapital	300
versch. Aktiva		Rücklagen	100			350	Rücklagen	50
	650					350		350
	1000		1000					

A	Konzernbilanz		P
versch. Aktiva		Kapital	900
	1000	Rücklagen	100
	1000		1000

An die Stelle der Beteiligung von 350 tritt in der Konzernbilanz das Vermögen von B. Das Eigenkapital des Konzerns beträgt einschließlich Rücklagen 1000.

Beispiel: Obergesellschaft A ist zu 100 % an Gesellschaft B beteiligt. B ist zu 80 % an Gesellschaft C beteiligt.

A	Bilanz A		P		A	Bilanz B		P
Beteiligung	350	Kapital	900		Beteiligung	80	Kapital	300
versch. Aktiva		Rücklagen	100		versch. Aktiva		Rücklagen	50
	650					270		
	1000		1000			350		350

A	Bilanz C	P		A	Konzernbilanz	P
versch.	Kapital	100		versch.	Kapital	900
Aktiva 100				Aktiva	1020	Rücklagen	100
						Anteile in	
						Fremdbesitz	20
					1020		1020

Das Eigenkapital des Konzerns beträgt 1020, bestehend aus 1000 Konzernkapital und 20 Minderheitenanteile.

Hat B eine Beteiligung von 50 an der Obergesellschaft A, so erfolgt keine Aufrechnung dieser Beteiligung mit dem Kapital von A. § 331 Abs. 1 AktG beschränkt die Kapitalkonsolidierung auf die Anteile „an den übrigen einbezogenen Unternehmen". Diese Beteiligung erscheint in der Einzelbilanz von B unter der Position „Anteile an einer herrschenden Gesellschaft"[20]. In der Konzernbilanz muß sie nach der Position „eigene Aktien"[21] umgegliedert werden, weil Anteile an der Obergesellschaft, die von Konzernunternehmen gehalten werden, vom Standpunkt des Konzerns als wirtschaftliche Einheit eigene Anteile sind[22]. Es ist zu beachten, daß Anteile an der herrschenden Gesellschaft den gleichen Beschränkungen wie eigene Aktien unterliegen[23].

Der **Buchwert der Beteiligung** kann bei der Kapitalkonsolidierung theoretisch verrechnet werden:

1. gegen das Nominalkapital der abhängigen Gesellschaft,
2. gegen das Nominalkapital und die offenen Rücklagen (gesetzliche und freie Rücklagen) der abhängigen Gesellschaft,
3. gegen das in der Bilanz der abhängigen Gesellschaft ausgewiesene Eigenkapital (Nominalkapital + gesetzliche Rücklagen + freie Rücklagen + Gewinnvortrag (– Verlustvortrag) – ausstehende Einlagen auf das Nominalkapital – eigene Aktien)[24].
4. zu den unter (3) genannten Positionen tritt noch der Bilanzgewinn.

Im **Fall (1)** tritt in der Konzernbilanz an die Stelle der Beteiligung der Obergesellschaft das Vermögen der abhängigen Gesellschaft und auf der Passivseite der Konzernbilanz erscheinen alle Passivposten außer dem Nominalkapital der abhängigen Gesellschaft. Das ist **betriebswirtschaftlich falsch**, denn beim Erwerb der Beteiligung wird der Kaufpreis vom gesamten vorhandenen Eigenkapital und nicht nur vom Grundkapital bestimmt. Die übrigen Eigenkapitalposten der abhängigen Gesellschaft dürfen nicht in die Konzernbilanz übernommen werden (bzw. nur in dem Umfang, der

20 § 151 Abs. 1 Aktivseite III B Nr. 9 AktG
21 § 151 Abs. 1 Aktivseite III B Nr. 8 AktG
22 Vgl. WP-Handbuch 1968, a. a. O., S. 703
23 Vgl. S. 199 Anm. 3, 231 f.
24 Vgl. Schuhmann, W., a. a. O., S. 91 f.; Busse von Colbe, W., Der Jahresabschluß des Konzerns, unter Berücksichtigung des Regierungsentwurfs eines Aktiengesetzes, AG 1960, S. 181, Böning, D., Probleme des Konzerns und der Kapitalkonsolidierung nach dem neuen Aktienrecht, BFuP 1967, S. 415

den Minderheiten zusteht), denn an die Stelle der Beteiligung tritt in der
Konzernbilanz der **vermögensmäßige Gegenwert des gesamten Eigenkapitals**. Auch der **Fall (2)** ist daher betriebswirtschaftlich falsch. Stimmt der
(anteilmäßige) Buchwert aller Eigenkapitalpositionen nicht mit dem Buchwert der Beteiligung überein, so ist die Differenz in einem **Ausgleichsposten** zu erfassen und in die Konzernbilanz einzustellen.

Die **Verrechnung nach Nr.** (4) ist betriebswirtschaftlich bei der ersten
Konsolidierung nach Erwerb der Beteiligung richtig, weil der Kaufpreis
für die Beteiligung das Entgelt für das gesamte übernommene und durch
die Beteiligung repräsentierte Reinvermögen (= Eigenkapital), also auch
für den übernommenen Gewinnanteil ist.

Bei jährlich sich wiederholender Aufrechnung zwischen Beteiligung und
Kapital erscheint nur die **Verrechnung nach Nr.** (3) betriebswirtschaftlich
sinnvoll. Der Bilanzgewinn der abhängigen Gesellschaften darf dann nicht
in die Kapitalkonsolidierung einbezogen werden, da sonst der Gewinn des
Konzerns nicht aus der Konzernbilanz zu ersehen ist, denn im Falle einer
Aufrechnung der Beteiligung der Obergesellschaft an der abhängigen Gesellschaft gegen das gesamte Eigenkapital einschließlich des Gewinns verschwindet der Gewinn in der Kapitalaufrechnungsdifferenz[25], der in der
Konzernbilanz ausgewiesene Gewinn ist folglich nur der Gewinn der Obergesellschaft, so daß der Gewinn in der Konzernbilanz und in der Konzern-Gewinn- und Verlustrechnung nicht übereinstimmen würde, da bei der
Konsolidierung der Einzelgewinn- und Verlustrechnungen die dort ausgewiesenen Gewinne zusammengefaßt werden.

Das gilt allerdings nur für solche abhängigen Gesellschaften, die keinen
Gewinnabführungs- bzw. Organschaftsvertrag mit der Obergesellschaft
abgeschlossen haben. Bei Bestehen derartiger Verträge erscheinen die Gewinne der abhängigen Gesellschaften bei der Obergesellschaft als **Erträge
aus Gewinnabführungsverträgen** und gehen so in den Konzerngewinn
ein[26]. Bestehen keine Gewinnabführungsverträge, so muß – um Doppelzählungen zu vermeiden – beachtet werden, daß die von den abhängigen
Gesellschaften erzielten Gewinne der Obergesellschaft erst im folgenden
Jahr als Erträge aus Beteiligungen zufließen. Folglich muß der Gewinn der
Obergesellschaft des folgenden Jahres in der Konzernbilanz um diese Beteiligungserträge gekürzt werden, da der Konzern als wirtschaftliche Einheit diese Gewinne nur einmal erzielen kann[27].

Das Aktiengesetz läßt nur eine **Aufrechnung gegen das Nominalkapital
und die offenen Rücklagen** zu. Gewinn und Gewinnvortrag und die Sonderposten mit Rücklageanteil[28] sind nicht konsolidierungsfähig. § 331
Abs. 1 AktG bestimmt, daß in der Konzernbilanz die auf den Stichtag des
Konzernabschlusses aufgestellten Bilanzen der Obergesellschaft und der üb-

25 Vgl. S. 672 ff.
26 Vgl. Hax, H., Zum Problem des Konzernabschlusses, ZfbF 1966, S. 61
27 Vgl. S. 666 ff.
28 Vgl. § 152 Abs. 5 AktG

rigen in den Konzernabschluß einbezogenen Konzernunternehmen in der
Weise zusammenzufassen sind, daß an die Stelle der Anteile an den Konzernunternehmen

1. die Vermögensgegenstände und Verbindlichkeiten,
2. die Sonderposten mit Rücklageanteil,
3. die Rückstellungen, Wertberichtigungen und Rechnungsabgrenzungsposten

aus den Bilanzen dieser Unternehmen treten, mit anderen Worten, sämtliche Aktiva und Passiva mit Ausnahme des Nominalkapitals und der
offenen Rücklagen werden aus den Bilanzen der in den Konzernabschluß
einbezogenen Unternehmen übernommen, und zwar – soweit keine Zwischengewinne entstanden sind – mit den **in den Einzelbilanzen eingesetzten Werten.** Zwischengewinne sind nach § 331 Abs. 2 AktG bei den Positionen des Umlaufvermögens auszuschalten. Das bilanzierte Eigenkapital
des Konzerns besteht bei 100%iger Abhängigkeit der Konzernunternehmen also nur aus dem **Nominalkapital und den offenen Rücklagen der
Obergesellschaft.**

Diese Regelung ermöglicht auch in den Fällen, in denen keine Gewinnabführungsverträge bestehen, eine Übernahme der Gewinne der Konzernunternehmen in die Konzernbilanz. Die bei den abhängigen Gesellschaften
(nach dem Erwerb der Beteiligungen durch die Obergesellschaft) den Rücklagen zugeführten Gewinne gehen aber nicht – wie es betriebswirtschaftlich richtig wäre – in die Konzernrücklagen, sondern in die Kapitalaufrechnungsdifferenz ein[29].

b) Die Kapitalaufrechnungsdifferenz

Wird bei der Obergesellschaft der Wert der Beteiligungen an den abhängigen Konzernunternehmen durch die Aktiva und Passiva dieser Unternehmen ersetzt, so wird der Buchwert der Beteiligungen in der Regel
den Anteilen am Eigenkapital der abhängigen Gesellschaften nicht entsprechen, sondern höher oder niedriger sein. Es entsteht folglich eine Differenz (Kapitalaufrechnungsdifferenz), die als **aktiver oder passiver Ausgleichsposten** in der Konzernbilanz erscheint[30].
§ 331 Abs. 1 Nr. 3 AktG bestimmt, daß dann, wenn die Wertansätze
der Anteile an den in den Konzernabschluß einbezogenen Konzernunternehmen höher oder niedriger als der auf die Anteile entfallende Betrag
des Kapitals und der offenen Rücklagen der Konzernunternehmen sind,
der Unterschiedsbetrag **gesondert ausgewiesen** werden muß. Der gesonderte Ausweis des Unterschiedsbetrages soll verhindern, daß die Diffe-

---

[29] Vgl. S. 676 f.
[30] In veröffentlichten Konzernbilanzen finden sich für derartige Differenzen auch die Bezeichnungen Konsolidierungsausgleichsposten, Aufrechnungsdifferenz aus der Konsolidierung, Konsolidierungsrücklage, Unterschiedsbetrag gem. § 331 Abs. 1 Nr. 3.

renz zwischen dem Buchwert der Beteiligung und dem aus der Beteiligung resultierenden Anspruch auf das Vermögen über die Gewinn- und Verlustrechnung ausgeglichen wird.

Ein **aktiver Ausgleichsposten** ist zu bilden, wenn der Buchwert des Reinvermögens **niedriger** als der Buchwert der Beteiligung ist (z. B. Buchwert der Beteiligung bei A 150, Buchwert des Reinvermögens bei B 100). Ein aktiver Ausgleichsposten kann bedeuten[31]:

1. Die Beteiligung ist richtig bewertet, dann sind die Vermögensgegenstände bei der Untergesellschaft unterbewertet, der Ausgleichsposten deckt in der Bilanz der Untergesellschaft enthaltene **stille Rücklagen** auf.

2. Die Beteiligung ist überbewertet, der Ausgleichsposten trägt Verlustcharakter. Dieser Fall wird praktisch nicht vorkommen, da nach den Bewertungsvorschriften die Beteiligung in der Bilanz der Obergesellschaft bereits niedriger angesetzt werden müßte.

3. Das Reinvermögen der Untergesellschaft ist „richtig" bewertet, jedoch hat die Obergesellschaft beim Erwerb der Beteiligung auf Grund hoher Ertragserwartungen einen höheren Wert bezahlt. Der Ausgleichsposten repräsentiert dann einen **Teil des Firmenwertes** der Untergesellschaft.

Ist der Buchwert der Beteiligung **niedriger** als der an seine Stelle tretende Wert des Reinvermögens (z. B. Buchwert der Beteiligung 100, Wert des Reinvermögens 150), so ist ein **passiver Ausgleichsposten** zu bilden. Ein passiver Ausgleichsposten kann bedeuten[32]:

1. Die Beteiligung ist unterbewertet. Der Ausgleichsposten deckt eine in der Beteiligung enthaltene **stille Rücklage** auf.

2. Die Beteiligung ist richtig bewertet, die Vermögensgegenstände bei der Untergesellschaft sind überbewertet, der Ausgleichsposten stellt eine **Wertberichtigung** dar. Dieser Fall darf praktisch nicht vorkommen, da eine Überbewertung von Vermögenspositionen gegen die Bewertungsvorschriften verstößt.

3. Das Reinvermögen der Untergesellschaft ist „richtig" bewertet, jedoch hat die Obergesellschaft beim Erwerb der Beteiligung auf Grund geringer Ertragserwartungen einen niedrigeren Wert bezahlt. Der Ausgleichsposten hat den Charakter eines **negativen Firmenwertes** (Geschäftsminderwertes), stellt also eine Art Wertberichtigung auf die Beteiligung dar.

Bei der Aufstellung einer Konzernbilanz werden sowohl auf der Aktivals auch auf der Passivseite **mehrere Ausgleichsposten** entstehen, die unterschiedlichen Charakter tragen. Sie dürfen aber nicht nur auf jeder Seite der Bilanz zu einem Posten zusammengefaßt werden, sondern die Begründung zum Entwurf eines Aktiengesetzes führt aus, daß „wegen des meist

---

[31] Vgl. Kropff, B., Aktiengesetz, a. a. O., S. 441
[32] Vgl. Kropff, B., Aktiengesetz, a. a. O., S. 441 f.

gemischten Charakters" der Ausgleichsposten auf der Aktiv- und Passiv-
seite „auch gegen eine Verrechnung beider Posten nichts einzuwenden sei."[33]
Infolge der Zulässigkeit der Verrechnung verschiedener Ausgleichspo-
sten hat dieser Posten für die Konzernbilanz **keinerlei Aussagewert.** Der
Gesetzgeber versucht diesen Mangel durch die Vorschrift des § 334 Abs. 3
Nr. 1 AktG abzuschwächen, nach der im Konzerngeschäftsbericht Anga-
ben über „die Ursachen und den bilanzmäßigen Charakter eines nach § 331
Abs. 1 Nr. 3 ausgewiesenen Unterschiedsbetrags" gemacht werden müssen[33a].

Ein Mangel der aktienrechtlichen Regelung der Kapitalaufrechnungsdifferenz liegt darin, daß das Gesetz diesen Ausgleichsposten „nicht nach
den Entstehungszeitpunkten, die seinen materiellen Inhalt bestimmen"[34],
differenziert. In **jedem** Konzernabschluß muß die Beteiligung gegen das
Nominalkapital und die Rücklagen erneut aufgerechnet werden, folglich
ist **in jedem Konzernabschluß ein neuer Ausgleichsposten** zu bilden. In der
Literatur wird zu Recht mit Nachdruck darauf hingewiesen, daß eine solche Aufrechnung der Beteiligung gegen das Eigenkapital **nur im Zeitpunkt
des Erwerbs der Beteiligung** erfolgen darf; lediglich spätere Kapitaleinlagen und -rückzahlungen dürfen berücksichtigt werden"[35]. „Dagegen bleiben nichtpagatorische Änderungen der Grundkapitalien, Rücklagen und
Gewinnvorträge unberücksichtigt. Denn dem Anschaffungswert, mit dem
die Beteiligung zu verbuchen ist, entspricht nur das Eigenkapital zum Erwerbszeitpunkt. Die Rücklagen, die in diesem Augenblick vorhanden waren, sind Kapitalrücklagen, die im Kaufpreis mit einbegriffen sind und die
nicht der Ausschüttung dienen."[36] Diese Art der Kapitalkonsolidierung
ist vor allem in England und in den USA üblich. Sie wird deshalb als
„angelsächsische Methode" bezeichnet[37].

Busse von Colbe bezeichnet diese Kapitalaufrechnungsdifferenz als „Anfangsdifferenz" und grenzt sie gegen die „Folgedifferenz" ab[38]. Die im
Zeitpunkt des Erwerbs der Beteiligung aufgestellte Konzernbilanz kann
als eine Art Eröffnungsbilanz des Konzerns angesehen werden. Die folgenden Jahresbilanzen werden nach den allgemeinen Grundsätzen der Bilanzierung aufgestellt. Der Ausgleichsposten (man könnte ihn etwa mit einer
Art Agio oder Disagio vergleichen) wird konstant gehalten, so daß die so
erstellten Konzernbilanzen den tatsächlich ermittelten Konzernerfolg
– tatsächlich ab Bestehen des Konzerns – ausweisen.

Alle in späteren Jahren bei den abhängigen Gesellschaften durch Thesaurierung von Gewinnen gebildeten Rücklagen gehen in die Konzernrücklagen und nicht in die Kapitalaufrechnungsdifferenz ein. „Sie ist der

[33] Kropff, B., Aktiengesetz, a. a. O., S. 442
[33a] Vgl. dazu die Ausführungen auf S. 716
[34] Busse von Colbe, W., Der Konzernabschluß, a. a. O., S. 312
[35] Schuhmann, W., a. a. O., S. 92; Busse von Colbe, Der Konzernabschluß, a. a. O., S. 312 f.
[36] Schuhmann, W., a. a. O., S. 92
[37] Vgl. WP-Handbuch 1968, a. a. O., S. 699
[38] Busse von Colbe, W., Konzernabschlüsse, Rechnungslegung für Konzerne nach betriebswirtschaftlichen und aktienrechtlichen Grundsätzen, Wiesbaden 1969, S. 70 ff.

Mehrbetrag bzw. Minderbetrag, der bei Erwerb der Beteiligung im Vergleich zum Buchwert des Vermögens der Tochtergesellschaft bezahlt worden ist."[39] Da das Aktiengesetz an jedem Bilanzstichtag eine Aufrechnung der Beteiligung der Obergesellschaft gegen das Nominalkapital und die offenen Rücklagen der abhängigen Gesellschaft verlangt, ist die **angelsächsische Methode offenbar nicht zulässig**[40]. Im WP-Handbuch 1968 wird jedoch aus der Tatsache, daß das Gesetz es offen läßt, in welcher Weise die Aufrechnung der Beteiligung gegen das Nominalkapital und die offenen Rücklagen „konsolidierungstechnisch zu geschehen hat"[41], geschlossen, daß auch die angelsächsische Methode durch das Gesetz gedeckt sei. Diese Auslegung scheint uns nicht möglich, da das Gesetz die offenen Rücklagen schlechthin in die Aufrechnung einbezieht, also nicht nur die bei Beteiligungserwerb vorhandenen Kapitalrücklagen, sondern auch die in der Folgezeit gebildeten Gewinnrücklagen.

Entsteht im Erwerbszeitpunkt eine aktienrechtliche Aufrechnungsdifferenz, so kann sie eine Folge eines beim Kauf der Beteiligung bezahlten **Firmenwertes** sein. Da dieser Firmenwert in der Bilanz der abhängigen Gesellschaft nicht aktiviert werden darf, sind bei der Kapitalkonsolidierung die an die Stelle des Anschaffungswertes der Beteiligung tretenden Buchwerte des Vermögens der abhängigen Gesellschaft niedriger als der Buchwert der Beteiligung. Der Ausgleich erfolgt durch einen aktiven Ausgleichsposten. Erscheint die Anfangsdifferenz auf der Passivseite, so ist entweder der niedrigere Preis der Beteiligung eine Folge geringer Ertragserwartungen oder eine Folge einer Überbewertung der Vermögenswerte der abhängigen Gesellschaft, z. B. infolge zu geringer Abschreibung[42].

Beispiel:

Die Obergesellschaft A erwirbt Ende 1969 eine Beteiligung von 80 % an der Gesellschaft B zum Kaufpreis von 600 000.

Das Eigenkapital von B setzt sich folgendermaßen zusammen:

	im Erwerbszeitpunkt	Ende 1970
Grundkapital	500 000	500 000
gesetzliche Rücklage	50 000	50 000
freie Rücklage	150 000	180 000
Gewinn(vortrag)	20 000	50 000
	720 000	780 000

Der Anteil von 80 % am Eigenkapital von 720 000 beträgt 576 000. A zahlt also einen Firmenwert von 24 000 im Kaufpreis. Die Höhe der

---

[39] Hax, H., a. a. O., S. 62 f.
[40] So auch Hax, H., a. a. O., S. 62
[41] WP-Handbuch 1968, a. a. O., S. 700
[42] Vgl. Busse von Colbe, W., Der Konzernabschluß . . ., a. a. O., S. 314

44*

Anfangsdifferenz hängt von der Art des Konsolidierungsverfahrens ab. Erfolgt die Aufrechnung nach § 331 Abs. 1 Nr. 3 AktG, so wird der Buchwert der Beteiligung mit dem **Grundkapital und den Rücklagen** = 80 % von 700 000 = 560 000 aufgerechnet (Methode II = Fall (2) auf S. 670 f.). Die aktive Anfangsdifferenz beträgt also 40 000.

Wird dagegen – wie es betriebswirtschaftlich richtig ist – gegen das **gesamte im Zeitpunkt der Beteiligung vorhandene Eigenkapital**, durch das der Kaufpreis bestimmt wird, aufgerechnet, so tritt an die Stelle des Buchwertes der Beteiligung Vermögen in Höhe von 80 % von 720 000 = 576 000 und die aktive Anfangsdifferenz beträgt 24 000 (Methode I = Fall (3) auf S. 670 f.). Es wäre falsch, die Differenz von 40 000 als Firmenwert zu bezeichnen, denn diese Differenz ergibt sich aus dem Kaufpreisanteil von 24 000 für den Firmenwert und aus dem im Kaufpreis berücksichtigten Anteil am Gewinn in Höhe von 80 % von 20 000 = 16 000.

in 1000 DM:

				Kapitalaufrechnung						
				1969			1970			
	Bilanz A		Bilanz B		Soll	Haben	Soll			Haben
	1969	1970	1969	1970	Meth. I	Meth. II		Meth. I[1]	Meth. II[2]	Meth. III[3]
Versch.										
Aktiva	3900	3916	800	860						
Beteiligungen	600	600	—	—			600			600
akt. Differenz					24	40			16	24
	4500	4516	800	860						
Grundkapital	3000	3000	500	500	400	400		400	400	400
ges. Rückl.	300	300	50	50	40	40		40	40	40
freie Rückl.	700	716	150	180	120	120		144	144	120
Gewinn	100	100	20	50	16	—		40	—	16
Verbindl.	400	400	80	80						
pass. Diff.								./. 24		
	4500	4516	800	860	600	600	600	600	600	600

[1] Jährliche Ermittlung der Kapitalaufrechnungsdifferenz durch Aufrechnung des Buchwerts der Beteiligung gegen das gesamte Eigenkapital der abhängigen Gesellschaft.

[2] Jährliche Ermittlung der Kapitalaufrechnungsdifferenz durch Aufrechnung des Buchwerts der Beteiligung gegen das Grundkapital und die offenen Rücklagen der abhängigen Gesellschaft.

[3] Ermittlung der Kapitalaufrechnungsdifferenz beim Erwerb der Beteiligung durch Aufrechnung des Buchwertes der Beteiligung gegen das gesamte Eigenkapital der abhängigen Gesellschaft. Die Aufrechnungsdifferenz bleibt im Folgejahr konstant.

Die Gesellschaft B hat im Jahre 1970 einen Gewinn von insgesamt 80 000 erzielt (Mehrung der Rücklagen 30 000, Gewinn 50 000). Der Gewinn der Obergesellschaft A beträgt in jedem der beiden Jahre 100 000, es muß sich also im Jahre 1970 ein Konzerngewinn von 180 000 ergeben. Das Bilanzvermögen des Konzerns ist nur um 76 000 gestiegen, da wir unterstellen, daß der Gewinn der Gesellschaft A aus dem Jahre 1969 von 100 000 im Jahre 1970 ausgeschüttet wird und außerdem an die Minderheiten von B 20 % des Gewinns von B aus dem Jahre 1969 (= 4000) ausbezahlt wurden. Von Steuern wird im Beispiel abgesehen.

in 1000 DM:

	Konzernbilanz 1969		Konzernbilanz 1970		
	Meth. I	Meth. II	Meth. I	Meth. II	Meth. III
versch. Aktiva	4700	4700	4776	4776	4776
akt. Differenz	24	40	—	16	24
	4724	4740	4776	4792	4800
Grundkapital					
Konzern	3000	3000	3000	3000	3000
Minderheiten	100	100	100	100	100
ges. Rücklage					
Konzern	300	300	300	300	300
Minderheiten	10	10	10	10	10
freie Rücklagen					
Konzern	700	700	716	716	724
Minderheiten	30	30	36	36	36
Gewinn					
Konzern	100	116	100	140	140
Minderheiten	4	4	10	10	10
Verbindlichkeiten	480	480	480	480	480
pass. Differenz	—	—	24	—	—
	4724	4740	4776	4792	4800

Die Mehrung der freien Rücklagen von A um 16 000 im Jahr 1970 kann nicht als Bestandteil des Konzerngewinns angesehen werden, da sie durch Übertragung von 80 % des Gewinns von B aus dem Jahre 1969 entstanden ist, dieser Gewinn aber bereits im Kaufpreis der Beteiligung vergütet wurde und folglich bei der ersten Konsolidierung aufzurechnen war.

Im Jahre 1970 entsteht bei einer Aufrechnung gegen das gesamte Eigenkapital eine passive Aufrechnungsdifferenz von 24 000 (Methode I), bei Aufrechnung entsprechend dem Aktiengesetz nur gegen das Nominalkapital und die Rücklagen eine aktive Differenz von 16 000 (Methode II). Beide Differenzen müssen aber als Folgedifferenzen in **Beziehung gesetzt werden zur Anfangsdifferenz** beim Erwerb der Beteiligung. Dann ergibt sich zwischen beiden Jahren ein Unterschied im Ausgleichsposten von 48 000 im ersten Fall (aktive Differenz von 24 000 zu passiver Differenz von 24 000) und von 24 000 im zweiten Fall (aktive Differenz von 40 000 zu aktiver Differenz von 16 000).

Läßt man dagegen die Kapitalaufrechnungsdifferenz, die beim Erwerb der Beteiligung entstanden ist, **konstant**, so zeigt sich die Zunahme des Eigenkapitals von 80 000 in den freien Rücklagen und im Gewinn (Methode III).

Vergleicht man bei Konstanz der Kapitalaufrechnungsdifferenz die Eigenkapitalpositionen des Konzerns in den Jahren 1969 (Methode I = Aufrechnung des gesamten Eigenkapitals gegen die Beteiligung im Erwerbszeitpunkt) und 1970 (Methode III), so ergibt sich folgendes Bild:

	1969	1970	Veränderung gegenüber 1969
freie Rücklagen:			
Konzern	700	724	+ 24
Minderheiten	30	36	+ 6
Gewinn:			
Konzern	100	140	+ 40
Minderheiten	0[1])	10	+ 10
	830	910	+ 80

[1]) Es wird unterstellt, daß der Gewinn von 4 1970 an die Minderheiten ausgeschüttet wurde.

Das Beispiel zeigt, daß der Konzerngewinn nur dann als Gewinn oder Rücklagenzuführung in der Konzernbilanz erscheint, **wenn die Kapitalaufrechnungsdifferenz (Anfangsdifferenz) unverändert weitergeführt wird** (Methode III). Die anderen Methoden führen dazu, daß Teile des Gewinns in der Kapitalaufrechnungsdifferenz verschwinden. Das zeigt folgende Gegenüberstellung:

	Methode I	Methode II	Methode III
Zunahme der freien Rücklagen:			
Konzern	16	16	24
Minderheiten	6	6	6
Gewinn:			
Konzern	100	124[1])	140
Minderheiten	10	10	10
Veränderung der Aufrechnungsdifferenz	48	24	—
	180	180	180

[1]) Da unterstellt wurde, daß 1970 100 000 des Gewinns von 1969 ausgeschüttet wurden, bleibt bei Methode II ein Gewinnvortrag aus 1969 von 16 000, der vom Gewinn 1970 abgesetzt werden muß.

c) Die Behandlung der Minderheiten

Da in den Fällen, in denen keine 100%ige Beteiligung besteht, sondern Minderheitsanteile vorhanden sind, die in die Konzernbilanz übernommenen Aktiva und Passiva dem Konzern nur in Höhe der Beteiligung der Obergesellschaft gehören, müssen die Anteile konzernfremder Gesellschafter in Höhe ihrer Anteile am Kapital, den offenen Rücklagen und am Gewinn oder Verlust durch einen oder mehrere Gegenposten in der Konzernbilanz berücksichtigt werden.

In der Literatur wurden zwei Verfahren zur Behandlung der Anteile außenstehender Gesellschafter entwickelt: die sog. Quotenkonsolidierung oder Nettomethode und die sog. Vollkonsolidierung mit Minderheitenausweis oder Bruttomethode[43].

Bei der **Quotenkonsolidierung** werden alle Aktiva und Passiva (außer dem Eigenkapital) des abhängigen Konzernunternehmens mit dem Prozentsatz in die Konzernbilanz übernommen, mit dem die Obergesellschaft an der abhängigen Gesellschaft beteiligt ist. Beträgt die Beteiligung z. B. 90 %, so werden also sämtliche Positionen mit 90 % ihres Buchwertes übernommen, d. h. der Anteil der Minderheiten bleibt außer Ansatz.

Gegen dieses Verfahren ist mit Recht eingewendet worden, daß es **juristisch bedenklich** ist, da weder die Obergesellschaft noch die außenstehenden Gesellschafter einen Anspruch auf Bruchteile der einzelnen Vermögenswerte haben, sondern eine Beteiligung stets einen Anspruch an ein Gesamtunternehmen darstellt[44]. Betriebswirtschaftlich ist dieses Verfahren deshalb problematisch, weil die Konzernverwaltung den Gesamtkonzern führt und damit **alle betriebswirtschaftlichen Entscheidungen den Konzern insgesamt** und nicht nur eine prozentuale Quote an den einzelnen Konzernunternehmen betreffen. Außerdem wäre die Publizitätswirkung einer solchen Konzernbilanz gering, da die Höhe der Anteile der außenstehenden Gesellschafter nicht ersichtlich wird[45].

Bei der **Vollkonsolidierung** werden sämtliche Vermögens- und Schuldpositionen ungekürzt übernommen, die Aufrechnung der Beteiligung mit dem Eigenkapital der abhängigen Gesellschaft erfolgt aber nur im Umfang der prozentualen Beteiligung der Obergesellschaft, der auf die Minderheiten entfallende Anteil an den Eigenkapitalpositionen wird in der Konzernbilanz gesondert ausgewiesen.

Das Aktiengesetz folgt in § 331 Abs. 1 Nr. 3 dem Gedanken der **Vollkonsolidierung mit Minderheitenausweis** und bestimmt, daß für Anteile konzernfremder Gesellschafter an den in den Konzernabschluß einbezogenen Unternehmen in Höhe ihres Anteils an Kapital, offenen Rücklagen,

---

43 Vgl. Schuhmann, W., a. a. O., S. 102 ff., sowie die dort angegebene Literatur; ferner Mellerowicz, K., Rechnungslegung und Konzernabschluß. In: Hengeler, H., Beiträge zur Aktienrechtsreform, Heidelberg 1959, S. 242 f.
44 Vgl. Schuhmann, W., a. a. O., S. 102, Bores, W., a. a. O., S. 47 f.
45 Vgl. Schuhmann, W., a. a. O., S. 102

Gewinn und Verlust ein „Ausgleichsposten für Anteile in Fremdbesitz" gesondert auszuweisen ist. Dabei ist der auf Gewinn und der auf Verlust entfallende Betrag gesondert anzugeben.

Diese Regelung scheint dem Wortlaut nach nicht der Einheitstheorie, sondern der Interessentheorie zu entsprechen, da die Anteile der Minderheiten als Fremdbesitz auszuweisen sind. Diese Formulierung ist u. E. sprachlich mißglückt, denn das Aktiengesetz geht in den Konzernrechnungslegungsvorschriften ausdrücklich vom Gedanken der Einheitstheorie aus und faßt den Konzern als wirtschaftliche Einheit auf[46]. Dennoch müssen aus Publizitätsgründen die Anteile der Minderheiten gesondert gezeigt werden. In der Literatur wird darauf hingewiesen, daß die außenstehenden Gesellschafter **nicht als Gläubiger, sondern als Mitbeteiligte** aufgefaßt werden, und daß deshalb statt der Bezeichnung „Anteile im Fremdbesitz" besser die in der Praxis üblichen Bezeichnungen „Minderheitsanteile" oder „Anteile von Minderheitsaktionären" hätten verwendet werden sollen[47].

Die Ansprüche der außenstehenden Gesellschafter können in einer einzigen Position ausgewiesen werden, obwohl sie sich aus dem entsprechenden Prozentsatz aller Eigenkapitalpositionen zusammensetzen. Besteht das Eigenkapital eines abhängigen Unternehmens aus einem Grundkapital von 500 000, einer gesetzlichen Rücklage von 50 000, freien Rücklagen von 150 000 und einem Gewinn von 50 000 und beträgt der Anteil aller außenstehenden Gesellschafter 20 %, so beläuft sich der Ausgleichsposten für „Anteile im Fremdbesitz" auf 20 % von 750 000 = 150 000. Der Anteil am Gewinn in Höhe von 10 000 muß nach § 331 Abs. 1 Nr. 2 AktG gesondert angegeben, d. h. in einer Vorspalte vermerkt werden[48]. Anderenfalls könnte aus dem Konzernabschluß nicht ersehen werden, wie hoch der Gewinn des Konzerns als wirtschaftliche Einheit im Abrechnungszeitraum gewesen ist, denn auch die auf die Minderheiten entfallenden Gewinnteile sind ja vom Konzern erwirtschaftet worden. Der gesonderte Ausweis der auf die Minderheiten entfallenden Gewinnanteile **entspricht also der Einheitstheorie.**

In der Praxis erfolgt häufig eine Trennung der Vermögensansprüche der Minderheiten nach einzelnen Eigenkapitalpositionen. Das kann in der Weise erfolgen, daß bei den Positionen Grundkapital, gesetzliche und freie Rücklagen und Gewinn eine Unterteilung in den eigenen Anteil des Konzerns und den Anteil der Minderheiten erfolgt, also z. B.

1. Grundkapital
   eigener Anteil
   Minderheiten

---

[46] Die Einheitstheorie wird nur durchbrochen bei der Eliminierung von Zwischengewinnen im Anlagevermögen, der Konsolidierung von Drittschuldverhältnissen und der Konsolidierung ausländischer Konzernunternehmen.

[47] Vgl. Schuhmann, W., a. a. O., S. 103; Busse von Colbe, W., Der Konzernabschluß . . ., a. a. O., S. 315

[48] Vgl. auch S. 708

2. gesetzliche Rücklage

eigener Anteil

Minderheiten

usw.

oder daß die Minderheitenanteile gesondert ausgewiesen werden, aber entsprechend der Aufteilung des Eigenkapitals des Konzerns gegliedert werden.

Minderheitenanteil:

1. Grundkapital   3. freie Rücklagen
2. gesetzliche Rücklage   4. Gewinn[49]

3. Die Forderungs- und Schuldenkonsolidierung

a) Die Konsolidierung von Schuldverhältnissen zwischen Konzernunternehmen

Die in einem Konzern bestehenden Schuldverhältnisse sind für die Aufstellung des Konzernabschlusses in zwei Gruppen einzuteilen:

1. in Schuldverhältnisse zwischen den einzelnen Konzernunternehmen und
2. in Schuldverhältnisse zwischen Konzernunternehmen und Konzernfremden (Fremdschuldverhältnisse).

Betrachten wir zunächst die erste Gruppe. § 331 Abs. 1 Nr. 4 AktG bestimmt, daß Forderungen und Verbindlichkeiten zwischen den in den Konzernabschluß einbezogenen Unternehmen **wegzulassen** sind. Die Begründung bezeichnet diese Bestimmung als „einen allgemein anerkannten Grundsatz. Gegenseitige Forderungen und Verbindlichkeiten von Konzernunternehmen haben in der Konzernbilanz keinen Platz, da der Konzern als Einheit angesehen wird."[50] Die in der Konzernbilanz ausgewiesenen Forderungen und Verbindlichkeiten sind folglich immer Forderungen und Verbindlichkeiten gegenüber konzernfremden Unternehmen oder gegenüber Konzernunternehmen, die nicht in den Konzernabschluß einbezogen worden sind.

Das Gesetz enthält keinerlei Hinweis darauf, welche Forderungen und Verbindlichkeiten aufzurechnen sind. Es handelt sich zwar in erster Linie um die Forderungen und Verbindlichkeiten, die in den Einzelbilanzen der Konzernunternehmen als „Forderungen und Verbindlichkeiten gegenüber verbundenen Unternehmen" auszuweisen sind, jedoch beschränkt sich die Konsolidierung nicht allein auf diese Positionen.

---

[49] Vgl. Schuhmann, W., a. a. O., S. 105 f.
[50] Kropff, B., Aktiengesetz, a. a. O., S. 442

Auch andere Positionen können Verrechnungsbeträge enthalten, so z. B. **ausstehende Einlagen auf das Grundkapital und Einlageverpflichtungen.** Hat z. B. eine abhängige Gesellschaft eine Forderung aus ausstehenden Einlagen an eine andere Konzerngesellschaft, so kann eine Forderungs- und Schuldenkonsolidierung nur erfolgen, wenn letztere eine entsprechende Einzahlungsverpflichtung passiviert hat. Eine derartige Passivierung erfolgt in der Regel erst, wenn die Einlagen eingefordert worden sind. Ist noch keine Passivierung vorgenommen worden, so hat die Forderung aus ausstehenden Einlagen den Charakter einer Wertberichtigung auf das Nominalkapital; bei der Kapitalkonsolidierung muß die ausstehende Einlage vom Nominalkapital abgesetzt werden.

Hat beispielsweise die Obergesellschaft eine Beteiligung an einem abhängigen Unternehmen erworben, die noch nicht voll eingezahlt ist, so wäre eine Aufrechnung des Buchwertes der Beteiligung, der sich auf Basis der bisherigen Teileinzahlung ergibt, mit dem Nennwert der Anteile falsch. Vielmehr muß der Nennwert um den Wert der ausstehenden Einlagen gekürzt werden.

Ausstehende Einlagen der Obergesellschaft sind – auch wenn sie eine Forderung gegenüber einem in den Konzernabschluß einbezogenen Unternehmen darstellen – in der Konzernbilanz auszuweisen, da Anteile der Konzerngesellschaften an der Obergesellschaft nicht in die Kapitalkonsolidierung einbezogen werden.

Weitere konsolidierungspflichtige Positionen sind erhaltene und geleistete Anzahlungen, Wechselforderungen und -verbindlichkeiten, Darlehens-, Hypotheken- und Obligationskonten, aktive und passive Rechnungsabgrenzungsposten, Rückstellungen für Risiken aus dem Lieferungs- und Leistungsverkehr zwischen in den Konzernabschluß einbezogenen Unternehmen und sonstige Forderungen und Verbindlichkeiten.

Auch die in den Einzelbilanzen unter dem Strich vermerkten **Eventualforderungen** und **-verbindlichkeiten** können Beträge enthalten, die aufgerechnet oder weggelassen werden müssen[51]. Die in den Einzelbilanzen vorhandenen Vermerke müssen vom Standpunkt der Einheitstheorie analysiert werden. Alle Vermerke, die den Rechtsverkehr zwischen in den Konzernabschluß einbezogenen Unternehmen betreffen, sind in der Konzernbilanz wegzulassen, z. B. Bürgschaften[52], Gewährleistungsverträge[53] und das Wechselobligo[54].

Die Forderung nach einer Aufrechnung von konzerninternen Schuldverhältnissen ergibt sich aus der wirtschaftlichen Betrachtungsweise der Konzerneinheit. Ein Unternehmen kann gegen sich selbst keine Forderungen und Verbindlichkeiten haben und darf sie dementsprechend nicht in der

---

[51] Vgl. Edelkott, D., a. a. O., S. 26; Gutenberg, E., a. a. O., S. 182; Schuhmann, W., a. a. O., S. 111
[52] Vgl. § 151 Abs. 5 Satz 1 Nr. 2 AktG
[53] Vgl. § 151 Abs. 5 Satz 1 Nr. 3 AktG
[54] Vgl. § 151 Abs. 5 Satz 1 Nr. 1 AktG

Bilanz ausweisen[55]. Man verhindert damit Wertwiederholungen und -aufblähungen in der Konzernbilanz[56].

Die Forderungs- und Schuldenkonsolidierung wirft keine besonderen Probleme auf, wenn die Summe der konzerninternen Forderungen gleich der Summe der konzerninternen Verbindlichkeiten ist. Dann heben sich Forderungen und Verbindlichkeiten auf, die Schuldenkonsolidierung ist **erfolgsneutral**, beide Bilanzseiten werden gleichmäßig gekürzt, ohne daß sich der Erfolg ändert.

Da die Bewertung der Forderungen und Verbindlichkeiten aber nicht vom Standpunkt des Konzerns als wirtschaftliche Einheit, sondern vom Standpunkt einzelner Konzernunternehmen in den Einzelbilanzen erfolgen muß, können sich **Differenzen** ergeben, durch die die Schuldenkonsolidierung ihren erfolgsneutralen Charakter verliert. Das soll an einigen Beispielen gezeigt werden.

Hat z. B. die Konzerngesellschaft A eine **Wechselforderung** gegen die Konzerngesellschaft B, so aktiviert A als Forderung den auf den Bilanzstichtag abgezinsten Barwert, während B als Schuldner den Nennwert als Verbindlichkeit ansetzen muß. Über die Behandlung der Differenz bestehen in der Literatur unterschiedliche Auffassungen. Bores[57] schlägt vor, die Wechselforderung auf den Nennwert aufzuwerten, so daß eine glatte Aufrechnung möglich wird, und die Differenz in der Konzern-Gewinn- und Verlustrechnung zugunsten des Konzerngewinns zu verbuchen. In den folgenden Jahren ist die Differenz zugunsten des Ausgleichspostens aus Konsolidierung zu verrechnen[58]. „Da auch die übrigen Forderungen, ungeachtet ihrer Laufzeit, nicht diskontiert werden, ist gegen dieses Verfahren theoretisch nichts einzuwenden."[59]

Edelkott[60] ist der Ansicht, daß nur mit dem diskontierten Betrag aufgerechnet werden darf, wobei ein Schuldenrest verbleibt, der in der Konzernbilanz gesondert auszuweisen ist. Heinen meint, es könne „dort, wo die Differenz zwischen Schuld- und Besitzwechselbestand nur gering ist, von einer solchen Berichtigung abgesehen werden. Solche Differenzen fallen bei geringem Wechselbestand im Vergleich zu den auch in straff organisierten Konzernen vorhandenen Bewertungsunterschieden beim übrigen Vermögen kaum ins Gewicht. Der Berechnungsaufwand wird durch den Erkenntniswert des Ergebnisses nicht aufgewogen."[61]

Bei konzerninternen Darlehen können Aufrechnungsdifferenzen entstehen, wenn die Darlehen mit einem **Agio** oder **Disagio** (Damnum) hinge-

[55] Vgl. Wietzke, G., Der konsolidierte Jahresabschluß und seine besonderen Probleme in der deutschen und anglo-amerikanischen Bilanzierungspraxis, Berlin 1962, S. 75
[56] Vgl. Marchand, J.-P., Konsolidierte Bilanz und Betriebsabrechnung der Holding, Bern 1949, S. 39
[57] Vgl. Bores, W., a. a. O., S. 120
[58] Vgl. Scherpf, P., a. a. O., S. 288
[59] Schuhmann, W., a. a. O., S. 113
[60] Vgl. Edelkott, D., a. a. O., S. 17
[61] Heinen, E., a. a. O., S. 238

geben werden. Angenommen, die Gesellschaft A hat der Gesellschaft B ein Darlehen von 100 000 DM gewährt. Beträgt die Auszahlung 98 %, so aktiviert A die Darlehensforderung mit Anschaffungskosten von 98 000 DM, B die Verbindlichkeit mit dem Nennwert von 100 000 DM (Rückzahlungswert). Verrechnet B das Disagio von 2000 DM als Aufwand im Jahre der Darlehensaufnahme, so ist die Differenz von 2000 DM in dieser Periode dem Konzerngewinn zuzuschreiben, in den folgenden Perioden dem Ausgleichsposten aus Konsolidierung. Aktiviert B dagegen das Disagio, so wird die Jahresabschreibung des Disagios dem Konzerngewinn hinzugerechnet, die Abschreibungen vorangegangener Jahre sind dem Ausgleichsposten gutzuschreiben[62]. Diese Verrechnung ist deshalb erforderlich, weil das Disagio – bei sofortiger Aufwandsverrechnung – den Gewinn dieser Periode – bei Aktivierung und Abschreibung – den Gewinn mehrerer Perioden vermindert (Zinsaufwand), innerhalb eines Konzerns als wirtschaftliche Einheit aber durch Darlehensbeziehungen kein Gewinn oder Verlust entstehen kann, und folglich der Aufwand bei der Konsolidierung zurückgerechnet werden muß.

b) Die Konsolidierung von Fremdschuldverhältnissen

Das Gesetz enthält keine Regelung der Frage, ob Forderungen eines Konzernunternehmens gegen einen Konzernfremden und Verbindlichkeiten eines anderen Konzernunternehmens gegenüber dem gleichen Konzernfremden aufgerechnet werden dürfen. Die Auffassungen in der Literatur sind unterschiedlich. Vom Standpunkt der Einheitstheorie wäre eine solche Aufrechnung konsequent in allen Fällen, in denen die Aufrechnung rechtlich zulässig wäre, wenn die Konzerngesellschaften zu einer rechtlichen Einheit zusammengeschlossen würden.

Nach §§ 387 und 390 BGB ist die **Aufrechnung** möglich, wenn zwei Personen einander Leistungen schulden, die gleichartig und fällig und nicht mit einer Einrede behaftet sind. Eine Forderung kann also nur mit einer Gegenforderung des Schuldners, dagegen nicht eines Dritten aufgerechnet werden. Hat z. B. das Konzernunternehmen A eine Forderung gegen das nicht zum Konzern gehörende Unternehmen X, und hat das Konzernunternehmen B gegenüber X eine Verbindlichkeit, so kann B seine Verbindlichkeit nur mit einer Forderung aufrechnen, die B selbst an X hat und nicht mit einer Forderung, die das Konzernunternehmen A an X hat, obwohl A und B eine wirtschaftliche Einheit bilden.

Das Institut der Wirtschaftsprüfer befürwortet dennoch die Eliminierung von derartigen Schuldverhältnissen aus der Konzernbilanz[63], obwohl eine gesetzliche Verpflichtung dazu nicht besteht. „Gegen eine **freiwillige** Konsolidierung von Drittschuldverhältnissen bestehen dagegen keine Be-

---

[62] Vgl. Scherpf, P., a. a. O., S. 289
[63] Vgl. Institut der Wirtschaftsprüfer, Ergänzende Vorschläge zur Aktienrechtsreform der Ausschüsse Sonderprüfung und Konzernfragen, Düsseldorf 1958, S. 39

denken, soweit dabei die Grenzen, die § 152 Abs. 8 einer Saldierung von
Forderungen und Verbindlichkeiten in der Einzelbilanz setzt, nicht überschritten werden."[64] Eine solche Eliminierung soll lediglich der Klarheit
der Konzernbilanz dienen, sie berührt nicht die rechtliche Zulässigkeit der
Aufrechnung. Deshalb erscheint sie problematisch. Sie würde bedeuten, daß
es zu wirtschaftlich zwar richtigen, rechtlich aber nicht zulässigen Bilan-
zierungen käme. Allerdings haben Adler-Düring-Schmaltz keine Bedenken
gegen eine – rechtlich zulässige – Aufrechnung in Einzelbilanzen.

Rasch[65] lehnt die generelle Aufrechnung von Fremdschuldverhältnissen
in Konzernbilanzen strikt ab[66], stellt aber fest: „Doch finden sich gelegentlich in den Geschäftsbedingungen von Konzernfirmen vertragliche
Abreden, die derartige Aufrechnungen entgegen der gesetzlichen Regel
ausdrücklich gestatten, und zwar auch für den Fall, daß sich für die
eine Seite Barzahlung, für die andere Zahlung mit Akzepten oder Kunden-
wechseln vereinbart ist oder daß die Fälligkeiten der Forderungen verschieden sind.

Die Rechtsgültigkeit derartiger Vereinbarungen ist zu bejahen. Die gesetzlichen Voraussetzungen des Aufrechnungsrechts können durch Vertrag
erweitert werden. Auch im voraus kann eine solche Vereinbarung getroffen
werden. Von dieser Möglichkeit macht der Konzern Gebrauch, wenn er
in seine Geschäftsbedingungen die Konzernverrechnungsklausel aufnimmt.
. . . Ihre Hauptbedeutung gewinnt die Konzernverrechnungsklausel freilich
erst im Konkurs des Vertragsgegners der Konzernfirmen. Nach § 53 KO
muß sie auch für diesen Fall anerkannt werden."[67] Im Konkurs von X
braucht also das Konzernunternehmen A seine Forderung nicht im Kon-
kursverfahren geltend zu machen, sondern kann sich durch Aufrechnung
mit der Schuld von B befriedigen. U. E. ist es daher gerechtfertigt, eine
Konsolidierung von Fremdschuldverhältnissen vorzunehmen, **wenn die
Konzerngeschäftsbedingungen eine Konzernverrechnungsklausel enthalten.**

4. Die Konsolidierung des Erfolges

a) Der Grundsatz der Eliminierung konzerninterner Gewinne

Die Notwendigkeit zur Ausschaltung von Zwischengewinnen ergibt sich
aus der Tatsache, daß ein Konzern eine wirtschaftliche Einheit bildet, so

---

[64] Vgl. WP-Handbuch 1968, a. a. O., S. 708 f. (Sperrung vom Verf.)
[65] Vgl. Rasch, H., Deutsches Konzernrecht, 3. Aufl., Köln-Berlin-Bonn-München 1966, S. 183
[66] Gleicher Ansicht: Fuchs/Gerloff, a. a. O., S. 110, v. Wysocki, K., Die Entwicklung der
Konzernbilanz aus den Einzelbilanzen der in den Konzernabschluß einbezogenen Unternehmen nach § 331 AktG, WPg 1966, S. 288; Fasold, R., Aktuelle Probleme der Rechnungslegung im Konzern, NB 1967, H. 4, S. 34 und Mellerowicz, K., Beiträge zur Aktienrechtsreform, a. a. O., S. 244
[67] Rasch, H., a. a. O., S. 184

daß Gewinne aus Lieferungen und Leistungen zwischen rechtlich selbständigen Konzerngesellschaften vom betriebswirtschaftlichen Standpunkt aus
ebensowenig als realisiert angesehen werden können, wie Gewinne, die
als Folge von Lieferungen und Leistungen zwischen mehreren Betriebsstätten eines Unternehmens entstehen können. In beiden Fällen sind die
„Gewinne" das Ergebnis von **Verrechnungspreisen**, die die Konzern- bzw.
Unternehmensleitung nach eigenem Ermessen festsetzen kann. Ein Konzern als wirtschaftliche Einheit kann im betriebswirtschaftlichen Sinne
einen Gewinn erst erzielen, wenn er Umsätze mit außerhalb des Konzerns
stehenden Wirtschaftseinheiten tätigt.

Die Bedeutung der Ausschaltung von Zwischengewinnen liegt vor allem
darin, daß die Konzernleitung bei ihrer **Dividendenpolitik** davor bewahrt
wird, Gewinne der einzelnen Konzernunternehmen zur Ausschüttung an
außenstehende Aktionäre freizugeben, die nicht durch Umsatz mit Konzernfremden, sondern durch konzerninterne Gewinne entstanden, also vom
Standpunkt des Konzerns noch gar nicht realisiert sind. Eine Ausschüttung
solcher Gewinne käme einer **Substanzverminderung** gleich und wäre betriebswirtschaftlich nicht zu verantworten. Für die Liquidität des Konzerns ist es schon bedenklich genug, daß **Zwischengewinne der Besteuerung
unterworfen** werden, weil das Gewinnsteuerrecht den Konzern nicht als
wirtschaftliche Einheit anerkennt[68], sondern die einzelnen Konzerngesellschaften besteuert. Aus § 5 EStG ergibt sich zwar die Maßgeblichkeit der
Handelsbilanz für die Steuerbilanz, jedoch bezieht sich die in dieser Vorschrift ausgesprochene Bindung der Steuerbilanz an die Handelsbilanz nur
auf die handelsrechtlichen Vorschriften, die für die Aufstellung einer Einzelbilanz gelten. Soll die Konzernbilanz der Besteuerung zugrunde gelegt
werden, so müßten zuvor grundlegende Reformen an den handels- und
steuerrechtlichen Vorschriften vorgenommen werden.

Besteht ein Organschaftsverhältnis mit Gewinnabführungsverträgen, so
dürfen zwar die Gewinne und Verluste aller Konzernunternehmen in einer
Periode gegeneinander aufgerechnet werden, wodurch für den Konzern
als Ganzes ein Liquiditätsvorteil entstehen kann (ohne Organschaft müßten alle Gewinne versteuert und dürften alle Verluste vorgetragen werden), jedoch ist eine Eliminierung von Zwischengewinnen in Steuerbilanzen unzulässig. Beträgt der steuerpflichtige Gewinn eines Konzerns 100,
sind davon aber 80 Zwischengewinne, also vom Standpunkt der wirtschaftlichen Einheit unrealisierte Gewinne, so sind im Falle der Gewinnthesaurierung allein 51 an Körperschaftsteuer zu zahlen, d. h. 31 mehr, als an
Gewinn überhaupt realisiert wurde.

Das **Umsatzsteuerrecht** dagegen erkennt die wirtschaftliche Einheit des
Konzerns an, wenn die Voraussetzungen der Organschaft (finanzielle,
wirtschaftliche und organisatorische Eingliederung) gegeben sind. Das
Bruttoumsatzsteuersystem führte in diesem Falle zu endgültigen Steuer-

---

[68] Vgl. S. 640

ersparnissen, weil die Zwischenumsätze nicht besteuert wurden, d. h. erstmals Umsatzsteuer anfiel, wenn ein Umsatz mit einem Konzernfremden erfolgte. Das Nettoumsatzsteuersystem bringt keine Steuerersparnis durch die Anerkennung der wirtschaftlichen Einheit, sondern lediglich eine **Verlagerung der Zahllast auf den Organträger,** was bei vertikalen Konzernen mit langer Produktionsdauer zu einer zeitlichen Verschiebung und damit zu Liquiditätsvorteilen führen kann.

Die Frage der Ausschaltung von Zwischengewinnen war bei den Beratungen des Aktiengesetzes 1965 stark umstritten. In der Begründung des Regierungsentwurfs wird ausgeführt: „Es läßt sich nicht bestreiten, und es wird auch heute kaum mehr bestritten, daß der Gedanke der wirtschaftlichen Einheit des Konzerns die Ausschaltung der Zwischengewinne fordert. Denn der wichtige Grundsatz des Bilanzrechts, daß der Ausweis nicht realisierter Gewinne unzulässig ist, bedeutet, auf den Konzern als wirtschaftliche Einheit übertragen, daß in der Konzernbilanz nur Gewinne aus Geschäften mit Außenstehenden ausgewiesen werden dürfen, da der Gewinn aus Lieferungen und Leistungen zwischen Konzernunternehmen vom Standpunkt des Konzerns aus ebensowenig als realisiert angesehen werden kann wie etwa ‚Gewinne' aus Lieferungen zwischen einzelnen Betrieben eines Unternehmens. ... Die Geschäftsvorgänge zwischen den einzelnen Konzernunternehmen sind ... anders zu beurteilen als Geschäftsvorgänge zwischen nicht nur rechtlich, sondern auch wirtschaftlich selbständigen Unternehmen. Die Ware wird innerhalb des Konzerns verkauft und zu einem betsimmten Preis verkauft, nicht weil sich dies so aus Angebot und Nachfrage auf dem freien Markt ergibt, sondern weil es den Plänen der Konzernleitung entspricht. Es liegt auf der Hand, daß eine Konzernbilanz, bei der diese Überlegung außer acht gelassen wird und die Zwischengewinne nicht ausgeschaltet werden, große Fehlerquellen enthält."[69]

Gegen die Ausschaltung von Zwischengewinnen ist eingewendet worden, daß die wirtschaftliche Einheit des Konzerns rechtlich noch nicht anerkannt sei, da die Zwischengewinne der Besteuerung unterworfen würden. Diese Besteuerung ist bei wirtschaftlicher Betrachtungsweise zweifellos ein Verstoß gegen das für die Einzelbilanz vom Steuerrecht anerkannte Prinzip, daß noch nicht durch Umsatz realisierte Gewinne nicht besteuert werden dürfen. Man sollte also nicht den Ausweis von Zwischengewinnen in der Konzernbilanz mit dem Hinweis auf die Steuerbilanz, die nach geltendem Recht stets eine Einzelbilanz ist, fordern, sondern umgekehrt **eine Freilassung der Zwischengewinne von der Besteuerung** verlangen.

Im übrigen weist die Begründung des Regierungsentwurfes mit Recht darauf hin[70], daß auch in einer handelsrechtlichen Einzelbilanz Gewinne nicht zum Ausweis kommen können, aber dennoch der Besteuerung unterliegen, weil das Steuerrecht von anderen Bewertungsvorschriften ausgeht.

---

[69] Kropff, B., Aktiengesetz, a. a. O., S. 442 f.
[70] Vgl. Kropff, B., Aktiengesetz, a. a. O., S. 443

Der Einwand, daß die **Steuerrückstellung in der Konzernbilanz** im Verhältnis zum Konzerngewinn unverhältnismäßig hoch sein könne, ist nicht stichhaltig. Trotz des Mißverhältnisses sind beide Größen richtig ausgewiesen, die hohen Rückstellungen sind einfach eine Folge davon, daß die Besteuerung nicht den Konzerngewinn als Bemessungsgrundlage anerkennt, sondern von den in den Einzelbilanzen ausgewiesenen Gewinnen ausgeht, die Zwischengewinne enthalten.

Es darf aber nicht übersehen werden, daß der in den Einzelbilanzen der abhängigen Unternehmen übliche und zulässige Ausweis von konzerninternen Gewinnen die tatsächliche Lage dieser Unternehmen nicht richtig darstellt. Zwar wird die Ausschaltung von Zwischengewinnen vom Aktiengesetz erst bei der Aufstellung der Konzernbilanz verlangt, jedoch steht dem Ansatz eines passiven Wertberichtigungsposten wegen konzerninterner Gewinne in den handelsrechtlichen Einzelbilanzen nichts entgegen. Derartige Gewinne können z. B. in der Position „Forderungen an verbundene Unternehmen" enthalten sein, sie sind dort aber nicht zu erkennen, denn die Höhe der Forderungen hängt ja von den von der Konzernverwaltung bestimmten Verrechnungspreisen ab, und aus der Einzelbilanz ist es nicht ersichtlich, ob die Lieferungen, die die Forderungen begründet haben, sich noch bei einer anderen Konzerngesellschaft auf Lager befinden oder ob sie an einen Konzernfremden weitergeliefert wurden, so daß die in den Forderungen enthaltenen Gewinne zu konzernexternen Gewinnen geworden sind.

Im Wirtschaftsprüfer-Handbuch 1963 wird die Auffassung vertreten, daß nach den Grundsätzen ordnungsmäßiger Buchführung davon auszugehen sei, „daß handelsrechtlich eine Gewinnrealisierung erst bei einem Verkauf an konzernfremde Stellen eintritt, so daß bei Lieferungen oder Leistungen zwischen einzelnen Konzerngliedern bilanzierungsfähige Gewinne nicht entstehen können. Werden von einer Konzerngesellschaft Lieferungen oder Leistungen an andere Konzernstellen zu Preisen berechnet, die Gewinnanteile enthalten, so sollten die hieraus entstandenen Forderungen für den Ausweis im Jahresabschluß entsprechend wertberichtigt werden. Keinesfalls ist es zulässig, wenn Verlagerungen von Vermögensgegenständen innerhalb des Konzerns lediglich zum Zwecke der Erhöhung ihres Bilanzwertes erfolgen."[71]

Die Eliminierung von konzerninternen Gewinnen in der Konzernbilanz bedeutet **keine Benachteiligung der Minderheitsaktionäre,** da für sie nicht die Konzernbilanz, sondern die Jahresabschlüsse der einzelnen Konzernunternehmen maßgeblich sind. Daraus könnte man folgern, daß die im WP-Handbuch 1963 geforderte Wertberichtigung von Forderungen, die konzerninterne Gewinne enthalten, in den Einzelbilanzen zum Nachteil der Minderheitsaktionäre sein könne. Eine solche Bilanzierungspraxis hätte zwar zur Folge, daß die Minderheiten bereits aus der Einzelbilanz erken-

---

[71] WP-Handbuch 1963, Düsseldorf 1963, S. 402

nen können, ob die ausgewiesenen Gewinne auch vom Standpunkt des Konzerns realisiert sind. Die Minderheiten können aber unter Umständen an einem solchen Ausweis überhaupt nicht interessiert sein, da sie – wie das Finanzamt – Anspruch auf den Gewinn erheben, den ihre Gesellschaft als rechtliche Einheit unabhängig von ihrer wirtschaftlichen Eingliederung erzielt hat.

Die Einzelbilanz wird aber nicht nur für die Aktionäre aufgestellt. Die Gläubiger z. B. können ein berechtigtes Interesse daran haben, auch aus der Einzelbilanz Aufschluß darüber zu bekommen, in welchem Umfange der ausgewiesene Gewinn nicht nur vom rechtlichen, sondern auch vom wirtschaftlichen Standpunkt aus realisiert ist. Denn welche Sicherheit bieten einem Gläubiger z. B. Forderungen der Gesellschaft an ein Konzernunternehmen, die infolge hoher Verrechnungspreise erhebliche Gewinne enthalten, wenn das Konzernunternehmen die bezogenen Fabrikate noch auf Lager hat und die Forderungen erst nach vollzogenem Umsatz begleichen kann?

Der Ausweis von konzerninternen Gewinnen in einer Einzelbilanz widerspricht offensichtlich dann den Grundsätzen ordnungsmäßiger Buchführung, wenn er durch bewußte Manipulation durch die Konzernverwaltung entstanden ist.

In den Fällen, in denen das Aktiengesetz gesetzliche Sicherungen der außenstehenden Aktionäre und der Gläubiger abhängiger Gesellschaften vorsieht, kann an sich auch in den Einzelbilanzen auf den Ausweis konzerninterner Gewinne verzichtet werden, weil dadurch die Vermögens- und Ertragslage der Gesellschaften genauer wiedergegeben würde. Besteht ein aktienrechtlicher **Beherrschungs- oder Gewinnabführungsvertrag,** so hat die Konzernleitung ein unumschränktes Weisungsrecht[72] und kann folglich bestimmen, ob in den handelsrechtlichen Einzelbilanzen Zwischengewinne erscheinen oder nicht. Gleiches gilt bei eingegliederten Gesellschaften.

Betriebswirtschaftlich wäre es richtig, die Abrechnung so zu vollziehen, als handele es sich um einzelne Betriebsabteilungen, die unter einheitlicher Leitung stehen. Abrechnungstechnisch könnte also so vorgegangen werden, daß Zwischengewinne überhaupt nicht entstehen. Außenstehende Aktionäre können nicht geschädigt werden, da sie bei Abschluß eines Beherrschungs- oder Gewinnabführungsvertrages nach §§ 304 und 305 AktG ein Recht auf Entschädigung haben, das in einer Dividendengarantie, einer Entschädigung mit Aktien der herrschenden Gesellschaft oder einer Barabfindung bei Ausscheiden bestehen kann. Den Gläubigern haftet auch die herrschende Gesellschaft.

Beruht aber der Konzern auf **faktischer Beherrschung,** so sind derartige Sicherheiten für die Minderheiten nicht gegeben, da die abhängige Gesellschaft nicht verpflichtet werden kann, Weisungen, die zu ihrem Nachteil sind, auszuführen[73], also z. B. zu einem Verrechnungspreis an ein anderes

---

[72] Vgl. § 308 AktG   [73] Vgl. § 311 AktG

Konzernunternehmen zu liefern, der niedriger ist, als ein von einem Konzernfremden erzielbarer Preis, es sei denn, die Obergesellschaft gleicht den entstehenden Nachteil aus. Die Sicherheit für Minderheiten und Gläubiger liegt darin, daß der Vorstand der abhängigen Gesellschaft einen Abhängigkeitsbericht[74] aufzustellen hat, in dem über die Geschäfte mit der Obergesellschaft und – im Falle von Nachteilen – über den Ausgleich berichtet werden muß. Hier haben die Minderheitsaktionäre und die Gläubiger ein Interesse am Ausweis auch konzerninterner Gewinne in der Einzelbilanz, da sie hier nur Ansprüche gegen ihre Gesellschaft, aber nicht gegen den Konzern haben.

b) Die Konzernherstellungskosten

Soll der Ausweis von Zwischengewinnen vermieden werden, so dürfen die im Konzern hergestellten aktivierungsfähigen Betriebsleistungen in der Konzernbilanz nicht höher als mit ihren Herstellungskosten bewertet werden. Wertdifferenzen zwischen den Herstellungskosten und einem darüber liegenden Verrechnungspreis, zu dem ein anderes Konzernunternehmen die Leistungen übernimmt und der folglich in dessen Einzelbilanz als Anschaffungskosten angesetzt werden muß, müssen eliminiert werden.

§ 331 Abs. 2 AktG bestimmt:

„Am Stichtag des Konzernabschlusses bei einem einbezogenen Unternehmen vorhandene Vermögensgegenstände, die ganz oder teilweise Lieferungen oder Leistungen anderer einbezogener Unternehmen darstellen, dürfen, wenn sie

1. ohne oder nach Bearbeitung oder Verarbeitung zur Weiterveräußerung bestimmt sind oder

2. außerhalb des üblichen Lieferungs- und Leistungsverkehrs erworben wurden,

in der Konzernbilanz höchstens zu dem Wert angesetzt werden, zu dem sie, wenn die einbezogenen Unternehmen auch rechtlich ein einziges Unternehmen bilden würden, in der auf den gleichen Stichtag aufgestellten Jahresbilanz dieses Unternehmens höchstens angesetzt werden dürften."

Mit dieser Bestimmung wird – ohne daß der Ausdruck verwendet wird – der Begriff der **Konzernherstellungskosten** geschaffen. Der konzerninterne Gewinn ergibt sich als Differenz zwischen den durch konzerninterne Lieferungen und Leistungen entstandenen Erträgen und den dafür angefallenen Aufwendungen. Während sich die Erträge aus Liefermenge x Verrechnungspreis ergeben, wirft die Bestimmung der Aufwendungen einige Probleme auf.

Da für die Konzernbilanz die Bewertungsvorschriften für die Einzel-

---

[74] Vgl. § 312 AktG

bilanz analog anzuwenden sind, kommt eine Bilanzierung mit den Selbstkosten in der Konzernbilanz nicht in Frage, sondern es sind nach §§ 153
Abs. 1 und 155 Abs. 1 AktG die Herstellungskosten anzusetzen. § 153 Abs.
2 AktG bestimmt, daß bei der Berechnung der Herstellungskosten[75] in
angemessenem Umfange Abnutzungen und sonstige Wertminderungen sowie angemessene Teile der Betriebs- und Verwaltungskosten eingerechnet
werden dürfen und daß Vertriebskosten grundsätzlich außer Ansatz bleiben müssen.

Daraus folgt, daß die Differenz zwischen den Verrechnungspreisen und
den Herstellungskosten eines Konzernunternehmens eigentlich gar nicht in
voller Höhe als Zwischengewinn bezeichnet werden kann, da ein Teil dieser
Differenz **Vertriebskosten** sein können, die in der Einzelbilanz nicht bilanziert werden dürfen. Andererseits wird ersichtlich, daß die Herstellungskosten des Konzerns als wirtschaftliche Einheit und die Herstellungskosten,
die ein einzelnes Konzernunternehmen höchstens ansetzen darf, in der Regel **nicht identisch sind.** Sind die aktivierungsfähigen Herstellungskosten
eines Konzernunternehmens A z. B. 100, und liefert A an das Konzernunternehmen B zu 110, so muß die Differenz nicht ein Zwischengewinn
sein, sondern es kann sich um Vertriebskosten handeln (Transport, Verpackung). A darf sie in seiner Einzelbilanz nicht aktivieren, vom Standpunkt des Konzerns aber handelt es sich zweifellos nicht um Vertriebskosten, sondern um Herstellungskosten.

Problematisch wird die Bestimmung von Zwischengewinnen ferner durch
die Tatsache, daß das Aktiengesetz keine eindeutige Bestimmung über die
Zusammensetzung der Herstellungskosten enthält. Für bestimmte Gemeinkosten besteht keine Aktivierungspflicht, sondern lediglich ein Aktivierungsrecht.[76] Wenn also ein Konzernunternehmen die Herstellungskosten
auf **Grenzkostenbasis** ermittelt, also keine Gemeinkostenzuschläge für Fixkostenbestandteile verrechnet, so muß bei Lieferung an ein anderes Konzernunternehmen der Verrechnungspreis so hoch angesetzt werden, daß er
einen **Deckungsbeitrag** für die fixen Kosten enthält. Es dürfte außerordentlich schwer sein, die Differenz zwischen Verrechnungspreis und Herstellungskosten der Einzelbilanz zu zerlegen in den Fixkostenanteil, den Anteil
an Vertriebskosten und den Anteil am Gewinn.

Für die Bewertung der Bestände in der Konzernbilanz ergibt sich aus den
gesetzlichen Vorschriften ein **spezielles Niederstwertprinzip** (Konzern-Nie-
derstwertprinzip). Nach § 331 Abs. 2 AktG „dürfen höchstens" die Konzernherstellungskosten angesetzt werden, nach § 331 Abs. 1 Nr. 1 AktG
sind die **Wertansätze der Einzelbilanzen maßgeblich.** Daraus ist für die
Bewertung in der Konzernbilanz zu folgern, daß in Fällen, in denen die
Bewertung von Beständen in der Einzelbilanz höher ist als die Konzernherstellungskosten, letztere zwingend sind, und daß in Fällen, in denen die

---

[75] Vgl. dazu die Ausführungen auf S. 267 ff.
[76] Vgl. S. 280 ff.

Bewertung in der Einzelbilanz niedriger ist, die Konzernherstellungskosten nicht angesetzt werden dürfen.

Ein „Zwischengewinn" ergibt sich dann, wenn die Konzernherstellungskosten niedriger als die Selbstkosten eines an ein anderes Konzernunternehmen liefernden Konzernunternehmens sind (z. B. weil die Selbstkosten nicht aktivierungsfähige Vertriebskosten enthalten), nicht als Differenz zwischen dem Verrechnungspreis und den Selbstkosten des liefernden Konzernunternehmens, sondern als **Differenz zwischen dem Verrechnungspreis und den Konzernherstellungskosten.** Streng genommen wird also nicht nur der Zwischengewinn eliminiert, sondern auch der Teil der Selbstkosten, der nicht aktiviert werden darf.

Liefert z. B. A an B zum Verrechnungspreis von 150, und setzt sich dieser Preis bei A aus aktivierungsfähigen Herstellungskosten von 100, Vertriebskosten von 20 und Gewinn von 30 zusammen, so aktiviert B die erworbenen (und noch nicht abgesetzten) Bestände zu Anschaffungskosten von 150, in der Konzernbilanz aber dürfen nur die Konzernherstellungskosten angesetzt werden. Nehmen wir an, daß von den Vertriebskosten von 20 vom Standpunkt des Konzerns 12 Herstellungskosten (z. B. Transportkosten innerhalb des Konzerns) sind und 8 auch vom Standpunkt des Konzerns nicht aktivierungsfähige Vertriebskosten, dann betragen die Konzernherstellungskosten 112, die Differenz zum Bilanzausweis bei B beträgt 38, 30 davon aber sind nur Gewinn bei A, also Zwischengewinn, die übrigen 8 sind nicht aktivierungsfähige Aufwendungen, die ebenfalls zu Lasten des Konzerngewinns verrechnet werden müssen.

c) Die Behandlung konzerninterner Gewinne bei Gütern des Anlagevermögens

Zwischengewinne müssen nur dann ausgeschaltet werden, wenn sie

1. eine Folge von Lieferungen und Leistungen zwischen Unternehmen sind, die in den Konzernabschluß einbezogen werden müssen,
2. eine Folge von Lieferungen und Leistungen sind, die zur Weiterveräußerung an Konzernfremde bestimmt sind.

Das heißt, daß eine Konzernbilanz Zwischengewinne enthalten kann, die

1. aus Lieferungen an ausländische und sonstige **nicht einbezogene** Konzernunternehmen stammen und die
2. in **Gegenständen des Anlagevermögens** enthalten sind, die im Rahmen des üblichen Lieferungs- und Leistungsverkehrs zwischen Konzernunternehmen erworben worden sind. Nur wenn derartige Vermögensgegenstände „außerhalb des üblichen Lieferungs- und Leistungsverkehrs erworben worden sind" müssen auch hier die Zwischengewinne ausgeschaltet werden.

Der Ausweis von konzerninternen Gewinnen in Gütern des Anlagevermögens entspricht **nicht dem Gedanken der Einheitstheorie,** wurde aber aus praktischen Überlegungen im Aktiengesetz zugelassen. In der Begründung des Regierungsentwurfs wird dazu ausgeführt: „... Diese Ausnahme erscheint deshalb angebracht, weil die Ausschaltung der Zwischengewinne aus dem Anlagevermögen nach dem Urteil Sachverständiger mit besonders großen praktischen Schwierigkeiten verbunden wäre. Die Ausnahme erscheint andererseits auch tragbar, weil sie keinen besonders großen Teil der Zwischengewinne ausmachen wird und weil der in Betracht kommende Vorgang noch am ehesten als marktentsprechend angesehen werden kann, da unübliche Lieferungen und Leistungen nach ausdrücklicher Vorschrift nicht unter die Ausnahme fallen."[77]

Angenommen, das Konzernunternehmen B liefert an das Konzernunternehmen A eine Maschine zu 20 000 DM mit einer Nutzungsdauer von 10 Jahren. Die Herstellungskosten bei B betragen 15 000 DM. Im Falle der Eliminierung des Zwischengewinns ist der Konzerngewinn im Jahre der Lieferung um 5000 DM geringer, dafür aber im gleichen und in den folgenden 9 Jahren um je 500 DM größer, da die jährliche **Abschreibung** um diesen Betrag kleiner ist. Wird der Zwischengewinn ausgeschaltet, so werden die im Konzern selbsterstellten Anlagen in der Konzernbilanz mit einem niedrigeren Wert angesetzt als in der Einzelbilanz der Konzerngesellschaft, die die Anlage übernimmt. Folglich geht in die Gewinn- und Verlustrechnung. des Konzerns ein geringerer Abschreibungsbetrag ein als in die Gewinn- und Verlustrechnung der betreffenden Gesellschaft.

Die vom Standpunkt der Einheitstheorie in der aktienrechtlichen Regelung enthaltene Inkonsequenz, die Ausschaltung von Zwischengewinnen bei den Vorräten, jedoch nicht bei den Anlagen zur fordern, beseitigt die zur Begründung dieser Inkonsequenz angeführten rechentechnischen Schwierigkeiten keineswegs, ganz abgesehen davon, daß die rechentechnischen Schwierigkeiten auch bei der Eliminierung unrealisierter Gewinne, die in den Vorräten enthalten sind, erheblich sein können.[78]

Werden mit den im Konzern selbsterstellten Anlagen Halb- und Fertigfabrikate hergestellt, so verwandelt sich in **Höhe der Abschreibungen Anlagevermögen in Umlaufvermögen** (Vorräte). Da die Abschreibungen aber nicht nur von den Herstellungskosten, sondern auch von den in den selbsterstellten Anlagen enthaltenen Zwischengewinnen berechnet werden (im obigen Beispiel also von 20 000 und nicht von 15 000 DM), geht **ein Teil der Zwischengewinne über die Abschreibungen in die Halb- und Fertigfabrikate ein**, ist also vom Standpunkt des Konzerns noch immer nicht realisiert und müßte folglich – da er in Vorräten und nicht mehr in Anlagen steckt – eliminiert werden.[79] Die praktischen Schwierigkeiten der Erfassung dürften in der Regel größer sein als die Ausschaltung bei den im Konzern selbsterstellten Anlagen.

---

[77] Kropff, B., Aktiengesetz, a. a. O., S. 245
[78] Vgl. Hax, H., a. a. O., S. 64
[79] Vgl. Bores, W., a. a. O., S. 147; Wietzke, G., a. a. O., S. 97

Eine **freiwillige** Ausschaltung von Zwischengewinnen bei Gütern des Anlagevermögens oder bei Lieferungen an ausländische und sonstige nicht einbezogene Konzernunternehmen wird in der Regel den Einblick in die Vermögens- und Ertragslage des Konzerns verbessern und ist folglich durch § 149 Abs. 1 AktG gedeckt. Das in § 331 Abs. 1 Nr. 1 AktG verankerte **Prinzip der Maßgeblichkeit der Einzelbilanzen** für die Konzernbilanz geht als Spezialvorschrift aber der allgemeinen Vorschrift des § 149 Abs. 1 AktG vor, so daß in allen Fällen, in denen das Gesetz die Eliminierung von konzerninternen Gewinnen nicht verlangt, die Wertansätze der Einzelbilanzen übernommen werden müssen.

Um **Lieferungen außerhalb des normalen Lieferungsverkehrs** handelt es sich in der Regel dann, wenn von einem Konzernunternehmen Wirtschaftsgüter an ein anderes Konzernunternehmen geliefert werden, die nicht zum Zwecke der Weiterveräußerung hergestellt oder erworben worden sind. Liefert ein Konzernunternehmen einem anderen eine selbsterstellte Maschine zum Einsatz in dessen Unternehmen, so wird der im Verrechnungspreis enthaltene Zwischengewinn nicht eliminiert; verkauft ein Konzernunternehmen einem anderen ein Grundstück oder Wertpapiere, so müssen entstehende Zwischengewinne eliminiert werden. Scherpf vertritt mit Recht die Ansicht, daß in solchen Fällen die Zwischengewinne auch in den Einzelbilanzen ausgeschaltet werden müssen, wenn der vereinbarte Kaufpreis höher ist als die Anschaffungskosten des veräußernden Unternehmens. „Andernfalls würde einer Umgehung des Verbotes, die Anschaffungskosten zu überschreiten (§§ 153, 154 AktG), Tor und Tür geöffnet."[80]

Angenommen, A und B haben je Wertpapiere zu Anschaffungskosten von 100 in ihrer Bilanz stehen, die am Bilanzstichtag einen Börsenwert von 140 haben, der infolge des Anschaffungswertprinzips in der Bilanz nicht angesetzt werden darf (stille Zwangsrücklagen). Verkaufen sich A und B gegenseitig die Papiere, so erzielt jedes Unternehmen einen Gewinn von 40 und bilanziert die Wertpapiere zu Anschaffungskosten von 140. Sind die Wertpapiere bis zum nächsten Bilanzstichtag im Kurs gestiegen, so könnte das Verfahren wiederholt werden. Aus der Annahme der wirtschaftlichen Einheit beider Unternehmen wäre eine solche Bilanzierung, die sich entsprechend in der Konzernbilanz niederschlägt, abzulehnen, da sich **die wirtschaftliche Einheit nicht selbst etwas mit Gewinn verkaufen kann.** Der Gewinn ist noch nicht durch Umsatz mit einem Konzernfremden realisiert. Müßten Gewinne dieser Art nicht ausgeschaltet werden, so könnte sich ein falsches Bild über die Ertragslage des Konzerns ergeben.

Würde man nicht von der Einheitstheorie ausgehen, so wäre der Vorgang nicht anders zu beurteilen, als wenn ein Unternehmen Vermögensteile, die infolge eines Steigens der Wiederbeschaffungskosten über die Anschaffungskosten Zwangsrücklagen enthalten, verkauft, um die stillen

---

[80] Scherpf, P., a. a. O., S. 281

Rücklagen aufzulösen und mit dem Verkaufserlös zurückkauft, so daß nun Anschaffungskosten in Höhe der derzeitigen Wiederbeschaffungskosten entstehen und bilanziert werden dürfen. Einer solchen – gesetzlich zulässigen – bilanzpolitischen Entscheidung steht allerdings der Umstand entgegen, daß die entstehenden Veräußerungsgewinne der Besteuerung unterliegen.

d) Zur Technik der Ausschaltung konzerninterner Gewinne

Sind in den Vorräten, die in den Einzelbilanzen ausgewiesen werden, vom Standpunkt des Konzerns als wirtschaftliche Einheit unrealisierte Gewinne enthalten, so ist – wenn das Verfahren der Ausschaltung von Zwischengewinnen erstmals angewendet wird – der Konzerngewinn kleiner als die Summe der Gewinne der Einzelbilanzen. In den folgenden Jahren kann der Konzerngewinn nach Ausschaltung konzerninterner Gewinne kleiner oder größer sein als die Summe der Gewinne der Einzelbilanzen, weil bei der Konsolidierung des Erfolges nicht nur die unrealisierten Gewinne der Periode eliminiert, sondern auch die inzwischen durch konzernexternen Umsatz realisierten Gewinnteile, die in den Vorperioden als Zwischengewinne ausgeschaltet wurden, dem Konzerngewinn hinzugerechnet werden müssen.

Angenommen, die Obergesellschaft A liefert an die abhängige Gesellschaft B Fabrikate, die B als Vorräte zunächst auf Lager behält. Die Herstellungskosten, die der Einfachheit halber gleich den Konzernherstellungskosten sein sollen, betragen 80.

A	Bilanz A		P		A	Bilanz B		P
Forderungen	100	Kapital	400		Vorräte	100	Kapital	150
Beteiligung	150	Rücklagen	50		sonst. Aktiva	150	Verbindl.	100
Sonst. Aktiva	220	Gewinn	20			250		250
	470		470					

A	Konzernbilanz		P
Vorräte	80	Kapital	400
sonst. Aktiva	370	Rücklagen	50
	450		450

In der Konzernbilanz werden die Beteiligung A gegen das Kapital B und die Forderung A und die Verbindlichkeit B (aus der Lieferung der Fabrikate) gegeneinander aufgerechnet. Die Vorräte werden ohne Zwischengewinn mit 80 bilanziert, der Konzern hat noch keinen Gewinn erzielt, da der Gewinn von 20 in der Bilanz von A noch nicht realisiert ist. (Die Vorräte können auch mit 100 in der Konzernbilanz angesetzt werden, dann muß auf der Passivseite eine Wertberichtigung wegen des Zwischengewinns von 20 bilanziert werden.).

In der folgenden Periode veräußert B die Vorräte an einen konzernexternen Abnehmer zu 130 (wir unterstellen, daß kein weiterer Aufwand
dabei entsteht), außerdem begleicht B die Forderung von A, A schüttet
den (unrealisierten) Gewinn der Vorperiode von 20 an Aktionäre bzw.
das Finanzamt aus.

A	Bilanz A		P	A	Bilanz B		P
Beteiligung	150	Kapital	400	Bank	130	Kapital	150
sonst. Aktiva	300	Rücklagen	50	sonst. Aktiva	50	Gewinn	30
	450		450		180		180

A	Konzernbilanz		P
Bank	130	Kapital	400
sonst. Aktiva	350	Rücklagen	50
		Gewinn	30
	480		480

Diese Konzernbilanz ist falsch, denn der Konzern als wirtschaftliche
Einheit hat einen Gewinn von 50 und nicht von 30 erzielt: die Herstellungskosten bei A betrugen 80, der Absatzpreis 130, es wurde unterstellt,
daß keine weiteren Aufwendungen eingetreten sind. Das falsche Ergebnis
der Konsolidierung ist entstanden, weil der in der Vorperiode bei der Konsolidierung ausgeschaltete Zwischengewinn in dieser Periode nach erfolg-
tem Umsatz in der Konzernbilanz nicht hinzugerechnet wurde. Der Konzerngewinn in dieser Periode ist also größer als die Summe der Gewinne
der Einzelbilanzen.

Sobald Bestände, deren Wertansätze bei der Konsolidierung um konzerninterne Gewinne gekürzt worden sind, an Konzernfremde veräußert
werden, darf nicht vergessen werden, den Konzerngewinn um den gleichen
Betrag zu erhöhen, um den er in einer früheren Periode gekürzt wurde. „In
der Totalrechnung muß die Summe aller Konzerngewinne mit der Summe
aller Gewinne der Konzernglieder übereinstimmen, da es nach Abschluß der
Totalperiode keine unrealisierten Gewinne mehr geben kann."[81] Diese
Übereinstimmung kann nur erzielt werden, wenn jeder Kürzung der Ein-
zelgewinne zum Konzerngewinn um die vom Standpunkt des Konzerns
unrealisierten Gewinne eine entsprechende Erhöhung des Konzerngewinns
nach erfolgter Realisierung entspricht.

Da der Besteuerung nicht der Konzerngewinn, sondern der in den Einzelbilanzen auszuweisende Gewinn unterliegt, erscheinen in der Konzernbilanz Verbindlichkeiten oder Rückstellungen bzw. in der Konzern-Ge-
winn- und Verlustrechnung Aufwendungen für Ertragsteuern auf Zwischengewinne, die nicht in der Konzernbilanz ausgewiesen werden dürfen. Dafür enthält der Konzernabschluß einer späteren Periode, in der die früher

---

81   Hax, H., a. a. O., S. 64 f.

ausgeschalteten Zwischengewinne durch konzernexternen Umsatz realisiert
wurden, Gewinne, auf die Steuern bereits in einer früheren Periode verrechnet worden sind.

Hält B die Vorräte dagegen in der folgenden Periode weiterhin auf
Lager, so müssen sie in der Konzernbilanz erneut um den Zwischengewinn gekürzt werden, da sie in der Einzelbilanz von B mit 100 anzusetzen sind. Unterstellen wir, daß B die Forderung an A bezahlt, daß
A den (unrealisierten) Gewinn der Vorperiode von 20 ausschüttet und
außerdem einen Gewinn mit konzernexternen Wirtschaftseinheiten von 50
erzielt hat, so hat sich das bilanzierte Eigenkapital des Konzerns infolge
der Ausschüttung eines unrealisierten Gewinns um 20 vermindert und durch
den externen Gewinn von A um 50 erhöht (von Steuern wird abgesehen). Soll der Ertrag des Konzerns richtig dargestellt werden, so erscheint
es zweckmäßig, die Vorräte zu Lasten der Konzernrücklagen und nicht
des Gewinns um den Zwischengewinn zu kürzen, also den konzernexternen
Gewinn voll auszuweisen.

A	Bilanz A		P
Beteiligung	150	Kapital	400
sonst. Aktiva	350	Rücklagen	50
		Gewinn	50
	500		500

A	Bilanz B		P
Vorräte	100	Kapital	150
sonst. Aktiva	50		
	150		150

A	Konzernbilanz		P
Vorräte	80	Kapital	400
sonst. Aktiva	400	Rücklagen	30
		Gewinn	50
	480		480

VI. Die Konzern-Gewinn- und Verlustrechnung

1. Das Problem der Eliminierung und Umgliederung der Innenumsatzerlöse

Wie jede Erfolgsrechnung, so hat auch die Konzern-Gewinn- und Verlustrechnung die Aufgabe, die Erträge und die Aufwendungen einer Periode gegenüberzustellen, um einen Einblick in das Zustandekommen des Erfolges zu geben. Faßt man den Konzern als wirtschaftliche Einheit auf, so wird dieses Ziel der Gewinn- und Verlustrechnung **nicht durch Addition** der Erfolgsrechnungen der einzelnen Konzernunternehmen erreicht, sondern ebenso wie bei der Erstellung der Konzernbilanz müssen alle Positionen herausgerechnet werden, die zu Doppelzählungen führen und folglich ein falsches Bild von der Ertragslage des Konzerns geben.

In einer nach § 157 AktG gegliederten Gewinn- und Verlustrechnung setzt sich die Gesamtleistung des Betriebes zusammen aus:

1. den Umsatzerlösen,
2. der Erhöhung oder Verminderung des Bestandes an Halb- und Fertigfabrikaten und
3. anderen aktivierten Eigenleistungen (z. B. selbsterstellte Anlagen).

Für den Konzern als wirtschaftliche Einheit liegen Umsatzerlöse nur vor, wenn sie mit Konzernfremden getätigt worden sind (**Außenumsatzerlöse**), d. h. alle konzerninternen Lieferungen und Leistungen (**Innenumsatzerlöse**), die erfolgt sind, bis der Umsatz nach außen stattfinden kann, müssen eliminiert werden. Sie sind bei der liefernden Gesellschaft Umsatzerlöse, bei der empfangenden Gesellschaft Aufwendungen und sind folglich ebenso wie konzerninterne Forderungen und Verbindlichkeiten aufzurechnen.

Beispiel: Gesellschaft A produziert aus dem Rohstoff X ein Halbfabrikat Y und liefert es an die Gesellschaft B. Diese bearbeitet das Halbfabrikat zum Fertigfabrikat Z und verkauft es nach außen. Es entsteht kein Zwischengewinn.

A Gewinn- und Verlustrechnung E			A Gewinn- und Verlustrechnung E		
A			B		
Rohstoff X	300	Umsatz Y 550	Material Y	550	Umsatz Z 820
Löhne	250		Löhne	150	
	550	550	Gewinn	120	
				820	820

A Konzern-Gewinn- und Verlustrechnung E		
Rohstoff X	300	Umsatz Z 820
Löhne	400	
Gewinn	120	
	820	820

Der Innenumsatzerlös aus den Halbfabrikaten Y von 550 bei A wird aufgerechnet gegen den Materialaufwand (Y) bei B. Der Konzern erzielt bei einem Außenumsatz von 820 einen (externen) Gewinn von 120 und hat dafür Rohstoffe von 300 und Löhne von 400 eingesetzt. Würde man die Umsatzerlöse und Aufwendungen bei A und B zusammenzählen, so ergäbe sich ein Umsatz von 1370, dem Aufwendungen von 1250 gegenüberstehen. Der Außenumsatz beträgt aber nur 820.

Sind Innenumsätze erfolgt, die nicht oder noch nicht zu Außenumsätzen führen, so muß in der Konzern-Gewinn- und Verlustrechnung eine **Umgliederung von Umsatzerlösen in Bestandsänderungen** oder andere aktivierten Eigenleistungen erfolgen. Liegen die von einem Konzernunternehmen an ein anderes Konzernunternehmen gelieferten Güter bei der empfangenden Gesellschaft noch unverarbeitet auf Lager oder sind sie zwar verarbeitet und an ein drittes Konzernunternehmen weitergeliefert worden, hält diese Gesellschaft die Güter aber noch auf Lager, so ist vom Standpunkt des Konzerns noch kein Umsatz, wohl aber eine Bestandsänderung eingetreten.

Beispiel: wie oben, jedoch wird noch eine Bearbeitungsstufe C eingeschaltet; B liefert Halbfabrikate Z an das Konzernunternehmen C weiter, das diese nach Bearbeitung als Fertigfabrikate auf Lager nimmt.

A Gewinn- und Verlustrechnung E			A Gewinn- und Verlustrechnung E		
A			B		
Rohstoff X	300	Umsatz Y 550	Material Y	550	Umsatz Z 700
Löhne	250		Löhne	150	
	550	550		700	700

A Gewinn- und Verlustrechnung E			A Konzern-Gewinn- und Verlust- E		
C			rechnung		
Material Z	700	Bestands-	Rohstoff X	300	Bestands-
Löhne	50	veränderung 750	Löhne	450	veränderung 750
	750	750		750	750

Der Konzern als Einheit hat noch keinen Umsatzerlös erzielt, wohl aber eine Mehrung der Bestände an Fertigfabrikaten um 750. Würde man die drei Gewinn- und Verlustrechnungen der Konzernunternehmen addieren, so ergäbe sich ein Gesamtergebnis von 2000, bestehend aus Umsatzerlösen von 1250 und Bestandsmehrungen von 750, der Aufwand würde ebenfalls 2000 betragen. Die tatsächlich eingesetzten Rohstoffe von 300 wären dreimal gezählt worden (je einmal bei A, B und C), die Löhne von A ebenfalls dreimal, die von B zweimal. Der Aufwand enthielte also 600 Material und 650 Löhne zuviel. Die Leistung des Konzerns als wirtschaftliche Einheit beträgt 750, der Aufwand ebenfalls.

Liefert ein Konzernunternehmen eine selbsterstellte Anlage an ein anderes Konzernunternehmen, die sie im eigenen Betriebe einsetzt, so ist auch in diesem Falle vom Standpunkt des Konzerns kein Umsatzerlös erzielt worden, sondern es sind innerbetriebliche Erträge eingetreten, die als **aktivierte Eigenleistungen** in der Konzern-Gewinn- und Verlustrechnung auszuweisen sind.

Zusammenfassend läßt sich feststellen: Erträge eines Konzernunternehmens, die Aufwendungen eines anderen Konzernunternehmens sind, lassen sich formal einteilen,

1. in solche, die ihre Bezeichnung behalten (z. B. Zinsen, Mieten) und
2. in solche, die bei einer Gesellschaft Umsatzerlöse, bei einer nachgelagerten Gesellschaft dagegen Aufwendungen für Rohstoffe u. ä. darstellen.

Während die erste Art von Aufwendungen und Erträgen gegeneinander aufgerechnet, also bei der Konsolidierung einfach weggelassen wird, sind bei der zweiten Gruppe zwei Fälle zu unterscheiden:[1]

1. die Umsatzerlöse der liefernden Gesellschaft sind bei der empfangenden Gesellschaft entweder als Aufwand in der Gewinn- und Verlustrechnung enthalten, falls sie schon verbraucht sind,
   oder
2. sie sind als Bestand in der Bilanz aufgeführt, falls sie noch nicht verbraucht sind.

Sind sie bereits von der empfangenden Gesellschaft verbraucht worden, so wird der Umsatzerlös der liefernden Gesellschaft gegen den gleich hohen Aufwand der empfangenden Gesellschaft aufgerechnet. Sind die Umsatzerlöse der liefernden Gesellschaft noch als Bestand in der empfangenden Gesellschaft vorhanden, so werden sie in der Konzernbilanz – vorausgesetzt, daß keine Zwischengewinne im Umsatzerlös stecken – durch diesen Bestand ersetzt und erscheinen in der Konzern-Gewinn- und Verlustrechnung als Bestandsänderung an Halb- und Fertigfabrikaten oder als andere aktivierte Eigenleistungen.

Der Begriff der konsolidierten Gewinn- und Verlustrechnung darf nicht

---

[1] Vgl. Mellerowicz, K., Rechnungslegung und Konzernabschluß, a. a. O., S. 245

mit dem Begriff der oben besprochenen Erfolgskonsolidierung verwechselt werden. Erfolgkonsolidierung bedeutet eine Zusammenfassung der Erfolge der Konzernunternehmen unter Ausschaltung konzerninterner Gewinne und Verluste; Konsolidierung der Gewinn- und Verlustrechnungen dagegen heißt Zusammenfassung der Gewinn- und Verlustrechnungen der Konzernunternehmen unter Eliminierung aller konzerninternen Beziehungen.

Die Verrechnung und Umgliederung der Erträge und Aufwendungen der Einzel-Erfolgsrechnungen soll **Mengenüberhöhungen**[2] durch **Doppelzählungen** vermeiden und hat zunächst nichts mit der Ausschaltung konzerninterner Gewinne zu tun. Diese erfolgt außerdem, dann z. B., wenn die Innenumsatzerlöse auf Basis von Verrechnungspreisen entstanden sind, die höher als die ihnen entsprechenden Aufwendungen sind. Nach § 331 Abs. 2 AktG sind konzerninterne Gewinne grundsätzlich auszuschalten; aus dem System der doppelten Buchführung ergibt sich automatisch, daß diese Ausschaltung nicht nur in der Konzernbilanz, sondern auch in der Konzern-Gewinn- und Verlustrechnung erfolgen muß.

Die Konsolidierung der Gewinn- und Verlustrechnung kann also **erfolgsneutral** oder **erfolgswirksam** sein. Im ersten Falle – wie in den Beispielen auf Seite 699 dargestellt – erfolgt eine Ausschaltung von Aufwendungen und Erträgen in gleicher Höhe, die eine Folge von konzerninternen Lieferungen und Leistungen sind. Der Erfolg wird dadurch nicht berührt.

Im zweiten Falle dagegen wird die Höhe des Erfolges verändert, da durch die Zusammenfassung ein Aufwands- oder Ertragskonto und ein Bilanzkonto betroffen werden, wie z. B. bei der Ausschaltung konzerninterner Gewinne oder beim Bestehen von Differenzen zwischen dem Buchwert der Beteiligung der Obergesellschaft und dem Reinvermögen der abhängigen Gesellschaft.

Die Bestandskonten werden in der Konzernbilanz entweder direkt oder mit Hilfe von Wertberichtigungen um die Zwischengewinne gekürzt. Entsprechend müssen die Umsatzerlöse in der Gewinn- und Verlustrechnung vermindert werden, damit die konzerninternen Gewinne nicht in der Konzern-Gewinn- und Verlustrechnung enthalten sind. Werden die konzerninternen Gewinne in einer späteren Periode durch Umsatz mit Dritten realisiert, so sind sie sowohl in der Konzernbilanz als auch in der Konzern-Gewinn- und Verlustrechnung dem Konzerngewinn hinzuzuzählen.[3]

Ist der Buchwert einer Beteiligung bei der Obergesellschaft niedriger angesetzt als das Reinvermögen der abhängigen Gesellschaft, so wird in die Konzernbilanz ein **passiver Ausgleichsposten** (Kapitalaufrechnungsdifferenz) eingestellt; die Gegenbuchung erfolgt auf der **Aufwandseite** der konsolidierten Gewinn- und Verlustrechnung. Ist der Buchwert der Beteiligung höher als das Reinvermögen der abhängigen Gesellschaft, so erscheint in

---

2 Vgl. Schuhmann, W., a. a. O., S. 126
3 Vgl. S. 696 f.

der Konzernbilanz ein **aktiver Ausgleichsposten,** der zu einer entsprechenden Gegenbuchung auf der **Ertragseite** der Konzern-Gewinn- und Verlustrechnung führt.

2. Die aktienrechtliche Konzern-Gewinn- und Verlustrechnung[4]

Für die Aufstellung einer Konzern-Gewinn- und Verlustrechnung gelten die gleichen Vorschriften und Überlegungen wie für die Aufstellung der Konzernbilanz, denn beide zusammen bilden als Einheit den Jahresabschluß des Konzerns. So ist zunächst § 149 AktG zu beachten, nach dem der Jahresabschluß den Grundsätzen ordnungsmäßiger Buchführung entsprechen und einen möglichst sicheren Einblick in die Vermögens- und Ertragslage geben soll. Ferner sind die **allgemeinen Gliederungsvorschriften** der §§ 157 und 158 Abs. 1– 4 AktG anzuwenden, soweit das Gesetz nicht Vereinfachungen der Gliederung vorsieht[5].

Die bei der Konzernbilanz bereits ausführlich erörterten Voraussetzungen der Konsolidierung in formaler Hinsicht (gleiches Buchhaltungs- und Kontierungssystem der Konzernunternehmen), in materieller Hinsicht (gleiche Bewertungs-, Abschreibungs-, Rücklagen- und Rückstellungspolitik) und in zeitlicher Hinsicht (gleicher Bilanzstichtag, Periodenabgrenzung) gelten analog für die Konzern-Gewinn- und Verlustrechnung.

Obwohl das Aktiengesetz grundsätzlich von der Einheitstheorie ausgeht, verlangt es keine völlige Eliminierung der Innenumsätze durch Verrechnung oder Umgliederung in der Konzern-Gewinn- und Verlustrechnung, also keine völlige Konsolidierung der Gewinn- und Verlustrechnung im eben beschriebenen Sinne, sondern stellt in den §§ 332 und 333 den Konzernen **drei Formen** der konsolidierten Gewinn- und Verlustrechnung zur Verfügung, die unterschiedlich strenge Anforderungen an die Konsolidierung stellen. In der Begründung heißt es dazu: „Von sachverständiger Seite wurde jedoch erklärt, daß die Verrechnung und Umgliederung der Innenumsatzerlöse bei einer ausführlichen Gliederung der Konzern-Gewinn- und Verlustrechnung praktisch so schwierig sein könne, daß sie nicht allgemein gefordert werden könne."[6]

Bei den drei Formen der Konzern-Gewinn- und Verlustrechnung nach dem Aktiengesetz handelt es sich um die folgenden:

a) Die Konzern-Gewinn- und Verlustrechnung ohne Ausschaltung der Innenumsatzerlöse (Teilkonsolidierung nach § 332 Abs. 1 Nr. 1 erster Halbsatz);

---

[4] Vgl. §§ 332/333 AktG

[5] Vgl. die Darstellung der vereinfachten Form der Konzern-Gewinn- und Verlustrechnung nach § 333 AktG auf S. 705 ff.

[6] Kropff, B., Aktiengesetz, a. a. O., S. 446

b) Die Konzern-Gewinn- und Verlustrechnung mit Ausschaltung der Innenumsatzerlöse (Vollkonsolidierung nach § 332 Abs. 1 Nr. 1 zweiter Halbsatz);

c) Die Konzern-Gewinn- und Verlustrechnung mit Ausschaltung der Innenumsatzerlöse in vereinfachter Form (Vollkonsolidierung in vereinfachter Form nach § 333).

a) Die Teilkonsolidierung

Das Gesetz unterscheidet zwischen konzerninternen Erträgen aus Lieferungen und Leistungen, die in der Gewinn- und Verlustrechnung eines Konzernunternehmens als Umsatzerlöse erscheinen müssen und anderen konzerninternen Erträgen (z. B. Zinsen, Mieten, Provisionen). Nur letztere müssen mit den auf sie entfallenden Aufwendungen beim Empfänger der Leistungen verrechnet, also **voll konsolidiert** werden, da sich bei der Aufrechnung keine besonderen Schwierigkeiten ergeben, denn die Mieterträge oder Zinserträge eines Konzernunternehmens sind in gleicher Höhe Mietaufwendungen bzw. Zinsaufwendungen eines anderen Konzernunternehmens.

Die internen Umsatzerlöse aus Lieferungen und Leistungen dagegen brauchen nicht verrechnet bzw. umgegliedert zu werden. § 332 Abs. 1 Nr. 1 AktG verlangt lediglich einen **getrennten Ausweis von Innenumsatzerlösen und Außenumsatzerlösen,** es sei denn, die Innenumsatzerlöse werden als Bestandsveränderungen oder als andere aktivierte Eigenleistungen ausgewiesen.

Die Aussagefähigkeit einer solchen Konzern-Gewinn- und Verlustrechnung ist gering. Im Beispiel auf Seite 699 ist ein Außenumsatz von 820 eingetreten, dem Aufwendungen von 700 gegenüberstehen. Außerdem ist aber bei A noch ein Innenumsatzerlös von 550, bei B ein entsprechender Materialaufwand von 550 ausgewiesen. Die ausgewiesenen Mengen sind also überhöht.

Zwischen der Mindestvorschrift der Trennung von Innen- und Außenumsatzerlösen und der Vollkonsolidierung unter Anwendung der Gliederungsvorschriften der §§ 157 und 158 AktG, die in den meisten Fällen an rechentechnischen Schwierigkeiten (Zurechnungsprobleme) scheitern wird, gibt es Zwischenlösungen. Scherpf weist darauf hin, daß eine Konzern-Gewinn- und Verlustrechnung, „in der die Innenumsatzerlöse en bloc mit der Position ,Aufwendungen für Roh-, Hilfs- und Betriebsstoffe sowie für bezogene Waren' aufgerechnet werden, ohne hierbei die noch im Besitz von Konzerngesellschaften befindlichen Gegenstände bei den Bestandsänderungen oder den anderen aktivierten Eigenleistungen zu berücksichtigen, ... in der Regel aussagefähiger (ist) als eine Gewinn- und Verlustrechnung, in der die Innenumsatzerlöse überhaupt nicht aufgerechnet werden. Ausnahmsweise kann etwas anderes gelten, wenn die konzerninternen Lieferungen von Anlagegegenständen oder die Erhöhung des Bestandes von konzernintern gelieferten Vorräten unverhältnismäßig hoch sind."[7]

b) Die Vollkonsolidierung

Bei der Vollkonsolidierung erfolgt – wie oben dargestellt –, wenn eine betriebliche Leistungserstellung, die zu einem Außenumsatz geführt hat, auf ihrem Wege durch den Konzern auch Innenumsätze ausgelöst hat, eine Aufrechnung der Innenumsatzerlöse der liefernden Gesellschaft mit den Aufwendungen der empfangenden Gesellschaft und – wenn noch kein Außenumsatz erfolgt ist –, eine Umgliederung von Umsatzerlösen in Bestandsänderungen oder, wenn kein Außenumsatz beabsichtigt ist, eine Umgliederung in andere aktivierte Eigenleistungen.

Für die vollkonsolidierte Gewinn- und Verlustrechnung gelten die Gliederungsvorschriften der §§ 157/158 AktG nur „soweit ihre Eigenart keine Abweichungen bedingt."[8] Abweichungen ergeben sich z. B. durch die Notwendigkeit zur Umgliederung von Innenumsatzerlösen in Bestandsveränderungen oder andere aktivierte Eigenleistungen[9].

Abweichend von den Gliederungsvorschriften der §§ 157 und 158 AktG können die Einstellungen in die offenen Rücklagen und die Entnahmen aus den offenen Rücklagen in je einer Position ausgewiesen werden[10], d. h. beim Ausweis der Veränderungen in den Rücklagen ist eine Trennung in gesetzliche und freie Rücklagen nicht erforderlich.

In der Konzernbilanz erscheint nur der Gewinn oder Verlust des Konzerns, da nach § 331 Abs. 1 Nr. 2 AktG für Anteile konzernfremder Gesellschafter (Minderheiten) ein „**Ausgleichsposten für Anteile in Fremdbesitz**" auszuweisen ist, der sich aus den Anteilen der Minderheiten am Kapital, den offenen Rücklagen und am Gewinn und Verlust zusammensetzt. Der auf Gewinn und Verlust entfallende Betrag ist **gesondert** auszuweisen, d. h. in einer Vorspalte zu vermerken. Damit der Gewinn oder Verlust der Konzernbilanz mit dem Konzerngewinn oder Konzernverlust der konsolidierten Gewinn- und Verlustrechnung übereinstimmt, muß der auf konzernfremde Gesellschafter entfallende Gewinn und Verlust gesondert, und zwar vor der Position Konzerngewinn oder Konzernverlust ausgewiesen werden. Entfällt auf konzernfremde Gesellschafter einzelner Konzernunternehmen ein Gewinn, auf die anderer Konzernunternehmen ein Verlust, so müssen Gewinne und Verluste getrennt ausgewiesen werden. Eine Saldierung ist unzulässig.

Bestehen **Gewinnabführungsverträge** zwischen der Obergesellschaft und den abhängigen Konzernunternehmen, so lassen sich die Erträge aus Ge-

---

[7] Scherpf, P., a. a. O., S. 296
[8] § 332 Abs. 3 Satz 1 AktG
[9] Vgl. die Beispiele auf Seite 699
[10] Vgl. § 332 Abs. 3 AktG

winnabführungsverträgen[11] bei der Obergesellschaft und die auf Grund eines Gewinnabführungsvertrages abgeführten Gewinne[12] bei den Konzerngesellschaften in der Regel gegeneinander aufrechnen. Gleiches gilt für Erträge und Aufwendungen aus Verlustübernahme[13].

Hat sich jedoch die Obergesellschaft bei Abschluß eines Beherrschungs- oder Gewinnabführungsvertrages verpflichtet, den außenstehenden Aktionären der abhängigen Gesellschaft eine **garantierte Dividende** zu zahlen, so erscheint der von der abhängigen Gesellschaft abgeführte Gewinn bei der Obergesellschaft um die auf Grund der Dividendengarantie gezahlten Beträge niedriger. Diese Zahlung ist ein „konzernfremden Gesellschaftern zustehender Gewinn", der nach § 332 Abs. 3 Satz 3 AktG vor dem Posten Konzerngewinn gesondert ausgewiesen werden muß.

Entsprechend ist bei der Obergesellschaft der Aufwand aus Verlustübernahme um die auf Grund einer Dividendengarantie an die Minderheitsaktionäre der abhängigen Gesellschaft gezahlten Beträge in Position Nr. 25 der Gewinn- und Verlustrechnung nach § 157 AktG zu erhöhen, während die Dividenden in den Erträgen aus Verlustübernahme bei der abhängigen Gesellschaft nicht enthalten sind. Der Ausgleich in der Konzern-Gewinn- und Verlustrechnung erfolgt in der Weise, daß der den konzernfremden Gesellschaftern zustehende Gewinn vor der Position Konzerngewinn ausgewiesen wird.

c) Die Konzern-Gewinn- und Verlustrechnung in vereinfachter Form

Als eine Kompromißlösung zwischen der Teilkonsolidierung nach § 332 Abs. 1 Nr. 1 AktG und der Vollkonsolidierung nach der Einheitstheorie ist die Konzern-Gewinn- und Verlustrechnung **in vereinfachter Form** anzusehen, bei der zwar wie bei der Vollkonsolidierung die Erträge aus Lieferungen und Leistungen zwischen den in den Konzernabschluß einbezogenen Unternehmen mit den auf sie entfallenden Aufwendungen der Empfänger der Lieferungen und Leistungen verrechnet oder als Bestandsänderungen oder als andere aktivierte Eigenleistungen ausgewiesen werden, bei der aber die Gliederung nicht nach § 157 AktG, sondern nach einem **verkürzten Gliederungsschema** erfolgen darf, das Verrechnungen zuläßt, die nach § 157 AktG nicht erlaubt sind. Diese Form trägt den praktischen Schwierigkeiten bei der Konsolidierung der Gewinn- und Verlustrechnung Rechnung. Sie soll Konzernen, die an sich eine Vollkonsolidierung der Teilkonsolidierung vorziehen würden, aber aus rechentechnischen Gründen eine genaue Verrechnung von Erlösen und Aufwendungen nicht durchführen können, eine Verrechnung und Umgliederung der Innenumsatzerlöse durch Verzicht auf den gesonderten Ausweis bestimmter in § 157 AktG aufgeführter Positionen ermöglichen.

---

[11] Vgl. § 157 Abs. 1 Nr. 7 AktG
[12] Vgl. § 157 Abs. 1 Nr. 27 AktG
[13] Vgl. § 157 Abs. 1 Nr. 15 und 25 AktG

Die vereinfachte Gliederung der Konzern-Gewinn- und Verlustrechnung nach § 333 Abs. 2 AktG sieht als Position 1 den Ausweis der Außenumsatzerlöse vor, von denen unter Position 2 abzuziehen sind „nicht gesondert auszuweisende Aufwendungen nach Verrechnung mit Bestandsänderungen und Eigenleistungen". In dieser Position 2 sind folgende Positionen der Gewinn- und Verlustrechnung nach § 157 AktG zusammengefaßt:

Nr. 2 Erhöhung oder Verminderung des Bestandes an fertigen und unfertigen Erzeugnissen
Nr. 3 Andere aktivierte Eigenleistungen
Nr. 5 Aufwendungen für Roh-, Hilfs- und Betriebsstoffe sowie für bezogene Waren
Nr. 21 Verluste aus Wertminderungen oder dem Abgang von Gegenständen des Umlaufvermögens außer Vorräten und Einstellungen in die Pauschalwertberichtigungen zu Forderungen
Nr. 22 Verluste aus dem Abgang von Gegenständen des Anlagevermögens.

Diese Posten sind zu verrechnen, und danach sind folgende Aufwendungen abzusetzen[14]:

Nr. 16 Löhne und Gehälter
Nr. 17 Soziale Abgaben
Nr. 18 Aufwendungen für Altersversorgung und Unterstützung
Nr. 26 Sonstige Aufwendungen.

Position 2 der vereinfachten Konzern-Gewinn- und Verlustrechnung enthält also fast alle Umsatzaufwendungen, die den Außenumsatzerlösen gegenübergestellt werden. „Dadurch erübrigt sich der gesonderte Ausweis des Materialaufwands, der Gemeinkosten, der Löhne und Gehälter, der sozialen Abgaben, ... der Bestandsänderungen und der anderen Eigenleistungen auf das Anlagevermögen, Zinsen und Steuern sollen dagegen gesondert ausgewiesen werden, auch soweit sie ihrem Charakter nach Umsatzaufwendungen sind."[15]

Das nach Abzug der Position 2 von den Außenumsatzerlösen verbleibende Zwischenergebnis ist in der gesetzlichen Gliederung nicht besonders bezeichnet worden, weil es weder mit dem Begriff Rohertrag (Rohaufwand) des § 157 AktG noch mit dem Betriebsergebnis übereinstimmt.

Die folgenden Positionen der Gewinn- und Verlustrechnung nach § 157 AktG brauchen in der vereinfachten Konzern-Gewinn- und Verlustrechnung nicht ausgewiesen zu werden, weil sie auf Vorgängen beruhen, die sich zwischen den in den Jahresabschluß einbezogenen Konzernunternehmen ausgleichen:

Nr. 7 Erträge aus Gewinngemeinschaften, Gewinnabführungs- und Teilgewinnabführungsverträgen

---

14 Vgl. Godin-Wilhelmi, Aktiengesetz, 3. Auflage, Berlin 1967, S. 1747
15 Kropff, B., Aktiengesetz, a. a. O., S. 448

Nr. 15 Erträge aus Verlustübernahme

Nr. 27 Aufgrund einer Gewinngemeinschaft, eines Gewinnabführungs- und eines Teilgewinnabführungsvertrages abgeführte Gewinne.

§ 333 Abs. 2 AktG hat folgenden Wortlaut:

„Bei Verwendung der vereinfachten Form sind, wenn der wirtschaftliche Zweck des Konzerns keine abweichende Gliederung bedingt, die gleichwertig sein muß, unbeschadet einer weiteren Gliederung folgende Posten in Staffelform gesondert auszuweisen:

1. Außenumsatzerlöse ....

2. nicht gesondert auszuweisende Aufwendungen nach Verrechnung mit Bestandsänderungen und Eigenleistungen ....

3. Erträge aus Beteiligungen an nicht in den Konzernabschluß einbezogenen Unternehmen ....

4. Erträge aus anderen Finanzanlagen ....

5. sonstige Zinsen und ähnliche Erträge ....

6. Erträge aus Zuschreibungen ....

7. Erträge aus der Auflösung von Rückstellungen ....

8. sonstige Erträge ....

9. Abschreibungen und Wertberichtigungen auf Sachanlagen und immaterielle Anlagewerte ....

10. Abschreibungen und Wertberichtigungen auf Finanzanlagen ....

11. Zinsen und ähnliche Aufwendungen ....

12. Steuern
    a) vom Einkommen, vom Ertrag und vom Vermögen ....
    b) sonstige ....

13. Aufwendungen aus der Übernahme des Verlustes eines nicht in den Konzernabschluß einbezogenen Unternehmens ....

14. Jahresüberschuß/Jahresfehlbetrag ....

15. Gewinnvortrag/Verlustvortrag aus dem Vorjahr ....

16. Entnahmen aus offenen Rücklagen ....

17. Einstellungen in offene Rücklagen ....

18. konzernfremden Gesellschaftern zu-
    stehender Gewinn   ....

19. auf konzernfremde Gesellschafter ent-
    fallender Verlust   ....

20. Konzerngewinn/Konzernverlust"   ....

Die Position Konzerngewinn (bzw. Konzernverlust) sagt über die Ertragslage des Konzerns ebensowenig aus wie die Position Bilanzgewinn
(Bilanzverlust) in den Einzelbilanzen über die Ertragslage der Konzernunternehmen, denn diese Gewinnpositionen sind bereits um die Zuführungen zu den offenen Rücklagen gekürzt bzw. um Entnahmen aus den offenen
Rücklagen und damit um Erträge früherer Perioden erhöht worden. Über
den Konzernerfolg könnte also nur die **Position Jahresüberschuß** (Jahresfehlbetrag) in der Konzern-Gewinn- und Verlustrechnung Auskunft geben.

Aber auch diese Position ist nicht geeignet, die Leser des Konzernabschlusses über den Jahreserfolg des Konzerns zu informieren, wenn **Minderheitsanteile** vorhanden sind, denn dann enthält der Jahresüberschuß
auch den auf die Minderheiten entfallenden Teil des Jahreserfolges. Zwar
bestimmt § 332 Abs. 3 letzter Satz AktG, daß der den konzernfremden
Gesellschaftern zustehende Gewinn und der auf sie entfallende Verlust
„vor dem Posten ‚Konzerngewinn/Konzernverlust' gesondert auszuweisen" sind, jedoch ist diesem Gewinn- bzw. Verlustanteil nicht anzusehen,
in welchem Umfange er aus dem Jahreserfolg, einem Gewinnvortrag oder
der Auflösung von Rücklagen stammt bzw. um die Einstellungen in die
Rücklagen gekürzt ist. Frucht[16] hat mit Recht darauf hingewiesen, daß
nur durch eine Aufspaltung der Gewinn- und Rücklagepositionen in Kon-
zern- und Minderheitenanteile der Konzernjahresüberschuß ermittelt werden kann. Er schlägt deshalb folgenden Ausweis mit Vorspalten vor[17]:

	Konzern	Konzern-fremde	Gesamt
Jahresüberschuß (-fehlbetrag)	70	30	100
Gewinnvortrag (Verlustvortrag)	25	5	30
Entnahmen aus offenen Rücklagen	—	—	—
	95	35	130
Einstellungen in offene Rücklagen	10	4	14
Konzernfremden Gesellschaftern zu-stehender Gewinn (auf konzernfremde Gesellschafter entfallender Verlust)		31	116
Konzerngewinn (-verlust)	85		

---

[16] Frucht, G., Die Gewinndarstellung im Konzernabschluß, DB 1968, S. 405 ff.
[17] Frucht, G., a. a. O., S. 406

Nach § 333 Abs. 2 AktG sind nur die in der Spalte „Gesamt" enthaltenen Zahlen auszuweisen, die vermindert um den den Gesellschaftern zustehenden Gewinn von 31 den Konzerngewinn von 85 ergeben. Weiterhin muß beachtet werden, daß der Jahresüberschuß bereits um **Ertragsteuern gekürzt** ist, die nicht nur auf den Konzernüberschuß, sondern auch auf die eliminierten Zwischengewinne zu entrichten sind, da für die Besteuerung die Einzelabschlüsse und für den Konzernabschluß wiederum die Steuerpositionen der Einzelabschlüsse maßgeblich sind.

Eine weitere Beschränkung der Aussagefähigkeit der Konzern-Gewinn- und Verlustrechnung ergibt sich aus dem Umstand, daß im Jahresüberschuß und entsprechend im Konzerngewinn **unrealisierte (Zwischen-) Gewinne** enthalten sein können, die aus Lieferungen von in den Konzernabschluß einbezogenen Unternehmen an nicht einbezogene Konzernunternehmen stammen. Die aus einem Konzernabschluß entwickelten Kennzahlen über Rentabilität, Liquidität u. a. können dadurch erheblich an Aussagewert verlieren.

Muß ein **Teilkonzernabschluß** aufgestellt werden, so wird häufig der Fall eintreten, daß die Gesellschaft, die diesen Abschluß aufzustellen hat, ihre Gewinne aufgrund eines Gewinnabführungs- oder Teilgewinnabführungsvertrages an die Obergesellschaft abzuführen und entsprechend einen Anspruch auf Verlustübernahme hat; folglich rechnen sich die Erträge und Aufwendungen aus Gewinnabführungen oder Verlustübernahmen in einem Teilkonzernabschluß nicht auf, so daß diese Positionen in einer Teil-Konzern-Gewinn- und Verlustrechnung nicht einfach weggelassen werden können, wie das das Gliederungsschema des § 333 Abs. 2 AktG für den Vollkonzernabschluß vorsieht. Deshalb bestimmt § 333 Abs. 3 AktG, daß in einem Teilkonzernabschluß Gewinne, „die auf Grund eines Gewinnabführungs- und eines Teilgewinnabführungsvertrags an nicht in den Teilkonzernabschluß einbezogene Unternehmen abzuführen sind, vor dem Posten ‚Jahresüberschuß/Jahresfehlbetrag', und Verluste, die von einem nicht in den Konzernabschluß einbezogenen Unternehmen zu übernehmen sind, nach dem Posten ‚sonstige Erträge' gesondert auszuweisen" sind.

VII. Der Konzerngeschäftsbericht

1. Aufgaben und Aufstellung

§ 329 Abs. 1 AktG verpflichtet Aktiengesellschaften und Kommanditgesellschaften auf Aktien mit Sitz im Inland, unter deren einheitlicher Leitung Konzernunternehmen stehen, einen Konzernabschluß und einen **Konzerngeschäftsbericht** aufzustellen. Muß nach § 330 Abs. 1 AktG ein Teilkonzernabschluß erstellt werden, so ist entsprechend ein **Teilkonzerngeschäftsbericht** zu erstellen. Konzernabschluß und Konzerngeschäftsbericht sind in den ersten fünf Monaten nach dem Stichtag des Konzernabschlusses vorzulegen. § 28 EG AktG erweitert diese Rechnungslegungsverpflichtung auf Konzerne bzw. Teilkonzerne, die unter der einheitlichen Leitung einer inländischen GmbH oder bergrechtlichen Gewerkschaft stehen, wenn zu den in den Abschluß einzubeziehenden Unternehmen wenigstens eine Aktiengesellschaft oder Kommanditgesellschaft auf Aktien gehört, obwohl GmbH und bergrechtliche Gewerkschaften nicht zur Aufstellung von Einzel-Geschäftsberichten verpflichtet sind.

Nach § 13 Abs. 1 und Abs. 2 des Publizitätsgesetzes müssen auch Konzernleitungen bzw. Teilkonzernleitungen, die nach § 11 dieses Gesetzes zur Rechnungslegung verpflichtet sind, einen Konzern- bzw. Teilkonzerngeschäftsbericht unter sinngemäßer Anwendung des § 334 AktG aufstellen.

Die **Aufgaben** des Konzerngeschäftsberichts sind dieselben wie die jedes Einzel-Geschäftsberichts nach § 160 AktG: er soll dem besseren Verständnis des Jahresabschlusses dienen, indem er den Jahresabschluß erläutert und ergänzt und Angaben über die allgemeine Lage des Konzerns macht. Der Konzerngeschäftsbericht kann jedoch die Geschäftsberichte der Konzernunternehmen nicht ersetzen. Er ist zusätzlich aufzustellen.

Ebenso wie der Jahresabschluß unterliegt auch der Konzerngeschäftsbericht der gesetzlichen Pflichtprüfung[1]. Zusammen mit dem Konzernabschluß und dem Prüfungsbericht ist er zunächst dem Aufsichtsrat der Obergesellschaft[2], danach der Hauptversammlung der Obergesellschaft[3] vorzu-

---

[1] Vgl. § 336 Abs. 1 AktG
[2] Vgl. § 337 Abs. 1 AktG
[3] Vgl. § 337 Abs. 2 AktG

legen und anschließend zum Handelsregister einzureichen[4]. Während der Konzernabschluß zusammen mit dem Jahresabschluß der Obergesellschaft in den Gesellschaftsblättern der Obergesellschaft bekanntgemacht werden muß, besteht eine derartige Verpflichtung für den Geschäftsbericht nicht.

Der Konzerngeschäftsbericht hat nach § 334 Abs. 4 AktG „den Grundsätzen einer gewissenhaften und getreuen Rechenschaft zu entsprechen". Er darf also keine falschen Angaben enthalten und darf keine Tatbestände verschweigen, deren Kenntnis zu einer anderen Beurteilung der Vermögens- und Ertragslage des Konzerns führen würde[5]. Das trifft nicht nur auf das nachprüfbare Zahlenmaterial zu, sondern ebenso auf die allgemeinen Angaben im Lagebericht, die oft nicht genau quantifizierbar sind (z. B. Zukunftserwartungen über die Entwicklung des Konzerns) und gerade deshalb geeignet sein können, einen falschen Eindruck über die Vermögens- und Ertragslage zu vermitteln.

Ebenso wie für den Einzel-Geschäftsbericht nach § 160 AktG, gilt auch für den Konzerngeschäftsbericht die **Schutzklausel**, d. h. „die Berichterstattung hat insoweit zu unterbleiben, wie es für das Wohl der Bundesrepublik Deutschland oder eines ihrer Länder erforderlich ist"[6]. Diese Bestimmung ist zwingend. Darüber hinaus brauchen Einzelheiten über die in § 334 Abs. 3 Nr. 2 und 3 AktG verlangten Angaben, d. h. über die aus dem Konzernabschluß nicht ersichtlichen Haftungsverhältnisse, über die rechtlichen und geschäftlichen Beziehungen zu nicht zum Konzern gehörenden inländischen verbundenen Unternehmen und über geschäftliche Vorgänge bei diesen Unternehmen, die auf die Lage des Konzerns von erheblichem Einfluß sein können, „insoweit nicht angegeben zu werden, als nach vernünftiger kaufmännischer Beurteilung damit gerechnet werden muß, daß durch die Angaben der Gesellschaft oder einem verbundenen Unternehmen erhebliche Nachteile entstehen."[7] Wird in den beiden zuletzt genannten Fällen[8] von der Schutzklausel Gebrauch gemacht, so ist das an den betreffenden Stellen des Geschäftsberichts zu vermerken.

2. Inhalt

Der Konzerngeschäftsbericht besteht aus drei Abschnitten: dem Bericht über den Konsolidierungskreis, dem Lagebericht und dem Erläuterungsbericht.

---

[4] Vgl. § 338 Abs. 1 AktG
[5] Vgl. Scherpf, P., a. a. O., S. 300
[6] § 334 Abs. 4 Satz 2 AktG
[7] § 334 Abs. 4 Satz 3 AktG
[8] Vgl. § 334 Abs. 3 Nr. 2 und 3 AktG

a) Der Bericht über den Konsolidierungskreis

Nach § 334 Abs. 1 Satz 1 AktG sind **alle** zum Konzern gehörenden Unternehmen mit Sitz im Inland – auch wenn sie nicht in den Konzernabschluß einbezogen worden sind – mit genauer Firmenangabe aufzuführen. Eine Angabe über die Beteiligungsquote ist nicht erforderlich.

Ausländische Unternehmen brauchen auch dann nicht namentlich erwähnt zu werden, wenn sie in den Konzernabschluß einbezogen worden sind, jedoch muß auf die Einbeziehung ausländischer Unternehmen ohne Angabe ihrer Zahl hingewiesen werden. Busse von Colbe[9] und Schuhmann[10] kritisieren dieses Recht, auf eine nähere Bezeichnung von ausländischen Konzernunternehmen, deren Abschlüsse konsolidiert wurden, verzichten zu können. Scherpf weist – u. E. mit Recht – darauf hin, daß das Gesetz die freiwillige Einbeziehung ausländischer Konzernunternehmen „durch den Verzicht auf die Benennung der einbezogenen ausländischen Konzernunternehmen erleichtert"[11]. Die in den Konzernabschluß einbezogenen inländischen Unternehmen müssen in der Aufzählung aller Konzernunternehmen besonders kenntlich gemacht werden.

Grundsätzlich sind nach §§ 329 bzw. 330 AktG in den Konzernabschluß bzw. den Teilkonzernabschluß alle inländischen Unternehmen aufzunehmen, deren Anteile **zu mehr als der Hälfte** Konzernunternehmen gehören. Von diesem Grundsatz gibt es zwei Ausnahmen: die Aufnahme in den Konzernabschluß **darf** unterbleiben, wenn infolge der geringen Bedeutung des Konzernunternehmens dadurch die Aussagefähigkeit des Konzernabschlusses nicht beeinträchtigt wird, sie **muß** unterbleiben, wenn die Aussagefähigkeit des Konzernabschlusses durch die Aufnahme beeinträchtigt würde[12].

In beiden Fällen verlangt § 334 Abs. 1 Satz 4 AktG eine ausführliche Begründung im Konzerngeschäftsbericht, warum die Ausnahmeregelung in Anspruch genommen worden ist. Dem Konzerngeschäftsbericht sind die auf den Stichtag des Konzernabschlusses aufgestellten Abschlüsse „dieser Unternehmen", d. h. der Unternehmen, die trotz Mehrheitsbeteiligung nicht einbezogen worden sind, beizufügen, vorausgesetzt, daß es sich um Aktiengesellschaften, Kommanditgesellschaften auf Aktien oder um Unternehmen handelt, die die Größenmerkmale des § 11 Abs. 1 des Publizitätsgesetzes erfüllen. Andere Konzernunternehmen sind nicht publizitätspflichtig. Sinn dieser Vorschriften ist es, „diese Unternehmen nicht ganz der Beurteilung zu entziehen"[13].

Aus einer – bereits an früherer Stelle erwähnten – von v. Wysocki durchgeführten Auswertung von 126 Konzernabschlüssen und Konzernge-

---

[9] Vgl. Busse von Colbe, W., Der Konzernabschluß . . ., a. a. O., S. 353
[10] Vgl. Schuhmann, W., a. a. O., S. 135 f.
[11] Scherpf, P., a. a. O., S. 302
[12] Vgl. S. 655 ff.
[13] Kropff, B., Aktiengesetz, a. a. O., S. 450

schäftsberichten deutscher Obergesellschaften zum 31. 12. 1967 geht hervor, daß die meisten der untersuchten Obergesellschaften in ihrer Berichterstattung über den Konsolidierungskreis zum Teil erheblich über den vom Gesetzgeber vorgeschriebenen Umfang hinausgegangen sind[14].

b) Der Lagebericht

Analog zu den Vorschriften des § 160 Abs. 1 AktG fordert § 334 Abs. 2 AktG im Konzerngeschäftsbericht Angaben

1. über den **Geschäftsablauf** des Konzerns und der in den Konzernabschluß einbezogenen Unternehmen im Berichtsjahr,
2. über die **Lage des Konzerns** und der in den Konzernabschluß einbezogenen Unternehmen,
3. über **Vorgänge von besonderer Bedeutung,** die nach dem Stichtag des Konzernabschlusses eingetreten sind.

Da nicht alle Konzernunternehmen in den Konzernabschluß einbezogen werden müssen, wird ferner

4. verlangt, daß berichtet wird, wenn bei Konzernunternehmen, die nicht in den Konzernabschluß einbezogen worden sind, **größere Verluste** entstanden oder zu erwarten sind.

Diese Angaben sind die Voraussetzung dafür, daß die Aktionäre, die Gläubiger, die mit dem Konzern verbundenen Unternehmen und die interessierte Öffentlichkeit sich aus dem Konzernabschluß einschließlich der Erläuterungen im Konzerngeschäftsbericht ein umfassendes Bild über die wirtschaftliche Situation des Konzerns machen können.

Das Gesetz gibt keine Hinweise, welche Angaben im einzelnen im Lagebericht gemacht werden müssen. Soll der Lagebericht seine Aufgabe erfüllen, so darf er nicht zu allgemein gehalten werden, sondern muß konkrete Aufschlüsse geben, die aus dem Jahresabschluß und dem Erläuterungsbericht nicht zu gewinnen sind. So ist über alle wichtigen Ereignisse des abgelaufenen Geschäftsjahres zu berichten, die den Erfolg wesentlich beeinflußt und Auswirkungen auf spätere Geschäftsjahre haben, z. B. die Durchführung wesentlicher Erweiterungsinvestitionen, Änderungen im Produktionsprogramm oder in den Produktionsverfahren, die Gründung von Filialen, der Erwerb wesentlicher Beteiligungen, der Abschluß wichtiger Verträge, die Entwicklung des Beschäftigungsgrades und des Auftragsbestandes, die Entwicklung der Belegschaften u. a.[15] Der Vorstand der Obergesellschaft ist nicht verpflichtet, genaue Zahlenangaben über die einzelnen Tatbestände vorzulegen; es genügt auch eine **Angabe der tendenziellen Entwicklung** gewisser betrieblicher Größen oder die Verwendung von Relativzahlen, die keine Rückschlüsse auf die Grö-

---

14 Vgl. v. Wysocki, K., Konzernrechnungslegung in Deutschland, Düsseldorf 1969, S. 12 ff.
15 Vgl. S. 601

ßenordnung der absoluten Zahlen zulassen, so insbesondere bei Angaben über die Entwicklung des Umsatzes, der Kosten, der Rentabilität und der Liquidität. Der Lagebericht kann auch Angaben über die in Zukunft erwartete Entwicklung des Konzerns, über die Entwicklung an den Absatz- und Beschaffungsmärkten usw. enthalten. Durch Vergleich mit entsprechenden Größen aus früheren Jahren wird die Aussagekraft des Berichts erhöht.

Da in der Regel Angaben dieser Art bereits im Geschäftsbericht der Obergesellschaft und auch in den Geschäftsberichten der Konzernunternehmen, soweit sie aufgrund ihrer Rechtsform oder ihrer Größe zur Aufstellung eines Geschäftsberichtes verpflichtet sind, enthalten sind, kann im Konzerngeschäftsbericht auf diese Angaben verwiesen werden, wenn durch Wiederholung von Einzelheiten der Konzerngeschäftsbericht zu stark ausgeweitet würde. Soweit allerdings die Beurteilung der Lage vom Standpunkt des Konzerns zu anderen Ergebnissen führt, als aus der Sicht eines einzelnen Konzernunternehmens, kommt dem Lagebericht des Konzerns eine besondere Bedeutung auch für die Interpretation der Vermögens- und Ertragslage eines einzelnen Konzernunternehmens zu, insbesondere für die außenstehenden Aktionäre und die Gläubiger dieses Unternehmens im Falle faktischer Beherrschung.

Bei der Angabe größerer Verluste, die bei Konzernunternehmen entstanden oder zu erwarten sind, die nicht in den Konzernabschluß einzubeziehen sind, müssen weder die betreffenden Unternehmen namentlich genannt noch müssen Zahlenangaben gemacht werden, jedoch erscheint es zweckmäßig, die Größenordnung anzugeben, da damit zu rechnen ist, daß in der Hauptversammlung der Obergesellschaft danach gefragt wird und der Vorstand dann berichten muß[16]. Diese Vorschrift soll den Mangel, daß ausländische Konzernunternehmen auch dann nicht in den Konzernabschluß einbezogen werden müssen, wenn sie zu mehr als der Hälfte Konzernunternehmen gehören, wenigstens zum Teil ausgleichen. Jedoch ist der Hinweis auf eingetretene oder mögliche „größere" Verluste nur ein geringer Ersatz für die Einbuße an Aussagekraft des Konzernabschlusses, die durch das Weglassen ausländischer Konzernunternehmen entstehen kann. Die Vorschrift gilt gleichermaßen für alle inländischen Konzernunternehmen, die auf Grund gesetzlicher Vorschriften nicht einbezogen werden dürfen oder einbezogen zu werden brauchen.

c) Der Erläuterungsbericht

Der Erläuterungsbericht besteht analog zur Regelung des § 160 AktG aus einem allgemeinen Teil, in dem auch wesentliche Abweichungen vom letzten Konzernabschluß zu erörtern sind, und einem speziellen Teil, in dem Einzelangaben über bestimmte wirtschaftliche Vorgänge und Rechtsbeziehungen zu machen sind.

---

[16] Vgl. Godin – Wilhelmi, a. a. O., S. 1752

Im **allgemeinen Teil** muß auf Änderungen des Kreises der konsolidierten Unternehmen hingewiesen werden, damit die Vergleichbarkeit des Konzernabschlusses mit früheren Abschlüssen erleichtert wird. In Anwendung des allgemeinen Grundsatzes der Bilanzkontinuität dürfte es nicht zulässig sein, Konzernunternehmen, die nach dem Gesetz nicht in den Konzernabschluß einbezogen werden dürfen, nach Belieben in einem Jahr einzubeziehen, in einem anderen wieder wegzulassen usw. Dadurch würde nicht nur die Vergleichbarkeit gestört, sondern könnte auch das Bild über die Vermögens- und Ertragslage des Konzerns bewußt manipuliert werden.

Zu berichten ist hier ferner über das angewendete **Verfahren der Konsolidierung** bzw. über Änderungen in der Konsolidierungstechnik. Wie oben bereits dargelegt, sind die gesetzlichen Vorschriften über die Konsolidierungstechnik – z. T. bewußt – nicht erschöpfend, so daß auch durch einen Wechsel der Konsolidierungsmethoden (z. B. Wahl einer Zwischenform zwischen den nach §§ 332 und 333 AktG möglichen Formen der konsolidierten Gewinn- und Verlustrechnung, Konsolidierung von Fremdschuldverhältnissen, buchmäßige Behandlung der bei der Konsolidierung von Konzernschuldverhältnissen auftretenden Differenzen[17]) die Vergleichbarkeit des Konzernabschlusses bewußt oder unbewußt beeinträchtigt werden kann.

Im Gegensatz zum Einzel-Geschäftsbericht brauchen im Konzerngeschäftsbericht die angewendeten **Bewertungs- und Abschreibungsverfahren nicht erörtert** zu werden, da für die Bewertung und Abschreibung grundsätzlich die Einzelbilanzen maßgeblich sind und der Konzerngewinn weder die Grundlage für die Gewinnverteilung noch für die Besteuerung darstellt, sondern für diesen Zweck allein die Gewinne der Einzelbilanzen in Frage kommen. Hier wäre lediglich ein Hinweis angebracht, ob bei allen einbezogenen Konzernunternehmen die aktienrechtlichen Bewertungsvorschriften beachtet, ferner wie die Fremdwährungen der einbezogenen ausländischen Konzernunternehmen umgerechnet wurden u. a. Goerdeler fordert in diesem Teil des Geschäftsbericht außerdem Erläuterungen „über die Abweichung des Gewinns der Obergesellschaft vom Konzerngewinn. Diese Abweichung kann, soweit ersichtlich, mehrere Ursachen haben: einmal herrührend von der Ausschaltung der Zwischengewinne, zum anderen herrührend von dem Umstand, daß der Ausgleichsposten nach § 331 Abs. 1 Nr. 3 AktG nicht die bei einer Tochtergesellschaft im Geschäftsjahr anfallenden und nicht abgeführten Gewinne umfaßt; schließlich fallen hierunter Konsolidierungsdifferenzen, die sich bei der Aufrechnung von Forderungen und Verbindlichkeiten beispielsweise aus Aktivierungen und Wertberichtigungen ergeben."[18]

Während § 160 AktG im Einzelgeschäftsbericht elf Einzelangaben verlangt, beschränkt sich der Konzerngeschäftsbericht auf drei Positionen,

---

17 Vgl. Goerdeler, R., Geschäftsbericht, Konzerngeschäftsbericht und „Abhängigkeitsbericht" aus der Sicht des Wirtschaftsprüfern, WPg 1966, S. 122; Scherpf, P., a. a. O., S. 303 f.
18 Goerdeler, R., a. a. O., S. 122

über die gesondert berichtet werden muß. Erstens handelt es sich um eine Darstellung der Ursachen und des bilanzmäßigen Charakters eines nach § 331 Abs. 1 Nr. 3 AktG ausgewiesenen **Ausgleichspostens für Konsolidierung** (Kapitalaufrechnungsdifferenz). Da das Gesetz keine Einzelheiten dazu vorschreibt, kann gefolgert werden, daß nur „Angaben zu machen" sind, aber keine Berechnungen durchgeführt werden müssen, insbesondere bei der zulässigen Saldierung von aktiven und passiven Ausgleichsposten nicht offengelegt werden muß, bei welchen Konzernunternehmen ein aktiver und bei welchen ein passiver Ausgleichsposten entstanden ist[19].

Die zweite Einzelangabe bezieht sich auf die aus **dem Konzernabschluß nicht ersichtlichen Haftungsverhältnisse** einschließlich der Bestellung von Sicherheiten für Verbindlichkeiten der in den Konzernabschluß einbezogenen Unternehmen[20].

Schließlich werden drittens Einzelangaben über die rechtlichen und geschäftlichen Beziehungen zu Unternehmen mit Sitz im Inland, die nicht zum Konzern gehören, aber mit einem Konzernunternehmen verbunden sind, ferner über geschäftliche Vorgänge bei diesen Unternehmen, die auf die Lage des Konzerns von erheblichem Einfluß sein können, verlangt[21]. Während bereits im Lagebericht über entstandene oder zu erwartende größere Verluste bei nicht in den Konzernabschluß einbezogenen Konzernunternehmen berichtet werden muß, sind also hier die rechtlichen und geschäftlichen Beziehungen zu inländischen verbundenen Unternehmen, die keine Konzernunternehmen sind, zu erörtern. Es ist nicht zu verstehen – auch die Begründung schweigt – warum über die Beziehungen zu verbundenen Unternehmen, die nicht zum Konzern gehören, berichtet werden muß, während eine derartige Berichtspflicht über Konzernunternehmen, die nicht in den Konzernabschluß einbezogen sind, nicht besteht.

---

[19] Vgl. Peupelmann, H., W., Die Rechnungslegung im Konzern nach dem AktG 1965, DB 1965, S. 1786
[20] Vgl. § 334 Abs. 3 Nr. 2 AktG
[21] Vgl. § 334 Abs. 3 Nr. 3 AktG

VIII. Die Prüfung des Konzernabschlusses

Ebenso wie der Jahresabschluß und der Geschäftsbericht einer Aktiengesellschaft unterliegen auch der Konzernabschluß und der Konzerngeschäftsbericht der Pflichtprüfung[1]. **Konzernabschlußprüfer** sind in der Regel die Prüfer, die für die Prüfung des Jahresabschlusses der Obergesellschaft bestellt worden sind, auf dessen Stichtag der Konzernabschluß aufgestellt wird[2]. Das gilt auch dann, wenn die Obergesellschaft eine GmbH oder bergrechtliche Gewerkschaft ist. Stimmen der Stichtag des Konzernabschlusses und der Stichtag des Jahresabschlusses der Obergesellschaft nicht überein, so gelten die Prüfer als Konzernabschlußprüfer, die für die Prüfung des nächsten auf den Stichtag des Konzernabschlusses folgenden Jahresabschlusses der Obergesellschaft bestellt worden sind[3].

Die Konzernabschlußprüfer haben ein weitgehendes **Auskunftsrecht**. Nicht nur der Vorstand der Obergesellschaft, sondern auch die Vorstände (bzw. Geschäftsführung und Geschäftsleitung bei GmbH und bergrechtlicher Gewerkschaft) aller Konzernunternehmen haben den Konzernabschlußprüfern Einblick in die Bücher und Schriften der Gesellschaft zu gewähren sowie alle Aufklärungen und Nachweise zu geben, die für eine sorgfältige Prüfung erforderlich sind. Der Vorstand der Obergesellschaft hat ihnen neben dem Konzernabschluß und Konzerngeschäftsbericht auch sämtliche Jahresabschlüsse, Geschäftsberichte und Prüfungsberichte aller Konzernunternehmen vorzulegen. Weicht bei einem Konzernunternehmen der Stichtag des Jahresabschlusses vom Stichtag des Konzernabschlusses ab, so gehört auch der auf den Stichtag des Konzernabschlusses aufzustellende Zwischenabschluß zu diesen Unterlagen. Das Auskunftsrecht der Konzernabschlußprüfer gilt auch gegenüber den Abschlußprüfern der einzelnen Konzernunternehmen.

Da der Konzernabschluß aus den Einzelabschlüssen der einbezogenen Konzernunternehmen entwickelt wird, ist eine Prüfung des Konzernabschlusses nur sinnvoll, wenn **zuvor alle Einzelabschlüsse geprüft** worden sind. Das bedeutet, daß die Konzernabschlußprüfer alle Einzelabschlüsse einer Prüfung unterziehen müssen, die nicht bereits einer Pflichtprüfung nach §§ 162 ff. AktG oder nach anderen gesetzlichen Vorschriften unter-

---

[1] Vgl. § 336 Abs. 1 Satz 1 AktG, § 14 Publizitätsgesetz
[2] Vgl. § 336 Abs. 1 Satz 2 AktG
[3] Vgl. § 336 Abs. 1 Satz 3 AktG

legen haben oder nach den Grundsätzen der §§ 162 ff. AktG auf freiwilliger Basis geprüft worden sind. Die Prüfung der noch nicht geprüften Jahresabschlüsse von Konzernunternehmen beschränkt sich nach § 336 Abs. 3 AktG auf die Feststellung, ob sie den Grundsätzen ordnungsmäßiger Buchführung entsprechen. Diese Prüfung erstreckt sich auch auf die Zwischenabschlüsse, die Konzernunternehmen mit abweichendem Abschlußstichtag auf den Stichtag des Konzernabschlusses aufstellen müssen, denn diese Zwischenabschlüsse bedürfen lediglich der Billigung des Aufsichtsrats des betreffenden Konzernunternehmens, jedoch nicht einer Abschlußprüfung, gehen also ohne vorherige Pflichtprüfung in den Konzernabschluß ein.

Die Prüfung hat sich darauf zu erstrecken, „ob die Vorschriften über den Konzernabschluß beachtet sind"[4]. Da das Aktiengesetz diese Vorschriften – wie oben an mehreren Stellen gezeigt wurde – bewußt sehr dehnbar gehalten hat, stehen die Konzernabschlußprüfer vor keiner einfachen Aufgabe, solange es noch nicht durch praktische Übung, Entwicklung der Rechtsprechung oder Fixierung von Richtlinien durch das Institut der Wirtschaftsprüfer zur Ausbildung von Regeln gekommen ist, die als „Grundsätze ordnungsmäßiger Konsolidierung" angesehen werden können.

Die Vorschriften über die **Prüfung des Konzerngeschäftsberichts** entsprechen denen über die Prüfung des Geschäftsberichts sinngemäß. Als erstes ist zu prüfen, ob sämtliche zum Konzern gehörenden Unternehmen unter Benennung der in den Konzernabschluß einbezogenen Unternehmen ordnungsgemäß und vollständig aufgezählt worden sind. Soweit einzelne Unternehmen trotz bestehender Mehrheitsbeteiligung nicht einbezogen worden sind, sind die Gründe dafür, die nach § 334 Abs. 1 Satz 4 AktG im Konzerngeschäftsbericht anzugeben sind, auf ihre Stichhaltigkeit zu überprüfen[5]. Der Bericht über den Geschäftsablauf und die Lage des Konzerns ist nur daraufhin zu prüfen, ob er ein falsches Bild über die wirtschaftliche Situation erweckt.

Die Konzernabschlußprüfer haben das Ergebnis der Prüfung in einem **schriftlichen Bericht** niederzulegen, den sie dem Vorstand der Obergesellschaft vorlegen müssen[6]. Außerdem sind sie verpflichtet, wenn sie nach dem abschließenden Ergebnis ihrer Prüfung keine Einwendungen zu erheben haben, den **Bestätigungsvermerk** zu erteilen. Dieser Vermerk kann, wenn Einwendungen zu machen sind, eingeschränkt oder versagt werden. Er ist in den Prüfungsbericht aufzunehmen[7]. Der Prüfungsbericht der Konzernabschlußprüfer erfüllt die gleichen Aufgaben wie der Bericht über die Prüfung eines Einzelabschlusses: er ist einerseits ein Rechenschaftsbericht der Prüfer, er dient zum zweiten der Information des Aufsichtsrats der Obergesellschaft und ist drittens eine Dispositionsunterlage für die Konzernleitung.

---

4 § 336 Abs. 2 Satz 1 AktG
5 Vgl. Scherpf, P., a. a. O., S. 366
6 Vgl. § 336 Abs. 5 AktG
7 § 336 Abs. 6 AktG

Nach Eingang des Prüfungsberichts hat der Vorstand der Obergesellschaft diesen zusammen mit dem Konzernabschluß und dem Konzerngeschäftsbericht unverzüglich dem Aufsichtsrat der Obergesellschaft „zur Kenntnisnahme" vorzulegen[8]. Im Gegensatz zum Einzelabschluß unterliegt der Konzernabschluß also nach der Prüfung durch die Abschlußprüfer nicht einer weiteren Prüfung durch den Aufsichtsrat. Auf eine solche Prüfung kann deshalb verzichtet werden, weil aus dem Konzernabschluß niemand Rechte herleiten kann. Konzernabschluß und Konzerngeschäftsbericht werden der Hauptversammlung der Obergesellschaft vom Vorstand zusammen mit dem Jahresabschluß und dem Geschäftsbericht dieser Gesellschaft vorgelegt. Der Konzernabschluß wird aber im Gegensatz zum Einzelabschluß nicht festgestellt. Rechtliche Wirkungen für Aktionäre, Gläubiger und Finanzbehörden haben allein die Einzelabschlüsse der Konzernunternehmen.

Der Konzernabschluß ist zusammen mit dem Jahresabschluß der Obergesellschaft vom Vorstand dieser Gesellschaft in den Gesellschaftsblättern bekanntzumachen[9].

---

[8] § 337 Abs. 1 Satz 1 AktG
[9] Vgl. § 338 Abs. 2 AktG

Verzeichnis der Abkürzungen

a. A.	=	anderer Ansicht
a. a. O.	=	am angegebenen Ort
Abs.	=	Absatz
Abschn.	=	Abschnitt
a. F.	=	alte Fassung
AfA	=	Absetzung für Abnutzung
AfaA	=	Absetzung für außergewöhnliche Abnutzung
AG	=	Aktiengesellschaft
AG	=	Die Aktiengesellschaft (Zeitschrift für das gesamte Aktienwesen)
AktG	=	Aktiengesetz
Amtl. Slg.	=	Sammlung der Entscheidungen und Gutachten des Reichsfinanzhofs (Bundesfinanzhofs)
AO	=	Abgabenordnung
Art.	=	Artikel
BAnz.	=	Bundesanzeiger
BB	=	Der Betriebs-Berater
BdF	=	Bundesminister der Finanzen
BewDV	=	Durchführungsverordnung zum Bewertungsgesetz
BewG	=	Bewertungsgesetz
BFH	=	Bundesfinanzhof
BFM	=	Bundesfinanzministerium
BFuP	=	Betriebswirtschaftliche Forschung und Praxis
BGB	=	Bürgerliches Gesetzbuch
BGBl	=	Bundesgesetzblatt
BGH	=	Bundesgerichtshof
BHG	=	Berlinhilfegesetz
BStBl	=	Bundessteuerblatt
BVG	=	Bundesverfassungsgericht
DB	=	Der Betrieb
DMBG	=	DM-Bilanzgesetz

DMEB	= DM-Eröffnungsbilanz
DprB	= Der praktische Betriebswirt
DStBl	= Deutsches Steuerblatt
DStR	= Deutsches Steuerrecht
DStZ	= Deutsche Steuerzeitung

EFG	= Entscheidungen der Finanzgerichte
EGAktG	= Einführungsgesetz zum Aktiengesetz
EntwStG	= Entwicklungshilfe-Steuergesetz
ESt	= Einkommensteuer
EStDV	= Einkommensteuer-Durchführungsverordnung
EStG	= Einkommensteuergesetz
EStR	= Einkommensteuerrichtlinien

FA	= Finanzamt
FG	= Finanzgericht
FGO	= Finanzgerichtsordnung
FR	= Finanz-Rundschau

GenG	= Genossenschaftsgesetz
GewStG	= Gewerbesteuergesetz
GG	= Grundgesetz
GmbH	= Gesellschaft mit beschränkter Haftung
GmbHG	= Gesetz betr. die Gesellschaften mit beschränkter Haftung
GmbH-Rdsch	= GmbH-Rundschau
GrEStG	= Grunderwerbsteuergesetz
GrStG	= Grundsteuergesetz

HdB	= Handwörterbuch der Betriebswirtschaft
HdF	= Handbuch der Finanzwissenschaft
HdS	= Handwörterbuch der Sozialwissenschaften
HdSt	= Handwörterbuch der Staatswissenschaften
HdW	= Handbuch der Wirtschaftswissenschaften
HGB	= Handelsgesetzbuch

| IdW | = Institut der Wirtschaftsprüfer |
| IHG | = Investitionshilfegesetz |

KG	= Kommanditgesellschaft
KGaA	= Kommanditgesellschaft auf Aktien
KO	= Konkursordnung
KStDV	= Körperschaftsteuer-Durchführungsverordnung
KStG	= Körperschaftsteuergesetz
KStR	= Körperschaftsteuerrichtlinien
KVStG	= Kapitalverkehrsteuergesetz

LAG	=	Lastenausgleichsgesetz
LSÖ	=	Leitsätze für die Preisermittlung auf Grund der Selbstkosten bei Leistungen für öffentliche Auftraggeber (1938)
LSP	=	Leitsätze für die Preisermittlung auf Grund von Selbstkosten (1953)
LStDV	=	Lohnsteuer-Durchführungsverordnung
LStR	=	Lohnsteuerrichtlinien
NB	=	Neue Betriebswirtschaft
NJW	=	Neue juristische Wochenschrift
NSt	=	Neues Steuerrecht von A bis Z
NWB	=	Neue Wirtschaftsbriefe
OFD	=	Oberfinanzdirektion
OFG	=	Oberfinanzgericht
OFH	=	Oberster Finanzgerichtshof
OHG	=	Offene Handelsgesellschaft
RAP	=	Rechnungsabgrenzungsposten
RFH	=	Reichsfinanzhof
RGBl	=	Reichsgesetzblatt
RStBl	=	Reichssteuerblatt
RWP	=	Rechts- und Wirtschaftspraxis, Blattei-Handbuch
Sp.	=	Spalte
StAnpG	=	Steueranpassungsgesetz
StbJb	=	Steuerberaterjahrbuch
StBp	=	Die steuerliche Betriebsprüfung
StRK	=	Steuerrechtsprechung in Karteiform
StW	=	Steuer und Wirtschaft
UmwG	=	Umwandlungsgesetz
UmwStG	=	Umwandlungssteuergesetz
USt	=	Umsatzsteuer
UStDB	=	Umsatzsteuer-Durchführungsbestimmungen
UStG	=	Umsatzsteuergesetz
VO	=	Verordnung
VStG	=	Vermögensteuergesetz
VStR	=	Vermögensteuerrichtlinien
WP	=	Der Wirtschaftsprüfer
WP-Handbuch	=	Wirtschaftsprüfer-Handbuch
WPg	=	Die Wirtschaftsprüfung

ZfB   = Zeitschrift für Betriebswirtschaft
ZfbF   = Zeitschrift für betriebswirtschaftliche Forschung
ZfgK   = Zeitschrift für das gesamte Kreditwesen
ZfgSt   = Zeitschrift für die gesamte Staatswissenschaft
ZfhF   = Zeitschrift für handelswissenschaftliche Forschung
ZHH   = Zeitschrift für Handelswissenschaft und Handelspraxis

Literaturverzeichnis

Adler-Düring-Schmaltz: Rechnungslegung und Prüfung der Aktiengesellschaft, 3. Aufl., Stuttgart 1957.

–: Die neue Gewinn- und Verlustrechnung, Ergänzungsband zur 3. Aufl. von: Rechnungslegung und Prüfung der Aktiengesellschaft, Stuttgart 1961.

–: Rechnungslegung und Prüfung der Aktiengesellschaft, Bd. I, 4. Aufl., Stuttgart 1968.

Adler, H., Forster, K.-H.: Zur Frage des Inhalts und Umfanges des Berichts über die aktienrechtliche Sonderprüfung, WPg 1957, S. 357 ff.

–: Die Verneinung der Passivierungspflicht für Pensionsrückstellungen durch den Bundesgerichtshof, AG 1961, S. 301 ff.

Ahrens, D.: Rechnungsabgrenzungsposten nach neuem Aktienrecht, DB 1968, S. 273 ff.

Albach, H.: Zur Bewertung von Wirtschaftsgütern mit dem Teilwert, WPg 1963, S. 624 ff.

–: Ausschüttungspolitik und Selbstfinanzierung, Betriebswirtschaftsmagazin 1963, S. 851 ff.

–: Grundgedanken einer synthetischen Bilanztheorie, ZfB 1965, S. 21 ff.

–: Probleme der Ausgleichszahlung und der Abfindung bei Gewinnabführungsverträgen nach dem Aktiengesetz 1965, AG 1966, S. 180 ff.

–: Bewertungsprobleme des Jahresabschlusses nach dem Aktiengesetz 1965, BB 1966, S. 377 ff.

–: Die Organisation des Entscheidungsprozesses nach dem Aktiengesetz 1965, NB 1966, S. 30 ff.

–: Rechnungslegung im neuen Aktienrecht, NB 1966, S. 178 ff.

–: Die Rechtsverhältnisse verbundener Unternehmen, NB 1966, S. 203 ff.

–: Die degressive Abschreibung, Wiesbaden 1967.

–: Die Bilanzierung von Rückstellungen in der Ertragsteuerbilanz, StbJb 1967/68, S. 305 ff.

Albach, H., Forster, K.-H., Geßler, E.: Der Jahresabschluß 1967 nach neuem Aktienrecht, NB 1968, H. 3, S. 1 ff.

Albert, H.: Das Wertproblem im Lichte der logischen Analyse, ZfgSt 1956, S. 410 ff.

Alewell, K.: Die Bilanzierung von Werbeinvestitionen, ZfB 1964, S. 516 ff.

–: Subventionen als betriebswirtschaftliche Frage. Eine betriebswirtschaftliche Untersuchung ihres Wesens, ihrer Erfassung im betrieblichen Rechnungswesen und ihrer Wirkungen auf die empfangenden Betriebe, Köln und Opladen 1965.

van Almsick, E.: Die Eliminierung von Zwischengewinnen in Konzernbilanzen bei der Bewertung von Vorräten, die von Konzernunternehmen erworben wurden, AG 1964, S. 209 ff.

Anderegg, J.: Zur Ermittlung des Konzernergebnisses, WPg 1963, S. 540 ff.

Anderson, V.: Grundsätze ordnungsmäßiger Bilanzierung in der Rechtsprechung der Finanzgerichte, Heidelberg 1965.

Anstötz, G.: Abschreibungen und Wirtschaftswachstum. Zur Frage der Finanzierung betrieblicher Investitionen aus Abschreibungen in dynamischen Unternehmen, Diss., Köln 1960.

Appel, H.: Nomographisches Verfahren für die geometrisch-degressive Abschreibungsmethode, NB 1955, S. 9 ff.

Arbeitskreis „Bewertungsvorschriften": Die Bewertungsvorschriften im AktG 1965, ZfB 1966, 2. Erg.Heft, S. 29 ff.

Arbeitskreis „Geschäftsbericht": Geschäftsbericht nach dem AktG 1965, ZfB 1967, 2. Erg.Heft, S. 47 ff.

Arbeitskreis „Geschäftsbericht" und Arbeitskreis „Rechnungslegung": Konzerngeschäftsbericht nach dem AktG 1965, ZfB 1967, 2. Erg.Heft, S. 67 ff.

Arbeitskreis „Gliederungsvorschriften": Die Gliederungsvorschriften der Jahresbilanz und der Gewinn- und Verlustrechnung im AktG 1965, ZfB 1966, 2. Erg.-Heft, S. 3 ff.

Arbeitskreis „Rechnungslegung im Konzern": Rechnungslegung im Konzern nach dem AktG 1965, ZfB 1967, 2. Erg.Heft, S. 13 ff.

Arbeitskreis Unternehmungsbewertung des IdW: Angemessene Abfindung und angemessener Ausgleich im Aktienrecht, WPg 1969, S. 129 ff.

Ascher, Th.: Die Steuerbilanz. Ihre Entstehung und Gestalt, Essen 1958.

Asztély, S.: Das Ziel des Jahresabschlusses, ZfB 1967, S. 291 ff.

Aufermann, E.: Der steuerliche Bilanzgewinn, Der Wirtschaftstreuhänder 1934, S. 123 ff.

–: Problematik und Kritik des Teilwerts, Finanz und Steuer 1946/47, S. 86 ff.

–: Die steuerliche Buchführung der Betriebe, Frankfurt a. M. 1947.

–: Betriebswirtschaftliche Methoden steuerlicher Gewinnermittlung, Die Aktuelle 1947, S. 13 ff.

–: Stille Reserven in Ertragsteuer-Bilanzen, Die Aktuelle 1947, S. 321 ff.

–: Das Ende des Teilwertes?, Die Aktuelle 1948, S. 409 ff.

–: Gewinn- und Verlustrealisation bei Berechnung der Einkünfte aus Gewerbebetrieb durch Bilanzvergleich, ZfB 1951, S. 235 ff.

–: Gewinnermittlung (steuerlich), HdB, Bd. II, 3. Aufl., Stuttgart 1958, Sp. 2344 ff.

–: Grundzüge Betriebswirtschaftlicher Steuerlehre, 3. Aufl., Wiesbaden 1959.

Auler, W.: Der Unternehmungsmehr- und -minderwert in der Bilanz, ZfB 1927, S. 653 ff, 727 ff, 839 ff.

–: Die Bildung und Auflösung von Rückstellungen, WP 1952, S. 169 ff.

–: Rückstellungen. Die betriebswirtschaftliche Notwendigkeit und die Art ihrer Verrechnung in Handels-, Steuerbilanz und kurzfristiger Ergebnisrechnung, Hann.-Münden 1953.

–: Betriebsbuchhaltung. In: Lexikon des kaufmännischen Rechnungswesens, hrsg. v. Karl Bott, Bd. 1, 2. Aufl., Stuttgart 1955, Sp. 394 ff.

–: Konzernbilanz. In: Lexikon des kaufmännischen Rechnungswesens, hrsg. v. Karl Bott, Bd. 3, 2. Aufl., Stuttgart 1956, Sp. 1572 ff.

Baetge, J.: Möglichkeiten der Objektivierung des Jahreserfolges, Düsseldorf 1970.

Baier, W., Fähnrich, H.: Die steuerliche Betriebsprüfung, 2. Aufl., Stuttgart 1963.

Ballerstedt, K.: Kapital, Gewinn und Ausschüttung bei Kapitalgesellschaften. Eine gesellschaftsrechtliche Betrachtung, Tübingen 1949.

–: Bilanzrecht und Unternehmensrechtsform, ZfB 1965, S. 1 ff.

Balmes, R.: Der Herstellungskostenbegriff im Steuerrecht, BFuP 1958, S. 594 ff.

Bankmann, J.: Abschreibungen auf das Anlagevermögen und die Besteuerung von Scheingewinnen, DB 1962, S. 73 f.

–: Die Konsolidierung einer im Berichtszeitraum erworbenen Beteiligung, WPg 1964, S. 257 f.

Banse, K.: Der Abschreibungsprozentsatz bei gleichbleibender und bei geometrisch-degressiver Abschreibung, Die Betriebswirtschaft 1931, S. 17 ff.

–: Milderungsverfahren für die geometrisch-degressive Abschreibung, Die Betriebswirtschaft 1931, S. 263 ff, 288 ff und 325 ff.

Bartels, R.: Die Behandlung der Lastenausgleichsabgaben und der Ertragsteuern bei der Unternehmenswertermittlung, Diss., Köln 1961.

Barth, K.: Die Jahresbilanz der Unternehmung. Wesen und Gestalt, Stuttgart 1950.

–: Die Bewertung mit eisernen Beständen, Stuttgart 1951.

–: Die Entwicklung des deutschen Bilanzrechts und die ihm zugrundeliegenden Bilanzauffasssungen, handelsrechtlich und steuerrechtlich, Bd. I: Handelsrecht, Stuttgart 1953, Bd. II: Steuerrecht, Stuttgart 1955.

–: Die Grundsätze ordnungsmäßiger Buchführung, betriebswirtschaftlich, handelsrechtlich und steuerlich. Ein geschichtlicher Aufriß, ZfhF 1963, S. 384 ff.

Barth, K., Renz, E.: Die Bewertung des Vorratsvermögens in der Einkommen- und Körperschaftsteuerbilanz, WPg 1951, S. 169 ff.

Bauer, S.: Zur Bilanzierung der Baubeschleunigungskosten, BB 1957, S. 609 f.

Bauer, W.: Die Bewegungsbilanz und ihre Anwendbarkeit, insbesondere als Konzernbilanz, ZfhF 1926, S. 485 ff.

Baumbach-Duden: Handelsgesetzbuch mit Nebengesetzen ohne Seerecht, 17. Aufl., München 1966.

Baumbach-Hueck-Hueck: Aktiengesetz, Kommentar, 12 Aufl., München und Berlin 1965.

Baumert, W.: Der Begriff der „dauernden Wertminderung" bei der Bewertung des Anlagevermögens nach dem neuen Aktienrecht, BFuP 1966, S. 699 ff.

Bayer, R.: Die Behandlung der Reserveteile in der Bilanz, DB 1956, S. 189 ff.

Becker, E.: Die Durchführung des Gewinngedankens im Einkommensteuerrecht, Köln 1930.

–: Einkommensteuerrecht, Reichsabgabenordnung, insbes. Punkt I: Einkommensteuerrechtliche Behandlung des Geschäftswertes, StW 1931, Sp. 1405 ff.

Becker, H.: Satzungsmäßige Ermächtigung der Verwaltung einer Aktiengesellschaft zur Bildung freier Rücklagen (§ 58 Abs. 2 AktG 1965), BB 1966, S. 764 f.

Beekes, W.: Rückstellungen für Garantieverpflichtungen und für Garantieleistungen aus Kulanzgründen, FR 1964, S. 344 f.

Begründung zum Entwurf eines Aktiengesetzes, Deutscher Bundestag, 4. Wahlperiode, Drucksache IV/171.

Beine, G.: Die Bilanzierung von Forderungen in Handels-, Industrie- und Bankbetrieben, Wiesbaden 1960.

Beisel, K.: Neuzeitliches industrielles Rechnungswesen, 4. Aufl., Stuttgart 1952.

Bellinger, B.: Offene Fragen der betrieblichen Substanzerhaltung. In: Gegenwartsfragen der Unternehmung. Offene Fragen der Betriebswirtschaftslehre, Festschrift zum 70. Geburtstag von Fritz Henzel, hrsg. von Bernhard Bellinger, Wiesbaden 1961, S. 13 ff.

Bender, H.: Fragen der Inventurbewertung, BB 1953, S. 23 ff.

Bender, K.: Zur betriebswirtschaftlich richtigen Errechnung der Scheingewinne, NB 1952, S. 36 ff.

–: Dividendenpolitik, NB 1958, S. 41 ff.

Berger, H.: Der Teilwert im Steuerrecht, ZfhF 1935, S. 513 ff.

Berger, K.-H.: Bilanzstruktur und Liquiditätsrisiko, BFuP 1963, S. 8 ff.

–: Bilanzplanung. In: Wirtschaft und Wirtschaftsprüfung, Herbert Rätsch zum sechzigsten Geburtstage, hrsg. von Konrad Mellerowicz und Jörg Bankmann, Stuttgart 1966, S. 125 ff.

Bergschneider, I.: Zum Gläubigerschutz im Aktienrecht, WPg 1969, S. 96 ff.

Betriebswirtschaftlicher Ausschuß des Verbandes der Chemischen Industrie e. V.: Rechnungslegung im Konzern, Geschäftsbericht und Konzerngeschäftsbericht nach dem Aktiengesetz 1965, ZfB 1967, 2. Erg.-Heft, S. 13 ff.

Beuck, W.: Steuerlicher Teilwert vom Standpunkt der Handelsbilanz, DStBl 1939, S. 403.

–: Rückstellung für unterlassene Reparaturen, GmbH-Rdsch 1955, S. 125 f.

Biener, H.: Gesetz über die Rechnungslegung von bestimmten Unternehmen und Konzernen (Publizitätsgesetz), BB 1969, S. 1097 ff.

Binder, O.: Der Eiserne Bestand in der Praxis, BB 1950, S. 909 ff.

–: Scheingewinnbesteuerung – Eiserner Bestand – „Substanzerhaltungsrücklage", Institut „Finanzen und Steuern", H. 11, Bonn 1951.

–: Schätzungsverfahren bei der Vorratsbewertung, BB 1952, S. 152 ff.

Birck, Neumann, Steinsdorff: Die Bankbilanz, Bilanzierungs- und Prüfungsvorschriften, Wiesbaden 1951.

Birkholz, H.: Nochmals: Die Obergrenze aktivierungsfähiger Herstellungskosten bei Unterbeschäftigung, DB 1963, S. 745 ff.

–: Aktivierung von Gebäude-Abbruchkosten, BB 1964, S. 385 ff.

–: Das neue Aktienrecht in steuerlicher Sicht, BB 1966, S. 709 ff.

–: Die Bedeutung der Rechtsform für die körperschaftsteuerrechtliche Gewinnermittlung, BB 1970, S. 612 ff.

Blankenburg, K.-H., Schermer, H.: Jahresabschlußtechnik. Handbuch für die zweckmäßige Vorbereitung und sichere Durchführung der Abschluß- und Eröffnungsarbeiten in der Buchhaltung, 2. Aufl., Berlin 1964.

Blümich-Falk: Einkommensteuergesetz, 2 Bde., 9. Aufl., Berlin und Frankfurt a. M. 1964, Nachtrag 1965.

Blümich-Klein-Steinbring-Stutz: Körperschaftsteuergesetz, 4. Aufl., Berlin und Frankfurt a. M. 1965.

Blumer, K., Graf, A.: Kaufmännische Bilanz und Steuerbilanz, Zürich 1962.

Bodarwé, E.: Erfüllen die Grundsätze ordnungsmäßiger Buchführung und Bilanzierung noch ihre Aufgaben?, WPg 1966, S. 668 ff.

Böning, D.: Probleme des Konzerns und der Kapitalkonsolidierung nach neuem Aktienrecht, BFuP 1967, S. 356 ff und 415 ff.

Börnstein, U.: Die Fertigungsgemeinkosten als Teil der Herstellungskosten, DB 1959, S. 353 ff und S. 381 ff.

–: Entwicklungshilfe-Steuergesetz, Kommentar, Baden-Baden 1964.

Boettcher, C., Beinert, J.: Wechsel der Unternehmensform, Umwandlung, Verschmelzung, Einbringung, Stuttgart 1960.

Bolsenkötter, H.: Zum aktienrechtlichen Begriff des Unternehmens, DB 1967, S. 1098 ff.

Bommarius, E.: Der steuerliche Herstellungswert, Diss., Frankfurt 1958.

–: Die Bewertung von Fertigerzeugnissen bei gesunkenem Reproduktionswert. Abweichende Auffassung im Handels- und Steuerrecht?, BB 1958, S. 495.

Bores, W.: Geschichtliche Entwicklung der konsolidierten Bilanz (Konzernbilanz), ZfhF 1934, S. 113 ff und 327 ff.

–: Die Gewinn- und Verlustrechnung bei Aufstellung von Konzernbilanzen, Der Wirtschafts-Treuhänder 1935, S. 495 ff.

–: Konsolidierte Erfolgsbilanzen und andere Bilanzierungsmethoden für Konzerne und Kontrollgesellschaften, Leipzig 1935.

Borkowsky, R.: Die Bilanztheorien und ihre wirtschaftlichen Grundlagen, Diss., Zürich 1945.

von Bornhaupt: Die Investitionszulage nach dem Berlinhilfegesetz in der BFH-Rechtsprechung, DB 1967, S. 1563 ff.

Bott, K.: Die Bilanz des Kaufmanns, 10. Aufl., Stuttgart 1953.

–: Lexikon des kaufmännischen Rechnungswesens, 4 Bände, 2. Aufl., Stuttgart 1954–57.

Bouffier, W.: Rückstellungen in der Bilanz und in der Kostenrechnung. In: Gegenwartsprobleme der Betriebswirtschaft, Festschrift für W. Le Coutre, Baden-Baden-Frankfurt a. M. 1955, S. 133 ff.

–: Bilanzpolitik, HdB, Bd. I, 3. Aufl., Stuttgart 1956, Sp. 1145.

–: Bewertung, Grundprinzipien der . . ., HdB, Bd. I, 3. Aufl., Stuttgart 1956, Sp. 1068 ff.

–: Bewertung, handels- und steuerrechtliche, HdB, Bd. I, 3. Aufl., Stuttgart 1956, Sp. 1072 ff.

–: Die Bedeutung der Gliederung für die Aussagefähigkeit des Jahresabschlusses, ZfhF 1957, S. 417 ff.

Braun, E.: Die Bewertung des Vorratsvermögens in der Handels- und Steuerbilanz. Unter besonderer Berücksichtigung des eisernen Bestandes, Diss., München 1954.

Braun, H.: Kosten nicht genutzter Kapazität und steuerliche Bewertung der Halb- und Fertigfabrikate, WPg 1952, S. 513 ff und 539 ff.

Bredt, O.: Was bleibt dem Unternehmer vom Gewinn? Stuttgart 1952.

Brehmer, F.: Zur Frage der Zuschreibungen bei abnutzbaren Anlagegegenständen, WPg 1969, S. 284 ff.

Breidenbach, B.: Zum Problem des Ertragsteuerabzugs für stille Reserven bei der Bewertung von Anteilen, DB 1967, S. 745 ff.

Breitenstein, F.: Das Wechselobligo in der Konzernbilanz, WPg 1968, S. 361 ff.

Brönner, H.: Zum Beginn der steuerlichen Abschreibungsfähigkeit von beweglichen Wirtschaftsgütern des Anlagevermögens, WPg 1963, S. 39 ff.

–: Die Besteuerung der Gesellschaften, des Gesellschafterwechsels und der Umwandlungen, 11. Aufl., Stuttgart 1965, 12. Aufl., Stuttgart 1970.

–: Die Bilanz nach Handels- und Steuerrecht, 7. Aufl., Stuttgart 1968.

–: Umwandlungssteuergesetz, Stuttgart 1969.

Brönner, H. jr.: Zum Problem der Abschreibung von Industriegebäuden, WPg 1962, S. 7 ff.

Broschwitz, J.: Ergebnisanalyse im Hinblick auf die Gewinnverwendungsvorschriften des Aktiengesetzes 1965, DB 1967, S. 89 ff.

Brunner, D.: Die Rücklagenpolitik der Unternehmung, Wiesbaden 1967.

Brunner, J.: Geldwertschwankungen in Erfolgsrechnung und Bilanz. Neue amerikanische Praxis und Lehre, Zürich 1962.

Brunner, W.: Der Grundsatz der Einzelbewertung und die Möglichkeiten seiner Durchbrechung in der Steuerbilanz, Diss., Nürnberg 1960.

Buchler, W. H.: Die Bewertung von Beteiligungen in der Steuerbilanz, Diss., Nürnberg 1957.

Buchner, R.: Das Problem der Kapazitätsausweitung durch laufende Reinvestition in Höhe des Abschreibungsaufwands, Diss., Frankfurt a. M. 1960.

–: Zur Frage der steuerlichen Herstellungskosten, ZfB 1963, S. 710 ff.

–: Der Bericht des Vorstands über Beziehungen zu verbundenen Unternehmen nach dem neuen deutschen Aktienrecht und seine betriebswirtschaftliche Problematik, ZfbF 1967, S. 32 ff.

–: Das Problem der Finanzierung des Unternehmungswachstums aus Abschreibungen, ZfB 1969, S. 71 ff.

Büche, R.: Die stillen Reserven. Ihre betriebswirtschaftliche und betriebspolitische Bedeutung für die Industrie-Aktiengesellschaft, Berlin-Wien 1934.

Bühler, E.: Die neuen Aufbewahrungs- und Inventurvorschriften nach Handels- und Steuerrecht, StBp 1965, S. 225 ff.

Bühler, O.: Soll der „Teilwert" verschwinden? Eine Betrachtung zur Lage nach der Steuerreform, BB 1948, S. 285 ff.

–: Steuerrecht der Gesellschaften und Konzerne, 3. Aufl., Berlin und Frankfurt/M. 1956.

Bühler, O., Scherpf, P.: Bilanz und Steuer vom Standpunkt des Steuerrechts und der betriebswirtschaftlichen Steuerlehre, 6. Aufl., Berlin und Frankfurt a. M. 1957.

Büschgen, H. E.: Aktienanalyse und Aktienbewertung nach der Ertragskraft. Die Price-earnings ratio und die Schätzung des Reingewinns aus dem Steuerausweis bei deutschen Aktiengesellschaften, Wiesbaden 1962.

–: Sonderformen der Eigenkapitalfinanzierung deutscher Aktiengesellschaften, AG 1964, S. 271 ff und 300 ff.

–: Betriebswirtschaftliche Aspekte des § 6 b des Einkommensteuergesetzes für die Industrieunternehmung, BFuP 1966, S. 277 ff und 341 ff.

Bundesverband der Deutschen Industrie, Bundesverband des privaten Bankgewerbes, Bundesvereinigung der Deutschen Arbeitgeberverbände, Deutscher Industrie- und Handelstag, Gesamtverband der Versicherungswirtschaft: Gemeinsame Denkschrift zum Referentenentwurf eines Aktiengesetzes. Köln-Bonn 1959.

–: Ergänzende Stellungnahme zu den konzernrechtlichen Bestimmungen im Referentenentwurf eines Aktiengesetzes.

Burkert, P.: Übertragung stiller Reserven auf Ersatzwirtschaftsgüter. Direkte Übertragung und Übertragung mittels unversteuerter Rücklagen für Ersatzbeschaffung in späteren Wirtschaftsjahren, Düsseldorf 1963.

Busse von Colbe, W.: Rücklagen, stille, HdB, Bd. III, 3. Aufl. Stuttgart 1960, Sp. 4722 ff.

–: Der Jahresabschluß des Konzerns, unter Berücksichtigung des Regierungsentwurfs eines Aktiengesetzes, AG 1960, S. 145 ff und S. 181 ff.

–: Substanzerhaltung, HdB, Bd. III, 3. Aufl., Stuttgart 1960, Sp. 5310 ff.

–: Gewinnrücklagen im veröffentlichten Jahresabschluß unter Berücksichtigung des Regierungsentwurfs eines Aktiengesetzes, ZfB 1962, S. 385 ff.

–: Der Konzernabschluß nach neuem Aktienrecht, AG 1966, S. 269 ff, 308 ff, 350 ff.

–: Aufbau und Informationsgehalt von Kapitalflußrechnungen, ZfB 1966, 1. Erg. Heft, S. 82 ff.

–: Kapitalflußrechnungen als Berichts- und Planungsinstrument. In: Schriften zur Unternehmensführung, Bd. 6/7, hrsg. von H. Jacob, Wiesbaden 1968, S. 19 ff.

–: Informationswert der Konzernbilanz. In: Betriebswirtschaftliche Information, Entscheidung und Kontrolle, Festschrift für Hans Münstermann, Wiesbaden 1969, S. 85 ff.

–: Bilanzen. In: Allgemeine Betriebswirtschaftslehre in programmierter Form, Wiesbaden 1969, S. 679 ff.

– (Hrsg.): Das Rechnungswesen als Instrument der Unternehmensführung, Bielefeld 1969.

Busse von Colbe, W., Ordelheide, D.: Vorratsbewertung und Ermittlung konzerninterner Erfolge mit Hilfe des Kifo-Verfahrens, ZfB 1969, S. 221 ff.

–: Konzernabschlüsse, Wiesbaden 1969.

Bussmann, K. F.: Zweifelsfragen bei der Bemessung der steuerlichen Herstellungskosten, NB 1952, S. 3 ff.

–: Betreuung und Prüfung der Unternehmungen, Wiesbaden 1960.

Castan, E.: Gewinn, HdB, Bd. II, 3. Aufl., Stuttgart 1958, Sp. 2327 ff.

–: Die Erläuterung der Bewertungs- und Abschreibungsmethoden der großen Börsengesellschaften, DB 1969, S. 269 ff und 315 ff.

Chenaux-Repond, J.: Wie liest man eine Bilanz, 32. Aufl., Stuttgart 1965.

Chmielewicz, K.: Wirtschaftsgut und Rechnungswesen, ZfbF 1969, S. 85 ff.

Christoffers, R.: Die Grundlagen der Grundsätze ordnungsmäßiger Bilanzierung, BFuP 1970, S. 78 ff.

–: Die Problematik des §.153 Abs. 3 AktG aus betriebswirtschaftlicher Sicht, DB 1970, S. 165 ff.

Clausen, C. P.: Zur Anwendung des ermäßigten KSt-Satzes bei Ausschüttung von Mitteln, die nicht aus steuerpflichtigen Erträgen des anstehenden Veranlagungszeitraums stammen, DB 1969, S. 2196 ff.

Claussen, C. P.: Bilanzierungsgrundsätze des neuen Aktienrechts, AG 1968, S. 1 ff.

Coenenberg, A.-G.: Gewinnbegriff und Bilanzierung, ZfbF 1968, S. 442 ff.

Cordes, W.: Die Bedeutung des Konzernabschlusses für die Konzernführung. In: Wirtschaft und Wirtschaftsprüfung, Herbert Rätsch zum sechzigsten Geburtstage, hrsg. von Konrad Mellerowicz und Jörg Bankmann, Stuttgart 1966, S. 50 ff.

Le Coutre, W.: Praxis der Bilanzkritik, 2 Bde., Berlin-Wien 1926.

–: Zeitgemäße Bilanzierung. Die statische Bilanzauffassung und ihre praktische Anwendung, Berlin-Wien 1934.

–: Stille Reserven betriebswirtschaftlich beurteilt, Technik und Wirtschaft 1937, S. 213 ff.

–: Zum Streit um die stillen Reserven, DprB 1937, S. 743 f.

–: Grundzüge der Bilanzkunde. Eine totale Bilanzlehre, Teil 1, 4. Aufl., Wolfenbüttel 1949.

–: Bilanzpolitik. In: Lexikon des kaufmännischen Rechnungswesens, hrsg. v. Karl Bott, Bd. I, 2. Aufl., Stuttgart 1955, Sp. 633.

–: Bilanzarten, HdB, Bd. I, 3. Aufl., Stuttgart 1956, Sp. 1105 ff.

–: Ordnungsmäßige Buchführung. In: Lexikon des kaufmännischen Rechnungswesens, hrsg. v. Karl Bott, Bd. III, 2. Aufl., Stuttgart 1956, Sp. 2014 ff.

–: Die totale Bilanz. In: Lexikon des kaufmännischen Rechnungswesens, hrsg. v. Karl Bott, Bd. IV, 2. Aufl., Stuttgart 1957, Sp. 2555 ff.

–: Bilanzpolitik. In: Probleme der Betriebsführung, Festschrift zum 65. Geburtstage von Otto R. Schnutenhaus, hrsg. von Carl W. Meyer, Berlin 1959, S. 129 ff.

–: Bilanz: (II) Bilanzbewertung, HdS, Bd. 2, Stuttgart, Tübingen, Göttingen 1959, S. 235 ff.

–: Bilanz: (III) Bilanzkritik, HdS, Bd. 2, Stuttgart, Tübingen, Göttingen 1959, S. 252 ff.

–: Bilanztheorien, HdB, Bd. II, 3. Aufl., Stuttgart 1960, Sp. 1153 ff.

–: Zur Gliederungsproblematik der Gewinn- und Verlustrechnung. In: Gegenwartsfragen der Unternehmung. Offene Fragen der Betriebswirtschaftslehre, Festschrift zum 70. Geburtstag von Fritz Henzel, hrsg. von Bernhard Bellinger, Wiesbaden 1961, S. 27 ff.

–: Dynamische Bilanz und Steuerbilanz. In: Handelsbetrieb und Marktordnung, Festschrift Carl Ruberg zum 70. Geburtstag, Wiesbaden 1962, S. 149 ff.

–: Was sagt mir die Bilanz? Wirtschaftserkenntnis durch Bilanzkritik, 3. Aufl., Stuttgart 1962.

Le Coutre, W., Altenloh, R.: Bilanzpolitik und Steuerpflicht, Berlin 1923.

Le Coutre, W., Gimmy, Th.: Betriebswirtschaftliche Steuerlehre, Stuttgart 1964.

Csik, A.: Erstmalige Anwendung der Bestimmungen des AktG 1965 über die Vergleichbarkeit von Jahresabschlüssen, DB 1966, S. 1977 ff.

Dahl, J.: Die Aktivierung der Sachanlagegüter in Handels- und Steuerbilanz, Köln und Opladen 1959.

Deutsche Gesellschaft für Betriebswirtschaft: Bewertungsgrundsätze für Handels- und Steuerbilanz (Reformvorschläge), WP 1948, S. 175 ff.

–: Zum Referentenentwurf eines Aktiengesetzes des Bundesjustizministeriums, o. J. (1959).

Deutsche Revisions- und Treuhand-Aktiengesellschaft: Erläuterung zu den Rechnungslegungsvorschriften des Aktiengesetzes 1965 für Konzerne. In: Fachliche Mitteilungen 1967, Nr. 19.

Dieckmann, K.: Steuerbilanzpolitik, Wiesbaden 1970.

Diederich, H.: Die Selbstfinanzierung aus Abschreibungen, Diss., Mainz 1953.

Diederich, H., Lintzhöft, H.: Rücklagenpolitik. Schriften zur Unternehmensführung, H. 10, hrsg. von H. Jacob, Wiesbaden 1969, S. 29 ff.

Diederich, H.: Bewertung von Forderungen in der Steuerbilanz, FR 1955, S. 157 ff.

Ditz, A.: Pensionsrückstellungen im Einkommensteuerrecht, Düsseldorf 1959.

Döllerer, G.: Grundsätze ordnungsmäßiger Bilanzierung, deren Entstehung und Ermittlung, BB 1959, S. 1217 ff.

–: Rechnungslegung im Konzern nach dem Referentenentwurf eines Aktiengesetzes, NJW 1959, S. 270 ff.

–: Zweifelsfragen der neuen Gewinn- und Verlustrechnung, BB 1961, S. 61 ff.

–: Rechnungslegung und Finanzierung – Ein Beitrag zur Aktienrechtsreform, BB 1962, S. 189 ff.

–: Rechnungslegung nach dem neuen Aktiengesetz und ihre Auswirkungen auf das Steuerrecht, BB 1965, S. 1405 ff.

–: Gläubigerschutz und Aktionärsschutz im neuen Aktienrecht – ein Scheingegensatz, BB 1966, S. 629 ff.

–: Anschaffungskosten und Herstellungskosten nach neuem Aktienrecht unter Berücksichtigung des Steuerrechts, BB 1966, S. 1405 ff.

–: Statische oder dynamische Bilanz?, BB 1968, S. 637 ff.

–: Die Maßgeblichkeit der Handelsbilanz für die Steuerbilanz, BB 1969, S. 501 ff.

–: Wahlrechte bei Aufstellung der Bilanz, BB 1969, S. 1445 ff.

Döllerer, G., Strobl, J.: Der konsolidierte Abschluß in den USA, DB 1961, S. 545 ff, 649 ff, 684 ff.

Dörner, W.: Sonderabschreibungen und degressive Abschreibungen als Finanzierungsproblem, DB 1960, S. 701 f.

Dörschner, U.: Möglichkeiten einer Dividendenpolitik der Verwaltung einer AG – Systematische Zusammenstellung, NB 1968, H. 8, S. 20 ff.

Dornemann, R.: Dynamische Bilanzauffassung und Steuerbilanz, ZfhF 1954, S. 375 ff.

–: Die Aktivierung in Bilanztheorie und Steuerbilanz, ZfB 1957, S. 97 ff.

Dreger, K.-M.: Probleme des Gläubigerschutzes im Konzern, Diss., Mannheim 1966.

–: Konzerninterne Forderungen und Verbindlichkeiten bei der Konsolidierung, ZfB 1968, S. 279 ff.

–: Der Konzernabschluß. Grundsätze ordnungsmäßiger Konsolidierung. Konzernrechnungslegung nach Aktienrecht 1965 in Anlehnung an die Theorie und Praxis in den USA, Wiesbaden 1969.

Dreier, B.: Herstellungs- und Erhaltungsaufwand beim Umbau von Betriebsgebäuden, DB 1957, S. 1109 ff.

Dürrhammer, W.: Die gegenwärtige Situation der dynamischen Bilanztheorie, ZfB 1966, S. 605 ff.

Ebert, R., Karrer, E., Speiser, J.: Bilanzsteuerrecht, 2. Aufl., Stuttgart 1966.

Eckhardt, H.: Das Ziel der leistungsäquivalenten und entwicklungsadäquaten Substanzerhaltung, BFuP 1961, S. 393 ff.

–: Die Substanzerhaltung industrieller Betriebe, Köln und Opladen 1963.

–: Die Rücklage für Preissteigerungen als Mittel der Substanzerhaltung, BFuP 1963, S. 581 ff.

Edelkott, D.: Der Konzernabschluß in Deutschland. Eine Untersuchung über seine Aussagefähigkeit und seine zweckmäßige Gestaltung, Zürich 1963.

Eisenblätter, K., Dahlheimer, K.: Die Inventur, Herne-Berlin 1962.

Eisenführ, F.: Wiederbeschaffungswerte im Jahresabschluß – eine Notwendigkeit?, DB 1967, S. 608 ff.

Enderlen, E.: Nominale und reale Bilanz, Stuttgart 1936.

Endres, W.: Der erzielte und der ausschüttbare Gewinn der Betriebe, Köln und Opladen 1967.

–: Rechnungslegung und Prüfung der Aktiengesellschaft, ZfbF 1969, S. 439 ff.

Engel, D.: Wilhelm Riegers Theorie des „heutigen Wertes" und sein System der Privatwirtschaftslehre, Berlin 1965.

Engeleiter, H.-J.: Die Bedeutung der Abschreibung als Finanzierungsfaktor im wachsenden Unternehmen, BFuP 1961, S. 419 ff.

Engelhardt, W.: Die Finanzierung aus Gewinn im Warenhandelsbetrieb und ihre Einwirkungen auf Betriebsstruktur und Betriebspolitik, Berlin 1960.

Engelhardt, W., Raffée, H.: Grundzüge der doppelten Buchhaltung, Teil I, Wiesbaden 1966.

Engelmann, K.: Methoden zur Neutralisierung von Preis- und Wert-Schwankungen im betrieblichen Abrechnungswesen, BFuP 1952, S. 1 ff.

–: Die Berücksichtigung von Geldwertschwankungen im betrieblichen Abrechnungswesen, ZfhF 1952, S. 230 ff.

–: Abschreibungen als Bestandteile der Selbstfinanzierung?, WPg 1958, S. 149 ff.

–: „Finanzierung aus Abschreibungen" Warnung vor einem Schlagwort, WPg 1959, S. 354 ff.

Engels, W.: Betriebswirtschaftliche Bewertungslehre im Licht der Entscheidungstheorie, Köln und Opladen 1962.

–: Bilanz und statistische Entscheidungstheorie, BFuP 1962, S. 696 ff.

Engels, W., Müller, H.: Substanzerhaltung: eine betriebliche Konsumtheorie, ZfbF 1970, S. 349 ff.

Erhard, F.: Herstellungskosten bei Unterbeschäftigung, StBp 1966, S. 101 ff.

Ertner, U.: Der Geschäftsbericht als Instrument erweiterter aktienrechtlicher Rechnungslegung, Berlin 1968.

Escher, H.: Der Umfang der Aktivierungspflicht bei den Ausgaben für das Sachanlagevermögen in Handels- und Steuerbilanz, 2. Aufl., Düsseldorf 1962.

Eßer, J.: Funktionen und Auswirkungen der verschiedenen Abschreibungsmethoden im Blickpunkt der praktischen Betriebswirtschaft, Institut „Finanzen und Steuern", H. 47, Bd. 1, Bonn 1959, Bd. 2 (Erg.Band), Bonn 1961.

–: Herstellungskosten im betriebswirtschaftlichen, handelsrechtlichen und steuerlichen Blickpunkt, AG 1962, Sonderbeilage II.

–: Gliederungsvorschriften, Bewertung, Gewinnverwendung und Pflichtangaben nach dem Aktiengesetz 1965, AG 1965, S. 310 ff, 360 ff und 1966, S. 24 ff.

Everding, K. F.: Herstellungs- und Erhaltungsaufwand. In: Herstellungs- und Erhaltungsaufwand, hrsg. vom Fachinstitut der Steuerberater, Köln 1958, S. 41 ff.

Fackler, R.: Konzerne und ihre Bilanzen, Diss., Marburg 1960.

Falk, R.: Die Steuerbilanz. Handelsbilanz und Ertragsteuerbilanz, 2. Aufl., Herne-Berlin 1959.

Falk, R., Gail W., Latsch, R.: Die Steuerbilanz. Handelsbilanz und Ertragsteuerbilanz, 3. Aufl., Herne-Berlin 1966.

Falkenroth, G.: Auswirkungen fixer Kosten für die steuerliche Erfolgsbilanz, StW 1950, Sp. 457 ff.

–: Wiederbeschaffungskosten als Teilwertobergrenze bei Fertigerzeugnissen mit erheblicher Fertigungsdauer, BB 1957, S. 249 f.

Faller, W.: Bewegungs- und Wirkungsbilanzen. In: Neue Wege der Betriebswirtschaft, Festschrift für Walter Thoms zu seinem 65. Geburtstag, hrsg. von Erich A. Weilbach, Herne-Berlin 1964, S. 81 ff.

Falterbaum, H.: Steuerliche Bilanzberichtigungen und Mehr- und Wenigerrechnung, 2. Aufl., Stuttgart 1966.

–: Buchführung und Bilanz unter besonderer Berücksichtigung der steuerlichen Gewinnermittlung, 4. Aufl., Achim b. Bremen 1969.

Fasold, R.: Zur Anerkennung des Lifo-Verfahrens nach dem AktG 1965 für das Bilanzsteuerrecht, DB 1966, S. 1286 ff.

–: Aktuelle Probleme des Konzernsteuerrechts, NB 1967, H. 4, S. 19 ff.

–: Aktuelle Probleme der Rechnungslegung im Konzern, NB 1967, H. 4, S. 28 ff.

–: Das neue Umwandlungssteuergesetz, BB 1969, S. 868 ff.

–: Der originäre Geschäftswert bei Änderung der Unternehmensform, BB 1969, S. 1428 ff.

–: Probleme der Handels- und Steuerbilanz bei Änderung der Unternehmensform, WPg 1970, S. 219 ff.

–: Der Teilwert der Anteile am Umwandlungsstichtag, DB 1970, S. 268 ff.

Felix, G.: Übertragung stiller Reserven des Anlagevermögens. Eine erste Zwischenbilanz, BB 1965, S. 553 ff.

Fettel, J.: Konzernbilanzen, HdB, Bd. II, 3. Aufl., Stuttgart 1958, Sp. 3330 ff.

Feuerbaum, E.: Grenzen der dynamischen Bilanzauffassung. Neue Wege zur Sicherung der Substanzerhaltung, BB 1965, S. 135 ff.

Feuerbaum, E.: Die polare Bilanz, Berlin 1966.

–: Die dynamische Bilanz und dynamische Wirtschaftsverhältnisse, ZfbF 1966, S. 554 ff.

–: Nominelle und substantielle Kapitalerhaltung in Handels- und Steuerrecht, DB 1966, S. 509 ff.

–: Die Konzeption der dynamischen Bilanz aus heutiger Sicht, DB 1966, S. 1697 ff.

–: Notwendigkeit und Methoden der Substanzrechnung, ZfbF 1967, S. 172 ff.

–: Langfristige Entwicklungstendenzen des Bilanzrechts und der Einkommensbesteuerung, DB 1969, S. 1157 ff und 1208 ff.

Findeisen, F.: Die Reserven der Unternehmung, mit besonderer Berücksichtigung der Steuer, Berlin 1922.

Fischer, C.: Wege zur grundsätzlichen Neugestaltung der Gewinnbesteuerung, ZfhF 1950, S. 53 ff.

Fischer, G.: Allgemeine Betriebswirtschaftslehre, 10. Aufl., Heidelberg 1967.

Fischer, L.: Betriebswirtschaftliche Beurteilung der Ausdehnung der Publizitätspflicht auf alle Großunternehmen, BFuP 1968, S. 558 ff.

Flämig, C.: Die Umkehrung des Maßgeblichkeitsprinzips der Handelsbilanz für die Steuerbilanz, DB 1968, S. 2045 ff.

Flohr, B.: Die Zusatz- und Sonderpositionen bei der Bilanzierung, ZfB 1963, S. 435 ff.

Flohr, G.: Die Zeitraumbilanz, Berlin 1963.

Flume, W.: Die Forschungs- und Entwicklungskosten in Handels- und Steuerbilanz, DB 1958, S. 1045 ff.

–: Die abhängige Aktiengesellschaft und die Aktienrechtsreform, DB 1959, S. 190 ff.

–: Die konzernrechtliche Gestaltung im Aktienrecht. In: Zur großen Aktienrechtsreform, Hannover 1962.

–: Die Einbeziehung von Unternehmen im Mehrheitsbesitz ohne einheitliche Leitung in den Konzernabschluß, DB 1968, S. 1011 ff.

–: Abfindung der sog. außenstehenden Aktionäre bei Abschluß eines Beherrschungsvertrages, DB 1969, S. 1047 ff.

Föcking, H.-D.: Die langfristige Finanzierung durch Pensionsrückstellungen, Diss., Köln 1960.

Forster, K.-H.: Die Bildung und Auflösung stiller und offener Rücklagen in der neuen Gewinn- und Verlustrechnung, NB 1960, S. 99 ff.

–: Die Begrenzung der Rücklagenbildung im Regierungsentwurf eines Aktiengesetzes und die Substanzerhaltungsrücklagen, DB 1962, S. 309 f.

–: Vom Gläubigerschutz zum Aktionärsschutz – der Wandel in den Bewertungsbestimmungen des Aktienrechts, WPg 1964, S. 422 ff.

–: Die Jahresabschlußprüfung nach dem Aktiengesetz von 1965, WPg 1965, S. 389 ff.

–: Zur Frage des Ausweises von Konzernforderungen und des zwingenden Charakters der Gliederungsvorschriften, WPg 1965, S. 473 ff.

–: Neue Pflichten des Abschlußprüfers nach dem Aktiengesetz von 1965, WPg 1965, S. 585 ff.

–: Bewertungsstetigkeit und Rechnungslegung nach dem AktG 1965, WPg 1966, S. 555 ff.

Forster, K.-H.: Zur Frage der Ermittlung der Herstellungskosten nach § 153 Abs. 2 AktG 1965, WPg 1967, S. 337 ff.

Forster, K.-H., Havermann, H.: Zur Ermittlung der konzernfremden Gesellschaftern zustehenden Kapital- und Gewinnanteile, WPg 1969, S. 1 ff.

Forster, K.-H., Weirich, S.: Lifo-, Fifo- und ähnliche Verfahren nach § 155 Abs. 1 Satz 3 AktG 1965, WPg 1966, S. 481 ff.

Freericks, W.: Die Einschränkung der Bildung stiller Reserven nach § 154 Abs. 1 AktG und ihr Geltungsbereich, DB 1969, S. 1613 ff.

Frey, G.: Die Sonderprüfung wegen unzulässiger Unterbewertung nach §§ 258 ff AktG, WPg 1966, S. 633 ff.

–: Zur Problematik der aktienrechtlichen Gewinnverwendung, BB 1968, S. 275 ff.

–: Sacheinlage, Umwandlung und Verschmelzung im Aktienrecht, BB 1969, S. 1489 ff.

Friedlaender, H.: Konzernrecht unter Berücksichtigung der amerikanischen Praxis, 2. Aufl., Berlin und Frankfurt/M. 1954.

Frucht, G.: Der Ausweis des Konzerngewinns im Konzernabschluß, DB 1962, S. 1249 ff.

–: Die Gewinndarstellung im Konzernabschluß, DB 1968, S. 405 ff.

Fuchs, H.: Grundsätze für die Bewertung von Wertpapieren bei unterschiedlichen Anschaffungspreisen und ihre Anwendung auf die Bewertung von Warenvorräten, ZfhF 1949, S. 206 ff.

Fuchs, H., Gerloff, O.: Die konsolidierte Bilanz, Köln 1954.

Fürst, R.: Die steuerlichen Grundsätze der Bilanzierung, BFuP 1953, S. 422 ff.

–: Bilanzierungsgrundsätze in der Praxis, Essen 1956.

Funk, J.: Der Konzernabschluß. Stand und Kritik der Diskussion, DB 1963, S. 1004 ff.

Gail, W.: Steuerliche Anerkennung der aktienrechtlichen Aktivierungsverbote, WPg 1969, S. 273 ff.

–: Pensionsrückstellungen für Gesellschafter-Geschäftsführer bei Umwandlung einer Kapitalgesellschaft in eine Personengesellschaft, BB 1969, S. 171 ff.

–: Stille Reserven, Unterbewertung und Sonderprüfung, Herne-Berlin 1969.

Ganz, W.: Abschreibung und Substanzerhaltung. Die Finanzierungswirkung der bilanziellen Abschreibung und die steuerbilanzielle Sicherung der Erhaltung der Anlagensubstanz – insbesondere bei steigenden Anlagenbeschaffungspreisen, Winterthur 1963.

Gaugler, E.: Sonderabschreibungen als Konjunkturmaßnahme, ZfbF 1968, S. 518 ff.

Gerstner, P.: Bilanz – Schlüssel, Anleitung zur kritischen Betrachtung von Bilanzen, 7. durchges. Aufl. von W. Klebba, Berlin 1962.

–: Bilanz-Analyse. Wege zur Erkenntnis des Wesens der Bilanz, 11. Aufl., Berlin 1964.

Gessler, E.: Das neue Aktienrecht, BB 1965, S. 677 ff.

–: Bilanzierung der Lastenausgleichsabgaben, Lastenausgleichsgesetz (Textausgabe), Bonn 1952.

–: Probleme des neuen Konzernrechts, DB 1965, S. 1691 ff und 1729 ff.

–: Vollendete oder nur begonnene Aktienrechtsreform?, AG 1965, S. 343 ff.

Gessler, E.: Rechnungslegung im neuen Aktienrecht, NB 1966, S. 193 ff.

–: Die Rechtsverhältnisse verbundener Unternehmen, NB 1966, S. 198 ff.

–: Aktuelle gesellschaftsrechtliche Probleme, DB 1966, S. 215 ff.

Glade, A.: Die Berücksichtigung späterer besserer Erkenntnisse beim Ansatz von Rückstellungen, FR 1965, S. 319 ff.

Gleichenstein, Freiherr v.: Satzungsmäßige Ermächtigung der Verwaltung einer Aktiengesellschaft zur Bildung freier Rücklagen (§ 58 Abs. 2 AktG 1965), BB 1966, S. 1047.

Gnam, A.: Rückstellungen für unterlassene Instandhaltung, StW 1949, Sp. 15 ff.

–: Betrachtungen zum Gutachten des Obersten Finanzgerichtshofs (OFH) über die Zulässigkeit des Last in-First out (Lifo)-Verfahrens und des First in-First out (Fifo)-Verfahrens, WPg 1950, S. 210 ff.

–: Scheingewinne, Scheinverluste – eine Interessenkollision zwischen Volkswirtschaft und Betriebswirtschaft?, NB 1952, S. 39 ff.

–: Ordnungsmäßige Buchführung und Ergebnisermittlung. Eine Auseinandersetzung mit § 4 Abs. 3 EStG, NB 1953, S. 126 ff.

–: Der Gewinn, BFuP 1954, S. 673 ff.

–: Die handelsrechtlichen Grundlagen der ordnungsmäßigen Buchführung, DB 1954, S. 581 ff.

–: Grundfragen der Abschreibung. In: Steuern und Unternehmungspolitik, Festschrift zum 65. Geburtstag von E. Aufermann, hrsg. von E. Heinen, Wiesbaden 1958, S. 34 ff.

–: Handbuch des Bilanzsteuerrechts, Loseblattausgabe, Freiburg i. Br. 1960.

–: Bilanzrecht, dynamische Bilanztheorie und steuerliche Praxis, StBp, 1961, S. 161 ff.

Godin-Wilhelmi: Aktiengesetz vom 6. September 1965, Kommentar, 3. Aufl., 2 Bde., Berlin 1967.

Gödde, E.: Handels- und Steuerbilanz. Eine Grundlegung zur Bilanzvereinheitlichung, StW 1948, Sp. 219 ff und 299 ff.

Goerdeler, R.: Geschäftsbericht, Konzerngeschäftsbericht und „Abhängigkeitsbericht" aus der Sicht des Wirtschaftsprüfers, WPg 1966, S. 113 ff.

Göppl, H.: Die Gestaltung der Rechnungslegung von Aktiengesellschaften unter Berücksichtigung der neueren bilanztheoretischen Diskussion, WPg 1967, S. 565 ff.

Görres, P.: Zur Anwendbarkeit des Lifo-Verfahrens nach dem neuen Aktiengesetz, BB 1966, S. 264 f.

Götze, H.: Grundzüge der Bilanzierung, 3. Aufl., Berlin 1952.

Graf, H.: Zur Problematik des „Abhängigkeitsberichts" nach dem neuen Aktienrecht, insbesondere bei faktischen Einflußmöglichkeiten durch zwei Obergesellschaften, BFuP 1968, S. 94 ff.

Greiffenhagen, H.: Handelsrechtliche Rechnungslegungspublizität außerhalb der Aktiengesellschaft aus der Sicht des Wirtschaftsprüfers, WPg 1964, S. 621 ff.

–: Steuerliche Auswirkungen der aktienrechtlichen Bilanzierungsvorschriften, FR 1965, S. 541 ff.

–: Zur Bedeutung aktienrechtlicher Rechnungslegungsvorschriften als Grundsätze ordnungsmäßiger Buchführung für Unternehmungen außerhalb der Aktiengesellschaft, WPg 1966, S. 141 ff.

Greiffenhagen, H.: Zur Problematik der Rechnungslegungspublizität von Großunternehmen und Konzernen außerhalb der aktienrechtlichen Unternehmensform mit der Sicht auf europäische Entwicklungen, WPg 1968, S. 113 ff.

Greifzu, J.: Das neuzeitliche Rechnungswesen, 11. Aufl., Hamburg 1965.

–: Der praktische Fall, 5. Aufl., Hamburg 1965.

Griebel, G.: Die Berechnung der Körperschaftsteuer-Rückstellung nach dem neuen Aktiengesetz, WPg 1968, S. 258 ff.

Grobe, S.: Zur Eliminierung von Zwischengewinnen bei Konzernabschlüssen, WPg 1965, S. 310 ff.

Groener, L., v. Wallis, H.: Grundzüge der steuerlichen Gewinnermittlung, 3. Aufl., Köln, Berlin, Bonn, München 1961.

Großmann, H.: Abschreibung und Steuer unter besonderer Berücksichtigung der neuen Abschreibungsfragen, 2. Aufl., Berlin 1930.

Grundmann, H.-U.: Innerkonzernliche Lieferungen in der vollkonsolidierten Konzern-Gewinn- und Verlustrechnung nach § 332 AktG 1965, DB 1966, S. 1897 ff.

Gudehus, H.: Bewertung und Abschreibung von Anlagen, Wiesbaden 1959.

Gübbels, B.: Die steuerliche Abschreibung im In- und Ausland, Institut „Finanzen und Steuern", Heft 37, Bonn o. J. (1955).

–: Handbuch der steuerlichen Abschreibung, 4. Aufl., Köln 1966.

–: Die steuerliche Abschreibung und die sonstigen investitionsbedingten Absetzungsmöglichkeiten bei der steuerlichen Gewinnermittlung im internationalen Vergleich, StW 1964, Sp. 425 ff.

–: Die steuerliche Abschreibung im In- und Ausland. Die investitionsbedingten Absetzungen bei der Gewinnermittlung, Bonn 1964.

Gümbel, R.: Die Bilanztheorie Wilhelm Riegers. Eine kritische Analyse ihrer Aussagen und ihrer Entwicklungsmöglichkeiten, ZfB 1966, S. 333 ff.

Günther, W.: Konzernverschmelzung und Schutz außenstehender Aktionäre, AG 1968, S. 98 ff.

Gutachten zur Reform der direkten Steuern, erstattet vom Wissenschaftlichen Beirat beim Bundesministerium der Finanzen, Bad Godesberg 1967.

Gutenberg, E.: Die Struktur der Bilanzwerte, ZfB 1926, S. 497 ff und 598 ff.

–: Abschreibungen, HdS, Bd. 1, Stuttgart, Tübingen, Göttingen 1956, S. 20 ff.

–: Einführung in die Betriebswirtschaftslehre, Wiesbaden 1958.

–: Untersuchungen über die Investitionsentscheidungen industrieller Unternehmen, Köln und Opladen 1959.

–: Konzernbilanzen, HdS, Bd. 6, Stuttgart, Tübingen, Göttingen 1959, S. 179 ff.

–: Über den Einfluß der Gewinnverwendung auf das Wachstum der Unternehmen, ZfB 1963, S. 193 ff.

–: Bilanztheorie und Bilanzrecht, ZfB 1965, S. 13 ff.

–: Grundlagen der Betriebswirtschaftslehre, Bd. III, Die Finanzen, 4. Aufl., Berlin-Heidelberg-New York 1970.

Haar, A.: Die Konzernbilanz. In: Bilanzen der Unternehmungen, Festgabe für Julius Ziegler, hrsg. von Karl Meithner, Bd. II (o. J.), S. 155 ff.

Haas, G.: Der Besteuerungseffekt degressiver Abschreibungsverfahren, DB 1957, S. 265 ff und S. 291.

Haas, G., Oechsner, L.: Der Jahresabschluß nach Handels- und Steuerrecht, 2 Bde., Wiesbaden 1958.

Haase, K. D.: Zur Problematik des Konzernerfolges, DB 1966, S. 1657 ff.

–: Zur Berechnung der Konzern-Herstellungskosten, Betriebswirtschaftliche Umschau 1967, S. 448 ff.

–: Zur Konsolidierung der Zwischengewinne im aktienrechtlichen Konzernabschluß, DB 1967, S. 830.

–: Probleme der Kapitalkonsolidierung im aktienrechtlichen Konzernabschluß, DB 1968, S. 2137 ff.

–: Zur steuerlichen Anerkennung des Konzernabschlusses, DB 1968, S. 237 f.

–: Zur betriebswirtschaftlichen Zulässigkeit der Bruttokapitalkonsolidierung, WPg 1969, S. 447 ff.

–: Kapitalkonsolidierung bei mehrstufiger oder/und wechselseitiger Konzernverflechtung mit Hilfe der Matrizenrechnung, DB 1969, S. 713 ff und 760 ff.

–: Konsolidierte Rechnungslegung mehrstufiger Konzerne. Netto-versus Brutto-Kapitalkonsolidierung, DB 1969, S. 2189 ff.

Haase, D., Lanfermann, J.: Grundlegende und aktuelle Probleme bei der Erstellung von Zwischenabschlüssen, WPg 1970, S. 209 ff.

Haase, K. D., Löcherbach, G.: Zur Zwischengewinneliminierung im Rahmen einer konsolidierten Konzern-Kostenrechnung, unter besonderer Berücksichtigung des Matrizenkalküls, WPg 1968, S. 570 ff.

Haegert, L.: Die Konsolidierung der Haftungsverhältnisse in der Konzernbilanz nach neuem Aktienrecht, WPg 1968, S. 501 ff.

Härle, D.: Finanzierungsregeln und Liquiditätsbeurteilung. In: Finanzierungshandbuch, hrsg. von H. Janberg, Wiesbaden 1964; 2. Aufl., Wiesbaden 1969.

–: Nochmals: Das Bilanzschema des Referentenentwurfs, ein Mittel zur Darstellung der Liquidität der Aktiengesellschaft?, WPg 1960, S. 8.

Hagemann, H.: Das Problem der Bewertung von Wertpapieren in der Steuerbilanz, StBp 1964, S. 169 ff.

Hagest, K.: Selbstfinanzierung des Betriebes, Stuttgart 1952.

Hahn, D.: Handels- und steuerrechtliche Zulässigkeit von Konzernverrechnungspreisen, BFuP 1965, S. 342 ff und 438 ff.

Hampe, H.: Verrechnungsverbot und Verrechnungspflicht von Verbindlichkeiten mit Forderungen in der aktienrechtlichen Jahresbilanz, WPg 1955, S. 369 ff.

Hardach, F. W.: Die „einheitliche Leitung" von Konzernen – Aufgaben, Formen und Wege der Konzernleitung –, ZfhF 1961, S. 713 ff.

Harder, U.: Bilanzpolitik. Wesen und Methoden der taktischen Beeinflussung von handels- und steuerrechtlichen Jahresabschlüssen, Wiesbaden 1962.

Harrmann, A.: Das Vorratsvermögen im Handels- und Steuerrecht, BFuP 1961, S. 230 ff.

Hartmann, B.: Finanzierung und steuerliche Abschreibung ZfB 1956, S. 616 ff.

–: Das Kapital in der Betriebswirtschaft, Meisenheim/Glan 1957.

–: Die Ermittlung des Firmenwertes nach dem Bundesentschädigungsgesetz in der Fassung vom 29. 6. 1956, Wiesbaden 1958.

–: Angewandte Betriebsanalyse, Freiburg i. Br. 1959.

Hartmann, B.: Die heutige Finanzierungsfunktion der Abschreibung in der Praxis, WPg 1958, S. 85 ff.

–: Rücklagen, offene, HdB, Bd. III, 3. Aufl., Stuttgart 1960, Sp. 4707.

–: Die Ordnungsmäßigkeit der Buchführung beim Einsatz elektronischer Datenverarbeitungsanlagen, WPg 1965, S. 397 ff.

Hartz, W.: Steuerrecht und Geldentwertung, DB 1967, S. 1912 ff.

Hasenack, W.: Wesen und Arten der Selbstfinanzierung, Die Betriebswirtschaft 1931, S. 93 ff.

–: Die Relativität von Kapitalerhaltung und Selbstfinanzierung, DprB 1931, S. 213 ff.

–: Das Rechnungswesen der Unternehmung, Leipzig 1934.

–: Wirtschaftslage und Bilanzgestaltung, insbes. das Abschreibungs-, Investitionsund Überschußproblem in der voll- und überbeschäftigten Wirtschaft, Stuttgart und Berlin 1938.

–: Buchhaltung und Abschluß, 2 Bde., Essen 1954/55.

–: Die betriebswirtschaftliche Unhaltbarkeit des Verbotes, den translativen Firmenwert in der Steuerbilanz regelmäßig abzuschreiben, BFuP 1958, S. 297 ff.

–: Zur Rechnungslegung der Aktiengesellschaft, insbesondere zur Berichtspflicht des Wirtschaftsprüfers über stille Reserven, BFuP 1960, S. 95 ff.

–: Buchführung und Abschluß im betriebswirtschaftlichen Gesamtzusammenhang, Bd. 1, 5. Aufl., Essen 1964.

–: Der bilanztheoretische Streit Riegers gegen Schmalenbach im Licht von zwei Briefwechseln, BFuP 1966, S. 484 ff.

–: Rechnungslegung und Prüfung der Aktiengesellschaft nach dem Aktiengesetz von 1965, BFuP 1969, S. 354 ff.

–: Innerkonzernliche Gewinnrealisierung, BFuP 1969, S. 589 ff.

Hast, K.: Grundsätze ordnungsmäßiger Bilanzierung für Anlagegegenstände, 2. Aufl., Leipzig 1935.

Hauptfachausschuß des Instituts der Wirtschaftsprüfer: Grundsatzfragen zur Konsolidierung von handelsrechtlichen Jahresabschlüssen, WPg 1954, S. 211 f.

–: Stellungnahme NA 5/1966, Zur Bewertung der Vorräte, WPg 1966, S. 677 f.

–: Sonderausschuß „Neues Aktienrecht": Stellungnahme NA 2/1967: Zur Rechnungslegung im Konzern, WPg 1967, S. 488 ff.

–: Sonderausschuß „Neues Aktienrecht": Stellungnahme NA 3/1968: Zur Rechnungslegung im Konzern (Ergänzung zu NA 2/1967), WPg 1968, S. 133.

–: Sonderausschuß „Neues Aktienrecht": Stellungnahme NA 5/1968: Zur Einbeziehung von Unternehmen in Mehrheitsbesitz ohne einheitliche Leitung in den Konzernabschluß, WPg 1968, S. 584.

–: Stellungnahme HFA 3/1968: Die Behandlung der Mehrwertsteuer im Jahresabschluß, WPg 1969, S. 15 ff.

Havermann, H.: Die verbundenen Unternehmen und ihre Pflichten nach dem Aktiengesetz 1965, WPg 1966, S. 30 ff, 66 ff, 90 ff.

–: Zweifelsfragen der Rechnungslegung im Konzern. In: Wirtschaftsprüfung im neuen Aktienrecht, Düsseldorf 1966, S. 75 ff.

–: Erläuterung der Rechnungslegung und Prüfung im Konzern. In: Wirtschaftsprüfer-Handbuch, Düsseldorf 1968, S. 657 ff.

Hax, H.: Rentabilitätsmaximierung als unternehmerische Zielsetzung, ZfhF 1963, S. 337 ff.

–: Der Bilanzgewinn als Erfolgsmaßstab, ZfB 1964, S. 642 ff.

–: Zum Problem des Konzernabschlusses, ZfbF 1966, S. 60 ff.

–: Der Einfluß der Investitions- und Ausschüttungspolitik auf den Zukunftserfolgswert der Unternehmung. In: Betriebswirtschaftliche Information, Entscheidung und Kontrolle. Festschrift für Hans Münstermann, Wiesbaden 1969, S. 359 ff.

Hax, K.: Der Gewinnbegriff in der Betriebswirtschaftslehre, Leipzig 1926.

–: Die Gesamtbewertung von Unternehmungen, Betriebswirtschaftliche Beiträge, Bremen-Hörn 1948, H. 2, S. 36 ff.

–: Grundsatzfragen der betrieblichen Altersversorgung. In: Gegenwartsfragen der sozialen Betriebspraxis, Stuttgart, Düsseldorf 1953, S. 36 ff.

–: Gruppenbewertung und Rechnen mit eisernen Beständen beim Vorratsvermögen, BB 1955, S. 793 ff.

–: Das Problem der Substanzerhaltung beim Vorratsvermögen, ZfhF 1955, S. 531 ff.

–: Die Substanzerhaltung der Betriebe, Köln und Opladen 1957.

–: Wesen und wirtschaftliche Bedeutung der stillen Reserven. In: Aktuelle Fragen der Unternehmung, Festschrift für A. Walther, Bern 1957, S. 91 ff.

–: Die langfristigen Finanzdispositionen, HdW, Bd. I, Köln und Opladen 1958, S. 453 ff.

–: Die Bedeutung der betrieblichen Abschreibungs- und Investitionspolitik für das wirtschaftliche Wachstum der modernen Industriestaaten, ZfhF 1958, S. 247 ff.

–: Konzernprobleme und Aktienrechtsreform in theoretischer Sicht. In: Betriebsgröße und Unternehmungskonzentration, Berlin 1959, S. 45 ff.

–: Die Bedeutung der Abschreibungs- und Investitionspolitik für das Wachstum industrieller Unternehmungen. In: Industriebetrieb und industrielles Rechnungswesen, Festschrift für E. Geldmacher, Köln und Opladen 1961, S. 9 ff.

–: Aktienrechtsreform und Publizität der Unternehmungen. In: Zur großen Aktienrechtsreform, Schriftenreihe der Forschungsstelle der Friedrich-Ebert-Stiftung, Hannover 1962, S. 93 ff.

–: Was ist betriebswirtschaftlich notwendige Abschreibung?. In: Festschrift für Karl Käfer, Stuttgart 1968, S. 147 ff.

Heigl, A.: Der aktienrechtliche Prüfungsauftrag beim Abhängigkeitsbericht und die Prämissen für die Auftragserfüllung, Zeitschrift für das gesamte Rechnungswesen 1968, S. 1 ff.

–: Brauchen wir den Teilwert noch?, StW 1969, Sp. 461 ff.

–: Zielvorgaben und Aufgabenstellung der aktienrechtlichen Prüfung, DB 1970, S. 1037 ff.

Heigl, A., Uecker, P.: Die aktienrechtliche Prüfung, Stuttgart 1970.

Heine, K.-H.: Bilanzierungsprobleme bei langfristigen Ausleihungen nach dem AktG 1965, WPg 1967, S. 365 ff.

–: Vorbereitung und Aufstellung des Konzernabschlusses, WPg 1967, S. 113 ff und S. 146 ff.

–: Organisatorische Probleme des Konzernabschlusses, WPg 1968, S. 197 ff.

Heine, K.-H., Schulze, R.: Zur Zwischengewinneliminierung bei konzerninternen Anlagebewegungen, WPg 1969, S. 217 ff.

Heinemann: Die Rückstellung für kommende Bergschäden, „Glückauf" 1940, S. 113.

Heinen, E.: Das Zielsystem der Unternehmung. Grundlagen betriebswirtschaftlicher Entscheidungen, Wiesbaden 1966.

–: Handelsbilanzen, 5. Aufl., Wiesbaden 1969.

Heissmann, E.: Ruhegeldrückstellungen sind kein Instrument einer steuerlich begünstigten Selbstfinanzierung zur Bildung von Eigenkapital, BB 1957, S. 1106 ff.

–: Ruhegeldanwartschaften in der Ertragssteuerbilanz, WPg 1958, S. 249 ff.

–: Zur Passivierung von Ruhegeldverpflichtungen, BB 1961, 510 ff.

–: Ist die steuerliche Regelung der Pensionsrückstellungen betriebswirtschaftlich zu beanstanden?, BB 1963, S. 1133 ff.

Hellmich, H., Gater, R., Kamp, J.: Die Erhaltung der Substanz und der Leistungsfähigkeit unter wirtschaftlichen und steuerlichen Gesichtspunkten, Essen 1952.

Helpenstein, F.: Der Teilwert der steuerlichen Erfolgsbilanz in der Rechtsprechung des RFH, Vierteljahreszeitschrift für Steuer- und Finanzrecht 1931, S. 565 ff.

–: Wirtschaftliche und steuerliche Erfolgsbilanz, Berlin 1932.

Hengeler, H. (Hrsg.): Beiträge zur Aktienrechtsreform, Heidelberg 1959.

Henninger, F.: Die Zulässigkeit von Garantierückstellungen, DB 1953, S. 617 f.

Henzel, F.: Bilanzierung von selbsthergestellten Halb- und Fertigfabrikaten mit oder ohne Gemeinkosten?, ZfB 1931, S. 401 ff.

Henzler, R.: Wirtschaftliche Entwicklungstendenzen und Vorschläge zur Neufassung der aktienrechtlichen Vorschriften über Bewertung und Rücklagenbildung, ZfB 1964, S. 423 ff.

–: Die wirtschaftliche Entwicklung als Ansatz für eine Kritik an betriebswirtschaftlich wesentlichen Bestimmungen des neuen Aktienrechts, ZfbF 1965, S. 618 ff.

Herrmann-Heuer: Kommentar zur Einkommensteuer und Körperschaftsteuer, 13. Aufl., Köln 1950/69.

Hertlein, A., Meisner, K.: Abschluß und Prüfung der Unternehmungen einschließlich Steuerprüfung, 4. Aufl., Wiesbaden 1956.

Herzig, N.: Zum Begriff der Herstellungskosten, BB 1970, S. 116 ff.

Hesse, K.: Wie beurteilt man eine Bilanz?, 10. Aufl., Frankfurt/M. 1966.

Hettlage, K. M.: Finanz- und steuerpolitische Einwirkungen auf das unternehmerische Verhalten zu konjunkturellen Zwecken, ZfbF 1968, S. 504 ff.

Hetzler, H.: Die Entwicklung der Pensionsrückstellungen in betriebswirtschaftlicher und ertragsteuerlicher Sicht, Diss., Erlangen-Nürnberg 1961.

Heubeck, G.: Richtige Aufwandsabgrenzung bei Pensionsverpflichtungen nach der versicherungsmathematischen Methode, NB 1964, S. 1 ff.

–: Die Anpassung betrieblicher Pensionen an veränderte Grundlagen in der Praxis, BB 1964, S. 1183 ff.

–: Der Ausweis von Pensionsverpflichtungen nach dem Aktiengesetz 1965, DB 1966, S. 629 ff.

–: Die Pensionsverpflichtungen in den Bilanzen 1968 der Aktiengesellschaften, DB 1970, S. 789 ff.

Heuer, G.: Zeitpunkt der Bilanzaufstellung und Ordnungsmäßigkeit der Buchführung, WPg 1967, S. 514 ff.

von der Heyden, D., Körner, W.: Bilanzsteuerrecht in der Praxis. Grundsätze der Bilanzierung, Bewertung und Abschreibung, 2. Aufl., Herne-Berlin 1967.

Hintner, O.: Praxis der Wirtschaftsprüfung, 3. Aufl., Stuttgart 1949.

–: Eigen- und Fremdkapital in betriebswirtschaftlicher Sicht. In: Zur Finanzpolitik der Unternehmung, hrsg. von der Deutschen Gesellschaft für Betriebswirtschaft, Berlin 1963, S. 81 ff.

Höpfner, K.: Die klassische geometrisch-degressive Abschreibung und ihre Modifikationen, DB 1954, S. 21 ff.

Hoeres, O.: Steuervorteile bei Rücklagen und Rückstellungen. Rücklagen, Rückstellungen, Wertberichtigungs- und Rechnungsabgrenzungsposten in der Steuerbilanz, München 1959.

Hörstmann, F.: Die Sonderstellung des Geschäftswerts im Steuerrecht, StbJb 1962/63, S. 147 ff.

–: Orientiert sich die Teilwertlehre noch an der Wirklichkeit?, StbJb 1966/67, S. 347 ff.

–: Der Herstellkostenbegriff im Wandel des unternehmerischen Kostendenkens und der steuerrechtlichen Beurteilung, StbJb 1968/69, S. 395 ff.

Hoffmann, A.: Der Gewinn der kaufmännischen Unternehmung, Leipzig 1929.

–: Die Bewertungsprobleme in der Konzernbilanz, Der Wirtschafts-Treuhänder 1935, S. 491 ff.

Hoffmann, F.: Zum Teilwertbegriff, StW 1947, Sp. 517 ff.

–: Die unterbliebene Instandhaltung von Betriebsvermögensgegenständen in der Rechtsprechung des Reichsfinanzhofs und des Obersten Finanzgerichtshofs, DStZ 1948, S. 202 ff.

–: Der Eiserne Bestand beim Vorratsvermögen, BB 1951, S. 566 ff.

–: Die Dynamische Bilanz in der Rechtsprechung des OFH und des BFH, NB 1952, S. 21 ff.

–: Die Dynamische Bilanz im Steuerrecht, StbJb 1954/55, S. 19 ff.

–: Buchführungs- und Bilanzierungsprobleme in der neueren Rechtsprechung des Bundesfinanzhofes, StW 1962, Sp. 335 ff.

Hofmann, R.: Bilanzkennzahlen. Industrielle Bilanzanalyse und Bilanzkritik, Köln u. Opladen 1969.

Honko, J.: Über einige Probleme bei der Ermittlung des Jahresgewinns der Unternehmung, ZfB 1965, S. 611 ff.

Hornef, H.: Bilanzpolitische Überlegungen beim Übergang auf das neue Aktiengesetz, BB 1966, S. 505 ff.

Huber, H.-W.: Die Bilanzierungsprobleme des originären Firmenwertes unter Berücksichtigung eines neugefaßten Firmenwertbegriffs, BFuP 1964, S. 554 ff u. 633 ff.

Hundegger, G.: Die Grundsätze ordnungsmäßiger Buchführung und die moderne Datenverarbeitung, Diss., München 1962.

Huppert, W.: Abschreibungen auf Anlagen, in betriebswirtschaftlicher, steuerlicher und volkswirtschaftlicher Sicht, München 1952.

Hutzler, A.: Zum Ausweis des wirtschaftlichen Eigentums in der Handelsbilanz, WPg 1970, S. 14 ff.

Illetschko, L.: Die Behandlung von offenen und stillen Reserven. In: Probleme des Rechnungswesens in internationaler Betrachtung, Düsseldorf 1957, S. 113 ff.

Institut der Wirtschaftsprüfer in Deutschland e. V.: Vorschläge zur Aktienrechtsreform, Düsseldorf 1956.

–: Die Fachgutachten und Stellungnahmen des Instituts der Wirtschaftsprüfer auf dem Gebiete der Rechnungslegung und Prüfung, hrsg. vom IdW 1967.

–: Ergänzende Vorschläge zur Aktienrechtsreform der Ausschüsse Sonderprüfung und Konzernfragen, Düsseldorf 1968.

Isaac, A.: Bilanzen und Bilanztheorien, Wiesbaden 1958.

Jacob, H.: Unternehmungsbewertung, HdS, Bd. 10, Stuttgart-Tübingen-Göttingen 1959, S. 520 ff.

–: Das Bewertungsproblem in den Steuerbilanzen, Wiesbaden 1961.

–: Teilwertabschreibung oder Verlustausgleich?, WPg 1970, S. 61 ff.

– (Hrsg.): Bilanzpolitik und Bilanztaktik. Schriften zur Unternehmensführung, Bd. 10, Wiesbaden 1969.

Jaensch, G.: Der Bilanzgewinn in meßtheoretischer Sicht, ZfbF 1968, S. 48 ff.

John, G.: Die Bewertung von Grund und Boden und Gebäuden in der Steuerbilanz – Eine kritische Analyse vom Standpunkt der betriebswirtschaftlichen Steuerlehre, Köln-Berlin-Bonn-München 1964.

Jonas, H.: Zur betriebswirtschaftlichen Problematik der kalkulatorischen Abschreibung, ZfhF 1962, S. 632 ff.

Jüngling, H.: Der Teilwert im Rahmen der steuerlichen Wertbegriffe, StW 1947, Sp. 657 ff.

Käfer, K.: Industrielles Rechnungswesen in Beispielen, Aufgaben und Lösungen, 4. Aufl., Zürich 1948.

–: Probleme der Konzernbilanz, ZfhF 1957, S. 345 ff.

–: Probleme der Konzernbilanzen. In: Konzernbilanzen, von Käfer, K., Münstermann, H., Zürich 1958, S. 9 ff.

–: Die Bilanz als Zukunftsrechnung. Eine Vorlesung über den Inhalt der Unternehmungsbilanz, Zürich 1962.

–: Zur Gestaltung der Jahresrechnung der Aktiengesellschaft nach dem neuen deutschen und dem schweizerischen Aktienrecht, Zürich 1966.

–: Kapitalflußrechnungen, Stuttgart 1967.

Kaiser, F.: Die Grundlagen und der Erkenntniswert von konsolidierten Bilanzen, Diss., Köln 1964.

Kalveram, W.: Rechtfertigung und Grenzen der stillen Reserven, ZfB 1950, S. 345 ff.

–: Industrielles Rechnungswesen, 5. Aufl., Wiesbaden 1961.

Karehnke, H.: Zur Fortbildung des Rückstellungsbegriffs durch das Aktiengesetz 1965, AG 1970, S. 99 ff.

Karsten, J.-F.: Die neuen handelsrechtlichen Inventarisierungs- und Bewertungsvorschriften, WPg 1965, S. 277 ff.

–: Die Deformierung der handelsrechtlichen Rechnungslegung durch steuerliche Maßnahmen der Wirtschaftsförderung, BB 1967, S. 425 ff.

Katzsch, G.: Errechnung des „wahren" Gewinns aus dem Steueraufwand der aktienrechtlichen Gewinn- und Verlustrechnung?, DB 1966, S. 1361 ff.

Kauffmann, J.: Bilanzpolitik unter Berücksichtigung der Ausschüttung und des steuerpflichtigen Einkommens, DB 1968, S. 901 ff.

Kebschull, H.-H.: Betriebswirtschaftliche und steuerliche Beurteilung der Abschreibungsmethoden, Diss., Köln 1964.

Kern, W.: Die Gewinnverlagerung als Problem unternehmerischer Entscheidungen. – Unter Berücksichtigung der Besonderheiten im Konzern, Diss., Frankfurt 1964.

Kiehne, H.-E.: Das Verhältnis zwischen Handels- und Steuerbilanz, BB 1968, S. 553 ff.

–: Behandlung eigener Entwicklungskosten nach Aktienrecht, DB 1970, S. 405 ff.

Kilger, W.: Kurzfristige Erfolgsrechnung, Wiesbaden 1962.

Klein, E.: Die Übertragung stiller Reserven nach § 6 b EStG. Ihre volkswirtschaftliche und betriebswirtschaftliche Bedeutung, ZfB 1968, S. 353 ff.

Klein, G.: Die Deckung des Kapitalbedarfs wachsender Unternehmen, ZfB 1964, S. 268 ff.

–: Aufstellung und Prüfung des Konzernabschlusses, NB 1966, S. 62 ff.

–: Die Aussagefähigkeit der Konzernrechnungslegung nach dem Aktiengesetz 1965 und ihre Weiterentwicklung, DB 1969, S. 1025 ff.

Klinger, K.: Reparaturen und rückständiger Erhaltungsaufwand in betriebswirtschaftlicher und steuerlicher Betrachtung, DPrB 1941, S. 423 ff.

–: Die Abschreibung als Finanzierungsquelle für Anlagen-Ersatz und -Erweiterung, NB 1952, S. 24 f.

–: Zur Frage des Inhalts der Grundsätze ordnungsmäßiger Buchführung, NB 1956, S. 104 ff.

–: Herstellungskosten und Korrektur der Betriebsabrechnung, DB 1959, S. 1350 ff.

Kloidt, H.: Grundsätzliches zum Messen und Bewerten in der Betriebswirtschaft. In: Organisation und Rechnungswesen, Festschrift für Erich Kosiol zu seinem 65. Geburtstag, hrsg. von Erwin Grochla, Berlin 1964, S. 283 ff.

Kloock, J., Sabel, H.: Verfahren zur Kapitalkonsolidierung mehrstufiger Konzerne nach § 331 Aktiengesetz, WPg 1969, S. 190 ff.

–: Zur Diskussion von Kapitalkonsolidierungsverfahren mehrstufiger Konzerne aus aktienrechtlicher und betriebswirtschaftlicher Sicht, WPg 1969, S. 569 ff.

Knapp, L.: Bilanzpolitik unter Berücksichtigung der Ausschüttung und des steuerpflichtigen Einkommens, DB 1968, S. 1369 ff.

Knoche, M.: Die Berichterstattung über Bewertungsänderungen im Geschäftsbericht nach neuem Aktienrecht, Düsseldorf 1967.

Knoll, H.: Bilanzkunde mit Grundlagen aus Buchführung und Kostenrechnung, 4. Aufl., Wiesbaden 1964

Knorr, E.: Gernhardt, G.: Zur Bilanz als Instrument der Insolvenzenprophylaxe. Schriften zur Unternehmensführung, H. 10, hrsg. v. H. Jacob, Wiesbaden 1969, S. 83 ff.

Koberstein, G.: Das Rechnungswesen des Konzerns, Freiburg 1949.

Kobs, E.: Rückstellungen und Rücklagen in Steuerbilanz und Vermögensaufstellung, 2. Aufl., Herne-Berlin 1968.

Koch, H.: Die Problematik des Niederstwertprinzips, WPg 1957, S. 1 ff, S. 31 ff und S. 60 ff.

–: Zur Problematik des Teilwertes, ZfhF 1960, S. 319 ff.

–: Besprechung von U. Leffson: Die Grundsätze ordnungsmäßiger Buchführung, ZfB 1967, S. 355 ff.

Körner, W.: Vereinheitlichung des Bilanzsteuerrechts mit Hilfe der dynamischen Bilanzauffassung, BB 1964, S. 798 ff.

Kofahl, G.: Bilanztheoretisches und bilanzpolitisches Denken, BFuP 1953, S. 207 ff.

–: Bilanzierungspolitik, WPg 1956, S. 541 ff.

–: Bilanzpolitische Gedanken zur Aktienrechtsreform, NB 1965, 194 ff.

Kofahl, G., Pohmer, D.: Praktische Bilanzgestaltung. Diskussionsbeitrag über Gebiet und Begriff der „Bilanzpolitik", WPg 1950, S. 540 f.

Kohlstruck, J. F.: Rücklagendotierung aus dem Bilanzgewinn. Zusätzlicher Aufwand bei Gewinnthesaurierungen durch die Hauptversammlung, WPg 1969, S. 161 ff.

Kormann, B., Henssler, P.: Der Einfluß der Mehrwertsteuer auf die Bewertung der Bilanzpositionen, BB 1969, S. 574 ff.

Kosiol, E.: Grundfragen der Konzernbilanzierung. Die Betriebswirtschaft 1938, S. 153 ff.

–: Formalaufbau und Sachinhalt der Bilanz. Ein Beitrag zur Bilanztheorie. In: Wirtschaftslenkung und Betriebswirtschaftslehre, Festschrift zum 60. Geburtstag von Ernst Walb, Leipzig 1940.

–: Bilanzreform und Einheitsbilanz, 2. Aufl., Stuttgart und Berlin 1949.

–: Einheitsbilanz oder Bilanzangleichung? Ein Beitrag zur Reform der Handels- und Steuerbilanz, StW 1949, Sp. 123 ff.

–: Betriebswirtschaftliche Gesichtspunkte zum Bilanzsteuerrecht., ZfB 1952, S. 265 ff und 346 ff.

–: Warenkalkulation in Handel und Industrie, 2. Aufl., Stuttgart 1953.

–: Anlagenrechnung, Theorie und Praxis der Abschreibungen, 2. Aufl., Wiesbaden 1955.

–: Pagatorische Bilanz. In: Bott, Lexikon des kaufmännischen Rechnungswesens, Bd. III, 2. Aufl., Stuttgart 1956, Sp. 2085 ff.

–: Bilanz: (I) Bilanztheorie, HdS, Bd. 2, Stuttgart, Tübingen, Göttingen 1959, S. 222 ff.

–: Kontenrahmen und Kontenpläne der Unternehmungen, Essen 1962.

–: Buchhaltung und Bilanz, Berlin 1964.

–: Zur Axiomatik der Theorie der pagatorischen Erfolgsrechnung, ZfB 1970, S. 135 ff.

Kossack, E.: Die immateriellen Wirtschaftsgüter und ihre Behandlung in der Bilanz, Wiesbaden 1960.

Kottke, K.: Übertragung stiller Reserven aus erhöhten Berlin-Absetzungen auf Anlagegüter in Westdeutschland?, DB 1966, S. 1068 f.

–: Bilanzstrategie und Steuertaktik, 2. Aufl., Herne-Berlin 1967.

–: Finanzierung und Steuer, Berlin 1968.

Krähe, Arbeitskreis Dr. Krähe der Schmalenbach-Gesellschaft: Konzernorganisation, 2. Aufl., bearb. v. F. W. Hardach, Köln und Opladen 1964.

Kremer, J.: Zur Bedeutung der Teilwertidee, NB 1961, S. 105 ff.

Kresse, W.: Die neue Handelsbilanz. Auswirkungen der Aktienrechtsreform, Stuttgart 1966.

Kretschmer, H.-J.: Angemessene Abfindung und angemessener Ausgleich im Aktienrecht, WPg 1969, S. 248 ff.

Kronstein, H.: Die Publizität außerhalb der Aktiengesellschaft, BB 1964, S. 1055 ff.

Kropff, B.: Aktiengesetz 1965 (Textausgabe mit Begründung des Regierungsentwurfs und Bericht des Rechtsausschusses des Deutschen Bundestages), Düsseldorf 1965.

–: Das Konzernrecht des Aktiengesetzes 1965, BB 1965, S. 1281 ff.

–: Grundsätze der Rechnungslegung nach dem Aktiengesetz 1965, NB 1966, S. 58 ff.

–: Übergangsfragen zu den Rechnungslegungsvorschriften des Aktiengesetzes 1965, DB 1966, S. 669 ff und 709 ff.

–: Bilanzwahrheit und Ermessensspielraum in den Rechnungslegungsvorschriften des Aktiengesetzes 1965, WPg 1966, S. 369 ff.

Kruse, H.-G.: Die Bilanzierung von Halb- und Fertigfabrikaten nach der Methode des Direct Costing, Wiesbaden 1967.

Kuhl, E.: Die Schnellbaukosten, ein Abschreibungsproblem, DB 1957, S. 777 ff und 802 ff.

Kuhn, K.: Die Bedeutung der aktienrechtlichen Pflichtprüfung für die Besteuerung der Unternehmung. In: Wirtschaft und Wirtschaftsprüfung, Herbert Rätsch zum sechzigsten Geburtstage, hrsg. von Konrad Mellerowicz und Jörg Bankmann, Stuttgart 1966, S. 182 ff.

–: Die Sacheinlage bei Kapitalgesellschaften in betriebswirtschaftlicher Sicht, ZfB 1966, S. 647 ff.

–: Die Bilanz als Führungsinstrument der Unternehmensleitung, BFuP 1966, S. 129 ff.

–: Die dynamische Bilanz als Führungsinstrument im Konzern, ZfbF 1966, S. 563 ff.

–: Zur Frage der Einbeziehung von Unterbeschäftigungskosten in die Herstellungskosten von Wirtschaftsgütern, NB 1967, H. 7, S. 9 ff.

–: Stand und Aufgaben der betriebswirtschaftlichen Bewertungslehre unter besonderer Berücksichtigung der steuerlichen Wertkonventionen, BFuP 1968, S. 1 ff.

–: Die Bilanz als Entscheidungshilfe im dezentral organisierten Konzern. In: Das Rechnungswesen als Instrument der Unternehmungsführung, Bielefeld 1969.

Kolbe, K.: Besteht eine Diskrepanz zwischen der Handelsbilanz und der Steuerbilanz hinsichtlich des Geschäftswertes?, DB 1969, S. 845 ff und 892 ff.

Koncok, G.: Zu den Auswirkungen des AktG 1965 auf das Bilanzsteuerrecht, DB 1966, S. 1071 f.

–: Zum Gewinnvortrag im konsolidierten Jahresabschluß, DB 1968, S. 637 f.

Kroeber-Riel, W.: Absatzpreisänderungen und Unternehmungserhaltung, ZfbF 1970, S. 359 ff.

Labus, O.: Rückstellungen in der Ertragsteuerbilanz. Übersicht über die Rückstellungsmöglichkeiten mit Ausnahme der Rückstellungen für Pensionsverpflichtungen, BB 1962, Beil. 11.

Lademann, F.: Steuerliche Behandlung von Preissteigerungen beim Vorratsvermögen, WPg 1950, S. 546 ff.

Lanfermann, J.: Minderungen des zusätzlichen Aufwandes im Gewinnverwendungsvorschlag und Gewinnverwendungsbeschluß, WPg 1969, S. 313 ff.

Langen, H.: Die Kapazitätsausweitung durch Reinvestition liquider Mittel aus Abschreibungen, Diss., Berlin FU 1952.

–: Die Kapazitätsausweitung durch Reinvestition liquider Mittel aus Abschreibungen, ZfhF 1953, S. 49 ff.

–: Erhöhte Absetzungen für unbewegliche abnutzbare Wirtschaftsgüter nach dem Berlinhilfe-Gesetz, BB 1966, S. 774 ff.

–: Unterstellung von Verbrauchsfolgen für Gegenstände des Vorratsvermögens und Grundsätze ordnungsmäßiger Buchführung, BB 1966, S. 551 f.

Laßmann, G.: Zur betriebswirtschaftlichen Problematik der neuen aktienrechtlichen Gewinn- und Verlustrechnung, ZfhF 1961, S. 654 ff.

Layer, M.: Die Herstellungskosten der Deckungsbeitragsrechnung und ihre Verwendbarkeit in Handelsbilanz und Steuerbilanz für die Bewertung unfertiger und fertiger Erzeugnisse, ZfbF 1969, S. 131 ff.

–: Herstellungskosten in neuester Sicht, DB 1970, S. 988 ff.

Leffson, U.: Der Jahresabschluß in der Aktienrechtsreform, mit einem Vorschlag zur Änderung des Regierungsentwurfs. Wiesbaden 1961.

–: Die Grundsätze ordnungsmäßiger Buchführung, 1. Aufl., Düsseldorf 1964, 2. Aufl., Düsseldorf 1970.

–: Wesen und Aussagefähigkeit des Jahresabschlusses, ZfbF 1966, S. 375 ff.

–: Die Niederstwertvorschrift des § 155 AktG, WPg 1967, S. 57 ff.

Lehmann, M. R.: Die Quintessenz der Bilanztheorie, ZfB 1955, S. 537 ff und S. 669 ff.

–: Die dynamische Bilanz Schmalenbachs, Darstellung, Vertiefung und Weiterentwicklung, Wiesbaden 1963.

Leitner, F.: Bilanztechnik und Bilanzkritik, 8. und 9. Aufl., Berlin und Leipzig 1932.

Ley, R. H.: Die Bewertungsgrundsätze des Bewertungs- und Einkommensteuergesetzes, Berlin 1956.

Leykum, K.-D.: Wirtschaftsgut und dynamische Bilanzauffassung in der Steuerbilanz, ZfhF 1963, S. 397 ff.

Lichy, W.: Die Bilanzierung vermieteter Wirtschaftsgüter im aktienrechtlichen Jahresabschluß, ZfB 1968, S. 187 ff.

Liebl, J.: Der Ertragswert der Unternehmung und die Gewinnsteuern, BFuP 1953, S. 70 ff.

–: Kapitalerhaltung und Bilanzrechnung, BFuP 1953, S. 568 ff.

–: Kapitalerhaltung und Bilanzrechnung, Wolfenbüttel 1954.

Linde, W.: Die unternehmerischen Entscheidungen unter dem Einfluß der steuerlichen Konjunkturpolitik, ZfbF 1968, S. 512 ff.

Lion, M.: Das Bilanzsteuerrecht, 2. Aufl., Berlin 1923.

Lipfert, H.: Zur Frage der stillen Reserven der deutschen Industrie-Aktiengesellschaften, AG 1963, S. 117

–: Finanzierungsregeln und Bilanzstrukturen, In: Finanzierungshandbuch, hrsg. von H. Janberg, Wiesbaden 1964.

–: Theorie der optimalen Unternehmensfinanzierung, ZfbF 1965, S. 58 ff.

Littmann, E.: Der steuerliche Gewinnbegriff im Lichte statischer und dynamischer Bilanzauffassung, StW 1948, Sp. 617 ff.

–: Die Rückstellungen in der Einkommensteuerbilanz, DStZ 1948, S. 50 ff und 67 ff.

–: Der Grundsatz der Abhängigkeit der Steuerbilanz von der Handelsbilanz und sein Geltungsbereich de lege lata, WPg 1949, S. 457 ff.

–: Nominelle und materielle Gewinnrechnung in Handels- und Steuerbilanz, WPg 1949, S. 342 ff.

–: Die Unmöglichkeit der steuerlichen Teilwertidee, NB 1951, S. 26 ff.

–: Richtig und vorteilhaft abschreiben, Ludwigshafen a. Rh. o. J. (1955).

–: Grundsätze ordnungsmäßiger Buchführung und dynamische Bilanzauffassung in Handels- und Steuerbilanz, BB 1964, S. 651 ff.

–: Die aktienrechtlichen Rechnungslegungsvorschriften vom 6. September 1965 in der Sicht des Bilanzsteuerrechts, DStR 1966, S. 233 ff.

–: Das Einkommensteuerrecht, Kommentar zum Einkommensteuergesetz, 9. Aufl., Stuttgart 1969.

Littmann, E., Förger, K.: Rückstellungen in Ertragsteuerbilanzen und bei der Einheitsbewertung des Betriebsvermögens, Stuttgart 1964.

Lohmann, M.: Abschreibungen, was sie sind und was sie nicht sind, WP 1949, S. 353 ff.

–: Zur Problematik der goldenen Bilanzregel, WPg 1959, S. 141 ff.

–: Einführung in die Betriebswirtschaftslehre, 4. Aufl., Tübingen 1964.

Loos, G.: Die Betriebseinbringung in eine Kapitalgesellschaft gem. UmwStG 1969, DB 1970, S. 9 ff.

Lottes, H.: Die Herstellungskosten in Handels- und Steuerbilanz, BFuP 1951, S. 462 ff und 529 ff.

–: Gewinnabhängige und zugleich gewinnbeeinflussende Rückstellungen, BFuP 1952, S. 217 ff.

Ludewig, R.: Gelten die neuen aktienrechtlichen Bewertungsvorschriften auch für die Jahresabschlüsse der GmbH?, GmbH-Rdsch, 1965, S. 192 ff.

–: Bilanzpolitik im Rahmen der neuen aktienrechtlichen Bilanzierungsvorschriften, NB 1966, S. 49 ff.

Lücke, W.: Die außerbetriebliche Normierung der Abschreibungen, ZfhF 1959 S. 313 ff.

–: Bilanzstrategie und Bilanztaktik, DB 1969, S. 2285 ff.

Lutz, B.: Die Ausagefähigkeit des Rechnungswesens, Zürich und St. Gallen 1963.

Maaßen, K.: Teilwertabschreibung beim Warenlager, FR 1965, S. 120 ff.

Maaßen, K.: Beeinflußt die Gewinnspanne den Teilwert von Handelsware?, DB 1966, S. 1247 f.

Mahlberg, W.: Der Tageswert in der Bilanz, Leipzig 1925.

Marchand, J.-P.: Konsolidierte Bilanz und Betriebsabrechnung der Holding, Bern 1949.

–: Die Minderheiten in der konsolidierten Bilanz, Die Unternehmung 1952, S. 97 ff, 132 ff, 161 ff, 1953, S. 1 ff.

Marettek, A.: Entscheidungsmodell der betrieblichen Steuerbilanzpolitik – unter Berücksichtigung ihrer Stellung im System der Unternehmenspolitik, BFuP 1970, S. 7 ff.

Marx, O.: Bewertungsprobleme des betrieblichen Anlagevermögens in Handels- und Steuerbilanz – Eine kritische Untersuchung an den Beispielen „Abschreibung", „Sachgesamtheit", „Eiserner Bestand", Diss., Hamburg 1961.

Maschinsky, V.: Bestimmung der maximalen offenen Rücklage einer Kapitalgesellschaft bei Ansatz einer geplanten Dividende – unter besonderer Berücksichtigung von steuerfreien Zinsen und Schachtelerträgen, DB 1969, S. 401 ff.

Mathar, L.: Die Beziehungen zwischen dem Schmalenbachschen Gewinnbegriff, dem steuerlichen Gewinnbegriff und dem steuerlichen Einkommensbegriff, Diss., Köln 1929.

Mauve, H.: Anpassung der Grundsätze ordnungsmäßiger Buchführung an die Gegebenheiten der elektronischen Datenverarbeitung, BB 1969, S. 712 ff.

May, E.: Das Wirtschaftsgut. Kritische Analyse der steuerlichen Lehre vom Wirtschaftsgut aus betriebswirtschaftlicher Sicht, Wiesbaden 1970.

Mayer, L.: Bilanzdelikte, HdB, Bd. I, 3. Aufl., Stuttgart 1957.

Mayer, L., Mayer, L.: Bilanz und Betriebsanalyse, 3. Aufl., Wiesbaden 1960.

Meier, A.: Vorschlag zur Erfassung der wirklichen Scheingewinne und Rücklagenbildung in der Handels- und Steuerbilanz, WPg 1951, S. 389 ff.

–: Die Aussagekraft der aktienrechtlichen Bilanz aus der Sicht der dynamischen Bilanzauffassung, ZfbF 1966, S. 532 ff.

–: Einheitliche Leitung im Konzern aus betriebswirtschaftlicher Sicht, WPg 1966, S. 570 ff.

Mellerowicz, K.: Der Wert der Unternehmung als Ganzes, Essen 1952.

–: Abschreibungen in der Erfolgs- und Kostenrechnung, Heidelberg 1957.

–: Rechnungslegung und Konzernabschluß. In: Hengeler, H., Beiträge zur Aktienrechtsreform, Heidelberg 1959.

–: Unternehmenspolitik, Bd. III, 2. Aufl., Freiburg/Br. 1965.

–: Allgemeine Betriebswirtschaftslehre, 4 Bde., 11./13. Aufl., Berlin 1967/69.

Mellerowicz-Brönner: Rechnungslegung und Gewinnverwendung der Aktiengesellschaft, Berlin 1970.

Mestmäcker, E. J.: Verwaltung, Konzerngewalt und Rechte der Aktionäre, Karlsruhe 1958.

Meyer, C.: Konsolidierte Zeitraumbilanzen, Stuttgart 1969.

Meyer, M.: Die Reserven als theoretisches Problem der Unternehmungswirtschaftslehre, Bern 1952.

Minz, W.: Diskussionsbeitrag. In: Wirtschaftsprüfung im neuen Aktienrecht, Düsseldorf 1966, S. 115 ff.

Mirre, L.: Gemeiner Wert und Ertragswert, Zeitschrift des Deutschen Notarvereins 1913, S. 155 ff.

–: Der Teilwert, DStZ 1927, Sp. 292 ff.

Möhring, Ph.: Das neue Aktiengesetz, NJW 1966, S. 87 ff.

Moxter, A.: Offene Probleme der Rechnungslegung bei Konzernunternehmen, ZfhF 1961, S. 641 ff.

–: Der Einfluß von Publizitätsvorschriften auf das unternehmerische Verhalten, Köln und Opladen 1962.

–: Bilanzierung und unsichere Erwartungen, ZfhF 1962, S. 607 ff.

–: Die Bestimmung des optimalen Selbstfinanzierungsgrades unter privatwirtschaftlichem Aspekt. In: Der Betrieb in der Unternehmung, Festschrift für W. Rieger, Stuttgart 1963.

–: Zur Bestimmung der optimalen Nutzungsdauer von Anlagegegenständen. In: Produktionstheorie und Produktionsplanung. Festschrift zum 65. Geburtstag v. Karl Hax, Köln und Opladen 1966, S. 75 ff.

–: Die Grundsätze ordnungsmäßiger Bilanzierung und der Stand der Bilanztheorie, ZfbF 1966, S. 28 ff.

–: Die statische Bilanztheorie heute, ZfbF 1967, S. 724 ff.

Müller, H.-P.: Einzelfragen zu den neuen Vorschriften des handelsrechtlichen Umwandlungsgesetzes – Umwandlung von Personengesellschaften und Einzelfirmen in Kapitalgesellschaften, WPg 1969, S. 590 ff.

Müller, U.: Stille Rücklagen unter dem Gesichtspunkt der Vorsicht, ZfhF 1963, S. 413 ff.

Münstermann, H.: Einführung in die Dynamische Bilanz, Köln und Opladen 1957.

–: Konsolidierte Bilanzen deutscher Konzerne, ZfhF 1957, S. 435 ff.

–: Kontenrahmen, HdS, Bd. 6, Stuttgart, Tübingen, Göttingen 1959, S. 161 ff.

–: Betriebswirtschaftliche Probleme der Kapitalerhaltung. In: Betriebswirtschaftslehre und Wirtschaftspraxis, Festschrift für Konrad Mellerowicz, hrsg. von Horst Schwarz und Karl-Heinz Berger, Berlin 1961, S. 258 ff.

–: Buchhaltung und Bilanz, HdW, Bd. I, 2. Aufl., Köln und Opladen 1966, S. 491 ff.

–: Dynamische Bilanz: Grundlagen, Weiterentwicklung und Bedeutung in der neuesten Bilanzdiskussion, ZfbF 1966, S. 512 ff.

–: Unternehmungsrechnung, Wiesbaden 1969.

Muscheid, W.: Schmalenbachs Dynamische Bilanz. Darstellung, Kritik und nAtikritik, Köln und Opladen 1957.

Mutze, O.: Stellungnahme zu: Steuerliche Behandlung des Entwicklungsaufwandes, DB 1956, S. 974 ff.

–: Konzernbilanzen und konsolidierte Bilanzen. In: Aufwand und Ertrag, Zeitschrift der Buchhaltungsfachleute, 1956, S. 93 f.

–: Aktivierung und Bewertung immaterieller Wirtschaftsgüter nach Handels- und Steuerrecht, Berlin 1960.

–: Die Abweichungen der Steuerbilanz von der Handelsbilanz bei Bilanzierung immaterieller Wirtschaftsgüter, StBp. 1961, S. 141 ff.

–: Zur Systematik bilanzpolitischer Maßnahmen, NB 1964, S. 107 ff.

–: Zu den Bewertungsvorschriften unseres künftigen Aktiengesetzes, AG 1965, S. 3 ff.

Mutze, O.: Die unterschiedliche Behandlung der Herstellungskosten auf den verschiedenen Anwendungsgebieten, DB 1967, S. 169 ff.

–: Gewinnverwirklichung und Berücksichtigung von Risiken bei langfristigen Rücklagen. Bewertungs- und Bilanzierungsfragen, AG 1969, S. 275 ff.

–: Die Wandlung der Grundsätze ordnungsmäßiger Buchführung durch die Weiterentwicklung des Buchführungs- und Bilanzwesens, BB 1969, S. 56 ff.

–: Grundsatzfragen der Bilanzierung. Zugleich eine Besprechung des Werkes von Weber: „Zur Lehre vom Wirtschaftsgut", AG 1970, S. 6 ff.

Nehm, H.: Rückstellungen nach neuem Aktienrecht, WPg 1966, S. 3 ff.

Nestle, D.: Teilwertabschläge bei der Bewertung eines Warenlagers, BB 1969, S. 621 ff.

Neubert, H.: Der Einfluß der elektronischen Datenverarbeitung auf Aufgabenstellung und Organisation des Rechnungswesens. In: Organisation und Rechnungswesen, Festschrift für Erich Kosiol zu seinem 65. Geburtstag, hrsg. von Erwin Grochla, Berlin 1964, S. 251 ff.

Nicklisch, H.: „Dynamik", ZHH 1920/21, S. 244 ff.

–: Die Betriebswirtschaft, 7. Aufl., Stuttgart 1932.

–: Bilanz (allgemein), HdB, Bd. I, 2. Aufl., Stuttgart 1938, Sp. 1003 ff.

Niemann, U.: Probleme der Gewinnrealisierung innerhalb des Konzerns, Düsseldorf 1968.

Nies, H.: Pensionsrückstellungen und Steuerrecht, Stuttgart 1958.

Nowak, A.: Handelsbilanz und Steuerbilanz, Zürich-Leipzig 1938.

Nowak, P.: Betriebswirtschaftliche Kennzahlen, HdW, Bd. I, 2. Aufl., Köln und Opladen 1966, S. 701 ff.

Orth, Ch.: Die Fund Theory of Accounting – ein neuer bilanztheoretischer Ansatz?, ZfhF 1963, S. 433 ff.

Orth, L.: Konzernpublizität und Aktienrechtsreform, WPg 1959, S. 197 ff.

Osbahr, W.: Die Bilanz vom Standpunkt der Unternehmung. Die bisherige und zukünftige Gestaltung der Grundfragen des Bilanzproblems, 3. Aufl., Berlin und Leipzig 1923.

Ott, M.: Die Bilanzprobleme bei Konzernverflechtung, Frankfurt a. M. 1960.

Otten, W.: Das „last-in, first-out"-Prinzip. Eine steuerlich-betriebswirtschaftliche Streitfrage und ein Beitrag zu ihrer Lösung, WPg 1949, S. 213 ff.

Parczyk, W.: Mindestumfang der Sonderprüfung nach § 336 Absatz 3 Satz 1 AktG von Einzelabschlüssen in den Konzernabschluß einbezogener Unternehmen, WPg 1969, S. 479 ff.

Passow, R.: Die Bilanzen der privaten und öffentlichen Unternehmungen, 3. Aufl., Berlin-Leipzig 1921.

Pausenberger, E.: Konzerninterne Gewinnrealisierung, BFuP 1966, S. 535 ff.

Penndorf, B.: Entwicklung und Aufbau der Bilanzen. In: Die Bilanzen der Unternehmungen, hrsg. v. K. Meithner, Berlin-Wien 1933, Bd. II, S. 136 ff.

Peter, K.: Ordnungsmäßigkeit der Buchführung, Grundsätze, Aufzeichnungspflichten, Buchnachweise, 5. Aufl., Herne-Berlin 1963.

Petersen, H.: Bewertungswahlrechte und Erläuterungspflichten nach dem neuen Aktienrecht, WPg 1968, S. 249 ff.

Peupelmann, H. W.: Die degressiv-digitale Abschreibung für Fabrikgebäude, DB 1958, S. 577 f.

–: Der Ausweis echter und unechter Zugänge in der Bilanz, WPg 1959, S. 589 ff.

–: Die neuen Gliederungsvorschriften für die Bilanz und Gewinn- und Verlustrechnung sowie der Geschäftsbericht nach dem Aktienrecht 1965, DB 1965, S. 1525 ff und 1565 ff.

–: Die Rechnungslegung im Konzern nach dem AktG 1965, DB 1965, S. 1749 ff, 1785 ff, 1825 ff.

–: Was sind „Sonderposten mit Rücklageanteil" i. S. § 152 Abs. 5 AktG 1965?, DB 1969, S. 2045 ff.

Pfaffenberger, W.: Investitionssteuerung mit Hilfe steuerfreier Rücklagen, Berlin 1969.

Pohmer, D.: Wesen und Grenzen der betriebswirtschaftlichen Berechtigung stiller Reserven in der Jahresbilanz in dynamischer und statischer Betrachtung, Diss., Berlin 1953.

–: Die betriebswirtschaftliche Problematik der Gewinnrealisation und der Periodenabgrenzung unter dem Gesichtspunkt der Erfolgsbesteuerung. Zugleich ein Beitrag zur Anwendung des § 131 Abs. 1 Satz 3 AO, WPg 1957, S. 461 ff, S. 498 ff, S. 523 ff und S. 551 ff.

–: Über die Bedeutung des betrieblichen Werteumlaufs für das Rechnungswesen der Unternehmungen. In: Organisation und Rechnungswesen, Festschrift für Erich Kosiol zu seinem 65. Geburtstag, hrsg. von Erwin Grochla, Berlin 1964, S. 305 ff.

Pougin, E.: Leasing in Handels- und Steuerbilanz, ZfB 1965, S. 402 ff.

–: Möglichkeiten und Grenzen der Ermittlung eines betriebswirtschaftlichen Gewinns aus dem Steueraufwand, WPg 1966, S. 513 ff.

–: Die Rechnungslegungsvorschriften des neuen Aktiengesetzes als Grundsätze ordnungsmäßiger Buchführung. In: Wirtschaftsprüfer im Dienst der Wirtschaft. Festschrift für Ernst Knorr, Düsseldorf 1968, S. 215 ff.

–: Bilanzpolitik, Schriften zur Unternehmensführung, Bd. 10, hrsg. von H. Jacob, Wiesbaden 1969, S. 5 ff.

Prion, W.: Selbstfinanzierung der Unternehmungen, Berlin 1931.

Prühs, H.: Die Konzernrechnungslegung nach dem Publizitätsgesetz, DB 1969, S. 1385 ff.

Raasch, K.: Die Krise des Teilwertgedankens, ZfB 1950, S. 358 ff.

Raben, E.: Der vermeintliche Gegensatz zwischen der handels- und steuerrechtlichen Regelung des Firmenwertes, FR 1962, S. 28 ff.

Rätsch, H.: Grundsatzfragen zur Konsolidierung von handelsrechtlichen Jahresabschlüssen, WPg 1961, S. 629 ff.

–: Kritische Betrachtungen zu Konzernabschlüssen in den USA und in der Bundesrepublik. In: Betriebswirtschaftslehre und Wirtschaftspraxis, Festschrift für Konrad Mellerowicz, Berlin 1961, S. 277 ff.

–: Fragen zur Rechnungslegung und Berichterstattung von Aktiengesellschaften, WPg 1962, S. 501 ff.

–: Zweifelsfragen der Konsolidierung und ihre internationale Behandlung, WPg 1968, S. 565 ff.

Rasch, H.: Deutsches Konzernrecht, 4. Aufl., Köln-Berlin-Bonn-München 1968.

–: Einzel- oder Durchschnittsbewertung von Wertpapieren und Beteiligungen?, BB 1968, S. 78 ff.

Rau, H.-G.: Bilanzierung von Pensionsverpflichtungen, 2. Aufl., Stuttgart 1960.

–: Steuerliche Herstellungskosten, BB 1962, S. 704 f.

–: Lifo-Bewertung steuerrechtlich nicht zulässig, BB 1966, S. 439.

–: Steuerliche Übernahme handelsrechtlicher Bilanzierungsvorschriften, DB 1969, S. 676 ff.

Referentenentwurf eines Gesetzes über Gesellschaften mit beschränkter Haftung, hrsg. v. Bundesministerium der Justiz, Köln 1969.

Rehbinder, M.: Gelten die neuen Bewertungsvorschriften des Aktienrechts auch für Unternehmen mit anderer Rechtsform?, NJW 1966, S. 1549 ff.

Reinhardt, F.: Buchführung, Bilanz und Steuer, Bd. 1.: Buchhaltung und Bilanzen der Unternehmung nach ihrer Rechtsform (bearb. von Krasensky, H.), 5. Aufl., Wien 1949.

Reisch, R., Kreibig, J. C.: Bilanz und Steuer, 3. Bd.: Die Steuerbilanz (bearb. von Stemberger, R. u. Krasensky, H.), 5. Aufl., Wien 1959.

Richter, A.: Zur Frage der Bilanzierung von Pensionsverpflichtungen, WPg 1963, S. 533 ff.

Riebel, P.: Die Problematik der Normung von Abschreibungen, Stuttgart 1963.

Ried, K.: Gewinnsteuern in der Unternehmungsrechnung, Diss., Zürich 1968.

Rieger, W.: Über Geldwertschwankungen, Stuttgart 1938.

–: Schmalenbachs dynamische Bilanz, 2. Aufl., Stuttgart und Köln 1954.

–: Einführung in die Privatwirtschaftslehre, Nürnberg 1928; unveränderte Neuauflage Nürnberg 1959.

Rößle, K.: Buchhaltung und Bilanz, 8. Aufl., Oldenburg i. O. und Berlin 1952.

–: Die Aussagefähigkeit der Bilanz. In: Gegenwartsprobleme der Betriebswirtschaft, Festschrift für W. Le Coutre, Baden-Baden–Frankfurt a. M. 1955, S. 99 ff.

–: Bilanz, HdB, Bd. I, 3. Aufl., Stuttgart 1956, Sp. 1094 ff.

Röver, M.: Sind die aktienrechtlichen Vorschriften Grundsätze ordnungsmäßiger Bilanzierung?. In: Wirtschaftsprüfung im neuen Aktienrecht, Düsseldorf 1966, S. 93 ff.

Rogalla, H.: Der „zusätzliche Aufwand" im Bilanzgewinn der Aktiengesellschaft, DB 1970, S. 309 ff.

Rogowsky, J.: Bilanzkritik und Bilanzvergleich, NB 1965, S. 198 ff.

Rohrer, L.: Zur Ermittlung der steuerlichen Herstellungskosten, StBp 1962, S. 6 ff.

Rose, G.: Zur Behandlung unterverzinslicher Forderungen in der Ertragsteuerbilanz, ZfB 1965, S. 104 ff.

–: Die Konzern-Steuerumlagen in Organkreisen, DB 1965, S. 261 ff.

–: Rücklagen-Veränderungen und steuerliche Ergebnisdifferenzen im Rahmen organschaftlicher Ergebnisabführungsvereinbarungen, DB 1966, S. 515 ff und S. 556 ff.

–: Bilanzierungs- und Steuerprobleme bei Wandelanleihen nach der Aktienrechtsreform, DB 1966, S. 749 ff.

–: Forderungsbewertung und Delkredereversicherung, BB 1968, S. 1323 ff.

Rose, W.: Die Einbeziehung ausländischer Konzernunternehmen in den Konzernabschluß inländischer Konzerne, WPg 1963, S. 501 ff.

Roser, U.: Die Behandlung der Bergschäden in Handels- und Steuerbilanz, Düsseldorf 1951.

Ruberg, C.: Gliederung der Ergebnisse einer externen Bilanzänderungsrechnung. In: Gegenwartsfragen der Unternehmung. Offene Fragen der Betriebswirtschaftslehre, Festschrift zum 70. Geburtstag von Fritz Henzel, hrsg. von Bernhard Bellinger, Wiesbaden 1961, S. 195 ff.

Ruchti, H.: Die Abschreibung, ihre grundsätzliche Bedeutung als Aufwands-, Ertrags- und Finanzierungsfaktor, Stuttgart 1953.

–: Erfolgsermittlung und Bewegungsbilanz, ZfhF 1955, S. 499 ff.

–: Bilanz und Investitionen. In: Der Industriebetrieb und sein Rechnungswesen, Festschrift zum 70. Geburtstag von M. R. Lehmann, Wiesbaden 1956.

Ruf, W.: Die Grundlagen eines betriebswirtschaftlichen Wertbegriffes, Bern 1955.

Rumpf, A.: Gewinnbegriff und steuerlicher Einkommensbegriff – mit einer Sonderbetrachtung des Niederstwertprinzips, Diss., Frankfurt 1935.

Rusch, H.: Aktivierung von eigenen Erfindungen. Eine betriebswirtschaftliche, handelsrechtliche und steuerliche Untersuchung, Berlin 1963.

Ruthenbeck, D.: Passivierungspflicht oder Passivierungswahlrecht bei Pensionsverpflichtungen?, Düsseldorf 1965.

Saage, G.: Die stillen Reserven im Rahmen der aktienrechtlichen Pflichtprüfung, Köln und Opladen 1959.

–: Das Wesen des Teilwertes, BFuP 1959, S. 570 ff und S. 624 ff.

–: Grenzen der Anwendung dynamischer Bilanzierungsgrundsätze im Rahmen der steuerlichen Gewinnermittlung, BFuP 1961, S. 430 ff.

–: Die Reservepolitik im neuen Aktienrecht, NB 1966, S. 71 ff.

–: Grundsätze ordnungsmäßiger Buchführung aus der Sicht des neuen Aktienrechts, NB 1967, H. 2, S. 1 ff.

–: Die Bedeutung der aktienrechtlichen Bilanzierungsvorschriften für die steuerliche Gewinnermittlung, DB 1968, S. 361 ff und 407 ff.

–: Veränderte Grundlagen der Gewinnermittlung nach Handels- und Steuerrecht, DB 1969, S. 1661 ff und 1709 ff.

–: Die Reform der Rechnungslegung der GmbH, NB 1970, S. 1 ff.

Sandig, C.: Vorübergehende Finanzierung mittels Steuervergünstigungen. Folgerungen für Finanzierungspolitik und Jahresabschluß, WPg 1952, S. 509 ff.

–: Die Problematik der Materialgemeinkosten in Bilanz und Kostenrechnung. In: Gegenwartsprobleme der Betriebswirtschaft, Festschrift für W. Le Coutre, Baden-Baden–Frankfurt a. M. 1955, S. 145 ff.

–: Zur Frage der Bilanzierungsfähigkeit von Materialgemeinkosten, WPg 1957, S. 64 f.

–: Erfolgsrechnung, HdS, Bd. 3, Stuttgart, Tübingen, Göttingen 1961, S. 291 ff.

–: Betriebswirtschaftspolitik, 2. Aufl., Stuttgart 1966.

Sauer, O.: Die Bewertung der Vorräte nach dem lifo-Verfahren und mit den Herstellungskosten, StBp 1969, S. 73 ff.

Seicht, G.: Die kapitaltheoretische Bilanz und die Entwicklung der Bilanztheorien, Berlin 1970.

Seifried, M.: Das Wesen der Erfolgsbilanz, aufgezeigt am Beispiel der zweckgebundenen Rücklage für unterlassene Reparaturen (RfR.), StW 1948, Sp. 443 ff.

—: Kritisches wider die Kritik an der betriebswirtschaftlichen Auffassung über die Behandlung unterlassener Reparaturen in der Erfolgsbilanz, StW 1949, Sp. 237 ff.

—: Das Verhältnis zwischen Teilwert und gesetzlichem Höchstwert (§ 18 DMBG) für bewegliche Anlagen. Ein Beitrag zur Teilwerttheorie, StW 1951, Sp. 243 ff.

Sewering, K.: Die Einheitsbilanz. Die Überbrückung des Gegensatzes zwischen statischer und dynamischer Bilanzlehre, Leipzig 1925.

Siebert, K.: Die konsolidierte Bilanz, NB 1954, S. 155.

—: Zur Kritik am Sachanlagevermögen. Ein Beitrag für externe und interne Bilanzanalysen. In: Wirtschaft und Wirtschaftsprüfung, Herbert Rätsch zum 60. Geburtstage, hrsg. von Konrad Mellerowicz und Jörg Bankmann, Stuttgart 1966, S. 250 ff.

Sommerfeld, H.: Bilanz (eudynamisch), HdB, Bd. I, 1. Aufl., Stuttgart 1926, Sp. 1340 ff.

—: Eudynamische Bilanz. In: Lexikon des kaufmännischen Rechnungswesens, hrsg. v. Karl Bott, 2. Aufl., Stuttgart 1955, Sp. 980 ff.

Spieth, E.: Die Grundsätze ordnungsmäßiger Buchführung und Inventur in steuerrechtlicher Betrachtung, Köln 1956.

Spitaler, A.: Rückstellungen für Haftungsverpflichtungen und für Ansprüche aus der Mängelhaftung im Baugewerbe und bei der Errichtung von Industrie-Anlagen, FR 1954, S. 546 ff.

—: Die Lehre von der Einheit des Geschäftswerts, StbJb 1959/60, S. 443 ff.

Spörlein, H.: Die Inventur nach Handelsrecht und nach Steuerrecht, 5. Aufl., Stuttgart-München-Hannover 1964.

Swoboda, P.: Einflüsse der Besteuerung auf die Ausschüttungs- und Investitionspolitik von Kapitalgesellschaften, ZfbF 1967, S. 1 ff.

Szyperski, N.: Zur Anwendung des Terminus ,pagatorisch'. Mit einigen grundsätzlichen Bemerkungen zu der Kritik an einer Terminologie und den Methoden der Extensionsvariation. In: Organisation und Rechnungswesen, Festschrift für Erich Kosiol zu seinem 65. Geburtstag, hrsg. von Erwin Grochla, Berlin 1964, S. 351 ff.

—: Einige aktuelle Fragestellungen zur Theorie der Unternehmungsrechnung, BFuP 1964, S. 270 ff.

Schäfer, E.: Abschreibung und Finanzierung. Zur Finanzierungsfunktion der Abschreibungen. Anmerkungen zum „Lohmann-Ruchti-Effekt", ZfhF 1955, S. 137 ff.

—: Die Unternehmung, 7. Aufl., Köln und Opladen 1970.

Scheffler, H.-E.: Steuerbilanztaktik. Schriften zur Unternehmensführung, hrsg. von H. Jacob, H. 10, Wiesbaden 1969, S. 47 ff.

Scherpf, P.: Handelsbilanz – Steuerbilanz, Berlin o. J. (1941).

—: Der Kontenrahmen, München 1955.

—: Die aktienrechtliche Rechnungslegung und Prüfung, Köln 1967, Sonderdruck aus: Handbuch der Aktiengesellschaft.

Schindele, W.: Zum Begriff der steuerlichen Anschaffungs- und Herstellungskosten unter besonderer Berücksichtigung der Fertigungsgemeinkosten, BB 1958, S. 1029 ff.

–: Grundstück und Gebäude in der Bilanz – Die Bewertung von Betriebsgrundstücken und Gebäuden in der steuerlichen Erfolgsbilanz, 2. Aufl., Heidelberg 1960.

–: Bewertung langfristiger Schulden unter Berücksichtigung gesunkener Kapitalmarktzinsen, StBp 1961, S. 41 ff.

–: Betrachtungen zur Frage der Anwendung handelsrechtlicher Grundsätze bei der steuerlichen Bilanzierung, insbesondere des Vorratsvermögens, StBp 1961, S. 190 ff, S. 209 ff, S. 250 ff.

–: Zur Frage der Bewertung der Bestände an Halbfabrikaten im Rahmen des Ansatzes des Vorratsvermögens in der steuerlichen Erfolgsbilanz, StBp 1964, S. 155 ff.

–: Übertragung stiller Reserven bei Auflösung, Umwandlung oder Kapitalherabsetzung, BB 1967, S. 1159 ff.

Schindler, H.: Investitionsüberlegungen bei Inanspruchnahme der Vergünstigung des § 14 BHG, DB 1967, S. 392 ff.

Schirm, M.: Die Maßgeblichkeit der Einzelbilanzen für die Konzernbilanz nach dem AktG 1965, DB 1966, S. 1573 ff.

Schmalenbach, E.: Theoretische Studie über den gemeinen Wert, ZfhF 1917/18, S. 129 ff.

–: Grundlagen dynamischer Bilanzlehre, ZfhF 1919, S. 1 ff.

–: Die steuerliche Behandlung der Scheingewinne, In: Mitteilungen der Gesellschaft für wirtschaftliche Ausbildung. Sonderband, Jena 1922.

–: Der Kontenrahmen, 4. Aufl., Leipzig 1935.

–: Grundsätze ordnungsmäßiger Bilanzierung, ZfhF 1933, S. 225 ff.

–: Dynamische Bilanz, 9. Aufl., Leipzig 1948, 13. Aufl., bearbeitet von R. Bauer, Köln und Opladen 1962.

–: Die doppelte Buchführung, Köln und Opladen 1950.

Schmaltz, K.: Bilanzkritik und Bilanzanalyse, HdB, Bd. I, 3. Aufl., Stuttgart 1956, Sp. 1134 ff.

–: Geschäftsbericht, HdB, Bd. II, 3. Aufl., Stutgart 1958, Sp. 2243 ff.

–: Gewinn- und Verlustrechnung, HdB, Bd. II, 3. Aufl., Stuttgart 1958, Sp. 2356 ff.

–: Schaffung und Erhaltung des finanziellen Gleichgewichts der Unternehmung, ZfbF 1965, S. 78 ff.

Schmidt, F.: Der Wiederbeschaffungspreis des Umsatztages in Kalkulation und Volkswirtschaft, Berlin 1923.

–: Bilanzwert, Bilanzgewinn und Bilanzumwertung, Berlin 1924.

–: Die organische Tageswertbilanz, 3. Aufl., 1929, unveränderter Nachdruck, Wiesbaden 1951.

–: Organische Bilanz. In: Lexikon des kaufmännischen Rechnungswesens, hrsg. v. Karl Bott, 2. Aufl., Stuttgart 1956, Sp. 2043 ff.

Schmidt, G.: Die Bilanzierung des aktienrechtlichen Zweckvermögens, WPg 1970, S. 308 ff.

Schmidt, H.: Die Bedeutung der Kapitalerhaltungstheorien für die Steuerbilanz, Diss., Frankfurt 1958.

Schmidt, R.-B.: Die Gewinnverwendung der Unternehmung, Berlin 1963.

–: Die finanzwirtschaftliche Funktion der offenen Unternehmungsrücklagen, ZfB 1963, S. 47 ff.

–: Die Sicherung der Aktiengesellschaft durch Rücklagen, ZfB 1966, S. 615 ff.

Schmitt, K.-H.: Handelsbilanz und Steuerbilanz der offenen Handelsgesellschaft, Berlin und Frankfurt a. M. 1957.

Schneider, D.: Die wirtschaftliche Nutzungsdauer von Anlagegütern als Bestimmungsgrund der Abschreibungen, Köln und Opladen 1961.

–: Bilanzgewinn und ökonomische Theorie, ZfhF 1963, S. 457 ff.

–: Theorie und Praxis der Unternehmensbesteuerung, ZfbF 1967, S. 206 ff.

–: Ausschüttungsfähiger Gewinn und das Minimum an Selbstfinanzierung, ZfbF 1968, S. 1 ff.

–: Wie wirkt die Übertragung stiller Reserven nach § 6b EStG auf den Veräußerungszeitpunkt von Anlagen?, DB 1969, S. 581 ff.

–: Die Problematik betriebswirtschaftlicher Teilwertlehren, WPg 1969, S. 305 ff.

–: Korrekturen zum Einfluß der Besteuerung auf die Investtiion, ZfbF 1969, S. 297 ff.

–: Sofortiger Verlustausgleich statt Teilwertabschreibung – ein Problem der Steuerreform –, WPg 1970, S. 68 ff.

Schneider, H.-J.: Die pauschale Wertberichtigung auf Forderungen (Delkredere), DB 1965, S. 751 ff.

Schnettler, A.: Das Rechnungswesen industrieller Betriebe, 4. Aufl., Wolfenbüttel 1949.

–: Substanz- und Werterhaltung in den Betrieben, ZfB 1956, S. 261 ff.

–: Dividende und Dividendenpolitik, In: HdB, Bd. I, 3. Aufl., Stuttgart 1956, Sp. 1433 ff.

–: Betriebsanalyse, 2. Aufl., Stuttgart 1960.

–: Beziehungen zwischen Abschreibungsmethoden, Abschreibungszinsen, kalkulatorischen Zinsen und Kapazitätserweiterungseffekt (der kalkulatorische Zinseffekt). In: Gegenwartsfragen der Unternehmung. Offene Fragen der Betriebswirtschaftslehre, Festschrift zum 70. Geburtstag von Fritz Henzel, hrsg. von Bernhard Bellinger, Wiesbaden 1961, S. 213 ff.

Schönfeld, H. M.: Bewegungsbilanz, HdB, Bd. I, 3. Aufl., Stuttgart 1956, Sp. 1048 ff.

Schönnenbeck, H.: Die Obergrenze aktivierungsfähiger Herstellungskosten bei Unterbeschäftigung, DB 1963, S. 527 f.

–: Die Bilanzbewertung der halbfertigen Arbeiten auf fremdem Grund und Boden, DB 1970, S. 453 f.

Scholtissek, W. (Arbeitskreis): Die Eliminierung der Zwischengewinne im Konzernabschluß nach dem Aktiengesetz 1965. Ein praktisches Problem des deutschen Konzernrechts. In: Grundlagen und Praxis der Betriebswirtschaft, Berlin 1969.

Schrader, H.: Zu den Auswirkungen des Aktiengesetzes 1965 auf das Bilanzsteuerrecht, DB 1966, 1144 ff.

Schreiber, W.: Ansätze zu einer Theorie der Abschreibungen, ZfB 1969, Erg.Heft 1, S. 1 ff.

Schröder, J.: Probleme der Ordnungsmäßigkeit der Buchführung bei automatisierter Datenverarbeitung, DB 1967, S. 2125 ff.

Schubert, W.: Zur Berichtspflicht über Beziehungen zu verbundenen Unternehmen nach dem Aktienrecht, BFuP 1966, S. 165 ff und S. 223 ff.

Schuhmann, W.: Der Konzernabschluß. Die Bilanzierungspraxis deutscher Konzerne, Wiesbaden 1962.

Schultze, J.: Zur Frage der Umrechnung fremder Währungen bei konsolidierten Jahresabschlüssen, DB 1968, S. 1077 ff.

Schulze, H.-H.: Zum Problem der Messung des wirtschaftlichen Handelns mit Hilfe der Bilanz, Berlin 1966.

Schulze, J.: Einheitliche Leitung von Konzernunternehmen durch mehrere Obergesellschaften und ihre Bedeutung für die Konzernrechnungslegung nach dem Aktiengesetz, WPg 1968, S. 85 ff.

Schulze zur Wiesch, D. W.: Grundsätze ordnungsmäßiger Inventur, Düsseldorf 1961.

–: Grundsätze ordnungsmäßiger aktienrechtlicher Jahresabschlußprüfung, ZfB 1965, S. 643 ff.

Schwarz, H.: Herstellungskosten (auch steuerlich), HdB, Bd. II, 3. Aufl., Stuttgart 1958, Sp. 2679 ff.

–: Konzernrechnungswesen (Slg. Poeschel), Stuttgart 1963.

Stahl, W.: Die Praxis der Ausschaltung von Zwischengewinnen im konsolidierten Jahresabschluß gem. § 331 Abs. 2 AktG, BFuP 1967, S. 654 ff.

Stehle, H.: Abhängigkeitsbericht oder Beherrschungsvertrag?, AG 1966, S. 233 ff.

Stellungnahme des Betriebswirtschaftlichen Ausschusses des Verbandes der Chemischen Industrie e. V.: Der gemeinschaftliche Jahresabschluß (Konsolidierte Bilanz und Jahreserfolgsrechnung), Frankfurt/M. 1958.

Steuck, H.-L.: Rückstellungen für Garantieverpflichtungen in der Steuerbilanz, DStR 1965, S. 22 ff.

–: Die Steuerbilanz als dynamische Bilanz und die Grundsätze ordnungsmäßiger Buchführung, NB 1966, S. 149 ff.

Streit, E.: Grundsätze ordnungsmäßiger Bilanzierung für Rückstellungen, Leipzig 1934.

Strobel, A.: Die Liquidität, 2. Aufl., Stuttgart 1953.

Stützel, W.: „Liquidität", HdS, Bd. 6, Stuttgart, Tübingen, Göttingen 1959, S. 622 ff.

–: Aktienrechtsreform und Konzentration. In: Die Konzentration in der Wirtschaft, hrsg. von Helmut Arndt, Bd. II: Ursachen der Konzentration, Berlin 1960, S. 907 ff.

–: Diskussionsbeitrag. In: Das Frankfurter Publizitätsgespräch, Vorträge und Diskussionen der gleichnamigen Tagung in Königstein am 13./14. 4. 1962, Frankfurt 1962, S. 244 ff.

–: Bemerkungen zur Bilanztheorie, ZfB 1967, S. 314 ff.

Stumpe, H.: Zur Frage des Festwerts, FR 1957, S. 510 ff.

Stutz, H.: Degressive Abschreibungen, 5. Aufl., Herne-Berlin 1966.

Tallau, H.: Der betriebswirtschaftlich-bilanzielle Gewinnbegriff als Grundlage der aktienrechtlichen Gewinnbegriffe Jahresüberschuß und Bilanzgewinn, ZfB 1969, S. 187 ff.

–: Zum Reformziel der Gewinnverwendungsbestimmungen des Aktiengesetzes von 1965, BFuP 1969, S. 98 ff.

–: Die Rücklagenpublizität der Unternehmung – eine werbende Maßnahme bei der Gewinnverwendungspolitik –, BFuP 1969, S. 441 ff.

–: Zur Zuständigkeitsverteilung bei der Gewinnverwendungs-Entscheidung nach dem Aktiengesetz von 1965, BFuP 1969, S. 638 ff.

Theis, J.: Verfeinerung der Abgrenzungsmethoden bei der Gewinnermittlung, FR 1956, S. 195 f.

Thiel, R.: Die schwindende Kapitalgesellschaft im Körperschaftsteuer- und Einkommensteuerrecht. DB 1957, S. 28 ff.

–: Gewinnverwirklichung bei Einlagen in eine Kapitalgesellschaft, DB 1961, S. 212 ff.

–: Übertragung stiller Reserven. Kommentar zu § 6 b des Einkommensteuergesetzes in der Fassung des Steueränderungsgesetzes 1964, Heidelberg 1964.

–: Übertragung stiller Reserven, H. 4 der Schriftenreihe „Steuerrecht und Steuerpolitik", Heidelberg 1965.

–: Übertragung stiller Reserven, BB 1966, S. 572 ff.

–: Gedanken zu einer Neugestaltung des steuerlichen Umwandlungsrechts, DB 1966, S. 1365 ff.

–: Die aktienrechtliche Bilanz als Grundlage der Steuerbilanz, ZfbF 1966, S. 544 ff.

Thimmel, K.: Ausweis und Bewertung von Bauleistungen in der Bilanz, DB 1968, S. 181 ff, 229 ff, 275 ff.

Thoms, W.: Bilanzen der funktionalen Kontorechnung, 2. Aufl., Wiesbaden 1953.

–: Kurzfristige Wirtschaftsrechnung mittels Bewegungsbilanzen. In: Internal Control durch Bewegungsbilanzen, Festschrift für Walter le Coutre zu seinem 75. Geburtstag, hrsg. von Erich A. Weilbach, Stuttgart 1960, S. 159 ff.

Tiefenbacher, E., Morgner, G.: Die Schutzklausel für den Geschäftsbericht nach neuem Aktienrecht, BB 1965, S. 1173 ff.

Töndury-Gsell: Finanzierungen, Zürich 1948.

Tomfohrde, K.: Die dynamische Bilanzauffassung und das Bilanzsteuerrecht, Düsseldorf 1959.

Trägner, G.: Pensionsrückstellungen in Betriebswirtschaftslehre und im Arbeits-Handels- und Steuerrecht, 2. Aufl., Herne-Berlin 1969.

Trumpler, H.: Die Aktiengesellschaft nach dem Gesellschafts-Bilanz- und Steuerrecht der Vereinigten Staaten von Amerika, Basel 1942.

–: Die Bilanz der Aktiengesellschaft, Basel 1956.

Uelner, A.: Die Bewertung von Wertpapieren in der Steuerbilanz. Unter besonderer Berücksichtigung der Wertpapiere im Giro-Sammeldepot, BB 1964, S. 123 ff.

–: Der neue § 6 b des Einkommensteuergesetzes, DStZ A 1964, S. 364 ff.

–: Die neuen Inventur- und Bewertungsvorschriften des Handelsgesetzbuches, BB 1965, S. 757 ff.

Vangerow, F.: Zur Bilanzierung unterlassener Instandhaltungsaufwendungen, StW 1955, Sp. 635 ff.

Veiel, O.: Der Teilwertbegriff bei Betriebsanlagegütern und die kaufmännische Erfolgsrechnung, StW 1944, Sp. 397 ff.

van der Velde, K.: Berechnungsmethoden für Rückstellungen im Steuerrecht. Insbesondere Rückstellungen für Bergschäden, FR 1949, S. 296 ff.

–: Rückstellungen für unterlassene Instandhaltung in der steuerlichen Erfolgsbilanz, ZfhF 1949, S. 158 ff.

–: Die Reform des steuerlichen Gewinnbegriffes, DB 1950, S. 210.

–: Die Anerkennung der Grundsätze ordnungsmäßiger Buchführung im Steuerrecht, WPg 1950, S. 109 ff.

–: Der gegenwärtige Stand der Behandlung der Rückstellungen in der Handels- und in der Steuerbilanz, WPg 1952, S. 328 ff und 352 ff.

–: Rückstellungen für Bergschäden. Gegenwärtiger Stand ihrer Behandlung bei Körperschaftsteuer, Einheitsbewertung und Gewerbesteuer, FR 1955, S. 296 ff.

–: Herstellungskosten in der Kostenrechnung und in der Steuerbilanz, 3. Aufl., Stuttgart 1960.

–: Rückstellungen für drohende Verluste aus schwebenden Liefergeschäften, DB 1963, S. 353 f.

–: Herstellungskosten in neuester Sicht, DB 1969, S. 1213 ff.

Viel, J.: Betriebs- und Unternehmungsanalyse, 2. Aufl., Köln und Opladen 1958.

Vodrazka, K.: Zu den Zusammenhängen zwischen Kosten-, Ausgaben- und Aufwandsrechnung. In: Gedanken zu aktuellen Problemen der Betriebswirtschaftslehre in Österreich. Festgabe für Willy Bouffier, Innsbruck 1968, S. 91 ff.

–: Wertuntergrenzen für das bilanzielle Vermögen. In: Zur Besteuerung der Unternehmung, Festschrift für Peter Scherpf, Berlin 1968, S. 139 ff.

Vogel, H.: Preissteigerungsgewinne bei der Einkommensbesteuerung, BB 1956, S. 32 ff.

–: Auswirkungen des Aktiengesetzes 1965, auf das Bilanzsteuerrecht, DB 1966, S. 909 ff.

Vogt, F. J.: Die Nachholung von Abschreibungen und Rückstellungen, NB 1956, S. 84 ff.

–: Bilanztaktik. Wahlrechte des Unternehmers beim Jahresabschluß, 6. Aufl., Heidelberg 1963.

–: Die betriebswirtschaftlichen Auswirkungen der Abschreibungen nach § 7 EStG, AG 1959, S. 329 ff.

Vogt, J.: Umstrittene Reparaturen, FR 1957, S. 317 ff.

Volkmann, U.: Die Herstellungskosten in der Handels- und Steuerbilanz, ZfhF 1960, S. 375 ff.

Vollrodt, W.: Die pagatorischen Erfolgskomponenten im Blickwinkel der Gewinnmaximierung. In: Organisation und Rechnungswesen, Festschrift für Erich Kosiol zu seinem 65. Geburtstag, hrsg. von Erwin Grochla, Berlin 1964, S. 385 ff.

Voors, W.: Grundsätze für die Aufstellung konsolidierter Jahresabschlüsse. In: Journal UEC 1958, S. 48 ff.

Vormbaum, H.: Das finanzwirtschaftliche Gleichgewicht des Betriebes, ZfB 1962, S. 65 ff.

Wagner, W.: Bilanzierung vermieteter Erzeugnisse im Umlaufvermögen, DB 1970, S. 597 ff.

Walb, E.: Tageswert oder Anschaffungswert in der Bilanz, ZfhF 1924, S. 228 ff.

–: Die Erfolgsrechnung privater und öffentlicher Betriebe, Berlin und Wien 1926.

–: Unternehmungsgewinn und Betriebsgewinn, ZfhF 1926, S. 545 ff.

–: Die Erfolgsermittlung auf Grund der Einnahme- und Ausgaberechnung und der Bilanz, ZfhF 1942, S. 136 ff.

–: Finanzwirtschaftliche Bilanz, 3. Aufl., Wiesbaden 1966.

Walg, L.: Rücklagen, steuerfreie, HdB, Bd. III, 3. Aufl., Stuttgart 1960, Sp. 4715 ff.

Wall, F.: Grundsätzliche Erwägungen zur Handels- und Steuerbilanz, Stuttgart 1952.

–: Falsch verstandenes Maßgeblichkeitsprinzip (§§ 7 a – f. EStG), ZfB 1954, S. 295 ff.

–: Der Teilwert, seine Problematik und seine Ersetzung durch den gemeinen Wert (EStG), WPg 1957, S. 545 ff.

Wallenhorst, R.: Die Bilanzierung durch Tausch erworbener Grundstücke, BB 1967, S. 1447 ff.

von Wallis, H.: Zur Frage der Bilanzberichtigung und des Bilanzzusammenhangs, FR 1955, S. 76 ff.

–: Das Konzernrecht des Aktiengesetzes 1965 und das Konzernsteuerrecht, AG 1967, S. 40 ff.

–: Grundsätze ordnungsmäßiger Buchführung und das Steuerrecht aus der Sicht des AktG 1965, NB 1967, H. 2, S. 21 ff.

Walther, A.: Bilanzreserven und wirkliche Reserven, Die Unternehmung 1954, S. 1 ff.

Wanik, O.: Darstellung der Bewertungs- und Abschreibungsmethoden im Geschäftsbericht. In: Wirtschaftsprüfung im neuen Aktienrecht, Düsseldorf 1966, S. 45 ff.

Warneke, H.: Grundsatzfragen zur Konzern-Rechnungslegung, WPg 1962, S. 118 ff.

Weber, K.: Dividendenpolitik, Zürich 1955.

Weber, M.: Zur Lehre vom Wirtschaftsgut, Berlin 1969.

Wegner, J.: Das Berliner Abschreibungswunder und seine steuerlichen Folgen, BB 1969, S. 1213 ff.

Weidner, A.: Bilanzanalyse und Kreditwürdigkeitsprüfung, 2. Aufl., Stuttgart 1965.

Weihrauch, H.: Pensionsrückstellungen als Mittel der Finanzierung, Stuttgart 1962.

–: Finanzierungseffekt durch Pensionsrückstellungen, In: Finanzierungs-Handbuch, hrsg. v. H. Janberg, Wiesbaden 1964, S. 317 ff.

Weilbach, E. A.: Stille Reserven – nur ein Vorteil? Die Wirkungen stiller Reserven in betriebswirtschaftlicher Sicht, Stuttgart 1960.

–: Der Inhalt von Bewegungsbilanzen. In: Internal Control durch Bewegungsbilanzen, Festschrift für Walter le Coutre zu seinem 75. Geburtstag, hrsg. von Erich A. Weilbach, Stuttgart 1960, S. 17 ff.

–: Der Ökonomitäts-Effekt der Abschreibung, DB 1963, S. 73 ff.

–: Technik der Konzernbilanzierung, Zeitschrift für das gesamte Rechnungswesen 1965, S. 76 ff.

–: Die aktienrechtliche Konzern-Rechnungslegung in betriebswirtschaftlicher Sicht, Zeitschrift für das gesamte Rechnungswesen 1965, S. 179 ff.

Weilenmann, P.: Rückstellungen und Rücklagen. Eine bilanztheoretische Untersuchung, Zürich 1969.

Weirich, S.: Die konsolidierte Gewinn- und Verlustrechnung nach dem Aktiengesetz 1965, WPg 1966, S. 309 ff.

–: Zum aktienrechtlichen Rückstellungsbegriff, WPg 1969, S. 225 ff.

Weisser, K. F.: Der Gewinn der Aktiengesellschaft im Spannungsfeld zwischen Gesellschaft und Aktionären, Berlin 1962.

Wepner, G.: Festwerte beim Anlagevermögen, BFuP 1957, S. 705 ff.

Werninger, G.: Rückstellungen in der Bilanz, betriebswirtschaftlich – steuerlich, Wiesbaden 1960.

Wieschermann, R.: Aufstellung konsolidierter Jahresabschlüsse nach dem Regierungsentwurf eines Aktiengesetzes, ZfB 1963, S. 118 ff.

Wietzke, G.: Der konsolidierte Jahresabschluß und seine besonderen Probleme in der deutschen und anglo-amerikanischen Bilanzierungspraxis, Berlin 1962.

Wilhelmi, H.: Das neue Aktiengesetz, AG 1965, S. 153 ff, 187 ff, 217 ff, 247 ff, 277 ff, 307 ff, 349 ff.

Willenbrinck, K.: Von der Anfangs- zur Schlußbilanz. Die doppelte Buchführung in systematischer Darstellung für Praxis und Studium, 4. Aufl., München-Berlin 1963.

Wirtschaftsprüfer-Handbuch 1959, Düsseldorf 1959.

Wirtschaftsprüfer-Handbuch 1963, Düsseldorf 1963.

Wirtschaftsprüfer-Handbuch 1968, Düsseldorf 1968.

Witte, E.: Liquiditätspolitik, Tübingen 1963.

Wittmann, W.: Der Wertbegriff in der Betriebswirtschaftslehre, Köln und Opladen 1956.

–: Unternehmung und unvollkommene Information, Köln und Opladen 1959.

Wöhe, G.: Zur Problematik der Werturteile in der Betriebswirtschaftslehre, ZfhF 1959, S. 165 ff.

–: Betriebswirtschaftliche Steuerlehre, Bd. 1, 2. Aufl., Berlin und Frankfurt a. M. 1966.

–: Betriebswirtschaftliche Steuerlehre, Bd. 2 (2 Halbbände), 2. Aufl., Berlin und Frankfurt a. M. 1965.

–: Bildung, Auflösung und Übertragung stiller Rücklagen im Steuerrecht aus der Sicht der betriebswirtschaftlichen Steuerlehre, ZfbF 1966, S. 98 ff.

–: Steuerfreie Rücklagen. Zwischen Billigkeit und Wirtschaftspolitik, Der Volkswirt 1966, S. 393 ff.

–: Sind die Anforderungen an die Ordnungsmäßigkeit der Buchführung noch zeitgemäß?, Steuer-Kongreß-Report 1967, München 1967, S. 213 ff.

–: Einführung in die Allgemeine Betriebswirtschaftslehre, 10. Aufl., Berlin und Frankfurt a. M. 1970.

Wohlgemuth, M.: Die Planherstellkosten als Bewertungsmaßstab der Halb- und Fertigfabrikate, Berlin 1969.

–: Eignung und Verwendbarkeit der Planherstellkosten zur bilanziellen Erzeugnisbewertung, ZfbF 1970, S. 387 ff.

Würdinger, H.: Aktien- und Konzernrecht. Eine systematische Darstellung, 2. Aufl., Karlsruhe 1966.

–: Kapitalerhöhung in Organgesellschaften, AG 1967, S. 341 f.

–: Konzernbegriff und Konzernbilanz, AG 1969, S. 165 ff.

von Wysocki, K.: Die Entwicklung der Konzernbilanz aus den Einzelbilanzen der in den Konzernabschluß einbezogenen Unternehmen nach § 331 AktG, WPg 1966, S. 281 ff.

–: Konzernrechnungslegung in Deutschland, eine Auswertung von 126 Konzernabschlüssen und Konzerngeschäftsberichten deutscher Obergesellschaften zum 31. Dezember 1967, Düsseldorf 1969.

–: Zwei Jahre Konzernrechnungslegung nach dem AktG 1965, WPg 1970, S. 97 ff und 124 ff.

Zapf, B.: Das Finanzierungsmittel der Abschreibungen und seine Abhängigkeit von der Wahl der steuerlichen Abschreibungsmethode, FR 1953, S. 206 ff.

–: Zur Bilanzierung unterlassener Instandhaltungsaufwendungen, FR 1955, S. 349 ff.

Zeitschrift für Betriebswirtschaft: 2. Erg. Heft 1966, Gliederungsvorschriften der Jahresbilanz und der Gewinn- und Verlustrechnung sowie Bewertungsvorschriften im Aktiengesetz 1965.

Zimmerer, C.: Auf der Suche nach der Bilanzwahrheit, Wiesbaden 1963.

–: Die Organe der AG und die Stellung des Wirtschaftsprüfers, NB 1966, S. 44 ff.

Zimmermann, M.: Kontenordnung und Bewegungsbilanz. In: Internal Control durch Bewegungsbilanzen, Festschrift für Walter le Coutre zu seinem 75. Geburtstag, hrsg. v. Erich A. Weilbach, Stuttgart 1960, S. 49 ff.

–: Die Gestalt des Richtkontenrahmens und seine Anwendungsmöglichkeit. In: Neue Wege der Betriebswirtschaft, Festschrift für Walter Thoms zu seinem 65. Geburtstag, hrsg. von Erich A. Weilbach, Herne-Berlin 1964, S. 43 ff.

Zinndorf, G.: Die permanente Inventur, Offenbach 1951.

Zitzelsberger, S.: Die Problematik der Gewinnrealisation bei der handels- und steuerrechtlichen Bewertung konzerninterner Lieferungen und Leistungen, Diss. München 1966.

Zitzlaff, F.: Der Teilwertbegriff, StW 1941, Sp. 677 ff.

–: Zur Entstehung des Teilwertbegriffs, StW 1941, Sp. 193 ff.

von Zwehl, W.: Untersuchung zur Erstellung einer Planbilanz als Ergänzung des Jahresabschlusses, Berlin 1968.

–: Zuschüsse im Jahresabschluß, WPg 1970, S. 4 ff.

Zwissler, U.: Die Geldverkehrsbilanz in der Unternehmungspolitik. In: Neue Wege der Betriebswirtschaft, Festschrift für Walter Thoms zu seinem 65. Geburtstag, hrsg. von Erich A. Weilbach, Herne-Berlin 1964, S. 101 ff.

Sachverzeichnis